U0920942

# 常德年鉴

# （2015）

CHANG DE NIAN JIAN

常 德 市 人 民 政 府 主 办
常德市人民政府地方志办公室编

图书在版编目（CIP）数据

常德年鉴. 2015 / 常德市人民政府地方志办公室编
-- 北京：方志出版社，2016.9
ISBN 978-7-5144-2106-4

Ⅰ. ①常… Ⅱ. ①常… Ⅲ. ①常德－2015－年鉴
Ⅳ. ①Z526.43

中国版本图书馆CIP数据核字（2016）第235866号

常德年鉴（2015）

编　　者：常德市人民政府地方志办公室
责任编辑：罗　滔
出 版 人：冀祥德
出 版 者：方志出版社
地址　北京市朝阳区潘家园东里9号（国家方志馆4层）
邮编　100021
网址　http://www.fzph.org
发　　行：方志出版社发行中心
电话（010）67110500
经　　销：各地新华书店
印　　刷：湖南省越来越好印务有限公司　☎ 0731-84453344
开　　本：889 × 1194　　1/16
印　　张：35.75
字　　数：1248千字
版　　次：2016年9月第1版　　2016年9月第1次印刷
印　　数：0001 ~ 1500册
ISBN 978-7-5144-2106-4　　定价：198.00元

常德市地图
湖北省
公安县
江陵县
毛家港镇
狮子口镇
夹竹园镇
麻豪口镇
二广高速（荆东高速）
G55
南平镇
新厂镇
复兴镇
梦溪镇
双兴
黄虎港
金荷
如东镇
甘家厂乡
南口镇
石首市
永祥
永镇
三合
余家台
黄山头镇
高基庙镇
澧浦街道
澧澹街道
汪家桥街道
小渡口镇
团山寺镇
澧县
三洲驿街道
襄阳街街道
鸟儿洲
大湖口镇
官垱镇
胡家
岳阳市
澧市市
新洲镇
安全乡
鲇鱼须镇
G56
华容县
凉水口
官垸镇
张市窖
梅田湖镇
安障乡
利兴
凤凰
白衣镇
安丰乡
大鲸港镇
安乡县
三岔河镇
石板滩
深柳镇
（岳常高速）
龙凤山
联合
毛里湖镇
田家山
新开口
南县
北景港镇
新湖
药山镇
安康乡
福美
G55
五同庵
天井
中河口镇
双堰角
新民
东堤
下渔口镇
麻河口镇
中鱼口乡
明山头镇
嵩子港镇
同兴
永富
双桥坪镇
周家店镇
陈家嘴镇
新庵
G56
祝丰镇
大通湖
河坝镇
富贵坡
东郊
石公桥镇
十美堂镇
厂窖镇
西河
千山红镇
镇德桥镇
益阳市
湘西土家族苗族自治州
常德市
韩公渡镇
西湖镇
七花
柳林
西洲乡
西港镇
南
茅草街镇
黄溪堰
双胜桥
罐头嘴镇
曙光
新正
阳罗洲镇
东江街道
牛鼻滩镇
南赶
凤鸣
芦荻山乡
同永
洲口镇
丰临
小港
横河岭
丁家拐
桥街道
龙阳镇
汉寿县
新湾镇
共华镇
沧港镇
坡头镇
聂家桥乡
毛家滩回族维吾尔族乡
水果山
岩汪湖镇
沅江市
洋淘湖镇
马家段
蒋家嘴镇
梧桐
白羊湾
万子湖
龙山
百禄桥镇
茈湖口镇
太子庙镇
周家嘴
龙潭桥镇
龙虎
西田湾
崔家桥镇
（益常高速）
G5513
老鹳塘
岳阳市
南湖洲镇
金牛
军山铺镇
丰家铺镇
荆竹
迎风桥镇
资阳区
赫山区
八字哨镇
石长铁路
S7101
桃江县
益阳市
沾溪镇
东烂泥湖
益阳绕城高速
阳
市

# 常德



## 图例

| 符号 | 图例 | 符号 | 图例 |
|---|---|---|---|
| ★ | 市委 市政府 | ○善池 | 社区居委会 |
| ☆ | 区政府 | | 汽车站 |
| | 管委会 | | 旅游景点 |
| ◎ | 街道 乡(镇) | | 街道 |
| ○报国 | 村委会 | | 铁路 |

湖南地图出版社 编制　　地图审图号：湘S(2016)019 号

## 《常德年鉴（2015）》编纂委员会



## 《常德年鉴（2015）》编辑人员

# 新常德

# 新创业

| | | | |
|---|---|---|---|
| 土地总面积 | 18177 平方千米 | 公共财政预算支出 | 415.8 亿元 |
| 年末常住人口 | 584.4 万人 | 农村公路建设 | 317.3 千米 |
| 地区生产总值 | 2709 亿元 | 新增城镇就业人员 | 67157 人 |
| 第一产业增加值 | 355.2 亿元 | 城镇居民人均可支配收入 | 24513 元 |
| 第二产业增加值 | 1237.5 亿元 | 粮食播种面积 | 7233 平方千米 |
| 第三产业增加值 | 1116.3 亿元 | 粮食总产量 | 389.5 万吨 |
| 三次产业结构 | 13.1 ∶ 45.7 ∶ 41.2 | 工业增加值 | 1117.7 亿元 |
| 一般公共预算收入 | 210.8 亿元 | 建筑业增加值 | 120.7 亿元 |
| 地方财政收入 | 148.8 亿元 | 固定资产投资 | 1857.9 亿元 |

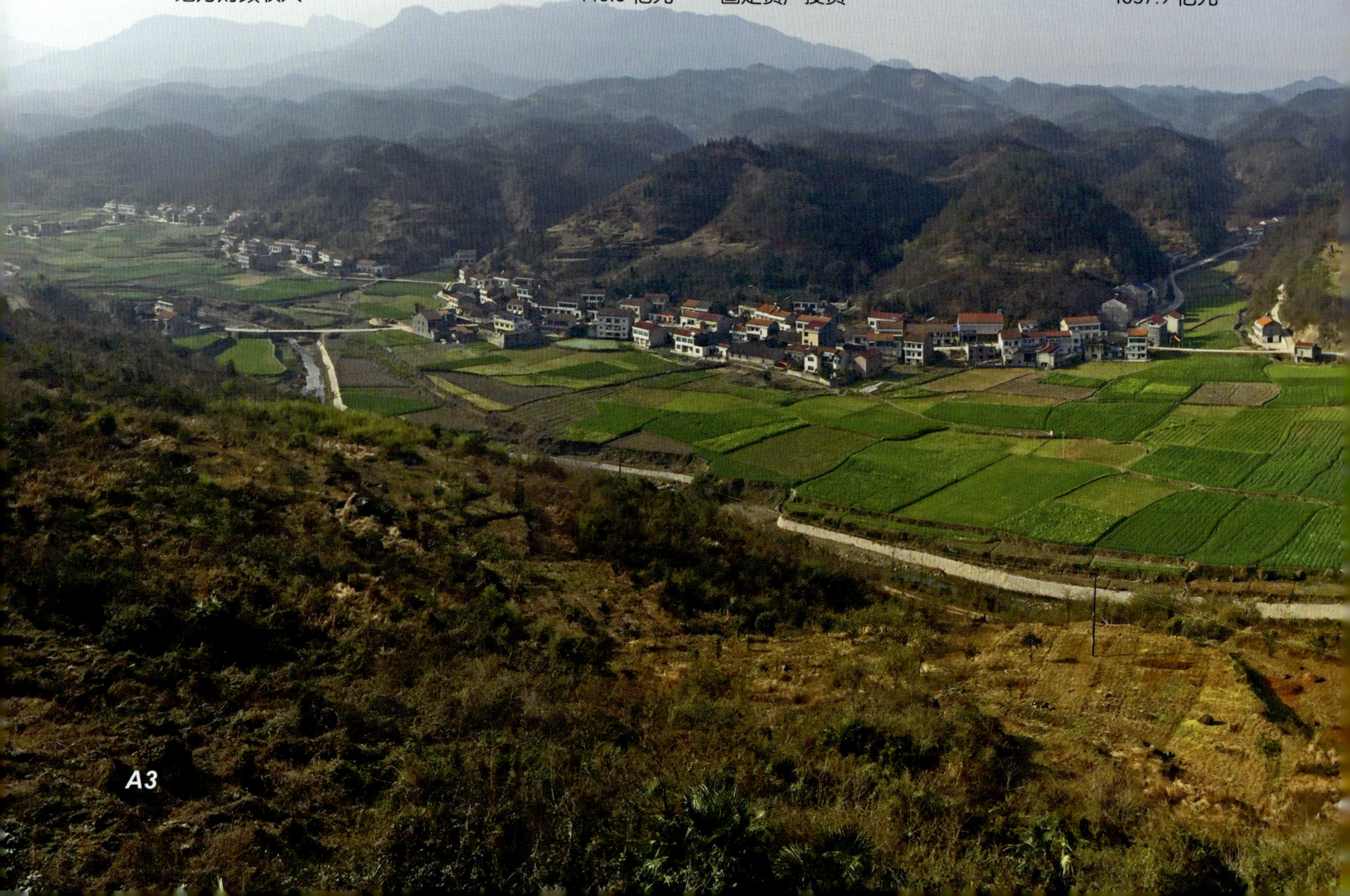

| | | | |
|---|---|---|---|
| 基础设施投资 | 478.1 亿元 | 进出口总值 | 7.8 亿美元 |
| 民生投资 | 122.1 亿元 | 本外币年末各项存款余额 | 2247 亿元 |
| 社会消费品零售总额 | 945.5 亿元 | 本外币年末各项贷款余额 | 1080 亿元 |
| 交通运输、仓储和邮政业增加值 | 120.1 亿元 | 高新技术产品总产值 | 788.3 亿元 |
| 汽车保有量 | 34.1 万辆 | 卫生机构 | 5106 个 |
| 接待海内外游客 | 3641.9 万人次 | 卫生技术人员 | 23358 人 |
| 旅游总收入 | 276.1 亿元 | 森林覆盖率 | 47.98 % |
| 实际引进内外资总额 | 646 亿元 | 全社会用电量 | 122.6 亿千瓦时 |

——数据统计摘自《常德市2015年国民经济和社会发展统计公报》

中国优秀旅游城市（2001）

国家卫生城市（2002）

国家园林城市（2003）

中华诗词之市（2003）

中国魅力城市（2004）

全国交通管理模范城市（2005）

国际花园城市（2005）

全国文明城市（2011）

国家节水型城市（2011）

全国首批海绵城市建设试点城市（2015）

2015年3月，常德市成功入选“全国首批海绵城市建设试点城市”。图为水体改造后的滨湖公园

（刘颂摄）

常德市城乡饮水安全在全省率先实现全覆盖。图为汉寿县沅泉大水厂

2015年6月6日，常德欢乐水世界开园

2015年9月12日，2015中国湖南国际旅游节在柳叶湖开幕。图为开幕式焰火盛典（刘颂摄）

常德市社会治理网格化工作模式全国推介。图为2015年1月9日，全国综治信息化建设工作座谈会在北京召开，常德作为全国6个代表城市之一，进行远程视频联线汇报

常德市创新推出党的报告员制度

2015年12月22日，常德桃花源机场新航站楼建成并正式启用.

2015年6月17日，湖南省委副书记、省长杜家毫宣布沅澧快速干线项目建设正式启动

2015年3月30日，常德万达广场项目奠基仪式

2015年10月23日，常德华兰德光纤项目正式启动建设

# 编辑说明

一、《常德年鉴》以马列主义、毛泽东思想、邓小平理论、“三个代表”重要思想、科学发展观和习近平重要讲话精神为指导思想，是系统记述常德自然、政治、经济、文化、社会的年度性资料文献，是公开出版的系列年刊，是由常德市人民政府主办、常德市人民政府地方志办公室主编的城市综合性年鉴。《常德年鉴》创刊于1989年，自2002年起每年出版一卷。

二、《常德年鉴2015》内容记述时限为2015年1月1日—12月31日内常德所发生的大事、新事和具有年度特色的事；作为背景材料，有个别条目内容或表格数据涉及到年度之前或之后的情况，为方便读者了解内容的完整性，本年鉴仍予以记载。

三、《常德年鉴2015》采用分类编辑法，设类目、分目、条目3个层次，条目为记述基本层次。全书共设31个类目，237个分目，718个条目。正文体例有概况、条目、附录、图表，正文前后插排彩色专版。全书前面有中英文目录，后面有索引，方便读者检索。

四、《常德年鉴（2015）》对框架结构进行了适当调整：将原来的“纪检·监察”类目改名为“纪检监察工作”，作为分目放在“中国共产党常德市委员会”类目之下；将原来“农业·水利”类目名称改为“农业·水利·林业”；将原“科技·防震减灾·知识产权”类目名称改为“科学技术”，将“气象”分目从“农业·水利”类目中转入“科学技术”类目中；将“体育”分目从原“卫生·体育”类目转入“文化·新闻”类目中，类目名称也相应调整。

五、《常德年鉴2015》所载稿件内容和数据均由各部门、各单位提供，并经撰稿单位领导审核；凡涉及常德市经济和社会发展全局的数据，均以常德市统计局提供的资料为依据；市及市直单位领导名录由中共常德市委组织部提供，中央、省属及直管单位的领导名录由各相关单位提供，县市区领导名录由各县市区提供，名录均以2015年12月31日在职者为准。

六、《常德年鉴2015》“附录”栏目以实用、民生、补充为收录资料的主导思想，收录有省以上主流媒体报道篇目表、为民办实事统计表、地理标志保护产品统计表、上市公司统计表、道路名称表、旅游景区和红色旅游示范点、星级酒店和旅行社、公交线路表、对外友好交流情况表等等，以增强年鉴的实用性和资料的全面性。

七、本年鉴的编辑出版，得到全市各级各部门和驻市各单位的大力支持，在此谨向有关部门和单位表示感谢，并希望继续得到各方面的关心和支持。

编 者

2016年8月

# 目录

## 特载



## 专文



## 大事记



## 常德概貌

## 中国共产党常德市委员会

## 常德市人民代表大会常务委员会



## 常德市人民政府



## 中国人民政治协商会议常德市委员会



## 政　法

## 民主党派·工商联·群众团体

## 武 装



## 交通·邮政·通信

# 旅　游



# 城市建设与管理



# 工　业

## 工业园区



## 农业·水利·林业

## 商　务



## 金　融



## 财政·税务·国有资产监管

## 经济执法与监督



## 科学技术

## 教　育



## 文化·新闻·体育

# 卫 生



# 社会·生活

## 县市区·管理区·开发区·度假区

## 资政论坛



## 人 物



## 地方文献



## 附 录

## 索　引

## 彩照目录

# CONTENT

# 2015 中国湖南国际旅游节

2015 中国湖南国际旅游节由湖南省旅游局、常德市人民政府联合主办，于 2015 年 9 月 12 日开幕。本届旅游节以“锦绣潇湘，快乐湖南”为主题，主要由旅游节开幕式、省国际旅游节系列主题活动、市州旅游节相关活动等三大板块构成。常德作为 2015 年中国湖南国际旅游节主会场，精心策划了十大主体活动：2015 湖南国际旅游节开幕式暨柳叶湖水上激光音乐焰火盛典，白马湖国际音乐节，常德民俗文化美食节，中德龙舟友谊赛，武陵阁步行城购物节，城市轮滑表演，湘音湘情—中秋嘉年华，柳叶湖水上特技表演，常德十万市民环湖马拉松赛，“世界拳王争霸赛”—昆仑决常德站等。

活动特点。一是规模最大。旅游节嘉宾规模之大前所未有。本届旅游节组委会和执委会共计邀请嘉宾 650 人，接待嘉宾随员 250 人，纳入执委会统一接待的达到 900 多人。共和、喜来登、国际、泽云四家酒店均包场住满。加上市经建投接待的演职人员 400 余人、湖南经视现场录播人员 60 人，邀请周边市州沙排和龙舟队员 100 人，旅游节累计接待市外客人接近 1500 人。旅游节国际元素之多前所未有。旅游节期间共计接待境外嘉宾 200 多人，分别来自德国、韩国、美国、俄罗斯、英国、意大利、印度、日本、泰国、马来西亚、新加坡等 11 个国家，是常德建市以来一次性接待外宾国别最多、人数最多的一次。旅游节期间既有境外文艺演出，也有中外体育竞技；既有中外商贸合作，也有中外教育文化交流；既有使节会见，也有友城商谈，是一届真正具有国际范儿的旅游节。旅游节现场游客之多前所未有。9 月 12 日开幕式当晚，在柳叶湖周边观看焰火盛典的游客和本

2015 年 9 月 12 日，2015 中国湖南国际旅游节在柳叶湖开幕

地市民达到30万人，远远超过了历次大型活动的游客规模。二是开幕式影响最广。本届旅游节最震撼的就是开幕式，影响最广的也是开幕式。首次将舞台和观礼台设置在水面上，创意新颖、造型别致，让人耳目一新；首次推出山水实景演出，深挖常德文化，凸显地方特色；常德市史上首次燃放烟花数量最大（共计燃放各类礼花弹63855发）、持续时间最长（约25分钟），花样最多，其中世界最大的笑脸烟花（直径超过1000米）和世界最大的心形烟花（周长约960米），成功申报上海基尼斯世界纪录。三是系列活动亮点最多。活动最丰富。常德作为本届旅游节的主会场，共计策划了13大主体活动，活动时间从9月11日一直延伸到10月31日，跨度达2个多月。其中开幕式期间仅三天时间就举办了9大活动，是历届湖南国际旅游节主会场主体活动最多的一次。特色最鲜明。本次举办的系列活动很多都是首创。例如城市轮滑秀在国内还是首次大规模举办，沙滩排球赛在内陆城市也属首次。常德民俗文化美食节最能彰显常德地方文化特色，网罗了常德丝弦、湘北大鼓、汉剧高腔、单人渔鼓、澧水船工号子等多个常德独有的艺术表演形式，展示了300多个地方特产和小吃品种，角逐了“十大常德地方菜”，真正是“德味”十足。创意最新颖。在湖南旅游产品推介会上，首次推出的常德旅游形象歌曲《咿呀咿的桃花源》《夹山禅茶》《梦回城头山》三个地方特色文化节目惊艳全场，给嘉宾奉上的两碗茶——禅茶和擂茶更是让嘉宾赞不绝口。常德旅游“文化有德、山水有情、城市有爱、生活有味”的凝练总结，给嘉宾留下了深刻印象。四是办节理念最好。政府主导、市场主体的办节理念，开创政府办节新模式。本届旅游节一改以往政府大包大揽的办节方式，引入市场机制，由市经建投作为承办主体，不仅承担了两大主体活动的组织实施任务，更承担了旅游节经费筹措任务。通过企业赞助、广告招商等途径，累计融资2600万元，基本实现旅游节收支平衡。旅游搭台经贸唱戏的办节理念，促成多个经贸合作项目。市政府分别与深圳华侨城股份有限公司签署旅游战略合作协议，与山水盛典签署桃花源文化演艺项目协议，与中国华电集团、中国恒天集团、中国建材集团、中国国新控股等央企签订战略合作协议，与德国汉诺威商务代表团签署了三个国际经贸项目合作协议，与韩国启明大学签署教育合作协议，与多家境外旅行商达成旅游产品销售意向。全民参与旅游惠民的办节理念，放大节会效应。旅游节期间推出的“新常德免费游”，两个月时间常德市所有A级景区门票全免，真正让利于游客，不仅起到了很好的宣传推广效应，而且也有力地拉动了旅游市场。旅游节的各项主体活动均不设置门槛，开门迎客，让市民共享、让游客共乐，极大地丰富了市民的文化生活。在开幕式主观礼台，专门邀请市级老干部代表、劳模代表、环卫工人代表、“1115”工程企业代表出席，充分体现了市委、市政府的“亲民”情怀。五是承办工作合力最强。宣传工作卓有成效。主流媒体宣传方面，先后在CCTV—4、湖南卫视《湖南新闻联播》栏目推出旅游节新闻专题，湖南经视对开幕式进行全程录播，并在9月13日、14日黄金时段播出。新浪网、腾讯网等主流网站也对旅游节进行了网络直播，浏览量超过千万人次。《湖南日报》《香港文汇报》等30多家传统媒体推出旅游节专版，旅游节百度搜索量达800多万条。新媒体宣传方面，旅游节新浪官方微博阅读量高达133万次；首次采取全省微信大号整体宣传模式，微信阅读量高达210万次，旅游节官方微信阅读量在全省排名第一；专门开辟旅游节官方网页，阅读量达到85.3万人次。社会宣传方面，设置城区单立柱等户外广告17个、高速公路天桥广告9个、桃花源机场广告位2个和黄花机场广告位1个，在长沙地铁站电子显示屏滚动播放旅游节的宣传画面，在柳叶大道的喜来登到柳叶湖路段设置迎宾旗60块，集中发放宣传海报1万张，旅游节活动折页5万份，免费游宣传折页5万份等。接待工作热情周到。旅游节组委会超前谋划，细致入微的制定接待方案。分酒店接待、考察踩线和“一对一”接待三个方面分块调度，责任到人，克服嘉宾多、反馈迟、下榻散、线路杂等诸多困难，把嘉宾接待与考察工作组织得井然有序。安保工作难而不乱。本届旅游节安保工作是史上最难的，涉及的管理区域多，人流和车流均超历史。旅游节组委会举全警之力，出动警力4000余人次，安保志愿者1500余人次，圆满完成各项安保工作任务。特别是开幕式当晚，柳叶湖沿岸30多万名观众未出一起安全事故，全城大拥堵出现后在开幕式结束1小时就疏通。

社会反响。开幕式现场观众达30万人，市城区是万人空巷，柳叶湖更是人山人海；开幕式当晚城区最高峰时，柳叶大道双向车流量达5800余台次，有超过5万辆机动车涌入柳叶湖区域；常德电视台现场直播收视率高达93%，创历史纪录。湖南经视首次转播，收视率同时段全省第一，市场份额达15.16%，较同时段节目覆盖率高出近5个百分点，收看开幕式盛况的电视观众突破1500万人。此外，一些独特的创意也给中外嘉宾留下了深刻印象。如开幕式致辞台的设计，“金三角”旅游联盟的结盟仪式，重大旅游项目的签约仪式，德国汉诺威市长致辞视频，充分体现常德人办节的智慧和水平，得到国内外嘉宾的一致好评。

（覃　斌）

开幕式焰火盛典（刘颂摄）

2015 年 9 月 11 日，常德白马湖国际音乐会在白马湖音乐喷泉广场演出

2015 年 9 月 12 日上午，常德市政府与中国华电集团、中国恒天集团、中国建材集团、中国国新控股等央企举行战略合作洽谈并签订合作协议

2015 年 9 月 12 日，旅游产品推介会

2015 年 9 月 12 日，张家界市、湘西州委与常德市在旅游节开幕式上签署湖南“金三角”旅游联盟盟书

2015 年 9 月 12 日，常德民俗文化美食节在白鹤小镇开幕

2015 年 9 月 11—13 日，“亲亲常德”摄影作品展在白马湖公园举行

2015 年 9 月 12 日，中德龙舟友谊赛开幕

2015 年 9 月 12 日下午，武陵大道上演城市轮滑运动秀

2015 年 9 月 13 日，国际沙滩排球表演暨常德市首届沙滩排球赛在柳叶湖沙滩公园上演

2015 年 10 月 1—7 日，水上特技表演在柳叶湖举行

2015年10月10日，环湖马拉松赛

2015年10月31日，“世界拳王争霸赛”昆仑决常德站

区县配套活动之枫林花海

媒体关注

# 在市委经济工作会议上的讲话

常德市委书记　王　群

（2016 年 1 月 6 日）

同志们：

这次会议的主要任务是，全面贯彻落实中央、省委经济工作会议精神，总结去年工作，分析当前形势，部署今年工作，组织和动员全市上下，坚持新常德新创业的总要求，继续打好“三大战役”，强力推进“五个常德”建设，努力实现“十三五”发展的良好开局。下面，根据市委常委会研究的意见，我讲四个方面的问题。

市委书记王群作市委经济工作报告

## 一、充分肯定过去一年工作，切实增强新常德新创业的责任意识

刚刚过去的 2015 年，是“十二五”的收官之年。面对复杂严峻的宏观形势和艰巨繁重的改革发展稳定任务，市委、市政府团结带领全市人民，认真贯彻落实中央和省委省政府的决策部署，坚持稳中求进总基调，主动认识、适应、引领经济发展新常态，深入推进新常德新创业，集中打好民生升温、园区攻坚、城市提质“三大战役”，推动经济社会发展迈上新的台阶。

经济发展三量齐升。预计全年完成地区生产总值 2720 亿元，增长 9.0%；规模工业增加值突破 1000 亿元大关，增长 7.2%；固定资产投资 1840 亿元，增长 19.2%；城乡居民人均可支配收入分别达到 24400 元、11700 元，增长 7.9% 和 9.0%。特别是一般公共预算收入突破 200 亿元大关，增长 14.5%，其中税收比重达到 72.1%。

项目建设取得突破。谋划推进十大基础设施项目、十大产业项目、十大城建项目、十大战略性产业项目，引进建设汉能光伏、华兰德光纤、万达广场、华润万家、友阿国际广场、德国汉诺威街、湘雅常德医院等重大项目，大力推进柳叶湖、穿紫河、桃花源、城头山等一批文化旅游项目，成功举办 2015 中国湖南国际旅游节，与 10 多家央企签订战略合作协议。全年引进内外资总额 610 亿元，新开工建设亿元项目 186 个，500 个重点项目完成投资 1030 亿元。华电常德电厂并网发电，华侨城常德欢乐水世界顺利开园。

交通枢纽初见雏形。黔张常铁路开工建设，石长铁路复线即将通车，长益常高铁、常岳九铁路、宜石常铁路前期工作积极推进，桃花源机场扩建完工，荆常高速全线通车，沅澧快速干线一号、二号、六号大道开工建设，市区 80 公里高速环线全线贯通，实现了城市与高速公路、空港“八进八出”的快速对接，泛湘西北交通枢纽的雏形已经显现。

城乡面貌焕然一新。城市建设“三改四化”深入推进，柳叶湖环湖景观、武陵阁步行城、芦荻山大道、白鹤山跨湖大桥、桃花源机场新候机大楼、机场大道、桥南商圈、青少年活动中心、妇女儿童发展中心、科技展示中心等成为城市新亮点；入选全国海绵城市建设试点城市，启动建设项目79个；完美社区能力建设基本完成，创造了城市基层社会治理创新的常德模式；美丽乡村建设百村示范、千村创建、村村整治行动扎实有效，逐步走向“村庄美、村民富、村风好”的发展路子；县城管理体制改革和提质扩容迈出了坚实步伐，县城城市化出现了你追我赶的生动局面。

改革创新不断深化。全面深化改革有力有序，上级部署的各项改革和改革试点扎实推进，园区管理体制、投融资体制、城管体制等自主改革形成特色。市县政府机构改革全面完成，乡镇区划调整改革完成乡镇合并。认真落实中央和省委省政府出台的稳增长政策措施，编印下发了《政策清单》。创新创业有成效有亮点，高新技术产品增加值增长25%，高新技术企业新增10家，建成创业孵化器2.5万平方米，创建国家级高新区进入整改培育阶段，新登记市场主体增长117%，推动形成了大众创业、万众创新的良好氛围。

民生福祉持续改善。新增城镇就业3.8万人；实现脱贫12万人；教育卫生三年攻坚成效明显，高考再次取得文科全省第一、理科全省第二的好成绩；城乡饮水安全在全省率先实现全覆盖，全国农村饮水安全工作现场会推介了我市工作经验；社会保障水平整体提升；生态环境质量不断优化，国家森林城市建设和全国绿化模范城市建设顺利推进；文化体育惠民工程深入实施，人民群众有了更多获得感。

民主法治加快推进。各级人大、政协的履职成果不断扩大，党管武装工作开创新的局面，工会、共青团、妇联等群团工作取得新的成绩，全面依法治市扎实推进，安全生产形势好转，社会大局安定有序。

党的建设全面加强。“三严三实”专题教育扎实开展，巡视整改工作积极推进，党的报告员制度初见成效，“一进二访”“一改四定”和“一转四定”等专题活动生动活泼，领导班子、干部队伍和基层组织建设力度加大，党风廉政建设“两个责任”全面落实，转作风、反“四风”取得明显成效。

在经济下行压力加大的背景下，这些成绩的取得来之不易，我们必须倍加珍惜，倍加巩固和扩大成果，倍加努力争创新的业绩。当前，我们面临的发展环境和条件正在发生深刻变化。做好今年经济工作，一定要把握发展大势，切实认清新的阶段性特征，不断增强工作的预见性、主动性和实效性，以强烈的责任意识和使命意识推进新常德新创业。

1.我们正处在一个发展动力加快转换的新阶段，必须贯彻新理念，抢占发展的制高点。经济发展进入新常态，表面上是增长速度从高速转向中高速，本质上则是增长动力的转换，就是要在原有增长动力逐步衰减的情况下，孕育和形成新的增长动力，推动发展动力由要素驱动向创新驱动转变，努力实现有质量、有效益、可持续的发展。发展动力的转换，不是推倒重来，不是非此即彼，而是一个均衡协同、循序渐进、优化增强的过程。党的十八届五中全会创造性地提出创新、协调、绿色、开放、共享的发展理念，是党中央治国理政思想的重大理论创新，是在新形势下转换发展动力的重要行动指南。对我们常德来讲，城市化、工业化的水平都还偏低，城市化率只有47%，规模工业增加值占GDP的比重不到40%，新型城市化和新型工业化的任务依然艰巨，可谓任重道远。这也告诉我们，在常德，新型城市化和新型工业化作为推动经济社会发展的“双引擎”必将还是一个长期的过程。关键是我们要有创新发展的理念、开放担当的胸怀、整合资源的能力，在供给侧上着力、在有效供给上下功夫，创造新消费、引导新消费，加快形成新的经济增长动力，努力打造新的经济增长点。

2.我们正处在一个发展基础更加坚实的新阶段，必须抢抓新机遇，把握发展的主动权。刚刚告别“十二五”、跨入“十三五”，常德已经站在一个新的历史起点上，加快发展具备了很好的基础和条件。从发展势头来看，经过多年的持续快速发展，我市经济规模不断扩大，一直稳定保持在全省前三位，这在一定程度上，为我们应对挑战、战胜困难奠定了较为厚实的物质基础，形成了较强的适应能力和调整能力。从宏观环境来看，中央提出五大理念、五大政策、五大任务，加大力度实施积极的财政政策，灵活适度实施稳健的货币政策，正在出台系列政策组合拳，这将为我市经济发展创造良好环境、提供有力支撑。从战略机遇来看，当前及今后一段时期，国家重点实施“一带一路”、京津冀协同发展、长江经济带三大战略，常德作为长江经济带的重要节点城市和洞庭湖生态经济区的重要组成部分，已经从过去的“沅澧时代”跨入“长江时代”，有利于在更大范围、更广领域、更高层次吸引生产要素，促进区域发展。从领导经济工作能力来看，通过近几年深入推进新常德新创业，集中打好“三大战役”，形成了一些工作品牌，积累了不少宝贵经验，更加难能可贵的是，我们在工作中广泛凝聚了常德力量，锤炼形成了特别能吃苦、特别能战斗、特别能理解的“三改四化”精神，这是加快发展的底气所在、希望所在。立足于这些好的基础，我们要坚持咬定发展不放松，抢抓机遇不懈怠，趁势而上不停步，积极主动地把好的来势、好的环境、好的机遇转化为加快发展的好业绩、好局面。

3.我们正处在一个发展竞争弯道比拼的新阶段，必须焕发新状态，增强发展的责任感。新常态下的发展竞争，就是滑冰场上的速滑比拼，比的是技术、比的是勇气、比的是弯道超越。当前，我市和全省、全国一样，经济发展中出现了一些困难和问题：经济下行压力持续加大，部分行业和企业生产经营状况不容乐观；转变发展方式难度大，面临着传统产业不强、又要向新兴产业调整，旧动力不足、又要向新动力转换，存量不大、又要去产能等诸多双重压力；防控风险责任大，财政收支矛盾、产能过剩、房地产库存、政府债务、民间融资、安全生产等风险点增多，应对风险、防控风险的工作任务非常艰巨。面对多层压力，我们要增强心理承受能力，做一名高明的速滑运动员，始终做到脑清、心静、脚稳、力足，切实增强“等不起”的责任感、“慢不得”的危机感、“坐不住”的紧迫感，坚决摒弃小成即满、小富即安、小过自谅的小农意识，坚决克服“伪现代”“假开放”“浅作为”的不良现象，坚决破除等、靠、要的消极思想，以不唯书、不唯上、只唯实的科学态度，敢抢敢拼，善作善成，闯关过坎，奋力实现弯道超越。

## 二、适应经济发展新常态，明确经济工作目标要求

市委六届十三次全会研究了“十三五”发展的重大问题，审议通过了《规划建议》。在经济发展新常态下，常德“十三五”向何处去？就是要奔着“一三五”去。“一”就是坚持“一个中心”的发展定位，把常德建设成为泛湘西北现代化的区域中心城市；“三”就是实现“三个迈进”的发展目标，建设现代交通体系、迈进“高铁时代”，建成“双百城市”、迈进“大城市时代”，构建现代产业体系、迈进“千亿产业时代”；“五”就是坚定“五个常德”的发展路径，坚持创新发展、建设智慧常德，坚持协调发展、建设健康常德，坚持绿色发展、建设美丽常德，坚持开放发展、建设现代常德，坚持共享发展、建设幸福常德。“一个中心、三个迈进、五个常德”，是“十三五”推进新常德新创业的新内涵新要求。全市上下一定要坚持一张好的蓝图干到底，不跑题、不走调，少提新口号、只吹进军号，阔步迈向新的征程。今年是“十三五”的开局之年，各项工作要围绕“一三五”去谋划、去部署、去推进。

做好今年经济工作，必须全面贯彻落实党的十八大、十八届三中、四中、五中全会和中央、省委经济工作会议精神，按照“五位一体”总体布局和“四个全面”战略布局的要求，牢固树立创新、协调、绿色、开放、共享发展新理念，主动适应经济发展新常态，坚持稳中求进总基调，坚持新常德新创业，继续打好“三大战役”，强力推进“五个常德”建设，努力实现“十三五”经济社会发展的良好开局。

今年经济工作的主要预期目标是：地区生产总值增长 9% 左右，财政收入增长 10% 以上，固定资产投资增长 20% 左右，城乡居民收入增长 9% 以上。

增长目标的确定，既要充分体现中央、省委省政府对新常态下发展速度的科学把握和判断，又要紧密结合常德发展阶段性特征；既要跳起来摘桃子，让大家感到有压力、有动力，有信心、有预期，又要稳妥适当，必须摘得到、落得实、兑得现，不能放空炮。确定这样的目标，主要基于以下几个方面的考虑。一是与上级的部署和要求相衔接。中央提出的今年 GDP 增长预期目标为 6.5% ~ 7%，省委提出的是 8.5%。按照我市这些年来实际增速高于全省的态势，提出 9% 左右的增长目标，既符合中央、省委总体判断和基本定位，也切合常德当前和未来一段时期经济运行的合理区间。二是与“十三五”规划目标相匹配。市委全会通过的《规划建议》提出，经济保持中高速增长，经济总量保持全省领先位置，财政收入、城乡居民收入与经济同步增长。这就要求我们既要加快发展，应快则快、能快就快，又要不断提高发展质量和效益。提出财政收入增长 10% 以上，城乡居民收入增长 9% 以上，高于 GDP 增速目标，体现了加快发展的要求，体现了更加注重质量效益的要求。三是与人民群众需求相呼应。随着经济社会快速发展，人民群众对美好生活的向往更加强烈。特别是 2017 年要提前全面建成小康社会，而去年底全市还有 24 万贫困人口没有脱贫，这是摆在我们面前的艰巨任务。我们必须积极回应人民关切，大力推动经济发展，为打好脱贫攻坚战、提前全面奔小康提供物质保障。四是与发展基础和来势相吻合。经过“十二五”时期的发展和积累，我市经济实力迈上新台阶，经济总量、发展质量和人均均量实现同步提升，经济发展有潜力、有回旋余地、有增长空间。只要我们把握得当、发挥充分、运用有效，完全有条件、有能力实现预期的发展目标。

做好今年经济工作，实现预期目标任务，关键要继续打好“三大战役”，强力推进“五个常德”建设。

继续打好“三大战役”，就是要全面发起“三大战役”的总攻，为本届市委、市政府的工作画上圆满句号。民生升温要突出脱贫攻坚这个首要任务，抓好完美社区、美丽乡村建设，推进教育卫生攻坚，巩固提升饮水安全成果，办好各项民生实事，提高人民生活水平；园区攻坚要瞄准转型升级这个发展方向，培育骨干企业，壮大支柱产业，推进产城互动，增强创新能力，加快把工业园区建设成为改革示范区、产业集聚区、发展优势区；城市提质要围绕增强城市竞争力这个根本目标，贯彻落实中央城市工作会议提出的“五个统筹”，深入推进城市建设“三改四化”和城市管理“一改四化”，加快建设海绵城市，提升城市品质品位，以坚定的步伐迈向“大城市时代”。

强力推进“五个常德”建设，就是要按照“一个中心”的发展定位、“三个迈进”的发展目标，在发展路径和工作举措上，突出建设智慧常德、健康常德、美丽常德、现代常德、幸福常德，开启贯彻五大发展理念、推进“五个常德”建设的新征程。建设智慧常德要突出科技创新、现代教育、信息应用，培育创新发展新动力；建设健康常德要突出产业协调、城乡一体、社会文明，构建协调发展新格局；建设美丽常德要突出环境治理、生态保护、资源节约，顺应绿色发展新要求；建设现代常德要突出完善交通、深化改革、扩大交流，拓展开放发展新空间；建设幸福常德要突出脱贫攻坚、公共服务、社会治理，迈出共享发展新步伐。要把“五个常德”建设贯穿于全年工作始终，落实到改革发展稳定的各个领域、各个环节、各个方面，让建设“五个常德”的生动实践深深扎根于沅澧大地，开出鲜艳的花朵，结出丰硕的果实。

## 三、突出重点打好攻坚战，努力实现“十三五”发展良好开局

今年既是“十三五”的开局之年，又是本届市委市政府的收官之年。做好今年的工作，要按照战略上坚持持久战、战术上打好歼灭战的要求，围绕打好“三大战役”、推进“五个常德”建设的总体部署，瞄准目标发力，奔着难题攻坚，全面完成今年及本届市委市政府确定的改革发展任务。重点抓好六个方面的工作：

1. 紧紧抓住项目投资这个牛鼻子，强力带动经济发展。投资是拉动经济增长的关键因素。中央强调供给侧结构性改革，并不是说扩大需求不重要了，而是对投资结构、投资效益提出了新要求。实现今年的经济增长目标，必须集中精力抓项目、扩投资，深入开展“项目推进年”活动，实施重点项目 500 个，完成投资 1200 亿元，以项目为抓手稳增长、调结构，更高水平地掀起新一轮项目建设的热潮。

要完善项目建设链条。项目建设是一个不断开发、储备、申报、实施的过程，必须形成项目链条，实现滚动发展。要主动对接国家和省“十三五”发展的重大战略、重大计划，完善充实重大项目库，力争更多项目进入国家和省规划“笼子”。准确把握产业转移动态、战略投资者需求，点对点对接央企、省企和大企业大集团，引进一批符合国家产业政策、投资规模大、科技含量高的大项目、好项目。严格落实项目建设责任，继续实行领导干部联系重点项目制度，强化项目要素保障，确保项目早落地、早开工、早见效。

要提升项目投资质量。中央提出去产能、去库存、去杠杆、降成本、补短板的五大任务，出发点是要提高供给体系的质量效益，提高项目投资有效性。要把投资方向及时调整到加强薄弱环节和短板上来，更好发挥重点领域投资的带动作用。要对接国家产业政策和重点投向，加强新兴产业投资；对接消费和服务升级，加强消费领域投资；对接基础设施和公共服务的短板，加强交通网、水利网、能源网、信息网建设和民生改善投资；对接绿色发展，加强生态环保投资。真正让有限的项目资源发挥巨大的带动作用，让投出去的每一分钱都能发挥出最大的效益。

要拓宽项目投资渠道。一直以来，资金筹措难是制约我市项目建设的瓶颈。要发挥政府投资的引导作用。抓住中央适度提高财政赤字率、增加赤字规模的机遇，在保证债务风险总体可控的前提下，坚持科学负债、合理负债，用好专项建设基金、地方融资平台、债券市场等工具，维持合理的政府投资力度。要发挥市场融资的关键作用。按照“资源资产化、资产资本化、资本证券化”的思路，加快探索市场化筹措资金的新方式新平台，争取金融支持，增强融资能力。要发挥民间投资的主体作用。着力破除准入限制、项目审批等制度性障碍，分行业、分领域制定鼓励民间投资的具体操作办法，完善 PPP 模式，促进民间投资进入经济社会发展的各个领域和行业，为经济社会发展增添新的动力。

2. 紧紧抓住转型升级这个关键，不断优化产业结构。产业是经济发展的基础和支撑，是城市地位和竞争力的决定性力量。现在推进供给侧结构性改革，重点是扶持实体经济，优化产业结构，增强有效供给，促进转型升级。

要以园区攻坚为抓手，推进工业转型升级。园区攻坚是新型工业化最重要、最根本的抓手。要积极对接“中国制造 2025”和省委省政府出台的“制造强省五年行动计划”，推动工业产业壮大规模、优化结构。要加强园区建设。我市工业园区规模不大、设施不齐、管理不优、效益不好的问题非常突出，要按照“工业新城、城市新区”的发展要求，完善园区规划，配套生产生活设施，构建“生产发展、生活富裕、生态优良”的园区发展格局。重点支持常德经开区“推进二次创业、建设千亿园区”，支持常德高新区建设成为国家级高新区，着力打造常德工业发展新高地。要加强产业培育。继续实施“1115”工程，力争 22 家“1115”工程企业产值达到 1100 亿元，重点发展烟草、生物科技与健康食品、现代装备制造三大支柱产业，积极推动芙蓉王现代新城、西洞庭生物科技园和华南光电智慧产业园的建设，支持中联重科、三一重工、汉能光伏、华兰德光纤、益多利生物、金健米业、武陵酒业等企业调整结构、加快发展，为迈进“千亿产业时代”打下坚实基础。大力支持电子信息、生命科学、新材料、新能源等战略性新兴产业发展，提升对全市经济增长的支撑力。推动传统产业与“互联网 +”融合，推广应用自动化、数字化、网络化、智能化等先进制造系统、智能制造设备，实现传统产业凤凰涅槃。要加强企业帮扶。目前，企业生产成本高、税费负担重、融资难融资贵、市场疲软等困难非常突出，亟待党委、政府加大帮扶力度。中央和省委经济工作会议明确提出要帮助企业降低成本，出台降低人工成本、物流成本、财务成本、税费负担、“五险一金”等方面的政策措施，要积极跟进、深入研究，主动对接、抓好落实。深入开展企业帮扶活动，对重点企业实行逐一分析、逐一研究、逐一扶持，帮助企业过冬。企业自身要苦练内功、强化管理、积蓄力量，提升市场竞争力，努力在历经风浪中上规模、上质量、上水平。要加强科技创新。强化企业创新主体地位，支持金健米业、金鹏印务、常德烟机、中泰特种装备申报国家级工程技术研究中心，加快建成一批国家级、省级科技研发平台。深入实施人才强市战略，重点引进两院院士、国家“千人计划”等高层次人才，支持推动关键技术研发，为企业发展腾飞提供技术支撑。

要以“四化两增”为目标，推进农业转型升级。坚持跳出农字抓农业、跳出农业抓农村的理念，推进农业向规模化、高端化、智能化、服务化方向发展，促进农业增效、农民增收。高度重视粮食生产，加大高标准农田建设力度，抓好粮食精深加工，提高种粮农民效益。深化农业结构调整，以建设现代农业示范区为重点调整农业区域结构，以发展特色种植、特色养殖为重点调整种养结构，以发展休闲农业、旅游农业、创意农业为重点调整业态结构，培育农业农村新增长点。加快农业产业化进程，继续抓好十大标志性工程，推动西湖西洞庭现代农业示范区和生物谷加快建设，力争全市农产品加工产值突破千亿大关。搞活农产品流通，顺应网络经济新潮流，探索“农产品 + 互联网”模式，打造农产品网络销售平台，让优质农产品插上互联网的翅膀飞出常德，飞向世界。

要以文化旅游为突破，推进服务业转型升级。去年的实践充分证明，市委、市政府把文化旅游作为战略性产业来打造，决策是正确的，成效是明显的。今年，我们要继续按照“南攻桃花源、北战壶瓶山、中取柳叶湖”的战略布局，打响世外桃源旅游品牌，塑造“亲亲常德”旅游形象，加快建设国内外知名的休闲度假旅游目的地。桃花源要抓住与锦绣中华、山水盛典合作的机遇，下决心闭关提质，加大桃花山、桃源山核心景区的改造力度，加快秦溪、秦谷、五柳湖和古镇的建设，到2017年实现AAAAA级景区的突破，让世人于沅水之滨圆梦心中的桃花源。柳叶湖要扩大与华侨城的战略合作，以建成梦幻桃花岛为标志，引进中南传媒等战略投资者，加大环湖十大景观工程建设力度，实现锦江酒店"五一"开业、柳叶湖至穿紫河水上观光"十一"启航。壶瓶山要坚持走国际化、高端化的路子，认真保护好、规划好、开发好现有生态资源，让人们体验不一样的武陵风光。城头山要全面启动世界遗产申报工作，确保国家考古遗址公园上半年开园。常德人文厚重、故事精美，发展文化创意产业有良好的基础，要加快柳叶诗韵、大小河街、丁玲文学奖、"一江两岸、诗画长廊"等十大精品工程建设，彰显城市文化内涵，实现文化旅游、文化事业、文化名城一体化发展。培育发展生命科学与健康产业是全面建成小康社会，适应社会人口结构和消费结构变化的战略选择，我们要以湘雅常德医院建成为契机，推进生命科学与健康产业园的建设。加快发展商贸物流业，完成武陵阁步行城、桥南商圈提质改造，建成万达广场、友阿广场、和瑞欢乐城等商贸项目，扶持电子商务等新兴业态发展。加速发展金融业，支持企业上市融资，培育壮大多层次资本市场，大力解决融资难、融资贵的问题。积极消化房地产库存，着力打通商品房与拆迁安置房、公租房及其他租赁房源的通道，大力发展复合地产，规范引导商品房团购促销，认真研究解决房地产开发建设中的突出问题。

3. 紧紧抓住城市工作这个重点，加快建设区域中心城市。区域经济的发展已进入中心城市发展时代，区域经济的竞争已演化为城市的竞争，这已是不争的事实。前不久召开的中央城市工作会议，是时隔37年后中央再次召开的全国性城市工作会议。会议的主要精神就是"五个统筹"。从近年来我们的城市工作来看，常德的实践与中央的精神是高度吻合的。要认真学习贯彻中央城市工作会议精神，继续打好城市提质战役，推进"五个统筹"在常德的生动实践，朝着面积超100平方公里、人口超100万人的区域中心城市阔步迈进。

要优化城市规划设计。认真开展规划研究，尽快拿出高速环内500平方公里规划研究成果，推进城市160平方公里控制性详规和专业规划全覆盖，完善卫星镇的规划设计和控规编制。积极推进"多规合一"，优化城市空间布局、功能布局和产业布局，推动形成统一衔接、功能互补、相互协调的空间规划体系。要加强城市建设的立法工作，坚持节约集约用地，盘活存量土地资源，最大限度发挥土地综合效益，着力强化规划约束，严格规划实施监管，坚决维护规划的严肃性和权威性。

要加快城市建设步伐。通过近几年的努力，我们的城市建设有了很大进步，城市面貌有了明显改观。要坚持把创造优良人居环境作为城市工作的中心目标，着力完善城市功能，不断提升城市竞争力。继续推进"三改四化"。路改要继续实施小街小巷与主次干道互联互通工程，着力加大城市路网密度，增加公共停车空间；水改要大力实施碧水工程，按照水安、水净、水流、水亲、水游、水城的整体要求，突出截污、治污，重建城市水生态、水环境；棚改要注重成片推进，改造棚户区5.4万户，打造江南新城、德山新城、老西门等一批城市新亮点。统筹推进绿化、美化、亮化、数字化，让城市更有品质、更有品位。大力建设海绵城市。深入实施海绵城市3年行动计划，扎实推进水安全、水生态、水环境、水文化建设，年内建成海绵城市示范区。突出抓好重点项目建设。开工建设沅江隧道，逐步拉通阳山大道至阳明大道城市主轴，推进阳明湖开发建设，着力打造白马湖、阳明湖城市双中心。建成江南风光带、穿紫河景观带、常德河街、汉诺威街、爱情岛等一批城市精品，打通河洑山城市西大门，启动丹洲生态城、市民中心、总部基地、保利新城等一批重大项目建设，加快构建一江两岸、一体三极的城区发展新格局。

要提升城市发展质量。做好新形势下的城市工作，要树立智慧增长、"紧凑城市"理念，推动城市发展由外延扩张向内涵提升转变。要按照尊重自然、顺应自然、天人合一的理念，依托山水脉络、自然风光、历史文脉规划建设城市，把好山好水好风光融入城市，努力建设人与人、人与自然和谐共处的美丽家园。控制城市开发强度，加强城区"三山三水"和历史文化保护，推动形成绿色低碳的生产生活方式和城市建设运营模式。严把建设质量关，特别是对一些标志性建筑要精美设计、精细施工，让城市多留遗产、少留遗憾。深化城市管理"一改四化"，进一步确定管理范围、权力清单、责任主体，不断完善城市管理和服务，让人民群众在城市生活得更方便、更舒心、更美好，让更多的人到常德安居乐业。人在城市，心不能总飘着。要抓紧研究对接农民工和流动人口市民化政策，有序推进农业转移人口和流动人口市民化，真正让农民和外地人员"进得来、住得下、融得进、过得好"。

要完善城镇发展体系。按照科学统筹、规划引领、改革促融的思路推进津澧融城，加快建设"洞庭第五极、市域副中心"。坚持把县城作为推进新型城镇化的战略支点，大力实施县城提质扩容工程，提高县城对产业、人口、要素的集聚能力。巩固深化乡镇区划调整改革成果，让乡镇在规划、建设、国土、环保等方面承担更多的主体责任，推进一批重点镇、卫星镇、特色镇、口子镇加快发展。

4. 紧紧抓住全面小康这个目标，着力推进协调发展。全面建成小康社会，强调的不仅是小康，更重要、更难做到的是全面。小康讲的是发展水平，全面讲的是发展的平衡性、协调性、可持续性。要坚持补短板、促协调，决战决胜全面小康。

全面小康，覆盖的领域要全面。就是经济社会发展的各个环节、各个方面都要协调共进。

要更加重视完善基础设施。交通方面，启动交通建设五年大会战，加快黔张常铁路建设，争取长益常高铁开工建设，抓紧常岳九铁路、襄澧常铁路、常桂南铁路前期工作；启动益常高速复线前期工作，开工建设安慈高速，确保常安高速建成通车；加快沅澧快速干线建设；推进沅澧航道整治。水利方面，抓好一线大堤和病险水库除险加固，加强城镇防洪圈建设，积极构建防洪减灾、供水保障、排涝治涝、河湖健康四大体系。能源方面，加强天然气管网建设，推进一批风电、光伏发电项目，努力打造国家新能源建设示范城市。通信方面，以浪潮常德云计算中心为依托，认真开展国家智慧城市试点工作。

要更加重视发展非公经济。认真落实国家推进大众创业、万众创新的政策措施，加快创业孵化基地、创业园区和众创空间建设，推动形成全民创业的浓厚氛围。完善创业扶持政策，加强创业指导帮扶，吸引和鼓励企业家、专业人士、留学归国人员来常创业。进一步放宽投资领域，鼓励民营企业依法进入更多领域，充分激发非公有制经济的活力和创造力。

要更加重视发展社会事业。坚持就业优先，加强就业指导、帮扶和培训，着力解决结构性就业矛盾。坚决完成教育卫生三年攻坚任务，加快职教大学城建设，启动一中医院异地扩建，建成湘雅常德医院。扎实推进社保提标扩面，进一步完善社会保障的托底功能。深入开展蓝天碧水净土行动，启动实施沅澧"两水四岸"整治行动，扎实推进国家森林城市建设，切实筑牢生态安全屏障。巩固提升城乡饮水安全成果，争取黄石水库水资源综合利用工程开工建设，建立饮水安全长效化常态化管理机制，让健康水、安全水、放心水源源不断流进千家万户。积极实施文化体育惠民工程，推动文化体育事业繁荣发展。稳步实施"全面两孩"生育政策，促进人口均衡发展。

全面小康，覆盖的人口要全面。就是要建成惠及全市人民的小康，重点要打好脱贫攻坚战。前不久，中央召开了扶贫开发会议；春节前，省委还要召开全省脱贫攻坚推进大会。要把脱贫攻坚作为首要的政治任务和民生工程，按照发展生产脱贫一批、易地搬迁脱贫一批、生态补偿脱贫一批、发展教育脱贫一批、社会保障兜底一批的基本思路，推进精准识贫、精准扶贫、精准脱贫，加大资金、政策、工作等投入力度，采取超常规措施，确保全年脱贫12万人以上。要鼓励贫困群众自力更生、自强不息，增强脱贫致富的自觉性、主动性和创造性，确保贫困人口稳定脱贫。要加大帮助弱势群体的力度，抓好不同社会群体的民生保障工作。我市有38万城乡低保对象，要通过完善各项保障制度来保障基本生活；有41万残疾人，要健全保障和服务体系，切实保障他们的权益；有115万60岁以上的老人，要增加养老服务供给，增强医疗服务的便利性；有2.2万城镇登记失业人员，要让他们有一门专业技能，实现稳定就业和稳定收入。

全面小康，覆盖的区域要全面。就是要努力缩小城乡区域发展差距，实现城乡区域共同的小康。要加快发展县域经济，通过县城扩容提质提升县城经济的首位度，通过壮大工业园区打造县域发展的增长极，通过城乡统筹推进城乡一体化，加快形成特色化、差异化的县域经济板块，努力在全省县域经济发展中争先进位。要深化完美社区建设，全面完成街道和社区能力建设扫尾工作，继续完善"3+N"治理模式，加快建立与现代社区治理相适应的组织体系和运行机制。突出抓好社区治理创新、回归自治，切实增强居民的主人翁意识和主体责任意识，真正实现"我的社区我的家、我的社区我做主"。要整市推进美丽乡村建设，改办点示范为建点带动，充分调动广大农村群众的积极性，自己动手、自力更生、自我管理，抓好产业发展、环境整治、村庄建设和乡风培育，让群众感受到美丽乡村就在眼前。

5. 紧紧抓住改革开放这个最大红利，切实增强发展活力。始终把改革开放作为推进经济社会发展的开路先锋，以改革释放红利，以开放拓展空间，努力增强发展活力与动力。

大力推进全面深化改革。中央已经明确，今年将重点在国企、财税、价格、金融、养老保险等领域推出一系列重大改革举措。要按照"突出问题导向、突出精准发力、突出完善制度、突出督察落实"的要求，认真落实中央、省委部署的改革任务和改革试点，逐项细化任务，逐级强化责任，确保方案落实、工作落实、责任落实，坚决避免以会议贯彻会议，以文件落实文件。要结合常德实际，围绕解决重点领域的突出矛盾和问题，着力抓好政府投资项目管理制度改革、城市建设体制改革、转变乡镇政府职能、城乡基层治理创新等一批自主改革举措。市委改革办和各专项小组，要认真抓好改革的分析调研、分解落实和分步推进，列出时间表，明确责任人，坚持项目化，推进各项改革任务落细落小落实。

大力发展开放型经济。要积极融入国家"一带一路"、京津冀协同发展、长江经济带战略，大力争取洞庭湖生态经济区建设的资金项目支持，主动承接、吸纳沿海发达地区产业转移，推动市域经济由"沅澧时代"向"长江时代"转变。进一步加大力度，创新举措，切实抓好招商引资、开放引进的工作，突出央企对接，突出园区招商，突出引老乡、回故乡、建家乡，力争引进内外资总额680亿元。积极申报进口粮食指定口岸、桃花源机场一类航空口岸，力争建成一个保税物流中心。积极发展对外贸易，引进和培育20家以上外贸龙头企业、50家以上外贸出口大户。

大力优化经济环境。要着力转变政府职能，加大简政放权力度，继续做好行政审批事项的承接落实和取消下放工作，全面推行"三清单一目录"，做到清单之外无收费、目录之外无审批。认真落实首问负责、限时办结、服务承诺等制度，进一步规范审批程序，压缩审批时限，为投资者提供优质高效的服务。大力宣传好、用好《政策清单》，真正把政策交给群众，以政策促进发展。下力整治"三乱""三强"等问题，严厉打击各类损害经济发展环境行为，坚决做到发现一起、查处一起、曝光一起，努力营造亲商、爱商、护商的良好环境。

6. 紧紧抓住风险防控这个底线，全力维护安全稳定。面对新常态下各方面风险不断积累的新情况，要牢固树立危机应对和风险防控的意识，坚持把风险防控摆在更加突出的位置，确保社会大局安全稳定。

要着力防控经济运行风险。对经济运行方面的风险，要提高动态监测、实时预警能力，做到早识别、早应对、早化解。加大对实体经济的扶持力度，努力帮助企业破解难题，渡过难关；构建和完善政府债务管理体制，加强政府性债务监管，切实把债务风险控制在可承受的范围之内；高度警惕民间借贷危机，落实民间融资管理规定，严厉整治非法集资吸储行为。

要着力防控社会稳定风险。以法治常德和平安常德建设为抓手，深入推进社会治安综合治理，突出打击违法犯罪、完善防控体系、深化法治建设，不断提高人民群众的安全感和满意度。严格落实重大决策社会稳定风险评估制度，完善社会矛盾排查预警和多元化解机制，切实防范大规模群体性事件。着力打造阳光信访、责任信访、法治信访，推行网上信访、诉访分离、逐级走访，依法及时解决群众合法合理诉求。加强网络舆情监管，妥善处置各类舆情，不断净化网络环境。

要着力防控安全生产风险。牢固树立安全生产红线意识，建立完善"五级五覆盖""五落实五到位"责任体系，严格落实"党政同责、一岗双责、失职追责"。认真抓好重点领域、重点行业、重点时段的安全隐患排查，加强宣传教育，深化专项整治，确保把安全生产隐患消灭在萌芽状态。坚持严格执法，严厉打击非法违法生产经营行为，坚决遏制和有效防范重特大事故发生，切实维护人民群众生命财产安全。

## 四、加强和改进党的领导，不断提高领导经济工作能力

做好今年经济工作，关键在党，关键在干部。这些年，我市经济社会发展取得重大成就，适应新常态做出积极探索，一条重要的经验，就是加强和改进党对经济社会发展的领导。当前，经济发展正处于爬坡过坎的重要关口，尤其需要发挥党的领导核心作用，发挥党员干部的骨干作用。

1. 始终坚持解放思想，真正以战略思维、宽阔视野、大局情怀、历史担当谋划和推进发展。党的十八大以来，党和国家的各项事业都在确立新坐标，开创新局面。如果我们不解放思想、积极作为，就会在新一轮的发展竞争中掉队落伍。立足"十三五"，面对新常态，要打开眼界、转变观念，始终以战略思维、宽阔视野、大局情怀、历史担当来认识、谋划和推进改革发展，任何时候都不动摇、不偏离、不懈怠。战略思维，就是要善于把工作放在区域经济发展大格局中来考量，放在国家和省市发展战略中来推进，切实增强工作的系统性、主动性和预见性。宽阔视野，就是要打开"德眼"看天下，敞开胸怀促开放，努力构筑区域开放高地，实现开放发展、融合发展。大局情怀，就是要始终牢记"常德者，我们的常德"，自觉服从大局、服务大局、维护大局，决不能抱有"局外人"的心态，决不能扮演"旁观者"的角色。历史担当，就是要对历史负责、对人民负责，切实肩负起时代赋予我们的责任和使命。担当有多大，事业才能做多大。新常德新创业是常德人民共同的事业，每一名党员干部都要增强担当精神、主体自觉，以敢于担当、敢于负责成就一番事业。

2. 牢牢把握认识适应引领新常态这个大逻辑，着力解决不想为、不会为、不敢为的问题。认识新常态，适应新常态，引领新常态，是当前和今后一个时期经济发展的大逻辑。习总书记深刻指出了当前对大逻辑认识的三种情况，一是认识逐步深入，适应更加主动，引领已经开始；二是认识还不到位，适应不太主动，引领基本无为；三是很不适应，没有摆脱"速度情结""换挡焦虑"的思维定式。实事求是地说，这三种情况在我市都不同程度地存在，而且后两种情况可能还比较突出。现在一些干部，之所以出现为官不为的现象，原因既在于不想为、不愿为，也在于不会为、不善为，还在于不敢为、不去为。要坚持认识新常态、抢抓新机遇，适应新常态、善于新作为，引领新常态、敢于新突破，着力解决不想为、不会为、不敢为的问题。作为党员干部，要经常讲一讲大道理，经常想一想入党为什么，经常紧一紧世界观、人生观、价值观这个"总开关"，从而筑牢思想之基，补好精神之钙，切实增强忧患意识和责任意识，积极主动地想事、谋事、干事。要认真研究领会经济新常态的新内涵、结构性改革的新要求，与时俱进地转变思维观念，改进方式方法，提高能力水平。要努力践行"三严三实"的要求。严是一种忠诚，实是一种品格；严是一种干净，实是一种境界；严是一种担当，实是一种能力。做到了"三严三实"，面对困难就能迎难而上，面对问题就能迎刃而解，面对风险就能闯关过坎。

3. 广泛凝聚常德力量，充分调动各方面干事创业的积极性。积力之所举，则无不胜；众智之所为，则无不成。从常德实际看，最大的市情仍然是改革不够、步子不快、发展不优。唯有坚持发展，才能实现目标；唯有干事创业，才能不辱使命。这就需要全市上下心往一处想、劲往一处使、汗往一处流，形成上下一心、真抓实干、推动发展的磅礴之力。要充分发挥民主政治的优势。积极支持人大、政府、政协依法依规主动履职，充分发挥工会、共青团、妇联等群团组织的桥梁纽带作用，加强与党外人士合作共事，完善党管武装制度，强化舆论引导工作，不断凝聚发展正能量，努力形成常德发展大合唱。要充分激发市场主体的活力。抓经济、促发展，必须突出企业的主角地位，强化企业的主体意识，发挥企业家的领军作用。要坚持用简政放权的"减法"实现市场活力的"加法"，用清障松绑的"除法"做好创新创业的"乘法"，努力使每个人都享有人生出彩的机会，享有梦想成真的机会。特别是在中央一揽子稳增长、调结构、促改革的政策引导下，在新常态蕴藏的发展潜力和发展机遇中，广大企业家和市场主体要以坚定的信心、良好的预期、敏锐的眼光，培育发展新动力，开拓发展新空间。要充分调动基层干部的积极性。以服务型党组织建设为引领，认真整改基层党建述职评议交办的问题，着力解决思想、组织、队伍等基层党建难题，切实保护好、调动好基层党组织和党员干部干事创业的积极性。要在建强基层骨干队伍上下功夫，切实抓好合乡并村后的乡镇党委书记和村级党组织带头人队伍建设，增强抓好基层工作的能力。参加今天会议的乡镇党委书记大多是刚刚调整上任的，大家一定要适应乡镇区划改革的新形势新任务新要求，迅速做好"一转四定"工作，按照任务要求和时间节点完成并村工作，确保乡镇区划改革改出新的气象、新的面貌、新的成效。要在强化基层基础保障上下功夫，全面实现城乡惠民项目资金纳入财政预算，全面完成乡镇"五小"设施、便民服务中心和村（社区）活动场所建设，为基层干部创造良好的生活条件和工作环境。要在加大关心爱护力度上下功夫，前不久在职数紧张的情况下，经过向省委专题汇报，选拔重用了一批年轻的优秀乡镇党委书记，今后要继续坚持关心基层、重视基层、支持基层的导向，从政治、经济、政策等方面给予基层干部更多的

关爱。

4. 切实加强领导班子和干部队伍建设，进一步巩固提升“山清水秀”的政治生态。严格落实全面从严治党要求，努力建设忠诚干净担当的党员干部队伍。要认真抓好集中换届工作。今年，市县乡三级领导班子要同步换届，这是全市政治生活的一件大事。各级党员干部要讲政治、讲大局、讲纪律，各级党组织要高度重视，精心组织，周密安排，确保换届有序、平稳推进。要以换届为契机，加强领导班子建设，突出抓好理论武装、用人导向、专业素养，不断增强各级领导班子的创造力、凝聚力、战斗力。要切实改进干部作风。作风建设永远在路上。各级党员干部要坚持严字当头、实处着力，让市委市政府的各项决策落地生根、开花结果，以从严从实的工作作风推进发展、赢得人心。进一步完善党的报告员制度、重点工作观察员制度、企业特派员制度，推动各级党员干部与群众在一起，与项目在一起，与企业在一起。要深入推进党风廉政建设。认真学习贯彻《中国共产党廉洁自律准则》《中国共产党纪律处分条例》，严格落实“两个责任”，始终保持惩治腐败的高压态势，坚持做到党委班子“不松手”，党委书记“不甩手”，党委成员“不缩手”，努力营造风清气正的干事环境。廉洁与否是对干部的终极评判。一名干部，不论多么富有才华，多么能力出众，如果在廉洁上出了问题，那就是一票否决。所以，在常德，党员领导干部要大力倡导“荷花品格、梅花精神”，始终坚持挺纪在前，自觉系好人生的“扣子”，切实扎好修养的“篱笆”，严格管好欲望的“闸门”，确保不踩底线，不乱章法。

同志们，历史把我们推向一个新的时代，这是一个创业的时代，这是一个赶超的时代，这是一个大有可为、大有作为的时代。让我们紧密团结在以习近平同志为总书记的党中央周围，认真贯彻落实中央和省委省政府的决策部署，坚持加快发展不动摇，坚持深化改革不迟疑，坚持维护稳定不松懈，以“十三五”开篇的优异成绩向全市人民交一份满意的答卷。

# 常德市人民代表大会常务委员会工作报告

——2016 年 1 月 13 日在常德市第六届人民代表大会第五次会议上

常德市人大常委会主任　刘　明

各位代表：

我受常德市第六届人民代表大会常务委员会的委托，向大会报告工作，请予审查。

## 2015 年：市人大常委会的工作任务全面完成。我们有作为，有亮点，有开拓。

市人大常委会主任刘明作人大常委会工作报告

2015 年，市人大常委会在市委的正确领导下，围绕中央“四个全面”战略布局，按照新常德新创业总要求，依法履职，务实进取，为促进全市经济社会发展、推进民主法治建设做出了积极贡献。一年来，共召开常委会会议 7 次、主任会议 6 次、工作例会 22 次，听取和审议专项工作报告 48 个，组织开展集中视察 3 次、执法检查 2 次、专题调研 45 次，作出决议决定 7 个，交办审议意见、视察意见和评议意见 24 件，任免国家机关工作人员 62 人次，市六届人大四次会议确定的工作任务全面完成。

在去年的工作报告中，常委会承诺：认真履行宪法和法律赋予的职权，加强对“一府两院”的工作监督和法律监督。2015 年，我们兑现了这个承诺。

我们认真抓了全面依法治国总体要求贯彻落实情况的监督。根据党的十八届四中全会《决定》全面依法治国总体要求，常委会听取和审议了市政府关于推进依法行政、建设法治政府工作情况的报告以及“两院”关于推进公正司法、体制机制改革等工作情况的报告，督促“一府两院”严格决策程序、规范司法行为、强化监督追责，着力提升运用法治思维解决问题、采取法治方式推进工作的水平。同时，还听取了市政府关于政府信息公开工作情况的报告，督促市政府整合信息资源平台、依法公开各类信息、完善采购平台功能，努力实现信息公开全面化、工作管理规范化、群众获取便利化。去年，在常委会的督促下，220 家预算单位公开了部门预算和“三公”经费预算。

我们认真抓了“十三五”规划纲要（草案）编制工作的监督。常委会听取和审议了“十三五”规划纲要（草案）编制情况的报告，组织各专门委员会开展调研论证，提出了 110 多条修改意见和建议。常委会组成人员一致认为，“十三五”期间，市人大常委会要高度重视高铁建设，要像“十二五”后几年抓城乡居民饮水安全工作一样抓高铁建设，要发扬“钻山打洞”精神抓高铁建设，尤其是要抓紧抓好长益常高铁建设。简而言之，我们“十二五”突出抓“水”，“十三五”突出抓“路”。

我们认真抓了全市经济运行的监督。面对复杂的经济形势，常委会高度关注全市经济运行。为了促进发展目标的实现，听取和审议了 2015 年 1—9 月全市国民经济和社会发展计划执行情况的报告，建议市政府加强分类指导、扩大有效投资、深化各项改革、推进民生改善。市政府积极采纳审议意见，收到了较好效果，全年经济社会发展目标基本实现。为了缓解中小微企业“融资难、融资贵”等问题，听取和审议了市政府关于全市中小微企业融资情况的报告，提出了建立信贷风险补偿机制、搭建专业公共服务平台、发挥政府性存款杠杆作用等意见建议。同时，积极跟进金融生态环境建设，专题听取了法院、银行、银监等方面关于全市金融生态建设有关情况的报告。在常委会的督促下，市政府首期设立的中小微企业信贷过桥资金规模达到3亿元，帮助35家企业解决了燃眉之急。为了促进电子商务的快速发展，听取了市政府关于全市电子商务工作情况的报告，提出了壮大市场主体、强化产业支撑、加强诚信建设等意见建议。这些意见建议全部被市政府所采纳。2015年，全市新增电商企业11家。去年，常委会还组织开展了全市农业结构调整工作视察，提出了重流通促调整、创品牌促调整、活流转促调整、抓示范促调整等视察意见。市政府按照视察意见要求，大力推进全市农业产业结构优化升级，开展棉区种植结构调整，棉花种植面积比去年同期减少47万多亩。

我们认真抓了园区攻坚工作的监督。常委会听取和审议了市政府对《市人大常委会关于园区攻坚工作情况报告的审议意见》研究处理的报告，组织开展了全市园区攻坚暨优化经济发展环境工作视察，提出了深化体制改革、突出招商引资、促进企业上市等意见建议。去年，在常委会的持续监督下，全市工业园区在规模产值、实缴税金、项目建设等方面都取得了较好成绩。

我们认真抓了全口径预算决算的审查监督。根据预算法的规定，常委会加强了对预算从编制、审批、执行、调整到决算的全过程、全口径审查监督。听取和审议了市政府2015年市级部门预算（草案）编制情况的报告，提出的意见建议成为财政部门编制2016年部门预算的重要依据。听取和审议了2014年市级决算（草案）的报告，审查批准了2014年市级财政决算。听取和审议了2015年1—9月全市及市级预算执行情况的报告，审查批准了2015年市级预算收入调增1.76亿元、支出调增2.68亿元的预算调整方案。同时，在预算执行过程中，跟踪监督市政府优化收入结构，强化预算约束，严控债务风险，较好地保障了市级财政预算收支平衡。

我们认真抓了财政专项资金征收和使用的监督。听取和审议了市政府关于2014年市本级城建项目和城建资金计划执行情况与2015年市本级城建项目计划安排（草案）的报告，提出了加强项目统筹、规范建设程序、完善征拆机制的意见建议。听取和审议了市政府关于非税收入征收管理情况的报告，提出了健全制度、挖掘潜力、加强清收的意见建议。去年，在常委会的督促下，市政府坚持依法征收，入库非税收入29.92亿元，比上年增长25.29%。听取了市政府关于2014年转移支付资金安排和使用情况的报告，提出了明晰财权事权、整合支付项目、完善支付制度等意见建议。去年，市政府共争取上级各类转移支付资金255.49亿元，同比增长10.18%。

我们认真抓了审计查出问题整改的监督。继续坚持审计查出问题不解决不放手的工作要求，继续落实审计查出问题整改销号的工作措施，不断加强预算绩效监督，持续推动相关单位整改。6月份，听取和审议了2014年市级预算执行和其他财政收支的审计工作报告，针对审计查出问题，提出了增强审计力量、提升整改实效、突出监督重点的意见建议。10月份，又听取和审议了市政府及相关单位关于2014年审计工作报告指出问题的整改和审议意见研究处理情况的报告。常委会通过持续给力，加快了问题的整改进度，市经信委、市财政局、市民政局等9个预算单位，对照问题清单，坚持立行立改，共整改问题56个，整改到位率达到96%。

我们认真抓了社会事业协调发展的监督。听取和审议了市政府关于职业教育工作情况的报告，督促市政府完善保障机制、统筹教育资源、建强教师队伍。市政府加大政策保障、经费倾斜力度，有力推进了职业教育持续发展。去年，在初中毕业生数量下降6.9%的情况下，招录的中职新生增长10.1%。听取了市政府关于教育、卫生三年攻坚工作推进情况的报告，督促市政府结合乡镇区划调整，优化规划布局；注重硬件软件配套，资源倾斜农村；纵深推进各项改革，坚持依法办事，确保如期完成攻坚任务。听取和审议了市政府关于计划生育“单独两孩”和城镇独生子女父母奖励政策落实情况的报告，督促市政府进一步加强宣传教育、争取政策支持、强化服务管理。市政府对照审议意见，精心组织实施，确保了这方面惠民政策全面落实。听取了市政府关于贯彻执行国务院《殡葬管理条例》情况的报告，督促市政府加大殡葬文明新风宣传、出台殡葬管理改革意见、强化殡葬基础设施投入。目前，我市殡葬改革稳步推进，市城区和县城强制火化区面积达600多平方公里。听取和审议了市政府关于物业管理工作情况的报告，督促市政府完善物业管理体制机制、发挥房管部门协调作用、加大老旧小区整治力度，维护小区业主和物业企业合法权益。

我们认真抓了两部法律的执法检查。在总结以往执法检查工作经验的基础上，改进工作方式，创新检查手段，实行市县联动，通过法律提前学习，报告提前听取，问题提前掌握，提升了执法检查工作实效。5—6月份，组织开展了《中华人民共和国工会法》执法检查，向市政府和有关部门交办了5个具体问题，要求市政府加大管理力度、强化维权帮扶，推进法律全面贯彻实施。市政府积极落实审议意见，5个问题已全部得到解决。常德经济技术开发区、澧县工业园等园区工会完成组建，全市实行工资集体协商的企业达到4601家。7—8月份，组织开展了《中华人民共和国水污染防治法》执法检查，集中观看了执法检查暗访组拍摄的披露水污染现状28个问题的专题片，要求市政府强化水源环境管理、建立企业退出补偿机制、推进截污管网建设、建立流域联控机制、加大监管综合执法力度。同时，向省人大常委会提出了制定出台《黄石水库水环境保护条例》的建议。对于此次执法检查，市政府高度重视，及时处理指出问题。目前，市城区沅江餐饮船已依法取缔，其他问题已经和正在得到解决。

我们认真抓了四项工作评议。去年，常委会对市政府经济和信息化、住房和城乡建设、工商、畜牧水产等四项工作进行了集中评议。在经济和信息化工作评议中，提出了办好工业园区、加大招商力度、提高标准化厂房利用率等评议意见，促进了全市工业经济克难奋进。去年，全市标准化厂房利用率达到74.3%。在住房和城乡建设工作评议中，提出了要解决“城区人行道板损毁严重、现有安置房空置较多、建设项目统筹管理不够”等问题的评议意见，推动了一批突出问题的解决。在工商工作评议中，提出了推进商事制度改革、提升监管效能、稳定工商队伍等评议意见，提升了全市工商系统的服务、监管和行政效能。在畜牧水产工作评议中，提出了加强依法行政、抓好污染治理、夯实防疫力量、打击电鱼炸鱼等评议意见，促进了全市畜牧水产转型升级和发展。

我们认真抓了司法工作监督。听取了市人民检察院关于行政执法检察监督工作情况的报告，督促市人民检察院加强队伍建设、突出关键领域、健全监督机制，有力促进了行政执法检察监督工作有序开展。去年，全市检察机关向行政机关发出检察建议115件，为国家挽回损失8000多万元，维护了群众合法权益。听取和审议了各司法机关《关于刑事诉讼法执法检查报告的审议意见》研究处理情况的报告，经过各司法机关的协同努力，特殊人群羁押（服刑）场所建设、监视居住场所建设、律师辩护权保障、涉案财物随案移送等问题的解决取得了实质性进展。同时，开展“不捕不诉”案件专项检查，发现问题案件131件，督促相关司法机关对这些问题依法作出了处理。

我们认真抓了规范性文件备案审查。去年，共对市政府报送备案的31个规范性文件依法进行了审查。同时，对全市现行有效的350个规范性文件进行了一次全面清理，对其中15个存在违法或不适当情形的规范性文件提出了处理建议。《常德市城市公园管理办法》等6个规范性文件已被制定机关宣布废止，《常德市城区户外广告设置管理办法》等9个规范性文件正在由制定机关抓紧修订。

我们认真抓了常委会审议意见的督办落实。听取和审议了“一府两院”对市人大常委会作出的8件审议意见、4件工作评议意见、2件执法检查报告的研究处理情况，督促解决预算编制、企业融资、教育发展、旅游提质、法院执行等工作中存在的突出问题，监督工作的针对性和实效性得到增强。

我们认真抓了“五行”活动的深入推进。“环保世纪行”围绕大气和水污染防治两个重点，督促污染治理，加强执法监督，常德经济技术开发区金泉禾牧业养殖污染等一批突出环境问题得到较好解决。“农产品质量安全行”突出打击农产品违禁添加行为，重点推进标准化建设，广大群众“舌尖上的安全”得到较好巩固。“农民健康行”注重提升基层医疗卫生服务能力，查处农村非法行医行为，人民群众健康基本需求、就医用药安全得到较好保障。“民族团结进步行动”开展了“湖南最美少数民族特色村镇”推荐参评和“民族团结一家亲”送戏下乡等活动，启动了“启聪扶贫”工程。重视民族乡镇行政区划调整，一些事关民族团结和社会稳定的苗头性问题得到较好化解。“司法公正常德行”集中抓了“万案大评查”“千案大走访”和“百案庭审”，全市共评查各类案件55000余件，听取了5000余件案件办理情况反馈，对15场案件庭审过程进行了视频直播，从而进一步提升了司法案件质量和人民群众的认同感。去年，还跟踪督办了城区公安派出所建设，9个新建公安派出所建设任务基本完成。据目前得到的信息，2015年，我市“农产品质量安全行”和“民族团结进步行动”工作被评为全省先进。

我们认真抓了信访维稳。全年共受理来信来电239件次，群众来访1052人次，做到了接待有登记、转办有回应、督办有结果。去年，安乡县安丰乡中河口村村民朱进兵因承包鱼池引发纠纷的信访问题，经过市、县、乡三级人大共同努力，得到依法处理，实现了停诉息访。

在去年的工作报告中，常委会承诺：认真担当地方国家权力机关的神圣职责，切实行使好重大事项决定权。2015年，我们兑现了这个承诺。

我们认真抓了讨论、决定重大事项相关工作制度的修订完善。常委会根据预算法、立法法等法律的规定，与“一府两院”衔接协调，并向市委专题报告，经过常委会两次审议，表决通过了《常德市人大常委会讨论、决定重大事项的规定》（第二次修订），进一步明确了讨论、决定重大事项的范围、程序等内容。同时，完成了《常德市人大常委会议事规则》的第四次修订，启动了《常德市人大常委会预算审查监督办法》的第二次修订。

我们认真抓了全市重点领域改革和发展的督促落实。按照全面深化改革工作要求，常委会听取和审议了市政府关于《湖南常德国家农业科技园区总体规划（草案）》编制情况的报告，作出了批准决定，推动了西洞庭农产品精深加工区、西湖生态种养产业园的规划和建设。听取和审议了市政府机构改革和行政审批制度改革工作情况的报告，提出了简政放权、整合平台、优化服务，努力推进服务型政府建设等意见建议。市政府认真研究处理这些审议意见，本轮机构改革共调整撤并副处级以上行政事业单位21家。同时，全面清理精简行政审批项目，使我市成为全省行政审批最少的市州之一。听取了市政府关于农电整改工作情况的报告，提出了加快农网改造进度、改善施工执法环境、降低农村水厂电价等意见建议。市政府认真采纳意见建议，共安排农村配网改造资金4.1亿元，升级改造村级电网733个。听取了市政府关于全市农村土地流转工作情况的报告，提出了依法确定权属、培育流转主体、规范流转行为等意见建议。在常委会的推动下，我市农村耕地流转工作朝着依法、有序的方向稳步推进。去年，全市新增农村耕地流转面积85万多亩，比上年增加了13.3%。

在去年的工作报告中，常委会承诺：认真开展选举任免工作，切实提高行使选举任免权的能力和水平。2015年，我们兑现了这个承诺。

我们认真抓了人事任免工作。坚持党管干部原则和人大依法任免相统一，健全任前调查、法律考试、任职前发言、宪法宣誓等任免程序，在全省率先组织由常委会任命、决定任命的国家工作人员向宪法宣誓，增强了被任命人员的宪法意识、民主意识和责任意识。一年来，决定代理职务2人次，通过职务1人次，决定任命23人次，任命8人次，接受辞职4人次，决定免去和免去职务 24 人次。无论是任职和免职，都进行平稳。

在去年的工作报告中，常委会承诺：认真做好代表工作，切实发挥人大代表在推进民主法治建设和新常德新创业伟大事业中的重要作用。2015 年，我们兑现了这个承诺。

我们认真抓了“双联”。以“走访代表活动月”为载体，进一步完善了市人大常委会组成人员联系代表常态化工作机制。常委会组成人员深入基层，走访代表，收集各类意见、建议 120 多条。以“人大代表联系群众工作室”为平台，进一步加强了人大代表与人民群众经常性工作联系。各级人大代表坚持定期接待与日常走访并重、收集意见与化解问题并举、积极履职与树立形象并进，使人大工作在基层的影响力进一步提升。

我们认真抓了代表培训。健全代表培训制度，加强代表任中培训，分批组织 70 多名市人大代表小组长和部分人大工作者参加了全国人大举办的培训班；集中组织 14 名省人大代表参加了省人大举办的培训班，支持区县（市）人大常委会开展县乡人大代表培训，增强了受训人员的代表意识和履职能力。

我们认真抓了对代表的履职服务。召开政情通报会议，寄发政务资料，编发市委、市政府重大决策和重要活动信息，搭建了代表知政平台；坚持邀请代表列席市人大常委会，推荐代表担任社会各界监督员，依法要求代表参加执法检查、工作视察和专题调查，搭建了代表监督平台。出台常委会《关于深化人大代表报告履职情况工作和实行人大代表履职公示的指导意见》，指导区县（市）人大常委会开展代表报告履职情况的工作。加强省、市人大代表小组活动指导，开展国、省人大代表集中视察。加强代表资格审查，依法接受了 3 名省人大代表辞去代表职务，终止了 19 名市人大代表的代表资格，暂停了 1 名市人大代表职务，补选了 3 名省人大代表，确认了 17 名补选的市人大代表的代表资格合法有效。

我们认真抓了代表建议的督办。常委会以解决问题为导向，以代表满意为标准，向“一府两院”交办、督办代表建议 251 件，推动了一批事关发展大局、事关群众利益问题的有效解决。同时，完善“政府领导领办、责任单位承办、人大跟踪督办”的重点建议办理机制，确定的 8 件重点建议办出了实效。其中，“关于建议取消市中级人民法院‘内审平衡制度’的建议”已经办结，市中级人民法院对内审平衡制度作出了正式废止的决定。

在去年的工作报告中，常委会承诺：认真搞好自身建设，切实增强新形势下做好人大工作的正能量。2015 年，我们兑现了这个承诺。

我们认真抓了“三严三实”专题教育。按照中央、省委和市委统一部署，常委会在机关县处级以上领导干部中组织开展了“三严三实”专题教育，四项“关键动作”即主任会议成员带头上党课、专题学习研讨、专题民主生活会和整改落实、立规执纪等高质量完成。同时，组织开展了十八届五中全会精神的专题学习，思想建设、组织建设和作风建设不断加强。

我们认真抓了“五型”机关建设。侧重“法治型”机关建设，扎实开展常委会委员、机关工作人员每两个月学两部法律的活动，全年共组织集中学法活动 6 场次。深化“学习型、服务型、廉洁型、文明型”机关建设，积极服务代表履职、群众办事和全市发展。坚持开展廉政警示教育，推动文明创建提质升级。去年，省人大常委会刊物《人民之友》对我们抓“五型”机关建设的经验进行了专题推介。

我们认真抓了人大制度理论研讨和人大工作宣传。以“地方人大及其常委会行使重大事项决定权”为主题，召开了全市人大制度理论研讨会，共收到研讨文章 91 篇；参加全省人大系统理论研讨活动取得较好成绩，我市报送的 7 篇论文有 4 篇获一、二、三等奖。《人大传真》办刊质量进一步提高，《常德人大》门户网站完成改版。去年，鲁胡子、陈建教、申建春等国、省、市人大代表的履职先进事迹在《中国人大》《湖南日报》《常德日报》《人大传真》等媒体上得到宣传推介，3 件作品获湖南省第 25 届人大新闻奖。

各位代表，回顾 2015 年工作，我们感到投入精力最多的是“水”和“法”，下的力气最大的是“水”和“法”，用的措施最硬的是“水”和“法”，留下足迹最明显的是“水”和“法”，社会反响最突出的是“水”和“法”。支持和督促解决城乡居民饮水安全和推进法治建设两个方面，成为我们过去一年工作当中最为突出的亮点。

2015 年，在支持和督促解决城乡居民饮水安全方面，我们是扑下身子抓的，是紧锣密鼓抓的，是铆足劲头抓的，是持续不断抓的。

一季度，我们围绕农村水厂“全建成、运转好、长受益”等课题，采取市县联动的方法，开展了建立饮水安全长效机制的调研。常委会主任会议成员每人带一个小组，分别深入全市各地，针对养护资金、维修力量、惠民政策、水厂电价、水费收取、水质检测、安全设施、水源保护等“8 个怎么办”调研了 3 个月，形成了专题调研报告，然后向市委作了专题汇报，提出了界定水厂资产权属、保障维修养护资金、完善安全运行措施、落实优惠补贴政策等 8 类 22 条意见建议，为市委、市政府的工作决策和工作落实提供了重要依据。

二季度，我们听取和审议了市政府关于贯彻执行“一号议案”决议进展情况的报告和全市饮用水水源地确定情况的报告，提出了加速推进划定工作、扎实开展环境整治、建立落实长效机制等 3 条意见建议，有力推动了相关工作顺利实施。

三季度，我们组织常委会组成人员开展了《中华人民共和国水污染防治法》执法检查，采用暗访的方法，发现和披露了 28 个水污染问题，并摄制成专题片播放，在较大范围内产生了强烈反响。

四季度，我们又组织常委会组成人员开展了市人大“一号议案”决议贯彻落实情况的专题视察，给市政府和相关部门以及各区县（市）鼓劲，督促这项工作提速保质。

从年头到年尾，常委会的推进活动一个紧接一个，工作氛围不断升温。市县两级共投入建设资金 4.5 亿元，完成“安饮”工程建设 498 处，解决了 136 万人的饮水安全问题。到去年底，我市城乡居民饮水安全问题已经全面解决。这项工作走在了全省前列。这是我们在全面建成小康社会征程中一个具有里程碑意义的重大变化和进步！这是我们在市委的领导下，各个方面共同努力，向全市人民交出的一份亮眼的成绩单！

2015年，在推进法治建设方面，我们积极开拓创新，做了一些开新局的实践和探索，这些工作有声势、有影响、有效果。

我们在全省首批获准行使地方立法权。常委会积极落实市委“常德要成为立法法修改后全省首批行使地方立法权的市”的工作要求，成立筹备机构，调配工作人员，制定了6个工作制度，设立了10个立法联系点，组建了77人的立法专家库，收集了43条立法项目建议，有条不紊地铺开了立法筹备工作。我们的做法被省人大常委会向全省推介，在全省考核评分中我市名列第一。

我们依法监督“两院”首次开展了“两官”履职评议。运用监督法规定的监督方式，听取和审议了市中级人民法院、市人民检察院关于开展法官、检察官履职评议工作情况的报告以及“两官”履职评议督导组的督导报告，提出了审议意见。在开展“两官”履职评议过程中，常委会坚持“观察、督促、指导”的工作原则，派驻督导组，以评议督导的身份，全过程参与、全方位见证，既实现了评议“不越位”，又做到了评议“不缺位”，为推进“两官”履职评议工作的制度化、规范化进行了有益的尝试和探索。

我们在国家宪法日前后首次集中开展了“三宣”主题活动。围绕“增强宪法观念、弘扬宪法精神”这个主题，常委会组织开展了“宣传、宣讲、宣誓”活动。在《常德日报》集中刊发市委、市人大常委会、“一府两院”和区县（市）人大常委会主要领导学习宪法的心得体会和理论文章；举行“宪法日”宣讲报告会，邀请专家来常作宪法宣讲报告；组织市人大常委会和“一府两院”国家机关工作人员举行宪法宣誓活动。“三宣”活动产生了良好的社会反响。

各位代表，经过一年的工作实践，我们更加深切地感受到：只有坚持党的领导，人大工作才能保持正确方向；只有坚持和完善人民代表大会制度，真正让人民当家作主，才能最广泛地动员和组织人民群众管理好国家和社会事务，发展好经济和文化事业，实现好人民群众的根本利益；只有落实“全面依法治国”的要求，才能让全市人民共同享有人生出彩的机会；只有把人民群众对美好生活的向往作为我们的奋斗目标，我们的工作才能得到人民群众的真心支持和拥护。

各位代表，过去的一年，是市人大常委会依法履职、创新发展的一年。常委会所取得的成绩，是市委正确领导的结果，是全体人大代表、市人大常委会组成人员和机关工作人员辛勤工作的结果，是全市人民、社会各个方面信任支持的结果，是“一府两院”和区县（市）人大常委会协同配合的结果。在此，我代表市人大常委会，向所有参与、关心和支持人大工作的代表们、同志们、朋友们，表示崇高的敬意和衷心的感谢！

各位代表，回顾过去的一年，我们的工作还有很大的提升空间。比如：在履行法定监督权方面，我们虽然做了大量监督工作，但监督权的行使有的时候还显得劲道不足；在发挥代表主体作用方面，我们虽然经常组织代表开展活动，使代表发挥作用的“量”得到了较好保证，但“质”却不高；在人大工作的探索创新方面，我们虽然有行动，也做了一些事，但下的功夫不深，因而所产生的效果和影响也不理想；在加强自身建设、改进作风、提升素质和能力方面，我们虽然是一直抓着的，但有的时候也绷得不紧。对于这些欠缺，我们一定认真对待，采取切实有效的措施加以解决。

## 2016年：市人大常委会的工作任务非常繁重。我们一定努力做到收好官，换好届，开好局。

各位代表，在开启“十三五”、迈向新征程的号角声中，我们满怀豪情跨入了2016年。

新的一年，常委会工作的指导思想和要求是：全面贯彻党的十八大和十八届三中、四中、五中全会精神，按照“五位一体”总体布局和“四个全面”战略布局，牢固树立创新、协调、绿色、开放、共享发展新理念，坚持新常德新创业总要求，继续打好“三大战役”，坚持党的领导、人民当家作主和依法治国有机统一，依法履行各项职权，充分发挥代表作用，不断加强自身建设，为建设智慧常德、健康常德、美丽常德、现代常德、幸福常德做出新的更大的贡献。

2016年，是换届选举之年。我们将按照“依法依规，风清气正”的要求，着重做好4项工作。

1. 按照上级统一部署安排，调整换届时间，实现人大换届与党委换届同步。常委会将高度统一思想认识，依法规范换届选举程序，明确节点，抓住关键，发挥常委会在人大换届选举工作中的主导作用。

2. 在市委领导下，按照工作分工，做好代表候选人提名推荐工作，重点推荐一批履职优秀的代表连任。

3. 吸取“衡阳破坏选举案”的深刻教训，严格落实“八个从严惩治”规定，对换届选举中的违法违纪行为实行“零容忍”，确保换届选举风清气正，圆满成功。

4. 指导基层人大抓好中发〔2015〕18号文件（《中共全国人大常委会党组关于加强县乡人大工作和建设的若干意见》）精神的学习贯彻，推动合理安排县乡人大会议次数和会期，保障人大代表活动经费，逐步提高县级人大常委会专职组成人员比例，设立法制、财政经济等专门委员会，有条件的乡镇配备专职人大副主席等具体要求的落实。

2016年，是实施“十三五”规划的开局之年。我们将按照“起好步，开好局”的要求，着重做好4项工作。

1. 听取和审议市政府关于“引黄入常”等情况的报告，重点支持和督促城市备用水源建设，争取黄石水库水资源综合利用工程开工建设。

2. 听取和审议市政府关于高铁建设工作进展情况的报告，

重点支持和督促长益常高铁建设，争取长益常高铁开工建设。

3. 听取和审议市政府关于环保工作情况的报告，重点支持和督促保护大气环境和水环境。

4. 听取和审议市政府关于精准脱贫工作情况的报告，重点支持和督促年度脱贫任务的完成。

2016年，是获准开始行使地方立法权的破题之年。我们将按照“科学立法，民主立法”的要求，着重做好3项工作。

1. 认真审议《常德市人民代表大会及其常务委员会制定地方性法规条例》(草案)，提请市七届人大一次会议审议表决。

2. 认真审议《常德市饮用水水源保护条例》(草案)和《常德市城市规划区内河湖泊保护条例》(草案)，争取年内表决。

3. 开展《中国常德诗墙保护条例》《常德市城区农贸市场建设管理条例》等立法项目的前期调研。

2016年，是本届人大常委会工作的收官之年。我们将按照“不歇气、不松劲”的要求，着重做好13项工作。

1. 紧扣事关全市发展大局和人民群众普遍关注的重大问题，讨论、决定调整换届选举时间等重大事项，使党的主张通过法定程序变成全市人民的自觉行动。

2. 听取和审议预算编制、预算执行、预算调整、财政决算、财政收支审计等工作情况的报告，加强对政府全口径预算决算的审查监督。

3. 听取和审议市政府关于国民经济和社会发展计划执行、城建项目资金计划安排、城乡规划执行、防震减灾等方面的工作报告，听取机关事业单位养老保险落实、宗教事务管理、《气象灾害防御条例》贯彻实施等情况的专项报告，推动建立饮水安全长效化、常态化管理机制，促进全市经济社会协调发展。

4. 组织开展对市政府法制、文化体育广播电视和新闻出版等工作的评议，加大专题询问力度，提高评议效果。

5. 加强司法工作监督，督促“两院”依法继续开展“两官”履职评议，加大案件评议评析力度，促进“两院”进一步提升公正司法水平。

6. 开展《中华人民共和国农产品质量安全法》执法检查，保障农产品质量安全。开展《中华人民共和国反恐怖法》执法调研，推进反恐怖体制机制的建立和工作落实。

7. 加强规范性文件备案审查，依法将市政府规章纳入审查范围，确保规范性文件和规章合法、规范、有效。

8. 继续开展“五行”活动，坚持一行一个侧重，回应人民群众关切，推动解决一批事关人民群众切身利益的问题。

9. 坚持党管干部原则和人大依法任免相统一，严格审议人事任免事项，严格遵守任免工作程序，严格落实宪法宣誓制度。

10. 坚持“双联”工作制度，加强“代表联系群众工作室”建设，开展代表小组活动，发挥代表主体作用。

11. 邀请国、省、市人大代表列席市人大常委会，参加执法检查、工作视察、专项调查、工作评议、旁听庭审等活动，扩大人大代表对常委会工作的参与度。

12. 及时转办、重点督办代表建议、意见和批评，开展办理工作“回头看”，进一步提高建议、意见和批评的解决率和代表的满意率。

13. 健全代表日常述职、综合考评、民主推荐制度，抓好代表履职考核。

2016年，是市人大常委会机关冲刺省级文明标兵单位的创建之年。我们将按照“突出重点，协调推进”的要求，着重做好5项工作。

1. 以“廉洁型、文明型”机关建设为侧重，深化“五型”机关建设。扎实抓好《中国共产党廉洁自律准则》和《中国共产党纪律处分条例》的学习贯彻，提升机关文明程度，力争成功创建省级文明标兵单位。

2. 修订完善《常德市人大常委会决议、决定执行和审议意见研究处理督办办法(试行)》《常德市人大常委会人事任免办法》等议事程序和工作规范，不断提高人大工作法制化、规范化水平。

3. 在继续抓好“水”课题调研的同时，集中开展对长益常高铁等“路”课题的调研。

4. 开展人大制度理论研讨和人大工作宣传。提高《人大传真》刊物和《常德人大》门户网站的质量和水平，增强人大宣传的影响力。

5. 支持各专门委员会依法履行职权，发挥各工作机构参谋助手作用。进一步密切与区县(市)人大常委会的联系，支持基层人大工作和建设，推进全市人大工作创新发展。

各位代表，新的一年有新的任务，新的一年有新的期待。让我们紧密团结在以习近平同志为总书记的党中央周围，在市委的正确领导下，始终秉持“人民群众对美好生活的向往就是我们的奋斗目标”的理念，依法履职，勇于担当，为实现圆满收官、顺利换届和精彩开局的目标而努力奋斗！

# 政府工作报告

## ——2016年1月12日在常德市第六届人民代表大会第五次会议上

常德市委副书记、市长 周德睿

各位代表：

现在，我代表市人民政府，向大会报告政府工作，请连同《常德市国民经济和社会发展第十三个五年规划纲要（草案）》一并审查，请各位政协委员和其他列席人员提出意见。

市人民政府市长周德睿作政府工作报告

### “十二五”——创新创业、稳中求进的五年

“十二五”时期，是常德发展史上很不平凡、卓有成效的五年。面对错综复杂的经济形势和艰巨繁重的改革发展稳定任务，全市人民在市委的坚强领导下，扎实推进新常德新创业，总体完成了“十二五”规划主要目标任务，实现了经济社会发展稳中有进、稳中提质，为全面建成小康社会打下了坚实基础。

五年来，经济实力大为增强。地区生产总值由2010年1492亿元增加到2015年2720亿元（预计数，下同），总量位居全省第三，年均增长11.3%。一般公共预算收入210.8亿元，社会消费品零售总额942亿元，均比2010年翻了一番。金融机构各项存款余额2220亿元，是2010年的2.3倍。五年完成固定资产投资6350亿元，是“十一五”时期的3.6倍。工业规模稳步提升。全市百亿园区达到7个、百亿产业达到8个、百亿企业达到3个，规模工业增加值突破千亿；全市高新技术企业从54家增加到97家。现代农业推进有力。“五个双百亿产业”初步形成，大宗农产品生产保持稳定，西湖西洞庭和桃源国家现代农业示范区建设扎实推进。服务业发展步伐加快。旅游、金融、商贸发展提速提质，第三产业占生产总值比重达到41%，比2010年提升5.6个百分点。县域经济势头看好。桃源县、鼎城区、澧县、汉寿县、石门县地区生产总值超过200亿元，武陵区、桃源县、鼎城区、澧县、经开区、石门县一般公共预算收入超过10亿元。

五年来，城乡面貌明显改善。城镇建设迈开大步。中心城区“三改四化”成果丰硕，市本级城建投入累计超过300亿元，桃花源大桥、“三馆三中心”、白马湖公园、丁玲公园等一批重点工程相继投入使用。成功跻身全国文明城市，完美社区建设及社区网格化管理工作经验在全国全省推介。市城区建成区面积由70平方公里扩大到93平方公里，人口由70万人增加到90万人。各县（市）城区“三改四化”和城市创建取得明显成效。全市城镇化率达到46.9%，比2010年提高7.4个百分点。美丽乡村建设扎实推进。累计投入建设资金280多亿元，硬化农村公路2828公里，加固病险水库1043座，完成行政村电网改造1485个，实施农村土地整治173万亩，农村公共服务设施进一步完善，“3+X”农村社会治理模式创新试点稳步实施。基础设施建设全面加强。常岳、东常高速公路建成通车，中心城区80公里高速环圈完全形成，新建改造干线公路863公里，常德港盐关码头成为国家二类口岸；桃源水电站建成发电，天然气管网实现所有县（市）城区全覆盖；常德云计算中心和地理空间框架、智慧城管、智能交通、数字防控等系统建成运行，成为国家智慧城市试点城市。

五年来，改革开放不断深化。重点领域改革稳步实施。顺利完成了中央和省里部署的各项改革任务，农村土地流转体系基本建立，农村承包土地经营权抵押贷款“汉寿模式”在全国推广，文化体制综合改革工作进入全国先进行列，津市、澧县被列入国家中小城市综合改革试点和国家新型城镇化试点，桃源陬市镇纳入全国经济发达镇行政管理体制改革试点。商事制度改革、财税体制改革、医药卫生体制改革深入推进。市里自主推进的公路管理体制、园区管理体制、投融资体制、城管体制改革等取得明显成效。开放型经济加速发展。五年累计引进内资2150亿元、外资25亿美元，完成进出口总额30亿美元。积极对接央企省企和承接产业转移，新上投资过亿元项目685个；非公有制经济增加值占地区生产总值比重达到53%。对外交流合作更加活跃。新增国际友好城市2个。同时，厅市合作、校市合作、行市合作和区域合作力度进一步加大。

五年来，生态建设加速推进。节能减排得到加强。大力实施造纸、水泥、印染等行业专项整治，“十二五”节能减排任务全面完成，主要污染物排放量低于省控制指标。自然生态得到保护。启动新一轮大气污染防治行动，空气质量保持较好水平。在全省率先启动集中式饮用水源保护区划定工作，沅澧两水水质稳定在Ⅲ类以上。全国绿化模范城市创建通过国家验收，国家森林城市创建扎实推进，全市森林覆盖率达到47.98%。城乡环境得到整治。新建城镇污水处理厂11个。实施农村环境卫生整治，所有水库、大型湖泊禁止投肥养殖，农业面源污染和养殖业污染治理扎实开展。

五年来，民生福祉全面提升。城乡居民人均可支配收入分别达到24400元、11700元，是2010年的1.6倍和2.1倍。社会保障水平稳步提高。五年新增城镇就业34.2万人，新增农村劳动力转移就业40.3万人。累计支付社会保险待遇326.9亿元。城乡居民大病保险制度全面实施。城乡低保实现应保尽保，累计发放低保资金28.3亿元，分散和集中供养五保对象年人均供养标准分别达到2900元、5700元，均比2010年翻了一番。累计投入资金400多亿元，解决了34万住房困难家庭的居住问题；投入资金21.5亿元，解决了437万人的饮水安全问题，在全省率先实现城乡饮水安全全覆盖；投入资金16.1亿元，解决了31.8万人的脱贫问题。各项社会事业协调发展。投入资金30多亿元，新建改建各类学校1000多所，城乡办学条件大幅改善，湖南幼师高专、湖南应用技术学院升格挂牌，常德技师学院建设稳步推进。投入资金50多亿元，新建改建各类医疗机构3909处，市一人民医院、市一中医院等扩建项目竣工。新型农村合作医疗参合率达到98%以上，发放新农合补偿金70亿元。坚持计划生育基本国策，农村计生家庭奖励扶助、城镇独生子女父母奖励等政策顺利实施。公共文化服务体系进一步完善，在全省率先完成广播村村响工程，“三馆一站”全部免费开放，文化惠民工程深入实施，文物和非物质文化遗产保护得到加强，“百团大赛”等文体活动精彩纷呈，“扫黄打非”工作成效显著。国防动员、国防教育、人民防空和民兵预备役工作水平提高。统计、物价、粮食、民族宗教、气象、地震、档案、对台、老龄、方志、侨联、残联等各项工作取得新的成绩。工会、共青团、妇联在新常德新创业中发挥了积极作用。

五年来，民主法治持续加强。深入贯彻依法治国方略，扎实推进依法治市和“六五”普法，法治政府、法治社会、法治常德建设迈上新台阶。权力运行进一步规范。建立和执行重大决策调查研究、专家咨询、风险评估、公示听证、合法性审查等制度，实行市政府全会和常务会议邀请人大代表、政协委员、咨询专家、法律顾问列席和市民旁听制度；推行了行政执法公示制、评议制、责任制和执法过错追究制；自觉接受市人大及其常委会的法律监督和工作监督，自觉接受市政协的民主监督，主动听取各方面的意见建议，五年办理人大代表建议1132件、政协提案2181件，解决了一大批实际问题。行政效能进一步提升。大力实施“六个压减”，大力推行市直部门行政审批职能“两集中三到位”、重大投资项目联合审批等制度，大力加强社会求助服务、公共资源交易、网上政务服务系统等平台建设，大力治理涉企“三乱”、涉项“三强”等经济环境问题，查处了一批破坏发展环境的案件。政风行风进一步好转。狠抓决策执行和工作落实，严格目标管理，加强督查督办。扎实开展党的群众路线教育实践活动和“三严三实”专题教育，认真落实中央“八项规定”、省委“九项规定”和市委“十项规定”，加强审计监督和行政监察，查处了一批违法违纪人员。社会治理能力进一步增强。推进平安常德建设，完善社会治安防控体系，人民群众安全感持续上升。推进信访工作制度改革，落实重大决策社会稳定风险评估机制，实行领导包案化解积案，信访秩序持续平稳。严格安全生产责任制，大力开展打击非法生产和排查整治安全隐患专项行动，安全生产形势保持稳定。完善食品药品安全监管体系，实施食用油放心工程，食品药品安全保障水平提高。健全落实公共应急救援机制，处置突发事件能力得到增强。

各位代表！五年来，我们最值得珍视的是，新常德新创业的总要求内化于心、外化于行、转化于效，结出了累累硕果；我们最为感动的是，常德人民对我们共同生活的这座城市认同感越来越高，归属感越来越强，自豪感越来越足！

## 2015——奋发有为、迎难而上的一年

2015年是实施“十二五”规划的最后一年。我们面对宏观经济下行的极大压力，积极主动适应新常态，奋发有为，迎难而上，深入推进“三大战役”，取得了经济社会发展的新突破。主要经济指标较快增长，地区生产总值增长9%，规模工业增加值增长7.2%，固定资产投资增长20%，一般公共预算收入增长14.5%，城乡居民人均可支配收入分别增长7.9%、9%。十项重大建设有效推进，石长铁路增建二线及电气化改造竣工通车；桃花源机场4D级扩建竣工投运；沅澧快速干线一号、二号、六号大道开工建设；常德烟厂易地技改项目稳步推进；常德电厂一期工程投产发电；万达广场全面开工建设；华侨城欢乐水世

界盛大开园；湘雅常德医院主体工程竣工，柳叶湖现代服务业园区启动建设；建设饮水安全工程498处，解决了剩余136万人的饮水安全问题；安慈高速公路项目具备开工条件。

1. 下大力引进产业项目，实体经济取得新突破。主攻重大项目建设。浪潮常德云计算中心、东星家居广场一期等项目建成运营，桃花源古镇、友阿国际广场、和瑞欢乐城等项目完成主体工程，汉能光伏、常德汽贸城、华兰德光纤等项目稳步推进，中国中车、中国兵装集团等战略投资者引进取得积极进展。全年引进内外资总额610亿元，开工建设亿元项目186个。深入推进园区攻坚。完成园区基础设施投入61亿元，新建标准化厂房150万平方米，均创历史新高。完成技改投入400亿元，新增规模工业企业101家。成功创建国家农业科技园区，国家高新区创建进入候批程序，全省创新创业园区“135”工程建设现场推进会在常德召开，推介了我市工作经验。激活消费市场需求。成功打造欢乐水世界、武陵阁步行城、沙滩公园等消费热点，高水平承办2015中国湖南国际旅游节，带旺了人气、聚集了财气、提升了名气，全年接待游客和旅游收入分别增长22.3%、26.9%。积极建设武陵移动互联网产业园，电子商务发展较快。帮扶市场主体发展。开展“千名干部联系服务千家企业”活动，与企业手挽手渡难关、闯市场。积极破解融资难题，市本级设立3亿元中小企业信贷过桥资金，帮助35家企业解决了燃眉之急；益丰大药房在上交所上市，3家企业在新三板挂牌，临澧、石门农商行挂牌营运；金融机构新增各类贷款176亿元，存贷比首次突破50%。优化用地和拆迁服务，较好地保障了重大项目用地需求。支持创新创业，新增市场主体3万户，新增家庭农场423家、农民合作社604家、规模农产品加工企业31家。

2. 下大力建设海绵城市，城市提质取得新突破。从130多座城市的比拼中脱颖而出，成功入选全国首批16家海绵城市建设试点城市，3年内将获得国家专项补贴资金12亿元，海绵城市设计和79个建设试点项目已经启动。强化规划引领作用，完成了中心城区高速公路环圈内总体城市设计。加快重点项目建设，白鹤山、芦荻山和机场三大快速通道建成，柳叶湖环湖大道、桥南人防工程投入运行，穿紫河风光带、柳叶大道西延、江南风光带、沅水四桥等项目进展顺利。深入推进城市建设“三改四化”，实施项目108个，完成投入85亿元。积极推进城市管理“一改四化”，开展交通秩序、渣土运输、户外广告等专项整治，市容市貌进一步改善。持续促进城镇协调发展。各县（市）城区也按照“三改四化”“一改四化”的要求，加强城市建设，规范城市管理，城镇面貌有了很大改观。市财政安排3000万元，在鼎城灌溪镇、汉寿蒋家嘴镇、临澧新安镇、安乡黄山头镇等13个镇开展美丽城镇建设试点。完成了乡镇区划调整改革任务，以此为契机优化城镇体系，扩大城镇规模。持续推进完美社区建设。各级财政投入2.5亿元，实施建设项目218个，街道和社区公共服务硬件建设基本达标。“3+N”治理模式全面建立，社会治理信息平台、完美社区服务平台投入运行。打造社区公益服务品牌，社区服务功能得到提升。

3. 下大力破解交通瓶颈，基础建设取得新突破。加快构建交通体系。黔张常高铁正在抓紧施工；常安高速复工建设；新建改建干线公路188公里，319国道桃花源景区改线、汉寿县城至军山铺、澧县城头山至张公庙等公路和安乡官垱大桥等桥梁建成通车；硬化农村公路328公里，实施危桥改造150座。强力推进水利建设。完成投入40.5亿元，创历史新高，堤防加固、中小河流治理、大型泵站改造、小型水库除险加固等项目顺利实施，小型农田水利建设深入推进；建成高标准农田15.7万亩。积极建设美丽乡村。整合各类资金3亿元，深入推进“百村示范、千村创建、村村整治”行动，100个示范村基本实现公路通组、自来水到户，涌现了石门秀坪、柳叶湖太阳谷、桃源枫树、安乡出口洲等一批示范亮点。实施蓝天碧水净土行动，全国土壤污染综合防治示范区建设稳步推进，黄石水库等水源地保护全面加强。

4. 下大力增进群众福祉，民生事业取得新突破。集中力量打好民生升温战役，全面完成省重点民生工程各项指标，群众幸福指数进一步提升。全力推进精准扶贫精准脱贫。把脱贫攻坚作为重大的政治任务和民生工程来抓，广泛调动社会力量，认真落实政策措施，全市投入资金2亿元，集中办好重点贫困村“六件实事”，410个贫困村实现驻村帮扶全覆盖、干部联系帮扶贫困户全覆盖，年内脱贫12万人。深入实施教育卫生三年攻坚。教育方面，投入资金5.9亿元，改造农村薄弱学校213所，新建改建城区中小学24所，常德智慧谷加快建设，湖南幼师高专新校区投入使用。卫生方面，投入资金15亿元，建设市县医疗卫生项目55个，澧县人民医院搬迁、鼎城区人民医院扩建等项目顺利竣工，市二人民医院门急诊综合大楼、临澧县人民医院搬迁等项目完成主体工程。协调发展各项民生事业。新增城镇就业6.7万人，农村劳动力转移就业8.6万人。五大社会保险新增参保14.8万人次，开工建设保障性安居工程8.2万套，改扩建农村敬老院19所。丁玲纪念馆、桃源县文化体育中心等项目投入使用，市博物馆改扩建等项目完成主体工程。

5. 下大力转换体制机制，政务服务取得新突破。以转变职能为核心推进政府机构改革。新一轮市县政府机构改革基本完成，政府部门职责交叉、权责不清等问题得到较好解决，社会管理和公共服务职能进一步强化。以简政放权为重点规范行政权力。公布政府部门权力清单、责任清单和外商投资准入管理目录、政府核准投资项目目录，市本级权力事项大幅压减。创新性地编辑出版《政策清单》，实现一册在手、政策在握，让“内行人看了更内行、外行人一看就内行”，更好地服务企业和群众。以提升效能为目标优化政务服务。清理优化审批流程，在市直12家单位开展行政审批优化流程试点，审批时限整体提速39%。加强部门内部审批职能相对集中，基本形成以窗口为主导的审批模式。规范行政审批中介服务，公布中介服务涉企收费目录。全面清理行政事业性收费项目和标准，全年为企业和群众减负2000多万元。

各位代表！

五年的发展历程充满艰辛，五年的发展成就来之不易。这得益于市委的坚强领导，得益于市人大、市政协的监督支持，得益于全市人民和社会各界的共同努力，得益于我们共同打造的最可宝贵的“常德情怀”、“常德担当”和“常德力量”。在此，我代表市人民政府，向全市人民，向各位人大代表、政协委员，向各民主党派、工商联和社会各界人士，向驻常人民解放军、武警消防官兵和公安政法干警，向所有关心支持常德发展的同志们、朋友们，表示衷心的感谢！

回顾“十二五”，我们深深体会到：无论形势怎么变化，坚持经济中心、促进常德发展，始终是我们工作的第一要务；无论困难怎么叠加，坚持改革创新、敢于争先进位，始终是我们工作的第一动力；无论任务怎么繁重，坚持民生优先、增进群众福祉，始终是我们工作的第一目标；无论考验怎么严峻，坚持风清气正、致力团结奋进，始终是我们工作的第一保障。

成绩令人鼓舞，经验弥足珍贵。在看到成绩的同时，我们也清醒地认识到，政府工作和经济社会发展仍然面临较多的困难和问题。一是工作层面有不足，在宏观经济下行的形势下，“十二五”及2015年的地区生产总值、规模工业增加值等指标没有达到预期目标。二是发展层面有短板，县域经济、非公有制经济、开放型经济、金融经济仍然是发展的薄弱环节，基础设施特别是交通设施建设欠账还较多。三是民生层面有差距，社保、住保、环保、就业、就学、就医、扶贫解困、食品安全等公共服务与人民群众的需求还不相适应。四是作风层面有顽症，一些部门衙门习气较重，办事效率低下，工作执行力不强；一些干部思想观念、能力素质还不适应新常态要求，不想为、不会为、不敢为的问题突出；“四风”问题和消极腐败现象在一些地方和单位还没有得到根治。对这些困难和问题，我们必须高度警醒，认真加以解决。

## “十三五”——全面小康、决战决胜的五年

今后五年，是我们深入推进新常德新创业的关键时期，是全面建成小康社会的决胜阶段。谋划和推进“十三五”发展，必须清醒认识外部环境的深刻变化，准确把握常德发展的阶段特征，主动顺应全市人民的期待和要求，科学应对发展的机遇和挑战。当前，发展环境深刻变化，国际形势错综复杂，世界经济仍然处于深度调整期，新一轮科技革命和产业变革正在兴起，我国经济发展进入速度变化、结构优化、动力转换的新常态，常德面临稳增长、促转型的双重压力、双重任务，我们必须顺应大势、积极应对，在认识适应引领新常态中把握主动权。发展机遇不断叠加，国家继续实施稳增长的政策措施，更加注重供给侧结构性改革和需求端管理，“一带一路”、长江经济带和洞庭湖生态经济区等国家战略加快实施，为我市发展带来了政策利好和重大机遇，我们必须主动对接、抢占先机，把发展的机遇转化为发展的优势。发展能量蓄势待发，全市人民围绕推进新常德新创业，瞄准建设泛湘西北现代化区域中心城市，通过强力推进“三改四化”“三大战役”等重点工作，为常德发展蓄积了强大能量，我们必须乘势而上、奋发作为，进一步扩大发展的好势头。

“十三五”发展的指导思想是：高举中国特色社会主义伟大旗帜，全面贯彻党的十八大和十八届三中、四中、五中全会精神，贯彻省委十届十五次全会和市委六届十三次全会精神，以马克思列宁主义、毛泽东思想、邓小平理论、“三个代表”重要思想、科学发展观为指导，深入贯彻习近平总书记系列重要讲话精神，坚持“四个全面”战略布局，坚持发展第一要务，坚持创新、协调、绿色、开放、共享发展新理念，坚持新常德新创业的总要求，以提高发展质量和效益为中心，以新型工业化、信息化、农业现代化、新型城镇化、绿色化为引领，加快建成区域中心城市，提前全面建成小康社会，努力建设智慧健康美丽现代幸福新常德。

“十三五”的发展定位、发展目标、发展路径是：

1.“一个中心”的发展定位。就是从综合交通、产业集聚、商贸物流、教育医疗、科技创新、文化旅游等方面加大推进力度，加快把常德建设成为泛湘西北现代化的区域中心城市。

2.“三个迈进”的发展目标。一是建设现代交通体系，迈进“高铁时代”。告别没有高铁的历史，高速公路实现县域全覆盖，航空水运运输能力全面提升，形成现代立体交通格局。二是建成“双百城市”，迈进“大城市时代”。中心城区建成面积超100平方公里、人口超100万人的大城市；津澧融城逐步实现合并设市，建成市域副中心城市。三是构建现代产业体系，迈进“千亿产业时代”。烟草业、生物科技与健康食品业、现代装备制造业产值突破千亿，现代产业体系基本形成。通过重点落实“三个迈进”的目标任务，带动实现前两年决战决胜全面建成小康社会、后三年巩固深化全面小康建设。到2020年，全市地区生产总值达到4300亿元，年均增长9%左右；规模工业增加值达到1500亿元，年均增长8.5%左右；社会消费品零售总额达到1600亿元，年均增长12%左右；一般公共预算收入达到330亿元，年均增长10%左右；固定资产投资五年累计超过1.5万亿元，年均增长17%左右。

3.“五个常德”的发展路径。一是坚持创新发展，建设智慧常德。始终把创新摆在核心位置，贯穿于经济社会发展的各个领域，努力实现经济发展由规模、要素驱动，向创新、效益驱动转换，推进城市智慧增长，努力建设具有强劲创新驱动能力、教育支撑能力、信息应用能力的智慧常德。五年内，全社会研发经费占生产总值比重达到2.3%以上，高新技术产业增加值年均增长15%左右，人均受教育年限达到10.5年，建成国家智慧城市示范城市。二是坚持协调发展，建设健康常德。按照经济社会持续健康发展的要求，在协调发展中拓宽发展空间，在加强薄弱领域中增强发展后劲，把握发展新特征，加大结构性改革力度，加快转变经济发展方式，努力建设产业协调、城乡一体、社会文明、法治健全的健康常德。五年内，新型工业化、农业现代化、服务业现代化协调发展，三次产业结构调整为10：44：46；城乡协调发展，全市城镇化率达到57%以上，实现城市人口超过农村人口的跨越；物质文明与精神文明协调发展，市民身体素质和文明素质进一步提升，文化强市建设取得更大成效。三是坚持绿色发展，建设美丽常德。坚持绿色富市、绿色惠民，深入贯彻节约资源和保护环境的基本国策，大力开

展环境污染综合治理，加大生态环境保护和自然生态系统修复力度，努力建设生态宜居、人与自然和谐发展的美丽常德。五年内，水、大气、土壤等环境质量明显改善，全市空气质量优良天数达到80%以上，森林覆盖率稳定在48%。四是坚持开放发展，建设现代常德。以现代交通汇聚发展要素，以改革手段释放发展红利，以开放合作拓展发展空间，通过打通开放通道、优化开放环境，努力建设物流畅通、开放文明、充满活力的现代常德。五年内，现代立体交通体系和区域综合交通枢纽城市初步形成，以经济体制改革为引领的重点领域和关键环节改革取得突破，大开放的平台初步建成，经济发展环境进一步优化。五是坚持共享发展，建设幸福常德。牢固树立以人民为中心的发展思想，以全面建成小康社会为总揽，以社保、住保、环保和就业、就学、就医“三保三就”为重点，着力解决人民群众最关心、最直接、最现实的利益问题，使发展成果更多更公平地惠及全体人民，让人民有更多获得感，努力建设社会安定有序、人民安居乐业的幸福常德。五年内，覆盖城乡的基本医疗卫生制度和城乡一体化基本医疗保险制度更加健全，社会保险基本实现法定人员全覆盖，城镇登记失业率控制在4.5%以内，城乡居民人均可支配收入年均增长9%左右。

“十三五”期间，我们要举全市之力，集中办好关乎全局发展、惠及全市人民的“十件大事”。

1. 打赢精准脱贫攻坚战。在2017年实现全市农村贫困人口整体脱贫，提前实现全面小康决战决胜。

2. 建成三条高铁。实现长益常、黔张常、常岳九高铁建成通车，形成与长株潭、成渝、武汉三大城市群的快速通道。

3. 建成沅澧快速干线。完成500公里沅澧快速干线建设，形成市域内快速通勤圈。

4. 建成芙蓉王现代新城。常德烟厂易地技改项目竣工投产，烟草产业产值突破千亿。

5. 建设四个国家级园区。把国家级常德经开区建成千亿园区、国家级常德农业科技园区建成环洞庭湖现代农业科技核心示范区，把常德高新区创建成国家级高新区、津澧开发区创建成国家级经开区。

6. 建设泛湘西北教育医疗中心。高标准建设湘雅常德医院、职教大学城（智慧谷）等项目，打造泛湘西北教育医疗中心。

7. 建成国家海绵城市。建设江河湖连通等工程，探索中国海绵城市建设常德模式。

8. 建成白马湖商务中心。完成万达广场等项目建设，打造城市商务中心。

9. 建设江南新城。建设过江隧道，实施阳明湖开发，实现江南城区提速提质发展。

10. 建设旅游目的地。创建柳叶湖、桃花源、城头山、壶瓶山四大国家级旅游品牌，把常德打造成国内外知名的旅游目的地。

## 2016——抢抓先机、扎实开局的一年

2016年，是“十三五”的开局之年，也是推进结构性改革的攻坚之年。稳增长、调结构、惠民生、防风险的要求很高，去产能、去库存、去杠杆、降成本、补短板的任务很重。我们必须抢抓机遇，乘势而上，主动作为，迎难而上，继续打好“三大战役”，强力推进“五个常德”建设，瞄准目标发力，奔着难题攻坚，全面完成改革发展稳定各项任务，夺取推进新常德新创业的更大胜利。今年经济社会发展的主要预期目标是：地区生产总值增长9%左右，规模工业增加值增长8.5%左右，固定资产投资增长20%左右，一般公共预算收入增长10%以上，城镇新增就业6.7万人以上，城乡居民人均可支配收入分别增长9%以上，完成省里下达的节能减排目标任务。

1. 着力推进新型工业化

夯实园区平台。继续打好园区攻坚战役。加强园区基础建设，推行工业城市综合体建设模式，完成基础设施投入50亿元以上，建设标准化厂房150万平方米以上，做大做实一批创新创业园区。推动园区扩规提质，培育园区特色，做大园区总量，力争全市产值过200亿元园区达到3个以上、常德经开区技工贸总收入突破700亿元，力争国家级高新区创建成功。完善园区体制机制，巩固“一权两制一司”改革成果，增强园区发展活力。

促进产业升级。抢抓“中国制造2025”和湖南省“制造强省五年行动计划”的机遇，深入推进“1115”工程，全年新增百亿产业1个、亿元企业20家以上。积极支持传统优势产业转型提质，加快芙蓉王现代新城、鼎城中联起重、桃源辣妹子食品二期、临澧锦湖气门、澧县新鹏陶瓷二期、安乡晋煤金牛、津市新中意食品等项目建设，完成技改投入440亿元以上。大力发展战略性新兴产业，加快汉能光伏、华兰德光纤、力元新材、汉寿昊晖光伏、石门广电云数据中心等项目建设进度，加大中国中车、中国兵装集团、中国恒天集团等重大投资项目的引进力度，年内新兴产业产值增长13%以上。推进中小企业成长工程，力争年内新增规模工业企业100家以上。

突出科技创新。构建科技创新公共服务体系，支持企业加快工程技术研究中心、院士工作站等创新平台建设。加大产学研结合力度，实施一批重大科技专项。强化品牌和质量兴市战略，保护知识产权，支持企业参与国家标准制定、争创名品名牌。年内新增高新技术企业10家以上，专利申请量2100件以上，高新技术产业产值达到750亿元以上。

帮扶企业发展。大力开展降低实体经济企业成本行动，坚决落实国家、省关于涉企税费取消、停征、降标政策和降低企业社保、财务、电力、物流等成本的政策，坚决规范和降低中介服务收费，坚决杜绝向企业收取赞助费，最大程度减轻企业负担。深化“千名干部联系服务千家企业”活动，认真落实帮扶措施，积极开展政银企对接，完善信用担保制度，做实信贷过桥资金，政府采购优先使用本地产品，重点保障工业企业用地，市政府将尽快研究出台减轻企业负担的具体政策措施，尽最大努力帮助广大企业和企业家渡过发展难关。

2. 着力推进农业现代化

坚持跳出农字抓农业、跳出农业抓农村的理念，大力抓好农业十大标志性工程，推进农业向规模化、高端化、智能化和

服务化方向发展，促进农业增效、农民增收。

优化农业结构。做大做优主导产业，加快粮食、生猪、水产、蔬菜、林业“双百亿产业”发展，巩固提升大宗农产品在全省全国的地位。大力发展特色农业，促进柑橘、甲鱼、茶叶、油料等产业发展提质增效。优化农业产业区域布局，调整棉花产业结构。扩大烟叶生产规模，力争产量达到17万担以上。推进农业综合开发，建设高标准农田15万亩。

强化质量安全。推进农业标准化建设，按照操作有规程、过程有记录、产品有标识、市场有监管、质量可追溯的“四有一可”要求，建立从田间到餐桌的农业标准化体系。加强农产品质量监管，建立健全农产品质量安全监管、检测和认证体系。提升农产品品牌，采取企业主体、政府扶持、社会支持的方式，加大品牌创建、营销和推介力度，进一步提升市场竞争力和影响力。

创新经营主体。发展适度规模经营，全面完成农村土地确权登记颁证工作，依法推进土地经营权有序流转，加快培育专业大户、家庭农场、农民合作社、龙头企业等新型农业经营主体，积极培养新型职业农民。实施农产品加工业振兴工程，重点打造金健米业等龙头企业，力争全市农产品加工产值突破千亿。抓好西湖西洞庭和桃源国家现代农业示范区、常德国家农业科技园区建设，支持各区县市重点建设1个现代农业示范区。

完善服务保障。健全农业科技创新推广体系，加大优质种苗和先进实用技术推广力度。推进政府购买农业公益性服务，加强农机、植保、农资、农技等社会化专业服务。创新农村金融服务，健全政策性农业保险制度。强化基层动植物疫病防控体系建设。深化“农商对接”、“农超对接”，拓宽农产品销售渠道。落实强农惠农富农政策，加强农民负担监管。

3. 着力推进服务业提质

突出发展文化旅游业。坚持把文化旅游作为战略性产业来抓，进一步做大做强美丽经济，塑造“亲亲常德”旅游形象。打造旅游精品，年内完成德国小镇、桃花源古镇等重点项目建设，实现锦江酒店“五一”开业、柳叶湖至穿紫河水上观光“十一”启航，加大柳叶湖环湖十大景观工程、桃花源核心景区改造、壶瓶山生态旅游等项目建设力度，启动城头山世界遗产申报工作。引进旅游品牌，加强与华侨城、山水盛典、同元集团、锦绣中华等品牌团队的合作，提升开发运营层次。深化旅游协作，推进湖南旅游“金三角”建设，加快旅游资源整合和市场拓展。全年接待游客增长20%以上、旅游综合收入增长25%以上。加快建设文化创意产业十大精品工程，促进文化创意与旅游产业融合发展。

加快发展现代金融业。积极发展和引进各类金融机构，完成常德农商行和4家县级农商行组建工作。积极拓宽融资渠道，做实做强市县投融资公司，推行PPP融资模式，扩大债券发行规模，支持有条件的企业上市融资，全年新增银行贷款170亿元以上、表外融资150亿元以上。积极创新金融产品和服务，更好地服务实体经济。促进保险业发展。优化金融生态环境，完善企业和个人征信系统，严厉打击各类非法金融活动。

大力发展商贸流通业。建成万达广场、友阿国际广场、和瑞欢乐城等城市综合体，完成武陵阁步行城二期、桥南商圈提质改造，在市城区新形成近百万平方米大型商业面积，初步构建泛湘西北区域商业中心。加强城乡物流网络建设，建设改造一批现代化大型专业市场、批发市场和物流园区，支持本土商贸物流企业做大做强。大力发展电子商务，促进线上线下融合发展，支持武陵移动互联网产业园争创省级示范基地。

协调发展其他服务业。稳定房地产业发展，建立购租并举的住房制度，加大棚改货币化安置力度，积极化解房地产库存。支持养老服务业加快发展，鼓励社会力量举办规模化、连锁化的医养护综合型养老机构，完善居家养老服务网络。发展研发设计、服务外包、节能环保、商务咨询等生产服务业，提速发展家政服务、信息通讯、娱乐休闲、体育健身等生活服务业。大力发展总部经济，支持国内外知名企业在常德建立总部或区域性总部。改造提升批发零售、住宿餐饮等传统服务业。全年社会消费品零售总额突破1000亿元。

4. 着力推进新型城镇化

坚持“五个统筹”，树立智慧增长、紧凑城市理念，继续打好城市提质战役，让人民群众在城市生活得更方便、更舒心、更美好。

完善城市功能。坚持规划引领，注重产城融合，推进“多规合一”，抓好城市设计和专项规划编制，优化城市空间布局、功能布局和产业布局。坚持新区带动，建成柳叶大道西延线，开工建设过江隧道和常德大道西延线，推进沅水四桥、太阳大道、阳山大道、丹溪路等项目建设，加快实施市民之家、金融街区、阳明湖板块、丹洲生态城等带动性建设项目。坚持品质为重，把创造优质人居环境作为中心目标，深入推进“三改四化”，创建国家生态园林城市，建成江南风光带、老西门城市文化旅游商业街等项目，启动东部城区提质改造，抓好护城河西段改造、穿紫河综合治理、花山湿地改造等海绵城市建设项目。

提升管理水平。深化城市管理“一改四化”，进一步完善体制机制，将管理网格化落实到问题处置上，提高作业精细化标准，逐步推进清扫保洁、市政维护、园林绿化等运营市场化。大力发展公共交通，优化公交网络，规范出租车经营管理，推动公共自行车系统升级改造，加强立体式停车场和地下停车场建设。集中开展户外广告、渣土管理、农贸市场、夜市摊点、交通秩序、物业管理六大整治行动，还城市以整洁，给市民以方便。加强市民文明素质教育，巩固提升文明城市建设成果。

健全城镇体系。把县（市）城区作为新型城镇化的重要支点，实施县城提质扩容工程，推进“改镇设办”，增强县城集聚能力。以乡镇合并为契机，支持重点镇、卫星镇、特色镇、口子镇发展，继续推进13个美丽城镇建设试点。

5. 着力推进基础设施建设

深入开展“项目推进年”活动，实施重点项目500个，完成投资1200亿元。

攻坚克难推进交通建设。全面启动交通建设五年大会战。加快黔张常高铁建设，力争长益常高铁开工建设，抓紧宜石常、常岳九、襄澧常和常桂南高铁项目前期工作。确保常安高速建成通车、安慈高速开工建设，做好益常高速复线、宜石张高速项目前期工作。加快沅水常德至桃源航道、澧水澧县至茅草街航道整治，完成德山港区千吨级码头等工程，启动和加快桃源陬市、安乡长岭洲、津市窑坡渡、鼎城蒿子港、汉寿岩汪湖等码头建设。加快沅澧快速干线一号、二号、六号大道建设，启动河洑至桃源段等项目建设。新建改建国省干线公路80公里，推进319、207国道市城区改线等公路和石龟山大桥、安乡长岭大桥、津市澧水二桥等桥梁建设。改造农村公路危桥140座。加大道路运输整治力度，始终保持公路治超的高压态势，实现公路治超常态化治理，提升公路管理和养护水平。

乘势而上推进水利建设。全年投入资金32亿元以上，完成沅澧两水140处一线大堤整治，实施江河湖库水系综合整治工程，推进蓄洪垸堤防加固、大中型灌区更新改造、大型泵站更新改造等项目建设;加强小型农田水利建设，完成115处“五小”水利建设项目，加快实施堰塘清淤、机埠整修、渠道疏浚等项目。建立饮水安全长效化常态化管理机制，争取黄石水库水资源综合利用工程开工建设。

持续发力推进能源建设。加快酒泉至湖南特高压直流线路、常德北500千伏输变电项目建设，继续实施城市配电网和农村电网改造。抓住“气化湖南”实施机遇，启动岳阳至安乡、石门至张家界天然气管网建设。开展国家新能源建设示范城市创建，加大风力发电、光伏发电等项目建设力度，抓好页岩气开发与综合利用。

加快步伐推进信息建设。做好国家智慧城市试点工作，依托大数据、物联网、云计算中心，加快构建信息资源共享交换平台，加速综合治税、信用信息、智慧旅游等应用系统建设运行。促进“三网”融合，加快光纤网络、4G基站建设，提升宽带速率和网络覆盖。深化信息化与工业化“两化”融合，推进“互联网+”行动计划，培育一批示范企业，加强数字园区和数字企业创建。

6. 着力推进县域经济发展

增强县域发展活力。做好石门县省直管县下放经济社会管理权限试点，推进津澧国家新型城镇化试点和国家中小城市综合改革试点，抓好安乡国家循环经济试点，以农垦改革为契机支持西湖西洞庭加快发展。进一步完善县域经济发展考评体系，形成各具特色的县域经济板块，力争在全省县域经济发展中争先进位。

加大以市带县力度。加强县域城乡规划、产业布局、基础建设等方面的指导，促进企业向园区集中，人口、资金、技术向县城集中。加大市对县经济发展支持力度，重点支持沅澧快速干线、标准化厂房、美丽乡村、农田水利等基础设施和特色园区建设。支持在常金融机构网点向县域下沉，引导和鼓励银行机构加大对区县市发展的信贷投入。

打好脱贫攻坚战役。集中力量推进精准识贫、精准扶贫、精准脱贫，将扶贫精准到户、到项目、到资金、到产业，实施脱贫攻坚“六件实事”。构建专项扶贫、行业扶贫、社会扶贫工作格局，对贫困村实行驻村帮扶和干部结对帮扶全覆盖，鼓励支持各类企业、社会组织和个人参与扶贫。确保全年脱贫12万人以上。

夯实基层基础工作。深入推进完美社区建设，全面完成硬件建设扫尾，全面推行“3+N”治理模式，全面提升社区服务能力。完成新一轮并村工作，抓好村(居)委会换届选举，扩大美丽乡村“3+X”治理模式试点。完善乡村运转保障稳定增长机制，进一步改善基层工作生活条件。推行县以下机关公务员职务与职级并行制度，落实乡镇工作补贴，提高基层工作人员待遇。

7. 着力推进全面改革开放

以更大的决心深化改革。按照中央和省里的统一部署，认真落实好国企、财税、价格、金融、养老保险等领域的改革举措。进一步深化行政管理体制改革、事业单位分类改革、商事制度改革，加快公共资源交易管理体制等改革。着力抓好市里自主推进的政府投资项目管理体制、城市建设体制、乡镇政府职能转变等改革。

以更宽的视野扩大开放。加强区域合作，主动对接国家“一带一路”、长江经济带和洞庭湖生态经济区战略，努力将常德打造成泛湘西北对外开放高地。搭建开放平台，提升盐关口岸运行效益，积极申报进口粮食指定口岸和桃花源机场一类航空口岸，申报建设保税物流中心。发展对外经贸，建设外贸综合服务平台，培育外贸龙头企业，鼓励“德字号”企业走出去，支持境外承揽工程，扩大劳务输出规模。强化招商引资，做好专业化、产业链、精准招商和网络招商，突出引进战略投资者，点对点抓好央企、省企和大企业大集团的对接，突出引老乡、回故乡、建家乡。力争引进内外资总额680亿元，实际利用外资6.8亿美元。

以更实的举措促进创业。大力推动大众创业、万众创新。实施全民创业计划，加强创业孵化基地、创业园区和众创空间建设，激发全社会创新创业热情。积极构建有利于“双创”并进的制度和政策环境，广泛吸引科研人员、高端人才、大学生来常创业。全面落实促进非公有制经济发展的政策，进一步消除民营资本进入的隐性壁垒，鼓励民间资本依法进入更多领域，激发非公有制经济的活力和创造力。

8. 着力推进民生事业建设

完善就业社保体系。实施更加积极的就业政策，进一步加强就业培训和就业援助，突出抓好高校毕业生和就业困难人员就业。实施全民参保登记计划，加快推进社会保险全覆盖。实施城乡养老保险参保缴费激励，完成机关事业单位养老保险制度改革。推进医保城乡统筹，深化医保付费制度改革，完善工伤预防和康复机制。推动社会救助精准化，稳步提高最低生活保障标准。加快推进“两房两棚”建设，全年建设保障性住房和改造棚户区8.6万户以上。加快发展慈善事业。关心和支持残疾人工作。

加快建设教育强市。全面完成教育三年攻坚任务。办好学前教育，扩大普惠性学前教育资源，建设一批社区公办幼儿园和普惠性民办幼儿园。提升基础教育水平，抓好市一中提质改造、荷花中学新建等项目，做好北大附属学校、常德雅礼实验学校项目前期工作。支持高等教育发展，推进湖南文理学院向应用技术型大学深度转型，提升湖南幼师高专办学质量，确保常德技师学院搬进新校区办学，积极申办常德财经职院。发展现代职业教育，抓好民办教育、特殊教育、继续教育和老年教育。实施名校长、名教师、名学校工程，加强学校文化和师德师风建设，做好第二届翦伯赞教育突出贡献奖的评选和表彰工作。加大贫困家庭学生资助力度，推进留守儿童少年关爱行动计划。

加强卫生计生工作。全面完成卫生三年攻坚任务。建成湘雅常德医院，启动市第一中医院易地扩建。推进公立医院改革，完善投入补偿和运营监管机制。加强传染病等重大疾病和公共卫生监测预警与防控。抓好重性精神障碍患者救治工作，开展国家精神卫生综合管理试点。做好中医药工作。健全药品供应保障机制。扶持和规范社会办医，形成多元化办医格局。坚持计划生育基本国策，夯实基层基础，落实“全面两孩”生育政策，优化人口结构，提高人口素质。

协调发展各项事业。加强精神文明建设，健全城乡公共文化服务体系，支持文艺精品创作，严格文化市场监管。加强体育设施建设管理，促进全民健身运动，引进和举办国际马拉松赛等重大赛事。落实住房公积金缴存、提取、贷款政策，更好发挥住房保障作用。加快革命老区、边远地区、少数民族地区经济发展。做好统计、粮食、外事侨务、民族宗教、防震减灾、方志、档案、保密、对台、气象、驻外机构等工作。支持工会扩大工作覆盖面。发展老龄事业。保障妇女儿童权益，支持共青团工作。

维护大局安定和谐。加强社会治安综合治理，构建立体化防控体系，保持打击各类违法犯罪活动的高压态势。完善人民调解、行政调解、司法调解联动工作体系，做好社区矫正、法律服务、法律援助工作，启动“七五”普法。加快建设市县网上信访信息系统，继续推进领导下访包案和部门联合接访，依法及时就地解决群众合法合理诉求。实施最严格的安全生产责任制度，加强安全监管能力建设，抓好安全生产隐患排查治理，坚决防止重特大事故发生。健全食品药品安全监管机制，推进全程综合监管，严厉惩处违法行为，保障食品药品安全。完善突发公共事件应急管理机制，加强城市公共安全设施建设，提升防灾减灾和应急能力。创新网络社会管理，依法规范网络行为。

坚持军民融合深度发展，加强国防动员、国防教育、人民防空、民兵预备役和兵役工作，深入开展“双带双促”和“双拥”共建活动，巩固双拥模范城建设成果，维护保障部队和军人军属合法权益，促进军政军民团结。

9. 着力推进生态文明建设

加大环境治理力度。加强大气污染防治，持续实施煤改气、煤改电工程，加大扬尘、油烟整治和黄标车、老旧机动车淘汰力度，提升空气质量优良率。加强饮用水源地保护和水环境综合治理，推进城市黑臭水体专项整治，加大畜禽养殖污染治理和禁止投肥养殖力度，争取黄石水库、毛里湖、珊珀湖等纳入国家良好湖泊保护规划，完成10个污水处理厂建设任务。严格耕地保护，实施土壤重金属污染源头治理，抓好土壤污染修复示范工程、石门雄黄矿土壤污染综合防治等项目。

改善城乡人居环境。推进市城区生态建设“八大工程”，广泛开展城乡造林绿化行动，成功创建国家森林城市。启动整市推进美丽乡村建设五年行动。加大生态文明示范区创建力度，打造一批国家生态文明建设示范村镇，开展低碳社区试点工作。开展生态文明宣传活动，增强全民生态文明意识。

大力实施节能减排。严格落实节能减排目标责任制，继续下大力整治工业企业污染物排放，实施重点污染行业清洁化改造，确保污染物排放持续下降。继续下大力淘汰落后产能，抓好工业、交通、公共机构等领域节能降耗工作，推动绿色低碳循环发展。抓好绿色建筑示范工程，促进住宅产业化。

10. 着力推进政府自身建设

讲忠诚，优服务。始终坚持忠诚于组织、忠诚于人民、忠诚于职守，始终保持谦虚谨慎、戒骄戒躁的作风，全心全意为人民办实事、做好事、解难事。简政放权要更加彻底。进一步优化政府机构设置和工作流程，继续做好行政审批事项的承接落实和取消下放工作，进一步向基层放权、向社会放权、向市场放权，加强《政策清单》的学习和运用，进一步发挥政策威力。经济环境要更加优化。要像爱护自己的脸面一样爱护常德的发展环境，严厉整治中介服务环境，向各种形式的绑定服务、垄断收费、串标围标开刀；严厉整治工程建设环境，向各种形式的强行阻工、强揽工程、强买强卖开刀；严厉整治办事服务环境，向各种形式的索拿卡要、设租寻租、不作为缓作为乱作为开刀。对扰乱环境的人和事，发现一起、查处一起、曝光一起。服务群众要更加深入。扎实开展“一进二访”活动，探索推行一线工作法，完善县乡村三级便民服务网络，将政务服务不断向基层延伸，把为群众办实事、办好事变成自觉行为和工作常态。

讲创新，求突破。面对当前发展的种种困难，我们必须有新的思路。要打破思维定式，善于谋大、谋远、谋深，敢闯敢干、先行先试，在引进战略投资者、加快传统产业升级、培育新的增长点上寻求突破。面对深化改革的繁重任务，我们必须有新的办法。坚持用改革的理念、创新的举措、市场的手段，在打破利益格局、扫清体制障碍、激发内生活力上寻求突破。面对区域竞争的巨大压力，我们必须有新的作为。以舍我其谁的责任感和时不我待的紧迫感，积极扭转“被边缘化”的趋势，在化解交通瓶颈、要素制约、民生短板上寻求突破。

讲担当，重落实。真正以战略思维、宽阔视野、大局情怀、历史担当谋划和推进常德发展。真抓才能攻坚克难，实干才能梦想成真。敢于直面矛盾。蓝图一旦绘就，路子一旦选准，就要放开手脚干、顶着压力干，不回避矛盾、不掩盖问题，主动作为、积极有为。敢于强力推行。只有干出来的精彩，没有等出来的辉煌。要把抓推行落实作为一切工作的生命线，对市委市政府制定的政策、部署的任务，必须一抓到底，做到事有专管之人、时有限定之期。敢于承担责任。各级政府及其工作人员要有为了常德发展不计个人得失的胸怀，勇于负重、实干克难，不怕承担责任，不怕承担风险，推动工作毫不手软，促进发展毫不懈怠。

讲法治，强规范。政府的一切工作都要在法律框架内运行，这是一条红线，也是一条底线。严格依法行政。牢固树立宪法法律至上的理念，加快建设法治政府，严格落实重大决策程序规定，深化行政执法体制改革，抓好政府立法工作，推行法律顾问制度，建立依法行政考核评价机制。主动接受监督，自觉接受市人大及其常委会的法律监督和工作监督，执行市人大及其常委会的决议决定，认真研究处理各项审议意见，落实好规范性文件备案审查和“三统一”制度，支持和保障市政协履行政治协商、民主监督、参政议政职能，认真办理人大代表建议和政协提案，完善社情民意办理反馈机制，虚心听取和采纳各民主党派、工商联、无党派人士的意见建议，切实推动各类实际问题的解决。强化内部监察和审计监督。加强政务公开。推进重大决策部署、重要民生事项、重大投资项目和公共资源交易等领域的信息公开，提高工作透明度，打造阳光政府。

讲廉洁，守底线。只有先改变自己的态度，才能改变人生的高度。认真落实党风廉政建设主体责任，努力建设廉洁政府。坚持干净用权。对权力集中的部门和岗位，实行分事行权、分岗设权、分级授权、定期轮岗，把权力关进制度的笼子里。坚持干净干事。把纪律和规矩挺在前面，筑牢廉政防线，严格执行公务接待、办公用房等管理标准，改革公务用车制度，确保“三公”经费只减不增。坚持干净做人。深入开展反腐倡廉教育，树立高尚的政德政风，不为物欲所惑、不为人情所扰，以清正廉明的公仆形象取信于民。

各位代表!

宏伟的蓝图已经绘就，奋进的序幕已经拉开。让我们在市委的坚强领导下，把常德人民对美好生活的向往作为我们的奋斗目标，加快推进新常德新创业，为提前全面建成小康社会、谱写中国梦的常德篇章而努力奋斗！

# 中国人民政治协商会议<br>常德市第六届委员会常务委员会工作报告

## ——在政协常德市第六届委员会第四次会议上

常德市政协主席　李爱国

(2016 年 1 月 11 日)

各位委员、同志们：

现在，我代表中国人民政治协商会议常德市第六届委员会常务委员会，向大会报告工作，请予审议，并请列席会议的同志提出意见。

市政协主席李爱国在市政协六届四次会议上作报告

### 2015 年工作回顾

2015 年，在中共常德市委的坚强领导下，市政协常委会主动适应经济发展新常态，牢牢把握新常德新创业总要求，坚持以巩固党的群众路线教育实践活动成果、开展“三严三实”专题教育为契机，组织和动员全体市政协委员，着力发展协商民主，着力服务改革发展，着力促进民生改善，不断创新履职方式、提升履职实效，政协工作和政协事业取得了新的进步。

——协商建言更加精准。全年组织开展 2 次常委会议协商、3 次主席会议协商、12 次对口协商和界别协商，形成了一批有价值的协商建言成果。加强血吸虫病防治、构建现代立体交通大格局、建设抗战英雄城、推进农村信用社改革、整顿规范法律服务市场等协商课题，紧扣党政中心和民生热点，协商建言成果均被市委市政府领导同志批示，进入了市委市政府的决策层面。

——民主监督更有实效。从 2014 年开始，我们围绕“三大战役”探索开展重点事项监督，提出的 63 条监督意见，通过政府交办、“三办”督办、回访视察，得到积极整改和落实，为全面推进“三大战役”发挥了政协的作用、贡献了政协的力量。去年，我们坚持边探索边完善，围绕“民生安全”继续开展重点事项监督，政协民主监督职能持续加强，帮助政府部门改进工作、促进工作的效果更加明显。我们开展重点事项监督的做法，在省内外政协系统产生了较大影响，省政协把“加强人民政协民主监督”确定为 2015 年度理论研究重点课题，委托我们独立完成研究任务，常德政协民主监督的探索实践正在向理论层面升华。

——参政议政更为主动。广大委员自觉强化主体意识，以高度的责任感和使命感，忠实履行职责，积极参政议政。一年来，共提交提案 470 件，立案 344 件，其中集体提案和联名提案 159 件，占比 46.4%；撰写大会发言材料 30 篇，其中 21 篇被市委市政府领导同志批示；反映社情民意信息 359 条，被省政协采用 19 条，被市政协采用 80 条，其中 46 条被市委市政府领导同志批示。

——政协宣传更具影响。充分借助各级各类媒体，宣传展示政协工作，在市级以上媒体发表各类稿件 488 篇，其中省级以上 139 篇。省政协组织 13 家中央和省级媒体，专程来常采访报道政协工作，截至目前已播发新闻稿件 30 条（篇），在宣传推介常德政协工作的同时，集中展示了常德改革发展新成就。

过去的一年，主要做了五个方面的工作：

1. 紧紧围绕服务改革发展履职尽责。以服务中心、服务大局为己任，深入开展议政建言活动。

积极助推改革发展。坚持把议政性协商作为助推改革发展的重要方式，围绕构建现代立体交通大格局，市政协常委会议进行专题协商，提出了高起点编制交通发展规划、抓好高铁等重大交通项目衔接、加快建设沅澧快速干线等5条建议。针对农村信用社改革过程中存在的问题，市政协主席会议进行专题协商，提出了清收不良贷款、加快资产确权、改造农商行股权等8条建议。市政协主席会议还就"十三五"规划草案进行协商，提出了重视发展网络经济、突出帮扶实体经济、推进农业适度规模经营、完善人才引进培养政策机制等建议。各专委会围绕旅游商品开发、青年海归创业、发展绿色养殖业、建设外向型经济平台等经济类课题，开展了一系列对口协商和界别协商活动。注重在视察中了解情况、促进工作，主席会议先后视察了2014年民主监督意见整改落实情况、重点工程建设情况、检察院工作情况和新型文化旅游产业发展情况。引导委员通过提交提案、反映社情民意信息等形式为改革发展建言献策，共提交经济类提案74件，关于强力助推"1115"工程、抢抓洞庭湖生态经济区建设机遇等提案被王群书记批示，关于提升开放型经济水平、加快发展电子商务等提案被德睿市长批示；编报反映经济类社情民意信息25条，关于将市城区至汉寿的三条大道纳入沅澧快速干线统一规划建设、扶持本土医药企业发展等信息，被市委市政府领导同志批示。

积极助推民生改善。坚持以人为本、履职为民，努力帮助党委政府办好涉及群众切身利益的事情。针对"民生安全"问题，我们遴选48名市政协委员，组成6个民主监督小组，对市安监局、市食药监管局、市工商局、市质监局、市消防支队、市交警支队等6个单位的行政执法、工作效能、作风建设情况进行重点监督，共提出51条监督意见。围绕加强血吸虫病防治，市政协常委会议进行专题协商，提出了把血防工作纳入"十三五"规划、落实封洲禁牧政策、提高血防机构服务能力等4条建议；各专委会针对人防工程建设、养老事业发展、沅水水源保护、法院民事判决执行等问题，开展对口协商，提出了一系列意见建议。广大委员把朴实的民生情怀体现到履职过程中，积极反映群众诉求，提交民生类提案78件、报送民生类社情民意信息217条，促成了取消医保首诊制度、加强老旧居民楼隐患排查等具体民生问题的解决和落实。

积极助推社会事业。为更好地挖掘城市历史文化内涵，市政协主席会议就建设抗战英雄城进行专题协商，向市委、市政府提出了实施公墓提质、新建抗战纪念公园、保护抗战遗址等"五大工程"的建议，市规委会进行了专题研究，抗战英雄城建设已进入政府"操作前台"。为促进法律服务工作，市政协主席会议专题协商整顿规范法律服务市场问题，提出了加强清理整顿、严把法律服务人员准入关、建立非法代理人黑名单制度等7条建议。相关专委会围绕申建壶瓶山国家公园、支持发展民营博物馆、加快发展学前教育等课题，组织开展了对口协商和界别协商。

2. 紧紧围绕汇聚各方力量联系联谊。坚持大团结、大联合，主动团结各族各界，为改革发展聚人气、增合力。

促进合作共事。坚持把合作共事精神贯彻到政协工作的各个方面、各个环节，注重听取各民主党派、工商联和无党派人士的意见建议，为党派团体参政议政提供有效平台。主动邀请各民主党派、工商联和无党派人士参加政协组织的调研、视察等履职活动，鼓励和支持各民主党派、工商联和无党派人士在全体会议、常委会议、专题协商会议上坦诚建言。一年来，各民主党派、工商联和无党派人士积极依托政协平台履行职责，提交提案158件，反映社情民意信息137条。

深化团结联谊。利用召开政协全会、德商恳谈会、中秋联谊座谈会等机会，加强与港澳台同胞、海外侨胞的联系，配合全国政协做好"台湾中国青年大陆研究文教基金会"参访团来常考察接待工作，促进了两岸两地文化教育领域的交流。主动联系慰问旅外委员，鼓励旅外委员发挥优势，为家乡建设献计出力。经常走访在常的旅外委员企业，帮助部分企业解决了资金周转困难、闲置厂房回购等7个具体问题。继续开展金秋助学活动，组织旅外委员与受助学生代表进行回访交流，给付了第二年度50万元助学金。

关心民族宗教事业发展。宣传贯彻党的民族宗教政策，协助做好新形势下的民族宗教工作，加强与民族宗教界代表人士的沟通交流，引导民族宗教人士为促进社会和谐发挥积极作用。配合省政协开展民族地区村级组织带头人情况调研，为加强民族地区村级组织带头人队伍建设献计献策。围绕促进《宗教事务条例》贯彻实施，市政协主席会议视察城区五大宗教活动场所，提出了加强和谐宗教活动场所建设的建议。

开展文史资料征集工作。在纪念抗日战争胜利70周年之际，我们广泛征集和挖掘常德会战、常德细菌战文史资料，为抗战英雄城的规划、建设提供了重要参考。配合省政协开展"老字号"和剿匪文史资料征集工作，完成了省政协交办的征集任务。

3. 紧紧围绕激发委员活力创新机制。从机制建设入手，以机制创新推动政协工作创新和委员管理创新，进一步激发了委员履职热情。

完善委员服务机制。强化专委会、工作组、活动组组织和服务委员履职的责任，各专委会、工作组、活动组分别召开委员会议2次以上，组织委员参加调研、视察等履职活动1次以上。继续开展"委员走访月"活动，广泛听取委员意见建议，及时了解委员思想和工作状况，力所能及地帮助委员解决了一些实际问题。建立委员履职情况提醒机制，及时提醒和督促委员完成"五个一"的履职任务，履职评价优秀等次委员达到65.96%。

完善政情通报机制。在市政府向市政协常委会通报经济社会发展情况、重要履职成果办理情况，市纪委通报反腐败工作情况的基础上，进一步拓展政情通报内容，市中级人民法院、市人民检察院向市政协常委会通报了工作情况。

完善提案工作机制。为提高提案质量，我们进一步完善提案线索征集机制、提案撰写提交机制、提案立案审查机制，实行了提前撰写提案、提前提交提案、提前审查提案。为提高提案问题落实率，我们坚持督促办理与协商办理相结合，加大协商办理提案力度，组织开展了10次提案办理协商活动。关于加强校外托管机构监管的提案，市政协召开办理协商会之后，市建设教育强市领导小组进行了专题研究，为这一问题的最终解决打下了基础。

完善市县联动机制。为加强市县政协之间的联系交流，召开了2次区县市政协主席例会、2次秘书长联席会议和10多次专委会工作会议。坚持重大履职活动市县联动，围绕构建现代立体交通大格局，组织开展市县联合调研，充分吸纳了区县市政协的调研成果。积极为驻区县市委员履职创造条件，首次组织102名驻区县市委员，以区县市活动组为单位，围绕完美社区建设、湿地保护等9个课题，开展了异地视察活动。

4. 紧紧围绕落实市委部署积极作为。认真贯彻落实市委决策部署，以实际行动参与和服务市委中心工作。

主动完成市委交办的工作任务。按照市委的统一安排，市政协主席会议成员积极参与桃花源旅游开发、白鹤山片区开发、环柳叶湖工程建设、河道采砂整治、联系重点企业、精准扶贫等中心工作。市政协机关帮助西洞庭白芷湖村协调落实项目资金200多万元，实施了产业开发、环境整治等项目建设；帮助石门县水晶庙村协调落实扶贫帮困资金180万元，完成了安全饮水、道路硬化等项目建设；帮助武陵区芷荷社区建设了开放式书屋和文化宣传长廊。

认真组织“走听察解”活动。根据市委开展“服务基层月”活动要求，结合政协实际，组织机关干部集中开展“走基层、听民声、察民情、解民难”主题活动。活动期间，共收集到各方面意见建议53条，我们将其归纳为20个具体问题，以专报形式报送了市委。

扎实开展“一进二访”活动。遵照省委、市委统一部署，市政协主席会议成员深入到扶贫点村，开展“进村入户、访困问需、访贫问计”活动，协调落实扶贫资金，指导制定脱贫计划，帮助贫困户解决了生产生活中的一些实际困难。市政协机关先后3次组织干部进村入户，帮助25个贫困户制定和落实脱贫措施，协调解决产业发展和生活救助资金50多万元。

5. 紧紧围绕提升履职能力加强自身建设。坚持以提高履职能力和工作水平为目标，整体推进政协自身建设。

深入推进“三严三实”专题教育。以党组书记上党课为开端，扎实开展“三严三实”专题教育。围绕严以修身、严以律己、严以用权3个专题，组织开展高质量的学习研讨，达到了相互启发、触及灵魂、共同提高的目的。坚持边学习研讨、边整改问题，切实抓好群众路线教育实践活动后续整改工作和“不严不实”突出问题的整改落实，专题教育成效不断显现，机关干部践行“三严三实”的思想自觉和行动自觉进一步增强，政治意识和规矩意识进一步增强，事业心和责任感进一步增强。

注重抓好理论研究。加强政协理论研究队伍建设，召开市政协理论研究会第三次会员代表大会，充实壮大了政协理论研究队伍；以“发挥人民政协平台作用，发展社会主义协商民主”为主题，组织开展理论研究，形成了一批优秀理论研究成果；积极参加全省政协系统理论研究活动，向省政协报送论文23篇，有11篇获奖。

着力加强机关管理。坚持中心组学习与机关干部政治理论学习相结合，组织开展了10多次集中学习活动，进一步提升了机关干部的政治素质和理论素养。按照每月读1本好书、交流1次学习心得，每年撰写1篇调研报告、反映1条社情民意信息的要求，积极开展中青年干部读书会活动，进一步丰富了知识、锻炼了能力。认真落实中央“八项规定”，深入整改“四风”方面突出问题，修订完善机关财务管理制度，出台机关工作人员请休假和因公外出报告制度，进一步扎紧织密了制度笼子。

一年来，各区县市政协积极履行三项职能，创造性地开展工作，形成了一些亮点。武陵区政协和安乡县政协采取党委政府出题与自己找题相结合的办法，找准了协商议政的切入点。鼎城区政协和临澧县政协提请党委出台了促进履职成果转化的文件，明确了政协履职成果办理规程。汉寿县政协出台了民主评议工作实施细则和民主监督员管理办法，进一步规范了民主监督行为。桃源县政协探索开展常委向常委会述职，促进了政协常委更好地履行职责。石门县政协提请县委、县政府建立了党政领导“接待委员日”制度，为委员反映意见建议构建了直接通道。澧县政协把提案交办搬到了县政府全会上，由县长交任务、副县长领任务，提案问题解决率达到了56.8%。津市政协举办“美丽津市 . 满意教育”委员论坛和政协理论知识抢答赛，产生了较大影响。各区县市政协扎实有效的工作，为提高全市政协工作整体水平、推动全市政协事业发展，发挥了积极作用。

各位委员，过去一年成绩的取得，是中共常德市委坚强领导的结果，是市人大、市政府、常德军分区及各部门单位和社会各界大力支持的结果，是市政协各参加单位和全体委员共同努力的结果。在此，我代表市政协常委会表示衷心的感谢！

回顾过去一年的工作，我们还存在一些不足，主要是委员参与政协协商的广度和深度有待进一步拓展、专委会的专业化程度有待进一步提高、界别的作用有待进一步发挥等等。对此，我们要认真分析研究，切实加以解决，也希望各位委员提出建议，共同把政协工作做得更好。

## 2016年工作任务

2016年，是全面建成小康社会决胜阶段的开局之年，是推进结构性改革的攻坚之年，也是“十三五”规划的开启之年。市政协工作总的指导思想是：认真贯彻落实中共十八大、十八届三中、四中、五中全会精神和中央、省委、市委经济工作会议精神，牢牢把握团结民主两大主题，主动适应经济发展新常态，以服务新常德新创业为主线，以助推“三大战役”为重点，以更加契合党政中心、更加体现民生民心、更加彰显政协特色为目标，围绕“一个中心、三个迈进、五个常德”的总体要求，认真履职，积极作为，为实现“十三五”经济社会发展良好开局做出新的贡献。

——做好新一年的政协工作，必须贯彻新理念。深刻领会和把握创新、协调、绿色、开放、共享发展新理念，自觉用“五个发展”新理念谋划政协工作、指导政协履职。

——做好新一年的政协工作，必须落实新要求。认真贯彻落实中央关于加强社会主义协商民主建设和加强政协协商民主建设的新要求，深入推进政协协商，为发展社会主义协商民主、促进民主政治建设，发挥人民政协独特的优势和作用。

——做好新一年的政协工作，必须顺应新期盼。把助推“十三五”良好开局作为政协履职的主要方向，坚持议大事、议要事、议老百姓身边的事，帮助党委政府多做一些促进改革发展的具体工作，多做一些提升群众幸福感、增加社会温暖度的具体事情。

——做好新一年的政协工作，必须力求新作为。坚决拥护省委、市委关于市县乡同级领导班子同步换届的决定，正确对待提前换届，善始善终履行职责，力争在换届之年发挥更大的作用、实现更大的作为。

新的一年，着重抓好以下六个方面的工作：

1. 忠实履行专门协商机构职责，认真组织政协协商。准确把握政协协商性质定位，发挥好人民政协作为协商民主重要渠道和专门协商机构的作用，搭建好机制化、常态化的协商参与平台，坚持平等探讨问题、坦率提出意见、沟通化解分歧，积极开展政协协商实践，切实将协商理念寓于履行职能全过程、贯穿政协工作各方面。精准确定政协协商重点课题，坚持问题导向，把政协协商的重点放在党政关注、群众关切的问题上，放在“十三五”规划实施的具体问题上，围绕加快推进海绵城市建设，召开1次议政性常委会议；聚焦物业行业监管、农村区划调整后的社会治理，安排2次议政性主席会议；选取建设职教新城、发展家庭农场、保护传统集镇、推进简政放权、创建4D创业园、发展特色旅游乡镇等课题，组织开展12次对口协商和界别协商，努力为市委市政府科学决策提供更多、更有价值的参考。精心组织政协协商履职活动，坚持于协商之前开展调查研究，花更大力气深入了解实际，花更多时间强化研究论证，使对策建议更具科学性、合理性，更加有助于决策；坚持于协商之中充分发扬民主，组织委员与部门单位面对面地协商讨论，加强互动交流，使政协协商更加务实有效、不流于形式；坚持于协商之后提炼协商成果，吸纳委员建言，综合各方意见，使协商成果更好地体现政协智慧，更加接地气、合民意。

2. 着力促进履职成果转化运用，持续加强民主监督。把2016年确定为“政协重要履职成果监督回访年”，借助民主监督手段，采取跟踪回访、现场视察、民意调查、沟通协商等形式，对本届政协重要履职成果转化落实情况进行“回头看”。开展民主监督意见整改落实情况的跟踪回访，继续以专委会为单位，组建6个民主监督小组，对2014年、2015年民主监督意见整改落实情况进行跟踪回访，督促12个“三大战役”重点责任单位和6个“民生安全”重点责任单位更好地履行职责，进一步助推“三大战役”、促进“民生安全”。开展建议案、建议函办理落实情况的跟踪回访，通过再沟通、再协商，促成更多的协商建言成果转化为市委市政府的决策部署。开展重点提案和社情民意信息领导签批件办理情况的跟踪回访，努力实现提案建议落实率和社情民意信息问题解决率“双提升”。

3. 切实调动委员履职积极性，广泛开展参政议政。尊重和保障委员民主权利，进一步做好委员联络服务工作，构建委员之间、委员与政协机构之间、委员与党政部门之间多种形式的交流机制，为委员积极、主动、有效履职创造良好条件。组织委员参加履职活动，进一步扩大委员在协商、视察、调研等履职活动中的参与面。重点围绕民主监督意见整改落实情况、民营医院发展情况、园区攻坚情况、美丽经济建设情况，开展4次主席会议视察活动，各专委会分别组织开展2次以上的小型对口视察活动，继续组织好驻区县市委员异地视察活动。组织委员认真撰写提案，继续开展“提案撰写月”活动，选取事关经济社会发展全局和群众普遍关注的热点难点问题，组织委员深入调查研究，多撰写一些高质量的提案，多提交一些联名提案和集体提案。组织委员反映社情民意，进一步优化社情民意信息收集、编报、反馈、督办机制，引导委员走进基层、走近群众，积极反映群众身边的小事、难事、具体事，帮助党委政府收集社情、了解民意。

4. 充分发挥联系广泛的独特优势，努力汇聚发展力量。坚持把发扬民主、增进团结、协调关系、化解矛盾作为政协履职的重要着力点，团结一切可以团结的力量，汇集一切可以汇集的智慧，激发一切可以激发的活力，积极帮助市委营造良好的政治生态。注重强化与党派团体的团结合作，认真贯彻落实《中国共产党统一战线工作条例（试行）》，建立健全调研活动统筹、信息资源共享、咨询论证合力的工作机制，鼓励和支持党派团体在政协平台上发挥作用，让党派团体真正成为政协经常性工作的重要组织者和参与者。注重发挥工商联服务联系非公经济人士的优势和作用，帮助非公经济人士研判形势，克服困难，创新创业，做强产业，做大事业。注重加强联系交流，认真做好旅外委员的联系、走访和服务工作，进一步畅通旅外委员了解情况、反映意见的渠道，帮助旅外委员更好地履行职责；以推动常德全方位对外开放为目标，以活跃对外交往为抓手，广泛联系港澳同胞、台湾同胞、海外侨胞，引导他们发挥好“双重积极作用”。注重促进民族宗教和谐，加强与民族宗教界人士的联系，及时反映民族宗教界委员意见、建议和诉求，帮助做好少数民族地区的精准扶贫工作。注重做好文史工作，征集出版《常德农耕文明》文史资料专辑，发挥文史资料存史、资政的社会功能。注重加强对区县市政协工作的联系与指导，组织开展多种形式的学习交流活动，为区县市政协相互学习、相互促进创造条件。

5. 认真落实省委市委决策部署，扎实做好提前换届工作。市县乡同级领导班子同步换届，是省委、市委作出的重大决定，是全市人民政治生活中的一件大事。我们要把换届工作作为一项重要的政治任务，在市委的统一领导下，统一思想，统筹谋划，稳步推进。积极与组织、统战等部门衔接沟通，做好委员提名推荐等基础性工作，落细落小落实每一项具体任务。严肃换届纪律，认真汲取衡阳贿选案和南充拉票贿选案的深刻教训，有效预防和整治换届中的各种不正之风，保障换届工作规范有序推进。

6. 进一步加强自身建设，不断激发工作活力。始终把自身建设摆在重要位置，激发政协工作活力、提高政协工作水平。

学习五中全会精神。党的十八届五中全会着眼于全面建成小康社会，对“十三五”进行顶层设计、作出全面部署，提出了一系列新理念、新思路、新要求、新举措。全市各级政协组织、市政协各参加单位、广大政协委员和政协机关干部要深入学习贯彻十八届五中全会精神，准确把握精神实质，主动把思想和行动统一到中央的决策部署上来。

推进专委会建设。专委会要在“专”字上下功夫，把履职重点放在对口部门的职能工作上，用专家的视野审视问题，从专业的角度思考问题，不断提高专委会工作的专业水准。进一步发挥专委会联系委员、组织委员、服务委员的基础性作用，为委员履职搭建知情平台、学习平台、联络平台。加强委员履职情况考核，对本届以来委员履职情况进行综合考核评价，把考核评价结果作为推荐留任新一届政协委员的主要依据。

加强机关建设与管理。注重干部的培养与锻炼，以机关中青年干部读书会为载体，坚持多学习、多实践、多交流，让中青年干部在学习交流和实践锻炼中增长才干、增强能力。加强机关作风建设，坚持用“三严三实”的标准要求干部、管理干部，鼓励干部多想事、多干事，引导干部比作风、比实绩，努力营造勤勉敬业、积极向上的机关氛围。巩固深化机关文明创建成果，大力推行文明办公，全面加强规范管理，推动机关建设再上新台阶。

各位委员，新形势催人奋进，新愿景鼓舞人心，新征程任重道远。让我们紧密团结在以习近平同志为总书记的中共中央周围，在中共常德市委的坚强领导下，振奋精神，团结一心，奋发有为，扎实推进政协各项工作，为推进“五个常德”建设、全面建成小康社会而努力奋斗！

## 2015年1—12月

### 1月

1日，武陵区“沅水武陵段青虾中华鳖国家级水产种质资源保护区”被农业部批准为第八批国家级水产种质资源保护区，这是该区首个国家级水产种质资源保护区。沅水武陵段青虾中华鳖国家级水产种质资源保护区位于沅水下游江段，河道长12.5千米，水域总面积12.5平方千米，地理范围为北纬28° 57′ 32″ 至28° 58′ 17″，东经111° 42′ 47″ 至113° 48′ 45″ 之间。保护区分核心区和实验区，核心区从二广高速公路沅水大桥到芦荻山乡观音寺村，实验区从常德沅水二桥到二广高速公路沅水大桥。保护区主要保护对象为青虾、中华鳖，其他保护对象包括长吻鮠、翘嘴红鲌、乌龟等物种，特别保护期为每年的4月30日至9月30日。

同日，居民生活用气1月1日起执行阶梯气价。居民用气量分为三档，阶梯气价以年度为周期结算，购气量额度在周期之间不累计、不结转。

4日，农业部公布第八批国家级水产种质资源保护区，常德市有3处水产种质资源区纳入保护区范围，分别是安乡杨家河段短河鲚、沅水桃源段黄颡鱼黄尾鲴、沅水武陵段青虾中华鳖3处国家级水产种质资源保护区。

6日，汉寿县被授予“湖南省书画之乡”版匾，这是继石门县、桃源县后，常德市成功创建的第3个省级“书画之乡”。

7日，黔张常铁路开工建设，建成后由常德到重庆最快两个半小时。黔张常铁路西起重庆市黔江区，途经湖北恩施州咸丰县、来凤县，湖南湘西州龙山县、张家界市桑植县、永定区，在张家界市与焦柳铁路衔接，再向东经桃源县后至常德，全长约340千米，设16座车站。其中，常德市境内约105千米，投资约110亿元。

8日，市委六届十一次全委（扩大）会议暨市委经济工作会议在市工人文化宫召开。会议贯彻落实中央、省委经济工作会议精神，总结2014年、部署2015年经济工作。市委书记王群，市委副书记、市长周德睿出席会议并作重要讲话。会上，市委副书记宋冬春宣读了2014年度全市安全生产、综治、计生工作考核结果的通报。刘明、李爱国、雷绍业、董正武、朱水平、卢武福、何英平、黄清宇、唐贵平等所有在家的市级领导参加会议。

9日，上午，全国综治信息化建设工作座谈会在北京召开，常德市作为全国6个代表城市之一，就网格化管理和综治信息化建设工作进行了远程视频连线汇报。

11日，石门县农业局执法人员韩先月、唐瑜等人承办的《未建立农产品生产记录案》获评“2014年全国农业行政处罚优秀案卷”（全国33卷），成为全省唯一获评“国优”的县级单位；《行政处罚决定书（石农（农安）罚〔2014〕11号）》获评“2014年全国农业行政处罚优秀文书”（全国8卷），成为全省唯一获评“国优”的单位。

同日，柳叶湖河洲甲鱼生态养殖产业园被评为全省第三批省级休闲渔业示范点，加上前两批评选出的13个示范点，常德市的省级休闲渔业示范点已达14个。柳叶湖河洲甲鱼生态养殖产业园位于柳叶湖旅游度假区白鹤山乡栗里岗村和吴家口村，面积13.92万平方米，总投资3000万元，由鼎城区河洲龟鳖专业合作社理事长王国顺牵头发起，采取股份合作的方式创办。

13日，市委副书记、市长周德睿主持召开市政府第25次常务会议，研究部署加快发展养老服务业、治理车辆超载超限等多项工作。会议审议了《关于加快发展养老服务业的实施意见（草案）》。会议听取了市政府购买服务工作情况汇报。审议了《常德市城市规划区制止和拆除违法建设管理办法（草案）》《常德市城市规划区制止和拆除违法建设考核办法（草案）》《常德市市本级被征地农民社会保障工作实施办法（草案）》等文件。市委常委、常务副市长朱水平，市委常委、副市长卢武福，副市长朱晓平、沈习森、胡丘陵、陈华，市政府秘书长周代惠出席会议。

15日，快速公交一期拓展工程环圈主线H2线15日开通试运行。H2主线由公交总站往返德山公交站，沿途设有公交总站、皂果路、竹根潭、新河桥、长庚路、杨河桥、青林路、紫菱路、费家嘴、滨湖路、付桥、竹叶路、桃花源大桥（南）、永安路、金霞路、鼎城区人民医院、阳明路、常南汽车总站、商贸城、鼎城公交站、沅南水厂、三滴水、枉水桥、枉山公园、德山酒业、恒安集团、桃林路口、樟木桥、檀树坪、德山公交站等30个站（原线返回）。运行时间为早上6时至晚上9时。它的开通，使常德城真正形成了快速公交环圈。

同日，武陵区三闾港股份经济合作社成立，此举标志着常德市农村集体资产产权制度改革，已经成功破题。合作社依法成立了董事会、监事会等机构，具有独立法人资格，实行独立核算、自主经营、自负盈亏、民主管理，业务接受上级主管部门指导和监督。该社有总股份2203股，股东1772人。

同日，省“双联”和困难职工帮扶工作电视电话会议在长沙召开，市委副书记宋冬春作为三个市、县先进典型之一首先发言，介绍了常德市双联帮扶做法及在促进社会和谐稳定、推动经济社会发展上取得的实效。

16日，在由省委宣传部、省旅游局、省文学艺术界联合会主办，省音乐家协会、上海华扬联众数字技术有限公司长沙分公司共同承办的“锦绣潇湘·快乐湖南”首届原创旅游歌曲大赛中，常德市词作者麻建民、唐伟独立创作的旅游歌曲《凤凰》，王贵宝、温喆的《桃花源》喜获银奖；陈小奇、罗继南的《心中的桃花源》获优秀奖。

同日，市政府组织市委农村工作部、市畜牧兽医水产局、市食品药品监督管理局等市直相关部门，集中收看全省畜禽屠宰管理与肉食品安全监管视频会。会议对畜禽屠宰监管职责划转工作进行了部署。划转后，各级畜牧兽医部门将从过去只习惯于管养猪，变成既管养猪，也管宰猪，从圈舍延伸到屠场。

17日，下午，从印度尼西亚发出的满载千吨进口纸浆的“50×20GP”（50个20英尺的标准集装箱简称）由东方海外远洋运输公司运抵上海后，交由湖南远洋运输公司中转顺利抵达常德市盐关水运口岸。这也是常德市迎来的第一笔以常德为目的港口的进口贸易。

19日，上午，政协常德市第六届委员会第三次会议在市工人文化宫开幕。会议应到委员427人，实到417人，符合《政协章程》规定的有效人数。21日，政协常德市第六届委员会第三次会议闭幕。

20日，上午，常德市第六届人民代表大会第四次会议在市工人文化宫开幕。大会应到代表473人，因事因病请假18人，实到455人，符合法定人数。23日，市六届人大四次会议闭幕。

21日，从1月21日起，对市城区主次干道人行道上设置的“四亭二牌一栏”即“报刊亭、彩票亭、售货亭、公用电话亭、指路牌、交通指示牌、阅报栏”进行集中规范整顿。

同日，位于石门县蒙泉镇的湖南省袁哥柑橘专业合作社等403个合作社被农业部认定为全国农民合作社加工示范单位，是湖南省17家示范单位之一。

22日，常德军分区党委十三届七次全会（扩大）会议在常德军分区机关召开。

23日，常德市第七届优质农产品展示展销会开幕。

27日，“常德酱板鸭”地理标志保护产品专用标志使用申请暨地方标准宣传贯彻会在市质监局召开。由市质监局一分局、常德市酱板鸭行业协会联合起草的地方标准正式实施。今后，未经申请批准擅自使用或者伪造冒用标志的行为将会被依法进行查处。

同日，常德市首批申报重度残疾人护理补贴的39065名对象，其补贴资金全部发放到位，共计发放补贴1542.55万元。

30日，省政府批准同意常德市蒙泉水库、迎新水库、杨花桥水库等110处饮用水水源地划定为饮用水源保护区。至此，全市共有二批次150处饮用水水源保护区获批。其中，河流型26处、湖库型124处，涉及石门县47处、临澧县15处、澧县39处、津市9处、桃花源旅游管理区1处、安乡县3处、常德经开区1处、汉寿县6处、鼎城区28处、柳叶湖旅游度假区1处。

同日，省民政厅下文，武陵区被正式认定为革命老区。至此，常德市9个区县（市）已全部被认定为革命老根据地，加之西湖、西洞庭管理区，全市革命老根据地数量达到11个。

31日，鼎城区十美堂鸟儿洲生态旅游区被评定为国家AAA级景区。

同日，第七届小小说金麻雀奖评选在郑州揭晓，常德作家戴希斩获小小说金麻雀奖，成为湖南省第2个获此殊荣的作家，常德作家伍中正获提名奖。

## 2月

1日，常德市第四座沅江桥梁——沅水四桥正式开工建设。沅水四桥起点位于鼎城区斗姆湖镇新龙村，终点位于武陵区丹洲乡桑场村，总投资约4.5亿元，采用五塔矮塔部分斜拉桥，是G319、G207城区段改线的控制性工程，建设工期约3年，预计2017年竣工。

同日，从2月1日起，由市环保局、市商务局、市交警支队、市质监局、市工商局五部门联合出台的《关于执行第四阶段国家机动车大气污染物排放标准有关工作的通告》（简称国Ⅳ排放标准）正式施行。

3日，市政府职能转变和机构改革正式启动。在此次改革中，市政府将撤并正处级机构8个、副处级机构13个，还有3个正处级机构被降为副处级。

同日，常德市园区攻坚办公室公布2014年度工业园区经济增长情况：2014年，津市工业集中区实现规模工业产值111亿元，同比增长25%，首度突破百亿元大关，跻身“百亿园区”行列；规模工业产值增速、规模工业增加值增速、入库税金增速3项主要经济指标在常德市各园区排名第一。

4日，市委副书记、市长周德睿主持召开了市政府第26次常务会。会议听取2014年市政府工作要点完成情况的汇报，并讨论研究了2015年市政府工作要点。会议集中学习省发改委工作会议精神，并就如何贯彻落实会议精神作出了具体部署。听取了关于2015年“十三五”规划编制工作方案和“十三五”规划基本思路情况汇报。会议审议并原则通过了《常德市推进政府购买服务工作实施办法（草案）》《常德市市本级政府购买服务工作试点方案（草案）》。市委常委、副市长卢武福，副市长朱晓平、沈习森、陈华，市政府秘书长周代惠出席会议。

同日，全市移民扶贫工作会议召开，2015年移民扶贫工作将实施“12333”工程。即一个中心围绕移民和贫困群众增收，全年脱贫12万人以上；强化两项扶贫重点，一方面是“六件实事”攻坚，另一方面是驻村帮扶办点；创新三个机制，第一是创新精准扶贫机制，第二是强化社会帮扶机制，第三是完善扶贫考核激励机制；突出三项移民增收举措，即移民产业开发、移民群众培训和移民后扶政策落实；抓实三项工作，即抓好资金项目监管，抓好移民维权维稳，抓好干部队伍建设。

11日，湖南省教育厅授予常德市2014年度市州教育工作创新奖。

16日，常德市政府与江苏常青对外经济合作有限公司签订了《出国劳务战略合作协议》。根据协议，市政府与该公司独家开展为期10年的出国劳务业务战略合作，10年内将累计为常德派出劳务人员3万人次以上，预计为劳务人员创汇100亿元以上。

17日，益丰大药房连锁股份有限公司（股票简称：益丰药房，股票代码603939）正式登陆上交所，成为国内首家在沪市上市交易的药品零售企业和湖南省第一家、全国第二家成功上市的连锁药房。至此，常德市上市企业已达到5家。

20日，经评审、公示等程序，常德市2014年度科学技术功臣奖、科学技术进步奖评选结果揭晓。常德金鹏印务有限公司工程师孔繁辉、湖南省棉科所研究员张雪林获科学技术功臣奖；22个科技项目获科学技术进步奖。

27日，桃源县文物局完成了采菱城遗址和星子宫古建筑群两处国家级重点文物保护单位保护标志碑的树立工作。采菱城遗址位于青林回维乡采菱城村，是湖南省大型战国城址之一，星子宫古建筑群位于热市镇星德山村，具有较高历史、艺术和科学研究价值，2013年3月这两处文保单位被国务院公布为第七批全国重点文物保护单位。

28日，在全国精神文明建设工作表彰暨学雷锋志愿服务大会上，中央文明委再次授予常德市全国文明城市荣誉称号。

同日，常德市丝弦弹唱《群星耀三湘》、湘北大鼓《香火》和荆河小戏《心灵的魔术》入选文化部全国公共文化发展中心举办的第二届“大年小戏闹新春”视频展播平台进行展播。2015年湖南省共有6个节目入展，其中3个节目出自常德。

## 3月

1日，市城区L18路快速公交线路正式开通。L18路线代替原58路公交线，从市城区武陵阁开往灌溪方向，终点站为塔机公司，途经市农业银行、三岔路、河洑镇政府等22个站点。

5日，2014年，常德市争取的农业产业化项目个数和上级财政资金总数位居全省第一；2014年，市农业综合开发办公室被省财政厅评为2014年全省农业综合开发产业化经营项目管理工作先进单位，荣获一等奖。

6日，市旅游战略性产业推进领导小组举行首次碰头会，专题研究《常德市旅游战略性产业三年攻坚行动计划》（讨论稿）相关事宜。市政协主席、推进领导小组顾问李爱国，市委常委、副市长、推进领导小组组长卢武福，副市长匡加才，市委副巡视员魏立刚及市旅游战略性产业推进小组全体成员参加了会议。

9—11日，副省长张硕辅率省水利厅、省发改委、水利专家一行到常德市汉寿县、澧县、安乡县以及湖北省荆州市等地，实地调研洞庭湖区综合治理与春耕备耕工作。市委副书记、市长周德睿参加洞庭湖区综合治理调研座谈会。

10日，常德市将市城区高速公路环线外延1千米内，总面积622.8平方千米的范围划定为高污染燃料禁燃区。禁燃区范围包括：武陵区全部行政辖区；鼎城区的玉霞街道办事处、红云街道办事处、郭家铺街道办事处、灌溪镇、斗姆湖街道办事处、牛鼻滩镇2个村（白洋湖村、拦马口村）、许家桥乡4个村（民族村、中堰村、跑马岗村、双堰岗村）、石门桥镇15个村（观音庵村、桐林坪村、青龙岗村、八斗湾村、鲍家湾村、范家潭村、湾堤村、洞阳观村、何家堤村、二港桥村、二牛岗村、新堰岗村、乌塘岗村、邱家岗村、伍家嘴村）；柳叶湖旅游度假区和常德经济技术开发区。

15日，为完善被征地农民社会保障政策，促进规范管理，市政府出台《常德市市本级被征地农民社会保障工作实施办法》，将征地后人均低于1亩（1亩＝666.67平方米，下同）农村集体经济组织的16周岁以上农民全部纳入社会保障体系。征地报批前，国土资源、财政、人力资源和社会保障等部门必须审查被征地农民社会保障落实情况，未落实社会保障的一律不予报批征地。

16日，常德日报传媒集团与慈利县人民政府签署了旅游产业战略合作协议。

17日，总投资约30亿元、占地13.5万平方米的汉能常德300兆瓦铜铟镓硒柔性薄膜太阳能电池生产项目，在常德经开区举行开工典礼。市委书记王群宣布项目正式开工，并和市委副书记、市长周德睿共同为项目奠基培土。

18日，省人大常委会副主任陈君文率省人大环资委、省人防办相关负责人一行，对常德市人防工作进行了专题调研。市委常委、副市长卢武福，市人大常委会副主任文承保陪同调研。

20日，全市交通运输暨公路治超工作会议在芷园会堂召开。会议明确了2015年交通运输工作的主要目标任务：全年完成交通投资70亿元以上，其中公路水运建设完成投资35亿元以上。

同日，中央人民广播电台副台长赵铁骑带领记者团一行8人，到常德市市城区和桃源县枫树维吾尔族回族乡进行采访调研，分别推出《湖南桃源有个“维吾尔族第二故乡”》和《常德海绵体城市再造现代桃花源》两篇报道。

21日，湖南省人民政府下发《关于建立常德技师学院的批复》，正式批准常德市建立常德技师学院。常德技师学院将是湘西北第一所技师学院，学院全日制在校生规模暂定为5000人，由市政府主办主管，教育业务由省、市人力资源和社会保障部门管理。

22日，市财政局、市旅游局联合出台《常德市旅游促销奖励办法》。该办法规定，从2015年1月1日起，凡组织游客来常德旅游的旅行社，以及为宣传推介常德旅游做出贡献的全市各旅游企业，均可获得财政奖励。

23日，黔张常铁路常德段征地拆迁暨开工对接专题会议在桃源县召开，标志着黔张常铁路常德段征地拆迁工作正式启动。黔张常铁路在湖南境内全长259.68千米，建设工期5年半，其中常德段全长96.033千米。常德境内共设5座车站，分别是：牛车河、龙潭镇（越行）、桃花源、陬市（越行）、常德站（既有站）。

同日，广州军区副司令员邢书成中将一行在湖南省军区政委马必强的陪同下，专程到常德军分区检查指导工作。

24—27日，常德市人民政府会同湖南澧水流域水利水电开发有限责任公司，在石门县召开了湖南省溇水皂市水利枢纽工程竣工移民安置初步验收会议。参加会议的有常德市移民开发局，石门县、临澧县、澧县、鼎城区、津市市、武陵区等区县（市）政府及移民部门相关负责人，常德经济技术开发区、柳叶湖管委会等单位相关负责人，设计、移民监理、独立评估等单位相关负责人，以及特邀专家。会议成立了验收委员会，验收委员会主任单位由常德市人民政府担任，副主任单位由项目法人和常德市移民开发局担任。验收委员会认为，4万多人的移民安置任务总体完成，皂市水利枢纽工程移民安置总体上实现了移民安置目标，同意通过皂市水利枢纽工程竣工移民安置初步验收。

25日，全国政协常委、人口资源环境委员会主任贾治邦，全国政协人口资源环境委员会副主任解振华率领全国政协“长江经济带开发中的湿地保护”调研组到常德市汉寿县，对西洞庭湖国家级自然保护区内的生态环境展开实地调研。市委书记王群，市委副书记、市长周德睿，市政协主席李爱国陪同调研。调研组先后前往青山垸退田还湖示范区、湿地保护区宣教馆，并乘船考察了半边湖生态环境改造工程和湿地恢复工程。

同日，常德市人民政府与中科院广州生物院战略合作签约仪式在华天大酒店会议厅举行。

26日，鼎城一中获“全省毒品预防教育活动示范学校”称号。

27日，由财政部、住房和城乡建设部、水利部在京组织的申报国家海绵城市建设试点城市竞争性评审答辩会上，常德市以总分第七名的成绩在参与答辩的全国22个城市中脱颖而出，成功入围“全国首批海绵城市建设试点城市”。

30—31日，市供销社组织的首届茶馆茶企产销对接活动，在高山有机茶闻名全国的石门县举行。有4对企业现场签约，总额高达1200万元。

## 4月

1日，常德市纪念宋教仁诞辰133周年暨缅怀宋教仁殉难一百周年诗词大赛颁奖大会在芷园宾馆会议室隆重举行，《渔父颂—缅怀宋教仁殉难一百周年诗词选集》当日首发。

1—2日，副省长、省政府秘书长戴道晋在省司法厅厅长谈敬纯，常德市委常委、政法委书记何英平，常德市副市长、市公安局局长胡丘陵等陪同下，先后来到津市监狱、德山监狱调研指导工作。

1—3日，由段先念率领的华侨城集团公司考察团，在市委书记王群，市委副书记、市长周德睿等陪同下，对穿紫河特色商业街、常德欢乐水世界、白鹤镇、柳叶湖环湖赛道、常德诗墙、桃花源等项目进行了实地考察。段先念一行的造访给行进中的常德文化旅游产业带来了三大喜讯：第一，华侨城集团将与常德展开战略合作；第二，华侨城会在近期注册常德华侨城公司，未来以一城多点的形式参与常德文化旅游开发；第三，华侨城集团要在柳叶湖、桃花源打造东部华侨城的升级版。

3日，全市乡镇党委书记培训班（第一期）结业仪式在市委党校进行。副市长朱晓平出席开班仪式并讲话。市委党校常务副校长李娥皇，市委组织部、市委农村部相关负责人，参加培训的98名乡镇党委书记等参加结业仪式。

同日，2015年常德市德商恳谈会在共和酒店国际会议中心举行。来自全国各地的常德籍知名人士、商会协会精英、党政军企各界代表共400多人参加。恳谈会现场签约项目11个，总投资108亿元。

4日，国家质检总局党组副书记、副局长梅克保来到汉寿县质监局、九兴控股汉寿兴昂鞋业有限公司调研视察指导工作。省质监局党组书记、局长蒋新祺，常德市委书记王群，永州市委书记陈文浩，常德市委副书记、市长周德睿陪同调研。

5日，在近日公布的全国61个获批开展中小城市综合改革试点地区名单中，常德市津市市、澧县作为全省唯一申报地区，成功入选改革试点名单。作为试点地区津市市、澧县将在两年左右时间内，加快推进产城融合、城市投融资、土地要素、民生保障、城市治理等重点领域改革，着力构建促进中小城市健康发展的体制机制。

9日，桃花源旅游管理区创建国家AAAAA级景区提升规划专家评审会在市规划馆召开。在认真审核规划成果、充分讨论后，评审组同意通过该规划。同时建议编制方从创意策划、项目开发、功能分区、形象口号等方面作进一步的修改完善。

13日，省委副书记孙金龙，副省长、省政府秘书长戴道晋及省直相关部门的负责同志来到常德，对常德市的防汛抗灾准备工作情况进行实地抽查。

13—14日，全国人大常委会副委员长兼秘书长王晨率领全国人大常委会《职业教育法》执法检查组，在省人大常委会副主任刘莲玉等陪同下，对常德市贯彻实施《职业教育法》的情况进行检查。

16日，全市金融工作暨银企洽谈会召开，会议总结了2014年的金融工作，安排部署2015年金融工作。当日有14家银行机构与227个项目签约，签约总额达551亿元，其中现场签约项目112个。

19日，中央电视台新闻频道“新闻直播间”栏目以《湖南常德：城市变“海绵”臭水成清流》为题，专题报道常德市海绵城市建设情况。

20日，中国工程院院士喻树迅、国家现代马铃薯产业技术体系首席专家金黎平等9名专家组成的专家评审团，在省农业委的组织下，对“湖南省棉薯轮作高效栽培试验示范”项目进行现场测产验收。通过现场考察示范基地、现场测产、查阅相关资料、听取情况汇报，专家组一致认为，该项目对稳定棉花面积、增加粮食产能、提高棉农收入具有重要意义，建议进一步加大推广应用力度。“湖南省棉薯轮作高效栽培试验示范”项目由省棉花科学研究所具体实施。该项目示范基地位于常德经济技术开发区茅湾社区。棉薯轮作每亩地能节本增效2000元左右。

21日，常德市落实党风廉政建设主体责任和监督责任工作会议在市工人文化宫召开。市委书记王群发表重要讲话。市委副书记、市长周德睿主持会议。市委常委、市纪委书记李挚对市委出台的《关于落实党风廉政建设党委主体责任和纪委监督责任的实施办法》作了详细解读和说明,各区县（市）和“五区”的主要负责人递交了《党风廉政建设责任书》，津市市委、市住建局、鼎城区纪委、市公安局纪委4个单位从不同角度分别作了表态发言。

22—23日，省委常委、省委统战部部长、洞庭湖片区指导小组组长李微微率调研组来到常德,就《洞庭湖生态经济区规划》中津澧融城，以及津澧全面建成小康社会推进情况开展专题调研。省委副秘书长、洞庭湖片区指导小组副组长马勇，常德市委副书记、市长周德睿，市委常委、市委组织部部长、市委统战部部长雷绍业，市政府秘书长周代惠陪同调研。

24日，鼎城区交警大队车管所获得“全国巾帼文明岗”光荣称号。这是该所自2014年获“全国优秀县级车辆管理所”“全国公安机关爱民模范集体”之后再次获得的国家级荣誉。

27日，常德市社会信用体系建设推进会召开，此举标志常德市社会信用体系建设综合性试点工作正式启动。会议讨论并原则通过了《常德市社会信用体系建设试点工作方案(送审稿)》，提出将通过3年努力，到2017年基本建立起与常德市经济社会发展水平相适应的社会信用体系建设基础框架与运行机制，为全省社会信用体系建设提供试点经验；到2020年形成比较完善的社会信用体系。

同日，全国海绵城市试点城市建设启动部署会在常德召开。从全国130多个申报城市中脱颖而出的16个全国海绵城市试点城市代表，与来自中国建筑科学研究院、清华大学、北京建筑大学的水环境治理专家，面对面地逐一商讨各自海绵城市实施方案，听取专家们对下阶段工作的意见和建议。

28日，上午，全省专项社会事务工作会议在常德市召开，会议就湖南省的殡葬事业、未成年人保护、婚姻登记等事项进行了经验交流，并考察了常德市救助管理站。

同日，武陵区归国留学生联谊会成立大会在区政府多功能会议厅举行，标志常德市首个县级归国留学生联谊会正式成立。

30日，市委副书记、市长周德睿主持召开市政府第28次常务会议，听取和研究若干工作事项。会议听取了关于建立职工医保重特大疾病保障机制情况、2015年常德旅游节筹备情况、关于2014年市本级城建项目和城建资金计划执行情况与2015年市本级城建项目计划安排情况汇报、关于制定总部经济发展专项资金管理办法有关情况的汇报，以及2015年市本级城建融资计划情况汇报。会议还听取了关于东星家居广场项目有关情况的汇报，并审议了《关于进一步加强住房公积金归集扩面工作的通知（草案）》。市委常委、副市长卢武福，市委常委、副市长赵建国，副市长朱晓平、沈习淼、胡丘陵、陈华、匡加才，市政府秘书长周代惠出席会议。

## 5月

1日，从5月1日起市法院全面实施立案登记制度。法院立案受理制度由审查制变为登记制后，人民法院对当事人的起诉不进行实质性审查，仅对形式要件进行核对。

4日，市委书记王群深入鼎城高新技术产业园，对中联重科所属的多家企业生产一线进行了实地调研，帮助企业解决生产经营、转型发展中的现实难题。

同日，市委书记王群，市委副书记、市长周德睿在全市旅游战略性产业推进工作会议上，就如何有效解决瓶颈问题，实现跨越式发展进行剖析和部署。会议明确，在未来3年时间里，市委、市政府将以打造名副其实的“全国优秀旅游城市”为目标，以建设桃花源文化旅游度假区、壶瓶山生态旅游度假区、柳叶湖文化休闲度假区为重点，通过一批工程项目的建设全力推进文化旅游产业发展。

5日，汇美农业科技有限公司、常德市汇龙果蔬专业合作社联合在西洞庭管理区举办中国·西洞庭首届朝鲜蓟节暨朝鲜蓟生物科技高峰论坛。朝鲜蓟节在中国举办尚属首次。

5—6日，由农业部副部长于康震，农业部兽医局副局长李长友，国家卫计委疾控局副巡视员孙新华，水利部长江水利委员会规划局副局长刘联兵，中国林业科学研究院研究员孙启祥等组成的国家血防春查组一行10余人，到汉寿县督查血防春查工作。湖南省政府副省长戴道晋，省政府副秘书长陈小春，省卫计委主任张健，省农委党组成员、省畜牧水产局局长袁延文，常德市委副书记、市长周德睿，副市长陈华等陪同督查并参加血防春查汇报会。

5—7日，省委常委、省委宣传部部长许又声率湖南日报报业集团、电广传媒集团、中南传媒集团等文化企业的主要负责同志，在市委书记王群、市长周德睿等陪同下，深入武陵区、柳叶湖旅游度假区、石门县、澧县，对常德市文化旅游产业的发展情况进行了为期三天的调研。

9日，上午10时许，50辆新型智能环保渣土车在常德经济技术开发区率先投入运营。市城管局主要负责人表示，按计划，常德市将陆续引入385台新型渣土车对现有的老渣土车全部更换，实现一次城市渣土车升级换代硬件和软件的重大变革。

11日，“志青春”常德青年志愿者服务平台正式上线。全市每一名青少年都可以通过“志青春”官方微网站报名申请成为青年志愿者，让普通青少年申报成为注册青年志愿者的程序变得更加快捷高效。

同日，由武警常德市支队、预备役二团、市公安消防支队联合组成的常德市防汛抢险突击队正式成立，该突击队将针对常德市防汛抗旱及抢险救援任务进行经常性实战训练，确保汛情来临时拉得出、打得赢、用得上。该抢险突击队由330人组成，是对常德市防汛抗旱力量的一次有效整合。

同日上午，“陈中亚技能大师工作室”在葛洲坝石门特种水泥有限公司揭牌。这是常德市首个以技能大师名字命名的省级技能大师工作室。

12日，常德市反腐败国际追逃追赃工作动员部署会议在市委机关召开，标志着常德市“天网2015”行动正式启动。

13日，市公安局巡特警支队防暴处突大队被授予“2013—2014年度全国青年文明号”称号。

17日，为确保河道保洁工作落到实处，常德市成立专门河道保洁办公室，建立河道保洁联席会议制度，力争通过河道保洁，改善和保护河道的水生态环境，恢复河道自然功能，达到河面无漂浮物、河中无障碍物、河岸无垃圾的“三无”目标，使全市范围内河道保洁覆盖率达到100%，全市城乡水环境有一个根本性的改观，实现“水清、河畅、岸绿、景美”的保洁目标。

18日，上午，市委书记王群在市文化馆以讲专题党课的形式，对全市的“三严三实”（严以修身、严以用权、严以律己，谋事要实、创业要实、做人要实）教育工作进行了全面动员和部署。

同日，第九届中国中部投资贸易博览会（简称“中博会”）在湖北省武汉市召开。市委副书记、市长周德睿率常德市代表团赴会，并参加主旨论坛暨开幕式。在武汉期间，代表团重点就汉正街国家电子商务示范基地和部分在常德有投资意向企业进行了考察。

21日，山东寿光蔬菜产业集团、湖南炎农网络信息科技有限公司、鼎城区政府投资签约仪式在金悦大酒店举行。三方决定，由山东寿光蔬菜产业集团、湖南炎农网络信息科技有限公司共同投资2亿元，在鼎城区许家桥乡中堰村、麻家巷村流转土地66万多平方米，建立炎农寿光（鼎城）现代农业科技示范园。

21—24日，市旅游外事侨务局组织常德华侨城·欢乐水世界、华天国旅、天济喜来登酒店、共和酒店等单位工作人员，组成2015年常德旅游节系列产品推介团队，先后到长沙、株洲、湘潭、岳阳、张家界等城市宣传、推介常德系列旅游产品。

22日，市委副书记、市长周德睿主持召开市政府第29次常务会，听取和研究若干工作事项。会议听取关于“常德市民中心”和“北师大常德附属学校”项目建设情况汇报、关于设立中小微企业过桥资金情况、关于2015年全市绩效评估实施方案和指标及市级考核奖励项目设置审核情况、关于引导市江北城区征拆对象团购商品房用于安置试点工作情况、关于友阿商业广场项目规划情况、关于慈善工作情况、关于安全生产工作汇报；审议并原则上通过了《常德市人民政府关于公布规范性文件清理结果的通知（草案）》《常德市绿色建筑行动实施方案（草案）》。市委常委、常务副市长朱水平，副市长朱晓平、胡丘陵、陈华、匡加才，市政府秘书长周代惠出席会议。

同日，常烟易地技改主体工程建设动工。

25—29日，由市委书记王群，市委副书记、市长周德睿率领的市党政代表团赴京，与十余家中央政府监督管理的国有企业开展项目洽谈。市委常委、副市长赵建国，副市长沈习森，常德经济技术开发区党工委副书记、管委会主任向绪彦等参加活动。

26日，全省检察机关创建科技强检示范院工作推进会暨检察技术信息化工作会议在常德举行。会议对常德市检察机关科技强检工作进行了充分肯定。2年来，常德市检察机关2件技术案件被评为“全省十优案件”，5件技术案件被评为全省检察技术优案，2013年、2014年连续两年在省院检察技术和信息化工作考核中名列前茅。

28日，5月26日以来的大暴雨，已造成鼎城区、津市市、石门县、临澧县等7个区县（市）不同程度受灾，全市47个乡村约31万人受灾，造成直接经济损失13253万元。

29日，下午，湖南省政府副省长李友志一行在市委副书记宋冬春等陪同下，调研常德市学前教育情况。

同日，常德市中外女性作品图书馆正式开馆。副市长陈华、市政协副主席傅绍平出席了开馆仪式。图书馆位于市城区向都国际公馆B栋14楼，面积140平方米，藏书近2万册。

31日，2015“港洽周”常德投资推介会在深圳举行，当日常德市成功签约一大批优质项目，而整个“港洽周”期间，常德市共引进项目35个，投资总额达155亿元。

## 6月

1日，上午，在常德军分区机关大院内，战士们每人领到了一份鲜奶、水果，这标志着常德市“关爱子弟兵每一天”活动正式启动。

3日，6月1日夜间开始的强降雨导致桃源县、澧县、津市市、安乡县、武陵区、鼎城区、西湖管理区和桃花源旅游管理区（筹）等8个区县（市）受灾，受灾人口23.98万人，紧急转移安置1.95万人，农作物受灾165平方千米，倒塌房屋113间，造成直接经济损失1.4亿元。

同日，上午，市委书记王群前往沅水一线大堤检查督导防汛工作，并于夜晚深入桃源县茶庵铺镇实地指导该县南部乡镇抢险救灾。

同日，全市首家检察联络站石门县检察院楚江检察联络站正式成立，联络站旨在打造成社情民意的报送平台、案件线索搜集的来源渠道和检务公开的前沿阵地，有利于检察监督职能向基层延伸，为基层老百姓提供更加方便、快捷的检察服务。

5日，省委书记、省人大常委会主任徐守盛与省委常委、省人大常委会副主任、省委秘书长韩永文，副省长蔡振红，市委书记王群，市委副书记、市长周德睿等一道，来到受山洪侵袭的桃源县西安镇、太平铺乡、茶庵铺镇现场勘灾，指导抗灾救灾工作。

同日，北师大常德附属学校获得立项审批。北师大常德附属学校项目选址于柳叶湖北部新城，位于年寿路以东、瓦岗亭路以南、沾天湖东环路以西、万寿路以北，占地面积17.4万平方米，总投资约4.6亿元，计划设置102个班，其中小学36个班、初中36个班、高中30个班，招收学生约5070人，预计2017年秋季建成投入使用。

6日，上午9时30分，位于常德柳叶湖畔的常德欢乐水世界开园暨2015常德旅游节开幕式举行。市委书记王群宣布“常德欢乐水世界开园暨2015常德旅游节开幕”。开幕式由市委副书记宋冬春主持。省旅游局党组书记、局长张值恒，市委副书记、市长周德睿，华侨城集团副总裁姚军，市人大常委会主任刘明，市政协主席李爱国，市委常委、常德军分区司令员董正武，华侨城集团总裁助理、欢乐谷事业部总经理、华侨城旅游景区管理公司总经理刘冠华，在家的常德市市级领导，大湘西旅游联盟张家界市、湘西自治州、怀化市、邵阳市的市领导，以及常德市委、市政府特邀贵宾、嘉宾出席了当天的活动。

8日，国务院第十督查组副组长、民政部副部长宫蒲光在省政府副省长蔡振红，市委书记王群，市委副书记、市长周德睿等陪同下，先后深入到常德市社区、企业、城建项目和民生工程建设工地，就常德市贯彻落实国务院重大政策措施情况进行了督促检查。

10日，常德军分区在沅水一桥至渔父阁沅水流域举行民兵舟桥分队抗洪抢险演练和市防汛抢险突击队授旗仪式。省军区副司令员戴焕少将，市委书记王群现场指导并发表讲话。市委副书记、市长周德睿为市防汛抢险突击队授旗。此次演练共出动兵力700人、冲锋舟69艘、指挥车14台、运输车57台。演练分为编队航行（演练二路纵队、前三角等队形）、转移群众、急流救援、失控客轮救援等4个内容。

11日，国家农业综合开发常德市澧县1500吨红薯粉丝加工新建项目竣工，于5月通过验收。项目由澧县亘山红薯专业合作社具体实施，总投资274.9万元，其中合作社自筹190.9万元，中央财政补助资金60万元，省级财政补助资金24万元。

同日，上午，市委副书记、市长周德睿主持召开市政府第30次常务会议，研究部署海绵城市建设、市城区水环境保护、小城镇扩权强镇改革试点等若干工作。会议听取了关于修改后的新《行政诉讼法》和新《立法法》的主要精神汇报。听取了关于开展小城镇扩权强镇改革试点工作情况、关于海绵城市建设相关工作的情况汇报，并就《2015年—2017年3年行动计划实施方案（送审稿）》进行了充分讨论。会议审议并原则通过了《常德市人民政府关于加强市城区水环境保护的通知（草案）》、《常德市全民义务植树活动实施办法（草案）》等文件。市委常委、副市长赵建国，副市长朱晓平、沈习森、胡丘陵、陈华、匡加才，市政府秘书长周代惠出席会议。

12日，全省创新创业先进典型巡回报告会、全市非公有制经济党建工作先进典型报告会在市工人文化宫隆重举行。

13日，位于市文化馆一楼的市非物质文化遗产展厅开展。“非遗”展厅面积约400平方米，共展出56项“非遗”瑰宝。展厅充分利用声、光、电等多媒体数字技术，采用文字、绘画、雕塑、蜡像等多彩艺术语言，让这些千百年来遍开沅澧大地的艺术之花再现光芒。

16日，常德市建设“书香社区”活动启动仪式在市烟草局紫菱图书馆举行，启动仪式由副市长陈华主持，市委常委、市委宣传部部长唐贵平作重要讲话，武陵区20个完美社区和市直各有关单位负责人参加了活动。

16—18日，湖南省屈原学会2015年汉寿屈原与楚辞文化学术研讨会在汉寿县举行。来自国家、省、市、县屈原学会专家、学者及该县文艺界人士近300人参会。

17日，洞庭湖生态经济区建设领导小组第一次会议在常德召开，省委副书记、省长杜家亳主持会议并作重要讲话。省委常委、常务副省长陈肇雄，副省长黄兰香，省政府秘书长向力力，省发改委、省财政厅等省直单位负责人，市委副书记、市长周德睿，益阳、岳阳、望城政府负责人参加会议。

同日，上午，沅澧快速干线项目建设正式启动，预计2年内建成。在17日的启动仪式上，省委副书记、省长杜家亳宣布沅澧快速干线项目建设正式启动。省委常委、常务副省长陈肇雄出席启动仪式。副省长黄兰香主持启动仪式。省政府秘书长向力力，市委书记王群，市委副书记、市长周德睿出席启动仪式。

18日，2015“我们的节日·端午·屈原杯”湖南省第二届群众性龙舟赛总决赛开赛。来自全省各市州和中南大学的15支龙舟代表队，展开最后决战。最终常德柳叶湖德成龙舟队在两个单项比赛中拔得头筹，获得总冠军。

22日，常德旅游整合营销联盟成立大会在常德桃花源古镇举行。桃花源旅游管理区、桃源县、石门县旅游局和相关旅行社主要负责人等近50余人出席会议。会议决定成立常德旅游整合营销联盟。

23—24日，省政协副主席葛洪元带领省委督查调研组一行来到常德，在市委书记王群，市委副书记、市长周德睿，市政协主席李爱国等陪同下，对常德市《政协湖南省委员会关于政治协商、民主监督、参政议政的规定（试行）》（湘发〔2014〕3号）文件的贯彻落实情况进行了实地走访和调研。

26日，常德市“四网”（交通网、水利网、能源网、信息网）工程投资项目新闻发布会在市政府新闻发布厅举行，现场发布：全市“四网”工程重点建设项目135个，总投资3738亿元，其中：“交通网”建设重点项目19个，总投资1741.3亿元，主要涵盖公路、铁路、水运和航空等领域；“水利网”建设重点项目29个，总投资994.4亿元，主要集中在防洪抗旱减灾、民生水利、水资源开发、水土保持、行业能力建设等方面；“能源网”建设重点项目44个，总投资779.9亿元，涉及火电、风电、太阳能光伏、生物质综合利用、地热能等领域；“信息网”建设重点项目43个，总投资222.4亿元。

26—28日，“中国·常德诗会”诗歌采风团将先后走进太阳山、柳叶湖、常德会战阵亡将士公墓、夷望溪、桃花源、夹山寺、壶瓶山、东山峰、城头山等常德人文风景名胜参观采风，激发创作灵感，用诗歌之美传递常德美。来自全国各地的著名诗人、诗刊社编辑及常德文艺界人士30余人参加“中国·常德诗会”诗歌采风活动。市委常委、市委宣传部部长唐贵平，副市长陈华出席启动仪式。

28日，晚，宣传澧县城头山历史文化的微电影《七千年的名片》在澧县翊武剧院举行首映式。

30日，市委副书记、市长周德睿，市人大常委会主任刘明会见了日本新潟县南鱼沼市议会议长关常幸所带领的议长访华团，双方就两地经济社会发展、友好交往等话题进行交流，并互赠了礼物。

同日，下午，常德市中小微工业企业过桥资金运营启动仪式在共和酒店举行，金帛化纤、大汉汽车等8家企业与市工业投公司现场签约，成为常德市过桥资金政策的首批受惠企业。

## 7月

1日，罗承友等24位优秀一线教师获省“特级教师”荣誉称号。被授予称号的特级教师可享受每月300元的特级教师国家津贴和每年一定额度的地方政策津贴。

同日，国家知识产权局授予常德市社会建设办公室《社区立牌》外观设计专利。《社区立牌》于2014年4月1日设计完成，为全国首创。常德市社区建设办公室于2015年1月29日向国家知识产权局申请外观设计专利。

2日，市文化创意产业推进小组召开2015年第一次全会，市委书记王群，市委副书记、市长周德睿在会上对常德市文化创意产业发展的走向和主题定下一个基调：抓紧研究推进桃花源古镇等十大精品工程项目，深度整合资源，形成旗帜鲜明的常德特色的文化主题。

同日，经过有关专家和部门的评审，常德市儿童体验馆馆名征集活动于6月25日结束，西南财经大学副教授高卫民提出的“I CAN梦想城”荣获一等奖，被确定为馆名。

同日，石门银峰以公共品牌身份，常德紫冰茶业有限公司的紫冰茯茶以企业品牌身份双双入选百年世博中国名茶金骆驼奖。

同日，在第三届中国富硒生态产业发展高峰论坛暨中国富硒行业十大富硒榜颁奖大会上，桃源县被中国富硒联盟授予“中国十大富硒之乡”称号，全省仅桃源县获此殊荣。

8日，市委副书记、市长周德睿主持召开市政府第31次常务会议，研究部署市城区棚户区改造、农村环境综合整治、加快茶叶产业发展等事项，听取了关于调整市城区供水价格和完善居民阶梯水价情况汇报。会议还就加快茶叶产业发展等事项进行了研究。市委常委、常务副市长朱水平，市委常委、副市长赵建国，副市长朱晓平、胡丘陵、陈华，市政府秘书长周代惠出席会议。

同日，常德市政府与中国农业发展银行湖南省分行签订《海绵城市建设战略框架协议》，旨在携手共建生态宜居幸福之城。市委副书记、市长周德睿，农发行湖南省分行行长谢文出席签约仪式。

10日，根据省委巡视工作领导小组的部署，经省委批准，省委巡视第三组9日进驻常德市开展巡视回访工作。在10日上午召开的省委巡视第三组巡视回访常德市工作动员会上，省委巡视第三组组长刘庆选作重要讲话。被巡视回访党组织的主要负责人、市委书记王群在动员会上作表态发言；市委副书记、市长周德睿主持会议。省委巡视第三组副组长陈烽、副厅级巡视专员陈国玉以及巡视组全体成员，李爱国、雷绍业、董正武、李挚、朱水平、卢武福、何英平、黄清宇、唐贵平、赵建国及全体在家的市领导列席了会议。

14日，常德市2015年艾滋病防治乡村试点启动仪式在澧县大堰垱镇举行，市疾控中心、澧县疾控中心以及大堰垱镇中心卫生工作人员参加启动仪式。

15日，武陵区白马湖街道办事处富强社区书屋正式运营。书屋位于富强社区四合院内，占地130多平方米，藏书近万册，分为成人阅读区和儿童阅读区，它是市、区第一家功能最全、藏书最多、并免费对外开放的书屋。

21日，由省文明办、省卫生宣教信息中心、省疾控中心、市卫计委主办的“健康中国行”常德全民健康素养促进行动在市工人文化宫正式启动。

31日，常德市美丽乡村建设授牌会议在共和酒店举行。来自各区县（市）的26个村被授予“美丽乡村”称号、湖南永通集团等23家单位和个人被授予支持美丽乡村建设模范企业和功臣。

## 8月

1日，副省长戴道晋率省发改委、省水利厅、省环保厅等部门负责人，在市委书记王群，市委副书记、市长周德睿的陪同下，来到安乡县、澧县，就洞庭湖区人饮安全、水利工程、水污染治理等问题如何综合治理进行调研。

3日，2015年中国户外广告经营与发展大会在山东省烟台市闭幕，常德日报传媒集团尚一户外传媒获中国城市户外广告最具投资价值媒体“黑马奖”。

4日，上午，在湖南东文文化生态园，北京电影学院党委书记侯光明和东文新锐传媒有限公司董事长程兴国一起，为北京电影学院湖南东文文化生态园影视摄影创作基地揭牌。此举填补了湖南影视创作基地的空白，为常德文化建设搭建了一个新的平台，对“文化湘军”的建设也将产生积极影响。

12—13日，副省长何报翔到常德督导调度旅游节开幕式和相关活动筹备情况，并调研常德文化旅游工作。市委书记王群，市委副书记、市长周德睿陪同督查。

13日，晚，第三届常德大学生艺术节在丁玲公园开幕。开幕式上，全场上万名观众为在天津塘沽滨海新区爆炸事故中的受难同胞们默哀。随后“热巢音乐节”登场，6支来自全国各大高校的大学生乐队登台献艺，将大学生艺术节的气氛推向高潮。

18日，市委书记王群，市委副书记、市长周德睿，市人大常委会主任刘明，市政协主席李爱国出席的市规委会2015年第一次会议，原则通过了桃花源风景区秦谷修建性详细规划。会议同时对常德火车站提质改造方案、穿紫河沿线景观方案、环柳叶湖景观布局方案、抗战英雄城规划方案进行了审议。市领导朱水平、卢武福、朱晓平、肖朝进等出席会议。

同日，上午，市残疾人康复托养中心与湖南发展集团股份有限公司旗下的康年医疗产业投资有限公司成功签订合作协议，建成后的市残疾人康复托养中心将由该公司进行日常运营。市委副书记、市长周德睿，省残联理事长肖红林，湖南发展集团股份有限公司董事长杨国平出席签约仪式，副市长朱晓平主持签约仪式。该项目于2012年10月经市发改委批准立项，项目总投资6500万元（其中公租房1000万元），项目地点位于滨湖路与合兴路交叉口东北角，占地面积11128.64平方米，建筑面积17805平方米，其中残疾人康复中心项目12533平方米，公租房项目5272平方米。是一家以“大康复、小综合”为主的残疾人医疗康复专科医院，属国家二级康复医疗机构，现规划设计床位225张，配备卫生专业技术人员270名，加上管理和后勤保障人员，中心各类工作人员将超过350人。

20日，第24届中国金鸡百花电影节“映像·吉林”海峡两岸暨港澳青年微电影大赛预赛结束，由澧县城头山古文化遗址管理处和澧县谷圣文化传媒有限公司联合摄制的微电影《七千年的名片》获优秀奖。

22日，19时，由市旅游局、湖北省文化艺术交流协会、常德旅游外事侨务局主办，武汉凤吟传媒、湖北幸运乐游国际旅行社、湖南华天国旅常德旅行社有限公司承办的首届“湘楚情·中国梦”湘楚杯全国歌舞邀请赛在桃花源风景名胜区开幕。

24日，市委副书记、市长周德睿主持召开市政府第32次常务会议，听取研究若干事项。会议听取了关于常德市完善机关事业单位工资制度、发放乡镇工作人员工作补贴、落实带薪年休假制度和调整城镇居民基本医疗政策以及实施职工补充工伤保险等有关问题的情况汇报、关于市政府工作部门及有关机构权力清单和市直工作部门责任清单的情况汇报。会议还听取了国家发改委企业债券电视电话会议精神及贯彻意见、湖南常德柳叶湖国家湿地公园申报工作、全省农村土地确权登记颁证会议精神及贯彻意见和扶贫开发工作情况的汇报；审议了《关于扎实推进精准扶贫、精准脱贫工作的实施方案（草案）》《常德市人民政府关于加快农产品加工业发展的意见（草案）》《常德市人民政府关于推进殡葬改革促进殡葬事业健康发展的意见（草案）》《中共常德市委办公室常德市人民政府办公室关于进一步加强安全生产监管能力建设的实施意见（草案）》。市委常委、副市长卢武福，副市长朱晓平、胡丘陵、匡加才，市政府秘书长周代惠出席会议。

27日，由市委党史办编辑的《常德抗战实录》，由湖南人民出版社出版，27日举行首发式。

28日，上午11时许，安乡县众鑫纸业有限责任公司工人清理纸浆池内废料时，一名工人中毒跌落池中，8名工友见状相继施救中毒，共9人受伤。其中7人因抢救无效死亡，2人通过全力抢救后身体恢复正常。事件发生后，市委书记王群，市委副书记、市长周德睿第一时间赶到现场指导救援和善后工作。

30日，市政府出台《关于加强市城区水环境保护的通告》，从划定市城区水环境保护范围、明确保护范围内禁止从事行为、加强饮用水源保护、规范涉水服务行业排污行为、改善环城水系水质、整治黑臭水体等方面，提出了一系列保护水环境的具体举措。此次划定的市城区水环境保护范围包含市城区高速公路环线外延1千米内的范围，总面积622.8平方千米，包括武陵区全部行政辖区；鼎城区玉霞街道办事处、红云街道办事处、郭家铺街道办事处、灌溪镇、斗姆湖街道办事处、牛鼻滩镇2个村、许家桥回维乡4个村；柳叶湖旅游度假区和常德经济技术开发区。重点保护柳叶湖、沾天湖、沅江市城区段、花山河、新河、马守吉河、柱水河、穿紫河等环城水系。

31日，常德市一中在校田径场举行空军青少年航空学校授牌仪式暨开学典礼。广州军区空军政治部副主任李峰少将、市委副书记徐正宪为市一中授空军青少年航空学校牌匾。

## 9月

5日，澧县景明农机专业合作社9名社员从陕西回到常德，该社社员郭少福、金忠雨两人斩获2015年中国农机手大赛西部省际联赛冠、亚军，另有3人进入全国300强。

6日，由香港卫视、《亚洲财经》杂志、马来西亚东方日报等多家中国港澳地区及东南亚媒体组成的采访团一行来到常德，系统了解常德抗日战争史，缅怀在抗日战争中英勇献身的将士。

6—7日，省人民检察院检察长游劝荣，省政府法制办主任陈雪楚，省委法治办副主任、省司法厅副厅长傅莉娟一行7人到常德市，就常德市“六五”普法工作进行验收。市委书记王群陪同验收，并主持汇报会和反馈会，市委副书记、市长周德睿参加汇报会。

7日，江南沅江风光带正式开工建设，这是市委、市政府统筹江南、江北两个城区，实施“一江两岸同步发展”策略的重大标志性举措。

同日，来自美国、英国、法国、加拿大等51个国家和地区的100多名侨领侨商抵达常德，展开“2015中国（湖南）海外侨领侨商三湘行”常德之旅。市委书记王群出席投资考察推介会，市委副书记、市长周德睿致辞并作市情介绍。

同日，常德力元新材料有限责任公司成功通过日本丰田株式会社现调化判断，这意味着常德力元泡沫镍全面进入丰田全球供应链体系。

11日，20时，白马湖国际音乐演唱会作为2015中国湖南国际旅游节的首个主体活动，在数千名观众的热情呐喊声中，在舞蹈《炫耀》的动感节奏中拉开了序幕。来自韩国、美国、德国、尼日利亚和中国台湾的知名歌手，用他们的歌声点燃了白马湖夜晚的激情。

12日，应邀到常德参加2015中国湖南国际旅游节系列活动的6家中央企业高管，与包括王群、周德睿、刘明、李爱国、董正武在内的市五大家领导，围绕如何深化合作进行了面对面的洽谈沟通，其中4家央企代表在会场与市政府正式签订了战略合作协议。

同日，20时，2015中国湖南国际旅游节在湖南常德柳叶湖畔举行。省人大常委会副主任陈君文出席开幕式，省政府副省长何报翔宣布开幕，国家旅游局副局长王晓峰、省旅游局局长陈献春致辞，中共常德市委书记王群致欢迎辞，中共常德市委副书记、市长周德睿主持开幕式。省直机关相关部门单位的主要负责人、全省各市（州）相关领导，部分央企的主要负责人、泛珠三角和中部六省旅游局的官员、所有在常德的市级领导、到常德战略投资商嘉宾和来自德国、美国、韩国等国家和地区的旅行商及媒体代表1000多人参加了开幕盛典。

13日，10时，湖南国际旅游节中德沙滩排球友谊赛暨常德市首届沙滩排球赛在柳叶湖沙滩公园开赛。市委副书记、市长周德睿宣布沙滩排球赛正式开幕。

同日，位于职教大学城（智慧谷）的湖南幼儿师范高等专科学校新校区正式启用，来自全国12个省市的2237名新生入住新校区。

18日，常德各区县（市）、总投资178亿元的63个重点工程项目，举行集中开工仪式。在市本级项目开工仪式的主会场，市五大家主要领导王群、周德睿、徐正宪、刘明、李爱国、董正武，共同见证了投资2.1亿元的武陵区沅安路西延线建设项目的正式开工。此举也标志着常德市2015年重点工程建设进入攻坚阶段。

21日，全省信访工作制度改革交流推进会在常德市举行。会议主要任务是贯彻落实全国信访工作制度改革交流推进会精神，对深入推进湖南省信访工作制度改革作出部署。省委常委、省委政法委书记李微微，省委副秘书长、省编办主任魏旋君，省政府副秘书长、省信访联席办主任、省信访局局长许忠建，省委政法委副书记阳红光参加会议。市委书记王群，市委副书记、市长周德睿，市委常委、市委政法委书记何英平，副市长、市公安局局长胡丘陵出席会议。

同日，上午，常德军分区司令员调整命令大会在常德军分区机关召开。省委常委、湖南省军区司令员黄跃进宣读中央军委命令：常德军分区司令员董正武光荣退休，驻澳门部队后勤部长李辉忠升任常德军分区司令员。

22日，常德市参加全国第九届残疾人运动会的运动员回到常德。此次比赛中，常德市运动员共夺得7块金牌、5块银牌、1块铜牌，其中2项比赛成绩超世界纪录。

23日，上午，常德市“三证合一、一照一码”登记制度改革新闻发布会在市工商局召开，这标志着常德市已全面实施“三证合一、一照一码”登记工作。常德嘉鑫商贸有限公司负责人领到了常德市自推行“三证合一、一照一码”登记制度改革以来颁发的首张新版营业执照。

24日，市政府印发《关于调整城镇土地使用税地段等级税额标准的通知》，调整市中心城区（含常德经开区）、鼎城区、西湖管理区、西洞庭管理区城镇土地使用税地段等级税额标准。

27日，下午，上万名观众在柳叶湖旅游度假区白鹤镇中心广场共同见证了“世界最大诗词月饼”世界纪录的诞生。经大世界吉尼斯总部人员现场认证，授予这个直径达8.88米的超大月饼新的吉尼斯世界纪录。

## 10月

5日，市一医院骨科二病区医生周义军的论文荣获由国际权威脊柱杂志 European Spine Journal（中文名《欧洲脊柱杂志》）颁发的“最佳基础科学研究贡献奖”。此奖设置15年以来，中国人首次获得该奖项。

7日，省内首个县级PPP项目——津市垃圾无害化处理填埋场社会资本合作协议成功签约，并完成了省政府采购网挂网公示程序，下一阶段将转入正式落地运行。

8日，经民政部、湖南省“明天计划”领导小组办公室批准，市康复医院分别被认定为民政部脑瘫儿童康复训练示范基地、省“明天计划”残疾孤儿手术康复计划定点医院。

9日，全省重点民生实事项目暨精神卫生综合管理试点工作会议在澧县召开。省政府副秘书长陈小春、省卫计委副主任方亦兵参加会议并讲话。省综治办副主任陈岭主持会议。会上，陈小春代表省政府向常德市授予了“湖南省国家精神卫生综合管理试点示范市”牌匾，正式启动常德市创建国家级精神卫生综合管理试点工作，副市长陈华接牌并致辞。

10日，2015常德市环柳叶湖万人马拉松赛正式举行。全市13000多名马拉松运动爱好者参加。市委书记王群鸣枪开赛，市委副书记徐正宪主持开幕式。

同日，晚，常德市首届大学生旅游节在湖南文理学院水景广场开幕。来自湖南文理学院、常德职业技术学院、湖南应用技术学院、湖南幼儿师范高等专科学校、湖南高尔夫旅游职业学院的500多名大学生代表参加开幕式。

10—11日，副省长蔡振红率省政府办公厅、省民政厅、省卫计委、省人社厅、省交通运输厅、省信访局等部门相关负责人，来常德调研民生保障工作。市委书记王群，市委副书记徐正宪，市委常委、常务副市长朱水平，市委常委、市委秘书长黄清宇，副市长、市公安局局长胡丘陵参加了调研活动。

11—12日，全国人大常委会副委员长、农工党中央主席陈竺率全国人大常委会老年人权益保障法执法检查组到常德市开展执法检查。检查组一行先后来到临澧县安福镇敬老院、武陵区新坡社区老年照料中心走访慰问，检查工作。

13日，由中央宣传部、中央文明办、解放军总政治部、全国总工会、共青团中央、全国妇联共同主办的第五届全国道德模范授奖仪式——《圆梦中国 德耀中华》在北京人民大会堂金色大厅举行。常德市伤残退伍军人田工荣获本届全国道德模范提名奖。

15日，市纪委10月15日起正式向市政府办等36家单位派驻纪检组。为了确保履职的独立性和权威性，市纪委在派驻机构管理上将实行“四统一”，即统一编制职数、统一干部调度、统一经费保障、统一考核奖惩，由市纪委实行人、财、物、事一体化管理。

19日，中国农业科学院麻类研究所、湖南德人牧业科技有限公司在德人西湖基地共同举行签约揭牌仪式，此举标志着南方首个饲料作物种质资源与利用科研实验基地正式落户常德市西湖管理区。

同日，为配合省委、省政府下一阶段加强农村集体资产管理工作的开展，省政协副主席武吉海一行到常德进行现场调研，并征求相关建议。市委书记王群，市委副书记、市长周德睿，市政协主席李爱国陪同调研。

20日，省委巡视第三组向常德市反馈巡视情况。省委巡视第三组组长刘庆选代表巡视组反馈巡视情况。常德市委书记王群作表态讲话，常德市委副书记、市长周德睿主持会议。

20—21日，副省长、省公安厅厅长黄关春到常德调研公安和信访工作。市委书记王群，市委副书记、市长周德睿陪同调研。

21日上午，市委农村工作办公室、市农业委员会正式挂牌成立。

23日，占地40万平方米、总投资75亿元的常德华兰德通信有限公司二代光纤项目在常德经开区开工建设。该项目以二代光纤研发、制造为核心业务，未来可形成集产、销、研于一体的大型高端产业基地。市委书记王群宣布常德华兰德通信有限公司投资建设的二代光纤项目开工，市委副书记、市长周德睿致辞。

26日，沅澧快速干线二大道（石门段）正式开工建设。

27日，市委副书记、市长周德睿主持召开市政府第34次常务会议，研究部署机关事业单位养老保险制度改革、实施县以下机关实行公务员职务与职级并行制度等工作。会议还就推进公共机构合同能源管理，中央、省属驻常德国有企业办社会职能（含“三供一业”）分离移交，推行商事制度改革，落实市本级城乡供水一体化等工作进行了研究。市领导朱水平、卢武福、赵建国、朱晓平、沈习淼、胡丘陵、陈华，市政府秘书长周代惠出席会议。

28日，上午，市委副书记、市长周德睿与位于西洞庭管理区的湖南欣瑞生物科技有限公司负责人一同按下了开机投产的按钮。此举标志着历时一年多的丰康生物债务风险处置工作取得了圆满成功。

29日，德国汉诺威市市长斯特凡·朔斯托克率汉诺威市政商代表团一行32人到常德市展开为期2天的参观考察。市委书记王群，市委副书记、市长周德睿在欢迎会上亲切会见了代表团成员，并举行欢迎晚宴。

同日，市政府与交通银行湖南省分行签署《战略合作协议》，双方将进一步加强合作，实现互利共赢，助力常德经济社会健康、持续、快速发展。市委副书记、市长周德睿，交通银行湖南省分行行长唐玲出席签约仪式。

30日，市委副书记、市长周德睿与汉诺威市市长斯特凡·朔斯托克一道，共同为中德汉诺威大街揭牌。

## 11月

3日，在第五届湖南艺术节“三湘群星奖”颁奖晚会上，常德市选送的音乐作品《走常德，听丝弦》、群舞《距离》、花鼓小戏《村长家的尿不湿》、常德丝弦《“110”的故事》、常德渔鼓《过关》、微电影《第101封信》获金奖，鼓盆歌《香火》获银奖，市“百团大赛”和鼎城区民间团体惠民演出获项目奖，付芳丹、熊柯冰获“三湘群文之星”，常德市荣获优秀组织奖。

6日，由临澧县第八届政协委员张荣中所率领的草根艺术团体——百家乐文化艺术团，在湖南省2015年“送戏下乡、演艺惠民”先进单位评选中，荣获市州先进单位一等奖。本次评选，全省市州一等奖仅设5个名额。团长张荣中获市州先进个人。

同日，首届武陵小小说奖评选揭晓，陕西作家陈毓获“年度作家奖”，江西夏阳、河北赵新、湖南伍中正等3位作家的小小说集获“年度图书奖”，山东周海亮等10位作家的小小说佳作获“年度优秀作品奖”。

9日，上午，湖南广电网络云数据中心（IDC）项目在石门三江口举行开工仪式。该项目分三期进行建设，首期投资近3亿元，计划建设800个机柜，满足湖南有线现有600万户的宽带上网、专线专网和部分县市智慧城市业务需求。项目建成后，将立足湖南，辐射中西部区域，用户规模预计超过4000万户，可为区域广电网络、智慧城市、公共信息平台等发展提供强有力支撑。

10日，台湾“中国青年大陆研究文教基金会”参访团在全国政协常委、港澳台侨委员会副主任杨衍银的陪同下到常德参观。省政协港澳台侨和外事委员会主任陈益枝，市政协主席李爱国，市委常委、市委秘书长黄清宇陪同参观。

12日，市政府与中国兵器装备集团公司在市城区共和酒店签订《战略合作协议书》。市委书记王群，中国兵器装备集团公司党组成员、副总经理龚艳德出席签约仪式。

13日，上午，“图图天使专项基金”捐赠仪式在汉寿一中崇高楼四楼会议室举行。张薇将图图治病剩余的152万元爱心款，交到汉寿一中教育基金会理事长、校长曾友明的手中，用于该校基金会设立“图图天使专项基金”。

16日，下午，市委副书记、市长周德睿主持召开第35次政府常务会议，主要研究部署全市乡镇区划调整改革工作，并对下阶段工作提出具体要求，确保改革的顺利推进和社会大局稳定。会议还听取了市交警支队关于交警直属柳叶湖大队和城区车管分所建设的情况汇报，并原则同意设立交警直属柳叶湖大队和建设城区车管分所，以满足城市发展和交通管理需要。市委常委、副市长赵建国，副市长朱晓平、沈习淼、胡丘陵、陈华、匡加才，市政府秘书长周代惠出席会议。

同日，常德市人民政府颁发《关于推进殡葬改革促进殡葬事业健康发展的意见》。

17日，上午，常德市规划管理委员会召开2015年第2次会议。市委书记王群，市委副书记、市长周德睿，市政协主席李爱国等市领导和市规委会成员单位负责人，就常德“市民之家”规划建筑设计方案、阳明湖区域策划及城市设计规划方案、常德财鑫投融资服务中心规划建筑设计方案等议题进行深入研究。会议还原则通过了原中药厂地块、万寿万年公寓等45个地块控规图则。

同日，常德市2015年“最美家庭、最美创业、最美湘女”颁奖典礼在市文化馆举行。市委副书记徐正宪发表致辞，市委常委、市委宣传部部长唐贵平，市人大常委会副主任谭弘发，市政协副主席傅绍平等为“三个最美”荣誉获得者颁奖。

24日，常德市经济建设投资集团有限公司旗下的常德市柳叶湖汇丰小额贷款股份有限公司正式在新三板挂牌（简称：汇丰小贷，股票代码：834366），这是常德市第一家、全省第二家挂牌新三板的小贷公司。

26日，省委常委、省委政法委书记李微微、省委政法委副书记阳红光一行来到常德市，听取常德市政法工作经验、成果、建议。市委常委、市委政法委书记何英平汇报工作，市委书记王群参加会议并讲话。

27日，由市政府与浪潮集团联合成立的常德智慧城市研究院正式揭牌。

27—28日，在2015年世界蹦床锦标赛上，常德妹子杨玉洁与贾芳芳、陈凌茜、蔡琪子组成的中国队摘得女子单跳团体金牌。

30日，市委副书记、市长周德睿在市政府主持召开智慧常德建设领导小组会议。会议提出，要通过3年的试点建设，确保建成理念先进、技术一流、特色突出、成效显著的国家智慧城市示范城市，奠定常德在泛湘西北区域的信息中心位置。会议还对《常德市国家智慧城市试点示范城市建设工作》方案进行了讨论。

同日，市委副书记、市长周德睿率常德代表团参加了2015湖南经济合作洽谈会暨第七届湘商大会。大会期间，常德市成功签下烟草包装配套产业园项目、石门县易家渡镇200兆瓦光伏发电项目等8个项目，总投资额达49.8亿元。此外，湘商大会期间，常德市还引进了由睿莱宝医药科技（上海）有限公司投资2.3亿元建设的睿莱宝医药中间体项目和由上海品静家居科技有限公司投资1.5亿元独资的电商仓储物流产业园项目等。

同日，在山东济南“全国优秀曲艺传人学术交流展演”会上，临澧鼓书精品节目《西瓜的秘密》《鼓舞人生》分别夺得金奖和银奖。

## 12月

1日，市委副书记、市长周德睿主持召开市政府第36次常务会议，研究贯彻全省公务用车制度改革、机动车排气污染物检测服务收费、污水净化中心改制等相关工作；认真审议了加快金融业发展、预拌砂浆管理办法和推进气象现代化等若干文件草案。市委常委、常务副市长朱水平，市委常委、副市长卢武福、赵建国，副市长胡丘陵、陈华，市政府秘书长周代惠出席会议。

4日，市人大常委会举行宪法宣誓仪式。市人大常委会主任刘明、市人大常委会副主任肖燕芳、曾再农、王先蒙、谭弘发，市人大常委会代理秘书长万利参加了宣誓仪式。

6日，致敬先辈的抗战——幸福天使“美丽中国行”全国博爱救护行动“郑洞国博爱卫生站”揭牌仪式在石门县磨市镇岳寺村举行。全国政协常委、民革中央副主席郑建邦，湖南省政协副主席刘晓，民革湖南省委专职副主委雷震宇，中国红十字会博爱基金秘书长、中国红基会幸福天使基金发起人张旭东，民革北京市委秘书长蒋耘晨，湖南省红十字会副会长彭力夫，市政协副主席、民革常德市委主委陈位明等出席揭牌仪式。

7日，澧县城头山旅游景区被省市旅游部门正式纳入大湘西文化旅游精品线路。

8日，中国诗词学会授予鼎城区草坪镇“中华诗词之乡”称号。

9日，在江苏常州召开的中国快速公交十年发展成果暨国际研讨会上，常德市道路运输管理处及市公交公司被评为“推动中国快速公交发展先进集体”。常德市与北京市、合肥市等16个城市跻身“推动中国快速公交发展先进城市”行列。

9—10日，受湖南省科技厅委托，常德市科技局组织专家对依托湖南平安医械科技有限公司组建的“湖南省医用高分子制品工程技术研究中心”，依托湖南洞庭药业股份有限公司组建的“湖南省精神药物工程技术研究中心”，依托湖南省棉花工程技术研究中心组建的“湖南省棉花工程技术研究中心”进行了验收。专家组通过现场考察，听取各中心组建工作汇报，审阅相关资料及质询、讨论，一致同意通过验收。

10日，中共常德市第六届委员会第十三次全体（扩大）会议在柳叶湖旅游度假区行政中心举行。全会听取和讨论了市委常委会工作报告，审议通过了《中共常德市委关于制定常德市国民经济和社会发展第十三个五年规划的建议》(以下简称《建议》)。市委书记王群受市委常委会委托向全会报告工作并发表讲话，市委副书记、市长周德睿就《建议（审议稿）》向全会作说明。徐正宪、刘明、李爱国、雷绍业、李挚、朱水平、卢武福、何英平、黄清宇、唐贵平、赵建国、张绳道等市领导出席会议。

12日，湖南文理学院2016届毕业生供需见面会在该院图书馆举行。共有225家企事业用人单位设台纳贤，提供工作岗位8000多个，不少用人单位抛出了丰厚的薪金和福利，吸引优秀人才。

13日，2015年首届“常德杯”全国职工冬泳趣味邀请赛在诗墙公园风景区排云阁段水域举行，来自各省、市、县游泳俱乐部以及港澳台地区的冬泳爱好者共16支队伍500人参加了此次比赛。最终，湖北省石首市游泳协会夺得团体趣味接力赛冠军。常德市九重天冬泳队夺得团体趣味接力赛亚军。

15日，省减灾委员会、省民政厅命名常德市武陵区府坪街道府坪巷社区、桃源县漳江镇观音巷社区、临澧县安福镇文化街社区、汉寿县太子庙镇龙津社区等23个社区为“湖南省综合减灾示范社区”。

同日，上午，“谭祖安技能大师工作室”在湖南华南光电集团有限责任公司揭牌。这是湖南省自2012年开始实施技能大师工作室以来，常德市获评的第二家以技能大师名字命名的省级技能大师工作室。

17日，16时59分，湖南华电常德发电有限公司1号机组顺利通过168个小时满负荷试运行，这也标志着湖南华电常德发电有限公司正式投产。

17—18日，第三届中国·武陵微小说节在武陵区举办。本届微小说节上，举办了首届（2014）武陵小小说奖和2015年武陵“德孝廉”杯·全国微小说精品奖颁奖大会，举行了“中国作家协会《小说选刊》创作基地”和“中国微电影创作基地”落户武陵区的授牌仪式；召开了武陵小小说奖评选工作座谈会和中国·武陵“德孝廉”微型小说（小小说）创作高峰论坛；同时启动了第二届武陵小小说奖的征集、评选工作。

19日，在全省第三届家具博览会上，常德市常德荣星家具有限公司、湖南省跃宇竹业有限公司、常德湘大环保科技有限公司、湖南林钰王科技环保有限公司、常德市乐福居红木家具有限公司5家公司获金奖，常德市被评为最佳组织奖。

22日，常德桃花源机场新航站楼正式启用，停机位增加至13个，可满足年旅客吞吐量220万人次。

23日，省人大常委会副主任蒋作斌率领调研组到常德市调研“十三五”规划编制情况及当前经济形势。市委副书记、市长周德睿，市人大常委会主任刘明参加调研座谈会。

24日，第二届“中华善德风·潇湘篇”活动在常德芷兰实验学校体育馆内开幕，活动通过寻找湖南善德足迹、《善德风》主题曲首发献唱、千人齐颂《孝山百字铭》、万人接力传播等一系列“善行”，在三湘大地上掀起一股善德潮。本届活动由省委宣传部、省文明办、省委网信办指导，市委宣传部、市文明办、市委网宣办主办，常德日报传媒集团尚一网承办。

25日，沅澧快速干线6号大道汉寿段正式开工。

26—27日，在省委经济工作会议上，武陵区被授予“湖南省计划生育工作优秀单位”荣誉称号。

28日，下午，市委副书记、市长周德睿主持召开市政府第37次常务会议，讨论常德市国民经济和社会发展“十三五”规划纲要（草案），听取黄石水库水源保护规划编制和水环境保护治理情况汇报等相关事项。会议还就2016年市直部门预算编制、政府集中采购目录及采购限额标准等进行了研究。市委常委、常务副市长朱水平，市委常委、副市长赵建国，副市长朱晓平、沈习淼、胡丘陵、陈华、匡加才，市政府秘书长周代惠出席会议。

30日上午，在全市财税收支关账会上，市委常委、常务副市长朱水平宣布：截至12月28日，全市完成一般公共预算收入207.2亿元，增长12.6%，预计全年可完成210亿元，增长14.1%，其中市本级完成一般公共预算收入93.5亿元，增长21.9%。市财政收入首破200亿元大关。

31日，截至12月31日，全市新设乡镇全部完成“定班子挂牌子”，乡镇由原来的204个调整为101个镇、28个乡。

## 2015年度常德市十大新闻事件

1. 常德市成功入选全国首批海绵城市建设试点城市

“因水而建、因水而兴，头枕长江，腰缠沅澧，脚踏洞庭。”2015年3月27日，财政部、住房和城乡建设部、水利部在北京组织的申报国家海绵城市建设试点城市竞争性评审答辩会上，任主辩手的市委书记王群，用这样一段话向评审专家们生动地概括了常德城市与水的关系。常德市从130多座城市的比拼中脱颖而出，成功入选全国首批16家海绵城市建设试点城市，3年内将获得国家专项补贴资金12亿元，截至2015年年底已启动建设项目79个。

2. 常德市城乡饮水安全在全省率先实现全覆盖

2015年年初，省政府批准同意常德蒙泉水库、迎新水库、杨花桥水库等110处饮用水水源地划定为饮用水源保护区，有利于进一步消除城乡饮用水安全隐患，保障城镇居民生活饮用水安全和卫生。至此，常德市共有二批次150处饮用水水源保护区获批。常德市城乡饮水安全在全省率先实现全覆盖，全国农村饮水安全工作现场会推介了常德经验。

3. 常德欢乐水世界开园

2015年6月6日上午9时30分，位于常德柳叶湖畔的常德欢乐水世界人山人海，气球高悬，彩旗飘舞。市委书记王群宣布“常德欢乐水世界开园暨2015常德旅游节开幕”。随着常德欢乐水世界的建成开园，常德市“南攻桃花源、北战壶瓶山、中取柳叶湖”的旅游发展战略初显成效，“美丽经济”成为常德发展的新引擎。“十一”长假期间，常德市旅游部门共接待国内外游客218.87万人次，同比增长28.2%，实现旅游总收入8.1亿元，同比增长33.9%。全年接待游客和旅游收入分别增长22.3%、26.9%。

4.2015中国湖南国际旅游节在常德市隆重开幕

2015年9月12日，中国湖南国际旅游节开幕式在柳叶湖畔举行，外籍嘉宾、国家及省领导、境内外媒体、旅行商、各市州相关负责人及常德老干部代表、劳模代表和环卫工人代表共计上千人参加盛会，湖南经视进行了现场录播。近年来，常德市委、市政府强力推动旅游强市建设，打造了“亲亲常德，浪漫之城”的旅游品牌新形象。开幕式上，常德市旅游产业又添两驾马车：周德睿市长代表常德与深圳华侨城股份有限公司签署全方位战略合作协议，与山水盛典文化产业有限公司签署投资文化演艺项目协议。

5. 常德市社会治理网格化工作模式全国推介

2015年1月9日，全国社会治安综合治理信息化建设座谈会在北京召开，常德市作为全国6个代表城市之一，通过远程视频连线的方式，向参会人员介绍了网格化管理的工作经验，获得了中央综治办的高度评价。截至2015年年底，常德市以完美社区建设为抓手，全面推行网格化管理，建成了市、区县（市）、乡镇（街道）、村（社区）网格联动的综合信息平台，将基层党建、社会管理、公共服务、居民自治进行一网融合。

6. 常德市创新推出党的报告员制度

为进一步创新基层宣传思想工作和基层党建工作，推动党员干部学习教育制度化、常态化、长效化，市委研究出台关于建立党的报告员制度的通知，明确各级党组织书记、党员领导干部为党的报告员，主要采取面对面的方式，把党委、政府做什么、干什么、倡导什么传达下去，把基层群众想什么、盼什么、需求什么收集上来。一年来，各级党的报告员累计开展各类报告 2600 多场次，架起了党委、政府联系人民群众的一座桥，受到省委书记、省人大常委会主任徐守盛的充分肯定。

7. 常德桃花源机场新航站楼建成并正式启用

2015 年 12 月 22 日，总面积达 2.1 万平方米的常德桃花源机场新航站楼正式启用，可满足旅客年吞吐量 220 万人次的需要，比原来增加 10 倍。这标志着投资 6.47 亿元的常德桃花源机场由 4C 级向 4D 级改扩建工程顺利完工。桃花源机场是湖南省主要支线机场之一，也是全国净空条件最好的机场之一，可与长沙、张家界等地机场互为备降，保障航空安全。2013 年 5 月，机场改扩建工程正式动工。工程按满足旅客年吞吐量 220 万人次、货邮吞吐量 1.6 万吨、运输起降飞机 2.1 万架次设计，新征用地 32.87 万平方米，包括飞行区工程、新航站楼工程、高架桥工程和附属工程等。

8. 沅澧快速干线项目建设正式启动

2015 年 6 月 17 日上午，省委副书记、省长杜家毫宣布沅澧快速干线一号大道建设正式启动。沅澧快速干线一号大道预计 2 年内建成，是常德市“四纵三横”快速道路网络的主体部分，是构建市域“1 小时交通经济圈”的主要依托，建成后将带动沿线各地经济发展。该干线以现有的 G207 和 G353、S233 公路为依托进行改建，贯穿常德市津市市、澧县、石门县、临澧县、鼎城区、武陵区 6 个区县（市）和 22 个乡镇，初步设计道路全长为 118 千米，按照城市道路和一级公路标准设计，投资估算为 60 亿元。

9. 万达广场启动建设

2015 年 3 月 30 日，常德万达广场正式动工建设。定位为“泛湘西北地标、世界级城市综合体”的常德万达广场，总建筑面积 83 万平方米，总投资额超 60 亿元。该项目定于 2016 年 9 月 16 日开业，届时将引进数百个国际、国内知名品牌商家。据在全国各地开业的 100 多家万达广场实践验证，投入运行后的常德万达广场日均客流量将超 10 万人次，年营业收入超 10 亿元，年纳税总额超 1 亿元，可提供就业岗位 1 万多个。

10. 华兰德光纤项目落户常德经济技术开发区

2015 年 10 月 23 日，占地 40 万平方米、总投资 75 亿元的常德华兰德通信有限公司二代光纤项目在常德经开区正式启动建设。该项目以二代光纤研发、制造为核心业务，将形成集产、销、研于一体的大型高端产业基地。常德华兰德通信有限公司采用当前二代光纤国际领先技术，与芬兰罗森泰耐世隆公司进行设备、工艺、原材料及项目规划等全方位合作。

# 地　理

**【位置・面积】** 常德位于北纬28度至31度，东经110度至113度之间。地处中国的中南部，长江中游，湖南省的西北部。东临洞庭，西接黔渝，南通长沙，北连荆襄。东部为开阔平原，西北、西、南三面环山，地貌以平原为主，山、丘、岗、湖兼有。地势自西向东倾斜，地貌类型多样。境内雪峰山余脉延展于南部，武陵山脉绵伸在西北，沅澧两水自西向东贯穿全境。

全市土地总面积18177平方千米，占全省土地总面积的8.58%。其中：农用地14329平方千米，占全市土地总面积的78.83%；建设用地2050平方千米，占全市土地总面积的11.28%；未利用地1798平方千米，占全市土地总面积的9.89%。全市现有耕地面积5051平方千米（土地变更调查数据），占全市土地总面积的27.83%。（王　玮）

**【地质环境】** 常德处于雪峰、武陵隆起东北端及中－新生代洞庭凹陷西南部，域内影响较大的构造运动有雪峰、武陵、加里东、燕山和喜山运动，其中以燕山运动最强烈、喜山运动次之。从构造形态在空间展布的特征来看，区内分成东、西两部：东部为洞庭湖喜山期凹陷，中、新生代沉积物广泛分布，凹陷基底零星暴露、并制约着红色盆地的展布；西部地质构造以燕山期褶皱、断裂为主体，控制山脉和水系的延伸方向。

常德从地形地貌上可分为两个截然不同的区域：石门县北部，桃源县西部及西南为中、低山侵蚀构造地形，地形切割强烈，“V”形谷发育，地形坡度陡峻，海拔最高2099米，一般500～1000米，相对高差500～1200米；南部及东部为洞庭湖平原区，地势低平，地面标高一般在45～120米，最低35米。全市地势自西北向东南倾斜。西北部地势高耸，群山峭立，峡谷幽深；东南部地势低平开阔，丘岗交错，河湖纵横密布。按地貌成因和形态特征可分为侵蚀构造中低山、溶蚀构造低山丘陵、剥蚀构造丘陵、侵蚀堆积丘岗、堆积平原等五类。（杨宏润）

**【矿产资源】** 常德市矿产以建材和化工原料等非金属为主，素有“非金属之乡”的美誉。现已发现矿产59种，探明储量的矿产33种，石膏、磷、石英砂岩、膨润土、水泥灰岩、海泡石、岩盐、芒硝等储量丰富，在全省处于重要的位置，其中石膏矿探明储量31.81亿吨，占湖南省81%；磷矿探明储量14.41亿吨，居全省第一；水泥灰岩探明储量9.11亿吨，占全省43%；膨润土探明储量3175万吨，占全省100%；芒硝探明储量4.22亿吨，居全省第二；岩盐13.22万吨，占全省95%。（孙　鹏）

**【野生动物资源】** 通过林业、科研部门在典型区域（石门壶瓶山、桃源乌云界、汉寿西洞庭湖）进行全国野生动植物普查、全国第一次及第二次湿地普查、相关林业工程项目可行性研究等科学考察，全市共有野生动物资源464种，其中两栖类30种、爬行类50种、鸟类312种、哺乳类72种，占全省已知野生动物的67%（全省已知野生动物688种，其中两栖类68种、爬行类95种、鸟类435种、哺乳类90种）。

截至2015年年底，常德市有国家Ⅰ级保护野生动物10种，Ⅱ级保护野生动物67种。

哺乳类：Ⅰ级保护：云豹、华南虎、林麝、豹（金钱豹）。Ⅱ级保护：金猫、穿山甲、猕猴、豺、藏酋猴、黑熊、青鼬、水獭、大灵猫、小灵猫、斑林狸、河麂（獐）、苏门羚（鬣羚）、斑羚。

鸟类：Ⅰ级保护：黑鹳、中华秋沙鸭、金雕、白尾海雕、白颈长尾雉、白鹤。Ⅱ级保护：白琵鹭、鸳鸯、小天鹅、大天鹅、白额雁、鸢、松雀鹰、黑冠鹃隼、苍鹰、赤腹鹰、普通鵟、白尾鹞、凤头鹰、雀鹰、大鵟、白腹鹞、白头鹞、鹊鹞、蛇雕、鹗、游隼、红隼、灰背隼、燕隼、小隼、阿穆尔隼、红腹锦鸡、白冠长尾雉、红腹角、勺鸡、灰鹤、小青脚鹬、小杓鹬、红翅绿鸠、褐翅鸦鹃、小鸦鹃、草鸮、红角鸮、领角鸮、雕鸮、短耳鸮、领鸺鹠、斑头鸺鹠、灰林鸮、渔鸮、长耳鸮、鹰鸮、栗头蜂虎。

两栖类：Ⅱ级保护：大鲵、虎纹蛙

截至 2015 年年底，常德市有湖南省地方保护野生动物 230 种。

两栖类：无斑肥螈、黑斑肥螈、中华大蟾蜍、小角蟾、峨眉髭蟾、淡肩角蟾、无斑树蟾、黑斑蛙、花臭蛙、崇安湍蛙、华南湍蛙、棘腹蛙、棘胸蛙、弹琴蛙、峨眉林蛙、沼蛙、泽蛙、绿臭蛙、湖北侧褶蛙、隆肛蛙、金甫泛树蛙、大泛树蛙、斑腿泛树蛙、小弧斑姬蛙、饰纹姬蛙、花姬蛙。

爬行类：大头平胸龟、乌龟、中华鳖、多疣壁虎、石龙子、铜蜓蜥、北草蜥、脆蛇蜥、草腹链蛇、纹花林蛇、钝尾两头蛇、翠青蛇、黄链蛇、赤链蛇、王锦蛇、玉斑锦蛇、紫灰锦蛇、黑眉锦蛇、红点锦蛇、中国水蛇、小头蛇、饰纹小头蛇、山溪后棱蛇、钝头蛇、福建颈斑蛇、横纹斜鳞蛇、斜鳞蛇、灰鼠蛇、虎斑颈槽蛇、黑头剑蛇、环纹华游蛇、赤链华游蛇、华游蛇、渔游蛇、乌梢蛇、眼镜蛇、银环蛇、丽纹蛇、舟山眼镜蛇、双全百环蛇、尖吻蝮、短尾蝮、烙铁头、山烙铁、菜花原矛头蝮、原矛头蝮、竹叶青。

鸟类：小鸊鷉、凤头鸊鷉、普通鸬鹚、池鹭、绿鹭、大白鹭、中白鹭、白鹭、苍鹭、牛背鹭、草鹭、夜鹭、黄苇鳽、栗尾鳽、紫背苇鳽、黑鳽、东方白鹳、棉凫、鸿雁、豆雁、灰雁、翘鼻麻鸭、赤膀鸭、琵嘴鸭、赤颈鸭、赤麻鸭、罗纹鸭、绿头鸭、针尾鸭、白眉鸭、绿翅鸭、凤头潜鸭、青头潜鸭、斑嘴鸭、花脸鸭、小白额雁、普通秋沙鸭、灰胸竹鸡、环颈雉、白胸苦恶鸟、董鸡、黑水鸡、骨顶鸡、水雉、凤头麦鸡、环颈鸻、丘鹬、白腰草鹬、红脚鹬、青脚鹬、矶鹬、白腰杓鹬、黑腹滨鹬、针尾沙锥、扇尾沙锥、红嘴鸥、珠颈斑鸠、山斑鸠、火斑鸠、四声杜鹃、大杜鹃、中杜鹃、噪鹃、鹰鹃、夜鹰、白腰雨燕、小白腰雨燕、短嘴金丝燕、普通翠鸟、蓝翡翠、三宝鸟、戴胜、蚁䴕、斑姬啄木鸟、大斑啄木鸟、星头啄木鸟、黑枕绿啄木鸟、栗啄木、家燕、金腰燕、赤红山椒鸟、黑短脚鹎、绿鹦嘴鹎、白喉红臀鹎、白头鹎、黄臀鹎、红尾伯劳、虎纹伯劳、棕背伯劳、黑枕黄鹂、灰卷尾、黑卷尾、发冠卷尾、八哥、松鸦、红嘴蓝鹊、喜鹊、灰喜鹊、大嘴乌鹊、白颈鸦、小燕尾、黑背燕尾、紫啸鸫、乌鸫、斑鸫、红胁蓝尾鸲、画眉、红嘴相思鸟、棕头鸦雀、锈脸钩嘴鹛、棕颈钩嘴鹛、黑领噪鹛、黑脸噪鹛、寿带、大山雀、黄腹山雀、红头长尾山雀、绿背山雀、普通䴓、蓝喉太阳鸟、暗绿绣眼鸟、树麻雀、金翅雀、黑尾蜡嘴、黑头蜡嘴、黄胸鹀、黄喉鹀。

哺乳类：普通刺猬、缺齿鼹、褐山蝠、普通伏翼、东方蝙蝠、普氏蹄蝠、大蹄蝠、马铁菊头蝠、中菊头蝠、小菊头蝠、皮氏菊头蝠、华南兔、白腹巨鼠、赤腹松鼠、隐纹花松鼠、豪猪、帚尾豪猪、红白鼯鼠、银星竹鼠、中华竹鼠、赤狐、貉、黄鼬、黄腹鼬、鼬獾、狗獾、猪獾、果子狸、食蟹獴、豹猫、野猪、小麂、毛冠鹿。

截至 2015 年年底，常德市记载有世界濒危野生动物 78 种。

Ⅰ级濒危野生动物：猕猴、藏酋猴、黑熊、水獭、豹猫、云豹、华南虎、金猫、豹、金钱豹、林麝、苏门羚（鬣羚）、东方白鹳、白尾海雕、游隼、白颈长尾雉、白鹤、大鲵。

Ⅱ级濒危野生动物：穿山甲、豺、黑鹳、白琵鹭、花脸鸭、鸢、松雀鹰、黑冠鹃隼、苍鹰、赤腹鹰、普通鵟、金雕、白尾鹞、凤头鹰、雀鹰、大鵟、白腹鹞、白头鹞、鹊鹞、蛇雕、鹗、红隼、灰背隼、燕隼、小隼、阿穆尔隼、灰鹤、草鸮、红角鸮、领角鸮、雕鸮、短耳鸮、领鸺鹠、斑头鸺鹠、灰林鸮、褐渔鸮、长耳鸮、鹰鸮、画眉、红嘴相思鸟、大头平胸龟、舟山眼镜蛇、眼镜蛇、虎纹蛙。

Ⅲ级濒危野生动物：黄鼬、黄腹鼬、青鼬（黄喉貂）、大灵猫、小灵猫、果子狸、牛背鹭、大白鹭、白鹭、针尾鸭、斑嘴鸭、绿翅鸭、赤颈鸭、白眉鸭、白眼潜鸭、乌龟。

截至 2015 年年底，常德市记载有益或有重要经济、科研价值陆生野生动物 295 种。

两栖类：无斑肥螈、黑斑肥螈、中华大蟾蜍、小角蟾、峨眉髭蟾、淡肩角蟾、无斑树蟾、黑斑蛙、花臭蛙、崇安湍蛙、华南湍蛙、棘腹蛙、棘胸蛙、弹琴蛙、沼蛙、日本林蛙、泽蛙、绿臭蛙、隆肛蛙、金甫泛树蛙、大泛树蛙、斑腿泛树蛙、小弧斑姬蛙、饰纹姬蛙、花姬蛙。

爬行类：大头平胸龟、乌龟、中华鳖、多疣壁虎、石龙子、蓝尾石龙子、铜蜓蜥、北草蜥、脆蛇蜥、草腹链蛇、绞花林蛇、钝尾两头蛇、翠青蛇、黄链蛇、赤链蛇、王锦蛇、玉斑锦蛇、紫灰锦蛇、黑眉锦蛇、红点锦蛇、中国水蛇、黑背白环蛇、小头蛇、饰纹小头蛇、山溪后棱蛇、钝头蛇、福建颈斑蛇、横纹斜鳞蛇、鳞蛇、花尾斜鳞蛇、灰鼠蛇、虎斑颈槽蛇、颈槽颈槽蛇（新）、黑头剑蛇、环纹华游蛇、赤链华游蛇、华游蛇、渔游蛇、乌梢蛇、眼镜蛇、银环蛇、丽纹蛇、舟山眼镜蛇、尖吻蝮、短尾蝮、山烙铁头、菜花原矛头蝮、原矛头蝮、竹叶青。

鸟类：小鸊鷉、凤头鸊鷉、普通鸬鹚、池鹭、绿鹭、大白鹭、中白鹭、白鹭、苍鹭、牛背鹭、草鹭、夜鹭、黄苇鳽、栗尾鳽、紫背苇鳽、大麻鳽、黑鳽、东方白鹳、棉凫、鸿雁、豆雁、灰雁、斑背潜鸭、翘鼻麻鸭、赤膀鸭、琵嘴鸭、赤颈鸭、赤麻鸭、罗纹鸭、绿头鸭、针尾鸭、白眉鸭、绿翅鸭、红头潜鸭、凤头潜鸭、青头潜鸭、斑嘴鸭、花脸鸭、小白额雁、白眼潜鸭、白秋沙鸭、普通秋沙鸭、灰胸竹鸡、环颈雉、白胸苦恶鸟、普通秧鸡、董鸡、黑水鸡、蓝胸秧鸡、骨顶鸡、红胸苦恶鸟、小田鸡、水雉、灰头麦鸡、凤头麦鸡、金斑鸻、金眶鸻、环颈鸻、灰斑鸻、丘鹬、黑尾塍鹬、白腰草鹬、林鹬、鹤鹬、红脚鹬、泽鹬、青脚鹬、三趾鹬、矶鹬、白腰杓鹬、中杓鹬、大杓鹬、黑腹滨鹬、长趾滨鹬、针尾沙锥、大沙锥、扇尾沙锥、黑翅长脚鹬、海鸥、渔鸥、红嘴鸥、红嘴巨鸥、须浮鸥、普通燕鸥、珠颈斑鸠、山斑鸠、火斑鸠、四声杜鹃、大杜鹃、中杜鹃、噪鹃、鹰鹃、夜鹰、白腰雨燕、小白腰雨燕、短嘴金丝燕、普通翠鸟、蓝翡翠、三宝鸟、戴胜、大拟啄木鸟、蚁䴕、斑姬啄木鸟、大斑啄木鸟、星头啄木鸟、头绿啄木鸟、小云雀、云雀、家燕、金腰燕、崖沙燕、白鹡鸰、黄鹡鸰、山鹡鸰、灰鹡鸰、树鹨、山鹨、水鹨、田鹨、红喉鹨、暗灰鹃贝鸟、灰山椒鸟、粉红山椒鸟、赤红山椒鸟、灰喉山椒鸟、黑短脚鹎、白喉红臀鹎、白头鹎、黄臀鹎、领雀嘴鹎、橙腹叶鹎、红尾伯劳、契尾伯劳、虎纹伯劳、棕背伯劳、黑枕黄鹂、灰卷尾、黑卷尾、发冠卷尾、八哥、丝光椋鸟、北椋鸟、灰椋鸟、红嘴蓝鹊、喜鹊、灰喜鹊、灰树鹊、鹊鸲、北红尾鸲、斑鸫、红胁蓝尾鸲、黑喉石即、虎斑地鸫、乌灰鸫、矛纹草鹛、黑脸噪鹛、白颊噪鹛、画眉、红嘴相思鸟、黑领噪鹛、黑脸噪鹛、白喉噪鹛、橙翅噪鹛、眼纹噪鹛、棕噪鹛、灰头鸦雀、大苇莺、黄眉柳莺、黄腹柳莺、黄腰柳莺、极北柳莺、冠纹柳莺、褐柳莺、寿带、白喉林鹟、乌鹟、北灰鹟、大山雀、黄腹山雀、红头长尾山雀、煤山雀、绿背山雀、蓝喉太阳鸟、暗绿绣眼鸟、树麻雀、山麻雀、金翅雀、朱雀、酒红朱雀、黑尾蜡嘴、黑头蜡嘴、燕雀、黄胸鹀、黄眉鹀、三道眉草鹀、黄喉鹀、灰头鹀、小鹀、田鹀、凤头鹀、栗耳鹀。

哺乳类：普通刺猬、华南兔、赤腹松鼠、隐纹花松鼠、珀氏长吻松鼠、豪猪、帚尾豪猪、红白鼯鼠、灰背大鼯鼠、复齿鼯鼠、银星竹鼠、中华竹鼠、赤狐、貉、黄鼬、黄腹鼬、鼬獾、狗獾、猪獾、果子狸、豹猫、野猪、小麂。（徐　俊）

**【野生植物资源】** 截至2015年年底，全市已记录维管束植物3420种，隶属235科，蕨类植物39科92属367种，裸子植物9科23属39种，被子植物187科911属3014种，是湖南省维管束植物物种最丰富的地方。

常德市自然、半自然的植被类型，主要有针叶林、阔叶林（含常绿阔叶林、常绿落叶混交林、落叶阔叶林）、竹林、灌丛、草丛、沼泽水生植被等类型，此外，还有人工的栽培植被类型。区内有珙桐、光叶珙桐、红豆杉、南方红豆杉、银杏、钟萼木等国家一级保护植物和鹅掌楸、连香树等国家二级保护植物35种，省重点保护植物56种，列入CITES附录的植物87种。

国家重点保护植物（35种）：苏铁、南盘江苏铁、银杏、金钱松、黄杉、水杉、篦子三尖杉、红豆杉、南方红豆杉、巴山榧树、榧树（香榧）、白豆杉、鹅掌楸、厚朴、凹叶厚朴、水青树、连香树、樟树、闽楠（楠木）、金荞麦、大叶榉、光叶榉、红椿、伞花木、钟萼木（伯乐树）、喜树（旱莲木）、珙桐、光叶珙桐、长果秤锤树、香果树、中华结缕草、台湾水青冈（巴山水青冈）、野大豆、花榈木、红豆树、崖白菜。

湖南省地方重点保护植物（56种）：铁坚油杉（铁坚杉）、黄山松（台湾松）、铁杉、竹柏、罗汉松、乐昌含笑、多花含笑、金叶含笑、黄心夜合、巴东木莲、武当玉兰、乐东拟单性木兰、领春木、沉水樟、少花桂（山桂皮）、川桂、黄樟、猴樟、竹叶楠、尾囊草、川鄂獐耳细辛、睡莲、小八角莲（红八角莲）、六角莲、八角莲、尾叶紫薇、川黔紫薇、紫茎、中华猕猴桃、毛花猕猴桃、天师栗、瑶山梭椤树、红继木、香桦、水青冈、台湾水青冈（巴山水青冈）、赤皮青冈、青檀、长穗桑（湘桂桑）、五棱苦丁茶、柑橘、血皮槭、毛果槭、金钱槭、银鹊树（瘿椒树）、湖南山核桃、青钱柳（摇钱树）、竹节参（大叶三七）、刺楸、龙舌草（水白菜、水车前）、巴山重楼、矮重楼、壶瓶重楼、香蒲（东方香蒲）、方竹、紫竹。

列入CITES（华盛顿公约）附录的植物（87种）：苏铁、领春木、宝兴吊灯花、花叶芦荟、无柱兰、黄花白芨、白芨、短矩苞叶兰、广东石豆兰、麦斛、斑唇卷瓣、泽泻虾脊兰、流苏虾脊兰、剑叶虾脊兰、虾脊兰、钩距虾脊兰、反瓣虾脊兰、三棱虾脊兰、金兰、独花兰、杜鹃兰、三慈姑、建兰、蕙兰、多花兰、春兰、寒兰、绿花杓兰、扇脉杓兰、离萼杓兰、大花杓兰、钩状石斛、罗河石斛、细茎石斛、铁皮石斛、广东石斛、单叶厚唇兰、大叶火烧兰、长距美冠兰、毛萼山珊瑚天麻、大花斑叶兰、小斑叶兰、斑叶兰、绒叶斑叶兰、毛葶玉凤花、鹅毛玉凤花、裂瓣玉凤花、橙黄玉凤花、叉唇角盘兰、镰翅羊耳蒜、小巧羊耳蒜、小羊耳蒜、羊耳蒜见血清、香花羊耳蒜、长唇羊耳蒜、柄叶羊耳蒜、葱叶兰、长叶山兰、狭穗阔蕊兰、阔蕊兰、黄花鹤顶兰(斑叶鹤顶兰)、鹤顶兰、细叶石仙桃、云南石仙桃舌唇兰、尾瓣舌唇兰、小舌唇兰、独蒜兰、朱兰、缘毛鸟足兰、苞舌兰、绶草、小叶白点兰、小花蜻蜓兰、西南齿唇兰、艳丽齿唇兰、金线兰细花虾脊兰、大黄花虾脊兰、大叶杓兰、绿天麻、光萼斑叶兰、银兰、昙花、仙人掌、乳浆大戟、泽漆、飞扬草、地锦草、湖北大戟（西南大戟）、通奶草、大戟、钩腺大戟、千根草。（徐　俊）

## 人　口

**【概况】** 截至2015年年末全市常住人口584.4万人，其中城镇人口278.1万人，城镇化率47.6%，比2014年提高1.7个百分点。截至2015年年末户籍总人口为609.2万人，其中非农业人口157.4万人。男性人口310.4万人，女性人口298.7万人。18岁以下人口95.1万人，18—34岁人口128.4万人，35—59岁人口256.5万人，60岁以上人口129.2万人。全市全年出生人口6.43万人。

## 行政区划

**【行政区划变更】** 2015年5月28日，省民政厅下发《关于常德市武陵区白鹤山乡撤乡设镇并更名的批复》（湘民行发〔2015〕5号）。同意撤销白鹤山乡设立白鹤镇。以原白鹤山乡的行政区域为白鹤镇的行政区域。行政区划调整后，白鹤镇辖4个社区居民委员会、12个建制村，总面积67.63平方千米，总人口3.2万人，镇人民政府驻万金障（原白鹤山乡人民政府驻地）。

2015年5月28日，省民政厅下发《关于石门县调整部分行政区划的批复》（湘民行发〔2015〕15号）。同意撤销白云乡设立白云镇。以原白云乡的行政区域为白云镇的行政区域。行政区划调整后，白云镇辖3个社区居委会、13个建制村，总面积165.2平方千米，总人口3.38万人，镇人民政府驻白云桥（原白云乡人民政府驻地）。

2015年9月8日，省民政厅下发《关于调整津市市部分行政区划的批复》（湘民行发〔2015〕14号）。同意将津市市新洲镇的杉堰建制村，灵泉镇的戚家、关桥2个建制村，金鱼岭街道的团湖、明道2个居委会成建制划出，设立嘉山街道。区划调整后，嘉山街道辖杉堰、戚家、关桥3个建制村和团湖、明道2个居委会，总面积21平方千米，总人口4.2万人，办事处驻明道社区（津市龙岗路1号）。

2015年9月8日，省民政厅下发《关于石门县调整部分行政区划的批复》（湘民行发〔2015〕15号）。同意将新关镇的闫家溶建制村，易家渡镇的双溪、双桥2个建制村和杨二汊居委会划入楚江镇。同意将新关镇的七松建制村，楚江镇的宝塔、黄泥岗、中渡、双新4个居委会划入二都乡。同意撤销石门县楚江镇、二都乡建制，同时设立石门县楚江街道、宝峰街道、永兴街道和二都街道。石门县撤乡镇设街道后，县人民政府驻楚江街道楚江路32号（原县人民政府）。

2015年9月23日，省民政厅下发《关于调整汉寿县部分行政区划的批复》（湘民行发〔2015〕16号）。同意将太子庙镇的天星、黄福2个居委会成建制划归株木山乡管辖。行政区划调整后，太子庙镇辖茶横、排形、沙洋坪、龙津、余家桥、黄家湾、涂家段、缸儿口、吉庆、永新、五里、小塘12个建制村和太子、倒流坪2个居委会，总面积50.45平方千米，总人口1.48万人，镇人民政府驻地不变。同意撤销汉寿县龙阳镇，株木山乡建制，分别设立辰阳、龙阳、沧浪、株木山4个街道。辰阳街道辖原龙阳镇的创业、仓儿总、席家嘴、白鹤洲、纽口河、大杨、岩屋场、宝台、东洲9个建制村和杨旗嘴、双板桥、大杨镇3个居委会，总面积37.72平方千米，总人口5.8万人，办事处驻大杨镇社区。龙阳街道辖原龙阳镇的镇龙阁、张家湖、粟公堤、苏家铺、王海坪、南湖渔场6个建制村和城东、城南、城西、城北、环城、南郊、花木兰、新街、护城、龙珠园、宝塔河11个居委会，总面积31.36平方千米，总人口8.1万人，办事处驻城南社区（原龙阳镇人民政府驻地）。沧浪街道辖原龙阳镇的夹堤、回回、安乐、岭湖、麻园坝、辰护垸、大西湖、玉花桥、老鹳树、赤岗、赵家湖11个建制村和陈家塔、西湖、八角楼、红旗4个居委会，总面积38.5平方千米，总人口6.5万人，办事处驻红旗社区。株木山街道辖株木山乡的姚家坝、清水、望城、中桥、杨家桥、茶家园、施家巷、栗山、鸭东、株木、邹家坪、韩家冲、文步桥、全赋、云台、笑田港16个建制村和新城、左家庵、马嘶桥、竹子碑、天星、黄福6个居委会，总面积73.1平方千米，总人口2.1万人，办事处驻新城社区。

2015年11月23日，省民政厅下发《关于同意鼎城区乡镇区划调整方案的批复》（湘民行发〔2015〕62号）。同意十美堂镇、黄珠洲和黑山嘴2个乡成建制合并设立十美堂镇。新设立的十美堂镇辖39个建制村、4个社区居委会，总面积122.85平方千米，总人口6.01万人，镇人民政府驻老街（原十美堂镇人民政府驻地）。同意长岭岗乡和蔡家岗、雷公庙2个镇成建制合并设立蔡家岗镇。新设立的蔡家岗镇辖36个建制村、3个社区居委会，总面积153.92平方千米，总人口4.33万人，镇人民政府驻延寿庵（原蔡家岗镇人民政府驻地）。同意双桥坪镇和大龙站镇成建制合并设立双桥坪镇。新设立的双桥坪镇辖24个建制村、3个社区居委会，总面积131.51平方千米，总人口3.35万人，镇人民政府驻双桥坪（原双桥坪镇人民政府驻地）。同意尧天坪镇和长茅岭乡成建制合并设立尧天坪镇。新设立的尧天坪镇辖2个社区居委会、33个建制村，总面积116.76平方千米，总人口3.26万人，镇人民政府驻金峰（原尧天坪镇人民政府驻地）。同意谢家铺镇和唐家铺乡成建制合并设立谢家铺镇。新设立的谢家铺镇辖38个建制村、1个社区居委会，总面积123.32平方千米，总人口4.24万人，镇人民政府驻桥头（原谢家铺镇人民政府驻地）。同意沧山、钱家坪2个乡和黄土店镇成建制合并设立黄土店镇。新设立的黄土店镇辖49个建制村、5个社区居委会，总面积217.41平方千米，总人口5.33万人，镇人民政府驻下街（原黄土店镇人民政府驻地）。同意港二口镇和逆江坪乡成建制合并设立花岩溪镇。新设立的花岩溪镇辖35个建制村、3个社区居委会，总面积178.11平方千米，总人口3.34万人，镇人民政府驻吴家坝（原港二口镇人民政府驻地）。同意许家桥回族维吾尔族乡和丁家港乡成建制合并设立许家桥回族维吾尔族乡。新设立的许家桥回族维吾尔族乡辖29个建制村、2个社区居委会，总面积116.57平方千米，人口3.78万人，乡人民政府驻麻家巷（原许家桥回族维吾尔族乡人民政府驻地）。同意蒿子港、中河口、牛鼻滩、韩公渡、周家店、石公桥、镇德桥、石板滩、灌溪、草坪、石门桥、祝丰12个镇的行政区域和镇人民政府驻地不作调整。本轮乡镇行政区划调整后，常德市鼎城区共减少11个乡级建制，现辖许家桥回族维吾尔族乡，蒿子港、十美堂、中河口、牛鼻滩、韩公渡、周家店、石公桥、镇德桥、石板滩、蔡家岗、灌溪、双桥坪、谢家铺、草坪、黄土店、花岩溪、尧天坪、石门桥、祝丰19个建制镇，玉霞、红云、郭家铺、斗姆湖4个街道，总面积2322.5平方千米，总人口85.81万人。区人民政府驻地不变（红云街道）。

2015年11月20日，省民政厅下发《关于同意汉寿县乡镇区划调整方案的批复》（湘民行发〔2015〕53号）。同意文蔚乡、洲口镇成建制合并设立洲口镇。新设立的洲口镇辖西脑湖、乌龙港2个社区居委会，毛家铺、毛家渡、汀头、合兴、易家嘴、华光、维新、西脑、杨家台、明光、饶家坝、曙光、文蔚、永光、杨柳、小河、福和、洲口、东风、龙打吉、正龙、民安、同永、李和、小港、大陆、太平、猴王、三益昏、沙嘴、唐护、护校、同兴、北堤、新昏35个建制村，总面积111.28平方千米，总人口4.93万人，镇人民政府驻乌龙港社区（原洲口镇人民政府驻地）。同意鸭子港乡、坡头镇成建制合并设立坡头镇。新设立的坡头镇辖如意、大美2个社区居委会，坡头、茶亭、新旨、三星、永丰、白杨、陈家湾、竹山、牛广、明星、官护、中心、黄泥湖、横港、车昏、五一、南堤、联兴、联宏、鸭子港、伍福、跃进、福禄、太兴、新进、太平、余家嘴、太丰、万坝、丰临、仓兴、全新、全护33建制村以及内江渔场，总面积107.94平方千米，总人口5.12万人，镇人民政府驻如意社区（原坡头镇人民政府驻地）。同意大南湖乡、周文庙乡、岩汪湖镇成建制合并设立岩汪湖镇，并将蒋家嘴镇的南洋嘴建制村划归岩汪湖镇管辖。新设立的岩汪湖镇辖金湖、先锋、永红3个社区居委会，雷神庵、五龙、黄芦山、岩汪湖、平安、永兴、红菱、红菱湖、团和、烂泥湖、方嘴、排子窖、新民、定上、五美、高羊、南洋嘴、龙口、陈军堤、寿南、南湖、赫神庙、龙王、南台、洲头塞、木子树、小龙湖、龙凤、王家铺、杨树山、曹坪、周文庙、水果山、金盆岭、蒋家山、窑嘴、张家洲、武竺山、将军潭、东向湖、百引障、偏山、官兴障43个建制村，总面积151.24平方千米，总人口6.03万人，镇人民政府驻金湖社区（原岩汪湖镇人民政府驻地）；调整后的蒋家嘴镇辖马家坳、莲塘、南区、北区、乐山街5个社区居委会，财富嘴、凤阳冲、仙峰山、玉佛庵、阳南塘、紫阳冲、大七冲、康家塘、金架坝、二房湾、三房湾、张家铺、船形湾、伍家冲、袁家湾、李家嘴、陈家河、张家山18个建制村，总面积65.65平方千米，总人口4.45万人，镇人民政府驻地不变。同意新兴乡、沧港镇成建制合并设立沧港镇。新设立的沧港镇辖居原社区、新兴嘴2个社区居委会，乌珠湖、谭坪湖、七星、软纳桥、笔架嘴、菱北、金菱、北拐、菱东、张家昏、金龙、菱湖、高卢家、高樊、青泥、军刘、五里塘、八鸽山、祝家岗、万福、苏家口、报国、乾兴、鲁家河、杨李、新兴、西林、铁路28个建制村，总面积109.21平方千米，总人口4.42万人，镇人民政府驻屈原社区（原沧港镇人民政府驻地）。同意三和乡、毓德铺镇、崔家桥镇成建制合并设立崔家桥镇。新设立的崔家桥镇辖岩坝桥、新民、华宫3个社区居委会，油草冲、大桥、马家冲、蔺家山、铁厂湾、东花冲、花山口、连家坝、崔家桥、砖墙、小西、大西、廻龙潭、九灵、东阳、东仓铺、李家冲、南阳嘴、长巷、太平、桂花、毛家冲、泥湾、相公山、荷花、清水塘、花墙、永固桥、冷铺山、乔家湾、周家、黄廖、龙潭冲、白家铺、白鹭寺、蒲田、保安、巷子口、姚家、晒谷岩、金牛、樟树洲、金马、三合桥、宝塔铺、西阳、和平47个建制村，总面积151.1平方千米，总人口5.68万人，镇人民政府驻岩坝桥社区（原崔家桥镇人民政府驻地）。同意岩嘴乡、太子庙镇成建制合并设立太子庙镇。新设立的太子庙镇辖太子、倒流坪、幸福3个社区居委会，黄家湾、缸儿口、吉庆、永兴、五里冲、茶横、沙洋坪、余家桥、小塘、排形、龙津、涂家埚、堑板、廖家汊、黄岭岗、松树、金安、二龙、太安、金孔、软桥、高湖、龙虎、西保、狮子山、五云、福星、新堤、乐善29个建制村，总面积121.47平方千米，总人口4.98万人，镇人民政府驻太子社区（原太子庙镇人民政府驻地）。同意丰家铺乡、东岳庙乡成建制合并设立丰家铺镇。新设立的丰家铺镇辖龙津、龙金2个社区居委会，芭蕉、金城、顺里桥、洞庭、仙人、关山、薛家段、丰家铺、石泉、发梅、金坪、柳溪、白羊、白牛庵、黄丝、合理、檀木、铁甲、响滩、鹿溪、龙潭、枫树、荆竹、龙形、包狮、团坪、綦桥、蔡巷、笔架、东流冲、白马庙、东岳、杨柳、潘桥、李家、燕窝、朝阳庵、高岩、横山、楼背、白竹、金牛、杨梅43个建制村，总面积145.91平方千米，总人口5万人，镇人民政府驻龙津社区（原丰家铺乡人民政府驻地）。同意龙潭桥乡、月明潭乡成建制合并设立龙潭桥镇。新设立的龙潭桥镇辖桥东、龙文2个社区居委会，红土墙、杨家岭、王家冲、尧嘴、龙潭桥、月光塘、仙峰庙、贺家冲、愈佳桥、百家嘴、笔形冲、长茂岭、白羊湾、肖家桥、莲荷塘、腊树湾、文武桥、铁家桥、董家冲、石板滩、谷家冲、潘家桥、碧联、赤港湾、木鱼洲、胡家冲、纸料洲、尚文湾、八房湾、龙井湾、鹿尾塘、绍川湾、金喜塘、大屋湾、浏渎河、塘家桥、花莲寺、桔园、向阳垸39个建制村，总面积132.19平方千米，总人口5.26万人，镇人民政府驻桥东社区（原龙潭桥乡人民政府驻地）。同意撤销东洲乡、西湖镇，设立新的西湖镇；调整西洲乡的部分行政区域；理顺西湖镇西湖渔场代管区域的行政区划管理体制。将原东洲乡的新港、九狮、鼎兴、鼎福、鼎裕、鼎园、旺福、旺禄、旺寿、旺喜10个建制村与原西湖镇除西湖渔场代管区域外的行政区域合并，设立西湖镇；将原东洲乡的新兴、春晓2个建制村以及西湖镇西湖渔场代管区域划归西洲乡管辖。新的西湖镇辖东湖、新民2个社区居委会，新桥、新康、园艺、新港、九狮、鼎兴、鼎福、鼎裕、鼎园、旺福、旺禄、旺寿、旺喜13个建制村，总面积30.55平方千米，总人口3万人，镇人民政府驻九狮桥（原东洲乡人民政府驻地）；调整后的西洲乡辖新北河、黄泥湖、同兴、裕民、幸福、安康、西洲、田园、建湖、永安、新兴、春晓12个建制村和西湖渔场，总面积39.75平方千米，总人口2.63万人，乡人民政府驻地不变（设十字闸）。同意保持酉港镇、罐头嘴镇、朱家铺镇、军山铺镇、百禄桥镇、洋淘湖镇、聂家桥乡、毛家滩回维乡8个乡镇的行政区域和乡镇人民政府驻地不变。上述行政区划调整后，汉寿县共撤销11个乡级建制，现辖酉港、罐头嘴、洲口、坡头、岩汪湖、沧港、朱家铺、丰家铺、太子庙、崔家桥、龙潭桥、军山铺、百禄桥、蒋家嘴、洋淘湖、西湖16个镇，聂家桥、西洲2个乡，毛家滩回维乡，辰阳、龙阳、沧浪、株木山4个街道，共16镇、3乡（其中1个民族乡）、4街道，总面积2091.3平方千米，总人口88万人，县人民政府驻地不变。

2015年11月20日，省民政厅下发《关于同意桃源县乡镇区划调整方案的批复》（湘民行发〔2015〕55号）。同意车湖垸乡、深水港乡、漳江镇成建制合并设立漳江镇。新设立的漳江镇辖25个建制村、19个居委会，总面积220.63平方千米，人口15.32万人。镇人民政府驻武陵西路（原漳江镇人民政府驻地）。同意郝坪乡、热市镇成建制合并设立热市镇。新设立的热市镇辖25个建制村、2个居委会，总面积191.04平方千米，人口4.30万人。镇人民政府驻温泉村（原热市镇人民政府驻地）。同意钟家铺乡、理公港镇成建制合并设立理公港镇。新设立的理公港镇辖16个建制村、1个居委会，总面积220.11平方千米，人口3.12万人。镇人民政府驻兰溪（原理公港镇人民政府驻地）。同意黄甲铺乡、漆河镇成建制合并设立漆河镇。新设立的漆河镇辖24个建制村、4个居委会，总面积221.80平方千米，总人口7.37万人。镇人民政府驻长寿街（原漆河镇人民政府驻地）。同意太平铺乡、茶庵铺镇成建制合并设立茶庵铺镇。新设立的茶庵铺镇辖17个建制村、2个居委会，总面积332.94平方千米，人口3.64万人。镇人民政府驻桥东（原茶庵铺镇人民政府驻地）。同意芦花潭乡、沙坪镇成建制合并设立沙坪镇。新设立的沙坪镇辖14个建制村、2个居委会，总面积303.60平方千米，人口3.26万人。镇人民政府驻万寿宫（原沙坪镇人民政府驻地）。同意太平桥乡、三阳港镇成建制合并设立三阳港镇。新设立的三阳港镇辖12个建制村、1个居委会，总面积176.84平方千米，总人口4.09万人。镇人民政府驻三阳港（原三阳港镇人民政府驻地）。同意兴隆街乡、凌津滩镇成建制合并设立夷望溪镇。夷望溪镇辖13个建制村、3个居委会，总面积245.97平方千米，总人口3.02万人。镇人民政府驻凌津滩（原凌津滩镇人民政府驻地）。同意浯溪河乡、青林回族维吾尔族乡成建制合并设立青林回族维吾尔族乡。新设立的青林回族维吾尔族乡辖13个建制村，总面积101.17平方千米，人口3.94万人。乡人民政府驻青林（原青林回族维吾尔族乡人民政府驻地）。同意牯牛山乡、杨溪桥乡成建制合并设立杨溪桥乡。新设立的杨溪桥乡辖14个建制村，总面积186.60平方千米，人口1.69万人。乡人民政府驻杨溪桥（原杨溪桥乡人民政府驻地）。同意寺坪乡、郑家驿乡成建制合并设立郑家驿乡。新设立的郑家驿乡辖14个建制村，总面积153.11平方千米，人口2.68万人。乡人民政府驻郑家驿（原郑家驿乡人民政府驻地）。保持木塘垸乡、双溪口乡、泥窝潭乡、佘家坪乡、九溪乡、牛车河乡，枫树维吾尔族回族乡；陬市镇、观音寺镇、龙潭镇、剪市镇、架桥镇、盘塘镇、马鬃岭镇、黄石镇、西安镇、桃花源镇17个乡镇的行政区域和乡镇人民政府驻地不变。本轮乡镇行政区划调整，桃源县共撤销12个乡级建制，现辖郑家驿、木塘垸、双溪口、泥窝潭、佘家坪、杨溪桥、九溪、牛车河8个乡，青林回族维吾尔族乡、枫树维吾尔族回族乡2个少数民族乡；漳江、陬市、观音寺、龙潭、架桥、盘塘、马鬃岭、漆河、黄石、热市、理公港、剪市、三阳港、沙坪、茶庵铺、西安、夷望溪、桃花源18个镇，共10个乡（其中2个少数民族乡）、18个建制镇。总面积4442.3平方千米，总人口97.8万人。县人民政府驻地不变(漳江镇文昌东路004号)。

2015年11月23日，省民政厅下发《关于同意临澧县乡镇区划调整方案的批复》(湘民行发〔2015〕63号)。同意将九里乡和官亭乡成建制合并设立刻木山乡。新设立的刻木山乡辖32个建制村，总面积121.72平方千米，总人口4.31万人，乡人民政府驻彭家铺（原官亭乡人民政府驻地）。同意将柏枝乡和四新岗镇成建制合并设立四新岗镇。新设立的四新岗镇辖46个建制村，四新岗社区居委会，总面积194.28平方千米，总人口5.11万人，镇人民政府驻四新岗（原四新岗镇人民政府驻地）。同意撤销杉板、望城、陈二、文家、杨板5个乡建制，将其行政区域分别调入烽火乡，停弦渡、佘市桥、修梅、安福、太浮5个镇，调整佘市桥、修梅2个镇的部分行政区划。行政区划调整后的停弦渡镇辖牛头、杉板、潘垱、卜家、新花、月星、彭家河、望夫、坪山、青山、大溪、停弦渡、花林坪、栗山、山洲、童洲、红岩、大丰、红土、重阳、九龙、铁湾、新溪、牌楼、大木、史家坪、白虎、覆船、关山29个建制村和古渡社区居委会，总面积117.72平方千米，总人口3.31万人，镇人民政府驻停弦渡（原停弦渡镇人民政府驻地）。安福镇辖徐家坪、同欢、石柏、永安、杨岗、大兴、鸣锣、宋玉、楚城、桂花、临安、余丰、看花、马鞍、蒋家、白土、叶庙、美丰、双狮、万福、楼房坡、龚家岗、两汉、大江、大塘、铁锣堰、清水、九姊、农丰、寒溪、梅溪、总庙、望城33个建制村和太平、文塘、人民街、文化街、河街、四季红、朝阳街、迎宾路、安福路、护城、芭蕉11个社区居委会。总面积135.59平方千米，总人口14.03万人，镇人民政府驻安福路（原安福镇人民政府驻地）。太浮镇辖汪家、黎家、三板、万福山、长冲、朱伦、粟家、金家、星日、天寺垭、太山、月亮岗、南垱、响水、陈二、兴安、六合、永祥、高公、保丰、古池、雷水岗、龙潭、四方、采茶、郭家、八仙、舒家、兴隆桥、南阳、同心堰、王化、双福、民福34个建制村和衍嗣庵社区居委会，总面积142.50平方千米，总人口2.93万人，镇人民政府驻衍嗣庵（原太浮镇人民政府驻地）。佘市桥镇辖潘家铺、青龙寺、骆家、雅林、高茂、三公、新屋、余家、大观、得胜、岩溪、古堰、丰登、五道、张家、文家、枫树、牛山、歇驾、牛麓、川岗、白洋、长湖、荷花堰、桃花、高桥、佘市、建楼、泉水、双溪、尖峰、龙阳、中心、荆坪、团岗、湖堰、殷家、道源、罗家、高丰40个建制村和新兴社区居委会，总面积170.89平方千米，总人口4.19万人，镇人民政府驻佘市桥（原佘市桥镇人民政府驻地）。烽火乡辖清阳、跑马、免事、薛家坪、观音庵、贞观庙、伍家堰、将军、分水、花果、陈家河、哗溪桥、六方洲、藕池、陈义、龙泉、龙菱、花园、烽火、李家坪、白龙井、南田、龙凤山、三门湾24个建制村，总面积97.33平方千米，总人口2.52万人，乡人民政府驻观音庵（原烽火乡人民政府驻地）。修梅镇辖玉皇庙、南岳、李阳、蹲龙、云翎、杨板、水阁、五合、唐家坪、仙女、赵家湾、范家、顺水、真武、车堰、新坪、凉水井、白堰、周家、黄土桥、福兴、鸡山、闸家、赵家、千人、沃沙、罗仙、卞家塄、观音洞、合丰30个建制村和七重堰、南江2个社区，总面积115.10平方千米，总人口3.41万人，镇人民政府驻南江（原修梅镇人民政府驻地）。同意合口镇、新安镇2个镇的行政区域和镇人民政府驻地不作调整。本轮乡镇行政区划调整后，临澧县共撤销7个乡级建制，现辖刻木山、烽火2个乡，佘市桥、太浮、四新岗、修梅、停弦渡、新安、合口、安福8个镇，总面积1203.29平方千米，总人口49.62万人，县人民政府驻地不变（安福镇人民街688号）。

2015年11月23日，省民政厅下发《关于同意澧县乡镇区划调整方案的批复》（湘民行发〔2015〕67号）。同意太青乡、甘溪滩镇成建制合并设立甘溪滩镇。新设立的甘溪滩镇辖19个建制村、1个居委会，总面积185.59平方千米，总人口4.1万人，镇人民政府驻甘溪滩（原甘溪滩镇人民政府驻地）。同意梦溪镇、雷公塔镇成建制合并设立梦溪镇。新设立的梦溪镇辖31个建制村、3个居委会，总面积129.56平方千米，总人口5.5万人，镇人民政府驻梦溪寺（原梦溪镇人民政府驻地）。同意复兴厂镇、双龙乡合并建立复兴镇。新设立的复兴镇辖28个建制村、2个居委会，总面积119.86平方千米，总人口3.62万人，镇人民政府驻复兴厂（原复兴厂镇人民政府驻地）。同意如东乡、永丰乡成建制合并设立如东镇。新设立的如东镇辖27个建制村、2个居委会，总面积125.78平方千米，总人口5.41万人，镇人民政府驻如东铺（原如东乡人民政府驻地）。同意撤销闸口、洞市、杨家坊、中武、车溪、涔南、澧东、大坪、九垸、宜万、官垸、道河12个乡以及小渡口、方石坪、张公庙、火连坡、码头铺、澧南、盐井7个镇，新设立火连坡、码头铺、盐井、城头山、涔南、小渡口、官垸、澧南8个镇；调整王家厂、大堰垱、金罗3个镇的部分行政区域，澧西、澧浦、澧澹3个街道的部分管辖范围；理顺天供山林场、山门水库管理处、王家厂水库管理处、棉花原种场、涔澹蓄洪区、嘉山良种场、南湖汉水产养殖实验场、七里湖农场、芦苇总场、县农科所代管区域的行政区划管理体制。闸口乡、火连坡镇成建制合并设立火连坡镇，并将天供山林场、山门水库管理处代管区域划归新的火连坡镇管辖。调整后的火连坡镇辖观音阁、花园湾、羊煤3个居委会，新泉、新桥、石庄、水余洞、柏樟、芦桥、羊耳山、大公、沿溪、古城岗、老木、丫角、古台、金山、澧淞、双溪、楠木、黄溪、三元、山门水库直属队20个建制村，总面积150.99平方千米，总人口4.34万人，镇人民政府驻火连坡（原火连坡镇人民政府驻地）。码头铺镇、洞市乡、杨家坊乡成建制合并设立码头铺镇，并将原方石坪镇的双泉居委会以及杨家湾、星子山、球山3个建制村成建制划归新的码头铺镇管辖。调整后的码头铺镇辖码头、双泉2个居委会，莲花堰、刻木山、杉木、三观寺、观斗、桐子、洞市、罗坪、万家岗、红岩、陆家桥、云台、申家、昌家、回龙峪、坪河、燕涔、龙洞峪、观音岩、青山峪、杨家坊、杨家湾、星子山、球山24个建制村，总面积152.28平方千米，总人口5.14万人，镇人民政府驻码头铺（原码头铺镇人民政府驻地）。将原方石坪镇枞杨、柳树、龙神潭3个建制村成建制划归王家厂镇管辖；将王家厂水库管理处代管区域划归王家厂镇管辖。调整后的王家厂镇辖生产街、建设街2个居委会，长乐、唐家峪、黄木、双庆、大兴、四方、板桥溶、大团、万红、白马庙、阳鹊湾、花园、柳津、江西、青石岭、枞杨、柳树、龙神潭18个建制村，总面积107.91平方千米，总人口2.97万人，镇人民政府驻地不变（设王家厂）。将原中武乡关家岭、草堰2个建制村成建制划归金罗镇管辖。调整后的金罗镇辖金鸡岭、幸福桥2个居委会、湘水庵、界溪河、石龟山、伍家铺、桃园、星园、玉溪、同福桥、新颜、高家、高农、联盟、张顺桥、福神、努力、朝阳寺、卫星、八一、关家岭、草堰20个建制村，总面积100.38平方千米，总人口3.29万人，镇人民政府驻地不变（设金罗）。宜万乡、盐井镇成建制合并设立盐井镇，并将棉花原种场代管区域划归新的盐井镇管辖。调整后的盐井镇辖和平、金马2个居委会，岩桥、伍家峪、伍家岗、分水岭、张家场、张家垱、白马庙、观山凸、豹子岭、三圣庙、新华、洪桥、双家桥、蔡家坡、福新、菊花岭、宜万岭、万花18个建制村，总面积134.58平方千米，总人口3.96万人，镇人民政府驻盐井（原盐井镇人民政府驻地）。将原车溪乡南阳、柘茨2个建制村，原中武乡中武桥1个居委会以及亘山、花岭、兰田、筒车、玉圃、长岭岗、关堰、石公、陈管、鱼山10个建制村成建制划归大堰垱镇管辖。调整后的大堰垱镇辖白云寺、东街、西街、文昌阁、中武桥5个居委会，永孙、星星、汉东、花圃、竹金、宋家台、马树、沈家坝、安合、干河、唐桥、戴家河、青云、熊家湾、水泗、联富、西湖、澧临、涔南、南阳、柘茨、亘山、花岭、兰田、筒车、玉圃、长岭岗、关堰、石公、陈管、鱼山31个建制村，总面积112.4平方千米，总人口6.24万人，镇人民政府驻地不变（设大堰垱）。将原车溪乡车溪河居委会和翊武、城头山、成功、王坪、焦田堰、牌楼、詹家、大河口、花园桥、万兴、陶家、孙家、车溪、群英14个建制村，以及张公庙镇张公居委会和兔子口、黄河、通行、新联、白鹤、合群、柳荫、国富、联合、护国、建楼11个建制村成建制与原大坪乡的全部行政区域合并，设立城头山镇。新设立的城头山镇辖玉成、车溪河、张公3个居委会，红星、大庙、群乐、大新、白塘、大杨、新生、大坪、黄堰、东岳、孟坪、中涔、翊武、城头山、成功、王坪、焦田堰、牌楼、詹家、大河口、花园桥、万兴、陶家、孙家、车溪、群英、兔子口、黄河、通行、新联、白鹤、合群、柳荫、国富、联合、护国、建楼37个建制村，总面积101.61平方千米，总人口6.95万人，镇人民政府驻周家坡（原大坪乡人民政府驻地）。将原涔南乡的全部行政区域与原澧东乡团结、民堰、新店、双林、清水、永长、富溶、十里8个建制村，以及涔澹蓄洪区代管区域合并，设立涔南镇。新设立的涔南镇辖涔曾1个居委会，团结、民堰、新店、双林、清水、永长、富溶、十里、曾家河、紫东、紫南、上河、兰堰、东田、新村、新坪、灵观、伍家、谭家铺、七里庙、鸡叫城、文家、永丰23个建制村，总面积92.27平方千米，总人口4.15万人，镇人民政府驻曾家河（原涔南乡人民政府驻地）。九垸乡、小渡口镇成建制合并设立小渡口镇，并将嘉山良种场、南湖汉水产养殖实验场代管区域划归小渡口镇管辖。调整后的小渡口镇辖小渡口居委会，嘉山、鲁家坪、甘家、出草坡、土地洲、康湖、张市窖、永福、合兴、和平、云爱、集中、沙岭、毕成、收马、鲢鱼头、毛家岔、建新、东风、仁河垸、王家、丁堤、东堤、南盘、太平垸、东港、大围、沙河、中垸、黄丝、江湾、董家、五公、左家、曾家湾、恒兴、抬兴、杨家、许家铺39个建制村，总面积153.39平方千米，总人口6.63万人，镇人民政府驻小渡口（原小渡口镇人民政府驻地）。官垸乡撤乡设镇，并将七里湖农场、芦苇总场代管区域划归官垸镇管辖。调整后的官垸镇辖官垸码头居委会，余家台、沟围湖、鸟儿洲、常发、幸福桥、七里、仙桃、世发、凤凰9个建制村，总面积159.31平方千米，总人口2.21万人，镇人民政府驻官垸码头（原官垸乡人民政府驻地）。澧南镇、道河乡成建制合并设立澧南镇，并将原张公庙镇彭山建制村成建制划归新设立的澧南镇管辖。调整后的澧南镇辖乔家河、刘市、天子山3个居委会，高湖、丰坪、大堰、徐湖、广福、回龙、新渡河、长湖、中湖、前进、兴隆、双荷、邢市、张家滩、老岗、栗木、南坪、虎山、金鸭、仙公、毛坪、白马、廖坪、英溪、青山、长木、松林、分水、新建、高堰、彭山31个建制村，总面积120.49平方千米，总人口4.45万人，镇人民政府驻乔家河（原澧南镇人民政府驻地）。将县农科所直属的马堰建制村，原张公庙镇荣家河居委会和九堰、石塘、新庙、高路铺、高潮、幸福6个建制村成建制划归澧西街道管辖。调整后的澧西街道辖荣隆、新高堰、白米、水莲、澄坪、向阳、石虎、小西门、黄泥、四马、关心、朱家岗、群星、护城、金牛池、大西门、荣家台、荣家河18个居委会，九堰、石塘、新庙、高路铺、高潮、幸福、马堰7个建制村，总面积44.48平方千米，总人口5.33万人，办事处驻地不变。将原澧东乡十回、铁尺2个建制村成建制划归澧浦街道管辖。调整后的澧浦街道辖皇山、彭家、黄沙湾、宝塔、卢家、澧阳、多安桥、襄阳、羊古、任家巷、三贤、柳家12个居委会，十回、铁尺2个建制村，总面积36.55平方千米，总人口4.18万人，办事处驻地不变。将原澧东乡斑竹、澧东、新渡、万家坪、长庆、车家溪6个建制村成建制划归澧澹街道管辖。调整后的澧澹街道辖东洲、蔡津、玉皇、三甲、上福、拥宪、永固、仁和、樟柳、白羊湖、大巷口、夹堤12个居委会，斑竹、澧东、新渡、万家坪、长庆、车家溪6个建制村，总面积48.17平方千米，总人口3.79万人，办事处驻地不变。本轮乡镇行政区划调整后，澧县共撤销15个乡镇，现辖甘溪滩、火连坡、码头铺、王家厂、金罗、盐井、大堰垱、梦溪、复兴、城头山、涔南、如东、小渡口、官垸、澧南15个镇，澧西、澧阳、澧浦、澧澹4个街道，总面积2075平方千米，总人口91.95万人，县人民政府驻澧阳街道。

2015年11月23日，省民政厅下发《关于同意津市市乡镇区划调整方案的批复》（湘民行发〔2015〕64号）。同意新洲镇、灵泉镇成建制合并设立新洲镇。新设立的新洲镇辖16个建制村、4个社区居委会，总面积86.12平方千米，人口2.84万人。镇人民政府驻万寿宫社区（原新洲镇人民政府驻地）。同意保河堤镇、李家铺乡成建制合并设立毛里湖镇。毛里湖镇辖24个建制村、4个社区居委会，总面积107.82平方千米，总人口4.25万人。镇人民政府驻河口社区（原保河堤镇人民政府驻地）。同意渡口镇、棠华乡成建制合并设立药山镇。药山镇辖24个建制村、4个社区居委会，总面积134.31平方千米，总人口3.75万人。镇人民政府驻文昌阁社区（原渡口镇人民政府驻地）。同意白衣镇的行政区域和镇人民政府驻地不作调整。本轮乡镇行政区划调整后，津市市共撤销3个乡级建制，现辖新洲、毛里湖、药山、白衣4个镇，三洲驿、汪家桥、襄阳街、金鱼岭、嘉山5个街道。总面积556.16平方千米，总人口24.19万人。市人民政府驻地不变。

2015年11月19日，省民政厅下发《关于同意安乡县乡镇区划调整方案的批复》（湘民行发〔2015〕47号）。同意将安裕乡和大鲸港镇成建制合并设立大鲸港镇。新设立的大鲸港镇辖东南洲、偏湖洲、新安、屡丰、安庆、永和垸、槐西、三咀、舞阳、又新垸、同庆、新河口、五一、双剅口、一分局、羌口16个建制村，永乐、七家、渔民、西城、小湾、丰凝港、五合剅、槐圃垸、长新9个社区居委会，总面积88.93平方千米，人口4.8万人，镇人民政府驻大鲸港（原大鲸港镇人民政府驻地）。将安生乡和官垱镇成建制合并设立官垱镇。新设立的官垱镇辖五斗、新建、穆安、官垱、兴隆、响水、永兴、团结、胡家、永安、安官、新乐、莲花、蔡家垱、大杨树、星港、鄢中安、官堰、护安、合兴20个建制村，紫金、月字、大杨树、广福4个社区居委会，总面积83.93平方千米，人口4.08万人，镇人民政府驻官垱（原官垱镇人民政府驻地）。将安德乡和陈家嘴镇成建制合并设立陈家嘴镇。新设立的陈家嘴镇辖门板、永兴、梅保、南山、常福、三湖、百福、联盟、双喜、联成、洪山、仁寿、西河、杨树、田家沟、麻田、和丰、四分、竹丰、民阜20个建制村，朝阳、沙河口、芦林铺、中山4个社区居委会，总面积93.54平方千米，人口4.18万人，镇人民政府驻陈家嘴（原陈家嘴镇人民政府驻地）。将安昌、安宏2个乡和三岔河镇成建制合并设立三岔河镇。新设立的三岔河镇辖致惠、沙咀、黄金、新口、天保、驿马、罗洲、春美、长明、合家垸、梅家洲、喻家渡、丁家渡、六合、宝塔、金家垱、南堤拐、白粉咀、何家铺、五福桥、大中、枞杨、西李家、同春、潘田、唐家铺、格道湾、宏太、小河口、八百弓30个建制村，朝阳门、三多、三仙咀、黄市咀、和平、唐家铺6个社区居委会，总面积142平方千米，人口6.5万人，镇人民政府驻三岔河（原三岔河镇人民政府驻地）。将安福、安凝2个乡和焦圻镇成建制合并设立大湖口镇。新设立的大湖口镇辖安金、永兴、长乐、五一、三合、北堤、青龙窖、新码头、长兴、岩桥、大罗、松湖、黄田湖、中岭、花林、潭子口、东保、南阳、杨树潭、同福、夹夹、双合、保凝湖、亿中、东安、夹洲、小港、天福、新兴堡、双同、姚家、望槐、重阳、自治局34个建制村，张家拐、民主和平、大湖口、江北岗、张九台、新剅6个社区居委会，总面积156.16平方千米，总人口6.5万人，镇人民政府驻大湖口（原安福乡人民政府驻地）。同意安障、安全、安康、安丰4个乡，深柳、黄山头、下渔口3个镇的行政区域和乡镇人民政府驻地不作调整。本轮乡镇行政区划调整后，安乡县共减少7个乡级建制，现辖安障、安全、安康、安丰4个乡，深柳、黄山头、下渔口、官垱、三岔河、大鲸港、大湖口、陈家嘴8个镇。总面积1087平方千米，总人口55.4万人，县人民政府驻地不变。（陈嗣林）

## 环境质量

**【概况】** 2015年，全市水环境质量总体保持稳定。沅水、澧水干流常德段水质符合地表水Ⅲ类以上水质标准。市城区全年空气质量优良天数为280天(AQI)，优良率76.7%。声环境质量较好。全市工业固体废物、生活垃圾、医疗废物均得到安全处置，核与辐射安全得到保障。全市未发生较重大以上环境污染和生态破坏事故。（陈　鑫）

**【水环境质量】** 根据《地表水环境质量标准》（GB3838-2002），按功能区类别评价，全市主要水体环境质量基本稳定。沅水3个省控以上断面水质均达到地表水环境质量Ⅲ类标准，水质较2014年基本无变化。澧水3个省控以上断面水质均达到地表水环境质量Ⅲ类标准，水质较2014年基本无变化。穿紫河水质符合地表水环境质量Ⅴ类标准，水质较2014年基本无变化。柳叶湖总体为Ⅳ类水质，超标污染物为总磷，水质为轻度富营养；安乡珊珀湖水质劣于Ⅴ类，超标污染物为总磷，水质为轻度富营养；桃源黄石水库水质类别为Ⅲ类，水质为中营养；津市西湖水库水质类别为Ⅲ类，水质为中营养；鼎城五里溪水库水质类别为Ⅲ类，水质为中营养；汉寿目平湖水质类别为Ⅳ类，超标污染物为总磷，水质为中营养；石门皂市水库水质类别为Ⅲ类，水质为中营养。7个湖库水质较2014年基本无变化。2015年，常德市城区集中式饮用水源地陈家河断面监测频次为每月一次，监测61项指标，每年7月份开展一次109项指标全分析，监测结果均达到地表水Ⅱ类水质标准，水质较2014年基本无变化。2015年，对县市区8个集中式饮用水源地进行监测，监测频次为每季度一次，监测61项指标，监测结果均符合评价规范要求。2014年，率先在全省启动全市域1000人以上集中式饮用水水源保护区划定工作，2015年完成全部划定工作，全市依法新设立饮用水水源保护区193处。2015年，全市废水排放总量为27193.446万吨，其中生活废水排放量17364.32万吨，工业废水排放量9799.14万吨。全市化学需氧量排放量11.34万吨，其中生活污水化学需氧量排放量5.05万吨，工业废水化学需氧量排放量0.85万吨，农业污染源化学需氧量流失量5.34万吨。全市氨氮排放量1.24万吨，其中生活污水氨氮排放量0.6万吨，工业废水氨氮排放量0.09万吨，农业污染源氨氮流失量0.55万吨。重点排污企业拥有工业废水处理设施146台（套），安装废水水质在线监控设施　台（套），工业重复用水率为85.83%。（陈　鑫）

**【空气环境质量】** 2015年常德市城区环境空气共监测365天，全年空气质量优良天数为280天（AQI），占全年天数76.7%，较2014年（65.8%）提高10.9%。2015年常德城区二氧化硫、二氧化氮、可吸入颗粒物、细颗粒物、臭氧、一氧化氮，年平均浓度分别为25微克/立方米、24微克/立方米、82微克/立方米、52微克/立方米、71微克/立方米、1.4微克/立方米。二氧化硫、二氧化氮两项监测指标年平均浓度符合《环境空气质量标准》（GB3095-2012）污染物浓度限值二级标准，可吸入颗粒物和细颗粒物年平均浓度超过《环境空气质量标准》（GB3095-2012）污染物浓度限值二级标准。与2014年相比，二氧化硫、二氧化氮、可吸入颗粒物、细颗粒物、一氧化氮的年平均浓度值均有不同程度下降，下降幅度分别为11微克/立方米、1微克/立方米、19微克/立方米、19微克/立方米、0.2微克/立方米，臭氧年平均浓度值有所上升，上升18微克/立方米。2015年，常德市城区降水酸雨频率为24.1%，比2014年下降34.1%，城区降水pH年均值为5.64，较2014年有所上升，酸雨程度有所缓解。2015年，市城区共淘汰或改烧燃煤锅炉79台；全市范围内淘汰157家黏土砖瓦厂；完成3座油库、47台油罐车全部完成油气回收改造，全市范围内完成62座加油站油气回收治理工作；完成大气污染限期治理项目21个；开展“示范一条街”油烟污染治理和煤改气工作；淘汰黄标车7780辆。2015年，全市二氧化硫排放量4.08万吨，其中工业排放3.34万吨，生活排放0.74万吨；氮氧化物排放量4.29万吨，其中工业排放3.08万吨，生活排放0.16万吨，机动车排放1.05万吨；烟尘排放量2.28万吨，其中工业排放1.77万吨，生活排放0.39万吨，机动车排放0.12万吨。重点排污企业拥有工业废气治理设施681套，安装废气在线监控设施23台（套）。（陈　鑫）

**【噪声环境质量】** 2015年区域噪声监测点位279个，市城区区域环境噪声平均值为53.9分贝，声环境质量较好。与2014年相比，区域环境噪声昼间平均值下降0.6分贝。2015年实际监测路段37段，点位95个，路长82千米，市城区交通干线噪声平均值为69.8分贝，声环境质量较好，达标路段长度37.9千米，达标路段长度占监测干道总长度46.2%。与2014年相比，交通噪声平均值上升1.3分贝，达标路段长度比例下降33.8%。（陈　鑫）

**【固体废物处理处置】** 2015年常德市工业固体废物产生量为223.81万吨，其中危险废物产生量1.98万吨。工业固体废物综合利用量为213.21万吨，工业固体废物贮存量9.86万吨，处置量

0.74 万吨，综合利用率为 95.26%。全市县级以上医疗机构及部分乡镇医疗机构所产生医疗废物都经过医疗废物处置中心集中处置。市城区生活垃圾全部送至垃圾焚烧发电厂无害化处置，处置率为100%。 （陈　鑫）

# 气候特征

**【概况】** 2015 年，全年气温偏高，有高温期，大部有轻度倒春寒，无严寒期和秋季寒露风。夏季气温正常，高温日数偏少，年内多连阴雨天气。全年共 3 个时间段，出现了不同程度的干旱。总体日照偏少，呈西北、东南多，中部少。入春入夏提前，入秋入冬偏晚，冬短夏长特征明显。 （王　向）

**【气温】** 2015 年常德市年平均气温 17.6℃，较常年偏高 0.6℃，属偏高范畴，与 2014 年比偏高 0.3℃，为 1960 年以来第七高值。

空间分布：各地年平均气温 17.1℃（常德）~ 18.2℃（安乡），呈东高西低的分布态势，与常年同期比较，除常德偏低 0.2℃外，其余各地偏高 0.4℃（澧县）~ 1.1℃（安乡）。按照气温等级评定标准，临澧、安乡、汉寿显著偏高，桃源偏高，其余各地均属正常范畴。与 2014 年比，各地偏高 0.2℃（常德）~ 0.4℃（桃源）。

时间分布：全市各月平均气温与常年同期比，6—7 月和 11 月偏低，其他各月均偏高。2014/2015 年冬季，全市平均气温 7.7℃，较常年同期偏高 1.5℃为暖冬，显著偏高，为 1960 年以来第二高值，仅次于 1999 年（8.2℃）。1 月表现尤为突出，异常偏高，为 1960 年以来第三高值。全市平均气温居 1960 年以来第五高值。3 月极端最高气温 30.3℃（石门）~ 32.4℃（汉寿）。多地进 1960 年以来同期前十高值。全年日极端最低气温 -2.1℃（常德 1 月 29 日），日极端最高气温 39.1℃（桃源，7 月 13 日）。

（王　向）

**【降水】** 2015 年全市年平均降水量 1345.9 毫米，与常年（1344.5 毫米）基本持平，与 2014 年（1379.9 毫米）比偏少 2.5%。

空间分布：各地总降水量在 1174.3 毫米（汉寿）~ 1519.1 毫米（石门）之间，与常年比，沅水流域偏少 7.5%（桃源）~ 17.1%（汉寿），澧水流域偏多 7.3%（临澧）~ 13.0%（石门）。按照降水等级划分标准，全市各地均属正常范畴。与 2014 年比石门、桃源和汉寿偏少，其余各地略偏多。

时间分布：从逐月分布来看，与常年同期比，全年 1 月、3—4 月、7—8 月和 10 月降水偏少，其他时间偏多，2 月降水量异常偏多，为 1960 年以来第三高值。全市月平均降水量较常年同期显著偏少，居 1960 年以来第九低值，期间各地区均有不同程度气象干旱发生。秋季平均降水日数较常年同期偏多 9.9 天，为 1960 年以来第九高值，尤其后期 11 月居 1960 年以来第一高值。3 月 29 日—4 月 7 日，5 月 26 日—6 月 4 日，6 月 7—16 日，6 月 14—24 日出现 4 段雨水相对集中期，期间局地中小河流洪涝明显。

（王　向）

**【日照】** 2015 年全市年平均日照时数 1375.1 小时，较常年偏少 13.5%，属不足范畴，与 2014 年比偏多 3.7%，为有历史记录（1960 年）以来第五低值。

空间分布：全年各地总日照时数在 1187.6 小时（桃源）~ 1542.7 小时（石门）之间，呈西北、东南多，中部少的分布态势，较常年石门偏多 43.0 小时，其他地区偏少 111.2 小时（澧县）~ 476.6 小时（安乡）。按照日照多寡划分标准，全市除石门、澧县正常外，其余各地均属不足范畴。与 2014 年比，桃源偏少 6.5 小时，常德偏少 24.7 小时，其余各地偏多 11.6 小时（临澧）~ 129.4 小时（石门）之间。

时间分布：从全市逐月平均日照时数分布来看，与常年同期比，4 月、8 月和 10 月日照时数偏多，其他时间均不同程度偏少，其中 6 月和 11 月偏少尤为明显。秋季全市平均日照时数 315.9 小时，较常年同期偏少 84.6 小时，为 1960 年来第五低值。尤其后期 11 月全市平均日照时数居 1960 年以来第一低值。

# 气候事件

**【概况】** 2015 年，在全球变暖大背景下，常德市气温偏高，降水正常但时空分布不均，日照明显不足。年内出现的寒潮、雨雪冰冻、连阴雨和倒春寒、冰雹、暴雨洪涝、干旱、大风、雾霾等灾害性天气给全市工农业生产及人体健康等造成了一定影响。 （王　向）

**【暖冬】** 2014/2015 年冬季为暖冬，全市平均气温 7.7℃，较常年同期偏高 1.5℃，显著偏高，较 2014 年同期偏高 0.8℃，为 1960 年以来第二高值，仅次于 1999 年（8.2℃）。2015 年 1 月，月平均气温 7.6℃，较常年同期偏高 2.9℃，异常偏高，为 1960 年以来第三高值。

（王　向）

**【雾霾】** 秋冬季节雾霾呈多发频发态势。2015 年 1 月 14—17 日连续 4 天全市大部分地区出现了能见度不足 500 米的浓雾天气。后冬年末再次出现了严重雾霾天气，2015 年 12 月全市平均大雾出现 5.3 天，霾 1.6 天，大雾主要出现在 2 日、6 ~ 7 日、25 日、27 日和 30 日。常德站以 13 天居第一，其次是石门、临澧有 6 天。大雾霾对交通出行带来了一定影响，部分高速路段被临时关闭，同时空气质量也明显变差。 （王　向）

**【雨雪冰冻】** 2015 年 1 月 28—30 日，常德市出现低温雨雪冰冻天气。石门、澧县、安乡冰冻日数 2 天，其余各地 3 天。

（王　向）

**【轻度连阴雨和倒春寒】** 2015 年，常德市出现了两段连阴雨，分别在 4 月 2—9 日和 11 月 15—24 日。第一次达到轻度连阴雨标准，在此期间由于气温持续偏低，全市大部除汉寿、桃源外均出现了轻度倒春寒。第二次10天内，全市除常德站15日为微量降水外，其他各地区均有明显降水且无日照。连阴雨天气对农作物及农业生产造成了一定不利影响。（王 向）

**【暴雨洪涝】** 2015年，全市迎来了14轮暴雨及以上天气过程，共出现1站次大暴雨，26站次暴雨，日最大降水量达144.3毫米（安乡，5月27日）。暴雨日在时间分布上，6月最多，出现了5天、10站次暴雨；空间分布上，安乡最多（6天），桃源最少（1天）。（王 向）

## 气候影响

**【概况】** 2015年，常德市农业气候属于正常偏差年景。据常德市农业委员会初步统计，2015年全市生产形势总体平稳。粮食单产略有下降，油菜单产增加；经济作物中棉花、水果单产增加，茶叶单产减少。（王 向）

**【气候与粮油生产】** 2015年全市粮油生产喜获丰收，粮食收获面积7232.67平方千米，比2014年增加187.33平方千米，增2.7%；单产359.0公斤，比2014年减少1.4公斤，减0.4%；总产389.5万吨，比2014年增8.6万吨，增2.3%；产值105.2亿元，增2.3亿元，增2.2%。全市油菜收获面积2968.53平方千米，比2014年增加11.67平方千米，增0.4%；单产123.5公斤，增加2.5公斤，增2.1%；总产54.99万吨，增1.32万吨，增2.5%；油菜总产值18.7亿元，比2014年减少6亿元，减24.3%。4月上旬，全市气温偏低，除汉寿、桃源外均出现了轻度倒春寒现象。低温阴雨天气对早稻播种育秧造成了一定的影响，造成早稻不同程度烂秧烂种或死苗现象。6月份强降水，沅水流域发生倒灌，对粮食生产影响较大。（王 向）

**【气候与经济作物】** 据常德市农业委员会调查，2015年全市经济作物生产面积为1830.47平方千米（不含蔬菜），产值48.82亿元，分别比2014年减少418.73平方千米和1亿元。棉花面积剧减、单产增加。水果面积减少、产值增加。茶叶面增产减，效益提升。（王 向）

**【气候与林业】** 2015年，全市年平均气温偏高，降水日数偏多，日照时数为有历史记录（1960年）以来第五低值。降水日数偏多与高温日数偏少特征，相比2014年森林火险气象等级有明显下降。分析发现，4到5级森林火险气象等级日数较2014年明显偏少，地域分布上森林火险主要集中在桃源、常德、石门。（王 向）

**【气候与防汛抗旱】** 2015年4—9月，全市平均降水量933.6毫米，较常年同期偏多1.9%，较2014年同期偏多11.0%。空间分布上，4—9月各地降水量803.5毫米（汉寿）~ 1033.6毫米（石门），较常年同期北部偏多6.5%（石门）~ 16.6%（安乡），南部偏少2.7%（桃源）~ 13.9%（汉寿）。降水时间分布不均匀，5—6月和9月降水偏多，其他时间偏少。其中6月全市平均降水量299.7毫米，较常年同期显著偏多51.8%，大部分地区出现轻度洪涝。8月全市平均降水量50.3毫米，较常年同期显著偏少59.2%，居1960年以来第九低值，期间各地区均有不同程度气象干旱发生。

全年汛情平稳，沅澧水、松滋、藕池、虎渡河以及内江内湖都没有出现超警戒水位，但受局部强降雨影响，中小河流暴雨洪水相对突出。（王 向）

**【气候与交通】** 2015年1—2月雨雪、汛期强降水以等灾害性天气给全市的交通运输造成了一定的不利影响。年初迎来了一次较为明显的雨雪冰冻天气，气温普遍降至零下。其中，岳常、东常高速全线管制，长张高速常德段可以通行，由于该路段路面也出现了结冰现象，致使过往车辆极易打滑侧翻，给高速行车埋下了一定的安全隐患。5月底到6月初，澧水南部至沅水流域北部普降暴雨到大暴雨，低洼积涝对交通出行带来不利影响。桃源西南部受灾最为严重，受灾最重的西安镇交通、电力、通讯等全面中断达30小时以上，集镇最深积水达到2米。（王 向）

**【气候与电力】** 2015年全市年平均降水量1345.9毫米，较常年（1344.5毫米）持平，但降水在时间分布不均匀，年内出现了4段雨水相对集中期，仅8月降水显著偏少，其间各地区有不同程度气象干旱发生。据常德防汛抗旱指挥部统计，截至2015年年底，全市水利工程蓄水总量10.25亿立方米，比2014年同期减少4.05亿立方米，全市水利工程蓄水情况总体良好，各大中型水库水力发电正常。2015年全市气温偏高，无严寒期，多低温阴雨天气，夏季气温正常，高温日数偏少。5月16日凌晨，因大风雷暴强降雨天气袭击，常德澧县部分地区电网受损，多处电线断裂掉落，累积造成全县6条1万伏高压线路跳闸，近4万户城乡居民用电中断。（王 向）

**【气候与旅游】** 据常德市统计局统计，2015年1—11月，常德市共接待游客3089.8万人次，同比增长22.8 %；实现旅游综合收入209.1亿元，同比增长28.2 %。春节虽然阴雨天气较多，但旅游人气依然旺盛。旅游市场整体运行平稳，安全有序。“五一”小长假期间前期阴雨天气较多，后期天气较好。据常德市旅游局初步统计，全市各旅游景区、乡村旅游点接待游客数量达到60多万人次。“十一”国庆长假期间，天气前好后差。经过前期“常德欢乐水世界开园暨2015常德旅游节开幕”、中国湖南国际旅游节开幕式、湖南经视现场录播等活动的举行，实现旅游总收入8.1亿元，同比增长33.9%。

为了更好地评价气象要素对旅游活动舒适性的影响，特引入旅游气象指数和等级。通过考虑体感因素、湿度因素、雨量因素、风速因素等，构建旅游气象指数。以常德市城区为例分析发现，2015年常德市旅游气象指数二级及以上主要分布在4—10月，5月和10月分别

以27天和20天的一级指数占第一、二位，冬季不适宜天数最多。 （王 向）

【气候与人体健康】 人体舒适度是从气象角度来评价不同气候条件下人的舒适感，根据人类机体与大气环境之间的热交换而制定的生物气象指标。分析发现，2015年常德市城区人体感觉舒适日数115天，较2014年增加7天，较舒适日数105天，较2014年减少11天，人体感觉舒适、较舒适日数占全年总日数的60.3%。不舒适日数113天，较2014年增加9天，很不舒适日数32天，较2014年减少5天，总体上不舒适、很不舒适日数较2014年增加4天。

（王 向）

【气候与环境】 据环保部环境监测司数据分析发现（2014年起常德城区空气质量启用AQI指数，其他各县（市）空气质量采用API指数），2015年市城区空气质量优秀天数78天，良好天数227天，空气质量良好或优秀天数共305天，较2014年增加60天，占全年总日数的83.6%。空气轻度污染天数44天，中度污染天数15天，重度重污染天数1天，无严重污染天数。 （王 向）

# 水 文

【概况】 常德市位于洞庭湖水系沅江下游、澧水中下游和西洞庭湖区，境内河网密布，水资源充沛，水能资源较为丰富。河长5千米以上、流域面积10平方千米以上的干支河流432条；流域面积50平方千米以上的河流134条，水面面积1平方千米以上湖泊82个。

全市境内沅江干流长164千米，澧水干流长169千米，常德市地下水分布面积1.76万平方千米，在石门县和桃源县部分山区有岩溶水分布，全市共有地下水暗河139条，地下热水(温泉)13处。

（吴震中）

【水文站网】 常德市水文局在全市范围内共设有304个监测站点，其中水文站25个，95个水位站，雨量站184个。另外，常德市水文局还设有1个水环境监测分中心、6个水环境监测站、2个泥沙分析站、4个蒸发观测站、9个土壤墒情站、28处水质监测断面。自动测报站点149个，县级山洪灾害预警系统站点155个。 （吴震中）

【雨情】 2015年，常德市累计平均降雨1454.2毫米，较历年同期均值1435.0毫米偏多1.3%；其中汛期4—9月累计平均降雨1048.2毫米，较历年同期均值994.1毫米偏多5.4%。总体上降雨与历年均值持平。区县分布上，桃源县累计平均降雨1646.1毫米为最大，较历年同期均值1604.8毫米偏多2.6%；津市市累计平均降雨1621.0毫米次之，较历年同期均值1236.8毫米偏多31.1%；安乡县累计平均降雨1141.3毫米最小，较历年同期均值1246.2毫米偏少8.4%。空间分布上，降雨主要集中在沅江流域的桃源、鼎城等县市区。时间分布上，全市上半年降雨较多，下半年降雨偏少，全市主要的暴雨过程基本上集中在5月下旬至6月，降雨总体上与历年均值持平。 （吴震中）

【水情】 2015年，全市各江河湖库水位均出现了不同程度的上涨，但未超警戒水位，总体水势平稳，没有出现区域性的大洪水，没有发生大的洪涝灾害，但受局部强降雨影响，局部中小河流暴雨山洪相对突出。

沅江。沅江共发生4次明显的洪水过程，其中6月3次,7月1次，均未超警戒水位。部分中小河流发生了较大的洪水过程，沅江一级支流夷望溪发生超历史洪水、大杨溪发生了仅次于1996年的特大洪水。受沅江上中游降雨影响，五强溪水库先后多次开闸泄洪加大下泄流量，最大下泄流量为10000立方米/秒，沅江下游先后发生4次较为明显的洪水过程，均未超警戒水位。最大一次是6月22日8时沅江控制站桃源站出现40.99米（警戒水位42.50米）的洪峰水位，相应流量12500立方米/秒，常德站在6月22日13时出现了37.54米（警戒水位39.00米）封航水位，这也是沅江下游2015年汛期以来发生的最大一次洪水过程。沅江一级支流大杨溪杨溪桥站水位涨幅较大，2日15时水位达到90.75米的洪峰水位，涨幅3.30米，接近1996年7月12日90.82米的最高洪水位。沅江一级支流夷望溪发生超历史洪水，根据后期洪水调查，高于历史最高洪水约0.50米左右，其下游竹园水库水位快速上涨，在1天内上涨至历史最高水位104.19米，涨幅5.00米，增加蓄水量0.30亿立方米，最大入库达到2920立方米/秒，最大出库达到2200立方米/秒。这是竹园水库建成以来出现的涨速最快的一次洪水过程，也是库水位最高的一次。

澧水。澧水流域干流共发生5次比较明显的洪水过程，5月1次，6月3次，7月1次，但涨幅不大，均远低于警戒水位；其主要支流道水及渫水受降雨影响也发生了几次较为明显的洪水过程，涨幅不大。最大的一次为6月3日15时澧水控制站石门站出现55.89米(警戒水位58.50米）的洪峰水位，相应流量4350立方米/秒；津市站在6月3日22时出现洪峰水位38.17米（警戒水位41.00米），涨幅4.80米，相应流量4300立方米/秒，这也是澧水流域2015年最大的一次洪水过程。西洞庭湖区没有出现大的洪水过程。安乡站在7月4日6时出现的最高水位35.17米（警戒水位37.0米），相应流量2760立方米/秒，涨幅1.20米，未超警戒水位，其余大部分时间都在33.00米以下水位运行。

（吴震中）

【旱情】 2015年汛期除7月下旬至8月上旬短时间内出现高温晴热少雨天气以外,其于大部分时间雨水较为充沛。

（吴震中）

【土壤墒情】 2015年全市范围内降雨较为均匀，没有出现明显伏旱，市水文局共新建土壤墒情监测站7处，其中省级3处、市级4处。 （吴震中）

【水资源量】 降水及分布。2015年，全市年平均降水量1447.9毫米，折合水量263.3亿立方米，较2014年减少5.7%，比多年平均偏多0.9%，属平水年景。

各区、县（市）分布。武陵区、汉寿县、石门、西湖比多年平均偏少0%～10%；鼎城区、桃源县、经开区、柳叶湖、桃花源、西洞庭比多年平均偏多0%～5%；安乡、澧县、临澧比多年平均偏多5%～10%；津市比多年平均偏多20%以上。（罗钟炜）

【水资源质量状况】 主要江河省级水功能区水质状况。2015年在全市主要江河湖库上布设水质监测断面25个，其中4个省界断面，2个市洲界断面。采用《地表水环境质量评价标准》（GB3838-2002），采用单因子法分全年期、汛期和非汛期进行评价。水质符合Ⅱ～Ⅲ类标准、达到优及良好的监测河段全年期25个，占总评价河段的100%。

水系水质状况。沅江五强溪以下：全年期Ⅱ类水质监测断面8个，占总评价河段的88.9%；Ⅲ类水质监测断面1个，占总评价河段的11.1%。澧水：全年期Ⅱ类水质监测断面2个，占总评价河段的100%。澧水中下游：全年期Ⅱ类水质监测断面6个，占总评价河段的75.0%；Ⅲ类水质监测断面2个，占总评价河段的25.0%。

常德市供水水源地水质状况。2015年，常德市供水水源地郭家铺的水质监测情况统计表明，全年均值达Ⅱ类水质，汛期为劣Ⅱ类、非汛期Ⅱ类。

省界河流水质状况。2015年常德市监测评价的省界河流断面4个，全年水质为Ⅱ类的2个，全年水质为Ⅲ类的2个。

市级水功能区及农村水源水质状况。2015年对全市304个市级水功能区和列入保护的300处农村水源（小Ⅱ型水库）进行了取样监测，并按照《地表水环境质量标准》（GB3838-2002），依据水功能区水质目标和《地表水环境质量评价技术规程》（SL395-2007）进行评价。达标率为87.5%；主要污染项目为氨氮、高锰酸盐指数、生化需氧量、PH值等。304个市级水功能区（37座大中型水库、219座小Ⅰ型水库、6座湖泊，42个河段）取样监测301个，达标248个，达标率为81.6%。102个建有饮水工程的年度达标水功能区88个，达标率为86.3%；主要污染项目为总磷、氨氮、高锰酸盐指数、生化需氧量、PH值等。其他202个水功能区年度达标水功能区160个，达标率为79.2%；主要污染项目为总磷、氨氮、高锰酸盐指数、生化需氧量、PH值等。300座小Ⅱ型水库年度达标水功能区257个，达标率为86.0%；主要污染项目为PH值、总磷、氨氮、溶解氧、高锰酸盐指数等。其中32座建有饮水工程的水库年度达标水功能区29个，达标率为90.6%；主要污染项目为PH值、总磷、高锰酸盐指数等。（罗钟炜）

# 常德市2015年国民经济和社会发展统计公报

2015年，面对错综复杂的经济形势和艰巨繁重的改革发展稳定任务，全市人民在市委、市政府的坚强领导下，坚持稳中求进总基调，主动认识、适应、引领经济发展新常态，深入推进新常德新创业，集中打好民生升温、园区攻坚、城市提质“三大战役”，总体完成了“十二五”规划目标任务，实现了经济社会发展稳中有进、稳中提质，为全面建成小康社会打下坚实基础。

## 综　合

初步核算，2015年全市完成地区生产总值2709亿元，增长8.7%。其中，第一产业完成增加值355.2亿元，增长3.1%，对经济增长的贡献率为5.6%；第二产业完成增加值1237.5亿元，增长6.9%，对经济增长的贡献率为38.1%；其中工业完成增加值1117.7亿元，增长6.9%，对经济增长的贡献率为35%；第三产业完成增加值1116.3亿元，增长13%，对经济增长的贡献率为56.3%。人均地区生产总值达到46408元。三次产业结构由上年的13.9 ： 47.7 ： 38.4调整为13.1 ： 45.7 ： 41.2。

全市完成一般公共预算收入210.8亿元，比上年增长14.5%。地方财政收入148.8亿元，增长10.3 %，其中税收收入90亿元，增长9%；非税收入58.8亿元，增长12.4 %。公共财政预算支出415.8亿元，增长19.6 %，其中重点支出项目为社会保障和就业支出69.1亿元，增长15.9%；农林水事务支出60.4亿元，增长23.9%；教育支出54亿元，增长7.1%；城乡社区事务支出39亿元，增长13.8%；医疗卫生支出39亿元，增长18.9%。增速较快的支出项目分别是节能环保、住房保障支出、文化体育与传媒、农林水事务，分别增长131.9%、75.5%、24.5%、23.9%。

全年新建农村公路317.3公里，建设普通公路安保设施1306公里。解决了139.6万农村人口的安全饮水问题，在全省率先实现城乡饮水安全全覆盖。农村危房改造23060户，农垦危房改造5194户。新增农村敬老院床位850张，新增农村幸福院养老服务床位675张。新增公租房（含廉租房）18422套，棚户区改造新开工35653户。新增城镇管输天然气用户32500户。新增城镇就业人员67157人。年末城镇登记失业率2.58%。救治救助贫困重性精神病患者900人。2920个村完成了农村广播“村村响”。完成了50个行政村配电网改造。

2015年，全市居民消费价格指数和商品零售价格指数分别为101.8%和100.5%。消费品价格指数分类别按提高幅度由高到低排序，食品类、烟酒类、娱乐教育文化用品、医疗保健及个人用品类、衣着类、家庭设备用品及维修服务类、居住类、交通和通讯类价格指数分别为103.7%、102.8%、102.1%、101.7%、101.7 %、100.7%、99.6%、98.7%。

## 农　业

2015年，全市粮食播种面积723.3千公顷，比上年增长2.7%；棉花种植面积67.7千公顷，下降23.8%；油料种植面积306.2千公顷，下降0.7%；蔬菜种植面积 98.1 千公顷，增长 2.0%。

全年粮食总产量 389.5 万吨，比上年增产 2.3%。棉花产量 10.2 万吨，减产 21.2%。油料产量 58.4 万吨，增产 3.5%。蔬菜产量 260.7 万吨，增产 8%。水果产量 96.3 万吨，减产 0.3%。茶叶产量 1.6 万吨，增产 0.4%。

全年出栏生猪 633.7 万头，下降 0.3%；出栏牛 16.8 万头，增长 5%；出栏羊 187.8 万头，增长 2%。全年肉类总产量 67.1 万吨，增长 1.1%。水产品产量 47.9 万吨，增长 4.6%。牛奶产量 1.4 万吨，增长 1.8%。

全市拥有农业机械总动力 84.3 万台，增长 2%；农业机械总动力 592.5 万千瓦，增长 5%。

## 工业和建筑业

2015 年，全市完成工业增加值 1117.7 亿元，比上年增长 6.9%。规模以上工业增加值增长 7.1%。非公有制规模以上工业增加值增长 16.7%。规模以上工业新产品产值增长 50.3%。省级以上园区规模以上工业增加值增长 9.7%，占规模以上工业比重为 86%。

规模以上工业企业经济效益综合指数为 544%，比上年提升 38.8 个百分点；工业企业产品销售率为 96.7%，下降 0.3 个百分点；实现利税总额 634.4 亿元，增长 6.8%；实现利润 167.7 亿元，增长 0.8%；亏损企业亏损额 5.7 亿元，同比减少 17.5 %。

**表 1　2015 年主要工业产品产量及其增长速度统计表**

| 产品名称 | 单位 | 绝对额 | 比 2014 年增长 % |
|---|---|---|---|
| 卷 烟 | 亿支 | 810.8 | 2.9 |
| 大 米 | 万吨 | 200.5 | 24.4 |
| 水 泥 | 万吨 | 1194.1 | 2.0 |
| 纱 | 万吨 | 28.9 | 22.8 |
| 精制食用植物油 | 万吨 | 60.9 | 24.7 |
| 电解铝 | 万吨 | 33.0 | 持平 |
| 机制纸及纸板 | 万吨 | 83.2 | 15.0 |

2015 年，全市完成建筑业增加值 120.7 亿元，增长 6.5%。

## 固定资产投资

2015 年，全市完成固定资产投资 1857.9 亿元，比上年增长 20%。按经济类型分，国有投资 570 亿元，增长 29.2%；非国有投资 1287.8 亿元，增长 16.4%。按产业分，第一产业投资 56.7 亿元，增长 53.9%；第二产业投资 938.5 亿元，增长 20.4%；第三产业投资 862.7 亿元，增长 18.0%。按投资方向分，工业投资 882.5 亿元，增长 18.8%；民生投资 122.1 亿元，增长 22.4%；生态投资 88.1 亿元，增长 11.3%；基础设施投资 478.1 亿元，增长 21.9%；高新技术产业投资 90.5 亿元，增长 61.5%；纳入省政府考核的十二大振兴产业投资 613.4 亿元，增长 19.1%；工业技改投资 452.5 亿元，增长 25.3%。

全市施工项目共有 3415 个，2015 年投产项目 2829 个。亿元以上项目 247 个，完成投资 443.7 亿元。

全市完成房地产开发投资 121.4 亿元，下降 2.1%。商品房施工面积 1179.8 万平方米，下降 2.9%，商品房屋销售面积 299.2 万平方米，增长 26.8%。商品房屋销售额 139.2 亿元，增长 35.6%。

## 国内贸易

2015 年，全市社会消费品零售总额 945.5 亿元，增长 12.3%。分地域看，城镇社会消费品零售额 796.3 亿元，增长 11%；乡村社会消费品零售额 149.2 亿元，增长 19.1%。

限额以上法人批发和零售业商品零售额 226.9 亿元。其中，通过互联网实现的商品零售额增长 228.6%。分商品类别看，粮油、食品、饮料、烟酒类增长 36.5%，服装、鞋帽、针纺织品类增长 17.8%，中西药品类增长 25.8%，家用电器和音像制品类增长 16.7%，汽车类增长 38.4%，石油及制品类下降 9.4%。

## 交通运输、邮电和旅游业

2015 年，全市完成交通运输、仓储和邮政业增加值 120.1 亿元，比 2014 年增长 6.0%。公路客运量 0.92 亿人，比 2014 年下降 16.6%，公路客运周转量 68.4 亿人公里，下降 3%；公路及水路货运量 1.4 亿吨，增长 9.9%，货运周转量 240.9 亿吨公里，增长 2.3%。桃花源机场运送旅客 37.6 万人次。

年末全市汽车保有量 34.1 万辆，比上年增长 20%。2015 年新注册汽车 5.9 万辆，增长 16%。年末私人汽车保有量 30.6 万辆，增长 16.3%。年末私人轿车保有量 16.8 万辆，增长 15.3%。

全年完成邮政业务总量 3.7 亿元。年末固定电话用户数 51.5 万户。年末移动电话用户 468.8 万户。

全年接待海内外游客 3641.9 万人次，比上年增长 23.5%。接待国内旅游者 3626.8 万人次，增长 23%；接待境外入境旅游者 15.1 万人次，增长 2.5%。全年实现旅游总收入 276.1 亿元，增长 27.9%。国内旅游收入 272.1 亿元，增长 27.3%；国际旅游外汇收入 0.61 亿美元，增长 15.8%。全市星级宾馆 39 家，旅行社 49 家。

## 招商引资和对外贸易

2015 年全市实际引进内外资总额 646 亿元，比上年增长 16.1%。外资到位 7.4 亿美元，增长 22.2%，其中，新引进 3000 万美元以上外资项目 4 个，第一产业到位外资 0.54 亿美元，第二产业到位外资 4.5 亿美元，第三产业到位外资 2.4 亿美元。引进市外境内资金 600.2 亿元，增长 15.6%，亿元以上项目实际到位资金 275.4 亿元。

2015 年全年完成进出口总值 7.8 亿美元，增长 2.9%，其中出口 5.8 亿美元，增长 8.8%；进口 2.0 亿美元，下降 10.7%。分贸易方式看，一般贸易出口 4.6 亿美元，增长 6.5%，加工贸易出口 1.1 亿美元，增长 20.1%。

## 银行、保险和证券

2015 年，全市金融机构本外币年末各项存款余额为 2247 亿元，增长 16.8%，其中单位年末存款余额为 765

亿元，增长 25.6%；个人储蓄存款 1444 亿元，增长 13.2%。金融机构本外币年末各项贷款余额为 1080 亿元，增长 16.9%，其中短期贷款为 320 亿元，增长 11.7%；中长期贷款为 750 亿元，增长 18.4%。

2015 年，全市保险机构总数为 40 家，其中财险公司 17 家、寿险公司 21 家、代理公司 2 家。保费收入共 61.5 亿元，比上年增长 21%，其中财险保费收入 19.7 亿元，增长 22%；寿险保费收入 41.8 亿元，增长 20%。赔款支出 35.4 亿元，其中财险赔付 10.2 亿元，增长 22%，寿险给付 25.2 亿元（含退保金），增长 7%。

年末全市上市公司数量 5 家，年内新增上市公司 1 家，益丰大药房连锁股份有限公司在上交所成功上市，募集资金 77880 万元。辖区共有证券公司营业部 7 家，全年证券交易额 3792 亿元，期货公司 2 家，全年成交金额 4100 亿元。

## 教育和科学技术

年末全市有普通高校 5 所，招生 1.48 万人，在校学生 4.47 万人，毕业学生 1.09 万人。中等职业学校 47 所，减少 4 所，招生 1.79 万人，增长 1.4%，在校学生 4.76 万人，下降 9%，毕业学生 1.78 万人，增长 4.77 %。普通高中 47 所，招生 2.78 万人，下降 1.3%，在校学生 8.28 万人，下降 3.7%，毕业学生 2.9 万人，下降 3.4%。初中学校 243 所，招生 4.08 万人，下降 1.1%，在校学生 12.47 万人，下降 2.6%，毕业学生 4.35 万人，下降 2.3%。普通小学 524 所，招生 5.42 万人，增长 8.8%，在校学生 28.6 万人，增长 5%，毕业学生 4.03 万人，下降 2.2%。小学适龄儿童入学率 100%。特殊教育学校 4 所，招生 122 人，在校学生 648 人。幼儿园在园幼儿 13.88 万人，增长 1.3%。各类民办学校 749 所，在校生 14.45 万人，下降 0.8%。民办普通高校 2 所，在校生 1.07 万人，增长 12.6%。

全市发放工业品生产许可证 18 张。组织制定地方标准 17 项。

全年高新技术产品总产值达 788.3 亿元，比上年增长 21.9%，高新技术产品增加值 217.7 亿元，增长 28.4 %。年末全市有省级工程技术研究中心 9 个，省级重点实验室 3 个，院士工作站 8 个。获得湖南省科技进步奖励项目 7 个。全年专利申请 2267 件，增长 13.6%，授权专利 1583 件，增长 42.7 %。

## 文化、卫生和体育

年末全市拥有艺术表演团体 10 个，群众艺术馆、文化馆 10 个，公共图书馆 9 个，博物馆、纪念馆 12 个，广播电台 9 座，广播综合人口覆盖率达到 99.6%；电视台 8 座，电视综合人口覆盖率达到 96.3%，有线电视用户 96.4 万户。国家级非物质文化遗产保护目录 7 个，省级非物质文化遗产保护目录 14 个。出版报纸 4 种，出版期刊 2 种。档案馆 12 个，已开放各类档案 83 万卷（件）。

全市拥有卫生机构 5106 个，其中，医院、卫生院 306 个，妇幼保健院 10 个，专科疾病防治院 20 个，社区卫生服务中心 83 个，诊所、卫生所、医务室 1040 个，村卫生室 3935 个。卫生技术人员共 23358 人，其中注册护士 10738 人，增长 11%。全市拥有疾病预防控制中心 15 个，卫生技术人员共 492 人；卫生监督所（中心）12 个，卫生技术人员共 180 人。医院、卫生院拥有床位总数 3.2 万张，增长 11%。新型农村合作医疗参保人数 452.5 万人，参保率 99.2%。

全市有运动场 569 个，各种训练房 412 个。开展全民健身项目 48 项次。新建农民体育健身工程的行政村 560 个。全年获得世界冠军 1 个，获得亚洲冠军 1 个，全国冠军 22 个。

## 资源环境和安全生产

2015 年，全市森林覆盖率 47.98%，完成造林面积 2.75 万公顷，退耕还林 766 公顷。已批准建设自然保护区 8 个，面积 16.7 万公顷，其中国家级自然保护区 3 个、省级自然保护区 2 个。已发现的矿种 59 种，有探明资源储量的矿种 33 种。实施省以上土地综合整治项目 10 个，整治土地 2.3 万公顷。全年开工各类水利工程 3.9 万处，完成土石方 1.4 亿立方米。治理水土流失面积 37.7 平方公里。全市人均水资源 2343 立方米，平均降水量 1375.7 毫米。城市污水集中处理率达 90%。

全社会用电量 122.6 亿千瓦时，比上年下降 5.4%，其中工业用电量 81.2 亿千瓦时，下降 11.8%，生活用电量 25.8 亿千瓦时，增长 11.8%。全市万元 GDP 能耗 0.41 吨标准煤（按 2010 年不变价计算），下降 8.2%。

全年共发生各类生产经营性安全事故 349 起，死亡 51 人；亿元 GDP 生产安全事故死亡人数为 0.02 人；煤矿百万吨死亡人数 2.38 人。全年共发生道路交通事故 677 起。

## 人口、人民生活及社会保障

年末全市常住人口 584.4 万人，其中城镇人口 278.1 万人，城镇化率 47.6%，比上年提高 1.7 个百分点。年末户籍总人口为 609.2 万人，其中非农业人口 157.4 万人。男性人口 310.4 万人，女性人口 298.7 万人。18 岁以下人口 95.1 万人，18—34 岁人口 128.4 万人，35—59 岁人口 256.5 万人，60 岁以上人口 129.2 万人。全市全年出生人口 6.43 万人。

全市城镇居民人均可支配收入 24513 元，比上年增长 8.3%。农村居民人均可支配收入 11744 元，增长 9.4%。

全市年末参加城镇基本养老保险职工人数 101.1 万人，比上年增长 6.6%，其中，参保职工 63.6 万人，参保离退休人员 37.5 万人。城镇职工基本医疗保险参保人数 55.3 万人，城镇居民基本医疗保险参保人数 96.6 万人。参加工伤保险职工人数 48.3 万人。参加生育保险职工人数 32.9 万人。参加失业保险职工人数 29.2 万人。领取失业保险金职工人数 0.88 万人。拥有政府最低生活保障的城镇居民达 12.21 万人，农村居民达 25.07 万人。销售社会福利彩票 5.8 亿元，筹集社会福利资金 1.5 亿元，直接接受社会捐赠 3100 万元，年末各类收养性社会福利单位床位 2.3 万张，收养各类人员 1.9 万人。

注：

1. 本公报数据为初步统计数。

2. 地区生产总值、各产业增加值绝对数按现价计算，增长速度按可比价计算。

# 市及市直单位副处级以上领导干部名录

## 市　委

书记　王　群

副书记、市政府市长、党组书记　周德睿

副书记、市委党校校长　徐正宪

常委、组织部部长、统战部部长　雷绍业

常委、市纪委书记　李　挚

常委、市政府副市长（常务）、党组副书记　朱水平

常委、市政府副市长、党组成员　卢武福

常委、政法委书记　何英平

常委、秘书长、市直机关工委书记　黄清宇

常委、宣传部部长　唐贵平

常委、市政府副市长、党组成员（挂职）、中央国家机关工委宣传部第一副部长　赵建国

常委、军分区政委　张绳道

副巡视员　吴生元

副巡视员　魏立刚

副厅级干部　郑弟祥

## 市人大常委会

主任、党组书记　刘　明

原主任、省人大常委会委员、省人大法制委员会副主任委员　曹儒国

副主任、党组副书记　王孝山

副主任、农工民主党市委主委　肖燕芳

副主任、党组成员　王先蒙

副主任、党组成员　熊大顺

副主任、党组成员　谭弘发

副主任候选人、武陵区委书记　罗少挟

副主任候选人、市住建局局长、党委书记　戴君耀

党组成员、正厅级干部、市总工会主席　石成林

原副主任、党组副书记　文承保

原副主任、党组成员　曾再农

## 市政府

市长、党组书记、市委副书记　周德睿

副市长（常务）、党组副书记、市委常委　朱水平

副市长、党组成员、市委常委　卢武福

副市长、党组成员、市委常委（挂职）、中央国家机关工委宣传部第一副部长　赵建国

副市长、党组成员　朱晓平

副市长、党组成员　沈习森

副市长、党组成员、市公安局局长、党委书记　胡丘陵

副市长、党组成员　陈　华

副市长　匡加才

正厅级干部、常德市中华职教社理事长　万成贞

副厅级干部、党组成员、湖南应用技术学院党委书记、督导专员　黎建平

## 市政协

主席、党组书记　李爱国

副主席　韦绍斌

副主席　敖建斌

副主席（兼）、民建市委主委、市发改委副主任　杨新辉

副主席（兼）、市工商联主席　陈伟俊

副主席（兼）、民革市委主委、市审计局副局长　陈位明

副主席、民盟市委主委　傅绍平

副主席（兼）、九三学社市委主委、湖南文理学院校友联络会副会长　朱传宏

副主席、党组副书记　肖朝进

副主席、党组成员　甘志敏

副主席候选人、澧县县委书记　彭孟雄

副主席候选人、市教育局局长、党委书记　诸戈文

原副主席（兼）　邓正春

## 市中级人民法院

院长、党组书记　廖具之

## 市检察院

检察长、党组书记　余湘文

## 常德职业技术学院

党委书记　李大平

## 市委党校

常务副校长　李娥皇

## 常德经济技术开发区

党工委书记、市财政局局长、党组书记　尹正锡

管委会主任、党工委副书记　李育智

党工委原书记　周运来

管委会原主任、党工委原副书记　向绪彦

## 湖南幼儿师范高等专科学校

党委书记　赵　星

校长、党委副书记　郭立纯

## 市纪委

书记、市委常委　李　挚

副书记（常务）、市政府党组成员、市监察局（市预防腐败局）局长　熊国建

副书记　李正才

副书记　彭光福

常委、市监察局副局长、正处级纪检监察员　胡以军

常委　汤　杰

常委　王　路

常委　铁明方

市监察局副局长、正处级监察员　熊连初

市监察局副局长（2005.03 正团）　袁万明

市监察局（市预防腐败局）副局长　徐超云

常委　谢建平

机关党委副书记　张跃华

办公室主任　伍子科

组织部部长　张业勇

宣传部部长　王碧琼

调研法规室主任　杨名军

信访室主任　潘　莉

案件监督管理室主任　张　凯

第一纪检监察室主任　邹纯旭

第三纪检监察室主任　杜权华

第四纪检监察室主任　刘洋廷

第五纪检监察室主任　杨旭峰

审理室主任　张爱国

纪检监察干部监督室主任　郭　建

预防腐败室主任　王竞司

正处级纪检监察员　冯少斌

## 市委

秘书长、市委常委、市直机关工委书记 黄清宇
副秘书长（常务）、市委办主任 马业文
副秘书长 梁洪峰
副秘书长 谈应来
副秘书长、常德技师学院（筹）临时党委书记、筹建办主任 石玉林
副秘书长 陈　德
副秘书长、调研员（援藏） 马永忠
副秘书长 吴兴国

## 市委办

副主任 刘湘宁
副处级纪检员 姚进芝
副主任、工会主席 许世林
市保密局局长 陈集群
机关党委副书记 何志祥
市委督查室主任（高配为副处级） 青德明
市委值班室主任（高配为副处级） 陈志明
调研员 李慧伶
副调研员 满慧文
副调研员 曾海英
市委机要局局长 周清华

## 市委市政府接待处

主任、党组书记 曹　慧
副主任、党组成员 周训银
纪检组组长、党组成员 谢　梦
副主任（兼）、芷园宾馆总经理 康继军
调研员 张孔跃
调研员 黄银花

## 市档案局

副局长 何名松
副局长 杨淑芬
副局长（2011.02 正团） 邹益群
调研员 廖明辉
调研员 于　萍

## 市委党史办

主任 刘李波
副主任 周华辉
副处级纪检员 葛　锐
调研员 梅亚利
副调研员 娄建英

## 芷园宾馆

总经理、市委市政府接待处副主任（兼） 康继军
党总支部书记 张明星

## 市委组织部

部长、市委常委、统战部部长 雷绍业
副部长（常务） 涂碧波
副部长 姚敦科
副部长 董明辉
副部长（兼）、市人社局局长、党组书记 张运华
副部长（兼）、市委老干局局长 李绍霞
部务委员、市委党校副校长（兼） 董建华
部务委员、工会主席 邹亚平
副处级组织员 刘后平
副处级组织员 陈育斌
市委基层党建办主任（高配为副处级） 徐东远
副处级组织员 郭南洲

## 市委老干局

局长、市委组织部副部长（兼） 李绍霞
副局长 石　林
副局长 高永亮
副处级纪检员 薛永春
副局长（2007.08 正团） 娄振华
市关心下一代工作委员会副主任（专职） 姜　飞
副调研员 丁俊辉

## 市老干活动中心

主任、党支部书记 唐立新
副主任、党支部副书记（副处级） 张用权

## 市委编委办

主任 任克勤
副主任、市事业单位登记管理局局长 曾祥文
副主任 文会军
副主任 蒋晓勇
副调研员 定明霞
副调研员 曾毅文
副调研员 杨晓庆

## 市直机关工委

书记、市委常委、秘书长 黄清宇
常务副书记 罗先友
副书记（2007.12 正团） 金行国
副书记 童成立
委员 曹健华
纪工委书记、委员 肖少球
调研员 龙建国

## 市总工会

主席、市人大常委会党组成员、正厅级干部 石成林
党组书记、副主席 赵克蓉
副主席、党组副书记 谢春玲
副主席 罗亚海
副主席、党组成员 万后铭
女工委主任（高配为副处级）、党组成员 赵　鑫
纪检组组长、党组成员 黄　河
经审会主任、党组成员 周　凯
经贸工委主任（高配为副处级） 赵建祥
建筑物业工会主任（高配为副处级） 熊礼友
副调研员 王华境

## 团市委

书记、党组书记 刘　静
副书记、党组成员 刘冠西
副书记、党组成员 徐　桢
纪检组组长、党组成员 蔡　凯

## 市妇联

主席、党组书记 袁世平
纪检组组长、党组成员 金桂兰
副主席、党组成员 关　蕾
副主席、党组成员 曹　鹏
副调研员 徐玲英

## 市委党校

校长、市委副书记 徐正宪

常务副校长 李娥皇
副校长（兼）、市委组织部部务委员
董建华
副校长 万传明
副校长 曹桂清
副校长 高金平
纪检组组长 文春初
教育长 赵林桦
人事处处长 程友忠
后勤处处长 赵怡军
图书馆馆长 常 英
教务处处长 丁国华
科技电教室主任 刘章福
经济学教研室主任 高 科
科研处处长 符亚妮
基础教研室主任 夏建刚
对外合作培训处处长 孙雪梅

## 市委宣传部

部长、市委常委 唐贵平
常务副部长 王兴钊
副部长 李清彪
副处级纪检员、工会主席 李曜宏
市政府新闻办副主任 徐礼美
市文明办副主任 贵学军
网宣办主任（高配为副处级） 陈志强
副调研员 金晓年

## 市委讲师团

主任 刘桂平
副主任 周 军
副主任 姜 倩

## 市社科联

主席 李云峰
副主席 欧子成
调研员 曹光红

## 市文体广新局

局长、党组书记 黄修林
副局长、党组副书记 任民政
副局长、党组副书记 郭震宇
副局长、党组成员 凌 茹
副局长、党组成员（2003.12 正团）
罗东秋
市纪委派驻市文体广新局纪检组组长、市文体广新局党组成员 韩公政
总工程师、党组成员 刘泉礼
调研员 王子平
调研员 夏 斌
调研员 郑学泉
调研员 丁 斌
调研员 邱诺亚
副调研员 李桂舫
副调研员 张志成
副调研员 孙 湘

## 市文物局

局长、党支部书记 成 健
副局长、党支部副书记（副处级）
裴劲锋

## 市文化市场执法局

局长、党支部书记 伍作春
副局长、党支部委员（1999.06 正团）（保留原职级待遇） 张士强
副局长、党支部委员（2005.03 正团）（保留原职级待遇） 周 哲
副调研员 余定远
副调研员 伍千喜

## 市全民健身服务中心

党支部书记（正处级） 郭南方
主任 黄绍南

## 市文联

主席 王军杰
党组书记 封德军
副主席、党组成员 殷习清
纪检组组长、党组成员 叶建华
调研员 杨亚杰

## 市广播电视台

台长、总编辑、党委副书记 朱金平
党委书记、副台长 鲁光伟
副台长、党委副书记 周大曙
副台长、党委委员 祝建华
副台长、党委委员 彭文斌
副总编辑、党委委员 陈仕洪
工会主席、党委委员 周慧华
纪委书记、党委委员 刘群伟
副总编辑、党委委员 田淑平
总工程师 王惠戎
常德人民广播电台台长（高配为副处级）
龙 虹
新闻综合频道总监（高配为副处级）
王 辉
市委督办专员（正处级） 李湘震
副调研员 曾雪艳
副调研员 刘少武
副调研员 彭建国
副调研员 陈章楷

## 常德调频转播台

台长 黄学军
党支部书记 傅冠权

## 市体育运动学校

校长 江 勇
党支部书记 覃事君
原校长 吴建忠

## 常德日报传媒集团

党委书记、董事长、总经理、常德日报社社长 蹇斯勇
总编辑、常德日报传媒集团党委副书记
汪肯堂
副总编辑、常德日报传媒集团党委委员
刘雅玲
副社长、常德日报传媒集团党委委员
俞鸿钧
副社长、常德日报传媒集团党委委员
覃建军
副社长、常德日报传媒集团党委委员
鞠 林
常德日报传媒集团纪委书记、党委委员
刘 军
常德日报传媒集团工会主席、党委委员
熊夏明
副社长、常德日报传媒集团党委委员（2010.03 正团） 唐卫平
编辑委员会委员（专职） 陈言谟
编辑委员会委员（专职） 关 健
副调研员 刘 平
副调研员 周碧华
副调研员 李 烨

## 市委政法委

书记、市委常委 何英平
常务副书记 朱 明
副书记 彭智明
副书记 彭家明

政治部主任　于乾好
市综治办副主任　程志刚
副处级纪检员　薛志红
副书记　陈　诚
副调研员　余仁辉
副调研员　汪　洋
市法学会副会长（专职）　黄　黉

## 市中级人民法院

院长、党组书记　廖具之
副院长、党组副书记　饶南丙
副院长、党组成员、正处级审判员　赵世富
副院长、正处级审判员　张业梅
副院长、党组成员、正处级审判员　吴宇峰
副院长、党组成员、正处级审判员　高云祥
副院长、党组成员　黄兴茂
工会主席、党组成员　黄天伏
政治部主任、党组成员、正处级审判员　朱小林
市纪委派驻市中级人民法院纪检组组长、市中级人民法院党组成员　龙超兵
党组成员、执行局局长（高配为副处级）　李菊初
审判委员会委员（专职）　李思洁
审判委员会委员（专职）　王正清
司法警察支队支队长（高配为副处级）　张清华
正处级干部（退线）　黄志坚
副处级审判员　糜玉枝
副处级审判员　周桂珍
副处级审判员　文国银
副处级审判员　聂　龙
副处级审判员　聂学文
副处级审判员　唐招军
副处级审判员　彭先桥
副处级审判员　朱传和

## 市检察院

检察长、党组书记　余湘文
副检察长、党组副书记　杨建波
副检察长、党组副书记、正处级检察员　胡新建
副检察长、党组成员、正处级检察员　周奔红
副检察长、正处级检察员　郑朝兵
副检察长、党组成员、正处级检察员　卜学宏
副检察长、党组成员、正处级检察员　欧阳志恒
副检察长、党组成员　王忠银
政治部主任、党组成员、正处级检察员　张治民
工会主席、党组成员　何本凡
市纪委派驻市检察院纪检组组长、市检察院党组成员　曹琮伟
党组成员、检察委员会委员（专职）　郭建国
党组成员、检察委员会委员（专职）　陈　辉
反贪污贿赂局局长（高配为副处级）　成来彪
反贪污贿赂局政委（高配为副处级）　龚德村
反渎职侵权局局长（高配为副处级）　阙兴中
反渎职侵权局政委（高配为副处级）　汤明华
正处级检察员　田建中
正处级检察员　靳湘辉
副处级检察员　熊湘涛
副处级检察员　郭道华
副处级检察员　李仁莲
副处级检察员　何明惠
副处级检察员　魏峥嵘
副处级检察员　张春枝
副处级检察员　李宽庆
副处级检察员　朱立爱

## 白洋堤检察院

检察长、党组书记　汪建保
副检察长、党组副书记　向际万
党组副书记（2008.02 正团）　杨文武
副检察长、党组成员　杨昌文
副检察长、党组成员　冷明辉
正处级检察员　武海荣
正处级检察员　许光辉

## 市公安局

局长、党委书记、市政府副市长、党组成员　胡丘陵
常务副局长、党委副书记　胡　文
副局长、党委副书记（2003.12 副师）　李培桂
副局长、党委委员　彭　进
副局长、党委委员　王汉桃
纪委书记、党委委员　冉黎明
副局长、党委委员　彭晓林
政治部主任、党委委员　王朝春
副局长（兼）、市委 610 办副主任　戴海洲
后勤装备部主任（高配为副处级）　何英岚
科技信息管理办公室主任（高配为副处级）　高红娟
国保支队支队长（高配为副处级）　刘向阳
国保支队政委（高配为副处级）　戚德成
治安管理支队政委（高配为副处级）　易建国
刑侦支队政委（高配为副处级）　张辉祥
禁毒支队支队长（高配为副处级）　李　力
人口与出入境管理支队支队长（高配为副处级）　刘阳春
警卫处主任（高配为副处级）　杨瑞东
警官培训中心主任（高配为副处级）　刘元春
武陵分局局长（高配为副处级）、武陵区政府副区长　陈有万
武陵分局政委（高配为副处级）　金义平
德山分局局长（高配为副处级）　陈华胜
柳叶湖分局局长（高配为副处级）　陈世杰
柳叶湖分局政委（高配为副处级）　戴林忠
西湖分局政委（高配为副处级）　汪　云
西洞庭分局局长（高配为副处级）　彭泽兰
西洞庭分局政委（高配为副处级）　彭石柱
调研员（2009.07 正团）　胡良元
调研员　文　敏
调研员　蒋中秋
调研员　叶湘沅
调研员　鲍虹宇
调研员　陈建国
调研员　刘维忠
副调研员　任　立
副处级干部　肖　何

副处级干部 郭金辉
经济侦查支队原支队长（高配为副处级） 赵 勇

## 市交警支队

支队长、党委书记 邱兵泉

## 市巡警特警支队

支队长、党委书记 易惠权
政委 唐振贵

## 市司法局

局长、党组书记 曾 勇
副局长、党组副书记、市劳教所第一政委（兼） 王明集
副局长、党组成员 樊景华
副局长、党组成员 胡宗涛
联合工会主席、党组成员 余小萍
政治部主任、党组成员 张修超
市纪委派驻市司法局纪检组组长、市司法局党组成员 胡 永
党组成员、依法治市办公室主任（高配为副处级） 胡小青
德城公证处主任（高配为副处级） 高业庆
调研员 黄冰毅

## 武陵监狱

监狱长、党委书记 谭 洪
政委、党委副书记 刘祖欣
副监狱长、党委副书记 虞文炎
副监狱长、党委委员 符政荣
纪委书记、党委委员 管治云
工会主席、党委委员 张立军
副监狱长、党委委员 张 胜
副监狱长、党委委员（2006.01 正团） 高庆运
政治处主任、党委委员 董 慧
调研员 刘锦秀
副调研员 曾日凡
副调研员 石道进
副调研员 张先国
副调研员 曾建军

## 市劳教所

第一政委（兼）、市司法局副局长、党组副书记 王明集

## 市强戒所

所长、党委书记 江志晖
副所长、党委委员 邵建林
副所长、党委委员 张文进
政治处主任、党委委员 皮明文
副所长、党委委员 姚 勇
副所长、党委委员 龙全友
纪委书记、党委委员 胡 劲
调研员 邱彬如
调研员 聂仁贵
调研员 潘国平
副调研员 孙 宾
副调研员 黄先明
副调研员 蒋中建

## 市民政局

局长、党组书记 龚美爱
副局长、党组副书记 殷宗仁
副局长、党组成员 邓保平
副局长、党组成员 戴 平
副局长、党组成员 朱绍松
副局长、党组成员 周晓平
工会主席、党组成员 彭志莉
副局长 沈英琼
市纪委派驻市民政局纪检组组长、市民政局党组成员（2008.02 正团） 杨庭贵
调研员 侯建文
副调研员 沈 靖
副调研员 谭亚东
老龄委办主任（高配为副处级） 徐 力

## 市殡葬管理处

主任、党支部书记 沈绪国
副调研员 杨安权

## 市康复医院

院长 李南璋

## 市社会福利院

院长 彭先友
党支部书记 王 琍

## 市军干所

所长 王冠华
党总支部书记 张 燕

## 市委 610 办

主任 万革新
副主任、副处级纪检员 龚超明
副主任、市公安局副局长（兼） 戴海洲
副主任 廖星源
副主任（2008.02 正团） 欧阳健仕
副调研员 孙文红

## 市委统战部

部长、市委常委、组织部部长 雷绍业
副部长（2006.12 副师） 李学明
副部长、市工商联党组书记、副主席 鲁晓凤
副部长 杨 帆
副处级纪检员 燕 晖
副调研员 李 辉

## 市工商联

主席、市政协副主席（兼） 陈伟俊
党组书记、副主席、市委统战部副部长 鲁晓凤
副主席、党组副书记 赵晓波
副主席、党组成员 黄明中
党组成员 张 琳
副主席、党组成员（2009.01 正团） 刘 高
调研员 张祥生
调研员 文政国

## 市台办

副主任（2010.04 正团） 金 波
副调研员 黄青山

## 民革市委

主委、市政协副主席（兼）、市审计局副局长 陈位明
副主委（专职） 杜 鹏
副主委、常德经开区副处级干部 邹吉茂
副主委、武陵总支主委、武陵区护城乡副乡长 张华欣

## 民盟市委

主委、市政协副主席 傅绍平
副主委（专职） 刘丽艳
副主委、湖南文理学院成教学院高级试验师 李国富
副主委、常德日报社总编室副主任 陈集亮

## 民建市委

主委、市政协副主席（兼）、市发改委副主任 杨新辉
副主委、市规划局副局长 姜政
副主委、市强劲房地产开发公司董事长 陈永强
调研员 曾盈

## 民进市委

主委、常德汽车机电学校校长 张力
副主委、武陵区政协副主席（兼） 铁明东
副主委、市诗墙管理处主任 黄阳辉
调研员 杨芳

## 农工民主党市委

主委、市人大常委会副主任 肖燕芳
副主委（专职） 陈钰
副主委、鼎城区计生局副局长 张建国
副主委、津市市政府副市长 杨健全

## 致公党市委

主委、市环保局局长 杨成英
副主委、市第一人民医院副院长 潘道波

## 九三学社市委

主委、市政协副主席（兼）、湖南文理学院校友联络会副会长、高级实验师 朱传宏
副主委（专职） 刘寅初
副主委、汉寿县政府副县长 呙滨辰
副主委、市招商局主任科员 肖江华

## 市委政研室

副主任 郑文廷
副主任 宋磊
调研员 屈锦林
副调研员 唐耘

## 市农委

主任、党组书记 李百艳
副主任、党组副书记 谭徽立
副主任、党组成员 贺立新
副主任、党组成员 谢真新
副主任、党组成员 戴国华
副主任、党组成员 刘仕英
副主任、党组成员 罗卫华
党组成员、市委农村办副主任 徐郁平
总农艺师、党组成员 易宗云
副主任 郑海涛
市纪委派驻市农委纪检组组长、市农委党组成员 李晓萍
调研员 童宗祥
调研员 周训促
调研员 何英杰
调研员 盛雄雄
调研员 杨志刚
调研员 尹宗杰
调研员 袁湘
调研员 王晓波
（市农村能源办主任，保留原职级待遇） 潘磊
副调研员 王成英
副调研员 唐淑琼

## 市水利局

局长、党组书记 黄云新
副局长、党组成员（1996.04 正团） 刘青山
副局长、总工程师、党组成员 张铁牛
副局长、党组成员 匡朗初
党组成员、市防汛办主任、党支部书记 李传军
副局长、党组成员 王孝奇
副局长 陈佩荣
联合工会主席、党组成员 阙志华
市纪委派驻市水利局纪检组组长、市水利局党组成员 邹凯
党组成员（援古） 张勇
调研员 刘晓春
调研员 刘云久
调研员 姜政安
副调研员 陈国清

## 市防汛办

主任、党支部书记、市水利局党组成员 李传军
副主任、党支部副书记（副处级） 佘高甲
副调研员 王孟武

## 市江北城防处

主任 张彬
党支部书记 周金辉
副调研员 沈征海

## 市农机化局

局长、党总支部书记（保留原职级待遇） 钟建国
副局长、党总支部委员（保留原职级待遇） 沈国安

## 市畜牧兽医水产局

局长、党组书记 谢朝君
工会主席、党组成员 张安福
纪检组组长、党组成员 刘凤姣
总工程师 李辉
副局长、党组成员 彭炜
调研员 陈兆祥
调研员 符志斌
副调研员 杨立平
市动物卫生监督所所长（高配为副处级） 蒋国才

## 市林业局

局长、党组书记 向才焰
副局长、党组副书记 张耀忠
副局长、党组成员 颜劲草
副局长、党组成员（2000.03 正团） 罗邦宏
副局长、党组成员（2005.03 正团） 王德贵
总工程师、党组成员 喻传明
市纪委派驻市林业局纪检组组长、市林业局党组成员 聂安华
调研员 李世龙
副调研员 周长生
副调研员 苏俊
副调研员 易湘平
森林公安分局政委（高配为副处级） 马云中

## 市供销社

理事会主任、党组书记 戴作凡
监事会主任、党组副书记 唐汇元
理事会副主任、党组成员 邓明彪
理事会副主任、党组成员 余少尧
理事会副主任、党组成员 刘孟春
调研员 李德琦
调研员 唐丽华

副调研员 欧阳明
副调研员 刘伊宽

## 市移民开发局

局长、党组书记 徐术福
副局长、党组副书记（正处级） 文定红
副局长、党组成员 易继军
副局长、党组成员 刘少华
副局长、党组成员（2003.12 正团） 吴宏志
副局长、党组成员（2010.03 正团） 刘康清
调研员 陈默
调研员 董新平
副调研员 贵立军

## 市农村经营服务站

站长、党支部书记 张业湘
副站长、党支部副书记（副处级） 宋英明
副调研员 蔡铁军

## 市农民教育办公室

主任、党支部书记 朱建武

## 市农科所

所长、党委副书记 符建法
党委书记 胡兆福
副所长 张平喜
纪委书记 葛丁纲
副所长 朱明玉
副所长 杨鸿
总农艺师 杨宏
工会主席 郭志强

## 市政府

秘书长、党组成员、市政府办主任、党组书记 周代惠
副秘书长、市政府办党组副书记 李长春
副秘书长、市国安局局长、党委书记 叶正勇
副秘书长 易耀平
副秘书长 娄远军
副秘书长 郑志鹏
副秘书长 陈彰波
副秘书长、市信访局局长、党组书记、市委群众工作部部长（兼） 王鳌
副秘书长 吴新涛
副秘书长 袁天鹏
副秘书长 康少中

## 市政府办

市纪委派驻市政府办纪检组组长、市政府办党组成员 李德智
副主任、党组成员 李红
副主任、党组成员 苏逸
副主任、党组成员 宁毅刚
副主任、党组成员 张智慧
副主任、党组成员 钟儒来
联合工会主席、党组成员 涂卫军
党组成员、市优化办主任 张元安
机关党委副书记 陈蔚民
调研员 郭立新
调研员 丁仕轩
副调研员 蒯富贵
副调研员 谢刚
副调研员 鲁毅
副调研员 徐新兰

## 市财政局

局长、党组书记、常德经开区党工委书记 尹正锡
副局长、党组副书记 刘慎松
副局长、党组成员 罗贻林
市纪委派驻市财政局纪检组组长、市财政局党组成员 陆振岩
副局长、党组成员 梅宏
副局长 郑维菊
副局长、党组成员（2004.03 正团） 吴先军
副局长、党组成员 蒋金华
总经济师、党组成员 詹平
总会计师、党组成员 陈绪华
调研员 周兴国
调研员 陈昌宏
调研员 毛远征
副调研员 鲁兰芳
副调研员 肖丽斌
副处级干部 苏和平
市财政监督检查局局长（高配为副处级） 周向阳
投资评审中心主任（高配为副处级） 杨浩清
采购办主任（高配为副处级） 袁志

## 市农业综合开发办

主任、党支部书记（正处级） 郝介球
副主任、党支部委员（保留原职级待遇） 蒋宗灼
副主任、党支部委员（保留原职级待遇） 李艳红
副调研员 彭世清
副调研员 龚晓炜

## 市非税收入管理局

局长、党支部书记 龚天园
副局长、党支部副书记（副处级） 钟发义

## 市住房公积金中心

副主任、党组成员 何名福
副主任、党组成员（2001.08 正团） 朱为民
副主任、党组成员 刘图强
副主任、党组成员 陈雨晖
纪检组组长、党组成员 杜登玖
总会计师 杨峰
副调研员 龚德平
副调研员 朱世奎
副调研员 单家春

## 市财政支付局

局长、党支部书记 汪培儒
副局长、党支部副书记（副处级） 莫海洋

## 常德财校

校长、党委副书记 李华
党委书记 皮德秀
副校长 戴立权
副校长 李志
工会主席 邹明慧
纪委书记 夏春波
副校长 王承欣

## 市审计局

局长、党组书记 张克武
副局长、党组成员 李新辉
副局长、总审计师、党组成员 李卫
副局长、党组成员（2002.03 正团） 谷素君

副局长、民革市委主委、市政协副主席（兼） 陈位明
副局长、党组成员 张　峰
副局长、党组成员（2001.03 正团） 周罗生
工会主席、党组成员 聂国骏
市纪委派驻市审计局纪检组组长、市审计局党组成员 鄢辉霞
党组成员、市领导干部经济责任审计局局长（高配为副处级） 苏以政
调研员（2011.03 正团） 杨立新
调研员 廖华春
副调研员 钱　敏
政府投资审计专业处主任（高配为副处级） 杨甫成

## 市安监局

局长、党组书记 郑家火
副局长、党组副书记 王宏斌
副局长、党组成员（1998.03 正团） 饶南国
副局长 陈宏元
副局长、党组成员 曾　君
市纪委派驻市安监局纪检组组长、市安监局党组成员（2008.02 正团） 王超轩
总工程师、党组成员（2009.11 正团） 郭道胜
调研员 卓如清
副调研员 高晓华
副调研员 熊国君
副调研员 杨国骅

## 市城管执法局

局长、党组书记 刘兴华
副局长、党组副书记 宋立明
市纪委派驻市城管执法局纪检组组长、市城管执法局党组成员 杨永红
副局长、党组成员（2001.03 正团） 熊泽义
副局长、党组成员 蒋劲松
副局长、党组成员 尹言正
副局长、党组成员 刘振华
调研员（2010.03） 李树全
调研员 龙旭光
调研员 曹道彩
副调研员 郭祖元
副调研员 粟金钟

## 市环卫处

党委书记 谭　勇
副调研员 彭少怀

## 常德火车站广场管理处

主任 曾国赋

## 市信访局

局长、党组书记、市委群众工作部部长（兼）、市政府副秘书长 王　鳌
副局长、党组成员（1997.08 正团）、市委群众工作部副部长（兼） 王宏平
副局长、党组成员、市委群众工作部副部长（兼）、市政府驻北京联络处副主任（兼） 夏德华
副局长、党组成员、市委群众工作部副部长（兼） 王　旭
副局长、党组成员、市委群众工作部副部长（兼）（2009.06 正团） 高　军
调研员 肖代锡
副调研员 潘泽弟
副调研员 周学芳
副调研员 熊志军

## 市旅游外事侨务局

局长、党组书记 伍彩霞
副局长、党组副书记 白鸿谋
副局长、党组成员（2005.03 正团） 杨成先
市纪委派驻市旅游外事侨务局纪检组组长、市旅游外事侨务局党组成员 刘于春
副局长、党组成员 王陵书
副局长、党组成员 黄海萍
副局长、党组成员 施才明
调研员 袁　宏
调研员 杨广平
副调研员 胡良军
副调研员 楚　娟
副调研员 冯光武

## 市侨联

主席 陈丽君

## 市人防办

主任、党组书记 陈昌玉
副主任、党组副书记 龚榔林
副主任、党组成员（2006.04 正团） 王　龙
市纪委派驻市人防办纪检组组长、市人防办党组成员 肖赐书
副主任、党组成员 刘宏斌
副主任、党组成员 文志勇
副主任（兼）、常德军分区司令部副团职参谋 周祖新
调研员 李建军
副调研员 曾　翔

## 市法制办

主任、党组书记 向勇志
副主任、党组副书记 戴林军
副主任、党组成员 伍　宏
市纪委派驻市法制办纪检组组长、市法制办党组成员（2009.06 正团） 李寿喜

## 市政务中心

副主任、党组副书记（正处级） 夏立权
副主任、党组成员 杨军武
副主任、党组成员 黄福全
副主任、党组成员（2006.01 正团） 罗邦明
纪检组组长、党组成员 杨正源
副调研员 张新球

## 市公共资源交易中心

主任、党组书记 贺圣国

## 市无线电管理处

主任、党支部书记 张志刚

## 市电子政务办

主任、党组书记 唐西新
纪检组组长、党组成员 魏俊辉
副主任、党组成员（2010.03 正团） 林泽见
总工程师 张晓君
副调研员 刘建民

## 市政府驻北京联络处

主任 朱文红
副主任 陈昌国
副主任（兼）、市信访局副局长、党组成员、市委群众工作部副部长（兼） 夏德华
副主任（挂职） 金　杰

副调研员 辛国刚

## 市政府驻上海联络处

主任、党支部书记 董文书
副主任 戴正玉

## 市政府驻深圳联络处

主任 蔡 玮
副主任 翦熔桦
副调研员 李 征
市红十字会副会长（专职） 张 洪

## 市发改委

主任、党组书记 汤祚国
副主任、党组副书记 胡世满
副主任、党组成员 陈运国
市纪委派驻市发改委纪检组组长、市发改委党组成员 祁圣平
副主任、党组成员 任绪义
副主任、党组成员 陈谋建
副主任、党组成员 杨 青
副主任、市政协副主席（兼）、民建市委主委 杨新辉
总经济师、党组成员 肖永建
联合工会主席、党组成员 雷 霞
党组成员（援藏） 钟飞彪
党组成员、市洞庭湖生态经济区建设协调办专职副主任 杨明波
调研员 赵怡德
调研员 李印华
调研员 魏 明
调研员（1999.06 副师） 董奇泉
调研员（1996.04 正团） 刘邦原
调研员（1998.12 正团） 常新群
调研员 陈秋林
调研员 王建国
副调研员 罗安国
副调研员 陈和平
副调研员 邵可星
副调研员 易伟献
副调研员 钟志宏
市物价检查所所长（高配为副处级） 钟昌宏

## 市重点办

主任 张 凯

## 市经信委

主任、党委书记 唐子钧
副主任、党委副书记 李卫民
副主任、党委副书记 王淑华
副主任、党委委员 夏 智
副主任、党委委员 张炼钢
副主任、党委委员（2005.03 正团） 尹明先
副主任、党委委员 祖 华
联合工会主席、党委委员 罗少波
总经济师、党委委员 李自林
市纪委派驻市经信委纪检组组长、市经信委纪委书记、党委委员（2008.03 正团） 蒋山峰
调研员 胡岩城
副调研员 田功文
副调研员 戴宏兰
副调研员 林云利

## 市散墙办

副主任、党支部副书记（副处级） 史 雄

## 市经信委退管处

主任 文中南
副调研员 李忠保

## 市教育局

局长、党委书记、市政协副主席候选人 诸戈文
副局长、党委副书记、主任督学 郑大金
副局长 李旺国
副局长、党委委员、常德汽车机电学校党委书记（兼） 庹朝君
副局长、党委委员 施爱国
市纪委派驻市教育局纪检组组长、市教育局纪委书记、党委委员 陈 勇
副局长、党委委员（2004.08 正团） 苏宏元
党委委员（援古） 覃道勇
副主任督学 黄大祥
副主任督学 李呈喜
调研员（2008.03 正团） 李 俊
副调研员 熊柏隆
副调研员 钟吉红
副调研员 刘 辉
市政府教育督导室主任（高配为副处级） 李建坤
社会力量办学管理办公室主任（高配为副处级） 罗余平

## 市教科院

院长 黄利华
党支部书记 丁春秋

## 常德师范学校

副校长、党委副书记 姜协武
党委副书记、纪委书记 杨瑞桥
党委副书记 谢儒初
副校长 骆绍华
副校长 赵淑君
副校长 周 华
副校长 张爱华
工会主席 易新祥
副处级干部 田 中
副处级干部 刘宗华

## 常德广播电视大学

校长、党委副书记 朱立春
党委书记 唐爱国
副校长 郭作杰
纪委书记、工会主席 李青年
副校长 谭敦华
副校长 赵 琳
副处级干部 熊开宏

## 常德工业学校

校长、党委副书记、常德技师学院（筹）临时党委副书记、筹建办副主任 游百春
副校长 文定忠
副校长 胡元祖
纪委书记、工会主席 陈本校
副校长 龙 艳
副校长 孙平福
正处级干部（退线） 钟质纯

## 常德汽车机电学校

校长、民进市委主委 张 力
党委书记（兼）、市教育局副局长、党委委员 庹朝君
副校长、党委副书记 杨跃华
副校长 易兆勇
副校长 王 杰
纪委书记、工会主席 余亦辉

## 市一中

校长 唐会荣

党委书记　詹学明

## 市二中

校长　朱年生
党委书记　杜舜卿

## 市六中

校长　张富军
党委书记　李高松

## 市七中

校长　侯明忠
党委书记　焦碧云
原校长　刘国军

## 市科技局

党组书记　王启武
局长　马　慧
副局长、党组副书记　陈建中
市纪委派驻市科技局纪检组组长、市科技局党组成员　伍先开
副局长、党组成员　罗宗红
副局长　罗功大
副局长、党组成员（2008.09 正团）　胡　军
副局长、党组成员（挂职）　梁建芬
副局长、党组成员（挂职）　朱江章
调研员　肖忠嫦
调研员　陈　芳
调研员　曾　辉
调研员　薛建华
副调研员　郭佑波
副调研员　侯全球

## 市地震局

局长、党支部书记　彭艳芳

## 市人社局

局长、党组书记、市委组织部副部长（兼）　张运华
副局长、党组副书记　罗尚杰
市纪委派驻市人社局纪检组组长、市人社局党组成员　唐建军
副局长、党组成员（1994.07 正团）　刘政华
副局长、党组成员　向君承
工会主席、党组成员　夏吉军
副局长、党组成员　罗平波
副局长、党组成员　王黎明
党组成员、市医保处主任、党支部书记　谭广君
副局长　严海清
总经济师、党组成员　张小东
党组成员、市社保处主任、党支部书记　付奉义
市劳动监察支队支队长（高配为副处级）　徐光春
市军转办主任（高配为副处级）　左振益
市公务员管理局局长（高配为副处级）　丁泉明
调研员　彭德辉
副调研员　张用保

## 市人力资源开发交流中心

主任　潘汉清
党支部书记　余志权

## 市人力资源考试院

院长　肖汉友

## 市就业处

主任、党支部书记　张丽华
副调研员　邹汉春

## 市机关事业单位社保处

主任、党支部书记　杨为明
副主任、党支部副书记（副处级）　梅世庆
副调研员　鲁文波

## 市社保处

主任、党支部书记、市人社局党组成员　付奉义
副主任、党支部副书记（副处级）　旷尔福
副调研员　周建君

## 市医保处

主任、党支部书记、市人社局党组成员　谭广君
副主任、党支部副书记（副处级）　夏建国

## 市工伤保险处

主任、党支部书记　毛泽陆
副主任、党支部副书记（副处级）　丁敬国
副调研员　刘德娟

## 市劳动人事争议仲裁院

院长　龙　伟

## 市住建局

局长、党委书记、市人大常委会副主任候选人　戴君耀
副局长、党委副书记　黄全陵
副局长、党委副书记　沈明莉
市纪委派驻市住建局纪检组组长、市住建局纪委书记、党委委员　雷　林
副局长、党委委员（2004.03 正团）　熊新平
副局长、党委委员　吕正跃
副局长　陈　华
副局长、党委委员（2004.03 正团）　姜守维
调研员　杨稚平
副调研员　艾新胜
副调研员　雷志林
建设工程质量安全监督管理处主任（高配为副处级）　伍和平
原副局长、党委委员　黄小明

## 市房管局

局长、党组副书记　张圣友
副局长、党组副书记　祁圣波
纪检组组长、党组成员　曾建新
工会联合会主席、党组成员　张萼芬
副局长、党组成员　唐述安
副局长、党组成员　黄　贵
副局长、党组成员（2008.08 正团）　谭　勇
副调研员　宁　慧
副调研员　杨金海
国有土地上房屋征收与补偿管理处主任（高配为副处级）　祁　涛

## 市公用事业局

局长、党组书记　付忠革
副局长、党组副书记（副处级）　辛长明

## 市园林局

局长、党组书记 徐芳明
副局长、党组副书记（副处级） 刘少菲
正处级干部（退线） 赵善平
副调研员 张建平

## 市诗墙管理处

主任、民进市委副主委 黄阳辉
党总支部书记 丰朝晖

## 市市政建设总公司

总经理 颜学金
党委书记 曹永良

## 市建筑勘测设计院

院长、党支部书记 廖学军
原党支部书记 马泽民

## 市交通运输局

局长、党组书记 向美华
副局长、党组副书记 陈柏枝
副局长、党组成员 徐世明
副局长、党组成员 姜湘霞
总工程师、党组成员 肖异
市纪委派驻市交通运输局纪检组组长、市交通运输局党组成员 林毅
副局长、党组成员 岳克己
联合工会主席、党组成员 彭德友
总会计师 杨丽华
党组成员 罗海宇
副局长 陈清
副局长（兼）、市邮政管理局局长、党组书记 袁大斌
调研员 李祥万
调研员 曾珊山
调研员 陈大波
副调研员 杜自力
副调研员 符绍东

## 市道路运管处

主任、党委书记 李颖
副调研员 黄劲

## 市交通建设质安处

主任 刘湘山
党总支部书记 谢大明

## 市地方海事局

局长、党委书记 殷依峰

## 市商务局

局长、党组书记 涂贤春
副局长、党组副书记、市招商局副局长 曾莉
副局长、党组成员 谭晓文
副局长、党组成员 谈远灯
副局长、党组成员（2003.03 正团） 王新军
联合工会主席、党组成员 石林
总经济师、党组成员 蔡国华
党组成员 严利民
市纪委派驻市商务局纪检组组长、市商务局党组成员 欧阳平安
调研员 钟云鹏
副调研员 沈光强
副调研员 刘贵平

## 市商务执法支队

支队长、党支部书记 管楚运
副支队长、党支部副书记（副处级） 戴卫军

## 市商务局退管处

主任 黄英
党总支部书记 王继虎

## 市市场服务中心

主任 罗华仪
党总支部书记 张建湘

## 市投资促进事务局

局长、党支部书记 胡晓明

## 市卫计委

主任、党委书记 洪振海
副主任、党委副书记 陈寿林
副主任、党委委员（1997.12 正团） 周德生
副主任、党委委员 符中智
副主任、党委委员（2002.03 正团） 曹学美
副主任、党委委员（2003.03 正团） 彭元军
副主任、党委委员 张业新
副主任、党委委员 唐良平
副主任 陈卫平
市纪委派驻市卫计委纪检组组长、市卫计委纪委书记、党委委员 黄锐
调研员 蒋琼
调研员 张锦祥
调研员 石瑞来
调研员 傅宏伟
调研员 易建平
副处级干部 龙泽旭
副调研员 曾庆森
副调研员 任一
副调研员 燕妮
副调研员 何答才
市计生协会常务副会长（高配为正处级） 车向东
市计生协会副会长（专职） 彭治纲
市计生协会秘书长（高配为副处级） 道欣
市计生协会副调研员 易国华
市人口和计划生育执法监察支队支队长（高配为副处级） 邹立新
市中心血站站长（高配为副处级） 屈贵顺

## 市中医药管理局

原局长（保留原职级待遇） 李传淑

## 市卫生监督局

局长、党支部书记 成春初

## 市第一人民医院

院长、党委副书记 向绪林
党委书记 屈晶华
副院长、党委副书记 陈能志
党委副书记、工会主席 邓利民
副院长、致公党市委副主委 潘道波
副院长 钟发平
纪委书记 刘艳
总经济师 卢赐清
总会计师 曹正清
副院长 邓志明

## 市第二人民医院

院长 张勇
党委书记 吴海燕

## 市第一中医院

院长、党委副书记 邵先舫
副院长、党委副书记 刘志军
纪委书记 周定久
副院长 叶拥军
副院长 刘开英
工会主席 陈 颖
副院长 车雄宇

## 市妇幼保健院

院长 彭 进
党委书记 卜 隆

## 市疾控中心

主任 刘保湘
党总支部书记 袁家新

## 市国资委

主任、党委书记 吴德新
副主任、党委副书记 余 俞
副主任、党委委员 陈建军
副主任、党委委员 伍中福
副主任、工会主席、党委委员 王国军
副主任、党委委员 张丽群
市纪委派驻市国资委纪检组组长、市国资委纪委书记、党委委员（2005.08 正团） 刘昌松
调研员 金三葵
副调研员 贵荣伟

## 市规划局

局长、党组书记 张国政
副局长、党组副书记 胡少华
副局长、党组成员（2000.12 正团） 诸扬欢
工会主席、党组成员 黄仁贵
市纪委派驻市规划局纪检组组长、市规划局党组成员 余普阳
副局长、党组成员 刘建武
副局长、党组成员 周 胜
总规划师、党组成员 谭丽平
副局长、民建市委副主委 姜 政
副调研员 喻文军

## 市规划建筑设计院

院长 康存前
党支部书记 汤巨龙

## 市环保局

党组书记 关建锋
局长、致公党常德市委主委 杨成英
副局长、党组副书记 陈建国
副局长、党组成员（2001.06 正团） 丁指南
副局长、党组成员 唐俊武
市纪委派驻市环保局纪检组组长、市环保局党组成员 王金华
副局长、党组成员 何书元
总工程师、党组成员 许 平
调研员 卜忠华
调研员 魏利权
副调研员 杨希刚

## 市环境监测站

站长 章宏炮

## 市统计局

局长、党组书记 覃志云
副局长、党组副书记 覃正元
副局长、党组成员 彭志刚
副局长、党组成员（2011.03 正团） 汤光元
总统计师、党组成员 揭正亚
市纪委派驻市统计局纪检组组长、市统计局党组成员 杨定波
工会主席、党组成员 徐明华
副调研员 李晓娟
副调研员 聂文琦

## 市粮食局

局长、党组书记 程方山
副局长、党组副书记 陈法利
副局长、党组成员（1998.10 正团） 杨万里
副局长、党组成员 张益民
市纪委派驻市粮食局纪检组组长、市粮食局党组成员 周 琼
调研员 柴同勤
副调研员 鲁华章

## 市食品药品监督管理局

局长、党组书记 朱文斌
副局长、党组副书记（正处级） 邓朝晖
副局长、党组成员 蒋祖玉
副局长、党组成员 周尚悟
副局长、党组成员 陈仕平
副局长 陈立平
市纪委派驻市食品药品监督管理局纪检组组长、市食品药品监督管理局党组成员 康 凯
工会主席、党组成员 谭玉龙
副局长、党组成员 袁超云
调研员 肖建山
副调研员 田幸榜
副调研员 陈鸿平
副调研员 贺丽元

## 市药检所

所长 贺云彪
党总支部书记 彭文进

## 市工商局

局长、党组书记 胡祖国
副局长、党组副书记 晏丰儒
副局长、党组成员 徐巨波
副局长、党组成员 刘从宏
副局长、党组成员 曾 遥
市纪委派驻市工商局纪检组组长、市工商局党组成员 邹昭新
副调研员 唐贤璋
副调研员 向绪军
（工会主席，保留原职级待遇） 廖毅军
原副调研员、桃源县工商局原局长、党组书记 许传美
原副调研员、临澧县工商局党组书记、局长 潘绪庆
（德山分局局长，保留原职级待遇） 王 平

## 市质监局

局长、党组书记 李红兵
副局长、党组成员 吴学诗
副局长、党组成员 贾集华
市纪委派驻市质监局纪检组组长、市质监局党组成员 张 辉
副局长、党组成员 王孝明
副局长、党组成员 周 轶
总工程师、党组成员 申昌欣
市质监局经开区分局局长 樊 平
原副调研员、汉寿县质监局原局长、党

组书记 陈政清

原副调研员、澧县质监局局长、党组书记 何学银

## 市公路局

局长、党委书记 马麦秋

副局长、党委副书记 李祖云

副局长、党委委员 曲 斌

副局长、党委委员（2009.01 正团） 孙 勇

副局长、党委委员 林卫军

党委委员 史美华

纪委书记、党委委员 邓俊杰

总工程师 王常清

调研员 焦绍云

副调研员 龚道荣

副调研员 王学杰

副调研员 马明浩

副调研员 贺跃斌

## 市科协

主席、党组书记 谭卿平

副主席、党组成员 夏小雯

副主席、党组成员（2009.01 正团） 李 凤

## 市残联

执行理事会理事长、党组书记 田大春

执行理事会副理事长、党组副书记（正处级） 陈义佳

执行理事会副理事长、党组成员 曾召盛

纪检组组长、党组成员 张运军

执行理事会副理事长、党组成员（2006.01 正团） 张世湘

调研员 周凤华

调研员 宋凡华

副调研员 罗 姿

## 市贸促会

会长、党组书记 舒兆兰

调研员 陈贵恒

副调研员 刘学碧

## 市国土资源局

局长、党组书记 吴德新

副局长、党组成员 黄国安

副局长 彭建武

副局长、党组成员 戴哲新

纪检组长、党组成员 胡平估

副局长、党组成员 罗跃来

总经济师、党组成员 杨文平

执法监察支队长、党组成员 尹东风

总工程师 钟明贤

调研员 杨宪文

调研员 尹放鸣

副调研员 谭传东

副调研员 程方南

副调研员 李文广

## 市人大常委会

代秘书长、办公室主任、党组成员 万 利

副秘书长、办公室副主任、市人大常委会委员 李继杰

副秘书长（2006.06 副师） 杨建华

副秘书长 商淑雯

副秘书长 欧阳忆清

机关党委书记 杨立安

机关党委副书记 刘伏沅

机关工会主席 向艳艳

## 市人大常委会办公室

副处级纪检员 熊 毅

调研员 詹 敏

副调研员 王志远

副调研员 曾建农

副调研员 邓弼友

## 市人大常委会联工委

主任、市人大常委会委员 蔡常林

副主任、市人大常委会委员 吴 为

副主任、市人大常委会委员 郭伟勋

## 市人大常委会研究室

主任、市人大常委会委员候选人 邓纯彪

副主任 李宏伟

## 市人大内司委

主任委员候选人、市人大常委会委员候选人 丁大勋

副主任委员 陈坚毅

委员 孙冬香

## 市人大法制委

主任委员候选人、市人大常委会法工委主任、市人大常委会委员候选人 董高群

副主任委员候选人、市人大常委会法工委副主任 方建春

## 市人大财经委

主任委员、市人大常委会委员 李向东

委员 吴慧敏

## 市人大常委会预算工委

主任、市人大常委会委员 刘德军

副主任、市人大常委会委员 胡秋兰

## 市人大教科文卫委

主任委员、市人大常委会委员 鲁祖安

副主任委员 唐孟元

委员 王书娥

## 市人大农业委

主任委员、市人大常委会委员 汪淑凡

副主任委员 吴永兴

委员 褚 敏

## 市人大城环委

主任委员、市人大常委会委员 李世霞

副主任委员 龚玉文

委员 唐 莹

市人大常委会委员候选人 吴金槐

市人大常委会委员候选人 张跃华

## 市政协

秘书长提名人选、办公室主任、党组成员 袁云波

副秘书长（2004.03 正团） 贺用伟

副秘书长 王斌武

机关党委书记 刘 珍

机关党委副书记 游灯华

副秘书长 蔡胜猛

## 市政协办公室

副处级纪检员 胡 杰

调研员 王景领

## 市政协提案委

主任 莫宏光

副主任 周 艳

## 市政协经科人资环委

主任候选人 马志列
副主任 邱 涛
副主任 熊原甄

## 市政协文教卫体委

主任 邢化明
副主任 祝 娟

## 市政协法群民宗委

主任 于汉卿
副主任 于忠荣

## 市政协文史学习委

主任 皮立华
副主任 谢 伟

## 市政协港澳台侨外事委

主任候选人 周 斌
副主任 邓铁强

## 市政协研究室

主任 郭 杰
副主任 朱碧文

## 桃花源风景名胜区管理局

局长、党委书记 杨 俊
副局长、党委副书记 佘 斌
副局长、党委委员 贺吉敏

## 常德职业技术学院

党委书记 李大平
副院长 钟 健
副院长 朱发仁
副院长 李敏捷
副院长 黄镇才
副院长 朱明瑶
副院长（2005.06 副师） 杨 涛
工会主席 袁菊文

## 常德技师学院（筹）

临时党委书记、筹建办主任、市委副秘书长 石玉林
临时党委副书记、筹建办副主任、常德工业学校校长、党委副书记 游百春
临时党委副书记、筹建办副主任 高广安

## 市财经投资公司

经理 陈家其
党总支部书记 傅智勇

## 常德青峰煤矿

矿长 李德智

## 羊耳山煤矿

矿长 戴立阶
党委书记 胡家明

## 赤峰实业总公司

总经理、党委书记 蒋宗明

## 市公交有限公司

董事长、党委书记 周 峰
总经理 李碧海

## 欣运集团有限公司

董事长、党委书记 鄢炳成
总经理 李智勇

## 市现代工业发展投资有限责任公司

董事长、党组织书记 陈明哲
总经理 莫众茗
（副总经理）按市管企业干部对待 赵克恩

## 市财鑫投融资担保集团有限公司

董事长、党委书记 何克明
总经理 尹 翔

## 市自来水公司

经理 曾 杰
党委书记 陈昌忠

## 市城建投资开发集团公司

董事长、党委书记 赵国平
总经理、市天源住房建设有限公司董事长、党总支书记 方际三

## 市经济建设投资集团公司

董事长、党委书记 刘凡荣
总经理 曾克非

## 市金禹水利投资公司

董事长、党支部书记 刘润年
总经理 朱 军

## 市交通建设投资公司

董事长、党支部书记 谢志坚
总经理 宋小华

## 市天源住房建设有限公司

董事长、党总支书记 、市城建投资开发集团公司总经理 方际三
总经理 钟晓曦

## 市天润土地开发经营有限公司

董事长、党总支书记 鄢海范
原总经理 李岳安

## 市经泽建设开发有限公司

董事长、党总支书记 李大卫
总经理 罗永慧

## 市经致远土地整理开发有限公司

董事长、党总支书记 陈孝和
总经理 魏宗德

## 常德德源公司

董事长、党委书记 黄健兵
总经理 胡育禾

## 常德路桥建设集团公司

董事长、党委书记 顾 晓
总经理 裴德友

## 市现代农业投资开发有限公司

董事长、党总支部书记 汪国平
总经理 周 臬

## 桃花源文化旅游投资开发集团有限公司

董事长、党组织书记 刘腾波
总经理 刘社言
（城投集团西城新区建设开发公司董事长、经理）按市管企业干部对待 涂义文
（城投集团龙马公司董事长） 余晓斌

注：

1. 名录由中共常德市委组织部提供。

2. 名录均以 2015 年 12 月 31 日在职者为准。

# 中央、省属驻常德单位领导人名录

## 常德军分区

司令员　李辉忠
政治委员　张绳道
参谋长　翁　曦
政治部主任　吉荣华
后勤部部长　林云山

## 武警常德市支队

支队长　殷民立
第一政治委员　胡丘陵（兼）
政治委员　应有平
副支队长　罗代国
副政治委员　彭　鹏
参谋长　罗祥华
政治处主任　袁勇智
后勤处处长　陈正华

## 常德市公安消防支队

政治委员　申文斌
支队长　丁为鸣
副支队长　熊泽云
副支队长　罗　兵
副政治委员　蒋新平
司令部参谋长　黄晓云
政治处主任　黄　江
后勤处处长　丁志良
防火监督处处长　潘长华

## 津市监狱

党委书记、监狱长　尹利民
党委副书记、政委　刘　伟
工会主席　侯祖强
副监狱长　谭传新
副监狱长　陈石江
副监狱长　罗孝远
副监狱长　龙力尖
政治处主任　王　安
监狱长助理、办公室主任　丁　勇

## 德山监狱

党委书记、监狱长　李守进
党委副书记、政委　黎飞翔
党委委员、公司总经理　孟小龙
党委委员、纪委书记　张志杰
党委委员、副监狱长　杨　帆
党委委员、副监狱长　谢华章
党委委员、副监狱长　彭立春
党委委员、工会主席　张科财
党委委员、政治处主任　陈　纯
公司副总经理　李维佳
公司副总经理　朱方元
公司副总经理　燕良红
公司总工程师　李淳华
公司总经济师　陈　刚

## 湖南陆军预备役步兵师第二团

团长　彭　博
政治委员　刘　军
参谋长　隆一新
政治处主任　王志军
后装处长　柯　威

## 常德市国家税务局

党组书记、局长　李丽华
党组成员、副局长　施建华
党组成员、副局长　冯泽强
党组成员、副局长　黄　海
党组成员、副局长　涂　强
党组成员、纪检组长　向　实
党组成员、总经济师　贺姝红

## 常德市地方税务局

党组书记、局长　徐　奎
党组成员、副局长　姚建军
党组成员、副局长　田光辉
党组成员、副局长　陈友生
党组成员、纪检组长　胡之理
党组成员、总会计师　蒋云锋
党组成员、总经济师　黎　萍

## 国家统计局常德调查队

党组书记、队长　刘炳友
党组成员、副队长　陈客然
党组成员、副队长　李　力
党组成员、纪检组长　王运建

## 常德市气象局

党组书记、局长　戴科良
党组成员、调研员　陈建明
党组成员、纪检组长　覃晨翀
党组成员、副局长　文　强
党组成员、副局长　邬建祥

## 常德市水文局

局长、党委书记　叶文平
副局长　黎进荣
副局长、纪委书记　周少林
总工程师　段建军
工会主席　陈章炎

## 常德海关

关长　朱仲平
副关长、缉私分局局长　金树柏
缉私分局政委　王　宇
湘西海关筹备办主任　张联盟
副关长　刘晓初

## 常德出入境检验检疫局

纪检组长、副局长　彭万新
副局长　邓中秋

## 常德市邮政管理局

局长、党组书记　袁大斌
副局长　蔡光武

## 常德卷烟厂

厂长、党委书记　龚道国
党委副书记、工会主席、党委委员　向晓芳
副厂长、党委委员　黄　睿
副厂长、党委委员　吴　元
纪委书记、党委委员　李迪前

## 国网常德供电公司

总经理　张亚林
党委书记　胡毕正
副总经理　曾建平
副总经理　李　军
副总经理　张　欣
纪委书记、工会主席　孟朝晖

总工程师 彭仁根
总会计师 李中正

## 中国邮政集团常德市分公司

党委书记、总经理 汤文美
副总经理、纪检书记、工会主席 陈明君

## 电信常德分公司

总经理、党委书记 裴杰
副总经理、纪检书记、工会主席 莫敏鹰
副总经理 郭勇
副总经理 张富强
副总经理 陈士勇

## 移动常德分公司

总经理 欧成
副总经理 彭波
副总经理 李定平
总经理助理 欧秀峰

## 联通常德分公司

总经理 濮方捷
副总经理 彭茗
副总经理 欧文敏
副总经理 张凯波
副总经理 刘刚

## 湖南盐业股份有限公司常德市分公司

总经理、书记 苏倪华
副总经理 赵建军
副总经理 杨帆
副总经理 陈玉俊

## 常德市烟草专卖局（公司）

党组书记、局长、经理 肖纲超
党组成员、副经理 谷吉祥
党组成员、纪检组长 刘存建
党组成员、副经理 宁尚辉
党组成员、副局长 李云华

## 新华书店常德分公司

总经理、党委书记 蔡立乐
副总经理 蔡云
副总经理 胡大明
副总经理 张勇

## 湖南文理学院

党委书记 魏饴
党委副书记、校长 谷正气
党委副书记 李敏
党委委员、副校长 张大顺
党委委员、副校长 龚作奇
党委委员、副校长 姚春梅
党委委员、副校长 龙献忠
党委委员、纪委书记 曾言
党委委员、副校长 郭国强

## 人民银行常德中心支行

党委书记、行长 曾涛
党委委员、副行长 向际忠
党委委员、副行长 钟昌彪
党委委员、副行长 王晓军
调研员 曹丕铭
调研员 吕北回
副调研员 陈义友
副调研员 李章林
副调研员 刘伟华
副调研员 田富安

## 常德银监分局

党委书记、局长 聂先明
党委委员、纪委书记 孙孝文
党委委员、副局长 聂新华
党委委员、副局长 付先政
监管调研员 陈斌

## 农业发展银行常德分行

党委书记、行长 谭炳仁
党委副书记、副行长 郑秋武
党委委员、副行长 唐近东
党委委员、副行长 李明

## 工商银行常德分行

党委书记、行长 焦成军
党委委员、副行长 刘忠敏
党委委员、纪委书记、工委主任 万立民
党委委员、副行长 汪纯
党委委员、副行长 田利民
党委委员、副行长 唐义忠

## 农业银行常德分行

党委书记、行长 蒋祁
党委委员、副行长 彭锦波
党委委员、纪委书记、副行长 谢国庆
党委委员、副行长 谭军
党委委员、副行长 郑立峰

## 中国银行常德分行

行长 徐万军
副行长 毛鹏
副行长 魏勇
副行长 陈春晖
副行长 周继列
督导 鄢彩霞

## 建设银行常德分行

党委书记、行长 曾祥松
纪委书记、党委委员、副行长、工会主任 施新华
党委委员、副行长 李强
党委委员、副行长 唐勇
党委委员、副行长 刘志卓
党委委员、副行长 何扬禄

## 交通银行常德分行

行长 李绍球
副行长 曹璐璐
副行长 胡琼

## 湖南省农村信用社联合社常德办事处

党组书记、主任 王小洪
党组成员、副主任、纪检组长 高仕贤
党组成员、副主任 胡三立

## 兴业银行常德分行

行长 尹爱兵
行长助理 文青山
行长助理 杨祖智
行长助理 李思颖

## 常德桃花源机场

总经理 何学君
党委书记 符晓涛
副总经理 郭高生
副总经理 杨智
工会主席、纪委书记 彭国军

## 常德烟草机械有限责任公司

董事长、总经理　周诗伟
党委书记　秦继玉
总会计师　熊卫国
纪委书记、工会主席　杨新安
副总经理　鲁方霞
副总经理　高绪洲
副总经理　严重阳

## 湖南省棉花科学研究所

党委书记、所长　李　毅
党委副书记、副所长　张志刚
党委委员、纪委书记　肖立一
党委委员、正处级干部　李景龙
党委委员、总农艺师　李育强
党委委员、副所长　赵瑞元
党委委员、副所长　杨　明

## 湖南华南光电（集团）有限责任公司

总经理　谭新禄
党委书记、工会主席　万　毅
副总经理　徐　峤
党委副书记、纪委书记　叶宏珍
副总经理　李方钊
总会计师　时勤功

## 湖南省湘澧盐化有限责任公司湘澧盐矿

董事长、党委书记、总经理　魏　敏
党委副书记、纪委书记、工会主席　刘春华
副总经理　黄　勇
副总经理　张　胜
副总经理　刘行忠
财务总监　刘小左
副总经理　蔡征林

注：
1. 单位排名不分先后。
2. 名录由各相关单位提供。

# 中国共产党常德市委员会

## 综　述

【概况】 2015年是“十二五”的收官之年。中国共产党常德市委员会认真落实“四个全面”战略布局，坚决执行中央和省委省政府的决策部署，坚持稳中求进工作总基调，扎实推进新常德新创业，深入打好民生升温、园区攻坚、城市提质“三大战役”，推动经济社会发展迈上新的台阶，主要经济指标保持全省先进位置。全年完成地区生产总值2720亿元，增长9.0%；一般公共预算收入突破200亿大关，增长14.5%；固定资产投资1840亿元，增长19.2%；城乡居民人均可支配收入分别达到24400元、11700元，增长7.9%和9.0%。

2015年，常德市大力发展文化旅游战略性产业，柳叶湖、桃花源的一系列重点项目扎实推进，成功举办2015年中国湖南国际旅游节；大力抓好招商引资，重点对接引进战略投资，与10多家央企签订战略合作协议；大力加强以交通为重点的基础设施建设，黔张常铁路、沅澧快速干线开工建设，石长铁路复线年底竣工，桃花源机场扩建完工，市城区80千米高速环线全线贯通；大力推进城市提质，入选全国海绵城市建设试点城市，打造出柳叶湖环湖、武陵阁步行城、芦荻山出城口、机场大道、桥南商圈等一批城市建设新亮点；大力实施幸福常德一号工程，城乡饮水安全在全省率先实现全覆盖，全国农村饮水安全工作现场会推介了常德市工作经验；大力探索基层社会治理创新，加大“3+N”完美社区和“3+X”美丽乡村建设力度，中央党建工作领导小组《党建要报》推介了常德市的做法。

开展“三严三实”专题教育。认真组织党委（党组）书记讲党课。按照精心准备、联系实际、深挖根源的要求，组织全市县处级以上领导干部结合“三会一课”，讲授党课1100多堂次，有力促进党员干部深刻理解“三严三实”的重大意义和深刻内涵，增强践行“三严三实”的思想自觉和行动自觉，收到了以学促行的良好效果。深入开展专题学习研讨。紧紧围绕严以修身、严以律己、严以用权三个专题，组织开展高质量的学习研讨，达到了相互启发、触及灵魂、共同提高的目的。坚持边学习研讨、边整改问题，扎实抓好群众路线教育实践活动后续整改工作和“不严不实”突出问题的整改落实。切实抓好“一进二访”活动。组织2400多名科级以上领导干部进村入户、访困问需、访贫问计，结对帮扶困难群众1.3万户，送去帮扶资金2700多万元。探索实行党的报告员制度。以领导干部为主体组建2500多人的报告员和特聘报告员队伍，定期不定期到基层群众中面对面报告工作，把党委政府干什么、倡导什么传达下去，把基层群众想什么、需求什么收集上来，开展宣讲1200多场次。

打好“三大战役”。一是打好民生升温战役。着力抓完美社区建设，规范完善“3+N”完美社区治理模式，新建能力建设项目77个，新建网格党支部144个。着力抓美丽乡村建设，百村示范、千村创建、村村整治行动扎实开展，一批基础建设、产业发展、环境整治项目深入实施。着力抓教育卫生三年攻坚，改造农村薄弱学校127所，新建改扩建市城区中小学及幼儿园28所，完成171所农村寄宿制学校配套建设，高考再次取得文科全省第一、理科全省第二的好成绩；市城区医院、县级医院和社区卫生服务中心新建改建进展顺利，湘雅常德医院完成主体工程，人口与计划生育事业稳步发展。着力抓饮水安全，实施饮水安全工程建设498处，解决了136万人的饮水安全问题，城乡饮水安全在全省率先实现全覆盖。着力抓扶贫攻坚，深入实施贫困村六件实事和新六件实事行动计划，完成扶贫项目投入5.1亿元，帮助12万人稳定脱贫。着力抓社会事业发展，加强创业就业工作，新增创业主体2.2万户，新增城镇就业3.8万人；稳步提升社会保障水平，大病保险、公立医院综合改革等试点有序推进，困难群众基本生活保障更加有力；开展蓝天碧水净土行动，国家森林城市、全国绿化模范城市建设扎实推进，生态环境质量总体持续改善；实施文化体育惠民工程，市青少年活动中心、妇女儿童发展中心、科技展示中心建成开馆，丁玲纪念馆、市博物馆等项目顺利实施，常德市输送的运动员杨玉洁获得世界蹦床锦标赛女子单跳团体金牌。二是打好园区攻坚战役。规模工业增加值突破千亿大关，增长7.2%。增强园区创新能力，市财政投入5000万元支持高新区孵化器建设，创建国家级高新区工作进入整改培育阶段，全市新认定高新技术企业10家、总数达到97家，高新技术产品增加值达到220亿元、增长25%，获批省级院士工作站1家，建成创业孵化基地2.5万平方米。培育园区主导产业，各园区开工建设亿元以上项目26个，完成投资157.1亿元，完成园区规模工业产值1370亿元，增长12.1%。加强园区招商引资，与中国兵装集团、华侨城集团、华电集团、恒天集团、中国建材、国新控股等央企签订战略合作协议，全市引进内外资总额610亿元，增长10.7%。完善园区基础设施，完成园区基础建设投入55亿元，开工建设标准化厂房150万平方米，全省创新创业园区“135”工程暨洞庭湖生态经济区建设推进会在常德市召开。三是打好城市提质战役。继续擦亮“三改四化”品牌，实施小街小巷互联互通工程，扎实推进城市内河水系改造，开工改造棚户区3.6万户，绿化、美化、亮化、数字化同步推进，武陵阁步行城美化二期工程即将完工。加快推进海绵城市建设试点，规划三年内建设项目125个、投资266亿元，已启动建设项目79个。加快完善城市交通网络，机场大道出城口、白鹤山出城口建成通车，芦荻山出城口春节期间可通车，河洑山出城口加快建设，市城区东西、南北“两条轴线”和“四张大门、四张侧门”的畅通格局已经形成。谋划推进柳叶湖现代服务业园区、环境科学园、生命科学与健康产业园、阳明湖、丹洲生态城等重大项目，汉诺威街、大小河街、江南风光带等项目开工建设。从规划引领、项目建设、体制创新等方面加大支持力度，县城和重点小城镇扩容提质步伐进一步加快。

全面深化改革。认真落实中央、省委部署的65项改革任务。市县机构改革基本完成，乡镇区划调整改革完成乡镇合并，涉法涉诉信访体制改革经验在全国推介，国企国资改革、投融资体制改革、公共资源交易体制改革、行政审批制度改革稳步实施。扎实推进市里确定的10项自主改革。“3+N”城市基层社会治理模式在市城区全面构建，城市管理体制机制进一步理顺，园区“一权两制一司”运行机制进一步完善。积极承接中央、省里部署的改革试点。澧县农村土地经营权抵押贷款试点经验在全省推介，社会信用体系建设、桃源县陬市镇行政管理体制改革等试点初见成效。

项目建设。谋划推进十大基础设施项目、十大产业项目、十大城建项目、十大战略性产业项目等“四十大项目”，督促各区县（市）和市直有关单位分别抓好十个重点项目，市委常委会成员带头联系重大项目，采取深入调研、现场办公、联系对接等方式，帮助解决项目建设中的突出问题，掀起了抓项目、稳增长、促发展的热潮。全市500个重点项目完成投资1030亿元，超额完成年度建设任务。

帮扶企业。制定《关于促进非公有制经济发展的若干意见》，扎实开展5月“基层服务月”和“千名领导干部联系服务千家企业”活动，全体市级领导和市直单位主要负责人深入企业车间、项目一线，点对点帮助排忧解难。认真落实中央和省委省政府出台的政策措施，编印《政策清单》，做到用政策武装干部，把政策交给群众，以政策促进发展。

发展战略性产业。成立旅游战略性产业和文化创意产业两个推进小组，增加产业发展专项资金，加快文化旅游和文化创意产业发展。重点瞄准“一城三区”，启动实施文化旅游产业三年攻坚计划，与华侨城合作的第一个项目常德欢乐水世界6月6日开园，三个月门票收入近亿元，多家中央媒体推介了常德市发展美丽经济的经验。全市接待国内外游客增长22.3%，旅游综合收入增长26.9%。谋划实施文化创意产业十大精品工程，促进文化事业和文化产业协调发展。

完善基础设施。交通方面，黔张常铁路开工建设，石长铁路复线于2016年1月建成通车，长益常高铁、常岳九铁路、宜石常铁路积极推进，桃花源机场扩建完工，荆常高速全线通车，沅澧快速干线一号、二号、六号大道开工建设，新建改建干线公路188千米，建成农村公路310千米，改造病危桥139座。水利方面，完成投入40.5亿元，实施堤防加固、水库除险、中小河流治理等各类水利工程4.9万处。能源方面，华电常德电厂一期投产发电，天然气管道实现县县通。信息方面，完成社会管理综合信息平台、智能交通、数字防控系统建设，城乡一体的宽带网络建设加快推进。

“三农”工作。积极推进农业的规模化、高端化、智能化、服务化，全市有序流转耕地1540平方千米，新增农民合作社388家、“三品一标”认证64个、中国驰名商标3个、规模以上农产品加工企业31家，粮食、生猪、水产、蔬菜、林业五个“双百亿”产业提质增效，常德农业科技园成功获批国家级农业科技园，桃源县建成常德市第二个国家级现代农业示范区。

发展县域经济。支持县域重点项目建设，实施县（市）重点工程277个，完成投资526.4亿元，超额完成年度任务。进一步推进扩权强县，向区县（市）下放投资项目核准权限8项，取消投资项目市级核准权限30项。扎实推进津澧融城，津澧国家中小城市综合改革试点有序实施。

平安建设。一是全面推进依法治市。认真学习贯彻党的十八届四中全会精神，通过集中宣讲、专题研讨、媒体报道等多种形式，掀起了贯彻全会精神的热潮。推进依法行政，加大简政放权力度，制定完善权力清单、责任清单和负面清单，创新执法监管模式，行政效能和服务水平进一步提高。推进公正司法，继续深化司法体制改革，优化司法职权配置，加强司法队伍建设，切实增强法律权威，维护社会公平正义。推进全民守法，创新法制宣传教育方式，深入开展“法律六进”活动，“六五”普法工作顺利通过省里验收，全社会法治氛围进一步增强。二是着力强化安全维稳。认真落实综治维稳责任，加强源头性服务管理，开展社会稳定风险评估，有序化解各类社会矛盾。着力构建打防管控一体化的社会治安防控体系，严厉打击各类违法犯罪行为，加强特殊人群服务管理，市城区恶性案件、“两抢一盗”案件大幅度下降。严格落实领导干部带队检查安全生产工作制度，深入开展重点领域隐患排查治理，铁腕打击非法违法和违章违规生产行为，安全生产事故和死亡人数实现“双下降”。三是全力做好防汛抗旱减灾工作。加强水情雨情分析，强化防汛抗旱措施，妥善安置受灾群众，发挥驻常部队防汛抢险突击队作用，成功抗击6月初强降雨引发的山洪地质灾害，有力应对7月下旬至9月上旬的局地干旱，把灾害损失降到了最低程度。

党的建设。一是深入学习贯彻习近平总书记系列重要讲话精神。把学习贯彻习近平总书记系列重要讲话精神，列入党委中心组学习的重要内容，纳入党校干部培训的重要内容，组织开展多层次、大规模的干部集中培训，领导干部的政治理论水平进一步提高。二是着力抓好宣传思想工作。积极推进社会主义核心价值观建设，深化思想道德建设和文明创建活动，讲述常德好故事，传播常德好声音。组织开展“新常德新创业两周年”“弯道超越中的新常德”等主题宣传活动，凝聚发展正能量。加强网络舆情监管，建立健全“网上舆情、网上网下联动处置”机制，妥善处置各类网络舆情。三是严格标准严肃纪律做好干部选拔任用工作。全面贯彻新修订的《干部任用工作条例》，建立完善“相马、赛马、惜马”选人用人机制，继续推行重点工作观察员和重点企业特派员制度，坚持在新常德新创业的主战场发现、培养和使用干部。全年研究调整异动干部860人，其中提拔重用111人，平职交流393人，提前退休和提任调研员356人。同时，向省委推荐提拔厅级干部8名。强化干部监督管理，严格执行领导干部个人有关事项报告和问责制度，对159名拟提拔重用县处级领导干部报告个人事项进行抽查核实，根据核实情况责令54名领导干部写出书面检查，其中诫勉1人、暂缓提拔7人。继续大力整治“三超两乱”，以政府机构改革为契机，畅通干部“下”的渠道，全市消化超职数配备干部1008名。认真开展“带病提拔”倒查、“裸官”清理、领导干部在社会组织和企业兼职、干部档案审核等专项工作，进一步严明干部人事纪律，匡正选人用人风气。四是注重夯实基层党建基础。认真落实基层党建工作责任，制定下发《区县（市）党委书记抓基层党建工作责任清单》，要求市县两级党委常委联县联乡联村抓党建，市县组织部门全员抓党建，将党建工作与干部任用挂钩，推动形成了上下联动、从严从实抓好基层党建的新常态。扎实推进农村基层党建“八大建设”，着力解决思想、组织、队伍等农村基层党建难题，市财政安排专项资金奖补村级集体经济发展。强化基层运转保障，全市村年均运转保障经费提高到8万元，村党支部书记年均报酬提高到1.6万元。推行“六个一批”建强村党组织带头人队伍，全市共推选133名外出务工经商人员、退休干部担任村党组织书记。下大力整顿软弱涣散基层党组织，采取领导联点、部门帮扶、选派第一书记等办法，促进316个软弱涣散基层党组织转化升级。重视抓好基层干部群众学习教育，组织全市乡镇党委书记到浙江大学进行集中培训，选送农民大学生1025名，按每村3000元标准保障远教站点维护经费。五是持续推进党风廉政建设。认真组织学习《中国共产党廉洁自律准则》《中国共产党纪律处分条例》。着力加强制度建设，出台落实“两个责任”实施办法、责任追究以及检查考核实施方案，建立完善签字背书、专题报告、检查考核等制度，对167人实施党风廉政建设责任追究。扎实推进纪律建设，重点是结合市政府机构改革和乡镇区划调整改革，在市直单位特别是涉改单位大力开展以改作风、定责任、定目标、定规矩、定决心为主要内容的“一改四定”工作，在乡镇大力开展以转变乡镇职能、定职能职责、定发展规划、定机构编制、定纪律规矩为主要内容的“一转四定”工作，促进各级领导班子和党员干部严守纪律、真抓实干。大力整治“四风”突出问题，深入开展违反中央“八项规定”、省委“九项规定”、市委“十项规定”系列专项整治，查处问题131起158人。稳步推进纪律检查体制改革，撤销原有6个纪工委（监察分局），对首批36家市直单位实行单独派驻。始终保持惩治腐败的高压态势，市县两级纪检监察机关立案1253件，给予党纪政纪处分1330人。积极支持配合省委巡视组的工作，认真整改省委巡视组反馈的17个问题。

在抓好经济社会发展的同时，市委把科学谋划“十三五”发展摆在突出位置，做到提前介入、提前部署、提前调研、提前动手。在广泛征求各方面意见建议的基础上，召开市委六届十三次全会，审议通过了《中共常德市委关于制定常德市国民经济和社会发展第十三个五年规划的建议》。（庞　飞）

**【市委六届十二次全委（扩大）会议】** 2015年7月24日，市委六届十二次全委（扩大）会议召开。市委书记王群代表市委常委会作工作报告，会议传达了省委十届十三次全委（扩大）会议精神，总结全市上半年工作，重点谋划和部署下半年工作，市委副书记、市长周德睿主持会议。（庞　飞）

**【市委六届十三次全委（扩大）会议】** 2015年12月10日，市委六届十三次全委（扩大）会议在柳叶湖旅游度假区行政中心一楼会议室召开。市委书记王群代表市委常委会作工作报告。会议全面总结2015年工作，审议通过了《中共常德市委关于制定常德市国民经济和社会发展第十三个五年规划的建议》。市委副书记、市长周德睿就关于《中共常德市委关于制定常德市国民经济和社会发展第十三个五年规划的建议》做了说明。

（庞　飞）

## 纪检监察工作

**【概况】** 推动“两个责任”落实。

市委出台“两个责任”实施办法、责任追究办法及检查考核实施方案，召开全市落实“两个责任”专题会议，加大舆论宣传力度，增强各级领导干部责任意识。完善落实主体责任的工作机制，建立并严格执行责任清单、签字背书、约谈、专题报告、检查考核等制度，确保主体责任落到实处。对全市落实“两个责任”情况进行督导检查，整改突出问题20多个，督促各区县（市）和市直单位每半年向市委、市纪委报告一次落实“两个责任”情况。市委、市政府领导身体力行落实主体责任，带队开展检查考核。把2015年定为全市“责任追究年”，对履行党风廉政建设“两个责任”不到位的，严格实行“一案双查”，共追究主体责任42人、监督责任17人，释放了“有责必问、问责必严”的强烈信号。各地各部门党组（党委）均建立主体责任清单，层层签订党风廉政建设责任状和个人承诺书，每半年报告一次履行主体责任情况，构建起横向到边、纵向到底的主体责任体系。

作风建设。认真贯彻落实中央“八项规定”、省委“九项规定”和市委“十项规定”，持之以恒推进干部作风建设。重申和严明党政机关公务接待有关纪律规定，全市“三公”经费同比下降26%，连续两年大幅下降。针对收送节礼、公款大吃大喝、滥发津补贴、不作为乱作为等9类突出问题，建立市县联动交叉督查机制，紧盯重要节点开展明察暗访和“点穴”式检查。把解决为官不为、确保政令畅通作为2015年作风建设的一项重点来抓，市纪委制定《落实放权助推项目建设再监督再检查工作方案》，组织专项督查，责令5家存在不作为乱作为问题的单位进行认真整改。全市共查处违反中央“八项规定”精神问题169起，处理244人，给予党纪政纪处分141人。着力整治群众身边的“四风”和腐败问题，组织开展扶贫开发、征地拆迁、移民安置、救助救济、危房改造等12个方面的专项治理，共查出涉农资金分配管理使用中的违纪违规问题42个，涉及违规资金3.3亿元，处理处分209人。

违纪查处。市委常委会先后4次研究案件查办工作，市委定期召开反腐败协调小组会议，强化反腐败职能机关之间的协作，凝聚反腐败工作合力。持续加大纪律审查力度，全市共受理群众信访举报3430件次，其中市本级受理2704件次。立案1283件，结案1267件，给予党纪政纪处分1330人，同比分别增长52%、63 %、74%，移送司法机关26人。其中，市纪委查处处级干部50人，同比增长150%。加强反腐败追逃追赃，全市追回在逃党员和国家工作人员6名、劝返3名。改进纪律审查方式，严格按“五类标准”处置问题线索，运用监督执纪“四种形态”，抓早抓小、快查快结。出台《关于党纪政纪处分决定执行工作试行办法》，加强对纪律处分执行的监督检查。

教育监督预防。突出抓好纪律教育与警示教育，组织学习廉洁自律准则、纪律处分条例等党内法规，组织19家重点单位2200多名党员干部到武陵监狱接受警示教育。运用新闻媒体，加强反腐倡廉舆论宣传和网上引导。积极配合省委巡视组工作，督促相关部门整改17个方面的突出问题，立案查处党员干部违纪案件13起。对市民政局等5家单位进行集中巡查，发现并督促整改问题88个，移交案件线索6条。扎实推进市属国有企业廉政风险防控，选取重大项目安排、大额资金运作等10个重点事项进行风险防控。坚持用制度管人管事管权，建立健全各个方面的管理制度，把权力关进制度的笼子里。认真开展预防腐败调查，对市园林局等单位提出整改意见建议14项。严格执行《党政领导干部选拔任用工作条例》，围绕解决机构编制“三超两乱”问题，组织开展专项整治行动，共清理超职数配备干部309名。认真开展“裸官”清理、领导干部在社会组织和企业兼职以及干部档案审核等专项工作，进一步严明干部人事纪律，匡正选人用人风气。

自身建设。在全省率先推进市纪委派驻机构改革，首批对36家市直单位派驻纪检组，由市纪委直接领导并实行人、财、物、事一体化管理。认真落实“两个为主”要求，指导县级纪委完成内设机构调整，各区县（市）纪委一线监督执纪人员均达到60%以上。把2015年定为全市纪检监察干部“素质提升年”，组织副处级以上干部到北京大学接受专题培训，举办办案骨干培训班和乡镇纪委书记培训班，开展市纪委机关“月月业务讲堂”等活动，全市1400余名纪检监察干部中，受训面达到60%以上。出台纪检监察干部监督工作实施细则等内部监督制度，定期开展明察暗访，严肃查处了纪检监察干部违规办案、违规赈酒、工作失职等典型案件，进一步严明了纪律，净化了队伍。（李昌伟）

**【市纪委派驻机构改革】** 2009年7月，省纪委决定将常德市“作为省纪委、省监察厅对市一级纪检监察派驻机构管理体制改革的试点”。2010年2月，市纪委市监察局六个纪工委监察分局正式挂牌运行，市级纪检监察派驻机构统一管理体制改革进入新的阶段。虽然派驻机构统一管理体制改革给常德市的纪检监察工作带来了活力，取得了一定成效，但在实际运行中，也还存在思想认识不统一、工作关系不明晰、监督者与被监督者之间信息不对称、派驻机构干部出口不畅等问题。2014年，开始调研谋划深化市纪委派驻机构改革工作，2015年正式启动深改工作，2015年2月省编办批复同意撤销六个纪工委监察分局。2015年10月，市纪委对市政府组成部门、市中级人民法院、市人民检察院、市直机关工委36家单位派驻纪检组，派驻机构实行统一名称，规范设置，由市纪委直接领导、统一管理，派驻机构对市纪委负责。同时，充分吸收2009年统一管理体制改革的一些成功做法，在派驻机构管理上实行“四统一”，即统一编制职数、统一干部调度、统一经费保障、统一考核奖惩，由市纪委实行人、财、物、事一体化管理，有利于增强派驻机构履职的独立性和权威性。

改革后，36个派驻机构确定78个行政编制，每个纪检组设组长、副组长各1名，成员1～2人，体现了精简、高效的原则。把36个派驻机构分片设置成5个协作组，原则上以协作组为单位开展联合检查、协作办案、交叉巡查等工作，使派驻机构由“单兵作战”转变为“兵团作战”。同时，为避免同一单位派驻时间过长导致“熟人监督”的问题，规定派驻机构主要负责人在同一单位同一职位连续工作满3年、其他工作人员在同一单位同一职位连续工作满5年的，必须轮岗交流。纪检组进驻后，很快进入角色，大胆履行监督执纪问责职责，如市发改委立案1起，市住建局办理信访5件，市国资委办理信访3起，市财政局开展了一次工作纪律暗访督查等，在较短的时间内树立了工作权威。本次改革为下一步实现派驻机构全覆盖奠定了坚实的制度基础。作为全省唯一一块市州纪检派驻机构统一管理体制改革的“试验田”，也为全省派驻机构改革做出了有益的探索，积累了宝贵经验。（李昌伟）

2015年10月15日，召开市纪委派驻机构改革工作会议

## 市委办公室工作

【概况】 2015年，常德市委办公室继续大力开展“创先争优无差错”活动，进一步强化制度建设与干部作风建设，有力地促进了业务水平提升与工作作风改善，被市委、市政府评为绩效评估优秀单位。

调查研究。围绕深入推进新常德新创业，加快全面建成小康社会，开展以规模工业运行、完美社区建设、招商引资、扶贫攻坚等为主题的4次专题调研，形成《当前规模工业运行困难应引起高度重视》《创新城市基层社会治理建设“3+N”完美社区》《对接战略投资促进经济增长》《精准发力打赢扶贫开发攻坚战》等一批高质量调研成果。协助起草市委经济工作会议、市委全会等各类会议材料80多篇40多万字，起草其他各类文稿50多篇30多万字，整理领导讲话录音50多篇20多万字。大力推介工作经验，编发市委《内参》12期。积极向上报送各类文稿，向省委办公厅上报各类经验材料10多篇，13篇文稿被省级以上报刊采用。

信息报送。坚持紧跟上级要求，紧贴领导需求开展信息服务，全年共编辑《每日要情》246期、《综合与摘报》12期、《重大信息专报》37期，组织上报信息5500余条，除紧急信息外，被中办、省办采用150条，排名全省第五名，被评为全省党委信息工作先进单位。加大决策咨询类信息和问题建议类信息的编辑报送力度，得到市级领导批示15次。通过信息渠道加大对常德重点工作、典型经验的推介宣传力度，先后围绕“三严三实”、三大战役、完美社区、安全饮水、旅游文化节等市委、市政府重点关注的特色重点工作，组织报送一批有分量的信息。加强“四大家”信息机构之间以及与一些重点信息单位的沟通联系，加强统筹协调，实现资源共享。

督查工作。围绕市委的重大决策部署开展工作，组织作风建设、重点工程建设、完美社区建设、精准扶贫、乡镇区划调整等大型决策督查活动15次，督办市委常委会议纪要和市委常委办公会议纪要决策事项，编发《督查通报》28期。办理省委领导批示件15件，市委领导批示件106件，全部到期办结，其中现场督办领导批示件35批次。组织办结市人大代表建议28件、市政协委员提案60件，到期办结率100%。办理省委督查室下发的有关网络舆情的领导批示件24件。积极服务上级督查调研活动，为3批省委、省政府督查组和5批省委、省政府调研组来常督查调研搞好协调服务工作。为主编发《市委常委、副市长半月工作日志》24期。认真开展督查调研和民情调查，向省委上报调研报告10篇，其中4篇被省委督查室采用。

办文办会。全年共制发各类公文213个，办理各类非涉密文件电报459个，请示报告25个，接收、分发、传阅、管理和回收各类机要文件152个14400份，整理各类档案70盒1900件，办理档案查询服务400余人次，被评为全市档案工作先进单位。组织开展全市党委机要文件清退工作，共清退200多个受文单位各类文件11350份。按要求开展党内规范性文件备案工作，共向省委报备市委党内规范性文件23个，受理、审查、回复各区县（市）委和市委部门报备党内规范性文件143个，被评为全省党内规范性文件备案工作优秀单位。承办市委常委会议26次，编写市委常委会议纪要19期，编写市委常委办公会议纪要14期。牵头承办市委全会、市委经济工作会议、全市领导干部大会等一类会议15次，承办一般会议近30次，承办市委主要领导调研活动50次，先后完成了省委、省政府领导到常德考察等重要接待数十次。

机要保密。办理各类明码电报2444个、密码电报2294个；加强密码通信演练，进行紧急重要电报演练5次，应急

密码通信演练4次；开展县乡通信升级换代试点，确保县乡通信安全；两次派人参与省委机要局组织的“县级密码部门风险评估”和“国家贫困县密码工作”等调研课题；一人参与省委机要局组织的信息安全检测培训，通过中办机要局密码专家培训。强化密码工作安全保障，在全省进行经验交流，被评为全省密码工作先进单位。保密工作以“六个一”活动为主线，通过狠抓组织领导、主体责任落实和队伍建设，进一步强化组织保障。以平台建设为基础，完善市级保密技术监管平台功能，健全保密工作流程，优质高效服务企业和重大涉密事项，进一步强化保密技术监管能力。以定密管理为契机，加强保密常识教育和意识教育，开设保密教育课13堂，培训人数300多人次。领跑全省保密学刊用刊和宣传推介工作，在《保密工作》刊登综合材料2篇、简讯4篇，在《湖南保密》刊登综合材料10篇、信息18篇。以检查查处为抓手，开展保密工作专项检查、国有企业保密管理等6项检查，检查102家单位的保密要害部门部位416个、办公网17个，核查计算机653台，清查涉密文件1385份，查封违规处理涉密信息的外网计算机4台，发《限期整改通知书》27份。

后勤保障。围绕海绵城市建设试点院落及改善机关环境两个中心，投资200多万元完成市委机关海绵城市院落改造建设前期测绘及规划、市委一号楼前坪生态停车坪及绿化改造、市委老干活动中心维修改造、市委机关食堂外墙及屋顶维修改造、市委北面围墙维修等。加强机关安全保卫，与市维稳办、市信访局建立情报共享、碰头会商等机制，全年共接待群众来访469批1003人次，有效化解和处置集访30批330人次、非法上访26批70人次，确保机关正常办公秩序。认真落实老干部政治生活待遇，全年慰问老干部80多人次，报销医疗费30多万元，组织老干部开展摄影采风、诗书画展、门球比赛等活动40余次，被评为全市老干部工作先进单位、老干部宣传工作先进单位、老年人体育工作先进单位。严控“三公”经费支出，合理安排收支、严格报账管理，确保了16家报账单位各项资金安全准确和正常运转。坚持科学调度、严格管理，全年共出动车辆6000余台次，安全行车42万多千米，有效杜绝各类安全事故的发生，保证日常办公的用车需求。 （庞　飞）

## 组织工作

**【概况】** 开展“三严三实”专题教育。履行牵头组织之责。抓好书记讲党课开局起步、开展三次专题研讨、“一进二访”活动、专题民主生活会等关键动作，开展“服务基层月”系列活动。市委常委及其他党员市级领导带头讲党课，带头作研讨发言，带头进村入户、服务基层。与重点项目、重点企业、美丽乡村和完美社区建设点、扶贫攻坚点结对486个，全市2400多名科级以上领导干部进村入户、访困问需、访贫问计，结对帮扶困难群众1.3万户，送去帮扶资金2700多万元。抓好群众路线教育实践活动后续整改工作和“不严不实”突出问题整改落实。

领导班子和干部队伍建设。全年选送129名领导干部参加中组部、省委组织部以及省直部门各类培训班。市本级举办2期乡镇党委书记轮训班；举办主体班10期，培训498人；举办清华大学依法治市专题培训班1期、湖南师范大学年轻干部素质提升自主选学培训班2期。出台《关于在干部教育培训中进一步加强和改进党性教育的实施意见》。推进干部选拔任用工作规范化。贯彻新修订《干部任用条例》，建立健全市管干部选拔任用工作流程。落实干部预审“三个一律”要求，受理选拔干部任用事项22批次，对超职数配备及违规高配15名对象进行否决。结合实际在县以下机关全面推行职务与职级并行工作。执行军转干部安置政策，共安置军转团职干部21名，其中正团职6名、副团职15名。开展干部档案专项审核工作，完善干部任前档案审核工作流程。开展省管、市管干部年度考核，加强公务员平时考核。培养选拔年轻干部。实施“墩苗”工程，市、县之间相互挂职19人，选派6名科级干部到中关村管委会及有关园区挂职锻炼。县处级党政班子中已配备“80后”正处级单位正职1人、“70后”县委副书记3人、“70后”常务副区县(市)长4人，48个政府机构改革涉改单位领导班子中有26个班子配备“70”后干部；配备正处级单位党政正职女干部7人；配备正处级单位党外正职2人、副处级单位党外正职4人；从每个区县（市）推荐1名以上38岁以下乡镇（街道）党委书记提拔重用；招录公务员539人，其中法检66人、选调生38人。推进政府机构改革。执行上级有关政策，出台市管干部人事安排工作原则意见，配套制定激励干部退出领导班子实施细则，按期完成政府机构改革人事安排工作任务。提拔重用市直单位正职干部26人；按照省委政策，提前退休9人；按照市里政策，329名县处级干部退出现职。研究制定市直和区县（市）科级干部相关激励政策。加强干部监督管理。实施“三责联审”机制，对市管领导班子和主要领导干部全面推行重大决策责任审核、选人用人责任审查和任期经济责任审计。全年共对22家市直单位及其主要负责人进行“三责联审”，收集有关问题线索50多条，对2名不宜继续担任“一把手”干部进行组织调整，对6名干部进行提醒谈话，对1名干部问题线索移交纪检部门。严格执行领导干部个人有关事项报告和问责制度，全市共随机抽查203名市管领导干部，对抽查核实情况进行通报并组织领导干部学习。落实“凡提必核”要求，对159名新提拔重用县处级领导干部报告个人有关事项进行抽查核实，责令54名抽查核实结果不一致领导干部写出书面检查，其中诫勉1人、暂缓提拔7人。开展违规办理和持有因私出国（境）证件专项治理，举办业务培训班，对13名未经批准擅自出国（境）领导干部进行批评教育，对1名违规出国（境）领导干部进行立案调查。开展“三超两乱”整治，全市共消化超职数配备干部1008人，其中处级领导职务126人、处级非领导职务89人、科级领导职务230人、科级非领导职务563人。

党的基层组织和党员队伍建设。推进“八大建设”，全面强化农村基层党建。出台《关于整体推进“八大建设”、强化农村基层党建的意见》，推行33条硬举措。全年全市村平保障经费提高到8万元以上，农村社区提高到10万元以上，全市同比增加5698万元；市县财政采取以奖代投形式，投入资金400万元，新建村级活动场所30个、提质19个；建立农村惠民项目和困难党员帮扶专项资金，财政安排每村每年不少于3万元惠民资金，安排近300万元困难党员帮扶资金。市、县组织部门聚焦党建工作，建立全员抓党建制度。市委组织部部务会成员每人联系一个区县（市），每个科室负责联系1个乡镇、1个村进行指导，深入50%以上乡镇进行现场指导督促。完善“三员制度”。2015年，市委决定建立党的报告员制度，深入基层讲党课、送政策。市委聘请特聘报告员21名，104家市直单位均建立3～5人报告员队伍，党组织书记为首席报告员，全年开展专题报告1100余场次。完善企业特派员制度，从市直机关单位中挑选15名副处级干部担任特派员，派驻纳入“1115”工程等骨干企业指导企业党建工作，协调解决重大问题。完善重点工作观察员制度，选派市委组织部12名机关干部担任观察员，深入重点工程、重点项目一线，观察了解干部现实表现情况，反映问题和情况75项，提出工作建议51条，帮助协调解决问题15个。完善述职评议制度。制定县、乡党组织书记抓党建工作责任清单，健全述职评议制度体系，对区县（市）委书记和市直单位党组织主要负责人履责抓党建工作开展述职评议。探索农村社区“3+X”社会治理体系，在9个区县（市）各选择1个乡镇试点，建立由社区党工委、社区理事会、社区公司董事会加若干个建制村组织管理体系。推行城市社区“3+N”治理模式，制订《关于推进全市完美社区服务型党组织和完美社区工作规范化建设的意见》，探索建立健全社区党组织、社区居委会、社区工作站“三位一体”和设立若干网格党支部治理模式。全市建立网格党支部1044个，有4.7万名机关党员到社区报到参与活动。推行党员志愿者网上注册制度，组织9138名党员志愿者网上注册并进社区开展服务。坚持“六个一批”，加强农村基层党组织带头人队伍建设。制定《全市2015年发展党员工作指导意见》《发展党员纪实手册》，规范基层发展党员工作。全市各乡镇（街道）均建立党建工作站、党代表工作室。在30个乡镇推行党代会年会制。增强服务功能。提高基层运转保障经费，建立困难党员帮扶和惠民项目专项资金。加大财政投入，对乡镇“五小”设施进行重点建设，全市实现村级组织活动场所“清零”目标。对集体经济空壳村加大扶持力度，市县财政给予奖补，派出工作队进行结对帮扶。排查确定软弱涣散基层党组织316个，采取领导挂点、部门帮扶、选派第一书记、专项整治、结对共建等方法，共选派第一书记672名，推动软弱涣散党组织整顿升级。强化教育培训。市县联动对基层党组织书记进行全面轮训，其中市本级举办全省基层社会党组织书记培训示范班，组织6批次乡镇（街道）党（工）委书记、社区党组织书记以及部分农村党组织书记共931人进行集中培训。启动“农民大学生培养计划”，全年完成招生1026人。

人才队伍建设。开展“进名校、揽英才”活动，举办第十一届民营企业人才交流会，引进博士26名、硕士240名。创建科技创新平台，成功申报省级科技创新平台5家。邀请北京大学博士生服务团到常德市开展专题调研。扶持创新团队建设，重点对20个全市挂牌创新团队创新型人才进行培养，为10个重点创新团队立项支持180万元。20个市级团队新增产学研合作项目46项，申请国际专利1项、国家专利186项，开发工业新产品28个，培育农业新品种3个。开展科技特派员农村创业行动，全年共选派167名科技特派员深入农村基层参与创业行动，组织实施科技开发和产学研结合创新项目63个，推广新技术8个，推广应用新品种3个，培训技术骨干300余人，新建科技示范基地5个，创办经济实体7个。安排产学研专项经费555万元，组织27批58家市内相关企业赴高校院所、25批61名专家教授来常开展对接。开展博士创业行动，全市创新创业博士达141名，其中领办企业24名、技术入股6名，服务企业博士团队24个。

党的建设制度改革。按照省委党的建设制度改革专项小组和市委深化改革领导小组部署要求，结合常德市实际，提出38项改革任务。全年出台21个制度性文件，其中以市委、市委办名义发文4个，以市委组织部或市委组织部联合其他有关部门共同发文11个，以其他部门名义发文2个，形成工作方案2个、内部运行规则2个。在安乡县开展组织评价、群众评价和社会评价三位一体的领导班子和领导干部综合考核评价试点，完成评价指标，形成总结报告。

自身建设。在全市组织系统大力推进以“公、准、严、实、新”为核心组工文化建设，制定《组工干部行为准则》，以“六坚持六严禁”为主要内容，从政治品格、思想作风、工作纪律、生活行为、廉洁自律等方面，对组工干部言行举止做出明确、具体、严格规定。开展主题征文活动，加强思想教育，督促全市组工干部落实《组工干部行为准则》。全面修编《组织工作业务读本》，组工干部人手一册。在全市组织系统开展业务大比武活动，近1100名组工干部参加业务知识测试。开展“读书谈书”活动，培养机关年轻干部学习能力、综合能力和表达能力。深入基层调查研究，全年完成较高质量调研报告50多篇。在常德日报刊发8篇常祖正评论员文章，在常德党建网刊发110篇真言原创网评文章。组织开展“全面从严治党大家谈”网络征文活动，共收到征文257篇，评出获奖作品20篇。在市电视台开辟《美丽乡村、完美社区行——书记来了》电视专栏，全年共宣传18名优秀基层党组织书记、11个优秀基层党组织。（刘　波）

# 宣传工作

【概况】 2015年，市委宣传部被评为全国《党建》杂志宣传工作先进集体，尚一网获得全国地方网络媒体十大最具影响力品牌殊荣，中国丁玲研究会被评为全国先进社会组织，武陵区东江街道新坡社区被评为全国最美志愿服务社区。

服务中心工作。紧扣“三大战役”，组织30多次主题宣传。全年在中央、省级主要媒体和境外媒体上稿3200多条，其中湖南日报社常德分社在《湖南日报》上头版头条23个，居全省首位；常德电视台在湖南卫视上稿242分钟，排全省第二。在《经济日报》头版头条，人民日报社《人民周刊》、求是杂志社《小康》推出专辑，报道常德发展。全年举办新闻发布会52场，组织“海峡两岸媒体来常联合采访”等主题外宣活动20多次。常德丝弦艺术剧院应邀赴联合国总部展演。邀请人民日报海外版、中新社、中国日报、香港文汇报、大公报、香港商报、凤凰网、新华社、中新社、中央电视台、人民日报等中央、境外、省、市70多家主流媒体到常德，深入柳叶湖、石门壶瓶山、桃花源等地采访，开展“海峡两岸媒体联合采访”“外籍记者走进洞庭湖生态经济圈”“湖湘文化之旅”等主题外宣活动20多次，专题宣传“美丽经济”“亲亲常德、浪漫之城”等常德名片。

社会主义核心价值观建设。开展“远学雷锋、近学田工”活动，田工获第五届全国道德模范提名奖，被评为湖南省道德模范，入选全国“邻里守望志愿服务工作成果展”。“布鞋行长”赵一兵被《光明日报》确定为“培育和践行社会主义核心价值观·干部担当”重大典型，石门一中学生郭昱彤被评为全国美德少年，“好丈夫”唐纯清被中国文明网“好人365”栏目专期推介，全市8人入选“中国好人榜”。

城乡精神文明建设。以全省地级市第一名成绩通过全国文明城市测评。市社会劳动保险处服务窗口、武陵区国税局办税服务厅、石门县老干局老干活动中心、鼎城区交警大队车管所被评为省级文明窗口单位，桃源县漳江阁社区、澧县多安桥社区、汉寿县城东社区、石门县新厂社区、武陵区富强社区被评为省级文明社区。推进精神文明建设由城市向农村延伸，省文明办在常德市召开全省农村精神文明建设湘北片区座谈会，推介石门县夹山镇“格言治家”、临澧县停弦渡镇“创新社会管理、创建最美家庭”经验。石门县在全省农村精神文明建设经验交流会上作典型发言。

“基层工作加强年”。鼎城区跻身省级公共文化服务体系示范区，鼎城区草坪镇文化站被评为第六届全国服务农民服务基层文化建设先进集体。城头山国家考古遗址公园成功挂牌，全省县级桃源县文体中心建成使用，临澧红色革命博物馆即将开放，汉寿县专业演出剧场启动建设。澧县、桃源、鼎城、汉寿、临澧等区县（市）村级文体小广场建设提质扩面。推进乡村学校少年宫建设，争取到35个中央、省援建项目落户常德，工作经验受到中央文明办推介。圆满完成机构合并改革，组建市文体广新局。推进内部机构改革，市广播电视台、常德日报传媒集团、市图书馆、市博物馆等通过内部挖潜，激发内生动力。桃源县汉剧团改革经验，受到省委宣传部推介。

文化创意产业。按照市委文化创意、文化旅游、文化名城“三位一体”发展取向，策划并确立文化创意产业“十大工程”。其中“柳叶诗韵”已正式动工；投资10亿元的瑞鼎文化产业园正式落户鼎城；武陵移动互联网产业园引进多家企业入驻，桃花源、柳叶湖两台大型实景演艺节目正加紧打造。

开展群众文体活动。打造“百团大赛”，1060个文艺团体报名参赛，演出近400场，吸引观众100万人次，“百团大赛”获“三湘群星奖”项目奖。举办“欢乐潇湘·亲亲常德”群众美术书法摄影大赛、“武陵欢歌”白马湖广场交谊舞音乐会等，开展“我的社区我的家”社区文化节，举办环柳叶湖万人马拉松赛、自行车赛等大型体育活动10多次，成功承办省第二届群众性龙舟赛、第五届全民广场舞大赛。

文艺精品生产。大型舞台剧《孟姜女传奇》成功首演，获田汉四大奖项。常德丝弦《“110”的故事》等6个节目获“三湘群星奖”，荆河小戏《心灵的魔术》等3个节目入选文化部“大年小戏闹新春”视频展播，鼓盆歌《西瓜的秘密》获“全国优秀曲艺传人学术交流展演”金奖，小说《戏里戏外》、组诗《古寺入秋》获第三届“潇湘杯”网络文学创作大赛一等奖。中国作协《小说选刊》创作基地、中国微电影创作基地落户武陵区。

（曾　燚　罗锡华　张　杨）

【建立党的报告员制度】 2015年，在全市各级党组织中建立党的报告员制度，组织全市各级党的报告员直面群众，宣讲党的理论方针政策。全年全市各级党组织共明确党的报告员3980人，组织集中宣讲3次，累计宣讲2600多场，受众近30万人次。召开多个不同层面调研座谈会，制定《全市党的报告员制度建设工作方案》。2015年6月30日，市委印发《关于建立党的报告员制度的通知》，市委宣传部、市委组织部、市委讲师团下发《关于贯彻落实好党的报告制度的通知》，对各地各单位落实党的报告员制度建设进一步细化要求。市直各单位按照正处级单位3至5人、副处级单位1至3人配备党的报告员，各单位均由党组织主要负责人担任首席报告员。各区县（市）结合各自实际，建立党的报告员队伍。从高校专家学者、退休离职老干部、社会知名人士、网络意见领袖、部门领导等人员中，选聘21名市委特聘报告员。结合“三严三实”专题教育，围绕学习宣讲中共十八届五中全会精神、市委六届十二次全会精神、市委经济工作会议精神，组织3次集中宣讲。市委宣传部、市委组织部、市委讲师团组织市委特聘党的报告员成立宣讲团，到基层一线进行宣讲。市直各单位党的报告员组织小分队，到乡镇社区等基层联系点开展宣讲。把大主题与小话题结合起来，把群众关心的小问题讲清楚，用小环境说明大形势，用身边事说明大政策。阐释解读好上级重大方针政策，通过现场互动，解答群众思想困惑，收集群众意见建议。2016年1月20日，湖南卫视《湖南新闻联播》，以《常德：建立党的报告员制度打通理论教育进基层最后一公里》为题，就常德市建立党的报告员制度进行报道。2016年2月9日，湖南日报在头版头条以《台上讲得来劲 台下听得过瘾——常德4000名党的报告员活跃基层》为题，对常德市党的报告员制度建设进行报道，配发《心贴心交流效果好》评论。搜狐、网易、新华网、人民网、凤凰网、红网、环球网、新民网30多家等主流媒体网站进行全文转载。（李 军 李来瑜）

**【网络宣传】** 2015年，市委宣传部重点完成市委经济工作会议、"两会"、新常德新创业、欢乐水世界开园、2015年湖南国际旅游节等重点工作和重点时段网上集中宣传。开展"弯道超越中的新常德""奋战四季度 确保稳增长"、2015乡镇区划调整改革等主题活动专题宣传。微信宣传专题"2014晒一晒我们的书记（市长）"，近100个微信公众号予以转载，点击阅读量逾20万人次，转载或分享5000余次。集中开展"百家网络媒体常德行"活动，来自全国180多位新闻媒体朋友参加。"湖南旅游节""湖南旅游节开幕式"等成为网络热词，点击量共计500万次以上。编发《涉常舆情》日报151期、专报5期、快报562期。重点处置陈章杰任职事件、常德两团伙校园内互相砍杀、天润伪造公文征地等突发事件负面舆情。尤其是对"'4·10'常德武陵阁抬尸堵路事件""'8·28'安乡众鑫纸业中毒事故"等重大突发事件做到及时发现、提前介入，确保事件得到成功处置。举办常德市2015年舆情应急管理业务知识暨红网新媒体业务培训班，全市共500多人参加。正式启动"常德发布"双微账号常态化信息发布工作。举办首届常德新媒体高峰论坛，成立常德新媒体联盟。对市域内政务微博、涉常活跃微信公众号、互联网新闻信息服务单位情况、属地内婚恋交友网站、招聘网站情况进行摸底。对"芒果常德在线""石门开门网"等违规微信公众号、网站进行约谈，并上报省办请求处置。《善建善用善管新媒体 传递常德好声音》被中央网信办内部刊物以增刊形式和省委宣传部举办《湖南宣传动态》中全文刊发，全面推广常德经验。（王 华 刘敬麒）

**【承办2015"我们的节日·端午"湖南省第二届群众性龙舟赛总决赛】** 2015年6月18日上午，"我们的节日·端午"湖南省第二届群众性龙舟赛总决赛在常德柳叶湖举行。来自全省14个市州和中南大学的15支龙舟队同场竞技，现场观众近万名。省委常委、宣传部部长许又声，省委宣传部副部长、省文明办主任刘进能，省体育局局长李舜等省及常德市领导出席本次赛事活动。柳叶湖德成龙舟队最终摘得200米、500米和团体的桂冠。（张公华）

**【承办2015"欢乐潇湘 群舞飞扬"湖南省第五届全民广场舞大赛总决赛】** 2015年12月6日，2015"欢乐潇湘，群舞飞扬"——湖南省第五届全民广场舞大赛总决赛在常德白马湖公园举行，16支晋级队伍争夺年度总冠军。大赛由省委宣传部、省文明办、省文化厅、省直属机关工委、省体育局、省国资委、省文联主办。（张公华）

**【新闻"四上"】** 2015年在省以上主流媒体上稿3200多篇（含境外媒体及网络媒体），其中中央级媒体上稿500多篇，省级媒体上稿2700多篇。中央级主要媒体《人民日报》16篇（其中头版1篇、要闻1篇、内参1篇、《人民日报·海外版》5篇），新华社23篇（其中《国内动态清样》内参3篇），《新华每日电讯》8篇（其中头版头条1个），《光明日报》28篇（其中头版头条1个、内参1篇、头版2篇、专版1个、要闻1篇），《经济日报》6篇（其中头版头条1个），中央人民广播电台5条，中央电视台30条［其中一套《新闻联播》3条（含要闻1条）］；省级主要媒体《湖南日报》327篇（其中头版头条23个、封面8篇、报眼3个、头版17篇、专版15个、要闻15篇、市州版头条7个），湖南卫视《湖南新闻联播》330条（其中头条1条、要闻48条）。在《湖南日报》头版头条上稿全省首位、湖南卫视《湖南新闻联播》上稿全省第二名。（彭美君 徐虹雨）

**【"书香社区"建设】** 2015年，常德市以市烟草公司紫菱图书馆办馆模式为标准，在市城区"完美社区"率先启动建设功能齐全、设施完善、免费开放社区书屋，打造"书香"社区。有富强、紫桥、丝瓜井等20个社区书屋和中外女性作品图书馆等特色图书馆建成开放。（周 高 李 璞）

**【"欢乐潇湘·亲亲常德"群众书法美术摄影活动】** 2015"欢乐潇湘·亲亲常德"群众书法美术摄影活动共征集新创作美术、书法、摄影作品10000余件，业余作者达7000余人。各地共向市一级选送美术、书法、摄影参赛作品384件，并向省"欢乐潇湘"群众书法美术摄影大赛推荐一批作品，其中获省一等奖4个、二等奖4个、三等奖14个。（周 高 李 璞）

**【"百团大赛"获"三湘群星奖"】** 2015年"百团大赛"历时7个月，共有1060个文艺团体报名参赛，演出近400场，吸引观众100万人次，评出一等奖10个、二等奖20个、三等奖30个，优秀奖39个、精品节目奖20个、优秀创作奖10个。在第五届湖南艺术节上，"百团大赛"获"三湘群星奖"项目奖。（周 高 李 璞）

**【举行纪念抗日战争胜利70周年活动】** 以祭奠抗日英烈、走访慰问老战士、老同志、老支前模范、抗战军烈属、开展缅怀先烈专题宣传、编撰发行《常德抗战实录》读本、纪念常德细菌战、展播常德抗战题材影视作品、开展抗战故事进校园、进军营、开展"开学第一课"等八大活动为抓手，隆重纪念抗日战争胜利70周年。9月2日，常德社会各界在国家级抗战纪念设施常德会战阵亡将士公墓前坪隆重举行向常德会战阵亡将士敬献鲜花仪式。市委、市人大、市政府、市政协、常德军分区所有在家市级领导，各民主党派、工商联负责人，无党派人士代表，部队官兵、公安干警、学生以及社会各界群众代表共200人参加敬献鲜花仪式。（周 高 李 璞）

全国先进，8名个人和组织（项目）入选全省先进。（蒋家杰 伍 玲）

**【举行“常德故事百姓讲·最美常德人”活动】** 2015年在全市开展“常德百姓故事讲·最美常德人”主题宣讲活动。3月，在2014年开展“常德故事百姓讲”基础上，遴选部分故事，编辑成《常德故事百姓讲》一书，该书由湖南人民出版社出版。印发《关于在全市开展“常德百姓故事讲·最美常德人”主题宣讲活动的通知》。4月24日，召开全市理论创学工作会，市直单位和县、乡、村等基层宣讲活动有序进行，累计宣讲500多场次。10月，下发《关于开展“常德故事百姓讲”基层巡讲的通知》，从全市挑选15名故事宣讲员分成两组，在全市9个区县（市）和市委党校开展巡讲。在微信《在常德》推出百姓故事栏目。（李 军 李来瑜）

2015年9月2日，举行纪念抗日战争胜利70周年活动

**【第二届常德原创文艺奖评奖】** 2015年10月，全市启动第二届常德原创文艺奖评奖工作，共收到申报作品207件，经资格审查有155件符合参评条件。经评审委员会集中评审，市公证处全程参与监督，共评出长篇小说《蒋翊武》特别奖作品1件，长篇小说《水族》等12个艺术门类获奖作品32件（其中文学类作品8件，戏剧、广播电视、文艺评论类作品各3件，其他艺术类作品各2件）。（周 高 李 璞）

**【开展“学田工志愿服务网格行动”志愿服务活动】** 2015年，常德市志愿服务工作重点打造“学田工志愿服务网格行动”志愿服务品牌。全年全市共建立健全学田工志愿服务站34个、学田工志愿服务工作站156个、学田工志愿服务点317个、学田工道德讲堂34个、田工爱心屋46间、爱心超市23间、四点半学校16所，139支市直单位学田工爱心志愿服务队到有关社区开展爱心志愿服务网格行动。全年开展各类学田工志愿服务网格行动5683场次，直接受益群众20多万人次。有4名个人和组织入选全国先进，8名个人和组织（项目）入选全省先进。

**【开展清理整顿新闻单位驻地方机构整治行动】** 根据省委宣传部统一安排部署，常德市将清理整顿新闻单位驻地方机构与深化“四风”整治、巩固拓展群众路线教育实践活动成果相结合，规范新闻单位驻地方机构，加强对新闻队伍管理。对全市所有新闻媒体开展清查整顿。市委宣传部和市文体广新局成立联合督查小组到各媒体单位进行现场督查，对《潇湘晨报》《法制周报》提出撤销并清退的处理意见。（廖资水 周小相）

**【举办全市乡镇（街道）党委宣传委员培训班】** 2015年7月22—24日，在常德市委党校举行全市乡镇（街道）党委宣传委员培训班。全市所有乡镇（街道）宣传委员、区县（市）委宣传部部分干部共265人参加培训。设置如何推进农村精神文明建设、如何做好基层文化工作、当前意识形态斗争的特点及对策、当前网络舆论形势和应对策略、媒体沟通与危机应对、加强社会主义核心价值观建设等6个方面课程。创新开展“宣传干部的风采”故事演讲比赛，讲述学员工作或生活中故事。（侯 辉 富任湘）

**【市文化创意产业推进小组成立暨小组第一次全会召开】** 2015年7月2日下午3：00，市文化创意产业推进小组2015年第一次会议在市委常委扩大会议室召开。市委书记王群，市委副书记、市政府市长周德睿，市委常委、市委秘书长黄清宇，市委常委、宣传部部长、市文化创意产业推进小组组长唐贵平，市政府副市长、市文化创意产业推进小组副组长陈华出席会议。推进小组各成员单位主要负责人参加会议。会议确定“三个文化，软硬兼施”工作主题。并明确重点推进穿紫河风光带、桃花源“6+1”等“十大项目”建设。从2015年起，市财政资金设立2000万元文化创意产业引导资金。（赵新国 洪华君）

**【“柳叶诗韵”文化工程】** 2015年12月，“柳叶诗韵”文化项目正式开工。该项目是常德市文化创意产业“十大工程”中“柳叶湖N+1”子项目之一。项目对柳叶湖亲水游道挡土堤上预留景观墙进行改造，以“唐诗三百首”诗文配图设计打造成文化景观墙。文化景观墙用材以天然石材为主，分别按“画轴、书卷、竹简”等造型打造，并将具备夜视景观、语音诵读、游客可控互动等功能。（赵新国 洪华君）

**【常德丝弦赴联合国总部开展文化交流】** “锦绣潇湘·湖南文化走进联合国”

宣传展示活动开幕式于2015年1月4日举行。该活动由省政府主办，省新闻办、省文产办、省外侨办承办，亚洲文化传媒集团（美国）、中南国际会展公司协办，常德丝弦艺术剧院有限公司受邀参加，献演《湖南是个好地方》《生在潇湘多自豪》《说唱丝弦》3个常德丝弦经典演唱曲目。（李秋林　郭敬民）

## 统战工作

**【概况】** 2015年，常德统战工作得到省委统战部充分肯定。其中，安乡县安丰乡出口洲村、临澧县梅林果业杂柑产业扶贫项目被评为省级“同心乡村”、“同心项目”；桃源县委统战部开展的探索基层社会组织统战工作的“三段一点”推进模式获全省统战工作实践创新成果奖；有4篇理论调研成果分别获得全省统战调研优秀成果二、三等奖；信息工作获得全国三等奖、全省先进单位。被评为全市宣传思想工作先进单位、综治工作先进单位、人口计生综合治理工作先进单位。

同心工程。2015年初制定下发同心工程年度工作方案，实行同心工程“四个纳入”，专门成立由常务副部长任主任的同心工程工作综合协调办公室，安排专门的工作班子，并制定工作运行规则。由部务会成员牵头成立三个工作组，分片负责对各区县（市）同心工程工作的督促指导。对接“美丽乡村”“完美社区”“精准扶贫”“1115工程”等中心工作。11个市级“同心·美丽乡村”示范点中有8个村实现一家以上的企业与之对接；各民主党派、知联会深入市级“同心·完美社区”开展法律知识讲座、心理健康咨询、医疗卫生服务等一系列的社会服务活动；市工商联组织商（协）会对接“同心·美丽乡村”和“同心·完美社区”建设，在柳叶湖太阳谷和丝瓜井社区投资近30万元修建“同心书屋”和“同心超市”；市侨联成功争取到海外侨胞捐助的“星洲之星”优秀贫困学生助学金110.8万元、市第一人民医院“爱心病房”建设资金200万元；各民主党派通过“一家一助学·同心温暖工程”成功争取到教育扶贫资金60万元。市台办、市工商联成功引进投资意向过亿元的项目3个。按照“巩固一批、打造一批、推进一批、储备一批”的工作思路，开展“四同创建”，高标准打造12个新的市级同心工程示范点。对第一批创建成功的16个省、市级同心工程示范点分别下拨5万元、2万元的帮扶资金，并实行部务会成员联点服务机制。省级“同心乡村”桃源县维回新村旅游产业迅速发展，全年旅游产业综合收入累计过亿元；省级“同心社区”津市市荷花社区的创建经验得到省委统战部的充分肯定。

党外代表人士队伍建设。全年共举办各类培训班6期共培训600多人次，“名校培训”工作实现长效机制，并首次对“新三类人”代表人士进行专题培训。坚持党外干部选拔任用“六个共同”工作机制，全市党外干部中由副处级提拔为正处级的有4人、由正科级提拔为副处级的有2人，副处级以上干部交流7人；市直正处级单位共配备党外正职5名，其中市政府工作部门配备位党外正职2名，比2014年增加1名。协助市委制定出台《党外正职与中共党委（党组）合作共事规则》。

多党合作事业。组织开展坚持和发展中国特色社会主义学习实践活动，民主党派代表人士“走访月”活动。组织开展“市委领导与民主党派主委暑期交心谈心”活动。制定并推动落实2015年度政党协商计划。围绕“十三五”规划编制、全市党风廉政建设和反腐败等重点工作开展一系列政党协商活动。在民主党派与政府部门之间开展对口联系和特约人员工作。推进社会组织统战试点工作，建立《常德市社会组织党外代表人士库》，各区县（市）均明确2家社会组织试点单位。

思想引领。开展非公有制人士理想信念教育活动，举办全市商（协）会助力新创业建设新常德工作研讨班，在全省率先对异地商会会长、秘书长进行培训；承办8场全省创新创业先进典型巡回报告会，参加学习人数达到3000多人次，并在《常德日报》开辟“创新创业·守法诚信”专栏，报道23名非公有制人士典型。成立市非公有制经济服务中心，搭建政企恳谈会、银企洽谈会等平台。配合有关部门开展“千家部门领导联系千家企业”“进民企、解难题”“五比五看”“庆七一”非公有制党建工作图片展及全市非公有制党建工作先进典型报告会等一系列活动。

维护民族宗教领域和谐稳定。组织开展赴新疆吐鲁番市考察交流活动，加强与民族地区的交往交流。为民族地区争取项目70多个，争取上级资金471万元，促进民族地区的经济社会发展。召开市直宗教团体负责人座谈会，在重点场所开展走访谈心活动，加强宗教人士队伍建设和管理。深化民族团结进步创建和教风创建工作，民族宗教领域保持和谐稳定。

自身建设。组织部务会成员、市直统战系统有关单位负责同志、各区县（市）委统战部长参加中央、省社院组织的关于学习中央统战工作会议和《条例》精神的培训班。组织各区县（市）委统战部和市直统战系统各单位的业务骨干、各民主党派特约信息员、统战理论特约研究员以及部机关全体干部共90多人开展专题业务培训。结合机关文化建设，全年共举办4期“道德讲堂”。通过培训学习。宣传信息。组建一支由统战干部、高校学者、理论研究爱好者为主的全市统战理论研究队伍，形成理论调研文章20篇。在“常德统一战线”网、“常德统战”微信平台发布稿件2000多条。全年向中央、省委统战部上报信息稿件近千篇，被中央统战部采用9篇，其中4篇为独立稿件，被省委办公厅采编2篇，被省委统战部采编8篇。开展“三严三实”专题教育，举办部领导讲专题党课以及“三严三实”学习研讨活动。严格落实作风建设有关规定，修订出台《中共常德市委统战部内部管理规章制度汇编》，“三公经费”同比减少35.8%。（刘双全）

**【举行学习中央统战工作会议和《条例》精神专题报告会】** 2015年7月17日，常德市2015年第四次市级中心组学习暨同心讲堂·常德专场在市工人文化宫隆重举行，专题学习中央统战工作会议和《中国共产党统一战线工作条例（试行）》精神。中央社会主义学院副院长张峰受邀到常德作专题报告，对中央统战工作会议精神，尤其是习近平总书记系列重要讲话及《条例》作深入和精准的解读。市委常委、组织部部长、统战部部长雷绍业主持专题报告会。省委统战部副部长、省社会主义学院党组书记邓焕生，省社会主义学院副院长彭英，省委统战部、省社会主义学院相关处室负责同志应邀出席专题报告会；市人大常委会副主任、农工党常德市委主委肖燕芳，市政府副市长匡加才，市政协副主席、市工商联主席陈伟俊，市政协副主席、民革常德市委主委陈位明，市政协副主席、九三学社常德市委主委朱传宏，市委党校常务副校长李娥皇等市级领导参加专题报告会；市委统战部全体机关干部，市直有关单位分管负责人，副处级以上党外干部，各民主党派市委委员，市工商联（总商会）副主席（副会长），市知联会理事会成员，各区县市委统战部部长、常务副部长，县级统战系统单位主要负责人，市直统战系统各单位、市民宗局全体机关干部共500余人参加专题学习。（吴　名）

2015年7月17日，常德市举行学习中央统战工作会议和《条例》精神专题报告会

**【开展市委2015年政党协商暑期谈心活动】** 2015年8月13日，市委2015年政党协商暑期谈心活动启动仪式在戎苑宾馆举行。谈心旨在全面贯彻中央统战工作会议和《中国共产党统一战线工作条例（试行）》精神，紧紧围绕新常德新创业，积极发挥参政议政履职作用，着力推进同心工程，分析形势，提出问题，研究举措。市委常委、组织部部长、统战部部长雷绍业出席并作重要讲话。市领导肖燕芳、杨新辉、陈伟俊、陈位明、傅绍平、朱传宏，民进市委主委张力，市知联会会长马慧参加此次活动。启动仪式由市委统战部常务副部长沈跃主持。（吴　名）

**【常德民族工作干部代表团赴新疆学习考察】** 2015年10月20—23日，由市委统战部副部长杨帆带队，常德民族工作干部代表团一行赴新疆吐鲁番市开展学习考察。代表团实地考察鄯善县少数民族特色村寨建设、吐峪沟麻扎村历史村寨保护建设，并围绕挖掘民族文化、提升旅游开发水平进行交流。考察期间，组织召开民族工作交流座谈会。桃源县枫树维回乡、青林回维乡和汉寿县毛家滩回维乡主要负责人介绍各自在促进民族融合、发展地方经济、开发特色旅游方面的基本情况。吐鲁番市民宗委、旅游局有关负责人介绍吐鲁番市在民族团结进步创建工作情况和民族旅游产业发展经验。（吴　名）

# 机构编制工作

**【概况】** 2015年，市委编委办荣获省级文明单位、全市绩效评估良好单位、全市信访工作先进单位、全市扶贫开发工作先进后盾单位、市直社会管理综合治理工作先进单位、市直保密工作先进单位、市直机关第五届运动会“道德风尚奖”、市政府系统提案办理先进单位等荣誉。

行政审批制度改革。全省统一部署和市政府推行“四清单一目录”要求，及时公布市县两级权力清单和责任清单，其中市级保留权力清单2782项，相对原来精简26%。归类和汇总市级33个工作部门和5个依法承担行政职能事业单位责任清单，共明确主要职责529项，具体工作事项2891项，与相关部门有职责分工和交叉的职能351项，建立事中事后监管制度399项，公共服务事项270项。常德市创造性地推出《政策清单》三册，分别为服务企业发展和投资创业1000问，服务农村农业发展1000问和服务民生民利1000问。市委编委办牵头清理行政审批和承接行政审批项目，全年承接下放行政审批事项11项，调整后市本级保留行政审批232项。市政府工作部门和5个承担行政职能的事业单位建立事中事后监管制度399项，出台《权力清单动态管理办法》和《行政审批制度绩效评估方案》。启动绩效考核和第三方评估，开展简政放权专项督查，强化审批监管。市委编委办会同市政务中心等部门，对市直52家单位申报的67项审批前置中介服务事项进行清理规范，并对外公布涉企收费清单，坚持清单之外无收费。

重点领域改革。市本级通过对“涉改”政府工作部门行政编制按比例精简、内部动态调剂方式妥善解决14家处级单位198名事业人员整体并入行政机关的问题。按照情理并重、反复协商的原则，调处32项职能职责争议事项；按照市委、

市政府的统一要求开展以改作风、定责任、定目标、定规矩、定决心为主要内容的"一改四定"活动，所有"涉改"工作部门"三定"规定全部以政府办名义行文，涉改单位领导班子均已调整配备到位。市委编委办先后4次就区县(市)政府机构改革方案、政府机构设置调整、涉改单位领导职数核定等事项下发指导意见，并通过召开机构改革推进会、印发改革通报、将改革情况纳入绩效考核等举措，确保县级政府机构改革顺利推进。市县两级撤并具有行政职能的事业单位142家，其中市本级16家、县级126家。在2015年12月底前配合完成乡镇区划调整工作，全市通过区划调整减少乡镇75个，超省定任务2个。市委编委办出台《乡镇区划调整改革有关机构编制事项的指导意见》，规范乡镇机构设置、批复区划调整乡镇类别，会同市民政部门以两办名义出台《关于全面开展乡镇"一转四定"工作的通知》。桃源县陬市镇"三定"规定及时出台、按照能放尽放原则于2015年11月下放143项县级管理权限，强镇扩权迈出新步伐。参与小城镇体制改革试点，选定13个小城镇赋予县级城市管理部分职能。顺利完成5个区县（市）县城周边镇改街体制改革任务。2015年3月按程序明确县市工商质监部门实行属地管理，并与食品药品监督管理局整合组建县级市场和质量监督管理局。在省内率先推进市城区工商、质监机构由市级垂直管理调整为市区分级管理。实现工商质监系统由垂直管理向分级管理的转变，强化县级党委、政府的监管责任，明确乡镇（街道）派驻市场和质量监督管理所（加挂食品药品监督管理所牌子）。完成市县两级不动产登记职责整合和机构设置工作。在全省率先成立澧县不动产登记服务中心，启动不动产统一登记工作。制发《关于整合市级不动产登记职责有关事项的通知》。协调解决城管体制改革部分遗留问题。完成市公共资源交易机构职责调整和机构更名，整合全市妇幼保健和计划生育技术服务机构及执法机构，参与市本级纪检监察派驻体制改革、国有林场管理体制改革、公务用车制度改革、机关个人养老保险改革、县级公立医院改革等相关改革。

2015年2月3日，召开市政府职能转变和机构改革动员会现场

机构编制管理。在机构改革期间市县两级编办都对涉改单位的有关机构编制事项实行"冻结式"管理，严格规范议事协调机构的前置审批工作，完善议事协调机构申请办法和流程，建立管理台账和协调联动机制。核准市、县两级各类招考招录用编计划564名；拟订市直单位政策性人员安置计划90名，确保政策性人员安置任务顺利完成。截至2015年年底全市总体空编20794名，机关事业单位人员比2012年年底减少2439人。完成2014年度市直550余家单位的编制年审工作。强化机构编制"大数据"理念，为政府机构改革、专项体制改革、机关事业单位公车改革、机关事业单位个人保险改革、人才引进等工作提供人员编制统计信息；武陵区、桃源县、安乡县、津市市等地编委办被评为2015年度全市编制系统统计工作先进单位。及时更新全市人财编一体化管理系统的在编人员库数据。推进机关事业单位网上名称管理，受理中文域名注册申请1498份、网站名称复核申请146份。全年共完成482家市直事业单位法人年度报告审核任务，完成率达95.8%，超额完成既定目标，全年设立登记事业单位法人7家，注销登记8家，变更登记186家，均统一换发新证。公开《事业单位法人年度报告书》，建立健全内部管理制度，确保试点工作有序推进。结合全面推行县级公立医院改革，指导县级编办建立公立医院法人治理结构。

自身建设。市编办在全国率先推出机构编制部门的权力清单、责任清单和政策清单，将自身权力事项由54项压缩至22项，审核审批流程由256个精简为109个，95%的事项有审核审批时限，中央编办将常德编办列为全国信息调研联络点。举办道德讲堂、开展寓教于乐的文体活动，荣获市直机关第五届运动会"道德风尚奖"和全省编办系统广播体操团体赛二等奖。市编办领导班子高度重视党风廉政建设和干部队伍建设，党风廉政建设取得实效、干部队伍活力得到激发。同时紧扣近年重点工作形成一批有质量稿件和经验信息，其中《跟踪常德市机构编制"三项清单"制度》被中编办推介、《城市管理新实践：创新体制健全机制》被中编办"一招鲜"征文评为优秀征文。（吴晓龙）

## 政策研究工作

**【概况】** 2015年，市委政研室夺得全

省“全面小康管理成效优秀奖”、全省全面深化改革先进，荣获“全市绩效评估良好单位”“市级文明标兵单位”等称号。

调查研究。全年共完成重点调研课题15个。如《桃花源美丽乡村理想模式研究》《津澧新城城镇群调研报告》《关于加快推进常德外贸发展调研报告》《白鹤小镇低成本改造的经验与启示》和参与起草的《北京大学博士服务团文化旅游研究报告》等调研成果。全年制作完成全市性重要文件3个。其中，《关于加快推进桃花源文化旅游产业发展的若干意见》以市委市政府名义正式下发，《太阳谷美丽乡村基层管理“三三制”办法》受到市领导高度肯定，《常德经济形势分析材料》得到省委政研室领导的高度评价。承担全面小康建设、全面深化改革、津澧融城等工作市领导讲话材料的起草任务，与市委办公室同志一起负责市委领导文字服务，累计起草领导讲话稿、署名文章、汇报材料等文稿60多篇。深入津澧两地和9个一体化专门委员会牵头单位调研督导，制定《2015年津澧融城工作要点》。参与市委、市政府新确定的行政合并和改革试点两项重点工作，配合起草报省委省政府的请示、津澧行政合并方案和津澧新城新型城镇化试点方案。重点对津澧融城工作的领导协调、推进津澧行政合并及常德市城区区划调整、指导支持津澧新城国家中小城市综合改革试点、国家新型城镇化试点、国家产城融合试点等提出建议请求。

全面深化改革。全年完成省委部署的65项重点改革和市委确定的10项自主改革，形成内务管理标准化、现场经验交流、第三方评估三大特色工作，社会治理创新、城管体制改革、园区管理体制改革、投融资体制改革等十大改革特色项目。2015年全省绩效考核中，常德改革工作排全省第二。制作常德改革“两规则一细则”“两办法一规范”，以及改革工作流程图、进度监测示意图、改革信息示意图、绩效考评示意图，并固定上墙，规范全市改革工作标准化进程。建立精准到月的改革任务倒排情况表，明确改革事项、牵头单位、责任主体、协同单位、完成时限、销号评估标准。全年召开5次领导小组会议、2次大规模的全市改革工作调度会议、2次专题调研督查、1次改革内务管理标准化检查。对全市75项重点改革任务完成情况进行清理，以条目形式逐项汇总出台的改革文件、实施方案。把全面深化改革工作纳入年度绩效考核。在全市1000分的绩效考核指标体系中，对区县（市）、市直五区考核分值由2014年的20分调高到2015年的50分；2014年只对10个专项小组牵头单位实行模拟考核，2015年将所有市直单位纳入绩效考核，考核分值20分。把“全面深化改革办公室工作”作为全市党委办公室系统工作考核的重要内容，评比前三名在全市党委办公室系统予以通报表彰。

2015年4月22—23日，省委常委、省委统战部部长李微微调研津澧融城工作

全面小康建设。2015年市本级全面小康实现程度达到88.9%，较2014年提升3个百分点，省全面小康推进工作考核中市本级获得“全面小康管理成效优秀”奖，安乡县获得“十快进县”奖，武陵区通过全省首批全面小康达标认定。全年召开1次高规格的全市全面小康推进工作会议，3次大型的全市全面小康工作调度会议，1次大型的全面小康业务培训，4次全面的专项工作督查。重点围绕季度数据、督查情况和省厅动态，对全市全面小康数据、创先争优等情况的分析和研判。一个季度开展一次数据监测分析，一个月开展一次指标统计，形成《关于洞庭湖地区全面建成小康社会推进工作座谈会精神及相关建议汇报》《2015年全市全面小康推进工作建议方案》《2015年市本级全面小康创先争优情况汇报》《常德市提升全面小康短板指标请求省里帮助解决的突出问题汇报》等材料。2015年启动对区县（市）和市直单位的全面小康绩效评估。对区县（市）全面小康绩效评估不设基分，按提升幅度和实现程度进退情况，短板指标提升情况和其他任务完成情况加减分。对85家市直和中央、省驻常单位实行全面小康绩效评估，考评分值20分，实现全面小康考核全覆盖。2015年，对6个区县（市）、市直4个区、20个市直单位分别授予“全面小康奖”“经济发展奖”“目标管理奖”。

内刊编辑。全年，《常德通讯》出刊12期，《政研内参》出刊12期，《全面小康工作简报》出刊5期，《改革简报》出刊50期，累计编稿300余篇、180余万字。《常德通讯》突出市委党刊的定位，谋划“三严三实专题教育”“深化改革”“全面小康”等重点栏目，突出城市提质、园区攻坚、民生升温、海绵城市建设、重点工程巡礼、创建全国绿化模范城市等专题报道。将《常德通讯》原来的黑白印刷改为全彩印刷，创新设置“时政学习”“前沿视窗”“美文心语”等栏目，联合市旅游外侨局推出“常德旅游”专栏，对欢乐水世界、柳叶湖、桃花源、花岩溪等旅游景点进行详细介绍，全景展示常德旅游资源。开展2015年全市优秀调研成果的评选活动，共评选出一等奖5篇、二等奖10篇、三等奖20篇，在全市党委办公系统大会上给予了通报表扬，树立文稿标杆，提升用稿质量。

（张明典）

## 市直机关党的工作

**【概况】** 思想政治教育。2015年，市直机关工委开展“三严三实”专题教育。在严以修身、严以律己、严以用权三个专题的研讨中，坚持每个专题集中学习一次，每个专题由一把手和班子成员上一次党课。集中学习宣讲《中国共产党廉洁自律准则》和《中国共产党纪律处分条例》（下称《准则》《条例》）。开展五中全会精神学习，安排部署制定“十三五”市直机关党建工作规划。

市直机关党建。2015年，市直机关工委与市委组织部共同开展市直9个单位党组（党委）书记述党建活动，达到集中教育、传导压力、强化责任目的。开展市直单位基层党组织标准化建设，下发《市直机关基层党支部标准化建设的指导意见》从党员活动阵地建设、制度建设、思想作风建设等方面，作了全面动员、安排和部署。把履职考核与绩效考核结合起来，重点对市直85个部门及其所属单位进行履职和绩效考核。7—8月，根据市纪委统一安排，承担市直单位作风督查任务，开展市直单位工作作风与工作纪律督查。市直机关纪工委正式成立后，制定《关于市直机关加强两个责任建设的意见》，并开展系列案件办理。党员发展工作，全年发展党员274名。结合政府部门机构改革，下发《关于机构改革中市直部门（单位）机关基层党组织设置和专职党务干部的配备的意见》《关于规范市直涉改部门（单位）机关基层党组织换届选举工作的通知》，加强对机关基层党组织换届指导。党费收缴使用管理工作，规范台账，搞好党费收支公示。

服务中心工作。开展“一进二访”活动。重点到安乡县张家拐村进行帮扶。市直工委3次深入到扶贫点，调查研究，制定方案，共帮扶12个特困农户，个人和单位共资助3.6万元。开展联系企业帮扶、“双联”活动。市直工委重点联系中亿实业、汉风集团。市直工委先后两次到企业调研，帮助企业解决资金和产品销售难题，给企业提出发展思路和建议。开展联系社区活动，帮助鼎城社区解决实际困难，组织市司法局、接待处等单位，为鼎城社区筹资10多万元，支持书香社区建设。组织机关参与文明创建活动。迎接国家和省里对常德市文明单位“明察”和“暗访”，工委两次召开市直单位会议进行部署，并由领导带队下到单位和企业进行督查。指导石门县楚江镇综治民调工作。督导机关党员到社区报到并开展服务工作。

市直单位活动开展。全年组织10次以上大型活动。入党积极分子集中培训活动，共培训397多名入党积极分子。党组织书记和党员代表培训活动，组织党员四个全面专题教育培训班2期，基层党组织书记培训班3期，共培训1300多人，支部书记以上党员骨干基本轮训一次。开展道德讲堂活动。举办“道德模范在身边”学习宣传活动。邀请全国助人为乐的道德模范田工、社区及基层代表作先进事迹介绍。把开展读书活动作为2015年市直机关建设学习型党组织主题活动，将各单位上报优秀读书心得汇编成册供。6月29日，市直工委组织在6个重点工程项目、美丽乡村、完美社区以及三改四化中的优秀共产党员进行故事宣讲，阐释市委市政府重大决策，展示共产党员风采。组织市直机关体育活动：6月26日市直单位近400人环柳叶湖自行车骑行活动；9月份的常德市第五届机关体育运动会；9月14日全市1.3万人环柳叶湖万人马拉松长跑活动；10月份全市11万人，市直单位7000人全民健身挑战活动等。开展工会活动，市直工委专题召开会议，摸清市直单位困难家庭底子，帮助解决困难职工家庭生产生活中实际困难。开展关心下一代活动，市直工委组织召开会议，推荐一批关心下一代先进单位进行事迹宣传，用先进典型带动市直单位关心下一代工作。

自身建设。2015年，市直工委共修订并完善机关管理21项制度，尤其是在党务政务公开制度、专题谈心谈话制度、外出请假报告制度、公务接待及用车制度，以及权力清单、议事决策等程序制度等方面。市直机关工委重点在贯彻中央“八项规定”、省“九项规定”、市“十项规定”方面，在为民服务方面，在为基层党员及党组织服务方面开展服务举措。廉政建设。层层签订廉政建设责任状，强化一把手主体责任和分管纪检工作负责监督责任。建立廉政建设风险防控点，

2015年6月29日，市直工委在市文化馆举办“为共产党员点赞”新常德新创业党员故事宣讲活动

加大对入党审批、行政经费、党费等部门监督管理，分期向班子成员和全体干部职工通报经费收支情况，并在相关网站进行公布。对重大项目做到集体讨论、集体研究、集体决策，让每项工作都做到公开、公平、公正。开展支部活动和老干活动，召开高标准支部党小组生活会，增强工委向心力和凝聚力。参加省直工委系统培训班学习，参加省直工委党建知识竞赛，取得较好成绩，全年在《湖南机关党建》杂志、湖南机关党建网、《情况反映》等宣传媒体上稿 16 篇。

（张媛媛）

2015 年 9 月 11 日，召开全市离退休干部为党的事业增添正能量活动推进会

## 老干部工作

**【概况】** 2015 年，市委老干部局被评为全市绩效考核良好单位，继续保持了市级文明标兵单位称号。

落实老干部生活待遇。在新工资政策出台后，优先保证了老干部按时足额发放；第一时间落实离休干部遗孀的生活补贴和新中国成立前参加革命工作的退休干部生活、医疗补贴提标文件；落实任过副厅级实职的抗战离休干部享受副省级医疗待遇政策。组织对全市 229 名特困离退休干部和 63 名抗战时期离休干部进行走访慰问。以市委、市政府名义出台《关于进一步规范完善厅级离退休干部和老红军服务管理工作的通知》（常办【2016】4 号）。各级各部门坚持做好年节慰问、生日祝寿、生病看望、去世吊唁、健康体检和信访接待等日常服务管理工作。市委老干部局每逢重大节假日均通过手机短信向老干部送去祝福。

完善老干部思想政治工作制度。较好落实了老干部阅文、听报告、参加重要会议和重大活动等制度。市“五大家”主要领导集体出席老干部迎春座谈会。组织 4 次全市性的老干部政治学习，先后邀请市纪委副书记彭光福、南开大学教授艾跃进、市委党校副教授杨亚妮和省中医药大学教授常小荣分别就反腐败新动向、周边安全形势、林伯渠的价值人生和中医健康保健为题为老干部作专题辅导报告。开展老干部就近就地参观工农业生产活动。先后组织厅级老干部参观考察了常德市文化旅游城市建设和永州市经济社会发展。

开展为党的事业增添正能量活动。围绕老干部工作转型发展深入开展为党的事业增添正能量活动。一是掀起正能量活动高潮。通过召开务虚会、座谈会、研讨会等多种形式在广大老干部和老干部工作人员中广泛征求意见，确定“聚力新常德、点赞新风尚、添彩新生活”这一独具常德特色的正能量活动主题。召开正能量活动推进会，开展正能量活动签名和“戴党徽、亮身份”活动，向全市老干部发出正能量活动《倡议书》。二是形成转型发展共识。正能量活动得到全市广大离退休干部、老干部工作人员的充分认可和积极参与，特别是在“三大战役”“三改四化”工作中，老干部们纷纷在网络、报纸和相互交谈中正面宣传建设成果，为工作的顺利推进做出了积极贡献。三是打造常德品牌。紧扣“聚力新常德、点赞新风尚、添彩新生活”的主题，开辟网宣平台、网格社区、网络组织“三大载体”，引导老干部展示阳光心态、体验美好生活、畅谈发展变化。市老干局的经验做法得到中组部老干部局和省委老干部局高度肯定和宣传推介。《创新老干部工作转型发展的动力源》被中组部《老干部工作情况交流》全文刊载，《努力为党的事业增添正能量》被评为全省老干系统理论研讨文章一等奖。

老干部学习活动阵地建设。一是把老年大学打造成宜学宜乐的“精神家园”。市老年大学全年共开设音乐、舞蹈、绘画、计算机等 36 个专业，开办教学班 263 个，举办校园艺术节、老年学员汇报展演等丰富多彩的文艺活动。全市共有各类老年大学（学校）95 所，在校学员近 3.5 万人。各地学习活动阵地建设力度进一步加大。市本级启动了市老年大学 2 号楼（夕阳红艺术中心）新建和市老干部活动中心多功能报告厅改造项目。津市、鼎城、汉寿、石门等地的老年大学升级改造和提质扩容工程进展顺利，澧县老年大学被评为常德市第四所全省示范性老年大学。二是把离退休干部党支部打造成名副其实的“党员之家”。采取单独、挂靠、联合组建等形式，建立健全离退休干部党支部 993 个。举办离退休干部党支部书记培训班，支部书记“领头雁”的能力进一步得到提升。落实党员“三会一课”、民主评议等制度，开展党员活动日、党员志愿服务活动，进一步增强了党组织的凝聚力、战斗力。三是把老年社团打造成余热生辉的“大本营”。市关工委为青少年成长创造良好环境，被评为全国先进集体。市老科协发挥老科技工作者作用，为经济社会发展献计出力。市老书协加大创建“书画之乡”力度，对常德新八景命名进行论证。市老年保健协会大力宣传保健知识,积极开展“长寿之乡”创建活动。市老摄协举办“大美常德”全国摄影展。市京剧协会荣获全省“新康戏乡杯”京剧演唱会“优秀组织奖”和“团体银奖”。市金秋艺术团在国家大剧院举办的“七彩夕阳”合唱比赛中荣获全国金奖。市老干部网宣协会在网上弘扬主旋律,传递正能量。市老干部事业促进会对涉老活动和困难涉老组织支持不遗余力。市湖湘文化交流协会立足民俗民风,挖掘、弘扬常德本土文化。

自身建设。一是转变工作作风。以“三严三实”专项教育为抓手,开展“一把手”讲党课活动、重温入党誓词和警示教育等活动。班子成员带头开展调查研究,为基层和广大离退休干部办实事、解难事。干部职工与特困老干部及遗孀开展结对帮扶活动,定期上门为老同志送温暖、献爱心。二是充实工作力量。市委对市委老干部局的班子进行了调整充实;局机关增设综合调研科,增加2个行政编制;市老干部活动中心配备3名科级非领导职数。各地各单位对老干部工作都非常重视,将区县(市)委老干部局的工作班子进一步配齐配强,部分市直老干部人数较多的单位还单独成立了老干科,明确了机构人员编制。三是完善工作制度。进一步完善内部管理、信访接待、走访慰问、结对帮扶等制度。继续坚持定期议事制度,市委老干部工作领导小组连续10多年春节上班伊始召开现场办公会议,听取老干部工作情况汇报,集中研究老干部工作重点难点问题。建立局务会成员联系区县(市)和市直片组制度,进一步加强了对基层的工作联系、业务指导。（裴　迅）

## 信访工作

**【概况】** 2015年,市本级共办理群众来信来访6866批16406件人次,同比下降27%;到省越级上访同比下降20%;进京非访同比下降83%。在2015年度全省信访工作考核中排名第一,被评为全省信访工作先进单位。

网上信访。市委、市政府将信访信息系统建设纳入“智慧常德”建设,改变传统信访办理模式,创新“互联网+信访”的基层社会治理模式。围绕让“数据多跑腿、群众少跑路”,市、县、乡三级信访工作机构和167个市直部门、407个县直部门,全部联网信访信息系统,实现资源共享、互联互通。组织全市信访干部培训班,要求信访业务全部进系统,保证信访事项受理办理、复查复核、督查督办、考核评估工作均在系统中流转;让群众通过网络随时清楚去向、了解过程、知道结果,为上访人监督、公众监督创造条件,倒逼有权处理部门依法履责,维护群众合法权益。建立电脑上网、手机上网两大受理平台,通过报纸、电视、门户网站等媒体广泛宣传,引导群众“多上网、少上访”,努力把网上信访打造成为信访主渠道。武陵区建立武陵信访微信公众号,真正变网上信访为“掌上信访”。全年全市网上信访数量增长迅速,占信访总量的27%,成为群众信访的重要渠道。市城区435个社区网格、142个农村网格,由网格员负责采集居民入住动态、民生诉求、突发事件等信息,将信息实时传输到网格化管理中心,统一纳入全市公共信息资源数据库。通过大数据挖掘和资源共享,及时反映社情民意,排查信访矛盾纠纷。

治理违法上访。市汉寿县聂家桥乡盲人陈爱平因医患纠纷问题,拒绝进行鉴定,提出高额赔偿请求,5月25日纠集多名盲人打砸维多利亚医院,5月30日又煽动武陵区、鼎城区等地近30名盲人两次上街堵路,使建设路交通一度瘫痪,公安机关依法拘留16人。2015年,全市共处理违法闹访行为176件次,行政拘留216人,刑事拘留31人,判处有期徒刑12人。

依法逐级走访。制定实施《关于推进依法逐级走访工作的通知》《逐级走访工作规范》等一系列文件规定,明确规定市、县、乡三级信访机构的受理范围、办理方式。从2015年5月1日起,全市各级机关对越级走访不受理,推动信访工作重心下移。印制宣传手册10万多份,制作宣传标语6000多件,在《常德日报》、常德电视台、常德政府网站开辟宣传专栏,把信访群众引导到依法逐级上访的轨道上来。2015年,全市重信重访率同比下降10%,实现到市、赴省、进京越级上访三量齐降。

信访制度改革新闻发布会

依法分类处理投诉请求。制定实施《关于通过法定途径分类处理投诉请求工作方案》,在市国土局、市人社局、市民政局等单位进行试点,实现由部门自我纠偏向法定渠道纠偏转变,由单一渠道循环向多渠道并举转变。在信访接待中心设立登记窗口,负责信访事项的甄别,按照《信访条例》规定确定是否受理。将应当通过行政复议、行政诉讼、仲裁等途径解决的信访问题从一般信访问题中分离出来。对部门权力进行梳理列出清单，理顺信访部门与职能部门之间、职能部门相互之间、职能部门上下级之间的责任分工和工作流程，把信访事项准确交办到相应机关处理。2015年，通过甄别分类，从一般信访事项中分流出940件进入诉讼、行政复议、行政仲裁等法定途径。

信访办理。对进驻大厅的工作部门实行动态管理，建立以责任部门牵头、相关部门参与的会商制度，形成联调联办、齐抓共管的工作格局，长沙、邵阳、益阳、岳阳、张家界、怀化、永州、郴州等地专程到常德市学习交流。妥善处理常德烟厂女工赴省集体上访。协调处理房地产领域办证等相关问题和非法集资等相关信访事项。全市共交办重点信访事项178件，全部实行领导包案，办结率100%；省委书记交办的3件积案全部办结息访；省委巡视组交办的355件案件，按规定交办到相关责任单位并全部将处理意见报巡视组。（王明浩）

**【全省信访制度改革交流推进会在常德召开】** 2015年9月21日，全省信访工作制度改革交流推进会在常德召开。湖南省委常委、省委政法委书记李微微出席会议并讲话。市委书记王群，市长周德睿应邀出席会议，市政府副市长胡丘陵作《推进信访制度改革，创新信访工作局面》经验交流发言。各市州信访联席会议召集人及信访局长，省直单位的分管领导及信访工作机构负责人，常德市信访联席会议成员单位主要负责人及各县市区信访局长（信访机构主要负责人）等150多人参加了会议。与会代表现场参观常德市人民来访接待中心、市国土资源局接访大厅、武陵区网格化管理指挥中心、武陵区穿紫河街道办事处等地。（王明浩）

## 党校工作

**【概况】** 2015年，常德市委党校在全省党校行政学院系统教学比赛中，2名参赛教师囊括市州2个一等奖。

开展“三严三实”专题教育。认真学习宣讲，切实发挥阵地作用。按照市委的要求做好专题教学和校外宣讲。宋冬春、徐正宪、唐贵平等市委领导和部分市直单位的领导为主体班学员和教职员工上了专题党课。选派教师深入到市直机关、县（市区）、乡镇街道和基层党校开展“三严三实”专题和其他理论宣讲68场次。聚焦问题查摆，扎实推动整改提高。广泛征求意见建议，认真查摆问题，在专题讨论中剖析，在支部生活会上检查，从严进行了党性分析。同时，着力抓了专项整改和立规执纪，把各项规章制度落实落细。开展“一进二访”，着力深化作风建设。对桃源县郝坪乡天会村的2户困难家庭开展“六帮扶”，即资金帮扶、物质帮扶、就业帮扶、思想帮扶、技术帮扶和爱心帮扶。通过开展精准扶贫，真正把“三严三实”教育落到实处，深化了作风建设。

培训工作。全年开展各类培训共计3792人。认真完成干部教育调训任务，全年举办18期主体班。主体班共培训学员1069人，其中，党校主体班12期，共695人。分别是：处干班3期131人；科干班3期148人；中青班1期42人；乡镇党委书记班2期196人；市直机关党支部书记班1期100人；市属国企中层管理人员班1期40人；选调生班1期38人。社会主义学院在院培训的主体班4期，共274人。分别是：全市商协会助力新创业建设新常德工作研讨班1期50人；全市党外知识分子培训班1期41人；全市非公有制企业党建工作研修班1期80人；全市民主党派新成员培训班1期103人。在院外培训的主体班2期，共100人。另外，在省社会主义学院举办了全市基层党外干部培训班1期60人；在北京大学举办了党外代表人士和青年企业家理论研修班1期40人。认真贯彻中组部要求，承办省、市两级基层党组织书记培训示范班。4月，全省社区党组织书记培训示范班在市委党校举办，全省14个市州的150名社区党组织书记及市州组织部门派出的观摩人员参加了为期一周的培训。承办6期全市优秀基层党支部书记培训示范班，共728人。认真做好部门、社会办班服务和学区工作，开展专题培训和在职培训。全年承接部门和社会专题培训16个班，共1845人。省委党校在职研究生常德学区2012级毕业4个班220人，2015级录取3个班130人。

教学改革。突出理论教育和党性教育这个主业。党性教育的课时占到总学时的40.5%，理论教育和党性教育的比重超过总课时的70%。先后推出“中共党史”“学习党章”“全面从严治党”“三严三实”“四个全面”“全面依法治国的脉络与方向”“全面深化改革的历史逻辑”“五中全会精神解读”“一带一路”“海绵城市”等24个专题。始终抓住教学质量这个关键。按照“专题布置、课题招标、集体备课、统一试讲”的模式，所有新开的专题都进行了试讲把关和教学测评。充分利用本土教学资源和现有教学设备的优势，开发《林伯渠的人生实践及当代启示》《帅孟奇与党性修养》的现场式教学专题，《践行核心价值，谱写出彩人生》的访谈式教学专题，《城乡一体化》的研讨式教学专题，学员反响较好。始终贯彻领导干部上讲台这个要求。积极邀请市级领导干部，聘请省、市专家教授到党校讲学，充分发挥他们在信息资源、实践经验和学术研究方面的优势。全年共外请教学52堂。

科研提质。围绕党委、政府中心献智献策。紧紧围绕市委、市政府的中心工作，把解决本地经济社会发展的难题作为主攻方向。市委、市政府重要政策文件出台前，市委党校部分骨干教师应邀参与讨论修改。比如，参加2015年《政府工作报告》意见座谈会，参与《常德市政府工作部门权力清单》《关于落实党风廉政建设党委主题责任和纪委监督责任的实施办法》的讨论修改，切实发挥了党校参谋智囊作用。围绕提升科研能力搞好服务。根据教研人员的科研定位和发展，有针对性地组织教师参与相关科研课题，积极鼓励和支持各教研处室开展社会调研活动，积极搭建学术交流平台，承办全省统战理论与实践创新研讨会，湖南省世界政治经济与国际共运史学会2015年年会，全省党校系统党建研究会全面从严治党党建理论研讨会，促进了市委党校与全省社科理论界的交流联系。围绕提高科研成效强化管理。把科研任务分解到处室和个人，将处室和个人科研情况与职务晋升、职称评定和评先评优挂钩，严格考核兑现奖惩，起到了很好的激励效果，科研工作被评为全省党校行政学院系统的先进。

机关党建。注重加强党员队伍管理，夯实党建工作基础。坚持党的组织生活制度，认真开展“三会一课”和民主生活会，完成1名预备党员转正，发展1名预备党员；选派7名基层党支部书记参加市直机关工委组织的培训，轮流选派党员参加市直机关党员“四个全面”专题教育培训班。严格落实党风廉政责任，守住党纪法规红线。市委副书记、校（院）长徐正宪亲自到党校与班子成员座谈，强调要严肃认真落实党风廉政建设主体责任和监督责任。校内落实了“一岗双责”制度，坚持“一把手”不直接分管人、财、物，落实纪检组长不分管业务工作，按照民主集中制原则规范和落实决策程序，认真执行党务、校务公开，严格控制“三公”经费，涉及单位基建和设备购置都按照要求进行公开招投标。积极创新人才培养模式，激发干事创业热情。坚持每周二下午的全员政治理论学习和每周五下午的教师业务培训，积极争取到中央党校、清华大学、浙江大学、湖南师大等高端培训的名额，暑假组织中层以上骨干和全体教研人员赴焦裕禄干部学院和红旗渠干部学院开展党性教育和新式教法学习。向市委组织部、市中级人民法院、市国土资源局、市委政研室共推荐5名教师跟班学习，向街道社区推荐1名教师进行挂职锻炼，通过多途径培养，促进能力提升。做细做活思想政治工作，营造和谐共进的氛围。充分尊重教职员工的利益诉求，密切关注教职员工的思想动态，在开展思想政治工作中，做到“五必谈、五必访”。通过挖掘、宣传、推介身边的先进典型引领，新建党性教育文化墙，张挂马列文化、励志文化、廉政文化等书画作品，在潜移默化中引导教职员工锤炼党性、崇德向善、见贤思齐。对待老干部，在思想上充分尊重，在生活上积极帮助，让老干部感到暖心暖情。通过思想政治工作的积极带动，有效凝聚了发展力量，营造了和谐氛围。

市委党校教师参加全省党校行政学院系统教学比赛获得一等奖

校园建设。文明创建不断深化。校内坚持制度化管理和文明办公。在传统节日期间开展道德讲堂，组织志愿服务、文体娱乐等系列活动，明确专人负责网络文明传播，加强文明宣讲力度。后勤服务不断提升。进一步规范办班联络、协调、服务机制，确保办班培训各个环节的无缝对接；修订《物业服务细则》，进一步细化了物业服务内容和标准；加强对后勤服务人员的从业培训，建立服务质量跟踪问效机制，根据学员反映和调查发现的服务不优等问题及时督促改进。基础设施不断完善。对教学楼屋面、墙面和大小阶梯教室进行维修改造，更换桌椅、空调和电教设备；对9、10号学员楼进行内部装修，为12号学员楼添置桌椅，为学员宿舍添置被服、电吹风等生活用品；对食堂进行维修改造，并配套厨房和餐厅的相关设施，改造后的食堂可以同时容纳400名学员和教职人员就餐。校园信息化建设项目已经进入采购程序，下一步将启动工程建设，建成后将实现校内一卡通管理。（梁卓鑫）

**【上海金山区委党校科干班学员到市委党校学习】** 2015年9月20—23日，常德市委党校迎来一批特殊的学员。来自上海金山区城建城管单位的38名科级干部，在上海市金山区公务员局副局长方浩、金山区委党校副校长张国明的带领下，来市委党校举办培训班，学习常德城市建设与管理经验。

上海大城市慕名来常德市学习城市建设与管理经验，这是史无前例的。同时，以成建制的班次来市委党校培训，也是史无前例的。为此，市委党校精心筹备办班具体事宜，为金山区学员安排了《城市规划与建设》《海绵城市与常德海绵城市建设》《完美社区建设网格化管理》三场专题讲座，组织学员到城市提质与海绵城市的重点建设项目、完美社区建设示范点、武陵区社会治理指挥中心等地开展了4次现场教学，让学员从内到外的感受到新常德的魅力和活力。（梁卓鑫）

**【常德市委党校教师在全省党校行政学院系统教学比赛中获一等奖】** 2015年6月15—17日，全省党校行政学院系统第十一次教学比赛在常德市委党校举行，来自全省党校行政学院系统的34名参赛选手围绕党性教育的主题进行了精彩的讲授，经过一天半的激烈角逐，常德市委党校教师杨亚妮、刘馨蔓双双获得一等奖，实现了历史性突破。

省委党校（湖南行政学院）常务副校（院）长张国骥出席闭幕式并讲话。省委党校行政学院副校（院）长刘丹、吴传毅、教育长吴厚庆，全省党校行政学院系统部分常务副校（院）长、分管教学副校（院）长出席活动。全省党校行政学院系统领队、专家评委、参赛选手、观摩教师共200余人参加活动。

（梁卓鑫）

# 接待工作

**【概况】** 2015年，市委市政府接待处共接待到常德的各级领导和海内外嘉宾约1000批次，13000多人次。其中，省部级以上领导80多批次，4000多人次。完成一系列重要和大型的接待服务任务，其中历时两个月省委巡视组在常的接待服务任务；配合市委、市政府和相关部门完成台湾中国青年大陆研究文教基金会参访、全国海绵城市启动、2015中国湖南国际旅游节、全省信访工作、环洞庭湖开工仪式、欢乐水世界开园等大型会议和庆典活动的接待服务任务。

配合市委、市政府等四大家领导和团体到北京、深圳、株洲等地学习考察、招商、引资，做好相关的联络、协调和后勤服务等工作，并承担着为市主要领导下区、县、乡（镇）检查、指导工作调派大型车辆的任务，全年共完成出车任务100多趟次，在时间和安全等方面，做到零失误。

支持和指导区、县（市）接待部门的工作，通过检查、调研等形式，与他们一道研究、探索接待工作转型和接待观念转变的新路径，鼓励其从降低接待成本、简化接待程序的原则出发，积极开辟那些招待所、机关食堂、快餐店等节约型的接待基地。派出业务骨干到区、县（市）协助和指导他们的工作，以确保常德接待服务工作的整体水平。（张明星）

**【重大接待事项】** 2015年3月18—20日，全国人大常委会原副委员长蒋正华等一行到常德考察，接待处全程服务。10月，全国人大执法检查组副委员长陈竺、王晨，全国人大常委会原副委员长李铁映等一行到常德考察，接待处全程服务。（张明星）

# 档案工作

**【概况】** 2015年，市档案局被省人社厅、省档案局授予“2015年度全省档案工作先进集体”荣誉称号。

档案年检年审。2015年10—11月，市档案局组织对市直和中央、省驻常德200家单位开展档案工作年检年审，其中现场检查84家，送检59家，集中检查33家，网上检查24家。下发《关于2015年度市直档案工作情况的通报》，发文表彰年度市直先进单位50个、先进个人38名。

规范化管理。2015年，常德市晋升省特级3家、省一级10家、省二级14家。配合工伤保险、医疗（生育）保险两个行业完成区县（市）业务档案达标升级工作；指导市民政局制定民政业务档案规范化管理规定，与市档案局联合出台《常德市民政业务档案管理办法》。桃源县以两办名义发出《关于进一步加强乡镇档案工作的意见》，桃源县财政每年对各乡镇预算安排1万元作为乡镇档案工作补助经费，对乡镇机关档案工作规范化管理评估达省二级以上标准的，桃源县财政奖励5万元。汉寿县11个美丽乡村示范村已全部建立规范综合档案室，并制定《汉寿县行政村文件分类方案》《汉寿县行政村文件材料归档范围》《汉寿县行政村文件保管期限表》。武陵区档案工作助力美丽乡村建设，建立独立档案室，26个完美社区示范点均建起规范的档案室。

业务培训。市档案局2015年3月份组织市直各单位归档动员培训，6月份组织参加省档案局举办继续教育培训和岗位培训，组建“常德兰台交流”QQ群。汉寿、武陵、安乡档案局分期分批对县直、乡镇、村（居）等层次档案员开展培训，临澧、鼎城在县档案局集中开展跟班轮训。2015年市档案局发文指导全市党的群众路线教育实践活动文件材料归档工作，上门到市城市提质指挥部及多家市直部门开展业务指导，实地到政策性关停青峰煤矿指导档案后续工作，到安乡、澧县等区县检查指导新馆项目建设。根据西藏隆子县请求，省人社厅统一部署，2015年5—10月，市档案局选派一名业务骨干赴隆子县开展档案技术对口支援，举办档案基础业务知识培训，实施档案员跟班轮训，推进隆子县档案馆规范管理以及全县档案事业发展。

法制宣传。组织开展“6·9”国际档案日系列宣传活动。省、市、区三级档案部门联合开展“送法到基层”活动。6月5日，省档案局宣传教育（法规）处处长黄光斌、常德市档案局局长夏国祥率常德市档案局、“两区”（武陵区、鼎城区）档案局全体干部职工到武陵区落路口社区和河洑镇南湖村参观考察基层档案室情况，向基层档案室赠送档案法律法规知识读本和档案法治宣传资料，并现场进行档案法律法规知识宣传。6月5日在市城建档案馆，省档案局宣传教育（法规）处处长黄光斌以“在新的形势下全面加强依法治档”为主题，对当前档案执法环境、途径、方法措施等方面进行专题讲座，市、县两级档案部门人员，市直各专业档案馆负责人和档案协作组组长单位分管负责人共100余人参加。组织开展全市档案法律法规知识竞赛。动员全市专兼职档案工作者及社会各界人士踊跃参赛，全市共完成知识竞赛试卷6000份，其中市本级完成试卷1400份。石门县在县城繁华区开展“石门记忆——老照片”大型展览；鼎城区在乡镇墟场开展“档案赶集”和“盾牌宣传”；安乡县开展“档案馆开放周”活动，邀请市民动手体验档案工作，学习了解档案收集、保管、保护知识，感受档案文化；临澧县在县电视台点播具有档案历史纪念意义电视连续剧；武陵区组织档案人员深入社区，帮助社区居民整理家庭档案，宣传档案工作；桃源县组织集中学习《档案管理违法违纪行为处分规定》，并制定《关于加强档案收集工作意见》通知下发全县；津市、石门还分别利用手机微信和短信平台宣传档案工作。6月8—9日，全市共制作展出档案宣传板块600余块，悬挂宣传横幅200余条，印发宣传资料3000余份。

规范治档。2015年全市有17人参加档案序列初、中级职称评审。报经市职改办批复同意，依法组织专家召开档案系列中初级职称评审会，评审通过7名同志档案初级专业技术职务任职资格、7名同志档案中级专业技术职务任职资格。组织参与普法学习、考试，完成普法依法治理迎检工作，帮助桃源县档案局“机关团体企业事业单位档案管理台账及其计算机应用软件”、石门县档案局“村档村管模式建立与管理长效机制应用研究”两个省级科研课题结题，制定市档案局权力清单、责任清单及权力运行流程图，其中权力清单和责任清单由市审改办统一向社会进行公布。

档案查阅利用。2015全年常德市档案局共接待查阅1781人次，电话查询181人次，提供档案资料8617卷，对常德诗墙字书画档案复制件进行编目编号，完成1305幅作品复制件整理工作。

馆库安全管理。库房安全实行科长负责制，并指定一名安全员，负责库房日常安全管理。加大库房安全检查力度。做到每天下班之前对库房进行一次安全检查，检查电源开关是否拉闸，库房门窗是否关闭等。每月及节假日前夕开展一次全面安全检查，检查电源线路是否有脱落漏电等情况发生，检查设施设备是否正常运行等。严格贯彻档案进出库登记制度，确保档案资料的安全完整。2015年在档案数字化加工期间，整个过程中档案出入库清点无误，台账登记清晰，从3月17日至12月7日止，累计出库5378卷，入库3701卷，档案资料无丢失、零损毁。2015年桃源县、汉寿县完善县馆安全防范预案，开展消防和火灾现场演练。汉寿县档案局对设施设备进行维护更新，加大监控安保力度。

馆藏纸质档案数字化。常德市数字档案馆系统项目之馆藏纸质档案数字化第二期工程于2015年3月正式启动，财政共投资150万元，计划完成市政府、市人大、市人事局、市财政局等93个全宗单位4万余卷重要档案的数字化加工任务。截至2015年年底，完成5158卷，64221件，256721页。津市市历时三个多月，总投资130万元档案数字化平台建设已于11月中旬竣工验收，并正式启动档案数字化加工工作。录入馆藏文书档案案卷目录及部分重要全宗卷内目录85339条，基本实现档案目录在线查阅；临澧县财政于10月上旬将档案数字化项目列入财政预算，10月中旬进行公开招投标，10月下旬进行竞标，确定第一期硬件建设投资79万元，11月启动临澧县综合档案馆数字化平台项目建设。

（刘辉军）

**【建设洞庭湖生态经济区专题档案资源数据中心】** 洞庭湖生态经济区专题档案资源数据中心于2015年3月开始筹建。市档案局研究制定《常德市洞庭湖生态经济区档案数据中心建设工作方案》，确定数据中心收集具体内容，定位建设目标。与广东东莞万维博通公司合作，组织研发专用管理软件，解决技术上关键问题。对馆藏档案进行相关档案收集整理，并从已数字化档案中进行筛选；对市直相关部门和单位涉洞庭湖生态经济区档案资料收集、整理进行业务指导，将相关档案资料扫描入库；区县市目录、全文数据上报后，进行数据导入，使数据集中方便利用。截至2015年年底，建有目录19万条，全文扫描45万页，照片上传3500张。9月15日，湖南省洞庭湖生态经济区专题档案资源数据库建设现场推进会在常德召开，湖南省档案局、14个市州档案局、相关区县（市）档案局、省直有关单位代表共71人参加会议。

（刘辉军）

**【举办抗战70周年展览】** 2015年是中国人民抗日战争胜利暨世界反法西斯战争胜利70周年。由湖南省档案局主办，常德市档案局、常德市城建档案馆、武陵区档案局、鼎城区档案局协办纪念湖南抗日战争胜利70周年档案图片展“血战三湘卫山河”，于8—9月在常德市区多处展出。展览通过49块展板、250余幅真实档案及照片、11个统计表全面展现日军血腥暴行以及湖南人民英勇抗战历史，数万市民参观展览。常德市档案局收集各种抗战材料，编写《守卫常德的将军——余程万》《审判材料揭露日军细菌战罪行》等抗战文稿8篇，被《档案时空》“档案见证——纪念抗战胜利七十周年专栏”采用6篇。武陵区档案局编印具有普遍教育性抗战知识通俗小册子——《新编“抗战”小知识导读》在8月份出版发行，澧县档案局编印《澧县抗日实录》。

（刘辉军）

**【机构改革和乡镇区划调整档案处置工作】** 2015年4月，市档案局联合市委编委办下发《关于加强机构改革中档案管理的通知》，对涉改单位档案规范管理、流向等问题提出指导意见。安排专人对涉改单位档案处置工作上门指导，协助做好处置前工作，使得涉改单位档案达到编号准确、整理规范要求。11月，市档案局向相关单位发出《关于机构改革档案处置工作意见的函》，提出机构改革完成后档案管理工作意见，并督促在2015年年底前做好档案移交处置工作。区县（市）以各地党委办、政府办名义出台《机构改革和乡镇区划调整中档案管理工作意见》，明确提出乡镇合并中档案资料归属、流向、整理、移交等具体操作办法，确保档案规范、完整与安全。

（刘辉军）

## 党史工作

**【党史宣传教育】** 2015年全市《湘潮》共征订3130份，较2014年订数增长77.2%。市本级完成467份征订任务。扩大《湘潮》读者领域，向市直单位免费赠送刊物110份，向领导个人发放刊物85份。2015年2月份，《武陵古今》第90期开始改版，突出常德元素、史志特色，突出服务大局。2015年“常德史志网”共录入信息1100条，图片200余幅，全年点击率为将近11万次。新增设两个栏目“三严三实专题教育”和“党史知识1000问”。在常德市政府门户网站全文录入《常德年鉴（2013）》。

2015年11月26日，在市一中举行“党史进校园”启动仪式

2015年11月26日，在常德市第一中学举行“党史进校园”启动仪式。向常德市第一中学赠送100本《常德抗战实录》、50本《红色经典故事》，与常德市第一中学正式达成“校办合作”关系，“党史进校园”工作做到“三个一”，即“办好一个橱窗、讲好一堂党课、赠送一种以上期刊”。（胡巧玲）

**【党史联络工作】** 2015年2月，召开一次党史联络工作迎春座谈会，市委常委、市委秘书长黄清宇在会上就如何做好党史暨党史联络工作做重要指示。8月，邀请联络组老领导参加《常德抗战实录》评审会。邀请联络组副组长以上成员出席《常德抗战实录》首发式。2015年10月20日，组织市党史联络组副组长以上成员深入西洞庭管理区生物科技园部分企业调研。2015年，联络组2名老同志撰写回忆录，分别是熊奇生《平凡无悔的足迹》和覃正彦《一蓑烟雨任平生》。（胡巧玲）

**【《常德援藏纪实》出版发行】** 为纪念常德市对口援藏20周年，选题编辑出版《常德援藏纪实》专题资料一书，向援藏20周年献礼。该书反映常德市20年来在支援西藏建设工作中所取得成就，为编撰党史正本三卷提供历史资料。全书由“重要讲话、领导关怀、战友情深、综述、隆子印记、雪域情怀、蜚声塞上、援建成果、高原明珠、发展思路、岁月留痕、附录、后记”13个篇章和部分彩色插图组成，约30多万字，100多张图片。该书于2015年4月份出版发行。（胡巧玲）

**【纪念抗战系列成果】** 为纪念抗日战争暨世界反法西斯战争胜利70周年，市委党史办在2015年8月编辑出版《常德抗战实录》。全书共分为6个栏目，计25万字，共有162幅彩色插图。获全省党史部门优秀科研成果评选二等奖。2015年8月，《武陵古今》编辑出版抗战专刊（第3期），并在《常德抗战实录》首发式上向市领导及有关单位赠阅，发挥党史部门资政育人作用。撰写《风雨下的火种》《烽火中的呐喊》《前线上的守望》等三篇集中反映中共常德地方党组织在抗战期间发挥中流砥柱作用文章，分别在2015年8月15日、16日、19日《常德日报》头版发表。（胡巧玲）

# 常德市人民代表大会常务委员会

## 综 述

【概况】 审议监督工作。常德市人大常委会与“一府两院”衔接协调，并向市委专题报告，审议表决通过《常德市人大常委会讨论、决定重大事项的规定》（第二次修订），明确讨论、决定重大事项范围、程序等内容。完成《常德市人大常委会议事规则》第四次修订，启动《常德市人大常委会预算审查监督办法》第二次修订。督促落实全市重点领域改革和发展工作，听取和审议市政府关于《湖南常德国家农业科技园区总体规划（草案）》编制情况报告，作出《关于批准〈湖南常德国家农业科技园区总体规划〉的决定》。听取和审议市政府机构改革和行政审批制度改革工作情况报告，提出简政放权、整合平台、优化服务，努力推进服务型政府建设等意见建议。听取市政府关于农电整改工作情况的报告，提出加快农网改造进度、改善施工执法环境、降低农村水厂电价等意见建议。听取市政府关于全市农村土地流转工作情况的报告，提出依法确权土地、培育流转主体、规范流转行为意见建议。听取和审议市政府关于推进依法行政、建设法治政府工作情况报告以及“两院”关于推进公正司法、体制机制改革等工作情况报告，督促“一府两院”提高法治意识、严格决策程序、规范司法行为、推进司法改革、强化监督追责。听取市政府关于政府信息公开工作情况报告，督促市政府整合信息资源公开平台、依法及时公开政务信息、解决采购平台功能缺失。对“十三五”规划纲要（草案）编制和“十二五”规划完成情况进行监督。听取和审议“十三五”规划纲要（草案）编制情况报告，建议市政府紧扣“一个中心、三个迈进、五个常德”战略部署，对接“十二五”规划完成情况，结合全面建设小康社会奋斗目标，把握发展形势，量化目标任务，对“十二五”发展规划纲要33项主要指标完成情况进行系统评估，要求市政府逐一研究指导，强化规划目标，严格责任考核。对全市宏观经济运行情况进行监督，听取和审议2015年1—9月全市国民经济和社会发展计划执行情况报告，建议市政府加强分类指导、扩大有效投资、深化各项改革、推进民生改善。为缓解中小微企业“融资难、融资贵”等问题，听取和审议市政府关于全市中小微企业融资情况报告，提出建立信贷风险补偿机制、搭建专业公共服务平台、发挥政府性存款杠杆作用等意见建议。跟进金融生态环境建设，专题听取法院、银行、银监等部门关于全市金融生态建设有关情况报告。听取市政府关于全市电子商务工作情况报告，提出壮大市场主体、强化产业支撑、加强诚信建设等意见建议。开展全市农业结构调整工作视察，提出重流通促调整、创品牌促调整、活流转促调整、抓示范促调整等视察意见。开展全市园区攻坚暨优化经济发展环境工作视察，提出创新发展思路、深化体制改革、突出招商引资、促进企业上市等视察意见。听取市政府关于高铁建设工作情况报告。加强对全过程、全口径审查监督。听取和审议市政府2015年市级部门预算（草案）编制情况报告，意见建议成为财政部门编制2016年部门预算重要依据。听取和审议2014年市级决算（草案）报告，审查批准2014年市级财政决算。听取和审议2015年1—9月份全市及市级预算执行情况报告，审查批准2015年市级预算收入调增1.76亿元、支出调增2.68亿元预算调整方案。跟踪监督市政府落实常委会提出优化收入结构、强化预算约束、严控债务风险等意见建议。对财政专项资金征收和使用情况实施监督。听取和审议市政府关于2014年市本级城建项目和城建资金计划执行情况与2015年市本级城建项目计划安排（草案）情况报告，提出加强项目统筹、规范建设程序、完善征拆机制意见建议。听取和审议市政府关于非税收入征收管理情况报告，提出健全制度、挖掘潜力、加强清收意见建议。听取市政府关于2014年转移支付资金安排和使用情况报告，提出明晰财权事权、提高支付比重、优化资金结构、整合支付项目、完善支付制度等意见建议。6月，人大常委会听取和审议2014年市级预算执行和其他财政收支审计工作报告，提出增强审计力量、增强整改实效、突出监督重点意见建议。10月，听取和审议市政府及相关单位关于2014年审计工作报告指出问题的整改和审议意见研究处理情况报告。听取和审议市政府关于职业教育工作情况报告，督促市政府完善保障机制、统筹教育资源、建强教师队伍。听取市政府关于教育、卫生三年攻坚工作推进情况报告，督促市政府结合乡镇区划调整，优化布局规划；注重硬件软件配套，资源倾斜农村；纵深推进各项改革，依法办事。听取和审议市政府关于计划生育“单独两孩”和城镇独生子女父母奖励政策落实情况报告，督促市政府加强宣传教育、争取政策支持、强化服务管理。听取市政府关于贯彻执行《中华人民共和国殡葬管理条例》情况报告，督促市政府加大殡葬文明新风宣传、出台殡葬管理改革意见、强化殡葬基础设施投入。听取和审议市政府关于物业管理工作情况的报告，建议市政府严格物管企业准入机制，提高物业服务质量标准，引导小区业主自我管理。5—6月，开展《中华人民共和国工会法》执法检查，要求市政府提高思想认识、加大管理力度、强化维权帮扶，推进法律全面贯彻实施。7—8月，开展《中华人民共和国水污染防治法》执法检查，集中观看执法检查暗访组拍摄的披露水污染现状28个问题专题片，要求市政府强化水源环境管理、建立企业退出补偿机制、推进污水截污管网建设、建立流域联防联控机制、加大监管综合执法力度。向省人大常委会提出制定出台《黄石水库水环境保护条例》建议。市政府及其相关部门，研究处理审议意见指出问题，市城区沅江餐饮船污染、武陵区新河珍珠养殖污染等问题已经得到妥善解决。在经济和信息化工作评议中，提出办好工业园区、加大招商力度、提高厂房利用等评议意见。在住房和城乡建设工作评议中，提出要解决“城区人行道板损毁严重、现有安置房空置较多、建设项目统筹管理不够”等问题评议意见。在工商工作评议中，提出推进体制改革、提升监管效能、稳定工商队伍等评议意见。在畜牧水产工作评议中，提出加强依法行政、抓好污染治理、夯实防疫力量、打击电打鱼和炸鱼等违法行为评议意见。人大常委会听取市人民检察院关于行政执法检察监督工作情况报告，督促市人民检察院加强队伍建设、突出关键领域、健全监督机制。听取和审议各司法机关《关于刑事诉讼法执法检查报告的审议意见》研究处理情况报告，经过各司法机关协同努力，特殊人群羁押（服刑）场所建设、监视居住场所建设、律师辩护权保障、涉案财物随案移送等问题上取得实质性进展。开展“不捕不诉”案件专项检查，发现问题案件131件160个问题，督促全市检察机关依法处理、限期整改，规范检察机关行为。落实规范性文件备案审查制度，规范提前介入工作，全年共对31件报送备案规范性文件进行依法审查。对全市现行有效350件规范性文件进行全面清理审查，对其中15件存在违法或不适当情形规范性文件提出处理建议。听取和审议市政府对市人大常委会作出8件审议意见、4件工作评议意见、2件执法检查报告研究处理情况。开展“回头看”，依法督办“一府两院”及时解决预算编制、园区攻坚、企业融资、教育发展、旅游提质、法院执行等工作中问题。

“五行”工作。环保世纪行以“守护碧水蓝天”为主题，围绕大气污染防治、水污染防治两大领域，突出环保宣传，督促污染治理，加强执法监督，常德经济技术开发区金泉禾牧业养殖污染等一批突出环境问题得到解决。农产品质量安全行以“提质升级”为主题，打击农产品添加使用违禁药品行为，重点推进农业标准化建设，开展农产品产地认证工作。农民健康行以“推进基层医疗卫生体系建设，关注农民问医用药安全”为主题，加强社区卫生服务中心建设，提升基层医疗卫生服务能力，严查农村地区非法行医行为。民族团结进步行动以“繁荣民族文化，建设特色村镇”为主题，开展“湖南最美少数民族特色村镇”推荐参评，启动“启聪扶贫”工程，组织“民族团结一家亲”送戏下乡，保证民族地区行政区划调整，维护民族团结和社会稳定。2015年，常德市民族团结进步行动工作被评为全省先进。司法公正常德行以“加强司法监督，推进司法公正”为主题，推进案件评析工作，开展“万案大评查”活动，全年共评查各类案件55000余件，优秀率达92.8%；加大人民群众对司法工作参与力度，开展“千案大走访”“百案庭审”活动，面对面听取3000余件案件办理情况反馈，同步直播15场案件庭审过程，提升司法案件质量和人民群众对司法认同感。2015年，受理人民来信来电239件次，群众来访1052余人次。

选举任免工作。坚持党管干部原则和人大依法任免相统一，坚持贯彻党委意图、充分发扬民主和严格依法办事相结合，健全任前调查、法律考试、任职前发言、宪法宣誓等任免程序，在全省率先组织由人大常委会任命国家工作人员向宪法宣誓，增强被任命人员宪法意识、人大意识和公仆意识。全年市人大常委会行使人事任免权国家机关工作人员共62人次，其中决定代理职务2人、通过职务1人、决定任命23人、任命8人、接受辞职4人、决定免去和免去职务24人。

人大代表履职。落实“双联”工作。完善市人大常委会组成人员联系代表常态化工作机制，以“走访代表活动月”为载体，常委会组成人员深入基层，走访代表，联系群众，收集各类意见、建议120多条。以“人大代表联系群众工作室”为平台，各级人大代表坚持定期接待与日常走访并重、收集意见与化解问题并举。完善代表培训机制，加强代表任中培训，分批组织70多名市人大代表小组长和部分人大工作者参加全国人大培训班；组织14名省人大代表参加省人大培训班，支持区县（市）人大常委会开展县乡人大代表系统培训。召开政情通报会议，寄发政务资料，编发市委、市政府重大决策和重要活动信息，搭建代表知政平台；坚持邀请代表列席市人大常委会，推荐代表担任社会各界监督员，依法要求代表参加执法检查、工作视察和专题调查，搭建代表监督平台。出台常委会《关于深化人大代表报告履职情况工作和实行人大代表履职公示的指导意见》，指导区县（市）人大常委会开展代表报告履职情况工作。加强省、市人大代表小组活动指导，开展国、省人大代表集中视察。加强代表资格审查，依法接受3名省人大代表辞去代表职务，终止19名市人大代表资格，暂停1名市人大代表职务，补选3名省人大代表，确认17名补选市人大代表资格合法有效。交办代表建议，清理办理情况，推动一批事关全市发展大局、事关群众切身利益问题有效解决。健全完善“政府领导领办、责任单位承办、人大跟踪督办”重点建议办理机制。

舆论宣传。以“地方人大及其常委会行使重大事项决定权”为主题，召开全市人大制度理论研讨会，共收到研讨文章91篇；参加全省人大系统理论研讨活动，常德市报送的7篇论文有4篇获一、二、三等奖。《人大传真》办刊质量提高，《常德人大》门户网站完成改版。2015年，鲁胡子、陈建教、申建春等国、省、市人大代表履职先进事迹在《中国人大》《湖南日报》《常德日报》《人大传真》等媒体上得到宣传推介，3件作品获湖南省第25届人大新闻奖。

自身建设。人大常委会在机关县处级以上领导干部中组织开展“三严三实”专题教育，主任会议成员带头上党课、专题学习研讨、专题民主生活会、整改落实和合规执纪等四项“关键动作”完成。组织中共十八届五中全会精神和习近平总书记系列重要讲话精神专题学习，及时传达市委重要会议精神。侧重“法治型”机关建设，开展常委会委员、机关工作人员每两个月学两部法律活动，全年共组织集中学法活动6场次。深化“学习型、服务型、廉洁型、文明型”机关建设，服务代表履职、群众办事和全市发展。开展廉政警示教育，文明创建提质升级。2015年，省人大常委会刊物《人民之友》对常德抓“五型”机关建设经验进行专题推介。2015年，人大常委会召开调度会议，安排扶贫单位及相关单位统筹落实扶贫资金，帮助解决柏家坡至双溪口12千米公路硬化问题，安置竹山村5个无房户，在皇风坳建10平方米红茶林基地，以“公司＋农户＋专业合作社”模式落实贫困户动态管理机制，提高29个户经济收入。（张纹浩）

**【重要会议】** 1月14日，市六届人大常委会第十五次会议在市人大常委会会议室召开，市人大常委会主任刘明主持会议。会议听取和审议市六届人大四次会议筹备工作情况报告，审议市六届人大四次会议议程（草案）、日程（草案）、市六届人大四次会议主席团和秘书长名单（草案）、主席团常务主席名单（草案）、副秘书长名单（草案）、执行主席分组名单（草案）、非主席团成员在主席台就座的有关人员名单（草案），审议决定市六届人大四次会议列席人员名单（草案），审议市六届人大四次会议补选办法（草案），听取市六届人大常委会代表资格审查委员会关于有关代表资格审查报告，审议市人大常务委员会工作报告（讨论稿），听取和审议市人民政府关于2015年市级部门预算（草案）编制情况报告、《常德市人大常委会关于2014年1—9月全市国民经济和社会发展计划执行情况报告的审议意见》研究处理情况报告，听取市人民政府关于贯彻执行《常德市第六届人民代表大会第三次会议关于解决城乡居民饮水安全问题的决议》工作进展情况报告。会议通过有关人事任免事项，并首次启动市人大常委会任命人员向宪法宣誓仪式。副主任文承保、王孝山、肖燕芳、曾再农、熊大顺、谭弘发，秘书长彭启云出席，市人民政府副市长陈华列席。

1月20—23日，市六届人大四次会议在市工人文化宫召开，455名市人大代表出席，565人列席（其中包括417名政协委员），会议邀请部分离退休老同志列席开（闭）幕式。会议听取和审查市六届人大常委会工作报告、市人民政府工作报告、市中级人民法院工作报告、市人民检察院工作报告，审查市2014年国民经济和社会发展计划执行情况与2015年国民经济和社会发展计划（草案）报告、市2014年财政预算执行情况和2015年全市及市级财政预算（草案）报告，并分别作出相关决议。会议共收到议案21件，经市人大各专门委员会研究，并提请主席团审议同意后，决定将21件代表所提议案全部转作建议，并在大会闭会期间交由有关部门办理。会议收到代表提出建议、批评和意见230件，经过整理分类，在会后交有关部门办理。

2月27日，市六届人大常委会第十六次会议在市人大常委会会议室召开，市人大常委会主任刘明主持会议。会议审议表决通过《常德市第六届人民代表大会第四次会议至第五次会议期间常务委员会工作要点（草案）》，听取和审议市人民政府关于《常德市人大常委会关于我市教育工作的评议意见》《常德市人大常委会关于我市规划工作的评议意见》《常德市人大常委会关于我市林业工作的评议意见》《常德市人大常委会关于我市安全生产监督管理工作的评议意见》《常德市人大常委会关于全市园区攻坚工作情况报告的审议意见》研究处理情况报告。市人大常委会副主任王孝山、肖燕芳、曾再农、王先蒙、谭弘发，秘书长彭启云出席。市人民政府副市长沈习森，市中级人民法院院长廖具之，市人民检察院检察长余湘文列席。

3月25日，市六届人大常委会第十一次主任会议在市人大常委会机关208会议室召开。市人大常委会主任刘明主持会议。会议听取和审议市人民政府关于2014年民族团结进步行活动开展情况和2015年活动方案报告、2014年环保世纪行活动开展情况和2015年活动方案报告、2014年农产品质量安全行活动开展情况和2015年活动方案报告、2014年农民健康行活动开展情况和2015年活动方案报告，听取和审议市人大内司委关于2014年司法公正常德行活动开展情况和2015年活动方案报告。市人大常委会副主任文承保、王孝山、肖燕芳、曾再农、王先蒙、谭弘发，秘书长彭启云出席。市人民政府副市长、市公安局局长胡丘陵，市中级人民法院院长廖具之，市人民检察院检察长余湘文列席。

4月28—29日，市六届人大常委会第十七次会议在市人大常委会会议室召开，市人大常委会主任刘明、副主任文承保分别主持会议。会议听取和审议市人民政府关于全市中小微企业融资情况报告、2014年市本级城建项目和城建资金计划执行情况与2015年市本级城建项目计划安排（草案）情况报告、《湖南常德国家农业科技园区总体规划（草案）》编制情况报告；听取市人民政府关于市政府机构改革方案备案报告；审议市人大常委会关于批准《湖南常德国家农业科技园区总体规划》的决定（草案）；听取和审议“一府两院”关于《常德市人大常委会关于〈中华人民共和国刑事诉讼法〉执法检查报告的审议意见》（含执法检查报告）、市人民政府关于《常德市人大常委会关于旅游工作情况报告的审议意见》与《常德市人大常委会关于2015年市级部门预算（草案）编制情况报告的审议意见》研究处理情况报告，听取市六届人大会常务委员会代表资格审查委员会关于有关代表资格的审查报告。会议审议通过市人民政府副市长、市人大常委会代理秘书长以及机构改革相关市人民政府工作部门主要负责人、法院审判员等有关人事任免事项，并举行市人大常委会任命人员向宪法宣誓仪式。市人大常委会副主任王孝山、肖燕芳、曾再农、王先蒙、谭弘发出席。市委副书记、市长周德睿，副市长沈习森、胡丘陵，市中级人民法院院长廖具之，市人民检察院检察长余湘文列席。

5月27日，市六届人大常委会第十二次主任会议在市人大常委会机关208会议室召开，市人大常委会主任刘明主持会议。会议听取市人民政府关于2014年转移支付资金安排和使用情况的报告、全市电子商务工作情况报告，听取市中级人民法院、人行常德市中心支行、常德银监分局关于全市金融生态有关情况报告。市人大常委会副主任文承保、王孝山、肖燕芳、王先蒙、谭弘发，代理秘书长万利出席，市人民政府副市长匡加才，市中级人民法院院长廖具之列席。

6月29—30日，市六届人大常委会第十八次会议在市人大常委会会议室召开，市人大常委会主任刘明、副主任王孝山分别主持会议。会议听取和审议市人大常委会执法检查组关于检查《中华人民共和国工会法》实施情况报告，听取和审议市人民政府关于2014年市级决算（草案）报告、2014年市级预算执行和其他财政收支的审计工作报告，审查批准2014年市级决算，听取和审议了市人民政府关于“引黄入常”工作情况报告、职业教育工作情况报告，听取和审议市人民政府关于《常德市人大常委会关于全市饮用水源地确定及省人民政府批复情况报告审议意见》研究处理情况报告。市人大常委会副主任文承保、肖燕芳、曾再农、谭弘发，代理秘书长万利出席。市人民政府副市长沈习森、陈华、匡加才，市中级人民法院院长廖具之、市人民检察院检察长余湘文列席。

7月28日上午，市六届人大常委会第十三次主任会议在市人大常委会机关101会议室召开。市人大常委会主任刘明主持会议。会议听取市人民政府关于贯彻执行《中华人民共和国殡葬管理条例》情况报告、关于农电整改工作情况报告和关于高铁建设工作情况报告。市人大常委会副主任文承保、王孝山、肖燕芳、曾再农、王先蒙、谭弘发，代理秘书长、市人大内司委主任委员万利出席。市委常委、副市长赵建国列席。

8月25—27日，市六届人大常委会第十九次会议在市人大常委会会议室召开，市人大常委会主任刘明、副主任肖燕芳、曾再农、王先蒙分别主持会议。会议听取和审议市人大常委会执法检查组关于检查《中华人民共和国水污染防治法》实施情况报告；对市人民政府经济和信息化工作、住房和城乡建设工作、工商工作、畜牧水产工作等四项工作开展评议；听取和审议市人民政府关于推进依法行政、建设法治政府工作情况报告，听取和审议市中级人民法院、市人民检察院关于推进公正司法、体制机制改革等工作情况报告；听取和审议市人民政府关于非税收入征收管理情况报告；听取和审议市中级人民法院、市人民检察院关于开展法官、检察官履职评议工作情况报告；审议《常德市人民代表大会常务委员会讨论、决定重大事项规定（第二次修订草案）》；听取和审议市中级人民法院关于《常德市人大常委会关于全市人民法院执行工作情况报告的审议意见》研究处理情况报告；会议审议表决有关人事事项。市人大常委会副主任王孝山、谭弘发，代理秘书长、市人大内司委主任委员万利出席，市委常委、常务副市长朱水平，市委常委、副市长卢武福，副市长朱晓平、胡丘陵、匡加才，市中级人民法院院长廖具之、市人民检察院检察长余湘文列席。

9月25日，市六届人大常委会第十四次主任会议在市人大常委会机关101会议室召开。市人大常委会主任刘明主持会议。会议听取市人民政府关于推进政府信息公开工作情况的报告和关于全市农村土地流转工作情况报告；听取市人民检察院关于行政执法检察监督工作情况报告；听取城乡居民饮水安全长效机制建设调研情况报告。市人大常委会副主任王孝山、肖燕芳、曾再农、王先蒙，代理秘书长、市人大内司委主任委员万利出席；市委常委、副市长赵建国，市人民检察院检察长余湘文列席。

10月27—28日，市六届人大常委会第二十次会议在市人大常委会机关会议室召开，市人大常委会主任刘明，副主任王孝山、谭弘发分别主持会议。会议听取和审议市人民政府关于2015年1—9月全市国民经济和社会发展计划执行情况的报告和关于2015年1—9月全市及市级预算执行情况和2015年市级预算调整方案（草案）报告，审查批准2015年市级预算调整方案（草案）；听取和审议市人民政府关于2014年市级预算执行和其他财政收支审计工作报告指出问题整改与审议意见研究处理情况报告，听取有关单位关于2014年市级预算执行和其他财政收支审计工作报告指出问题的整改情况报告；听取和审议市人民政府关于政府机构改革和行政审批制度改革工作情况报告、关于计划生育“单独两孩”和城镇独生子女父母奖励政策落实情况报告、关于《常德市人大常委会关于2014年本级城建项目和城建资金计划执行计划情况与2015年市本级城建项目计划安排（草案）情况报告的审议意见》研究处理情况报告和关于《常德市人大常委会关于全市中小微企业融资情况报告的审议意见》研究处理情况报告；审议表决《常德市人民代表大会常务委员会关于召开常德市第六届人民代表大会第五次会议的决定（草案）》；听取和审议市人大常委会主任会议关于提请审议设立常德市第六届人民代表大会常务委员会法制工作委员会议案；会议听取常德市第六届人民代表大会常务委员会代表资格审查委员会关于有关代表资格审查报告；审议表决有关人事事项等。市人大常委会副主任肖燕芳、曾再农、王先蒙，代理秘书长、市人大内司委主任委员万利出席。市委常委、副市长朱水平，市委常委、副市长卢武福，副市长沈习森、陈华，市人民检察院检察长余湘文列席。

12月24—25日，市六届人大常委会第二十一次会议在市人大常委会会议室召开。市人大常委会主任刘明，副主任肖燕芳分别主持会议。会议听取和审议市人民政府关于“十二五”规划实施与“十三五”规划纲要（草案）编制情况报告；听取和审议市人民政府、市中级人民法院、市人民检察院关于市六届人大四次会议代表建议办理情况报告；听取和审议市人民政府关于全市物业管理工作情况报告；听取和审议市人民政府、市中级人民法院关于贯彻执行2015年度市人大常委会决议决定情况报告；审议表决《常德市人民代表大会常务委员会议事规则（第四次修订稿·草案）》《常德市人民代表大会常务委员会讨论、决定重大事项的规定（第二次修订稿·草案）》；听取和审议市人民政府关于《常德市人大常委会关于〈中华人民共和国工会法〉执法检查报告的审议意见》（含执法检查报告）、关于《常德市人大常委会关于职业教育工作情况报告的审议意见》和关于《常德市人大常委会关于全市农业结构调整工作的视察意见》研究处理情况报告；听取常德市第六届人民代表大会常务委员会代表资格审查委员会关于有关代表资格审查报告；审议表决有关人事事项，并举行市人大常委会任命人员向宪法宣誓仪式。市人大常委会副主任王孝山、王先蒙、谭弘发，代理秘书长万利出席。市委常委、常务副市长朱水平，市委常委、副市长卢武福，副市长沈习森，市中级人民法院院长廖具之，市人民检察院检察长余湘文列席。

（张纹浩）

**【执法检查】** 6月10日，市人大常委会召开《中华人民共和国工会法》执法检查动员大会，市人大常委会主任刘明，副主任文承保、曾再农、谭弘发，市人大常委会党组成员、市总工会主席石成林，市人民政府副市长沈习森，市中级人民法院院长廖具之，市人大常委会代理秘书长万利出席。6月11～26日，市人大常委会主任会议成员分别带队到各区县（市）以及经开区、柳叶湖旅游度假区、西湖管理区、西洞庭管理区，桃花源旅游管理区开展《中华人民共和国工会法》执法检查。

7月14日上午，市人大常委会召开《中华人民共和国水污染防治法》执法检查动员会，市人大常委会主任刘明主持。市委常委、副市长赵建国，市人大常委会副主任文承保、王孝山、曾再农、王先蒙、谭弘发，代理秘书长、市人大内司委主任委员万利出席。7月28—29日，市人大常委会召开各区县（市）人大常委会贯彻落实《中华人民共和国水污染防治法》执法检查动员会议精神情况汇报会，市人大常委会副主任王先蒙出席。7月30日，市人大常委会开展市直相关单位贯彻落实《中华人民共和国水污染防治法》执法检查动员会议精神情况汇报会，市委常委、副市长赵建国，市人大常委会副主任王先蒙出席。8月3—11日，市人大常委会主任会议成员分别率执法检查组，对各区县市（含4小区）贯彻实施《中华人民共和国水污染防治法》情况进行执法检查，并对市人民政府经济和信息化、住房和城乡建设、工商、畜牧水产等4项工作开展评议调研。

（张纹浩）

# 常德市人民政府

## 综　述

**【概况】** 2015年，常德市完成地区生产总值2709亿元，增长8.7%，总量居全省第三位；实现一般公共预算收入210.8亿元，增长14.5%；规模工业增加值突破千亿元，增长7.1%；完成固定资产投资1858亿元，增长20%；城乡居民人均可支配收入分别达到24513元、11744元，分别增长8.3%、9.4%。

实体经济。全年完成重点项目建设投资1030亿元，增长25%；华电常德电厂一期、浪潮常德云计算中心、东星家居广场一期等项目建成运营，桃花源古镇、友阿国际广场、和瑞欢乐城等项目完成主体工程，万达广场、汉能光伏、常德汽贸城、中以光纤等项目稳步推进。召开重点园区建设调度会，发动力量建设园区、服务园区；全年完成园区基础设施投入61亿元，新建标准化厂房150万平方米；开工建设亿元项目55个，竣工投产亿元项目19个，新增规模工业企业101家；国家级高新区创建进入国家候批程序，全省创新创业园区"135"工程建设现场推进会在常德召开，推介常德经验。启动文化旅游产业三年攻坚计划，打造欢乐水世界、武陵阁步行城、柳叶湖沙滩公园等消费热点，承办中国湖南国际旅游节，全年接待游客和旅游收入分别增长22.3%、26.9%，多家中央媒体推介常德市发展美丽经济经验；规划建设柳叶湖现代服务业园区，湘雅常德医院等项目基本建成，市民之家等项目正式启动，以武陵移动互联网产业园为龙头，电子商务快速发展。完成社会消费品零售总额945亿元，增长12.3%。开展5月"基层服务月"和"千名干部联系服务千家企业"活动。破解融资难题，市本级设立3亿元中小企业信贷过桥资金，益丰大药房在上交所挂牌上市，金融机构新增各类贷款125亿元。优化用地和拆迁服务，共批回建设用地12.67平方千米。粮食、生猪、水产、蔬菜、林业五个"双百亿产业"，新增"三品一标"认证64个，新增规模农产品加工企业31家，常德农业科技园区成功获批国家农业科技园区。

城市提质。常德市成功入选全国首批16家海绵城市建设试点城市，3年内将获得国家专项补贴资金12亿元，海绵城市设计和79个试点项目已经启动。强化规划引领作用，中心城区160平方千米控制性详规基本完成。白鹤山、芦荻山和机场三大快速通道建成通车，柳叶湖环湖大道、桥南人防工程投入运行，穿紫河风光带、柳叶大道西延、常德智慧谷、江南风光带、阳明湖建设、沅水四桥等项目进展顺利。实施小街小巷互联互通工程，推进内河水系改造，开工棚户区改造项目3.6万户，绿化、美化、亮化、数字化同步实施。推进城市管理"一改四化"，开展交通秩序、渣土运输、户外广告等专项整治。支持各县（市）城区实施"三改四化"，天然气管网实现所有县（市）城区全覆盖。津澧国家中小城市综合改革、桃源陬市镇全国经济发达镇行政管理体制改革进展顺利。市财政连续3年每年安排3000万元，在鼎城灌溪镇、临澧新安镇、汉寿蒋家嘴镇等13个镇开展美丽城镇建设试点。推进乡镇区划调整改革。各级财政投入2.5亿元，实施建设项目175个，街道和社区公共服务硬件建设基本达标。"3+N"治理模式全面建立，社会治理信息平台、完美社区服务平台投入运行。

基础建设。桃花源机场4D级扩建、石长铁路增建二线及电气化竣工并投入营运。黔张常铁路正在抓紧施工，长益常、襄荆常、常岳九铁路等重大项目进入国家"十三五"铁路建设规划。常荆高速全线通车，常安高速复工建设，安慈高速项目具备开工条件。新建改建干线公路188千米，319国道桃花源景区改线、蒋家嘴至汉寿县城、城头山至张公庙等公路建成通车，沅澧快速干线一号、二号、六号大道开工建设。硬化农村公路310千米，实施危桥改造150座。水利建设。全市投入水利建设资金40.5亿元，创历史新高。加固堤防447处，治理中小河流18条，更新改造大型泵站6处，小Ⅰ型水库除险加固全面完成。实施小型农田水利建设五年行动，扩容堰塘4.4万口，疏浚渠道2.3万千米。建成高标准农田和改造中低产田104.67平方千米。整合各类资金3亿元，推进“百村示范、千村创建、村村整治”行动，100个示范村基本实现公路通组、自来水到户。争取省级投入2.4亿元，在8个区县整县推进农村环境综合整治。

服务民生。2015年，省重点民生工程15个项目27项具体指标任务全面完成。全市民生方面财政支出达到260亿元，占财政总支出73%。市县整体联动，解决剩余136万人饮水安全问题，率先在全省实现城乡饮水安全全覆盖。全市共投入2亿元，集中办好重点贫困村“六件实事”，410个贫困村实现驻村帮扶全覆盖、干部联系帮扶贫困户全覆盖，2015年内有12万人实现脱贫。教育方面，全市投入资金6.1亿元，改造农村薄弱学校213所，新建和改扩建城区中小学24所，新建城区幼儿园14所，常德智慧谷加快建设，湖南幼师高专新校区投入使用，2015年高考取得文科全省第一、理科全省第二。卫生方面，完成投入15亿元，实施市县医疗卫生建设项目44个、城市社区卫生服务中心项目11个，澧县人民医院搬迁、鼎城区人民医院扩建一期等项目顺利竣工，市第二人民医院门急诊综合大楼完成主体工程。2015年新增城镇就业6.7万人，农村劳动力转移就业8.6万人。五类社会保险新增参保14.8万人次，开工建设保障性安居工程8.2万户，改扩建农村敬老院19所。“三中心”、丁玲纪念馆等项目投入使用，市博物馆改扩建完成主体工程。开展蓝天碧水净土行动，实施大气污染防治行动三年计划，集中开展煤改气、非煤矿山关闭、黄标车淘汰、餐饮油烟治理、工地扬尘等专项治理，市城区空气质量在全国116个重点环保城市中稳居前列；在全省率先完成集中式饮用水水源保护区划定工作，河流、水库禁止投肥养殖成果进一步巩固，沅澧两水水质稳定在Ⅲ类以上；推进全国土壤污染综合防治示范区建设。创建国家森林城市、全国绿化模范城市，省级以上生态乡镇占比达到86%以上，全市森林覆盖率达到47.98%。

改革发展。对中央、省委部署投融资体制改革、公共资源交易体制改革、政府机构改革、乡镇区划调整改革、行政审批制度改革等65项改革任务，逐项细化任务，逐级强化责任，逐一按照时间节点落实。对市里确定创新基层社会治理、城管体制改革、园区管理体制改革等10项自主改革，实行问题倒逼、时间倒排、责任倒查，稳步推进，初见成效。对中央、省里部署社会体系建设试点、澧县不动产登记试点、桃源县陬市镇行政管理体制改革试点等改革试点任务，为全省乃至全国改革作出示范。举办德商恳谈会、深圳投资推介会、海外侨领侨商投资考察推介会等一批重大招商活动，对接央企省企和承接产业转移，引进战略投资者，与中国华电集团、中国恒天集团、中国建材集团、中国国新控股、中国兵装集团等央企签订战略合作协议，全年累计引进内资610亿元、外资到位6.2亿美元，其中引进投资过亿元项目145个。大力发展对外经贸，开展“破零倍增”行动，完成进出口总额8.5亿美元，增长12%。推动大众创业、万众创新，制定促进非公有制经济发展若干意见，非公有制经济增加值占地区生产总值比重达到53%，比2014年提升1.3个百分点。全年新增市场主体2.6万户，增长1.2倍。

转变职能行政。实行市政府全会和常务会议邀请人大代表、政协委员、咨询专家、法律顾问列席和普通市民旁听制度；推行行政执法公示制、评议制、责任制和执法过错追究制；接受市人大及其常委会法律监督和工作监督，接受市政协民主监督，听取各方面意见建议，办理人大代表建议244件、政协提案379件。新一轮政府机构改革基本完成，市县两级共调整撤并行政事业单位147家。公布政府部门权力清单、责任清单和外商投资准入管理目录、政府核准投资项目目录，市本级权力事项由3757项压减至2782项。创造性地编辑出版政策清单，将中央和地方各级文件中政策，编成3000多组政策问答。在市直12家单位开展行政审批优化流程试点，审批时限整体提速39%。加强部门内部审批职能相对集中，形成以窗口为主导审批模式。规范行政审批中介服务，公布中介服务涉企收费目录。全面清理行政事业性收费项目和标准，市直执收单位由66家减为59家，全年为企业和群众减负2000多万元。开展“三严三实”专题教育，在市直涉改部门开展改作风、定责任、定目标、定规矩、定决心“一改四定”工作。治理涉企“三难”、涉企“三强”等经济环境问题，查处一批破坏发展环境案件。把党的纪律和规矩挺在前面，落实党风廉政建设主体责任，强化审计监督和行政监察。（沈雄飞）

## 市政府办公室工作

【概况】 2015年，常德市人民政府办公室（简称市政府办）获得省级文明单位、全省政务信息工作先进单位、市绩效评估优秀单位、市党风廉政建设先进单位、市作风建设先进单位等二十多项先进荣誉，30多位同志被评为省市各项工作先进个人，其中推荐立功嘉奖31人。

督办落实。对市委、市政府作出重大决策，推进实施重点工作，交办给办公室各项工作任务，包括三大战役总指挥部办公室工作、智慧常德建设、社会管理体制改革专项小组办公室工作、招商引资等。市政府办公室牵头开展《政策清单》编辑工作，将中央和地方各级文件中政策编成3000多组政策问答，实现一册在手、政策在握，杜家毫省长为《政策清单》撰写序言。集中力量抓好市委市政府重大决策部署、市政府工作要点、三大战役、重大项目建设，以及市政府常务会、市政府工作调度会、市政府专题会等各类会议议定事项督查。特别是围绕市委、市政府提出的“奋战四季度、确保稳增长”目标要求，开展稳增长重大项目督办，园区攻坚、完美社区建设等工作督办，省绩效评估和为民办实事重点项目督办。各个职能科室协助市政府领导抓好经济运行指标、园区攻坚、重大项目落户、社会体制改革等方面调度协调。加强和改进人大、政协联络工作，抓好建议提案办理，提高办理质效。完善热线平台功能，加强市民诉求办理，提高诉求办结率和市民满意率。开展优化环境工作，解决一些企业和投资者反映突出问题。在严格办公室内部考核同时，对省绩效考核中办公室承担政务公开、优化环境、应急管理、改革推进、网上政务服务和电子监察等工作，主动跟进、查漏补缺，推动各项工作深入开展。深入澧县杨家坊乡回龙峪村开展“一进二访”，进行入户座谈和走访慰问，共结对帮扶贫困户12户，并帮助制定脱贫计划。推进太阳谷美丽乡村建设，基础设施、产业发展、宜居村庄改造、公共服务配套和基层治理创新等。

参谋服务。把文稿服务过程，作为办公室为政府领导实施决策、指导工作进行参谋服务过程。全年共起草各类文稿200多篇120多万字。在国家、省级报刊上发表领导署名文章7篇，市长周德睿《从“政策清单”看政府作为》署名文稿在湖南日报发表。围绕稳增长、促发展一些焦点难点问题，围绕市政府领导关注重点问题，组织开展中小企业帮扶等一些专题调研，为服务稳增长、促发展提供决策参考。加强信息整理、归纳和分析，搞好各类政务信息编辑报送，上报信息继续保持全省领先位置。提升《要情专报》编辑质量和服务品牌，全年共编发《要情专报》240期，其中市领导批示69期次，促进解决一大批基层和群众反映强烈实际问题。组织开展一系列课题研究和咨询活动，邀请决策咨询专家列席市政府全会、市政府常务会开展现场咨询。

运转保障。执行有关公文处理和精简文件规定，坚持少发文、发短文，严格控制不必要发文，严格执行公文流转催办制度，建立市政府领导同志批示件分类登记集中反馈制度、市政府公文流转分级制度。全年以市政府或市政府办名义发文324个，同比减少14.1%。市政府办审核发文会议通知33个，同比减少8.3%。做好重要会议、领导调研等活动组织，确保领导活动紧凑有序。对各项公务接待，既严格执行中央改进作风要求，又根据常德实际，最大限度展现常德良好形象。增强办公室工作人员保密意识，严格落实各项保密要求和保密制度，加强保密教育和密级文件管理，做好计算机安全保密工作，避免各类失、泄密事件发生。落实主办负责制、每日碰头制和办结销号制，搞好上传下达，杜绝工作疏漏，确保运转畅通有序。加强应急宣传和应急演练，抓好基层应急管理示范单位建设，不断提升突发事件应对处置能力，参与和协调处置“8·28”安乡众鑫纸业中毒事故等突发事件，及时有效地化解不安定因素。抓好政府网站建设，推进重点领域政府信息公开，加强乡镇政务服务中心、村级便民服务中心建设提质，政务公开工作继续处于全省前列。带头做好市政府中心机房与云计算中心对接；加大电子设备巡检维护力度，保障电视电话会议系统的稳定运行。抓好机关食堂、车队和物业管理，搞好机关整建，加强老干部服务工作。注重安全防范，加强群访事件应对处置，平息和处置一批社会矛盾和不稳定因素，维护机关正常工作和生活秩序。

服务改革。按照省、市关于转变职能和机构改革文件精神，做好办公室职能调整、机构设置、人员配备、合并划转等相关工作，确保改革平稳有序推进。机构合并已经到位，“三定方案”已经明确，将启动内部科室和干部调整，确保办公室运行迅速进入规范高效运转轨道。完成好办公室承担相关改革任务。落实市委关于扎实推进相关领域改革文件精神，明确专门领导和专门科室，具体负责省直管县（市）体制改革试点、深化行政审批制度改革等6项办公室为主牵头负责改革任务。

队伍建设。结合稳增长和办公室内部目标管理，对科室工作进行具体责任分解，明确到岗到人。机构改革到位后，根据办公室班子变动和分工调整情况，对领导和科室职责进行相应调整，明确相应措施、责任和制度。开展读书兴趣小组活动，每季度举办一期读书论坛，每半月编辑一期《读书通讯》，加强干部业务培训。组织部分干部赴复旦大学进行学习培训，提升办公室干部业务能力和水平。组织开展“工、青、妇”活动，机关男子篮球赛、自行车骑行比赛、趣味运动会、体育兴趣小组等活动，活跃机关文化生活。坚持底线思维、问题导向，落实作风建设各项纪律规定，规范机关财务、公务接待、公务用车等方面的管理，没有出现违反作风纪律规定的情况。按照“环境卫生好、仪容仪表好、服务态度好、资料整理好、相互配合好”要求，加强办公室内务管理，推行文明办公。

（沈雄飞）

# 发展和改革工作

**【概况】** 重大项目。2015年，全市完成固定资产投资1857亿元，增长20%，超过“十一五”时期五年投资总和；完成重点工程投资1030亿元，超过“十一五”时期五年投资总和。一批重大项目取得积极进展。产业方面：万达广场、汉能光伏、柳叶湖现代服务业园区建设进展顺利，友阿国际广场完成主体工程。基础设施方面：石长铁路增建二线及电气化改造竣工通车，桃花源机场4D级改扩建投入运营，东常高速公路全线通车，沅澧快速干线一号、二号、六号大道开工建设。社会民生方面：湘雅常德医院主体工程竣工，全年农村薄弱学校改造目标全面完成，城市棚户区改造、职教大学城（智慧谷）建设加快推进。在重大前期项目方面，全年推进500个重大前期项目，有278个具备开工条件，其中有171个提前开工，新增投资43亿元。洞庭湖环湖大道部分路段、华兰德光纤、常德农业科技园等项目提前开工。在项目管理方面，起草制定《关于市重点建设项目推进管理办法》，着力规范项目管理服务；严格实施招标核准行政许可，2015年共办理建设项目招投标核准事项105件，其中公开招标项目97件、邀请招标项目8件，应核准率、应公开招标率均达100%；积极配合国家、省对常德市重大项目开展专项稽查活动，对常德市16个资源节约和环境保护项目进行自查，对23个2014年中央预算内投资项目稽查检查问题整改落实情况进行了复查。

争取上级投入。2015年，全市发改口争取中央、省项目资金123亿元，其中中央和省预算内资金和项目投入65.6亿元，国家专项建设基金27.6亿元，发行企业债券29.8亿元，争资额度创历史最高水平，连续5年保持市州前列。在资金使用方面，这批项目资金主要投向农村电网改造、保障房配套基础设施、国省干线公路改造升级、蓄洪垸堤防加固等重大水利工程、文化教育卫生、循环经济与资源节约利用、高新技术企业扶持等领域，有效完善全市基础设施，切实改善社会民生民本。全年完成733个行政村的农村电网改造，开工建设保障性安居工程8.2万套，全市新建干线公路188千米，改造农村薄弱学校213所，实施医疗卫生项目44个，解决农村安全饮水139万人，在全省率先解决城乡饮水安全问题。“十二五”期间，发改口共争取国家、省预算内项目建设资金和企业债券386.5亿元，占全市争资总额34.2%。

调查研究。一是编制“十三五”规划。完成“十三五”规划3个战略性课题研究（对接长江经济带、文化旅游业、新型城镇化），起草《“十三五”发展规划纲要》，获得市人大、政协两会审议通过。谋划全市“十三五”重点推进的“5115”工程，即围绕5个常德建设，推进1000个重大工程，完成1.5万亿元投资。常德市纳入省“十三五”规划单列项目144个、总投资6918亿元，向上申报纳入国家“十三五”规划重大项目80个、总投资6424亿元。二是开展政策研究。为深入推进投资体制改革，在项目审批、招投标、民间投资、重点项目建设等方面开展政策研究，取得突破性进展。起草《关于市重点建设项目推进管理办法》《关于招投标活动违法处罚细则》，出台《常德市关于鼓励和支持民间资本参与公共领域投资的实施意见》《常德市政府投资项目代建制管理办法》《常德市政府核准的投资项目目录（2015年本）》。三是开展调查研究。市发改委下到基层、部门开展调研，形成一批质量较高的调研成果。如《抢抓洞庭湖生态经济区建设机遇 促进常德跨越发展》《浅谈政府投资项目代建制》等等。

体制改革。一是推进全市经济体制改革。根据市委安排，市发改委负责牵头推进全市经济体制改革，着力推进19项重点改革任务，其中包括省委部署的16项和市里自主推进的3项。投资体制改革方面，重新修订、颁发了新的政府核准的投资项目目录（2015年本），取消或下放核准权限30项；正式启动常德市PPP项目库建设，首批百大项目总投资达900.2亿元；推动政府投资项目代建制工作顺利开展，常德市新增加1家代建单位，累计共有15家单位获得资格认定。价格体制改革方面，出台市本级行政审批前置中介服务涉企收费目录清单，从2015年1月1日起，在全市施行居民阶梯气价，从9月1日起，市城区施行供水阶梯价格，等等。同时，有2项改革事项推进缓慢，分别是行业协会商会与行政机关脱钩改革和公务用车制度改革。二是推进一批重大试点改革。主要是津澧国家中小城市综合改革试点、津澧国家新型城镇化综合试点成功获得国家审批；全市社会信用体系建设全面铺开，在桃源县、澧县分别开展小微企业信用体系建设和农村信用体系建设试点工作；石门县省直管县经济体制改革深入推进，编制完成《湖南省石门县省直管县经济体制改革试点工作方案》，石门县白云山国有林场有机茶示范基地建设项目作为省直管县经济体制改革试点产业创新示范项目，获得230万元专项补助资金。

协调服务。一是大力引导服务业发展。2015年，常德市现代服务业增长12.3%，超出年初目标0.3个百分点，现代服务业占GDP比重达到41%，同比提高2.6个百分点，超出年初目标1.6个百分点。二是积极推进两型社会建设。出台《常德市县域两型社会综合评价指标体系（2015）》，逐步在全市推广试点评价；成功申报省级两型村庄8个、两型社区5个、两型基地2个、两型重点地区2个、两型服务体系1个；开通“常德两型”微信公众号，积极开展宣传；在全市积极推广清洁低碳技术。三是突出开展节能减排工作。华电常德电厂一期实现“双投”；“五县一市”管道天然气输配工程全线贯通，实现全市管道天然气“县县通、全覆盖”；加快推进新能源项目建设，汉能常德太阳能薄膜生产线开工建设，汉寿60兆瓦光伏项目并网发电，桃源60兆瓦光伏项目主体工程完工，石门子良风电场和桃源牯牛山风电场完成测风和资源评测，等等。四是深入开展精准扶贫。为澧县回龙峪村扶贫点村争取各类项目资金150万元，硬化村级公路，修建一批水利设施；深入开展“一进二访”活动，对口帮扶贫困户15户。五是积极开展对口支援。筹措并拨付对口支援资金393万元，总结并调度第七轮对口支援工作和重大项目建设情况，组织市党政代表团进藏慰问考察，并开展援藏20周年相关纪念活动。六是着力推进洞庭湖生态经济区建设。出台《常德市洞庭湖生态经济区建设实施方案》，其中100个重大项目全部纳入省洞庭湖生态经济区建设项目库，2015年争取省洞庭湖生态经济区建设专项资金3040万元。

（高世杰　冯　铭）

## 重点工程

**【概况】** 2015年，全市实施重点建设项目500个，累计完成投资1030亿元，占年计划的103%，占年度全市固定资产投资的55.4%。市重点办被评为湖南省重点建设项目组织协调管理优秀单位。

产业项目建设。2015年，共建设工业项目138个，完成投资249.3亿元，占年度任务的101.1%。其中，华电常德电厂（一期）、恒安纸业五期生产线、常德烟叶复烤二期、中锂新材料锂电池隔膜生产线、新鹏陶瓷二期、桃源龙行天下运动用品二期生产线、澧县萌恒服装辅料生产线、安乡晋煤金牛化工合成氨扩建、石门海螺水泥节能改造、全市部分标准化厂房建设等项目竣工投产；汉能光伏建设、宏旺润滑油生产线、津市新合新医药中间体生产线等项目快速推进；经开区新型材料产业园已完成5.33

平方千米土地平整。共建设现代农业项目39个，完成投资61.7亿元，占年度任务的103%。其中，市粮食产能建设、环洞庭湖基本农田建设、现代农业示范区建设、湘楚界（湖南）国际生态园二期建设等项目均完工。共建设现代服务业项目90个，完成投资214亿元，占年度任务的97.9%。其中，常德友阿国际广场、华侨城常德欢乐水世界、东星家居广场、澧县城头山国家考古遗址公园、桃源华星物流二期等项目竣工或基本竣工；常德万达广场、桃花源古镇文化村及配套设施等项目推进快、完成投资好，年度投资均超过8亿元。

桃花源机场扩建工程

基础设施建设。2015年，共建设基础设施项目170个（包括节能环保项目），完成投资364亿元，占年度任务的106%。其中，桃花源机场扩建、桃花源路暨机场快速路、柳湖沙月、白鹤山集镇（一期）、武陵阁步行城提质改造、江南城区人防工程、"五县一市"天然气管道输配工程、桃源县沿江风光带等一批项目已竣工；石长铁路增建二线改造、穿紫河特色商业街、穿紫河水系综合整治、北部新城25座桥梁、酒泉—湖南±800千伏特高压直流线路建设、皇木关污水处理厂等项目进展顺利；黔张常铁路、沅澧快速干线1号、2号、6号大道等重大交通项目开工建设。

社会民生建设。2015年，全市征地52万平方米用于公租房建设，年内开工18422套962711平方米，基本建成14930套764895平方米；市城区投入11.1亿元用于棚户区改造，改善1277户困难居民家庭居住条件。职业教育大学城初具规模，湖南幼儿高等专科师范学校主要建设项目竣工并于2015年9月招生；湘雅常德医院、全市农村薄弱学校改造、武陵区社会福利中心、柳叶湖完美社区、桃源文化体育中心、石门、临澧、安乡、汉寿、西洞庭等县级医院扩建及搬迁工程等项目加快推进。

项目推进。2015年年初，召开项目建设实施动员大会，明确500个重点建设项目，并逐一落实联系负责的市级领导、责任部门、建设业主，保证每个项目有人协调监管。市委书记王群、市长周德睿多次组织重大项目专题调度会，并深入到重点工程施工现场，对项目建设中存在问题进行协调、交办，并由市委、市政府督查室负责督导落实。2015年8月上旬，市长周德睿对25个新开工项目进行全面调度，协调解决重点建设问题36个；常务副市长朱水平4次以调度会议或现场会议的方式对重点项目进行专题调度，协调解决华电常德电厂铁路专用线工期、教育文化科技产业园拆迁等问题。2015年6月，市重点办联合市政务中心，召开重大项目行政审批对接会，督导解决部分项目行政审批事宜。市发改、规划、国土、环保、住建、交通、水利等职能部门，根据责任分工，坚持上下联动、特事特办，积极支持项目做好规划选址、环评能评、征地拆迁等前期工作。市重点办与市公安局、市优化办及有关项目责任部门、项目单位、项目建设工地所在乡（镇）村（组）的联系，及时召开联席会议，调处各类矛盾。2015年，重点项目建设工作通过常德电视台、《常德日报》《常德晚报》、常德市政府网站等多种宣传媒体宣传报道300余次。10月，市委、市政府组织大规模的重点建设流动现场会，市"四大家"主要领导、各区县市及市直相关部门负责人参加。2015年，组织省市人大代表、政协委员等视察重点项目活动30次以上。（李　弘）

## 统计工作

**【概况】** 基层服务。加强统计信息化基础设施建设，开展大数据运用研究，建好用好统计网站，建好全社会主要经济指标历史数据库，推动全市统计信息化建设，加强统计成果社会共享程度。结合常德经开区、柳叶湖度假区、西湖、西洞庭、桃花源管理区经济社会发展特点，指导协助五小区逐步建立健全统计业务体系。指导各区县市建立联网直报指挥中心。实现全市联网直报工作集中办公、联合会审、共同把关统计工作模式，指导基层单位完成工业、商贸、投资、服务业、能源、劳资等专业联网直报工作任务，并与全省联网直报指挥系统实现对接。开展各区县市相关企业统计人员的业务培训和再教育活动，确保基层企业单位统计数据准确及时上报。对全市限额以上重点服务企业开展统计执法宣传活动，确保所有达到标准服务企业应统尽统，统计从业人员持证上岗。全年完成核算、工业、农业、固定资产投资、建筑及房地产、能源、商贸、服务业等48个专业2014年年报工作和2015年各专业定期统计报表工作。

国家大型普查。全面完成第三次全国经济普查数据汇总、审核、评估，历史数据修正以及普查成果开发应用。完成全国1%人口抽样调查工作入户登记、基本数据收采以及数据的录入、审核、汇总、上报等工作。开展全国第三次农业普查，已完成搭班子、建机构、经费预算等前期工作。

"五大"考核评估认定工作。建立健全各项考核工作责任体系，并明确相应工作责任，加强组织协调。对考核指标按照部门职能进行任务分解，把每一项指标落实到部门，落实到科室，落实到经办人。下发各项考核数据评估审核工作的考核办法及具体实施细则，明确数据上报的时间、流程、指标内涵、上报口径、指标关联性和匹配性，确保数据质量，完善统计数据上报畅通机制和长效机制。以单位自查与部门验收相结合，听取汇报与实地察看相结合，查阅资料与走访群众相结合，推动整个数据评估认定工作开展。所有考核数据上报前有预计分析，发布后有对策分析，平时有问题分析，为领导决策提供服务。

"四上"单位申报入库。2015年年初下发《关于做好2015年月度调查单位审核确认工作的通知》，并对全市情况定期调度，定期公布。建立基本单位清查长效机制，全面掌握拟纳入联网直报调查单位的真实情况，"四上"单位及亿元在建项目申报审批工作取得成效。市委、市政府将"四上"单位净增个数指标纳入区县市年度绩效考核范围。全年共成功申报"四上"企业及亿元在建项目75家，其中，规模以上工业30家、批零住餐业7家、房地产和建筑业10家、服务业8家、投资业20家。

整治排查统计数据质量隐患。3月，采取区县市自查和市统计局各专业排查相结合、区县市整改和市统计局集中督导相同步工作模式，在全市范围内开展统计数据质量隐患大排查、大整改专项行动。主要对统计单位名录、源头数据统计数据、统计工作行为三个方面，进行全面清理和排查，全市共对2015年定报单位工商、质监、税务登记资料差异75条和2014年基本单位及财务报表IP重复400条，共计475条记录进行排查和确认。9月，召开全市统计数据质量隐患排查整改工作会议，对各区县市存在的统计数据质量隐患，要求立即整改并下达整改通知书，按要求完成整改任务。

民意调查。市民调中心全年完成"社会治安综合治理民意调查""政务中心政务服务窗口满意度调查""乡镇（街道）社会治安综合治理民意调查""全省社会心态和各界对'十二五'时期宣传思想文化工作评价的问卷调查"等6个项目，开展8次调查，累计调查样本27488个，其中电访样本24857个，面访样本2631个。

统计服务。完成《常德统计年鉴（2015）》数据收集整理，编撰校稿，剔除过时无用指标，完善年鉴内容。整理2014年全市经济和社会发展统计数据，发布《常德市2014年国民经济和社会发展统计公报》。印发《社会经济发展报告》和统计月报卡、《数据常德（2015）》，发送范围覆盖到全市所有的正处级单位、部分与经济相关的副处级单位及各开发区、管理区党政主要负责人，每期发送数量达300多份。每月按时向市委、市政府主要领导报送主要经济指标预计情况。每季度编印《泛湘西北城市主要经济指标》送呈"四大家"主要领导及主要经济部门负责人。

创新调研分析制度。2015年初围绕市委、市政府工作重心，拟定《新常态下常德实现"弯道超越"的认识与思考》《常德园区发展现状、问题及对策研究》《常德新能源产业发展研究》《常德就业结构性矛盾的现状及对策研究》《常德服务业发展现状、问题及对策研究》《常德固定资产投资规模、效益、结构研究》6个课题。采取全体干部自愿投标申报、自由组合的方式成立课题组，经统计分析领导小组审核确认，组建6个课题组，每个课题由一名领导牵头，确保课题调研任务落实到单位、责任到人，6个课题全部按要求完结，并以《经济社会发展报告》形式刊发，发送"四大家"主要领导和市直部门主要负责人。

自身建设。贯彻习近平总书记系列重要讲话精神，结合"党的群众路线教育实践活动"和"三严三实"专题教育活动，由人事科负责，其他相关科室积极配合，补充、修改、完善《常德市统计局管理规章制度》，涵盖党风政纪、行政、干部管理、业务工作等四个大类23项规章制度。全面梳理行政职权，公开权力清单和责任清单。对照法律法规规章和"三定"规定，市统计局行政权力清单事项保留9项。其中：行政处罚5项，行政检查3项，行政奖励1项。全年组织中心组集中学习12场，班子成员讲党课6次，班子成员下基层调研累计近200天，深入统计执法、防汛、扶贫等现场解决问题近400人次。（邹迎新）

统计局党组书记、局长覃志云讲"三严三实"专题党课

## 价格工作

【概况】 价格调控。2015年全市居民消费价格指数CPI同比上涨1.8%，CPI涨幅没有突破3%的控制目标。一是强化价格监测功能。进一步健全价格定点

监测网点，总数达到70余个，确保了监测价格数据来源。在常德政府网站、《常德晚报》《民生报》和电视台图文频道开辟专栏，每周发布一次粮油肉菜等居民生活必需品价格信息，引导市民消费。二是强化舆论宣传引导。重点是抓好以物价网站为平台的常规性、经常性的价格动态宣传；以《常德日报》《常德晚报》、常德电视台等主流媒体为平台的价格形势和价格政策的宣传；以市（县）长热线、行风热线、嘉宾访谈等新型媒体为平台的价费热点难点问题的咨询、解释和宣传工作。同时，以《常德价格信息》等专刊为载体，积极面向省市领导、相关部门和网络媒体，反映常德价格工作情况，争取社会各界的理解与支持。三是强化市场价格监管。坚持经常性的市场价格检查、巡查，特别是重要节假日、重大社会活动期间的专项检查，帮助经营者规范明码标价行为，加强价格自律。依法打击串通涨价、哄抬物价等价格违法行为，规范市场价格秩序。

优化经济发展环境。一是严把收费关口。对涉企收费项目，特别是行政审批前置的涉企服务收费进行全面清理，并联合市审改办、市政务服务中心和市法制办下发《关于公布常德市市本级行政审批前置中介服务收费目录清单的通知》，保留了17家行政审批机关实施的35项行政审批事项的51个前置中介涉企服务收费，并在《常德日报》、政府网站等媒体公示。二是开展涉企收费专项检查。对国土、建设、工商、质监、环保、公安等52家部门的行政事业性收费进行全面检查，共计查证违价金额784.07万元，没收和罚款515.78万元。三是推进资源环境价格改革。水价改革。将市城区自来水平均水价由每立方米1.83元调整到2.22元，并按照1∶1.5∶3的比价关系，将市城区居民生活用水第一、第二和第三阶梯价格每立方米分别调整为1.81元、2.72元和5.43元。气价改革。4月1日将市城区非居民用气（含车用气）每立方米下降0.07元，非居民用气由原4.15元/立方米调整为4.08元/立方米、车用气由5元/立方米调整为4.93元/立方米。居民生活用天然气从2015年1月1日起实行阶梯价格，促进节约用气。排污费征收改革。2015年6月，联合财政、环保部门出台《常德市排污费征收标准的实施细则》，提高排污费征收标准，促进节能减排。四是全面实施城市污水处理收费制度。市城区和津市市2015年年底将污水处理收费提高到每吨1元以上。常德市仅征收污水处理费一项每年可筹集治污资金8000多万元，为加快城镇污水处理设施建设、提高污水处理能力提供了资金保障。

民生服务。推进医药价格改革。实行基本药物制度。2015年4月1日涉改的6个县市公立医院改革全面启动，药品实行零差率销售，提高医疗服务价格，从根本上改变“以药养医”的状况。截至2015年年底，医药价格改革实施平稳，没有接到医患人员的相关投诉。规范教育收费行为。出台中小学伙食费管理办法，整治伙食费质价不符的问题；联合教育、纠风、减负等部门开展春季、秋季教育收费专题督查，督促落实教育收费政策规定；开展教育收费专项检查，纠正了教育收费中存在的超规定收费、自立项收费等违价行为。加强住房价格监管。落实商品房销售明码标价规定，对商品房销售“一套一标”组织专项检查，对存在的明码标价不规范问题责令限期整改，对拒不执行商品房销售明码标价规定的处以罚款，有力促进了商品房销售明码标价工作的落实。合理制定公租房租金。通过对相似地段、相同结构、相近居住条件的住户市场租金水平的调查，审核确定了致和园等新建或提质改造公共租赁住房租金标准。出台市城区不同地段住宅市场平均出租价格，为制定不同地段和区域的公租房出租价格提供了市场依据。落实城镇低保户价费优惠政策。对城镇低保对象价费优惠政策进行清理，发放“城镇低保户价费政策明白卡”，督促落实水、电、气、有线数字电视收费、教育、医疗等方面的价费减免政策，全市低保对象每年减少生活消费支出3000多万元。

自身建设。一是进一步推动简政放权。取消、放开、下放16项行政审批事项，审批时限从以前最长2个月压减为现在最长20天、最短2天。2015年起，暂停行政事业性收费、服务价格收费年检年审和“行政事业性收费许可证”“服务价格登记证”的发放工作，二是开展涉企收费政策接待日活动。确定每月最后一个星期五为涉企政策接待日，单位负责人和相关职能科室负责人轮流参与接待，帮助企业掌握相关的价费政策，解答或解决了许多涉企收费的政策疑问和实际问题，较好维护了企业正当权益。同时，通过建立健全涉企收费公示制度、企业联系制度、涉企收费监督卡制度、亮证收费制度、“12358”举报投诉处理机制和网上诉求快速处理机制，切实保障企业价费权益。三是强化干部队伍作风建设。严格落实中央、省、市各项规定，从严控制会议、文件，减少各类文件简报和内部刊物，修订财务管理等制度规范，切实规范“三公”支出，公务接待费、车辆购置及运行费、出国（境）费明显下降。（王　强）

# 民政工作

**【概况】** 2015年，市民政局连续8年被评为全省红旗单位，连续两年被评为省级文明单位。完美社区建设、民政法治、老龄工作、殡葬改革、“双带双促”、军休文化等6项工作先后被省厅典型推介。

社会救助。联合财政、公安等10部门印发《常德市居民家庭经济状况核对实施办法》，进一步明确全市低保“先核对，再救助”的工作要求，城乡低保规范化、精准化建设不断深入。全市共保障城市低保12.2万人，农村低保25.1万人，月人均补助水平分别达到271元和121元；农村“五保”4.8万人，分散供养标准达到2900元，集中供养达到5700元，基本实现了应救尽救。在认真抓好城乡低保、农村“五保”的同时，不断扩大救助范围，积极推进重特大疾病救助，救助困难群众40万人次，累计下拨医疗救助资金9900万元；加大临时救助力度，全年共救助3.1万人次，发放救助款 2900 万元。

救灾减灾。全市遭受低温冷冻、洪灾、风雹等自然灾害 10 余次，140 万人受灾，直接经济损失 10 亿元。市民政局妥善应对各类自然灾害，先后启动市级救灾Ⅳ级应急响应 2 次，Ⅲ级应急响应 1 次，并派出工作组深入灾区查灾核灾，指导救灾，紧急转移安置 5.3 万人，累计下拨救灾资金 3278 万元，下发救灾棉被 5100 床、大米 3950 袋、油 3950 桶。特别是积极应对“6·1”桃源、汉寿等地的暴雨灾害，启动Ⅲ级应急救助响应，做好了勘灾救灾等工作，确保灾后基层稳定。认真组织开展综合减灾示范社区创建工作，加强综合减灾示范社区的创建指导，全市 23 个社区命名为“湖南省综合减灾示范社区”。

社会福利。养老服务业快速发展。市人民政府出台《关于加快发展养老服务业的实施意见》，对养老服务业体系规划、项目建设及对社会力量兴办养老服务机构等方面给予最大程度优惠。省民政厅对该文件进行了转发。孤儿基本生活保障水平不断提高，散居孤儿达 600 元 / 人·月以上，机构孤儿达 1000 元 / 人·月以上，均达到省定标准。福彩事业和慈善事业快速发展，福彩发行总量达 5.82 亿元，同比增幅 13.3%，居全省第二。慈善救助面不断扩大，全市募集慈善资金 2761 万元，资助弱势群体 2.1 万人次；举办“点燃希望”大型助学晚会，全市资助贫困学生 1500 名；市慈善总会创办的“慈善阳光班”荣获湖南“最具影响力慈善项目”，天鹰集团等 10 家企业和彭传发等 10 名个人获得“湖南慈善奖”。老年优待工作不断加强，全市实施服务补贴人数达到 18589 人，覆盖率为 79.81%，超过省老龄办覆盖率比例要求 30 个百分点。创新老龄保险工作模式，投保人数达到 20 余万人次，保险覆盖率达到 18.01%，鼎城区投保人数和保险覆盖率全省第一。老区工作实现突破，全市 9 个区县市已全部认定为革命老区，全市革命老根据地数量已达 11 个。

双拥优抚。面向全市 8.9 万名优抚对象发放优抚抚恤补助 2.61 亿元，组织重点优抚对象开展 4 期短期疗养。广泛开展纪念抗日战争胜利 70 周年和烈士纪念日等系列活动，向 123 名抗战老兵发放纪念抗战胜利 70 周年一次性补贴 61.5 万元。深入开展退役士兵稳定工作，化解了一大批不稳定因素，涉军信访总量逐年下降，赴省进京集访量连续两年为零。市城区全国双拥模范城，澧县、石门县全省双拥模范城顺利通过验收。结合“双拥模范城”的创建，广泛开展“双带双促”活动，出台《常德市退役军人创业扶持资金管理使用暂行办法》，加大退役军人创业典型的培育和支持力度，对全市 25 名创业典型给予共 200 万元的资金扶持；开展“关爱子弟兵每一天”活动，出资 200 万元为所有驻常德部队官兵每人每天配送一份鲜奶、一份水果。

社会事务。全年共救助流浪乞讨人员、各类困境人员 1 万多人次，其中，开展困境未成年人干预服务 3000 多人次。积极推动专业机构购买服务方式进入救助工作领域，推动全市首家社工机构常德恒德社会工作服务中心进驻市救助管理站。引进沿海一线社工人才、专业督导和深圳最前沿社工评估机构，开展未成年人社会保护试点项目。围绕推动殡葬改革，市政府出台《常德市人民政府关于推进殡葬改革促进殡葬事业健康发展的意见》，对调整强制火葬区、加强殡葬设施建设与管理等方面作了新规定。全年共投资 4 亿元新建、改建一批服务设施，进一步完善了殡葬服务体系。持续开展“三禁止两规范一打击”殡葬秩序专项整治行动，在殡葬执法上进一步巩固了部门合作、市县同步的工作格局，市县两级共开展殡葬执法 2000 余次，查处违规殡葬行为 150 余起，火化遗体 5848 具，全市殡葬秩序进一步好转。深入推进婚姻登记规范化建设，全市婚姻登记服务更加优质。

社会治理。基层民主建设更加深入。印发《关于全面清理规范部门延伸到村（社区）公共事务的联动整改工作方案》，对村（社区）承担的公共事务进行全面清理，村（社区）组织自治功能逐步健全，基层工作负担实现“瘦身”，村务公开和农村社区建设工作稳步推进。乡镇区划调整顺利完成。全市乡镇由 204 个调整为 101 个镇、28 个乡，乡镇合并幅度全省排名第一，乡镇合并个数全省排名第二。地名公共服务不断推进。全面开展全国第二次地名普查，在武陵区和常德经开区选取 4 个社区和 2 个村约 12 平方千米开展普查试点。指导武陵区和石门县完成白鹤山乡、白云乡撤乡设镇工作。社会组织规范发展。对行业协会商会类、科技类、公益慈善类、城乡社区服务类四类社会组织实行直接登记，全市新增社会组织 184 家，直接登记 28 家。积极推行社会组织第三方评估，开展购买社会组织服务试点，向市政府呈报了第一批（123 家）具备承接政府职能转移条件的社会组织目录。推动审批权限下放，对养老机构的设立许可委托下放到武陵区和鼎城区民政局办理。审批时限进一步压减，由原法定期限压减至 10 个工作日的基础上，进一步压减至 7 个工作日，比优化前再次压减 30%。

（曹吉飞　王　宁）

**【完美社区建设】** 2015 年，市、县两级投入资金 2.5 亿元，实施完美社区建设项目 218 个，其中市城区实施建设项目 94 个（街道公共服务用房 7 个、社区公共服务用房 55 个、派出所 8 个、幼儿园 13 个、街道卫生计生服务中心 11 个）；其他县市和管理区实施建设项目 124 个。2014—2015 年，全市累计投入资金 5.3 亿元，共实施完美社区建设项目 445 个；其中市城区 216 个，占总建设计划的 86%，基本完成街道“一所一校四中心”、社区“一站一园一场五室”建设任务。健全“3+N”社区治理模式，所有社区建立了社区党总支、社区居委会、社区工作站，并明确职能职责，配齐了社区工作人员，形成职责明晰、分工明确、相互联动的工作机制。全市调整划分城市社区网格 1450 个，配备网格员 1346 人，建立网格党支部 1185 个。组织 4.7 万名在职党员到社区报到，认岗领责。开展网格基础数据信息采集录入工作，全市已录入实有人口 498.3 万人，实有房屋 160.4 万户。365 社会治理信息平台上线运行，市本级、武陵区、鼎城区、常德经开区、柳叶湖、桃花源社会治理指挥中心建成运行，澧县、临澧县、津市市基本建成，“1314”社区服务平台完成公测，初步构建了全天候的社区治理和服务网络。按照社区居民“大事不出街道，小事不出社区，琐事不出网格”的目标，积极推进政府公共服务、居民志愿互助服务、便民利民服务向社区覆盖。市政府办下发文件，出台社区工作站公共服务清单。开展以“我的社区我的家”为主题、以一屋（爱心淘宝屋）、一室（和事佬工作室）、一校（市民学校）、一堂（青苗学堂）、一吧（开心聊吧）、一网（完美社区网）、一中心（社区日间照料中心）“七个一”为载体的社区公益服务试点，创建了武陵区体育东路社区“青苗学堂”、方家巷社区爱心淘宝屋、紫桥社区老蔡和事佬工作室、开心聊吧；鼎城区花船社区老年人日间照料中心、临澧县完美社区服务中心、津市市小区居民自治服务等一批社区服务品牌，有效提升了社区服务功能。市政府办下发《关于加强社区居民委员会和社区工作站建设有关问题的通知》，制订社区居委会自治清单。在全市12个社区开展试点，探索居民自治的途径和方法，依法建立完善社区居民公约、居务公开、民主评议监督等制度，建立民情恳谈、居民协商议事、居民会议（居民代表会议）决策等自治机制，进一步规范居民自治的内容、程序、方法。武陵区方家巷社区成立社区理事会，津市市搭建市民论坛，探索居民自治、社区民主协商的新模式。

（郭　欣）

社区服务大厅

# 殡葬管理工作

**【概况】** 2015年，常德市殡葬服务中心被民政部评为“2014年全国殡葬工作先进集体”荣誉称号；万金公墓被民政部评为“2014年清明节工作优秀观察点”；万金公墓被湖南省殡葬协会表彰为“优秀会员单位”；桃源县殡仪馆、临澧县殡仪馆、安乡县殡仪馆、津市市殡仪馆被湖南省殡葬协会表彰为“优秀会员单位”；万金公墓被常德市殡葬协会评为“一级公墓”；澧县大地岭陵园、津市市刘家山公墓被常德市殡葬协会评为“二级公墓”；常德市殡仪馆被常德市殡葬协会评为“二级殡仪馆”；临澧县殡仪馆、石门县殡仪馆被常德市殡葬协会评为“三级殡仪馆”；常德市殡葬事业管理处杨斌荣获“2015年度湖南省无偿献血奉献奖铜奖”、常德市殡葬服务中心火化工彭德高荣获2015年度常德市“五一劳动奖章”；市殡葬管理处李燕喜和市殡葬服务中心刘燕被中国殡葬周报评为“2015年度优秀通讯员”。

基础建设。2015年，全市共投资4亿元新建、改建一批服务设施，完善殡葬服务体系。市城区升级改造白鹤山殡仪馆，德山殡仪馆已开工新建，鼎城区新建江南陵园完成规划设计，投入5000多万元津市市新殡仪馆完成主体工程，澧县总投资9000多万元殡仪馆搬迁已完成地下层建设任务，临澧县投入2500多万元新建铜山公墓和扩建庙山陵园。截至2015年年底，全市已建成10个殡仪馆，9个火葬场和9个公墓。

殡葬执法。2015年，市殡葬事业管理处变被动受理为主动跟进、事后查处为事前介入，实现殡葬监察全程跟进、全域覆盖。市、县两级建立民政牵头，公安、城管、卫生等七部门联合执法机制，定期开展集中执法。特别是从2015年下半年开始，在市城区开展“三禁止两规范一打击”殡葬秩序集中整治行动，即：禁止在市城区搭棚办丧，禁止违规土葬，禁止在城区抛洒、焚烧冥币纸钱和燃放烟花爆竹，规范丧葬用品经营活动和医院遗体接运行为，打击“殡托”违法经营活动，该行动强制拆除灵棚5起，劝阻72起，查处乐队闹丧、抛洒冥币纸钱等违规行为133起，劝阻土葬23起。推动殡葬改革向县城、乡镇（街道）、村居（社区）三级延伸，在全市所有县城所在地全部实行火葬，火化遗体5848具，强制火化区火化率达86.8%。建立区县市联合执法机制，对跨区县非法殡葬活动实行联合执法。

殡葬宣传。2015年，市殡葬管理处利用各种媒体和传播手段，宣传殡葬改革法规政策，普及科学知识，倡导文明节俭、生态环保、移风易俗殡葬新风尚。全年共发放宣传资料30万份。通过市长热线、常德政府网“嘉宾访谈”等平台，解答市民疑难，回复政协提案3件，回复市民投诉20件。在《中国社会报》《中国殡葬周报》《常德日报》《常德晚报》及常德政府网、华声在线、红网等媒体上发表文章130篇。

清明祭祀。2015年清明期间，对祭扫安全、交通保障、文明祭祀、便民惠民服务等方面都做好安排部署，确保清明祭祀秩序安全有序。清明节期间，全市9家经营性公墓和10家殡仪馆共接待祭扫群众45万余人次，车辆达11万多台次，未发生任何人员、车辆、山林火灾等安全事故，实现“文明祭祀、平安清明、生态殡葬、优质服务”目标。

殡改新政出台。2015年9月，市政府出台《关于推进殡葬改革促进殡葬事业健康发展的意见》（常政发〔2015〕9号），对调整强制火葬区、规范殡葬祭祀活动、加强殡葬设施建设与管理、加强殡葬执法、提升殡葬服务水平、落实惠民殡葬政策及规范部门职责等方面均作新规定，各区县（市）政府均建立由分管区县（市）长任召集人联系会议制度。全市各级将殡葬工作纳入政府目标管理和绩效考核内容，并与乡镇（街道）、村（社区）层层签订责任状，做到殡葬改革无缝全覆盖。2015年年初，市殡葬管理处制定“六个一”责任制考核目标，即：要求各区县（市）2015年要完成“出台一个贯彻市政府9号文件的实施意见”“颁布一个调整强制火化区范围的办法”“建立一个殡葬改革和管理工作部门联席会议制度”“搞好一次对全市各殡仪馆和经营性公墓的等级评定”“完成一个省、市政府对殡葬工作的绩效考核指标”“抓好一个殡葬执法”。

惠民殡葬。针对“三无人员”“五保”、低保对象和低收入群众，出台以减免基本丧葬费为基础，多种救助形式为补充救助政策。2015年，全市累计为弱势群体减免丧葬费用200余万元。通过奖励激励方式推进生态殡葬，在安乡县和石门县、澧县等地开展农村公益性墓地建设试点，对迁入骨灰堂和平坟深埋分别给予1000元和3000元奖励，带动殡葬改革由城市向农村纵向推进。

开展殡仪馆、公墓等级评定。2015年常德市殡葬协会向各区县（市）下发《常德市殡仪馆等级评定标准（试行）》《常德市公墓等级评定标准（试行）》，组织开展常德市殡仪馆等级评定、常德市经营性公墓等级评定工作，发挥殡葬协会联系政府、服务群众、指导行业发展作用，促进和提高全市各殡葬服务机构服务质量、服务水平。（杨　斌）

万金公墓便民服务站

## 人力资源和社会保障工作

**【概况】** 2015年，市人力资源和社会保障局在全省人社系统年度绩效考核中排名靠前。在市委组织部组织的局领导班子综合测评中获得满分。在市纪委组织的领导班子廉洁自律测评中，市人社局得到高分。清理整顿人力资源市场、宣传报道、社保档案管理等工作受到上级表彰，信访工作、法治人社建设等工作经验在全省推介。安全生产、计划生育、综合治理等工作被评为全市先进单位。“就业服务、创新创业、技能提升、社保扩面、助保惠民、大病保障、工资清欠、窗口提质”民生升温“八大行动”持续推进，更多的民生问题得到有效解决。民生升温“八大行动”、基层平台建设、农民工工资支付管理等经验做法被《中国劳动保障报》《湖南日报》宣传推介。

促进就业。2015年，全市新增城镇就业6.72万人，完成年度任务的101.8%；失业人员再就业3.46万人，完成年度任务的101.9%；就业困难对象再就业1.03万人，完成年度任务的103%；新增农村劳动力转移就业8.76万人，完成年度任务的103.1%；新增小额担保贷款发放2.22亿元，完成年度任务的119.2%；组织开展各类人员培训6.42万人，完成年度任务的106.9%；零就业家庭动态就业援助率100%；城镇失业登记为4.1%。新增创业主体2.76万户，完成年度任务的102.1%（其中大学生创业711人，完成年度任务的101.6%），带动城乡就业4.3万人，完成年度任务的107.4%。全市完成职业技能鉴定取证4.99万人。公共就业服务开展经常，全市共举办各类招聘会123场次，4.1万人通过市场成功实现就业对接。调整完善培训补贴政策，对1066名贫困家庭中有就业愿望的劳动者实施技能培训，实现了“培训一人、就业一人、脱贫一户”的目标。成功创建4家省级创业孵化基地。常德技师学院校区主体工程完全竣工。

社会保障。2015年，企业养老保险征缴基金46.2亿元，完成年度任务的129%，同级财政补助6006万元，完成年度任务的103.6%；机关事业单位养老保险在职参保13.3万人、征缴基金5.71亿元，分别完成年度任务的108.2%、129.8%；城乡居民养老保险征缴基金2.28亿元，完成年度任务的126.5%；城镇职工医保征缴基金9.3亿元，完成年度任务的108.1%；工伤保险参保人数达到48.92万人、征缴基金2.1亿元，分别完成年度任务的101.9%、107.7%；生育保险征缴基金0.55亿元，完成年度任务的106.3%；失业保险参保总人数达到29.1万人、征缴基金1.08亿元，分别完成年度任务的100.3%、113.7%；

社会保障卡发放突破356万张，完成年度任务的100.8%。全年共争取上级转移支付到账资金36.38亿元，累计支付各类社会保险待遇97.1亿元。全市城镇职工医保、城镇居民医保住院政策内报销比例分别达到80.2%和72%。企业退休人员基本养老金实现“十一连调”，月人均提高184元。出台《常德市市本级被征地农民社会保障工作实施办法》，被征地农民社会保障费由每平方米20元提高到60元。调整市本级“助保”政策，扩大了助保范围，提高了助保额度，延长了助保利息财政补贴期限。制定《常德市市本级职工医保特殊群体重特大疾病保障试行办法》，建立多层次医疗保障体系。及时下调生育保险、失业保险缴费费率，深入开展“社保服务进园区”活动和企业养老保险优惠费率过渡试点工作。明确原机关事业单位解除人事关系人员接续医疗保险有关政策，制定定点医疗机构年检年审考核办法，建立淘汰退出机制。

人事人才。严格规范人事考试，组织完成49项竞争性和资格性考试、3.11万人的报名组考工作。面向社会公开招考公务员459名，事业单位公开招聘1833人，做到安全无事故。117名军转干部及随调家属安置任务如期完成。稳慎推进参管人员登记工作，对159家单位910人进行了参管登记。不断完善公务员考评激励机制，进一步压减政府考核奖励项目，扎实开展公务员初任、在职培训。巩固抓好机关事业单位“三项治理”。积极落实机关事业单位带薪年休假制度。结合本地实际开展烟花爆竹、花卉种植专业技术人员培训班，全面完成职称评审工作。组织申报了4家博士后工作站、25个省级引智项目，选派9名专家开展援藏服务。按时完成全市工资标准调整和增加离退休费工作，积极落实乡镇工作人员工作补贴，于7月中旬全部发放到位。突出加强政府绩效管理，着力完善制度体系，重点抓好民生实事项目调度督办，确保了省重点民生实事项目顺利推进。

劳动关系。加强劳动用工管理，对市直833家企业劳动用工、合同签订进行网上备案，全市已建立工会组织企业工资集体协商建制率达到89%。调整提高最低工资标准，市城区最低工资标准确定为1250元/月、区县市1130元/月，较2014年分别增长105元、95元。强力推行建筑行业欠薪停工制度，进一步加强农民工工资保障金管理，强化源头治理，有效预防和解决了工资拖欠问题。全市共缴存农民工工资保障金2.5亿元，按规定返还2.1亿元，通过保障金处理工资拖欠问题76起，涉及农民工500余人，及时兑现农民工工资585万元。全面推进仲裁机构基本建设，开通案件处理信息公示系统，市本级新设立仲裁三庭，进一步提升了仲裁办案能力。2015年，全市共受理劳动人事争议案件1909件，涉及劳动者2690人，涉案标的9000多万元，同期结案1854件，结案率97.1%。（高　涛）

**【民生升温“八大行动”】** 2015年，常德市人社局围绕群众最关心、社会最关注的民生领域热点难点问题，在全市人社系统中开展了民生升温“八大行动”，着力办好“就业服务、创新创业、技能提升、社保扩面、助保惠民、大病保障、工资清欠、窗口提质”等民生实事，进一步提升群众的满意度、增强幸福感。《中国劳动保障报》《湖南日报》先后以整版形式宣传推介了民生升温“八大行动”的实施成效。行动期间，全市共开展各类招聘会和人才交流会123场，累计提供就业岗位17.5万个，帮助4.1万人成功就业；发放小额担保贷款2.2亿元，新增创业主体2.76万户，带动城乡就业4.3万人；对1066名贫困家庭中有就业愿望的劳动者实施技能提升培训并实现稳定就业；五类社会保险新增参保167156人次；办理新增助保1069人，拨付助保金额2370.7万元；对18名符合条件的市本级职工医保特殊群体重特大疾病对象兑现了相关待遇；为农民工追讨工资8700多万元，缴存农民工工资保障金2.5亿元，其中，通过保障金处理工资拖欠问题76起，及时兑现农民工工资585万元；618个基层平台中有505个完成达标建设。（高　涛）

“暖心助保”活动进社区

## 外事侨务港澳工作

**【概况】** 对外交流。2015年，常德市共接待10多批次400多名国外友人，邀请来常德参加商务活动和工作的外国人200多人，与国外30多个友好团体加强了沟通联系。一是会见活动多。王群书记会见瑞士环境促进署马瑞一行，商谈在东山峰打造“东方阿尔卑斯山”项目相关事宜；周德睿市长会见荷兰达门集团高管杰森，推动常德市与荷兰达门集团的深度合作；市人大常委会主任刘明接待日本新潟县南鱼沼市议会代表团到常德考察，达成在农业、基础设施和工业等领域加强合作的意向；陈华副市长接待日本民间友好团体NPO细菌战历史资料研究中心一濑敬一郎参观访问团，并举办了2015年中日细菌战问题国际研讨会。二是文体交流多。2015年中国湖南国际旅游节期间，邀请德国汉诺威友好代表团、美国驻武汉总领事馆总领事、美国菁英艺术团、韩国教育代表团以及韩国美少女组合艺术团、非洲艺术家、法籍主持人等外国友好人士共170多人到常德进行友好访问，分别参加白马湖公园演唱会、旅游节开幕式、中德龙舟友谊赛、花样滑水表演秀、“中华之情”——中秋国际赏月大会、“世界拳王争霸赛”等系列文体交流活动，开创常德有史以来接待外宾之最。三是出访收获多。2015年，先后派出17个团组80人次出国考察交流。由王群书记率领的党政代表团赴日本新潟南鱼沼市、韩国光阳湾圈经济自由区访团，加强了对外交流，宣传和推介了常德；由周德睿市长率领的政府代表团赴斯里兰卡阿努拉达普拉市访问，就推进两市经济文化教育等领域加强合作，进行了深入交流和沟通；由朱水平副市长率领的政府代表团与澳大利亚伊普斯维奇市达成互派研修生、人才培训、加强经济文化交流等建设性的意向协议；由卢武福副市长率领的政府代表团与德国汉诺威市政府探讨海绵城市的开发与建设工作；由陈华副市长率领的教育代表团与韩国大邱市启明大学达成教育合作协议。

友城结交。继续加强与友好城市日本东近江市、澳大利亚伊普斯维奇市、斯里兰卡阿市的联系。先后接待法国驻武汉总领事馆总领事马天宁为首的代表团来常友好访问，并就与法国一城市结为友好城市，达成初步意向。2次邀请湖南国际友好交流员汪大卫到常德参观访问，商谈与美国德州弗里斯科结成友好城市事宜。11月，常德市党政代表团出访日本新潟南鱼沼市，签署了两市友好交流意向书。10月底，接待德国汉诺威市长代表团来常德考察，签署《友好合作备忘录》《海绵城市专项设计合同》《教育合作协议》，举行德国汉诺威街揭牌、常德市中德友好交流协会授牌活动等。

出国（境）管理。按照中央“八项规定”和《党政机关厉行节约反对浪费条例》的要求，严格执行因公出国（境）管理各项新的政策及法规。2015年，常德市因公出国33个团组100人次，其中，本市组团出国17个团组共80人次，参加上级组团出国16个团组共20人次，出境3个团组共11人次。一是严把审批关。年初制订常德市因公出国(境)计划，并报省外侨办备案，杜绝了因公临时出国（境）的随意性。强化领导责任，严格按照干部管理权限分级审批，并严格审批内容，坚持对出访目的不明确、出访无实质性内容、与出访目的不相关的人员一律不批的原则。二是严把培训关。做到对每个出访团组、每个“双跨”出国人员进行行前教育培训，组织学习中办发【2013】16号文件、湘办发【2015】14号以及湘财行【2014】1号和常财发【2014】6号文件精神，使每名出国（境）人员对文件规定熟记于心，杜绝了问题发生。三是严把报销关。认真贯彻常财发【2014】6号文件精神，要求因公临时出国（境）开支费用，必须按照文件规定的各项费用开支标准，在批准的因公临时出国经费预算额度内，凭外事部门出具的任务批件、财政部门出具的经费审批件和有效发票送国库集中支付局进行审核报销。

侨政侨务。一是为归侨侨眷服务。积极开展“侨爱”送温暖活动。元旦、春节期间，市领导亲自上门慰问归侨侨眷，其中市直发放归侨退休生活补贴3.58万元，发放困难归侨侨眷生活慰问款5万元。积极为“三侨”考生提供服务。全年，为3名“三侨”高考考生办理了加分服务。2015年年初，鼎城区鼎城社区、武陵区光荣路社区被评为全国社区侨务示范单位。二是为涉侨涉外企业服务。参加美国驻武汉总领馆国庆招待会、法国驻武汉总领馆国庆招待暨旅法学者研讨交流会。为达门船舶有限公司，湖南鸿鹰祥生物工程有限公司、湖南双猫粮食机械有限公司等企业发放外国专家邀请函50多份。继续抓好涉外企业APEC商务旅行卡申办工作，竭诚为企业服务。全年为3家企业5人次申办APEC商务旅行卡，为常德市企业拓展海外市场，开通了便捷往返通道。三是涵养侨务资源工作。全年全市共收到马来西亚侨领、香港轩辕基金会等海外捐赠150多万元；邀请120多名海外华商侨领“常德一日行”；选派4名中小学老师赴菲律宾华文学校任教；参加由国侨办在武汉举办的“2015年海外华人创业发展洽谈会”，积累了很多海外人脉，较好地涵养了侨务资源。四是为涉港澳事务服务。组织3批次11名外事侨务港澳、经济干部赴香港学习和招商引资，与香港多家工商企业界朋友广泛交流和项目洽谈。积极主动服务湖南（香港）投资贸易洽谈活动周活动，及时为赴港人员办理公务港澳通行证。确定中泰特种装备有限公司、福祥天茶叶、康哲（湖南）制药有限公司、湖南兆恒水电有限公司作为重点联系服务侨港资企业，并挂牌服务。7月，省市区三级侨务部门上下联动，促成香港轩辕足球种子基金会聘请专业足球教练，对常德市武陵区80位中小学体育老师和足球苗子，进行了为期一周的专业培训。

（李　晴）

## 政务服务工作

**【概况】** 2015年，市政务中心累计办理各类事项330313件，网上办理52847件。中心电子监察结果显示按期办结率为99.84%，受理咨询12889人次。市政务中心采取多种手段加强规范化管理，先后采取相关部门联合实地检查、各外部政务大厅派员参与交叉抽查、市政务中心特聘社会监督员暗访督查和对办事对象回访等多种形式，对办事大厅业务运行和现场管理情况进行有效监督。

（丁学文）

**【35家市政府部门开展行政权力流程优化】** 2015年9月24日，常德市优化行政权力流程工作会议在市政务中心5楼会议室召开。按照市政府推行权力清单

制度工作部署，市政务中心牵头组织优化市本级行政权力流程工作。35家市直单位按照“一事一流程”的要求，对十大类行政权力事项的办理流程进行认真梳理、优化，编制流程图。会议下发《常德市行政审批制度改革工作协调小组办公室关于印发〈常德市优化行政权力流程工作方案〉的通知》，并就流程优化具体问题和有关细节进行讲解。流程优化结果按照规定程序审定后对外公布。（丁学文）

**【行政审批中介服务规范管理工作全面启动】** 2015年6月19日，由市政务中心召集，市委常委、市政府副市长赵建国主持召开行政审批中介服务规范管理联席会议，专题研究部署市本级行政审批中介服务规范管理工作。发改、编办、工商、法制等13家市直单位分管领导和有关科室负责人参加会议。会议议定行政审批中介服务事项清理编制、中介服务集中区建设，搭建中介服务统一信息平台等重点工作。市政务中心组织窗口单位对行政审批中介服务事项进行第一轮梳理，共涉及60多个中介服务事项，督促行业主管部门制订相应中介机构监管制度，编印中介服务机构、事项、收费、办事规程“四张清单”，建立中介机构诚信体系，提出规范处理意见。常德市中介服务规范管理方面所做的探索得到了省优化办领导的充分肯定。（丁学文）

## 地方志工作

**【《常德市财政志》等5部市直部门志书出版】** 2015年，共有5部二轮市直部门志书印刷出版。分别为：《常德市财政志》2013年10月由方志出版社出版，109.1万字。《常德市柳叶湖志》2013年12月由方志出版社出版，97.4万字。《常德市城乡规划管理志》2014年10月由方志出版社出版，65.1万字。《常德市物价志》2015年6月由方志出版社出版，92.8万字。《常德市工商行政管理志》2015年8月由方志出版社出版，89.9万字。（蒴 甜）

**【启动《乡镇简志》编纂工作】** 2015年3月16日，常德市人民政府办公室转发市方志办《〈湖南乡镇（街道）简志·常德市卷〉编纂工作方案的通知》（常政办函〔2015〕15号），全面发动《乡镇（街道）简志》编纂工作。市方志办成立《湖南乡镇（街道）简志·常德市卷》（以下简称市卷）编辑部，负责县乡两级编修业务指导，并开展市卷编纂工作。市方志办对该项工作进行规范管理，将《乡镇简志》编纂工作纳入年度目标管理考核，决定市县两级编修分批推进，统一风格，打造系列丛书。全市大部分区县（市）政府办发文对该项工作作出具体部署，安排编修资金。其中，津市、汉寿、澧县、石门、鼎城等区县（市）召开由各乡镇分管领导和撰稿人员参加编修工作动员大会，并采取以会代训方式，对撰稿人员进行编修业务知识培训。武陵、临澧、安乡、桃源等区县聘请、抽调专门人员组成工作组，采取“分工负责、包片联点”方式，确保将编修任务落实到各个乡镇。截至2015年12月底，各区县（市）基本完成资料征集、初纂和编辑工作，上报乡镇（街道）初稿173篇。（蒴 甜）

**【《添平所志校注》出版】** 2014—2015年，市方志办组织专家整理点校《添平所志》，该书于2015年12月出版，这是“常德文库”系列工程第三个子项目。该书以石门县档案馆1989年4月复制的《民国添平所志》为底本，设“地域志”“田赋考”“旧衙署志”“职官志”“职员荫袭考”“艺文志”等4志2考，详细记载添平所政治经济、历史文化、重要人物、风俗民情等各个方面内容，对研究石门县历史地理与土家族风俗文化具有重要参考价值。2015年完成补缺、注释、正音等工作。2015年11月，常德市地方志办公室编校的《添平所志校注》由湖南人民出版社公开出版。（蒴 甜）

2015年12月，《添平所志校注》出版

**【年鉴编纂】** 2015年，全市出版《常德年鉴（2014）》《武陵年鉴（2014）》《汉寿年鉴（2014）》《桃源年鉴（2014）》《石门年鉴（2014）》《澧县年鉴（2014）》《津市年鉴（2011—2014）》7部地方综合年鉴。《常德年鉴（2014）》共526页，149万字，设33个类目，244个分目，有条目684条，随文图片143幅，彩版63版。2015年12月，《常德年鉴》获得方志出版社“全国十佳精品年鉴”荣誉称号。（陈大鹏）

## 民族宗教事务工作

**【概况】** 常德属散杂居少数民族地区，截至2015年年底有49个少数民族，少数民族人口524542人，少数民族人口绝对数居全省第四位，维吾尔族人口居全国第二位，回族人口居全省第一位。有4个回维民族乡（即桃源县枫树维吾尔族回族乡、青林回族维吾尔族乡，鼎城区许家桥回族维吾尔族乡，汉寿县毛家滩回族维吾尔族乡）和一个少数民族人口过半县（石门县），全市少数民族人口约占总人口8.6%。有佛教寺院和道教宫观77处，有6个市级宗教团体（市天主教爱国会、市基督教“三自”爱国运动委员会和市基督教协会、市佛教协会、市道教协会、市伊斯兰教协会）和23个县级宗教团体，宗教教职人员397人。鼎城区许家桥回维乡和石门县维新镇政府2个集体以及黄阁贤、杨贤清、黄泽华3名个人被评为全省民族团结进步模范集体和模范个人，受邀出席湖南省第六次全省民族团结进步表彰大会，受到省人民政府表彰。

少数民族特色村镇和民族团结进步示范点建设。桃源县枫树维回乡维回新村特色村寨扩大成民族团结示范园建设，投入资金8000万元，规划用地133.33万平方米，完成翦伯赞故居、百亩葡萄园、民族文化广场、枫林花海、清真寺改造、民族风情街、民居改造等主体项目。全年累计接待游客160多万人次，带动周边回维民族特色清真农家乐餐饮和特色旅游发展。石门县罗坪乡长梯隘村特色村寨投入3000多万元，建设具有土家族特色银杏客站、土家族民居改造、民族演艺广场等景点，定期在民族演艺广场演出，并开辟乡村自驾游，被评为“湖南省第一届最美少数民族特色村寨”，并被国家民委评为第一批国家级少数民族特色村镇。石门县维新镇仙阳湖居委会创建最美少数民族村镇。仙阳湖居委会实现集镇4000多人饮用水集中供应，完成人畜饮水工程项目16个，确保农村饮用水100%卫生合格；修建水冲式公共厕所和垃圾处理填埋厂，集镇区生活污水集中处理率达到90%以上；建成仙阳湖民俗文化广场、居民文化活动中心、农家书屋。鼎城区许家桥回维乡中堰村成为省级民族团结进步示范点并授牌。完成硬化村组主干道路3800米；投资28万元，建成村民族文体活动中心。完成民族团结示范点村建设三年规划并通过上级主管部门验收合格。

文化宣传。2015年，组团参加湖南省第四届少数民族文艺调演，常德市选送参演节目《唔个东西借哈子》获金奖，组织工作获得优秀组织奖。协助组织省“民族团结一家亲”艺术团来常慰问演出，在石门县夹山镇、桃源县枫树维吾尔族回族乡、湖南文理学院举办3场独具民族特色文艺演出，近万名各族群众到现场观看。中央、省、市媒体宣传报道组20余名记者到石门县维新镇、罗坪乡，桃源县青林回族维吾尔族乡、枫树维吾尔族回族乡进行采访，在9月、10月省级媒体《潇湘晨报》《湖南晚报》《红网》，常德媒体《常德日报》发表反映少数民族地区经济社会发展、民族团结进步先进人物事迹的报道20余篇，对常德民族团结和民族地区经济社会发展成就进行广泛宣传。开展以“国法与教规的关系”为主题“宗教政策法规学习月”活动，引导宗教界正确认识和处理国法与教规之间关系。指导宗教界开展以“国法与教规的关系”主题征文活动，收集征文10多篇参与省内评选，常德市桃花源桃川宫徐理顺道长撰写征文被省民宗委评为三等奖。

强化管理。联合相关部门开展督查，对在景区或非宗教活动场所乱设功德箱、雇用假僧假道、非法从事宗教活动等乱象，会同有关部门开展专项整治。倡导佛教、道教活动场所开展“文明敬香”“合理放生”活动，推动建设“和谐寺观”“文化寺观”“生态寺观”。鼓励基督教界深化神学思想建设，做好对原教派团结和联合工作，指导市基督教两会办好培训班，提高教职人员教牧水平。深入调研，探索做好新形势下民间信仰工作新途径、新方法。

慈善活动。引导和支持宗教界开展公益慈善活动，加强对宗教界从事养老服务活动引导和规范，开展“宗教慈善周”活动，鼓励宗教界开展以扶贫济困为重点慈善活动。

维护稳定。密切关注和跟踪研究影响民族关系和宗教关系重大问题，防范和妥善处置涉及民族宗教因素突发事件，及时化解各类矛盾纠纷。积极稳妥处理常德职业技术学院藏族学生意外死亡、临澧县农贸市场新疆籍商贩殴斗致伤、湖南梦石缘旅游开发有限公司拟违规修建寺庙和露天佛像等涉及民族宗教方面纠纷案件5起，防止矛盾激化和扩大。做好抵御境外利用基督教进行渗透有关工作，加强对藏传佛教在湘非法活动监管和处置，抵制“达洼宣教团”和藏传佛教在常德市非法活动，确保民族宗教领域和谐稳定。（邬　群　郭冬秋）

## 法治政府建设

**【概况】** 推进力度。召开全市依法行政工作会议，把全面推进依法行政、加快法治政府建设摆到全局工作的突出位置，及时研究解决工作中遇到的重大问题，安排部署具体任务和工作措施。市政府常务会议多次专题听取依法行政工作汇报，市政府第29次、第30次、第32次常务会议分别听取了全市依法行政工作、规范性文件清理、权力清单、责任清单等情况汇报。2015年政府机构改革，在全市机构和编制都大幅压减的大环境下，市政府法制办由部门管理机构升格为政府工作部门，增加人员编制3名，增设立法科，仲裁委秘书处增加人员编制2名。

依法行政制度体系建设。在贯彻落实市政府重大行政决策程序规则和专家咨询制度等已有制度的同时，根据上级精神和法律法规要求对有关制度及时进行修改与完善。特别是年底党中央国务院联合出台《法治政府建设实施纲要（2015—2020年）》（以下简称《纲要》）后，市法制办第一时间对《纲要》内容进行了详细解读，并结合常德市依法行政工作实际，制定出台《常德市人民政府关于深入推进依法行政加快建设法治政府的实施意见》（以下简称《实施意见》）。在此基础上，又相继出台政府法律顾问管理、政府合同管理、行政诉讼应诉等方面的制度，初步搭建了常德市依法行政工作的制度框架，将行政权力运行纳入到了法治轨道。

依法行政意识。市政府始终把提高政府工作人员特别是领导干部法治思维和依法行政能力作为一项重要工作来抓，建立市政府领导班子中心组学法、市政府常务会议会前学法以及专题法制讲座学法制度，各级行政学院和公务员培训机构举办的培训班，都把依法行政知识列为干部教育的必修课，做到学法计划、内容、时间、人员、效果“五落实”。2015年，先后邀请省高院副院长杨翔、省民商法研究会副会长李凤祥、省高院行政庭副庭长张坤世就《行政法治与行政诉讼的理念问题》《政府合同管理》《行政诉讼法》等法律知识进行专题讲座，增强了广大领导干部的法治意识，提高了运用法治思维和法治能力解决问题的能力。此外，在采取提供法律咨询、开展法制讲座等传统方式积极宣传法制工作的同时，还建立媒体公益普法制度，注重运用新媒体开展法制宣传教育，扩大媒体普法的覆盖面。在全市范围内开展的以“增强宪法意识，培育法治信仰”为主题的宪法知识宣传活动，就充分发挥了各种不同媒介的传播作用，让广大干部群众感受了宪法的内涵和权威，扩大了宪法实施的群众基础。

科学民主决策。一是行政决策程序进一步规范。严格落实市政府重大行政决策程序规则和专家咨询制度，将公众参与、专家论证、风险评估、合法性审查、集体讨论决定等确定为重大行政决策必经程序。完成《常德市重大行政决策事项目录》和《常德市重大行政决策听证事项目录》的编制工作。二是公众参与渠道进一步畅通。加强了参与式行政程序建设，将公众参与贯穿于行政管理全过程。建立重大行政决策听证计划制度和听证代表名录制度，对涉及群众切身利益的行政决策事项，都要求召开听证会，听取公众和社会各界的意见建议。2015年组织召开了市城区供水价格调整听证会，听证会程序规范，各方意见得到充分表达和吸收，赢得社会各界普遍好评。三是法律顾问职能进一步发挥。出台《常德市政府法律顾问工作规则》，明确了政府法律顾问的选拔聘用和工作管理等制度。各级政府及其部门普遍建立了政府法律顾问制度，法律顾问列席政府常务会议、部门办公会议成为常态。此外，在涉法事务的处理过程中，充分发挥法律顾问在行政决策中的咨询、参谋作用，为依法管理经济社会事务提供法律支持。

规范性文件管理。一是规范制定程序。严格落实合法性审查、集体讨论决定和“三统一”制度，规范性文件制定程序进一步规范。先后出台商事制度改革、品牌建设奖励、环境保护以及促进养老服务业、现代金融业、农产品加工业发展等方面的一系列规范性文件。二是强化备案审查。全年共收到区县市政府报备规范性文件114件，市直部门报备规范性文件77件；出台的27件规范性文件，均按时向省政府和市人大常委会进行报备，报备率和合格率均为100%。三是组织文件清理。组织对2008年以来有效期届满和即将届满的市政府规范性文件进行清理，共清理文件214件，宣布失效和废止有效期届满或不再适应经济社会发展需要的市政府规范性文件共123件。市政府规范性文件有效期管理系统投入运行，对全市各级政府及其部门规范性文件实现了全覆盖精准化管理。

规范权力运行。为依法履行政府职能，将权力关进制度的笼子，按照法治政府建设新要求，组织开展政府清单、目录编制工作。从2015年4月开始，集中人力、物力、财力，开展政策清单、权力清单、责任清单、外商投资准入管理目录、政府核准投资项目目录的编制工作。其中，政策清单从国家和省市迄今有效施行的1000多件政策文本中，梳理出政策“干货”3000多条，并汇编成书，杜家毫省长亲自撰写序言；责任清单涉及33个政府工作部门和5个具有行政管理职能事业单位，共有主要职责529项、具体工作事项2891项、与相关部门有职责分工或交叉的职能351项、建立事中事后监管制度399项、公共服务事项270项，已向社会公布；权力清单将全市37个依法承担行政职能的政府部门和事业单位的3757项权力事项压减为2782项，并向社会公布。外商投资准入管理目录和政府核准投资项目目录也已经完成编制并向社会公布。同时，根据省政府工作要求，积极开展行政许可裁量权基准试点工作，选取市国土资源局、市规划局、市食药监管局三家单位作为全市推行行政许可裁量权基准试点单位，三家单位及时按要求完成了行政许可裁量权基准的制定和网上公布工作，进一步规范了权力运行。

依法化解矛盾纠纷。为深入贯彻实施新的行政诉讼法，更好地规范行政诉讼应诉的各项具体工作，制定出台《常德市行政诉讼应诉工作规定》。2015年，全市各级行政机关共参加行政应诉案件182件，其中涉及市政府的35件，结案175件。切实推进行政复议规范化建设，全年市县两级行政复议机关受理行政复议申请255件，办结行政复议案件237件，其中维持原具体行政行为119件；驳回行政复议申请28件，确认违法、撤销原具体行政行为18件；责令履行5件；以和解、调解结案38件。以常德仲裁委员会换届为契机，充分利用民商事仲裁“一裁终局、程序简便、利民高效”的优势，加大工作力度，提高办案质量，全年共受理案件760件，同比增加111件；已结案683件，按时结案率达到90%；总涉案标的额6.5亿元，同比增加1亿元；不断加大调解工作力度，在结案案件中，调解和解结案率达到67%。（洪　淼）

# 电子政务工作

**【概况】** 2015年，市电子政务办智慧常德建设工作按照优先搭建常德云计算中心，逐步完善信息基础设施、城市公共管理、民生服务应用和现代产业融合“四大体系”的思路，狠抓基础平台和重点应用系统建设，初步形成“一个平台、一个中心、六大应用”，成功申报国家智慧城市试点城市，成功举办2015湖南智慧城市论坛。

常德云计算中心建设。在常德云计算中心硬件的基础上，组织地理空间框架、社会治理网格化综合信息平台、智慧税务等20多个应用系统接入运行，发挥常德云计算中心的资源整合共享作用。启动信息资源共享交换平台的建设，主要建设内容包括共享交换平台、基础数据库、信息资源目录体系等，并对《常德市政府数据资源共享管理办法（草案）》出台进行调研。

智慧常德协调指挥中心建设。启动智慧常德协调指挥中心的建设，集中接入智慧城管、智能交通、数字防控、社会治理网格化、应急指挥等主要应用系统，并实现实时协调指挥、应用监督等功能。为配合协调指挥中心建设，实施紫云办公楼美化亮化工程，把紫云办公楼整体包装打造成智慧大楼，作为近期智慧常德建设的重要阵地。

重点应用系统。智慧城管、智能交

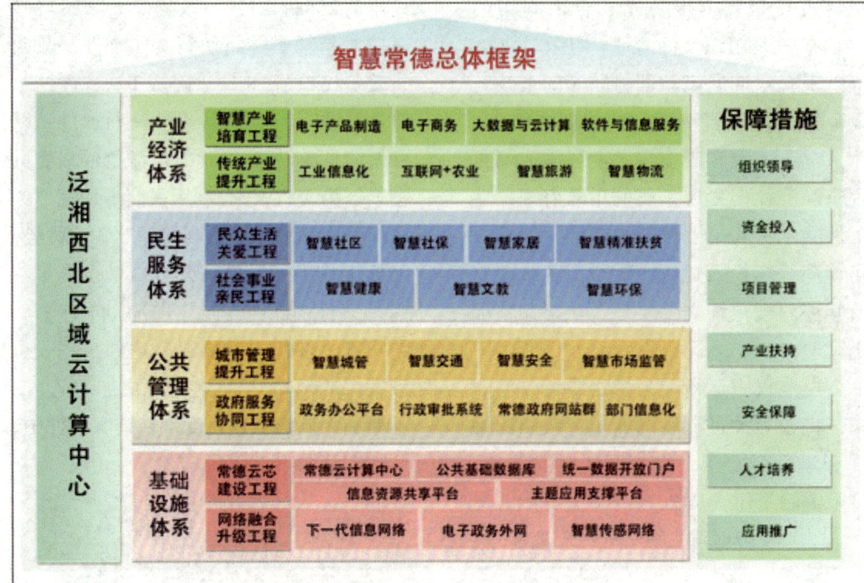


智慧常德总体框架示意图

通、数字防控三大平台工程完成，新增渣土车智能管理系统、国省道路防控系统、城区道路监控设施等建设内容。完善社会治理网格化综合信息平台，平台包含两个子系统，即“365”社会管理系统和“1314”社区服务系统，构建起市、县、乡、村、网格五级联动网格服务管理体系。完成地税、国税、财政功能模块开发，基本完成市直 37 家单位涉税数据采集并正在对数据进行整理完善，发现税收差异金额 2.4 亿多元，减少税收征管漏洞。启动警务云、视频资源整合、智慧环保、政府网站改版升级等项目建设。

开展政府网站普查。6 月 4 日，召开全市政府网站建设工作会议，贯彻落实《国务院办公厅关于开展第一次全国政府网站普查的通知》（国办发〔2015〕15 号）和全省政府网站建设工作会议精神，将网站普查整改工作列入年终目标考核。对 589 个子网站落实责任人跟踪调度，会同市政务公开办和市政府督查室开展工作调度、督查。常德政府网站全站共增补各类信息 3 万多条，删除空白栏目、错链死链近 1 万多处，修补系统漏洞 100 多处。市级网站群改版升级，石门、澧县、安乡等县市区建成统一政府网站群。

与浪潮集团的战略合作。云计算中心运营后，全市 20 多个应用系统开始集中享受云计算中心软硬件资源和高水平运维团队的服务，减少项目直接投资 2000 多万元，每年节省电费、租金、管理等费用 1000 多万元。根据战略合作框架协议，市政府支持浪潮集团以智慧城市建设运营商身份全面参与智慧常德建设，浪潮集团通过公开招标或出售服务方式，参与建设警务云、智慧常德协调指挥中心、信息资源共享平台等项目。7 月 20 日，市委常委、常务副市长朱水平带队考察浪潮集团，双方就深化合作进一步达成共识，浪潮集团筹建智慧城市研究院常德分院，并在湖南智慧城市论坛上正式挂牌成立。浪潮集团将大力支持湖南浪潮云投科技有限公司向实体企业转型，加快发展云计算产业，不断做实做大做强，全年实现开票收入 8000 万元以上。

智慧城市试点工作。常德市（含津市、澧县、汉寿）成功入列国家智慧城市试点城市，重点开展城市公共平台及典型应用项目专项试点。编制试点建设工作方案。综合运用《“四个常德”建设纲要》和创建国家智慧城市试点任务书的成果，草拟《智慧常德建设“十三五”规划纲要（草案）》。加强对智慧常德项目建设的全过程管理，对 132 个智慧城市建设项目进行技术评审，申报资金 6.59 亿元，审定资金 3.68 亿元，审减资金 2.91 亿元，促进信息资源整合共享，保证智慧常德项目建设质量。（王　勇）

## 无线电管理工作

**【概况】** 频谱监测和设备检测。把频谱监测纳入年初规划，实行常态化管理。科学谋划 2015 年频谱监测计划。落实频谱监测日常工作制度，强化岗位职责。全年实施频谱监测 8000 余小时。一是重要频段，重点监测。除日常监测外，重点对民航、铁路、广播电视、公众通信、卫星电视等专用频率和涉及国家安全、民众关心的重点频率实施保护性监测。不定期出动监测车赴机场、铁路沿线、广播电视台附近等开展保障监测。二是重要时段，24 小时监测。在元旦、春节、两会等节假日和国家重大活动期间，针对无线广播电视、公众通信频率实行 24 小时监测，及时发现和排除有害干扰，确保电视广播、公众通信正常。三是频谱分析，准确及时。重视对监测数据的整理分析，科学分析监测数据，及时上报分析报告。频谱监测月报上报前，召开研讨会，核对数据，准确翔实。四是设备检测，如期完成。8 月，完成省站交办的检测任务。全年完成新建移动通信基站电磁环境测试工作 254 次。检测实验室按照规定流程共检测各类无线电设备 91 台。

无线电安全保障。2015 年，市无线电管理处共派遣技术人员 70 余人次，出动车辆 25 台次，参与省、市各类无线电安全保障 18 次，有力地维护了辖区电波秩序。一是在重大任务、重要活动、重点工程中发挥无线电安全保障作用。积极为二广高速建设、桃花源机场扩建、万人健步行活动、省旅游节等活动提供通信设备，指配临时频率，消除有害干扰，保障通信畅通。二是发挥人员、技术设备优势，为各类考试提供无线电安全保障。全年完成研究生招生考试、高考、公务员考试、执业医师资格考试、全国司法考试、一级建造师等考试保障 16 场，启用无线电管制设备 16 台次，阻断非法

信号8起，协助公安机关捕获作弊团伙一个，有力地维护了考试秩序。三是在安全播出方面发挥监督检查作用。每逢春节、“五一”、国庆等重要节日和重要时期，对广播电视播出信号进行重点监测，深入到广播机房检测设备，提前消除各类播出风险。四是加强重点领域无线电安全保障。总结以往无线电有害干扰排查经验，充分利用各种技术措施，快速消除有害干扰，保障重点领域无线电用频安全。全年共处理无线电有害干扰10起，其中民航无线电干扰1起、公众通信有害干扰7起、卫星电视有害干扰2起。

频率台站管理。一是规范频率台站审批。按照省经信委印发的《无线电行政许可程序规定》，召开全市移动通信基站建设联席会、全市电信基础设施铁塔建设专题会议，进一步规范频率台站审批流程、减少审批环节。并在单位网站、政务中心委托窗口公示，方便办事群众。按照新的审批程序，全年审批市移动公司、市电信公司、市联通公司公众移动通信基站2660个。二是加强频率台站管理。加大台站管理力度，针对广电系统频率使用过多过乱的情况，特别是“村村通”台站开通较多的情况，全年对全市广播电视频率进行全面清理检查。要求村村通广播设备必须到市无线电管理处登记备案，填写台站资料表。截至2015年年底，先后上报登记的村村通台站212台。三是加强执照管理。根据省无委办《关于加快无线电台执照办理工作有关事项的通知》，召开主要设台单位执照清理动员大会，对过期和数据变更的执照资料进行重新登记，力争一台一照，数据库资料完整，完成执照发放工作。四是频占费征收如期完成。按年初计划，全年预计可征收本级频占费15万元。

无线电管理宣传。为庆祝《中华人民共和国无线电管理条例》和《湖南省无线电管理条例》颁布，精心组织，大范围多层次进行宣传。一是发挥媒体作用，推动条例普及。从9月1日起，常德管理处在红网常德版、单位网站推出为期3个月的《湖南省无线电管理条例》专栏，结合科普漫画等形式，全文刊登《条例》。在市广播电视图文频道、市广播电台推出为期3～4个月的《湖南省无线电管理条例》宣传专题。9月11日，在常德晚报法制版节选刊登《湖南省无线电管理条例》，重点突出台站管理、频率管理、违法查处等内容。二是发挥基层作用，延伸宣传范围。继续发挥基层协管员的作用。9月中旬，指导鼎城区、桃源县等协管县开展现场宣传及其他丰富多彩的宣传活动2场，进一步把宣传触角延伸到社区、农村基层。指导三大运营商、台站大户结合自身条件，利用营业厅、户外广告屏、电子显示屏等载体，大张旗鼓的宣传新出台的《湖南省无线电管理条例》。9月下旬，指导市移动、电信、联通公司，向各自所属用户群发30万条《条例》宣传短信。三是开展现场宣传，扩大社会影响。9月17日，常德管理处在城区繁华路段，开展了一次现场宣传活动。活动现场设置30块宣传展板，2个咨询台。向过往路人和沿街商户散发《条例》单行本300份，报纸200份，无线电科普知识手册100余份，接受市民咨询50余次。四是加强培训力度，巩固条例知识。9月22日，常德管理处组织三大运营商、铁塔公司、设台大户、区县市无线电管理专干及管理处、监测站全体干部职工举办了一期《条例》培训班。邀请省无委办法制专家到常德授课，讲解《条例》。参训人员还对《条例》内容进行了讨论，并进行现场知识测试。

行政执法。2015年，省经信委授予常德市为全省经信系统规范行政执法单位。一是提升执法队伍素质。积极参加省办组织的法制培训班，邀请省办法制专干和市法制办专家举办2堂法制培训班，组织法律知识考试。二是规范执法行为。组织执法专干重新学习《案件办理制度》《行政执法没收物品管理制度》等行政执法制度，加大了执法人员违纪成本。在执法过程中，坚持程序合法，取证合法，维护了合法台（站）使用者的权益。三是法制宣传力度不放松。利用“世界无线电日”、无线电管理宣传月活动，大力宣传无线电管理法律法规，特别是2015年颁布的《湖南省无线电管理条例》，印制法制宣传手册500本，把法制宣传贯穿于无线电管理活动的各个环节。四是加强案件办理。集中开展查处黑电台、打击伪基站等行动，查处了市城区金钻广场附近黑电台案件、江南城区某小区非法广播电台案件、桃源县甘潭CDMA网络受干扰案、桃源县看守所附近基站受干扰案等4起案件，下达限期整改通知书4份，没收各种违法使用的发射设备5台（套），其中金钻广场黑电台案卷被省经信委列入报省政府案卷。

2015年9月17日，开展全国无线电管理宣传月活动

基础设施建设。一是启动无线电管理指挥中心的建设。由于受前段机构改革的影响，常德市无线电管理指挥中心建设停滞。经过调整，全市无线电管理指挥中心建设已经启动，已完成招标程序。二是农业银行固定监测站的搬迁工作进展顺利。经过多次选点、查勘、测试，已在青年中路梦园居购置，农业银行固定监测站将整体搬迁。正在进行机房装修。年底可搬迁新站。三是启动无线电科普展示馆建设。该项目已完成招投标环节。四是添置部分无线电专业设备。根据实际需要，加大了对各类设备仪器、网络的更新维修维护力度。对监测天线铁塔、铁架、接地网、UPS电池组、机房服务器、应急通信设备等进行维护维修更换，基础设施投入大大增强。全年基础设施投入100多万元。

队伍建设。一是注重用制度管人管事。加大制度的学习、执行、落实力度。对干部职工职责进行明确分工，明确岗位职责。二是技术培训不放松。按照省无委办下达培训任务和本市培训计划，全年组织县级协管员培训1次，选送技术人员赴深圳参加各类学习培训2人次，自行开展技术比武1场。三是注重人才培养。以事业单位绩效工资改革为契机，将获得中级职称的专业技术人员聘任到岗，进一步优化了专业技术队伍。监测站除管理人员外，全部拥有专业职称。

（骆波微）

## 安全生产管理

**【概况】** 2015年，全市发生各类生产经营性安全事故349起，死亡51人，受伤137人，直接经济损失2407.8万元，与2014年同比事故起数减少67起下降17%，死亡人数减少16人下降24%，受伤人数减少107人下降44%，直接经济损失增加126.3万元上升6%。

制度建设。一是构建安全监管责任体系。完善“一岗双责、党政同责、失职追责”等规范性文件，下发《关于进一步加强安全生产监管能力建设的实施意见》（常办〔2015〕10号），要求在2016年底前全面提升市、县、乡三级安全监管能力，实现安全生产监管机构、经费、人员、装备“四落实”。二是督促企业落实主体责任。制定下发《关于印制张贴企业安全生产责任体系“五落实五到位”规定的通知》，对全市非煤矿山（含尾矿库）、烟花爆竹（生产企业、批发企业）、危险化学品企业及规模以上八大行业张贴和学习提出明确要求，并要求企业逐条逐项抓好对照落实。各级安监部门将企业安全生产专项经费提取和使用纳入日常监管，对企业教育培训、基础建设、安全管理进行全方位的面对面指导帮带，市、县两级建立了企业安全生产诚信曝光制度。常德电视台、《常德日报》等媒体对全市7家企业非法违法生产经营情况进行了跟踪曝光。

打非治违。全年共组织打非治违专项行动1265次，打击和纠正违法违章行为3527起，责令改正和停止非法违法行为2327起，责令停产、停业59家，关闭非法违法企业17家，拘捕犯罪嫌疑人13人，问责领导干部9人。

隐患治理。全市各级各有关部门认真履行属地和行业监管的职责，在全市范围内广泛开展大扫除式的隐患排查。武陵区充分利用网络安全监管平台，将隐患排查的触角延伸到每个社区、每个楼道、每个家庭，不断提高隐患排查的精度准度。各级各有关部门对发现的隐患分门别类建立台账，对重大隐患及时交办，全面落实了整改责任、措施、资金、时限和预案。2015年，市安委共对各区县市交办问题隐患45处，内容涉及建筑工地、煤矿、非煤矿山、危险化学品、燃气经营场所、烟花爆竹生产经营企业、车站、渡口，截至年底均已整改到位并销号。各区县市和市直有关部门按照企业全面负责、群众广泛参与、报告及时准确、属地监督管理的原则，在高危企业继续推行事故隐患自查自改月报工作，2014年有446家高危企业纳入隐患自查自改月报体系，2015年已经增加到1100多家。

专项整治。全面开展烟花爆竹、危险化学品、油气罐区、粉尘涉爆、矿山、道路和水上交通、消防、特种设备等安全专项整治。市安监部门在烟花爆竹专项整治中，重点治理了烟花爆竹生产“四超两改”“三违”、转包分包和销售“两关闭”“三严禁”等问题；为了杜绝再次发生安乡“8·28”类似事故，安监部门聘请专家服务，对全市有限空间作业和粉尘危害领域进行安全评估和隐患排查，对危害严重的桃源2家、鼎城2家水泥制造企业和鼎城一家石材加工企业进行了停产整顿，对安乡4家和临澧4家再生纸厂进行了关闭。认真开展煤矿、非煤矿山和烟花爆竹企业整顿关闭行动，煤矿在2014年关闭13对矿井的基础上，2015年计划关闭1对，已经关闭5对；非煤矿山计划关闭90家，已经关闭93家；烟花爆竹企业已经停产30家，关闭11家。住建、质监、安监部门联合开展了危险化学品输送管道特别是城镇燃气管道和油气罐区隐患排查整治，督促燃气企业加强日常自我检查和隐患排查。教育部门联合安监、交警、运管、质监等部门对全市中小学和幼儿园校车安全管理和运营情况进行检查，通报整改321起校车超载、标识不全、设备不全、准驾不符等问题。交通部门牵头对全市危险化学品道路运输和公路隧道、桥梁进行了全面清理排查，督促有关部门积极开展教育培训，提高从业人员安全素质。公安交警部门以创建“平安交通”为突破口，深入开展“三超一疲劳”等专项整治行动，查处3427起客运车辆超员、超速、疲劳驾驶和货车非法载人等违法行为。质监部门全面开展电梯、气瓶、超重机械、燃煤锅炉等特种设备安全专项整治，并通过推行协会行业自律的方式强化安全监管。海事部门对重点航道、重要渡口和客渡船进行了全面清理排查，积极推进渡船改造和旧船拆解工作，全年共拆解旧船22艘，查处整改各类安全隐患48起。为了深化涉氨制冷企业液氨使用专项治理工作，经信部门对全市所有涉氨制冷重点企业进行了全面隐患排查，督促企业及时淘汰落后工艺，消防部门对涉氨制冷重点企业的消防设施、消防通道等情况进行排查检查，纠正违规行为27起，安监部门督促建立健全了相关安全生产规章制度和应急预案。

执法检查。2015年，市本级、区县市对计划执法企业开展了3轮以上的执法检查，及时纠正了各类生产经营企业的违规违章行为，整治一批问题隐患，停产整顿一批问题企业，基本上没有出现群众投诉、申诉情况。,7—8月，按照省安委《关于集中开展安全生产专项执法行动坚决遏制重特大通知》和“三个必须”的要求，在全市范围内集中开展安全生产专项执法行动，重点检查安全生产企业法人履责、建章立制、一岗双责、日常管理和教育培训等工作开展情况。全年全市共检查生产经营单位8488次，发现隐患5346处，下达执法文书5835份，立案查处28处，罚款95万元。

基层基础。一是达标创建。一手抓新建企业达标建设、一手抓达标企业提质升级。按照政府督导与企业主体投入的原则，重点推进一般企业安全标准化建设规范化管理，共完成196家企业达标。截至2015年年底，全市规模以上特别是高危企业基本上实现了三级达标，并鼓励有条件的企业开展达标升级。桃源县的德强花炮厂等企业已经通过了二级标准化企业考核。为了保证达标创建实效，加强对创建达标企业的动态管理，经常抽查检查，对不再具备条件的坚决摘牌。2015年，除关闭的企业外，还有5家企业因检查不合格被取消三级达标企业称号。二是示范创建。全市各级各有关部门结合市委、市政府提出的创建“完美社区”行动，把安全生产示范县（区）、示范乡镇、示范社区、示范企业、示范工地、示范公路、示范岗位、平安农机、平安校园、平安交通等创建活动列入重要议事日程，明确挂钩帮扶创建制度，并把示范创建工作纳入政府安全生产目标管理考核，逐级分解任务、层层落实责任。桃源县积极开展安全生产示范县创建工作，成立创建工作领导班子，单列示范县创建资金100多万元，在10月份全省安全生产示范县考核验收中成绩名列前茅。2015年，全市共有6个乡镇申报省级示范乡镇、9个乡镇申报市级示范乡镇，均已通过前期考核验收。三是宣传培训。市安监局在常德电视台设立《常德安全生产》专题节目，每月播出3期，对各地各有关部门重点工作进展情况进行报道，对突出问题进行曝光。在常德电台《行风热线》节目开辟专栏，现场接听群众热线，解答群众疑问。在《常德日报》定期曝光各类违法违规企业，发布安全生产事故信息。在第14个“安全生产月”期间，全市各级各有关部门以“加强安全法治、保障安全生产”为主题，掀起了安全生产知识宣传教育新高潮。6月16日，市安委办组织武陵、鼎城两区和市直30个安委成员单位、11家市属重点企业，在白马湖广场开展了安全生产咨询日和应急演练。现场共设置安全知识展板、专栏300多块，演出安全知识节目10个。2015年，市本级共发送安全生产短信56万条，开辟安全生产专栏27期，编辑安全生产简报12期。（肖　禅）

**【常德市安乡众鑫纸业“8·28”中毒事故】** 2015年8月28日上午，常德市安乡县大鲸港镇安乡众鑫纸业有限责任公司在高温季节停产恢复生产准备过程中，一名作业人员在清理浆纸池内废料时中毒倒在池中，企业租赁老板和其他7名工友见状相继施救而中毒，造成7人死亡，2人重伤。安乡“8·28”事故发生后，王群书记、周德睿市长等领导亲赴现场，慰问受伤人员，组织现场处理，并在安乡县召开了事故专题调度会，明确了安全生产工作“六条措施”。市政府成立了由市安委办主任、市安监局局长郑家火任组长、市直有关部门和安乡县政府组成的事故联合调查组，及时赶赴事故现场，协调安乡县政府组织好事故抢险救援和善后工作。事故调查组按照生产安全事故调查制度和“四个一律”的要求，以王群书记“搞清6个为什么”为重点开展调查，及时清查了事故现场，封存了有关资料，提请当地政府对事故有关责任人采取了限制措施，并聘请专家对有关证物进行了技术鉴定。截至2015年年底，事故调查工作已经基本结束，事故调查报告正在讨论中。

（肖　禅）

# 中国人民政治协商会议常德市委员会

## 综　述

【概况】　议政建言。一是积极助推改革发展。坚持把议政性协商作为助推改革发展的重要方式，围绕构建现代立体交通大格局，市政协常委会议进行专题协商，提出高起点编制交通发展规划、抓好高铁等重大交通项目衔接、加快建设沅澧快速干线等5条建议。针对农村信用社改革过程中存在的问题，市政协主席会议进行专题协商，提出清收不良贷款、加快资产确权、改造农商行股权等8条建议。市政协主席会议还就“十三五”规划草案进行协商，提出重视发展网络经济、突出帮扶实体经济、推进农业适度规模经营、完善人才引进培养政策机制等建议。各专委会围绕旅游商品开发、青年海归创业、发展绿色养殖业、建设外向型经济平台等经济类课题，开展了一系列对口协商和界别协商活动。注重在视察中了解情况、促进工作，主席会议先后视察了2014年民主监督意见整改落实情况、重点工程建设情况、检察院工作情况和新型文化旅游产业发展情况。引导委员通过提交提案、反映社情民意信息等形式为改革发展建言献策，共提交经济类提案74件，关于强力助推“1115”工程、抢抓洞庭湖生态经济区建设机遇等提案被王群书记批示，关于提升开放型经济水平、加快发展电子商务等提案被周德睿市长批示；编报反映经济类社情民意信息25条，关于将市城区至汉寿的三条大道纳入沅澧快速干线统一规划建设、扶持本土医药企业发展等信息，被市委、市政府领导批示。二是积极助推民生改善。针对“民生安全”问题，遴选48名市政协委员，组成6个民主监督小组，对市安监局、市食药监管局、市工商局、市质监局、市消防支队、市交警支队等6个单位的行政执法、工作效能、作风建设情况进行重点监督，共提出51条监督意见。围绕加强血吸虫病防治，市政协常委会议进行专题协商，提出把血防工作纳入“十三五”规划、落实封洲禁牧政策、提高血防机构服务能力等4条建议；各专委会针对人防工程建设、养老事业发展、沅水水源保护、法院民事判决执行等问题，开展对口协商，提出一系列意见建议。政协委员积极反映群众诉求，提交民生类提案78件、报送民生类社情民意信息217条，促成取消医保首诊制度、加强老旧居民楼隐患排查等具体民生问题的解决和落实。三是积极助推社会事业。为更好地挖掘城市历史文化内涵，市政协主席会议就建设抗战英雄城进行专题协商，向市委、市政府提出实施公墓提质、新建抗战纪念公园、保护抗战遗址等“五大工程”的建议，市规委会进行了专题研究，抗战英雄城建设已进入政府“操作前台”。为促进法律服务工作，市政协主席会议专题协商整顿规范法律服务市场问题，提出加强清理整顿、严把法律服务人员准入关、建立非法代理人黑名单制度等7条建议。相关专委会围绕申建壶瓶山国家公园、支持发展民营博物馆、加快发展学前教育等课题，组织开展对口协商和界别协商。

团结协作。一是促进合作共事。注重听取各民主党派、工商联和无党派人士的意见建议，为党派团体参政议政提供有效平台。主动邀请各民主党派、工商联和无党派人士参加政协组织的调研、视察等履职活动，鼓励和支持各民主党派、工商联和无党派人士在全体会议、常委会议、专题协商会议上坦诚建言。各民主党派、工商联和无党派人士积极依托政协平台履行职责，提交提案158件，反映社情民意信息137条。二是深化团结联谊。利用召开政协全会、德商恳谈会、中秋联谊座谈会等机会，加强与港澳台同胞、海外侨胞的联系，配合全国政协做好“台湾中国青年大陆研究文教基金会”参访团到常德考察接待工作，促进了两岸两地文化教育领域的交流。主动联系慰问旅外委员，鼓励旅外委员发挥优势，为家乡建设献计出力。经常走访在常德的旅外委员企业，帮助部分企业解决了资金周转困难、闲置厂房回购等7个具体问题。继续开展金秋助学活动，组织旅外委员与受助学生代表进行回访交流，给付了第二年度50万元助学金。三是关心民族宗教事业发展。宣传贯彻党的民族宗教政策，协助做好新形势下的民族宗教工作，加强与民族宗教界代表人士的沟通交流，引导民族宗教人士为促进社会和谐发挥积极作用。配合省政协开展民族地区村级组织带头人情况调研，为加强民族地区村级组织带头人队伍建设献计献策。围绕促进《宗教事务条例》贯彻实施，市政协主席会议视察城区五大宗教活动场所，提出了加强和谐宗教活动场所建设的建议。四是开展文史资料征集工作。在纪念抗日战争胜利70周年之际，广泛征集和挖掘常德会战、常德细菌战文史资料，为抗战英雄城的规划、建设提供了重要参考。配合完成省政协开展“老字号”和剿匪文史资料征集工作。

机制创新。一是完善委员服务机制。强化专委会、工作组、活动组组织和服务委员履职的责任，各专委会、工作组、活动组分别召开委员会议2次以上，组织委员参加调研、视察等履职活动1次以上。继续开展“委员走访月”活动，广泛听取委员意见建议，及时了解委员思想和工作状况，力所能及地帮助委员解决了一些实际问题。建立委员履职情况提醒机制，及时提醒和督促委员完成“五个一”的履职任务，履职评价优秀等次委员达到65.96%。二是完善政情通报机制。在市政府向市政协常委会通报经济社会发展情况、重要履职成果办理情况和市纪委通报反腐败工作情况的基础上，进一步拓展政情通报内容，市中级人民法院、市人民检察院向市政协常委会通报了工作情况。三是完善提案工作机制。为提高提案质量，进一步完善提案线索征集机制、提案撰写提交机制、提案立案审查机制，实行了提前撰写提案、提前提交提案、提前审查提案。为提高提案问题落实率，坚持督促办理与协商办理相结合，加大协商办理提案力度，组织开展了10次提案办理协商活动。关于加强校外托管机构监管的提案，市政协召开办理协商会之后，市建设教育强市领导小组进行了专题研究，为这一问题的最终解决打下了基础。四是完善市县联动机制。为加强市县政协之间的联系交流，召开2次区县市政协主席例会、2次秘书长联席会议和10多次专委会工作会议。坚持重大履职活动市县联动，围绕构建现代立体交通大格局，组织开展市县联合调研，充分吸纳了区县市政协的调研成果。积极为驻区县市委员履职创造条件，首次组织102名驻区县市委员，以区县市活动组为单位，围绕完美社区建设、湿地保护等9个课题，开展异地视察活动。

自身建设。以党组书记上党课为开端，扎实开展“三严三实”专题教育，坚持边学习研讨、边整改问题。注重抓好理论研究。召开市政协理论研究会第三次会员代表大会，充实壮大了政协理论研究队伍；以“发挥人民政协平台作用，发展社会主义协商民主”为主题，组织开展理论研究，形成一批优秀理论研究成果；积极参加全省政协系统理论研究活动，向省政协报送论文23篇，有11篇获奖。着力加强机关管理。坚持中心组学习与机关干部政治理论学习相结合，组织开展了10多次集中学习活动。按照每月读1本好书、交流1次学习心得，每年撰写1篇调研报告、反映1条社情民意信息的要求，积极开展中青年干部读书会活动。认真落实中央八项规定，深入整改“四风”方面突出问题，修订完善机关财务管理制度，出台机关工作人员请休假和因公外出报告制度。

（李祎珉　叶　敏）

**【政协常委会议】** 市政协六届九次常委会议。2015年1月21日，市政协召开六届九次常委会议。会议听取了市政协六届三次会议秘书处有关负责同志关于会议讨论情况的汇报；听取了政协常德市委员会常务委员会2015年工作要点起草情况说明，审议通过了《政协常德市委员会常务委员会2015年工作要点》。审议通过了《政协常德市第六届委员会提案委员会关于六届三次会议提案审查情况的报告（草案）》《政协常德市第六届委员会第三次会议关于常务委员会工作报告的决议（草案）》《政协常德市第六届委员会第三次会议关于六届二次会议以来提案工作情况报告的决议（草案）》《政协常德市第六届委员会第三次会议政治决议（草案）》。会议决定将以上草案提请政协常德市第六届委员会第三次会议第二次全体会议审议通过。市政协主席李爱国主持会议，副主席韦绍斌、敖建斌、杨新辉、陈伟俊、陈位明、傅绍平、朱传宏、肖朝进、甘志敏，秘书长罗忠义，市政协常务委员出席会议。

市政协六届十次常委会议。2015年6月19日，市政协召开六届十次常委会议。会议分两个阶段，第一阶段专题协商“加强血吸虫病防治工作”，第二阶段协商有关人事事项。市政协主席李爱国、副主席韦绍斌先后主持第一、二阶段的会议，市人民政府副市长陈华出席第一阶段会议并讲话。市政协副主席敖建斌、杨新辉、陈伟俊、陈位明、傅绍平、朱传宏、肖朝进、甘志敏，党组成员袁云波出席会议。

市政协六届十一次常委会议。2015年7月31日，市政协召开六届十一次常委会议。协商并审议通过了《关于构建泛湘西北现代化立体交通大格局的建议（草案）》。常德市政协主席李爱国主持会议并讲话。常德市委常委、常务副市长朱水平作政情通报。会议就“构建泛湘西北现代立体交通大格局”进行了专题协商，常德市政府副市长沈习森参加协商。

市政协六届十二次常委会议。2015年12月24日，市政协召开六届十二次常委会议。市委副书记、市人民政府市长周德睿出席会议并作政情通报，市委常委、市委组织部部长、统战部部长雷绍业，市委常委、市纪委书记李挚，市政协副主席肖朝进、杨新辉、陈伟俊、陈位明、傅绍平、朱传宏、甘志敏和党组成员袁云波出席会议。

（李祎珉　叶　敏）

**【主席会议专题协商】** 市政协第六届第30次主席会议。2015年3月23日，市政协召开第六届第30次主席会议，专题协商常德“抗战英雄城”建设。市委书记王群出席会议并作重要讲话，市政协主席李爱国主持会议。市委常委、市委秘书长黄清宇，市委常委、市委宣传部部长唐贵平，市政府副市长匡加才，市政协副主席韦绍斌、敖建斌、杨新辉、陈伟俊、陈位明、傅绍平、朱传宏、肖朝进和秘书长罗忠义出席会议。

市政协第六届第32次主席会议。2015年6月10日，市政协召开第六届第32次主席会议，协商“推进农村信用社改革"及有关人事事项。市委常委、市政府副市长赵建国出席会议并讲话。市政协副主席韦绍斌、敖建斌、杨新辉、陈伟俊、陈位明、傅绍平、朱传宏、肖朝进、甘志敏和党组成员袁云波出席会议。

市政协第六届第34次主席会议。2015年9月17日，市政协第六届第34次主席会议召开，专题协商"规范整顿法律服务市场"。会议由市政协主席李爱国主持，市政府副市长胡丘陵出席会议并讲话，市政协副主席韦绍斌、敖建斌、杨新辉、傅绍平、朱传宏、甘志敏出席会议。

市政协第六届第37次主席会议。2015年11月18日，市政协召开第六届第37次主席会议，协商有关人事事项，研究《政协常德市第六届委员会第四次会议筹备工作方案（草案）》。市政协主席李爱国主持会议，市政协副主席韦绍斌、敖建斌、杨新辉、陈伟俊、陈位明、傅绍平、朱传宏、肖朝进、甘志敏和党组成员袁云波出席会议。

市政协第六届第38次主席会议。2015年12月15日，市政协召开第六届第38次主席会议，专题协商常德市"十三五"规划纲要（草案），审议市政协六届四次会议有关事项。市政协主席李爱国主持会议并讲话，市委常委、市政府常务副市长朱水平出席上午第一阶段协商会议并讲话，市政协副主席肖朝进、杨新辉、陈伟俊、陈位明、傅绍平、朱传宏、甘志敏和党组成员袁云波出席会议。（李祎珉　叶　敏）

**【主席会议视察活动】** 视察2014年度民主监督评议意见整改落实情况。2015年4月15日上午，市政协第六届第31次主席会议视察2014年度民主监督评议意见整改落实情况。市政协主席李爱国，市委常委、市政府常务副市长朱水平出席并讲话。市政协副主席韦绍斌、敖建斌、杨新辉、陈位明、傅绍平、朱传宏、肖朝进和市政协党组成员袁云波参加活动。主席会议成员和有关负责同志分两组进行了视察。由敖建斌副主席带队的第一视察组，先后到武陵区紫桥小区、方家巷社区、移动互联网创业园，常德经开区忠旺铝材基地、石门桥镇双堰塘村、石门桥镇中心小学，鼎城区斗姆湖街道社区卫生服务中心等地，就市政协民主监督小组在完美社区建设、园区攻坚和教育卫生三年攻坚等方面提出民主监督评议意见整改落实情况进行视察。韦绍斌副主席带领第二视察组，视察了穿紫河风光带七里桥、白鹤山路段出城口建设情况和鼎城区西洋陂水厂，津市市白衣乡石板滩村、灵泉乡佳和生态农业有限公司，就市政协民主监督小组在城市提质、城乡居民饮水安全和美丽乡村建设等方面提出的民主监督评议意见整改落实情况进行了实地视察，并听取了相关负责人的汇报。

视察全市重点工程建设情况。2015年7月23日，市政协召开第六届第33次主席会议，上午视察万达广场建设工地、职业教育大学城建设工程、桃花源机场改扩建项目、华电常德电厂一期工程、汉能光伏建设项目、华侨城常德欢乐水世界等重点工程建设情况，下午的会议共分两个阶段。第一阶段专题座谈全市上半年重点工程建设情况。市发改委负责人汇报全市投资和项目建设有关情况。第二阶段协商研究市政协六届十一次常委会议有关事项。市政协主席李爱国主持会议，市政协副主席敖建斌、杨新辉、陈伟俊、陈位明、傅绍平、朱传宏、肖朝进、甘志敏和党组成员袁云波出席会议。

视察"推动新型文化旅游产业发展"情况。2015年9月23日，市政协召开第六届第35次主席会议。市政协主席李爱国率与会人员围绕"推动新型文化旅游产业发展"、市检察院工作进行实地视察。与会人员一行先后对创源数字科技有限公司、鸿林坊、白鹤小镇、沙滩公园及市检察院进行了实地查看，听取了情况介绍。

视察全市宗教活动场所建设与管理情况。2015年10月15日，市政协召开第六届第36次主席会议，视察全市宗教活动场所建设与管理有关情况。市政协主席李爱国和全体在家的主席会议成员一道视察了德山善德观、伊斯兰教清真寺、市基督教"两会"、天主教堂、普光寺等五大宗教场所，市政府副市长陈华陪同视察。（李祎珉　叶　敏）

2015年10月15日，市政协第六届第36次主席会议视察宗教活动场所

**【中央、省级媒体集中采访常德政协工作】** 2015年12月2日，由新华社湖南分社、中新社湖南分社、《湖南日报》、湖南经视、《湘声报》等13家媒体组成的政协工作宣传报道采访团抵达常德，就常德市近年来政协工作所取得的成果开展为期3天的集中采访，市委书记王群，市委副书记、市长周德睿，市政协主席李爱国分别接受采访团专访。常德市民主政治建设、政协工作成效显著，成为采访团聚焦的重点，采访团还先后到常德河街、穿紫河船码头机埠、常德会战阵亡将士纪念公墓、市法律援助中心等地进行了深入采访。通过集中采访，各家媒体共播发新闻稿件30条（篇），在宣传推介常德政协工作的同时，充分展示了常德改革发展新成就。

（李祎珉　叶　敏）

# 政法

## 综 述

【概况】 2015年，全市综治、维稳、信访工作均获全省先进。一大批经验获得上级肯定，形成了常德特色品牌。社会治理网格化管理工作获中央综治办高度肯定，在全省社会治安防控体系建设工作会议上，市委书记王群代表常德市作了经验介绍。涉法涉诉信访改革的常德模式在全国很有影响，《法制日报》头版头条给予推介。法治常德建设得到省委高度肯定，《湖南日报》进行专版宣传，常德市在全省法治文化建设推进会上作了典型发言。市中级法院多元化纠纷解决机制工作经验在全国推介。市公安局创新情报信息主导警务模式被评为全省优秀改革项目。市法学会连续五年在全国法学会地方工作论坛上作典型发言。此外，全省检察机关科技强检示范院建设推进会、全省反邪教涉网工作现场会、全省信访工作制度改革交流推进会先后在常德召开。

服务改革发展大局。法院系统依法审理损害赔偿、侵权等案件，开展涉金融机构不良贷款专项清收、债权清欠等专项活动，审执结案件2095件，收回盘活资金、资产6亿多元。检察系统批捕破坏市场经济秩序犯罪140人、起诉129人，开展优化经济环境、查办和预防民生领域职务犯罪、查办环境保护和食品药品安全犯罪等专项活动，立案侦办系列案件60余件。公安系统重拳出击，破获经济犯罪案件432起，涉案价值21亿元，挽回经济损失3.6亿元，成功侦破涉案金额3.7亿元的华夏国际网络传销案、非法集资额1.3亿元的非法吸收公众存款案等大要案件。司法行政系统为中小企业主提供法律咨询1127人次，办理法律服务17件，选派13名律师跟踪服务市重点工程。民政系统坚持以“完美社区”建设统领民政工作，稳步推进乡镇行政区划调整改革。

维护社会稳定。全市保持了社会大局持续稳定，被评为全省维护稳定工作先进市州。津市、武陵、汉寿、安乡、柳叶湖等地工作扎实，成效显著。加强国家安全人民防线建设，严密防范“民运分子”“疆独”“藏独”“法轮功”邪教组织等势力在常德的渗透行为。高度重视反恐工作，成功举行反恐处突应急实战演练。公安、国安、信访、司法行政等部门充分发挥职能，加强源头防范。全市开展社会稳定风险评估229项，排查调处矛盾纠纷1270余件，化解重大疑难问题370余起。推进依法逐级走访，成功化解突出滋事苗头或越级集访510余批次，处理违法闹访行为176件次，行政拘留216人，刑事拘留31人。设立市看守所特殊人员收治中心，有效解决了特殊人员收押难的问题。到市赴省进京非访总量分别下降27%、20%、83%。稳妥处置突发事件，成功处置350余起因交通事故、医患纠纷、非正常死亡等导致的突发群体性事件苗头。

综治基层基础建设。全市综治工作被评为全省先进市州。津市、临澧、桃源、石门被评为全省综治工作先进县市区，武陵、鼎城、津市、安乡保持全省平安县市区称号。政法各部门打击整治有力，平安创建成效显著，全市刑事发案保持平稳，人民群众满意度同比上升2.23个百分点。市综治委各成员单位积极履责，形成了齐抓共管的工作合力。建成专群结合的巡防体系。完成重性精神疾病患者救治救助工程项目。加强特殊涉毒人员收治管理，累计收治183人。政法综治信息化水平不断提升，网格化服务管理、智能交通、数字防控等三大系统全面建成运行，并建成全省第一个“警务云”。

司法体制改革。法院系统积极推进立案登记制、证据制度、人民陪审员制度改革，探索司法责任制。检察系统积极完善职务犯罪案件侦捕诉衔接机制，建立多部门职务犯罪案件沟通会商长效机制，职务犯罪案件起诉率和判决率同比上升26.9%和36.5%。司法行政系统启动市本级社区矫正和法律援助政府购买服务试点工作，稳步实施律师制度改革，出台律师工作联席会议制度。

执法监管。创新执法监管模式，推行执法档案建设、执法风险防范、重大事项报告、执法责任落实四项主题工作。

开展反对司法不公、司法腐败专项整治活动，纠正执法司法问题23个。强化案件督导协调，依法对桃源步行街、澧县七里湖等47起敏感、疑难案件督导协调，对18个问题楼盘协调推动化解。完成省委巡视组交办的涉法涉诉信访件80件。市委政法委组织开展不捕不诉专项执法检查，共评查案件658件。同时还改进和完善了诉访分离、依法办理、终结退出、司法救助、责任追究、运行保障等10项工作制度。市涉法涉诉联合受理中心共接待来信来访2637件次、5418人次，导入各政法机关2132件。先后对31名生活确有困难的涉法涉诉信访群众救助85.5万元。

法治常德建设。建成一批法治广场、法治公园、法治书屋等宣传阵地，法治夜话、百法讲坛、法治小品进乡村等载体深受群众欢迎。健全领导干部学习培训、领导班子集中学法、学法情况考核考试等制度，探索开展领导干部述法活动，并纳入组织部门考察考核干部的内容。加强法治政府建设，法院系统共审结各类行政诉讼案件643件，执结非诉行政执行案件488件，审结国家赔偿案件15件，同比分别上升33.68%、10.91%、66.67%。推动行政机关负责人出庭应诉，应诉率同比上升30.63%。积极开展法治创建活动，鼎城区、安乡县荣获第三批全国法治县（市）区创建活动先进单位；武陵区东江街道新安社区等3个社区（村）被评为全国民主法治示范村（社区）。

队伍管理。政法、信访各单位主要负责人带头分期分批讲党课，抓实抓好“三严三实”主题教育活动。市委政法委加强党管政法制度建设，出台五项制度。着眼政法队伍现代化、专业化、职业化建设，先后举办全市政法系统处级干部培训班和全市政法委系统干部培训班，成功举办首届政法系统篮球赛，有力地提振了政法干警的精气神。检察院、法院认真开展检察官、法官履职评议工作，举办业务培训班。市检察院组织纪律作风明察暗访，成立巡视组对基层院开展为期一年的巡视工作。市中级人民法院开展“队伍建设作风整顿年”活动，重点围绕“六难三案”开展专项整治。公安机关建立执法随岗训练点47个，举办轮训轮值、危爆物品安全监管培训等8期856人，主动查处干警违法违纪案件28起36人，其中移送司法机关5件7人。市司法局出台《关于加强机关干部队伍建设的十项措施》。各地各单位充分运用“两微一端”等新媒体，加强宣传，传播队伍正能量。（辛　龙）

2015年12月17日，市领导视察反恐处突应急实战演练

**【常德市社会治理网格化工作获中央综治办肯定】** 2013年，常德市在武陵区开展网格化管理工作试点，2014年起全市推行网格化管理，截至2015年年底已经构建起较为完备的网格化工作体系、平台体系和制度体系，初步形成了常德模式，即大服务大管理的整体布局、全统一全融合的信息平台、专职化专业化的网格员队伍。

一是建立五级联动指挥调度体系。全市建立了从市到区县（市）、乡镇（街道）、社区（村）、网格的五级联动指挥调度体系。二是建立社会治理大数据中心。依托常德云计算中心，建立了以人、地、事、物、情和组织等六大基础数据库为主要内容的社会治理大数据中心。三是建成全市“一网通”的信息平台。全市建成了统一的社会治理网格化综合信息平台，包含2个子平台，一个是“365”社会治理平台，主要应用于社会治理和平安建设；一个是“1314”社区服务平台，主要应用于公众服务和完美社区。四是建立部门联动机制。全市已有26个职能部门对接社会治理网格化综合信息平台，逐步实现信息、力量、资源和办事流程的融合共享。五是强化社区自治功能。城区确立了“3+N”治理模式，每个社区设立社区党总支、社区居委会、社区工作站，划分N个网格，着力回归社区自治。

常德市自全面推行社会治理网格化以来，得到上级领导、外地考察团和社会各界的好评，《法制日报》《湖南日报》等媒体给予了重点报道。2015年1月9日，在全国综治信息化工作座谈会上，常德市作为全国六个代表城市之一，进行远程视频连线汇报，获得中央综治办的肯定；2015年11月25日，在全省社会治安防控体系建设工作会议上，市委书记王群介绍了《推进网格化管理，提升综治信息化水平》的经验。“我市社会治理网格化工作模式被全国推介”入选常德市2015年十大新闻事件。

（辛　龙）

# 检　察

**【概况】** 2015年，市检察院被评为全国科技强检示范院、湖南省文明标兵单位、市直单位绩效考核优秀单位、被评为全国科技强检示范院、全国检察机关保障工作先进集体、全市政法工作先进单位、全市综治工作先进单位、全市信访工作先进单位、全市绩效优秀单位、全市中心组学习先进集体；汉寿县检察院、石门县检察院、安乡县检察院被评为市文明标兵单位。

维护市场经济秩序。依法打击制假售假、金融诈骗、合同诈骗、非法经营、传销等扰乱市场秩序、破坏金融秩序犯罪，批准逮捕146人、起诉154人，同比分别上升64%、11.6%，市检察院、石门县检察院办理“华夏国际”“创富通宝”等6件涉案金额上亿元网络传销案，批准逮捕犯罪嫌疑人67人。开展优化经济发展环境专项侦查监督活动，监督公安机关立案侦查违法阻工、扰乱金融秩序等犯罪案件9件。为政府采购、工程招投标等提供行贿档案查询2364次。

保护企业合法权益。打击国家工作人员利用职权索拿卡要等行为，汉寿县检察院立案查办县财源办2名工作人员向企业索贿案。深入经济开发区、工业园区，与20多家企业代表座谈，促进执法理念和办案方式转变，防止因执法司法不当影响企业正常生产经营。开展服务企业服务基层专项活动，推进涉林企业服务点建设，协调有关部门解决新希望饲料公司防洪排涝、鼎城区周家店镇万亩油茶示范基地树苗被盗挖等问题23项。

保障重点项目建设。市检察院依法办理常德卷烟厂技改项目建设中的串通投标系列案，立案查办受贿、行贿犯罪11人，批准逮捕串通投标、非国家工作人员受贿等犯罪13人。桃源县检察院参与处置“黔张常”铁路建设工地群体性阻工事件，批准逮捕2名策划、组织聚众闹事的犯罪嫌疑人，并配合公安机关走村入户、释法说理，确保工程及时复工。澧县检察院依法批准逮捕在湘西北物流园建设项目中强揽工程、寻衅滋事的犯罪嫌疑人2人。

服务生态文明建设。加强对生态环境和资源司法保护，起诉滥采滥伐、非法狩猎、非法占用农用地等犯罪80人，同比上升33%。市检察院针对环洞庭湖养殖业污染水源问题组织开展调研，石门县检察院针对林权改革后可能对生态造成的影响进行调研，形成专题报告。桃源县检察院出台《服务县域生态文明建设九条意见》。

查办和预防职务犯罪。立案查办各类职务犯罪175人，同比上升25%，其中：贪污贿赂犯罪127人，同比上升36.6%；渎职侵权犯罪48人，同比上升11.6%。加大打击行贿犯罪力度，立案查办行贿、对单位行贿、单位行贿等犯罪36人、逮捕3人、起诉18人，同比分别上升44%、50%、500%。开展“天网”追逃行动，在市检察院的技术支持下，鼎城区检察院追回鼎城烟草公司蒿子港批发部原出纳郭丽、鼎城电信局原员工姚莉等4名潜逃十多年的职务犯罪嫌疑人。2015年查办的职务犯罪案件均为本地区案件。立案查办处级以上领导干部10人、农村基层组织人员27人，同比分别上升100%、8%。深入党校、机关、企业等开展职务犯罪警示教育、宣传85场次，汉寿县检察院举办“拒绝渎职犯罪，防范从政风险”专题讲座，听取讲座的政府班子成员、县直单位负责人、纪检组长、乡镇长等108人。开展专项预防调查22次，市检察院、鼎城区检察院、临澧县检察院分别针对油茶项目补贴政策落实、取保候审保证金管理、农村基层干部职务犯罪等情况开展专项调查，提出检察建议21件，推动相关部门建立预防职务犯罪工作制度4项。安乡县检察院探索“互联网＋预防工作”新机制，对重大预防项目实行动态监控，其工作经验在《检察日报》《中国职务犯罪预防网》《湖南检察网》等媒体上刊载。

依法打击刑事犯罪。批准逮捕各类犯罪嫌疑人2066人、起诉3474人。严厉打击故意杀人、故意致人重伤、绑架、强奸等严重暴力犯罪，批准逮捕101人、起诉125人。依法打击“两抢一盗”、诈骗等多发性侵财犯罪，批准逮捕653人、起诉799人。坚决打击涉枪、涉毒、涉赌等妨害社会管理秩序犯罪，批准逮捕520人，起诉871人。市检察院办理赵伟等6人特大贩卖毒品案，澧县检察院办理冯志辉等35人特大网络赌博案。

宽缓处理轻微刑事案件。对401名无社会危险性的犯罪嫌疑人作出不逮捕决定。对354名确实悔罪、情节轻微、不需要判处刑罚的犯罪嫌疑人作出不起诉决定。对24名未成年犯罪嫌疑人作出附条件不起诉决定。对212名逮捕后不需要继续羁押的犯罪嫌疑人，建议侦查机关变更强制措施。对犯罪嫌疑人真诚悔罪、取得被害人谅解、达成和解协议的，依法不批准逮捕66人、不起诉188人。

化解涉检矛盾纠纷。建设信访网上受理和远程视频接访平台，开展举报宣传周活动，参与涉法涉诉接访中心联合接访，坚持检察长接待日、领导带案下访、包案化解等制度，方便群众表达诉求。严格执行《人民检察院受理控告申诉依法导入法律程序实施办法》，对符合条件的20件刑事申诉和国家赔偿申请立案复查。引入第三方力量介入涉检信访处理工作机制，邀请15名人民监督员、法律专家学者参与申诉案件公开听证。

社会综合治理。成立专门领导小组，统筹指导、协调未成年人刑事检察工作。建立家庭暴力案件台账，对该类案件办理情况进行跟踪指导。落实“谁执法谁普法”责任制，深入机关、企业、乡镇、学校等开展法治宣讲、法律咨询等活动101场次。对实施暴力行为、依法不负刑事责任的精神病人，提出强制医疗申请4人。开展司法救助工作，救助刑事被害人4人，落实救助资金9万元。

防止冤假错案。坚持罪刑法定和疑罪从无的原则，对不构成犯罪和证据不足的，不逮捕584人，不起诉655人。加强证据合法性审查，对于收集证据不符合法定程序可能影响司法公正，要求侦查机关补正或者作出书面解释8件，纠正以非法方式收集证据情形2件，因排除非法证据不起诉2人。严格按照规定实施和审查讯问犯罪嫌疑人同步录音录像，防止刑讯逼供、指供诱供等行为。

刑事诉讼监督。对应当立案而不立案的，监督立案62件，对不应当立案而立案的，监督撤案50件，同比分别上升63.2%、212.5%。对应当逮捕而未提请逮捕的，追加逮捕104人，同比上升60%，临澧县检察院在办理黄润生等人盗窃战国楚墓群一案中追捕4人，其中1人被法院判处有期徒刑十年。对应当移送审查起诉而未移送的，追加起诉92人，市检察院以运输毒品罪追诉的被告人董炜，被法院判处有期徒刑十五年。提出纠正侦查活动违法意见291件次。提出刑事抗诉13件，法院已改判或发回重审8件，汉寿县检察院抗诉的周金满贩卖毒品案，法院二审对周金满由有期徒刑一年零两个月改判为有期徒刑十年。提出纠正刑事审判活动违法意见16件次。纠正减刑、假释、暂予监外执行不当469件。纠正刑罚执行和监管活动违法129件，同比上升33%。纠正社区矫正和剥夺政治权利刑在交付执行、监管矫治、变更及终止执行等活动中的不当情形235件次，同比上升62.1%。查办监狱、看守所等监管场所职务犯罪2人，同比上升200%。

民事行政司法监督。对生效民事行政裁判提出抗诉6件、提请上级检察院抗诉36件，同比分别上升100%、38.4%，法院已改判或者调解结案9件。提出再审检察建议1件，市检察院在办理市公路工程总公司与吴先华运输合同纠纷不服法院判决一案时，发现该案涉嫌虚假诉讼，向法院提出再审检察建议。对民事执行活动不当提出检察建议19件，同比上升58.3%。

行政执法监督。开展破坏环境资源犯罪和危害食品药品安全犯罪专项立案监督活动，监督相关行政机关向公安机关移送案件线索44件，同比上升120%。督促行政机关依法履职106件，同比上升70.9%，武陵区检察院、津市市检察院分别针对城区部分餐饮店无证经营凉菜的问题、农村安全饮水工程引水主管内涂层化学成分超标的问题，发出检察建议，督促有关部门检查处理。

自身监督制约。向市县两级人大、政协常委会报告工作43次。邀请市人大常委会组成人员、市政协常委听取全市检察工作和全国、全省检察改革等情况的汇报，征求对检察工作的意见和建议。开展“司法公正常德行”活动，制定13项工作措施，强化法律监督和自身监督。开展“检察官履职评议”活动，邀请市县两级人大常委会组成人员、部分人大代表对42名检察官履职情况进行评议。加强代表、委员联络工作，市县两级检察机关共向人大代表、政协委员寄送联络专刊1万余份、发送检察手机报4期；以“规范司法行为、提高司法公信”为主题，邀请76名人大代表视察检察工作。及时在案件信息公开系统依法公开6618件案件程序性信息和2064份法律文书，确保当事人、辩护人的知情权、监督权。提请人民监督员对26件拟作撤销和不起诉处理案件进行评议，采纳评议意见21件。邀请200多名群众代表参加“查办和预防职务犯罪，推进反腐倡廉建设”主题检察开放日活动，增强检察工作透明度。市检察院召开新闻发布会2次，通报规范司法行为专项整治和查办职务犯罪等情况。

司法素能和制度机制建设。举办刑事检察、职务犯罪侦查等办案技能培训和新进人员培训16期，参训人员948人次。开展“以案带训”活动，分批选调37名基层年轻干警到市检察院对口业务部门跟班学习，为基层检察工作发展培养、储备人才。开展优秀案件、优秀法律文书评选活动，激励检察人员争先创优。常德公诉代表队获得全省公诉团体论辩赛第二名，3名干警分别被评为全省刑事执行检察业务标兵、十佳公诉人、优秀公诉人。开展规范司法行为专项整治工作，剖析典型案件35件，查摆不规范问题52项，逐件明确责任和措施，认真整改。针对查封、扣押、处理涉案财物等重点环节，开展专项检查2次。商请市委政法委、市人大内司委组织开展专项评查，评查不捕、不诉案件647件。开展反向审视工作，发出超期预警通知45件次，纠正不规范法律文书54份和违规处置涉案财物行为4次。建立职务犯罪案件侦捕诉衔接工作机制，加强引导取证和监督制约，侦查终结职务犯罪167人、起诉137人，法院作出有罪判决90人，同比分别上升40.3%、61.2%、38.4%。出台涉林刑事案件量刑建议指导意见，促进涉林刑事犯罪量刑均衡化。石门县检察院建立对基层派出所监督工作机制，被省检察院向全省推介。武陵区检察院建立司法档案制度。

自身建设。开展“三严三实”主题教育活动，聚焦对党忠诚、个人干净、敢于担当，深入查摆“不严不实”问题21项，提出27条整改措施认真整改。落实领导干部直接联系服务群众制度，市检察院组织领导班子成员深入扶贫点村开展“一进二访”活动，结对帮扶10户贫困群众。开展巡视工作，加强对基层检察院领导班子及其成员的监督。加大自身反腐力度，认真组织学习《中国共产党廉洁自律准则》和《中国共产党纪律处分条例》，对执行纪律禁令情况开展明察暗访4次，对1名涉嫌受贿犯罪的干警进行立案查处。开展宪法宣誓活

2015年12月4日，常德市人民检察院举行国家宪法日宣誓活动

动，促进检察人员遵守宪法、维护宪法。开展文明创建工作，举办“我们的节日”“读书征文”“道德讲堂”等活动，建设院史陈列馆，增强队伍凝聚力。开展联系指导基层工作，市检察院组织班子成员到基层调研，走访当地党委、人大、政府、政协领导，为基层检察院建设排忧解难。成立检察改革试点工作领导小组，统筹、指导津市市检察院内设机构整合改革。推进侦查信息查询通道和侦查情报库建设，为侦查部门提供各类信息查询1260批次、各类技术支持113件次。完成高清视频会议系统、涉密信息系统分级保护建设等工作。（徐文袢）

## 法 院

**【概况】** 2015年，全市法院共受理各类案件38221件，同比增长20.01%，结案34086件，同比增长16.19%；一线法官年人均结案68.17件，同比增长19.28%。其中，市中院受理各类案件7394件，结案7018件，同比分别增长22.46%、18.37%。全市法院共有13个集体、25名个人受到省级以上表彰。市中院司法警察、司法宣传、信息三项工作被最高院评为全国先进集体。市中院被评为省级文明单位，民调测评继续保持全市政法系统第一，司法绩效排名全省第三；立案登记制改革、执行指挥中心建设经验获全省法院推介，并在徐守盛书记视察省高院时进行了远程现场演示；多元化纠纷解决机制、信息化建设经验在全省法院会议上作典型发言；省高院在常德市召开了全省法院司法警务工作现场会。澧县法院被最高院评为全国有效实施失信被执行人名单制度示范法院，鼎城法院被最高院评为全国司法宣传工作先进集体；临澧法院院长覃红卫被省高院评为全省审判业务专家。

刑事审判。全市法院共审结各类刑事案件2911件，判处罪犯3342人。其中市中院审结310件，判处罪犯369人，判处15年以上有期徒刑、无期徒刑和死刑52人。严厉打击黑恶势力犯罪、故意杀人、故意伤害、强奸、“两抢一盗”等犯罪，审结案件1000件，判处罪犯1358人。审结毒品犯罪案件538件。审结集资诈骗、非法吸收公众存款、传销等案件8件。严惩贪污、贿赂、渎职等职务犯罪，审结案件71件。依法审结了涉案金额1.6亿元的沈金群等5人集资诈骗、非法吸收公众存款案，市环卫处原主任高用忠受贿、贪污案，董福良等3人贩卖、运输毒品案，唐莉等6人组织、利用邪教组织破坏法律实施案等一批大要案。规范减刑、假释工作，办理减刑、假释案件3752件。加强未成年人刑事司法保护，落实未成年人犯罪记录封存制度。积极推动社会治安防控体系建设，参与社区矫正、帮教等工作。

民商事审判。全市法院共审结各类民商事案件20781件，其中市中院审结2050件。市中院积极办理丰康生物、崎丰生物公司破产重整案件，配合市政府和有关部门开展了大量富有成效的工作。全市法院审结房地产纠纷案件2159件，审结涉农纠纷案件3968件。集中开展涉金融机构不良贷款专项清收活动，审结涉金融纠纷案件895件，收回资金2.1亿元。关注和保障民生，妥善审结婚姻家庭、邻里纠纷、损害赔偿、侵权纠纷等类型案件8284件。加强涉军司法保护，出台维护军人军属权益的实施意见。加大知识产权、涉外、涉港澳台案件司法保护力度，审结案件72件。鼎城、汉寿、津市法院开展涉中联重科债权清收专项活动，审、执结案件1208件，帮助企业收回和盘活资金、资产近4亿元。

行政审判。全市法院共审结各类行政诉讼案件643件，执结非诉行政执行案件488件，审结国家赔偿案件15件，同比分别上升33.68%、10.91%、66.67%。其中市中院审结诉讼案件261件，执结非诉行政执行案件9件，审结国家赔偿案件8件。推动行政机关负责人出庭应诉，应诉率同比上升30.63%。审理、执行征地拆迁类案件107件，市中院、武陵、鼎城法院在城区棚户区改造项目、桃花源机场扩建、“芙蓉王”征迁安置项目等重点建设中，积极参与行政机关协调处理房屋征拆案件，为重点工程项目的顺利推进提供了法治保障。

执行工作。全市法院共执结各类案件5434件，同比上升30.19%。其中市中院执结442件，同比上升135.11%。执结积案1098件，化解率32.18%。全市法院积极开展转变执行作风规范执行行为、打击拒不执行法院判决裁定犯罪、涉民生案件清理、百日执行大会战等专项活动，日夜蹲守、千里追踪、寻人找财、查封冻扣，对失信被执行人始终保持高压态势，限制高消费、限制出境、媒体曝光等2200余人次，在车站、码头、商业中心等人流聚集地以及网站、报刊等媒体附之以照片集中曝光失信被执行人，形成强大的执行威慑。共向公安机关移送侦查涉嫌犯罪的失信被执行人44人次，判决4人。

涉法涉诉。按照“防新化旧”工作思路，在“防新”上，严格实行“谁办案谁负责”依法规范办案，并加强诉前告知、诉中调解、诉后释明。在“化旧”上，采取包案、纠错、释法、救助、打击等措施，全年两级法院班子成员包案218件，依法纠错18件，共向287人发放司法救助金578.6万元，其中市中院向95人发放司法救助金241.5万元，依法打击违法上访4人。妥善化解了91件信访老案，全市法院涉诉信访率严格控制在2‰，赴省进京案件下降50%，化解率排名全市政法系统第一。

队伍建设。积极开展“三严三实”专题教育活动。市中院党组突出问题导向，深入查摆“不严不实”问题27项，提出45条具体整改措施并切实加以整改；院领导带头讲党课，带头开展学习研讨，加强工作督促检查，先后2次向市委常委会专题汇报工作，专题教育活动开展情况得到省委督导组的肯定。实行“三定三挂钩”，将案结事了的指标和服务审判执行工作的好坏作为评价工作的主要依据，把重心引导到执法办案一线，突出主责主业，将78%的力量、80%的经费投入到一线。严格制度管理，加强科学考评，从实现好公正司法、案结事了中发现人、使用人、选拔人、淘汰人，形成一切为了执法办案、一切服务服从执法办案的工作导向。开展庭审观摩、审判业务培训、技能比武、法官大讲堂、知识竞赛等活动 88 次 2200 余人次。新购置业务书籍 8000 余册，建立图书资料馆，购买知网等学习软件，联合“新起点”司法考试培训机构开展网络培训，鼓励干警参加学历教育、司法考试，提高学历层次和业务能力。开展“队伍建设作风整顿年”活动，严格落实中央八项、省委九项、市委十项规定精神，聚焦“四风”，开展“六难三案”集中整治活动。积极开展文明创建，通过法官讲坛、道德讲堂，扩大先进典型影响力。全面落实党风廉政建设党组主体责任和纪检监察部门监督责任“两个责任”，促进各项权力行使的公开、透明、廉洁。推行“五卡”制度，预防在前，管理在严，堵塞违法违纪的漏洞。落实司法巡查工作，市中院围绕领导班子建设、司法业务建设和司法队伍建设三个方面的工作，先后对武陵、鼎城法院开展司法巡查，并接受了省高院对全市法院的司法巡查。

司法改革。认真落实中央深改组《关于人民法院推行立案登记制改革的意见》以及最高院《关于人民法院登记立案若干问题的规定》，积极推进立案登记制改革。针对各类案件大幅上升的形势，对依法应该受理的案件，做到了有案必立、有诉必理，其中当场立案率达到 97.35%，高于全国 90% 的平均水平。在津市新洲人民法庭、石门磨市人民法庭、临澧新安人民法庭、鼎城黄土店人民法庭进行改革试点。围绕选好人、授好权、搞好监督、强化保障四个方面，积极探索司法责任制。4 个试点法庭均按新的“让审理者裁判、由裁判者负责”工作机制运行，共结案 881 件，结案率和服判率同比明显提升。全面贯彻证据裁判规则，严格落实证人出庭作证与保护制度，出台《证人出庭作证费用实施办法》。全面推行庭审全程录音录像，市中院对全部刑事案件和社会关注度高、当事人争议较大、疑难复杂的民商事、行政案件实行庭审同步录音录像。落实人民陪审员“倍增”计划，人民陪审员由 328 人增加到 653 人，临澧、安乡、桃源、武陵等法院积极推进人民陪审员制度改革，对参审范围、参审机制、参审职权以及退出和惩戒机制进行探索，试行“坐班制”“抽号制”，改变了参审面不广和陪而不审的局面，参审率达 97.83%。

司法保障。7 个基层法院审判法庭建设按照占地和建筑面积适用、功能完备、实用朴实的原则，加大了建设力度。澧县法院审判法庭已竣工，石门、汉寿、安乡法院审判法庭已封顶正在装修，鼎城、桃源法院审判法庭已开工，临澧法院审判法庭正在招标，津市法院审判法庭用地问题已解决。摸清了全市法院“两庭”建设基本情况，并编印《“两庭”建设掠影》画册。新建的津市保河堤人民法庭成为全省标准化法庭。加强诉讼服务中心建设。市中院诉讼服务中心正式投入使用，已经建成安全检查、诉讼引导、立案登记、诉调对接、律师代为申诉、“12368”诉讼服务热线、诉讼服务网、远程接访、判后答疑、诉讼接待等十个功能区，省高院推荐株洲、张家界、永州等中院前来参观学习。各基层法院诉讼服务中心建设正在稳步推进。加强执行指挥中心建设。市中院执行指挥中心建设项目第一期已建成投入使用，率先在全省实现了远程指挥、全程监控等功能。换购了一台执行指挥车辆、15 套单兵系统，具备了对被执行人财产、企业工商登记信息、公民身份信息等的网络查询功能。共申请查询 117028 次，涉及案件 3451 件，反馈有价值银行账户信息 108589 条，标的 241.47 亿元，车辆信息 2608 台，执行效率得到有效提升。加强警务指挥中心建设。市中院、武陵区等法院依托现代科技加大警务保障，实现了远程视频警务指挥系统监控提押罪犯全过程跟踪，确保了警务安全。不断提高信息化建设和应用水平，全市法院新建成数字法庭 12 个，截至 2015 年年底已经达到 31 个，处于全省先进行列；稳步推进数字法院系统、文书纠错系统、远程视频提审和接访系统等建设，扩大电子签章使用范围，为实现案结事了提供了强有力的科技支撑。

常德中级人民法院开展网络视频直播

接受监督。认真贯彻落实市人大及其常委会的决定决议，配合开展刑诉法执法检查、推进公正司法、体制机制改革、执行工作检查等活动，市中院向市人大常委会专题报告工作 5 次，报备重大案件 201 件。明确专门机构、专人，归口建立监督、管理、跟踪、沟通等工作机制。市中院共收到市人大代表建议 4 件，市人大常委会及专门委员会转办、交办、督办件 12 件，期限内均已办结完毕，受到肯定。根据代表建议，废止了 2009 年下发的《常德市中级人民法院关于审理职务犯罪案件的指导意见（试行）》即“内审平衡”制度。围绕“加强司法监督，推进司法公正”主题积极参与司法公正常德行活动，认真落实市委、市人大常委会工作要求，开展法官履职评议工作，全市法院59名法官从思想政治、依法履职、接受监督、廉洁自律四个方面进行履职评议。邀请两级人大领导、人大代表视察法院、旁听庭审、组织座谈32次，虚心听取意见建议。市中院、鼎城、临澧、石门等法院建立短信沟通平台，定期向人大代表、政协委员发送工作情况汇报。主动向政协汇报法院工作情况，办理政协委员提案2件，邀请政协委员视察法院、旁听庭审，充分听取各民主党派、工商联、政协委员的意见建议，有效提升了司法决策水平。认真办理检察机关抗诉案件和检察建议，邀请检察长列席审判委员会12次。审结抗诉案件22件，其中改判、发回重审11件。加强司法公开，建立动态、开放、透明、便民的阳光司法机制。深入推进三大公开平台建设，健全为民“八个一”机制，组织开展“十百千万”（建立十个审判联络站、举办百场巡回审判、组织千名法官下基层、开展万件案件大回访）和“三进一送”（进村组、进社区、进学校、送法律）活动。全市法院全年上网21581份生效文书，上网率达到100%；开展网络庭审图文直播42次、视频直播15次；召开新闻发布会、通气会19场；更新法院微博3200余条；开展公众开放日活动31场；常德法院网点击率、发稿量连续三年排名全国409个中级人民法院前十位。

（覃业辉　粟　伟）

**【市中院司法警察支队获全国先进】** 2015年7月，省高级人民法院司法警察总队受最高人民法院委托，向常德中院司法警察支队授予“全国法院司法警察先进集体”牌匾，这也是全省唯一获此殊荣的司法警察支队。近年来，市中院司法警察支队紧紧围绕“政治合格、作风过硬、纪律严明”的要求，牢固树立“建一流警队、创一流业绩、树一流形象”工作理念，不断推进法警工作的正规化、专业化、职业化建设，在队伍管理、警务保障、机关安全、教育培训、督查指导方面不断提升和改进，出色完成了各项警务保障和机关安保工作，无任何事故发生，受到市中级人民法院和省高级人民法院司法警察总队的高度评价，支队党支部连年被评为优秀党支部、先进集体，4人荣立三等功，4人嘉奖。2011年，在省高级人民法院组织的业务技能大比武活动中获得微冲最佳方队的好成绩，2012年，被省高级人民法院授予“五星级警队”。

（覃业辉　粟　伟）

**【沈某某、刘某等5人集资诈骗、非法吸收公众存款案】** 2009年至2013年期间，被告人沈某某在自有资金严重不足的情况下，以高息为诱饵，向社会公众大肆借款，进行非法集资活动。因借款利率过高，其投资收益根本无法偿还借款利息和本金，2012年起，沈某某隐瞒自己没有偿还能力的事实，虚构借款目的和用途，以高息为诱饵，继续骗取集资参与人的借款，用新借得的资金偿还其之前借款的利息和本金，导致其非法集资的规模越来越大。2009年至2013年期间，沈某某自己或通过被告人刘某、张某、曾某某、蒋某某等人为其吸收公众存款从而骗取刘某等155名个人和单位人民币共计16520.81万元，已经支付本息共计4202.048万元，尚欠12318.762万元无法归还。常德市中级人民法院审理认为，被告人沈某某构成集资诈骗罪，且数额特别巨大；被告人刘某、张某、蒋某某、曾某某构成非法吸收公众存款罪，且均系数额巨大。根据各被告人犯罪的事实、性质、情节，依法判处被告人沈某某有期徒刑十五年，并处罚金40万元；分别依法判处被告人刘某、张某、蒋某某三年零六个月至五年零六个月不等的有期徒刑，并处5万至15万元不等的罚金；判处被告人曾某某有期徒刑两年，缓刑三年，并处罚金2万元。

（覃业辉　粟　伟）

**【高某某受贿、贪污案】** 2010年10月至2014年9月，被告人高某某在担任常德市环境卫生管理处主任期间，利用职务便利，在环卫设备（工具、用品）采购及设施维修、工程项目建设等事项上，为他人谋取利益或提供便利，非法收受某股份有限公司、私营业主曾某、罗某、周某、廖某等人的财物共计人民币307.5万元。2012年7月至2013年12月，被告人高某某纵容妻子刘某某（另案处理），以虚开就餐费发票到市环卫处报销的方式，分三次侵吞公款共计6.1585万元。石门县人民法院审理认为，被告人高某某构成受贿罪、贪污罪，应数罪并罚。根据其犯罪情节、归案后的认罪态度，依法判处被告人高某某有期徒刑十二年，并处没收财产40万元，对犯罪及违法所得人民币313.9917万元，予以没收，上缴国库。

（覃业辉　粟　伟）

**【唐某等6人组织、利用邪教组织破坏法律实施案】** 2011年11月至2013年11月，被告人唐某先后化名“秋珍”“李欢”担任“全能神”常德市金厂教会带领、常北小区带领，负责邪教人员发展、邪教活动的组织、资金的发放、任务下达等工作。被告人陈某某、段某某、何某、祝某某、高某某先后参与财物管理、传播福音及视频制作等工作。2013年10月，被告人何某在“全能神”信徒罗某某的带领下进入常德市武陵区三姑巷旁的视频制作点后，与被告人高某某伙同化名“陈静”（脱逃）的邪教人员在该制作点制作邪教视频。2013年11月，该制作点转移至常德市武陵区贾家湖社区，被告人祝某某在共同作案人李某某的带领下进入该视频制作点。以上4人以文章《没有全能神的眷顾保守就没有我的今天》为模板，有针对地从网上查找警察殴打、虐待囚犯的片段，并将这些片段剪辑、拼接，制作成“全能神”邪教视频，抹黑警察形象。案发时，该视频共制作15分钟，尚未完成。2013年12月4日、5日，公安干警先后在贾家湖社区视频制作点将唐某、陈某某、何某、祝某某、高某某、段某某抓获归案。并现场收缴了一批作案工具及其他邪教宣传品。常德市武陵区人民法院审理认为，被告人唐某、陈某某、段某某、何某、祝某某、高某某构成组织、利用邪教组织破坏法律实施罪。根据各被告人犯罪情节、归案后的认罪态度，依法判处唐某、陈某某等6名被告人两年至四年不等的

有期徒刑。（覃业辉 粟 伟）

## 公 安

**【概况】** 2015年，全市没有出现惊动上级，让上级坐镇指挥的事，没有发生有影响的政治敏感事件、涉稳群体性事件、暴力恐怖事件、严重刑事案件和重大公共安全事故，是全省最稳定的市州之一。市公安局被省公安厅评为2015年度市州公安机关“四项建设”评估先进单位、“打黑除恶”先进集体、“压事故、保安全”专项行动成绩突出集体，被市委、市政府评为绩效评估红旗单位、文明标兵单位、综治工作先进单位。重点改革项目“创新情报信息主导警务实战模式”“建立‘三三’社区警务模式”分别被评为全省公安机关优秀改革项目、成绩突出改革项目。

基础信息化建设。一是完善天网体系建设。在市云计算中心建设基础上，专区开展公安警务云建设，全面上线“常德米歌”云搜索、人像识别云比对、毫秒级别云查询、智能数据云碰撞，入库数据5.93亿条，成为全省第一朵“警务云”；率先在全省开展3.5万千米国省道交通安全防控体系建设，并作为天网向全市农村延伸，由公安部交通管理科研所完成设计，已建设216个乡镇交通安全管理站；视频监控系统不断补点扩面，建有监控头6250个，其中高清5035个，省市县三级联网，129个治安卡口联网率达100%，并接入警务云关联整合。二是优化全警采集机制。不断优化情报信息“五化一体”机制，重点强化一线十警对接、前置审批、日常巡查、责任倒查等全警采集常态机制。全市手机信息采集率达95%以上，DNA、指纹采集率达100%并保持每年3万以上的增量、现勘信息及时录入率达84.07%、刑事案件现勘率达45.42%，其中入室盗窃、入室抢劫案件现勘率达100%。充分发挥1660名社区网格员作用，最大限度获取城区出租房屋、流动人口等实名制数据，充分借助社会信用体系建设和综治、反恐、禁毒工作平台，全市27个部门43类社会数据全部归集，共享资源库中的数据达到198类6.76亿条。三是加快基础设施建设。结合全市“完美社区、美丽乡村”建设，投入资金1.2亿元、增加划拨5万平方米土地(市值近2亿元)，对市城区22个派出所全部进行新建、改扩建；投入1.3亿元、划拨4.67万平方米土地，完成警官培训中心、巡特警支队院落合并主体工程建设；投入资金7.6亿元，对9个区县市公安业务技术用房、5个监管场所全面进行新建，全市157个社区警务室实行一个标准建设。四是突出治安基础防范。坚持把派出所重心转移到基础防控和维护治安秩序的主业上来。以武陵公安分局府坪派出所为试点，重点推广城区城镇派出所“三队一室”勤务模式，全市招录协辅警2402名，最大限度向基层一线倾斜，社区警务室“一警两辅”配备率达到100%。在省公安厅抽检中，全市实有人口信息采集录入率和旅馆业联网率、上传率、实名登记率均为100%。五是创新便民利民举措。常态坚持“驻社联村”工作，逐月开展“抓民调、创满意”、人口信息核实、电信诈骗防范宣传、交通、消防、禁毒安全教育等主题活动；深入推进“一优化三服务”工作，在实行省公安厅30项服务举措基础上，创新推出下放户政审批权限、取消交通事故检验鉴定、拖车停车费、建立区县市交通事故快处快赔中心等35项便民利民服务举措。全市公安机关17个微博、15个微信全部上线，实时发布最新警务动态，在线为市民提供交通违章查询、公安业务咨询等服务，微信关注量达7.1万余人，微博关注量4000余人，“常德公安”微信公众号影响力长期位列市州公安机关前列。

警务实战化。一是加大严打高压力度。全年刑事立案2万起，破5829起，破案率29.2%，位居全省第5，共发现行命案35起，破案率100%，打掉省公安厅认定的恶势力犯罪团伙24个，打击处理率同比上升105%。成功破获部督“2·28”网络非法贩卖枪支案临澧涉枪串案、涉案金额3.7亿元的华夏国际网络传销案、涉案金额1.3亿元的部督“七彩网络科技有限公司”网络赌博案、涉案金额5000多万元的津市特大电信诈骗案、“3·3”市城区步行街金店抢劫案、“5·12”绑架人质案、“5·22”邓大福金店抢夺案，成功办理涉案金额达5个亿的3起非法吸收公众存款案，果断抓捕实施暴力打砸、封门堵路的6名盲人群体犯罪嫌疑人。二是整治社会热点难点。深入开展“打击盗骗毒、全力保民安”专项行动，行动期间，全市立案数、破案数、破案率、刑拘数、逮捕数均同比增长14.28%、31.68%、15.22%、68.67%、23.09%。成功侦破桃源、澧县、柳叶湖盗窃车内财物案、武陵盗窃电缆案、鼎城盗窃移动基站蓄电池案，成功捣毁桃源、安乡、石门、鼎城、临澧、澧县等地的流动赌场16个，成功破获公安部“2015-510”特大跨省运输贩卖毒品团伙案和“4·29”贩毒、“6·4”特大制毒、“6·6”特大贩毒等5起部督案件，缴获毒品任务完成率达199%，在全省禁毒工作群众满意度调查和吸贩毒现象公众测评中，分别排名全省第5、第6名。特别是根据“驻社联村”摸排掌握的线索，破获了部督“6·5”特大制毒案，缴获毒品成品500公斤、半成品125公斤、制毒原材料近9吨，是新中国成立以来常德公安机关破获的最大一起制毒案，省公安厅专门在市公安局召开新闻发布会。三是强化公共安全整治。重点推进“压事故、保安全”专项整治行动。深入开展缉枪治爆、烟花爆竹“打非”清剿、安全生产“九打九治”和“护校安园”“三电一铁”专项行动。对56家枪支使用、24家放射源使用单位和76家民爆物品、140家烟花爆竹、46家剧毒化学品、98家易制爆化学品从业单位，进行全面清查整治。持续在国省道开展“三超一疲劳”“营改非”车辆载客及货车严重交通违法整治，在城区开展涉牌涉证、酒驾毒驾和违停、“两车”、货车闯禁整治，专项开展消防安全联合检查执法、重大火灾隐患回头看，查处各类交通违法110余万起，整改交通隐患路段218处，消除火灾隐患1058处。四是坚持情报研判会商。在常态坚持每周情报会商基础上，健全启动情报信息“日研判、周会商、月通报”模式。全年召开周情报会商会47次，日研判会142次。通过情报研判红色预警抓获犯罪嫌疑人110人，通过橙黄蓝三色预警研判抓获180余人，协破各类案件200余起。通过“大情报”成功破获华夏国际网络传销案、中祥和美网络传销案、“11·26”串通投标案等大要案件。通过刑侦、技侦、网侦、图侦和大情报侦察“五侦联动”、合成作战，28小时速破“3·3”市城区步行街金店抢劫案。五是健全立体防控体系。搭建三级综合指挥调度平台，运用新的350兆数字集群、“三台合一”和警用地理信息系统，“点对点”实现群众报警一线就近警力同步接处警、扁平化指挥；健全完善“步巡为主、车巡为辅”的武警、特警联勤巡逻机制，特别在桃花源机场、火车站、汽车总站、步行街、诗墙公园等重点要害部位设立固定步巡点，常态开展联勤武装巡防。各区县市公安局借鉴桃源巡逻反恐模式开展网格化巡防。

规范执法。一是提高执法主体素养。采取专家讲座、庭审旁听、法制员随岗培训等方式，全面提升民警执法综合素质，全市建立47个执法随岗训练点，武陵公安分局城东派出所张艳警务室被确定为全省首批规范执法随岗训练省级示范点。将具有中级执法资格作为领导干部选拔任用的前置条件，并运用到市公安局机关、交警、巡特警支队和武陵分局骨干竞争上岗中。全市基本级执法资格通过率98.5%，取得中级执法资格民警2834名，其中执法勤务机构负责人中级执法资格通过率95.2%，取得高级执法资格民警39名。二是推行案件评议机制。常态组织开展案件评议例会，集体评议在案件侦破和执法办案中的重大疑难案件、执法过错案件，法制、刑侦部门分别牵头组织案件办理、案件侦破议案会，局领导、二层机构负责人和市、县两级主办民警参加，并邀请检察院案件审查承办人参加，市政府副市长、市公安局局长胡丘陵全程参加并逐案点评。共组织召开7次破案议案会、8次办案议案会，并把案件评议情况汇集成册下发基层办案部门学习借鉴。三是推进“一区域两中心”建设。全市90个执法办案区严格执行“四个一律”，全面整改设备配置方面的783个问题和暂停使用的30个执法办案区；树立“像管枪一样管理案宗案卷”理念，在市县公安机关刑侦、治安、禁毒、经侦、交警等执法办案部门及城区派出所成立案件管理中心，配备专兼职案件管理员，对历年案卷开展专项清查整治；成立涉案财物管理中心，强力规范涉案财物查封、扣押、冻结的范围和程序。四是强化执法监督力度。常态开展152个视频监控点的网上巡查，强力推进2144台现场执法记录仪使用，全面应用新的执法办案系统，强力推行网上执法质量无缝考评，全市执法质量考评合格率达91.94%，全省排名第2，全市立案突出问题专项治理工作全省排名第4，“阳光警务执法办案查询系统”群众满意率达94.5%，全市接报警信息录入率、违法犯罪嫌疑人进入执法办案场所讯（询）问率、录音录像率、证据上传率、一线民警执法记录仪配备使用率均达到100%。五是严格监所安全管理。大力推进看守所“五化建设”、拘留所“三项重点工作”、戒毒所“满员收戒”工作，成立看守所特殊人员收治中心，全市监所安全看押13410人，看守所5027人，拘留所5449人，其中，市看守所2385人，拘留所1969人，强戒所2934人。通过深挖犯罪获取有价值线索350余条，破案190余起，特别是协破了部督特大贩毒案，缴获毒品冰毒13.2公斤。全市监所持续实现“两无”目标，即无安全事故、无非正常死亡事件。

改革创新。一是深化“四警合一”巡防。实行24小时屯警街面，“动态处警，常态巡逻”，构建起了情报主导、一警多能、区域联动的全天候路面巡防网络。2015年，“四警合一”5个警务大队共处警16133次，维稳处突353起，抓获犯罪嫌疑人210人，直接救助群众990人，现场调解纠纷2152起，市城区8类恶性案件、“两抢一盗”案件同比分别下降36.4%、38.8%，群众满意度一直保持在95%以上，省公安厅《公安简报》两次刊发常德“四警合一”警务改革经验材料，公安部公安改革调研督导组调研常德公安改革工作时，对“四警合一”警务改革高度认可，副省长、公安厅厅长黄关春调研常德公安工作时对“四警合一”勤务模式充分肯定。二是开展机关实战化改革。改变以往市局机关各实战警种部门以指导基层为主，没有打击指标任务的状况，根据实战单位人数，按两人一案标准下达任务指标，刑侦、治安、禁毒、巡特警、法制、网技支队和看守所、戒毒所、警官培训中心均分配了打击指标任务，战果主要以破案打击数和看守所、戒毒所关押人数为准，机关各警种部门均超额完成下达的打击任务指标，市直公安机关民警坚持每天包括节假日，在市城区重点区域携带单警装备开展常态化巡逻执勤。同时，以刑拘为条件，对提供有价值案件线索的公安监所民警，在完成任务基础上每条奖励500元并予以立功，司法监所民警每条奖励1000元。三是探索网技机制改革。为有效满足基层实战办案需要，改变以往按技术手段设置机构做法，按侦办案件类别重新设置7个大队，抽调20名一线实战民警充实到网技支队，实行编制划归市局，区县市局负责工资、福利待遇的“双重”管理模式，快速与每个区县市公安局建立起“半个”网技站，有效发挥网技手段在“打击盗骗毒、全力保民安”等专项整治行动中的核心作用，取得侦办案件226起、破获61起、带破605起的良好成效。四是加快“四中心两分院”建设。成立市第五人民医院分院、康复医院分院，集中建设涉毒特殊人群收治中心、看守所特殊病人收治中心、肇事肇祸精神病人收治中心、武陵监狱特殊病人收治中心。全年共收治各类违法犯罪特殊人员213人，管控重型精神病人1732名。五是创新城乡警务模式。结合市委、市政府“完美社区、美丽乡村”建设，以武陵公安分局府坪派出所、鼎城公安局灌溪派出所为试点，分别探索出“五化一建”城区警务模式，“一二三四”工作法农村警务模式，取得了“三降四升”的良好成效；以武陵公安分局为试点，以网格为基础防控工作单元，健全社区警务“1+3+N”模式，创新推出“三三”社区警务模式，取得有效报警、可防性案件同比分别下降32%、20%的良好成效。

队伍建设。一是推进政治思想建设。常态开展市级文明标兵单位创建、“青年文明号”学雷锋志愿服务、道德讲堂、文体比赛等活动，组织开展建党94周年“党在我心中·新常德新创业”“常德故事百姓讲·机关党员篇”宣讲活动，与常德电视台、《常德日报》合办公安专栏，对公安典型事迹进行正面宣传。在全省率先成立市公安文联并举办了首届公安民警书法、美术、摄影展，各警营文化兴趣小组积极开展形式多样的活动，深入推进心理咨询释放于警压力。二是突出领导班子建设。扎实开展领导班子“三严三实”专题教育，特别把“立案不实”作为“三严三实”专题教育要解决的重要问题之一，“宁愿数据不好看，也要实打实地干”，不搞案件拆分、不变相增加破案数，实实在在提升破案率。在市局机关干部调整中，一次性解决8名调研员，新提拔13名副处级领导干部，全免全竞争57名正科职领导干部，新提拔24名正科职领导干部，解决反恐支队以及网技、刑侦、治安等部门10多个实战专业大队机构编制。三是加强能力素质建设。按照“仗怎么打，兵就怎么练”的要求，深入推进“实战化训练推动年”活动，广泛开展“师傅带徒弟”、岗位业务能手比武、优秀教官和优秀实战专题评选、优秀改革项目评选等活动，不断深化与湖南警察学院的院局合作，全年举办新警上岗、警衔晋升、轮训轮值、危爆物品安全监管培训等9期964人，开展形式多样的“训练日”活动共计213次1.98万余人次。四是加大从严治警力度。严格落实党风廉政建设党委主体责任、纪委监督责任，深入开展廉政文化进警营、身边先进典型推选学、主要负责人上党课、一季度一次警示教育会、“四个必到”分类指导教育等系列廉政教育活动，认真开展涉法涉诉中损害群众利益问题、反对司法不公司法腐败专项整治和“三公经费”、涉案财物交叉审计，全省公安党风廉政建设北片座谈会在常德召开。在全市4500多名民警中开展吸毒尿检大普查，检出民警职工和警辅人员共计8人，全年全市共立案查处民警违法违纪案件28起36人，其中5案7人移送司法机关。五是落实从优待警举措。全面加强机关和派出所食堂建设，举办全市公安机关食堂厨艺大比武活动，全面落实民警加班补贴、岗位津贴、定期体检、年度休假等经济待遇，组织10名功模到青岛、大连休养，解决了一部分民警夫妻两地分居、子女入学、就业等问题，全市新招录公务员105人，深入开展民警特困救助、大病医疗、伤亡优抚工作，全年救助、慰问、优抚困难民警和烈士家属、英模127人次137万元。汉寿、桃源、澧县、武陵、鼎城、石门、临澧、津市、柳叶湖、桃花源被评为2015年度全市公安机关“四项建设”评估先进单位；市局巡特警支队防暴处突大队被评为“全国青年文明号”、鼎城区公安局交警大队车管所被评为“全国巾帼文明岗”。武陵公安分局芙蓉派出所等10个单位被评为“2015年度全市优秀公安基层单位”；欧兰英等20名民警被评为“2015年度全市优秀人民警察”。

（刘 华）

**【成功侦破部督临澧涉枪串案】** 2015年4月20日，接到省公安厅刑侦总队转来的公安部挂牌督办的广西“2·28”非法贩卖枪支弹药案临澧涉枪案件线索情况，市公安局迅速抽调精干力量组成专案组展开立案侦查。经过秘密调查和循迹追踪，专案组查明：“2·28”案主要犯罪嫌疑人张某某通过网络先后卖给临澧县安福镇的潘某制式手枪、步枪、高压汽枪若干支，各类子弹若干发。潘某购得枪弹后，将枪弹大部分出售给其他人，自己持小部分。5月28日，在省公安厅刑侦总队的指挥下，省市县三级联合，将潘某、李某、杨某等6名涉案犯罪嫌疑人全部抓获，成功破获公安部挂牌督办的广西“2·28”网络贩枪案临澧潘某涉枪串案，共缴获五四式手枪2支，子弹40多发，“苏55”小口径步枪1支，子弹90多发，“健卫8”小口径步枪1支，高压气枪3支，双管猎枪1支，火铳2支。

（刘 华）

**【成功侦破部督“6·5”特大制毒案】** 2015年12月14日，在部、省、市三级公安机关的指挥下，鼎城区公安局成功侦破“6·5”部督特大制造毒品案件，共抓获涉毒犯罪嫌疑人24名，缴获毒品成品（K粉）500公斤、毒品半成品125公斤、各类制毒原材料近9吨及大量制毒工具，扣押涉案车辆9台、毒资250余万元。该案系新中国成立以来常德公安机关破获的最大制毒案件。2015年6月4日，鼎城区逆江坪乡老屋坪村的村干部向逆江坪派出所“驻社联村”民警反映：有几个外地人在该村村民郭某闲置的房屋内从事“洗衣粉”加工生产，生产过程中散发的气味刺鼻难闻。接报后，市、区两级禁毒部门和技术部门民警立即赶赴现场，对现场遗留物品进行

湖南省公安厅在常德市公安局召开新闻发布会，发布成功破获部督“6.5”特大制毒案

封存和检验，确定这是一处制毒犯罪现场，并当场控制了一名犯罪嫌疑人。经过专案组两个多月的缜密侦查，初步查清了这一特大制毒犯罪团伙的组织架构、人员分工、活动轨迹及团伙成员的基本情况。8月14日，12月14日，在广东、江西警方的高度重视、积极协助和大力支持下，专案组在广东惠东县和中山市成功抓获毛某某、黄某某、谢某某等6名犯罪团伙成员，在广东惠东县和江西进贤县先后成功抓获黄某某、田某某、钟某某、林某某等犯罪团伙成员17人。至此，该特大犯罪团伙主要骨干全部落网。2016年1月13日，省公安厅在市公安局召开新闻发布会，发布成功破获部督“6·5”特大制造毒品案，《新华社》《法制日报》《人民公安报》《香港大公报》、湖南卫视、《三湘都市报》《潇湘晨报》、红网、《常德日报》等中央、省市县三级共29家媒体参加发布会。（刘 华）

**【成功侦破特大电信诈骗案】** 2015年5月，市公安局收到中国人民武装警察部队政治部保卫部案件移送通知书：中国武警总部士官王某于2015年3月18日被人冒充领导诈骗6000元现金。经初步侦查，涉案地指向常德，要求常德立案侦查。市公安局高度重视，开展前期调查，通过大量工作，确定了两名嫌疑人员宗某、邓某，有大笔款项汇往广东省茂名市陈某账户。鉴于案情重大，市公安局、津市公安局迅速成立专案组，赶赴广东茂名开展侦查。经过大量艰辛细致工作，专案组确定此案为跨地区集团电信诈骗案，资金流涉及湖南、黑龙江、云南、广西、广州等地。2015年7月8日，在广东茂名警方的大力支持下，分广东、湖南两个战区，同时采取收网行动，一举捣毁涉案金额5000多万元的特大电信诈骗团伙，成功抓获陈某、邵某等9名团伙成员，缴获涉案银行卡440多张，电话卡120多张，手机18台，涉案车辆2台。（刘 华）

**【成功侦破“11·26”特大串通投标案】** 2014年11月，省公安厅将湖南中烟公司常德卷烟厂“十二五”易地技改场地平整工程项目中涉嫌串通投标犯罪线索交给常德侦办。常德市公安局迅速抽调专人成立由市人民政府副市长、市公安局局长胡丘陵为总负责人的“11·26”专案组。专案组紧紧抓住将公司资质借给他人参与投标违法这一根本，经过8个多月缜密侦查，查明了犯罪嫌疑人陈某某、阳某某等团伙，合作串通投标，分别控制参与围标公司资质，在常德卷烟厂“十二五”易地技改场地平整工程项目开标中，32家参与投标公司中有30家为陈某某、阳某某团伙控制，开标结果为其控制的顺天公司中标的违法犯罪事实。“11·26”特大串通投标案抓获起诉犯罪嫌疑人12人，刑事拘留7人，监视居住4人，提请逮捕5人，查扣涉案财物2794万元，带破湖南天平项目管理有限公司受贿窝案，成功打掉陈某某、郭某某、李某、胡某某等四个围标团伙，有力维护了招投标市场的正常秩序，保障了湖南中烟工业公司总标的上百亿元的重大技改项目招投标及工程建设的正常进行。（刘 华）

**【开展全市公安民警涉毒尿检普查】** 2015年7月31日，市公安局第5次党委会决定在全市公安机关开展集中整治民警涉毒问题专项行动，8月18日，市公安局纪委制定《全市公安机关集中整治民警涉毒问题专项工作方案》，在全市各级公安机关开展民警尿检普查及突击检查，全面排查民警涉毒问题。按照方案要求，各区、县（市）公安（分）局向市公安局纪委提交排查工作安排和具体实施方案，其中安乡县公安局因2015年上半年查实2名涉嫌吸毒的民警，为吸取教训，引以为戒，率先于7月9日在全局范围内开展尿检普查工作。9—12月，武陵、鼎城、临澧等13个区县公安局相继在本单位进行尿检排查工作。11月13日，市公安局纪委对市局机关全体工作人员开展尿检普查工作。12月，市局交警支队、巡特警支队在本单位开展尿检排查工作。截至12月底，全市公安机关所有区、县（市）公安局、市局及所属分局、交警、巡特警支队均全部进行了尿检排查工作。2015年全市公安机关在尿检排查工作中，共检4874人，其中民警4109人，协辅警、职工、聘用人员765人。普查结果中呈阳性的共计8人，其中民警3人、职工1人、协辅警3人、聘用人员（司机）1人。3名协警、1名职工已辞退，聘用司机已解聘，3名涉嫌吸食毒品的民警正依纪依规进行处理。（刘 华）

**【常德公安“210工程”建设成效显著】** 2011年9月，公安部召开全国公安装备财务工作会议，明确提出经费保障、装备建设、基础设施建设、应急保障、基础工作、队伍建设等6个方面210项重点任务，即“210工程”，2011年开始，2015年为收官之年。

5年来，常德市公安转移支付资金到位57939.43万元，资金到位率和执行率均达100%，其中用于“210工程”建设占70%以上，全市公安机关财政拨款从3.4亿元提高到7.02亿元，财政年初预算从1.22亿元提高到1.73亿元，预算年人均公用经费从2.5万元提高到4万元，同比分别增长106%、42%、60%。市本级先后投入2500万元购置反恐处突装备，投入2000万元建设DNA检验室，分别投入1100万元、414万元、468万元升级改造网技“111”系统、“530”工程、网综平台，投入580万元建设警务云数据大平台，为刑侦、治安、经侦、派出所等一线实战单位装配警务车辆500余台，配发警务通9000余台，配发各类装备约50000余件；投入8000余万元用于全市数字防控系统建设，建成高清监控探头2000个，治安电子卡口30个；投入7.6亿元开展市局巡特警支队与警官培训中心二合一项目和武陵、鼎城、桃源、汉寿、安乡、澧县、柳叶湖、德山等9个公安业务技术用房项目建设，开展津市、临澧、汉寿、桃源、安乡等16个监管场所建设，对全市239个派出所进行新建和改扩建。

2015年12月，省公安厅警务保障部带领湖南卫视摄制组一行到常德拍摄“210工程”建设电视专题片，充分展示常德公安机关“210工程”建设五年来取得的丰硕成果，市公安局联合常德电视台共同拍摄“210工程”建设的电视专题片——《乘风破浪铸金盾》，2015年12月31日，《常德日报》以《戮力同心强保障，凭风扬帆树警威》为题专版报道常德公安机关“210工程”建设纪实。（刘 华）

## 交 警

**【概况】** 2015年，市交警支队被省政府评为“春运服务先进单位”，市交警支队及直属二大队被省文明办评为“省级文明单位”，交通安全工作考评全省第一，“四项建设”课题比武全省第一，“四项建设”工作被省交管局评为“全省优秀支队”；民主监督评议满意度测评位居全市第一；鼎城大队车管所被全国妇联评为“全国巾帼文明岗”；“常德交警头条号”荣膺“今日头条”联合《网络传播》杂志颁发“最具影响力交警头条号”奖。

秩序整治。2015年，市交警支队查处酒后驾驶1001起，涉牌涉证违法12842起，超速18166起，货车超限超载8658起，切割厢板货车1573台，全市交通违法查处总量达133余万起。建立路段承包、大队联勤联动、事故快速处置等机制，在春节、国庆等节日期间未发生大面积、长时间交通拥堵。圆满完成重大交通安保工作23次。

事故防控。全市乡村两级都设立交管服务站、劝导站，石门、津市、桃源、临澧等地交通安全责任落实较好。联合运管出台加强危化品车辆管理三条措施，胡丘陵副市长督办整改贺家山3家挂靠异地营运车辆较多危化品运输公司，共注销在异地营运危化车辆200多台；各客运企业GPS动态监管运用、客运违法抄告清零形成常态；联合教育部门规范校车运营，国标校车率提高，共核发校车标牌811块，签注校车驾驶人1434人，国标校车普及率达65%。开展国省道生命防护工程建设，全市共排查隐患路段218处，已整改111处。2015年，全市仅发生一起死亡3人较大交通事故，创造历史最低水平。

科技应用。市交警支队运用货车驶入禁区违法抓拍系统抓拍违法36796起，运用缉查布控系统查获套牌车辆110台，运用信号灯绿波控制系统圆满完成交通警保卫94次，启用灯控系统分时段自动配时功能，根据平峰期和高峰期车流自动配置灯控时间。全面启动公路交通安全防控体系建设，完成全市所有1000千米国省道系统建设方案设计、评审工作，并进入招投标程序。石门大队完成智能交通管理系统一期工程建设并投入运行，二期工程建设方案已通过专家评审并进入招投标阶段；汉寿大队借“五城同创”契机，新建4套红绿灯系统和2个卡口，改建3套红绿灯系统和1个卡口；临澧大队新安装红绿灯系统5套，新增监控探头10个，新增卡口3处。

便民服务。市交警支队落实省公安厅30条、市公安局35条便民措施，完成服务网点布局，开通交通违法自助网上处理系统。将摩托车办牌办证业务下放到西湖、西洞庭，将出租车业务下放到各区、县（市）。市城区新增2家4S店机动车登记交管服务站，津市、安乡、临澧、石门、汉寿、澧县各新成立1家快处快赔服务中心。

队伍建设。市交警支队开展“三严三实”专题教育和“守纪律、讲规矩”争创“为民、务实、清廉”警队活动，全年无民警违法违纪案件发生。推进执法规范化建设，强化执法日常监督和考核，深化执法巡查活动，全市未发生行政诉讼和涉法涉诉案件。通过采取选调轮训、随岗培训、专题讲座等形式，强化民警实战技能培训，队伍整体素质提高。落实民警维权、互助帮护、走访慰问和推优树典机制，开展第二届“活力交警季”系列警营文化活动等。2015年，全市交警系统有36个单位、107名个人被市级以上表彰、记功。（刘道国）

**【鼎城区公安局交警大队车辆管理所荣获“全国巾帼文明岗”称号】** 2015年3月1日，纪念“三八”国际妇女节暨全国三八红旗手（集体）、城乡妇女岗位建功活动先进集体（个人）表彰大会在人民大会堂隆重举行。大会对10名全国三八红旗手标兵、300名全国三八红旗手、200个全国三八红旗集体、2000个全国巾帼文明岗、1000名全国巾帼建功标兵、500个全国巾帼建功先进集体进行表彰。鼎城区公安局交警大队车辆管理所被中华全国妇女联合会授予“全国巾帼文明岗”。（刘道国）

**【市城区智能交通管理系统全面建成并通过专家组验收】** 市城区智能交通管理系统是“智慧常德”建设重要内容。该系统由公安部交通管理科学研究所进行设计，北京易华录信息技术股份有限公司和湖南华南光电科技股份有限公司联合体负责建设，湖南万恒工程项目管理有限公司负责施工监理。该系统于2013年12月底启动建设，历时两年，总投资7740多万，2015年12月建成，并于12月29日顺利通过市电子政务办专家组竣工验收。（刘道国）

**【交警支队在全省交警系统“四项建设”优秀实战专题比武活动中获得第一名】** 2015年12月27—30日，省公安厅交管局在湖南省警察学院举办全省公安交警系统“四项建设”优秀实战专题比武活动，市交警支队代表队以三个小组第一，一个小组第四成绩，荣获“团体一等奖”。（刘道国）

**【交警支队推出9条便民利民措施】** 1.取消交通事故检验鉴定费、拖车费、停车费。从2016年1月起，不再向交通事故当事人收取交通事故检验鉴定费、拖车费、停车费。2.实行交通违法处理可在银行或网上办理。2015年年底前，实现通过银行或互联网可自助办理200元罚款以下（含）非现场交通违法处理，200元罚款以上交通违法可在银行或互联网缴纳罚款。3.实行小型汽车驾驶人考试网上预约、异地考试。2015年年底前，实现小型汽车驾驶人考试网上预约、异地考试，取消驾驶人培训计时计程前置条件。4.推行驾驶证申请人就近考试服务。2015年年底前，将驾驶人科目一考试下放至各县（区、市）；2016年6月底前，在澧县建成小型汽车科目二分考场，方便澧水流域各县（区、市）驾驶证申请人就近考试；由省管县石门县报建科目一、二、三考场，负责本地驾驶证申请人考试。5.提供交通安全在线综合服务。2015年年底前，开通互联网交通安全综合服务平台，通过电话、短信、网页、手机APP等方式，逐步向交通参与者提供办牌办证、信息查询、业务咨询等服务。开通统一的"12123"短信服务号码，及时向广大驾驶人和车主提供交通违法记录、机动车逾期未检验、驾驶证逾期未换证等告知功能。6.加快核销错录、被套牌交通违法信息。对错录交通违法信息，自接到申诉之日起，1个工作日内查实核销；对因被套牌而录入交通违法信息，查实后1个工作日内核销。7.实行机动车可异地检验。除校车、大型客车外，凡在湖南省登记机动车，全面实现可异地检验和核发检验合格标志。8.建立交通事故快处快赔中心。各县（区、市）建立交通事故快处快赔中心，对简易交通事故实行快处快赔工作，提高交通事故处理效率。9.强化对中小学、医院治安防范。2015年年底前，武陵城区建好25个护学岗，其他县（区、市）城关镇建好3个（含）以上护学岗，以后逐年适情增加调整。（刘道国）

**【"常德交警"获"最具影响力交警头条号"殊荣】** 2015年，在中央网信办网络新闻信息传播局、移动局指导下，"今日头条"联合《网络传播》杂志在北京举办"端政——数说政务新媒体"大会。"常德交警"政务新媒体获得"最具影响力交警头条号"奖。获"最具影响力交警头条号"殊荣的头条号全国仅20个。

（刘道国）

## 巡特警

**【概况】** 2015年，常德市公安局巡特警支队荣获全省巡特警部门绩效考核第三名，被评为"全市政法工作先进单位""全市维稳工作先进单位""市公安局机关精细化考评先进单位""社会管理综合治理工作模范单位""市春运优质服务先进单位""全省公安机关'抗战胜利70周年纪念活动'安保工作成绩突出集体"。

维稳处突。参与处置"常德籍人员在泰国意外死亡引发的抬尸闹事事件"等各类群体性事件；执行"'5·12'绑架案""搜捕湘西特大杀人逃犯"等反恐防暴任务。

警卫保卫。全年共动用警力××人次，完成"2015年湖南旅游节""'9·3'安保""昆仑决常德会战"等警保卫任务。

专项整治。2015年，查处涉黄、涉赌、涉毒案件××起，抓获打击违法犯罪嫌疑人××人,抓获网上逃犯××名，整治治安乱源。

警民共建。全年共出动警力3150人次，指导警民共建单位开展安全检查52次，消除治安隐患41个，召开警民恳谈会5次,开展法制安全讲座6场,组织"警营开放日"活动1次。

驻社联村。深入临澧县4镇45个乡村（社区），化解矛盾纠纷11起，消除涉稳隐患4个，消除安全隐患3个，为联系点村的学校上安全法制课3堂，组织安全巡查40余次，为特困群众送去慰问金近8000元。

教育训练。制定年计划、月计划，每周施训两天，每季度一考核，考核成绩纳入精细化考评。开展各项体能训练，强化查缉战术、擒敌控制术、警棍盾牌术、手枪射击、突击步枪射击等各类技战术训练。开展打暴恐犯罪模拟实战演练、快速反应演练、多警种合成作战演练等各类演练，派员参加公安部搜排爆培训、警务技能战术教官培训、反恐谈判培训等高端培训。8月，派出特警，远赴湘西自治州龙山县执行搜捕特大杀人逃犯的紧急任务。

队伍管理。2015年年初制定全年学习计划，每季度明确学习内容，系统学习中共十八届三中、四中、五中全会精神。支队长易惠权为全警上专题党课1堂；支队党委全年开展集中学习4次，组织开展"一进二访"活动，结对石门县所街乡黄虎港村，与8名贫困户结成帮扶对子；组织民警参加党支部书记培训、党员教育培训、新警岗前培训、心理服务培训等各类培训20批（次）；组织民警踊跃捐款1万余元。制定《关于加强特警单警能力建设的实施意见》，加强包括防暴处突能力、执法办案能力、文字综合和口头表达能力在内的特警三项单警能力建设。以"严管""厚爱""重教"这"六字诀"为理念带队伍，注重青年民警的教育管理,抓好新老民警"一对一"结对帮扶、"一对一"警示谈话、每月专项督导检查等工作，队伍连续9年无民警违法违纪，特警一大队荣获全国青年文明号；侧重一线基层，人、财、物等倾向一线大队。购置防暴装甲车、加强型防暴盾牌、泰瑟电击器等新型装备，并组织一线特警操练熟悉。（申玉明）

特警武警联勤武装巡逻

**【成功处置“5·12”绑架人质案】** 5月12日下午4:50，接市公安局紧急指令：城区美吉华庭小区一魏姓男子绑架前妻到其家改装车库内，索要500万元赎金，否则将引爆液化气罐同归于尽，要求特警立即赶赴现场处置。特警突击攻坚组驾驶防暴装甲车火速赶往事发地点。迅速了解案情，观察地形，布置战术。接到强攻指令后，突击攻坚组在相关人员协助下，迅速打开第一道电动卷闸门，将用铁链锁住的液化气罐转移到安全地带，突破横亘在一、二道卷闸门中间焊死的两根钢制横梁和第二道手动卷闸门。突击攻坚组准备突破第三道钢板门时，魏某突然从钢板门缝隙处向突击队员喷射防狼喷雾剂，并扬言与公安民警同归于尽。人质趁魏某不注意将门从里面打开，魏某发现后准备关闭锁死。突击队员将手持的梯子塞进门缝，门迅速被打开，突击攻坚小组迅速突入将人质救出，并将劫匪魏某抓获。 （申玉明）

## 司法行政

**【概况】** 2015年，常德市先后被评为全国“六五”普法中期先进集体、全国人民调解宣传工作先进单位，并取得出席全国人民调解委员会第四届全国代表大会的资格；武陵监狱和市强戒所分别被司法部评为全国监狱系统教育改造工作先进单位、全国强制隔离戒毒系统先进单位；安乡县司法局被省司法厅授予集体二等功；执法状况、综治考评、法制宣传、社区矫正、司法考试、公证律师、人民调解、司法鉴定、监所管理、法律援助等工作均居于全省先进行列；在全市绩效考核（目标管理）中，市司法局连续四年进入优秀（红旗）单位行列，武陵监狱连续三年被评为全市先进，市强戒所也跻身全市先进行列；多名干警受到部、省、市有关部门表彰和奖励。

体制改革。先后启动市本级社区矫正、法律援助政府购买服务工作试点。依托市、县法援中心和乡镇（街道）司法所、村（社区）委员会建立的法律援助工作站点，全市初步形成“法律援助一小时服务圈”。完善全市律师工作联席会议制度，保障律师执业权利。依托湖南合策律师事务所，成立市中小企业法律服务中心，为全市小微企业成长提供法治保障。顺利完成市律师协会换届工作，首次选举专职律师担任协会会长。明确了司法鉴定人出庭作证的四点规范性要求，从制度层面保证司法鉴定人出庭作证。

法治建设。首次将领导干部述法纳入年度述职内容，在全省率先实施农村“法律明白人”培育工程，打造津市“法治夜话”、安乡“百法讲坛”、武陵“法治小品进乡村”等群众性普法品牌。鼎城、安乡荣获第三批全国法治县（市）区创建先进单位，武陵区东江街道新安社区、鼎城区许家桥回维乡中堰村、桃源县青林回维乡督粮冲村荣获全国“民主法制示范村（社区）”称号。常德市法治文化建设工作经验在全省推介。坚持源头治理，狠抓监管安全，武陵监狱、市强戒所实现持续安全稳定。市特殊人群收治中心全面启动“三中心两分院”建设，收治范围和规模进一步扩大。全市普遍推行社区服刑人员指纹打卡、手机定位等管控手段，全方位落实安置帮教措施，在矫社区服刑人员教育改造秩序良好；全市律师代理诉讼案件7029件，公证机构办证12046件，司法鉴定机构办理业务11904件，法律援助机构办案2161件，帮助弱势群体挽回经济损失或取得利益5300多万元，有效服务全市经济社会发展和民生改善。全市持续推进环常“6＋1”平安边界建设，全面建立医疗纠纷、婚姻家庭、林业纠纷、土地纠纷等多个类别的专业人民调解委员会，调处各类矛盾纠纷18666件。边界联防联调工作机制、民族乡矛盾纠纷调解经验在全国推介。

基础建设。全市基层司法所全面实现收编直管，已全部消灭“无人所”。大力推进司法所规范化建设，鼎城区牛鼻滩司法所、津市保河堤司法所被评为“全国模范司法所”。全市首批建立3个县级社区矫正中心和5个县级公共法律服务中心，澧县、安乡顺利完成司法业务用房建设。全市全面完成信息化二期工程建设，市局及9个区县（市）及西湖、西洞庭司法局同步安装视频会议系统，已实现省、市、县三级连通。

队伍建设。围绕“思想过硬、队伍过硬、形象过硬”的队伍建设目标，深入开展“三严三实”专题教育和“一进二访”活动，全面整改“不严不实”问题，干部作风进一步转变。先后出台《局机关月工作调度三项制度》和《加强机关干部队伍建设的十项措施》，全面强化局机关事务的规范化管理，不断提升干部队伍建设水平。全系统90多人次获国家和省、市表彰奖励，桃源县漳江司法所所长谢今山、汉寿县龙阳司法所所长熊友权、澧县码头铺司法所所长熊守岩等3人被评为“全国模范司法所长”，临澧县司法局原副局长赵君因见义勇为牺牲被省司法厅追记二等功，鼎城区矛盾纠纷调处中心主任胡中福获评“最美常德人”称号。 （彭　晖）

**【监狱警察参与社区矫正中心工作正式启动】** 2015年5月26日，省司法厅指派德山监狱、津市监狱4位民警参与社区矫正中心工作。根据全省统一部署，常德市武陵区、鼎城区和安乡县司法局社区矫正中心建设纳入全省民生重点项目。为确保社区矫正中心建设各项工作任务圆满完成，此次省司法厅抽调的监狱民警将全部安排到有中心建设任务的单位帮助工作。 （彭　晖）

**【组织开展“为了明天——法治小品剧进校园”巡演活动】** 2015年5月27日，“为了明天——法治小品剧进校园”湖南全省巡演在鼎城区启动。鼎城区司法、教育有关部门领导出席，鼎城区一中1100多名师生观看法治文艺演出。演出通过《选择》《家访》《我想有个家》《冲动的父爱》《拒绝摇头》《十六岁的雨季》和《阿海和他的哥们》7个小品，将真实案例搬上舞台，用触目惊心的画面展示当前未成年人教育中的突出矛盾和困惑。同时，在演出互动环节，学生、家长和老师们围绕“早恋”“暴力教育”“父母离异”等话题与法制教育专家进行现场互动交流，让广大青少年学生从法、理、情融合的演出中深受教益，引导广大青少年遇事找法、崇尚法治、信仰法治。

（彭　晖）

**【湖南合策律师事务所设立常德市中小企业法律服务中心】** 常德市中小企业法律服务中心在湖南合策律师事务所挂牌，该中心由常德市经济和信息化委员会和湖南合策律师事务所共同举办，以常德市企业联合会、企业家协会11个分会、216家企业单位为依托，为中小企业提供优质高效的法律服务，通过开办常德市中小企业法律服务网、举办专题研讨会、法律知识讲座等主题活动等多种方式，帮助中小企业完善产权制度，优化股权结构；帮助企业建立和完善股东、董事和高层经理之间的相互监督、相互制约的体系，建立健全科学合理的决策制度，帮助企业建立“事前防范、事中控制、事后应对”为一体的法律风险防范机制，为常德市中小企业的发展创造良好的法制环境。（毛泉清）

**【见义勇为的好局长——赵君】** 2015年6月29日下午6：50许，临澧县司法局党组成员、副局长赵君路经该县杨板乡仙女村老村部时，看见一辆面包车侧翻在路上，车辆没有熄火，随时有起火爆炸的危险，便不顾个人安危，与另两名同行人一道舍己救扶翻车内的伤者，因天气炎热、用力过度、心力交瘁导致心脏骤停，与世长辞。赵君同志牺牲后，省、市、县司法行政部门高度重视，省司法厅党组书记、厅长谈敬纯指示：赵君同志的救人行为看似偶然，其实必然，这是他平时努力践行“忠诚、为民、崇法、担当”的司法行政精神的必然结果，是新时期司法行政人执法为民、落实“三严三实”的集中体现，对赵君同志的先进事迹要大力宣扬。厅教育培训处迅速行动，由副处长杨登组织《法制日报》《湖南日报》、红网记者组成官方媒体采访团于7月1日深夜赶到临澧，进行深度采访、挖掘，总结、宣传赵君同志先进事迹。市司法局第一时间要求各部门做好宣传引导，让以赵君为代表的优秀司法人和司法精神在沅澧大地闪光。（彭　晖）

**【常德市德城公证处针对小额遗产继承试行简易程序】** 常德市德城公证处在办证实务中发现，常德市大多数存款继承均为人民币两万元以下的小额遗产继承，以前市民为了几千元甚至几百元的遗产，前往办理继承公证所需的事项却与大额继承公证一模一样，需要耗费大量的时间与精力，这使不少市民转而以放弃的方式来处理这些小额遗产。针对这一现象，常德市德城公证处自2015年7月开始对小额遗产继承公证试行简易程序，为市民带来“两少一短”的变化，即申请人、所需材料变少，办证时间缩短。全体法定继承人中一人征求其他继承人意见后即可单独向公证处提出申请继承并领取存款，极大地方便了当事人办理继承公证。（胡翔玮）

**【正式启动市本级政府购买法律援助服务试点工作】** 2015年8月25日，常德市市本级政府购买法律援助服务合同签约仪式在市司法局会议室举行。在市财政局见证下，市司法局党组书记、局长曾勇与湖南南天门律师事务所主任丁伟志签订了合同。合同的签订，标志着市本级政府购买法律援助服务正式启动。根据合同约定，湖南南天门律师事务所在为期一年合同期内，每天将派两名律师在市法律援助中心便民服务窗口接听“12348”法律援助热线，现场解答群众法律咨询，组织本所律师免费为符合条件的公民办理200件以上涉及刑事、民事、行政、国家赔偿类法律援助案件以及仲裁、行政复议等非诉讼案件，定期到市看守中心、武陵监狱、市强戒所、妇联、工会、劳动仲裁等法律援助工作站开展法律咨询活动。（彭　晖）

2015年9月22日，常德市司法局政府购买社区矫正服务签约

**【政府购买社区矫正服务签约】** 2015年9月22日，市司法局、市财政局与湖南健力教育服务有限公司在市司法局举行签约仪式，标志着政府购买社区服刑人员心理矫治服务通过政府公开招投标已正式具有法律效力。市司法局结合全市社区矫正工作的实际情况，筛选确定社区矫正政府购买服务为社区服刑人员心理矫治服务，服务项目包括心理健康测量、团体心理辅导、心理咨询、心理健康教育培训和指导县市司法局开展社区矫正心理健康教育活动。合同期为一年。2016年，各县市区司法局将全面启动社区矫正政府购买服务。

（彭　晖）

**【常德律师代表队荣获全省律师法庭辩论赛冠军】** 2015年11月8日，全省律师法庭辩论赛在长沙举行，常德市律师代表队一路斩将过关，获得团体第一名，辩手向衍诚获得最具风采律师奖。省司法厅副厅长黄春阳为常德市律师代表队颁发奖杯和证书。省检察院控申处处长王东晖为向衍诚颁奖。（毛泉清）

**【常德市戒毒人员家属学校挂牌成立】** 为帮助戒毒人员修复家庭关系和获得社会支持，不断增强戒毒人员的感恩意识和戒毒信心，促进戒治效果的提升，市强制隔离戒毒所戒毒人员家属学校于2015年12月25日正式挂牌成立。

（郑捷文）

**【武陵区安置帮教识破潜逃7年的网上通缉犯】** 2015年12月25日，武陵区司法局接收的化名为“武成文”的刑满释放人员被抓捕归案。事情源于9月，武陵区司法局接收了由武陵监狱移交的“三假”（假姓名、假身份、假籍贯）刑满释放人员，《判决书》上司法机关给其取名为“武成文”。在安置帮教和管控过程中，区司法局对其真实身份产生置疑，经过抽丝剥茧，终于证实“武成文”为吉林白山市人，是7年前杀人潜逃的网上通缉犯。武陵区司法局稳控住“武成文”，配合公安机关抓捕，使其终未能逃脱法律的制裁。（彭 晖）

**【基层司法所建设】** 2015年，全市基层司法所已全面实现收编直管，乡镇合并改革后，全市基层司法所由原来的230个缩减到169个，现已全部消灭“无人所”，“一人所”减少到30个。鼎城区牛鼻滩司法所、津市保河堤司法所被评为“全国模范司法所”，桃源县漳江司法所所长谢今山、汉寿县龙阳司法所所长熊友权、澧县码头铺司法所所长熊守岩等3人被评为“全国模范司法所长”。

（彭 晖）

## 强制戒毒

**【概况】** 2015年，常德市强制隔离戒毒实现“场所零事故、民警零违纪、社会零投诉”目标，被评为全市“平安单位”、全省戒毒系统绩效考核目标先进单位。

2015年11月，武陵区、鼎城区、安乡县3个县级社区矫正中心全面完成建设

教育矫治。开展场所文化建设，推进“一队一品一特色”，开展“小苹果”广场舞，推广“太极拳”“文明之星、守纪之星、习艺之星、戒毒之星”等活动，实行戒毒人员自我管理和契约式习艺矫治模式，引导戒毒人员“要我戒毒”为“我要戒毒”。以“延伸矫治手臂千户行”活动为载体，开展党的群众路线教育和“抓民调，创满意”活动，邀请市老年大学金秋艺术团、常德日报传媒集团小记者俱乐部、妇联妈妈禁毒联盟、戒毒典型志愿者团队、湖南文理学院矫治专家团队、健力心理志愿者团队等社会爱心组织和戒毒人员家属促进会，开展延伸矫治大帮教；全年开展“延伸走访”“个案回访”“禁毒宣传”活动600余人次，构建“大戒毒大矫治”工作体系。

队伍建设。开展民警“应知应会”培训比武，打造“所政管理规范化、教育矫治社会化、民警队伍专业化、场所环境景观化”办所特色，荣获全省戒毒矫治示范大队，全省最美戒毒警察，全省戒毒矫治能手等先进集体和优秀个人。在法定节日期间，民警开展演讲比赛、歌咏比赛、登山比赛、红色教育、禁毒骑行等警营文化活动。

“特收”工作。2015年，收治各类特殊涉毒违法人员240余人，有效遏制因特殊人群涉毒人员引发各类社会治安和刑事案件。11月6日，常德市看守所特殊人员收治中心在市强戒所挂牌成立，“三中心两分院”工作正式进入规划立项阶段。

场所建设。2015年，市强戒所投入80多万元，升级改造全所数字化视频监控系统、门禁系统。投入20万元，改造强戒人员安全饮水系统。投入150多万元，完善习艺车间和新建宿舍相关配套建设。2015年，市强戒所纳入全市“十三五”期间“5115”重大建设项目库，由市财政投资6000万元，用于征收土地2.67万平方米，扩建建筑面积17288平方米，争取中央、省级财政投资6000万元，配套完善强制隔离戒毒医疗戒护区、康复教育区、常规矫治区、回归适应区设施和高标准的场所视频监控、周界报警、应急报警、门禁安防等物防技防系统。

（李金红）

**【市强戒所荣获常德市“平安单位”称号】** 2015年，常德市强戒所开展全市特殊人群涉毒人员收治和特殊违法犯罪嫌疑人收押看守工作，创新社会管理方式，实现“民警执法零投诉，群众评议零投诉，场所安全零报警，教育矫治出亮点，创新

工作有特色”，在2015年度全市综治工作（平安建设）考核评比中，荣获全市“平安单位”先进称号。（易泽龙）

**【正式启动市看守所特殊人员收治】** 2015年，市强戒所将特殊人员收治中心收治对象由涉毒违法犯罪人员扩大至非涉毒人员，启动市看守所特殊人员收治中心，开始收治非涉毒违法犯罪特殊人员。市强戒所加强中心民警对收治中心、收治对象形势预判、对突发事件处置、对工作流程运用能力，确保场所持续安全稳定，实现“无重大安全事故、无非正常死亡、无因执法过错或渎职造成涉法涉诉和群体闹事等不良社会影响的案件”。（李金红）

**【市强戒所“十三五”规划纳入全市“5115”重大项目】** 2015年，常德市强戒所场所建设“十三五”规划被纳入全市“十三五”期间“5115”重大建设项目库。常德市强戒所是全省戒毒系统唯一一所全面完成“十二五”期间国家专项资金规划建设市、州级强戒所。完善“三中心二分院”（常德市特殊人群涉毒人员收治中心、市看守所特殊人员收治中心、市肇事肇祸精神病人收治中心、市五医院分院、康复医院分院），全面打造湖南戒毒系统“大所、强所、示范所”。

（易泽龙）

**【举办首届社区矫正专干心理矫正技能培训班】** 2015年12月14日，常德市司法局首届社区矫正工作骨干心理技能培训班举行，来自全市各区县（市）、司法局（办）社区矫正工作骨干、司法所长、鼎城区灌溪镇社区戒毒（康复）工作站负责人等40余人参加为期一周脱产培训。培训采取集中讲座和实操体验形式进行授课。培训期间，资深心理危机干预专家、临床催眠治疗师、心理咨询师高级督导黄本存，心理咨询师培训高级讲师、经络催眠师、团体心理辅导师李茜、陈新桂、郑之松及国家二级心理咨询师、国家禁毒委员会智库人员、省戒毒系统首批人才库成员易泽龙应邀为参训学员专题讲授“心理咨询在社区矫正的意义及操作”“变态心理学”“心理诊断学（症状学）”“犯罪心理学（技能操作）”“催眠基础理论”“催眠技术在社区心理矫正中的应用”“催眠技能实操”“民警自身心理健康的维护与从业注意事项（体验式）”“团体心理辅导理论及团辅在社区心理矫正中的运用”“团辅实操”“心理咨询有效沟通的策略”和“社区服刑人员心理健康的筛查与等级构建”。（易泽龙）

## 津市监狱

**【概况】** 安全防控。监狱领导带队巡查、改造线夜巡、监区领导坐班“三级”日常督察制度；结合“查两违、抓两严”、“查隐患、堵漏洞、强管理、保安全”等专项整治活动。投入880多万元，升级改造监区AB门等监管设施。深化与驻狱武警的“三防”合作，全年开展联合演练32次，组织大规模远程调犯11次。落实安全生产“一岗双责、齐抓共管”要求，完善安全生产责任制及制度规程；发挥安全生产许可年审、诚信评价制度的把关作用，严格劳动项目准入，高标准实施新建劳动现场的6S管理，开展劳动工具管理专项整治；实行重点行业蹲点督查，重点岗位持证上岗，重点物品专人管理，特种作业人员重点培训；加强压力容器、危化品、消防等重大危险源的管控。全年共排查事故隐患492起，投入整改资金199.5万余元，整改率100%，有效防范和遏制各类安全事故的发生。

罪犯改造。整合退休老警察、女警、年轻警察等教育资源，开展技术培训班8期参训333人。落实全体罪犯警察包教和“十必谈”制度，将重点个案心理矫治工作与犯情分析会、心理测评等深度对接，编制《服刑人员心理自助手册》，设置心理健康知识宣传窗及求助信箱，全年进行个体心理咨询438人次，危机干预98人次，帮助完善社会支持系统29人次。开展帮教活动与解决罪犯实际需求相结合，在“儿童节”“父亲节”开展监区开放日活动，在升学季为26名罪犯未成年子女捐赠爱心助学金共计3万余元。加强《逢春报》等文化阵地建设，开展书展、心理运动会等活动。

罪犯权益保障。落实罪犯生活物资招标采购、食品留样、炊事犯体检、药品购进保管与监督服用等制度，确保食品药品安全。建立内务规范化管理长效机制，统一配发罪犯日常生活用品。加强传染病防疫和疾病诊疗保障，实行病犯三级管理、四级诊疗，新购DR机等医疗设备。坚持减刑、假释工作“五级评议、三榜公示、两道监督”，严把保外就医办案质量关。全面推广“小步快走”的减刑方式，明确短刑期犯办理减假的条件，及时为老病残犯办理减假保，协助“三无”罪犯申请缓交“三金”。建立罪犯申诉、控告和检举专档。

企业运行。调整项目结构，形成电子、缝制各1/2的生产格局，效益名列全省监狱系统前茅。缸套产业按股东制管理模式，明晰内部管理架构。全年共完成投资4600万元，生产线基本搬迁完毕，产品产销正常。建材产业完成电瓶车改造和彩砖机械生产线的改造。“两场两地”规模扩大，内部供应渐入正轨，成为监狱后勤保障的重要平台。物供中心规范运行体系，完成工商注册，与14家省内监狱建立粮油定向供应关系。京溪酒店较好地完成系统内部疗养、团队接待任务，客房收入同比增加9%。阳光宾馆增加罪犯伙食配送等业务。物业公司的环卫、清杂、灭害等工作。电管站圆满完成基建项目水电安装、高压线清障和水管查漏听诊工作，确保正常、安全供水供电。内部工程队扩大承建范畴，确保施工安全。

自身建设。开展“牢树法纪观念、切实转变作风”“三严三实”“两不两失”等5个专项教育整治活动，召开两级班子生活会、邀请专家授课、观看警示教育片、开展座谈讨论等方式，实现队伍作风建设常态化。开展警务督察，规范警察交接班、特殊时段警力保障、监内值班室物品配置等重点时段、重点部位的管理；将精细化考核结果与评先评优、选拔任用等挂钩。落实党风廉政建设党委主体责任、纪委监督责任、领导干部“一岗双责”，逐级开展干部廉政谈话；对罪犯因伤就诊、大额消费的执法监督，企业经营的效能监督、评优选拔的过程监督、节日的廉政监督；坚持查办案件“零容忍”，信访举报“零放过”。依托法律顾问团，对内部规章制度、规范性文件进行合法性审查，完善财务收支审计、招投标、项目资金管理等工作机制。开展纪念建狱60周年系列活动，评选出各个层面的“最美澧滃人”，并大力弘扬榜样精神。发展警察职工文体协会组织，通过司法厅文明单位复核。开展年度体检、妇检工作，扶贫帮困，共计发放帮扶金32万多元、奖学助学金10万元。开展技能培训和知识竞赛，定制工作服，实施新的工资管理办法，职工总体收入得到提高。落实老同志“两项待遇”。（陈章荣）

津市监狱召开纪念建狱60周年座谈会

**【津市监狱布局调整工作】** 2015年，津市监狱按照“规划先行，分步实施”原则，推进监狱布局调整工作。2015年4月1日，湖南省副省长戴道晋到津市监狱调研布局调整工作，第一押犯点建设项目被列入省政府重点工程，《第一押犯点建设项目可行性研究报告》通过专家评审及省发改委批复，进入论证、设计招标程序；第二和第三押犯点扩建项目完成平面方案设计，进入省监狱管理局审查阶段。12月，津市监狱成立布局调整建设推进小组，明确“一突两快”的思路，即突出抓好第一押犯点建设，以最快的速度办好开工建设前的各项手续，力争2016年下半年开始建设，两年到三年内竣工实现搬迁投入使用。（陈章荣）

**【开展纪念建狱60周年系列活动】** 2015年是省津市监狱建狱60周年。开展“最美澧滃人”评选活动。面向监狱全体警察职工、离退休老同志及家属，历时半年，通过全员参与、多轮投票，推选出30名模范践行社会主义核心价值观，公正文明执法，用言美行美诠释立足平凡、爱岗敬业、追求高尚的“最美澧滃人”。12月16日，在津市监狱多功能厅举行纪念建狱60周年暨“最美澧滃人”颁奖晚会，现场为30名“最美澧滃人”获得者和30名提名奖获得者颁发奖章，并向健在的建场元老、省部级先进模范敬献鲜花。编辑一系列纪念资料。将“回顾历程，展望未来”主题征文的优秀作品和2010年以来的理论调研成果收录汇编成《澧滃人——津市监狱纪念建狱60周年文集》；将建狱60年来具有重大意义的照片图片汇编成纪念图册——《历程》；拍摄监狱60年发展纪录片——《光荣绽放》。邀请建狱元老与青年警察进行座谈，开展历史传统教育；邀请离退休老同志、先进模范、在职警察职工等各个年龄层次代表召开座谈会。举办“迎新春·逐梦想”大合唱歌咏比赛，“讲文明、树新风，我为澧滃添光彩”演讲比赛，女职工趣味运动会，警察职工羽毛球赛、篮球赛等活动。（喻建兵）

**【鑫源公司气缸套扩能提质技术改造项目】** 鑫源缸套公司在股东及津市监狱党委的领导下，其生产产品涵盖国内外缸径Φ75mm～Φ180mm多种缸套机型，广泛应用于汽车、工程机械、船舶、农机等行业。材质有硼合金、硼铜合金、镍钼铜合金铸铁，有淬火、表面处理等多种工艺，产品已系列化，主要技术经济指标名列行业第5位。根据设计，湖南鑫源缸套有限责任公司扩能提质技术改造项目总投资概算4999.2万元，规划新建厂房总建筑面积22145.55平方米。添置热风冲天炉、中频电炉、离心浇铸机、数控车床、双进给珩磨机、圆柱度检测仪等生产检测设备115台套。改造项目完成后，缸套产能在现有180万只（双班）的基础上，提高到300万只（单班）。截至2015年9月底，共完成投资3978.5万元。铸造车间技术改造和粗、精机加工车间建筑工程，机加工车间供电系统已完成，供水、供气设施基本完成。2015年6月，粗、精加工车间建筑工程基本全部完成，新购的机加工设备进厂安装调试完毕，于2015年6月底投入试生产，9月底投入全面生产，达到有关的技术要求。8月完成原金二车间的整体搬迁，9月份完成金一车间和激光车间主要设备的搬迁工程。（喻建兵）

## 武陵监狱

**【概况】** 2015年，武陵监狱监管安全连续八年实现“四无”和“七个不发生”，“三共”建设获省司法厅、武警总队通报表彰，在省司法厅组织的执法状况考评中获优秀等次，被市委市政府授予“平安单位”荣誉称号，综合工作被评为全市绩效考核良好单位，财务预决算工作获得司法部行业报表竞赛优胜奖，档案管理、保密工作被评为全市先进单位，继续保留“市级文明标兵单位”荣誉称号。

监管安全。开展“查两违、抓两严”和“牢树法纪观念，切实转变作风”专项教育整治活动，通过严肃纪律，清查违禁物品，整顿监管秩序，进一步消除了安全事故隐患，筑牢安全稳定基石，实现了监管安全“四无”和“七个不发生”。

监狱执法。一是切实加强法治宣传教育。全年组织开展法治专题讲座和演讲比赛5场，开设宣传橱窗4期，进一步增强了警察公正文明执法的意识。二是深入推进狱务公开。严格落实“三审五榜”和听证制度，减、假、保和特赦人员案件办理结果在全体罪犯中或监狱网站上进行公示，做到了一件不错、一个不漏。全年共提请减刑476起，假释21起，保外就医6起，特赦2起，案件公示率、合格率均达100%。三是不断强化执法监管。执法监督领导小组对执法工作中的八大关口进行重点监督，对刑罚执行流程层层把关，逐级审核，全面监督，确保了公平公正。四是加强罪犯权益保障。坚持每周定期开启罪犯举报箱、意见箱，及时收件，及时办理，及时回复，确保罪犯维权渠道畅通。均衡供应罪犯饮食，及时发放棉被、鞋、囚服等生活物品，做好罪犯劳动、学习、改造现场的消毒工作，整理整顿环境卫生，杜绝各类流行疾病的蔓延，充分保障罪犯的基本生活与健康权。武陵监狱执法状况在2015年的全省考评工作中获得98.4分的成绩，被评为优秀等次。

罪犯改造工作。通过狠抓罪犯个别教育、实行心理健康测验、开展各类监区文化活动，提高了个别教育的针对性和实效性，教育改造效果显著。监狱还借助各方支持，开展亲情帮教，建立帮扶解困救助基金，对困难罪犯及其家庭，适时给予救助，缓解罪犯改造期间的外部压力，有效地调动了罪犯的改造积极性。2015年，监狱共发放特困物资和助困金6万多元，帮扶150人次，邀请罪犯亲属来监狱开展亲情帮教活动11场次，新签订亲情帮教协议书300份，邀请常德市新华书店、文理学院等单位联合举办帮教活动，捐赠各类图书5000多册，丰富了罪犯的改造生活。

队伍建设。全年配合省司法厅、监狱管理局和市局开展督察8次。针对全狱警察履职履责、到岗到位、制度执行、执法执纪、廉洁自律、警容风纪、警用装备的管理与使用等多个方面，开展内部督察50次，下发通报12期，做到发现问题及时纠正并依规处理，进一步强化了干警的监管安全首位意识和作风建设。（刘崇树）

2015年12月，武陵监狱荣获“三共”活动先进单位称号

**【“三共”（共建共管共保安全）建设获省司法厅、武警总队表彰】** 2015年，武陵监狱加强与驻狱武警部队协作，强化共管力度，合力构筑“四防一体化”新体系，共召开狱情研判联席会12次，开展当班执勤纪律联合督查4次，联合排查、整改安全隐患20多处，升级改造执勤与监管设施10余处，开展联合处突演练2场，开展警体技能集中轮训2期，配合完成调犯押解任务24批次，真正做到了联动联处，建立起共保安全的长效机制。在2015年12月全省监狱安全工作会议上，武陵监狱被省司法厅、武警总队授予“三共”活动先进单位。

（刘崇树）

**【武陵监狱迁建项目开工建设】** 2015年11月11日上午，武陵监狱迁址新建项目举行开工仪式。武陵监狱迁建新址位于常德市鼎城区石板滩镇狮子山村，占地面积15.98万平方米，总建筑面积6万多平方米。（刘崇树）

## 德山监狱

**【概况】** 监管安全。2015年共破获狱内预谋案件3起，没有发生一例重点犯及危险分子因脱管失控和管理不到位而造成监管安全报警事件和一般刑事案件。开展“查两违、抓两严”专项活动，全面推行监区层面自查、监区之间互查、监狱清查“三查”结合清监模式，不定期开展搬家式清监，“两违品”整治工作取得显著成效。强化隐患排查整改，突出消防安全、危险工具、危化品以及高空作业严格管控，紧紧围绕“三个标准化”，稳步推进安全生产标准化工作，2015年顺利通过国家安全生产标准化三级认证，实现全年安全生产无事故。完成仓储物流中心和2#习艺楼建设。推进旧监舍改造工程，相继完成1#监院、高度戒备监区升级改造，监院安检室全部配备到位。推进监狱信息化建设，建设功能较为完善的视频监控分控室，罪犯生活区基本实现24小时视频监控全覆盖。举办“改造之星”评选，开展“践行价值观、实现新生梦”与抗战胜利70周年爱国主义教育等系列主题活动，开展罪犯管乐队、威风锣鼓队等各类兴趣小组活动，“忏悔录”“感动中国”等系列主题教育片。在全省率先开展罪犯心理健康状况动态排查，建立电子心理档案，对所摸排出172名自杀类罪犯进行危险等级评估，切实加强心理危机干预，心理矫治三级体系进一步完善。与20多家党政机关和企事业单位联合开展警示教育和帮教活动，为300余名“三无”罪犯及住院病犯发放爱心慰问物资，20余名罪犯通过远程视频接见系统与亲人远程会见。开展“情暖高墙、关爱孩子”亲情帮教座谈、湘西特困罪犯家属走访帮扶等多项活动。

监狱执法。坚持讲政治、遵法令、重证据、按程序，根据摸排及罪犯申请，成立五个调查取证工作小组，集中警力精力，对可能符合条件罪犯提供线索开展走访调查，按期完成11名罪犯特赦工作。全年共呈报裁定减刑、假释案1279件，未发生一起违规办案行为。推行罪犯病情月分析会制度，全面制定病犯“一对一”治疗方案与管控措施，适时启动暂予监外执行程序，全年共办理罪犯暂予监外执行案件34件，降低罪犯监内病亡率。全面推行罪犯劳动物资奖励制度，规范劳动报酬提取。全年共补贴200余万元用于改善罪犯生活，罪犯月人均劳动报酬达到近70元。完成罪犯亲情电话管理系统与审讯系统建设，实现通话内容与侦查审讯全程留痕，所有记录均可调阅查询，提高执法规范化水平。

队伍建设。开展“牢树法纪观念、切实转变作风”与“两不两失”专项活动，治理队伍中庸懒散现象，狠抓作风建设。以“法纪作风”为主题，邀请常德市纪委、省监狱管理局纪委领导到监狱开展三场专题讲座，举办《中国共产党廉洁自律准则》和《纪律处分条例》专题学习辅导。开展“三严三实”专题教育，举办“强党性、转作风、提效能”党支部书记培训班，试行基层党支部书记和纪检委员向纪委述廉述责制度。党员、干警全年累计拒礼拒贿共8人次，总金额达13020元。拍摄制作《德监人、德监情、德监梦》口述监狱历史纪录片与《德监正能量》系列微电影。开展“爱岗敬业当标兵、勤学苦练当能手”活动，开设狱内侦查、安全生产等业务培训班。制定出台《德山监狱绩效考核办法》，修改完善《德山监狱中层干部免职问责规定》，结合OA办公自动化系统，推行精细化管理。细化监区警察工作职责和一日流程，警力编制与押犯结构相适应的值班执勤制度与警务模式逐步健全。实行队伍思想动态分析和谈心谈话制度，及时处置队伍中呈现出来苗头、倾向、多发性问题。2015年，完成集中停车场与运动场建设，启动备勤楼与室内门球场工程，保持警察职工生日慰问与健康体检，警察住房公积金月汇缴额同比增加。全年没有发生一例警察职工因违法被检察机关立案调查事件，未发生一起重大群体性事件与重大负面舆情炒作事件。

（王　丽）

**【湖南省副省长戴道晋到德山监狱考察】** 2015年4月2日上午，省政府副省长戴道晋在省政府办公厅、发改委、财政厅、司法厅、监狱管理局及常德市政府相关人员陪同下到德山监狱考察指导，重点就监狱安防设施建设开展调研。

（王　丽）

德山监狱创建“全国模范职工之家”授牌仪式

**【成功创建“全国模范职工之家”】** 以职工之家建设为载体，着力于监狱文化构建，着力于警察职工素质提高，着力于扶贫帮困和送温暖工程，加强工会组织自身建设，强化民主管理。2015年，监狱“全国模范职工之家”顺利通过验收。

（王　丽）

**【通过国家安全生产标准化三级认证验收】** 推进安全生产标准化建设外部体系认证工作，2015年底顺利通过国家安全生产标准化三级企业达标认证验收。

（王　丽）

**【全省刑罚执行办案平台试点】** 立足刑罚执行工作实际，加强与开发公司协调配合，完成全省刑罚执行办案平台试点工作，并顺利通过省监狱管理局和司法部验收。该平台是省监狱管理局在全省统一部署第一个信息化平台，确保办案质量提供重要保障。

（王　丽）

# 民主党派·工商联·群众团体

## 中国国民党革命委员会常德市委员会

**【概况】** 2015年，中国国民党革命委员会常德市委员会获得全国先进单位："民革全国宣传思想理论先进集体""全国帮好人万里行优秀指导和组织奖"；一项获省委统战部颁发"全省统战工作实践创新成果"奖；六项专项工作获民革省委表彰通报：组织工作和办公室工作分获量化目标考核先进集体、《相聚》和《老兵相聚》分获全省"关爱老兵摄影比赛特等奖和三等奖、老兵影像资料收集获得三等奖、《抗日战争时期的常德会战》获民革省委组织纪念抗日战争胜利70周年征文二等奖。

思想建设。民革市委于5月召开六届九次市委扩大会议，组织党员骨干学习中共十八大以及习近平总书记系列讲话精神，并与继承和发扬孙中山爱国、革命、不断进步精神结合，学习民革章程、增强民革党员理论自信、道路自信、制度自信。2015年，为纪念抗战胜利70周年,民革市委联合常德晚报社,开辟"热血丰碑"专栏，设制栏标，启动"重走常德会战路"。联合常德电视台，常德尚一网，推进民革前辈和抗日老兵史料收集工作，组织专家团队拍摄幸存老兵口述生平、抗战经历影像资料，弘扬爱国主义精神。打造"关爱老"名片。2015年民革市委关爱老兵1对1结对个性化精准关爱老兵、对老兵实现生活、医疗、住房三个保障做法在全国得到推广。2015年8月8日《团结报》头版予以报道。陈位明主委提交的老兵摄影照片，受到民革省委表彰，被收录进民革中央老兵画册。

参政议政。开展专题调研。以关注弱势群体为主线，围绕常德市经济社会发展难点、热点，开展调查研究，为政府决策提供意见，"让医保政策更好的惠及人民群众""整治农村垃圾污染，建设美丽乡村"两篇课题形成调研成果。常德市政协六届三次全会期间，胡丽绚、唐松山委员作为优秀委员在常德电视台新闻频道播出先进事迹。民革界别政协委员共提交提案15件，其中集体提案2件，"珍惜战略资源，保护抗战遗存"关注老兵，"大力发展养老事业，积极应对老龄化社会问题"提案关注民生，得到市委政府高度重视，并于2月出台《常德市人民政府关于加快发展养老服务业实施意见》(常政发【2015】3号)。全年民革市委共反映社情民意15件，市政协采用4件。胡军委员实地调研撰写《保健品充当药品等行业乱相急需整治》社情民意得到胡丘陵副市长批示；陈立平委员调研撰写《取缔非法水上餐饮，确保沅水生态环境》，胡丽绚、龚立成委员调研撰写《穆斯林老人呼唤一个家》，铁红旗委员调研撰写《NO.4号垃圾中转站亟待搬迁》得到相关部门采纳。

组织建设。民革市委5月召开动员会并成立2015年基层组织换届工作领导小组，保障基层组织换届平稳开展。2015年，民革市委坚持"三个为主"(以重点分工为主、以大中城市为主、以有一定代表性人士为主),实施"四个优先"(民革特色优先、高素质优先、愿望强烈优先、年轻参政议政能力强的优先)，共报批6名新党员，平均年龄31岁。截至2015年年底，常德民革共有3个总支、20个支部、党员266人。全年民革市委调整充实近50人后备人才库，并加强跟踪管理，对纳入后备干部队伍党员定期进行走访，加强与其工作单位中共组织沟通与联系。按组织程序推荐民革市委领导班子后备人选。2月，机关干部覃建平提拔为主任科员，并于3月参加全市66期科干班；5月，民革党员郭爱龙、刘丽在省社会主义学院参加全省民革骨干培训班；9月，民革党员易建志、王子文、张惟鹏、徐晓、唐婕宇参加民革湖南省委新党员培训班；12月，杨圣杰等10人到市社会主义学院参加全市民主党派骨干培训班。开展"建红旗支部、做五好党员"活动。对支部从自身建设、参政议政、社会服务、综合工作方面进行考核，对党员从政治素质、工作表现、社会服务、参政议政、思想作风方面进行考核，作为评优评先依据。4月2日，负责组织华侨城经贸投资考察团段先念总经理一行30人考察常德投资环境，参观常德抗战公墓。鼓励民革党员李铖隆企业扩大投资，在石门县选址投资兴建一个玻纤厂。

社会服务。2月8日，民革市委前往益阳，给老兵蔡梦霞送去慰问津贴和烤火架等过冬物资。2月13日，民革市委组织部分骨干慰问百岁老兵曾德山、王英泽，并为澧县老兵覃正柏、毛传炎祝寿。3月，陈位明主委等赴民革浏阳市委，交流学习关爱老兵经验。4月25—26日，民革市委走访慰问老兵陈安贤、莫退、代涤本、宁建秋，捐款慰问17400元。7月15日，民革市委组织“同心爱老兵.夏日送凉爽”活动，现场为6位抗战老兵发放救助金3000元、空调一台及空调电费补助1000元。推动市第四人民医院承诺开通抗战老兵就诊绿色通道并与关爱抗战老兵协调小组签订承诺书。12月4—6日，郑洞国教育基金第八届园丁奖、助学金颁发仪式分别在石门县一中、磨市镇洞国学校举行，共为15名优秀教师、104名品学兼优贫困学子发放园丁奖、助学金达42.4万元。截至2015年年底，基金会共募集爱心人士捐款580多万元，奖励41名教师、420名学生，共发放奖励基金130余万元。开展“伸出博爱之手——牵手基层困难群众”活动，陈位明主委、杜鹏专职副主委率领部分党员骨干慰问紫桥社区、德山老码头社区和光荣路社区20多名特困户，关爱困难民革党员和老党员，送去油、米及慰问金近10000元。12月11日，民革市委参加市委统战部在丝瓜井社区举办“同沐书香心系社区”为主题图书（书款）捐赠活动，现场捐赠书籍100余册。

郑洞国教育基金颁发仪式

对台联络。4月5日“清明节”，组织常德各界人士祭拜常德会战阵亡将士。6月4日，5位90多岁高龄南京抗战老兵到常德重温抗战往事，缅怀战友英魂。8月20日，前陆委会主委、前台湾政治大学校长张京育先生，台湾前立法委员、两岸仲裁委员谢启大女士率海峡两岸湖湘文化学者50余人到常德市参访抗战遗址，缅怀祭拜抗日先烈，交流文化教育经贸。11月5日，陈位明主委接待台湾中国青年大陆研究文教基金会董事长李钟桂女士带领40余人参访团。9月17日，组织骨干党员，到四川雅安开展“庆祝抗战胜利70周年、重走抗战之路”活动。11月8日在石门为抗战老兵组织一次义拍，筹得善款近3万元。12月4日，在市工人文化宫举办抗战老兵摄影展，并为全市民革党员举办一次“台海形势报告会”，全国政协常委、民革中央副主席郑建邦主讲。（胡　军）

## 中国民主同盟常德市委员会

**【概况】** 参政议政。市政协副主席、民盟市委主委傅绍平在省委统战部关于民主党派市级组织2016年换届工作和民主党派在新形势下如何加强自身建设课题的调研座谈会上作专题协商发言。专职副主委刘丽艳在省委统战部到常德调研座谈会上就党派市委在自身建设中面临的主要问题提出建议。民盟市委副主委陈集亮在市委、市政府征求各民主党派关于编制常德市“十三五”规划的意见和建议座谈会时率先发言，得到了市委书记王群等与会领导的充分肯定和高度评价。在省政协首次“双周协商会”上，省政协委员、民盟市委成员杨莉围绕“构建和规范我省多层次民间金融市场”的议题作协商发言。民盟市委开展调查研究，全年完成3篇专题调研报告，其中《关于促进我市民营医院健康发展的建议》，将作为市政协六届四次全会上的书面协商发言；《提升我市公交服务能力 提升常德文明形象》，在全市2015年度各民主党派工商联和无党派人士参政议政调研成果汇报会上进行汇报；《创新政协委员产生机制研究》已作为盟省委参政议政委托课题报送。在省政协十一届三次全会上，省政协委员傅绍平提交《关于切实解决中小学生在校饮水问题的提案》，省政府采纳“将学校饮用水安全纳入对政府食品安全管理年度考核内容”的建议，省教育厅将“建立免费饮用水供用系统”指标纳入《2015年义务教育合格学校评估验收标准》；在市人大六届二次会议上，市人大常委刘丽艳提交的建议案《关于加强桶装水流通环节安全监管的建议》得到落实办理。市政协六届三次会议期间，市政协委员提交的提案立案29件，并案14件，其中集体提案6件，领导批示2件，集体提案《关于推进我市食品检验检测资源整合的提案》与个人提案《关于打造善德文化基地，建设以“善德楼”、“文峰塔”为标志的德山文化公园的提案》《关于落实国家第二期学前教育计划，加快我市学前教育发展的提案》《关于抢救修复常德市老城区古城墙，打造古城文化品牌的提案》被评为市政协六届三次会议以来优秀提案。盟员雷文峰被评为优秀政协委员。全年有16名盟员围绕党委政府中心

工作，紧扣与人民群众切身利益密切相关的热点难点问题，对教育、交通、《食品安全法》等问题提出意见和建议。由盟员建议转化成的多条社情民意信息被民盟省委、市政协采用。傅绍平主委带队，陈集亮、周思新等政协委员参与对市工商局、市质监局开展的为期9个月的民主监督和评议，促进依法行政。市人大常委刘丽艳多次参与对《水污染防治法》等法律法规的执法检查、对法院检察院的评议工作等视察调研活动。盟员梁平、彭梅华参加中级人民法院的评议会议，评议市中级人民法院班子的学习、团结、作风情况及16名法官的德、能、勤、绩、廉、学情况。盟员彭飞、雷文峰等作为人民陪审员参与审理十多起案件。民盟市委开展与政府部门对口联系“四个一”活动，邀请3家对口联系单位出席民盟市委法制委员会成立大会。民盟中央社会服务部牵头组织的“米信校园安全行”项目在鼎城区江南中学成功落地；民盟市委关于促进全市民营医院健康快速发展的专题调研顺利进行；民盟市委专职副主委刘丽艳、盟员张雨晴参与市规划局关于“深度开发柳叶湖，做大我市旅游产业”的调研，并赴山东、江浙一带实地考察学习。

自身建设。全年共发展新盟员37人，盟员人数突破800人。2015年年初，民盟市委进行届中调整，增补民盟津市市委主委周欢为民盟常德市第六届委员会副主委；确定7名同志为民盟市委市级组织领导班子后备干部人选。圆满完成18个市直基层组织换届任务。民盟市委于6月19日，成立民盟常德市委法制委员会，盟市委专委会总数达到8个。11月27日，民盟常德市十一中支部委员会隆重召开成立大会，民盟市委第19个直属基层组织诞生。组织盟员学习中共十八届四中、五中全会精神、中央统战工作会议精神和《中国共产党统一战线工作条例（试行）》等，提升广大盟员的政治觉悟和政策理论水平。以纪念中国人民抗日战争胜利70周年为契机，在盟内开展“学盟史、唱盟歌”活动，邀请民盟省委办公室主任、民盟史办主任傅小松为全市新盟员暨骨干盟员作盟史讲座；机关支部副主委、常德飞天现代音乐学校校长朱建现场教唱《湖南民盟之歌》。完成民盟省委统一战线和多党合作理论研究招标课题1篇，市政协理论研究文章2篇，市委统战部统战理论研究文章4篇。盟员李昌雄、李宝斌分别当选为民盟省委统战理论研究会常务理事、理事，盟员朱能毅、彭梅华当选为市政协理论研究会理事，盟员李正、朱能毅、李昌雄被聘为市统战理论特约研究员。全年共有130多篇稿件被民盟中央网站、三湘统战网、民盟省委网站、《常德日报》、常德政府网等各级网站、报刊采用。民盟市委的宣传工作在全省各市州民盟组织和全市民主党派中均名列前茅。3月7日，妇女工作委员会组织来自全市各个基层组织的40余名女盟员参观澧县城头山古文化遗址；5月4日，青年工作委员会在“美丽乡村”举办青年盟员“读书心得”交流活动。10月，民盟市委组织盟市委委员、支部主委及其他盟员骨干20余人，赴革命摇篮井冈山、庐山开展以“坚定理想信念、弘扬革命传统”为主题的红色教育。武陵区基层委员会组织30余名盟员赴芷江开展纪念抗战胜利70周年主题活动；鼎城区基层委员会组织参观万亩油菜高产示范片和鸟儿洲国家级湿地公园；市二中支部赴皂市中学就城市与山区农村义务教育均衡发展问题进行交流；机关支部举办民盟市委首届声乐培训班，吸引来自各个基层组织的20余名盟员参加；幼专支部组织十余名盟员考察津市嘉山孟姜女庙等宗教场所；桃源支部开展登山活动；常德职院总支调研新农村建设情况，走访桃源夷望溪村；津市文化支部开展亲子阅读公益讲座、“送电影”等活动。2015年，民盟市委举办社情民意信息骨干盟员培训班和2015年新盟员培训班，并积极选派盟员参加各级各类培训，全年共有103人次参加培训。

2015年6月18日，民盟湖南省委专职副主委胡颖为民盟常德市委法制委员会授牌

社会服务。8月28日，鼎城淮阳中学支部承办鼎城统一战线“同心聚力·放飞梦想”捐资助学公益活动，鼎城区基层委员会为280名受助对象发放奖学金73.5万元。12月30日，武陵区基层委员会在丹洲中心小学少年宫成立关爱留守儿童活动基地，并捐赠价值9000多元的艺术教育器材和学习用品。5月30日，盟员张国友在“善德行·迎‘六一’关爱特困家庭励志学子大型公益慈善活动”中为全市各区、县（市）的特困家庭100名励志学子捐赠8000元。“爱心送考”。2015年高考期间为15名城区高考考生提供全程免费送考服务，民盟盟员是常德“爱心送考”队伍中的一支重要力量。民盟市委组织发动全市广大盟员为贫困老盟员李明庭捐款献爱心，共

收到爱心捐赠57015元，于重阳节前夕在李明庭退休单位常德市三中举办捐赠仪式。盟员邓新民出资1.5万元慰问富强社区和贾家湖社区的30户贫困户。文艺支部主委胡诗词赴澧县码头铺镇，为计生特困家庭李子树送去2000元慰问金。5月30日，张国友、雷文锋、周思新、彭梅华等盟员政协委员积极参加2015"善德行"迎六一关爱特困家庭励志学子大型公益慈善活动并捐款。其中张国友捐款8000元。雷文峰积极呼吁有关部门积极协调，并赞助5000元为金家冲村2000村民解决自来水饮用问题。民盟市委参与市委统战部丝瓜井社区、光荣路社区等同心社区的创建工作，全年共捐赠15000元现金及价值2000元的图书。民盟武陵区基层委员会以富强同心社区为基地，开展"让爱绽放，助力梦想"等多场文艺、法律、教育等扶贫帮困公益活动，吸引湖北襄阳市统战系统"同心社区"考察团参观。盟员教师尤先哲获得"湖南省特级教师"的殊荣；盟员刘绍英成立常德市中外女性作品图书馆；盟员毕家寿，带领居民创建三洲驿街道同心小区，使小区拥有老年大学、日间照料中心等设施；盟员成钢、徐定仙两位老师各申请一项国家专利；盟员夏金林老师的《洞庭湖湿地的价值》在湖南省2014年地理教学竞赛中获得一等奖；盟员黄志伟创作的国画作品《清风明月》获得"新常德新创业"书法美术摄影大赛一等奖；盟员肖娥在第四届全国初中信息技术优质课展评活动中凭借《揭开你的面纱——机器人初步知识》一课获得一等奖等。（陈　薇）

## 中国民主建国会常德市委员会

【概况】 2015年，中国民主建国会常德市委员会荣获民建省委社情民意工作、新闻宣传、组织管理信息系统建设工作先进单位，会员朱碧文被获民建省委反映社情民意先进个人一等奖。鼎城一支部、民营二支部获民建省委先进集体称号，毛娟、王夏一等26名会员获民建省委优秀会员称号。

参政议政。在常德市六届三次全会上，市政协民建工作组共提交提案22件，其中《关于加快推进我市小城镇建设和发展的建议》《关于利用大数据推进智慧常德建设》被列为重点提案。民建武陵区工委关于"区划调整后存在的问题及建议"的大会发言，提出"户籍管理系统、治安管理系统同步跟进，及时更新相关街道、社区（村）名称"的建议。该区居民户籍变更所产生的费用，已经纳入区财政支付范畴，相关方案和操作流程也即将出台，实现居民户籍变更零收费。民建市委开展武陵山片区教育扶贫、职业教育大学城等专题调研。调研成果《关于进一步加强武陵山片区教育扶贫工作的建议》在省政协2015年第二场双周协商上作发言。《软监督尚须硬约束》被市政协评为优秀理论研讨文章。民建市委会与民建鼎城工委分别举办社情民意培训班，对新会员进行系统参政议政技能培训。截至2015年年底，共上报社情民意信息50余条，其中《关于尽快开放丁玲纪念馆的紧急建议》《建议在市城区东片新建太白文化公园》等6条信息被市政协编发。民建市委专职副主委曾盈等会员被续聘为市政府"优化经济环境"监督员，参与对全市市直单位党组（党委）书记述职评议、市纪委对县处级党政正职述廉测评等活动。政协民建工作组开展2014年度民主监督工作"回头看"，监督组成员对市规划局、市住建局、市水利局作评议发言，要求对评议意见整改落实。开展对市安监局、市交警的民主监督工作，通过组织召开情况介绍会、征求意见座谈会、现场视察、调查问卷、明察暗访等方式，对被监督单位在履行职责、工作效能、作风建设、社会反响等方面有效履行民主监督职能。

2015年6月11日，民建常德市委柳叶湖支部成立

自身建设。2015年年初，组织召开六届七次（扩大）会议，共150余名会员参会，总结回顾2011年换届以来的工作，宣传典型并表彰优秀，全面部署2015年工作。3月，开展《法治中国背景下民营企业法律风险防范》的培训。7月，召开专题学习会传达学习中央统战工作会议精神，请市委统战部李学明副部长为民建领导班子和支部班子领学中央统战会议精神和《中国共产党统一战线工作条例（试行）》精神。全年共发展新会员27名，平均年龄35岁，均为大学学历，其中副处级领导干部1名。对部分基层组织进行调整和换届，新成立柳叶湖支部，完成市直一支部、经贸二支部换届工作。9月，加强对外联络，主委带队部分领导班子与机关干部前往民建沈阳市委，参加举办的70周年庆典活动，并就基层组织建设进行工作交流。在民建中央网站、《湖南民建》、三湘统战网等媒体累计登载信息100余条。完成湖南民建会史常德篇的编辑工

作，共计2万字；开展民建成立70周年系列庆典活动，4月，组织40余名会员参加民建省委举办的庆祝民建成立70周年运动会，参加汽排球、射击等比赛项目，取得优秀组织奖；5月，举办“读会史颂伟业，学会章树新风”主题征文与艺术作品征集活动，共评选20余篇优秀征文、多份艺术作品参加民建省委评比与展出；10月，编排《喜迎庆典唱民建》丝弦节目，在11月民建省委庆祝大会上表演。

社会服务。参加市委统战组织的“同沐书香心系社区”捐赠图书活动，12月，为武陵区丝瓜井社区捐赠100本新图书，涉及科普、教育、生活百科等各个方面，价值2000余元。4月，在津市同心社区——荷花社区，省委统战部部长李薇薇接见民建会员——省“十大同心人物”傅绍荣，考察民建津市市委委员李洪兵创建“同心示范企业”——湖南鸿鹰祥生物工程股份有限公司。民建武陵工委对已授牌的“同心乡村”——芦荻山乡天井港村进行捐资扶贫与乡村建设，全年开展2次扶贫慰问活动。中秋节前夕，民建市委主委带领民建武陵工委慰问天井港村的孤寡老人和留守儿童，送去月饼、500元慰问金与慰问物资。9月，为“同心乡村”筹措6万元扶贫建设资金，会员罗刚再度为其项目进行包装设计，帮助美丽乡村项目——荷花天池改造升级。民建鼎城工委确定常德市晟源禽业公司为同心项目实施点，已成功搭建晟源禽业和上市公司正大公司的托管合作。以晟源公司为龙头，引导区内近50家万羽以上蛋禽养殖户成立鼎城区蛋禽合作社，强化引种、防疫、饲料和销售服务，支持促进产业做大做强。民建副科级以上的干部会员积极参加鼎城区委精准扶贫活动，为每户送慰问金500元或1000元。参加鼎城区委统战部组织的“凝聚力量，放飞梦想”助学活动，为2名贫困学生支助学费5000元。全年民建市委共开展各项社会服务活动20余次，累计完成各类帮扶资170万元，其中：向上争取筹措对石门维新镇阳虎峪精准扶贫和农网改造资金130万元；5月，市直一支部与综合一支部为益丰班的孩子送去“六一”礼物。民建津市市委、鼎城工委、经贸支部、民营支部、综合二支部等基层组织，结对汉寿、桃源、石门等地百余名贫困学子，开展爱心助学。民建会员企业湖南德强通信设备服务有限公司与民间慈善组织常德市微善风爱心联盟、常德市妇女联合会携手，8月，出资启动“德强通信·微善风助学津市”公益活动，为大学新生发放助学金总额11.8万余元。并发动全国各地及美国、澳大利亚等国家和地区海外爱心人士“多对一”“一对一”“一对多”三种形式结对牵手寒门学子301人，其中中小学生272人，大学新生29人，资助他们完成学业，筹集助学款超过120万元。2015年年初，民建市委会与会员金健米业副总张小威、武陵工委一行对困难会员、离退休领导进行春节慰问，送去米、油等慰问物资。（刘　斌）

## 中国民主促进会常德市委员会

【概况】　2015年，民进常德市委和民进常德技师学院支部被民进中央评为“民进全国先进集体”。2015年，在民进全国社会服务工作会议上，民进武陵区总支部荣获“民进社会服务工作先进集体”，会员肖鹏举荣获“民进社会服务工作先进个人”。

参政议政。在常德市政协六届三次会议上，市政协民进工作组6项工作被通报表彰。其中，市政协民进工作组分别被评为2014年度市政协新闻宣传工作先进单位和市政协先进委员工作组；市政协民进工作组撰写《常德向东，湖阔天空》调研报告荣获2014年度市政协优秀调研报告二等奖；《关于探索退出机制，科学发展民办中职教育》等两件提案被评为市政协优秀提案；市政协民进工作组委员李勇义撰写《学生校外托管机构安全状况堪忧亟待规范管理》、市政协民进工作组委员张益源撰写《市城区小学班额过大问题亟待解决》社情民意信息分别荣获2014年度市政协优秀社情民意信息二等奖、三等奖；市政协民进工作组委员熊英撰写的《新形势下推进协商民主广泛多层制度化发展之我见》理论文章荣获2014年度市政协优秀理论研讨文章三等奖。6—12月，调研组深入全市各区县市30多所农村中小学校开展专题调研，形成《对我市农村义务教育均衡发展的建议》调研成果，在全市各民主党派、工商联、无党派人士参政议政成果汇报会上作专题汇报。9—11月，调研组前往岳阳华容、益阳南县、长沙望城、湘潭湘乡、娄底双峰和本市各区县，实地查看烈士陵园、烈士纪念馆和烈士故居，形成《共和国没有忘记，常德不能忘记——纪念抗日战争暨世界反法西斯战争胜利70周年引起的思考》调研报告。2015年民进常德市委共反映社情民意8条，《金银珠宝首饰场所亟需加强安全管理》等4条社情民意被市政协采用，其中《加强老旧居民楼隐患排查，确保人民生命财产安全》社情民意得到市委领导批示，《湖南幼儿师范高等专科学校附属小学存在的安全隐患亟待消除》社情民意得到副市长陈华批示。切实规范学生校外托管机构管理提案，市政协主席李爱国率队督办，促成《常德市中小学生校外托管机构管理办法》草案形成和报送。6—11月，民进工作组政协委员4次前往市食药监管局了解情况，查阅案卷，交换意见；深入桃源、澧县、武陵、鼎城、汉寿、临澧等区县，陪同开展执法检查、自主实地调研、召开企业座谈会，发放问卷调查表120余份，实地查看情况，形成评议材料。12月3日，在市政协2015年民主监督评议会议上，对市食药监管局进行民主评议，指出问题8条，提出意见建议5条。

自身建设。发展新会员9名，其中湖南文理学院外国语学院一名博士和石门县一名副县长。4月10日，民进常德市委承办同心讲堂，邀请民进省委副主委、省社会主义学院院长雷鸣强为全市各民主党派、无党派知识分子120名余名代表作《党外代表人士成长成才》辅导报告。7月30日，民进湖南省委“我身边的先进”巡回宣讲会在新亚柳叶国际大酒店举行，全市在职会员参加会议。

民进省委副主委、湖南师大文学院教授汤素兰作题为《传承和奉献》主题报告，来自长沙、益阳、常德三名优秀会员代表分别讲述事迹，举办中国民主促进会成立70周年图片展。民进常德市委注重利用新媒体加强对会员的思想教育，加大QQ群和微信群交流力度，把握正确舆论导向，形成与会员良性互动。3月2日，常德民进网站正式上线试运行。10月27日—11月26日，主委张力参加湖南省党外干部中青班，5月27—30日，专职副主委杨芳前往中央社会主义学院参加2015年第一期全国市、县级专职副主委、秘书长培训班。6月26—29日，杨芳参加2015年中南六省（区）片会，围绕新常态下民进社会服务工作如何创新进行交流发言。9月7日—11月6日，杨芳参加常德市委党校秋季主体班（处干班）。6月29日—7月3日，民进常德市委选派4名会员前往省社会主义学院参加2015年民进全省骨干会员培训班。12月1—3日，组织新会员参加全市民主党派新成员培训班，增强新会员政治责任感和历史使命感。4月24日，民进专职副主委杨芳率领骨干成员前往邵阳民进开展学习交流活动，围绕民主党派如何开展社会服务活动开展讨论。4月29日，民进长沙市委主委、长沙市教育局副局长李平率领部分长沙市优秀职业教育专家深入常德汽车机电学校开展学习交流活动。5月8日，民进株洲市委专职副主委刘朝晖、株洲县委常委、副县长、统战部部长黎平带领民进株洲县支部到武陵区开展学习交流活动。民进常德市委专职副主委杨芳，武陵区委常委、统战部部长万勇、民进武陵总支会员参加交流活动，两地分别就基层统战工作、党外代表人士队伍建设、党派工作经验做法等方面进行交流和探讨。7月10—11日，民进常德市委组织会内市政协委员前往怀化民进围绕参政议政、专题调研工作进行深入探讨。

社会服务。开展心理辅导进社区活动，组织30名持国家二级心理咨询师证优秀会员，联合热心公益心理工作者和爱心人士携手成立武陵区近心帮心理健康协会，在武陵区10个社区开展心理辅导进社区公益活动，定时开展家庭教育大讲堂活动，挂牌成立心灵氧吧，建立心理咨询台账10本、心理咨询记录20本。通过《常德日报》《常德晚报》常德电视台、武陵手机报、微信公众号等各种宣传渠道，开展宣传活动，制作宣传海报资料3000份，展架300个。全年接待咨询121次，开展音乐释压体验98次，参与10个社区健康家庭教育大讲堂人数达3000多人，分类引导“家长课堂”“老人课堂”800多人，成功化解居民心理困惑近百人，通过探索实践，形成“一个组织、一个目标、一块场地、一支队伍、一套制度”五个一模式。3月5日，正值传统元宵佳节，民进常德市委“文化惠民·同心共进”送戏下乡活动在澧县大坪乡文化广场上隆重举行。10月28—29日，由民进湖南省委主办、民进常德市委协办“文化惠民·同心共进”公益讲座在常德市第七中学礼堂成功举办。3月27日，民进常德市委专职副主委杨芳带领民进武陵区总支部组织骨干会员十余人，到张家界市慈利县许家坊土家族乡完小，开展送教下乡活动。春节前，民进常德市委为光荣路社区困难群众送去现金和慰问物资；民进常德市委两次带领直属一支部、二支部会员到万寿老年公寓和桃花源镇敬老院，为老人送去2万元生活物资和新春慰问。

（张益源　刘　伟）

## 中国农工民主党常德市委员会

【概况】 参政议政。2015年，农工党市委量围绕“农村特困群体社会救助”和“农村食品安全监管”两大课题开展专题调研。在市政协六届四次会议开幕式上，胡剑鹏代表农工党市委作《完善农村救助体系，实现精准分类救助》大会协商发言。在2015年度各民主党派市委、市工商联和无党派人士参政议政调研成果专题汇报会上，主委肖燕芳代表农工党市委作《落实新〈食品安全法〉，促进我市农村食品安全监管》发言。6月11日，省委统战部就如何传达落实中央统战工作会议精神到常德征求意见，副主委杨健全作题为《守土有责，守土尽责》发言，提出六个“只能加强不能削弱”建议，得到省委统战部副部长崔永平、市委统战部部长雷绍业高度评价，并全文在《湖南统一战线》刊发。10月21日，在省政协“充分发挥民主党派民主监督作用”双周协商会上，农工党常德市委副主委杨健全代表农工党省委作题为《落实统战〈条例〉，提升民主监督实效》发言，有关建议被省委统战部《实施意见》吸纳。农工党市委专职副主委陈钰报送《交通运输业一般纳税人在营改征的税负加重问题亟待解决》被农工党中央《信息专报》采

2015年3月，民进市委在澧县大坪乡开展“文化惠民，同心共进”送戏下乡活动

用报全国政协。市委副秘书长杨鑫报送有关市城区“僵尸车”管理信息得到武陵新闻网、武陵手机报报道。市委委员刘凤姣报送《我市二次供水现状令人堪忧》被评为市政协社情民意信息三等奖。2015年，市政协农工党委员工作组被评为“先进委员工作组”，农工党市委被农工党省委评为“2015年度参政议政先进单位”。

社会服务。有计划地委派党内副高级以上职称医疗专家，于双休日在丝瓜井社区“同心·农工医疗咨询服务站”开展义务咨询，2015年度累计服务居民1200余人次。农工党市委建立“同心·农工心理健康咨询室”和“同心·爸妈在线爱心站”。出资3000余元购置图书100多册捐赠给丝瓜井社区。11月13日，农工党市委依托市一中医院支部、武陵总支和桃源支部，开展第27届“国际科学与和平周”活动，组织13名党员专家赴桃源县茶庵铺镇开展医疗咨询，共接诊400多人次，免费发放2.5万元常见病药品。

组织建设。2015年，农工党市委在市环境保护局发展一名党员，实现在环境资源保护领域党员发展零突破。在1月18日召开农工党市委六届八次全体会议上，农工党津市市委主委王双全同志被增补为农工党常德市第六届委员会委员、副主任委员。3月，农工党市委推荐卢昌怀等3名优秀党员，充实后备人才队伍。全年农工党市委推荐党员李莉、毕华分别担任安乡县和津市市公共资源交易中心党外副主任。3—5月，副主委杨健全被推荐参加中央社会主义学院第33期民主党派干部培训班学习，并评为优秀学员。9月，杨鑫副秘书长被推荐参加全省第18期民主党派骨干成员培训班，被评为优秀学员。9月，机关干部贾天洋参加农工党省委全省机关干部培训班学习。10月，党员陈腊年等参加全市党外代表人士创新创业研修班。11月，党员蹇军等参加全市党外知识分子培训班。12月，农工党市委组织18名近两年新加入组织的党员参加全市民主党派新成员培训班。

2015年7月13日，由农工党常德市委会机关干部贾天洋等人组成的农工党湖南省委会代表队在农工党中央“学精神、学党章、学党史”知识竞赛决赛现场。

自身建设。2015年5月1日，农工党市委网站正式上线运行。网站设置10个一级栏目和27个二级栏目。截至12月底，农工党市委在各级各类媒体刊发宣传稿件150余篇次，其中在农工党中央党刊《前进论坛》发表长篇经验推介材料2篇，在《常德日报》发表通讯报道10多篇。2015年，农工党市委被市政协评为“市政协新闻宣传工作先进单位”，被农工党省委评为“2015年度宣传工作先进单位”。农工党市委撰写《推进协商民主发展要进一步加强民主党派基层组织后备干部队伍建设》，被省委统战部和省社会主义学院评为2015湖南统战理论与实践创新论文优秀奖。专职副主委陈钰撰写理论文章《以民主党派内部监督推进协商民主发展》获省政协优秀理论研讨文章三等奖和市政协优秀理论研讨文章一等奖，并在《常德政协》全文刊发。3月，农工党常德市委组织党员缴纳“特别党费”，支持农工党“一干”会址维修和布展工作，全市农工党党员累计缴纳“特别党费”达1万余元。3月6日，农工党市委组织女性骨干党员开展“模范履职，双岗争优”专题座谈会，引导广大女性党员立足本职工作，参与党派工作，争做双岗履职创优模范，并通过推介宣传，树立女性党员优秀典型。（贾天洋）

**【开展“三学”知识竞赛】** 2015年，为纪念农工党成立85周年，农工党市委组织开展“学精神、学党章、学党史”专题知识竞赛。农工党市委选拔机关干部贾天洋等3人组成常德代表队赴农工党省委参赛，获得团体三等奖及优秀组织奖。贾天洋夺得全省个人赛第一名，作为湖南省队代表出战全国竞赛，并获得全国团体赛三等奖。农工党市委制作“三学”百题知识宣讲幻灯片并在农工党员中开展宣讲，成为全省学习范本。向全市农工党员发放“三学”知识竞赛试题，收回300多份寄往农工党中央。在问卷答题活动中，汪正健获全国“优秀个人奖”；陈钰、贾天洋、李颖平、王杨、朱华娟、张远华、谢菊仙、杨玲获全省“优秀个人奖”。农工党市委开展学习实践活动情况得到农工党省委和市委统战部高度评价，并被农工党省委确定为全省开展学习实践活动先进典型。相关经验推介材料得到农工党中央副主席龚建明、宣传部部长石光树批示并在农工党中央党刊《前进论坛》上刊发。（杨　鑫）

## 中国致公党常德市委员会

**【概况】** 参政议政。在年初召开的常德市政协六届三次会议上，致公党市委关于《挖掘常德人文历史，重塑文化旅游品牌》的提案被评为市政协优秀提案，并得到中共常德市委书记王群的亲笔批示。党员中的市人大代表、市政协委员在“两会”上的建言献策，受到与会人员的充分肯定。黄立新、黄明军、胡碧波被市政协评为优秀政协委员，黄明军、胡碧波还作为优秀委员典型在常德电视台委员风采栏目中播出。4月下旬，启动《关注海归新阶层，启动创新新力量》课题调研，得到政府及相关部门的高度重视和大力支持，形成调研成果。6月10日，组织政协委员和骨干党员，来到澧县城头山古文化遗址，进行为期一天的考察调研。7月18日，组织市委委员、支部主委、各工作委员会主任前往武陵区芦荻山乡天井港村就如何开发本地资源，发展乡村旅游进行专题调研，两次调研的成果均以社情民意的方式向中共常德市委、市政府提出建议。9月，完成《发展文化创意经济 助推产业融合转型》的调研，并作为政协全会的发言材料。市委办主任陈勇任撰写的统战信息《当前基层政府机构改革面临的“四大难题”》被中共湖南省委办公厅采用。另外，全年有5篇社情民意被市政协采用。把民主监督寓于参政议政和社会服务中，10名党员担任了政府部门的行风监督员，市委委员黄立新还在市政协组织的民主监督大会上作评议发言。

社会服务。积极参与“四同创建”。11月21日，市直二支部组织党员到武陵区新坡社区看望慰问社区的老年朋友；同时，与社区负责人签订创建“同心社区”的协议，并举行挂牌仪式。11月26号，由武陵支部、府坪街道共同主办的文化惠民文艺演出暨“同心示范社区”授牌仪式在高山街社区举行。12月1日，市委为武陵区丝瓜井社送去1000册图书。微博助学形成品牌。由市委社会服务工作委员会主任祝安顺牵头，其他党员和社会爱心人士积极配合，通过微博微信等方式，先后筹资300多万元，在5个区、县资助1000多名贫困学生，形成了一个较有影响的社会服务品牌。6月26日，湖南“一家一”助学就业—同心温暖工程“致公微善风班”在民主党派湖南省委机关会议中心正式签约。9月18日，湖南“一家一”助学就业—同心温暖工程“致公·果市多班”在常德签约。12月4日，致公党中央社会服务专委会一行10人，在致公党中央社会服务部部长李万通的率领下，到常德进行了为期两天的调研。调研组领导和专家对常德的社会服务工作特别是“微博助学”给予了充分肯定。市委社会服务工作委员会主任祝安顺，因此被致公党中央评为“中国致公党扶贫开发工作先进个人”。文化特色充分显现。3月30日，市直一支部组织送文艺下乡活动，为鼎城石板滩镇的老百姓送上了一台丰富的文艺节目。党员孙一容经常深入学校、机关、社区进行国学知识讲座和礼仪培训；党员李其臻、郭飞翔、蒯弈池定期进行书法艺术讲座；党员黄明军长期将自己收藏的艺术品免费公开展出，社会反响很好。

海外联络。4月中旬，市委召开海归人员座谈会，建立海归和海外留学生工作台账。完成关于青年海归创新创业的课题调研。9月15日，市委接待来访的马来西亚代表团。党员张颂、黄明军利用因公出差或省亲的机会，与美国及东南亚地区的洪门兄弟广泛联谊，开展文化、经济合作与交流。

自身建设。通过主题活动，提高党员的政治思想水平。3月6日,市委以“健康生活，幸福人生”为主题，组织全体女党员，举行了一堂女性健康知识讲座。5月1日，致公党市委与常德市东方红博物馆联合举办“铭记历史，启示后人”专题展览，展出抗战实物及史料500余件。此次展览受到社会的广泛关注,中央、省、市各大媒体进行了报道。6月24—28日，组织市委委员、支部主委、工作委员会主任和机关干部，赴西柏坡、延安等地进行为期5天的“踏访革命圣地，传承致公精神”中国特色社会主义学习教育活动。7月25日，以“磨炼强健体魄，培养团队精神”为主题，组织全体党员，在汉寿清水湖户外拓展基地进行为期一天的拓展训练。此外，通过多种形式，组织学习中共十八届五中全会和中央统战会议精神，开展致公党党史知识竞赛。通过教育培训和文化建设，提高党员的综合素质。先后选派12名党员参加省、市组织的各类学习培训。同时，根据党员的不同爱好和需求，成立致公书画院和摄影、朗诵等兴趣小组，定期开展活动。1月31日，举办常德市致公书画院成立暨首届书画作品展，省、市相关领导及书画家代表共计200多人参加了活动。这些由党内书画家和特聘书画家精心创作的110幅作品，题材广泛，格调高雅，具有鲜明的传统特色和时代特征。4月11日，组织“翰墨春韵”书画笔会。笔会由常德市致公书画院具体承办，来自全市各个行业的近20名书画名家和书画爱好者应邀参加了活动。5月5日，市委学习宣传工作委员会在常德诗墙公园激情广场举行“青春追忆——汪国真诗歌朗诵会”，近1000名诗歌及摄影爱好者前来观摩指导。10月31日，选送20幅书画作品参加致公党省委为庆祝中国致公党成立九十周年举办的“致力为公，侨海报国”书画作品展。11月20日，为庆祝建党九十周年，由市委学习宣传工作委员会承办的第四届“夏青杯”朗诵大赛常德选拔赛颁奖典礼暨“诗国长城”朗诵会在市文化馆举行，党员朗诵爱好者和社会各界人士500多人参加了活动。通过强化宣传，提高党派的社会影响。2015年，先后有180多篇工作动态报道、理论文章和社情民意在省、市各级网站或报刊发表，完成7篇纪念中国致公党成立九十周年散文征稿和基层组织建设专题调研，其中“奉献”获得省级二等奖并在《中国致公》发表。“参政党作用发挥要铸坚四个支撑点”和“推进人民政协制度建设浅谈”两篇文章在市政协理论研讨文章评比中分别获得二等奖和三等奖。通过制度建设，强化市委和支部的工作职能。充分发挥市委的主导作用和支部的主体作用，按章办事，依规管理，形成了一个良好的工作机制和管理体系。同时，把好新党员入口关，确保队伍的整体素质。市委精心策划指导、各支部认真组织，基本完成支部换届工作。（陈勇任）

# 九三学社常德市委员会

【概况】 2015年，九三学社常德市委被九三学社中央评为“2011—2015年全国社会服务工作先进集体”；“2014—2015年度全国参政议政先进集体”；刘寅初被评为“2014—2015年度全国参政议政工作先进个人”；呙滨辰、李湘被评为“九三学社全国优秀社员”；肖超银被评为“九三学社全国优秀社务工作者”。社市委被九三学社湖南省委评为“社务工作先进单位”；九三学社常德市鼎城支社、九三学社常德市经开区支社被评为全省“先进基层组织”；邓正春、刘寅初、刘俊、刘洋、肖勋伟、吴平安、张全丰、曾潜等8名社员被社省委评为优秀社员，呙滨辰、肖江华、肖超银、李湘、覃事玉、易萍、刘新兆等7名社员被社省委评为“先进社务工作者”。

参政议政。2015年，在政协常德市第六届委员会第三次会议上，九三学社的政协委员共提交20件提案。《破解企业科技创新难题，强力助推“1115”工程》的集体提案在大会上作口头发言，并被选为重点督办提案。6月23日，朱传宏主委带队前往常德市科技局督导《关于破解企业科技创新难题，强力助推“1115”工程的提案》（044号）的办理情况。7月14日，朱传宏主持召开常德市政协第314号提案督办会，对《关于在常德市建成区禁止机动车鸣喇叭的提案》办理落实情况进行督办，以常德市政协九三学社工作组名义向全体市政协委员发出《关于践行江北城区“禁鸣”规定》的倡议书。围绕环洞庭湖湿地保护、农民职业教育培训、畜禽养殖污染治理开展专题调研，形成《常德市湿地保护调研报告》《紧贴市场抓培育，精准发力求实效》《关于畜禽养殖污染治理的几点建议》三篇调研报告。11月9日，赴常德市旅游外事侨务局专题调研常德市旅游公路建设，并在中共常德市委召开的征求党外人士“十三五”规划座谈会上进行专题发言。配合九三学社省委调研组到汉寿县考察调研粮食生产工作。11月26日，湖南省政协副主席、九三学社湖南省委主委张大方前往汉寿县、西洞庭管理区调研农村电商平台建设工作。全年完成政协理论调研文章2篇。撰写10篇政协新闻宣传稿件。

民主监督。7月8日，到鼎城区、桃源县开展畜禽养殖污染治理考察活动。先后到鼎城区畜牧水产局、桃源县畜牧水产局、常德市晟源家禽饲养有限公司、三尖牧业公司，听取畜禽养殖部门和有机肥生产企业对养殖污染治理工作的情况介绍。9月15日，常德市委统战部副部长李学明带领九三学社常德市委机关干部前往市科技局开展对口联系工作交流活动。

社会服务。2015年，九三学社市委把河洲甲鱼养殖专业合作社作为同心项目予以申报，6月30日，朱传宏主委对项目创建进行考察调研。7月1日，市委统战部副部长杨帆考察河洲甲鱼养殖专业合作社。该项目被评为常德市级同心项目。10月21日，九三学社常德市武陵区支社首个“同心示范社区”在武陵区府坪街道百街口社区正式挂牌成立，并在社区举行敬老爱老系列活动。与石门县委统战部、鼎城区委统战部联合，把石门县壶瓶山镇杨家坪村、鼎城区逆江坪乡湖江坪村作为同心乡村创建村，6次前往这两个村进行考察调研，并多次与九三学社湖南省委、省卫计委、省扶贫办衔接，为两个村的卫生室改造、道路硬化、产业发展等争取35万元的项目资金。在市委统战部的同心工程创建考评中，鼎城区逆江坪乡湖江坪村被评为市级同心乡村。积极开展“一家一”同心温暖工程活动，2015年10月30日，“九三·军成班”“九三·龙行天下班”分别在常德市工业学校、桃源县职业中专隆重开班。时任中共湖南省委统战部副部长、湖南中华职业教育社副主任崔永平，常德市委常委、组织部部长、统战部部长雷绍业，九三学社省委专职副主委王仁祥等领导出席开班仪式。两个班共100名贫困学生每人每年将获得生活费资助2000元，共享受两年资助。全年共开展“九三讲堂”活动12次，服务群众2000人。3月22日，九三学社常德市经开区、常德市职业技术学院支社到汉寿县东岳庙乡綦桥村开展送科技送医送药活动，捐赠科技书籍600余本，价值4000余元。4月8日，九三学社鼎城支社到鼎城区逆江坪乡湖江坪村开展农业技术服务下乡活动，发放技术资料100多份。5月20日，市政协文史委九三工作组，组织九三学社医卫专家前往西洞庭管理区东湖村开展送医送药送科技下乡服务基层活动。活动免费发放价值2000余元的药品、200余份医药卫生宣传手册。专职副主委刘寅初为该村养殖户进行“养殖池塘水质管理”的专题讲座。8月1日，组织社会服务工作委、参政议政委、民主监督委、医药卫生界社员前往桃源县黄石镇金洪村开展送医送药活动。9月18日，九三学社常德市鼎城支社组织医卫人员赴鼎城区逆江坪乡湖江坪村开展送医送药活动，九三学社常德市委捐赠一台电视机。10月16日，农业支社、常德市职业技术学院支社前往临澧县修梅镇顺水村开展送科技送医送药活动，免费发放价值5000元的药品，发放农业科技资料书籍500余份。11月15日，九三学社常德市一医院支社前往鼎城区逆江坪乡开展送医送药下乡活动。10月12日、10月18日，九三学社市委两次前往桃源县沙坪镇兰坪村开展“一进二访”活动对接，走访兰坪村的特困户，并送上4000元慰问金和生活物资。10月18日，九三学社土木支社、桃源县支社前往桃源县漳江镇敬老院开展献爱心慰问活动，为孤寡老人们送上五万元慰问金和慰问物资。

组织建设。3月21日，九三学社常德市委召开市委扩大会议，研究部署基层支社换届工作。下发《关于2015年基层组织换届工作的方案》及《基层组织换届工作程序》。4—6月，10个基层组织成功完成换届选举工作。6月10日和7月30日，九三学社常德市第一中医院支社和九三学社桃源县支社分别召开成立大会，选举产生新一届支社班子。全年发展15名新成员。选派2名社员赴人民大学参加由社省委组织的培训班。选派1名社员参加社中央举办的第一期专

2015年7月30日，九三学社桃源县支社召开成立大会

职干部培训班。4名社员参加为期两个半月的常德市党外科级干部培训班。8名社员参加湖南省社会主义学院组织的统战理论研修班。选派4名成员赴北京大学参加非公有制经济人士培训班。13名社员参加民主党派新成员培训班。

社务活动。2月7日，九三学社常德市委召开2014年度工作总结暨参政议政座谈会。2月10日，朱传宏主委带领机关工作人员向社内70岁以上的老社员进行春节走访慰问。3月10—12日，社市委承办九三学社湖南省委2015年全省社务工作座谈会。3月24日，组织举办《现代女性形象礼仪》专题讲座。10月20日，组织老社员游览柳叶湖。7月5日，举办"社史教育和基层组织工作研讨会"，邀请九三学社湖南省委专职副主委王仁祥、参政议政处处长吴国寰为社员授课。8月26日，在中国人民抗日战争暨世界反法西斯战争胜利70周年及九三学社建社70周年来临之际，九三学社常德市委隆重举行表彰暨文艺晚会。会上，九三学社湖南省委副巡视员曾水平为常德九三学社颁发"全国社会服务工作先进集体"奖牌和证书；九三学社常德市委副主委肖江华宣读《九三学社常德市委关于表彰2011—2015年优秀社员的通报》，27名优秀社员上台领奖。14个由常德九三社员精心编排的节目上演。11月11—14日，组织社内市委委员、支社主委、各工作委员会主任前往重庆市、贵州省遵义市开展学习交流活动。

（毛　武）

## 常德市工商业联合会

**【概况】** 教育培训。引导广大非公有制经济人士"守法诚信、创业创新"，联合常德日报传媒集团，打造"守法诚信、创业创新"专栏，对周泽猛等23人非公有制经济代表人士进行集中宣传，营造"守法诚信、创业创新"氛围。构筑社会信用体系建设，将诚信作为新会员入会、评优评先、政治推荐等重要考核依据，并严格落实"一票否决"制度。举办全市非公有制经济论坛，周德睿市长与6名非公有制经济代表人士现场对话非公有制经济。依托华青大讲堂，组织800多人次参加朱翔教授主讲关于《环长株潭城市群现状及新常态经济形势下湖南发展机遇》、模世能《企业转型升级模式》、王建国教授主讲的《关于商业模式创新》等专题报告会，帮助企业提升适应新常态、转型创新的能力。组织举办全市商（协）会助力新创业建设新常德工作研讨班，聘请知名专家学者为学员授课。

服务发展。在2015年非公有制经济论坛上，市领导和有关部门负责人与非公有制经济人士现场交流，启迪非公有制企业的发展思路，坚定发展信心。拓展银企合作，推进银行和商会对接，成立长湘汇基金，缓解会员企业融资难问题。联合市委组织部、市人社局，主办以"帮人才就业，促民企发展"为主题第十一届民营企业大型人才交流会，共组织112家民营企业进场招聘，提供就业岗位4024个，促进人才就业。开展"服务基层月"和"百家部门联百企"活动。5月份成立服务企业领导小组，制定服务基层月活动方案。深入到联嘉机械、和平生物、梅林果业、中南能源等10家企业进行走访调研，协调市财政、环保、质监、农业等部门负责人到企业现场办公4次，帮助企业解决实际困难和问题12个。召开市工商联"同心乡村"建设村企对接座谈会，示范村、市委驻村工作组、市工商联会员企业代表60人参加座谈。协助市工商联直属四分会开展"同心·丝瓜井社区"建设，建立爱心超市；协助市工商联直属二分会、五分会、常德市福建商会和常德市装饰建材行业协会牵手白鹤山太阳谷三村（肖伍铺、郑家河、梁山村），组织推进"同心乡村"建设对接座谈和实地考察活动，募集项目资金12万元。参与市委统战系统的"书香社区"建设，为对口单位丝瓜井社区送去图书捐赠款2000元。"两会"期间，市直工商联会员共提交提案、建议100多件。《加大外经外贸外资工作力度 促进我市开放型经济快速发展》《关于切实加强我市林地保护的建议》等集体提案被列为市政协重点督办提案。在政协六届三次全会上，《关于开展民间资产经营破解中小微企业融资难题》大会协商发言。全年组织外出招商考察5次，参加市委、市政府组织招商活动3次，考察走访商会、企业10多家。湖南和立东升实业集团有限公司在鼎城投资5亿元高新物流园项目、湖南给力新能源集团有限公司投资3.5亿元生物质发电项目已签约或部分签约。开展"一进二访"活动。两次组织干部深入到联点石门县水晶庙村进行实地走访。引导广大非公有制经济人士致富思源、回报社会。1月2日，组织100多名会员在澧县举办爱在澧州慈善晚会，现场捐款10多万元。春节期间，常德市福建商会出资500万元建立医疗慈善基金，出资100万元捐助养老院，出资20万元给教育局捐资助学。全年全市非公有制经济人士共捐赠各类资金近1000万元。

非公有制党建。2015年，新组建非公有制经济党组织437家。截至2015年年底，全市非公有制经济组织基层党组织1236家，实现应建尽建。推进党工委机构向基层覆盖，共有75个乡镇建立非公有制党建工作机构。以党建工作指导员制度为依托，采取"一对一""多对一"方式，建立联系点28家，并选派697名党建指导员，联点672家非公有制企业，建立党建工作台账，对非公有制党建工作实行动态跟踪管理。6月12日，召开全市非公有制党建工作先进典型报告会，报告会采用VCR、PPT展示、报告人主讲、展示板造势、发放经验材料等举措进行，市委常委及各界代表800人参加会议。"七一"期间，与市委组织部共同组织庆"七一"非公有制党建工作图片展。在非公有制企业开展"五比五看""解难题·促发展"活动，帮助企业排忧解难170余件，为员工解决实际问题500余个，化解各类矛盾纠纷200余起。全年举办2期党组织书记、党务专干培训和3期非公有制企业出资人培训，共计700余人参加学习。

自身建设。开展"三严三实"专题教育，严格按照时间节点和要求做好教育动员部署、专题党课、专题学习讨论及专题民主生活会和组织生活会。对文山会海、"三公"经费开支、评比表彰活动、机关作风建设等开展专项整治。完善《工商联内部管理制度》。全年共发展会员670名，基层组织7个，行业商协会5家。重新调整分会会长、秘书长，指导区县（市）更新全国工商联组织数据库系统，完成会员组织统计系统的统计上报工作。印发《市工商联组织工作绩效评估方案》和《市工商联会员工作绩效考评细则》，出台《关于加强和规范异地商会和行业协会工作的意见》。举办异地商会、行业协会会长、秘书长培训班，指导商协会完善工作责任、内部管理及各项规章制度。协助常德市建筑节能防水保温材料行业协会完成换届和常德市江苏商会成立工作。（肖　海）

**【举行2015年非公有制经济论坛】** 2015年2月6日，市工商联在芷园会堂举行全市非公有制经济论坛。市委副书记、市人民政府市长周德睿，市委常委、市委组织部部长、统战部部长雷绍业，市人大常委会副主任王孝山，市人民政府副市长沈习森，市政协副主席、市工商联主席陈伟俊，市委统战部副部长、市工商联党组书记、市非公党工委书记鲁晓凤等出席会议。组织部、宣传部、统战部、发改委、经信委等市直各部门相关负责人，各区县（市）工商联主席、党组书记；市工商联直属会员、直属商协会会长、秘书长、直属会员单位党委各支部书记参加会议。（肖　海）

**【召开全省创新创业先进典型巡回报告会暨全市非公有制党建工作先进典型报告会】** 2015年6月12日上午，全省创新创业先进典型巡回报告会、全市非公有制党建工作先进典型报告会，在市工人文化宫举行。市委书记王群，市委副书记、市长周德睿，市委副书记宋冬春，市人大常委会主任刘明，市政协主席李爱国，市委常委、组织部部长、统战部部长雷绍业，市委常委、常德军分区司令员董正武，市委常委、市纪委书记李挚，市委常委、常务副市长朱水平，市委常委、市委秘书长黄清宇，市委常委、宣传部部长唐贵平，市政协副主席、市工商联主席陈伟俊，市委统战部副部长、市工商联党组书记、市非公党工委书记鲁晓凤等出席报告会。社会各界人士共800多人参加会议。省创新创业巡回报告团一行，由省委统战部副部长、省工商联党组书记、省非公党工委书记汤新华，省工商联党组成员、副主席、省非公党工委副书记陈宏忠带队到常德市作巡回报告。全市共有8场巡回报告会，其中市本级1场、县市区7场。（肖　海）

2015年7月14日，常德市商（协）会助力新创业建设新常德工作研讨班开班

**【全市（商）协会助力新创业建设新常德工作研讨班正式开班】** 2015年7月14日，全市（商）协会助力新创业建设新常德工作研讨班在市委党校举行开学典礼，全市各（商）协会会长及行业代表、市工商联全体干部职工60余人参加开学典礼。市委常委、组织部部长、统战部部长雷绍业出席开学典礼并作重要讲话，市政协副主席、市工商联主席陈伟俊，市委统战部副部长、市工商联党组书记、市非公党工委书记鲁晓凤出席开学典礼。研讨班聘请省社会主义学院、市社会主义学院专家教授授课，学习内容包括中央统战工作会议精神解读、克强经济学与新常德新创业、新形势下商协会工作开展、以文化创意推动经济发展转型等多个部分。（肖　海）

**【北大董事长研修班到常德参观考察】** 2015年10月15日，由市工商联

主办、常德玖和实业承办“北大董事长研修班牵手常德企业家”培训联谊活动举行。活动邀请博雅商学院于宝刚老师为北大PE（私募股权投资）总裁班16班学员、常德本土知名企业家讲授《企业投融资》课程。市委统战部副部长、市工商联党组书记、市非公党工委书记鲁晓凤致欢迎辞。市人大常委会副主任肖燕芳、市人民政府副市长匡加才、博雅商学院教授于宝刚、玖和实业董事长刘清为北京玖和股份投资基金管理有限公司揭牌。北大董事长研修班在常德开展为期4天游学活动，学员们与本土企业家进行交流学习，考察常德投资发展环境，参观常德“三馆三中心”、常德诗墙等，并筹资9.8万元善款用于资助常德市特殊教育学校贫困学子。（肖　海）

## 常德市总工会

**【概况】** 2015年，常德市总工会实施“四送”帮扶、职工医疗互助、社会购买技能培训服务、示范性乡镇职工文化活动广场创建、心理咨询室创建、母婴关爱室创建等系列普惠服务活动，投入帮扶资金1300万元，帮扶救助职工2万余人次，动员14万名职工参加医疗互助活动，通过购买式服务培训困难职工和农民工1807名，创建省市级心理咨询室3个、省级母婴关爱室5个。2015年全市建会企事业单位劳动竞赛覆盖面达87.9%，职工参与率达到84%，44名职工被评为全国或省级劳模，21名职工被授予最美班组长（提名奖）称号，1570名职工参加技能竞赛；开展农民工入会集中行动、职工工资集体协商春季要约行动，推动市人大开展《工会法》执法检查，全市工资集体协商覆盖企业4922家，职代会建制率国有企事业单位达100%、规模以上非公有制企业达78%。（沙永恒）

**【“常德故事百姓讲—劳模讲坛”活动】** 2015年8月市总工会、市劳模协会和市委宣传部联合在文化宫举行“常德故事百姓讲—劳模讲坛”活动。市委副书记徐正宪，市委常委、组织部部长雷绍业，市委常委、宣传部部长唐贵平，市政府副市长沈习森，市正厅级干部、市总工会主席石成林，市劳模协会会长钟华山出席活动。深山“电骡子”覃道周、冲锋在文明创建一线魏云、农民致富带头人赵安林、屡克技术难关张远军、行走乡间平凡路乡邮员钟子进、身残志坚热心公益吴光清、白衣圣手吴吉明、装扮青山绿水陈章波，8位劳模讲述自身事迹。（沙永恒）

**【农民工集中入会行动】** 2015年，在建筑、物流、美容美发、物业管理、装饰建材、建筑材料、钢材等行业，开展集中入会行动。截至2015年年底，已建立市直行业工会联合会7个，共涵盖会员单位706个，拥有会员职工33250人，其中农民工占87%。（沙永恒）

**【2015寻找“最美班组长”活动】** 2015年，市总工会在全市范围内组织开展“中国梦·劳动美—2015寻找‘最美班组长’”活动，通过“寻、评、展”，从参加活动1800多个基层单位中产生19名优秀班组长，其中常德金鹏印务有限公司设备动力部保障班冷空班长汪盛宏等10人被授予“常德市最美班组长”称号。（沙永恒）

**【“金秋助学·大兵义演”首站巡演】** 2015年8月14日，由省总工会主办、湖南电台News938潇湘之声、湖南笑工场青年相声俱乐部共同发起，市总工会、市双联办承办“2015金秋助学·大兵义演”公益活动首站巡演，在常德市工人文化宫拉开帷幕。活动共募集善款974.8万元。（沙永恒）

**【基层工会低限运转保障工作】** 2015年，市总工会探索建立基层工会低限运转保障机制。在市直建立机关工会联合会和行业工会低限运转保障机制。对市直每一个工会联合会和行业工会每年给予20000元基本工作经费，并按其所属基层工会数给予300元/年·家补助。派驻2名社会化工会工作者协助工作，基本工作经费和补助金的拨付与年终考核挂钩。在澧县、桃源县开展乡镇（街道）工会联合会低限运转保障机制试点。（沙永恒）

**【“互联网+”职工培训工作】** 2015年市总工会依托常德市职工教育联合会，围绕职工就业创业培训，借助网络平台，整合线下培训资源，探索“互联网+”式服务，实现线下线上有效互动。建立中南职教网和中南职教微信平台，网站具备在线课堂，点对点视频教学，职工书屋，职工培训在线报名，以及培训需求搜集等多项功能。市总工会组织企业管理、心理疏导、钳工、焊工、茶艺、插花、女性健康等多种订单式培训，参与培训近1000人。（沙永恒）

**【单身职工联谊活动】** 2015年市总工会为单身职工业余文化生活，营造“愉快工作，健康生活”氛围，建立交友平台，通过基层工会集体报名方式，组建文学类、茶艺插花类、篮球乒乓球及羽毛球类、书画摄影类、户外活动类、棋牌类六个职工文体活动兴趣小组，有300多名职工申请参加。（沙永恒）

## 共青团常德市委

**【概况】** 2015年，共青团常德市委荣获“省共青团工作先进单位”“省三下乡社会实践活动先进单位”“省争戴两型章、争创两型中小队活动优秀组织奖”“市综治工作先进专项组（预青专项组）”“市扶贫开发优秀后盾单位”等荣誉称号，被评为“市级文明单位”“市绩效考核良好单位”。

投身经济社会建设。开展以感受城市、大学生志愿者暑期“三下乡”“希望工程青少年书屋”援建、“大爱有家”关爱事实孤儿、培养农村青年致富带头人等为主要内容的“青春作伴”服务农村扶贫地区青少年行动；履行市委驻桃源县龙潭镇丁家坊村扶贫工作组组长单位职责，开展“一进二访”活动，全面完成驻村帮扶工作任务。成立市青年创业协会，建立市级青年创新创业示范园区5家、县级9家；举办第一届常德市青年创新创业大赛，开通“V5创客”微信公众服务号，为200多名在常青年创客在资金、政策、场所、团队等方面提供有效服务。以服务“一城五片”建设为重点，广泛开展“学田工”便民服务、“青春治水”河道保洁公益环保、“小手牵大手”城市文明等志愿服务活动，覆盖城区70个社区，受助家庭达2000户。

服务青年成长。开展“奋斗的青春最美丽”“最美青工”等主题实践活动，举办“我的中国梦”主题分享活动30余场次、“与人生对话”报告会近225场次，覆盖在校学生20.5万人；打造“常德V青年”等新媒体互动平台，覆盖全市1.1万多个团支部，粉丝关注数达10多万人。策划“绿动常德”“亲亲常德·公益快闪”“禁毒微公益短片首映礼”等时尚化活动，仅“亲亲常德”快闪活动网络点击量就突破300万。服务重点青少年群体。加大“希望工程”“微益中国”“关爱农民工子女”等公益性帮扶活动力度，市本级共募集助学资金183.1万元，资助贫困学生2310人；深化“共青团与人大代表、政协委员面对面”活动，围绕关爱留守儿童、关注青少年心理健康教育、青年创新创业等主题开展53次倾听活动，完成人大、政协主办（会办）提案9个。

自身建设。学习宣传贯彻中央、省委党的群团工作会议精神，扎实开展“三严三实”专题教育和“团干部如何健康成长”大讨论活动，分批次培训团队干部300多人；制定《加强和改进调查研究工作的实施方案》，开展“走进青年、转变作风、改进工作”调研活动，推动2306名团干部成为注册志愿者并与服务对象结对子；争取团中央、团省委各项扶持工作经费80多万元，督促保障乡镇街道团组织每年2万元工作经费的落实；实施“伙伴计划”，重点对大爱微行等10多个公益慈善类青年社会组织进行扶持，启动武陵区团组织网格化管理创新试点工作；举办全市少先队辅导员培训班，领办省级少先队课题1个；市青少年活动中心正式开园，开展“朋友圈”青年交友、“青年之声—青少年成长大讲堂”等一系列活动。（孙鹏骑）

2015年9月23号，举行第一届常德市青年创新创业大赛总决赛

**【举办第一届常德市青年创新创业大赛】** 2015年8月10日联合市网宣办、经信委、财政局、人社局、农委、银监局等部门共同启动第一届常德市青年创新创业大赛，300多位常德青年创客报名参赛。通过初赛、复赛，9月23日，在武陵区委礼堂举办总决赛，市委副书记徐正宪出席并鸣锣开赛，市政协副主席敖建斌等领导颁奖，并对获奖的创业项目给予30万元奖金以及融资、入园等创业支持。（孙鹏骑）

**【开展“青春作伴”服务扶贫地区青少年行动】** 2015年“六一”期间邀请23名事实孤儿、特困青少年来市区开展感受城市、畅游水世界等系列活动；7月11—20日，组建21支大中专学生暑期“三下乡”服务队奔赴点村集中开展为期约10天的学业辅导、自护教育、科技支农、关爱帮扶等志愿服务，为13个重点扶贫点村捐赠“希望工程青少年书屋”，为1112名中小学生免费赠阅至少一年的课外辅导期刊。创作拍摄公益宣传短片，开展“青春作伴·爱的远行微电影”“青春三下乡·集赞有礼达人评选”等微信互动活动。（孙鹏骑）

**【常德市青少年活动中心开园】** 2015年12月18日，常德市青少年活动中心正式开园，市委常委、副市长卢武福宣布“三中心”正式开馆，副市长陈华致辞介绍“三中心”基本情况。中心位于白马湖“三中心”西侧1—3楼，系团市委下属正科级事业单位。中心设有青少年综合服务平台、禁毒宣教馆、攀岩体验馆、未来工程师俱乐部、青少年艺术团、青少年书画中心、青少年校外俱乐部等活动项目，是全市目前最大的青少年校外活动场所。（孙鹏骑）

## 常德市妇女联合会

**【概况】** 助学帮困。整合个人、企业、社会团体、各界爱心人士等资源，长期开展结对助学活动，继续做大“德行助学”“好好成长”“春之霖”等一批助学品牌，社会反响良好。2015年，全市各级妇联组织共长期结对资助贫困儿童3960人，救助资金1503万元。争取“母亲水窖”安全饮水项目、中国儿基会“侨爱心工程”儿童弱视专项基金、中国红十字会“天使阳光”基金、“智善”基金、“生命绿洲”基金与农村妇女儿童需求对

接，提供物资帮助折款 300 多万元。实施农村妇女“两癌”免费检查项目，免费普查两癌妇女 119683 人，救助两癌特困妇女 37 人。

家庭教育。4 月成立了常德市家庭教育协会并举行第一届年会，并在全市开展“科学家教进家庭”活动 160 场次。举行全市家庭教育教学比武活动，33 名讲师竞技 17 人获奖，2 堂课程入选全省 10 堂精品课程之列。全市建立各类家长学校 585 所，并根据城乡特点因地制宜开展家教活动。以“和平、梦想、快乐、飞翔”为主题，举办常德市首届亲子文化节暨中国—东盟国际文化少儿艺术节少儿才艺大赛常德选拔赛；选派 31 名儿童赴北京游学，参加中华社会救助基金会主办的第五期“幸福列车”活动，《人民日报》、凤凰卫视等全国 29 家知名媒体全程报道。

维权服务。协调妇儿工委各成员单位完成《2011—2015 市妇女儿童发展规划》评估验收，91 项指标有 83 项指标达标验收，达标率 91.2%。婚调工作经验在全省发言，纳入市平安家庭综治考核打分项目并新增试点 2 个，全国、省级 11 家媒体代表团到常德市专题采访，全国妇联权益部副部长张彦红到常德专题调研。作为全省唯一试点地，主办儿童家庭暴力强制报告和及时应对机制项目，启动 9 部门联动机制，召开 3 场研讨会，开展 3 次反家暴培训。11 月，全省首个市级家暴危机干预中心在常德挂牌。开展反家暴宣传和问卷调查 2 万份，举办“禁毒乡村行”主题活动和“家庭律师社区行”宣讲活动 30 场。

妇女发展事业。举办“春风送岗位”活动提供女性就业岗位 252 个，724 名妇女达成就业意向。全年为女性创业发放小额担保贷款 514 笔金额 6438 万元，带动就业 2871 人。举办 3 期妇女手工编织技术培训班、5 期月嫂培训班，提高妇女居家就业能力。举办“我创业·我美丽”女大学生创业指导报告会。推树 5 个全国巾帼文明岗、3 名全国巾帼建功标兵、1 个全国巾帼建功先进集体、1 个全国巾帼农业科技示范基地、1 个全省创新创业先进典型。评选出市级巾帼文明岗 20 个。

宣传工作。纪念男女平等基本国策颁布 20 周年开展大型宣传活动。各区县妇联都建立了微信平台，成为弘扬女性文化的重要载体。举办“常德女性讲故事”活动、邀请清华大学孙金宇教授来常德讲授心灵力量学活动、历经 5 个月寻找三个“最美”活动。围绕市委、市政府“美丽乡村·完美社区”建设，大力开展志愿服务活动，举办广场舞大赛、九子鞭大赛、土家摆手舞大赛、秀美庭院摄影大赛、礼仪形象讲座共 230 场次。

阵地和队伍建设。创建省市级“妇女之家”示范点、留守儿童关爱示范点、留守妇女关爱示范点 30 个。10 月常德市妇女儿童发展中心建设工程全面竣工，12 月正式开馆。积极开展“走基层、访妇情”大型调研活动。推荐女干部到北京、上海、云南等地高校和省委党校培训，迎接台湾妇女联合会一行到常德交流考察。开办女干部舞蹈班、合唱班、道德讲堂。（易红庆）

微善风助学桃源见面会现场

**【常德市妇女儿童活动中心开馆】** 常德市妇女儿童发展中心位于白马湖公园“三中心”（妇女儿童发展中心、青少年活动中心、科技馆）西侧三、四、五楼。建筑面积 11026.69 平方米，使用面积 7908.18 平方米，是常德市的妇女儿童公益活动场所，是全市妇女儿童事业重要的素质培训基地、文体活动基地、对外交流主要阵地，于 2015 年 12 月 18 日正式开馆。三楼暂未对外开放，中心四楼 I CAN（艾肯）梦想城儿童职业体验馆是湘西北首家儿童职业体验教育基地和室内青少年素质拓展中心，是按照真实世界打造的缩微版儿童王国，是为 3—15 岁儿童提供职业体验的快乐成长乐园。体验馆涵盖政府职能、爱国主义、交通运输、医疗卫生、民生服务、文化艺术、娱乐休闲等 8 大职业系统，可体验 80 余种社会职业。中心五楼是家庭教育指导中心，设“12338”家庭教育和维权热线、家政服务中心、妇女手工编织活动室、女子会所、常德市中外女性作品图书馆、家长学校。（易红庆）

## 常德市文学艺术界联合会

**【概况】** 2015 年，武陵区文联、澧县文联荣获湖南省文联系统先进县区（市）文联，常德市文联刘琼华同志荣获先进个人。

文艺创作。2015 年，全市发表、出版、展演各类文艺作品近 10000 件（部），其中出版文学专著 50 多部，获奖作品数十件。陶少鸿、阿满、卢年初、恨铁、刘少一等多名作者的作品分别发表在《当代》《民族文学》《小说月报》《四川文学》《芙蓉》《诗刊》等全国高级别刊物上。向未、邓朝晖、谈雅丽、伍中正等文艺家分别获全国、省高级别大奖。向未组诗《古寺入秋》、赵峙短篇小说《戏里戏外》获 2015 年第三届“潇湘杯”网络文学创作大赛一等奖，谈雅丽组诗《方圆百里》获《星星》举办的“记住乡愁”全国诗歌大赛二等奖，邓朝晖组诗《沅江词》获第五届中国红高粱诗歌奖，恨铁的中短篇小说集《灯草花儿黄》入选“毛泽东文学院精品文丛”；王农鸣的长篇小说《危机深处》，楚梦的长篇小说《邪雨》，阿满的短篇小说集《窨子屋的女人》，卢年初散文集《从乡村到城市一路疼痛》，张天夫的散文集《天不在意》，诸柏林散文集《春风临窗》，婉艺的《请相信，你配得上世间的一切美好》，向未的诗集《木棉袈裟》，周友恩的《德祖善卷》，均已出版。杨亚杰等一批常德诗人应邀加入国际华文微诗群，用微诗宣传常德。

文艺活动。常德市文联举办“中国壁画第一山”专家论证会。3月27—30日，邀请全国有影响的壁画艺委会专家对能否将太阳山建成“中国壁画第一山”进行可行性论证。专家们在参观常德文化旅游景点、听取各文化产业园的汇报后，建议将“建设中国壁画第一山”设想改为打造“中国壁画之都”，并对怎样建设“中国壁画之都”提出具体操作方案。9月19—25日，由湖南省报告文学学会、常德市文联、常德市作家协会和常德市中外女性作品图书馆联合举办的“百名作家看常德”大型文学采风暨读书活动在常德举行。9月20日上午，中国作协鲁迅文学院常务副院长李一鸣、副院长王璇和湖南省作协副主席梁瑞彬、毛泽东文学院院长游和平以及全国各省市近百名作家参加启动仪式。作家们参观常德城区丁玲纪念馆、诗墙公园、抗日烈士纪念碑等文化旅游风景区。湖南省作家协会副秘书长、省报告文学会常务副会长、国家一级作家余艳女士作报告文学创作方面的讲座。2015年市文联选送熊福民、余小英、乔雪苞、罗霸道到湖南省毛泽东文学院中青年作家班学习，推荐中国书法家协会会员“兰亭奖”获得者陈华到中国文联中青八班学习。推介宋庆莲的长篇儿童文学《蓝三色水珠》和谈雅丽的散文集《沅水第三条河岸》两部作品分别被纳入中国作协、湖南省作协重点作品扶持项目并公开出版。开展文艺惠民、扶贫帮困活动。5月3日，市文联志愿者服务团与市楹联家协会的楹联家、书法家、美术家一行9人赴澧县华城彭山庄园开展慰问采风活动，并为村民们当场书写、作画，共赠送书画作品40多幅，送衣物100多件，支助资金2000元；10月，市文联领导干部2次到石门县壶瓶山镇大京竹村进村入户了解情况，捐款9200元帮扶黄先元等10多个特困户买牲畜；8月，市书协参与市慈善总会在市文化馆举办的慈善活动，市书协有7人书法作品卖得17万元人民币，现场捐给贫困学子；6—12月市舞蹈家协会组织新创作的四台舞蹈专场晚会，在市文化馆剧场免费为市民演出。武陵区文联组织举办第三届“中国·武陵”微小说节，打造武陵微小说文化品牌，并完成首届“武陵小小说奖”的征集、评选工作；鼎城区文联组织“一区两县美术邀请展”及“诗文书画影五美征稿”等活动；石门县文联主办、承办“壶瓶百瀑”摄影展、夹山禅院诗歌朗诵及系列文艺采风活动；澧县文联邀请著名作家水运宪、复旦大学教授张业松等来澧县举办文学讲座，并举办多项大型文艺活动；汉寿县组织各协会会员开展采风、写生活动；安乡县文联建立文联协会工作基地，设立“安乡县青年文学奖”；临澧县文联全年有4人成为国家级协会会员；津市文联建立“文艺创作中心”，创作中心设立6个书画影展厅和5个协会活动室，开展展览、讲座、书画交流等创作活动20多次；桃源县文联带领各协会开展“桃源文艺走桃源”系列活动。市音乐家协会积极组团、辅导并参加常德“百团大赛”和湖南省“欢乐潇湘”大型群众文艺活动，举办常德市歌词、歌曲创作笔会，并推荐重点作者到省里参加重点词曲作家班学习。并承办10多场音乐会、3场培训讲座、2000多人的考级及各类音乐比赛等活动；市美术家协会举办展览20余次，周志宏的作品荣获第三届全国架上连环画展优秀奖，易凭“八大山人”山水画入围首届“水墨城·全国写意中国画”作品展，杜朝霞作品入选第二届全国少儿美术教育学术展，全年共有40余件作品在省级展览获奖；市书协为庆祝该会成立30周年，举办“庆书协30周年书法回顾展”“魅力桃花源全国硬笔书法展”“全市高校书法交流展暨高校书法论坛”“全市中小学师生书法展”等系列纪念活动；市摄影家协会开展全市范围内的宣传发动、巡回讲座、辅导培训等活动，在“大美常德”全国摄影大展中获奖和入展作品100多幅，并有4人加入中国摄影家协会；市舞蹈家协会组织会员参加第八届“小荷风采”全国少儿舞蹈大赛、第五届湖南艺术节“三湘群星奖”和湖南省第十五届“蒲公英”少儿音乐、舞蹈大赛中荣获5金、5银、1铜的好成绩；市诗歌协会、诗词协会、散文家协会举办各类采风交流活动30余次，诗歌朗诵活动3次、

2015年11月26日，“大美常德”全国摄影大展开幕式在市文化馆举行

编辑出版《桃花源诗季》《武陵诗词》《散文时代》12 期及其他电子刊物、书籍 10 多部；市京剧家协会的中老年志愿者走进市城区芷兰实验学校，在小学生中普及传唱京剧；市楹联协会举办"炳屹建筑"杯常德市纪念反法西斯抗战胜利 70 周年征联大赛，评出优秀作品 20 幅，入围征联作品 20 幅。常德工艺美术学校在湖南省第五届工艺美术品博览会、第六届湖南省工艺美术大奖赛中获 2 金、1 银、2 铜及 5 个优秀奖。（解雪清）

**【"大美常德"全国摄影大展】** 由中国摄影家协会、常德市人民政府共同主办，市文联承办的"大美常德"全国摄影大展自 5 月启动，9 月 25 日截稿，共征集来自全国 10 多个省市、自治区的摄影作品 4000 余幅。11 月 4—6 日，经评审委员会精心组织、认真评审，共评选出一级收藏作品 1 件、二级收藏作品 5 件、三级收藏作品 10 件、佳作收藏作品 20 件、入展作品 114 件，评选出的入展作品在中国摄影展览网公布，11 月 26 日在市文化馆展出。（解雪清）

**【中国文联音乐培训志愿服务活动】** 2015 年 8 月 23—30 日在常德市文化馆、湖南文理学院艺术表演与传媒学院举办。活动开设音乐创作、合唱与指挥两个培训班，《音乐创作》副主编龚耀年、中国音协理事、国家一级作曲家戚建波、一级词曲作家吴颂今、付林、著名音乐评论家金兆钧、著名词作家、一级编剧王晓岭及男、女高音歌唱家李初建、郑咏等 8 人为全市词曲作者、音乐教师、艺术学院学生授课，课程内容包括理论指导与创作实践、声乐演唱训练及合唱作品的排练与指挥等。（解雪清）

## 常德市残疾人联合会

**【概况】** 残疾人事业发展环境。坚持"三个凡是"原则，规范搞好信息公开。市残联门户网站共编发各类稿件近 2000 篇，扩大了残疾人事业影响。在各类媒体刊播信息稿件 1510 篇，制作宣传横幅、标语 4260 余条、盾牌 240 余块，出版板报、墙报 310 余期、发放宣传资料 22000 份。市残联探索市残疾人福利基金会公募民办新模式，筹集原始基金 400 万元，完成注册登记。11 月份启动的"爱心助残、有你有我"主题募捐活动，募集资金 105 万元。

残疾人生存状况。市政府制定出台《常德市重度残疾人护理补贴制度实施方案》，认真落实好重度残疾人护理补贴发放工作，全年共为 4.8 万名二级以上重度残疾人发放补贴 3400 万元。通过细化保障措施，将 131 名残疾人新纳入最低生活保障范围，为 216 名残疾人申请到大病救助，为 520 户农村残疾人家庭实施危房改造，为 265 名贫困残疾人家庭实现无障碍环境改造，为 9540 名机动轮椅车车主发放燃油补贴。进一步规范和完善残疾人托养机构软、硬件建设，继续开展居家托养项目政府购买服务试点工作，为 2100 名残疾人提供托养服务，残疾人托养服务机构达到 18 个。全市 10 家残疾人就业服务机构通过规范化建设评估验收。全面开展残疾人创业小额贷款贴息工作。在 4 个县市区实施贴息项目，帮助 115 名残疾人积极创业，引导基地（合作社）带动 680 余名残疾人就业和发展生产。积极开展残疾人辅助器具适配活动以及"连千村帮万户扶贫工程"，全市各级残联共对口扶持 14 个贫困村，结对帮扶 160 户贫困残疾人家庭，建档立卡 125 份，提供个性化服务 160 余人次，共募集各类物资及捐款达 130 多万元，为 139 名残疾人及其家庭解决各种生产生活问题 470 个。开展盲人按摩、计算机维修、果木栽培、种养殖业等培训班 33 期，培训残疾人 1392 名，通过举办残疾人就业专场招聘会、开发公益性岗位、求职登记推荐等方式安排残疾人就业 890 人。积极扶持残疾人自谋职业和个体从业，为其提供扶持资金累计 270 万元，提供技术支持 1325 批次。全市 1625 名有就学愿望的适龄残疾儿童全部享受到相应的就学服务，就学率达 95% 以上。积极开展扶贫助学工程，为 110 名贫困家庭残疾学子提供资助 10 万元，为 130 名贫困应届残疾大学生和贫困残疾人家庭子女大学生提供一次性助学金 30 万元。

文体事业。开展各类残疾人文化进社区活动 126 场次，发放各类文化、科技书籍 1000 多册，为残疾朋友提供各种信息、技术等咨询 721 人次。一年来，全市共筛查出残疾青少年文艺人才 141 名，向中、省残联选送残疾文体人才 2 名。组团参加第九届全国残运会，共获金牌 7 枚、银牌 5 枚、铜牌 1 枚，组团参加 IPC 世界田径锦标赛等世界级大型赛事上，共获金牌 14 枚、银牌 11 枚、铜牌 2 枚，被中残联和国家体育总局评选为全国残疾人体育先进单位。

参与社会治理。认真落实《常德市残疾人扶助办法》，残疾人信访维稳工作程序、矛盾化解处置机制不断健全，一系列集访越级上访事件得到妥善处置。全年，市县两级共为 23 名残疾人提供了法律援助，为其解决实际问题 17 件，共接访 1217 次，其中，集访 21 次，及时制止 7 起重大涉稳事件，确保了残疾人群体的整体稳定。市本级及 9 个区县市残疾人法律救助工作站全部被评为省级站，其中，4 个被评为省级残疾人法律救助明星工作站。

民生工程。0—6 岁抢救性康复项目继续突进，全市共投入经费 1108 万元，全年共帮助 20000 名残疾人进行各类康复救治。市、县两级辅助器具服务中心，针对不同类型康复需求的残疾人，免费发放辅助器具 7135 件次。深入开展精神病防治工作，共为精神病患者提供免费住院救助 197 名，提供服药救助 2533 名。精神残疾康复工、农、娱疗站的建设得到加强，鼎城区、临澧县、津市市 3 个区县市新报建工疗站，澧县工农疗站成为全省模范站。积极与市妇幼、汉寿县妇幼、澧县妇幼合作，认真打造常德市规范化智力残疾儿童康复机构，为全市智力残疾儿童康复提供了良好环境。新建社区康复站 15 个，为社区培训康复人才 602 名。为 1074 名残疾儿童提供抢救性康复救助。市残疾人康复托养中心项目各项配套工程有序推进，得到省残联的肯定和积极推介。省民生实事项目——

市长周德睿考察市残疾人康复托养中心项目

贫困残疾人无障碍进家庭项目超额完成任务，成为全省先进。

自身建设。认真开展“三严三实”专题教育活动。继续攻克残疾人干部配备和残疾人专职委员选聘难点，大力加强各级残联队伍建设。全市建立乡镇残联226个，配备乡镇残疾人专职委员3445名，建立村（社区）残协2952个，配备村（社区）专职委员3219名。全市9个县市区残联有6个配备残疾人干部。

（王　飞　唐启中）

## 常德市社会科学界联合会

**【概况】** 社科普及宣传。2015年6月，联合市委宣传部、市教育局、市科技局、市文体广新局、市文明办，制定印发《关于做好2015年常德市社会科学普及宣传工作的通知》。以“改革·法治·民生”为主题开展了“社会科学普及周”系列活动，通过组织教育、环卫等社会组织采取资料发放、现场咨询、讲座的形式，围绕教育保障、环境保护等群众关心的问题开展宣传解答；组织市内社科普及基地在宣传周期间免费向公众开放，并以场馆为主阵地举办人文社科及爱国主义陈设展览、宣传讲座等系列活动。精心组织“湖湘大讲堂进常德”活动，9月23日，在常德市技师学院举办常德市2015年社会科学宣传普及主题报告会，邀请常德市第二届优秀社科专家张建军教授围绕“改革·法治·民生”主题作报告，300多名师生参加了报告会。认真做好社科普及读物推荐工作，积极推介《文化九溪》一书参加全省优秀社科普及读物评选。

社科阵地建设。认真做好全国人文社科普及基地“东方红博物馆”的指导评估，鼓励基地在开展特色科普展览的基础上，进一步完善基地设施，加大活动宣传，打造科普品牌。进一步巩固社科理论阵地，由社科联主办的《常德论坛》，坚持正确导向，突出理论研讨重点，全年完成4期刊物发行，刊登各类文稿130余篇，与全国300多个大中城市的社科联、高校交流。依托平台优势，加强重点栏目的建设，开辟“十八届四中全会精神学习贯彻”“新常德、新创业”“法治常德建设”等专栏，促进了社会科学传播交流。

社科学术交流。指导市教育学会开展“科学测评学生家庭经济困难程度的研究与实践”课题研究，得到上级主管部门的关注，6月中旬，该课题负责人应邀赴京在“2015年全国县级学生资助工作管理人员业务培训班”上作了报告。指导市图书协会开展“书友讲堂”活动，深受群众欢迎。指导市收藏协会于6月初举办《砚道》首发暨捐赠仪式，吸引了来自浙江、安徽、湖北、江苏等多个省市的业内专家前来参加。支持抗战文化研究会组建抗战文化交流中心，标志着常德市抗战文化呈现出“三会一所”全新的发展格局。鼓励市环境卫生协会积极开展“海绵城市”课题研究，课题负责人刘波被授予“海绵城市最佳倡导奖”。支持宋教仁常德研究会举办《弘扬宋教仁精神暨〈宋教仁精神研究〉》出版座谈会，省政协第九届副主席魏文彬，省第八届政协副主席、中南大学博士生导师蔡自兴，台湾两岸和谐文化协进会会长陆炳文出席活动，得到国内外多家媒体的关注报道。

队伍建设。上半年，全市新成立常德市沉香协会、常德知青文化研究会、常德中普文化传播服务中心等社科类组织，扩大了社科研究领域。加强学会协会党组织建设，顺利在新成立的学会、协会成立党支部，并通过抓好学会年审、指导各党支部开展党内生活、组织时政教育培训等措施，进一步强化队伍管理，增强队伍活力。4月中旬，召开全市第二届优秀社科专家表彰会议，对刘凡荣、张建军、周星林、贾国辉、郭铁成等10名常德市“第二届优秀社科专家”进行表彰颁奖，并通过《常德日报》、常德政府网等媒体，对获奖专家事迹进行宣传，营造了尊重人才的氛围。　（曾景昌）

**【组织全市社科界开展抗战胜利纪念活动】** 一是开展纪念征文活动。5月起，由市社科联牵头，市历史文化研究会、市抗战文化研究会配合，面向全市开展以“牢记抗战历史、弘扬民族精神”为主题的征文活动，得到各界广泛关注。共征得学术论文、散文、回忆录等各类文稿230余篇，其中包括省外来稿110余篇，经活动组委会办公室初评，有50余篇稿件进入专家评审环节，7月中旬，组织专家对优秀作品进行分类评奖，共评选出28篇优秀文稿。二是推进“抗战英雄城”课题研究。以“推进抗战英雄城建设”为题，扎实开展课题调研，通过查阅文献、实地走访、专家座谈等方式，深入挖掘常德市抗战史迹资源，广泛收集各届意见建议，并组织到怀化芷江、衡阳等抗战城市实地考察，吸收先进建设经验。组织撰写《关于建设常德抗战英雄城的调研报告》，得到市政协文史委的推介，为推进抗战历史文化保护开发提供参考。指导抗战文化研究会认真开展“抗战英雄城”项目策划，常德会战阵亡将士公墓提质改造、河洑抗战文化园等项目建设经全市规委会审批，已正式启动。三是开展系列主题文化展示活动。注重发挥协调引导作用，积极发动市内社科界力量，开展“理性爱国，圆梦中华”——常德抗战精神传承交流活动，指导常德市东方红博物馆举办了为期6个月的“抗日战争胜利70周年”专题展览，其中，涉及常德“细菌战”实物属首次亮相。支持市历史文化研究会编排大型音乐舞蹈史诗《岁盼中国梦》，在白马湖文化剧场举行了首演。8月，联合常德抗战文化研究会，举办首届常德“抗战文化沙龙”，以“理性的力量——如何对待日本货”为题展开了热烈讨论。

（曾景昌）

## 常德市归国华侨联合会

【概况】 2015年，常德市归国华侨联合会在全省侨联系统的绩效考核中被评为优秀单位，参加全省侨联系统涉侨法律知识竞赛，荣获全省第三名。桃花源被中国侨联授予首批“中国华侨国际文化交流基地”。

经济建设服务。邀请盛世神龙集团有限公司董事长张季宝、澳门君天资本投资有限公司董事长叶惊涛、南粤食品集团有限公司董事长陈炜、珠海市检验检疫局动植处处长张建军以及珠海市生态农业发展有限公司副总经理楚岩等到常德投资考察。参与承办“德商大会”和2015“港洽周”常德招商活动。参加深圳常德投资推介会，在香港邀请部分港澳企业家参加常德市情介绍和项目洽谈会。承办2015中国（湖南）海外侨领侨商三湘行——常德之旅活动。邀请到来自51个国家和地区的海外知名侨领、侨商168人参加。中国侨联副主席乔卫，市委书记王群，市委副书记、市长周德睿，市委副书记徐正宪，市委常委、市委组织部部长、统战部部长雷绍业等市领导出席。

社会服务。争取弱视儿童免费救治项目，确定48名符合救治条件的儿童弱视患者，统一送往北京接受免费治疗。2015年共争取捐赠助学款180万元，资助优秀贫困学生。争取资助“爱心病房”建设。2015年7月3日，省侨联副主席、香港企业家胡野碧、李灵修夫妇为市第一人民医院捐赠200万元建设“爱心病房”。引导侨资企业参与捐赠活动。常德恒安纸业有限公司捐款30万元，帮助常德市残疾儿童事业发展。深入扶贫点村石门县壶瓶山镇大京竹村，开展扶贫帮困活动。

归侨侨眷服务。开展“送温暖、暖侨心”“迎中秋、庆国庆”“九九重阳”等活动。全年全市侨联系统共发放慰问金和物品共15万余元。全年为特困归侨侨眷解决低保、医保、廉租房等20多人次。2015年4月28日，全省首个县级留学生联谊会——常德市留学生联谊会武陵区分会成立。市侨联、市政协港澳台侨外事委、常德致公党和部分侨联界政协委员对常德归国留学生创业情况进行调研。并召开全市“青年海归创新创业”界别协商会议。完善和规范武陵区、鼎城区、桃源县、石门县的5个“侨之家”建设。2015年，市侨联共接到福建归侨陈炜来常德投资林权纠纷案等22起，涉及投资、房屋纠纷，困难救助等多个方面，与有关单位、当事人反复联系和沟通，确保圆满解决。

对外交往服务。承办中国侨联“亲情中华·汉语桥”夏令营湖南常德营活动。来自美国、澳大利亚、新西兰、瑞典、泰国、老挝等6国共60名华裔青少年来常德参加中国侨联“亲情中华·汉语桥”夏令营活动。2015年3月应澳大利亚维省湖南同乡会邀请，市侨心艺术团郭习军代表常德市出访，参加在澳大利亚墨尔本举办的文化交流活动。通过省侨联海外联谊会理事、德国汉诺威常德联谊会会长、常德市侨联海外顾问夏柏兰，邀请德国汉诺威市龙舟队、沙滩排球队，参加旅游节五大主体活动中的龙舟赛、沙滩排球赛两大赛事。成立常德德国汉诺威友好协会。在常德市侨联海外顾问、德国汉诺威水资源协会专家彭赤焰先生的牵线和帮助下，促使德国汉诺威市与常德市在城市水利建设方面进行交流合作。

自身建设。2015年4月30日，市委书记王群主持召开市委常委会议，听取市侨联汇报，并专题研究侨联工作。市委编委全会研究决定，为常德市侨联增加2个行政编制已经落实到位；市侨联增设1个科室；明确9个区县（市）侨联正科级职数。 （王贤成）

2015年9月8日，举办海外侨领侨商三湘行常德之旅活动

## 常德市科学技术协会

【概况】 2015年，常德市科学技术协会有在职干部职工14名、退休人员13名。

科技馆建设运行。实行科技馆分设，

完成科技馆工作人员的选调和招聘工作，划分办公室、展教、培训、技术、财务等功能部室。通过逐项排查、调试，129件（套）展教设备顺利投入使用。组织完成科技馆新进工作人员业务培训。试运行阶段，接待省科协党组书记毕华同志、市委书记王群同志、市政府市长周德睿同志等各级领导视察20余次，累计接待参观游客近3万人次。2015年12月8日，科技馆正式开馆运行。

基层科普。2015年，累计争取奖补资金215万元，比2014年增加40万元。其中，全国“基层科普行动计划”项目澧县食用菌协会、津市市五风杨梅种植科普示范基地、石门县楚江镇观山社区、鼎城区科普带头人高德典等6个单位和个人获奖补资金105万元。鼎城区斗姆湖南阳柑橘协会、西湖管理区春晓鳝鱼养殖基地、武陵区丹阳街道光荣路社区、澧县科普带头人罗德军等12个单位和个人，获省“基层科普行动计划”项目，争取省级奖补资金110万元。2015年，在省科协、市自来水公司、武陵区老科协、津市市委党校、西湖管理区、桃源县漆河镇中学、武陵区红卫社区，开展各类讲座39场次。内容涵盖前沿科技与创新、青少年科技创新教育、心理健康、健康科普、生态农业与农产品、富硒技术、中医保健与按摩等方面。

决策咨询。2015年，市老科协撰写调研材料和建言报告共300余篇，被采用189篇。由市农学会、部分科协系统政协委员共同调查研究、整理提出的《关于加快推进我市水果产业化的建议》被市政协研究室《社情民意》采纳。从市级学会14个申报研究课题中择优选送的市生物学会《湖南省农村居民饮用水源改善对策建议》课题，获省科协高度评价并成功取得项目支持，被《三湘科技工作》刊登，并呈送省“四大家”和中国科协主要领导阅示。

学术交流。市科协组织市农业局、市农学会专家赴临澧县柏枝乡杨桥村，对农民科学家沈昌健的油菜实验示范基地进行考种测产，并针对“沈油杂202”油菜品种的性状和品性，给出专业的指导和建议。来自市森林资源保护、水资源保护、水产养殖等领域的10位专家，参加常德市水污染治理对策高级研讨会，并结合当前水体污染现状，给出积极有效的防治对策。承办第一届中国（湖南）富硒食品研讨暨博览会，原省委常委、省委秘书长、省人大常委会副主任沈瑞庭在内的多位领导出席会议，来自全国各地的200多名优秀专家参会。

青少年科技竞赛。第十四届常德市青少年科技创新大赛于12月11—13日在汉寿县詹乐贫中学举行。来自全市9个县市区以及市直学校的71名参赛学生代表，以及科技辅导员、观摩代表等共计300多人参加开幕式。国赛、省赛成绩优异，推荐选送的41个项目获省青少年科技创新大赛一、二、三等奖。在今年8月举办的第30届全国青少年科技创新大赛上，获得青少年科技创意项目1金1银。常德芷兰实验学校程柏威同学的《吃垃圾的仿生机器人》获得科技创意项目金奖，是常德市科技创意项目首次获得国赛金奖。

科普示范服务。在全市范围内评选表彰市级科普示范社区13个、科普带头人10个，向省科协推荐常德市农村种养协会为全省农村专业技术协会先进典型，并对新命名的科普示范社区、市级科普带头人等科普示范单位和个人，实施30万元的科普设备奖励。利用23台社区交互式数字科普屏媒，为居民提供最新科技动态信息和健康知识。

科普宣传。2015年，“科普常德”微信服务平台正式上线，是全市首个专业的普及科普知识的移动端官方公益科普服务平台。设有“科普讲堂”“身边科普”“科普互动”三大版块。在全省首创由各行业专家讲述身边的科普知识。在常德电视台公共频道启动全新的“科普大篷车”电视栏目。每周一期，每期20分钟，介绍各种科普小知识和市科协专题新闻片，向广大市民普及科学文化知识。

自身建设。市科协通过党组书记讲党课的形式，对“三严三实”专题教育进行全面的阐述和安排。围绕扶贫点村、后盾社区和双联企业开展“服务基层月”和“一进二访”活动。完成市科技馆的人员选调、招聘相关工作，吸纳22名优秀年轻人才进入科协队伍。2015年，累计开展各类学习近20场。邀请省科协党组成员、副主席廖任强，常德市委讲师团主任刘桂平等多名领导专家专题授课，来自各区县（市）科协、市直学会的近100人参加学习。2015年，常德科普网累计发布信息595条，在省科协网站上稿308条，其他各级媒体20余篇，连续5年获省科协系统信息工作先进单位。

（高皓明）

2015年12月11日，第十四届常德市青少年科技创新大赛开幕

## 常德市贸促会

2015 中国民族商品、苏杭丝绸暨南北特产（常德）博览会

【概况】 对外联络。由市政府副秘书长袁天鹏为团长、市贸促会会长舒兆兰和市旅游外事侨务局局长伍彩霞组成的代表团一行三人，2015 年 6 月 18—26 日赴意大利参加米兰世博会，圆满完成“湘楚端午文化活动日”的各项工作。市政府副秘书长袁天鹏致辞介绍常德市情，播放常德市形象宣传片，展示推介“新常德新创业”的美好形象。

服务企业。对会员企业进行全覆盖的走访和电话联系，并开展“百名领导干部与民营企业家结对子工程”。及时了解企业在经营发展过程中遇到的困难和问题，并针对困难和问题做出大量细致有效的工作。2015 年为全市企业办理一般原产地证 290 份，使馆认证 3 份，解答法律咨询 15 人次，注意与办证企业的联系，检查企业手签员的正常更替，督促企业及时做到对办理业务人员的培训工作，使企业办证人员与实际人员一致。参加总会组织的关于“自贸区协定优惠产地证书”系列培训活动。积极申办开展优惠产地证业务办理。

会展工作。来展情况：2015 年 4 月、11 月，在鼎城区体育馆成功举办“2015 常德春季时尚名优特产博览会”和“2015 服装服饰暨南北特产（常德）博览会”。5 月、9 月，在市体育中心成功举办“2015 中国民族商品、苏杭丝绸暨南北特产（常德）博览会”和“2015 新潮时尚羊绒皮草、服装服饰暨特色农产品（常德）博览会”。每次展位都在 240 个左右，展会面积 4000 平方米，成交额达千万元以上。出展情况：根据 2015 年年初出展活动计划，组织桃源古洞春茶业有限公司参加 5 月份在西宁市举办的中国（青海）国际清真食品及用品博览会，8 月份组织小飞象豆业和盛景独步服饰两家企业参加“2015 绥芬河国际口岸贸易博览会”，10 月份组织常德昊泽进出口有限公司参加俄罗斯国际家居及消费品博览会，11 月份组织常德智鹏机械制造有限公司湖南第六届农业机械、矿山机械、电子陶瓷产品博览会，参展企业成效明显。

企业培训。3 月 31 日在凯悦大酒店举办的“2014—2015 年所得税最新优惠政策热点解读与汇算清缴应对”专题讲座；7 月 31 日，市贸促会邀请常德市审计局内审科科长刘洪在国际大酒店举办《新形势下内部审计、内部管理与财务风险》专题讲座；10 月 30 日在凯悦大酒店举办《突发事件应急防范与安全生产管理》大型专题讲座。

招商引资促进。签约湖北武汉荣星家具有限公司、常德荣星家具有限公司在鼎城高新区投资桃源工 · 红荣居家居文化发展中心产业园项目，9 月 8 日在常德荣星家具公司与鼎城高新区举行了隆重的签约仪式，项目正式落户鼎城高新区，待开工建设。积极跟进总参测绘导航局、国家北斗（BDS）数据中心（湖南）中心落户常德项目，在常德建设 BDS 数据（湖南）中心，将构建导航与位置服务数据资源相互融合的共享平台，实现相关基础资源共享共建。

精准扶贫。做好扶贫帮困联点工作，多方筹措近 3 万元资金用于扶贫点村、双联企业、文明社区创建、美丽乡村建设工作。特别是“一进二访”精准扶贫工作，扶贫点安乡县张家拐村，职工捐款 3200 元，与六户困难群众结对子，挤出 2 万元用于村里的基础建设。

（吴爱军）

# 武装

## 军分区

【概况】 思想政治建设。2015年组织党委中心组专题理论学习6期，各级领导干部带头讲党课22课。结合“三严三实”专题教育整顿、“学习践行强军目标、做新一代革命军人”主题教育活动及纪念抗战胜利70周年，开展强军文化建设、“战斗力标准”“践行军队好干部标准”大讨论、瞻仰林伯渠故居，祭奠常德抗日会战英烈、邀请军区“一团火”文化演出分队到常德演出等10项配合活动。围绕践行“三严三实”要求、加强专武干部队伍建设、推进民兵基层规范化建设、解决部队历史遗留问题等开展调研，联系实际研究解决现实问题。针对军队改革、严厉纠风、高压反腐等热点敏感问题，开展形势政策和政治纪律教育。常德军分区全年共有8个单位和5名个人受到省军区以上表彰。军分区被广州军区评为“基本建设项目和房地产资源普查工作先进单位”，被省军区评为“军事训练先进师级单位”“安全工作先进师级单位”。

军事斗争准备。组织战场勘察和重要目标数据采集，完成常德地区战场环境分析专题片制作；巩固战备值班系统整治成果，全年接受省军区以上抽查呼点24次，无差错率96%；常态化组织机关和民兵值班分队应急演练，完成视频会议系统升级改造和通信机房综合整治，建成密码电报远程递送系统，综合光纤通信、无线电台、卫星系统、4G图传等通信手段，实现指挥所通信枢纽多点同步开设和机动伴随保障。重点抓全区基干民兵编组布局调整和民兵应急分队装备建设。市政府投入经费配套市民兵应急营装备和阵地建设，组织市应急营全员全装点验；各县（市、区）人武部领导分片包干检查指导，确保整组质量；购置反恐防暴、加压水泵、救生救援等专用装备器材。汉寿、津市靶场整治标准较高。全年共组织师团两级首长机关训练、新任职专武干部集训、基干民兵训练，在湖南文理学院举行军训阅兵式和军事科目汇报表演；抓训风演风考风，严格规范民兵训练内容、经费开支等4个方面15项内容，分区和基层联合公平公正考评“四会”教练员；组织“沅江-2015”民兵舟桥分队全员全装拉动演练暨市防汛抢险突击队授旗仪式，省军区戴副司令员、常德五大家主要领导现场观摩指导；师团两级首长机关统筹作战和动员两条战线、室内与实兵两个战场、指挥与保障两大任务、参演与导调两项职能，严密组织“湘江—2015”演习，演习成绩位居全省第三。市民兵应急营反袭扰行动和津市应急救援行动演练实战化程度高。石门县人武部严格按纲抓训，首长机关研究作业、民兵“四会”教练员考核成绩突出，被评为省军区“军事训练先进团级单位”。

安全稳定。发挥党委常委会、首长办公会、安全保密委员会组织作用。结合“条令月”活动、经常性安全教育、每周大交班“法规学习日”，突出抓好条令条例、法规政策学习和军营军车军人形象教育，开展警示教育，组织条令法规知识考核。坚持每月办公会研究部署，每季度安全保密委员会隐患排查、形势分析和情况通报制度；严格落实经常性思想教育、基层一日生活、车辆动用审批、涉密资料集中文印等制度；重点加强机关勤务队、民兵武器装备仓库、干休所战士民兵和八小时外、营区以外管理，3次组织作风纪律教育整顿。突出抓好人车枪弹密网和营院管控，更新配齐拒马、防暴头盔、防弹衣等防恐器材，重建仓库值班室、升级仓库视频监控、高压脉冲电网、通信传输设备等安防设施。突出车辆安全管理，严把车辆派遣、维修保养、驾驶作风、驾驶技术“四关”，运用北斗卫星定位系统加强军车动态管理，杜绝违规长途用车等问题发生。严密组织风险评估和安全管控，确保重大演训活动安全。组织对要害部位人员和聘用职工政治考核，邀请市国安局分析隐蔽斗争形势，协调专业力量对机关办公楼等重要场所部位进行防窃（泄）密技术检测，排查消除信息安全隐患。干休所针对老干部和遗孀年龄大、体弱多病等实际，做好服务保障工作，妥善处理病故老干部善后事宜。鼎城、汉寿、临澧、石门、津市和安乡人武部评为军分区“安全管理工作先进单位”。

综合保障。抓好“三清”、土地工程、经济适用房、对外有偿服务等专项整治，分区领导上门宣讲政策，动员退休、转业干部配合整改。依规中止分区农场租赁建设和干休所营院换建，并协调市政府稳妥处理善后工作。完成市民兵武器仓库维修整治，装备维护水平逐步提升。采取本级自查、上级复查、限期整改方法，清查2013年度、2014年度账目，对违规开支、手续不全做到见人见事、追根寻源。澧县、安乡人武部协调地方党委政府解决历史遗留问题。开展职工“正风肃纪、尽职尽责”专题教育整顿，研究解决或回应职工反映六个问题，制定《军分区职工绩效考核实施暂行办法》。

党管武装。2015年市委议军会重点研究解决构建军地应急救援体系、加强民兵应急营建设保障、军地合力打造“双带双促”活动品牌、加强人防工作等问题，各县（市、区）立足实际研究解决一批后备力量建设重难点问题。桃源县人武部通过议军会解决基层规范化建设经费、随军家属安置、专武干部建设等5个重难点问题。14个单位年度党管武装绩效考评，平均得分9.8分，桃源、临澧、石门县和西湖管理区评为市“党管武装工作先进单位”。联合市委组织部出台专武干部管理规定，协调市人社局新招录专武干部20名。在武陵区、汉寿县区分县、乡、村三个层次8种类型抓建典型，制订下发《民兵基层建设规范》。适应地方“美丽乡村”“完美社区”建设和乡镇区划调整改革形势，下发《关于做好乡镇区划调整改革中武装工作的通知》，协调地方党委政府选准配强专武干部，推进基层阵地建设接续发展。武陵、鼎城、临澧和澧县的基层专武干部均已调整到位。坚持军地合力、三级联动，加大征兵宣传力度，严格落实目标管理和廉洁征兵措施，圆满完成征兵工作。推进国防教育普及化，将市、县小学3～6年级和初中3年级国防教育教材经费纳入各级财政解决，推广国防教育进学校进课堂试点经验，指导9个县（市、区）建设国防教育示范学校11所。组织市本级和武陵区、汉寿县国动委参加全省“湘江－2015”演习，锻炼提高国防动员领导干部军事指挥素养。投身“新常德、新创业”实践，协调资金200余万元对口帮扶安乡县2个点村。全年接待军人军属来信来访98人次，妥善解决涉军维权案件26起。协调民政部门拓展“双带双促”活动，落实创业帮扶、技能培训、典型培育等机制。澧县人武部联合县政府在退役军人中开展“五个一百”评选活动，激励退役军人敬业、创业、争当模范，推进“双带双促”活动深入开展。武陵区退役残疾军人田工同志荣获第五届全国道德模范提名奖。（欧红高）

**【召开民兵应急营点验大会】** 2015年3月31日，在武陵区人武部召开市民兵应急营点验大会，省军区参谋长郭楫山少将出席会议并讲话，市政府常务副市长、各人武部部长等参加会议，会议进行点验仪式，观摩应急装备器材展示，参观三个连部建设。（欧红高）

**【民兵“四会”教练员评比性考核】** 2015年4月23日，在军分区教导队组织一期全区民兵“四会”教练员评比性考核。单个民兵队列动作、基本战术动作、轻武器操作射击和反恐维稳4个课目考核，共评选出12名优秀教练员，石门、武陵、鼎城分别荣获集体第一、二、三名。（欧红高）

**【专武干部集训】** 2015年5月11—19日，在军分区教导队组织全区专武干事（副部长）集训。采取授课辅导、示范观摩、讨论交流、组织练习、参观见学等方式，完成以基本知识、基本理论、基本业务、基本技能为重点课目学习训练。经考核，除射击课目成绩及格以外，其他课目成绩均在良好以上，共评选出鼎城、安乡、桃源等3个优胜单位和王俊等10名先进个人。（欧红高）

**【防汛抢险演习暨市防汛抢险突击队授旗仪式】** 2015年6月10日，在沅水一桥至渔父阁之间沅江水域组织2015年常德市防汛抢险行动军警民联合实兵演习，主要演练舟桥分队编队航行、转移被困群众、水上特种救援、失控客轮救援等内容，演习结束后进行常德市防汛抢险突击队授旗仪式。省军区副司令员戴焕少将、市委书记王群、市长周德睿及市五大家主要领导出席仪式。（欧红高）

2015年6月10日，抗洪抢险突击队授旗仪式

**【营救桃源县洪水被困群众】** 2015年6月2日16时，因连降暴雨，常德市桃源县茶庵铺镇、太平铺镇、西安镇、芦花潭乡、杨溪桥乡、牯牛山乡突发山

洪，部分群众被困。桃源县人武部接到县防汛救灾指挥部电话通知后，集结民兵40人、冲锋舟4艘、指挥车2台和运输车2台，于17时10分出发，18时30分抵达茶庵铺镇松阳坪村一带展开营救行动，共营救被困群众26人。23时20分，应急抢险分队人员、装备安全撤回营区，圆满完成营救任务。（欧红高）

**【职工队伍“正风肃纪、尽职尽责”专题教育整顿】** 2015年9月11日至11月底，在军分区部队职工、非现役公勤人员、地方编职工及社会临聘人员中开展“正风肃纪、尽职尽责”专题教育整顿活动。拟制专题教育整顿方案。组织部队同步参加省军区专题教育整顿电视电话会议，分区进行再动员、再部署。编印制度手册，做到职工人手一份。机关各办对分管职工进行谈心交心活动。督导各团级单位按计划展开专题教育整顿活动。分区开展“八个一”配套活动被省军区以要讯形式转发。（欧红高）

## 湖南陆军预备役步兵师第二团

**【概况】** 2015年，湖南陆军预备役步兵师第二团共有13个单位、14人次受到师以上表彰，其中团被省军区表彰为“后勤机关建设先进团级单位”，被师表彰为“军事训练先进单位”“基层建设先进单位”，一营预建营党委被省军区表彰为“先进基层预建党组织”；尹正锡、蒋祁、金贤松等10人被师评为“优秀预备役军官”。

思想政治建设。围绕学习贯彻全军古田政工会议精神这条红线狠抓思想政治建设。思想教育扎实深入。重点抓了党委中心组4个专题理论辅导和“学习践行强军目标，做新一代革命军人”主题教育活动，深入开展“三严三实”专题教育整顿和党风廉政建设，引导官兵深刻领会上级精神，提高政治素养。经常性政治工作及时跟进。针对改革敏感期官兵思想波动较大的实际，组织“争当军队改革促进派”党日活动，开展“两个如何仰望（党徽、军徽）”“四个正确对待（责任、岗位、良心、工作）”大讨论，强化官兵的事业心和责任感。党委班子和干部队伍建设有效加强。贯彻落实省军区《关于加强师团党委班子建设的措施》，抓好民主集中制原则的实践运用，集体领导能力进一步提升；开展“十佳四差”评比活动，常态化考察干部表现，树立了鲜明的育人用人导向；宣扬典型带动工作，以黄玉忠、朱晓玲为代表的一批优秀预任军官作用发挥更加明显。党管武装氛围不断浓厚。坚持向第一政委季度汇报工作制度，推动步兵一营党管武装工作经验推广、加强编组单位组织领导、专题解决团基础建设经费210万元、团（营、直属队）预算经费8%～10%增长机制等四项工作成果落实。全年累计投入资金15.4万元用于参建参治活动，如在安乡县官垱镇官堰村建立常委联系点开展精准扶贫，在永丰、东江社区敬老院组织“学雷锋”，在柳叶湖管理区植树育林，团本级在经开区德山镇组织贫困大学生捐资助学、慰问伤残军人和特困群众，各营在组建地域组织访贫问苦活动。军营文化建设丰富多彩。开展“三湘读书月”活动，被省委宣传部评为“书香军营”；选送《军嫂骂夫》参加省军区羊年春晚，被评为优秀文艺节目；预任军官集训期间，组织了2场“铁血铸军魂”主题晚会；全年在省以上媒体发表新闻稿件99篇，其中中央级媒体8条。

战备训练。着眼如期形成大规模防卫作战能力，以实战化标准谋战抓训，战备训练根基不断夯实。战备工作持续深化。结合“两项评估”，修订完善战备方案，完成x个重要目标数据采集；组织2期森林灭火演练和5期营院防暴恐演练，成立100人“抗洪抢险突击队”，参加常德市军警民联合抗洪抢险演练，部队应急处突能力明显提高。演训任务完成出色。全年共组织首长机关集训、入队训练、现役营连长集训、预任军官集训、舟桥骨干集训等各类训练25期。9月份，参加省军区组织的100迫击炮实弹射击，班、排、连射击成绩三项全优。11月份，组织参加省军区“湘江－2015”演习，首次采用无人机、4G单兵视频传输系统指挥作战，首长机关指挥决策果断、处置情况坚决，参演分队反应灵敏、行动快速。训保条件逐步改善。着眼“双应”需求，如期完成机关“三室两库”、应急战备库室改造和团地下射击场兼战时防空指挥所设施配套升级，承训能力明显增强；赴作战部队考察战术训练场地，并依托临澧县党管武装创新机制，按照融合共建模式，扎实推动连综合战术训练场建设。

组织参加湘江2015演习

整风整改。开展干部工作大检查。

对照《细则》逐项清查整治，调整出队预任军官60人、补缺46人，超编比例由原来的12.2%下降到6.4%。开展财务工作大清查。紧盯“四假”问题，清理核查经费账目凭证9499张，清查问题票据58张，部队风气有较大转变。开展其他专项清理整治。按照上级要求，扎实推进物资集中采购、社团工作、地方身份证件等专项清理整治，敏感事项做到令行禁止。

基层基础建设。着眼实战实用需求和编精编实目标，扎实开展基层建设和整组工作。编组结构更趋优化。全年共调整6个连部、8个排、416名预备役官兵。5月，随机点验5个连队，退伍军人比例和在位率全部达标。协调纳编水利、林业、森林公安等职能部门兵员，建立了以抗洪抢险、森林灭火、应急处突为重点的300人常备应急队伍。阵地建设提质均衡。投入82.4万元，重点建设一营三连、二营炮兵连、三营九连、通信连等8个单位，基层阵地建设更趋完善配套。规章制度逐步规范。在步兵一营开展新《军队基层建设纲要》试点活动，编印《预备役连队工作手册》，制定《预备役师落实新〈纲要〉工作规范》。

后装保障建设。按照“依法抓建、规范运作、整改纠偏、提质增效”思路，立足现有条件，增强保障效益。聚焦中心抓保障。投入73.4万元完成团战备图库、指挥器材库和应急应战库室建设；投入26.3万元维护团冲锋舟和装备车辆日常保养，提高装备保障能力；按1～1.5倍扩编预征装备数量，接受师装备部全团成建制预征装备拉动，受师机关高度肯定，经验做法被全师推广。服务官兵抓保障。投入79.4万元改善官兵工作生活条件，如装修改造团办公大楼、河洑仓库、变电房、机关饭堂，绿化营院道路，公寓楼更换新空调、安装晾衣架等。正规制度抓保障。组织固定资产清查登记，严格执行财经管理新规定，严管超标准公务接待、公车私用等问题，新政新规有效贯彻落地。

安全管理。始终坚持依法从严治军，团队安全稳定形势总体平稳，连续16年安全无事故。组织领导坚强有力。发挥党委支部和安全保密委员会组织功能，先后15次召开专题会议研究部署安全工作，形成主官主抓、齐抓共管局面，安全管理水平不断提高。防范重点措施到位。突出抓好“人车枪弹密网电”管控，加强重点人员、重点时节、重要场所和重大活动安全形势研判，常态化抓好安全教育训练、安全风险评估、安全保密检查等制度落实。隐患排查整治彻底。4次开展专项清查整治，5次迎接上级安全检查，10次组织安全工作自查自纠，制定《手机网络管理规定》《车辆使用管理规定》等制度，升级视频监控系统和涉密场所安防设施，安全管控措施更加完善。（张海强）

## 武警内卫

【概况】2015年，常德市武警支队被武警湖南总队评为“基层建设先进单位”。

思想政治建设。坚持用党委会、首长办公会、周交班会搞好谋划指导，推进落实。支队在总队半年军事考核中综合成绩排名第一，在总队战训法集训评比中排名第四。成立宣传报道团队，展示支队建设崭新风貌，在CCTV—7、《解放军报》等媒体播报刊载15篇。在六中队召开农副业生产暨后勤管理现场会，推动支队后勤工作全面发展。践行“三严三实”，开展专题民主生活会。主官带头深入基层与干部谈心交心，常委下部队一律不打招呼、不搞陪同、吃住中队，不干扰基层正常秩序。党委机关严格落实周一、三晚留营住宿，周二、四出早操制度。集中清理超编机关干部，各项工作向基层倾斜。坚持每月训练考核督查制度，推进训练“八落实”。组织集训，均按每人每天10元标准补助伙食费。每季度评选20名“最美柳城卫士”，分两批组织部分优秀干部和士官带家属疗养。分三批次安排干部体检，协调办理3名干部子女入学，协调3名在职干部家属就业安置。

队伍建设。按照忠诚无杂质、内部无杂音、育人无杂念要求，牢固树立首位意识，培育“四有”军人，在临澧县中队召开年度政治工作质量推进会。以“柳城讲坛”为载体，提高官兵政治素养、科技素养、战术素养，强化部队真理认知、思想认同、行为认可。邀请国防科大教授来支队授课，支队军政主官轮流进行党课辅导。区分层面推进四个专题授课，建立“教育报计划、远程审教案、推门听授课、入座搞讨论”四个检查制度，确保教育各项要求落实。参加总部“四会”政治教员比武，1人被评为优秀政治教员；参加总队主题教育设计评比观摩及“四会”政治教员比武，分别取得第四名和第三名；参加总队政法干部“我为部队讲一课”取得第一名。抓好汉寿县中队、临澧县中队、武陵区中队、三中队及一大队部文化墙建设。利用抗战名城优势，

反恐演练

挖掘红色文化基因，激发官兵血性虎气。邀请世界冠军杨建平到教导队现场互动，强化爱警精武热情。注重用好“三互”“双四一”等载体，支队军政主官带头深入基层，开展“一对一谈心、面对面微笑、心贴心解难”活动。聘请专职法律顾问，开展法律、心理服务。与地方党委政府联系，开展双拥共建活动。

执勤处突。按照“真打实备”要求，及时掌握社会面预警信息，每周汇总分析情况。高度重视敏感期维稳战备工作，全力打好“三场维稳战役”。筹建4支森林灭火救援队伍，并已形成战斗力。2015年年初，成功扑灭石门县白云镇森林山火。2015年，完成常态化武装巡逻和警卫勤务、调犯押解等临时勤务。成功处置一起打架斗殴事件和一起危及目标安全火灾事故；6月10日，成功处置武陵监狱在押犯越狱未遂事件。1月19日，常德支队出动官兵，担负常德市“两会”期间安全保卫任务。6月6—7日，常德支队出动官兵，圆满完成常德市“欢乐水世界”水上乐园开园仪式期间执勤任务。9月11日19时00分，支队出动官兵，携带03式自动步枪，圆满完成中国湖南国际旅游节系列活动之“万达之夜”白马湖国际音乐会现场安全保卫任务、重要路段设卡任务和机动备勤任务。

基层建设。2015年，制定下发《武警部队八个方面安全基本工作规范》。把好士官“入口关”“培育关”“管理关”。严格按照新纲要标准要求，完善“双争”评比措施。做好“三帮一带”工作，完善主官包面、常委包片、机关股室包点帮带机制，开展“基层代职、履职示教”活动。组织“百日安全竞赛”“车辆管理秩序整顿”等活动，开展以“五个一”（一次安全检查、一次形势分析、一次谈心活动、一次警示教育、一份安全调研报告）为载体安全大检查活动，深入基层开展安全工作群众性大讨论，推行抓安全“八点法”（抓热点、攻难点、控盲点、治弱点、避险点、化焦点、守要点、卡节点），确保排查无漏项、安全无死角。贯彻武警部队“八个规范”网上集训精神，突出严格执行六条“禁酒令”和“八严”纪律规定，印制安全警示卡片。

后勤保障。狠抓后勤战备“两个规定”落实，突出搞好“一组五队”训练，加大物资储备力度，与驻地超市、批发市场、军供粮站及医院等签订应急保障协议。制定年度经费预算，开展财务工作大清查，严格公务卡管理。以“伙食管理规范年”活动为契机，实行食品统一配送，确保食品安全。协调市委开展“关爱子弟兵每一天”活动（为驻市区官兵每人每天配送牛奶、水果）。汉寿县中队顺利完成搬迁，完成机关办公楼、公寓楼、大门修整和下水道、车场改造。协调一中队、二大队新建中队、三大队和安乡县中队营房新建工程，推进教导队二期工程建设和武陵区中队、鼎城区中队、津市市中队营院改扩建，并促成临澧、津市、石门中队营房新建立项工作。

（滕建坤）

**【武装押解】** 2015年3月19日上午，应津市市监狱请求，报请总队批准后，支队出动官兵，携带03式自动步枪，协助目标单位圆满完成一起由津市监狱至长沙市星城监狱武装押解勤务。（滕建坤）

**【捐资助学】** 2015年2月4日下午，常德支队组织十余名官兵，到常德市鼎城区大龙站镇中学，为学校送来一批新办公物资，并向师生们传达来自武警官兵慰问和关爱。5月18日上午，常德支队组织党委开展“扶贫帮困、捐资助学”活动，自发捐款回馈社会。5月23日，常德支队党委常委在“六一”儿童节和端午节即将来临之际，在支队机关会议室与常德市鼎城区周家店镇中学7名结对贫困学生见面，并送上节日礼物和助学金。

（滕建坤）

## 消防

**【概况】** 队伍建设。2015年，常德市公安消防支队提请市政府将市政消火栓建设、消防规划编制、消防队站建设等任务指标，纳入政府目标责任状。组织召开劳密、夏防、冬防等重要会议，带队开展专项检查，签发各类行动方案，开展消防工作专项督导，推动消安委实体化运行，厘清各行业、部门消防安全责任。制定下发十项重点工作，强化责任分解，把“四项建设”与重点工作，作为全市消防部队消防工作和部队建设切入点和突破口，带动整体工作落地见效。深化“示范基层党组织创建”成果，落实党委各项工作制度，基层组织建设成效明显，经开区中队党支部被市直工委评为“基层党组织建设示范单位”。下发《全年工作要点》，出台《支队党委为基层办十件实事》《基层蹲点帮扶方案》，将“三严三实”与“三帮”工作落到实处。党委成员牵头成立7个帮扶队，落实每年深入基层时间不少于30天，帮助基层查找薄弱环节，解决实际问题。

教育宣传。学习践行强军目标，围绕新“四有军人”主题开展教育，集中授课12课时，组织主题演讲比赛，编印强军目标“100问”口袋书。结合抗战胜利70周年，组织“魅力消防、多彩警营”文化月活动。创新柳城消防大讲堂、官兵互动小学堂、政治教育微课堂，“三位一体”教育形式，收集微课堂视频20余段，课件30余份。出台《典型培树三年规划》《加强典型培树实施意见》，推介鼎城大队纳入全市典型培树对象，打造桃源大队“桃花源里消防兵”新名片。在《人民公安报》刊发“消除火灾隐患守护一方平安”文章。对典型图文音频资料分类建库，编印发放“强军先锋、青春榜样”典型宣传画册200本，联合常德市电视台拍摄播出先进典型专题宣传片4期。

提升实战能力。协调市科信办、市应急办，落实平台对接、音视频双向通信、调用社会监控图像资源工作，实现信息资源共享。研发消防网格化管理平台作为社会治理网格化综合信息平台子系统并网运行，实现7类消防部件、23条信息字段与治安、建设、民政、人口、城管等社会管理基础信息共享互通。组织班长骨干集训，培训基层骨干200余人，修（制）订重点单位预案1013家，创新“76543”作战编成模式，制作网格化卡35份，开展重点单位熟悉2119余次，各类灭火救援演练891次。全市共接警出动1685起，出动车辆2696辆，出动警力17055人，抢救被困人员295人，疏散被困人员1957人，抢救财产价值57951万元，成功处置“2·20”经开区华耀浆纸有限公司芦苇堆垛火灾、“7·14”武陵区泽云·幸福里小区火灾、“7·24”澧县八百里水产市场液氨泄漏事故、“8·28”安乡县众鑫纸业有限责任公司员工坠池事故、“10·26”长常高速148公里处运钞车交通事故等任务。

2015年2月20日，成功处置经开区华耀浆纸厂火灾

火灾防控。推行蹲点帮扶、联点督导、定期培训、量化考评等机制，通过视频授课、现场教学、交叉检查等方式组织开展业务学习33次，提升监督执法人员业务水平。严格消防执法例会制度，发挥执法例会在分析火灾及隐患形势、解决执法问题、完善监管措施方面作用。落实支队执法队制度，加强执法质量网上评查、纸质卷宗评查及行政许可项目实地核查，提升执法质量及消防审批质量，每月网上抽查各基层大队执法档案不少于1次。内外部监督中发现执法问题，一律倒查责任，进行执法过错追究。全市推行“三个统一”（统一服务标准、统一服务流程、统一便民设施）和“一站式受理”等便民利民措施，将消防服务窗口前移。临澧大队消防窗口工作在湖南省公安机关深化改革推进便民利服务工作现场会上进行经验交流。将消防宣传和隐患排查相结合，组建18支由一名防火监督干部、一名文职人员、一名派出所民警和一名网格员组成消防工作小分队，每周至少2次走进居民小区、乡镇集市、企业社区开展宣传培训，期间累计整改隐患994处，开展宣讲培训530次，受教人数超过2万人。夏防期间，联合安监、民政等九部门开展检查，对全市270家养老院、73家敬老院、115所学校、88所幼儿园、68家医院、436家易燃易爆危险品场所、248家劳动密集型企业逐一进行检查，对1.5万平方米彩钢板建筑进行拆除。（瞿　勇）

**【处置华耀浆纸有限公司芦苇堆垛火灾】** 2015年2月20日20时00分，常德市经济技术开发区消防大队119值班室接到报警：经开区华耀浆纸厂发生火灾。常德市消防支队调集8个中队15台消防车辆共110名消防官兵，通过近30多个小时艰苦战斗，成功扑灭火灾，并保住周围堆垛、居民房、洞庭制药股份有限公司及棉麻公司仓库安全，无人员伤亡。（瞿　勇）

**【处置武陵泽云·幸福里小区火灾】** 2015年7月14日11时21分，常德市公安消防支队119指挥中心接到报警：位于常德市武陵区朝阳路泽云·幸福里小区（24层，每层3户）2栋1单元发生火灾，有人员被困。支队立即调派特勤、武陵、鼎城、经开4个消防中队及支队战保大队充气车、通信指挥车共13辆消防车、70名指战员赶赴现场扑救。并向市政府汇报情况，副市长、公安局局长胡丘陵第一时间到达现场组织指挥，并调集治安、交警、“120”等联动单位到场协助处置，14时10分，23名被困人员全部成功救出，14时14分现场明火被扑灭。（瞿　勇）

**【处置澧县液氨泄漏事故】** 2015年7月24日22时17分，澧县消防大队“119”值班室接到报警，澧县八百里洞庭水产批发市场冷库储存8吨液氨发生泄漏事故。澧县消防大队调派3辆消防车21名指战员赶赴现场处置，并向澧县政府应急办报告，启动澧县应急救援联动机制。经过救援人员连夜奋战7小时，及时疏散3000余名群众，通过实施水雾稀释、关阀堵漏等技术措施，成功化险。（瞿　勇）

## 人民防空

**【概况】** 人防工程建设。编制完成《常德市人民防空建设第十三个五年规划》。2015年，“结建”工程建设率达100%，全市共报建人防工程项目中，市本级报建人防工程项目同比增长42%；竣工验收项目上，同比增长31%。工程质量监管进一步规范，五方责任主体责任落实到位，市本级的人防“结建”工程项目中，受监面积创历史新高，工程验收合格率达100%。已建人防工程管护到位，建立维护管理档案，落实巡排查制度，已建人防工程持续保持“灯明、路洁、水畅、结构完好”的标准，有效提高了人防工程的使用效益。

法治建设。在深入宣传人防法律法规政策的基础上，重点狠抓法律法规政策的落实。依法审批全面加强，严格落

2015 年常德人防首次召开“11·1”试鸣日前新闻发布会

实“一令一文件”规定，严格执行报建联审和联合验收制度，坚持所有人防工程均按防化等级进行审批，全市共审批人防报建项目无一例违法违规审批。案件查处严格规范，市本级直接查处案件 3 件，督办县级案件 9 件，追缴经费 200 多万元。

指挥通信。北斗导航定位系统、时统系统建设安装全面完成。市城区按照上级要求新安装了电声警报器，城区警报器覆盖率、统控率、鸣响率均达 100%，“11·1”试鸣日取得良好效果。积极参加并顺利完成省国动委、省人防举行的“湘江 -2015”“湘防 -2015”军地联合演习和机动指挥系统拉练任务，圆满完成市带县跨区域机动指挥系统演练训练。

宣传教育。积极面向领导干部、中小学生和社会各界开展多层次、多形式、多渠道的宣传教育活动，举行 1 次大型街头宣传，发放资料 1 万多份，举办市县干部职工学习培训班，在常德电视台、《常德日报》、政府网站等主流媒体播放刊发新闻报道，在城区人防宣教阵地、中小学校和县（市、区）开展宣传。结合人防宣传教育“五进四化”工作，在县（市、区）开展“五个一”人防宣教工作：即新建一个宣教基地、开展一次大型宣教活动、新建人防宣教一条街、建好一个人防网站、设置一块大型人防宣教广告牌。“11·1”试鸣日前夕，市人防办首次举办新闻发布会，邀请全市各类媒体进行宣传报道。

重点项目建设。市本级疏散基地建设已完成规划设计、财政评审和部分基础设施建设；市本级地下指挥所“一网四系统”建设已完成规划设计、施工设计、财政评审和招投标工作，正在开工建设；鼎城区武陵镇桥南单建式人防工程已基本完工。

自身建设。在本轮政府机构改革中，市县人防办均作为国动委常设办事机构、政府人民防空工作主管部门、政府工作部门予以设置，人防机构得到加强和巩固。坚持以“三严三实”专题教育活动为契机，着力加强领导班子建设、干部思想政治建设、机关作风建设、业务素质建设、党风廉政建设，重点开展严肃机关考勤纪律、会议纪律、学习纪律，规范公务接待、公车管理、财务管理，整治行政不作为、慢作为、乱作为等专项行动，全办干部职工队伍的责任意识、精神面貌、思想作风都发生了深刻变化。全办未发生违纪违法案件，省市作风建设督查也未发现任何违纪违规问题。

（傅　渝）

## 交通运输管理

**【概况】** 2015年，全市交通运输系统实现常德市“十二五”交通运输发展圆满收官，全省交通运输发展目标管理考核常德市获得“二等奖”，市交通运输局获得“湖南省文明单位”，市交通运输行政执法评议考核综合排名全省第一，被交通运输部评为“全国交通运输行政执法评议考核先进单位”。

项目建设。2015年，全市公路水路交通建设完成投资33亿元。东常高速全线建成通车，常安高速复工建设，常德东大门二广高速芦山收费站投入使用；新改建干线公路214千米，汉寿岩汪湖至汉寿县城、西湖至军山铺、G319桃花源景区改线、澧县城头山至张公庙、石门冉家坪至闫家溶、西湖园艺村至汉寿罐头嘴、临澧安福至石门青玄、安乡荆江南堤至八百弓、澧县洞市至临澧新安、临澧林伯渠故居至石门夹山公路和安乡官垱大桥建成通车，沅澧干线1号大道和2号大道、G353安乡三岔河至安乡县城、G353安乡安障至红卫闸、G353澧县段改线、石门壶瓶山至大京竹公路和安乡长岭大桥等项目开工建设；建成农村公路328千米、农村客运招呼站564个，建制村通畅率达到100%；完成危桥改造144座。

公路管养。公路治超联合整治行动，按照“六个严禁”工作要求，市县交通、公路、公安、工商、质监等职能部门整体联动，开展“九个专项整治行动”，坚持源头治超、基层治超、基础治超、科技治超、精准治超，全市车辆超限率由2015年年初1%左右降至0.3%以下。建立健全公路管理养护工作机制，强化公路日常养护和季节性养护，实施公路大中修工程12.3万平方米，完成清灌缝798.7千米，干线公路路况保持稳定，圆满完成五年一次干线公路迎国检。推进农村公路安全防护工程建设，处置安全隐患1298千米，设立标志牌5736块、示警桩12945根、钢筋砼护栏10607米、钢护栏637117米、减速带4345米、反光镜279块。

运输保障。圆满完成春运、“十一”黄金周等重大节假日旅客、货物运输。全年公路旅客周转量下降3%，公路货物周转量增长15.04%，水路货物周转量下降15.64%。新增、延伸农村客运班线23条，全市建制村通班车率达到99.3%。开通51路柳叶湖旅客集散中心至欢乐水世界公交线路，优化调整28、48路公交车运行线路，停开25路公交车营运，夜间增开东、西2条至白鹤山殡仪馆公交专线。

行业管理。2015年仅发生1人死亡道路运输安全事故，水上运输、工程施工领域均实现“零事故”。工程质量监管全面执行“10+5”质量安全举措，全市公路建设项目监督覆盖率100%，一次性交（竣）工验收质量合格率100%，在建工程抽检合格率97%。客运市场整治突出“打非治违”重点，查处“黑的”、“摩的”、商务车等非法营运车辆892台次，查处行业违规经营行为763起，全市道路运输市场秩序排在全省前列。

自身建设。以“三严三实”专题教育活动为载体，加强对党员干部严格教育、严格管理、严格监督。加强作风建设，倡导和践行“五种境界”“五种精神”，开展工作点评、全员读书评比、扶贫攻坚“一进二访”和“三捐”等活动。加强廉政建设，建立健全局党组议事规则、财务管理、组织人事管理等32项工作制度，分层次进行党员干部谈心谈话，及时了解掌握党员干部思想工作动态。

（王明志）

**【“12345”重点交通工程】** 2015年6月19日，市委书记王群、市长周德睿主持召开市委常委办公会议，对常德市“十三五”及今后一段时期交通运输事业发展进行了整体设计，明确全市交通运输发展思路、发展目标和主要项目，决定从2016年起至“十三五”末，在全市范围内开展为期五年交通建设大会战，努力构筑“多通道、大网络、强枢纽”现代交通运输体系，特别是明确“12345”重点交通工程，即建设斗姆湖1个交通枢纽，沅水、澧水2条黄金航道，安慈、宜张、益常高速复线3条高速公路，黔张常、长益常、宜常（荆常）、常岳九4条高速铁路，500千米沅澧干线。

（王明志）

2015 年 6 月 17 日，沅澧快速干线项目建设启动仪式

**【沅澧快速干线启动建设】** 沅澧快速干线是常德市“四纵三横”快速道路网络主体部分，是构建市域“1 小时交通经济圈”主要依托。该干线以现有 G207 和 G353、S233 公路为依托进行改建，贯穿常德市津市、澧县、石门、临澧、鼎城、武陵 6 个区县（市）和 22 个乡镇，初步设计道路全长为 118 千米，按照城市道路和一级公路标准设计，投资估算为 60 亿元。其中，纵线澧县张公庙新联村至鼎城区灌溪镇为一号大道，全长 64 千米；横线津市市至石门县为二号大道，全长 54 千米。两条线路将在澧县张公庙镇新联村呈“T”字形相交。2015 年 6 月 17 日上午，沅澧快速干线项目建设正式启动，预计两年内建成。启动仪式上，省委副书记、省长杜家毫宣布沅澧快速干线项目建设正式启动。省委常委、常务副省长陈肇雄出席启动仪式。副省长黄兰香主持启动仪式。省政府秘书长向力力，市委书记王群，市委副书记、市长周德睿出席启动仪式。（王明志）

**【“最美交通行业”创建行动】** 2015 年 6 月 19 日，市委书记王群、市长周德睿主持召开市委常委办公会议，决定在全市交通运输行业开展“最美交通行业”创建三年行动。这次创建活动主要内容包括开展“六项整治”，即开展道路运输市场运营秩序整治、公路超限超载整治、交通建设工程质量安全整治、交通运输安全生产整治、水路运输市场整治、公路综合环境整治；推进“六大建设”，即推进领导班子建设、干部队伍建设、交通文化建设、制度体系建设、智慧交通建设、服务品牌建设;培树“六批典型”，即培树一批“最美基层站所”“最美交通工程”“最美运输企业”“最美服务窗口”“最美客运班线”“最美交通人”。（王明志）

## 公路管理

**【概况】** 2015 年度，市公路管理局安全生产工作获省公路系统、全市红旗单位称号；干线公路建设获全省公路系统红旗单位；干线公路目标管理、干线公路养护、干线公路路政管理、干线公路迎国检、公路治超、安保设施建设等目标管理工作列全省优秀行列；干线公路综合服务目标管理工作列全省先进行列；5 人荣立三等功；5 人分获全省公路系统“十佳公路局长”、“十佳公路工作者”、“十佳路政执法员”、“十佳养路工”、“十佳通讯员”称号，1 个道班站获全省“十佳养护站”称号。

公路治超。2015 年，市委副书记、市长亲任治超工作领导小组组长，分管交通和公安的副市长任副组长，组织开展“九个专项整治行动”，即：超限超载运输车辆割厢板专项整治；建设工地超限超载运输专项整治；城市渣土车超限超载运输专项整治；混凝土搅拌场超限超载运输专项整治；水泥企业超限超载运输专项整治；大型市场货物超限超载运输专项整治；港口码头超限超载运输专项整治；碎石场、砂石场、小煤场、矿石场、取土场超限超载运输专项整治；超限超载车辆冲关闯关专项整治，全市共查处非法改拼装企业或窝点 22 处，强制切割非法改拼装车辆 3655 台，非法改拼装车辆治理基本到位；查处超限超载运输车辆 14496 台，卸载超限货物 69161 吨，站点超限率由 2015 年年初的 3.518% 下降到 0.042%。全市已建成干线公路治超站场 12 个，基本完成干线公路治超站点网格化布局；全市 10 台治超

G319 桃花源景区段公路改线工程于 2015 年 10 月 1 日通车

综合检测车已全部配置到位；临澧县投资300万元在白虎山、佘市设立"非现场"执法处罚的电子称长重卡口建立"非现场"执法处罚系统停车检测区；建立公路、交警、运管三家信息抄告共享机制，纳入交警违法处理系统2936起，纳入运管违法处理60起，吊销运营证3起，关停涉超企业4家、吊销工商营业执照3个。

公路养护。2015年，市公路局完成大中修工程90.886千米。全年全市投入资金近5000余万元，完成12.3万平方米的中修换板，完成清灌缝798.7千米，清理路肩水沟90.2千米，处治路面破碎板12950平方米，新划标线447千米，新增标志标牌212块。在G319线、S306线设立2块可变情报板。完成危桥改造项目7座。按照实现"八无"目标，全年开展3轮次路域环境整治，共拆除大型龙门架30座、非公路标志1352块、取缔马路市场27处、处理堆物放料及其他案件633起。

公路建设。2015年，市公路局承担的公路改造项目4个总里程124.198千米，完成总投资60354万元，G319线桃花源景区公路改线工程，临澧县城至三岔路公路改建工程，临澧县城至石门县青玄公路改建工程，S307、S241澧县洞市至临澧新安公路改建工程年底建成通车。

（章佳权）

## 道路运输管理

**【概况】** 截至2015年年底，全市从事道路运输及相关业务的经营业户2.47万户，从业人员近10万人。拥有三级以上客运企业9家，营运客车3876台，开通客运班线1460条，辐射全国28个省63个地级市，全年完成客运量9162万人次。各行政村通班车率达到98.78%。共有客运站场111个，其中一级站8个、二级站6个、三级站7个，常德汽车总站"小白鸽"、常德汽车南站"蓝飘带"等明星服务班组省内扬名。拥有各类营运货车41696台，全年完成货运量11808万吨，培育了常德福城物流、万路达公司等8家货运龙头企业，其中万路达公司成功获批全国第三批公路"甩挂运输"试点企业，传统货运业升级改造步伐加快。拥有危险品货运企业29家，危货运输车辆2080余台，运输范围涵盖9大类危险品中的8类。道路运输是常德市目前危险品运输的唯一方式。拥有各类驾校60所，各类教学车辆2513台，教练员2871名，年综合培训能力达到15万人，2015年全市驾驶员培训人数为15万余人。全市共有机动车维修企业（业户）746家，从业维修技术人员5000余人，其中一、二类机动车维修企业259家。市城区共有各类机动车维修企业164家（其中一类35家、二类70家、三类59家）。全市道路运输从业人员资格培训机构1家，年培训量5000余人；继续教育机构10家，年培训量1万余人。市城区公交行业共有营运线路46条，线路总长640.8千米；共有营运车辆663台，合716.7标台，其中常规公交营运车辆567台、快速公交营运车辆96台，万人拥有公交车10.23标台（按市城区70万人口计算）；节能环保车比率75.5%，空调车比例100%，大巴车比例86.3%；共有公交站点522个，2015年有公交站场4个（其中3个为80年代前修建），停车面积17333平方米。

客货市场管理。认真组织开展质量信誉考核工作，并将考核结果进行公示，对考核不合格的车辆，督促相关运管机构整改到位。积极化解客运矛盾，全年共参与有关信访工作38次，调解客运经营者矛盾16起，转交相关区县（市）运管机构办理20件，有效杜绝了大规模群体上访事件的发生。全年承办客运行政许可事项315件，全市新增县际客运班线2条、新增客运车辆2辆，新增农村客运班线4条、新增客运车辆8辆，全市行政村通班车率已达到98.78%。加大危货运输企业和车辆的管理力度，对全市危货运输企业进行了资质复核，并对企业的申报办理程序，危货车辆的新增、注销、异地托管等进行了规范。同时，加强对国家公路甩挂运输试点企业（常德市万路达物流有限公司）的服务。

维修市场管理。对市城区164家机动车维修企业现场进行考核，评定AAA级23家、AA级63家、A级49家，另外有29家因属新增或搬迁等原因未进行考核，全市评定AAA级29家、AA级129家、A级97家。贯彻落实国家标准《汽车维修业开业条件》（GB/T 16739-2014），要求自2017年1月1日起，所有从事汽车维修经营的企业都应达到国标开业条件要求。全市共推荐省级诚信维修企业10家（其中2家为全国诚信维修企业）、省级诚信检测企业2家，选拔3名优秀选手参加"全省汽车维修车身涂装（水性漆）技能竞赛，"在全省技能竞赛中取得全省团体第2名的好成绩。加强2005年前注册登记营运的"黄标车"淘汰的督导检查，12月底前全市2005年前注册登记营运的道路运输车辆全部淘汰完成。

驾培市场管理。积极推进驾培机构资格条件达标工作，全市除常德欣运驾校因训练场地被政府征收没有通过达标验收，其他培训机构全部达标。对全市2000多名教练员进行了职业道德教育培训，并加大监管力度，积极查处违规行为，全年全市通报和处理违纪违规教练员8人。不断完善驾驶培训计时管理平台，全市驾培行业主管部门的管理能力逐渐加强，教学车辆年审、二级维护工作基本到位，教练员持证上岗率达到100%。全市已有1.4万余名学员安装并使用了驾培服务APP。在全市开展道路运输驾驶员继续教育工作"整顿年"活动。继续教育工作严格按照部颁标准进行，并结合常德实际情况，增加了"党史党情，国史国情""治理超员超载"的教学内容，并广泛开展"热爱运输，服务群众"的宣誓活动，极大地提高了驾驶员的综合素质。

出租行业管理。开展出租汽车服务质量整治，采取多种手段对驾驶员拼客、拒载、甩客、不打表、不主动出具票据等乱象和车容车貌不整的情况进行稽查，提高行业服务质量。在市城区出租车统一安装了具有营运数据采集上传、电子资格证、夜视、录音、轨迹回放、电召服务等功能的智能计价器，并以此为终端建设出租汽车智能管理监控平台和电召服务平台，提高了行业管理的科技化水平和效率。

公交行业管理。2015 年，常德市城区建成并投入使用大型综合公交站场 2 座（公交总站和鼎城公交站），开工建设大型综合公交站场 1 座（柳叶湖快速公交站）。此外，城西快速公交站、武陵公交站、皂果路公交站、公交总站、北部新城公交站、城东快速公交站、鼎城普通公交站、鼎城快速公交首末站、德山快速公交站等 9 个较大型的综合公交站场正在建设中。公交线网不断优化。开通柳叶湖旅客集散中心至欢乐水世界的 51 路，调整 48 和 28 路车的运行线路，停开 25 路线的营运，夜间增开东、西 2 条至殡仪馆的专线。

安全生产监管。严格履行行业安全监管职责，严抓企业主体责任落实，扎实推进行业监管“五级五覆盖”，成立了以一把手为主要责任人的安全生产委员会，实行处领导分片包干联系制，联同全处各科室共同抓好分包区域和行业的安全监管工作。市运管处已经在全市范围内建立起一套行之有效的营运车辆动态监管系统，在全市 80 余家维修厂点安装了二级维护全程监控，严格车检流程，有效打击了车辆二级维护市场的违法乱象。完成了出租汽车企业、公交车企业、普通货物运输企业、机动车维修企业及客货运站场安全生产标准化建设，完成了客运站场的达标考评。组织开展《安全生产法》宣传贯彻、“安全生产月”、道路运输安全年及安全文化“五进”等活动。

依法行政。一是规范使用三级协同系统。2015 年 4 月份开始，省运管局在常德市开展“湖南省道路运输三级协同管理与服务信息系统”行政许可试点工作。行政许可办窗口积极选派工作能力强的同志参加培训学习，截至年底，市运管处行政许可项目全部已经进入“三级协同”系统，确保了业务数据的唯一性和有效性。二是不断优化行政审批流程。不断减少审批层级，简化办事环节，压缩办理时限，达到规范行为、高效便民的目的。对涉及出租汽车和客运班线审批事项逐一进行分析，出租汽车审批项目提速均比法定时限快了 50%；对客运县际班线审批中的原车延续经营、变更车辆座位不超过 20%、变更线路、变更车辆班次（不含常长线）等 4 种类型的审批由审批领导小组集体审批的模式改为分管客运的领导审批，审批时限从原来的 12 个工作日缩短到 5 天，再次提速率达 41%。三是“打非治违”常抓不懈。始终保持对非法营运行为的高压打击态势，开展市城区“打非治违百日行动”，市城区查扣各类非法营运车辆 500 余台次，取缔了位于凯悦大酒店的商务车非法营运窝点，非法营运的商务车大幅度减少。常长、澧常、汉常等几条线路的非法营运情况都得到不同程度的遏制。针对残疾人非法营运的特殊情况，联合民政、残联、公安、交警等部门加大打击、疏导力度，取缔了“普德爱心车队”这个打着“公益”旗号的非法营运组织，形成了政府牵头，交通运管为主，公安、工商等部门参与的新局面。（周　红）

2015 年 8 月 18 日，“最美出租汽车驾驶员”评选活动启动仪式

**【开展“最美出租汽车驾驶员”评选活动】** 2015 年 8 月 18 日，“最美出租汽车驾驶员”评选活动启动仪式在市交通局举行。活动启动后，通过市运管处的大力宣传，全行业掀起了争做最美驾驶员的高潮，并先后涌现出一批优秀驾驶员。如国兴公司湘 JT1099 驾驶员赵福成、孟勇君，新祥公司湘 JT0847 驾驶员彭三霞和武林公司湘 JT0650 驾驶员周正好等，树立了典型，弘扬了正气，提升了行业形象。（周　红）

## 民航运输

**【概况】** 2015 年，常德桃花源机场共安全保障运输生产起降 3664 架次，同比增长 3.22%；完成旅客吞吐量 376384 人次，同比增长 7.45%；完成货邮吞吐量 189.5 吨，同比增长 5.34%，出港客座率达 77.2%，全年共安全保障通用飞行 80261 架次，非机场责任原因放行率达 100%，未发生航空不安全事件和有效投诉事件。

安全管理。深化 SMS、SeMS 体系建设，加强安全监督检查。顺利完成《机场使用手册》和《航空安全保卫方案》修订报审工作，其中安全保卫方案已通过审核。修订完善航班大面积延误处置预案，加强与政府职能部门的应急联动。全年组织外出培训 199 人次，内训约 983 人次，各二级机构组织培训 73 次。开展“清洁机场”行动，组织卫生大扫除，开展灭蚊灭蝇专项行动；体验式服务项目，设立旅客到达候车休息区；对外开放职工食堂；推出团队送机服务。开展各类安全活动，大力推进 QC 活动，其中机保部中变站“能源”QC 小组提高驻场单位电力计费精度，获得集团公司 QC 发布会三等奖及湖南省级优秀。

开拓航空市场。通过“航班航线发展办公室”这一平台，全年共争取政府航线补贴款 4100 万元。推进国际航线开通，推动市政府组织召开专题会议，就

申请临时航空口岸、开通国际包机以及航线运营模式等问题进行研讨，将开通国际航线纳入“常德市‘十三五’规划”。

2015年12月22日，常德桃花源机场新航站楼启用仪式

机场扩建。2015年完成投资约2.32亿元，占年度计划的154.73%，累计完成投资约6.15亿元。常德机场扩建工程项目于2015年11月26日通过竣工验收、12月21日通过行业验收，新航站楼于12月22日投入运营。新航站楼建成并正式启用被评为2015年度“常德市十大新闻事件”。

自身建设。2015年，常德桃花源机场完成年度预算管理目标任务；加强固定资产投资管理；配合市场部做好航空市场分析，做好财务测算和合约的签订；加强经济合同的管理；做好生产信息的统计上报。及时发放各类工资福利，4名管制员签订激励型无固定期限劳动合同并落实相关待遇。合理整合两个三级机构，一人多岗。组织召开周边村组干部协调会，加强各单位值班和机场内巡查，开展普法教育活动，定期开展禁黄禁赌禁毒宣贯，针对性进行网络法制教育。组织参加省直先锋党建业务知识竞赛，分公司23名党员全部获得奖励并进入复赛。全年完成内宣170篇，外宣108篇，未发生负面报道和网络消极言论行为。实行纪检监察月报表制度，出台《关于进一步加强和完善物资采购的办法》、员工考勤等管理规定。开展第三个党风廉政宣传教育月活动。全年监督办公用品采购约2万余元，固定资产采购及设备维护维修共登记8次，金额约14万余元，未出现一起违规操作或收受回扣、礼品礼金现象。举办参加“三八”活动、百日劳动竞赛、技能比武、书画比赛和体育竞技等多项活动，常德机场“机场因我更美好”微电影荣获集团公司三等奖。（沈　鑫　钱丽冰）

## 铁路运输

**【概况】** 2015年，常德火车站共发送旅客1634948人，到达旅客1656705人，到、发行包8212件，共完成运输收入1.8亿元。截至2015年年底，常德火车站已有北京、上海、无锡、重庆、广州、深圳、西安、成都、洛阳、南昌、张家界、宜昌、达州等全国各大城市旅客列车共40列。可办理全国铁路各客运车站的异地票售票业务（包含动车、高铁）以及电话、互联网取票业务。为更方便广大旅客购票，车站在市城区及各县市开设了火车票代售点51家。在便民利民方面，车站设有行包承运交付、小件寄存、旅客咨询、音乐茶座、软席候车等客运业务。

（何名双）

## 海事与航运

**【概况】** 2015年，常德市地方海事局有干部职工137人，内设职能科室10个，下设直属分局、行政执法支队、应急办（水上监控中心）、湖区航道管理所4个二级独立法人机构。2015年，窗口共办结各类审批3016件，办件收入192.7万元，办理船舶抵押贷款3.8亿元。办结率为100%，其中即时办结率为89%，获得全市先进典型荣誉。2015年市海事局被评为“市级文明标兵”单位。全年全市实现水上交通安全“双零”目标。档案管理成功晋级“省特级”，成为全省水运系统第一家省特级综合档案室。获得省水运局政务信息先进单位荣誉称号、2015年全省交通运输职工技能竞赛优秀团队、湖南省交通运输行业客渡船驾驶员技能竞赛三等奖、湖南省水运系统第六届职工职业技能比武法律知识竞赛三等奖、2015年市直机关第五届运动会交通系统优秀组织单位等荣誉称号。桃源县昌文船务有限责任公司船长旷昌文、船员家属文英荣获部海事局颁发的“全国优秀船员”和“全国优秀船员家属”荣誉称号。

安全生产。紧抓春运、“两会”“五一”“十一”等重点时期水上交通运输生产安全监督工作。开展九个专项行动。包括：“严打严治”、危险品运输专项整治、“安全生产月”、全市“平安交通”创建、水上交通安全生产专项执法、船舶超载专项整治、纠正交通运输安全生产方面损害群众利益行为的专项治理、“三三”重点、渡船标准化改造等。重新确定划分水上交通安全管理水域，明确安全监管责任。全市第一批通航水域认定工作已经完成并向社会公布。成立常德市防汛抗旱指挥部水上分指挥部，整合市、县两级交通运输部门、海事、公安、航道、水文、市桥管处、省高管局常德管理处、水运企业等15家相关单位或机构的人员及设备力量，提升全市水上防汛工作的救援抢险能力。筹集落实改造资金1376万元，上报改造渡船278艘，涉及全市14个县市区。与市交通运输局商讨客渡船接收、登记和原客渡船处理工作，确保客渡船接收、登记和原客渡船处理工作平稳、顺利。截至2015年年底，吸金砂船舶已陆续拆解或驶离常德水域。

行业管理。船检工作。2015年船

市海事局开展“打非治违”专项整治活动

舶建造检验178艘，79080总吨，18700千瓦，载货量83751吨，营运船舶检验1504艘，547169总吨，313600千瓦，588515吨。受理各类船舶审图57件。2015年年底分别向运输企业、船东、船舶修造厂、船舶设计单位进行顾客满意度调查，回收调查表125份，满意度达99%。2015年，完成33家水运企业的年度核查，完成361艘船舶拆解补助资金的申报工作，往返拍照120余人次，申请国家补助资金2128万元；完成全市客渡船燃油补贴的申报和发放督导工作，涉及资金862.24万元。完成368艘营运船舶加装生活污水处理装置工作，省水运局2015年7月份在常德市召开专题现场会，向全省推广先进经验。港口管理。做好港埠企业的经营许可和岸线审批，规范港埠企业的经营管理秩序。定期对港口危险品码头企业进行安全检查，强化危险货物港口作业申报制度。完成中石油、中石化两个危险品码头的安全生产标准化“三级”达标考核。建立超限超载专项整治工作台账。规范辖区船舶船员培训考试发证以及客船特殊培训工作。2015年常德市地方海事局船舶船员管理工作顺利通过省水运局船舶登记工作交叉检查和内河二、三类船员考试发证机构资质审核。10月20日，常德中石化德山油库与海事部门配合开展演习，紧急部署警戒、事故船舶堵漏、灭火和海域油污处理等工作，改善和增强油库卸油码头跑冒油及火灾应急处置能力。2015年完成1309万元,其中检验费：410万元，船港费：247万元，货港费：552万元，其他：100万元，超计划增收率为23.5%，同比2014年增长7.22%，向财政争取预算外资金53.3万元。加强财务管理，厉行节约，严格控制四项指标（接待费、考察费、会议费、车辆使用费），同比2014年下降32.5%。

项目建设。沅水浦市怀化至常德航道整治工程开工至今累计完成投资约3亿元，2015年大部分工程为常德境内。澧水澧县至茅草街航道整治工程、淞虎航道安乡至茅草街航道整治工程已于2015年12月完成一期工程招投标工作。德山新港区综合码头已基本完成。澧县戴家垮码头建设全面启动，2016年将投产使用；安乡长岭洲码头正式开工；桃源陬市、津市窑坡渡、鼎城蒿子港、汉寿岩汪湖等码头前期工作进展顺利，具备开工条件。2015年常德盐关二类水运口岸突破8000标箱。

自身建设。网站刊发信息报道176篇，同比信息量增长18%，在常德日报、常德晚报上刊登信息15篇，被市交通局采用92篇，被省水运局采用36篇，被省交通厅采用6篇，同比整体采用率增长16%。2015年是“最美交通行业”创建三年行动首发年，市海事局开展推荐“德城德星”，“常德故事百姓讲·最美常德人”、优秀志愿者等活动。市海事局马文华获选为“常德故事百姓讲·最美常德人”活动的宣讲人,在市白马湖文化馆、安乡县等多地进行巡回演讲，其事迹被常德公共频道报道。举办四次道德讲堂，开展“培养和践行社会主义核心价值观”宣讲、“学习贯彻全国‘两会’精神暨‘四中全会精神进基层’百姓微宣讲”等活动。参与“远学雷锋、近学田工”志愿服务活动，协助社区净化环境。2015年为杨家坊援助10万余元现金，5次赴当地看望和慰问困难群众，累积发放慰问款2万元，组织青年志愿者服务队帮助未成年人特殊群体，开展对扶贫点村困难群众的募捐活动，捐助冬衣260件和书籍49本。参加市直机关单位运动会，参与“万人健步行”“湖南省第二届群众性龙舟赛”志愿活动、“环柳叶湖万人马拉松赛”“全民健身挑战日”等健身活动，组织篮球友谊赛、羽毛球、乒乓球、读书和影视鉴赏兴趣小组活动，举办“最美海事”书法、美术、摄影作品展，构筑海事文化长廊。（佘蔷吏）

# 邮　政

**【邮政管理】** 2015年，全市邮政行业完成业务总量4.86亿元，同比增长12.57%；业务收入5.09亿元，同比增长22.27%。其中，快递业务量完成958.06万件，同比增长71.08%；快递业务收入完成1.08亿元，同比增长36.51%。全年实现集邮收入1268.49万元。2015年新增快递企业及分支机构38家，快递企业及其分支机构达到159家（许可企业39家，分支机构120家）；全市独立快件分拨中心3个，面积超过6000平方米。全市主要品牌快递企业在199个乡镇设置乡镇快递网点近500个，乡镇覆盖率达100%。

优化发展环境。一是推进重点工程。市政府主持召开支持全市邮政业发展工作协调会，形成专题会议纪要，统筹布置邮政业运输车辆绿色通道开通工作；城镇居民楼信报箱建设纳入竣工验收考核方案；发改部门计划将快递企业发展纳入电商平台建设总体规划，加速推进快递园区建设；市政府高度重视国家机关公文寄递管理工作，下发《关于进一步加强国家机关公文寄递管理的通知》（常政办明电〔2015〕28号）文件，规范常德市国家机关公文寄递行为。二是打造安全寄递渠道。纳入地方综合治理考核，由市综治办制定印发的2015年综治工作考核实施方案已将邮政管理部门纳入考核对象，邮件、快件寄递渠道安全纳入考评范围，明确了相应职责和指标；成立市寄递渠道安全领导小组，建立“综合治理、齐抓共管”的工作格局，联合市综治办等9部门下发《关于贯彻落实〈中央综治办等九部门关于加强邮件、快件寄递安全管理工作的若干意见〉的实施意见》等文件，明确了各相关部门的工作职责，建立联席会议、联合执法、工作情况通报等工作机制，形成了协调联动的工作合力。三是营造监管氛围。与常德新闻频道、常德都市频道、《常德日报》等新闻媒体建立常态化沟通协调机制，结合邮政日、“双十一”保障、重要政策出台，积极宣传邮政管理部门行业动态，为推进行业健康有效发展营造浓厚氛围。

提升服务水平。一是夯实基层基础设施，邮政普遍服务保障水平显著提升。上半年，组织召开空白乡镇专项座谈会，主动协调地方政府、发改部门及邮政企业，采取分类施策、分批推进、联合督导等方式，督促邮政企业密集协调，切实履责、落实政策，优化邮政服务设施和资源配置，全面完成76个乡镇邮政局所建设运营。石门、澧县各空白乡镇网点补建落实。常德邮政管理局和邮政常德市分公司分获空白乡镇邮政局所补建工作全国优秀集体称号。二是推进“快递下乡”工程，快递末端服务链逐步完善。着力完善农村快递服务体系，做好乡镇网点的摸底调查工作和报备管理工作，健全农村地区快递服务网络。截至2015年年底，常德市共有快递网点700多个，乡镇覆盖率达100%。常德申通等八家公司组建“智慧城市”公司，在武陵区、鼎城区实现了乡镇快件的统一运输；澧县申通开设两条乡镇运输班车路线，对全县30多个乡镇的快件实行专车运输。三是优化信报箱审批流程，窗口服务理念不断深入。信报箱窗口实行阳光审批，严格依法行政，遵守廉洁自律各项规章制度，为民服务热情周到，坚持办事公开、程序透明、严格把关。截至12月底共受理行政审批12个小区的信报箱，办结12件并完成对新建的12个小区5954个住户信报箱实地验收工作，窗口审批项目办结率100%，便民服务满意率100%。四是发挥申诉渠道重要性，消费者满意度明显提高。2015年度，常德消费者申诉中心妥善处理申诉件874件，为消费者挽回经济损失23760元，消费者对申诉处理满意率为99.07%。

依法治邮。一是加强邮政市场监管。全年开展各类执法检查活动，出动1203人次，检查网点120多家，下达整改通知书30份，行政约谈企业71家，对百世汇通四部、五部、八部未经许可经营、安乡宏通速递未按规定对从业人员进行安全生产教育培训、市腾顺速递有限公司未按规定分拣作业等企业进行了立案处罚，共计罚款7.4万元，对执行收寄验视制度不力的2家企业实行停业整顿。开展邮政行业统计工作专项检查，指导企业建立完善原始记录、统计台账。开展快递业务旺季服务保障和危爆物品寄递清理整顿。签订安全承诺书，督促企业设立旺季服务保障机构、制定旺季方案和专项应急预案，实行24小时值班，落实带班领导、值班人员，确保信息畅通。全面推进落实“收寄验视＋实名收寄＋过机安检”“三个100%”制度，建立寄递渠道全方位安全防控网。二是加强邮政普遍服务和特殊服务监管。开展乡镇地区邮政普遍服务网点覆盖情况检查、无法投递邮件和无着邮件处置情况专项检查、党报党刊投递时限调查和信函投递时限测试、邮政普遍服务营业网点达标检查、法定邮政普遍服务业务开办专项检查和纪特邮票专项检查等检查活动，检查邮政网点196个，出动1041人次，营业场所检查覆盖率82.7%。下达检查通报6份，整改通知书21份，行政处罚1起。三是规范企业经营资质管理。做好已许可企业的信息更新和新增企业的许可备案审批工作。共办理5处邮政普遍服务网点备案和23家快递企业许可备案，审核通过分支机构备案70家。快递企业备案率达78%。全年办理新增普遍服务营业场所2家、信息变更3家、快递企业信息变更换证15家。指导相关企业按要求配置邮政用品用具生产监制证所需的生产条件。四是强化邮政社会监督员队伍建设。新增社会监督员1名，社会监督员总数达到6名，积极开展业务培训，提高社会监督员的实际工作水平。邮政特邀监督员监督网点257个，反馈问题、意见52条。

安全生产。一是强化寄递渠道安全。开展危爆物品寄递物流清理整顿专项行动，落实收寄验视、实名收寄、过机安检“三个100%”要求。按照省综治办部署，由省综治办牵头，会同市交通局对临澧、桃源、安乡开展寄递物流清理整顿专项行动暗访、暗测和督导检查。会同综治、公安、国家安全等部门开展寄递渠道安全检查，查获、处理不法分子诬告滥诉邮件、快件，打击利用邮路违法行为，切实履行反恐维稳职责，保障邮政行业生产安全和邮路安全。协助市国安局处理邪教“法轮功”群体诬告滥诉事件，共堵截非法邮件200多份，有效维护公共秩序。二是加强安全保障和应急处置工作。稳步做好“两会”、抗战胜利70周年、西藏自治区成立50周年等重大活动期间寄递渠道安全保障工作，严格要求各寄递企业对进京、进藏邮件（快件）进行实名收寄，实现了进京、进藏邮件（快件）“三个100%”安全措施。“双十一”旺季服务期间，继续发挥“错峰发货、均衡推进”核心机制作用，确保旺季期间邮政行业安全平稳、有序运行。2015年“双十一”期间，全市处理总量达284.67万票，当日最高处理量32.54万票。三是增强从业人员安全意识。强化教育培训，积极宣传贯彻各项邮政法律法规、方针政策、邮政服务标准和操作规范。2015年，共组织开展突发事件应急管理培训、快递业务经营许可与从业人员操作规范培训、邮政业安全生产暨实名收寄培训等系列培训10多次，累计培训人数约达950人，联合市国安局召开安全培训，播放警示教育片，提升了各企业负责人对可疑物品的辨识和处理水平，强化了全行业的安全生产意识，提高了从业人员的安全生产水平。

（肖梦怡）

**【邮政经营】** 2015年，全市有汽车邮路47条，邮路总长度5000千米，投递邮路2.33万千米，城市和农村通邮率达到100%。全市设有邮政网点237处(含代办所94个)，补建空白乡镇网点76个。已建成综合便民服务站1545个、标准版综合站点345个、公路环线综合站点73个、“精品示范路线”9条。常德邮政分公司荣获2015年度全国空白乡镇邮政局所补建工作优秀集体，投递分局南区投递部获得“全国五一巾帼标兵岗”。

全市邮政规模收入完成7亿元，其中邮政企业实现业务收入4.13亿元、邮储银行实现收入2亿元、速递物流公司实现收入2460万元。全市邮储余额规模达239.73亿元，规模排全市第3位，市场占有率16.61%。其中，邮政代理金融余额规模达到187.4亿元，当年新增余额18.65亿元，增幅11.05%，活期比重36.68%。

2015年9月3日，举行纪念抗战胜利70周年邮票首发式

改革创新。深入贯彻“一体两翼”经营战略，着力培育平台经济发展新业态。创建“国邮港”跨境电商创业孵化园、进口商品直营连锁店，实现“电商换市”。自主研发“邮急送”快包揽投系统，做大同城包裹寄递市场。

项目建设。积极落实“互联网+”行动计划，实现邮政传统业务转型发展。成功举办纪念抗日战争胜利七十周年邮票首发式暨全国集邮巡回展览活动、开发策划了虎贲魂抗战纪念邮册、关注留守儿童彩虹包裹捐赠活动等精品项目。

内部管理。改革邮运提质增速，确保“市内当日递”和“省内次日递”。加强基础设施完善，投资5872万元改造27个网点。加强安全服务保障，推行问题处置限时制，实施涉外人员服务考评扣分制，实行“次日未递、全额退款”承诺制。

服务地方。加快综合服务站点的建设，确保2015年省委省、政府对市州党委政府绩效评估中邮政综合便民服务平台建设指标不扣分。全年代收代缴类业务累计完成788万笔，代收总量达8.11亿元，服务客户约150多万人次，实现收入286万元。以“工业品下乡”“农产品返城”为主线，建成常德市唯一两个“国家级”农产品特色馆——中国邮乐网石门馆和汉寿馆。

（阳丽娟）

**【举办纪念抗战胜利70周年邮票首发式】** 2015年9月3日，纪念中国人民抗日战争暨世界反法西斯战争胜利70周年邮票首发式暨全国集邮巡展、第十六届集邮展览在常德市文化馆举行。由中国邮政发行的《中国人民抗日战争暨世界反法西斯战争胜利七十周年》纪念邮票为1套13枚、小型张1枚。该套邮票采用纪念场馆与经典战役场面相结合的方式，表现了革命英烈英勇、顽强、不畏牺牲的精神。此次为期3天的综合性邮展，由国家邮政局、中国邮政集团公司、中华全国集邮联合会共同主办，由非竞赛性和竞赛性展品组成，规模为88部246框，其中文献展品6部。展品来自广东省和湖南省14个市州集邮协会，其中主题邮集主要是为纪念中国人民抗日战争暨世界反法西斯战争胜利70周年全国巡展而展出。活动期间，还有著名邮票设计家和常德籍抗战老兵现场签名签售、邮展评审员现场讲评邮集、集邮爱好者沙龙、集邮学术研讨、“我心中的抗战”明信片认筹募捐活动，以及纪念《常德会战》发行的《虎贲魂》抗战胜利专题纪念邮册首发等8大系列活动。邮展纪念封采用由集邮爱好者设计的纪念邮戳；常德启用抗战邮资机纪念戳1枚。

（阳丽娟）

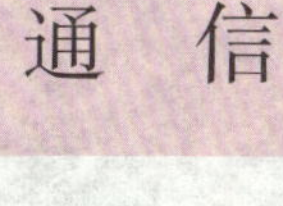

## 通　信

**【中国电信常德分公司】** 2015年，中国电信常德分公司荣获“2015年全国实施用户满意工程先进单位”称号。

经营情况。全年完成增值税主营业务收入环比增加3325万元，增幅4.57%，完成预算进度96.88%，环比增加1067万元。收入市场份额稳步提升，2015年期末份额（全省排名第3）同比提升0.84%。移动过网份额全省率先超越联通（全省排名第2），同比提升1%。宽带市场期末份额（全省排名第2）。年末移动规模完成进度98.7%，全省排名第4。宽带净增完成进度102%，全省排名第5。ITV期末规模不断增加。在“强县工程”综合评比中，桃源、澧县分公司和鼎城区局继续保持“湖南电信战略单元”称号，鼎城区局还获得“湖南电信天翼先锋双提升奖”。

光网会战。按照年初制定的“光网会战20条”要求全力推进，超额完成2015年光网推进工作任务，光网端口建设完成37.4万个，FTTH光网端口总数达到62.25万个，光网宽带新装占比达到53.4%，融C率55%、融ITV率63%，端口实装率45.6%。城市和所有乡镇区域及50%的行政村实现了全光网覆盖。

渠道攻坚。围绕“建店、洗脑、提能力”开展工作，全年共新建158家门店；通过建章建制、渠道大练兵、渠道大走访，提升了渠道经理能力；通过网点分类分级运营、标杆店打造、门店主题大促、相约E家/周末促销等活动，提升了网点销售能力。

手机安全论坛

客户经营。客户经营围绕日常维系、欠费收缴、客户签转、价值提升四大主题开展，通过欠费管控抓客户保有和收入增长，全年移动、宽带离网率指标保持全省领先水平，用户欠费、长欠回收、坏账损失等指标明显改善。

创新机制。前端部门以“责任田、责任人、责任制”为核心的承包体系基本建立，基本实现实质性承包，承包责任制模型清晰可操作，倒三角支撑“四个中心”运行逐步规范，全市开展了“上街下乡”光网营销支前活动。后端部门接应网络和销售转型，不断创新承包机制，率先在全省实施市县后端综合化维护创业承包和城区装维的专业化承包。

释放风险。在后端部门创业承包实现实质性突破的基础上，及时总结经验，克服困难开展派遣转外包。通过深入细致的工作，分片包干、深刻理解政策、用心和派遣员工沟通，逐点突破，年底前实现了原派遣员工的转外包工作。

精确管理。积极应对“营改增”后的税务筹划，进项税抵扣一直位于全省先进行列，销项税积极与地方监管部门沟通，争取理解和支持。积极盘活资产，退铜超额完成年初预算；加强房屋土地盘活，争取迁改政策，及时回收迁改资金。加强能耗和投资管理，能耗占收比和投资占收比均位于前三名。

能力保障。重点做好4G和光网的端到端能力保障，全年完成37万光网端口建设任务，4G基站建设、1X补盲等工程按照要求全部完成，获得省公司4G建维优劳动竞赛第一名和集团公司二等奖，全国中兴区第二名的好成绩。

（廖华国）

**【中国移动常德分公司】** 经营业绩。2015年常德市移动通信服务收入增幅高出本地区行业增幅，收入规模排全省第2位。4G业务高速发展，全年累计净增4G客户突破65万户，客户规模排全省第2位。全年累计净增宽带用户超过3万户。网络建设。全年新建4G基站1200多个，4G基站数达到3800多个，4G网络规模排全省第4位，实现市、县城区与乡镇驻地网络覆盖；开展有线宽带建设，增强面向家庭客户接入能力，全年共完成900多个小区宽带建设任务，排全省第2位；OTN下沉89个点，新建汇聚机房80多个。开展网络优化专项行动，室分质量提升、语音质量优化提升、LTE下载速率优化提升，稳步提升网络质量，打造4G精品网络。强化网络信息安全与保障，做好抗洪抢险、大型集会等急难险重情况应急通信保障工作，完成桃源桃花节、常德旅游节、湖南国际旅游节开幕式等大型活动通信保障。营销体系。通过优势宣传、常态促销、精准营销，推动4G客户规模发展和价值提升。全方位全渠道地加强宽带运营工作，用户规模增速明显。加强核心渠道掌控，聚焦渠道专营份额、首推率提升，强化渠道营销能力。推进自营厅集中化运营，打造自营厅促销样板，10个厅创建为省级标杆厅，窗口服务投诉率同比下降30.74%。通过微信等新媒体宣传，扩大电子渠道影响力；以手机营业厅活跃用户规模拓展为突破，提升互联网渠道渗透率。服务水平。探索NPS提升，做好客户关系修复；全方位监测终端、家宽等重点业务服务流程；发挥电话经理团队作用，做好营销与服务协同。不知情营销投诉年降幅达35%。打造全新星级服务体系，通过开展电影俱乐部活动、全球通大讲堂有效稳定高价值客户。落实手机实名制，新入网实名登记率每月均达到100%，总体实名登记率为96.89%，排全省第1位。文明创建。常德移动注重企业文化建设，打造具有地市分公司特色“家文化”体系。2015年，常德移动荣获中国移动集团“企业文化示范单位”，并通过全国文明办考核复验，保持全国“文明单位”荣誉称号。

（王　曦）

**【中国联通常德分公司】** 截至2015年年底，常德联通共用员工500余人，固定资产规模已达 12.66 亿元，2G、3G、4G、固话、宽带等全业务客户已达百万级，其中 3G/4G 用户已突破 37 万户，主营业务收入近 5 亿元。

基层单元改革。常德联通根据市场经济形势变化的需要，于 2015 年对市公司市场线和网络线组织体系架构进行全面调整，在原来 16 个基层单元基础上，重新划分出 10 个新乡镇营销部，所有岗位按支撑类、销售类、和建维类三大模块重新划分，进一步实现扁平化管理；完成了移网网格及宽固网格蓝本薪酬改革，实现责、权、利全匹配。

4G 产业发展。常德联通通过 4G 百日会战和无线网覆盖“8899”活动，开展精品网络建设；截至 2015 年年底，城区 4G 良好覆盖率达到 94%，乡镇覆盖率达到 100%，人口覆盖率达到 95%；常德联通贯彻 4G 发展战略，全年发展 4G 用户 16.2 万户，较 2014 年增长近 5 倍。

宽带中国建设。常德联通坚决推行城区项目自建、农村项目合作宽固网络建设模式，全年投资 2041 万元，新建端口 7.44 万个，将光网宽带接入到全乡镇。常德联通宽固装维全面践行“15 分钟与客户预约、4 小时装机完成、8 小时修障完成”1548 标准，宽带用户满意率持续提升。

智慧常德建设。常德联通于 2015 年为常德交警白鹤山路口监控、高速交警监控、工 / 农 / 中 / 渤海银行 WiFi、农行全市网店线路、公安危爆监控、桃花源景区监控等项目提供专租线业务支撑，为常德湘雅医院、桃花源机场、建设局智慧工地项目以及智能水表监控项目提供综合通信支撑与保障。

市场经营。常德联通强化诚信经营理念，建立健全监督与稽核机制，定期或不定期地对全市经营活动进行走访检查，重点狠抓实名制管控，严厉打击黑卡等违法违规经营行为，不良用户占比持续下降。 （饶 晗）

常德联通 2015 年终端众筹 2.0 订货会现场

# 旅游

## 综 述

【概况】 2015年，全市接待国内外游客人次和旅游综合收入分别增长23.5%、27.9%，旅游经济占GDP比重首次突破10%大关。

产业地位。在2015年年初的市委经济工作会议上，市委明确提出把旅游业作为战略性产业来培育，按照“南攻桃花源、北战壶瓶山、中取柳叶湖”的战略布局，打造“世外桃源”品牌，塑造“亲亲常德”形象。市委、市政府成立旅游战略性产业推进小组，研究涉及旅游工作的各类专项会议20多次，主要领导亲自调度、督办重点旅游项目10多次。

项目建设。一是欢乐水世界盛大开园。成功引进国内顶尖旅游品牌—华侨城集团，首次合作的欢乐水世界项目在6月6日开园后便一炮打响，累计接待游客75万人次，实现营业收入1亿多元，综合效益远超省内其他同类水公园。二是主战场项目来势喜人。“一城三区”四大板块的旅游项目完成投资30亿元。市城区江湖连通工程的桥梁改造和水系改造基本完成，德国街、大小河街、婚庆博览园等项目相继动工建设。桃花源核心景区提质改造全面铺开，319国道改道工程完成，桃花源古镇主大街建筑全面完工，道路、园林、绿化、管网等配套工程进入扫尾。柳叶湖环湖游道、沙滩公园、白鹤镇等项目如期建成。壶瓶山江坪河景区提质工程、宜沙老街、“2098”登顶巡护步道建设全面竣工。三是旅游招商持续深化。加强与华侨城集团的深度合作，签订新一轮战略合作协议，正按“PPP”模式组建合资公司，共同打造“东部华侨城升级版”。联手万达集团，建设万达城市文化旅游综合体。引进山水盛典和锦绣中华等战略投资者，整体提升桃花源景区经营管理水平。石门县与瑞士格尼斯公司合作，共同开发东山峰旅游项目。

节庆活动。一是常德旅游节贡献显著。结合欢乐水世界开园，举办2015常德旅游节，组织千名中小学生、环卫工人、老干部代表率先体验欢乐水世界等一系列精彩活动。欢乐水世界三个月的运营时间，直接带动市城区餐饮、住宿等三产业二次消费10亿元以上。二是湖南国际旅游节震撼亮相。2015中国湖南国际旅游节开幕式及主会场十大主体活动取得巨大成功，成为全市乃至全省办节史上最具国际范、最具影响力的旅游节。国际旅游节期间，来自德国、韩国、美国、俄罗斯、意大利等11个国家的旅行商及媒体代表300多人聚集常德，200多家国内外主流媒体聚焦常德，国际元素之多前所未有；市城区星级宾馆全部爆满，开幕式当晚在柳叶湖周边观看焰火盛典的外地游客和本地市民达30万人，现场游客之多前所未有。三是市场营销稳步拓展。以举办旅游节为契机，整合各方资源，宣传常德旅游。中央电视台第

2015年6月6日，常德欢乐水世界开园2015常德旅游节开幕仪式

4套节目推出旅游节专题报道，《经济日报》、湖南卫视专题解读常德"美丽经济"，《湖南日报》、红网等开辟常德旅游专栏。开展旅游大篷车促销，吸引湖北、江西等省周边城市游客近20万人。运用新媒体营销，腾讯网对旅游节进行网络直播，同步点击量超过千万次，新浪官方常德旅游微博阅读量达133万次，常德旅游微信阅读量达210万次，高居全省榜首。四是区县活动接连不断。鼎城区举办的十美堂油菜花节、花岩溪擂茶节、钱家坪竹文化节等节庆活动，打造了乡村旅游"五朵金花"品牌。石门夹山千年茶禅文化论坛，澧县大美生态垂钓节，汉寿清水湖文化旅游艺术灯会，以及桃源枫林花海游、临澧红色游等活动，有力地促进了当地旅游产业发展。

品牌创建。推进等级景区标准化建设，柳叶湖通过省级旅游度假区评定，城头山创成国家AAAA级旅游景区，石门文庙和桃源乌云界花源里创成国家AAA级旅游景区，桃源乌云界创成省级生态旅游示范区，石门白云山和鼎城鸿睿创成省级工业旅游示范点，汉寿兰庭田园休闲农庄等12家单位创建为省级五星级乡村旅游区(点)。"柳叶壶·柳叶杯"茶具套件在2015昆明国际旅交会上摘得中国特色旅游商品大赛金奖，是全省唯一也是常德市首次在国家级旅游商品大赛中获奖。

行业管理。一是完善公共体系。新建和改造标准化旅游厕所300座，被国家旅游局评为全国100个"厕所革命"先进市，并予以通报表彰。市旅游集散中心建设基本完工。整合市旅游网、官方微信、微博、APP，形成"三网一平台"。创建智慧旅游服务体验点，A级景区、星级饭店免费无线网络和二维码全面覆盖。建成公众旅游咨询点5处、常德旅游商品购物平台13处、旅游交通标识牌368处。二是加强行业监管。定期组织旅游市场执法检查，坚持在市主流媒体上每月通报一次旅行社经营管理和信誉等级，适时发布"旅游消费警示和温馨提示"。在全省旅游服务质量游客满意度测评中，常德名列第一方阵。组建常德市乡村旅游协会，开展饭店协会研讨会等各类协会活动10多次，组织全市旅游行业服务技能培训5000多人次。三是创新服务模式。成立全国首个旅游创客空间，组建大学生旅游协会，先后与湖南文理学院、常德幼师高专等院校建立战略合作关系。创意开展旅游规划扶贫，建立常德市首支旅游志愿者队伍，招募并培训500人，参与志愿服务2000多人次。

（李　晴）

**【承办2015中国湖南国际旅游节】** 2015年9月12日，中国湖南国际旅游节在常德正式开幕。开幕式暨柳叶湖水上激光音乐焰火盛典、白马湖国际音乐会、湖南省旅游产品推介会、常德民俗文化美食节、新常德免费游等旅游节十大主体活动震撼亮相，创下多个之最。

（李　晴）

**【桃花源核心景区改造"6+1"工程】** 市委、市政府决定桃花源从2016年1月1日至2017年6月30日暂停对外开放，实施闭关改造，将全面恢复桃花源意境，重点打造秦溪、秦谷、桃花山、桃源山、五柳湖、桃花源古镇6大板块和1台大型实景演出，确保改造后的桃花源实现破茧成蝶、凤凰涅槃，并于2017年成功创建为国家AAAA级风景区。

（朱存召）

**【举办首届大学生旅游节】** 2015年10月10日晚，市旅游外侨局、团市委、市学联联合主办的以"亲亲常德、创意青春"为活动主题的大学生旅游节，在湖南文理学院水景广场开幕。市旅游外侨局与文理学院、幼师高专等高校还建立了战略合作关系，成立大学生旅游协会，首次组建大学生旅游志愿者、义工服务团队，开设全国首个高校旅游创客空间。旨在通过紧密的政校合作，培育大学生旅游市场，引导大学生旅游创新创业。

（吴　萌）

2015年10月10日，举办首届大学生旅游节

**【常德荣获全国厕所革命先进市】** 国家旅游局下发《关于开展厕所革命先进市表扬活动的通知》(旅办发〔2015〕309号)，拟对全国100个厕所革命工作业绩突出的市进行表扬，常德市以全省综合排名第一的条件获表彰。厕所革命是国家旅游局2015年的一项重要工作，常德市高度重视，2015年累计完成投资7000万元，新建标准化旅游厕所100座，改造旅游厕所近200座，市本级争取国省旅游厕所建设补助资金229.5万元，顺利完成既定工作任务。

（朱存召）

**【旅游商品柳叶壶首次荣获国家级旅游商品金奖】** 在2015年的国际旅交会上举办的中国特色旅游商品评选活动中，常德市自主研发的旅游商品——柳叶壶茶具系列因造型美观、工艺精良、含义深刻，获得专家评委的一致好评，被评为大赛旅游陶瓷类金奖，并由国家旅游局局长李金早在评选活动现场亲自颁奖。这是常德市旅游商品首次在国家级大赛中获得金奖。（黄 亮）

## 旅游景点介绍

城头山门楼

**【澧县城头山】** 澧县城头山位于澧县县城西北约10千米处，是中国南方史前大溪文化—石家河文化时期的古城遗址，距今约6000多年。城头山古城遗址占地18.7万平方米，被公认为目前所知中国最早的一座古城，保存极好，考古价值极高。古城海拔约40米，略呈圆形，城垣外圆直径340米，内圆直径325米，围绕城垣的护城河宽30～50米。遗址文化内涵丰富，发现有城垣、城门设施、环城壕、护城河、房址、陶窑、祭坛、道路、墓葬以及城垣底层的水稻田等遗址。出土物包括石器、陶器、玉器、骨角器以及炭化的稻粒等。澧县城头山旅游景区遗址是目前已发掘年代最早、保存最完整、内涵最丰富的古城遗址，遗址内有世界迄今所发现的历史最早、保存最好的水稻田遗址，是探索长江流域新石器文化、史前聚落、农业起步和发展等极为难得的聚落遗址。2015年12月，被评为国家级AAAA级旅游区。（李 晴）

**表2 2015年旅游经济指标完成情况统计表**

| | 2014年 | 2015年 | 增幅 |
|---|---|---|---|
| 接待国内外游客 | 2979.54万人次 | 3641.85万人次 | 23.5% |
| 旅游综合收入 | 215.75亿元 | 276.09亿元 | 27.9% |
| 接待团队游客 | 117.59万人次 | 135万人次 | 14.8% |
| 接待境外游客 | 14.30万人次 | 16.49万人次 | 15.3% |

# 城市建设与管理

## 住房和城乡建设

【概况】 2015年，全市城镇化率达到46.9%，市城区建成区面积扩大到93平方千米，人口增加到90万人。

民生工程。一是“两房两棚”建设卓有成效。2015年，省里下达常德市“两房两棚”任务为80531套（户），开工率为100%。其中棚改完成货币补偿6036户，安置住房开工9313套，开工率100%，基本建成率为58%（含货币补偿及安置住房竣工）。市城投向国开行融资棚改计划资金40亿元，前期准备工作基本完成。探索商品房回购工作，以此取代新建方式，已启动七里桥棚改项目试点，开展保障房市场租赁工作。二是“两供两治”完成可圈可点。供水设施建设有序。全市计划改造、新建供水厂14座，完工3座，在建3座。全年完成管网新建、改造206千米。全市计划新建水质检测中心9个，完工3个。供气项目进展良好。全年建设燃气主干管网219千米，总投资2.69亿元。“五县一市”天然气管输项目全线通气，实现了全市主要乡镇天然气管网全覆盖。污水治理稳步推进。全市已建成运行15座污水处理厂。完成污水配套管网建设1035千米，完成投资16.94亿元。建成市本级污水在线监控系统并投入运行。完成污水处理费调价前期工作。三是城乡安全饮水工程顺利实施。市城区已完成向丹洲乡等乡村敷设5条辐射型主干管网和支干管网，并连通城乡供水管网，新建管网551千米，城乡一体化供水服务人口新增6.7万人。解决了剩余136万人的饮水安全问题，在全省率先实现城乡饮水安全全覆盖。

建筑业管理。2015年，全市建筑总产值预计达到260亿元，同比增长8.5%，外拓产值达到40亿元，同比增长8%，入库税金11.02亿元，同比增长7%，吸纳农村劳动力9.8万人。启动新版建筑业企业资质就位工作。严格市场准入和清出制度，推进企业公司化管理。全年有3个工程获“鲁班奖”，分别是德成公司建设的鄂尔多斯医院和鄂尔多斯体育中心工程、天鹰公司建设的常德市天济广场酒店；有7个工程获省优质工程奖；申报省级质量标准化示范工地7个，其中市直2个，桃源、汉寿、安乡、石门、澧县各1个。

房地产发展。2015年，全市商品房销售面积392.19万平方米，同比增长47.06%，销售总额192.26亿元，同比增长54.43%，其中市城区126.31亿元，同比增长69.3%。全市房价基本稳定，全市商品住宅成交均价4101元/平方米，同比增长4.27%。各区县（市）房地产市场也稳步发展，尤其是石门、津市商品房销售面积分别同比增长137%、94%。采取措施进一步规范房地产市场，严格市场准入。全年新批准成立房地产开发企业8家，注销18家不达标或存在严重违规行为的开发企业。加强对房地产企业资质的动态管理。限制或禁止39家企业参加房地产开发用地竞买报名。认真调查处理市城区房地产开发项目信访问题，解决东方美景二期项目业主的办证问题。

城乡建设管理。一是基础设施配套管理。完成市政基础设施工程、园林绿化的政府购买服务试点；完成市城区主次干道人行道板大中修工作；对全市排水系统进行拉网式清淤；对江北、江南、常德经开区地下管网进行普查，普查总里程2367千米；顺利通过国家节水城市复检。二是园林绿化建设指导。城市建成区绿地率达到39.42%、绿化覆盖率达到43.76%、人均公园绿地面积达到14.35平方米。推动“省级园林县城”创建工作，澧县、临澧、汉寿已被纳入省级园林县城验收范围，津市正创建国家园林城市；沅水一桥、朗州北路铁路桥实施桥体绿化，武陵桥、七里桥等六座桥体实施花化，市城区实行增色增花项目。三是城镇乡村建设管理。投入3000万元，在全市13个镇开展美丽城镇建设试点。临澧县合口镇、石门县壶瓶山镇成功入选全省10个美丽乡镇。汉寿县丰家铺乡铁甲村、石门县罗坪乡长梯隘村、壶瓶山镇泥沙村成功入围第四批中国传统村落。全面启动农村垃圾专项治理。

（李　瑾）

【城市提质】 2015年6月6日，常德华侨城欢乐水世界按时开园；白鹤镇提质改造美化工程全面完成，商业街、农家客栈和汽车旅馆项目竣工开业；马拉松赛道中，蚂蟥溶段、万金障段、东岸段道路部分全线完工通车；沙滩公园、朱雀广场开始营业；东常高速白鹤山入城口道路建成通车；穿紫河沿线的柏子园、余家垱、楠竹山等泵站建设基本完成。环柳叶湖十大景观工程中，螺湾观鸟、柳叶之门、白鹤仙踪等项目已经开工建设。穿紫河沿线工程中，德国小镇、小河街、大河街、爱情岛施工进展良好；皇木关污水处理厂基本建成，粟家垱泵站泵房已试运行。西片区重点提质项目中，机场快速路全线通车；人民路（新河渠—金丹路）项目正进行综合管网施工；白马桥开始全封闭施工；"两师"建成开学，"两校"抓紧建设。江北老城区项目中，武陵阁步行城美化项目二期工程前期摸底调查已经完成；东常高速白鹤山入城口道路、芦荻山互通连接线完工通车；洞庭大道东延线一、二标已完工；沅安路美化工程竣工。江南新城片区项目中，江南沅江风光带已经进场施工；桥南商圈提质美化项目完成约80%。德山片区项目中，樟桥路改造工程正在进行西侧管道埋设；临枫路即将完成。

（李　瑾）

水体改造后的滨湖公园

【海绵城市建设】 2015年3月，常德市成功入选全国首批16个海绵城市建设试点城市。编制完成《常德市海绵城市建设试点城市2015—2017年3年行动计划实施方案》。聘请德国汉诺威水协、中规院等国内外顶尖规划设计单位，高标准编制城市给水、排水、绿化等10多个专业规划；编制出台《常德市海绵城市建设技术导则》和《常德市海绵城市建设图集》。审核完成上报财政、住建、水利部的3年试点海绵城市建设项目资金，明确了资金来源。已向省财政厅申报3个海绵城市建设PPP项目。市中心城区已启动79个海绵城市建设试点项目，试点区为36.1平方千米，其中重点推进十大工程。2015年开工10平方千米，完成9平方千米，开工60个，完成46个。有5大亮点：一是立足常德实际，确定南方丰水地区城市内涝防御的有效措施，构建大中小海绵城市建设——低影响开发雨水系统、城市雨水管渠系统、超标雨水径流排放系统，力图防涝可靠、经济高效；二是城市合流制污水在终端处理，如余家垱、柏子园、楠竹山机埠；三是用CCTV检测管网，建排水模型，使用非开挖方式进行修复，如滨湖路—洞庭大道—青年路—污水净化中心地下管网修复工程；四是重视黑臭水体治理，对合流制排水系统进行改造，出台《常德市城区黑臭水体专项整治工作方案》，完成穿紫河全流域的全面截污，对护城河葫芦口段的黑臭水体进行成功治理；五是利用水生植物改善湖水水质，如滨湖公园水体水质改善与生态修复工程。

（李　瑾）

## 城市规划

【概况】 规划编制。组织编制《津澧城市空间发展一体化规划》《常德市城区中小学校布局规划》《常德市卫生设施专项规划》《桃花源国家级风景名胜区总体规划》《穿紫河两厢景观设计》《婚庆园和德国街项目设计》《穿紫河大小河街设计》《花山湿地公园方案设计》《沅安路堤坡景观改造工程设计及临江六阁改造设计》《江南外滩景观工程设计》《常德园博园修建性详细规划》《常德骨干路网及交通枢纽规划研究》《火车站广场改造规划》《芙蓉王新城控规及核心区城市设计》《常德空港新城控规》《桃花源路南段两侧城市设计》《江南临江棚户区城市设计》《丹洲生态城规划》《白鹤山镇提质改造修建性详细规划》《常德市海绵城市建设技术导则》等。常德市中心城市发展到93平方千米、90万人口的规模，城市发展骨架已拉开到130平方千米。

项目审批。一是完善法定审批依据。制定《常德市规划管理技术规定》和《常德市城区住宅建设项目配套公共用房和设施建设管理规定》，规划审批程序规范透明。二是大力推进审批提速。全面推进行政审批"两集中、三到位"，坚决落实行政审批一门受理、限时办结等制度，促进了审批提速提质提效。2015年，共受理报建项目1287件，收取城市基础设施配套费约1.1亿元。

服务项目建设。开展上门服务，一批城建项目、民生项目和海绵城市建设项目加快推进。一是城建项目。局分管领导及相关科室负责人主动赴三大平台公司开展规划服务，助推项目建设。二是民生项目。主动为完美社区、公寓式安置小区、保障性住房项目提供优质服务，积极搞好项目选址、设计要点、用地和工程规划许可、验线等相关工作。全市共有完美社区建设项目249个，其中改扩建项目115个，新建项目134个，新建项目选址已全部落实。三是海绵城市建设项目。运用海绵城市理念，重点开展了江河湖连通工程和滨水交通慢行系统工程规划设计；牵头制订了《常德市建设海绵城市试点重点项目计划》，狠抓了79个试点重点项目的设计跟踪和进度调度。

优化展示平台。规划展示馆根据常德的规划建设发展，坚持对展示内容进行动态更新，进行了两轮提质升级，不断提高展示水平。常德市规划展示馆获批成为国家AAAA级旅游景区。2015年，共接待社会各界及外国友人近15万人次。接待各级党政军代表团、社会团体751个。自2013年元旦开馆以来，累计接待88万人次参观。

三维辅助决策系统

数字平台建设。2015年，“数字规划”一期建设基本完成，建成三维辅助决策系统，市规委会数字会议室即将建成；一站式规划管理服务平台完成升级，实现了包括业务审批、公文管理、图形展示、档案管理等一站式管理的目标。编制完成“数字规划”二期建设项目方案设计，包括网上报建系统、规划一张图系统、三维网上展览馆、批后监察系统、多规合一信息协同平台、地下空间综合管理系统等。

控违拆违。2015年，市规划局迅速适应控违拆违新体制，从强化规划审批项目跟踪监管和推进控违拆违工作考核两大方面狠抓规划执法工作。一方面审批项目监管精细化。坚持从验线到工程竣工验收的全过程实施动态跟踪，严格依据审批图纸执法，对违反规划的建设行为，及时督促建设单位按要求整改。另一方面控违拆违考核严格化。市拆违考核办对四区政府（管委会）控违拆违工作组织日常监督检查，每月核实并通报各区违法建设处置情况，每季度组织考核、排名，并兑现奖罚。2015年，常德市控违拆违工作成效明显。一是违法建设发案数量下降。2014年四区违法建设发案1076起，2015年发案355起，发案总数下降67%。二是违法建设处置效果较好。四区新增违法建设355起，其中拆除237起，停工9起，补办手续45起，违法建设处置率达82%。三是违法建设拆除价值大。四区共组织大型强拆行动150余次，拆除违法建（构）筑物237处，拆除违法建筑面积4.5万余平方米，已拆除存量违法建设105起，拆除违法建筑面积1.8万平方米。

自身建设。一是抓制度建设。编写《常德市规划局制度汇编》和《规划工作指南》，以法制化、规范化的条文规范管理工作。二是抓依法行政。为全面推进学法用法、依法行政，市规划局收录了改革开放以来公布有效的城乡规划法律、法规、规章以及常德市加强城乡规划管理的规范性文件等，组编成《城乡规划法律法规汇编》一书。坚持依法行政，全年共清理行政审批事项11项，处理行政复议案件3起，行政诉讼案件1起，组织召开听证会4次，办理行政确认7起。全年发布各类网站信息102条，网上公示127条。办理市民网上诉求60余件，市长热线交办件10余件。接待群众来信来访390多人次。办理人大建议、政协提案主办件11件、会办件52件，满意和基本满意率达100%。三是抓活动开展。5月，组织开展“常德故事百姓讲·市规划局党员微故事会”活动；8月，组织干部职工未成年子女参加夏令营活动；12月，组织青年干部开展户外拓展活动；规划协会组织赴长沙学习考察美丽乡村建设；局工会组织干部职工参加第五届市直机关运动会并取得较好的成绩，组织参加环柳叶湖马拉松赛及全民健康挑战赛，开展迎新春环湖竞走活动等，增强了单位的凝聚力和向心力。（温新霞）

# 城市管理与创建

**【概况】** 完善考核评价体系。2015年，制定并下发《2015年“四区”城市管理工作考核评比实施细则》和《关于调整“四区”考核评比工作的意见》两个文件，完善了“四区”的城管考核评比体系。“四区”政府（管委会）相继成立区级城市管理委员会、城管委办公室和考评办，出台区级系列城市管理考评文件，将城市管理相关责任分解明确到区直部门、街道、社区，建立了严格的奖惩机制和责任追究机制，城市管理工作重心下移、以区为主的新格局基本建立。2015年，通过考核督查对“四区”共指出问题16539个，下发交办函101期，交办有代表性问题500多个，“四区”围绕这些问题都开展了针对性的整改，解决了一大批过去存在的难点问题。市城区主次干道的出店占道经营、摆摊设点现象基本解决；城区随意设置气球、拱门、条幅广告现象基本制止；主次干道“牛皮癣”小广告实现长效管理；垃圾死角死面、环卫保洁盲区基本得到治理。

市容环境秩序。一是抓渣土专项整

治。组织“四区”和相关职能部门开展渣土专项整治行动，提出“公司重组、车辆升级、工地规范、营运有序”的整治目标。严厉打击黑车参运，组织“四区”坚持开展联合执法，形成打击非法渣土运输的高压态势，及时化解因严格管理而导致的渣土运输车辆集访事件。市城区按照“退一进一”的原则，将原有老旧渣土专营车辆逐步升级为新型智能环保渣土运输车辆，2015年已更新车辆196台。通过持续强力推进渣土专项整治工作，市城区渣土管理乱象明显改观，市城区建筑工地和城区道路的扬尘污染明显减少，有效改善了空气质量，2015年下半年常德市空气质量稳居全省前列。二是抓城市美化亮化整治。2015年完成洞庭大道99栋和沅安路52栋建筑物的临街立面和屋顶的美化工作。实施沅安路门面改造工程，更换门店招牌175块，沅安路整体景观效果明显改观。鼎城区投入资金1亿元，对桥南商贸圈实施美化提质，拆除户外广告、门店招牌1230处，高标准配置城市家具。以欢乐水世界环柳叶湖为代表的亮化效果进一步凸显。每逢全市重大活动，要求各相关责任单位及时进行维护、更换，做到能亮尽亮，确保了城区夜景呈现缤纷多彩的灯光效果。

服务重大活动。一是抓好国家卫生城市巩固。2015年是国家卫生城市复检年，国家爱卫会按照新修订的国家卫生城市标准对常德市进行复检，复检标准相比原来更加严格。市城管执法局作为牵头单位，制定工作方案，强化督导检查，积极协调解决全市重点、难点问题，完成国家卫生城市复检工作任务。2015年5月，顺利通过省爱卫会组织的复检，9月份通过国家爱卫会组织的暗访复查，国家爱卫会继续命名常德市为国家卫生城市。二是抓好全市重大活动的市容保障工作。2015年先后有卫生城市复查、文明城市复检、绿化模范城市创建和省、市旅游节、全省两创现场会、党建现场会、完美社区现场会等一系列重大活动，市城管执法局充分发挥统筹作用，协调各区做好每一次全市重大活动的现场准备工作，强化督导检查，确保城区市容整洁有序。开展环境卫生整治，全面清洗城区主次干道，集中清理城郊接合部乱倾倒的建筑垃圾。清理整治户外广告，仅省、市旅游节期间，清理参观沿线道路的各类违规户外广告牌达1800多块。

改革创新。一是执法体制改革顺利推进。调整市、区城市管理的职权和事权，市城管执法局积极转变角色，由过去直接从事城市管理各项具体事务转变为“抓统筹、订标准、搞考核”，充分发挥在城市管理工作中的统筹协调作用，城市管理以区为主、市级宏观统筹的新格局基本形成。二是网格化管理基本建立。常德市智慧城管系统采取“两级监督、两级指挥”的管理模式，采集城市部件38万个，将市容市貌、环境卫生、城管执法、工地管理、市政管理、园林绿化、户外广告、违法建筑等与城市管理相关的活动全部整合到管理平台上，系统联网市区两级责任单位130家。全年系统共受理城市管理上报案件239220件，立案223155件，立案率93.3%，处置案件197607件，处置率88.6%。接受并处理公众举报案卷2514件。三是精细化作业初见成效。制定新的《市城区环卫作业规范和质量标准》，对城区街道实行“人机结合”清洗保洁滚动作业机制，建立普扫、机洗、机扫、动态保洁、督导巡查“五位一体”和定时、定量、定人、定点、定车“五定”的精细化保洁制度，机械化作业面积达500万平方米，各类标志标线现本色，城市街道整洁如新。三是运营市场化逐步推进。2015年2月，鼎城区率先引入清扫保洁市场机制，实现由政府包揽向市场化运营转变，自4月1日正式运营以来，环卫清扫保洁收到良好效果；常德经开区、柳叶湖度假区也已经实行清扫保洁市场化运营，成效显著。（贾　曼）

## 城市公用事业

**【概况】** 城市扩容提质。一是大力推进“五县一市”天然气管输项目。“五县一市”天然气管输项目旨在连接桃源、临澧、石门、澧县、安乡和津市的天然气输配管道，涉及数百万群众用气问题。项目全长245.9千米，总投资4.822亿元。截至2015年年底，整个项目已全线通气，实现了全市所有区县市及主要乡镇天然气管网全覆盖。二是完成白鹤山“华侨城·常德欢乐谷”周边亮化工程。对柳叶大桥、彩虹桥、桃源桥、白鹤桥、渔歌桥、武陵监狱及周边等15栋（座）建筑物进行夜景亮化。本次亮化由市规划局负责统筹，市规划建筑设计院具体完成，投入资金约578万元，由市财政全额出资建设。工程于2015年5月1日开工，5月30日竣工，已纳入数字化管理平台统一控制。三是积极推进芙蓉南路续建工程建设。完成动物园的征收拆迁工作，截至2015年年底，已建成通车。四是完成武警支队院内市政基础设施改造项目。积极督办市武警院内改造工程项目，已全部竣工并验收合格。道路改造10687平方米（砼路面1707平方米，沥青8980平方米），改造排水管网902米（DN200为48米，DN300为125米，DN400为359米，DN500为243米，DN600为127米）。五是积极完成市城区主次干道人行道板大中修工作。8月底开始启动市城区主、次干道大中修一期工程，重点对沙港路、三闾路、皂果路、武陵大道、洞庭大道、紫菱路、龙港路等多条道路人行道板进行更换，共计17000平方米；对光荣路车行道路面进行沥青砼更换，共计6000平方米。10月中旬启动市城区主、次干道大中修第二批工程，重点对人民路、朗州路、沙港路、市场中路等多条道路人行道板进行更换，共计7000平方米；对竹叶路车行道路面进行沥青砼更换，共计6700平方米。六是供水设施建设稳步推进。江北城区主次干道新增消防栓工程已全部完工，在施工过程中，因城区“三改四化”整体改造，工程竣工验收实际共计完成33条主次干道安装消防栓533台，完成预期目标。完成2015年“一户一表”改造工程的摸底工作，并进行了现场复核，2015年安排“一户一表”改造500户，财政共计补贴30万元。七是加速推进城乡一体化供水进程。2015年是城乡一体化供水的收官之年，重点围绕推进小水厂处置、加压泵站建设、供水管网铺设、提高城乡一体化供水覆盖率等四个方面开展工作。根据2015年编制的项目实施计划，组织市中心城区及周边500平方千米内21座乡村水厂处置（重点处置14座），组织新建供水加压泵站或一体化加压设备3座，完成主、支及入户供水管网敷设，新增市政供水人口46376人。八是顺利通过节水城市复检。8月初，常德市顺利通过住建部组织的“国家节水型城市”首次复检。为迎接此次复检，市公用事业局组织市节水办做了大量工作：制定常德市迎复检工作方案，召开迎复检动员会，按照《国家节水型城市考核标准》100分编制国家节水型城市复检申报资料，制作节水工作汇报片，并报送住建部、国家节水委、湖南省住建厅、湖南省发改委，做好节水型企业、单位、小区、水厂、污水处理厂、雨水收集、生态过滤等多个现场验收点的迎检准备。

民生工程。一是密切联系群众，切实排忧解难。结合社会求助服务热线系统，坚持落实城建热线24小时值守制度，调整值守安排，同时，结合系统实际情况，制定局系统2015年信访工作方案及社会管理综合治理工作方案。截至2015年底，共完成社会求助平台的交办件301起，常德论坛市民留言共22件，网上信访件12件，均做到及时回复，100%办结。二是努力提高建议提案办理质量。2015年，市公用事业局共收到人大代表建议和政协委员提案16件（主办8件，会办8件），为确保办理质量，实行“五定”的管理责任制，即定领导、定人员、定时间、定任务、定责任；力争做到三个100%，即与代表委员的见面率达到100%、及时办理答复率达到100%、代表委员满意率达到100%。三是积极参与海绵城市的申报工作。为申报国家海绵城市试点城市，积极参与国家海绵城市申报相关业务的培训学习，认真组织相关资料的收集，密切配合设计单位的申报资料编写，最终成功申报国家海绵城市试点城市。四是认真做好水价改革相关工作。配合市物价局完成了2015年水价改革的调研论证工作，使本次水价改革顺利通过听证会。五是认真落实“两供两治”（城市供水和供气、城市污水和垃圾治理）项目建设的对接和督导。认真落实省住建厅“两供两治”的文件精神，充分结合常德市的水务现状，在考虑专项规划和充分论证的基础上，对省住建厅申报了常德市城区水务的基础设施建设项目调整计划，并采取月报的形式督导项目进度，同时不定期地对建设项目进行现场查看。

行业管理。一是确保城市正常供水。加强安全运行管理。实行“水质三级检验制度”，即生产班组、水厂化验室、水质监测站分别对管网水和出厂水进行随机抽样检测和水质全分析。狠抓现场管理，确保设备完好。所有重点部位（水池、加氯间等）均安装监控系统，24小时专人值守。强化水源防护与监督。在饮用水源保护区设置界标、交通、宣传等标示牌，24小时巡视，加强对水源水的监测力度。切实抓好液氯的安全使用。对沅北水厂加氯车间安装漏氯吸收安全装置，一旦发生泄漏事故，能有效地控制周边环境及居民安全。强化二次供水监督管理。市节水办在全市二次供水单位卫生监测培训会议上就进一步加强2015年二次供水管理做了具体安排，重点对清洗消毒、水质监测、维修检漏、持证上岗、安全卫生、完善制度、规范管理等方面提出了具体要求。针对“国家节水型城市”复查工作，市节水办牵头起草《常德市迎接国家节水型城市复查工作实施方案》，向责任单位交办了责任任务，并指出节水工作的薄弱环节和整改措施。二是深入开展安全大检查，全力确保市政公用行业生产安全。组织专业人员对城市供水、城市燃气、城市桥梁等领域进行全面安全大检查。9月1日，对市自来水公司在沅北、沅南水厂及灌溪鼎盛水厂、东靳驮水厂进行安全生产检查。9月2—11日，组织局应急办、市燃气办、市政公用事业执法大队并抽调燃气专业技术人员，成立3个燃气生产安全督查组，采取分片分组抽查的形式，对全市燃气行业生产安全进行督查。从9月上旬开始，对全市主要桥梁进行了一次全面安全大排查。其中重点对桃花源大桥进行检查。三是强化城市排渍防涝。制定江北城区排水突发事故应急处置预案，并将武陵区、柳叶湖区住建局、水务局纳入城市排水应急指挥部成员单位，对全市排水设施安全事故的应急处置工作进行统一指挥、协调；市排水处针对2015年防汛排涝情况及时修订防汛排渍应急预案。根据日降雨量，防汛排涝应急管理按四级进行管理，非雨天气启动四级响应；日降雨量50毫米以下启动三级响应；日降雨量50毫米～100毫米或每小时降雨达

督导桥面防冻防滑工作

30毫米启动二级响应；日降雨量100毫米以上或每小时降雨30毫米以上启动一级响应；同时，加强设备维护保养，确保雨季和汛期各类设备正常运行。四是强化混凝土行业管理。明确职责，加强监管。成立安全生产领导小组，监管和指导行业安全生产工作，督促各企业履行安全职责。狠抓教育培训。要求企业组织职工学习相关法律知识，坚持工作人员上岗前必须经过培训、考试合格，增强安全意识。落实管理制度。要求企业严格落实混凝土生产操作规程和设备检修制度，确保生产安全；严格按照《道路交通安全法》和《关于加强对预拌混凝土运输车辆、驾驶员安全生产管理的通知》的要求管理驾驶员和运输车辆，对驾驶员实行安全运营与奖金挂钩的制度，确保运输安全。

体制改革。做好职能转变和机构改革相关工作。紧跟市委、市政府城市建设和管理体制改革的步伐，结合常德市市政公用事业领域工作实际，逐步理顺体制，实行重心下移，分级管理，市场运作。进一步规范对"一城四区"市政公用设施管理维护的督导与检查，认真搞好对"一城四区"市政基础设施的考核工作，每月坚持做好3次暗检和1次明检。根据市里的要求，制定《常德市市政公用事业管理局主要职责、内设机构和人员编制规定(草案)》，征求各分管领导和科室成员的意见和建议，将意见收集后上报主管部门，并根据上级主管部门的要求做好后续跟进工作。

队伍建设。扎实开展"三严三实"教育实践活动。5月底，局党组副书记、副局长辛长明紧扣"三严三实"要求给本单位全体党员干部上党课，以讲党课的形式启动局系统单位"三严三实"专题教育工作。6月底前，围绕"严以修身，加强党性修养，坚定理想信念，把牢思想和行动的'总开关'"开展学习研讨；8月底前，围绕"严以律己，严守党的政治纪律和政治规矩，自觉做政治上的'明白人'"开展学习研讨；10月底前，围绕"严以用权，真抓实干，实实在在谋事创业做人，树立忠诚、干净、担当的新形象"开展学习研讨。切实加强廉政建设。落实党风廉政建设责任。注重预防，认真开展好党员干部警示教育，严格按照领导干部一岗双责的要求，搞好局系统领导干部廉政责任的分工，明确廉政责任，抓好廉政建设责任状的签订工作。抓好重点领域的监管。局纪检组要对工程招标、项目建设、财务管理、人事调动等进行全过程监督管理。

(华　双)

## 城市环境卫生

**【概况】** 基础设施建设。一是大型环卫设施规划建设进展显著。车辆维修中心及垃圾中转站项目位于东江乡新安村，属融资贷款生活垃圾处理城乡一体化项目，占地约3.2万平方米，该项目于2014年7月开始建设，预计2016上半年全部完工，届时全市垃圾转运能力将得到进一步提升。生活垃圾填埋场备用场选址确定在鼎城区苍山乡，正在对项目进行规划环评。桃树岗填埋场生活垃圾渗滤液处理升级改造工程进入招投标阶段，此次渗滤液处理系统提质改造项目工程预算为248.595万元，内容包括对处理工艺的调整和厂区部分设施设备的更换，整个工期预计为90天。提质改造后，桃树岗生活垃圾填埋场渗滤液处理系统处理标准将从《生活垃圾填埋场污染控制标准》(GB16889-2008)表2标准提升至表3标准，渗滤液处理规模达到100吨/天。二是中小型环卫设施规划建设逐步推进。环卫工人休息室建设和城区垃圾中转站的升级改造，前期工作已经基本完成，共选定十处环卫工人休息室的建设点，确定了鸡鹅巷、宏升小学、文理学院垃圾中转站等5座设备老旧严重的垃圾中转站升级改造的施工方案，完成财政申报资金和开展设施建设招投标的准备，年底前可完成报建项目并开工建设。针对城区部分公厕外观陈旧、设施破损、管道堵塞等问题，安排专人进行调查摸底，制定详细的改造计划。三是不断完善环卫规划。根据市政府领导的指示，2013年7月委托湖南大学设计研究院有限公司启动了《常德市城乡环境卫生专业规划》(以下简称《规划》)修编工作。为使《规划》具有可操作性，在《规划》修编期间，在原《规划》的基础上结合常德市当前实际，与市城管局、市规划局等部门进行衔接沟通，收集规划基础资料和征求修改意见，并在规划部门的指导下重点完成了对"一城四区"环卫设施的规划布点(其中规划垃圾收集点5621个，垃圾收集站56座，公厕338座、渣土处置场3座)，以及对现有环卫设施和相关配套设施的提质升级规划。该《规划》经过两轮修改，主体部分已经基本完成。待生活垃圾备用填埋场等项目选址位置明确后，便可按相关程序送审。

城区垃圾处理。一是推进生活垃圾焚烧发电工作。德山生活垃圾焚烧发电厂自启动后累计处理生活垃圾101.6万吨，累计上网电量2.73亿千瓦时。发电厂每天进厂的垃圾已达到1000吨左右，超过了项目一期800吨的设计处理能力，对此市环卫处积极配合常德市中联环保电力有限公司，开展生活垃圾焚烧发电厂续建工程，现已完成技改续建工程的《可行性研究报告》和《环境影响报告书》并得到湖南省建设厅和环保厅的相关批复。二是推动垃圾分类、减量工作。根据市委市政府要求和市城管局安排，成立专项工作小组推进全市生活垃圾减量和分类工作，工作小组系统研究国内外垃圾减量和分类工作，分析建设部确定的北京、上海、广州等八个试点城市垃圾分类10年的经验，并前往青岛、苏州等城市实地考察学习，最后结合常德市当前实际，起草《常德市城镇生活垃圾收集(减量化)管理办法》报市政府审定，为下一步在全市范围推广垃圾分类打下良好的基础。三是稳步推进餐厨垃圾管理工作。2012年启动餐厨垃圾无害化处理项目，截至2015年底完成《常德市餐厨垃圾管理办法》的草拟工作，举行了《常德市餐厨垃圾管理办法》听证会，相关资料报送到市法制办。初步明确全市餐厨垃圾处理的技术路线和建设规模，即采用以厌氧产沼为核心的技术工艺，建设一座日处理能力200吨的餐厨垃圾处置中心，对城区餐厨垃圾进行统一收运和集中处置。开展餐厨垃圾处置中心的选址论证，初步拟定在德山生活垃圾焚烧发电厂西面进行项目选址。初步草拟常德市餐厨垃圾处理的收运方案。

督导检查。2014年10月常德市环卫体制改革后，市环卫处及时调整工作思路，把主要精力集中在对环境卫生的督导巡查上。2015年，按照市城管委的统一部署，成立城区环境卫生考核办公室，对“四区”城区道路、单位院落和居民小区、水体水面和护坡、公共厕所、垃圾中转站、垃圾收集运输、公共绿地、城中村和城乡接合部、农贸市场的卫生情况等九大方面的情况进行明察暗检。1—10月共出动检查车次256次、考核人员756人次，发现环境卫生管理方面的问题6313件，收集各类检查影像资料9900多件，并整理成册上报城管委18册，督促、落实、整改问题6000余件。特别是在迎国家卫生城市、文明城市复查期间，市环卫处及时督导“四区”城市环卫部门做好迎检准备工作，加大环卫清扫保洁力度，确保了城区环境的卫生整洁。市环卫处受市城管局委托对市城区渣土工作进行考核，为做好考核工作，组建渣土考核组，分成三班，每日分上午8:00到11:00，下午3:00到6:00，晚上9:00到11:00三个时段对四区渣土运输、工地现场管理、渣土消纳场管理和渣土处置行政许可等情况进行巡查考核。对于检查中发现的问题及时通知责任单位要求限时整改，并将情况上报市城管办，考核期间共发现问题615件，为每月进行“四区”城市管理考评提供有效依据。

队伍建设。加强党委班子建设，促进各项工作提质提效。突出党风廉政建设，着重抓好“三严三实”教育。严格落实重大事项议事规则，全面实行党务政务公开制度。落实党建重点工作，扎实推进服务型党组织建设。多次组织党员干部深入武陵区金桥社区参加社区的公益活动和节（中秋）前访贫问苦，送温暖活动，为残疾、孤寡老人送去大米、食油、月饼等3000多元的物资。同时，还把党建工作与“民心工程”结合起来，按照市委、市政府领导的指示，在市城区建立30座环卫工人休息室，已完成选址等前期工作；根据市人大代表、市政协委员的提案、议案，对鸡鹅巷、鸿升中转站进行提质改造。按照市双联和困难职工帮扶工作领导小组办公室的安排，两次到城东盐关社区开展帮扶工作，共投入帮扶资金5000元。积极开展“进村入户、访困问需、访贫问计”活动，到桃源县龙潭镇梨树垭村开展“一进二访”活动。积极参与太阳谷美丽乡村建设，不仅在资金方面给予了3万元资金扶持，还就农村环境卫生实施规划、投入、管理提出可行性的建议和意见。高度重视“两会”议案提案办理工作，全年共办理人大建议、政协提案9件，主办件和会办件均全部落实，见面率、满意率、基本满意率都达100%。加强制度建设，努力改进机关作风。梳理、修订《市环卫处廉政风险防控管理工作方案》、完善《领导班子议事规则》、出台《市环卫处“三重一大”事项集体决策制度》《市环卫处关于改进工作作风密切联系群众的实施办法》《常德市环卫处公务车辆管理》《常德市环卫处公务用餐接待暂行规定》《关于严禁公车私用的规定》等一批工作制度和规范，做到办事按程序、工作讲效率、管理求规范。发挥党组织作用，建设和谐文明环卫。组织开展建党94周年纪念活动，发展一批优秀的同志加入党组织，组织全体党员到石门县革命博物馆及红军烈士王尔琢塑像前开展缅怀革命先烈，重温入党誓词活动。组织各区县市千名环卫工人参加常德华侨城欢乐水世界开园游园活动。主办庆祝常德市第二十届“环卫工人节”庆祝活动暨第一届环卫机械化作业技能比武活动。（易　欣）

## 自来水供应

【概况】2015年，实现售水量5836万立方米、水费回收率98.4%，实现经营产值2.16亿元、利润总额326万元。全年共检出漏点74处，减少漏损水量560余万立方米。全年共查处违章用水和损坏供水设施案件92起，挽回经济损失44万余元。完成了江北城区DN80以上水表的周检200余块，检出问题水表82块。

项目建设。筹措投入5335万元，累计建设供水主管、支管及入户管网625公里，完成花山村加压泵站建设，对东靳驮水厂、鼎盛水厂等15座小水厂进行处置，解决城市周边1.68万户6.4万人的安全饮水问题。累计改造老旧管网18公里，解决近9平方公里的管网瓶颈问题。投资1400万元，将沅南水厂原办公楼改建成总面积2500平方米的高标准水质监测站，添置大量高科技的水质检测仪器设备，加强了检测人员的培训，已具备106项生活饮用水水质指标的检测能力。全年在省市卫生监督部门的16次抽检中，水质均实现达标。

水价的调整与阶梯改革。2015年6月中旬，召开水价调整听证会，平均水价上调0.39元，新水价从10月1日起

2015年6月17日，常德市调整市城区供水价格和完善居民阶梯水价听证会召开

实施，缓解生产成本与水价严重倒挂的运行压力，完成国家关于调整居民生活用水阶梯计价比例、户表改造及水资源费的改革任务。

服务提质。开展“亲切迎”“技能考核比武”等主题活动，强化“一站式服务”和“首问负责制”。建立“一站式”水量水费纠错快速处理机制，简化纠错处理程序，提高水费诉求办结效率。严格落实网络诉求处理，理顺网上诉求快速处理机制，全年共处理各类诉求500余件。开通支付宝水费缴纳功能，拓宽客户缴费渠道。对全市的低保用户进行梳理和多途径宣传，让6098户低保户享受水量优惠。

辅业经营。沃特公司，完成185个工程项目，实现产值1.05亿元、利润764万元。物业公司，完成经营产值563万元。管道维修中心，完成产值1080万元；全年共接处警1.8万余次，完成抢维修3700余处，及时率均达98%以上，保障供水设施的完好和全市管网的正常运行。

安全生产。2015年，完成《技术标准》与《安全生产标准化管理规范》的集结出版，对《供水业务操作流程标准》等9项制度进行了清理和修订。全年严格按照评审程序落实《设备更新改造计划》，投入250余万元，完成改造项目28项；全年无因设备故障导致的停产事件发生。践行安全生产“一把手”负责制，严格落实“一岗双责”。全年共排查整改安全隐患50余处。开展以“加强安全法治，保障安全生产”为主题的“安全生产月”活动。探索供水调度模式，调整和维护测压点，全市中心城区全面实现无盲点在线测压，为生产的精细调度提供依据。

基础管理。改革部门绩效管理，建立配套的绩效监管制度，树立奖勤罚懒导向；对厂所实行大目标管理，增强自主管理意识；完善辅业部门的目标管理方式，促进辅业增效。通过开展各类常规考核与专项考核，强化关键环节和时间节点的监督与问责力度，督促整改问题300余处。完成固定资产的全面清查，对2057台办公及生产设备实行挂牌管理，保障固定资产安全完整；完善财务管理制度，强化辅业财务监管；加强资金调度，保障公司的资金安全和企业的正常运转。

自身建设。开展“三严三实”教育活动，公司领导班子成员上好党课，专题学习研讨，全面查找、解决工作中不严不实的突出问题，建立长效管理机制。开展进村入户、访困问需、访贫问计的“一进二访”活动，做到一户一策，对症下药，精准帮扶。加强廉政和警示教育，做到警钟长鸣，防微杜渐。开展重要人事任免事项廉政风险防控课题调研，完善防控标准。开展“我们的节日”“常水志愿服务”“三关爱”等主题活动。开展基层职工座谈会，广泛听取民声、采纳民意；强化厂务（办事）公开工作，发挥员工的监督作用。（胡　晓）

## 燃气供应

**【概况】** 截至2015年年底，常德中石油昆仑燃气有限公司拥有常德城区及长常沿线居民用户50多万（常德市区15万户）、工商服等用户3000多家（常德地区1300多家）。辖皇木关、德山、汉寿、益阳、望城、铜官、星沙等天然气门站7座，皇木关压缩天然气母站1座，岩坪、德山CNG加气站2座，敷设长输管道189千米、城市燃气管网1300多千米，天然气供应范围覆盖常德、益阳、长沙、张家界四市10多个区县，覆盖人口近千万人。

企业管理。2015年，公司完善各项规章制度、工作流程、操作规范、质量控制和计量检测等，修订工作制度22个、岗位职责43个、绩效考核细则35个、工作流程图18个、工作台账58种。

客服服务。加强24小时服务热线建设和入户安检工作。将安检任务分解到每月、每周，并实行周评比、月考核，确保入户安检率达到90%以上。对话务系统进行升级完善，增强话务及时接通率，并开通“自动查询”和“自助缴费”功能。安全宣传进社区、进学校，通过电视、报纸等途径，加大燃气安全知识的普及，并联合武陵区委、武陵区安监局、市燃气热力管理办公室、常德电视台都市频道、中国人寿财险举办燃气安全知识竞赛。（喻钇豪）

## 风景园林绿化

**【概况】** 截至2015年年底，常德市城市建成区绿地率达到39.42%、绿化覆盖率达到43.76%、人均公园绿地面积达到14.35平方米。新增绿地面积273万平方米（其中：新增公园绿地面积148万平方米，新增道路绿化面积656000平方米，新增单位小区附属绿化面积594000平方米），绿化改造面积55000平方米，种植乔木6万余株，绿化总投入4.8亿元（其中市本级投入2.9亿元，四区及社会绿化投入1.9亿元）。全年种植草花700余万盆，新增草花面积7500平方米，新增5座桥体花化，国庆、春节等节日制作植物造型景点25处。

绿化建设。2015年，建成罗湾湿地公园、沙滩公园、沾天湖环湖风光带万金障绿地、二广高速芦荻山入口绿地、泉水桥立交桥绿地、机场快速路及站前广场绿地、紫缘北路配套绿化建设等项目。罗湾大桥桥头绿地、洞庭大道东延线三角绿地等多个街头绿化项目相继建成。对柳叶湖湖心多个岛体实施绿化工程建设，对朗州北路道路绿化进行改造。对市城区30个渠化岛进行改造。对口澧县车溪乡牌楼村、津市灵泉镇关桥村、桃源县枫树乡和鼎城区石板滩乡毛栗岗村新农村建设试点，参与村镇环境规划、村容村貌整治、基础设施建设，全年筹资80多万元支持新农村建设。

绿化创新。增加市城区花灌木，地栽草花，多年生宿根花卉，优化花卉品种，增加观叶和色叶乔木，使城区绿化景观由单一常绿向季节变化、色彩丰富相结合转变。拓展绿化空间，推进桥体、窗台、屋顶等立体绿化，对市城区沅水一桥、朗州北路铁路桥实施桥体绿化，对市城区武陵桥、七里桥等六座桥体实施花化。实施水体水质改善工程，做好朝阳湖、

沅水一桥桥体绿化

滨湖公园和沾天湖水体水质改善、水生植物应用推广工作，水生植物种植得到广泛应用。第十届中国（武汉）国际园林博览会于9月25日开园，常德展园分“桃源问德、善德人和、沅水映德、德山颂德”四个景区，由“山水常德、上善若水、幽竹小径、和德小院、厚德载物、水镜德山”六个景点组成。

管理绩效。市园林局修订《常德市城市绿地养护管理标准》《常德市城市公园管理质量标准》《常德市城市绿地养护管理考核办法》《常德市城市绿地养护管理考核评分标准》《常德市城市公园管理考核评分标准》等一批规范性制度。在开展绿地除杂、修剪、施肥、防病和植物品种优化同时，通过确立管护标准、明确管护责任、强化考核监督、严格奖惩兑现等措施。建立常态化一城四区、市属绿地月度考核机制，对武陵区、鼎城区、经开区、柳叶湖管委会及江北城区15个养护单位绿化养护进行考核，形成一城四区、江北城区市属绿地养护管理周暗检、月明检常态化考核机制，加大一城四区养管考核工作密度和力度。

行业管理。加大对各区县绿化工作指导力度，以“省级园林县城”创建为抓手，推动区县园林绿化提质增量。2015年临澧、澧县纳入全省省级园林县城创建验收单位，汉寿县接受省厅专家组指导，重点对临澧、澧县、汉寿绿化建设、创建工作申报进行指导，完成省级园林县城工作初评、迎检本底资料准备。开展业务培训和技能比武活动。加强对企业从业人员业务培训，举办园林绿化精细化管理、大树移植和病虫害防治、湖南省生态园林建设管理、园林绿化技能比武、园林绿化冬季修剪等5次大型培训活动，培训人员达1300人次。组织园林绿化专家完成2家园林绿化资质企业升二级资料初评、4家新申报绿化三级企业评审工作。制定2015年城市花化工作任务，加强一城四区花化工作统一调度，确保方案合理、花质良好、色彩艳丽、四季有花。圆满完成全省国际旅游节花卉布置工作，共布置大型景点14个，布置花卉近300万盆（株）。会同园林研究与技术指导中心8次发布《常德市病虫害预测预报》信息，召开8次植保工作例会，及时指导各单位、四区做好园林植物防病治病工作。

服务民生。简化行政审批，进一步对所办理行政审批事项办事流程、申报资料、办理时限等内容进行优化、简化，规范、有序开展各项审批工作。2015年，办理行政审批事项172件，其中工程建设项目附属绿化方案审批126件；工程建设项目附属绿化工程竣工验收36件；三级城市园林绿化企业资质审批4件；临时占用城市绿地1件；改变绿化规划和绿化用地使用性质5件；全年收取绿化补偿费（赔偿费）1219882.5万元（已到账268282.5元）。

工程质量监管。加大市政建设中道路绿化、景观绿化、公园建设等绿化配套方案设计把关力度。将市政园林绿化工程纳入质量监管范围，强化工程现场的巡查和督导。配合白鹤山片区“华侨城·常德欢乐谷”项目绿化建设，做好绿化质量监督和技术统筹，重点监管面积约200万平方米28个绿化项目。2015年，全市“三改四化”工程项目绿化移交共有30个，已移交26个，剩余部分未达标的项目，正在抓紧整改，待整改完成后移交。组织朗州北路、万寿路、桃花源南路等绿化工程移交及基础资料准备；参加柏子园泵站、紫缘北路、白鹤路等绿化工程验收。会同市财政评审中心、市造价站3家单位联合对本市毛里岗，省内长沙浏阳，省外江苏邳州、武汉钟祥、四川成都等地苗木进行考察，2015年共发布2期苗木价格。

市政改革。率先在全市实行事业单位民营企业化改革，城东、城西绿化处组建园林绿化企业工作有序推进。推行园林绿化政府购买服务工作，制定城市园林绿化政府购买服务工作方案和江北城区2015年园林绿化政府购买服务试点方案，完成朗州北路、万寿路绿化养护政府购买服务工作。指导鼎城区、柳叶湖旅游度假区完成推进园林绿化政府购买服务工作。

部门协同。协助做好“海绵城市”“国家森林城市”和“绿化模范城市”创建工作。协助完成白鹤山片区花海建设工作。协助白马湖公园、丁玲公园做好桃花种植和水生植物推广、应用和优化工作。

风景名胜管理。组织3个风景名胜区业务骨干和相关从业人员，参加省住建厅风景办和住建部组织风景名胜区保护管理培训班业务培训。完成太浮山风景名胜区总体规划成果评审会，并于10月份获得市人民政府审定和批复；完成桃花源风景名胜世外桃源景区详细规划专家评审会；通过桃花源风景名胜区桃川宫、邑人大桥、秦溪、秦谷等项目选址论证报告会；通过申请，解决风景名胜类补助资金共计30万元（市财政规划编制资金30万元）；完成常德市市域风景名胜体系规划（2015—2030）编制签约合同书；组织各县、市、区对所属地区风景名胜资源进行调查摸底。完成景区基础设施项目改造和新建项目施工工作任务。嘉山和太浮风景名胜区在省级风景名胜区执法检查迎检过程中，顺利地通过省专家组执法检查。（彭文珑）

## 房地产业

【概况】 2015年，全市完成房地产开发投资121.41亿元，同比下降2.1%，其中市城区70.63亿元，同比下降2.9%；全市商品房销售面积392.19万平方米，同比增长47.06%，其中市城区216.38万平方米，同比增长69.5%；全市商品房销售总额192.26亿元，同比增长54.43%，其中市城区126.31亿元，同比增长69.3%。全市房价基本稳定，商品住宅成交均价4101元/平方米，同比增长4.27%，其中市城区4777元/平方米，同比增长0.3%。市城区二手住房成交面积40万平方米，同比增长15%，市城区二手房屋交易额61.47亿元。市城区房屋产权发证面积550.98万平方米；收取各项规费2209.74万元。各区县市房地产市场也普遍回升，特别是石门、津市商品房销售面积分别大增137%、94%。

棚改攻坚。2015年，市委、市政府发起棚户区改造攻坚战。2015年省里下达给市城区（武陵、经开、鼎城、柳叶湖）的棚改任务为15349户，涉及项目19个。全年完成投资近百亿元，争取上级补助和政策性贷款近70亿元，全面完成省政府的考核任务。全年完成货币补偿6036户，安置住房开工9313套，开工率100%，基本建成率为58%（含货币补偿及安置住房竣工）。湘航宿舍、楠沙社区、落路口、电影机械厂、杨家巷等14个在建项目全面封顶；城壕湾、长胜桥、贾家湖沙港、老河洑镇、鼎城临江项目全面启动；葫芦口等项目成为城市新亮点。

房地产市场监管。一是严格市场准入。本着“标准从严、数量从紧”的原则，全年新批准成立8家房地产开发企业，新晋升2家二级资质企业，3家三级资质企业。二是严格执行年度审查制度。2015年注销18家不达标或存在严重违规行为的开发企业，规范了房地产开发企业的行为。三是加强对房地产企业资质的动态管理，加强日常巡查，坚持教育和处罚相结合，对新进入房地产行业的企业负责人和管理人员进行培训教育。四是加强对开发企业拿地资格的把关。2015年致函市公共资源交易中心和区县（市）政府，建议禁止或限制了39家企业参加房地产开发用地竞买报名。五是严格执行监管制度。全面执行房地产开发项目“楼盘品质与交房标准承诺书”制度、“商品房交付使用证明书”制度等一系列管理制度，规范企业经营行为。全年共发放预售许可证62个，现售备案项目24个；对66个项目的项目资本金进行监管，监管总金额3.28亿元。

物业服务管理。一是优化管理体制。物业管理事权下放后，加强与四区政府（管委会）相关机构的沟通配合，做好了工作交接。二是做好房产项目联合验收。全年共参与26个房产项目的联合验收，合格率为88.5%。三是做好物业保修金管理。全年共有23个房产项目缴存4300万元物业保修金。四是落实商品房交付使用证明书制度。共发出12个房产项目的交付使用证明书。五是完成24个项目的前期物业管理招投标。引进彩生活物业等多家外地一级企业进入本市市场。六是加强物业服务市场主体的培育和管理。全年新审批物业服务企业11家；新升二级资质企业2家；在2015年度物业服务企业考核中，限期整改16家、撤销资质6家。七是提升物业服务企业和人员综合素质。举办常德市首届物业服务技能比武大赛；组织业务培训班3次，物业专题考察学习1次。

房屋征收管理。全市共开展房屋征收项目130个，完成征收面积56.33万平方米。清理、调整房屋征收规范性文件，共清理房屋征收、棚改政策以及相关会议纪要57件；抓好房屋征收评估技术审查工作，受理市城区房屋征收评估报告技术复核项目40余个；依法依规推进房屋征收项目；加强对区县市房屋征收工作的管理和指导；做好城区房屋安全鉴定工作。共受理房屋安全鉴定房屋5栋，鉴定房屋面积4517.6平方米。

产权产籍管理。市城区房屋产权发证面积550.98万平方米；发放房屋所有权证36.83本；市城区房屋交易额75.36亿元；开展二手房资金监管3491户，监管二手房交易资金5.45亿元；完成办公大楼电梯建设，方便了老弱病残孕办理相关业务；政务中心窗口开展上门服务、延时服务40多笔，开通绿色通道审批提速1200多笔，咨询窗口每月接待800余人次，接听电话咨询600多人次。共收到表扬信5封，连续10次获得政务中心满分单位，工作服务实现“双零”（零投诉、零举报）。

房地产中介管理。市城区共完成评估业务7072宗（含征收评估），评估总建筑面积320.7万平方米；完成7家评估机构的年检初审工作和33家经纪机构的备案年检工作，受理评估机构申请资质延续4起，经纪机构新申请备案3起，注销7家房地产经纪机构。完成33家经纪机构、7家评估机构的备案、年检初审工作，受理评估机构申请资质延续4起，经纪机构新申请备案3起，注销7家房地产经纪机构。完成7家评估机构及43名注册估价师的信用信息录入、审核、评分、上报工作，情况良好。建立经纪机构信用档案，根据信用评分统计结果进行年度信用评价。正式启用房地产中介信息管理系统，对经纪机构备案年检、二手房挂牌交易实行网上办理。加强对中介市场的监督检查，对7家评估机构和30家经纪机构的57个门店、10个售楼部进行走访检查；全年共处理中介投诉举报20起。妥善处理房改历史遗留问题。全年共处理房改和集资建房历史遗留问题224户。

房地产执法监察。重点查处违规交房、违规预售和未取得房地产中介资格擅自从事房地产中介业务行为三个方面的违法行为。全年共立案调查处理5宗。对湖南嘉业房产公司涉嫌非法集资案、中大房产公司将未解除商品房买卖合同的房屋再行销售给他人案、王启春涉嫌伪造国家机关公文提交虚假材料非法获取房屋登记案等三案立案调查，并移交公安机关处理；对湖南志成房地产评估公司进行了调查。

房地产信息建设。编制“智慧房产”建设规划，成功将“智慧房产”建设规划纳入“智慧常德”建设目标任务体系。

完成各区县市网络专线铺设，全市各区县市之间网络专线铺设彻底完成，为下阶段与市本级数据连通和挖掘打下基础。完成与市税务局智慧税务平台对接，实现了数据的自动采集和共享。完成省城镇个人住房信息系统建设目标任务。完成系统数据修改、网络专线架设、前置机部署调试、数据上传测试等一系列工作。加强房地产企业信用信息管理工作，对信用评分为C级、D级的108家开发企业下达限期整改通知书，整改工作完成情况良好。加强门户政务网站建设，及时主动公开预售许可、房屋征收等重大政务信息。

房屋租赁管理。在巩固和扩大非住宅租赁备案登记的基础上，大力推进住宅租赁备案登记。全年市城区共完成房屋租赁登记备案13325宗，收缴备案登记费105.70万元，其中住宅登记10950宗、非住宅登记2375宗。

白蚁防治管理。全年实际完成白蚁预防施工面积313万平方米，完成计划的156.5％；收取白蚁预防费638万元，完成计划的159.5％。加快《常德市白蚁种类和危害调查研究》科研项目的进度，完成105个乡镇的白蚁危害调查和标本采集，共采集标本1095号；对芦荻山乡、仙源社区等5家单位进行了公益事业免费灭治。严格按照《房屋白蚁预防技术规程》规范施工操作，确保工程质量。推广绿色防治，完成IPM施工面积70万平方米。

房屋维修资金归集管理。2015年，市城区共有1.1万户业主缴存房屋维修资金1.5亿元，累计缴存总户数达到7万户，累计缴存资金总额达6.1亿元。共受理物业小区报修项目147个，131个物业小区项目按程序使用了维修资金425万元。

法制信访工作。一是信访工作。全年共受理信访件38件，接待来访群众500多人次；受理市长热线8件，市民网上诉求300件。二是提案办理工作。全年共收到市人大代表建议9件、市政协委员提案14件，除1件正在办理外，其余均已书面回复并签署《征询意见书》，实现了答复率、见面率、满意率三个百分之百的目标；共收到市长热线7件，均已全部办结。三是法制工作。推进“法治机关”建设，加强法制宣传教育，完成64件规范性文件的清理工作；强化各职能科室和局属单位依法依规依程序办理，将商品房预售许可、三级物业服务企业资质审批流程进行修改完善，减少相关程序和环节；对局行政执法适用范围、内容、程序、流程图进行了重新编辑；参加行政诉讼14次，行政复议4次，较好地维护了单位的合法权益。（黎正丰）

## 散装水泥和墙体材料革新

【概况】2015年全市共完成散装水泥供应量730万吨，比2014年同期增长7.35％；散装率达到65.5％；实心黏土砖生产企业已下降到123家；实心黏土砖年产量由2014年8.5亿块标砖下降到6.5亿块标砖；获得省级新墙材产品认定企业有25家，生产能力达到26亿块标砖；新墙材应用率提升到90%；完成散装水泥专项资金和新型墙体材料专项基金征收额3237.5万元，超征收任务252.92%；对推广预拌砂浆和墙材革新8个示范项目共给予扶持资金88万元。市散墙办被评为2015年度全省散装水泥工作目标考核优秀单位，湖南省经信委创建行政执法示范单位保牌单位，全市市直单位非税收入执收工作先进单位。

“禁现推散”工作。2015年12月29日以市政府办名义出台《常德市预拌砂浆管理办法》，根据全市预拌砂浆企业定点布局规划，结合“散装水泥，预拌混凝土、预拌砂浆”三位一体工作思路，全市共审核上报8家预拌砂浆企业，临澧县鸿鹏新型石材有限公司和常德隆程建材有限公司已正式投产。

行政执法。2015年共办理8个建设项目新型墙体材料专项基金返退，返退金额271.07万元。下达整改通知15份，口头整改80多次，办理行政处罚案件1起。清理政策清单12项、责任清单17项及边界责任、权力清单36项和规范性文件8项，并将其制作成册。

室内装饰工程监督管理。开展全市招投标文本规范化培训工作。强化室内装饰工程招投标精细化管理。按照公共资源交易监管制度对室内装饰招投标项目进行监督管理，严格审批备案。2015年共完成室内装饰工程招投标项目30件，涉及金额1.7亿元，所有工程项目均符合正规操作流程，无违规违纪行为发生。受理有关室内装饰工程市长热线交办单和电话投诉17起，所有投诉都及时给予回复。（蒋丽萍）

## 规划建筑设计

【概况】2015年，常德市规划建筑设计院参与工程穿紫河水系生态治理——船码头机埠改造工程设计获2015年度湖南省优秀工程设计一等奖。副院长兼总规划师王腊云、规划一室邓松青、王显敏等参与合作项目《常德经济技术开发区东风河片区控制性详细规划》荣获2015年度上海市优秀工程咨询成果一等奖；规划二室阳国仁、郭翔、樊盛参与合作项目《常德中心城区及周边区域水系专项规划》荣获深圳市第十六届优秀城乡规划设计三等奖。王帅撰写《观光农业园景观浅析》、曹珂撰写《城市废弃地的人居环境改造——秦皇岛汤河公园和纽约高线公园的比较》荣获湖南省2015年度优秀城乡规划论文三等奖。

服务“三大战役”。2015年，常德市规划建筑设计院承担“三大战役”（园区攻坚、民生升温、城市提质）设计任务。分别是常德鼎城高新技术产业园、澧县经济开发区等园区规划；多个社区居民服务中心、街道卫生服务中心、武陵区青少年活动中心设计任务；穿紫河东段和中段水系综合整治工程、白鹤山集镇提质改造工程、柳叶湖环湖风光带景观工程、桥南商圈提质改造工程等设计任务。2015年，河街设计团队完成室外工程和建筑单体施工图设计：其中室外工程包括道路、江上小桥、景观、码头、驳岸、绿化等，使河街前期停车场、码头等工程避开高水位区施工环境；建筑单体涉及大小建筑150栋，其中标志性建筑约10栋，河街设计团队内部分为四个小组，任务细化到每个设计人员、每栋建筑物，并明确时间截点。欢乐水世界配套工程——白鹤山集镇提质改造。集合建筑、结构、市政、电气、给排水、景观、暖通等专业人员，完成集镇修建性详细规划，集镇基础设施改造及配套完善设计，新增加客栈、宾馆、餐馆、超市、戏台等项目，对整个集镇园林景观与街景进行重新设计和美化亮化。完成穿紫河中段水系综合整治工程、柳叶湖环湖风光带景观工程设计、江南外滩公园景观工程设计、蚂蝗溶湿地景观设计等项目。桥南商圈提质改造涉及鼎城路、善卷路、桥南路、隆阳路四条道路，总长6千米，设计凸显桥南商业文化理念，增加亮化、骑廊和标志性建筑设计。改造工程于9月份开始。

服务"海绵城市"建设。2015年3月，常德入选全国首批海绵城市建设试点城市，常德市规划建筑设计院总工程师刘忠具体负责承接海绵城市建设设计任务。参与完成《常德市海绵城市建设设计图集》编制；完成19条道路（总长50千米）、8个水系院落（总面积约400万平方米）、10个雨污水泵站海绵城市建设设计。

经济效益。2015年，设计费到账收入为5277万元，较2014年度（4426万元）增长19.2%，顺利完成2015年度全年营业收入考核指标（4869.2万元）。建筑专业签订设计合同数为30个，合同金额为3267万元，到账收入为2843万元；市政专业签订设计合同数为35个，合同金额为2448万元，到账收入为805万元；规划专业签订设计合同数为27个，合同金额为1158万元，到账收入为1136万元；测量专业签订设计合同数为59个，合同金额为568万元，到账收入为487万元。兴业建设监理有限公司全年监理项目为26个，合同金额为990万元。

自身建设。2015年，常德市规划建筑设计院制定《渲染图绘制管理规定》，规定设计人员如果需要绘制渲染图，必须到经营办填写任务单，报各分管副院长签署同意后，再由经营办安排到指定地点绘制，渲染图费用一月一结，所有费用院里承担一半，另一半从该项目设计费收入中扣除。制订《员工交通费补贴及报销管理办法》。制订《关于专业技术人员招聘及引进的管理办法》，全年引进本科生9名，研究生5名，博士生1名，与一名建筑学专业在职研究生签订合同。截至2015年年底，全院35岁以下青年职工已超过100人，院团支部进行改选，由规划二室王柏淏担任团支书，王柏淏为2015年度湖南省短期技术援藏干部，开展为期半年技术援藏服务。

（吴贤清）

## 建筑勘测设计

**【概况】** 质量建设。建筑勘测设计院在加强质量管理控制、推动技术进步、严把校审等方面出台奖罚制度。加强强制性条文学习，保证设计产品一次性合格率和审图通过率均达100%。开展"设计总结回访"技术服务工作。强化项目经理负责制，加强施工现场设计代表协调沟通，定期组织工程在建期间设计回访，全面提升服务水平，全力做好设计服务工作。"澧阳新区一期工程设计"荣获2015年度省优秀设计三等奖。

市场开拓。2015年新签订勘察设计合同产值4400多万，实际入账近3300余万元（含历年结转资金）其中：土建1365万元，市政1000余万元，规划200余万元，勘测612万元，上缴利税500多万元，但较2014年同期有所下降，完成湖南常德穿紫河特色商业街"爱情岛"项目修建性详细规划与建筑设计，汉寿县"三改四化"芙蓉大道改造工程设计，常德15千米柳叶湖环湖风光带景观工程设计，常德市保障性安居工程"十三五"规划、三一翡翠湾等7个小区海绵城市专项设计等工程设计。引进德山开发区电镀产业园、西洞庭高新产业园等多个项目。

人才培养。2015年，新增投资数十万元，鼓励和安排专业技术人员参加各专业主管部门或协会培训、考试达50多人次，并要求参加培训人员贯宣学习内容，帮扶、指导未参加培训人员。组织部分设计人员参观学习民宅设计、灾后重建工作及抗震设计理念、城市园林设计。全年引进各类专业设计人员7名，其中：硕士研究生2名，本科生5名。

安全生产。针对野外作业勘察人员加大安全生产法律法规学习宣传和贯彻力度，组织学习新版《安全生产法》，进行安全隐患大调查，并对调查结果逐一进行集体讨论，定期召开安全生产例会，杜绝重大事故发生。全年未发生一起重大安全事故和涉稳事件。

队伍建设。贯彻习总书记关于"三严三实"讲话精神，将"三严三实"要求作为党的群众路线教育实践活动重要指导，开展党风廉政主题教育日活动。每月对本院职工遵守作息制度和工作纪律情况进行明察暗访，检查结果进行通报。贯彻执行"三重一大"事项集体决策制度，并将决策结果上报市纪委和市建设局、市国资委。严格按照"集体领导、民主集中、会议决定"原则，坚持"三重一大"原则，遇到重大决策问题，及时召开院务会。对单位规章制度进行修改完善，相继修订《生产项目管理制度》《差旅费管理制度》等管理制度。组织全体员工到张家界老道湾、澧县彭城山庄开展工会活动，共青团组织开展青年联谊活动。全年共计慰问职工达30余人次，为全体女同志购买两癌保险和大病互助，组织全院职工进行身体健康体检。2015年，对科室结构进一步调整，按专业调整为：方案创作、土建、结构、设备、市政、规划景观、勘测7个生产科室。

（左文海）

## 综　述

【概况】2015年，常德市大力推进园区攻坚和“1115”工程，工业经济发展实现稳中有进、稳中向好。全年完成规模工业产值2541.2亿元，增长9.1%，完成增加值991.9亿元，增速为7.1%；规模工业企业户数达到971户，新增101户，亿元以上规模工业企业达到505户，净增62户，经济总量稳步增长。完成工业固定资产投资882.1亿元，增长18.7%；规模工业万元增加值能耗下降12.9%，增长质量明显向好。

项目建设。全市完成工业固定资产投资882亿元，增长18.7%；完成工业技改投资452亿元，增长25.3%。全市新开工亿元项目55个，其中工业园区新引进亿元项目50个。华电常德一期#1、#2机组、恒安五期、金健米业综合技改、常德烟机超高速卷接机组、金鹏印务杜家溶厂房改造等重点项目已竣工投产；常德烟厂易地技改、汉能光伏300兆瓦柔性铜铟镓硒薄膜太阳能电池生产、中利腾晖汉寿昊晖500兆瓦光伏发电站等投资过10亿元的项目进展顺利。投资300亿元的忠旺工业铝型材项目、投资过100亿元的中国中车产业园项目正在推进中。

信息化建设。一是“两化”融合不断深入。组织企业参加国家和省里的区域“两化融合”发展水平评估，30多家企业入编《全省两化融合典型案例集》并在全省推广；推行“祥云计划”帮扶，依托信息化辅导站对近100家掌上企业进行云服务平台使用推广，引导企业提高工业生产信息化水平；携手常德联通面向600家企业开展“信息进企业，4G惠民生”活动，加快信息技术在各领域的普及，助力常德“信息惠民”；积极申报并获批省经信委电子政务平台（一期工程）试点市，成功帮助临澧县血防院、湖南湘佳牧业分别申报为省“数字医院”“数字农业”试点示范。二是移动互联网产业发展迅猛。获批省级移动互联网产业园落户武陵区，引导企业聚集，园区现已有80余家企业申请入园，32家企业正式签约，23家已正式入驻办公。三是网络基础设施建设加快。截至2015年年底，全市已建各类基站11000多个，市直、区县光网宽带覆盖率达到100%，城区普遍提供40M以上带宽接入能力，农村家庭宽带接入能力达到4Mbps以上，3G/4G用户超过196万户，用户普及率超32%，固宽普及率达46.78%，居全省第4位。（方　超）

【园区攻坚】2015年，全市园区完成规模工业产值1415.6亿元，同比增长12.6%，占全市规模工业产值的比重达到55.7%，占到全市工业半壁江山以上。11个园区全年共开工建设138个基础设施项目，完成基础设施投入74.2亿元，同比增长32%，投入额度、增长速度均创园区建设历史新高。全年开工建设标准化厂房173万平方米，其中建成136万平方米，园区整体形象和承载能力得到明显提升。园区“一权两制一司”体制机制改革基本完成，特别是市委1号文件明确的各单位下放到常德经开区的所有项目全部落实到位，园区活力进一步激发。（方　超）

【“1115”工程】2015年，22家“1115”工程企业累计完成产值1040亿元，首次突破千亿元大关，完成增加值630亿元，占全市规模工业增加值总额的63.5%，支撑作用明显。其中常德烟厂累计生产卷烟162万大箱，完成产值552.3亿元；惠生肉业、恒安纸业、美华尼龙和金健米业4家企业保持30%以上的快速增长；恒安纸业成功申报国家高新技术企业、欣瑞生物顺利实现全面复产、金健米业完成对中意糖果并购重组。（方　超）

表 3　2015 年“1115”工程规模工业总产值统计表

单位：亿元

| 单位 | 工业总产值 | | | |
|---|---|---|---|---|
| | 本月 | +-% | 本月止累 计 | +-% |
| 一、中联重科常德工业走廊 | 12.8 | -30.6 | 121.4 | -11.7 |
| 二、常德经济开发区 | 28.6 | 2 | 292 | 10.3 |
| 三、烟草产业 | 41.6 | 13 | 602.3 | 3.6 |
| 四、“1115”企业 | 85 | 3.1 | 1040 | 3.1 |
| 常德烟厂 | 35.5 | 17.5 | 552.3 | 3.5 |
| 晟通创元 | 18.2 | 19.5 | 194.6 | 12.2 |
| 中联建筑起重 | 2.5 | -24.5 | 19.5 | -43.6 |
| 中联混凝土 | 1 | -86.6 | 15.2 | -63.1 |
| 金健米业 | 7.5 | 22.9 | 69.8 | 29.5 |
| 恒安纸业 | 3.8 | 7 | 39 | 36.1 |
| 三一机械 | 0.2 | 1.4 倍 | 2 | -53 |
| 金鹏印务 | 2.7 | -7.6 | 20 | 4.4 |
| 常德烟机 | 2 | 11 | 17.3 | 10.8 |
| 中联车桥 | 0.6 | -17.2 | 7.2 | -20.3 |
| 特力液压 | 0.1 | -17.8 | 2 | -71.1 |
| 大汉集团 | 2.4 | -16.5 | 21.1 | 10.4 |
| 金帛化纤 | 1.8 | 16.3 | 17.3 | 15.2 |
| 欣瑞生物 | 0.6 | 净增 | 1 | -65.9 |
| 云锦集团 | 1.1 | -15.9 | 15.3 | 12.2 |
| 金天钛业 | —— | —— | —— | —— |
| 万福生科 | 0 | -100 | 0 | -100 |
| 武陵酒业 | 0.6 | 26.8 | 5.9 | -2.2 |
| 惠生肉业 | 1.7 | 31.7 | 17.9 | 36.6 |
| 力元新材 | 0.4 | 13.8 | 4.2 | 14.3 |
| 华南光电 | 1.3 | -37.2 | 10 | 14.5 |
| 美华尼龙 | 0.9 | 20.8 | 8.7 | 31 |

注：金健米业包括 6 家企业，晟通创元包括 5 家企业，恒安纸业和大汉集团均包括 3 家企业，金帛化纤、欣瑞生物和云锦集团均包括 2 家企业。

# 电　业

**【概况】** 2015 年，国网常德供电公司全年共完成售电量 72.83 亿千瓦时，同比增长 9.06%；常德电网最高负荷达 164.2 万千瓦，最大日用电量达 3131 万千瓦时。

安全生产。扎实开展安全生产大检查和隐患排查治理活动，坚持提升精益生产管理水平。开展配电网带电作业 1684 次，同比增长 95.81%，减少客户停电时间 7.49 万小时·户；澧水片带电作业班正式成立。输电线路“群防群护”成效明显，“祖孙三代接力守护黄德线”事迹被新华社、《人民日报》《经济日报》等中央媒体联合采访报道。加强电网运行应急管理，圆满完成迎峰度夏以及湖南国际旅游节等各项保电任务，尤其是在常德市连续两年遭受特大暴雨袭击，给沅水流域桃源境内造成严重洪涝灾害的危急时刻，公司员工全力以赴投入抢险抢修，确保“洪水涨到哪里、电停到哪里，洪水退到哪里、电力恢复到哪里”，受到湖南省委书记徐守盛同志的高度肯定。截至 2015 年 12 月 31 日，创连续安全生产 2420 天的历史最长纪录。

电网发展。编制“十二五”配电网规划后评估报告，常德“十三五”配电网规划和《常德市城市电网规划（2014—2030）》通过审查。年内完成电网投资 5.11 亿元，投产 35 千伏及以上变电容量 24.56 万千伏安、线路 185.06 千米，新建（改造）10 千伏线路 288.59 千米、低压线路 1460.57 千米。500 千伏常德北输变电工程正式动工，陬市变扩建等 10 项主网工程有序推进；石长铁路电气化改造牵引站配套输变电工程顺利竣工；110 千伏生态园、马嘶桥、雁池、龙港等新（扩）建输变电工程如期投产；常德电厂 5 条出线全部投运。农网改造工作更加给力，桃源板石村台区项目获国网公司农网百佳工程，黄土店变电站工程获省公司优秀设计一等奖。积极配合酒泉至湖南 ±800 千伏特高压输变电工程建设，开展属地化协调管理工作。

营销服务。全面启动“服务年”，开展“营销服务百日提升”活动，积极探索“零距离”服务企业、服务客户措施，持续提高优质服务品质。做实、做优农村电网、农电管理、农电队伍“小三农”文章，服务好农村、农业、农民“大三农”发展。全面推进农村供电所营销业务整治，认真做好供电服务“最后一公里”。结合农业生产季节特点，提前深入田间地头开展电力设备设施综合整治。主动对接重点企业、项目，开辟业扩报装“绿色通道”，实行重点项目领导挂点制度，

国网常德供电公司“电骡子”荣获“金牌共产党员服务队”称号

全过程跟踪、不定期走访，快速、高效解决用电困难和问题。全省最大发电容量的光伏地面电站（汉寿昊晖）并网投运。加快客户服务硬件投入，累计安装、投运智能电表85万多只，已覆盖全市所有城镇客户和30%的农村客户。

党建文明。深入开展“三严三实”专题教育，扎实推进“转作风、守法规、强责任”全面提升队伍素质主题教育实践活动。不断加强党建工作，党建实践文章入选《中国领导干部治国理政的理论与实践》，“电骡子”共产党员服务队获评国家电网公司金牌共产党员服务队和全国第二批学雷锋示范点，开设“常电先锋”微信平台，“网络道德讲堂”全面上线。狠抓党风廉政建设，严格落实“两个责任”清单。大力开展科技创新和岗位成才活动，肖真被国网公司授予全省唯一的“兰台耕耘”荣誉，张杰劳模创新工作室获评湖南省劳模示范创新工作室。加强品牌建设，《行走在大山里的“电骡子”》荣获第二届国企好新闻评选一等奖。（马筱宏）

**【110千伏生态园变电站投入运行】** 2015年10月30日，随着1号主变压器冲击受电5次正常，常德电网110千伏生态园变电站顺利投产。该变电站位于常德市武陵区南坪街道高峰堰社区，由湖南德力电力建设集团有限责任公司承建，于2014年11月份正式开工建设，变电站占地面积1.67万平方米。作为常德电网2015年重点工程之一的110千伏生态园变电站，本期工程建设有5万千伏安主变2台，110千伏线路2回。110千伏生态园变电站是常德电网布点重要一环，它的投运将有效解决110千伏南坪变电站的供电压力，满足常德市城区北部地区日益增长的用电需求。

（马筱宏）

## 卷　烟

**【概况】** 2015年，常德卷烟厂企业总资产208.32亿元，其中固定资产原值68.04亿元，固定资产净值29.86亿元。缴纳地方税费38.81亿元，同比增加2.28亿元。其中上交城建税21.91亿元，比2014年增长6.94 %；上交教育附加税15.65 亿元（其中中央教育附加税9.39亿元，地方教育附加税6.26亿元），比2014年增长5.9 %。生产“芙蓉王”卷烟162.15万箱，其中国内卷烟159.05万箱，同比增加4.05万箱，增长2.06%，出口卷烟3.11万箱，同比增加0.59万箱，增长23.45%。生产外运烟丝1025万公斤，输出片烟947万公斤。实现工业产值552亿元，同比增加18.5亿元，

生产组织。2015年，常德卷烟厂进一步优化生产组织，日均产量达到6795箱，成品供货及时率100%。解决好自用烟丝与外运烟丝、与卷包生产能力的匹配，提升外运烟丝打包能力，并形成外运烟丝以二车间专线为主、一车间为辅的灵活调节生产机制。强化卷包并行生产机制，提升连续生产能力。通过实施小品牌月度集中生产、循环烟箱月度集中生产与部分机台连续生产相结合的方式，逐步建立小品牌、循环烟箱与常规品牌并行生产联动机制。全年完成出口卷烟3.11万箱，小品牌卷烟10285万箱、循环利用烟箱卷烟31.37万箱。优化快速切换机制，破解品牌结构矛盾。完善并优化芙蓉王（硬）与芙蓉王（蓝）快速切换机制，分时段组织完成卷包设备生产品牌的快速切换，有效化解品牌结构计划不均衡带来的矛盾，提高设备的有效利用率。共组织完成10台套卷包设备芙蓉王（硬）与芙蓉王（蓝）生产的快速切换。探索建立工厂“1344”即“1地片烟、3地制丝、4地卷包、4地选叶”弹性联动生产组织方式，通过适时优化调整选叶人员匹配方式，实现选叶与制丝、制丝与卷包高效联动，确保生产计划完成率、外运烟丝（片烟）供给及时率100%。

工艺质量管理。优化工艺质量监控体系。“芙蓉王”品牌各级抽检及出厂放行检验合格率100%；公司抽检卷制与包装综合得分加权平均值99.67分，同比2014年度提高0.11分；卷烟成品包装与卷制西格玛水平5.14，同比2014年提高0.04；无过程质量事故、顾客投诉产品质量事故及A类顾客投诉事件，过程质量问题市场投诉7起，同比增加2起；制造过程能力西格玛水平3.59，同比下降0.17。芙蓉王均质化管控团队荣获湖南中烟公司“万众创新”十佳团队。进一步优化“质检—工艺—研究”三级工艺质量管控模式，强化工艺质量监控。开展课题攻关，

解决一车间烟支空头剔除率偏高、芙蓉王均质化生产等问题。质量管理指标公司级目标全面受控。芙蓉王品牌合格率100%，无过程质量事故发生。

内部管理。加强材料入厂监控体系，入厂检验质量合格率100%。作好材料上机试用论证，进一步检验了相关材辅料对设备的适应性；通过加大抽检、加强比对等手段，确保了接装纸透气度等关键指标的稳定。做实VOCS季度抽查和委外送检，确保全年材辅料安全卫生指标上级抽查合格率100%。完成材辅料质量仲裁9次，有效控制了不合格的产品进入生产下道工序。组织开展材辅料质量技术交流，促进了分供方质量控制水平提升。过程工艺要素监控体系更加成熟。继续优化过程工艺管理职责，实施工艺工检验职能剥离试点，全面实施过程质量动态监督抽检。实施卷包外观每周一次、原料每月一次的监督抽检。年内，完成与公司仪器比对69批次，完成成品仓储检查27次。 （侯正凡）

**【常德卷烟厂获评行业“精益十佳”标兵单位】** 2015年，常德卷烟厂开展精益管理专项活动，深入推进13个课题攻关，16项对标指标中有12项优化提升，精益管理综合得分89分，获评行业“精益十佳”标兵单位。严格成本控制，主要物耗指标持续下降，主要费用指标在预算控制范围之内。新增定额指标52项，优化管理指标15项。探索建立“自现网三位一体内部监管模式”，持续提升公开招标比例，工程投资、物资采购、服务项目公开招标比例分别达到95.14%、99.75%、83.7%。全力推进设备精益管理，全年修订制丝、卷接、包装、成型设备操作规范37个，动力、监视设备操作规范25个，收集整理精益设备管理案例13个，设备维修故障案例136个，高标准完成38章节国家局远程课件的编写，一车间OPL课件与《四位一体设备巡访维保管理体系》分获2015年全国第十三届TnPM大会组织奖二等奖、管理创新奖三等奖，工厂被中国设备协会评为第10届“全国设备管理优秀单位”。全年完成205个修旧利废作业标准，节约零备件费用380万元。物资配送应用“精益管理”方法，完成两大重点目标（即烟叶仓损率≤0.390%、成品发货及时率100%），符合招标条件的采购项目招标执行率和非公开招标项目审定采购方式落实100%，有效降低卷烟在途损耗。全年自产卷烟仓损率为0.0133‰，同比2014年下降30%。 （侯正凡）

常德卷烟厂二车间全景

## 烟草机械

**【概况】** 2015年，常德烟草机械有限责任公司全年实现销售收入15.55亿元（不含税，合并数，下同），同比增长9%；实现利润2.41亿元，同比增长10%。公司先后获得“烟机工业QC成果一等奖”“安全生产先进单位”等一系列行业地方荣誉，连续7年入选“湖南制造业50强”。 （郑秋瑾）

2015年5月14日，YF27C型滤棒气力输送装置样机通过技术鉴定验收

**【YF27C型滤棒气力输送装置样机通过技术鉴定验收】** 2015年5月14日，YF27C型滤棒气力输送装置样机顺利通过中烟机械集团公司组织的技术鉴定验收，其整体技术及性能指标达到国际先进水平，能适应ZJ116、ProtosM5、ProtosM8等超高速卷接机组的滤棒供应需求，具有很大的推广价值。（郑秋瑾）

**【召开日产三班200箱卷接包设备技术交流会】** 2015年6月25日，公司召开日产三班200箱卷接包设备技术交流会。会议邀请了来自行业13家工业公司、18家卷烟厂的共计47名代表参加会议，迈出了卷接包产品整体协同营销的重要步伐。 （郑秋瑾）

## 湖南特力液压有限公司

【概况】 2015年，湖南特力液压有限公司实现营业收入2.2亿元。

精简机构、优化人员压缩企业规模。依据效率原则开展机构精简、人员优化工作。三级机构由12个调整为8个，原14个四级机构全部取消，精简率33%。通过精简机构，减少了管理层级，管理更加扁平化，极大地提高了解决问题的效率。对生产车间进行整合，中长油缸车间和综合产品车间合并，有效地整合了生产设备和人员，提升了生产线的效率。

以TOP问题为突破口，开展各种试验，提升产品可靠性。紧盯TOP问题开展攻关。年初对质量问题进行统计分析，确定了TOP问题，专人负责改进、跟进。TOP问题改进效果显著。分配摆缸活塞密封问题，改进后摆缸内泄故障率由2.19%降低到0.2%。分配摆缸活塞杆密封漏油问题，改进后杆密封漏油故障率由8.98%降低到0.96%。主油缸油信号油口漏油问题，通过增O型圈的方案，故障率由8.47%降为0；主油缸大油口开裂问题，通过改进疲劳寿命大幅度提高，由1.55万次~1.82万次，提高到60.33万次~112.6万次。

开展各种试验、研究，提高产品可靠性。完成1093后垂直油缸法兰开裂分析，1093后垂直油缸法兰材质改HG70钢后的疲劳验证。完成25T垂直油缸杆密封件耐久性测试、后垂直油缸仿工况疲劳冲击试验、80主油缸V组杆密封件耐久性对比试验。完成25T水平油缸活塞杆密封改进方案、大吨位配重提升油缸故障排查、整修。

目标、责任、考核到人，抓降本增效、费用、存货控制。确定采购成本下降2%的总体目标，对此目标进行分解，确定了6个降本增效项目，项目责任到人，每月对项目完成情况进行统计分析。降本增效6个项目完成5个，降本金额455.13万元，采购成本较2014年下降3.38%。制定存货控制方案，确定了BOM物资、非BOM物资的控制原则、每类存货月度控制目标。成立专门小组处置呆滞不良存货，累计处置呆滞不良存货314万元。2015年存货比2014年降低12%。

加强自主创新，快速提升研发、技术能力。配合主机开展产品4.0专项工作，对混凝土主油缸、摆动油缸；工起变幅油缸、25T水平油缸和大吨位配重油缸等进行设计改进，满足了主机产品升级的要求。开展环卫垃圾压缩车油缸、垃圾压缩站油缸、工起精品车系列油缸、中联恒通军品油缸及久益中国等新产品开发，2015年共开发产品266套。继续开展油缸试验中心二期技术改造工作。型式试验台、高低温箱、爆破试验台、油膜测厚仪等试验设备进入设备安装调试阶段。 （刘　伟）

## 纺织机械

【概况】 2015年2月，常德纺织机械有限公司被常德市公安局评为2014年度“全市内保工作先进单位”。保卫科科长张建功被评为2014年度全市“内保工作先进个人”。11月24日，在人民大会堂举办“‘纺织之光’2015年度中国纺织工业联合会科技教育奖励大会”，常德纺机摇架分公司由周平、宋浩、黄永平、彭舜等研制YJ40系列粗纱强簧摇架获得三等奖。12月，在中国针织工业协会经编分会“2005—2015年度中国经编行业十年变迁”行业系列评选中，常德纺机研发生产E2528系列特里科高速经编机获“优秀科技成果奖”，单位获“十佳供应商奖”“重大项目奖”“十佳会长单位奖”“突出贡献奖”。党委书记向阳荣获“特殊贡献奖”，原总经理常旭荣获“终身成就奖”。

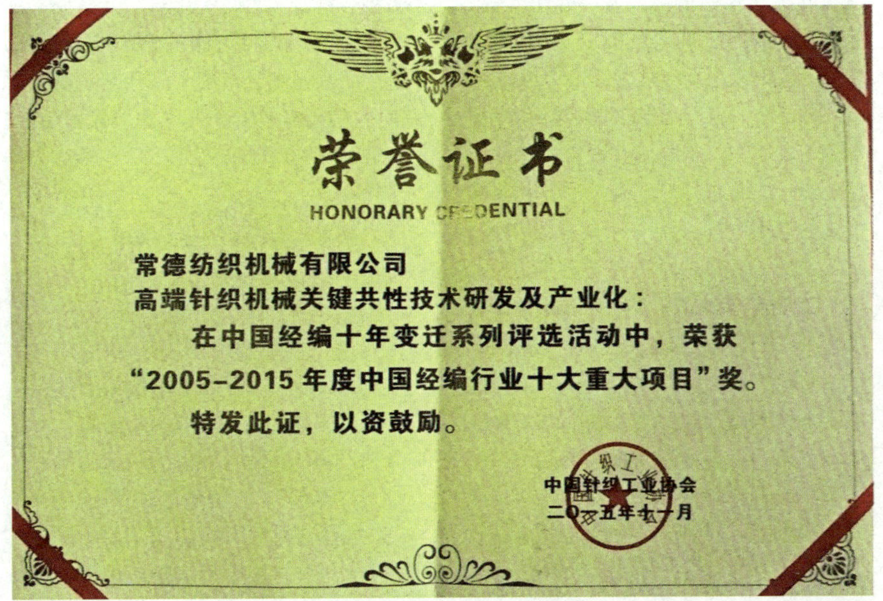


常德纺织机械公司获重大项目奖

经营收益。2015年，常德纺织机械有限公司经编机和摇架两大产品产销率分别达到120%、104%。出口业务持续增长，较上年增长10%，占总销量的19%，保持历史高位水平。在欧洲米兰纺机展上与西班牙、伊朗等国客户达成合作意向并成功签订一批订购单。

自身建设。常德纺机顺利召开第三次党员代表大会，选举产生新一届党委会和新一届纪委会，按时完成党委换届工作。按照国资委党委要求，常德纺机党委开展“三严三实”专题教育工作和学党章、学准则、学条例“三学”专题活动，促进企业和谐健康稳定发展。

（唐少娟）

**【铸针工段《提高锡基沉降片针块合格率》QC成果荣获一等奖】** 2015年5月14—15日，中国恒天集团在江苏省南京市召开“中国恒天集团2015年度QC成果交流评审会”。恒天集团所属各企业共32项QC小组成果及5个质量信得过班组参加成果交流评审。常德纺机特种车间铸针工段《提高锡基沉降片针块合格率》QC成果荣获一等奖。（谢伊滨）

**【张胜强、贺曼丽获常德市“五一劳动奖章”】** 2015年7月，常德纺机工程师张胜强获得常德市“五一劳动奖章”称号、摇架装配车间三班获“工人先锋号”称号。在市总工会开展常德市“2015中国梦劳动美，寻找最美班组长”活动中，常德纺机女职工贺曼丽获得“常德市最美班组长”荣誉称号，同时授予“常德市五一劳动奖章”。（谢伊滨）

**【尹芝乐荣获市职工职业技能竞赛焊工第一名】** 2015年6月24日，在常德市总工会、市人力资源和社会保障局、市科学技术局、经信委联合举办“2015年常德市职工职业技能竞赛”活动中，常德纺机职工尹芝乐取得焊工第一名，刘芳、钱树坤分别取得数控机床装调维修第二名、第三名，并以团体总分第一获得团体“一等奖”。（谢伊滨）

**【慰问抗日老干部】** 2015年8月28日，常德市老干局局长石林、常德纺机党委书记向阳等一行人来到抗日老干部王振霄、朱肖楚家中，为两位抗日老干部送上党中央、国务院、中央军委颁发的中国人民抗日战争胜利70周年纪念章与慰问金。（谢伊滨）

## 云锦集团

**【概况】** 2015年，云锦集团实现产值12.5亿元、实现销售收入11.9亿元、实现利税7500多万元。云锦集团被中国棉纺织行业协会入选“2014年棉纺织行业主营业务收入百强企业”。

云锦集团初步建立集团公司与生产公司管理团队共创共担共享经营模式，降低成本，提高效益；将毛利、成本、质量等指标一层一层分解，准确转化为车间、轮班直到最小业务单元、每个员工具体工作要求、工作措施和工作标准。实施“传工匠精神，造云锦动车”计划，开展产量、质量、现场等方面比武，评出优胜动车组和优秀员工；开展技能比赛、创新成果评选活动，开展以技术创新为主小革新、小发明、小创造等实践活动。利用技术中心和院士工作站人才优势与科研实力，深化与知名高校、科研院所产学研合作，依靠新技术、新材料、新产品领先细分市场，提升产品市场竞争力。实行扁平化管理，与市场紧密结合，满足市场与客户需求。（袁大喜）

## 湖南恒安纸业有限公司

**【概况】** 2015年，湖南恒安纸业有限公司完成销售收入29.08亿元（不含税）、产值38.96亿元（含税）、上缴税金1.5125亿元（含地税）。

成本管理。2015年，公司将木浆、水、电、天然气、煤等大宗原辅材料及能源消耗进行重点管控。在内部管理、工艺优化、设备改造等方面，加强设备点检维护，减少跑、冒、滴、漏等现象。建立大宗原辅材料耗用控制和分析改善流程，针对影响成本问题点，成立以总经理为组长降低备品备件库存改善小组，以部门负责人为组长降低浆耗、降低煤耗、降低电耗改善小组。2015年管理效益整体节约2227万元。

标准化建设。2015年公司对现有文件进行全面梳理、修订和补充，修订标准化文件214份，新增标准化文件112份，新增OPL单点教材403份。机械室、自动化完成《设备运行管理手册》编制，质管部完成《造纸自主检验手册》编制，推行办完成《湖南造纸精益推行手册》编制。公司组织制定详细标准化文件培训计划，并进行全面培训。

质量管理。策划自主检验活动方案，全面开展自主检验双百活动，采取课堂授课培训、班前会3分钟培训、“一对一”实操技能辅导等方式，并进行考核，对考核未达标者重复培训再考核至合格，量化评比、实施激励机制，对自主检验表现优胜班组和质量管理先进班组给予奖励。提高生产人员自主检验积极性和质量自检技能。根据《双差班组管理办法》每月进行双差产线评比，对双差班组下达整改通知单、对其改善效果进行跟踪验证，并对措施有效性进行评价。每周组织开展生产班组原纸手感测评活动，每月对原纸测评最佳生产班组和最佳摸手进行表彰。围绕粉尘控制、脏污异物管控和防蚊虫管理开展清洁生产。重新修订《造纸生技部粉尘控制管理规定》，梳理粉尘关键控制点重点监控，对生产人员进行培训；制定车间蚊虫和粉尘稽核路线图，每周对车间粉尘管控情况进行稽查与通报。对车间所有进出口处安装门帘，窗户安装纱窗；在生产车间现场、更衣室、茶水间、洁具池、厕所等蚊虫重点管控区域增加灭蚊灯数量，并实施专人管控；车间外围绿化带及仓库外围安装灭（诱）蚊灯，行政部定期派人进行消杀。2015年粉尘客诉由2014年12起下降到2起。2015年公司针对13.5克红悦软抽、14.0克茶语软抽、16.0克软抽、15.3克卷筒纸等重点品项原纸开展手感盲测、质量竞赛活动，通过对化学药品合理添加、长短纤木浆配比调整、打浆方式的改变、盘磨功率改变等措施实施。针对原纸尘埃、浆斑等外观质量问题，各车间制订专项预防作业文件，使质量问题得到有效预防，降低原纸回抄量；对损纸分类分批当班及时处理，杜绝交班前一次性处理，损纸质量明显好转，未再出现因原纸尘埃、浆斑需回抄原纸。开展原纸厚度改善活动，通过对设备改造、工艺调整以及原纸水分改变方式使原纸厚度合格率从85.5%提升至99.30%。2015年公司开展QC小组活动，全年注册课题共14个，均已结案。评选出1个一等奖、2个二等奖、3个三等奖，其中有2个送集团参评，《PM2纸机原纸手感改善》被集团初选入围。

安全生产管理。开展公司级安全大检查12次，2015年1月份，组织线长、班组长级别以上人员签订安全生产责任状，并依据管理职责划分安全管理区域，对辖区内安全生产及消防管理责任做出明确规定。2015年4月，组织21名起重作业人员进行培训再教育；由湖南省常德市特种设备检验检测院常德分院培训讲师授课，并现场实操；12月底，组织公司24名电钳工进行专业技能培训考核。2015年6月组织进行物流特种作业及人员审查，检查督促物流方做好特种作业人员持证上岗及特种设备送检工作，规范第三方人员作业管理，新增《装车作业申请表》确保物流装车作业风险在可控范围内。新增《车辆违规停放处罚通知单》《责令限期整改通知书》《消防安全管理巡查记录》等，针对管理薄弱环节进行规范。加强动火及消防安全管理监督检查。

公司文化。2015年，向集团宣传投稿81余篇，被恒安通讯采用37篇。恒安30周年公益跑，湖南各大媒体进行宣传。组织员工为患病员工谢贲、程鹏捐款，向市政府、市总工会为贫困员工及贫困学子争取到贫困扶持资金20000元，对外帮助35.2万元。（尹正碧）

## 制盐工业

**【概况】** 2015年，湖南省湘澧盐化有限责任公司生产盐硝产品78.67万吨，销售盐硝产品76.46万吨，实现工业总产值4.95亿元，上缴税收2974.91万元，盈利883万元。全年无重大安全责任事故发生。（彭锐琴）

**【湘澧盐化脱硫除尘深度技改减排项目通过环保验收】** 为认真落实《环境保护部关于印发〈珠三角及周边地区重点行业大气污染限期治理方案〉的通知》及湖南省、常德市、津市市环保部门相关文件精神，湘澧盐化多次召开环保工作专题会议，积极履行企业社会责任，加大环保投入，切实把烟气排放达标摆在首要位置。2015年湘澧盐化共投资800多万元，对锅炉本体进行大修，对脱硫除尘系统进行升级改造。12月10日，省环保厅、省财政厅及地、市两级环保系统相关领导和专家到湘澧盐化，对脱硫除尘深度技改减排项目组织联合验收。验收组对湘澧盐化脱硫除尘项目投运情况及效果表示满意，一致通过湘澧盐化脱硫除尘工程的项目验收。（彭锐琴）

**【湘澧盐化市场开拓初见成效】** 按照“一江一路”（长江、枝柳铁路）思路，在东北市场取得阶段性成果，累计向东北市场发运各类盐产品728吨。煤盐联运开辟西北市场，在陕西兴化中标，拟采购陕西煤炭，用回头车运盐。陕西省盐务管理局同意采取煤盐联运方式操作部分工业盐和饲料盐，待时机成熟时再合作食用盐。煤盐联运已启动公开招标程序。按照需求精心组织生产，成功进入九江理文化工市场，全年发运2000吨合格产品。相继开发福建、河南、河北三省小包盐市场，向河北发运220吨小包盐。（彭锐琴）

## 华南光电

**【概况】** 2015年，湖南华南光电（集团）有限责任公司围绕创业发展主题，立足企业实际，制定了“十三五”规划，进一步完善了“1233战略”，企业发展步入新阶段。产业结构持续优化，其中智慧产业已列入兵装集团“2+4”重点发展板块。创新能力不断提高，长沙研发基地二期建设形成初步方案，与国防科技大学合作进一步深化，核心能力不断提升，重点项目极具潜力，能力资质快速提升。深化改革加快推进，整合特种产业资源，推进安防产业升级。管理提升力度加大，全年实现成本领先暨精益节创价值470万元。民生工作有力有效，468套棚改房和144套公租房项目已经竣工并顺利入住。引资改造建成的华南餐厅已经正式运营。党建工作提级有新亮点，公司获“全国文明单位”称号，一名员工获评“全国劳动模范”，企业形成超历史的发展氛围。（杨爱瑛）

**【华南光电获第四届“全国文明单位”荣誉称号】** 2015年2月28日，华南光电公司荣获第四届“全国文明单位”荣誉称号。7月23日，中央企业精神文明建设工作推进会在北京召开，公司被中央精神文明建设指导委员会授予“全国文明单位”荣誉称号并作为兵装集团唯一一家企业代表出席会议。公司党委书记、工会主席万毅在会上领取了奖牌及证书。（杨爱瑛）

中央企业五四红旗团支部奖牌

**【华南光电研发团支部荣获“中央企业五四红旗团支部”称号】** 2015年4月，在中央企业团工委全面开展的“中央企业五四红旗团委、五四红旗团支部、优秀团干部和优秀共青团员”评选活动中，公司研发团支部被评为“中央企业五四红旗团支部”，兵装集团公司仅两家获此殊荣。 （杨爱瑛）

**【华南光电获“湖南省职工（劳模）示范创新工作室”称号】** 2015年4月14日上午，常德市总工会党组成员、副主席谢春玲，副主席万后铭，生劳部部长孙秀卫，技协办主任谢迪荣一行来到公司，代表湖南省总工会为公司获“湖南省职工（劳模）示范创新工作室”称号进行了授牌。常德市仅有两家单位获得“湖南省职工（劳模）示范创新工作室”称号，公司喜获这一荣誉，这是湖南省总工会对公司职工（劳模）示范创新工作的高度肯定。 （杨爱瑛）

**【华南光电建筑智能工程荣获2015年度北京建筑长城杯工程金质奖】** 2015年9月，北京市工程建设质量管理协会发文表彰了2015年度北京市建筑长城杯工程。公司承建的北京未来科技城南方工业研究院南区一期（建筑智能）工程喜获2015年度北京建筑长城杯工程金质奖。北京市建筑工程“长城杯”奖项是北京建设行业最高质量奖项，是北京建筑企业最高质量荣誉，代表了北京市当前建设质量的最高水平，它是精品工程和企业品牌的重要标志之一，一直以来得到了社会各界的高度关注。

该项目于2014年8月开工，2014年12月竣工验收。在项目实施过程中，项目建设团队在施工质量、进度、成本控制、项目安全、合同管理等方面严格控制、稳步推进，从而保证了工程的顺利实施与按时竣工，赢得了各方的一致好评。荣获此奖项，是对华南光电综合实力和行业地位的又一次肯定，进一步扩大了股份公司在智能建筑领域的知名度和影响力。 （杨爱瑛）

**【兵装集团公司与常德市政府签署战略合作协议】** 2015年11月12日上午，中国兵装集团公司与常德市人民政府在常德签署战略合作协议，迈出全方位合作步伐。

兵装集团公司党组成员、副总经理龚艳德，发展计划部主任谭小刚，特种产品部副主任杨志良，华南光电总经理谭新禄，党委书记万毅，总会计师时勤功，兵装集团办公厅秘书陈治宇以及常德市委书记王群，市委常委、常务副市长朱水平，市委常委、市委秘书长黄清宇，副市长沈习森，副市长匡加才，常德市经开区管委会主任向绪彦参加了签约仪式。谭小刚与朱水平代表兵装集团公司和常德市政府签署了《战略合作协议》，谭新禄与向绪彦分别代表华南光电和常德市经开区签署了《常德市智慧产业园项目入园协议书》。 （杨爱瑛）

**【举行“谭祖安技能大师工作室”授牌仪式】** 2015年12月15日，公司“谭祖安技能大师工作室”授牌仪式正式举行，常德市委组织部副部长姚敦科、常德市人力资源和社会保障局党组成员、副局长向君承，向谭祖安授予湖南省人力资源和社会保障厅、省财政厅颁发的技能大师工作室牌匾。

公司“谭祖安技能大师工作室”在2015年湖南省技能大师建设实施项目评选中，以绝对的优势从全省各行业多家优秀技能大师建设实施项目侯评单位中脱颖而出，获评由湖南省人力资源和社会保障厅、湖南省财政厅确定的2015年省级技能大师工作室建设项目实施单位，全省仅10家，这也是湖南省从2012年开始实施技能大师工作室以来，常德的第二家获评项目。 （杨爱瑛）

## 综　述

【概况】 2015年，全市工业园区完成规模工业总产值1415.6亿元，同比增长12.6%，规模工业企业实缴税金19.06亿元。百亿园区达到7个，澧县经开区、津市集中区、临澧经开区等园区产值保持20%以上高速增长。全市工业园区规模工业企业达到598户，其中新增71户，全市园区规模工业产值占规模工业总产值比重达到55.7%。

基础设施建设。园区投入基础设施建设资金74.2亿元，同比增长32%，投入额度和增长速度均创历史新高。常德经开区防洪大堤、道路等46个基础设施项目，投入金额22亿元；鼎城高新区园区主干道路等3个基础设施项目，投入金额8.8亿元。全市开工建设标准化厂房173万平方米，建成136万平方米，使用率达73%。桃源集中区开工建设面积19.2万平方米标准化厂房，建成面积17.8万平方米；澧县经开区建成面积17.6万平方米。全市各园区的承载能力都大幅提升，一批园区主干道、路网、配套设施相继建成。2015年6月，全省创新创业园区"135"工程建设现场推进会在常德召开，杜家毫省长对常德市工业园区建设给予了高度评价和肯定。

项目建设。全市368个园区工业项目完成投资288.6亿元，新引进亿元以上工业项目55个、开工42个、投产16个。临澧经开区开工亿元以上项目7个，湘御隆酿酒、锦湖轿车气门、先淘不锈钢卫浴等项目建成投产；桃源集中区新开工亿元以上项目7个，辣妹子生产线、飞沃风电螺套生产线、天力汽车配件生产线等项目竣工投产；常德经开区常德电厂一期、千吨级码头、电镀产业园一期等项目整体完工，华兰德光纤、汉能光伏等项目顺利推进，华南光电智慧产业园成功落户。常德烟厂易地技改项目开工建设。

园区发展。随着园区新一轮规划修编的不断推进完善，园区建成区面积达到76.7平方千米。两个新的"国字号"开发区"以申促建"工作进展顺利，国家高新区创建已通过科技部初审，津澧融城申报国家级经开区工作已经启动。园区"一权两制一司"体制机制改革进展顺利，汉寿高新区、桃源集中区、津市集中区、安乡集中区等园区行政审批权全面下放，临澧经开区、石门经开区等园区已建立独立的财政体制，鼎城高新区、西洞庭生物科技园等园区已实行灵活多样的绩效工资制度，各个园区都已建立独立的园区开发经营公司。申报成功2个省级科技企业孵化器，分别是鼎城高新区的常德市科技企业孵化器和常德经开区创业服务中心。申报成功7个省级中小微企业创业基地，分别是常德经开区中小企业创业基地、桃源县大华创业园、常德经开区互联网产业园、武陵区中小企业发展基地、临澧县金诚企业基地、澧东中小企业创业园和石门经开区中小微企业创业基地，其中6个在园区范围内。除常德经开区外（国家级园区不包含在省"135"工程内），其余园区按照省"135"工程的标准，规划创建1个创新创业园区。　（梅　琦）

## 常德经济技术开发区

【概况】 2015年，常德经济技术开发区完成规模工业总产值292亿元，同比增长10.3%；实现规模工业企业入库税金4.14亿元；完成基础设施投入21.99亿元；建设标准化厂房32.9万平方米；往年标准化厂房使用率62.6%；新开工亿元工业项目3个；新增规模工业企业7户；新创省级科技企业孵化器1个；新创省级中小微企业创业基地2个。

企业运行。从经济指标来看，全区技工贸总收入、规模工业总产值、规模工业增加值、固定资产投资等主要指标都实现了两位数的增长。全年新增规模工业企业7户，对园区经济有一定拉动力，后备入规企业也保持了良好势头。从关键指标来看，截至11月，全区工业用电4.88亿千瓦时，同比增长16.35%，增速高于规模工业产值增长速度。从大面上看，全区各企业都在积极应对相对不利的经济大环境，在拓宽市场，寻求新产品、新合作伙伴等方面进行了很多尝试，没有出现大面积停产、停工现象。

项目建设。全区共签约购地和租赁厂房项目33个，合同总金额为86.376亿元。全区在建购地项目共29个，总投资约211.63亿元，规划用地299.07万平方米。其中续建项目18个，总投资约114.53亿元，规划用地229.87万平方米；新开工项目11个，总投资约97.1亿元，规划用地69.2万平方米。新开工租赁厂房项目共24个，总投资约7亿元；其中12个已投产，12个正在装修或准备装修。已签约的拟建项目有22个，总投资约53.3亿元，拟规划供地100万平方米。

重点项目。汉能光伏项目3月份正式动工建设，主体工程基本完成；中以产业园20天内完成了13.33万平方米土地的拆迁、平整、地勘、初步设计和评审等工作，并于10月23日举行启动仪式；嘉达刹车片项目、锘威高效散热器项目正在平整土地，即将动工建设；中联液压扩建项目已于9月18日恢复动工，一栋主体正在建设；忠旺常德项目已具备签约开工的初步条件；常德电厂、电镀产业园一期等重点项目整体工程基本完工；力元新材项目、宏旺石化项目实现早开工、早投产的目标。

园区功能。公共设施方面。全区年内续建道路25条、新建道路20条，德海路、尚德路、长安路、望江西路部分路段，常德大道改造工程正在加紧施工。与重点项目相关的道路建设迅速推进。姚湖公园、城市防洪圈等惠民工程进展迅速，旧城改造步伐明显加快。工业设施方面。园区已具备出租条件厂房总面积达44万平方米，标准化厂房建设成果显著，入驻企业数量和运行质量良好。按照“国家级科技企业孵化器”打造的“三创大楼”主体已完工，2016年可投入使用。全楼可接纳孵化企业80家以上；省级科技企业孵化器由中小企业园A区标准化厂房改造，11月4日省科技厅正式发文通过。

环境优化。市直单位驻常德经开区机构体制下放到位后，过去需要到市直部门审批办理的事项，现在只需在经开区政务中心办理，真正实现了审批“不过河”，极大地减少了审批程序，提高了审批速度。此外，为全力做好企业、项目的服务工作，一是在全区范围内开展“服务基层月”活动，全体工委管委领导、区直及驻区各单位主要负责人、镇街党政主要负责人全部参与，围绕项目建设、企业发展、民生事业、社会稳定等方面存在的突出问题，深入调研、现场办公，扎扎实实搞服务、解难题、稳增长。二是着力在全区范围内开展“百名干部联系服务百家企业”活动。以“走进企业，解决问题，促进发展”为目的，采取“一对一”帮扶的形式，在全区范围内明确近百名副科级以上干部联系近百家企业和在建项目，协助联系企业有序生产运营，服务联系项目加快推进建设。三是响应市委市政府要求，在全区范围内开展“一进二访”活动。全区副处级以上干部全部参与，帮助有突出困难的企业解决了很多实际问题。

## 武陵工业园

**【概况】** 2015年，武陵工业园区完成规模工业总产值17.6亿元，同比增长6.9%；实现规模工业企业入库税金0.28亿元；完成基础设施投入1.04亿元；建设标准化厂房4.48万平方米；往年标准化厂房使用率86%；新创省级中小微企业创业基地1个。

项目引进。实行租金“免二减三”优惠政策，从众多申请入园项目中精心挑选30家企业入驻。名家医药投资1亿元，购买3栋1.7万平方米厂房从事健康事业、远程医疗会诊和医用药具网络销售；本地易购于3月17日在上海股权托管交易中心正式股权挂牌交易；首期投资约200万元在创业园建成微小企业孵化园；长沙联合利国在创业园打造知识产权交易中心和科技孵化器；家装e站、深圳博览天下、上海乡墅网络科技、湖南奇葩互娱等外地知名企业均已投入营运。

工程建设。完成一期东建成厂房的装饰装修工作，完成一期东建成厂区的绿化、亮化和885平方米的沥青路铺设，进行2栋1.5万平方米300套公租房的装修装饰；完成一期西6栋3万平方米厂房的报批手续，开展一期西B01、B03、B05厂房的桩基础工程，完成二期1.53万平方米地块38户的征拆清场工作。

项目争取。按照省经信委、省商务厅、省文化厅、省科技厅等部门要求，编制整理上报15个项目，争取到位资金2527.6万元，创建成功省级中小微企业创业基地。其他项目，如：省文化产业发展专项资金项目、省电子商务资金项目、省承接产业转移专项资金项目、省服务业示范集聚区、省文化产业发展专项资金项目、省服务业专项资金（服务平台项目）等项目均在申报审批中。围绕如何依托移动互联网创业园发展平台，促传统产业转型，培新的经济生长点，园区引进“中南知识产权交易中心”和“联合利国文交所股权挂牌交易市场”，建设泛湘西北科技孵化基地，开展股权挂牌和投融资新经济业态，活跃产权经济，营造园区发展新亮点，力争创建省级以上科技孵化器。

## 鼎城高新技术产业园

**【概况】** 2015年，鼎城高新技术产业园区完成规模工业总产值111.4亿元；实现规模工业企业入库税金2.33亿元；完成基础设施投入8.82亿元；建设标准化厂房16.82万平方米；往年标准化厂房使用率65.2%；新开工亿元工业项目4个；新增规模工业企业10户；新创省级科技企业孵化器1个。

基础建设。基础投入加大。完成园区道路管网专项规划编制工作，园区道路管网规划建设将全面实现与市城区对接；启动总投资14.8亿元的沅澧快速干线、中联大道、岗中路东延和西延、五铁路南延、渐安路南延、兴工大道西段改造和东段延伸、纬四路新建等7条道路建设。其中，投资11.3亿元的沅澧快速干线建设工程2015年完成投资5亿元。园区创建进展顺利。国家级高新区创建工作已成功迎接科技部高新司现场考察验收，获得科技部高度肯定，进入创建整改期。创新创业园建设成效明显。按照省委、省政府的总体部署，以“五有”为标准，高标准推进创新创业园建设，推进“大众创新，万众创业”，力争将创新创业园打造成现代工业城市综合体。完成投资1.1亿元科技企业孵化器大楼建设，并成功申报省级科技企业孵化器，新引进创新创业企业23家。6月17日，全省“135”工程创新创业园建设现场推进会在常德市召开，省长杜家毫、副省长陈肇雄、黄兰香等领导考察鼎城创新创业园，给予高度肯定。

项目建设。招商引资成效明显。高新区新引进亿元以上项目5个（海仑国际商贸物流、红荣居家居文化发展中心、佳达电缆技改、盛祥混凝土、龙铖重钢），总投资73.9亿元；拟签约项目3个（镁合金板带加工、永强家具、贝特莱尔光电科技），总投资约6.5亿元，正在积极跟踪洽谈。重点项目顺利推进。国力变压项目竣工投产，新湘达建材等项目顺利开工，随着一批战略项目的建成投产，园区多产业发展格局逐步形成，发展后劲显著增强。

创新能力。扶持10家园区企业开展知识产权试点示范工作，新增有专利申请的企业16家，完成专利申请112件，授权89件。加大高新技术企业申报和引进力度，累计新增高新技术企业6家，全年新增高新技术产品产值8.6亿元；科箭机械、升湘机械、瑭桥科技、佳诚机械等10家企业成功转型。其中，科箭机械、湘申机械两家企业转型经验在湖南卫视报道。科箭机械25米、28米新农村混凝土泵车已经实现销售，市场前景广阔；应急排水抢修智能指挥系统样机已完成测试，正在申请20多项发明专利，其中有两项填补国内空白，已实现批量投产。

## 汉寿高新技术产业园

**【概况】** 2015年，汉寿高新技术产业园区完成规模工业总产值143.1亿元；实现规模工业企业入库税金1.58亿元；完成基础设施投入4.85亿元；建设标准化厂房16.06万平方米；往年标准化厂房使用率100%；新开工亿元工业项目2个；新增规模工业企业11户。

基础建设。通过多种途径筹集资金4亿多元，启动一批基础建设工程。完成金牛路改造，铺设5千米污水管网，启动安全饮水管网铺设、预征26.67万平方米土地，新建或扩建黄福、天星、竹子碑和倒流坪四个安置小区，金鹰路、麒麟路四期等新区主干道项目也正在抓紧推进中。

改革创新。继续深入推进园区体制机制改革，在采取设立分局和启用“2号章”并行的基础上，深入推进“模拟审批”，进一步提升了项目审批效率；通过公开选拔、高级人才引进、借调等各种方式引进园区亟需人才11人，充实了园区力量；给通和园投公司注入优良资产，从农商行融资1.2亿元，为园区发展建设提供了重要资金保障。

功能配套。一是以标准化厂房为主体的创新创业园。按照省“135工程”的部署，抢抓省委、省政府在全省扶持100个创新创业园区的机遇，在高新区规划占地2平方千米的创新创业园项目。项目一期占地7.15万平方米，已完成标准厂房8栋，公寓3栋，办公楼、公共食堂及相关基础配套设施的建设。同时，投资3亿元的创业园二期项目也正在抓紧进行项目前期相关工作。二是以产学研为核心的科技企业孵化器。建设总面积11542平方米的12层科技企业孵化器，并计划以“零租金”形式引导一批创新型高端人才进入中心。截至2015年年底，已经和岳麓山大学城科技园达成协议，已注册成立独立的科技公司，由其负责科技企业孵化器的建设、管理、人才引进等事宜。同时，县邮政局引进的电商平台也正在抓紧筹建中。三是以三产融合为目标的产城互动。按照将工业园区打造成现代城市综合体的要求，先后启动高新区第三产业园、配套园生活服务区、鸦鹊岭三产业园、鑫广国际等4个项目，均已完成一期工程。

产业发展。在挖潜盘活方面，启动康普制药湘潭一笑堂的整体搬迁和总部搬迁汉寿上市；实现康尔佳总部经济转移，争取在新三板上市；促成正阳化工新三板上市，已融资4000万元；会同发改、工信等部门向上争取1300万元项目资金，支持中联、康普、康尔佳等22家企业完成技扩改投资9.2亿元。同时，针对征地拆迁难、项目落地慢，在招大引强方面，8月，县委、县政府启动招商引资“百日攻坚”活动，通过全县各单位共同努力，达成意向和签约项目155个，投资总额126亿元。其中，已正式确定落户园区的工业项目达20个。

## 桃源工业集中区

**【概况】** 2015年，桃源工业集中区完成规模工业总产值233亿元，同比增长15.5%；实现规模工业企业入库税金2.13亿元，同比增长12.8%；完成基础设施投入6.69亿元；建设标准化厂房19.21万平方米；往年标准化厂房使用率85.5%；新开工亿元工业项目7个；新增规模工业企业8户；新创省级中小微企业创业基地1个。

体制改革。一是审批提速。在下放55项审批权的基础上，为提升“2”号公章的办事效力，开始实施“见章盖章、以文换文”。二是管理提级。逐步授予园区县级行政管理权限和园区开发公司投资经营权，初步建立相对独立的行政管理体制。三是服务提优。将项目工作队归口到园区管委会进行统一管理，对重点项目按照“一个项目、一名领导、一套班子、一站服务”的模式，实行全程代办、跟踪服务。出台《促进企业直接融资扶持办法（试行）》等扶持政策。

招商引资。2015年，园区以主导产业为支撑、亲情乡情为纽带、优化环境为重点，着力实施亲情招商、产业招商、服务招商，取得较好效果。新签约项目11个，其中亿元以上项目3个。积极对接上级有关部门，争取政策资金支持，共向上争取资金7000余万元，进一步加快了园区建设发展步伐。

项目建设。2015 年，园区新建、续建项目共 24 个，已完成投资近 20 亿元。漳江创业园方面：汇德电子一期主体工程已基本完成；龙行天下二期已完成主体厂房建设，三期正在施工建设；天力机械项目主体工程基本完工；文之通项目已于 8 月正式投产；蜀中情项目已于 7 月投产；迪文科技二期已于 8 月全面开工建设，三期已完成土地平整；华吉制衣项目正在进行主体工程施工；创辉农牧项目正在进行土地平整工作；三特机械二期已完成土地平整。陬市工业园方面：中世发电子已于 9 月投产；定海管桩二期已基本完工；华星物流三期已开工；常摩制造搬迁正在进行主体工程施工；磊鑫科技二期项目已完成土地平整；盛顺纸业项目已完成土地平整；天添物流项目已完成土地平整；哥俩好食品、思高科技、明德医药等项目土地正在报批；佳奇食品正在进行土地平整。

小微企业孵化园建设。2015 年，园区以标准化厂房为载体，公共服务平台建设为辅助，全力扶持小微企业发展。截至 2015 年底，小微企业孵化园共有龙邦鞋材等入驻企业 20 余家，建成技术检测、劳动培训、外贸中心等公共服务平台 3 个，成功孵化明德医药等小微企业 3 家。

## 临澧经济开发区

**【概况】** 2015 年，临澧经济开发区完成规模工业总产值 70.2 亿元，同比增长 20.2%；实现规模工业企业入库税金 1.6 亿元，同比增长 30.8%；完成基础设施投入 6.07 亿元；建设标准化厂房 13.05 万平方米；往年标准化厂房使用率 73%；新开工亿元工业项目 7 个；新增规模工业企业 6 户；新创省级中小微企业创业基地 1 个。

经济总量。截至 2015 年年底，入园企业 135 家，其中规模工业企业 45 家，74 家新入园的企业中，有 66 家企业已完成项目建设，实现投产运营，产值亿元以上工业企业达到 19 家，较“十一五”末期增加了 11 家。

项目建设。年内园区新建、续建项目 25 个，完成投资 23.5 亿元，新开工项目主要是投资 1.15 亿元的凯岭油茶深加工项目、投资 1.5 亿元的锦皓精密机械制造生产线等；续建及扩改项目主要是哈康源食品加工生产线、先淘卫浴扩建、安福塑业二期等。签约项目 11 个，分别是年产 100 万吨石膏开采及精深加工项目、年产 10 万吨再生纸项目、生物质成型燃料集中供气项目等。

基础建设。计划总投资 3 亿元的标准化厂房建设项目，已完成投资 2.75 万元；投资 12850 万元的园区公租房建设项目，已完成投资 11130 万元，开发区聚福路公租房 204 套，开发区迎宾路 208 套，华福路 100 套公租房已建成，正在进行湘福大道北侧创新创业园公租房施工；投资 6000 万元的临岗公路园区段改造工程，已完成投资 5330 万元，主体工程基本完工；投资 6 亿元的沅澧快速干线园区段工程，已完成投资 8500 万元，正在进行征地拆迁和路基施工。

特色产业。五大产业初具规模。一是化纤纺织产业。以中泰特装、美华尼龙、凯元纺织等为代表，化纤纺织企业发展到 10 家。二是机械加工产业。以中联重科、中航实业等大企业大集团为依托，以工程机械、精密铸造、航空及汽车零配件等产品为主导的机械制造类企业共发展到 25 家。三是新型建材产业。以先淘卫浴、泰安建材等企业为主的新型建材产业企业发展到 24 家。四是食品医药产业。以金健面制品、凯岭油茶、九鼎农牧等企业为代表的农产品加工产业来势看好。五是新能源电力产业。以华润热电、凯迪生物质发电为代表的新能源电力产业潜力巨大。

安全生产。2015 年，共召开安全生产专题会议 5 次，与园区 55 家企业、社区 720 户居民签订安全生产责任状、安全生产目标责任书，全面落实安全生产责任，共进行各类安全生产检查 50 多次，对 63 家企业共排查出各类安全隐患 60 余项，及时整改 55 项，限期整改 5 项。

## 石门经济开发区

**【概况】** 2015 年，石门经济开发区完成规模工业总产值 157.5 亿元，同比增长 18.6%；实现规模工业企业入库税金 3.53 亿元，同比增长 10.6%；完成基础设施投入 4.4 亿元；建设标准化厂房 16.11 万平方米；往年标准化厂房使用率 65.2%；新开工亿元工业项目 5 个；新增规模工业企业 1 户；新创建省级中小微企业创业基地 1 家。

园区规划。进一步修订完善园区总体规划，紧紧抓住省“135”工程机遇，在宝峰创业园规划并启动 2 平方千米的创新创业园区建设。省级循环经济示范园区申报创建工作持续推进，省级产城融合示范区已获省发改委批复。

体制改革。园区“一权两制一司”体制机制全面建成并运行落实。县委、县政府赋予开发区县级经济社会管理权限，进一步完善“以区带乡、区乡合一”的行政体制，建成相对独立的财政管理体制，组建独立的园区开发公司，有效落实了园区管理权限，提高了行政审批效能，增强了园区发展活力。财政体制方面，设立一个基金，即园区发展基金，县财政每年安排 5000 万元专项资金，支持园区发展；实行“五个全额返还”，即园区各类税收收入、非税收入、土地净收益、资产处置收入、上级补助收入全额返还开发区，用于园区基础设施建设。

项目建设。园区新签约投资 2000 万元以上的工业项目 11 个，其中亿元项目 5 个，包括投资 30 亿元的湖南广电网络云数据中心 (IDC) 项目(已开工)、投资 1.1 亿元的法德利石门服装产业园项目（已开工）、投资 1.7 亿元的海螺粉磨系统节能技改项目（已开工）、投资 10 亿元的上海红星美凯龙家居建材广场项目、投资 3 亿元的 50 万吨固体硅酸钠生产项目。电商创业园引进电商企业 5 家。

基础建设。加速推进园区“三纵四横”的路网建设；完成电商创业园、污水管网、廉租房配套工程，启动曹市公寓式安置小区一期工程和兴业管道燃气综合服务站建设。

环境优化。切实强化环境意识，深入开展服务基层年活动，通过定期调度和现场办公，采取“5+2”“白加黑”“晴加雨”的方法，为企业提供“三保式”、个性化服务，真心为企业解决问题。全年共召开项目建设调度会、现场办公会24次，帮助企业解决融资、用工、用地、周边环境等方面的问题50多个。

## 澧县经济开发区

**【概况】** 2015年，澧县经济开发区完成规模工业总产值137.2亿元，同比增长25.3%；实现规模工业企业入库税金1.31亿元，同比增长32.6%；完成基础设施投入5.53亿元；建设标准化厂房17.64万平方米；往年标准化厂房使用率74.3%；新开工亿元工业项目7个；新增规模工业企业8户。

项目建设。一方面，聘请英国杨威团队、同济大学建筑设计院编制完成《澧县园区发展总体规划》，着眼长远，整体谋划园区发展。另一方面，抓项目落实。年内有平安医械三期、鑫铃整体卫浴、鸿泰中药饮片、腾飞化工迁建、神州庄园葡萄酒等7个亿元以上项目开工，特别是新鹏陶瓷二期、萌恒服装辅料2个投资5亿元以上的大项目建设任务完成过半。

招商引资。立足建设常德市域副中心、洞庭湖经济第五级的实际，修订完善园区招商引资相关政策，在项目引进中，更加注重发挥政策性机遇、地理区位等优势。结合产业新城建设，重点对绕城西线、临江西路等园区道路进行提质改造，完成澧水风光带等园区基础建设，园区的硬件设施和人文生态环境显著提升。洞庭水工机械、泰谷生物、城头山矿泉水等6个新签约项目落户园区，贝特莱尔光电科技、华厦华亿锂业等7家企业签约入驻。

资金投入。近3年来，每年园区基础建设投入都在4亿元以上，其中县财政投入仅占10%～20%，其余部分采取平台公司融资、众筹筹资、银行贷款、承建商垫资、以地换路等模式，基本保障了基础设施和重大项目建设的资金需求。其中，园区平台公司融资2亿元。

园区服务。一方面，深化改革促服务上档。首批8个单位共27项行政审批许可（权限）及管理职能授权到位并实质运行，出台《园区行政审批管理办法》，将审批权限、期限明确到局室到具体的工作人员，园区审批全面提速。除需到市以上单位办理的外，需现场查勘的手续一般3天内可办结，一般性审批立等可取。另一方面，推行园区服务“零拒绝”制度。对企业老板和项目法人反映的问题，各分管、联系或责任人员24小时内给予回复，一般问题1～3天内解决，较复杂的问题一周内解决，需要成立工作组的，派驻专门人员常驻现场及时解决。

## 安乡工业集中区

**【概况】** 2015年，安乡工业集中区完成规模工业总产值57.1亿元；实现规模工业企业入库税金0.34亿元；完成基础设施投入3.9亿元；建设标准化厂房11.05万平方米；往年标准化厂房使用率48.2%；新开工亿元工业项目1个；新增规模工业企业4户。

发展规划。县域工业发展重心向西推进，安乡工业集中区（含深柳园区、鲸港生态工业园）“一区二园”功能分区和产业布局规划初步形成。

体制改革。市委关于园区“一权两制一司”改革工作的内容及要求园区已经全部落实到位，管理体制逐步理顺。一是县委、县政府下发《关于加快安乡工业集中区发展的若干意见》。二是全面下放县发改、规划、住建、城管、环保、水利、人防、地震等8个职能部门的29项行政审批权限，制作了2号公章。自3月11日起，园区项目报批报建和行政审批（许可）不出园区就可完成各类办理登记手续。三是园区具有了独立的财政体制。四是明确县城投公司为园区的二级独立经营公司，为主负责园区的土地储备及其他资产资源的经营，承担集中区的融资、开发建设任务，自负盈亏，独立核算。园区对县城投公司人、财、物实施统一管理，并将城投公司年度工作业绩纳入园区绩效考核，制定考核办法和集中区对城投公司园区建设资金“双控管理”的办法，以及项目带资建设，采取投资总额按4∶3∶3的比例分年度付款的方式。五是规范园区绩效管理体系，园区工作全面实施业绩加效能双向考核。

基础建设。相继开工建设以丰康路南延伸线、西城路、中兴路、幸福大道等四条道路为主的基础设施及配套工程建设，园区以“两纵两横”为基础的“小井字”路网骨架初步形成；随着西城路、槐西路和慈益高速延伸线等道路管网的规划筹建，园区规模逐步由“小井字”向“大井字”辐射，“一区两园，一河两岸”的长远发展格局日趋凸显。

项目建设。实施绩效管理。将园区重点项目建设情况纳入年度绩效考核范畴。推进“一线工作法”。工业领导小组成员把办公地点搬到项目建设一线，实行工作倒逼机制，工期倒排，以时间倒逼进度，目标倒逼操作，确保了项目工程在规定的时间节点完成。

## 津市工业集中区

**【概况】** 2015年，津市工业集中区完成规模工业总产值141.5亿元，同比增长24.8%；实现规模工业企业入库税金1.36亿元，同比增长13.8%；完成基础设施投入4.8亿元；建设标准化厂房16.15万平方米；往年标准化厂房使用率89.6%；新开工亿元项目6个；新增规模工业企业11户。

平台建设。一是征地拆迁快。在短短三个月的时间里，完成征地39.4万平方米，拆迁145户，征拆补偿及土方平整和土地报批费用合计8047万元。二是建设投入大。启动“两湖”生物医药园建设，津市大道污水管网建设东段全部建成，嘉山实验学校9月如期招生开学，嘉山广场、高速出口、津市大道等建成路网和空坪隙地绿化景观工程即将竣工，工业污水处理厂、排渍泵站等配套工程正快速推进；年底胥家湖路东段建成通车，284套公租房和中小企业孵化园4万平方米标准化厂房建设完成主体封顶。

项目建设。盘活3个老项目。金健米业收购原中意糖果成立湖南新中意食品有限公司，迅速恢复生产；溢多利收购雪丽造纸，在津市投资项目达3个；益林纺织复工生产。引进8个新项目。其中过亿元项目8个，引资总额10亿元。新博生物是“两湖”生物医药园启动建设以来第一个新落户的项目，荣威服饰是中小企业孵化园第一家入驻企业。投产一批好项目。先后有阿祥哥食品、欣龙无纺布等优质项目新投产运行。

体制改革。一是区划调整平稳顺利完成。7月，灵泉镇戚家村和新洲镇杉堰村整体划归至集中区统一管理，12月完成灵泉镇关桥村的划转，嘉山街道“三定”方案已取得批复。二是公司市场化运作成效显著。借鉴株洲等地先进经验，优化嘉山实业公司治理结构，积极参股其他优质项目，全年公司融资到位2.72亿元，出资960万元收购农商行5%的股份，为园区各项建设提供了有力的资金保证。三是用人机制改革初现端倪。10月进行了一次自主面试考核的社会化招聘。

## 西洞庭工业集中区

**【概况】** 2015年，西洞庭工业集中区完成规模工业总产值55亿元，同比增长4.5%；实现规模工业企业入库税金0.45亿元，同比增长16.1%；完成基础设施投入6.07亿元；建设标准化厂房10万平方米；往年标准化厂房使用率58.2%；新增规模工业企业5户。

体制改革。园区自2009年成立以来，与西洞庭管理区“两块牌子、一套人马”运作，实行“一权两制一司”体制，设立资产规模较大、融资能力较强的专业投资开发公司—常德市西洞庭食品工业园投资开发有限公司，归口西洞庭财政局管理。为加快西洞庭生物科技园区开发建设，助推西洞庭管理区“产城融合、三生协调”发展，西洞庭管理区管理委员会、常德财鑫投融资担保集团有限公司、常德市西洞庭食品工业园投资开发有限公司以及其他相关公司共同发起成立常德西洞庭科技园区开发有限公司，重点参与项目建设与管理、园区开发与运营、产业投资等。

招商引资。园区成功签约引进常德天明开关制造有限公司电力成套设备生产项目、中商国能孵化器有限公司孵化产业城项目、国肽生物工程（常德）有限公司生物科技产业园项目、直方柴油发动机生产项目、湖南食艺食品有限公司熟食品加工项目、东阳塑料软包装生产线项目、澳华高新科技产品生产项目等多个工业项目，合同引资总额64亿元，其中总投资额1亿元以上的项目4个。

环境优化。一是政务环境更加便民，严格实施政务公开、服务承诺、项目跟踪、限时办结制度。二是本地名优产品的推广使用取得成果，园区有13家企业及其产品在《常德市名优产品大全》上发布，多家企业获得较大金额的订单；欣悦食品有限公司的波纹面在中国中部农博会上取得良好的宣传推广效果，汇美科技鑫湘汇品牌位列中国罐头十大品牌评选第八位，西洞庭酒业获得农博会金奖提名。三是“一企一策”帮扶活动取得实效。崎丰生物顺利通过重组更名为欣瑞生物，并于10月30日正式复产；天泽农业通过股权改组，生产经营势头更足。

规划创建。制定《常德市西洞庭管理区总体规划》，明确“以生物科技产业为主导，具有水乡田园风光特色的滨湖新区”的发展思路，园区规划进一步完善、基础设施进一步齐全。农垦大道基本建设完成，“七纵四横”的路网格局已经定型；东北湾机埠投入使用，水利设施更加完善；综合物流园主体封顶，园区生产配套设施更加齐全；标准化厂房建设有序推进，产业集群、企业积聚效应更加明显。

# 农业·水利·林业

## 农业农村工作

**【概况】** 2015年，全市农业总产值达到588.5亿元，农业增加值达到367.6亿元，均增长3.6%。全市农村居民人均可支配收入达到11744元，增长9.4%，提前两年完成全面建成小康社会农民收入翻番的目标。

现代农业建设。构建主导产业、加工物流、经营开发、标准引领、服务保障五大体系。全面推进粮食、生猪、水产、蔬菜和林业五个“双百亿”产业建设，粮食、生猪、蔬菜产业达到双百亿，除武陵、津市外7个县区成为全国粮食生产大县，桃源、鼎城、汉寿、澧县、石门成为全国生猪调出大县，鼎城、汉寿、津市成为全国蔬菜生产重点县。2015年全市规模农产品加工企业达到359家，实现农产品加工业销售收入902亿元，增长21.7%。桃源、澧县农产品加工产值突破百亿元，桃源县成为全省农产品加工业重点县。2015年全市农民合作社达到2928家、新增723家，家庭农场达到529家、新增423家。全面开展“厅市合作”，整市推进农业标准化生产，“三品一标”（无公害农产品、绿色食品、有机农产品、农产品地理标志）达到1052个、新增146个，创造农业标准化建设“六个一”常德模式。开展农业产学研结合创新，建立完善了市县乡三级公益性推广机构与市场化相结合的农技推广体系，全市农业科技贡献率达到57%。西湖西洞庭国家现代农业示范区建设全面开展并取得明显成效，创建国家农业科技园区取得成功，桃源县进入国家现代农业示范区行列。

农村环境整治。农村垃圾处理方面，村组普遍建立长效清扫维护机制，形成“部门协作、市县联动、以县为主、乡村落实”的农村垃圾整治工作格局。养殖业污染治理方面，开展重点水域周边规模养殖场排污情况摸底调查，关闭禁养区内畜禽养殖场53家。农村水源保护方面，建立水源保护日常监督机制、水源水质定期监测机制和投入机制，秀坪以及皂市、盘塘等村级无动力污水处理系统运行良好。农业面源污染治理方面，开展清洁生产，实施测土配方施肥1200万亩次（1亩等于666.67平方米，下同）、病虫害绿色防控200多万亩次、秸秆还田500多万亩次。（杨　锦）

**【美丽乡村建设】** 推进百村示范、千村创建、村村整治，突出抓好100个美丽乡村示范村建设。全市示范村完成产业投入1.2亿元，新增设施农业和高效田土10.67平方千米，新修公路322千米、机耕道608千米，整治堰塘499口，解决饮水安全1.9万人，实现公路通居民点、安全饮水全覆盖，村部全部得到改造提升。石门县沿石陬线集中打造美丽乡村百里示范走廊，安乡县建设大石美丽乡村示范带，武陵区整区实施村级服务阵地标准化改造，桃源县重点打造花源里、茶马古道、夷望山水等“五

2015年5月14日，市委书记王群在芷园会堂主持召开全市美丽乡村建设暨扶贫攻坚推进会

点一片”。鼎城区“五朵金花”、桃源县“枫林花海”、柳叶湖“太阳谷”带动全市乡村旅游市场。推进“3+X”农村社会治理体系创新试点，石门县秀坪社区、柳叶湖太阳谷进入实质性运行，一县一点建设取得初步成效。千村创建全面启动，小型水利设施、通组公路、安全饮水、美丽庭院等建设稳步推进，农村建房走向规范。（杨　锦）

## 种植业

**【概况】** 粮食。2015年，早稻集中育秧100余万亩（1亩等于666.67平方米，下同）、晚稻30余万亩，杜绝耕地抛荒，落实粮食万亩高产示范片54个，新增30亩以上种粮大户2000余户，达到16106户，推广软盘抛秧、超级稻三定栽培法、病虫综合防治等先进适用技术，先进技术应用面积在85%以上。全市粮食收获面积7232.67平方千米、增加187.33平方千米，总产389.5万吨、增加8.6万吨。其中早稻收获面积2480.67平方千米、减少8平方千米，单产341公斤、增加1.6公斤，总产126.8万吨、增加0.1万吨；中稻收获面积917.33平方千米、增加82平方千米，单产423公斤、减少11公斤，总产58.3万吨、增加3.9万吨；晚稻收获面积2743.33平方千米、增加27.33平方千米，单产406公斤、增加2.7公斤，总产166.9万吨、增加2.6万吨；旱杂粮收获面积1091.33平方千米、增加86平方千米，单产230公斤、减少5.4公斤，总产37.6万吨、增加2.1万吨。

棉花。2015年，气候对棉花生产有利，主要体现在前期降雨偏多（4—5月），土壤板结，棉株长势较缓慢；中期（6—8月）天气晴雨相间、温度走高，棉株长势较快、上桃集中、蕾铃脱落偏少，病虫危害较往年减少；后期（9—10月）气温较高、雨水偏少，有利于棉桃吐絮，而且棉花色泽光亮、霉桃、烂桃少，品质好于往年。全市棉花种植面积为574平方千米、减少318平方千米，籽棉平均单产245公斤、增加45公斤，籽棉总产21.1万吨、减少5.7万吨，总产值11.8亿元、减少4.3亿元。

油菜。全市春收油菜面积2968.67平方千米、减少26.67平方千米，单产123.5公斤、增加1.5公斤，总产54.8万吨、增加0.2万吨。油菜籽销售市场低迷，销售均价仅为3.8元～4元/公斤，低于2014年5.1元/公斤，总产值21.4亿元、减少6.4亿元。油菜轻简化栽培技术得到推广应用，全市油菜机械化收割面积100万亩以上，生产成本有所下降，但油菜籽价格不理想，生产效益呈现严重下滑趋势。

水果。全市水果面积923.33平方千米（包括西甜瓜）、减少79.33平方千米，总产值19.8亿元、增加1亿元，其中柑橘面积792平方千米、减少30.67平方千米。受柑橘大小年及橘农培管情况影响，温州蜜橘同比减产1/3，橙类、椪柑产量稳中有增。全市柑橘总产72万吨、减少18万吨，总产值13亿元、增加1.8亿元。葡萄面积稳定在23.33平方千米，受2014年葡萄花芽分化期阴雨天气偏多，光照不足影响，产量下降1/3，全市葡萄总产4.4万吨、减少1.8万吨。销售平均价格5.5元/公斤、涨1元/公斤，总产值2.4亿元、减少0.4亿元。桃、李、梨面积28平方千米，面积稳定，平均单产达到1000公斤，总产量4.2万吨，价格3元/公斤，总产值1.3亿元，与2014年持平。西甜瓜面积80平方千米、减少48.67平方千米。受前期低温阴雨寡照影响，晚熟产量较好，全市平均产量在1700公斤左右，后期气温升高销售价格较好，销售价格平均在1.5元/公斤，总产值3.1亿元、增加0.2亿元。

蔬菜。全市蔬菜播种面积1344平方千米、总产量602.5万吨、总产值80.3亿元，分别增加5.6%、9.1%、12.0%。食用菌播种面积1040.4万平方米，产量12.4万吨，产值达8.4亿元，较2014年均有增长。产品质量稳步提升。全市农残检测蔬菜样品60.3万批次，合格率99.8%，省农业厅四次农残例行监测合格率为99.2%，其中基地合格率100%。全市加工鲜菜84.4万吨，加工产值20.1亿元、增长15.6%；蔬菜流通交易量497万吨，交易额100.5亿元、增长11.6%，产销顺畅，价格基本稳定。

茶叶。全市有茶园面积183.33平方千米、比2014年增加18平方千米、增10.7%，其中投产面积140.67平方千米、增加6.67平方千米，总产量30218吨，总产值89305万元，产量减少8.5%、产值增加16.6%。亩平（1亩等于666.67平方米，下同）产量达110公斤/亩、减产22.9公斤/亩，亩平产值3247元/亩、增加163元/亩。4月份桃源县、石门县出现霜冻天气对春茶生产造成影响，但由于新植茶园和改造低产茶园受益面积增加，春茶总产量比2014年略增，全市春茶销售均价与2014年持平，春茶总产值相比2014年呈增长的趋势。春茶总产值31618万元、增加892.6万元，其中名优茶产值为24068万元、增加1359万元。

其他经济作物：苎麻、甘蔗、烟草、中药材、花卉、蚕桑等种植面积略有变化，整体效益增加。苎麻种植面积14平方千米、减少0.67平方千米，总产0.3万吨，产值0.3亿元；甘蔗17.33平方千米、增加1.33平方千米，总产8.4万吨，产值1.1亿元、增加0.2亿元；烟叶种植面积37.33平方千米、增加3.33平方千米，总产1.4万吨、减少0.7万吨，总产值1.8亿元、减少0.4亿元；中药材20平方千米、产值0.4亿元，蚕桑1.33平方千米、总产200吨，产值0.1亿元；花卉60平方千米、产值4.1亿元。其他作物总产值7.7亿元、减少0.4亿元。（杨　锦）

## 养殖业

**【概况】** 2015年，出栏生猪633.69万头，与2014年基本持平；出栏牛16.89万头，增长5.5%；出栏羊187.84万只，增长2.0%；出笼家禽1.18亿羽，增长5.3%；水产品产量47.9万吨，增长4.5%；全市养殖业产值289.1亿元，增长5.6%。常德市被评为全省养殖业工作目标管理先进和全省重大动物疫病防控绩效考核优胜单位，汉寿县、津市市、鼎城区和石门县被评为全省养殖业工作目标管理先进区县（市）。9月18日，全省现代畜牧业建设工作会议在津市市召开，推介常德市畜牧业现代化建设经验。

生猪和水产“双百亿”产业建设。生猪“双百亿”目标如期实现，生产产值达到105亿元，加工流通产值达到110亿元。水产“双百亿”目标完成78%，生产和加工产值达到83亿元，流通产值74亿元。全市有市级以上农业产业化龙头企业60家，其中，国家级2家，省级13家，市级45家。湘佳牧业销售收入达到11亿元，汉寿华乐3.5亿元。引进天心、佳和等大型龙头企业。重点推广生态养殖、畜禽污染治理、南美白对虾淡化养殖等技术。新增4个省部级生猪标准化示范场（其中部级2个）、6个草食牲畜省级标准化示范场、9个部级水产健康养殖场、1个省级休闲渔业示范点。全市甲鱼面积达到86.67平方千米，南美白对虾12.6平方千米，黄颡鱼10.67平方千米。石门县、桃源县通过省级草食牧业项目县检查验收，桃源县基础母牛达到3488头，石门县2470头，品种改良率达90%以上。新增2个湖南名牌产品，即惠生肉业歪脖脖冻猪分割肉和湘佳牧业湘佳速冻、生鲜肉制品。新增无公害产品企业4家，认证产品7个。截至2015年年底，全市已获得无公害产品证书的企业35家、产品89个。

养殖污染治理。全市共举办20期培训班，培训2000多人次，重点讲解三级沉淀、垫料养殖、复合生物滤池处理、有机肥加工等治污技术。下派专家到养殖户进行治污现场技术指导4100多人次。津市市积极探索蚯蚓养殖新模式，走出一条“化害为利、变粪为宝”循环发展新路子。164家规模养殖场被依法关闭或退出养殖，1324个场配套防污设施，基本实行达标排放。开展大水面禁投，制定工作规划，开展清理督查。

动物疫病防控。牲畜口蹄疫、猪蓝耳病、猪瘟、禽流感等重大动物疫病免疫密度常年保持100%，其他病种免疫保持在规定密度以上。全市共监测血清学样品3.13万份，重点是禽流感（H5）、O型口蹄疫、牛羊亚1型口蹄疫、猪蓝耳病、猪瘟和鸡新城疫、猪伪狂犬病、小反刍兽疫等，其免疫抗体合格率均达到农业部要求。开展“病死动物无害化处理宣传月”活动，对辖区内畜禽规模养殖场（户）、屠宰场（点）、农贸市场、冻库等场所进行集中排查。重点对规模养殖场、生猪屠宰场、活畜禽交易市场、肉品冷冻库等场所开展专项检查，收缴处理不合格肉品3760公斤，依法对当事人进行行政处罚。全市动物产地检疫、屠宰检疫已全面实行电子化出证。

开展产品质量安全监管。形成以市畜禽水产品质量安全检验检测中心为中心，澧县、石门、临澧、鼎城、津市为基点的一市五县检测框架。市检测中心抽检样品960批次，检测合格率99.79%。抽检生猪尿样11万头份，“瘦肉精”检出率为零。重点开展生猪“瘦肉精”、饲料兽药、生鲜乳、水产品、非法处置病死动物等专项整治，养殖生产经营秩序有所好转。5月，完成市级屠宰职能移交工作。开展打击私屠滥宰专项整治，检查生产经营企业362家次，查处违法行为23起，捣毁私屠滥宰窝点5个。

渔业资源保护和安全生产。3月10日到6月30日，沅、澧两水全面禁渔。期间，市县联动依法打击电鱼、炸鱼、毒鱼等非法捕捞行为，查处各种违禁捕捞案件134起，收缴违法船只23条，电机109台，深水张网7部，迷魂阵8700米，处罚违禁作业人员79人。全市累计举办放流活动17次，放流青、草、鲢、鳙、鳊鱼等鱼苗鱼种1亿多尾。新增2个省级水产种质资源保护区，全市国家级和省级保护区各达到5个。（万贵姣）

# 水 利

**【概况】** 2015年，市水利局被评为全市绩效考核良好单位，成功创建“市级文明标兵单位”。

防汛抗灾。在汛前，督促各级建立以行政首长负责制为核心的防汛抗旱责任体系，修订完善了防汛抗旱预案，完成各类防汛抢险队伍培训演练、山洪地质灾害防御演练。组织水利工程技术骨干开展防汛抢险技术培训。扎实开展“八个百分之百”的汛前安全大检查，并对检查出来的险工隐患进行及时处置。对一线堤防、水库等防汛重点部位进行物资添储，做到了有备无患。汛期，水利部门高度关注天气变化和雨水情发展，及时组织会商，科学调度处置，成功应对了六次强降雨灾害。特别是6月2日，以桃源县西安镇为中心的强降雨过程，造成竹园水库出现超历史水位，部分乡镇暴发山洪。面对灾情，市县防指迅速行动，积极组织抗救，将灾害损失降到了最低限度，确保了社会秩序稳定。汛期，全市共及时抢排渍水19亿立方米，使2506.67平方千米农田免遭渍灾损失。积极组织应对7月下旬至9月上旬在澧县、临澧、安乡等地发生的局部干旱，为农业丰产丰收提供了有力保证。

水利建设。常德市在省水利建设“芙蓉杯”年度考核中位居全省第一。一是2015年度水利建设全面完成。从2014年9月至2015年3月，全市共完成投资40.46亿元，建成各类水利工程4.85万处，其中建成湖区蓄洪垸堤防加固、水库除险加固、大型水闸除险加固、主要支流治理、中小河流治理、大中型灌区更新改造、电站增效扩容等国投工程827处，完成沅澧水一线大堤除险加固工程221处，完成堰塘清淤扩容4.38万口、渠道疏浚2.25万千米、排灌设施整修5690处，治理水土流失面积26平方千米。二是2016年度水利建设快速推进。从2015年9月到2016年3月底前，全市投入水利建设资金32.11亿元，完成各类水利工程3.82万处，主要包括五大类工程：中央和省投资工程11.3亿元780处；沅澧水一线大堤除险加固工程8.4亿元140处；小型水库除险加固318座，全市规划内的1076座水库除险加固任务已全面完成；广泛发动群众投入7.31亿元，完成堰塘清淤扩容3.1万口、维修整修机埠2286处；投入5亿元，清淤疏浚渠道1.38万千米。2015年，全市水利建设没有出现“豆腐渣”工程，实现了水利安全生产“零事故”。在抓好水利工程建设的同时，积极协助市委、市政府向上衔

2015年6月5日，省委书记徐守盛在桃源县西安镇桥塘村龙家园组向村民了解受灾情况

接汇报，扎实做好各项基础工作，常德市成功入选全国海绵城市建设名录，将获得国家专项补贴资金12亿元。三是工程日常管理更加规范。持续狠抓堤防管理，获得省里的洞庭湖区堤防规范化管理达标建设以奖代补资金728万元，位居全省第一。继续落实《常德市小型水库管理暂行办法》，基本完成了各类水库大坝的注册工作。积极推进水行政执法责任制试点工作，查处水事违法案件6起，协调处理水事纠纷24起，切实维护了堤防、河道、沟渠等工程的管护秩序。完成澧县国家级农田水利设施产权制度改革试点的阶段任务，并通过省水利厅验收，获得全省第二名的好成绩。

水生态环境。一是“禁投”成果不断巩固。按照“在全市所有水库、湖泊、河流和公共水域全面禁止投肥养殖”的要求，结合工作实际，坚持以区县（市）为主的原则，督促各地严格落实“禁投”责任和措施，加强监督检查和水质监测，河流、湖泊、水库的水质得到明显改善。2015年全市水功能区水质总体达标率为87%，其中水库水质达标率超过90%，饮用水源地水质达标率为99%。二是水资源管理不断强化。进一步加强水资源管理“三条红线”控制（用水总量、万元工业增加值用水量和农田灌溉水有效利用系数、水功能区水质达标率），联合发改、财政等部门出台《常德市实行最严格水资源管理制度的考核工作实施方案》，对各区县（市）进行了全面考核。同时，迎接省里对常德市的专项考核，考核结果在全省靠前。

河道管理。河道采砂整治深入推进。加强巡查执法，建立每天三班轮流巡查制度，全年组织下河执法47次，立案查处违法采砂案件6起，切实规范了砂石采挖和经营行为，市城区河道非法偷采、非法淘金的现象基本制止。同时，对15条符合采挖技术要求和安全生产需要的采砂船，严格审核发证，对大功率吸筒式采砂船加大处置力度，维护了砂石开采秩序。河道保洁工作有序开展。成立了全市河道保洁联席会议，制定出台《常德市河道保洁工作实施方案》，对各区县（市）开展了多次监督巡查。组织开展河道保洁青年志愿者活动，取得了良好的宣传效果和社会效应。完成全市河道保洁监控系统建设，实行河道保洁实时监控。

队伍建设。狠抓廉政建设。组织机关党员干部和中层骨干认真学习《中国共产党廉洁自律准则》《中国共产党纪律处分条例》，到武陵监狱接受警示教育，切实增强了党员干部的党纪条规意识。认真落实廉政建设责任和措施，强化对重要岗位的监督管理，在水利建设实际过程中，主动接受纪检监察、审计部门的监督，全年没有发生违反廉政规定和被上级查处的人和事。扎实开展“三严三实”专题教育。把“三严三实”专题教育与干部作风建设紧密结合，组织专题学习讨论，认真查摆自身问题，逐项整改。深入改进作风。严格落实中央八项、省委九项、市委十项规定，切实纠正了各种不良之风，全年没有被上级检查通报的纪录。全面推进依法行政。认真开展行政权力清理工作，完成行政许可、行政处罚等8个方面114项权力清单的编制，并进行公示。继续下放行政审批权限，市水利局原有的26项审批事项已缩减至5项，并进一步优化审批流程，缩减办理时限。2015年所有审批项目的办理时限都控制在5天以内，3天以内办结的占80%以上。　　（李　梁）

**【率先在全省实现农村饮水安全“全覆盖”】** 2015年5月，全国农村饮水安全工作现场会推介常德市的经验。市委、市政府把常德率先在全省实现农村饮水安全“全覆盖”作为重要成绩，写进了市委经济工作报告和政府工作报告，市人大编撰《饮水安全．常德实践》一书，由湖南人民出版社出版并公开发行。此项民生工程被评为常德市2015年十大新闻事件。一是快速推进，按时完成了任务。2015年，全市共建成饮水安全工程498处，解决剩余136万人的饮水安全问题，农村饮水安全率达到100%，集中供水率达到93%，自来水普及率达到87.5%。二是积极督促，有力保障了资金。为不因资金问题影响工程建设，一方面积极争取中央和省级计划资金，协调市财政及时落实补助资金；另一方面督促区县（市）党委政府落实主体责任，足额筹措资金。2015年，全市共落实到位资金6.8亿元，其中中央计划资金2.8亿元、市财政补助资金8200万元、区县（市）自筹资金3.2亿元。三是加强管理，确保水厂良性运行。进一步完善水厂维修养护机制、水质检测机制、水厂安全监管机制、饮用水源地保护机制。基本建成首批85处千吨万人水厂水质自检平台、8个县级水质检测平台和1个市级中心检测平台，基本建立了水厂每日自检、县级检测平台每月巡检、疾控部门每季抽检的水质检测体系。全市未发生一起农村供水责任事故和安全事故，所有规模水厂运行良好。

（李 梁）

# 林 业

**【概况】** 2015年，常德市以总分并列第二的成绩获得省政府林业建设目标管理考核“湘林杯”。全市森林覆盖率稳定在47.98%，林地面积增至8333.33平方千米，增加0.07%，活立木蓄积量增至3563立方米，增加4.54%。全年实现林业总产值180亿元，同比增长10.2%。

造林绿化。全市完成人工整地造林174.67平方千米，其中，防护林工程11.33平方千米，退耕还林荒山造林2.67平方千米，新一轮退耕还林工程7.67平方千米，林业血防工程55.33平方千米，油茶造林20平方千米，巩退项目9.87平方千米，优材更替3.33平方千米，速丰林40平方千米，世行项目3.6平方千米，法开署项目4.4平方千米，石漠化综合治理项目0.87平方千米，面上造林15.6平方千米，营造林任务完成率和质量合格率均为100%。所有营造林生产均与林地测土配方信息系统相结合，林地测土配方信息系统造林使用率达100%。完成育苗面积2.17平方千米，培育苗木2600万株，其中油茶育苗0.1平方千米、生产苗木500万株，杨树育苗1.33平方千米、生产苗木400万株，杉木育苗0.2平方千米、生产苗木900万株，其他育苗0.53平方千米、生产苗木800万株，圃地苗批合格率达100%。全市共318万人次参加义务植树，植树1075万株，尽责率92%。

资源保护。开展森林防火宣传，全市共出动宣传车辆1080余台次，发放森林防火宣传资料12.2万余份、书写墙体标语1.2万余条，发布通告禁火令2万余份。加强扑火装备建设，投入经费1000多万元，购置扑火机具370余件。开展森林防火专项督查，全市共出动检查组37个，检查单位场所273个，发现火灾隐患28处，当场处理23处，限期改正5处，治安处罚违规用火人员20多人。2015年，全市发生一般森林火灾7次，过火面积0.08平方千米，受害森林面积0.02平方千米，无人员伤亡，火灾发生次数、过火面积、受害森林面积创近十年来新低。全市林业有害生物发生总面积342.33平方千米，发生率为4.7%，成灾2.6平方千米，成灾率0.36‰。坚持工程防治与生物防治相结合，防治总面积225.33平方千米（其中飞机防治9.13平方千米），防治率为65.8%，无公害防治面积207.4平方千米，无公害防治率92.0%。加强湿地保护。全市新增湿地保护面积14.55平方千米，增长率0.77%。开展“利剑”专项行动和“雷霆行动”，全年共查处涉林案件482起，其中，刑事案件103起，治安案件30起，行政案件349起，刑事拘留45人，逮捕10人，行政处罚730人次，罚款650.5万元，收缴木材1.5万立方米，野生动物2319头（只），为国家和集体挽回经济损失1308.5万元。

林政管理。全市落实生态公益林补偿面积3713平方千米，面积到位率100%，其中国家级生态公益林面积3260平方千米、省级生态公益林面积453平方千米，发放补偿资金9265.6万元。编制全市“十三五”期间年森林采伐限额，确定全市“十三五”期间年森林采伐限额建议指标为717475立方米。实行“三年禁伐减伐行动”，全面禁止铁路、高速公路、国（省）道两旁第一层山脊以内陡坡地段或平地200米范围内林地林木采伐，禁伐面积592.1平方千米，其中商品林面积136.7平方千米。全年全市木材采伐蓄积量18.45万立方米，比2014年减少15.83立方米，减幅达46.2%。加强林地审核审批管理，依法审核审批征占用林地97宗，面积3.05平方千米，收取植被恢复费2541.2万元。

林业产业。全市实现林业总产值180亿元，同比增长10.2%，其中第一产业82亿元、第二产业73亿元、第三产业25亿元。全市林业投入资金达1.62亿元，争取上级各类项目资金近5000万元。全年生产木材34.8万立方米、竹材1210万根、锯材30.5万立方米、人造板25.7万立方米、木竹地板45.3万平方米、木竹藤家具及制品85万件、木苇纸浆12.8万吨、森林食品12.5万吨。生物发电3.8亿度，生物能源产值3.7亿元。

林业改革。全面完成国有林场改革。全市19个国有林场参与改革，经营总面积511.33平方千米，其中国有林场面积166.67平方千米，森林总蓄积71735.86万立方米，职工人数2279人，其中在职职工1136人，退休职工1143人。常德市坚持公益性改革方向，坚持“保生态、保民生”两条底线，坚守“森林资源不破坏、国有资产不流失”两条红线，公益性质、国有林场定性定编落实到位；国有林场富余职工安置到位；国有林场职工生活保障到位；国有林场可持续发展扶持到位。19个国有林场全部完成改革任务，通过省级验收。加强林权流转服务平台建设，规范森林资源资产评估行为，加强林权流转合同管理，全市共流转林地21.33平方千米，流转金额3000余万元。加大森林保险宣传力度，引导林农提高投保意愿和增强风险防范意识，全市森林保险面积为7733.33平方千米，保险金额46.6亿元，总保费1864万元。加强专业合作社建设，全市新成立农民林业专业合作社15家。为发展林下经济大户和企业争取上级扶持项目，全市共创建省级林下经济示范基地2个，申报林下经济国家级示范县1个，争取林下经济扶持项目3个，资金60万元。

（徐 俊）

**【创建全国绿化模范城市顺利通过国家验收】** 2015年11月8—10日，国家核查组一行4人，采取听取汇报、查阅资料、实地核查、问卷调查等方式，对常德市创建全国绿化模范城市工作进行验收。11月8日下午，常德市召开创建全国绿化模范城市工作汇报会。市委副书记、市长周德睿致欢迎辞，市委副书记徐正宪主持会议，市政府副市长朱晓平汇报常德市创建全国绿化模范城市工作情况。市领导黄清宇、王先蒙、朱传宏，市政府秘书长周代惠等出席汇报会。11月9—10日，核查组对常德市创模工作进行实地核查，重点查看泉水桥义务

常德市创建全国绿化模范城市工作汇报会

植树基地、柳叶湖环湖景观大道等17处现场。11月10日上午考察现场结束后，核查组与市委、市政府就此次核查情况进行情况交流和意见反馈。国家核查组表示，对照全国绿化模范城市评选指标要求和创建条件，常德已经达到全国绿化模范城市标准，核查组将提请全国绿化委员会予以审定。（徐　俊）

**【出台《常德市全民义务植树活动实施办法》】** 2015年8月21日，市政府出台《常德市全民义务植树活动实施办法》(以下简称《办法》)。《办法》规定，每年3月份为常德市全民义务植树活动月；各单位都要结合绿色常德建设，建立义务植树基地，开展义务植树工作；各级绿化委员会将在每年12月底前，将下一年度义务植树任务按适龄公民人数分配给乡镇、街道以及辖区内的机关、团体、企事业单位；义务植树工作纳入各级各部门年度绩效考核范围。

（徐　俊）

## 农村经营管理

**【概况】** 2015年，市农村经营服务站在全省农经工作综合评估中，被评为先进单位。

农村土地承包管理。推动澧县做好整县推进试点后续工作，澧县已完成第二轮公示纠错，2015年年底开始合同签订和数据汇总接边工作；组织安乡、汉寿、临澧、石门、武陵、津市等6个区县（市）进行整体推进。6个整体推进区县（市）都已完成工作班子组建、宣传发动、招投标和培训等工作，进入调查摸底、信息收集和矛盾化解等外业调查全面展开阶段；组织桃源、鼎城两个区县选择部分乡镇，常德经开区、柳叶湖旅游度假区和桃花源旅游管理区三个管理区与原建制同步进行。全年组织市县两级经管局长、分管副局长、业务骨干共八批次分赴乌鲁木齐、银川、昆明、海口等地参加农业部组织的农村土地确权登记颁证业务培训。9月8日，在澧县组织召开全市农村土地承包经营权确权登记颁证业务工作现场会，培训常德经济技术开发区、柳叶湖旅游管理区、桃花源旅游管理区的分管领导，相关部门负责人、确权办专干，乡镇党委书记、分管领导、经管站长以及部分村支部书记。市县两级建立督查巡查制度，对试点工作各个阶段的情况进行督促检查，及时掌握进度，确保试点工作平衡有序推进。

农村土地流转。澧县、汉寿县、鼎城区3个区县建立土地流转服务信息平台；安乡县、汉寿县、澧县、临澧县、桃源县、武陵区、鼎城区7个区县建立县级土地流转服务中心，乡镇建立土地流转服务站，村居配备土地流转信息员；除石门县以外的8个区县（市）出台农村土地流转管理办法和引导激励措施，汉寿县2015年从粮食大县奖励资金中安排700万元用于对100亩以上（1亩等于666.67平方米，下同）种粮大户的奖励，由经管、农业、财政联合验收确认后按每亩68元的标准给予奖励。全市9个区县市均建立农村土地纠纷调解仲裁体系，有7个区县市已有效开展农村土地纠纷仲裁工作，累计裁定结案59宗。截至2015年年底，全市农村耕地流转面积达到1553.33平方千米，占耕地总面积的36.5%，是2012年的3.8倍，涉及农户49.4万户，占农户总数的37.1%。其中，澧县耕地流转率最高，共流转耕地272.67平方千米，占耕地总面积的43.2%；石门耕地流转率最低，共流转耕地63.33平方千米，占14.8%。全市流转土地面积50～100亩的经营主体7740个，共流转454平方千米；100～500亩的经营主体1923个，共流转418.67平方千米；500亩以上的经营主体261个，共流转370平方千米。12月2—3日，农业部督查组对常德市贯彻落实中办发61号文件《关于引导农村土地经营权有序流转发展农业适度规模经营的意见》情况进行督导检查，查看澧县澧南镇土地流转服务中心，了解该镇土地流转情况；查看锦绣千村农作物种植专业合作社和农康葡萄合作社，了解其社会化服务体系建设情况；查看河洲甲鱼合作社，了解培育新型农业经营主体、扶持农业规模经营情况并在澧县召开座谈会。

农村土地经营权抵押贷款试点。在2014年汉寿农村土地经营权抵押贷款成功试点的基础上，2015年在澧县扩大试点。截至2015年年底，两县共发放农村土地经营权抵押贷款82笔共5259.5万元，其中汉寿县共发放76笔4244.5万元（2015年35笔2127.5万元），澧县今年来发放6笔1015万元。

调处化解农村土地纠纷。全年全市各级农经部门共受理土地承包经营纠纷8437

起（市本级直接受理53起），乡村调处8012起，县级仲裁机构受理353起，裁决9起。10月9日，全省农村土地承包经营纠纷调解仲裁员培训班在常德市举办，常德市、鼎城区分别介绍仲裁工作经验。

农民合作社和家庭农场。截至2015年年底，全市在工商登记注册的合作社有2809家，2015年新增604家；经主管部门认定的家庭农场总量达942家，新增540家。农民合作社和家庭农场覆盖种植业、畜牧业、渔业、林业、服务业、手工业等所有农业产业。湖南农康葡萄专业合作社生产的“澧康”牌葡萄入选由农业部组织推选的全国百个优质农产品品牌。鼎城区河洲龟鳖专业合作社在央视七套《科技苑》栏目推介其在标准生产、形象宣传、品牌建设、营销策划等方面的经验。7月开展“农民合作社法律宣传月”活动，市经管站在《常德日报》推出专版，宣传推介各区县（市）、各农业产业的先进典型，宣传月期间共向主管部门及成员单位相关负责人、示范社理事长、家庭农场主共发送宣传短信9145条（次）。各区县（市）组织各乡镇、农民合作社，发放宣传资料、更新农经网站、制作宣传横幅等，宣传《农民专业合作社法》。挑选26家合作社作为创建对象向上申报农民合作社省级示范社，帮助拟定创建标准和工作措施，并落实监测管理，共有21家合作社成功创建省级示范社。10月，全市向省农委申报546家家庭农场的“百千万”工程的项目扶持，对种粮家庭农场每亩补贴100元，连续补助3年，金额将达到5000万元。市经管站举办常德市第八期农民合作社法定代表人培训班，共144人参加培训。共设置农民合作社基础知识、农民合作社财务管理、农民合作社形象设计、品牌战略和产品营销、农民合作社岗位设计与绩效管理、农民合作社理事长领导力培养与训练等5个方面的课程，特邀5位在各自行业领先的农民合作社理事长介绍经验。

2015年9月25日，召开全市农民合作社品牌建设现场经验交流会

农民负担监督管理。2015年，全市农民负担人均8.9元，继续保持在低位运行，全市没有发生涉负重大和恶性案（事）件。市委、市政府将农民负担监管工作纳入对区县（市）的绩效考核，将13个小组成员单位和24个涉农部门纳入市直目标管理考核。对涉负问题突出的澧县闸口乡、鼎城区逆江坪乡实施重点监控，并会同市、县纪纪检监察部门进行重点指导和督办。在全市乡镇纪委书记培训班上解读三农新政，减轻大湖区农民负担综合改革政策、暂停清收农民税费尾欠政策、不准以任何形式向农民收钱修县、乡公路的政策、农业“三项补贴”改革试点政策、村级公益事业一事一议财政奖补政策、农村义务教育收费政策、农业水费政策和保持现有土地承包关系稳定并长久不变的政策进行重点宣讲；利用常德农经网、微信和印发宣传资料等形式宣传党的惠农政策；通过发放农民负担监督管理卡让群众了解相关政策，全市140万份负担卡已基本发放到位。开展对坚决纠正损害涉农利益行为专项整治活动“回头看”和全市“惠民政策落实情况专项检查”等专项督查。纠偏整改问题170多起。全市共收缴乡村套取、截留各种惠农补贴、农村低保补贴、农村危房改造补贴、自然灾害奖励资金、能繁母猪补贴补助资金共计523.43万元；查纠农村低保错保漏保问题5876人，新增农村低保16832人；查纠违规纳入农村危房改造9人；查处落实惠民政策优亲厚友、以权谋私问题20起、19人；查处侵占挪用各种补助资金问题案件54起31人；查处对群众欠账不付、欠款不还、打白条、耍赖账问题1起1人。开展清理整顿农村三资管理、涉及3564农村，清查涉及资金总额100232万元、查出违纪金额444.12万元，退赔金额196.62万元，查处案件60起70人，其中法院受理27人。

农村集体财务资产管理。1月，全市首家股份经济合作社在武陵区三闾港社区成立，标志着全市农村集体资产产权制度改革成功试水，武陵区荣获全国农村集体“三资”管理示范县。在武陵区30多个社区扩大试点，已完成9个社区的“股改”，发放股权证共5000多本。在石门县易家渡镇、二都乡开展农村集体资产管理乡(镇)级交易平台建设试点，完成农村集体资产台账、相关工作流程和规则制订、硬件设施配套等，待相关数据录入后，将实行乡（镇）、村、组三级集体资产的统一管理、统一交易、统一监督，实现资产所有权、经营权分离，引导农村集体资产逐步走向市场。安乡县所有村（社）都已按照统一的要求和标准完成村务公开公示，并建立起长期化、常态化、定期化的工作机制。汉寿县在“五月晒账月活动”期间，组织各乡镇开展村级财务公开活动，各乡镇村级财务公开率达100%。桃源县全面推进“廉洁乡村”建设，对全县村级财务状况及审计监督情况进行一次摸底大检查，并对村级财务信访案件进行专项审计。石门县针对村级财务管理存在的问题在全县范围内进行自清自查及整改工作，完成移民资金专项审计工作。

（江海军）

**【全省农村土地承包经营纠纷调解仲裁员培训班在常德举行】** 2015年10月8—10日，全省农村土地承包经营纠纷调解仲裁员培训班在常德市金悦酒店举行。各市州仲裁业务专干和县市区仲裁骨干共160人参加学习培训。农业部经管总站副站长、湘西州常委、副州长贾广东、农业部经管司仲裁指导处呼倩、省农委农村经营管理处处长董成森、省农委农村经营管理处副处长戴安华，分别就着力依法规范开展调解仲裁工作、农村土地流转政策解读、农村土地承包经营纠纷仲裁办案规范与庭审技巧、规范开展纠纷仲裁工作需要注意的几大问题、农村土地承包管理疑难案件法律处理等内容，进行讲解和剖析。常德市、鼎城区重点介绍仲裁工作经验。培训班开班仪式由省农委农村经营管理站吕运涛站长主持。（江海军）

**【桃源在全国政府购买农业公益性服务机制创新试点专题培训班上介绍经验】** 2015年10月12—13日，农业部在江苏省张家港市举办“政府购买农业公益性服务机制创新试点专题培训班”，来自全国各地农业、农经战线的80多位代表参加培训，江苏江家港、浙江海盐、浙江丽水、安徽凤台、湖南桃源等5县市区作试点经验介绍。桃源县作为全国粮食生产先进县，新发展农机专业合作社46家、水稻专业化防治公司8家、水稻生产专业合作社39家。截至2015年年底，桃源县已成立农民合作社404家、联合社4家、家庭农场194家，已创建国家级农民示范社5家，省级示范社5家。

（江海军）

## 农业机械化

**【概况】** 农机购置补贴。2015年，全市共计获得国家农机购置补贴资金1.8亿元，金额位居全省第一，全市补贴类农机具销售总额达到5.7亿元，补贴各类机具20201台（套）。

农机安全监理。2015年，全市共创建6个示范乡镇，51个示范村，临澧农机安全监理站被评为全省“为民服务创先争优”示范窗口。全市拖拉机上牌率达到90%、检验率达到79%、持证率达到85%。

育插秧机械化技术。2015年全市机插率已突破23%，推广插秧机854台（其中步进式737台，高速插秧机117台），早稻晚稻机插面积1398.73平方千米，地方投入经费895万元，建立核心示范点64个，开展育插秧机械化技术推广25班次，培训1720人；推广烘干设备344台（套）。

全市玉米收割机作业演示现场

农机专业合作社建设。2015年，拟财政扶持建设现代农机合作社达到76家，累计建设省级现代农机专业合作社146家，位居全省第一。全市登记在册农机专业合作社达304家，入社成员数5037个，经营土地面积566.67平方千米，作业服务面积1953.33平方千米，农机服务年度总收入达10亿元。

队伍建设。改进作风，做到廉洁自律、提质增效，落实和巩固党的群众路线教育实践活动及“三严三实”活动教育成果。在加强业务知识培训同时，鼓励干部提升为民服务水平和个人能力。按照“要坚持用制度管权管事管人”要求，制定严格、详细的工作制度、财务制度、公开制度，并落实到位。

（覃　政）

## 扶贫移民

**【概况】** 扶贫工作。2015年，市移民开发局、市扶贫开发办公室贯彻习总书记6月18日贵州扶贫攻坚座谈会上的讲话精神，起草《中共常德市委关于实施精准扶贫加快推进扶贫攻坚的决议》《关于扎实推进精准扶贫精准脱贫工作实施方案》。这两个文件分别经7月份市委六届十二次全委会、8月份市委常委会议和市政府常务会议研究通过。开展全市“一进二访”活动。9—12月，全市2.4万名干部深入到210个贫困村与1.3万户贫困户结成帮扶对子，送去帮扶资物、资金2700余万元。10月，组织开展建档立卡“四类对象”的清理，截至2015年年底，清出不符合贫困对象条件30306人，拟新纳入4190人。全年全市贫困村危房改造1872户，村组道路修建完成452公里，完成13.8万户安全饮水工程，完成16所村小（教学点）提质改造工程。全年25个市委驻村帮扶点村，后盾单位共筹措资金2800多万元，村均超过110万元；135个县级驻村帮扶点村筹措资金6700多万元，村均投入达50多万元。产业扶贫。推进汉寿特种水产、桃源油茶和七星椒、澧县的茶叶、西湖水产养殖等扶贫产业示范基地建设，加强对直接帮扶、委托帮扶、股份合作帮扶模式的探索，汉寿县吉庆委托帮扶模式在全市推介。其中汉寿县吉庆委托帮扶模式已在全县推开，辐射10个乡镇的54个贫困村，受益贫困对象5868人。石门县6.33平方千米无性系良种茶园直接帮扶新扩项目和桃源县0.34平方千米古洞春大叶茶委托帮扶项目，作为全省重点扶贫产业项目正在按照规划有效实施，实现上级专项投入1450万元。金融扶贫。全市9个区县市实现金融产业扶贫小额信贷的全覆盖，第一批推进县石门县，贷款规模突破3000万元；第二批推进县桃源县、澧县、汉寿县等实行边评级授信、边放贷;第三批推进县武陵区、鼎城区、安乡县、临澧县、津市市等风险补偿金已全部到位。

移民工作。2015年全市支持移民新建油茶基地2.71平方千米、茶叶1.23平方千米、水果2.42平方千米、楠竹1.45平方千米、蔬菜1.4平方千米，扶持移民参与较多的农民合作社示范社9个。以县为主整合各类涉农资金近3000万元投入库区和移民集中安置区的基础设施建设，解决3.59万人的饮水安全问题。全年共举办移民培训班69期，培训移民4938人次,其中实用技术培训4307人次、转移就业培训631人次，组织41人参加省移民开发局举办的移民培训班。全市发放直补资金共8305万元。编制600元以内基金计划13129.5万元，600元以外结节资金等计划7466万元，审批50万元~100万元项目10个。3月，市政府会同澧水公司在石门县召开皂市水利枢纽工程竣工移民安置（常德市部分）初步验收会议，通过《湖南澧水皂市水利枢纽工程竣工移民安置（常德市部分）初步验收意见》。11月，通过水利部移民局组织的皂市水库移民安置竣工终验。5月底，配合省移民开发局完成桃源水电站甘潭农田防护工程、沙萝农田防护工程、新桥排涝工程等3个专业项目的验收工作，并于12月通过省移民开发局组织的终验工作。资金项目管理。实行移民资金县级报账制，规范移民后扶项目管理模式，所有移民资金均实行建安发票结算。6月底至8月中旬，对桃源县、西湖区、鼎城区等7个区县市开展移民资金内部审计，对审计发现的问题均下发审计通报，督导各区县市移民局对指出问题及时整改。对2014年移民扶助金组织开展了绩效评价，首次引入中介机构，并对鼎城、汉寿、桃源等相关区县进行重点抽查。开展“四晒”活动，即晒权、晒事、晒文、晒账，对所有涉及移民的政策、资金和项目等文件资料，全部通过局网站公开，接受社会监督，保障移民群众的知情权、参与权和监督权。2015年全市移民系统共接待受理移民群众来访549批898人次；处理移民来信50件，办结48件；办理省、市人大代表、政协委员建议、提案回复6件，其中主办3件，回复满意率达100%。组织编印《目前皂市水库移民补偿安置有关问题解答》13000多册，发放到每个移民家庭。举办1期全市移民干部政策法规培训班，市县两级移民干部53人参加培训。（牟杰智）

## 农民教育培训

【概况】 2015年，全市各级开展各类培训5130期，培训农民17.96万人。其中举办各类农村实用技术培训班3990期、培训7.83万人；新型职业农民培训班517期、培训0.53万人；农民合作社、家庭农场主及农业企业管理和政策法规培训班620期、培训4.35万人，其中开展农村乡（镇）村讲座2190期、培训9.62万人次（折合2.9万人）；农劳转移培训1.67万人；农民工培训2.34万人；农村成人本、专科、农村中职招生1.24万人。

农业经营主体培育。2015年，全市对新型农业经营主体进行全面调查摸底，组织新型职业农民及农业经营主体培训班850期、培训4.88万人。通过培训指导，西洞庭管理区发展9个规模并已工商注册的家庭农场，其中，鸿福安家庭农场面积达1平方千米、注册资金达300万元;浩鑫家庭农场面积0.85平方千米、注册资金150万元。石门县举办新型职业农民培训班5期，培训235人，并作为全国百个新型职业农民培训试点县已完成试点。2015年，市农教办与市直成员单位在常德职业技术学院举办10期涉农行业示范性培训班，培训各类农业带头人、产业大户1200余人。

技术基础培训。2015年，全市共举办新型职业农民及农业经营主体培训班850余期、培训4.88万人次，其中培训家庭农场主641人，专业大户6067人。全市培养出各类新型农业经营主体7000多个，形成年产值在20万元以上的各类新型职业农民6600多个，注册家庭农场110家。开展以“美好家园”建设为主题的综合培训，普及美丽乡村建设常识，开办卫生大讲堂，开展文明道德教育等培训活动。全市开办政策法规讲座480余场，培训2.28万人次，开办思想道德及环境整治等讲座330余次，培训3.26万人次。鼎城区在灌溪常桃、白马岗等美丽乡村示范村组织“建设美丽乡村，从讲究环境卫生做起”培训活动。汉寿县组建培训师资队伍，对全县30个乡镇100个村开展环境整治培训，重点普及生活垃圾分户处理、分类减量以及卫生与健康知识讲座，免费发放培训教材8000余册。全市共举办农村实用技术培训班850期、培训7.3万人次。3月，桃源县举办“粮食规模生产与经营培训班”，设置漳江、漆河等4个培训点，县政府副县长张志红等县级领导分片负责，轮流主讲，深入培训现场给农民面授讲课，共培训种粮大户1000余人。澧县围绕高效产业培训农民45期0.85万人次，促进苹果柚、葡萄、南美白对虾、花卉苗木等高效产业迅速发展。西湖管理区开展食用菌、蔬菜、特种水产等高效产业培训，共培训专业大户50人，家庭农场主10人，新型职业农民450人。2015年初，石门县农业部门组织茶叶专家，深入壶瓶山区域的高山茶园现场培训茶农，督导茶园培管，主动预防茶树霜雪、冰冻灾害。并在4月下旬白云山林场举办石门县手工制茶大赛，培训推广石门银峰茶叶地方标准；选拔30人到湖南农大参加茶艺培训班。全市农民培训领导小组成员单位开展涉农职业技能培训达

1.81万人次，其中农民工培训8446人次，农劳转移培训9586人次，增加农民就业创业。安乡县人社部门通过“SIYD创业”培训项目对265名农村学员从创业理念、法律法规等方面进行为期3天的培训，并举办“农村剩余劳动力就业专场招聘会”，组织企业推出岗位供培训后的农村富余劳动力选择，为企业和失业失地农村劳动力双向选择搭建就业平台，其中幼儿教师、厨师、电工学员推荐就业率达到95%以上。

培训成果。大批农民通过各种培训，有30%以上开始创业。通过法律和思想道德培训，增强思想道德观念、遵纪守法观念等，减少刑事案件10%以上，减少邻里纠纷20%以上。通过现代农业技术和农民技能培训，2015年全市农民人均现金纯收入达到10884元，同比增长10%。（屠项麟）

## 农村合作经济

**【概况】** 2015年，市供销社被省供销总社评选为“2015年供销社综合业绩一等奖”。

农产品流通。推进各类直营店、加盟店、连锁店发展，开展农企对接、农超对接、农电对接等多形式农产品产销对接活动。2015年3月，在石门县开展全市首届茶馆茶企产销对接活动，组织全市茶企、茶馆代表走进茶乡，加强交流，增进了解，现场签约。市茶叶协会组织企业参加第七届省茶博会、省茶祖节、衡阳南岳茶会、深圳华巨长沙茶博会和岳阳黄茶节。推介石门柑橘品牌，在俄罗斯、泰国边贸口岸举办市场对接活动，在长沙举办第十五届中国石门柑橘节新闻发布会并与阿里巴巴签订网上柑橘销售协议。对接省供销总社“网上供销社”农产品电商平台，丰富和完善“特色常德”馆，扩大商品种类和销量。石门县供销社承建淘宝“特色中国·石门馆”，组织本地特色农产品上线交易，提供产品线下包装、物流配送、售后服务等方面服务。全年实施4个供销社流通网络工程项目，共申报财政补助资金1050万元，其中古洞春茶叶集团产销对接项目获得财政资金840万元。

农资、农产品信息服务。截至2015年年底，全市范围内共建立价格信息平台3个（市直及澧县、桃源各1个），信息采集点67个，收集监测棉花、茶叶、柑橘、蔬菜、水产、食用菌、油料和农业生产资料等8大类产品价格信息。市供销社组织对价格信息平台进行软件升级和人员培训，建立农资农产品信息旬报工作机制，新建立长沙、北京、上海3个外地主要农产品市场信息采集点，全年共编发信息简报33期。在湘北食用菌高效产业园建立全省第一家食用菌信息化综合管理平台，选定知名专家和科技特派员，在全市食用菌生产重点乡镇建立信息服务站，通过手机短信、电话咨询、图文传输等方式，为全市菌农全天候提供市场信息和技术服务，并预约进行现场技术指导。

2015年12月30日，召开茶馆茶企对接表彰大会

茶叶产业发展。全市新增茶园面积10平方千米，总面积187.33平方千米，年加工销售各类茶叶3万多吨，销售均价60元/斤，均价同比增长9%。市政府出台《常德市人民政府办公室关于加快茶叶产业发展的意见》（常政办发〔2015〕17号），明确“突破红茶、提升绿茶、稳定黑茶、茶产品多元化”发展思路，提出加强龙头企业建设、名优品牌建设、流通体系建设、标准化茶园建设、茶旅游文化建设、科技服务能力建设等6个方面的意见。出台《常德市茶叶产业三年发展规划》，明确到2017年茶叶产业发展的主要任务、主攻重点和政策措施。由常德现代农业投资开发有限责任公司、市供销集团公司、壶瓶山茶业公司、百尼茶庵茶叶公司、成邦地产公司共同组建湖南武陵秀峰茶叶有限公司。对现有龙头企业行提质改造，提高加工转化能力，全年共改造茶叶加工厂房30000平方米，新建标准化生产线2条。支持古洞春茶叶集团成功举办品牌推介暨招商大会，来自省内外茶商、微商、加盟商近1500多人参会，现场签订销售协议3100多万元。研究推出“武陵红茶”市域公共品牌，与浙江大学签订战略合作协议，对市域公共品牌组织架构、产品体系、营销策略等进行整体策划。

综合改革试点。市供销社下发《关于开展基层服务体系建设试点工作的通知》《关于农村综合服务社建设有关问题的通知》文件，在石门县、桃源县进行试点，启动改造基层社和新建综合服务社工作。截至2015年年底，已改造基层社10个，建设综合服务社145个，实现基层服务网络乡镇全覆盖，并逐步向村级延伸。在全省率先提出“5+X”农村综合服务社建设模式，即有经营服务场所、有统防统治队伍、有测土配方仪器、有信息综合服务平台、有农业生产资料配送点，在“5有”基础上各地根据实际情况，在传统服务、便民服务、拓展性服务领域，自行选择“X”类服务内容。省供销总社将“5+X”建设模式在全省范围内复制推广。全市建成省、市示范社16家，标杆社3家，并顺利通过省供销总社和市有关部门验收。新三湘农业生产资料有限公司和深圳诺普信农化股份有限公司共同打造农资电商综合服务平台“田田圈”，该平台线上为农户提供技术咨询、保险、金融服务、农产品购销、信息发布、供销平台等服务，线下设立以村、镇为单位田田圈现代农业服务中心，为农民提供专业指导和学习培训，现已建成乡村级服务中心34个。澧县开展大田托管服务，2015年实现土地托管206.67平方千米，其中全程托管土地面积1万余亩(1亩等于666.67平方米，下同)，经营性托管2万余亩，农资采购配送6000万元，机耕5万余亩，水稻集中育秧3万余亩，机插3万余亩、水稻统防统治5万余亩，柑橘统防统治2万余亩，机收7万余亩，短途运输4万余亩，烘干5000余吨，农产品购销3万余吨。

（唐　斌）

## 农业产业化

【概况】 2015年，全市农产品加工业总产值达到889亿元、同比增长20.5%；实现销售收入885亿元，同比增长19.3%。全市农产品加工转化率达到45%。粮食加工2015年实现销售收入223.7亿元。水产加工2015年实现销售收入20.1亿元。畜禽加工2015年实现销售收入114.2亿元。果蔬加工2015年实现销售收入74.1亿元。油料加工2015年实现销售收入81.6亿元。

加工企业。2015年新增市级龙头企业44家，截至2015年年底，全市有农产品加工企业4931家，其中国家级6家、省级48家、市级271家，其中国家级和省级龙头企业个数居全省第二。年收入过亿元龙头企业有118家，过10亿元有5家，分别是金健米业、盈成油脂、惠生肉业、汇美农业、湘佳牧业。常德4家上市公司均为农业产业化龙头企业，即金健米业、大湖水殖、万福生科、惠生肉业。全市形成粮食、棉麻、畜禽、油料、水产、果蔬、竹木和茶叶等八大主导产业。

加工园区。推进优势产业向优势区域集中、龙头企业向加工园区集中，全市农产品加工园区达到11个，入园企业185家，年加工产值210亿元。西洞庭生物科技园引进天泽农业、正湘棉业、汇美农业、麒月香食品等一批年产值过亿元的龙头企业，园区年加工产值达到20亿元以上，2015年正式跻身省级工业集中区。

品牌建设。实施品牌战略，推动标准化生产、企业质量管理、技术改造和设备更新。全市农产品加工业创造品牌160件，其中中国驰名商标28件、湖南省名牌29件、湖南省著名商标103件；获得国家级和省级金奖80多个。全市“三品”农业基地达到3333.33平方千米，无公害农产品、绿色食品、有机食品、国家地理标志产品“三品一标”认证达到1052个，其中国家地理标志保护产品达到20个，为全省第一。

休闲农业。截至2015年年底，全市共有规模以上休闲农业经营主体496家，其中农家乐355家、休闲农庄141家；年接待客人888万人次，年营业收入17.6亿元，同比增长26.3%，实现利润1.21亿元；带动农户2.6万户。石门县长梯隘银杏客栈、常德市德山株木休闲山庄、汉寿县武峰山休闲农业生态园等8家第四批省星级农庄顺利通过湖南省休闲农业协会复审。全市共有四星级以上休闲农庄69家，其中国家五星级、四星级农庄各1家，省五星级农庄22家，省四星级农庄18家，市四星27家。

（杨　锦）

表4　2015年度常德市农产品加工业主要经济指标统计表

| 序号 | 主要经济指标 | 数值 | 规模以上 |
|---|---|---|---|
| 1 | 企业个数（个） | 4931 | 360 |
| 2 | 年末从业人员（万人） | 13.7 | 7.3 |
| 3 | 现价总产值（亿元） | 889 | 671 |
| 4 | 工业销售产值（亿元） | 867 | 653 |
| 5 | 营业收入（亿元） | 885 | 659 |
| 6 | 利润总额（亿元） | 31.9 | 22.2 |
| 7 | 上缴税金（亿元） | 9.6 | 7.3 |
| 8 | 劳动者报酬（亿元） | 26.2 | 17 |
| 9 | 出口创汇（万美元） | 2.1 | 1.7 |
| 10 | 农产品原材料采购支出（亿元） | 407 | 300 |
| 11 | 固定资产投资（亿元） | 54 | 38 |
| 12 | 建立基地面积（平方千米） | 7207 | 6093 |
| 13 | 带动农户数（万户） | 220 | 187 |

表 5　　2015 年度常德市休闲农业主要经济指标统计表

| 序号 | 主要经济指标 | 休闲农业经营主体 |
|---|---|---|
| 1 | 企业个数（个） | 496 |
| 2 | 从业人员（人） | 9329 |
| 3 | 带动农户数（户） | 26344 |
| 4 | 接待人次（人次） | 8878484 |
| 5 | 营业收入（万元） | 175928 |
| 6 | 利润总额（万元） | 12147 |
| 7 | 从业人员工资总额（万元） | 11936 |

表 6　　2015 年度常德市国家级农业产业化龙头企业名单统计表

| 企业名称 | 所在地 | 2015 年销售（万元） | 销售收入排名 |
|---|---|---|---|
| 湖南金健米业股份有限公司 | 常德经济技术开发区 | 480524 | 1 |
| 湖南盈成油脂工业有限公司 | 澧县 | 213019 | 2 |
| 湖南湘佳牧业股份有限公司 | 石门县 | 101650 | 4 |
| 常德广积米业有限公司 | 常德经济技术开发区 | 92702 | 6 |
| 大湖水殖股份有限公司 | 市直 | 76125 | 7 |
| 湖南广源麻业有限公司 | 汉寿县 | 55856 | 11 |

## 农业科学研究

**【概况】** 2015 年，“优质多抗高产油黄籽油菜常杂油系列新品种选育与应用”获得 2015 年度湖南省科技进步三等奖。“油菜常杂油 9 号（湘审油 2015001）”获湖南省品种审定委员会审定。完成省级成果信息登记《优质甘蓝型油菜黄籽隐性核不育系 168A 的选育与应用》《甘蓝型油菜黄籽双低核不育系 G21 2A 的选育与应用》《优质高产高油多抗黄籽油菜新品种常杂油 9 号选育与应用》三项。“高档优质稻品种星 2 号的选育与产业化开发”项目获得 2015 年常德市科技进步奖一等奖。“R1194”“制 501”获国家农业部品种审定，“岳优 3700”“岳优 2155”获湖南省品种审定委员会审定。《早熟温州蜜桔新品种选育及丰产技术研究与应用》获常德市 2015 年度科技进步三等奖。马铃薯新品种“中薯 5 号”通过省级现场评议。“冬闲田马铃薯新品种筛选及优质高效栽培技术集成与推广”项目通过市级科技项目成果验收。“朝鲜蓟规范化栽培技术示范与推广”项目获得 2015 年度湖南省农业丰收二等奖。朝鲜蓟 LORCA“劳卡”获湖南省品种审定委员会审定登记。《一种朝鲜蓟制种栽培技术》获得国家专利；《朝鲜蓟营养块育苗技术规程（DB43/T 1121-2015）》作为湖南省地方标准审定发布。

科研项目。2015 年，按照各级科研项目申报指南，获得立项 10 项，共获得各级项目资金支持 590 余万元。发表论文 23 篇。“朝鲜蓟标准化生产技术研究与推广应用项目”被列为 2015 年中央财政农业科技推广项目，“特色葡萄种质创新及高效利用研究”被列为省级农业支撑计划项目，“常杂油系列优质油菜新品种的示范推广与应用”被列为 2015 年度县域经济发展技术创新引导专项项目、科技特派员创新创业项目等。

高档优质品种星 2 号的选育与产业化开发获市科技进步一等奖

基础建设。通过多年努力，湖南省现代农业产业技术体系湘北平湖区水稻试验站落户常德市农科院，为常德的水稻科研搭建了一个很好的发展平台。为了改善驻海南育种科研人员生活与工作条件，激励他们多出快出成果，多次派人赴海南进行调研考察。从气候条件、地理环境、水利设施以及房价等因素比较，总投资 210 万元左右，在陵水县购置 210 平方米的商品房作为南繁科研基地用房。

技术培训。2015 年，共开展各类技术培训 37 次，其中集中培训 9 次，培训农技人员、农民 900 余人次，发放技术资料 3000 余份。

科技示范。依托国家油菜产业技术

体系常德综合试验站和国家马铃薯产业技术体系常德综合试验站，开展展示、示范推广优质油菜、水稻、马铃薯、朝鲜蓟、蔬菜等农作物新品种和新技术5000余亩次（1亩＝666.67平方米）。建立科技示范基地10个。　（袁振中）

**【成立常德市农林科学院】** 2015年9月，根据湘编办复字〔2015〕54号文件和常编发〔2015〕15号文件的批复，常德市农业科学研究所、市林科所、市蔬菜研究所组建成常德市农林科学研究院。农科院的机构设置更加合理，科研领域进一步拓展。这标志着常德市的农业科研事业有了新的发展平台。

2015年2月，常编办〔2015〕11号文件正式批复，市农科院被确定为公益一类事业单位。这意味着市农科院科研事业发展有了可靠的体制保障。

（袁振中）

## 棉花科学研究

**【概况】** 科技创新。一是由单一作物向多作物研究转移。精简棉花学科，成立旱地作物研究室，开展马铃薯、玉米、花生、油葵、芝麻等作物的研究。多方引进收集品种资源667份，为研究不同作物、不同品种的科研开发前景走出了路子。并于2015年4月20日，组织召开"湖南省棉薯轮作高效栽培试验示范"现场会，国家现代棉花、马铃薯产业技术体系首席专家喻树迅、金黎平，农业部、省科技厅的专家、领导到会。二是开发市场向新疆布局。着眼国家实施棉花产业"西进"战略，积极谋划进军新疆棉花种业领域，先后在阿克苏、喀什、奎屯（农七师）等地区，大面积示范、推介湘杂棉5号、7号、15号等杂交棉品种，赢得了良好的口碑。近年来湘杂棉系列品种在新疆累计推广面积达1.33万平方千米。与新疆农一师一团联合成立新疆综合试验站，陆续筛选出优势组合20余个，其中强优势组合3个：湘8163、湘B52、湘20。

争取项目。执行项目35项，其中国家级项目10项，省级项目18项，横向项目7项。

科研成果。获湖南省科技进步二等奖1项；湖南省农业丰收一等奖1项；常德市科技进步二等奖1项；参与获得奖励3项，其中农业部科技进步奖二等奖1项；6个标准通过评审，1项专利申请成功，4项成果获得鉴定，其中2项成果获国内领先。选育了一大批优良品种，10个品系参加省级以上区试，1个品种湘Q188参加国家区试。特别是在镉污染治理研究方面取得重大进展，获得省重金办、省农环站领导肯定。全年发表学术论文20余篇，其中SCI论文1篇。

科技服务。为促进成果转化，提高科技对农业生产的贡献率，省棉科所牵头组织，并投入固定资产及资金200多万元控股，成立注册资金达3000万元的湖南天丰种业有限公司，成功搭建科技成果转化平台和技术服务。主要从事棉花、水稻、玉米、油菜等大宗农作物种子的生产经营。

人才培养。张雪林研究员获得常德市科技功臣称号，曾潜研究员被九三学社湖南省委员会评为2015年度"优秀社员"。龚京明、陈浩东、彭凡嘉三名同志顺利晋升高级职称。　（梅正鼎）

## 金健米业

**【概况】** 2015年，金健米业公司产销大米40.8万吨，同比增长29.1%；产销面条13.7万吨，同比增长48.9%；产销小包装油13.3万吨，同比增长61.3%，实现销售收入67.2亿元，同比增长33.1%，实现利税6000万元。2015年1月，金健米业股份有限公司获得由国家认证认可监督管理委员会认证认可技术研究所（CCAI）颁发的诚信管理体系认证证书。11月，"金健"品牌荣获2015中国中部消费者最喜爱的农产品品牌。12月，公司被认定为"全国放心粮油进农村进社区示范工程示范加工企业"。

产业扩张。一是剥离相关产业。在2013年剥离房产公司的基础上，2015年又先后剥离建筑公司和桃花源种业的股权，有效改变了公司产业结构庞杂的局面。二是实施增资扩股。先后完成金健粮食（益阳）有限公司、金健粮食（长沙）有限公司、湖南金健农产品贸易公司、湖南金健药业有限公司的增资扩股工作，为相关产业的加速发展奠定了基础。三是实施兼并整合。一方面，合资

2015年9月，湖南新中意食品有限公司成立

设立金健农产品营口有限公司、金健速冻食品有限公司、金健米制食品有限公司等，进一步拓展了产业范围；另一方面，收购原津市市中意糖果公司的整体资产，设立湖南新中意食品有限公司，为公司进入健康休闲食品行业，进一步提高盈利能力奠定了基础。

项目建设。针对公司传统产业设备老化、产能不足等问题，2015 年，公司投入巨额资金继续对传统产业实施提质改造，先后完成湖南金健乳业股份有限公司鲜奶制品二期工程、金健粮食有限公司德山精米厂 10 万吨 / 年精米生产线升级改造工程、金健面制品有限公司临澧专用面粉提质改造工程、湖南金健药业有限公司直立式软袋 GMP 改造认证工程、粮油食品安全保障能力提升改造工程和 3.7 万平方米标准化厂房及粮食仓储设施建设等项目，极大地改善了传统产业的硬件设施条件，为传统产业迅速提升产能，扩充规模奠定了坚实基础。

品牌建设。为全面提升品牌形象，公司在前两年对品牌系统规划设计的基础上，2015 年投入 3000 万元全力加大了品牌宣传推广力度，除继续在相关媒体投放广告宣传片外，重点加强了市场终端陈列形象的提升。大力开展“社区品牌推广”专项活动，按照“统一标识、统一标准、统一流程”的思路，在省内及省外各大区的相关社区开展了 1280 场品牌宣传活动，着力提升了金健品牌。

营销突破。一是以全国经销商大会的召开为契机，启动新一轮招商工作，全力开发新的经销商和销售网点。二是大力发展电商平台。三是摸索和打造金健“惠万家”“奶之源”社区商业连锁模式，力争逐步掌控终端销售渠道。全年，公司新增经销商 113 个，新增网点 1.4 万个，为销量的大幅提升奠定了坚实基础。

科技创新。一是完善科技创新体系。形成总部与分子公司上下联动，公司与科研院校（所）内外合作的科技创新体系。二是改革科技创新机制。公司大力推进实施科技创新的项目课题制，通过对项目的推荐筛选、审核立项、专项经费支持和成果激励，大幅提升了科技创新项目的效率和效果。三是转变科技创新方向。公司把科技创新的重点方向从理论性研究转向实用性研究，着力提升科技成果转化成商品的能力，重点加大了健康方便食品、营养食品、健康饮品等的开发力度。（舒栋成）

# 商务

## 招商引资

【概况】 2015年，全市共引进内外资总额646亿元，同比增长16.1%。其中，实际引进外资7.4亿美元，同比增长22.2%，增幅排名全省第一，共签约亿元以上项目202个，投资总额达1148.5亿元。

高位对接。2015年，市委书记王群、市长周德睿率团赴中关村与10多家央企进行高层对接，与一批央企签署战略合作协议。在“一把手”责任机制推动下，万达集团、华侨城、汉能集团、友阿国际、和瑞·欢乐城、中国建材等一批行业龙头成功落户常德市；拍马集团、中国兵器装备集团、苏宁云商等一批品牌企业与常德市达成投资意向。

开门招商。2015年，在积极参加厦交会、沪洽周等国家、省市重大招商活动基础上，成功举办第二届德商恳谈会、常德（深圳）专场投资推介会、海外侨商侨领三湘行常德之旅等一系列投资推介活动，第二届德商大会期间，全市共签约项目11个，总投资达到108亿元。

产业招商。发挥现代工业、现代农业、现代服务业三个产业招商组作用，围绕产业链配套、供应链衔接、价值链增值和特色产业，策划包装智慧产业园、生命科技产业园、烟草包装配套、欢乐桃花岛陆地公园等一批优质项目，并达成投资协议。

项目联动。建立项目履约责任制、重大项目签约部门联合会审制、重大项目落地联席会议制。定期现场办公，对履约情况等进行督导核实，加大对履约率考核力度。开辟审批绿色通道，实施代办制，为重大项目落地开绿灯、扫路障；在园区建设公共服务平台，为入园企业开展办证、创业、融资、上市辅导等服务；开展“千名干部服务千家企业”活动，全市40多名市级领导、100多个部门主要负责人下到企业，解决实际问题。

（袁成宇）

苏宁云商副总裁王哲为项目实地选址

## 内贸流通

【概况】 2015年，全市实现社会消费品零售总额945亿元，增幅居全省第三位。

节会展会。成功举办两届湘西北汽车博览会、武陵阁步行城购物节、千人美容美体大会、常德首届民俗文化美食节、本地名优特新产品专场对接会节等一系列活动。其中，湘西北汽车博览会已经成为湘西北地区最有影响力车展品牌，两届车博会共销售汽车3718台，实现销售收入近6亿元。全市共举办促消活动200多场、特色会展80多场，拉动消费近100亿元。

电子商务。建设武陵区互联网产业园，已吸引20多家企业入驻；与京东商城、淘宝网、苏宁云商等龙头电商合作，建设中国特色常德馆；组织企业参加商务部夏秋季网上购销对接会，全市成交量、供求信息均排名全省第二。2015年年底，常德市与苏宁云商签订战略合作协议，将在农村电商发展、市场主体培育、示范体系创建、农村电商人才培育等方面开展深入合作，取得初步成效。2015年全市电子商务交易总额为120亿元，同比增长近一倍。其中企业间电子商务（B2B）交易总额约103.9亿元，同比增长90%。共约1.2万家企业涉足电子商务。

龙头企业。以建设泛湘西北地区现代消费中心城市目标，基本完成武陵阁步行城、火车站、桥南三大核心商圈改造；引进万达、友阿国际、和瑞·欢乐城等一批知名商贸品牌企业，培育益丰大药房、华星电器、丰采实业、惠生肉业等一批具有竞争优势和影响力本土商贸流通企业；大润发、春天百货、家润多、梅尼广场等连锁超市发展迅速。

民生工程。2015年，全市顺利完成26家农贸市场标准化改造，各县市区建设热情高涨，改造总面积达8.55万平方米，撬动总投资1.36亿元，投资总额居全省第一，津市、汉寿、桃源等区县市财政配套支持力度较大。（李　杰）

**【2015常德市德商恳谈会】** 2015年4月3日上午，2015常德德商恳谈会召开。市委书记王群致辞、市长周德睿作推介发言。解放军总政治部原副主任唐天标上将，省政协党委副书记、副主席武吉海，湖南友阿集团董事长胡子敬，万达集团常德分公司总经理张华国等嘉宾代表发言。广州军区原副政委刘良凯中将，沈阳军区原副政委李运之中将，兰州军区原副政委陶方桂中将，中国南车集团副总裁徐宗祥，深圳华侨城股份有限公司董事长刘平春等知名常德籍老乡，以及来自香港、广东、北京、上海等20多个省市企业家、商会会长、知名人士共400多人参加恳谈会。恳谈会现场共签约11个项目，总投资108亿元。（李　杰）

表7　　2015年度常德市商贸流通企业前十强名单统计表

| 序号 | 区县市 | 企业名称 | 年营业收入（亿元） | 排名 | 年纳税总额（万元） | 排名 |
|---|---|---|---|---|---|---|
| 1 | 鼎城区 | 桥南市场开发总公司 | 29.39 | 1 | 497 | 5 |
| 2 | 鼎城区 | 常德水产市场 | 19.31 | 2 | 25 | 10 |
| 3 | 澧　县 | 湖南丰彩实业发展有限公司 | 10.7 | 3 | 1289 | 2 |
| 4 | 鼎城区 | 桥南家电城 | 9 | 4 | 277 | 8 |
| 5 | 武陵区 | 常德市华星电器有限责任公司 | 5 | 5 | 1000 | 3 |
| 6 | 鼎城区 | 常德大成医药有限公司 | 4.2 | 6 | 380 | 6 |
| 7 | 武陵区 | 春天百货常德店 | 3.32 | 7 | 2000 | 1 |
| 8 | 武陵区 | 常德大润发商业有限公司 | 3.01 | 8 | 730 | 4 |
| 9 | 武陵区 | 常德市繁荣实业有限公司 | 3 | 9 | 320 | 7 |
| 10 | 武陵区 | 常德华奥汽车销售服务有限公司 | 2 | 10 | 100 | 9 |

## 对外经贸

**【概况】** 2015年，全市实现进出口总额7.8亿美元，同比增长2.9%，增幅居全省第六。

开放意识强化。将开放型经济知识纳入各级党委、党校主体班、中心组学习；组织全市50余名商务系统骨干参加在清华大学举办商务及开放型经济知识培训班；联合海关、商检等部门举办10多次外贸业务培训，在全市范围内营造开放发展氛围。

外贸业绩增长。鼓励企业使用广交会、阿里巴巴跨境电商平台发展外贸；争取恒安纸业、创元铝业、龙行天下等15家外贸企业部分业绩回流；实施“2050”工程，打造20家外贸龙头企业和50家外贸出口大户。达门船舶、恒安纸业、龙行天下、华乐农业等一批企业实现外贸业绩快速增长。

通关平台建设。引进浩通等外贸综合服务体入驻常德，为全市中小外贸企业搭建便利化服务平台；桃花源机场4D级扩建已竣工投运，一类航空口岸正加快申请；盐关水运口岸配套设施建设基本完工，积极申报叠加进口粮食指定口岸功能，常德—上海“五定班轮”争取实现常态化运营，“湘欧快线”“五定班列”铁海联运平台对接工作正在加快推进。

“走出去”战略实施。制定《常德市对接“一带一路”走出去方案》并加快实施；把出国劳务打当成惠民工程，举办千人出国劳务对接交流大会和20多场出国劳务现场招聘会，常德市对外劳务平台荣获省级示范平台；加强银企对接，扶持企业开展境外投资、融资，已有邓权塑业、湖南金和、湖南三特等10多家公司投资海外。（孟登科）

**【2015年湖南省出国劳务对接交流大会】** 2015年7月14日，由湖南省商务厅、常德市人民政府主办，常德市商务局、江苏常青公司承办的2015年湖南省出国劳务对接交流大会在常德职业技术学院隆重举行。来自海内外20多家用工企业、省内17家对外劳务平台、10多家省内媒体、1000多名应聘者参与此次对接交流大会。对接交流大会分开幕式、项目推介、招聘面试三个环节。开幕式由市人民政府副市长匡加才主持。中共常德市委常委、市人民政府常务副市长朱水平，中国对外承包工程商会副会长王玉成，湖南省商务厅党组成员、副厅长李心球，市商务局局长涂贤春参加开幕式。来自新加坡、日本等地用工企业代表进行出国劳务项目推介，提供岗位年薪在10万～25万元。有300多人初步达成出国（境）务工意向。

（孟登科）

**表8 2015年常德市外商投资企业10强名单统计表（按纳税总额）**

| 序号 | 企业名称 | 纳税总额（万元） | 所属区县 |
|---|---|---|---|
| 1 | 常德金鹏印务有限公司 | 21422 | 武陵区 |
| 2 | 湖南创元铝业有限公司 | 13727 | 桃源县 |
| 3 | 湖南恒安生活用纸有限公司 | 11931 | 常德经济技术开发区 |
| 4 | 湖南恒安纸业有限公司 | 10698 | 常德经济技术开发区 |
| 5 | 益丰大药房连锁股份有限公司 | 9013 | 武陵区 |
| 6 | 恒安（湖南）心相印纸业有限公司 | 4255 | 常德经济技术开发区 |
| 7 | 常德纺织机械有限公司 | 2159 | 常德经济技术开发区 |
| 8 | 湖南三江电力有限责任公司 | 2144 | 石门县 |
| 9 | 湖南中泰特种装备有限责任公司 | 912 | 临澧县 |
| 10 | 湖南惠生肉业有限公司 | 884 | 常德经济技术开发区 |

## 粮食购销

**【概况】** 全年全市统计口径内收购粮食126.19万吨，其中，托市收购早稻41.2吨（占全省总数的1/4）、中晚稻31.12万吨。组织对收获粮食质量安全进行免费检测，全年粮食外销同比增长7%。市粮食局2015年获评为全国粮食流通监督检查工作示范单位。

2015年10月16日，举行2015年世界粮食日暨爱粮节粮宣传周启动仪式

粮安工程。2015年争取省以上仓储设施建设财政支持2550万元，其中争取国家下达常德市12.46万吨军供网点维修改造项目23.5万吨新建粮仓（标准储备仓12.5万吨、收纳仓11万吨）项目建设计划，基层一线骨干粮库收储功能增强。推广应用绿色充氮储粮、低温准低温储粮、“四合一”储粮新技术，开展争创“四无粮仓”。常德广积米业被评为全国弘扬“四无粮仓”精神先进单位。

粮食储备。全市完善以静态储备与动态储备相结合、省级储备与市县储备相结合、粮食储备与油脂储备相结合、稻谷储备与成品储备、储备轮换与购销经营相结合的适应市场经济要求的粮食储备体系。地方粮油储备计划全部按要求100%入库到位。完善粮食应急供应预案，提高全市紧急状态下的粮油应急保障供应能力。军供管理实现“统一定点、统一包装、统一质量、统一定价、统一配送”。

产业发展。2015年全行业完成粮油工业总产值171亿元，行业年综合加工能力达到970万吨。粮油类中国驰名商标总数达到9个。产值过亿元企业20家。市级以上粮食龙头企业达到57家（其中国家级4家、省级23家）。全年全行业争取省以上各类专项资金1.2亿元，同比增长10%。

依法管粮。全行业结合“5·26《粮食流通管理条例》颁布实施十二周年”“10·16世界粮食日”等重要时点和粮食收购契机，宣传粮食政策法规。全年全行业共开展执法监督检查112次，责令整改26例、经济处罚1例，暂停收购资格许可1例。

自身建设。开展“三严三实”专题教育和文明单位创建活动。开展粮食执法监督检查人员、粮油质量检验等职业技能培训，提高粮食行业从业人员整体素质。落实粮食安全生产责任制，妥善处理各类信访涉稳遗留问题，确保行业稳定。执行中央“八项规定”和省委“九项规定”、市委“十项规定”，廉政风险防控，按制度管事管人。2015年政府机构改革方案确定市粮食局继续列入政府工作部门序列，粮食部门主体地位得到巩固。

（钟　文）

## 蔬菜产销

【概况】 2015年，全市蔬菜播种面积1344.13平方千米、总产量602.54万吨、总产值80.25亿元，分别增长5.63%、9.12%、11.96%；食用菌播种面积1040.42万平方米，产量12.40万吨，产值达8.35亿元，较上年均有增长。全市农残检测蔬菜样品60.32万批次，合格率99.78%，省农业厅四次农残例行监测合格率为99.2%，其中基地合格率100%。全市加工鲜菜84.36万吨，加工产值20.05亿元、增长15.56%；蔬菜流通交易量497万吨，交易额100.5亿元、增长11.6%。市本级蔬菜发展资金增加100万元，县（市）开征新菜地基金，市本级征收入库500万元。市本级从价调资金中下拨蔬菜生产资金600万元，占价调基金42.87%。

规模化生产。鼓励蔬菜基地向优势区域集聚，扶持“一乡一品”“一村一品”生产，基本形成平原旱作区、水生蔬菜区、高山蔬菜区、特色（食用菌）蔬菜区、城郊专业菜地。全市已认定无公害蔬菜产地达571平方千米，其中集中连片1000亩以上（1亩等于666.67平方米，下同）产地284平方千米，占50%；引导土地向种菜能人流转，种植大户100～200亩有230户，201～400亩有57户，401～500亩有25户，501～1000亩有21户，1000亩以上2有5户。

设施化栽培。以整合项目资金集中投入为引擎，鼓励餐饮、商贸、房产等工商资本投入蔬菜生产。全市投入各类资金1.82亿元，新建安乡县黄家台、澧县黄家套、临澧县文塘、汉寿县思雅园等一批沟、渠、路、池、水井、电排基础设施完善，钢架大棚、喷滴灌、防虫网、遮阳网等栽培设施配套高标准蔬菜基地。津市市和平生物、仕林生物食用菌工厂化栽培成为全市一流食用菌生产示范窗口。2015年新增钢架大棚4980座，设施蔬菜占地面积75.61平方千米，比2014年增11.68%。以汉寿思雅园、武陵区明月为依托，打造一批现代育苗中心，年育苗能力10亿株以上，集约化育苗栽培面积达到30%以上。推行蔬菜生产机械翻耕、移栽、灌溉，提高蔬菜生产效率，节本增效10%以上。

标准化生产。落实省政府《关于实施两个“百千万”工程加快现代农业建设的意见》精神，指导汉寿、武陵抓好以蔬菜产业为主导的现代农业产业园建设。重点指导区县（市）建好一个500亩以上蔬菜标准园，实施标准化生产。开展标准园创建活动，在巩固提高原有12个国家蔬菜标准园的基础上，2015年新增6个国家蔬菜标准园。

科技兴菜。加强菜农教育培训，传授标准化生产新知识、新技术，汉寿县、西湖区组织种植大户到山东等地外出学习培训，提升发展理念，培育一批新型职业菜农。开展秋延后辣椒品种筛选和栽培技术试验示范，初步筛选出适宜栽培品种和初步集成“适时播种、穴盘基质育苗、及时移栽、合理密植、水肥一体、多层覆盖控温、病虫害综合防控”等关键技术。2015秋延后辣椒栽培13.33平方千米，安乡县黄家台、汉寿县汉美、鼎城区陈学红家庭农场等一批示范基地种植在百亩以上。亩产2000～3000公斤，鲜销在2.4元/公斤以上，秋冬种植万元园成为现实。

产业化发展。培育一批蔬菜配送企业，实行订单收购，统一配送到零售菜店和居民家庭。全市新发展蔬菜宅配企业15家，2015年新增蔬菜“三品一标”认证32个，累计达到277个，其中无公害202个、绿色40个、有机32个、地理标志3个。汉寿玉臂藕、津市藠头、桃源七星椒、鼎城上林榨菜等地域特色鲜明蔬菜品牌市场知名度和竞争力得到提升。（杨　锦）

## 石油销售

【中国石化常德石油分公司】 2015年，中石化常德分公司以为客户提供高品质服务为原则，全面提升管理能力和水平，被省公司评为“标杆企业”。

社会责任。公司积极响应国家开展大气污染防治工作的号召，在2015年初开展国Ⅳ车柴置换工作，于5月24日提前完成车柴置换工作，公司所有加油站全面销售国Ⅳ车柴，同时在确保施工安全、质量良好、工期受控的前提下，全年共完成42座加油站的油气回收综合治理工作。

网络建设。2015年，公司通过创新性的提出“保障一项治理，建立两个机制，突出三个建设”的新路子，用新对策、新方法破解制约网点建设的诸多“瓶颈”，实现了新建竣工投产加油站1座，迁建加油站1座，避免异地迁建加油站1座，新征加油站建设用地1宗；提量改造6座、汽服店改造11座。各类建设完成率较2014年均有较大提升，进入了提速提质、优化增效的新阶段。

客户服务。积极开展“多卖一吨油”“用心争先进、用情创佳绩”“油非双增长”“易捷快乐行 名品进万家”、重点商品品鉴会等营销活动，针对不同类型客户提供全方位、个性化贴心服务，有效提高客户稳定率。

市场保供。确保成品油资源稳定供应和安全有序运营，资源紧张时，启动经营保供应保安全应急预案，科学合理统筹资源流向，平稳渡过资源紧张时期，“两会”和重大节日、农业春耕生产等重点用油需求均得到有效保证。

HSE及数质量管理。对油品及商品的采购、储存、运输销售等各个环节严格把关，确保出库和加油站销售的油品100%合格，易捷便利店商品无质量问题。全年未发生任何形式的安全数质量环保事故或事件，很好地维护了市场及企业的稳定。

自身建设。深入开展“三严三实”专题教育活动，结合自身实际情况，进行认真学习并对自身存在的问题进行自查自纠。通过开展形式多样的活动，丰富企业文化建设内涵，促进企业及社会和谐稳定。组织员工开展“三八”户外健身、“两本书”大讲堂学习以及纪念抗战胜利70周年大合唱等一系列活动。积极组织开展“青年岗位能手”评选和“青

中石化常德分公司举行纪念抗战胜利70周年大合唱

年文明号”创建活动，常德公司共有12家单位被评为市级“青年文明号”。

（刘　禹）

社会责任。2015年，公司作为新农村建设后盾单位，结对帮扶桃源县枫树维回乡维回新村“美丽乡村”示范村建设。组织广大青年员工前往市社会福利院看望慰问孤寡老人，送去大米、食用油等慰问物品。在第15届中国石门柑橘节期间，配合当地政府开展“金橘飘香，加油有礼”主题促销活动，加大柴油销售力度，开辟加油绿色通道，完善便民利民措施，保障了石门柑橘的外销运输。

客户服务。加油站常年免费为顾客和周边市民提供手机充电、供应开水、针线包、小药箱、简易维修工具等多种便民服务措施，主动征求顾客意见，发放顾客调查问卷，用心去做好每一个步骤和细节的服务。同时，加大加油卡网上营业厅和自助圈存业务的现场宣传和推介，减少客户业务办理时间。（王　惠）

**【中国石油湖南销售常德分公司】** 截至2015年年底，中国石油湖南销售常德分公司累计在常德地区投资10亿余元，建成并投运加油站61座，年销售量18余万吨，累计销售成品油138余万吨，上交税费9300余万元，提供就业岗位300余个。

质量达标。规定加油站所配备的温度计、密度计、计量尺等器具必须合格有效，按规范做好数质量管理的基础工作。为确保油品购进、储存、销售等环节的数质量安全，对油品验收严把质量关，严格按照规程操作，并以台账形式要求管理人员执行到位。在2015年省、市质量监督部门油品质量抽检中，合格率均达100%，公司连续8年被常德市消费者委员会评为“维护消费者合法权益先进单位”。

油品计量培训

## 综　述

【概况】 2015年，全市金融业主要指标实现两位数增长。金融业完成增加值43.4亿元，同比增长17.5%。上缴国地两税10.4亿元，增长28.9%。银行业资产总额达到2477亿元，增长15.7%。金融机构各项存款余额2247亿元，增长16.8%；各项贷款余额1080亿元，增长16.9%，存款余额、贷款余额分别居全省第四位、第五位。证券交易量3798亿元，增长2.3倍;上市公司市价总值291亿元，增长2.4倍。保费收入61.5亿元，增长21%；38家保险主体共支付赔款35.5亿元，保险规模、保费收入继续稳居全省第二。

金融市场发展。渤海银行落户常德市，市级银行业金融机构达到17家，新增县级支行11家；农信社系统改革全面推进，常德农商行获得银监会筹建批复，临澧农商行、石门农商行挂牌营业。益丰药房登陆上海证券交易所，募集资金7.8亿元，成为常德市第一家非农板块上市公司；湘佳牧业IPO材料被证监会受理，正阳生物、汇丰小贷、永丰华盛、金德镭射在新三板成功挂牌。桃源县政府出台支持企业上市挂牌奖励优惠政策。稳步发展融资担保，全市新增融资性担保公司3家，达到14家，提供融资担保64.5亿元；17家小额贷款公司发放贷款1804笔、24.8亿元。

金融创新。在全市推进农村金融产品和服务方式创新，林权抵押贷款、农户贷记卡“一卡通”、订单农业贷款、“公司＋农户＋信贷＋保险”模式等多个创新产品；农村土地经营权抵押贷款“汉寿模式”全面推开，试点金融机构由2家扩展到5家，贷款余额从2815万元增加到4734万元；市农行率先在全国发放新型农业生产经营主体保证保险贷款，并在中央电视台推介，临澧县、汉寿县被授予全省金融支持现代农业发展示范县。市建行创新融资方式，为海绵城市建设融资20亿元。邮储银行力促民生工程项目落地，为泰达棚户区改造发放贷款8.5亿元。长沙银行发行常德市第一支城市发展基金，为常德经济技术开发区融资4亿元。工商银行抓住获批总行首批优化小微企业金融模式试点行机遇，构建新机制，小微企业贷款余额增长1.7亿元。

金融风险管控。银行业不良贷款余额减少21.3亿元，不良贷款率下降3个百分点，华融湘江银行、民生银行、渤海银行实现不良贷款零余额。丰康生物破产重整圆满完成，达到“救活一家企业、维护一方稳定、保住一项特色”目的。开展防范和处置非法集资宣传教育进机关、进企业、进社区活动，狠抓非法集资风险专项排查整治，对民间投融资管理公司、典当行、房产企业、建筑企业、农民专业合作社等下达整改建议1000多条，对中亿佰联等17起非法集资案件立案查处，最大限度地保护广大群众的合法权益。

金融调研。参加深圳证券交易所组织全国资本市场征文活动，《服务四化当好四者》获二等奖，《从沅江到香江三千里云和月》获三等奖。常德市应邀参加第十一届地方政府资本市场建设工作交流会。（孙子乐）

## 中国人民银行常德市中心支行

【概况】 截至2015年年底，常德市金融机构本外币各项存款余额2247.5亿元，同比增长16.8%，低于全省平均增速2.9个百分点；全年新增存款323.8亿元，同比多增31.5亿元。各项贷款余额1080.5亿元，同比增长16.9%，分别高于全省和全国平均增速0.4和3.5个百分点；全年新增贷款156.4亿元，同比多增31.1亿元。不良贷款余额45.2亿元，比2015年初减少21.3亿元，不良贷款率4.2%，比年初下降3个百分点。全市7家证券交易公司营业部全年新增股民数49749户，同比大幅多增35828户；股票、基金等交易额3798.0亿元，比2014年同期增加2633.4亿元。全市实现保费收入61.5亿元，同比增长21.3%，高于2014年同期11.5百分点。2015年1～12

月全市保险赔付35.5亿元，同比增长11.3%，比2014年同期下降10.5个百分点。2015年，获得35项分行、长沙中支及以上集体荣誉，11项工作在上级行交流，7项工作被上级行、地方党政领导批示。

2015年12月18日，人民银行常德市中心支行与湖南文理学院诚信文化教育共建基地正式启动

规范金融生态。中国人民银行常德市中心支行成为全省唯一出台《行政处罚自由裁量权基准》市州中支，涵盖基层央行101项执法处罚权，并运用基准对7家金融机构处罚22.9万元。常德市被确定为全省社会信用体系建设综合试点唯一地级市，提请市政府恢复社会信用体系建设领导小组，出台《五年规划》《考核办法》等4份文件，与湖南文理学院合作建成全省首个诚信文化教育基地；应收账款融资服务平台推广、“两类机构”信用评级分列全省第三和第一。在全省率先建立洗钱类型风险预警例会制度，探索账户分类监管办法。与市金融办等4家单位联合出台《金融稳定与监管信息交流、共享办法》。《2015年常德市金融稳定报告》获全省第二名。组织7家银行在津市市与当地党委政府共同召开“津市问题企业金融风险与处置协调会”，有效防范7家企业4.9亿元风险资产蔓延。成功处置丰康生物、雪丽造纸1.2亿元区域集优票据风险，维护常德企业在银行间交易市场信誉。

服务品牌。实行案例式、自助式、互动式货币金银知识培训。联合财税关库行举办国库知识抢答赛、演讲赛，并荣获全省“国库事·国库情”演讲赛组织奖、个人一等奖。编写《货币金银内控制度汇编》，重新界定20个岗位职责、修订23项制度，做法被总行《货币发行工作参考》推介。创新建立国库业务事后监督直报国库主任制度，在总行《国库情况反映》推介；《完善国库与财政对账制度》被《金融时报》理论版刊发。在全省市州首次全面开展小面额残损券机具复点，效率提升50%，假币检测准确率达100%；指导临澧县支库将低保金直发到乡镇，累计发放18960笔、612万元，深受低保人群称赞。创新建立国债宣传发行QQ群，全市发行国债2.53亿元，居全省前列。

外汇转型。创新外汇政策宣传模式。以“服务外向型经济发展·局长走基层”活动为平台，深入辖内15家企业开展现场指导，将外汇改革政策知识编印成《掌中宝》免费发放。在全省率先出台《银行业外汇业务展业三原则操作指引》，举办银行汇改新政培训班，做法在省分局监管培训会上交流。构建监测、核查、检查联动监管机制，全年开展71次业务核查，21篇监管调研信息被上级行、局采用。创新出台公益环保、纺织行业监测办法，公益环保监测报告被总、分局转载。帮助中联环保等3家公益企业成功化解外债偿还危机，促成恒安纸业等4家纺织企业2.85亿元利润转增资。中国人民银行常德市中心支行获得全省外汇信息调研、国收监测分析与统计申报先进支局等荣誉，并代表省分局在三省外汇管理培训研讨会作外汇管理绩效审计专题交流。（李正月）

**【金融“两支一扶”】** 2015年，中国人民银行常德市中心支行在全省率先将“两支一扶”工作纳入合意贷款机构间调整公式和规则、纳为支农再贷款额度核准、综合评价重要内容；以市政府名义出台《金融“两支一扶”工作实施方案》；开展“行长走基层”活动，7次组织银行、保险、担保机构负责人深入辖内有关区县（市）调研指导。推动地方出资7.29亿元，新设7个政策性担保机构、16个风险补偿基金。2015年实现三大突破：试点金融机构由2家扩展到5家；贷款时间由15天缩短为7天；贷款余额从2815万元增加到4734万元，同比增长68%。汉寿县被列为全国试点。全省首笔“政府＋保险＋信贷”科技型小微企业贷款顺利发放，科技型企业新型融资模式扩面增效，累计对38户企业授信1.4亿元，贷款余额9400万元。构建“财政＋农委＋保险＋银行”模式，发放全国首批新型农业经营主体保险保证贷款100万元，湖南卫视、央视一台专题报道。对32355户贫困农户进行信息采集、评级授信25529户，授信金额2.3亿元，做法在武陵山片区金融扶贫座谈会上交流。（李正月）

## 银行业监督管理

**【概况】** 截至2015年12月，全市银行业机构各项存款余额2219.87亿元，比年初增加324.21亿元，同比增长17.10%；各项贷款余额1080.43亿元，比年初增加156.42亿元，同比增长16.93%；不良贷款余额45.22亿元，比年初减少21.26亿元，不良贷款比例4.19%，比年初下降3.01个百分点。

案件风险防控。一是严格落实“双线”风险防控责任制，明确各银行业金融机构负责人和分局局长为案件风险第一责任人。二是紧盯高风险法人机构的案防工作，加强案防评估，严防大案、要案发生。组织监管科室学习《银行业金融机构案防工作评估办法》，明确对银行业机构案防工作考核评价的内容、质量和实效要求；根据“管法人”与“管系统”相结合、案防工作与日常监管相结合的原则，督促辖内银行业机构建立完善案件防控工作自我评价制度；组织人员对汉寿、澧县两家联社的案防情况进行抽查，于3月份按时将9家农合机构、3家村镇银行以及长沙银行、华融湘江银行共14家银行机构的案防报告汇总上报。三是按时完成各金融机构从业人员处罚信息收集工作，按季上报3家村镇银行的案件风险排查报告及相关统计数据。2015年，辖内银行业金融机构实现了“零发案”目标。

突出对法人机构的风险监管。一是认真落实“两倾斜”“两重点”举措，做实做细法人机构风险监管，督促辖内农合机构和村镇银行改进公司治理，进一步理顺“三会一层”职责，大力推动“合规、风控、内审”三大条线建设。二是加强资本管理和利润分配管理，严格制止高分红、高送股的短期行为，构筑农合机构可持续发展的长效机制。如对武陵农商行2013年度、2014年度送股未及时报批的行为，责令其立即进行整改。三是强化对流动性风险的管控。2015年，对存款偏离度指标超标的武陵农商行下发监管意见书并约谈其经营层与合规风险部门负责人；对津市农商行资本充足率（新）不达标情形，先后3次下发监管意见书、1次约谈分管行长与风险合规部门负责人；结合常德3家村镇银行的实际情况和上一年度的指标值，在与3家村镇银行充分商量的基础上，合理制定了3家村镇银行2015年存款偏离度指标并按月监测。

现场检查。认真开展现场检查。先后组织“两加强、两遏制”专项检查，对津市农商行、临澧沪农商村镇银行的全面现场检查，对国有大型银行的票据业务检查，“两加强、两遏制”专项检查“回头看”检查等检查项目，及时发现并遏制被查机构的违规行为和风险隐患，提出整改要求和处罚措施。2015年，针对现场检查中发现的问题，分局先后完成对工商银行、兴业银行、津市农商行、长沙银行、澧县联社、安乡联社的行政处罚，另有对部分机构的行政处罚正在走相关流程。共处理银行业机构相关责任人9人，提出整改意见176条。创新现场检查方法。“问题导向法”“横向交流法”“集成信息法”和“以查促改法”这四个方法开启了常德银监分局现场检查的新局面，有效提升了现场检查质效。

常德银监分局调研澧县辖内三家村镇银行经营管理情况

服务“三农”。一是引导农村中小金融机构牢牢坚持立足县域、服务“三农”市场定位，以城镇化、农业产业化为重点，进一步加大信贷支农力度，实现涉农贷款“两个不低于”。截至2015年12月，辖内银行业机构涉农贷款余额达到574.01亿元，比年初增长81.8亿元，同比增幅达16.62%。二是鼓励金融产品创新，加大新型农业经营主体信贷支持，引导银行业机构贯彻落实中央1号文件精神，探索开展土地承包经营权和农民住房财产权抵押担保贷款试点，支持培育新的经济增长点。自2014年汉寿县农村信用联社推出首笔土地经营权抵押贷款以来，带动了土地经营权抵押贷款业务的迅速发展，截至2015年年底，该县涉农银行业机构均开办了土地经营权抵押贷款业务。三是推动以农村金融组织创新、“三农”直接融资、农村信用体系建设为重点的农村金融服务创新，建立符合常德市实际，多层次、广覆盖、可持续发展的农村金融服务体系。

扶持小微企业。一是抓好小微企业金融服务工作。2015年7月，印发《关于推进常德市小微企业金融服务工作的意见》（常银监发〔2015〕45号），提出7条措施以缓解小微企业贷款难的矛盾，加大小微企业的信贷支持力度，力求实现“三个不低于”目标。二是加强小微企业“三个不低于”监测和督导。每月以文件形式通报一次全市银行业金融机构“三个不低于”指标执行情况，发现对“三个不低于”执行不到位和统计数据存在水分等问题的机构，立即采取措施、提出监管要求。2015年，对于小微企业“三个不低于”数据报送出现差错的安乡联社、澧县联社，常德银监分局分别对其实施行政处罚。三是组织开展“第四届小微企业金融服务宣传月”活动。2015年8—10月，分局牵头组织全市各银行业金融机构开展小微金融宣传活动近百场，宣传金融服务政策、展示金融服务成果、推介金融服务产品，现场接受咨询20000余人次，发放宣传资料40000余份，宣传月活动实现了市县乡镇村区域全面覆盖，为常德市营造了良好的小微企业金融服务外部环境，为“三个不低于”目标的实现打下了坚实的基础。截至2015年12月末，全市银行业机构各项贷款达到1080.43亿元，比年初增加156.42亿元，增幅16.93%；法人银行业机构小微企业贷款增速高于贷款平均增速8.5个百分点；贷款户数比2014年同期增长近千户，申请贷款获得率比2014年同期提高0.82个百分点。

普惠金融建设。一是巩固农村中小金融机构支农支小战略定力。督促农村中小金融机构将资金主要用于发放农户和小微企业贷款，严禁村镇银行购买委托理财、信托等产品，严格控制其将资金上存主发起行。二是持续打通普惠金融“最后一公里”。督促各银行业机构探索网点小型化、智能化、数字化，提高“村村通”覆盖面，截至2015年年底已覆盖3000多个行政村，覆盖面达95%；积极布局移动金融、互联网金融，发展电子银行；协同建设线上线下渠道，加快构建县、乡、村三级服务网络体系；探索社区金融服务模式，实行错峰错时经营；增加服务包容性，将农村贫困农户、残障人士等弱势群体纳入服务范围，丰富“三农”、小微等普适性金融产品服务，探索贷款网上调查、审批和发放，提高电子交易替代率。如石门农商行通过实施扶贫互助社、中和农信农户自立服务社和与信用联社联合实施小额贷款贴息等方式对贫困群众实施金融支持，取得明显成效。近三年来，该县共发放扶贫贴息资金260多万元，带动全县金融机构为该县产业发展投放小额信贷资金达到2.4亿元，其中48865名贫困对象获得金融扶持资金4555万元。

优化资源配置。一是积极支持新入驻银行加强网点延伸、增设支行、增强服务功能，提升综合经营能力。2015年，先后有长沙银行、华融湘江银行等机构在县域设立分支机构；支持长沙银行设立白马湖、丹阳路等5家社区支行。二是进一步加大机构的引进力度。2015年9月，渤海银行常德分行正式成立，为发挥金融扶持常德经济注入了一股新兴力量。截至2015年12月，全市银行业金融机构营业网点已达706个，实现了全市所有乡镇金融服务全覆盖。

自身建设。一是开展“三严三实”专题教育活动。制定实施方案，组织全员学习，召开专题教育党课和研讨会，查摆问题，落实整改。二是加强思想政治工作。制定《常德银监分局思想政治工作责任目标及任务分解落实表》，印发《关于进一步加强思想政治工作的意见》并成立了思想政治工作领导小组。三是加强反“四风”力度。党委书记、纪委书记和纪委办负责人多次在全局干部职工大会上组织学习领导讲话、廉政规定、会议精神、通报文件，对纠“四风”提出具体要求。分局各部门和监管干部执行纪律坚决，落实要求严格，纠风效果明显。四是加强履职监督。参加行风热线，解答市民提问，接受社会监督；纪委办发出现场检查行为跟踪监督卡28份，在检查现场张贴监督公告28张，接受机构监督。五是加强纪律管理。党委书记和党委委员带领党委办、组织部负责人每月对分局办公秩序、劳动纪律、环境卫生开展检查，检查结果在内网公布，接受群众监督；党委多次在各种会议上强调监管纪律，要求监管人员在现场检查和日常监管工作中不准接受金融机构的宴请，严格执行禁酒令等相关规定。

（李　争）

**【农合机构改革】** 一是加强分类个性指导。将尚未完成农村信用社产权制度改革的农合机构分成3类，采取不同的工作措施进行辅导、指导、督导。二是强化督导机制建设。常德银监分局局长与分管局领导定期深入农合机构，多次下机构一线调研，督导、推动农村信用社产权制度改革；建立农村信用社产权制度改革进度月报制度，及时通报改革进度，定期对改革进程进行督导。三是编辑辖内农村信用社改革工作简报，定期将改革进展情况、存在的难点问题和下阶段工作部署通过简报形势向湖南银监局分管领导和合非处反映，使上级了解常德辖区农合机构改革真实情况。截至2015年年底，临澧、石门农商行的产权改革工作已经完成，两家农商行于2015年9月底正式挂牌；桃源、汉寿和澧县三家联社已经完成清产核资验收工作；安乡联社锁定以2015年12月31日为清产核资基准日；武陵农商行和鼎城联社的整合工作正在有序进行，按照银监会的要求相关整改工作已经完成。

（李　争）

## 中国农业发展银行常德市分行

**【概况】** 截至2015年年底，全行各项贷款余额173.45亿元，较2015年年初增加41.16亿元，增幅31%，分别占全省系统、全市金融机构增量的12.5%和26.32%。余额大幅增长，创立行之最，在全省系统、全市国有银行分别排名为第2位和第1位。全年贷款累放77.8亿元，同比多放18亿元。全年投放农发专项重点建设基金33笔，金额10.33亿元。截至2015年年底，各项存款余额38.51亿元，较2015年年初增加19.88亿元，增幅106.71%，存款日均余额27.33亿元，比2015年年初增加11.75亿元，增幅75.42%。2015年，实现中间业务收入798万元，占全省10.32%。截至2015年年底，不良贷款余额1.06亿元，较2015年年初减少0.3亿元，不良贷款占比0.61%，较2015年年初下降0.21%。全年实现利润1.6亿元。（朱　轲）

## 中国工商银行股份有限公司常德分行

**【概况】** 2015年，中国工商银行股份有限公司常德分行设14个部室、5个直属中心，下辖10个一级支行、19个二级支行、38个营业网点。有从业人员1850人，其中在职员工1118人，离退休、内养员工732人。财富管理中心2家、贵宾理财中心36家、离行式自助银行47家，自动柜员机225台（其中，存取款一体机 41 台，智能银行 14 家）。

盈利水平。全年实现拨备前利润 49152 万元，同比减少 2081 万元，下降 4.06%；实现净利润 34764 万元，同比减少 539 万元，下降 1.53%。按新口径计算（2015 年实行经济资本限额交易），实现 EVA（经济附加值，下同）18770 万元，同比减少 576 万元，下降 2.98%。实现中间业务收入 29059 万元，同比增加 5194 万元，增长 21.76%。

存贷业务。各项存款余额 292.6 亿元，新增 17.56 亿元，新增额市场占比 20.45%。其中对公存款新增 5.81 亿元，市场占比 29.47%；储蓄存款新增 11.76 亿元，市场占比 17.76%。各项贷款余额 138.71 亿元，新增 8.24 亿元，市场占比 24.73%。实现国际结算 8343 万美元，结售汇业务量 8285 万美元，跨境人民币结算 1.82 亿元。

转型业务。净增“商友卡”2 万张，销售本外币理财产品 43.42 亿元，代理销售基金 14.05 亿元，个人保险销售 1.29 亿元。手机银行客户新增 7.8 万户，企业网上银行证书客户新增 1126 户，工银 e 支付账户净增 12 万户，融 e 购非金融交易额 1.5 亿元，任务完成率均居省分行前列。新发借记卡 26.1 万张，新发信用卡 4.75 万张，信用卡消费额 71.7 亿元，分期付款交易额 14.2 亿元，自主收单商户增加 1035 户，安装 POS 机 1057 台。新增现金管理客户 856 户，新增财智账户卡 1181 张。

信贷结构。公司贷款总量 100.47 亿元，比年初增加 6.76 亿元，增幅 6.7%，占全行贷款增长总额的 85.24%。其中：流动资金贷款比 2015 年初减少 1.6 亿元，减幅 4.7%；房地产贷款比 2015 年初减少 1.9 亿元，减幅 41.38%；项目贷款比 2015 年初增长 10.28 亿元，增幅 16.52%。贷款继续保持较快增长与合理投放。

资产质量。不良贷款余额 10969 万元（其中：法人客户不良贷款余额 5350 万元，个人客户不良贷款余额 5619 万元），比 2015 年初增加 2535 万元。不良贷款率 0.79%，比 2015 年初上升 0.14%。累计清收不良贷款 12641 万元，其中：法人客户清收不良贷款 7036 万元，个人客户清收不良贷款 5605 万元（呆账核销 846 万元）。通过清收不良贷款节约拨备 760 万元，现金收回账销案存资产 358 万元。信用卡不良透支余额 4967 万元，不良透支率 2.31%。

基础工作。开展内控评价和“两加强、两遏制”专项检查“回头看”活动和开展“一加强、两提高”教育活动。开展外部欺诈风险管理，深入排查处置员工异常行为，开展“远离私售、严防飞单”的警示教育活动。以“三严三实”专题教育和“管理效率提升年”为契机，狠抓机关作风建设，实现全年安全无事故。完成机构改革和非管理类经理层级职务晋升工作。武陵支行被省分行授予“精神文明建设工作先进单位”荣誉称号。主动承担“中国人民抗日战争暨世界反法西斯战争胜利 70 周年纪念币”发行活动。借助广电“行风热线”等行外媒体宣传平台，展现工行良好社会形象。把职工之家建设与企业文化建设有机结合起来，发挥了职工之家主阵地作用，并接受总行“模范职工之家”考评验收。成立多个业余兴趣小组，组织开展积极向上的文体活动，在湖南分行举办的第九套广播体操比赛中荣获三等奖。

（周友林）

## 中国农业银行股份有限公司常德分行

**【概况】** 2015 年，中国农业银行常德分行被省分行评为 2015 年度“领导班子经营管理目标考评优胜单位”“党风廉政建设及内控案防工作先进单位”，被市委市政府授予“2015 年度金融工作先进单位”。

业务发展。截至 2015 年 12 月末，全行各项存款、储蓄存款总量和增量均居四大国有银行第一。各项存款余额达 331.38 亿元，占四大行市场份额 31.05%，比 2015 年年初上升 0.29 个百分点，较 2015 年年初净增 29.51 亿元。各项贷款余额 111.45 亿元，各项贷款余额占四大行份额 25.77%，比 2015 年年初提升 2.28 个百分点；较 2015 年年初净增 17.71 亿元，增量四大行市场份额高达 53.11%。全行拨备前利润同比多增 0.83 亿元；拨备后利润同比多增 0.13 亿元。

服务“三农”。“桃源模式”“安乡模式”走向成熟，助农取款点赢得社会好评，石门县人大以落实提案方式推广“惠农通”解决贫困山村取款难问题。以服务和宣传为撬点，倒追民生代理项目，新农保和涉农直补代理量扩大。截至 2015 年 12 月末，全行惠农通有效机具有效率达 87 %，比 2015 年年初净增 29%。

基础管理。深入开展“平安农行”建设，切实提高人防、物防、技防水平，辖内汉寿、安乡、桃源等支行全面堵截电话诈骗、克隆存单冒领等隐形案件 40 起，比 2014 年同期多堵截 5 起，帮助客户挽回经济损失 147.75 万元，有效地规避重大案件事故发生。市农行荣获常德市 2015 年内保工作集体三等功、2015 年消防安全重点管理先进单位、2015 年武陵区社会管理综合治理模范单位等荣誉。

党建工作。开展“三严三实”专题教育活动，并把抓好专题教育作为履行党建主体责任重要任务，纳入党建述职评议考核。开展党委书记讲专题党课。党委成员结合分管部门条线存在问题，就落实“三严三实”要求，实现“七有目标”，在适当范围内讲党课。党委中心组开展专题学习研讨，推进活动深入开展。对党的群众路线教育活动以来“四风”问题整改落实情况跟踪治理，对基层干部不作为乱作为等损害群众利益问题进行全面排查。2015 年新增 9 个党支部，全行 79 个营业网点均建立单独支部或联合支部。建立述职评议制度，组织支行党组织书记抓基层党建工作述职评议，由市分行党委点评，组织党员、群众评议。落实党建工作考核制度。对党委书记及班子成员抓党建工作考核，将述职评议结果与领导班子成员绩效、奖惩等相结合，并落实党建工作问责制度。

品牌形象。学典型掀“两学一树”热潮。桃源支行原行长赵一兵同志因工作劳累不幸去世后，市农行创作《布鞋行长》之歌，配合记者深入桃源实地采访，

赵一兵同志先进事迹全省巡回报告会

在《中国城乡金融报》《光明日报》等媒体推出系列报道。农总行追授赵一兵“中国农业银行五一劳动奖章”“中国农业银行优秀共产党员”荣誉称号，在全省、全市组织多场赵一兵先进事迹巡回报告会、朗诵音乐会等。石门农行90岁退休老干文敬德将收废品积攒2万元捐赠给贫困学子，市农行根据其事迹制作成《拾荒老人》微电影，传播正能量，文敬德老人荣获“2015年度湖南省十大网络公益人物”称号。市农行成功创建湖南省文明单位、澧县支行率先创建全国文明单位，在澧县召开省分行“全国文明单位”公开授牌暨“五好”品牌宣传工作。引入保证保险机制破解新型农业经营主体贷款难做法，在央视一套《晚间新闻》及湖南卫视《全省新闻联播》中报道。协办“善德行”等慈善活动、冠名“美丽乡村——书记来了”电视专栏、组织“学雷锋”进社区等公益活动，开展“挺起富农惠农强农的脊梁”“农业银行助力农民家门口发‘油’财”等系列品牌宣传活动。（侯亦斌　刘　梭）

## 中国银行股份有限公司常德分行

**【概况】** 2015年年末，中国银行常德分行全辖共有网点29个，其中二级分行1个，直管县支行6个，县支行辖属支行9个，城区经营性支行13个。全辖在岗员工528人。全年，中国银行常德分行实现本外币拨备前利润1.98亿元，同比增长3.28%；实现净利润1.37亿元，增幅6.1%。

存款业务。截至2015年年末，中国银行常德分行人民币各项存款余额为133.07亿元，净增14.61亿元。人民币核心存款日均余额123.16亿元，净增9.57亿元。截至2015年年末，中国银行常德分行各外币折美元各项存款余额2888万美元，较2015年年初增加741万美元，完成省行年度计划的515%。

贷款业务。截至2015年年末，中国银行常德分行人民币各项贷款余额为48.42亿元，较2015年年初净增投放3.03亿元，增幅达6.68%。其中公司贷款余额24.18亿元，较2015年年初增加3.62亿元；零售贷款余额18.59亿元，较2015年年初净投放1.04亿元，但贸融、票据贴现、银行卡应收账款均有所下降。全年个贷累计投放4.63亿元，银行卡分期交易2.81亿元。个人贷款2015年末余额18.58亿元，新增1.04亿元。关注类贷款占比明显下降，但不良贷款占比有所上升。期末，关注类贷款绝对额由2015年年初的43726万元减少到32964万元，净减少10762万元，占比由2015年年初的9.86%下降到6.87%。不良贷款余额6167万元，较2015年年初增加324万元，不良率攀升至1.42%，较2015年年初上升0.1个百分点。

中间业务。2015年，中国银行常德分行实现中间业务净收入5907万元，较2014年增加379万元，增长6.86%。其中：公司和个金条线分别实现中间业务实现收入1150万元和4795万元，资金业务收入189万元，中间业务收入较2014年有所增加。

客户队伍。2015年，中国银行常德分行加强基础客户的推动和管理，2015年年末全辖客户总量新增进步率8.11%，客户总数增加到47.52万户。其中，公司有效客户较2015年初新增21户，新增个人有效客户45489户。个金客户方面。参与常德市社保卡项目竞标，争揽辖区内城镇社保户；争取重大项目及拆迁资金代发户；

中国银行常德分行到德山监狱开展警示教育

开展进农村、社区、商圈的宣传营销活动，发展“福农卡”客户；加强智能化网点改造建设，扩展网络金融业务，发展手机银行、网上银行、中银易商等新客户。公司客户方面。持续开展“资金去哪儿”活动，加强重点客户的扩规提质；通过财政、社保、烟草、石化、国开行等渠道加强其上下有游的客户拓展；通过水利、医院系统的授信加强对其多产品的营销；加强对经济技术开发区、工业园、产业园等重点客户的营销。

企业文化。2015 年，中国银行常德分行召开了五届一职工代表大会。组队参加湖南省分行和金融同业组织的各项文体活动，取得湖南省中国银行足球选拔赛第二名，市银行业协会羽毛球比赛团体第四名，女子双打、混双分别获得第三名好成绩。（尹　恒）

## 交通银行股份有限公司常德分行

**【概况】** 截至 2015 年年底，交通银行股份有限公司常德分行有员工 79 人，党员 34 人，平均年龄 30 岁。物理网点 5 家，分别为分行营业部、武陵支行、德山支行、洞庭支行和桥南支行。全市重要地段和高档社区内铺设离行式自助网点 25 家，离行式自助机具共 44 台，形成覆盖城区服务网络。截至 2015 年年底，人民币存款余额 66.36 亿元，较 2015 年年初新增 23%。其中，对公存款余额 51.74 亿元，较 2015 年年初新增 36%；个人储蓄存款余额 14.62 亿元，较 2015 年年初新增 21%；贷款余额达 29.52 亿元，较 2015 年年初增长 37%；累计开立对公账户存量达 1176 户，较 2015 年年初新增 17%；贷记卡累计发放量达 27120 张，较 2015 年年初增长 13%。2015 年，交通银行常德分行获得交通银行总行“优秀服务网点”、电子银行“十佳辖属分行”、省分行“先进集体”、市政府“金融先进单位”、市非税业务代理第一名、省银协“百佳示范单位”、中银协文明规范服务“千佳示范单位”“全国金融五一劳动奖状”、中国银行业文明规范服务“百佳示范单位”等荣誉称号。

业务发展。交通银行常德分行以基础建设项目和民生工程为中心，以财政为重点，持续跟进、重点维护，通过统筹布局和战略规划，成功搭建公积金、社保、烟草、国库集中支付等八大系统上线。2015 年实现代发工资新增 12.5%，新引进 6 个进楼盘项目，加强家易通 POS 商户推广力度，实现常德市城区批发市场全覆盖。

资金投放。截至 2015 年年底，交通银行常德分行人民币贷款余额 29.5 亿元，表外资金投放 10 亿元，总投放余额 39.5 亿元，2015 年新增投放 18.11 亿元。加大民生领域信贷投放力度，主要投向领域为：教育行业、房地产业、水利环境管理业、城市公共交通业、农林牧副渔等行业及领域，并开展生产及流通领域实体经济信贷业务。

中间业务。拓展公司类创新业务，做好对公财富管理、现金管理、债务融资、权益融资、财务顾问服务与资产管理、并购重组以及资产证券化等产品，2015 年成功办理创新业务 10 亿元，实现公司板块中间业务收入 1308 万元。2015 年传统收单商户达 455 户，较 2015 年初新增 51%，与步步高、春天百货、友阿等大型卖场开展合作，围绕中秋节、国庆节、端午节、“双十一”等相关主题开展卡消费活动，与签约特惠商户开展长期刷卡活动，加强贵金属、保险、基金、理财等个金产品销售。开展产品推广活动，通过收单、卡消费、产品销售，实现零售板块中收 677 万元。全年共实现中间业务收入合计 1985 万元。

服务品牌：交通银行常德分行设置残障通道、特殊人群车位等硬件设施，并配齐便民设施 30 多种，推进“人工网点 + 电子银行 + 客户经理”融合发展模式，并形成“品牌、品质、品味，专业、专注、专心”特色服务理念和服务文化。（皇甫英治）

## 中国建设银行股份有限公司常德分行

**【概况】** 2015 年，中国建设银行股份有限公司常德分行实现账面利润 6.23 亿元，居全省第八，比 2014 年上升 2 位。实现“无重大违规、无重大安全责任事故、无案件”。2015 年会计营运工作考核全省地市行排名第一，荣获省建设银行“标杆金库”荣誉称号。“平安单位”建设常德市第一，全省第三，被常德市记集体三等功。被市委、市政府授予“平安单位”光荣称号。机要保密工作被常德市保密委员会评为先进单位。成功处置客户银行卡 ATM 资金盗刷案件的做法在 2014 年 8 月，被《建设银行报》重点

2015 年 10 月，举办建行常德分行员工“成长之星”风采大赛

报道。鼎城支行刘晓梅被评为中国银监会首届“学雷锋标兵”；津市支行成功创建常德市文明标兵单位。

业务发展。截至2015年年底，中国建设银行股份有限公司常德分行一般性存款余额310.49亿元，全省排名第三，比2015年年初新增25.40亿元，全省排名第八，存款余额与新增均排名四行第二。其中：企业存款128.84亿元，全省排名第四，比2015年年初新增5.30亿元，余额四行排名第一，新增四行第二。个人存款181.65亿元，全省排名第六，比2015年年初新增20.10亿元，全省排名第五，余额及新增均排名当地第二。各项贷款余额134.31亿元，全省排名第十二，比2015年年初新增3.72亿元,全省排名第十七。余额当地排名第二，新增额排名第四。其中公司贷款97.19亿元，比2015年年初新增4.41亿元；个人贷款37.13亿元，比2015年年初下降0.69亿元。账面收入1.88亿元，全省排名第十二，当地排名第三。

2015年，建行网络金融业务全省领先，移动金融柜面替代率全省第一，善融商务活跃商户全省第一，微信银行客户总量和新增均全省第一，手机银行客户总量和新增均全省第一，分期业务实现翻番，私人银行业务保持较快增长，投放一类债置换理财业务13.47亿元，成功审批通过海绵城市建设基金20亿元，外汇资本项目业务领跑同业，进口信用证开证取得突破，成功办理常德地区第一笔也是2015年唯一一笔资本项目FDI义务登记业务。（尹津辉）

## 中国邮政储蓄银行常德市分行

【概况】截至2015年年末，中国邮政储蓄银行常德市分行资产总额达到280.63亿元，实现自营收入2.68亿元，完成利润9512万元；吸收各类存款272亿元，累计发放各类贷款过百亿元，贷款结余52.77亿元，全口径贷款不良率1.13%，资产可控。

业务发展。截至2015年年底，全市个人存款余额239.7亿元，其中银行自营网点余额达52.3亿元，年净增6.21亿元；贷款规模达到52.77亿元，年净增22亿元。其中小额贷款余额3.24亿元，年度累增1.18亿元；消费类贷款余额24.09亿元，年度累增9.6亿元；个人商务贷款余额10.11亿元，年度累增1.95亿元；小企业贷款余额6.06亿元；全年信用卡发卡8651张；全市自营电子银行替代率76.46%，比年初提高8.48个百分点。

新兴业务。3月30日，恒大二期开发贷项目授信1.5亿元成功放款，这是分行第一笔公司贷业务。10月23日，泰达棚户区项目授信8.5亿元获批，于12月17日成功放款，这是邮储银行在全国首笔与政府合作的民生工程项目。

风险管理。2015年，分行采取多种方式提升“风险防范基本功”。一是采取“规定＋自选”的方式扎实推进“一加强、两遏制”工作,开展“顶冒名”排查、按季分重点进行贷后排查、对全分行信贷逐笔进行“地毯式”清理。以档案清理、受托支付及客户信息变更等方式对信贷风险进行全面清查整顿。二是以“除隐患、提能力”集中整治活动为抓手，按季开展清收竞赛、集中查冻扣、逾期10天的交司法催收、自行组织“黄马褂”催收等手段,提升不良贷款清收、核销和压降，资产质量提质明显。全年组织开展呆账核销申报工作6次，共审批通过328笔，金额1575.76万元，累计核销出账173笔，金额592.96万元。全市总不良率为1.11%，不良贷款4827万元，全市资产质量日趋向好。

“三农”金融。分行针对“三农”客户融资“小额分散”和“短、频、急”的特点，为客户量身定制各类信贷产品，满足不同层级的贷款需求。如有单户最高2000万元的小企业贷款，有只需保证或联保、最高30万元、最低1000元起贷的传统小额贷款等。为适应农村经济快速发展的客观需要，针对部分客户担保难、抵押难等实际困难，分行不断进行产品优化和创新，先后开办了农机购置补贴贷款、烟农贷款、土地经营权抵押贷款、“公司＋农户”贷款，深化小额贷款集群开发。如汉寿县支行作为邮储银行湖南省分行土地流转经营权抵押贷款的唯一试点单位已成功放款；澧县正发富民和临澧九鼎公司以“公司＋农户”的贷款模式与支行保持合作；与市农机局合作发放农机贷款等。（唐悦文）

## 湖南省农村信用社联合社常德办事处

【概况】2015年，湖南省农村信用社联合社常德办事处有法人机构9家，其中县级农村信用合作联社5家（安乡、汉寿、澧县、鼎城、桃源），农村商业银行4家（武陵、津市、临澧、石门）；有营业网点307个，其中信用社（含营业部、支行）231个，分社（分理处）60个，储蓄所16个；员工3170人，拥有大专及以上学历者2581人，占员工总数的81％，拥有各类专业技术职称人员1639人，占员工总数的52％。

业务经营。各项存款在全市率先突破500亿元，2015年年末余额达到511.32亿元，较2014年增加84.04亿元。各项贷款余额263.83亿元，较2014年账面增加19.23亿元、实际净增41.9亿元，账面增长7.86%、实际增长17.13%。实现总收入、经营利润32.75亿元和11.46亿元，同比增加3.49亿元和1.68亿元，分别增长11.92%和17.39%。开展“自助银行百千万”工程。福祥系列卡、网上银行、手机银行、电子替代率、存款客户净增、贷款法人客户净增等业务营销指标超额完成年度目标计划，ETC、城居保、财政惠农补贴、资金营运等代理、代发、融通业务拓宽。表内不良贷款余额和占比分别为9.76亿元和3.7%。全年净压降表内不良贷款23.42亿元，占比下降9.87个百分点，表外不良贷款收回2.09亿元。新标准资本充足率7.08%，比2014年提高2.59个百分点。拨备覆盖率和损失准备充足率分别为102.32%和90.81%，比2014年提高11.09和30.6个百分点。到期贷款收回率96.91%，较2014年提高2.19个百分点。全年缴纳保费521.7万元。

服务能力。全年缴纳各项税费2.43

亿元，同比增加 0.7 亿元。全年累放贷款突破 200 亿元，达到 201.55 亿元，其中累放农贷 158.91 亿元，占 78.84%。涉农贷款余额 211.74 亿元，占各项贷款的 79.13%。小微企业贷款余额 107.4 亿元，较 2015 年年初净增 21.01 亿元，增长 24.31%，申贷获得率 99.68%，小微企业客户数剔除改革因素后，实现“三个不低于”目标。重点支持新型农业经营主体、全面覆盖金融产业扶贫工作、跟踪服务特色县域经济重点县（桃源），信贷投放突出向农业现代化、新型城镇化、特色县域经济、产业扶贫倾斜。武陵农商行首创“政府 + 保险 + 信贷”科技信贷创新模式，澧县联社首推女企业家协会联保贷款，汉寿联社首发土地经营权抵押贷款和“农机贷”等。6 家行社开办财政惠农补贴代发业务，9 家行社均取得城乡居保、国库集中支付代理资格，代理业务有新突破。武陵农商行获准发行贷记卡，7 家行社获准公务卡开办资格。

产权改革。全市农商行已达 4 家，临澧、石门农商行于 9 月 29 日、30 日挂牌开业；城区行社整合常德农商行于 2015 年 2 月 6 日获得银监会批筹；澧县联社待省银监局批筹；汉寿、桃源联社已验收整改，正在申筹阶段；安乡联社以 12 月末为时点进行清产核资。

风险管控。3 次召开风险防控专题会议，对案件风险防控工作进行安排部署。与人保合作开展“加强银保合作 防控经营风险 关爱员工健康”专项工作，为“现金”、员工上保险，有效化解日常经营管理风险。加强案防安保维稳，强化风险管理责任制，确保“双零”目标的实现。抓实“三假”贷款专项整治、员工自借担保不良贷款清理、规范担保机构担保行为“三项工作”。加强平台贷款、房地产贷款、产能过剩企业贷款、大额贷款等的风险管控。综合运用常规稽核、专项稽核、离任稽核、突击巡查等，促进业务规范经营。充实稽核审计力量，实行考试持证上岗，提升稽核审计效能。全年共围绕“信贷、案件、柜面、资金、声誉、票据、网点、科技”等 8 大类风险 20 多个项目开展稽核审计、自查排查、督导检查、巡检巡查。

2015 年 9 月 29 日，临澧农商行挂牌开业

内部建设。招聘新员工、身份置换和退伍安置员工 151 名，配备行长助理、副行长各 1 名，调整充实 3 行社领导班子。举办新员工、基层行社主任（支行行长）、委派会计等 12 个专题培训，行社层面组织培训 140 次，培训员工 12364 人次。开展“人性化服务在柜台闪光”、爱心募捐（献血）、青工座谈会、主题演讲、系统广告语（成果展）征集等活动，创建示范、精品、星级网点等，组织技能点钞、知识抢答、书画、篮球、袋鼠跳、羽毛球、长跑等比赛，评选服务明星、标兵等。澧县联社高世霞获省劳动模范和“澧州先锋”称号；武陵农商行白马湖支行获中银协文明规范服务四星级网点，2 家支行获市银协文明规范服务十佳示范单位，6 家网点获市银协文明规范服务五星级示范单位；在省联社“人性化服务在柜台闪光”活动中，1 家支行获精品网点、8 家基层行社获示范网点、1 人获服务明星、26 人获服务标兵；羽毛球比赛获市银协团体冠军，6 人获市金融学会书画比赛奖项，6 人获省联社广告语征集奖项，鼎城联社王鏖坤获韶山长跑省直机关男子组二等奖，鼎城联社涂运华获市银行业青年点钞比赛三等奖等。

（周海军）

**【临澧、石门农村商业银行挂牌开业】** 2015 年 9 月 29 日和 9 月 30 日，临澧、石门农村商业银行先后挂牌开业。市银监分局副局长聂新华宣读《关于湖南临澧农村商业银行股份有限公司开业的批复》《关于湖南石门农村商业银行股份有限公司开业的批复》。省联社党委委员、副主任徐达华与当地党政主要负责人、两家农商行董事长共同为临澧、石门农村商业银行开业揭牌。临澧、石门农村商业银行分别是在原临澧、石门县农村信用合作联社的基础上改制而成的地方性商业银行，是县域业务规模最大、营业网点最多、服务范围最广的地方金融机构。临澧、石门农村商业银行开业后，将以服务“三农”、服务小微、服务城乡居民的市场定位，着力打造功能齐全、服务优质、管理规范、营运安全、信誉卓著、业绩突出的现代化金融企业。

（周海军）

## 兴业银行股份有限公司常德分行

**【概况】** 2015 年，兴业银行股份有限公司常德分行被武陵区委、区人民政府授予社会管理综合治理先进单位荣誉称号，被常德市公安局授予全市内保工作先进单位荣誉称号，1 人被常德市公安局记三等功。兴业银行常德分行营业部被常德银行业协会评为 2015 年度常德市银行业文明规范服务“十佳”示范网点。

业务发展。截至2015年年底，兴业银行股份有限公司常德分行各项存款余额65.7亿元，其中公司存款58.24亿元，储蓄存款7.46亿元；各项投融资余额58.24亿元，全年实现表内贷款投放17.4亿元，其中公司贷款投放16.9亿元，新增公司授信客户16户，其中小企业授信客户14户；全年实现经营利润1.1亿元，同比增长28%。关注类贷款442.46万元，不良类贷款2763.95万元，不良贷款率仅为1.15%，较2015年年初下降0.29个百分点。

风险管控。严把客户准入关，前移风险控制关口。从源头开始控制授信风险，确保“预防”成效关键环节。授信前落实好尽职调查，规范审查审批流程和内容，落实差异化授信要求，强化实质性风险判断，加强授信审查专业化管理。在客户选择上关注项目主体本身资质、负债等情况，加大优质项目审批力度。坚持“勤走、勤听、勤学、勤思”原则，加大风险预警、排查力度，特别是注重潜在风险识别，对企业异常情况保持敏感；做好抵质押物估值、市值管理，强化押品动态监控，防范贬值、灭失风险；做好危机管理，保持市场敏锐性，注意对风险信息的收集；加强科技系统及手段的应用，有效化解银企信息不对称、不及时等问题。从行业周期、产业链、风险传染性等角度入手，科学合理制定客户准入、退出名单，细化分类标准和实施安排，避免简单化、“一刀切”。对经营管理不善、结算占比偏低、多元化投资风险较大、融资总额偏高、担保方式保障程度不高、综合收益不佳的客户，应及时采取有效措施，控制压缩授信额度，必要时坚决退出，以有效缓释风险，确保分行信贷资产安全。

内部管理。2015年通过内部机构改革，在企金部、零售部进行业务营销分组，以小组为单位下发任务目标并进行考核。通过制度管理推动业务发展，制定绩效考核制度，其中企金部出台营销小组指标考核办法，零售部出台“三天工作法”考核办法。严格执行费用管理办法和采购管理办法，制定车辆、接待及食堂管理办法。每周分条线组织员工业务培训，全年累计培训100余次。通过《常德日报》、常德人民广播电台等媒体进行业务广告及软文持续宣传，举办10多场次各种联谊会、产品推介会等进行产品宣传，参加地方政府、银监部门、人民银行等组织经济、金融、社会管理综合治理、社会信用体系建设等集中宣传活动，向社会公众介绍兴业银行及兴业银行产品和业务。（杨　眉）

武陵农商行开展小小银行家活动

## 常德武陵农村商业银行

**【概况】** 截至2015年年底，常德武陵农村商业银行下辖1家营业部，14家支行、18家分理处，员工403名。

业务发展。2015年年末各项存款余额首次突破70亿元，达到70.68亿元，比2015年年初增加12.53亿元，增幅21.55%，存款偏离度控制在3%以内；各项贷款余额45.46亿元，比2015年年初增加9.53亿元，增幅27%。负债端，低成本存款增速25.16%，高于定期存款增速3.54个百分点；对公存款增速39.85%，高于储蓄存款增速27.92个百分点，负债成本逐步降低。资产端，新增贷款质量保持较高水平，当年到期贷款收回率达到99.22%；不良贷款实现“双降”，2015年年末表内不良贷款余额4297万元，比2015年年初减少259万元，不良率0.95%，同比下降0.32个百分点。新资本协议下资本充足率16.33%、拨备覆盖率297.51%；全年实现零发案、零事故。

改革创新。按照“以客户为中心、以市场为导向”原则调整内设部门，将高端客户部调整为市场拓展部、公司业务部和个人业务部调整为高端业务部和普惠业务部，设立高端业务中心。2015年年末高端客户总数达到900户，存款余额24亿元，占存款总额34%，其中财政三方共管存款5.5亿元，同比增加近2亿元；武陵农商行成为全市科技金融唯一合作银行，参与全市科技金融创新工作。与市科技局、财鑫担保公司、中华联合财产保险公司四方合作，指定白马湖支行为主要承办行，以“银行＋担保＋基金”“银行＋保险＋基金”为主要形式，12月份就发放“科技贷”2笔、金额1000万元。白马湖支行策划“小小银行家”系列活动从培养儿童理财意识入手，为客户提供基于亲子互动、银行体验、金融授课等形式增值服务；锦都支行将金融服务与公共文化服务相融合，打造“书香支行”；东江支行在新坡社区老人照料中心设立“志愿者服务点”，不定期组织员工开展志愿服务活动。10月，与常德“I CAN”梦想城合作，成为全市唯一一家进驻“梦想城”银行，并在省联社支持下制作“I CAN”梦想城专属虚拟卡、虚拟币，对持卡客户给予消费打折、活动专享等优惠，白马湖支行定期在梦想城组织开展儿童体验活动。

普惠金融。全年累计投放各类贷款34.48亿元，同比多投12.88亿元；涉农贷款增速29.65%，高于贷款平均增速3.11

个百分点；小微企业贷款增速 33.97%，小微企业贷款户数同比增加 382 户，申贷获得率同比提高 0.73 个百分点。全年拓展 ETC 客户 2976 户，营销 POS 机 440 台，累计营销 1024 台，手机银行客户净增 10977 户，累计达到 20075 户；新增网上银行客户 2580 户；营销福祥贷记卡 542 张、福祥 IC 卡 2.16 万张，累计发行 3.69 万张；全年布设 ATM 机、CRS 机等自助服务机具 17 台，累计布设 72 台，包括金融便民店在内的离行式自助服务网点达到 17 家；电子银行替代率 53.4%，同比提高 12.4 个百分点，居全省农村信用社系统第 5 位。

内部管控。根据各支行贷款规模、贷款质量、到期收回率等要素实行差异授权，逐年考核调整，严把贷款审批关和新增客户准入关；推行客户经理等级管理和风险经理制，明确风险经理的审贷责任，提高“人防”水平；建立不良贷款清收压降刚性约束“三大机制”，即管贷质量定期通报机制、不良贷款管理约见谈话机制、绩效工资系数捆绑机制；抓住诚信社会建设契机，对老赖户、钉子户进行“名单制”强制清收，严控不良贷款反弹。开展营业网点重点风险排查、信贷领域重点风险排查、信贷管理专项检查、前台业务操作管理专项检查等活动，对信贷投放、库存现金管理、安防产品采购、手机银行业务、抵押物品管理、承兑汇票业务、假借名贷款、柜面操作等进行重点整治。对资金往来、资金营运业务和重要空白凭证进行风险排查，完善相关制度流程、岗位设置和授权管理，确保资金安全性、流动性、效益性。加强银保合作，购买“金融企业现金保险”及“雇员忠诚保险”，借助保险机制防范资金风险。坚持以人防为核心，加大对员工的思想行为管理；以稽核检查为重心，加强常态化检查督改力度；以物防为重点，增加安防设施建设投入；以兑现奖惩为手段，加大案防执纪和问责追究力度；召开案件风险排查专题工作会，落实省联社要求深入开展案件风险排查工作。

队伍建设。坚持“三公”人才选拔机制，对部分支行负责人、分理处主任实行公开竞聘，全年择优选拔 23 名中层骨干；对客户经理实行等级管理和上岗考试制度，并从员工等级管理入手，探索“管理序列”和“专业序列”双通道人才培养机制；全年开展信贷管理新制度培训、支行行长营销管理能力培训等各类培训 20 多次；4 月，分两批组织青年员工到宁乡进行素质拓展训练，对工作表现优异青年员工及时进行岗位调整。全年有两名青年员工在省级以上比赛中获奖，有 6 名青年员工在市级比赛中获奖，有 26 名员工获得市级以上荣誉称号。

企业文化。开通武陵农商银行微信公众号，搭建展示企业文化、推送产品信息、延伸金融服务新平台；在《常德民生报》开辟宣传专区，定期推介新产品新服务；开展全省农信社存款突破 6000 亿元、小微企业金融服务推介、“金融知识进万家”、反假货币等主题宣传活动。开展“农商银行杯”2015 年常德市“百团大赛”冠名宣传活动、常德农商银行广告宣传语公开征集活动等，职工“银河艺术团”应邀参加市音协管弦乐专场音乐会。（刘柏春）

## 中国人民财产保险股份有限公司常德分公司

【概况】2015 年实现生效保费 80323 万元，同比增长 18.09%，高于全省平均水平 3.59 个百分点，实收保费 80600 万元。应收保费余额为 1357 万元，应收率 1.69%，低于全省平均水平及 2015 年年初预算目标，创常德历史最低值。2015 年 11 月中国人保财险第六届全国理赔技能大赛中，理赔中心欧阳桔在农险理赔个人项目比赛中获得第一名，并被授予“全国金融五一劳动奖章”。

改革创新。推进组织架构调整和财务、理赔、业务管理创新工作，按照产品线、渠道整合经营管理职能，理顺权责关系。强化分险种核算，会计信息质量不断提高，成本归集分配趋于合理。农业保险基层服务体系日益完善，“三农”保险服务部、站、点网络布局成型。完善经营绩效考核办法，增强激励约束可操作性。深化用工制度改革，平稳有序进行薪酬调整，人力资源得到有效配置。

自身建设。开展群众教育实践活动以及“三严三实”专题教育活动，开展党内批评与自我批评，组织员工广泛开展公司共同愿景大讨论以及“五型机关”建设，开展“我心中目中的总部”“我心目中的省分公司机关”“我心目中的市分公司机关”等活动。开展党风廉政建设和反腐败工作，治理商业贿赂工作，加大纪检监察介入经营活动力度，遏制和防范经营风险。（沈海宏）

## 中国太平洋财产保险股份有限公司常德中心支公司

【概况】2015 年，中国太平洋财产保险股份有限公司常德中心支公司实现保费收入 19117 万元，完成年度计划 102.1%; 年度净增保费 4073.8 万元，同比增长 27.08 %, 高于行业增速 4.13 个百分点；市场份额占比 9.64%, 比 2014 年上升 0.29 个百分点。实现年度考核利润 1471.8 万元，综合成本率 89.76%。与 2014 年同期相比下降 1.94 个百分点；低于本地产险市场 2.45 个百分点。2015 年，实现农险保费收入 2300 万元，同比增长 175.5 %;农险保费规模位居全省前茅。2015 年，建成首批 14 个“三农”服务站，开展涉农业务、拓宽业务领域，搭建良好平台。

转型发展。2015 年，中国太平洋财产保险股份有限公司常德中心支公司实现电网销渠道、交叉、车商、银保四大渠道业务保费收入 10281 万元，比 2014 年增长 1850 万元，占公司总保费 53.77 %。2015 年，业务渠道化建设在县级机构推进，渠道业务保费在支公司业务占比中得到提高。

内控管理。太平洋保险公司审计中心华中区审计部于 2015 年 4 月下旬，对常德中支进行常规审计与总经理任中审计，各项基础管理工作受到肯定。

客户服务。2015 年，以改善客户体验为重点，围绕流程优化、落实理赔服务举措、强化投诉管理、改造服务环境等方面开展工作。投诉处理流程规范，投诉管理水平提高。落实理赔服务举措，加快理赔周期，小额人伤快处工作推进。加大“关怀体验、在你身边”服务明星活动开展力度。（许 霖）

## 中国大地财产保险股份有限公司常德中心支公司

**【概况】** 2015年，中国大地财产保险股份有限公司常德中心支公司业务实现了快速增长，全险种累计保费收入7309.1万元，完成年计划的121.8%，同比增长41.0%，净增2125.8万元，比分公司整体增速高（26.4%）14.6个百分点。保费收入创历史新高，其中车险保费收入5838.4万元，同比增长56.5%，非车险1047.3万元，同比增长1.1 %，意外险423.4万元，同比增长1.8 %。超行业增速18个百分点，市场份额由2014年的3.2%上升到3.7%。赔付管控到位，全险种综合赔付率44%，同比下降2.5个百分点，效益持续稳定递增，实现报表利润759.3万元，完成预算555万元的136.8%。达到开业以来最高点，人均利润12.6万元。4月份，常德中支被分公司授予“先进单位”和“大地十年，优秀中心支公司”两个荣誉称号，被常德市保险行业协会授予“2015年度依法合规诚信经营红旗单位”称号。

业务发展。一是标电网渠道。年底实收2635万元，标网、电销渠道保费占总保费的37%，成为保费收入的主要增长源，远远超过预算指标。二是车商渠道。完成保费收入1076万元，完成年计划的119.7%，同比增长24.4%，超预算177万元，保险贡献度14.74%，超100万元的车商渠道有4条。巩固发展车队渠道业务，全年新增车队6个，新增保费350万元，老车队保费规模不断扩大，如三和新增保费50万元；万路达新增保费80万元。下半年新开拓的万灵危货公司和昌盛均新增保费150万元以上。三是银保渠道。农发行在省行统管要求存款支持保险的情况下，常德中支仍实现保费收入370万元。非车险业务在银行业务的支撑下保持了正增长。

内控管理。承保方面重点突出品质管控，按发展与效益并重的原则，根据分公司的“找、控、引、建”要求，全年调整赔付偏高的的士车队保费300多万元，积极抓好柜员服务，窗口形象工作。理赔工作重点抓过程管控和未决管理。理赔条线建立微信群，召开微信会议，本部坚持每天的晨会，晨会上会商案件、学习条款、通报各项过程管控指标情况，将未决清理任务分配到人，同时加强理赔队伍建设和廉洁教育、忧患意识教育。截至2015年年底，赔付率指标控制在预算目标内，确保了全年利润指标的实现。（文兴祥）

## 中华联合财产保险股份有限公司常德中心支公司

**【概况】** 2015年，中华财险常德中心支公司实现保费收入31087万元，完成年保费计划30845万元的100.8%。比2014年净增保费3763万元，增长13.8%，市场份额稳居第二。全年代收车船税金119.19万元，缴纳地方政府税金1277万元，全年支付赔款18664.73万元。2013年、2014年、2015年连续三年被保险行业协会评为依法合规诚信经营红旗单位。

发展车商渠道业务。2015年新增奥迪、宇泰、海马、奔驰等15家车商合作单位，临澧公司2015年上半年车商渠道保费收入就突破千万元大关。截至2015年12月31日，全市整体车商渠道业务保费收入2323万元，同比增长1479万元，增速363.32%。

车险业务续保工作。配备专人具体负责，每月下发续保清单至各营业单位，并对全体员工进行考核排名，对各机构分管副经理及续保岗人员进行奖罚考核兑现。2015年，公司的车险优质业务续保率同比有明显提高，截至2015年12月31日全市续保率达到60.89%，全国中支公司续保率排第30强，续保率较2014年同期增长了1.17个百分点，全国中支排名第26位。

新农合业务。2015年，为确保省公司提出的政策性健康险“一年进、二年平、三年赢”的经营目标，上半年对安乡、鼎城、汉寿的新农合意外伤害保险业务承保方案进行调整，安乡、鼎城、汉寿人均保费平均增加4元、3元、1元，2015年比2014年明显减少亏损，已进入保本微利之道，对健康险的经营状况起到良好的促进作用。

农业保险。2015年，公司多次向政府、财政等部门汇报，加强农险合规管控，开展农险专项自查共6次，其中现场检查4次，自查自纠2次，主要以排查风险隐患为前提，以落实整改为目的，以合规经营为方向，全面查摆问题，弥补缺口、纠正错误、针对整改、个别探讨、逐步规范。2015年，公司根据省公司《农网渠道建设试点工作方案》制定并下发了实施和奖励政策，上报和通过了6个乡镇服务站点。从总体上看，公司稳守现有农业保险市场份额12812万元，农业保险仍居常德农业保险市场第二位。

组建电子商务团队。2015年9月，常德中支党委、总经理室为寻找新的业务增长点，拓宽发展渠道，选拔了12名表现突出、技能优秀的员工，组成常德电子商务团队“二促中心”，10月该团队正式运营，这支以“90后”年轻人为主体的团队，仅在2个多月的试运营中，就实现保费收入80多万元，为公司在网络运营推广上打响了知名度。（陈静山）

## 华安财产保险股份有限公司常德中心支公司

**【概况】** 2015年，华安保险常德中心支公司完成保费收入730余万元，计划达成率为95.8%，其中：非车险45万元，车险685万元；赔款支出为606万元，已赚保费赔付率为66.27%；手续费支出57万元，营业费用为121万元，综合成本率为94.62%，全年盈利78万。

渠道建设。坚持与宏鑫保险代理有限公司、“常德石门宏鑫汽贸”“华普、帝豪、英伦”“东风小康”“奇瑞4S店”等合作，保持市场份额。与湖南省龙运国际旅游集团有限公司、安骏汽车出租有限公司合作，2015年龙运公司业务保持在80万左右，安骏出租汽车公司的业务保持在60万左右。2015年业务增加建行代理业务，财产综合险、财产基本险、水电站财产险、住房按揭、货运险等。

承保管理。严格按照核保政策要求并结合当地行业主管部门相关规定，尽量将风险规避到最低，全年度未出现违规违纪行为。及时领用、及时销号、及时回收、及时归档，全年没有出现单证丢失和缺联现象。全年续保率在40%以上。

内控管理。2015年，所有险种投保均严格按照承保流程操作，所有单证实行统一归档。集中宣讲保险营销基本知识，组织代理人培训。提高现场勘察率，小额案件快结，大案件会商，及时清理未决案件。财务管理突出全额预算管理，每月及时上报保费完成进度。加大反洗钱宣传力度，完成反洗钱突出问题整改工作，开展基础规范性检查和风险排查工作。（徐 君 熊文敏）

## 城建投资

【概况】 2015年，常德市城市建设投资集团公司（以下简称公司）完成融资140亿元，年度完成的融资中，平均期限为4年，平均成本为6.50%。公司2015年融资成本较全市平均融资成本7.55%低1.05%，每年可直接节约融资利息1.45亿元。公司第三期19亿元企业债券和25亿元的中期票据年内获审批通过，并将于2016年年初成功发行。19亿元的债券为全市发行企业债券单笔额度最高，利率最低。

工程建设。2015年，公司承建的项目共计114个，完成投资46亿元，21个项目竣工。机场快速路已竣工，道路与常德大道、桃花源路一起，形成贯穿“一江两岸”的快速环线。柳叶大道西延线正在建设，常张高速河洑互通至陬市镇常慈公路段基本完工。2015年年底亮相的老西门棚改项目被国家文化部收录为三年内优秀建筑作品；常德幼儿师专交付办学；三中心正式对外开放。上述三个项目，被选为常德市2015年“两会”代表视察项目。

2015年9月18日，沅安路西沿线开工仪式

产业经营。2015年，公司围绕天源星城、天源鑫座、老西门、电影公司、长胜桥五个棚改项目有序推进棚改项目建设。沅水右岸作为全市最大的一个房地产开发项目已经开工。智慧谷园区内常丹路以东、高泗路以西、窑港路以南26.67万平方千米土地作为园区商业配套的谋划工作已启动。2015年，公司与自来水公司成立中瀚水务公司。已确立沅北水厂迁建项目、沅南水厂改扩建项目、西湖、西洞庭供水项目、灌溪污水厂项目、备用水源“引黄入常”项目、6个美丽城镇试点乡镇的污水处理设施建设等水务项目。公司巩固停车收费、公园管理、广告和地下管网等城市公共资产经营业务。并做好新建停车场的调研和建设准备，启动“互联网+停车”运营模式的研究，以期利用互联网平台，创造新的城市停车发展生态。（万里江）

## 经建投资

【概况】 2015年，经投集团完成项目建设投资62.98亿元，竣工项目55个。竣工道路24条89公里、桥梁3座、泵站8座、生态景观项目5个、公租房小区1个、安置房小区1个、重点推进项目3个、其他项目10个。2015年，集团实现收入48亿元，利润总额7.43亿元，其中经营盈利1.39亿元。

“十大城建项目”建设。经投集团承担项目5个，穿紫河风光带项目已开工；完成杨武垱机埠、尼姑桥机埠等4座机埠改造升级任务；白鹤大道，洞庭大道东延线建成通车，贯通常德市两个高速进出城口。柳叶湖环湖景观大道42公里全线贯通，常德欢乐水世界项目在6月1日顺利开园，总共接待游客75万人次，实现营业收入8950万元。

“柳叶湖十大景观工程”建设。涉及经投集团项目7个，螺湾观鸟、柳湖沙月（沙滩公园）、汽车营地、环湖景观、柳叶闸、沾天湖南岸园博园都已开工建设，欢乐桃花岛陆公园与华侨城集团达成投资经营意向。

皇木关污水处理厂竣工；湘雅常德医院、常德锦江柳园大酒店都已完成主体建设，北部新城实验学校已完成用地审批程序正在积极推进前期工作。德国小镇、大小河街、麻阳街已完成主体建设，并举行汉诺威大街揭牌、中德友好交流协会授牌仪式，与全球“五大行”之一的第一太平戴维斯达招商营运及后期管理协议，婚庆产业园已开工建设。

保障性住房建设。棚改项目已累计建成棚改项目2个，完成棚改征收1464户，在建棚改小区7个，总建筑面积63.5万平方米，项目建成后可入住5054户，完成棚改征收1710户；公租房项目已累计建成1个，建成公租房1080套，在建致德园、致雅园2个公租房，可提供公租房2088套；安置房项目已累计建成19个，交付安置房7562套，在建安置小区12个，可提供安置房5374套，安置拆迁户2687户。

金融产业。2015 年 11 月 24 日，下属汇丰小贷在新三板挂牌交易，是湖南省第二家挂牌新三板小贷公司。同年，公司在省内同行中率先成立上海经晟融资租赁有限公司、北京经华基金管理有限公司。

旅游产业。2015 年，形成“生态”与“运动”体验旅游资源联动。常德欢乐水世界与白鹤小镇、摩天轮、紫色庄园、柳湖沙月等景点，打造常德市旅游消费新热点。壶瓶山象鼻子沟生态游、壶瓶山江坪河漂流在升级改造中。公司拟将穿紫河打造成“流淌记忆的河、充满历史的河、寄托乡愁的河”，为常德旅游开辟休闲新方式。2015 年协助政府成功筹办“湖南国际旅游节”。通过广告、赞助募集资金 2600 万元，实现“小节会、大影响，小投入、大回报，小规模、高规格”办节目标。

房地产业。房地产业实现销售收入过亿。推进落路口、城壕湾棚改旅游商业地产项目建设。湘雅常德医院、柳叶湖管委会办公大楼组织申报建筑工程“鲁班奖”和“芙蓉奖”。

现代服务业。公交公司营运车辆达 664 台，全年运送乘客 1.35 亿人次，实现收入 1.31 亿元。与中石油合作新建加油站项目，运营 1 座、在建 4 座、5 座规划选址。5 家酒店中桃花源酒店、柳叶湖汽车旅馆、白鹤山客栈已开门迎客，常德锦江酒店、壶瓶山中国红茶坊正在建设之中。湘西北竹木市场、湘西北花卉市场已建成，正在进行项目招商营运。

自身建设。形成“引进人才与培养人才，培养人才与成就人才”新体系。实行双向选择，打造独立而富有思想管理团队。设置合作奖、收益奖、特殊贡献奖等多种方式。提高员工归属感与凝聚力，营造健康和谐的企业文化氛围，形成企业发展不可或缺精神力量和道德规范，实现“快乐工作，幸福生活”企业文化宗旨。（魏　峰）

## 交建投资

**【概况】** 2015 年 12 月 25 日，市交通建设投资有限公司变更登记为“市交建投集团”。

转型发展。公司发展“天时、地利、人和”三项传统业务，地利公司营业收入达到 2000 万元；天时公司完成产量 10.5 万吨，产值达到 4500 万元；人和公司完成建安产值 2.2 亿元。拓展“土地经营、房产开发、绿化、车贷、加油站”五项新业务，成立长平土地经营公司和登泰置业公司，丹阳路车站资产开发即将挂牌，绿化业务完成产值 1200 万元，车贷业务实现利润 20 万元，朗北加油站已完成审批手续。确定“德山码头、常德中科现代农业投资管理中心、常德农商行、湖南水技术有限公司、常德新兴产业创业投资基金”五项股权投资，2015 年股权投资总额达到 1 亿元。

项目建设。二广高速芦荻山互通连接线工程主道完成竣工、验收、移交、结算，辅道主体工程和海绵城市分部工程已全部完成，道路全线于 2016 年春节前通车。全面开工“两道改线”，沅水四桥特大桥于 2 月全面开工建设，并完成部分水下工程和全部北岸河滩桩基、墩柱；上跨铁路桥主体工程基本完成；全线共完成投资 3 亿元，为全年计划任务 130%。支持全市交通建设，完成沅澧城镇快线奖补投资 1.09 亿元和东常高速收费站建设补贴 2000 万元。

筹资融资。公司全年筹集资金 25 亿元，信用评级获得 AA。通过资产归集和清理，注入 22.47 万平方米土地，从金融机构拿回已到期抵押土地证 21.33 万平方米，资产总额达 97 亿元。争取国家政策性贷款和国省补助资金，2015 年共争取 G319G207 城区段改线和二广高速芦荻山互通连接线工程国省补助资金 7089 万元。开展 PPN、私募公司债、永续债、企业债前期工作，计划发行 20 亿元私募公司债通过上交所审查。

队伍建设。开展“三严三实”专题教育活动，开展主要负责人上党课、专题民主生活会、基层党组织生活会、民主评议党员会等学习教育活动，深入治理“庸、懒、散、慢、乱”，不定期开展劳动纪律检查。加强廉政建设，公司建立廉政风防控工作台账，加强“三重一大”事项监督管理，党风廉政建设、纪检监察工作与项目建设、融资、业务经营等工作同步部署、同步督导，开展党风廉政建设专题研讨和部署反腐败工作 4 次，完成企业财务廉政风险课题研究，组织观看警示教育片。安排专项经费支持工会开展篮球队、乒羽队等文体活动，组织专门队伍参加市直单位运动会，组织人员到澧县码头铺观斗村开展“一进二访”活动，组织全体员工对口扶贫捐款捐物。建立人才竞争机制，开展中层骨干竞岗，根据业务发展需要，组织 1 次专业人才公开招聘，组织全体员工开展 1 次业务知识集中学习。（张　丹）

## 财鼎投资

**【概况】** 项目建设。2015 年，武陵文化创意产业园项目一期土建主体工程完成全部室内抹灰工程、铝合金门窗制作安装工程、外墙油漆工程、玻璃栏板安装和部分防水工程；室外道路管网工程完成道路主干道管网管道安装、管井砌筑以及第一层水稳层施工；室外护坡工程完成土钉、锚索、注浆、混凝土浇筑和部分毛石挡土墙砌筑。项目一期土建主体工程经省市两级质监部门验收均为优秀，经省质监部门复检为全省建筑施工安全质量标准化示范工程。

资金管理。2015 年，组织各种形式工程招投标 10 次，签订工程类合同 10 份；收到土建、安装工程施工单位进度款申报 5 次，共计金额 2263.89 万元，监理审核金额为 1948.04 万元，审减 315.85 万元，审减率为 13.95%；工程部在监理审核金额基础上核定金额 1666.94 万元，审减 281.1 万元，审减 14.43%。项目一期道路中压天然气管道工程上报预算金额为 455658 元，常德市财评中心审核金额为 415099 元，审减金额 40559 元，审减 8.9%。

文创产业。公司向股东和国资委提交《关于武陵文化创意产业园建设与经营情况汇报》。定位项目产业战略发展方向为“健康 + 文化 + 互联网”；定位项目经营产品战略研发方向为“八大健康养生板块”（养生餐饮板块、养生休眠板块、养生运动板块、养生康复板块、健康会展培训板块、文化颐养板块、文化旅游板块、健康＋文化O2O商务板块）；定位项目市场战略拓展方向为“九大客户群体”。

企业管理。公司组织篝火晚会，登山等活动；坚持每天上午10点半组织员工做广播体操，增强员工体质；开展慰问活动，对员工婚丧嫁娶等重大事情组织集体慰问，对特困员工进行个别慰问；组织卫生大扫除，对房前屋后杂草、垃圾进行清理，办公区域采用白醋熏蒸消毒办法。（胡　洁）

## 财鑫集团

**【概况】** 截至2015年年底，常德财鑫投融资担保集团有限公司账面资产总额20.82亿元，管理资产总额83.05亿元，有员工111人。控股子公司6家，分别为常德市武陵区双鑫小额贷款股份有限公司、常德财鑫科技担保有限公司、常德沅澧产业投资控股有限公司、常德财鑫典当有限公司、常德财鑫广场投资开发有限公司、常德市中小企业投资咨询中心；下辖津市、澧县、桃源、安乡、鼎城、石门、汉寿7家分公司；管理控制湖南达晨财鑫创业投资有限公司、常德三鑫产业促进有限公司、常德西洞庭科技园区开发有限公司；组建常德市融资担保信用协会。

经营业绩。2015年，为1231户/次中小微企业、“三农”及“双创主体”提供融资服务支持64.88亿元。其中，融资担保51.44亿元；发放小额贷款8亿元；P2P中介业务4.06亿元；典当业务0.86亿元；投资业务0.51亿元。在保、在贷、在投、P2P中介及典当业务余额合计为63.7亿元。全年实现经营总收入2.16亿元，提取风险拨备加利润1.48亿元，被评为常德市第八届“十佳优秀企业”，“市级文明标兵单位”，获得省级和国家“最佳担保创新奖”。

业务拓展。与长沙银行、武陵农商行深入合作，通过设立风险补偿资金池，建立4∶4∶2的风险分担机制，并推广以动产、林权、股权、农村流转土地经营权和专利知识产权“一产四权”质押担保贷款业务，缓解科技型企业融资渠道少、融资不到位等问题。推广P2P中介业务，由三鑫公司居间撮合、财鑫集团提供担保，不建立资金池，投资资金由投资人从银行直接转账给借款人，引导民间资本助推新型城镇化建设，为政府融资平台城建项目提供融资渠道。与市农业银行、邮储银行、中小企业互助协会开展合作，推出“集合贷”“互惠贷”担保业务，设立风险保证金资金池。与上海合金资本管理有限公司合作，发挥常德企业挂牌孵化基地职能，成功推荐5家企业到上海股交所挂牌，其中E版（转让系统）挂牌1个，Q版（报价系统）挂牌4个。在原有19家金融机构基础上新增华夏银行、北京银行、渤海银行，授信总额达到87.3亿元，满足全市中小微企业及政府平台融资需求。

平台建设。2015年，在原有5家分公司基础上，在石门、汉寿设立分公司，实现县市区经营托管网络全面覆盖。全资子公司常德沅澧产业投资控股有限公司实行自主投资。2015年，在投项目3个，投资总额4420万元。其中，投资湖南新合新生物医药有限公司3000万元，该企业被上市公司溢多利（股票代码：300381）整体收购，除投资本金退出外，溢价1500万元作为进入溢多利上市公司股权，占股1.5%，分三年退出。引进上海战略投资者，与西洞庭管委会联合发起设立常德西洞庭科技园区开发有限公司，科开公司以园区开发运营、中小企业孵化、产业投资、外源融资、承接产业转移与招商引资为发展定位。

安全保障。将公司现有法律文书委托律师事务所重新审核把关，规范财政兜底反担保方式，规避经营风险。建立在保、在贷、在投项目动态预警机制，坚持半月风险调度会议制度，按照“一案一策”原则制定实施方案，推进风险项目处置与化解。对首次融资的新客户，实施总量控制，一般不超过1000万元；对优质存量客户，划定融资红线，余额不超过5000万元。建立健全风险管理激励与处罚机制，研究制定《风险化解与处置工作考核方案》《风险化解与处置考核细则》《关于加强风险防控工作的指导意见》。

自身建设。实行“月安排、周小结、日调度”，实时掌握进度，强化监督管理，将每月重点工作任务分解落实到责任人，由信息员每日收集调度，确保各项工作按计划进度推进，增进内部资源信息共享。新制定《员工日常管理考核办法》，以扣分形式严格日常管理，并纳入年终考核，作为评先评优参考依据。开展“三严三实”专题教育为统领，严格落实“两个责任”，在抓好班子建设和作风建设基础上，突出人才队伍建设，使领导班子科学决策能力、干部队伍推进落实能力和员工队伍综合素质得到提升。（李金华）

财鑫集团石门分公司授牌仪式

# 财政·税务·国有资产监管

## 财　政

【概况】 2015年，全市一般公共预算收入突破200亿元大关，达到210.8亿元，增长14.43%，收入总量稳居全省第6位，增幅居全省第4位；市本级完成一般公共预算收入94.17亿元、增长22.63%；7个省直管县市完成66.94亿元，增长10.70%；“六区”完成53.20亿元，增长13.36%。全市完成地方财政收入148.81亿元，增长10.30%，居全省市州第二位。全市完成一般公共预算支出415.80亿元，增长19.59%。

服务发展。统筹用好推进新型工业化发展资金，安排拨付3.92亿元支持推进重点园区及标准化厂房建设；整合创新能力建设资金5000万元，支持推进常德高新区“以升促建”；支持设立中小微工业企业过桥资金，为14家企业提供过桥资金1.74亿元；财鑫担保集团全年累计为1231户（次）创业主体提供融资服务64.88亿元，对19家科技型中小企业发放贷款4080万元。协调市城区7家企业启动“退二进三”，取消、减免相关涉企行政事业性、基金收费2000多万元，采购本地产品19.09亿元。拨付融资项目建设资金107亿元，保障华侨城、穿紫河东段、德国小镇、石长铁路及G319、G207城区段改线、棚户区改造等重点项目建设；打捆安排沅澧快速干线建设资金3亿元、白鹤山小镇改造资金1.08亿元；累计拨付24亿元推进城区“三改四化”项目建设、1.7亿元推进步行城提质改造、5167万元实施桃花源机场航站楼改造等。筹措资金3.87亿元，支持万达综合商业体、总部经济、标准化农贸市场改造、武陵电子商务产业园等建设；整合文化旅游产业发展资金5000万元，保障欢乐水世界暨常德旅游节、湖南国际旅游节、旅游集散中心等重点项目。安排沅澧水一线大堤除险加固奖补资金1亿元、农村五小水利建设资金1000万元，引导全市完成农田水利建设投入40.46亿元；拨付奖补资金8200万元，支持全市在两年内解决287万农村居民安全饮水问题，实现农村安全饮水“全覆盖”；安排扶贫专项资金2000万元、美丽乡村建设专项资金2000万元，支持推进精准扶贫和百村示范村建设；整合安排资金2600万元，支持推进农村环境整治、水源监测及黄石水库环境保护；安排农业产业引导资金2250万元，促进龙头产业发展和农业标准化项目建设；争取上级一事一议财政奖补资金1.3亿元,完成项目总投入2.58亿元，建成项目1607个。2015年全市共争取到位上级资金254.69亿元，促进基层基础条件改善和地方经济发展。

民生保障。2015年全市财政民生相关支出比重提高到73%。全年全市支付各类社会保险待遇326.9亿元，企业基本养老金实现“11连增”，城乡居民基础养老金提高到75元，城市和农村低保月人均补助水平分别达到266元、167元，农村五保集中供养和分散供养标准分别达到每年5700元、2900元。市本级补贴3851万元为11536人办理续保助保。发放创业担保贷款9376万元，扶持创业成功1027人，带动吸纳就业6000人，新增创业主体13061户，带动城乡就业20746人。投入21.4亿元支持职教城建设，湖南幼师专科学校已投入使用，常德技师学院、常德财经学院（筹）新校区建设顺利推进；投入1009万元完成107所农村薄弱学校改造和130所农村寄宿制学校“三有”达标，投入6400万元对城区新建公办小学、幼儿园进行奖补；落实高中、中职助学金、中职学校免学费2751万元。投入1.74亿元，支持建成科技展示中心、丁玲纪念馆，实施博物馆改造。市级投入医改资金3亿元，支持推进基本医疗保障制度、健全基层医疗卫生服务体系、促进基本公共服务均等化等，城镇职工医保特殊病种门诊报销额度由12万元提高到15万元；城乡居民大病保险累计兑付补偿10143人次，补偿金额达到7100万元；安排计生专项资金1700万元，用于计生奖励扶助、独生女子父母奖励和保健等。拨付项目资金1.8亿元，支持完美社区建设。积极筹措资金，实施第三轮津补贴提标、机关事业单位养老保险制度及工资调整。

深化改革。推进预决算公开，2015

年市本级全部220家预算单位（不含涉密部门）公开部门预算和“三公”经费预算；部门预决算公开到最末一级“项”级科目，并区分基本支出和项目支出，公开专项资金由60项扩大到70项。市县全面试编权责发生制政府综合财务报告。在全面清理甄别存量债务基础上，划分政府与公司的债务责任，推进土地匹配工作，建立债务补偿机制；争取代发地方政府债券，市本级共争取政府债务存量置换债券46.85亿元、新增债券2.21亿元；跟进PPP模式融资，建立PPP项目库，成功入选全国海绵城市建设试点城市；常德市城市水务基础设施建设、湘雅常德医院、海绵城市试点项目入选全省示范项目，总投资达153.3亿元。出台市本级推进政府购买服务实施办法、试点方案、指导目录等政策文件，在保障房后续管理、养老服务、城市公共设施维（养）护、财政投资项目造价咨询、环境监测、法律援助、社区矫正7个领域试点政府购买服务。

2015年2月5日，常德财税工作会议召开

财政管理。制定或修订沅澧水一线大堤除险加固专项资金等15项资金管理办法。对2013年及以前年度安排专项资金，2015年不能形成实际支出的，全部收回总预算统筹安排，盘活存量资金1.28亿元。对市级93个200万元以上的重点专项资金实行绩效管理，总额达9.89亿元，比2014年增长94.7%。执行厉行节约各项规定，全年市直单位“三公”经费支出总额同比下降26.43%。出台《关于加强市本级政府建设项目投资变更管理的暂行措施》，市本级完成评审项目1178个，评审金额114.54亿元，审减17.68亿元，综合审减率15.44%。将现行政府采购“代理机构招标选定、代理业务随机抽取、代理费用财政支付”调整为“采购代理机构实行入库登记制、代理业务实行抽取与委托相结合、代理服务费用实行协商与封顶相结合”放管结合模式，市本级完成政府采购合同金额6.46亿元，节约资金0.78亿元，节支率10.84%。开展行政事业单位资产清查，规范单位资产出租管理，整合调剂涉改单位办公用房，完成单位资产处置收益1830万元，为15家单位调剂各类资产469件（台），节省财政支出735万元。对10家行政事业单位会计信息质量和财务收支、14个专项资金绩效、20家单位“三公”经费支出、1个区级财政决算的监督检查，对国库资金管理情况进行内部审计监督，共查出违纪违规资金8512.58万元，并督促整改落实。在全市范围内开展行政事业单位会计基础和内部控制规范的巡查督导。

（李国清　夏　智　董建波）

**【海绵城市国家试点资金保障】** 2015年3月27日，财政部、住房和城乡建设部、水利部组织召开申报国家海绵城市建设试点城市竞争性答辩会，由市财政局牵头组织申报，市委书记王群任主辩手，常德市从130多个候选城市中脱颖而出，以第7名入选16个全国首批试点城市，三年内可获得中央财政补助及奖励资金12亿元。2015年，市财政局紧紧围绕市委市政府确定的“一年重点突破，两年基本建成，三年形成示范”的建设战略目标，积极筹措资金，加快资金拨付，全力支持项目推进。制定《海绵城市建设财政补助办法》《海绵城市建设中央财政补助奖励资金使用管理办法》、《海绵城市项目建设规划审批管理规定》等制度，明确海绵城市建设项目奖励补助标准。2015年，共到位中央财政海绵城市建设奖补资金8亿元，已拨付6.08亿元；市本级安排海绵城市建设资金6.07亿元，吸引社会资本投入12.35亿元，全年共完成海绵城市建设投资25.15亿元，开工面积10平方千米，已完成9平方千米；开工项目60个，已完工46个。寻求与社会资本合作，启动穿紫河水系综合治理、新河水系综合治理和污水净化中心3个PPP项目，污水净化中心项目进入项目采购阶段。

（夏　智　董建波）

## 非税收入征收管理

**【概况】** 2015年，市非税局荣获“全省非税收入征收管理工作先进单位”，继续保持常德市“文明标兵单位”荣誉称号。全市共完成非税收入817481万元，为年初预算的109%。其中，市本级共完成非税收入403355万元，为年初预算的111%；纳入公共财政预算299178万元，同比增长26%。

征收管理。2015年直接征收达到51797.6万元，较2014年同比增长16.04%。共依法处置市中级人民法院小车、摩托车10台，市交警一、二大队报废车辆493台，实现罚没财物处置收入24.6万元。根据湘财综〔2015〕5号、10号文件精神，清理取消用地管理费、河道工程修建维护管理费等3项，免征小微企业房屋所有权登记费等6项，免征非营利性养老、医疗机构和减半征收营利性养老、医疗机构土地复垦费、防空地下室易地建设费等7项，年均减负近3000万元。“常德市非税收入通用在线缴费平台”于2015年11月底投入试运行。该平台分缴款书缴费、缴款码缴费、自助缴费三种方式，实现所有收费项目的缴费人在何时、何地都可以完成实时缴费，进一步提升非税收入征管的科学化、电子化水平。严格按照《市直单位非税收入执收工作评估考核办法》，对93家执收单位进行分类考核，对部分重点收入单位兑现了奖励，有效地强化执收单位组织非税收入的积极性。

票据管理。按照“分次限量、核旧领新”的原则严格票据日常管理。2015年，全市共入库财政票据2845万份，发放县市区财政票据2019万份；共为308家市本级财政票据购领单位发放票据1094万份，核销933万份，核销率95%，通过财政票据缴入非税收入汇缴结算户资金达16亿元；加强代开票据管理，共代开票据253笔，缴存财政资金2760万元。按照“网上自查、单位送检、非税审核”模式，对2014年市本级303家用票单位的财政票据开展年检年审，年检合格312家，年检合格率达99.7%。成功申报为“全省财政票据电子化管理示范点”，市本级一般缴款书全面实现电子化管理。

非税稽查。在注重日常稽查的同时，对市食品药品监督管理局等5家单位执行取消、停征、减免收费政策情况进行专项稽查，发现问题1项，并及时督促整改到位。对市教育局等26家单位国有资产出租收入征收情况，采取报送资料方式进行清缴结算，共查出涉及国有资产出租收入瞒报预算、收入征缴不到位、国有资产出租收入抵顶支出等违规问题8项，补缴收入450余万元。

融资管理。继续做好城建融资贷款3亿元的还本付息工作，清理注销融资账户2个，配合市融资办将建设银行1.48亿元贷款转换为政府债券，按月及时对账、按期还本付息，确保了贷款账务的清晰准确，维护了政府的诚信形象。

（刘华云）

**【常德市非税收入通用在线缴费平台成功上线】** 2015年11月，常德市非税收入通用在线缴费平台（http://218.75.134.158:8089/zxjf/）成功上线运行，此举开创了全省非税收入通用在线缴费的先河。

该平台分缴款书缴费、缴款码缴费、自助缴费三种方式。缴款书缴费即由执收单位开具缴款书，再由缴费义务人在缴费平台输入缴款书编号、银行卡号或账户等信息完成缴费。此种方式主要方便企业缴费人凭票缴费。缴款码缴费即由执收单位在执收子系统生成16位缴款码，再由缴费义务人根据缴款码、银行卡号或账户等信息完成缴费。此种方式主要方便外地不方便领取发票，又需要执收单位先核定缴费金额的缴费义务人，如法院涉及外省缴费义务人缴纳诉讼费等。自助缴费即由缴费义务人注册成会员后，根据需要自行选择有确定收费项目标准的缴费项目完成缴费。此种方式主要方便会计继续教育培训费及各类考试考务费等。

该平台主要有三大亮点：一是推行了财政电子票据。在线缴费成功，即刻生成唯一的电子票号，并作为非税收入征管系统自动记账依据。在线缴费平台与非税收入征管系统、单位执收子系统浑然一体，相互配合。在线缴费平台负责缴费；单位执收子系统负责查询缴费情况，或根据需要补打纸质票据（报销凭证）；非税收入征管系统负责自动记账并生成对账单。二是覆盖了所有收费项目。非税收入征管系统项目库中所有的收费项目，不管缴费人在何时、何地，都可以通过该平台完成实时缴费，摆脱了银行网点和POS机的束缚。三是加强了平台安全保障。该系统部署了短信自动发送系统，并聘请专业网路安全公司实施网络安全渗透测试等配套工作，极大地保障了缴费人银行信息和财政资金的安全。

该平台的推广应用，极大地方便缴费人缴费，并大幅减少待查资金和执收单位财务人员对账工作量，进一步提升非税收入征管的科学化、电子化水平。

（刘华云）

# 财政国库集中支付

**【概况】** 2015年，“常德市财政国库集中支付局”更名为“常德市国库集中支付核算中心”(简称市国库支付中心)，是市财政局管理的副处级事业单位。

财政支出监管。抓好“三公经费”等重点费用支出监管，确保厉行节约的有关要求得到落实。采取延伸审核的办法，有计划选取部分预算单位，上门核实重点费用支出数据，审核支出审批程序是否合规、支出标准口径等是否一致，防止预算单位逃避审核监督的行为发生。2015年，纳入市国库支付中心支出监管市直预算单位累计支出资金474805万元，全年规范和节约财政资金87327万元，其中，节约“三公经费”5245万元，督促169个工程项目进行财政投资评审，审减金额11994万元；督促67691万元的货物、服务、工程进行政府采购；退回和拒付不合理开支259万元；督促预

常德市国库集中支付核算中心更名挂牌仪式

算单位将误缴入本单位专户的非税收入2138万元缴入财政专户。

调查研究。全年深入120多家预算单位开展调研，查找预算执行和财政支出管理中薄弱环节，着力解决支出管理中“堵”与“疏”问题，尤其对“三公经费”支出中存在的问题分析解决。全年共上报市财政局优秀调研报告10余篇，如重点支出情况分析、差旅费报销管理、工会经费管理、临聘人员经费管理、学术论文及调研信息发表后的奖励等相关调研报告。

预算执行分析。选取54个特定专项资金进行跟踪，建立分析台账，随时掌握特定专项资金的拨付与使用情况，年终分项出具报告，对特定专项资金使用是否合理合规，资金使用效益是否达到目的，预算安排是否符合项目的需求等提出意见和建议。增加内部台账登记内容范围，除重点费用支出外，对办公用品、印刷、劳务费、车辆修理费等支出数据进行收集、统计和分析。利用信息资源，将预算执行分析贯穿到日常审核支付、重点费用控制、特定专项跟踪问效等各方面，加强每个季度重点支出分析，并对支出结构、预算执行进度、预算执行准确度等进行分析。

自身建设。实行首问责任制和限时办结制等文明办公制度，开展文明优质服务竞赛活动，将遵纪守法情况、工作纪律执行情况、工作任务完成情况等纳入竞赛办法，每月考评、每季度评比。开展道德讲堂活动、组织党员干部到蔺伯赞故居参观学习，观看反腐倡廉教育片。分3期组织全体干部到国家会计学院进行相关业务培训，全面学习贯彻财政改革下的新制度、新规定，组织业务骨干专门前往重庆渝北、四川绵阳、湖北十堰等地进行学习考察。（黄敏蓉）

## 住房公积金管理

【概况】2015年，常德市住房公积金管理中心被评为常德市作风建设先进单位、常德市文明标兵单位，桃源管理部成功创建国家级“巾帼文明岗”，多个管理部获得省级“青年文明号”“巾帼文明岗”、市级“文明窗口”称号。

业务指标。全年归集住房公积金25.48亿元，同比增长20.52%；新增扩面人数25926人；提取住房公积金18.41亿元，同比增长75.68%，占当年归集额的72.26%；为9981个家庭发放贷款29.23亿元，同比增长163.69%；全市贷款逾期率为0；年末贷存比为80.36%；风险准备金充足率达2%，年末风险准备金余额达1.3亿元；全年增值收益为1.8亿元，收益率达2.34%。截至2015年年底，全市累计归集住房公积金152.46亿元，提取住房公积金71.85亿元，为56331户家庭发放住房公积金委托贷款99.22亿元，贷款余额64.78亿元。

归集扩面。一是把握契机，行政事业单位“大幅度提标”。受益于工资普调、财政配套提标和单位补缴提标等影响，2015年全市财政配套资金大幅提标，全年达4.13亿元，比2014年增加1.51亿元，增幅达57.88%。二是多措并举，非公有制企业扩面“渐进式突破”。2015年全市非公有制企业单位开户184家，新增缴存职工4514人，新增月缴存额122.28万元。上门宣传、委托银行扩面、行政执法扩面均取得较好成效。三是创新政策，个人缴存迎来“爆炸性增长”。2015年5月，《常德市个体工商户和自由职业者缴存及使用住房公积金实施办法》发布，扩大了制度受益范围。全市7231名个体工商户和自由职业者开户缴存住房公积金，新增月缴存额860万元，缴存余额达2366.88万元。

贷款与提取。一是贯彻新政策给力。2015年住房公积金贷款利率持续下调，截至2015年年底已达历史新低。常德市调整了住房公积金贷款和提取政策。截至2015年12月31日，全市共受理2496户个体工商户、自由职业者贷款，涉及金额6.47亿元；共发放异地贷款199笔，发放金额6037.8万元；为53户困难家庭借款人发放贷款贴息资金31.7万元；已有23190人成功签约“月对冲”业务。二是执行新程序规范。把好入口关、检查关和追偿关“三关”。成立审贷委员会，并对参与贷款审核人员实行终身责任追究制。截至2015年12月底，各管理部贷款逾期率全部为0。提取业务严审快办，坚决遏制套取骗取行为发生。三是优化新服务到位。将政策法规及业务办理指南编入《政策清单》，启动电子档案共享程序，开通各管理部征信查询系统功能。业务办理实行六个一即“一次性告知、一站式平台、一条龙服务、一日内提取、一旬内放贷、一个电话号码查询”。

资金安全。一是加强财务管理促安全。资金集中结算和会计集中核算后，全市银行存款支出账户从47个精简为7个，其他归口为收入账户实行“零余额”管理。资金调度后全部由中心统一支付，且开通了业务系统指纹授权功能，既快捷又安全。2015年资金净流出额达16.08亿元。在合法合规前提下，创新用单位定期存单质押向银行借入短期贷款保支付，缓解了资金需求矛盾，确保了收益增值。二是加强教育检查促安全。组织干部职工践行“三严三实”教育活动精神，观看警示教育片给职工敲警钟。制定详细的党风廉政建设和作风建设计划，并要求各科室、管理部负责人签订《党风廉政建设责任状》，强化领导责任。监察室牵头查找33个风险点，制定68项防控措施，并责任到人，实行检查抽查。开展20余次作风督查。对管理部领导班子进行廉政谈话，并对个别干部进行诫勉谈话。三是加强内审稽核促安全。开展贷款业务专项稽核工作。结合电子档案系统、纸质档案对业务进行抽查、复核。增设稽核点近30个，改进项目近10个，确保日常稽核工作无死角、无遗漏。通过建立整改台账、跟进回访等方式定期开展“稽核回头看”，深化审计成果运用，防范风险。2015年，中心首获“全市内部审计工作先进单位”称号。

信息化建设。一是业务系统功能强大。业务系统升级后实现了精细化管理6项改革目标。辅助系统模块相继上线，确保新政策及时落地。二是日常运行安全高效。对中心机房、主要业务系统、软件及设备开展日常维护，确保触摸屏、考勤机、服务评价器等硬件设备和软件系统安全高效运行。三是行业交流不断加强。省内外20多个中心同行先后来常德市考察交流信息技术管理经验。

（张道贤）

向群众宣传住房公积金政策

**【常德住房公积金业务系统升级为全国领先水平】** 常德市住房公积金管理中心业务软件在2015年初进行了全面升级，已在全国住房公积金行业内处于领先水平，得到住建部高度评价和同行人士肯定。一是实现贷款自主核算，摸清了家底。改变原先依靠银行核算贷款账目的历史，可以通过系统进行贷款的申报、审批、发放、回收、信息变更等所有流程操作，通过银企互联通道自主向各委托银行发送指令，进行贷款资金发放、贷款批扣资金回收，使中心能随时主动掌握贷款真实数据信息，使借款人能够利用公积金进行月对冲还贷和一次性结清还贷，加快了贷款审批发放过程。二是实现会计集中核算，理清了账目。实现整个中心一套账、一本账，管理部前台只管业务单据，负责审核业务资料的真实性和合法性，减少各管理部共10个会计岗位。三是实现资金实时结算，提高了效率。与委托银行开通银行实时结算通讯接口。实现提取资金入卡、贷款资金划拨、贷款发放入卡、贷款批扣回收、中心账户余额查询、明细查询、中心资金调拨、卡校验、联名卡绑定及查询等相关交易。提取、贷款资金一般当天到账，归集缴存资金当天查询获取信息当天入账。四是实现零余额账户管理，确保了安全。通过与各委托银行签订资金上划协议，由银行每天定时将各管理部归集、贷款回收资金清收到市中心各委托银行总账户，管理部提取和贷款发放所需资金由中心各委托银行总账户统一支付，管理部账户实行零余额管理。实行“零余额账户”管理后对中心各管理部资金可统一运作、调剂使用、规避风险、确保安全、明显增效，增值收益率不断提高。五是实现综合柜员管理，加强了管理。新业务系统中按照整体协同办公、前台业务综合柜员受理、业务流程审批确定到人、会计集中核算、资金支付严格审批控制等新的管理模式授权，并制定了业务系统标准角色岗位。六是实现协同办公，加速了运转。中心工作人员经过单点登录后自动先进入OA行政办公区进行日常行政办公和业务审批。协同办公包括正常收发文、工作计划及任务管理、人事管理、网络考勤管理、固定资产管理、知识培训管理等。七是实行电子档案管理，方便了群众。各项前台业务在受理环节对资料原件、复印件进行拍照、扫描存档，可以当场返还客户资料原件，方便后续审批流程在线审批，以及事后即时查看、管理业务档案资料。按照“纸质资料收件越来越少，电子档案资料越来越充实”的档案管理原则，实行“一人一档”，提取和贷款档案共享，客户无须重复提交已提供的资料，使客户对服务越来越满意。八是实时验证资料真伪，保证了真实。可使用房管局查询接口验证购房合同、房产证的真伪，使用人民银行征信系统查询验证借贷人信用真伪，使用集成键盘验证身份证和银行卡的真伪。九是实行在线审批、系统稽核，防范了风险。利用电子档案查看功能，实行提取、贷款在线审批。利用预设稽核参数，稽核科对系统内归集、提取、贷款、财务进行在线稽核、审计，可以规范系统基础信息和业务操作，确保中心各项管理政策落地执行。十是建成立体化客户服务体系，升级了服务。建立客户服务中心，开通“12329”热线、免费短信、单位QQ、微博、公众微信号、手机APP等服务通道。客户可方便快捷地查询信息和了解政策。

（张道贤）

**【常德住房公积金政策宣传动画片开全国先河】** 市住房公积金管理中心开全国先河，策划、制作了住房公积金政策宣传趣味动画片《八戒买房记》。用家喻户晓的人物生动地讲述了利用住房公积金制度解决住房问题的故事。该片涵盖住房公积金归集、提取、贷款及贴息等政策，情节通俗易懂，形象可爱逗趣，让群众在观看动画片的过程中了解、掌握住房公积金政策，起到“润物细无声”的效果。

《八戒买房记》自2015年11月12日发布后，得到住房公积金行业人士的一致认可，并获得住建部肯定。住建部主管的《中国建设报》官方微信公众号多次发布推广。该片在网络及服务大厅等渠道播放量已达10万次以上。湖南住建、住房公积金论坛、常德政府网、常德论坛、《常德日报》《常德晚报》等单位微信公众号纷纷转载，腾讯视频、优酷土豆视频、常德电视台、鼎城电视台等平台也播放了该片。媒体和群众对该片赞赏有加，群众普遍反映“喜欢看，看懂了”，红网还发表“常德公积金宣传片接地气”的报道盛赞该片。

（张道贤）

# 农业综合开发

**【概况】** 2015年，全市共争取中央、省级财政资金28795万元，比2014年争取上级资金26910万元增长7%。建设高标准农田104.6平方千米；扶持产业化项目41个，新增产值10.99亿元；争取了澧县粮食、桃源茶叶2个优势特色农业产业园试点项目，占全省同类项目的1/4，到位项目资金2000万元。在2015年全省验收考评中常德市评为全省先进市州。市农开办还荣获全省农业综合开发宣传信息、项目计划编报、资金决算编报、产业化经营项目管理和统计工作先进单位以及全市扶贫工作先进单位、市绩效考核优秀单位、市直财政系统绩效管理考核先进单位、市招商引资工作优秀单位等多项荣誉称号。

土地治理项目。2015年，建设高标准农田104.6平方千米，建设优势特色产业园项目2个，争取中央和省级财政资金20459万元。修建衬砌渠道274.01千米，新建拦河坝12座，新建和改造排灌站13座，渠系建筑物91座（处），扩建加固小型蓄排水工程197座，修建机耕路128.21千米，改良土壤0.47平方千米，营造农田防护林2.67平方千米，技术培训农民4100人次，购置仪器设备（太阳能诱蛾灯）379台（件），示范推广8平方千米。在全市农开系统继续开展“规范管理推进年”活动，下发活动实施方案，制定《土地治理项目计划调整变更管理办法》等一系列制度，完善验收细则，细化操作规程，规范管理程序，确保每一个环节都有制度支撑。2015年8月和12月，在石门县分别组织开展全市农业综合开发土地治理项目现场培训会和监理会议。全市农业综合开发以粮食主产区为重点，按照集中连片、科学开发的思路，实施山、水、田、林、路综合治理，全市土地治理项目区基本实现田成方、林成网、渠相通、路相连的现代农业示范区。通过土地综合治理，项目区新增和改善灌溉面积88.8平方千米，改善排涝面积13.67平方千米，新增节水灌溉面积21.53平方千米，年节约水量386.86万立方米。提高农业竞争能力，增加优质农产品种植面积64平方千米，其中优质粮食种植面积34.53平方千米。全市项目区通过土地治理比立项前年新增粮食生产能力1450.4万公斤，新增棉花生产能力31.75万公斤，新增油料生产能力104.09万公斤，新增糖料生产能力3.6万公斤，新增其他农产品生产能力347.01万公斤。项目区直接受益农户数量达31820户，直接受益农业人口数为113032人，直接受益农民年纯收入增加总额为2237.8万元。项目区的农田灌排亩均费用由65元下降到现在的20多元，生产成本大大降低。

石门县蒙泉镇项目区机耕道路与现浇渠

产业化经营项目。2015年，常德市成功立项41个产业化经营项目，其中39个项目为一般产业化经营财政补助项目，龙头企业带动产业发展试点项目1个，一县一特产业发展试点项目1个。共争取财政资金4844万元（其中一般补助项目3724万元、龙头企业带动产业发展试点项目700万元，一县一特产业发展试点项目420万元），争取的项目个数和上级财政资金总数位居全省前列。经过一年的项目实施，极大提升了企业和农民专业合作社的经营管理和财务管理水平，增强了农民增收能力，起到了良好的示范带动效果。年新增利税4987万元，年直接受益农户77817户，直接受益农民年收入增加37576万元，年新增农村劳动力就业1162人。

资金监管。一是强化资金协调。加强与财政部门衔接沟通，积极采取资金拨付改进措施，提升资金管理效率。二是强化资金管理。把规范化理念贯穿到财务管理的每一个环节，在资金报账、项目验收、责任追究等环节，细化资金管理流程，做到资金管理合法依规。在机关财务方面，制定资产管理、公务消费等相关制度，进一步规范财务管理。三是强化监管力度。认真督导各项目县完成2014年度竣工项目财务决算和资金报账，做到程序合法、资料完整，确保资金安全。

宣传调研。2015年，市农开办再次被省农开办评为全省农业综合开发宣传信息调研工作先进单位（排名第一），澧县、石门县、桃源县被评为全省农业综合开发宣传信息工作先进县。全年，在各级媒体上发表信息文章共达170余篇，其中国家级新闻媒体发表13篇，省级发表13篇，市级发表120篇，调研文章30篇。一是积极开展基层调研。建立班子成员联项目区县、科级以下干部联项目区和扶持企业制度，采用“点对点、面对面”工作法，绘好民情图、记好民情账、做好调研记录，把基层调研与项目建设结合起来。二是加强媒体对接合作。与《常德日报》、常德电视台等媒体建立合作关系，还通过市政府网站、财政局网站等网站积极宣传农开工作情况，构建各级媒体全覆盖式宣传网络，上稿量保持全省领先。三是开展多种主题活动。组织感动农开人物评选、举办业务培训、扩充宣传队伍、组织专题调研等一系列活动。

点村扶贫。2015 年，市农开办充分运用土地治理和产业扶持的优势，投入财政资金 1500 多万元，参与 34 个美丽乡村建设，特别是作为市委驻石门县磨市镇九伙坪村扶贫工作组组长单位，累计投入财政资金 1649 万元加大了精准扶贫力度，推动了脱贫工作如期完成。

（胡　植）

## 国有资产监管

**【概况】** 纳入 2015 年经营业绩考核的 15 家市属监管企业中，除 2 家煤矿外全部实现盈利。截至 2015 年年底，15 家企业资产总额达 1558.16 亿元，同比增长 31%；净资产 767.36 亿元，同比增长 16%；实现各项收入 50.05 亿元，同比增长 27%；实现账面利润 6.11 亿元，同比增长 10%；上缴各项税金 2.78 亿元，上缴国有资本经营预算收益 903 万元。一批重点优势企业保持了良好发展势头。经投集团品牌实力和影响力进一步增长，获得世界认同的中诚信国际 AA+ 信用评级，及全国企业文化建设先进单位、中国最佳绿色金融企业等数十项荣誉称号。财鑫集团融资担保先后获得国家和省级“最佳担保创新奖”。市国资委先后被评为市州国资监管工作先进单位、国有资产统计工作先进单位，市直对口支援工作优秀单位、信访工作先进单位、创建国家森林城市工作优秀单位、档案工作先进单位等荣誉称号。

国企改革发展。积极发展混合所有制经济。按照市政府“关于积极探索混合所有制改革在我市的具体运用”的工作要求，对市房地产开发公司实行改制并实施混合所有制改革试点。城投集团、欣运集团在棚改项目建设领域以及市农业投、交通投等企业在成立子公司时，按照混合所有制形式进行了大胆尝试。推进企业管理创新。经投集团推行管理信息网络化，实行网上办公和网上审批，实现网上实时监控项目建设进度，及时掌握经营数据，提高了工作效率；市交建投成立专事股权管理的投资管理部，对全资子公司实行责任制经营，最大限度调动子公司积极性；欣运集团开展创收五大竞赛活动，每月进行龙虎榜排名，激发了基层工作潜力；财鑫集团着力优化风控机制，共收回担保代偿款和不良贷款 1.31 亿元，风险责任追究履行率和跟踪监管稽核率达到 100%。推进社会职能移交。按照国务院国资委和省国资委的工作部署，先后 5 次深入 36 家驻常央企、省企进行调研，多次召开座谈会、工作会进行推进，并向市政府第 43 次常务会作专题汇报，报请市政府成立领导小组，制订工作方案广泛征求相关市直部门和单位意见。企业自主经营有新起色。经投集团 2015 年在小额贷款、建筑安装、对外投资等方面取得明显成效，自主经营项目利润总额达 1.4 亿元，旗下盈利超千万的子公司有 6 家；市城投集团自营业务利润突破 3000 万元，市农业投利润总额突破 1000 万元；市交建投基本完成公司集团化改造，2015 年拓展 4 项新业务，开展了 6 项股权投资，实现利润总额突破千万元；路桥集团努力克服诸多困难，积极拓展市场，成功实现扭亏为盈；建勘院、规划院等单位抢抓城建项目投资增长机遇拓展业务，营业收入、利润稳步增长。资本运作有新突破。经投集团下属汇丰小贷公司成功在新三板挂牌，在上海自贸区和北京分别成立融资租赁公司和基金管理公司；财鑫集团投资的新合新医药公司被上市公司溢多利整体收购，通过转让其国有法人股将溢价的 1500 万元变为上市公司股权；市农业投以 2000 万元的出资设立了 2 亿元规模的现代农业股权投资基金，以 3000 万元投资天星资本即将上市。对接合作有新成果。市国资委先后承办市委、市政府主要领导拜访央企及战略投资者活动，以及央企来常德项目洽谈签约活动，共洽谈项目 26 个，与 5 家央企签订战略合作协议，其中，由兵装集团投资 16.5 亿元的常德安防产业园项目已经正式落户；市经建投集团作为责任单位积极参与生命健康产业园、绿色小镇等多个项目的对接；财鑫集团引进上海战略投资者，设立西洞庭科技园区开发公司。项目建设方面，投融资公司全年累计完成重点建设项目投资近百亿元，经投集团欢乐水世界、环柳叶湖马拉松赛道、柳湖沙月等一批项目建成；城投集团“三中心”、南大门机场快速路等项目建成竣工，芙蓉观邸写字楼项目被评

常德市国企改革暨国资监管工作会召开

为五星级省优项目，老西门棚改项目被国家文化部收录为三年内优秀建筑作品；市交投集团全力出击“交通大会战”，承建的芦狄山互通全部建成通车；市农业投快速推进园区建设，成功申报国家级农业科技示范园，完成生物谷项目建设投资过亿元；市工业投自主筹资超额完成汉能标准化厂房建设投资任务；文旅投着力推进桃花源景区“6+1”核心项目建设。

国资监管。国资监管工作不断规范。推进经营性国有资产监管全覆盖取得新的进展，园林建设绿化公司、环科所及下属双赢等三家公司整合归并到了经投集团和农投公司名下。改进和完善企业负责人薪酬改革方案，通过调整部分单位绩效薪酬调节系数，统一规范企业副职负责人基薪系数，更好地调动了企业负责人积极性。健全国有资本经营预算编制制度，预算编制企业增加到20家，收益收缴比例提高到18%，预算收入总额比2014年增长60%，达到1485万元。加强国资委出资人审计监督，会同市审计局制定并以市政府办的名义下发《关于进一步加强市属国有企业审计监督有关事项的通知》，强化了出资人审计职能。指导监督工作不断加强。市国资委坚持每半年召开一次县级国资监管工作交流会，加强业务指导和监督，及时提供政策咨询服务。各县市区国资经营管理机构创新思路，扎实工作，呈现了各自不同的特色和亮点。桃源县通过资产清查归集向县城投公司等融资平台注入资产6.35亿元，顺利完成桃花源区域内国有资产成建制无条件移交工作；石门县积极开展对接合作工作，2015年新开工项目1个，续投项目2个，签约项目5个，协议投资额达19.5亿元；澧县加强对国有投资建设公司的管理出台了一系列监管制度和办法，组织企业编制年度经营预算；津市市聘请专业管理咨询公司为企业进行组织机构再造和流程优化咨询服务，与湖南首创投资公司签订了省内首个县级PPP项目；武陵区通过运营增效、处置增效、融资增效三大途径，推动国有资产结构不断优化、良性资产有效扩张、不良资产顺利消化。临澧县、汉寿县、安乡县、鼎城区等县市区在规范国资管理、提高国有资本经营收益方面也取得积极进展。

国企党建。扎实开展“三严三实”专题教育。5月下旬，正式启动县处级领导干部“三严三实”专题教育。认真制定方案、举办专题党课，组织学习研讨会和领导班子“三严三实”专题民主生活会。国资委及各企业认真组织开展“一进二访”活动，帮助点村联系解决了一些实际问题。企业领导班子及人才队伍建设力度加大。评选表彰了一批经营管理先进单位、优秀经营管理者以及先进基层党组织、优秀党务工作者、优秀共产党员，经投集团被省国资委评为“四好领导班子”。加强干部教育培训和企业文化建设，举办2015年全市国有企业经营管理人才培训班、“道德模范在身边”进企业学习宣讲报告会，市经致远公司林文海同志被市委宣传部推荐，登上“常德故事百姓讲”的宣讲舞台。群团活动有声有色，组队参加市直机关运动会、环柳叶湖骑行等活动，取得较好成绩。党风廉政建设和作风建设不断加强。严格落实党风廉政建设党委主体责任、纪委监督责任，组织对系统企业落实党风廉政建设责任制进行年度检查考核及问题整改。落实“三转”工作要求，组织企业纪委书记进行学习调研，拟定《加强和改进市属国有企业纪检监察组织建设的意见》并上报市纪委。认真开展党风廉政建设监督检查和作风建设专项检查，配合市预防腐败局对重点承担廉政风险防控课题的23家市属国有企业进行督导。严肃执纪问责，委纪委对委系统4宗信访件等进行了调查，对相关责任人进行了处理。

社会服务。按照城市提质的工作要求，城投集团、经投集团及下属相关子公司加快推进棚改项目建设，共建成竣工棚改房、安置房、公租房近2万套。市工业投发挥自身优势积极帮助工业企业“过冬”，全年为600多户中小微工业企业及“双创”人群提供“过桥资金”等融资服务8.8亿元，为企业降低过桥融资成本2～3倍。财鑫集团着力破解商贸流通类小微企业融资难的困局，全年共为1231户（次）中小微企业、“三农”及“双创主体”提供融资服务支持64.88亿元。公交公司全年运送乘客1.35亿次，通过开展“三个最美”评选活动，公交服务品牌和服务水平进一步提升。自来水公司完成城乡供水一体化任务，公司供水区域已辐射到市城区周边500平方千米，解决了城市周边8.9万人的安全饮水问题。（雷　明）

## 国　税

**【概况】** 2015年，市国税局被评为全市绩效评估优秀单位、落实党风廉政建设主体责任和监督责任工作优秀单位；在优化经济环境测评中获得满分，被市委、市政府评为红旗单位；获常德市第五届市直机关运动会省直单位组团体一等奖、体育道德风尚奖。

组织收入。2015年，全市国税系统共组织入库各项税收56.73亿元，同比增收4.68亿元，增长8.98%。全市全年审批通过出口退（免）税额2.48亿元，同比增长35%。全市汇算清缴入库企业所得税税款2.02亿元。共计入库非居民税收1521.5万元，同比增长16%。扎实开展“营改增”各项工作，共申报入库改征增值税2.6亿元，减税17907万元。2015年，全市国税稽查系统共检查纳税人311户，查补各项收入3544.54万元。

自身建设。加快《全国税收征管规范》落地，探索国、地税合作，征管改革；简政放权，开展“三证合一”，税务行政审批改革；“金税三期”上线，被省国税局评为先进单位，增值税发票管理系统升级版存量企业推行完成。巩固“星级办税厅”成效，发挥标杆单位示范效应，服务规范落地；联合建设银行推出“税信贷”系列产品，为56家中小微企业融资超过7928万元，解决1119人就业问题；开展新常德·新创业·新税风——税收助推大众创业系列活动。开展“三严三实”专题教育活动。开展“清廉国税·精彩故事”征集及讲述活动并获得省领导和市委政府领导充分肯定。开展

“流动课堂下基层”、青年干部“上挂下派”和国税之星选树、巡回报告等活动。改进和完善绩效管理，规范内部行政管理，内部管理效能提升。开展文明创建工作，市国税局机关连续10年保持全国文明单位荣誉，所辖县级局1家为全国文明单位，1家为省文明标兵单位，7家为省文明单位。（李 硕）

**【开展廉政故事讲述活动】** 2015年10月13日，常德国税举办“清廉国税·精彩故事”讲述活动，来自市局机关、直属单位和县市区局的10名普通干部，讲述廉政故事。此次活动以反映干部职工“真人真事”为原则，前期共征集稿件50余篇，经过筛选最终敲定10个事迹真实可靠、内容生动具体的廉政故事作为蓝本。讲述现场，运用文字、图片、视频、音乐、动漫、沙画等形式全方位再现故事情境。此次廉政教育活动由干部职工唱“主角”，实现从传统灌输式、说教式向互动式、开放式转变，达到“身边人讲述身边事、身边事教育身边人”的共振效果，得到省局领导、当地市委市政府和干部职工的高度好评。（李 硕）

“新常德 新创业 新税风”知识宣讲

**【开展新常德·新创业·新税风——税收助推大众创业系列税收宣传活动】** 市国税局在全市开展以“八个一”为主要内容的新常德·新创业·新税风——税收助推大众创业系列活动，即一次新闻发布会、致“创客”的一封信、一堂知识讲座、一次面对面座谈、一次在线交流、一个专栏、一次体验活动、一批典型推介，帮助草根“创客”消除税收顾虑、形成税收认识、获取优惠政策、享受春风服务，助推其在编织“小我”梦想的同时，实现“大时代”希望。其中《致“创客”的一封信》被国家税务总局微信公众号原文推送。（李 硕）

# 地 税

**【概况】** 2015年，市地税局被省地税局评为领导班子年度工作综合绩效考核先进单位和全省地税系统“三基”建设工作先进单位，被市委、市政府评为市直绩效评估先进单位，市局机关继续保留全国文明单位荣誉。市局机关和各县市区局均在当地优化经济环境测评考评中名列第一，实现“满堂红”。

组织收入。收入规模连跨110亿元、120亿元两个关口，全年累计入库各项收入122.26亿元，完成年计划的105.8%，同比增收16.06亿元，增长15.1%，收入总量和增幅均列各市州第2位，收入协调度有11个月列各市州第一。一是强化税收分析。按月下发收入情况通报，按季召开税收分析会，不定期召开专题税收分析会，深入开展税负、税源及政策效应分析，增强了组织收入的主动性和预见性。强化对常德卷烟厂、中联重科等重点企业的税源监控，牢牢把握组织收入的主动权。二是深挖税收潜力。扎实开展“1113”税收业务专项活动，累计清缴欠税近2亿元，核实欠税4.46亿元，对全市548户营业税重点纳税人评估查补税款1.34亿元。三是坚持依法稽查。继续强化“一案双查”，完善征管风险化解和纠正机制。积极推进税收专项检查和重点税源企业检查，规范重大税务案件审理，加大对偷、抗税案件查处、打击和曝光力度。全市共组织检查228户，查补入库1.06亿元，有效规范了税收秩序，促进了堵漏增收。四是推进综合治税。进一步完善全市综合治税信息平台，全方位加强与国税、工商等部门的业务协作，在涉税信息共享、个体联合“双定”、窗口委托代征、“三证合一”改革等方面取得新的进展。五是严肃收入纪律。始终严守红线底线，如实撤销过渡账户，坚持不空转、不预缴、不压库，确保了收入真实、准确。

依法治税。一是突出依法行政。积极落实行政执法权力清单制度，健全公开透明、便民高效的权力运行机制。认真实施“六五”普法规划，圆满完成各项目标任务，市地税局代表常德迎接全省“六五”普法验收，受到省市领导肯定。二是做好依法管控。把科学化、精细化管理作为提升依法治税能力的重要抓手，严格按照所得税法做好两个所得税的汇算清缴，按照国税总局要求做好房地产企业土地增值税清算，同时土地使用税等级调整、以地控税、国际税收等工作均取得较好成效。三是严格依法减免。专门开展重大税收政策措施落实情况清查，切实加大对小微企业、民生项目、创新技术等方面的政策支持力度。联合国税推出“新常德、新创业、新税风”系列活动，多种措施助推大众创业、万众创新。全年全市共办理各类税收优惠减免968户次，减免地方各税6700多万元。

办税服务。一是全面推进“便民办税春风行动”。逐条逐项对照省局“便民办税春风行动”实施方案，重点在完善和落实“全方位、全过程、高质效”的纳税服务操作规程、强化网上办税厅和自助办税终端应用、开展纳税服务日活动、“局长走进行风热线”活动等方面做了富有成效的工作。强化纳税人学堂建设，全年开办纳税人学堂13期，培训纳税人700人次，进一步加深了纳税人对税收政策的理解和认识。二是着力深化星级办税服务厅建设。认真落实《全国税务机关纳税服务规范》，特别是深入开展了办税服务厅流动红旗评选，内容涉及办税服务厅考核和办税员考试两方面9大类27项内容，进一步夯实办税服务基础，营造了浓厚的星级办税服务厅创建氛围。三是优化升级纳税服务专家团活动。进一步优化相关活动方案，明确以纳税辅导和纳税咨询为主线，通过开展形式多样的纳税服务，实现服务平台更广、服务质效更高，面对面零距离贴心服务纳税人。四是创新推行《纳税服务手册》。在成功编印下发《涉税事项办理指南》的基础上，创新推出《纳税服务手册》，为纳税人量身定制所有涉税资料和注意事项，并在各县市区局推行实施，增强了纳税遵从。

队伍建设。一是着力创争引导。继续在全系统开展“三强班子”“五型团队”“三优税干”争创活动，汉寿县局、经开区局、临澧县局、澧县局获评“三强班子”，临澧县局获评“湖南省文明标兵单位”、桃源县局获得“全省地税系统先进单位”殊荣。二是着力规范管理。先后修订完善34项内部制度，严格按规定标准和流程，加强经费、资产、基建、公车等管理、提高使用效益，防范风险问题。严格按制度管人用人，有序开展干部轮岗交流，98名干部进行了轮岗。全面深化绩效管理，市局全年指标得分位居各市州局第一位，并在省局绩效工作推进会上作经验发言。三是着力严管作风。扎实开展“三严三实”专题教育。认真落实“两个责任”，履行“一岗双责”，不断深化党风廉政建设。全面推行立体式、交叉式、全方位的巡查暗访机制，强化压力传导，严肃作风纪律。全年对14名干部作出问责处理。四是着力人文关怀。全年共帮扶困难干部职工49人次，有效传递了组织温暖。五是着力提升素质。分类、分级、分年龄段开展培训。全系统“三师”人员增加到115人，占在职人员9.4%；有47人获得省级以上业务能手称号；全省税收业务讲师团首批评选10人，市地税局有2人入选，3人被评为总局、省局兼职讲师。

（饶　巍）

2015年9月29日，全市地税系统启动“金税三期”工程

**【“金税三期”上线运行】** 金税工程是国家电子政务“十二金”工程之一，先后经历了一期和二期建设阶段。2015年，常德市地税系统上下整体联动，齐抓共管，统筹推进，强化巡回督导、讲评通报、疑难会诊、审核验收等机制，扎实做好了数据清理、业务培训、运行维护等工作。结合“金税三期”上线，全市地税着力夯实征管，落实征管规范，全面开展欠税清理、数据补录，修改核实系统异常数据7万多条，各项流程、数据、权限不断规范。自10月份单轨上线后，成功办理了纳税申报、税务登记、代开发票和完税证明等多类业务，系统运行平稳，数据准确无误，实现了“金税三期”上线“零事故”，多项通报指标在全省排名靠前，取得了上线的阶段性胜利。

（饶　巍）

# 经济执法与监督

## 环境保护

【概况】 2015年，市本级共审批建设项目101个，其中环境影响报告书项目49个，环境影响报告表项目43个，环境影响登记表项目8个，变更1个；提出书面审查意见上报省环保厅审批项目10个。规划环境影响评价工作持续推进，2015年，启动常德市港区规划（修编）环评工作。全市开展整顿违法排污企业环保专项行动和环境监察计划执法。全市共对939家企事业单位进行检查，发现存在环境违法问题企业115家，其中责令限期改正81家，责令停止建设19家，关停取缔10家，立案处罚42家，处罚金211.0372万元，依法进行查封扣押2家，按日计罚1起，行政拘留案件4起4人。其中市本级共检查企业380余家，出动1844人次，对68家企业下达《环境监察意见通知书》，停产整治37家。立案处罚23家企业，处罚金额130.5765万元。全年市本级共处理群众来信来访案件1030余件，全部已按时回复、办结，完成12369专项行动填报系统每月信息填报。全年市本级共接到环境投诉举报1227件，其中反映噪声污染问题531件，大气污染问题390件，水污染问题23件，固体废物污染问题2件，辐射影响问题108件，畜禽养殖及农药、化肥污染问题50件，其他问题123件。共收到群众来信6件，处理率100%。办理人大建议和政协提案29件，建议提案办理满意率为100%。全市开展减排工作，主要污染物化学需氧量、氨氮、二氧化硫、氮氧化物总量削减指标均完成年度任务。2015年全市排放二氧化硫4.08万吨，比2014年净削减0.4万吨。排放氮氧化物4.29万吨，比2014年净削减0.79万吨。排放化学需氧量为11.34万吨，与2014年持平。排放氨氮为1.24万吨，比2014年净削减0.01万吨。 （陈　鑫）

2015年6月15日，市环境监测站举办首届环境监测业务公开活动

【生态市建设】 截至2015年年底，全市辖区内批准建设自然保护区8个，总面积1715.54平方公里。其中国家级自然保护区3个，分别是湖南壶瓶山国家级自然保护区、湖南乌云界国家级自然保护区、西洞庭国家级自然保护区，省级自然保护区2个，分别是花岩溪省级自然保护区、望阳山省级自然保护区，县级自然保护区3个，分别是津市毛里湖自然保护区、鼎城区冲天湖县级自然保护区、澧县北民湖县级自然保护区，主要以森林生态系统、野生动植物、自然景观、湿地和水禽及水生动物为保护对象。另有国家级、省级风景名胜区、国家级、省级、县级森林公园、湿地公园21个。受保护总面积2585.6平方公里，占国土面积的14.2%。截至2015年，共创建省级生态县2个，分别是石门县和桃源县，省级以上生态乡镇179个，其中国家级生态乡镇33个，生态乡镇个数

占全市乡镇总数的86.1%，共创建省级以上生态村331个，其中国家级生态村5个。2015年共争取全省农村环境综合整治整县推进项目8个，全市共有11个区县市纳入全省农村环境综合整治整县推进项目区县，项目总投资13.53亿元，其中省农村环境综合整治整县推进以奖代补资金2.7亿元。重点推进农村生活饮用水源治理、生活污水处理、生活垃圾处理、畜禽养殖污染防治等方面。其中津市市已完成整治任务。　（陈　鑫）

## 质量技术监督

**【概况】** 2015年，市质监局成功创建市级文明单位。社会管理综合治理、安全生产工作均荣获全市先进单位，并在市委经济工作会议上通报表彰。纤维检验监督工作荣获全国纤维质量监督先进单位。市质监局班子民主测评优秀率达99%以上。

质量强市建设。紧紧围绕市委、市政府提出的“新常德新创业”总体思路，研究制定《常德市质量技术监督局服务四个常德建设工作实施意见》，同时呈报市委、市人大、市政府、市政协，得到四大家主要领导的充分肯定。市质监局明确把服务四个常德建设作为2015年乃至“十三五”时期的一号工程来推动。2015年，新增“桃源黑猪”“临澧杂柑”国家地理标志保护产品2个，地理标志保护产品总数位列全省第一；指导19家企业成功创建省名牌，帮助40家成长性较好的企业制订阶段性质量发展目标和规划，开展全面质量管理知识培训达1000余人次；主动与常德经开区管委会座谈对接，帮助其创建“全国知名品牌示范区”，共同推进质量强区战略；新增湖南省地方标准制修订项目立项11个，养老、旅游服务标准化试点项目各立项1个，指导3家工业企业开展“标准化良好行为企业”创建，围绕完美社区、健康医疗服务标准化开展调研；实行对全市小微企业、个体工商户、农民专业合作社免费办理组织机构代码证6700家，为企业减负近100万元。“5月服务基层月”活动，深入金雁电线电缆等企业现场办公，为企业发展“把脉会诊”、零距离服务。通过一系列措施，全市企业质量管理水平不断提升，品牌美誉度、市场竞争力不断增强，向规模化、标准化、现代化不断迈进。

质量监管。围绕群众关切的热点问题，先后开展“抓监督，保安全”，“关注民生，计量惠民”等专项行动。召开安全生产工作谈心对话会议，认真学习传达、贯彻落实党中央、国务院、省、市领导的重要指示批示，全国安全生产电视电话会议和全市安全生产谈心对话会议主要精神，重点加强特种设备、危险化学品和重要工业产品质量安全的监管，切实落实监管责任，确保安全。深入开展自动扶梯和自动人行道专项检查、全市危险化学品企业特种设备百日安全大检查；对常德欢乐水世界建设项目游乐设施安全进行上门指导和检查，保障了其如期开园和大型游乐设施的使用安全；保障湖南国际旅游节（常德）期间特种设备安全。市本级开展产品质量定期监督抽查580批次，合格率98.7%。完成棉花公检8390吨，麻类公检2950吨。依法查处企业违法行为570起，端掉黑窝点3个，受理处理投诉举报181件，处理率100%。加强车辆超限超载治理，检查高速公路沿线检测点11个，国道、省道沿线检测点7个，县道沿线检测点2个，对检查发现的问题当面指出并通报超限检测点的主管部门，对整改情况进行了确认。在食品安全监管职能划转前，严格食品生产质量安全监管不放松，确保了交接前安全无事故。落实涉企检查备案85份。办理政府网站市民留言13件，人大代表建议和政协委员提案13件。组织开展市长热线接话接访、行风热线各1期。接受了市政协民主监督。强化能源计量，为节能减排提供技术支撑，成立了能源计量工作服务队，完善能源计量工作的责任制，建立技术服务上门的工作模式，深入全市重点耗能企业进行调研，实施能源计量审查43家企业，全方位、多角度的开展能源计量宣传，营造了节能减排“政府引导、部门推进、企业自律、公民关注”的良好氛围。

自身建设。一是加强干部队伍建设。机构改革期间，坚持“抓班子、带队伍”，凝聚正能量，领导班子带头谋事干事，主动与基层干部职工交心谈心，开展思想教育，凝聚人心，稳定队伍。组织干部职工参加理论学习、业务培训，认真开展全员政治理论学习。积极创建文明单位，干部职工文体活动丰富多彩，开展“弘扬社会主义核心价值观”演讲比赛、“迎新春送春联”等系列活动，组团参加第五届市直机关运动会多个项目，获“团体二等奖”和“道德风尚奖”，凝聚和弘扬了正能量。二是加强作风建设。扎实开展党的群众路线教育实践活动、“三严三实”专题教育，持续发力推进作风建设。全面贯彻落实“两个责任”。出台《常德市质量技术监督局关于落实党风廉政建设党组主体责任、纪检组监督责任的实施办法（试行）》，明确了领导班子、班子成员个人、纪检机构、纪检机构负责人的主要责任及具体工作措施。广泛开展反腐倡廉教育；坚持督促检查，开展廉政谈话约谈，发布作风建设情况通报7期，做到抓常、抓早、抓小，及时消除苗头性问题，避免违纪发生。严格规范民主决策。主要负责人不直接分管人事、财务，党组会末位表态；纪检组长聚焦主业。“三重一大”事项坚持集体研究，纪检监察同志全程列席党组会。全年未发生一起违法违纪及违反作风建设规定的案件，实现了零上访、零投诉、零举报、零事故。三是加强内部管理，稳步推进改革。新制修订内部管理制度27项，严格用制度管人治事。《常德市质量技术监督志》已完成送审稿。编制《政策清单》，呈报市政府统一印制出台。解决原集资房长达17年的遗留问题，为24户干部职工办理了房产、国土两证。顺利完成市级食品安全监管职能划转工作，原承担的生产企业食品监管职能划转市食药局，人员、设备已全部划转到位。顺利完成将县级质监部门的机构编制人员移交县级人民政府。四是加强预算管理，推进技术机构建设。市本级“三公”经费支出占预算的81.8%。国检中心主体工程顺利竣工；新增婴儿培养箱检定装置、多参数监护仪检定装置2个计量检定项目。五是创新开展机关党建工作"一化四型"(一化即标准化，四型即学习型、服务型、创新型、廉洁型)，成立以主要负责人为组长的工作班子，建立了包含39项标准的"一化四型"标准体系雏形。该项工作得到市四大家主要领导、市直机关工委、省质监局的充分肯定和高度评价。（崔炳林）

国家生活用纸产品质量监督检验中心（常德）项目建设工地

## 烟草专卖

**【概况】** 2015年，常德市烟草商业系统完成卷烟销量25万箱，占全省比重9.3%，销量排名全省第3位。收购烟叶13.98万担（1担=50公斤，下同）。实现销售收入62.61亿元，同比增长8.28%，其中卷烟销售收入59.09亿元、烟叶销售收入3.52亿元。实现税利16.66亿元，同比增长24.79%。

物流管理。全年物流费用同比减少616万元，单箱物流费用同比减少25.21元/箱，物流费用率0.48%，同比减少0.17%。12个对标指标同比提升，提升率为85.71%。成功获评2015年行业物流"精益十佳"标兵单位，总体评价得分排名第一，作为物流领域唯一代表在全国行业企业管理现场会上作交流发言。

打假监督。全年共查获各类涉烟违法案件1623起，其中5万元以上大要案件75起，破获国标网络案9起，真烟网络案4起，真烟非法流通退出全省前三。查获各类违法卷烟4076万支，查获烟叶31.99吨、烟丝5.8吨、非法烟机43台，刑事拘留35人，逮捕33人，判刑2人，有力打击了涉烟违法行为。市本级破获"10·21"非法生产、销售假冒伪劣产品案、桃源县局破获"6·4"利用互联网销售假冒伪劣卷烟网络案。开展"春雷五号"暨"飓风2号"等专项行动。2015年查获5万元以上真品卷烟案件58起。全年发放零售许可证30675份，新办许可证1395份，清理有问题户数1561户，依法收回及注销许可证870份。将"APCD"工作法与"三十二"工作制结合，提升市场监管水平。调查处理预警201条，实地走访2533户，发放整改规范建议通知书43份，经济处罚1233人次。

营销转型。加强市场信息采集与分析，根据市场需求组织适销对路货源，对库存大、落地少品牌规格实施减投、缓投等调控，并及时向客户公开。提前做好库存盘点清理、市场摸底走访等工作，通过线上推广、线下拜访等对提税顺价政策进行正面宣传和积极引导。对所有在销品牌规格市场价格"日采集、周小结"，及时调整营销策略，卷烟市场实现平稳过渡。制定2015年品牌培育方案，将重点培育品牌规格划分为重点与自选培育两个阵营，确定重点培育品牌规格5个，实行统一培育、统一考核，增加自选培育品牌规格7个，由各县自主选择。联合工业企业开展"一月一活动"品牌培育活动。共销售重点品牌卷烟22.86万箱，占比91.42%，销售省外卷烟6.32万箱，占比25.26%。2015年，全市建成"六统一"星级店210家，建成"三统一"非星级店1000家。利用客户QQ群、微信群、微信公众号等平台为客户日常经营提供便利。创新客户培训，将培训重点放在"客我互动"和"解决问题"上。全年共开展客户培训232场，培训客户16649户，覆盖面达78.07%。客户综合满意度稳居全省前列。

烟叶提质。2015年共签订种植合同2920份，合同面积28.67平方千米。收购烟叶13.9万担，同比增长18.7%。收购均价1336元/担，同比增长5.68%。烟叶种植向优势产区、规模种植主体集中。完善管理制度保障体系，狠抓烟叶分级和收购质量，做好对样收购、入库和调拨。上等烟比例为61.16%，同比提升5.19%；中部烟比例为51.55%，同比提升6.17%。国家局收购检查合格率为82.8%、工商交接检查合格率64.4%，均居全省第一；新烟指导样品考核得分92.5分。实现烟农收入2.28亿元，亩均收入4506元，同比提高23.55%。烟农户均收入达到7.8万元，同比增加23.8%。全市建设精益生产示范园3个，示范面积8.67平方千米，开展烟叶科研及技术推广项目23项。开发特色优质烟叶5万担，落实订单生产5万担，推广GAP管理33.73平方千米。完成烟基建设项目2711个，投入补贴资金9600万元。全市评定行业烟农示范社1家，推荐评定行业示范社1家，省级烟农示范社1家，共实现收入2928.6万元，盈利129.5万元，实现专业化育苗、烘烤、分级覆盖率三个100%。

企业管理。2015年，实施"三项工作"项目247个，其中公开招标项目数量198个，占比80.17%，同比提高13.5个百分点，公开招标项目金额占比90.85%。三项费用率5.41%，同比下降0.34个百分点。完成审计项目305个（经济责任审计2个、基建审计49个、车辆费用运行专项审计调查1个、合同审查253项），提出审计建议10条，完成整改问题157项。自立科研项目共9项，省公司在研科研项目2项。承办集益阳、张家界、常德三地119大型跨区域消防应急演习。完成物流工控网络安全整体解决项目及全市高清视频会议系统建设，将信息化技术全面应用于烟叶收购过程。加强网络安全，推进服务器虚拟化及核心交换机、防火墙更换采购项目，全面实现内外网隔离，外网接入统一归口到市烟草专卖局。全年办公费同比减少13万元，减幅7.34%；会议费同比减少70万元，减幅37.04%；业务招待费同比减少193万元，减幅58.66%。提交合理化建议367条，采纳331条，完成改善160个。提交精益改善课题59个，评审出可执行课题39个，形成指令性课题7个，其中《瀑布式滑道烟条纠偏装置的研制》获行业QC课题发布二等奖。

队伍建设。市烟草专卖局党组围绕“三严”展开专题交流，结合“三实”开展调研与谈心活动。对党组班子及副调研员党风廉政建设职责进行重新调整，明确各自党风廉政建设职责，落实党组主体责任和纪检监察部门监督责任。贯彻执行“三重一大”决策制度，开展自查梳理工作。执行干部选拔任用纪实制度、责任追究制度和干部“带病提拔”等问题倒查机制，落实“一报告两评议”、领导干部任前廉政谈话制度。印发关于规范公务接待、改进工作作风“七项规定”，贯彻执行中央“八项规定”及国家烟草专卖总局“九条要求”。开展全面自查整改，下发限期整改通知书7个，要求各县级局“一把手”作出整改承诺。开展廉政思想、廉政文化、反腐警示教育，累计开展党风廉政教育33场，警示教育25次，开展廉政文化活动15次，参与人员达3000余人次。开展法律风险防控体系建设试点工作，共梳理出一级法律风险点56个、二级法律风险点91个、三级法律风险点104个。开展合法性审查，共审查经济合同336份、案卷915卷。开展各类普法宣传活动21次，组织“法治讲堂”27期，通过橱窗、板报、电子屏、微信平台专版专栏宣传共32期。公开聘任专业技术职务人员4名。选举7名干部员工担任监督员。自办各类培训班33个，组织专卖、营销和烟叶三线共11批次101人次参加全省技能鉴定，合格率为72.94%。开展各类文体活动，举办新进员工烛光晚会、感恩节文化体验、职工运动会等活动300余场。组织离退休老同志开展系列活动。全年共投入捐赠资金1100万元，发放“金叶慈善医疗卡”375张。（黄慧君）

**【紫菱图书馆正式开放】** 2014年12月，常德市烟草专卖局（公司）与湖南中烟工业公司合作并联合国内16家工业企业建设湖南“636”连锁常德烟草体验店，2015年1月5日正式向公众开放。常德烟草“636”形象体验店，融入图书馆功能，馆内藏书近4万册，是全行业唯一对外开放且24小时不打烊图书馆。《人民日报》《湖南日报》、湖南卫视等媒体予以报道。为卷烟工业企业品牌培育、文化推广发挥作用。

（黄慧君）

2015年1月5日，常德烟草紫菱图书馆正式开放

## 食品药品监督管理

**【概况】** 2015年，常德市食品药品监督管理局先后获评全市安全生产工作先进单位、社会管理综合治理工作平安单位等多项荣誉称号。

健全监管体系。整合原市食安办、工商、质监、商务等部门涉及食品监管的职能和人员机构，组建新的市食品药品监督管理局，加挂市食品安全委员会办公室牌子，形成对全市食品药品安全的牵头协调和组织领导。积极推进区县市食品药品监督管理机构改革，除武陵区、鼎城区单独设置食品药品监督管理局外，其余区县市和市直“五小区”均按照“三合一”要求组建市场和质量监督管理局，市县两级食品药品监管机构改革基本到位。

专项整治。全市食品药品监管系统共完成24800余家食品药品生产经营主体数据入库，共立案查处违法案件3000多件，没收违法物品5万多公斤，查办毒狗案等一批大案要案。全面开展食品生产加工小作坊、小食品经营店、小诊所、小药店整治，共责令整改2648家，立案449起，查扣销毁不合格食品、药品、医疗器械近3吨。9月10日，市食药监管局联合市城区武陵、鼎城和德山食品药品监管部门在白鹤山垃圾填埋场集中销毁了货值60余万元的各类非法食品6500余件、各类过期不合格药品近1200盒（瓶）、中药饮片600公斤。

食品药品日常监管。共受理办结食品医药器械行政许可1203件，完成药品零售企业GSP认证检查1000余家，完成医疗器械零售许可备案206家。对

10000余家餐饮服务单位进行量化分级动态等级评定，对260家餐饮服务单位进行明厨亮灶改造。对21家药品生产企业和6家医院制剂室进行监督抽检，对4家生产企业17个品种的注册生产进行实地检查，对全市21家二级以上医疗机构、9家医疗器械经营公司开展高风险医疗器械飞行检查。全年累计完成药品不良反应报表4663份、器械不良事件报表870份、药物滥用调查1802份、化妆品不良反应监测报表264份。监测药品违法广告1000余条次，向工商部门移送违法广告品种21个。

政务公开。积极开展投诉举报热线“3·31”主题日、食品安全宣传周、安全用药月、食品药品安全知识“五进”（进机关、企业、学校、社区、农村）宣传活动，设置宣传展板2000多块、发放宣传资料20多万份。进一步完善日常监管、违法犯罪案件信息公布等制度，建立食品安全舆情监测、分析和应对处置制度，在省市媒体和网站发布各类监管信息500余条、消费警示12期，公布被处罚企业名单11期，发送消费警示短信18万余条。

食品药品检验能力建设。整合市本级食品药品检验检测资源，组建了新的市食品药品检验所。全市用于食品监督抽检经费1000万元以上，其中市本级安排专项检测经费600万元，完成市本级食品监督抽检3217批次，合格率95%，完成药品抽检任务382批次。完成酒类、桶装水、米粉、面制品和调味品、保健食品、中药饮片、明胶空心胶囊等应急抽检400多批次，不合格食品核查处置率达到100%。在全省率先推行政府购买服务、专职人员实时检测的办法，对农贸市场蔬菜农残开展检测工作，实现市城区28家农贸市场和县级主要农贸市场蔬菜农残检测全覆盖，保持了全市多年没有发生农残中毒事故的良好态势。

（彭述涛）

开展“四小”整规销毁活动

**【开展“四小”整规专项行动】** 召开食品药品小作坊、小诊所、小药店、小食品经营店“四小”整规专项行动动员部署会，由市食安办牵头推进“四小”整规专项行动，成立督查组对区县市开展了多次督导检查，全力推进“四小”整规。在4—9月的行动中，全市共摸底建档24524家，查扣销毁不合格食品、药品、医疗器械近3吨，责令整改“四小”经营户2648家，取缔97家，立案查处449起。

（黄　海）

# 国土资源工作

**【概况】** 2015年，常德市国土资源局荣获全国国土资源信访工作先进集体、全省国土资源信息化建设先进单位、市级文明单位、全市安全生产先进单位、全市扶贫开发工作优秀后盾单位等称号。

保障发展。加强发展用地保障服务，全年审查市级规划调整与修改项目40宗50.28万平方米，批回计划内新增建设用地项目12.67平方千米，争取部、省用地计划11.73平方千米，保障了沅澧快速干线一号大道、桃花源机场路、安慈高速等省、市重点建设项目用地合理需求。深入推进征地拆迁信息“六公开一监督”机制，启动施行《常德市集体土地征收与房屋拆迁补偿安置办法》，开展整治征地拆迁领域损害群众利益问题专项行动，坚持依法拆迁、阳光拆迁、和谐拆迁，全市完成征地10.2平方千米，拆迁3912户、94万平方米，实现征地面积、拆迁户数、拆迁面积“三量”超历史。严格执行建设用地“十统一”管理规定，开展年度国有建设用地供应计划编制、土地市场动态监测监管、开发区土地集约利用评价和城市建设用地节约集约用地评价等工作，严格落实国家调控政策和土地招拍挂出让制度，推进节约集约用地，土地市场规范有序，全市供应土地19.53平方千米，出让土地5.88平方千米，出让价款75.3亿元，其中市本级供应土地5.21平方千米，出让价款27.06亿元，重大项目用地及时有效供应，保障性住房、棚户区改造等民生用地应保尽保。

保护资源。严格落实耕地保护责任，强化占补平衡等措施，全市共实施耕地占补平衡挂钩建设项目241个，补充耕地9.2平方千米，连续15年实现耕地占补平衡和耕地总量动态平衡，年末实际耕地保有量、基本农田保护面积均超过省政府下达的耕地保护责任目标任务；开展耕地质量建设，全年实施完成各类土地整治项目61个，建设规模280平方千米，总投资约8.45亿元，新增耕地3.59平方千米。规范矿产资源开发管理，严格执行市政府暂停新设采矿权的决定；大力开展矿山整治，关闭煤矿5家、非煤矿山56家，整合矿区2个；开展过期采矿许可证清理，对十多家市级矿山启动直接注销程序；省、市矿山督察员的监管作用得到有效发挥，矿山年度检查、矿业权登记统计、储量评审和地勘项目监管等工作有序开展。加强执法监察工作，强力推进卫片执法监督检查、新开工项目清理、闲置土地清理、高尔夫球场用地专项清理及矿产勘查开采领域“打非治违”“九打九治”、超深越界、以采代探专项整治等执法行动，不断加强违法预防和案件查处，用地新秩序逐步建立，全市共立案查处违法用地200宗、违法矿产开发4宗，收缴罚没款913万元，拆除违法建筑9000平方米、没收23.3万平方米，卫片执法检查以查促改、以查促管，实现零约谈、零问责目标；在全省率先开发并启用国土资源执法监察监管信息系统。

服务民生。深入推进群众满意窗口创建工作，建立“绿色通道”，推出“民生套餐”，开展进小区、进社区“零距离”上门服务，市国土政务中心窗口全年规范办理土地登记发证10725宗，办理采矿权许可20宗，被评为“2013—2015年全省依法办事示范窗口”，国家级“青年文明号”成功保牌。发布《2015年常德市地质灾害防治方案》，确定重点监控的隐患点（区）30个，建立713人地质灾害防治群测群防网络；突出抓好汛期地质灾害防治，发放宣传资料9700份，发放明白卡、避灾卡共3090份，组织演练35次3293人，成功预报地质灾害1起，避免人员伤亡12人，避免经济损失40万元。加强政策法规宣传和政务公开服务，开展“4·22”地球日、“6·25”土地日、“8·29”测绘日和“12·4”宪法日暨法制宣传日等系列集中宣传活动；在门户网站发布各类政务信息6.1万条、开展土地网上交易89宗。扎实推进法制信访工作，依法办理行政复议、行政应诉54件，组织听证3场次，开展政策清单、责任清单和权力清单“三项清单”清理制定工作，制定并公布《常德市国土资源局市本级行政权力清单事项流程（服务指南与流程图）》《常德市国土资源局行政许可裁量权基准（试行）》；建立恶性群体性事件应急处理、矛盾纠纷定期排查、形势分析研判、社会稳定风险评估与预警等工作机制，落实领导干部接访制度，创新推进通过法定途径分类处理信访投诉请求工作，接待处理群众来信来访来电及网上信访814起共1754人次，荣获“全国国土资源信访工作先进集体”称号。

基础工作。开展年度土地变更调查、土地权属纠纷调处、土地登记发证服务等工作，调查土地变更图斑4264个，调处土地权属纠纷30起，办理土地登记发证2.2万宗，办理他项权利登记5243宗；向社会公开发布2013年度、2014年度土地变更调查主要数据成果；全面完成农村集体土地确权登记发证数据库市级复查工作；全面铺开不动产统一登记改革工作，澧县试点工作完成阶段性任务。“天地图·常德”接入国家主节点并正式上线运行，总点击量达715万余次；地理信息公共服务平台接入云计算中心；拓展框架应用，为市民政局第二次地名地址普查系统、公安警用地理信息系统、武陵区治安监管系统等10余个系统提供数据服务；推进数字常德地理空间框架共建共享机制、市县数字一体化建设试点等工作，澧县、桃源、鼎城被省国土资源厅列为数字县域地理信息基础工程建设试点（推广）县；全面完成第一次地理国情普查工作；推进地理信息产业转型升级，“数字常德地理空间框架建设基础地理信息数据采集与更新”荣获全省优秀测绘地理信息工程奖一等奖。开展测绘政策业务培训、测量标志动态巡查、地图市场清理整顿、测量成果质量抽查、测绘成果保密检查等工作；成功举办常德市首届测绘地理信息行业职业技能竞赛，评选“常德市五一劳动奖章”2名、“常德市技术能手”6名、“常德市测绘地理信息技术能手”20名。

宣传活动。4月22日，市国土资源局开展“六个一”系列世界地球日宣传活动，即播放一套宣传图片，在常德电视台图文频道持续播放地质灾害防治知识；集中收看一次宣传片，组织全体干部职工观看国土资源部主题活动宣传片；发送一条短信，编制宣传短信发送至地质灾害监测员、基层党政负责人、国土资源系统干部职工等万余人；开设一个专栏，在市国土资源局门户网站开设地球日宣传专栏；举办一堂讲座，在地质灾害隐患点所在乡镇中学举办一堂《怎样预防地质灾害》讲座；开展一次户外宣传，在市国土资源局大门口摆放宣传展板、发放宣传资料。6月22—27日，市国土资源局以“节约集约利用土地——推动土地利用方式根本转变”为主题，开展第25个全国“土地日”宣传周活动，先后开展政策宣传进学校、进街道、进社区，6.25千米绿色骑行，建议提案办理“面对面”等丰富的活动，宣传国家土地调控、耕地保护、节约集约用地、不动产统一登记等政策；6月25日，常德市国土资源局在市城区人流集中区域开展国土资源普法宣传和咨询服务活动，现场摆放宣传展板20多块，发放宣传资料1000余份，接待市民咨询200余人次。8月，市国土资源局开展一系列测绘地理知识宣传活动，重点宣传测绘法律法规、普及测绘知识、宣传地图文化、展示测绘地理信息工作成果等内容，召开座谈会探讨地理信息事业发展，动员所辖各县市区局联动开展特色宣传活动；开展宣传进社区活动，在全市11个主要小区的滚动灯箱内张贴以“树立国家版图意识，加强地图市场监管”为主题的宣传海报；在市政府门户网站、尚一网刊登为期1个月的宣传标语，在市局网站开辟宣传专栏，利用尚一网微信平台推送3天宣传消息，向市县主要领导、市局干部职工、测绘生产经营单位等200多人编发3天宣传短信；在《常德晚报》刊发局长署名的测绘宣传文章；在市局办公楼设置宣传展板，结合LED电子屏幕滚动播放宣传标语，张贴宣传画册。

自身建设。开展“三严三实”专题教育和党组书记讲党课、邀请专家学者专题辅导、组织参观警示教育基地和基层支部活动等一系列活动，提升干部思想政治素质。制定党风廉政建设“两个责任”实施方案，落实局党组、纪检组在党风廉政建设中的主体责任和监督责任。制定《内部业务工作协调对接制度》，全面细化和规范各项业务工作的具体内容、办理流程、时限要求和科室责任，强化业务工作对接。开展“一改四定”工作，严格落实中央“八项规定”等作风纪律要求，“三公经费”连续3年保持同比下降。组织干部培训活动，推动干部调整交流，考察县市区局、农场国土办班子及三个直属分局的领导班子运行和领导骨干履责情况，加强基层领导班子建设。开展道德讲堂、“学雷锋、三关爱”、趣味运动会等活动，市级文明单位成功保牌。（彭书科）

**【出台实施征地拆迁新标准】** 2015年1月1日，常德市人民政府公布实施《常德市集体土地征收与房屋拆迁补偿安置办法》，对部分征地拆迁安置标准进行适当调整提高：提高住宅房屋补偿标准，在原有基础上增加150～200元/平方米。提高青苗补偿标准，棉田由1100元/亩（1亩＝666.67平方米，下同）增加到2000元/亩，水田由1500～1700元/亩增加到2000元/亩，菜地由2500～2800元/亩增加到3500元/亩，鱼塘由2100～2400元/亩增加到3500元/亩，藕塘由1500～1700元/亩增加到3500元/亩，自然林由原来的据实补偿变为按1500元/亩的标准补偿，经济林由6000～6800元/亩调到6800元/亩，旱地由1100元/亩增加到1500元/亩，果园由原来的据实补偿变为按6000元/亩的标准补偿。改变非住宅房屋拆迁补偿及室内外装修装饰附属设施补偿办法，由据实补偿调整为按同类结构的住宅房屋补偿标准包干补偿，加工生产类的非住宅房屋设施按200元/平方米包干补偿。提高交房腾地奖标准，由原来的20000元/户提高至30000元/户，征拆实施机构统筹掌握。提高市江北城区规划区货币安置补贴标准并细化安置方式，按2800元/平方米的标准给予被拆迁人住房货币安置补贴（包含节约用地奖励），将安置方式进一步细化为公寓式安置、货币安置和部分公寓式安置。提高拆迁住宅房屋的搬家费、过渡费、重建误工费补助标准，搬家费增加1200元/户；过渡费每户增加200元/月，过渡时间两年以上的，自第三年开始每户按1000元/月计发；重建误工费每户增加1500元/月。（彭书科）

**【组织开展常德市首届测绘技能大赛】** 2015年5月4日，常德市国土资源局、常德市人力资源和社会保障局、常德市总工会联合举办常德市首届测绘地理信息行业职业技能竞赛。全市37家测绘资质单位组成23支竞赛队伍，选派92名技术尖子参加比赛，经过2天角逐，评选出“常德市五一劳动奖章”获得者2名、“常德市技术能手”6名、“常德市测绘地理信息技术能手”20名，常德政府网站、《常德晚报》等多家媒体都进行报道，社会反响较好。通过此次竞赛，常德市选拔出2支技术队伍参加7月份举行的全省第四届测绘地理信息行业职业技能竞赛，其中常德市国土资源规划测绘院工程测量竞赛队以总成绩第四名的成绩，夺得团体三等奖，侯亮、曾斌两位同志被评为全省技术能手。（彭书科）

2015年5月4日，举办常德市首届测绘比赛

**【常德市国土资源信访依法分类处理工作经验全省推介】** 常德市国土资源局通过法定途径分类处理信访投诉请求，将信访投诉请求分为申诉求决、揭发控告、信息公开和其他四大类，依法依规分类处理，属于国土资源部门业务范围的，引导其到下级国土资源局和本局业务科室办理；属于工作人员不作为的，引导其到纪检监察部门反映；属于信访事项受理范围的，引导其依法逐级提出；应当由司法机关处理的，引导其到法院、检察院、公安、司法等机关按规定处理。2015年9月21日，省委常委、省委政法委书记李微微率全省信访工作制度改革交流推进会全体与会人员共同参观常德市国土资源局信访接待大厅，询问了解有关情况，观看常德市国土资源局信访工作宣传片，并对常德市的做法给予了充分肯定。（彭书科）

**【澧县不动产统一登记改革试点完成阶段性任务】** 2014年6月，常德澧县被湖南省国土资源厅确定为不动产统一登记工作试点县。2015年7月2日，中共澧县县委机构编制委员会印发《关于整合不动产登记机构职责的通知》，将全县土地登记、房屋登记、土地承包经营权登记、林权登记职责划入县国土资源局，在县国土资源局挂“澧县不动产登记局”牌子，负责全县不动产登记监督管理工作；县国土资源局原地籍股更名为权籍股，撤销房管局交易办和国土资源局交易中心，成立不动产登记中心，登记中心定编90人，从县国土资源局所属相关事业单位划转11名，从县房地产管理局所属相关事业单位划转59名，从县林权管理服务中心划转4名，从全县事业编制总额内调剂16名全额拨款事业编制，设主任1名。10月15日，澧县不动产登记中心工作人员整合到位，并采取平行受理、平行审核的工作模式，依托技术支持，对澧县所有不动产登记数据进行全面收集，按照不动产单元编码规则，以宗地统一编码为基础，对土地、房产和林地等相关登记数据进行关联，建成不动产统一登记数据库和基础信息平台，实现登记机构、登记依据、登记簿册、信息平台“四个统一”，实现一个窗口对外服务。2015年年底，不动产登记中心梳理70个登记类型，涵盖集体土地所有权，房屋等建筑物、构筑物所有权，

森林、林木所有权等关系群众切身利益的所有权，具备实施不动产统一登记发证的基本条件，进入不动产试点工作过渡期，完成不动产统一登记改革试点的阶段性任务。（彭书科）

**【全省首个国土资源执法监察信息系统建成运行】** 为了加强国土资源执法巡查，推动国土资源执法监察管理方式创新，提升国土资源执法监察信息化水平，2013 年 9 月 29 日，市政府研究决定建设常德市国土资源执法监察监管系统。2015 年 1 月，常德市国土资源局正式启动国土资源执法监察监管系统建设工作，系统包括监控指挥调度中心、执法监察业务系统、督查自查系统、动态巡查核查系统、车载系统和公众举报系统六部分。7 月，系统开发、培训工作全面完成，全市共建立市局指挥中心 1 个、区县指挥分中心 13 个，改装执法监察车 12 辆，配备三防高精度平板电脑 68 台，测量型巡查核查手机 178 部。8 月，系统正式开始上线试运行，效果明显，达到信访处理流程化、动态巡查高效化、批后监管全程化、应急指挥可视化、决策服务智能化的预期目标。该系统是全省首个建成运行的国土资源执法监察监管系统。（彭书科）

**【发布 2014 年度土地变更调查成果】** 经常德市人民政府批准同意，2015 年 11 月 25 日，常德市国土资源局和常德市统计局联合发布 2014 年土地变更调查主要数据成果公报，并在政府门户网站进行公布。2014 年常德市土地变更调查主要数据包括：耕地 5048.47 平方千米，园地 589.27 平方千米，林地 7225 平方千米，草地 297.27 平方千米，城镇村及工矿用地 1448.6 平方千米，交通运输用地 307.13 平方千米，水域及水利设施用地 2777.27 平方千米，其他土地 484.13 平方千米。按三大类分：全市农用地 14533 平方千米，建设用地 1837.93 平方千米，未利用地 1806.2 平方千米。其中，农用地比 2013 年度增加 0.53 平方千米，建设用地增加 7.27 平方千米，未利用地减少 7.8 平方千米。（彭书科）

## 审计监督

**【概况】** 2015 年，全年共完成审计项目 353 个，查出违规问题金额 26.75 亿元，核减工程投资 11.8 亿元。通过审计，移送处理案件线索 43 件，促进党委、政府出台和完善制度规范 64 项。市审计局继续获得全省审计机关目标管理先进单位和市直绩效评估优秀单位，被评为市级优秀领导班子。

现场督导安居工程审计工作

重大政策措施落实跟踪审计。全年对 5 个区县落实中央稳增长政策情况实施跟踪审计，市审计局围绕市委、市政府“三大战役”的工作部署，对智慧交通、完美社区、标准化厂房建设、园林绿化工程等资金和项目开展专项审计与调查，对“反四风”、政府机构改革、乡镇区划调整等重大政策的落实开展审计，为党委政府科学决策提供了重要的参考依据。

财政审计。全市围绕财政税务、部门预算、专项资金、审计整改、计算机审计等板块深化财政预算执行审计，工作水平达到新高度。市本级预算执行审计移送案件线索 5 件，审计成果得到市人大、市政府领导的一致肯定。全市通过审计，提请市县党委、政府出台和修订规范性文件 20 多个，促使部门单位建立和完善制度 100 多项。

领导干部经济责任审计。全市共接受经济责任委托项目 156 个，涉及领导干部 191 人。审计查出问题金额 8.03 亿元。全面建立和实施了领导干部离任经济事项交接制度、领导班子和领导干部“三责联审”等制度，进一步完善了权力运行的监督制约机制。

政府投资审计。突出城市建设、民生保障等重点，有针对性地选择投资高、影响大、周期长的项目开展审计监督。文化产业园内上水公司投资建设项目清算、忠旺铝材拆迁专项调查、皂市水利枢纽工程移民资金等项目成果均得到市领导的高度重视。提请市政府出台《关于进一步加强市本级政府投资项目预（概）结（决）算监管工作有关事项的通知》，打破了传统的投资审计模式，提高了国家审计在投资领域监管中的权威性。

民生资金审计。开展 2014 年城镇保障性安居工程跟踪审计，突出棚户区居民权益保障等重点，围绕业务流程、资金流向、重点领域深查细究，移送案件线索 6 件，处理干部 7 人。全市针对社会抚养费、社会保障、涉农、助学等资金实施有效监督，维护了人民群众的切身利益。

审计质量建设。全市共有5个项目在国家、省级评比中获奖，审计项目质量首次获得国家级奖励。推进组织管理模式变革，预算执行审计实行统筹全局、上下联动、综合考核的“大格局”模式；安居工程审计创新运用“领导联点、信息反馈、小组会商、工作协调”的工作机制。全市总结并推广项目、资金、数据“三链并行”，权力运行方向与资金流向相结合，表格式审计等新的方式方法，提升了效率和效果。市审计局提出的完善供水定价机制、调控融资规模防止政绩与绩效背离、构建建设项目民生规费一体化征管机制等建议，均得到市政府高度重视。

信息化建设。依托市本级云计算中心，同步推进联网审计的软硬件建设，完成市国库集中支付数据的联网、全市财政数据的采集上报，实现了“三公经费”实时同步审计。探索审计技术创新“一县一品”特色工作，全市共制作数据采集模块4个、软件工具6个，4个网络视频教学课件被审计署采用。安居工程跟踪审计中，在全省率先利用计生数据审查垦区棚改资金的合规性，收到很好的效果。移动审计系统的研发攻关成功，在全省率先实现手机移动办公和项目管理，较好地解决了审计现场管理难等问题。

制度机制建设。全市审计机关积极争取党委、政府支持，相继出台加强和规范审计工作、审计整改、政府投资项目监管、国有企业审计监督、离任交接与三责联审、财政支出管理等方面的文件，不断完善审计制度体系。尤其是在审计整改方面，全面建立协调联动、报告公告、跟踪检查和考核问责等机制。市人大六届五次会议工作报告中，专门就审计查出问题的整改情况进行了反映，对2014年度市本级预算执行审计查出问题的整改情况进行通报。

自身建设。以思想作风建设为核心，扎实开展“三严三实”专题教育，集中组织开展重温入党誓词、党课、专题讲座、警示教育等活动。以纪检监察组织为主体，加强对审计人员落实纪律规定、执行准则、改进作风等情况的跟踪检查，形成常态化的作风督查机制，促使审计人员坚守党纪国法和道德品质“两条底线”。以支部为抓手，组织党员干部深入点村、企业开展“一进二访”活动，联系困难户200多户，落实资金近200万元，解决实际问题100多个。2015年全市共获得各级先进荣誉100多项，市审计局1人被评为省级先进工作者。以教育培训为重点，完善人才培养机制及相关配套制度。开通法律法规、科研创新、网络学院等学习平台。通过集中培训、以审代训、学历职称教育、技术比武等途径，全面提升业务素质。市审计局全年组织大型审计业务培训13场次，邀请审计署特派办、省审计厅、文理学院的专家教授授课，通过审计会商系统，全市受训人员达2000多人次。2015年，分别有8人通过审计署的计算机中级培训考试，21人通过省审计厅的计算机中级培训考试。以文明创建为载体，建设审计文化长廊，打造集文化、体育、休闲于一体的活动中心。通过组织全市审计系统摄影书法作品征集、运动会及技能比武、读书报告会、道德讲堂等活动，提升了审计干部的精气神。通过广泛组织青年志愿者服务、慰问活动，用实际行动传递道德文化的正能量，营造崇德向善的浓厚氛围。全市审计机关获得省级文明标兵1个、省级文明单位1个，市级文明及标兵单位7个。（姜　帆）

## 工商行政

**【概况】** 2015年，常德市工商局被评为“全省档案工作先进集体”和全市绩效评估先进单位，获得全市政府系统建议提案办理工作先进单位、流动人口计划生育综合治理工作先进单位、安全生产工作先进单位及平安建设先进单位等荣誉称号。

市场监管。全市各级工商和市场监管部门贯彻实施国务院颁布《企业信息公示暂行条例》及商事制度改革相关精神，取消年检制度，建立企业年报信息公示制度。2015年全市企业、个体工商户、农民专业合作社年报公示率均在88%以上，企业年报率居全省第一。开展“红盾护农”、打击虚假违法广告、打击侵犯知识产权和制售假冒伪劣、打击传销、整治合同格式条款等专项行动。

服务经济。常德市工商局提请市政府制定《常德市品牌建设奖励办法》。针对全市注册商标情况、商标品牌发展情况进行调研、走访商标企业，开展商标品牌发展专项培训。2015年，全市新培育中国驰名商标4件、省著名商标63件，有效注册商标量已达到8909件，其中驰名商标37件、省著名商标166件、市知名商标83件、地理标志商标8件、马德里商标国际注册8件。常德市企业在获得商标品牌后总体经济效益提升50%以上。

消费维权。完善覆盖全市三级维权网络。2015年，市工商局共处理消费者诉求15219件，同比上升10.46%，为消费者挽回经济损失883.24万元，有力维护社会稳定。

自身建设。7月27日，市工商局移交市政府管理。8月14日，市政府召开全市工商系统体制调整工作会议，7个县（市）工商部门正式下放县（市）管理，12月25日，城区分局下放区政府（开发区、管理区）管理。2015年，市人大和市政协分别对全市工商工作开展民主评议和民主监督，对全市工商工作进行总结和点评。在市人大评议中，常德市工商行政管理工作获得参加评议单位中最高满意票数。在市政协民主监督中，取得参评单位第二名。市工商局落实第一责任人责任，抓好《中国共产党廉洁自律准则》和《中国共产党纪律处分条例》学习贯彻。深入贯彻执行中央八项、省委九项和市委十项规定，推动“反四风”常态化、长效化。（邱　卉）

**【商事制度改革】** 2015年，市商事制度改革实施，缩短许可部门审批时限，分清监管责任，为企业减少创业成本，激发市场活力，优化产业结构，创造就业机会。实行“先照后证”，倒逼行政审批制度改革工作推进。截至2015年12月29日，全市新增市场主体30922户，同比增长37.07%。常德市成立常德市商事制度改革领导小组。市委常委、常务

市工商局召开常德市"三证合一、一照一码"登记制度改革新闻发布会

副市长朱水平任组长，副市长匡加才任副组长，领导小组办公室设在市工商局，并出台《常德市人民政府关于深化商事制度改革的实施意见》等文件。实行公司注册资本实缴改认缴登记制。取消公司最低注册资本的限制；不再限制公司设立时股东（发起人）首次出资比例；不再限制公司全体股东（发起人）货币出资金额占注册资本比例；不再规定公司股东（发起人）缴足出资期限。公司登记不再提交验资报告。改革住所（经营场所）登记制度。市政府出台《关于印发〈常德市放宽市场主体住所（经营场所）登记条件的暂行规定〉的通知》（常政办发〔2015〕30号），放宽住所登记条件，同区域（县域以下）允许"一照多址"和"一址多照"，允许住宅依法登记为市场主体住所（经营场所）。将"先证后照"改为"先照后证"。除法律、行政法规及国务院决定另有规定的37项设为前置许可外，其他事项一律不得作为工商登记前置审批。实行"三证合一、一证一码"登记制度。通过"一口受理、并联审批、信息共享、结果互认"，核发加载统一社会信用代码营业执照。改企业年检制度为年度报告公示制度。企业按时申报信息，登记机关将企业年报信息向社会公开，接受社会公众监督。登记机关由监督检查的职能改变为行政服务职能。实行经营异常名录制度，对未按规定期限履行年度报告和即时信息公示以及企业信息公示隐瞒真实情况、弄虚作假，及时将其列入经营异常名录予以公示，被公示后超过三年仍未履行相关义务企业，工商行政管理机关按照规定将其列入严重违法企业名单（"黑名单"）。对被载入经营异常名录或"黑名单"、有其他违法记录市场主体及其相关责任人，各有关部门将按照相关规定，对失信企业，在出入境、进出口、政府采购、工程招投标、国有土地出让、颁发荣誉等方面予以限制。（邱　卉）

## 盐务管理

**【概况】** 2015年，常德市盐务管理局（湖南盐业股份有限公司常德市分公司）销售各类盐44500吨、完成省股份公司下达指标108%，其中销售各类小包盐23000吨、完成省股份公司下达计划98%；销售新品盐4300吨、完成年销售计划3716吨115.7%；实现非盐商品销售额1600万元，完成年销售计划1840万元87%；全年实现利润总额2027.88万元，完成指标1800万元112.66%。

食盐供应。按全市人口数量进行计划供应，直达配送到各区域内A、B、C、D类客户网点，保证全市人民及时吃上合格小包盐。市盐务局派出专人常驻盐矿组织调运，确保全市人民生活用盐供应。2015年，市盐务局推介上市320克海藻碘盐、320克海藻碘低钠盐、400克枕形低钠盐、225克加碘竹盐、280克香菇鲜味低钠盐等十几种新品盐，保证全市各类盐市场供应。

盐政管理。2015年，常德市盐务管理局共查获各类涉盐案件39起，移送公安机关立案侦办案件5起，3名涉盐犯罪嫌疑人现已判刑，有效地维护常德盐业市场稳定。2015年稽查人员走访全市各个乡镇，大街小巷，利用"3·15""5·15"共发放宣传资料60000余份，接受群众咨询近万人次。常德市盐务管理局被省盐务管理局授予2015年度"市场管理先进单位"称号。（罗　昱）

## 海关缉私

**【概况】** 2015年，常德海关共审结报关单2439票，同比增加29%；监管货运量48.9万吨，同比增加93%；税款入库2.89亿元，同比增加12%；加工贸易实际进出口值1.51亿美元，同比增加5%；审批减免税货值1401.9万美元，减免两税共计697万元。查验73单，查验率为5.2%，查获10票，查获率为13.7%，其中实质性查获3票，实质性查获率30%；盐关码头集装箱箱量4827标箱，比2014年同期增长96.54%，其中外贸集装箱箱量4021标箱，比2014年同期增长137.23%；开展保税中后期核查19起，办结19起；发起稽查6起，办结6起；共移交缉私线索4条；归类补税305.72万元，稽核查补税约249.2万元，加工贸易内销征税208.22万元。

业务改革。常德海关通过推进各类改革改进服务，让企业充分享受改革红利，通关更加便利。现场全部报关单均纳入长江经济带一体化改革；1家企业实行集中汇总纳税，3家报关行均安装好统一版一次申报系统，2015年关检合作一次申报、一次查验、一次放行共296单，无纸化通关率91%；税费电子支付率达94.3%。

税收征管。2015年年初，开展1个月

的走访调研，实地走访辖区内近30家重点进出口企业10多家政府职能部门及工业园区，进行现场政策宣讲和通关业务咨询与培训。并通过走访，建立重点企业名单，对重点税源企业分任务到人，进行跟踪服务，抓好前期调研成果的落实。企业本地报关率稳步提升。吸引东风纺织、广源麻业、兴禹建设、今珠生物、伟晴工贸、鸿鹰生物等非传统重点税源企业本地报关纳税，并引导企业本地走货。强化税收监控和风险分析，防止税收跑冒滴漏。5月，对恒安纸业2014年度进口的四条生产线归类实施归类补税223.6万元；11月对特力液压归类补税82万元。

关检合作“三个一”座谈会

监管缉私。盐关码头实行派员常驻规范管理，引导本地外贸企业在盐关码头报关走货，2015年，盐关码头集装箱箱量4827标箱，比2014年同期增长96.54%,其中外贸集装箱箱量4021标箱，比2014年同期增长1.3倍。推进查验作业规范化，夯实执法基础，全年查验65单，查验率为5.2%，查获10票，查获率为15.4 %，其中实质性查获3票，实质性查获率30%；加强风险分析和后续监管力度，开展保税中后期核查19起，办结19起；发起稽查6起，办结6起；共移交缉私线索4条；归类补税305.72万元，稽核查补税约249.2万元，加工贸易内销征税208.22万元。全年常德海关缉私分局共查发行政案件8起，案值约1600万元，涉税约250万元，完成补税245.1万元，罚款13.6万元，没收象牙制品276克；查获大米182吨、配合地方公安追缴气枪铅弹4000余发，气枪3只。

服务地方经济。加强减免税审批管理，缩短审批时限，为重点项目提供全方位的减免税政策支持。对关区货值100万美元以上的减免税项目，实行全程跟踪服务。3月，指导临澧安福气门有限公司用好国家税收优惠政策，为其减免关税165万元；7月，为湖南中锂新材料有限公司办理免税进口双向拉伸聚乙烯薄膜生产设备1套，货值909万美元，免两税合计325.2794万元人民币。全年共审批减免税货值1401.9万美元，为安福气门、中锂新材、湖南文理学院、吉首大学等企事业单位审批减免关税和增值税共计697万元。货物通关方面，帮助重点企业解决通关难题。7月，为常德关区中锂新材料有限公司办理减免税审批手续，协助企业货物顺利通关，915万元顺利入库。8月，为恒安集团申请汇总集中纳税正式开始实施。在报关大厅设置“海关行政审批受理窗口”，完成常德海关“单一窗口”建设工作。推行首问负责制，落实政务公开，发挥青年文明号窗口作用；监管科派员（关员和协管员）常驻盐关码头，方便企业及时办理货物的验放，加强关检“三个一”合作，提高通关效率；优化海关验放方式，支持重点企业发展，对大型、高精密设备上门验放。对鲜冻农产品专门设立绿色窗口，确保农产品通关“当天申报，当天查验，当天放行”。全年办理农产品通关470票，全部当天快速验放。贯彻落实中央、总署和总关出台的一系列促进外贸稳定增长的政策措施，抓好2015年年初海关总署和常德市政府签订的《合作备忘录》的实施，发挥海关职能作用，支持地方外向型经济发展。9月底，与常德市商务局联合举办2015年外贸综合业务知识培训班，重点对最新海关业务改革推进情况、长沙海关支持外贸举措以及海关基础业务理论和流程等内容进行宣讲和解读。截至12月31日，常德市进出口总额为7.8亿美元，同比增长2.9%。

自身建设。4月，组织开展为期一个月的准军事化队列训练和内务规范月活动；7月常德海关对贯彻执行中央“八项规定”及总署制定措施情况等四项工作有关情况认真开展迎检、自查和整改工作，并建立长效机制；8月组织全体关警员参观武陵监狱开展廉政警示教育，强化党员干部廉洁从政意识；建立查内务规范、查纪律作风、查工作效率的“三查”工作机制。开展“三严三实”专题教育工作。从6月开始扎实组织开展“三严三实专题”教育。召开动员大会、开展党组书记和班子成员讲“三严三实”专题党课、高质量做好“三严三实”第一、二、三专题学习研讨以及抓好存在问题的整改落实。以开展基层党建工作试点单位述职评议为契机，加强基层党组织建设，并作为两个试点单位之一向海关总署党建领导小组作述职。

**【“五大战役”行动】** 2015年，根据《海关总署关于强化监管打私开展“五大战役”行动的通知》及《长沙海关关于印发“五大战役”行动方案的通知》要求。自2015年1月至2016年1月，在常德关区开展打击农产品走私攻坚战、打击偷逃税走私攻坚战、打击毒品、枪支走私攻坚战、打击“洋垃圾”走私攻坚战和打击象牙等濒危动植物走私攻坚战“五大战役”行动。行动期间共查发行政案件8宗（办结4宗，拟办结3宗，在办1宗），4宗办结案件已完成补税41万元，罚款13.6万元，没收象牙制品276克；拟办结的3宗案件，拟补税210万元。（吴　静）

**【“以打促税”百日攻坚战行动】** 2015年9月15日至12月31日，在常德关区开展“以打促税”百日攻坚战行动。针对关区重点涉税商品走私、重点渠道走私以及出口骗退税等严重危害国家税收的违法活动，加大打击力度，开展专项打击，通过百日攻坚战，有力震慑走私犯罪，严防税收流失，确保国家税收应收尽收。行动期间，常德海关共查发涉税案件4宗（办结两宗），经营线索1起，已执行补税245.1万元。（吴　静）

## 出入境检验检疫

**【概况】** 2015年，常德检验检疫局共完成出入境货物检验检疫6160批、货值4.64亿美元，同比分别增长6.5%、0.76%。其中，出境4435批、3.42亿美元，入境1725批、1.22亿美元。检出不合格商品5批、58.5万美元。出具各类证单8224份，同比增长21.66%。签发各类原产地证书918份，签证金额4220.06万美元、同比增长21.32%，为出口企业获得目标国关税减免422万美元。严格执行减免费政策，全年减收各种收费达150万元。

简政放权。2015年，常德检验检疫局对企业注册备案流程进行优化，先备案后考核；改年审现场考核为“年度报告十日常监管”；原产地证书降低调查比例，即到即签；从5月11日开始，全面取消进口车辆登检工作，减轻消费者负担；落实取消出口玩具、出口食品添加剂等备案登记，取消自理报检单位备案年审，代理报检企业由注册改为备案。

通关“一体化”。2015年，常德检验检疫局全面启动进出口货物“通报、通检、通放”、出口直放和进口直通，落实盐关水运口岸检验检疫与海关“三个一”工作，提高通关便利化水平。

推行无纸化报检。2015年，常德检验检疫局大力推行通关单无纸化模式，已有12家企业获得无纸化报检资质，无纸化报检率在湖南局所属各分支机构中位列前茅。

出口食品、农产品安全监管。2015年，常德检验检疫局完成了出口加工食品样品24个、出口动物和动物样品149个、出口植物产品样品40个、出口植物源性食品样品15个的安全风险监测。监测信息反馈，无检出不合格样品，疫情监测正常。

进口商品监管。2015年，常德检验检疫局强化进口成套电设备、医疗器械和特种设备的检验监管力度。医疗器械监管76批次，货值1257万美元，机电设备检验监管30台套，货值2103.86万美元。

外来有害生物监测。2015年，常德检验检疫局共在辖区内设立61个有害生物监测点开展外来有害生物监测工作。5月至11月，对进境玉米等粮谷存储、加工场地开展杂草等监测工作，未发现外来入侵有害生物。

口岸查验。2015年，常德检验检疫局招录口岸协检员3名，并在盐关口岸提供口岸一站式服务。受理集装箱报检2490标箱，同比增长274%；其中，入境集装箱2298标箱，出境集装箱192标箱。查验集装箱1009标箱，查验率41%；集装箱卫生处理1009标箱，卫生处理率为100%。

实验室建设。2015年，常德检验检疫局综合实验室共开展能力验证5项，结果均为满意。完成样品检测183份，检测项目1722个。启动了食品检测能力专项规划，申报设备14台、价值109万元。招录检测技术人员2名，综合实验室人员达到3人。

产品出口增幅。2015年，经常德检验检疫局检验检疫，辖区多项产品出口大幅增长：共检验出口烟花5批、货值67.7185万美元，批次、货值同比分别增长400%、779%；出口童车279887件、1281.35万美元，同比分别增长15.56%、13.31%；出口冻猪肉4072.2万美元，同比增长25.2%；出口茶粕834.7万美元，同比增长106.3%；出口农药1619.49吨、1460.72万美元，同比分别货值增长8.5%；出口氨甲环酸275.707吨、货值2274.27万美元，同比分别增长17.45%、12.34%。

示范区建设。2015年，常德检验检疫局指导国家级石门出口柑橘茶叶质量安全示范区顺利通过年审。与汉寿县政府签署《关于建设汉寿县出口猪肉食品质量安全示范区合作备忘录》，启动国家级汉寿县出口猪肉食品质量安全示范区建设相关工作。

质量宣传教育。6月，常德检验检疫局参加常德市食品安全宣传周活动，通过开设咨询台、摆放进口食品安全宣传展板、讲解进口食品相关常识、发放宣传资料等方式，就市民关心的知识进行宣传、提供咨询。11月，举办进出口食品安全培训，培训内容包括新食品安全法、食品防护计划、有机食品认证、进出口食品检验检疫监管要求及企业备案管理要求。与市、县商务等部门联合举办检验检疫政策与知识培训8场次、共计600多人参加。开展消费品质量安全“进社区、进校园、进乡镇”消费者宣传教育活动。

危化品专项整治。9月，根据质检总局和湖南检验检疫局部署，常德检验检疫局开展危险化学品和易燃易爆物品专项整治，强化进出口危险化学品检验监管工作。成立专项整治工作小组，按照“全覆盖、零容忍、严执法、重实效”要求，对辖区所有进出口危险化学品和易燃易爆物品生产企业进行了依稀全面的隐患排查，重点查看成品仓库、半成品库、原料库等隐患易发地，严格跟踪检查和限期整改，确保辖区生产“零事故”

业务移交。2015年12月底，常德检验检疫局与张家界机场办事处办理业务移交，自2016年1月1日起，原由常德检验检疫局管辖的张家界出入境检验检疫业务全部移交至湖南检验检疫局张家界机场办事处。

信息宣传 2015年9月，常德检验检疫局在《常德日报》以大版面发表题为《严严实实把国门、兢兢业业抓服务》的宣

传文章，这是常德检验检疫局建局 21 年来首次通过报刊整版、大篇幅发表宣传文章，提升常德检验检疫局知名度和影响力。

廉政风险防控。2015 年，常德检验检疫局与湖南检验检疫局党组、常德市委主要领导分别签订了党风廉政建设责任书，落实党风廉政建设党组主体责任和纪检组监督责任。组织党员学习《中国共产党廉洁自律准则》《中国共产党纪律处分条例》等规定，收看反腐倡廉教育片《高速公路上的腐败》。召开行风监督员工作会议，通过听取意见、发放调查问卷，落实行风监督责任。（刘　婷）

**【支持柑橘出口】** 2015 年，常德检验检疫局深化与口岸检验检疫机构合作，邀请满洲里、丹东、伊犁检验检疫局及果品出口企业参加 9 月 26 日石门县柑橘节。赴丹东、绥芬河、延吉、吐尔尕特、伊犁、霍尔果斯口岸，就石门柑橘出口实行属地报检、口岸核销放行的通关模式与当地检验检疫机构沟通、对接，进一步打通柑橘出口通道。（刘　婷）

**【支持大闸蟹输台】** 争取台湾派专家到汉寿考核并取得对台湾出口大闸蟹资质。8 月 31 日，经常德检验检疫局检验检疫合格并监装，汉寿三建水产食品有限公司首批 1.08 吨输台大闸蟹顺利发运出口台湾，这是常德首次对台出口大闸蟹。全年共检测放行出口台湾大闸蟹 120 吨、货值 600 多万美元。（刘　婷）

**【支持打火机首次出口】** 2015 年，在常德检验检疫局支持下，帮助企业取得出口打火机资质，使常德市鼎城区捷昇打火机制造有限公司生产的 100 万支、货值 5.8 万美元的打火机首次出口阿联酋，实现常德市出口打火机“零”突破。2015 年共检验放行出口打火机 193 万个、10.57 万美元。（刘　婷）

**【支持红薯粉丝首次出口】** 2015 年，经常德检验检疫局检验合格，张家界丝丝湘食品有限公司生产的 100 件、2000 公斤红薯粉丝顺利出口香港，这也是湖南省首次出口红薯粉丝产品。（刘　婷）

**【支持茅岩莓首次出口】** 2015 年，经常德检验检疫局检验合格，张家界茅岩莓有限公司 30 箱、284 公斤、货值 8442 美元的茅岩莓顺利出口中国香港，这也是湖南省首次出口茅岩莓产品。（刘　婷）

**【获批“全国检验检疫 C 类示范窗口”】** 2015 年，常德检验检疫局开展检验检疫窗口标准化建设，通过成立机构、制定方案、宣传动员、改善环境等一系列迎检工作，2015 年 4 月，常德局综合报检大厅窗口一举通过国家考核验收，并获得国家质检总局“全国检验检疫 C 类示范窗口”荣誉称号。（刘　婷）

**【协调湖南检验检疫局与常德市合作备忘录落地】** 经常德检验检疫局建议和协调，2015 年 5 月，湖南检验检疫局局长龙新平、常德市市长周德睿分别代表湖南出入境检验检疫局、常德市人民政府共同签订了《关于提升常德开放型经济发展水平合作备忘录》，明确双方支持重点工作，建立更紧密的长效合作机制。（刘　婷）

**【“三室”顺利建成】** 2015 年，常德检验检疫局启动“三室”（荣誉室、标本室、样品室）建设工作。成立“三室”建设工作领导小组，制定实施方案，明确责任分工。9 月，局“三室”通过局领导验收，展出“进出口商品样品”27 类，“标本”272 个，“荣誉”13 项。（刘　婷）

**【参加“书香质检”活动】** 2015 年 4 月，常德检验检疫局参加湖南检验检疫系统“书香质检”阅读活动启动仪式暨“青春飞扬——读书·事业·人生”主题演讲比赛，荣获“最佳组织奖”，参赛选手李洋荣获一等奖，并代表湖南检验检疫局参加质检总局演讲比赛且获三等奖。2015 年年底，常德检验检疫局被国家质检总局办公厅评为“‘书香质检’阅读活动先进集体”。（刘　婷）

# 商务综合行政执法

**【概况】** 2015 年，商务综合执法支队在机构改革和职能调整后，为商务局归口管理的副处级行政执法机构，编制 17 人，有在编人员 16 人。其中，班子成员 5 人，内设机构 5 个，分别为办公室，

成品油抽检现场

法制科，一、二、三大队。

商务执法监管。3月份对全市500多家加油站进行摸底及成品油市场专项检查。5月开展对典当、拍卖等行业企业调研。10月26日、27日和11月5日、6日，分别赴娄底、湖北荆门市学习考察商务执法工作。实地参观两市商务执法人员装备配备及“12312”商务投诉举报系统运行情况，学习两市在成品油市场管理及相关领域执法的成功经验。11月10日始，商务执法支队邀请市质量稽查支队，对市中心城区17家加油站（其中中石油2家、中石化2家，其他民营加油站13家）成品油近期批次进行抽检，共抽取样品34个，其中93#汽油、0#柴油各17个，所抽取样品送至中国检验认证集团湖南有限公司检验。经检验，4个柴油、2个汽油单品为不合格产品，涉及销售不合格产品的加油站点为4家，即常德市樟木桥常龙加油站、常德市河洑长鸿加油站、常德市河洑南湖加油站、常德市西湖双兴加油站。经立案调查核实后，市商务综合行政执法支队对以上4家销售不合格成品油的加油站点进了行政处罚并予以公示。

商务执法宣传。统一印制成品油、单用途商业预付卡管理台账。印制成品油管理台账800份、发放到535家成品油企业，其中社会加油站323家、中石油56家、中石化156家；印制单用途商业预付卡管理台账200份，发放全市6家规模发卡企业。宣传商务领域法规规章。印制15部商务领域法规规章宣传单3.5万份，到法规规章所涉领域的商家全面了解情况，宣传相关的法规规章，登记造册，建立各类台账。（周泽平）

## 科技

【概况】 2015年，全市申请发明专利795件、增长19.6%，授权发明专利273件、增长131.4%，申请量和授权量分别排全省第4和第5。省科技奖励获奖数量创历史新高，共获2015年度省科学技术奖励12项，其中省科技进步奖一等奖1项、二等奖4项、三等奖5项，省自然科学奖三等奖1项，省专利奖一等奖1项。全市新增高新技术企业11家，总家数达到101家。全市高新技术产品增加值达到211.7亿元，同比增长28.4%。

国家级园区创建。修订完善常德高新区《战略规划》和《产业规划》，完成申报资料汇编。经省政府批准，鼎城高新技术产业园区成功更名为常德高新技术产业开发区。9月，科技部在常德市召开"常德高新区'以升促建'工作座谈会"，国家级高新区创建工作进入整改培育阶段。11月，科技部与湖南省全面启动新一轮部省会商合作，常德国家级高新区创建工作纳入会商合作议题。12月，常德高新区"以升促建"整改方案得到科技部认可，常德高新区进入国家排队候批序列。2015年2月，常德农业科技园区被认定为国家农业科技园区。编制和完善常德国家农业科技园区《总体规划》和《实施方案》，并于4月得到科技部批准实施。农业科研中心和孵化中心已完成设计，市农林科学研究院科研基地完成规划选址，滨湖路西延工程开工建设，西洞庭现代物流园主体工程完成；西湖"种养加销游创"生态循环农业产业园建成生物有机肥厂和66.67万平方米南方牧草基地，养殖奶牛600多头。

科技企业孵化器建设。市财政投入5200万元、相关园区投入2.94亿元，支持高新区和经开区孵化器建设，共建成孵化基地面积5万平方米。常德高新区"一区三园"中，鼎城园区科技企业孵化器已经开园，入孵企业55家；汉寿园区科技企业孵化器正进行设计装修，并与岳麓山国家大学科技园签订运营合作协议，达成入孵意向的企业有10家；武陵移动互联网产业园科技企业孵化器入孵企业20家；西洞庭生命科学医药孵化器正抓紧建设，入孵落地建设的企业19家。常德经开区科技企业孵化器新入孵企业21家，截至2015年年底共有在孵企业51家。2015年11月，常德经开区创业服务中心、常德高新区科技企业孵化器有限公司成功获批省级科技企业孵化器。

科技合作与服务。2015年3月，市政府与"中科院广州生物医药与健康研究院"签订战略合作协议。4月，市委与北京中关村管委会商定联合开展创新管理干部培训，6名干部在中关村科技园区挂职锻炼。12月，市政府与华大基因开展两次合作洽谈。与厦门科易网进行合作，建成常德科易网，出台《常德市网上技术交易专项补助暂行办法》，对本地企业通过网上技术交易平台引进技术成果的，按核定技术交易额的7%补助企业、5%补助给技术引进的平台运营机构、1%补助给技术经纪机构（经纪人）和企业科技专员。在开展风险投资、科技贷款、科技担保的基础上，建立实行动态管理的科技型中小微企业库，启动武陵农商银行与科技担保公司、中华联合财险的合作事项，开展科技金融进园区活动。科技银行已累计为67家企业发放贷款1.28亿元。科技担保公司共为48家企业担保6530万元，其中有5家企业通过知识产权质押获得银行贷款2020万元。

县域科技。武陵区大力推进科技金融结合，缓解一批科技型中小企业融资难问题。鼎城区全年发明专利授权量达到103件，排全市第1、全省第15。汉寿县新出台《科学技术奖励办法》，设立科技奖励专项资金。桃源县政府与中科院亚热带农业研究所、江南大学签订合作协议。临澧县获得省专利奖一等奖1项（全省8项）。石门县推广应用新品种12项、新技术8项。澧县与院士专家团队合作，全县建有院士工作站3家。安乡县大北农长林水产被确定为"2015年全国特色产业示范基地"。津市全年为企业争取科技项目资金700多万元。常德经开区新获批省级院士工作站1家，入选省企业科技创新创业培育团队1个。西湖管理区开展农村版众创空间——星创天地试点。西洞庭管理区投资60亿元"西洞庭高新联盟孵化器产业城"项目已经启动。柳叶湖旅游度假区、桃花源旅游管理区（筹）推进科技服务旅游产业，打造智慧旅游平台。

自身建设。开展"三严三实"专题教育，把专题教育作为解决作风深层次问题的重要措施，结合群众路线教育实践活动查找和机构改革期间呈现出来的不严不实问题。开展讲党课、学习研讨、"服务基层月""一进二访""一改四定"和群众路线教育实践活动后续整改等工作。（蹇 军）

2015年3月25日，广州生物院与常德市签订战略合作协议

**【常德市与中科院广州生物院签订战略合作协议】** 2015年3月25日，常德市人民政府与中科院广州生物院战略合作签约仪式在华天大酒店会议厅举行。市委书记王群致欢迎辞，市委副书记、市长周德睿主持签约仪式。中科院广州生物医学与健康研究院院长裴端卿与市政府副市长沈习淼签订战略合作协议；中科院广州生物医学与健康研究院干细胞与分子诊断室主任曾令文与常德健康产业研究院院长邓爱华签订合作协议。中科院广州生物院党委书记、副院长陈广浩，桃源县政府、常德经开区、西湖和西洞庭管理区、市发改委、市科技局、市经信委等相关单位负责人及湖南文理学院相关负责人参加签约仪式。（蹇 军）

**【2015年常德市科技活动周】** 2015年5月16日，常德市科技活动周开幕仪式在白马湖公园广场隆重举行。本次科技活动周的活动的主题是"创新创业、科技惠民"。市人民政府副市长沈习淼，湖南幼儿师范高等专科学校党委书记、市科技局党组书记赵星，市科学技术局局长马慧，市科学技术协会主席李守海出席。全市市科技工作者代表、科普专家、青少年学生、乡镇社区居民等近1000人参加开幕式。科技活动周共推出26项系列活动，除开幕式外，还将举办全民创业展、科技人才风采展、科技企业创新成果展、知识产权大型宣传展、生命科技创新展、工会创新创业科普展、创新改变生活科普知识展、转基因科普知识展、家居环保科普知识展、"两型社会建设与两型生活"展、海绵城市建设科普展、创建国家森林城市科普展、防震减灾科普知识展、消防科普展、青少年科普活动展、通信技术与美好生活科普展、机器人教育科普展等展览；开展大型免费义诊活动、科技下乡、气象知识大型科普活动、健康管理科普讲座、技术交易成果转化研讨会等活动；大学、科研机构、科普基地免费开放，《科普大篷车》节目展播，广播电台科普宣传等活动相继展开。（蹇 军）

**【常德市科技功臣奖、科技进步奖评选】** 2015年2月，常德市2014年度科技功臣奖、科学技术进步奖评选结果揭晓。常德金鹏印务有限公司工程师孔繁辉、湖南省棉科所研究员张雪林获科技功臣奖。22个科技项目获科技进步奖，其中"喷墨打印装饰凹凸面环保型仿古砖的研究与产业化"等4个项目获科学技术进步奖一等奖，"超细化高耐候性重防腐工程机械专用环保涂料的研发与产业化"等6个项目获科学技术进步奖二等奖，"烧结砖隧道窑烧成智能控制系统的研制与应用"等12个项目获科学技术进步奖三等奖。（蹇 军）

**【常德市两家省级重点实验室通过验收】** 2015年11月12日，省科技厅组织专家赴常德对依托湖南文理学院组建的"环洞庭湖水产健康养殖及加工湖南省重点实验室"和依托金健米业股份有限公司组建的"湖南省米制品开发企业重点实验"进行验收。专家组一行听取实验室组建工作汇报、现场考察、审阅资料、质疑答辩和充分讨论，同意通过验收。"环洞庭湖水产健康养殖及加工湖南省重点实验室"于2012年获批组建，与形成水产资源保育与利用、水产健康养殖与增殖、水产品加工与质量安全3个研究方向及科研团队，承担国家级项目9项、省部级项目20余项、合作项目9项，鉴定科研成果3项、获得发明专利8项、科技奖励7项次。坚持"产－学－研"相结合，示范推广和转化应用6项科技成果，累计为水产养殖企业和渔农创造经济效益5670万元。"湖南省米制品开发企业重点实验室"于2011年获批组建，形成专用水稻品种选育、米制品研发、稻米精深加工3个研究方向及相应的科研团队。建立3500平方米实验室，配置24台大型仪器设备，建立水稻专用品种选育基地和稻米中试加工车间；主持或承担国家和省部级科研项目9项，审定品种5个，开发新产品7个，鉴定技术成果2项，"优质早籼稻高效育种技术研创及新品种选育应用"获国家科学技术进步二等奖，省部级科技奖励4项，发明专利7项。（蹇 军）

**【常德市两家单位被认定为省科技企业孵化器】** 省科技厅根据《湖南省科技企业孵化器认定和管理办法》，经专家综合评审、实地考察和公示，常德市常德

经济开发区创业服务中心、常德市科技企业孵化器有限公司两家单位被认定为湖南省科技企业孵化器。常德经济开发区创业服务中心成立于2013年，位于中小企业创业园内，场地面积为10000平方米，为入孵企业提供专业服务，在孵企业达68家，其中新入孵企业16家，涵盖新材料、电子信息、机电设备、机械制造等领域。常德市科技企业孵化器有限公司成立于2014年，坐落在常德鼎城高新技术产业园区，孵化面积15000平方米，全年新入孵企业15家。入孵企业涵盖装备制造、电子信息、生物医药等领域。　（蹇　军）

**【常德市七项目获省科技进步奖】**在2015年湖南省科学技术奖励大会上，常德市7个项目获得湖南省2014年度科学技术进步奖。其中，"羟基嘧啶类化合物及下游产品清洁生产关键共性技术开发与应用""淡水鱼深加工关键技术研究与示范"项目等2个项目获湖南省科学技术进步一等奖；"纸质包装品卷筒凹版印刷高速高精度自动化生产关键技术及装置""强优势转基因品种湘杂棉7号、17号的选育与推广应用"等2个项目获湖南省科学技术进步二等奖；"优质高油高产油菜新品种选育及丰产技术研究与应用""中医外治软组织损伤药物治伤巴布剂的研究与开发应用""两系杂交早稻株两优15的选育与产业化"等3个项目获湖南省科学技术进步三等奖。

（蹇　军）

## 气　象

**【概况】** 2015年，常德市气象局获得全省气象部门综合目标管理优秀达标单位。

政策支持。气象防灾减灾工作列入市委、市政府"新常德新创业绩效评估指标"，对区县党委政府进行考核。气象为农服务工作纳入全市农业、农村工作目标管理考核。市政府印发《常德市气象灾害应急预案》，同时出台《关于加快推进气象现代化的实施意见》，明确了各级政府和部门在加快气象现代化建设中的职责和任务。市气象局与市发改委联合出台《常德市气象灾害防御规划（2015—2020）》。全市防雷安全生产工作纳入地方政府安全生产考核体系。

项目建设。市级突发事件预警信息发布系统建设已获周德睿市长批示。西洞庭气象为农服务基地获市政府财政支持，建设已经全面开展。澧县突发事件预警信息发布系统建设获地方财政支持。完成《津市市气象局设立方案》，与津市市政府联系沟通，协商共建气象机构。

基础设施建设。市气象台现代化业务平面升级改造全面完成并投入使用，影视中心的整体配套装修不断推进，花山国家气候观象台绿化综合改造全面竣工，各县局按照"一流台站"的标准，也相继完成了业务平面升级改造，同时安乡国家气象观测站搬迁工作有序开展。全市气象基础设施建设的加强，为提高气象现代化水平提供了保障。

气象服务。一是决策服务。全年共启动应急响应9次，发布暴雨、雷电、冰雹、雾霾等预警信号113次；制作发布各类决策服务材料94期；联合国土局发布地质灾害预警8次。对年内暴雨洪涝、寒潮、冰雹大风等重大灾害性天气预报准确，服务及时，向市委、市政府及相关部门提供专题气象服务材料100多期，通过手机短信发送预报预警信息6000多万人次。为党政部门指导防汛救灾和群众自救提供科学指导，成功化解了上游洪峰和本地较强降雨的恶劣组合，最大程度降低了灾害天气造成的损失，确保了人民生命财产安全。2015年市领导对汛期气象服务材料作出批示10余次。二是重大活动专项服务。常德"欢乐水世界"开园活动、中国国际湖南旅游节、万人马拉松赛事、白马湖音乐节等重大活动，市气象局积极提供优质气象服务，共制作和发布气象服务材料20期。三是公共气象服务。画面生动、容量丰富的天气预报节目受到政府和群众的好评。《常德日报》头版设置《气象直通车》专栏，召开"五一"、高考、端午、中秋天气新闻发布会，通过市电视台、《常德日报》、中国网、红网等多家媒体将气象信息传至群众。通过手机短信、电话主叫、电子显示屏等多种途径发布气象信息，为春运、"两会"、森林防火及反恐应急演练提供服务。四是为农服务。积极为种粮大户、涉农企业、农业生产合作社提供"直通式"气象服务。组织开展人工防雹增雨作业61次，发射炮弹428发，火箭弹116枚，防雹增雨效果明显。8月发射多枚人工增雨火箭弹，该批次人影作业得到了省气象局局长常国刚和地方政府领导的高度评价。积极开展"三农"气象服务专项试点建设，已纳入国家级为农服务示范县的鼎城、临澧、安乡开展了特色作物精细化农业气候区划和主要农业气象灾害风险区划。临澧县气象局强化政府在"三农"专项建设中的主导地位，"三农"维持经费列入财政预算。安乡县气象局完成2015年该县中央财政"三农"农业气象服务专项实施县建设。

基础业务。一是天气气候业务保持稳定。2015年，全市城镇天气预报综合质量全省排名第6，两人的个人成绩进入全省前10；年度气候影响评价获得全省第一名。在第五届全省天气预报技能竞赛中获团体第六名，2人分获实时天气预报第二名和现场问答三等奖。二是综合观测质量及保障能力提高。2015年，地面、农气测报均保持零错情，各种报表上报及时率100%；国家自动站传输及时率99.94%；区域气象观测站资料传输率99.94%；新一代天气雷达的可用性为99.66%；监控信息上传率98.99%。均位居全省前列。三是学术交流加强，气象学会工作有声有色。成功举办第27届湘鄂渝黔四省市边区气象学术论文交流会，来自湘鄂渝黔四省市15个成员单位的60余名领导、专家参加了本届学术交流会，常德市会员共撰写论文17篇。全年发表或交流论文51篇，核心期刊11篇。7篇论文获得优秀论文奖。2项预报员专项课题和4项短平快课题获省气象局批准立项。3个省气象局课题、6个市气象局课题通过专家验收。

气象宣传。充分利用各类媒体全方位、融入式进行新闻宣传。统筹策划、突出重点，多渠道、多角度、多形式地展现常德气象事业取得的各项成绩，生动、形象、真实地展现了新时期常德气象人精神，获得广泛好评和赞誉。2015年，全市在《中国气象报》等气象媒体及《常德日报》等地方媒体发稿近400余篇。组织新闻发布会3次。成功举办了“3·23”世界气象日、防灾减灾日和科技活动周气象科普宣传活动。针对2015年前期气温高、降水少、雾霾多、空气质量差和市民普遍关心的民生问题，撰写了题为“暖冬来袭”《常德晚报》专版稿件；气象专家受邀到各小学进行气象科普知识宣传讲座。

气象教育培训体系建设。与中国气象局干部培训学院湖南分院签署合作协议，举行“中国气象局干部培训学院湖南分院体验式教学基地”的授牌仪式。双方将共同推进气象教育培训体系建设，为气象事业科学发展提供强有力的智力支持和人才保障。

队伍建设。2015年年初，对全市气象部门38名干部职工职务、岗位进行调整，全市所有县（区）局成立党组，县局长整体素质有较大提升，平均年龄下降近7岁。全局干部队伍呈现年轻化、高学历态势，事业发展有活力、后劲足。新进9名高校毕业生，其中硕士研究生5人，本科生4人。任用了一批优秀干部到关键岗位任职，其中1人到广西兴安局交流任职。2人获选省气象局第一批优秀专业技术人才，其中气象业务首席1人、气象科技骨干1人。

部门建设。一是力行“三严三实”，政风建设掷地有声。市气象局党组领导班子高度重视党风廉政建设和领导班子建设，坚持把党风廉政和反腐败工作列入重要议事日程；认真贯彻民主集中制，在干部任免等重大问题上始终坚持集体领导和研究决策。认真开展第14个党风廉政宣传教育月活动和廉政风险防控工作。组织开展全市气象部门反腐倡廉辩论赛，参加全省气象部门反腐倡廉辩论赛岳阳赛区的比赛和全省精英赛，一人获最佳辩手奖。开展精准扶贫，深入贫困家庭调查走访，将一对一扶贫工作落到实处。二是职工文化生活丰富多彩。积极开展党建，“走基层为农服务”“凝聚青春力量共建美好家园”义务植树、“六一亲子气象科普”等活动；组织参与2015年春季万人健步行、全民健身挑战日、常德市第五届市直机关运动会等活动，运动会中取得中央和省驻常单位团体总分第一名的好成绩；选派选手参加省直第四届职工运动会乒乓球比赛并获得好成绩。积极组织干部职工参加湖南省气象部门“弘扬气象精神，共筑气象梦”文艺汇演，表演的常德丝弦《桃花源里气象新》，荣获全省气象部门二等奖。

（王　向）

**【气象影视创新】** 探索建立电视天气预报节目“政府购买 统一制作 分县服务”机制，精细化乡镇天气预报通过电视传播到千家万户。2015年1月，省气象局通过印发《关于加强气象影视服务集约化标准化建设有关工作的通知》，明确将常德气象影视发展模式在全省推广，加快推进市县电视天气预报业务集约化发展，实现精细化乡镇预报落地播出，探索建立政府购买公共气象服务新机制。12月，省气象局已将该创新模式作为年度创新项目报送到中国气象局，获得中国气象局年度创新项目奖。（王　向）

## 防震减灾

**【概况】** 2015年，市地震局获得全国、全省地市级防震减灾工作综合评比先进单位，安乡县地震局获得全国、全省县级防震减灾工作综合评比先进单位。

地震监测预报。2015年，常德市在全省监测预测工作评比中，取得较好成绩。其中柳叶湖形变、石门测震、安乡流体监测资料分获第一名，市地震局日常分析评比获第二名、年度地震趋势会商报告获第三名。一是不断夯实地震监测基础。市地震局加大宏、微观监测台建设和改造力度，完成新建郑家河地震台发改委立项等报建程序，改善市城区沅安路、鼎城区长岭岗宏观观测基地硬件设施；安乡县地震局做好了水位观测项目的数字化改造和试运行工作。二是扎实开展日常地震监测。各微观监测台坚持做好监测仪器的日常维护保养、故障检查、送检更换工作，保证了测震、前兆台网的正常运行。同时，各地按照《群测群防管理制度》规定，对宏观点测报员实行日常检查和年终考核制度，对考核优秀者予以奖励，对不合格者予以调整。规范化管理使测报员责任心进一步增强，观测资料质量明显提高。三是高效处置突发地震事件。建立震情信息平台，及时转发震情信息，高效处置各种突发地震事件。3月30日，贵州剑河发生5.5级地震，市城区部分高层震感明显，市民纷纷来电咨询情况，地震部门第一时间把震情信息如实进行回复，消除了群众恐慌情绪。9月24日，澧县中武发生2.5级地震，市地震局迅速组织震情分析和现场考察，编写考察报告，编发地震简报。四是认真组织分析预测工作。市地震局坚持地震趋势月会商制度，坚持做好年中和年度地震趋势分析会商，起草年度地震会商纪要，为各级政府提供了地震趋势意见。

地震灾害预防。2015年，常德市牢牢把握城镇建设和农村民居抗震设防这个关键，逐步推进城乡抗震设防一体化进程。一是依法加强抗震设防要求监管。各地城镇建筑抗震设防要求管理，继续列入基本建设管理程序。临澧、鼎城、安乡、津市地震局等单位积极参与建筑设计图纸会审和竣工验收工作。各地继续加强窗口审批授权、事项进窗口等标准化建设，积极推进联合审批、办理时限承诺和重大项目“绿色通道”制度。全年全市完成行政审批430项，按时办结率100%。二是依法推进农居地震安全工程。2015年，各地继续做好农村民居抗震宣传、技术指导、建筑工匠培训、政策引导和资金支持等工作，结合美丽乡村、危房改造、搬迁安置，扩大农村民居抗震试点示范范围，有力推动农村民居地震安全工作。市地震局设计并印刷了6套5000份3万册农村民居设计图集，发放到全市3000多个行政村。三是依法推进简政放权工作。市县地震部门为新调整的管理服务事项制定了管理措

2015 年湖南省地震应急桌面演练常德抗震救灾指挥部

施，依法向社会公开，接受舆论和群众监督；对保留的审批事项优化审批流程，压缩审批时限。同时，各地还按照上级统一部署，依法开展了“部门权力和责任清单”的清理和编制工作。

地震应急救援。一是精心组织修订地震应急预案。2015 年，市地震局组织对常德市原有地震应急预案开展了新一轮修订工作。7 月 24 日，新修订的《常德市地震应急预案》正式印发。临澧等地也启动了预案修订工作。二是全面做好各类示范创建工作。积极开展示范学校创建工作。鼎城区善卷中学、桃源县文星小学、石门县楚江一完小获得“省级防震减灾科普示范学校”荣誉称号。积极推进地震安全示范社区创建工作。市城区青阳阁社区、北堤社区、汉寿县杨旗嘴社区、安乡县潺陵社区、桃源县诚信·御景园、鼎城区搠海·常德公馆等社区（小区）申报并正式启动地震安全示范社区创建工作。青阳阁社区、北堤社区获得“2015 年湖南省地震安全示范社区”荣誉称号。三是扎实开展地震应急演练。1 月 19 日，市地震局组织市地震应急通信指挥保障演练。4 月 28 日，市地震局、市教育局联合发文，要求全市中小学校 5 月 12 日前后开展地震应急逃生演练，并对芷兰实验学校等地震应急逃生演练进行现场观摩、点评；8 月 7 日，市政府领导李达轩、陈彰波，以及地震系统工作人员 13 人，参加了湖南省地震应急桌面演练。

防震减灾宣传。开展“5·12”应急知识集中宣传活动。4 月下旬，市地震局先后下发《关于做好 2015 年防震减灾宣传工作的通知》《关于在全市中小学校开展“防灾减灾日”宣传周活动的通知》，对区县市 2015 年防震减灾宣传工作提出指导意见。5 月 12 日，市本级集中宣传活动在鼎城善卷中学举行，副市长胡丘陵出席集中宣传启动仪式并发表讲话。在活动中，各单位采取多种形式对应急知识进行了集中宣传。市地震局现场展出防震减灾知识展板 20 块，发放防震减灾宣传资料 1000 份。认真组织“行风热线”栏目防震减灾主题宣传活动。5 月 13 日，局领导带领业务科室负责人，走进市纪委、市广播电台主办的“行风热线”栏目直播间，向广大群众宣传防震减灾法律法规、政策，就听众朋友提出的断裂带分布、地震应急避难场所建设等问题进行了交流。积极筹办了地震应急知识专题讲座。（李爱顺）

**【地震活动】** 常德市地震活动水平与 2014 年度相比有所减弱，仅发生 2.0 级以上地震 1 次，即 2015 年 9 月 24 日澧县中武 2.6 级地震，极震区烈度Ⅳ+度，有感面积 56 平方千米，对当地居民的生产生活造成了一定的影响。

（黄　河）

# 教　育

## 综　述

【概况】 2015年，全市共有各级各类学校1783所，另有教学点247个。全市学前教育913所，义务教育767所（小学524所，初中243所），高中阶段教育94所（高中47所，中职学校47所），普通高校5所，特教学校4所。共有在校学生725241人，其中学前教育138762人，义务教育410667人（小学286008人、初中124659人），高中阶段教育130440人（高中82833人、中职学校47607人），普通高校44724人，特教教育648人。共有在职教职工59134人，其中专任教师45593人。

教育投入。2015年，全市共落实教育经费71.9亿元，比2014年增加8.41亿元，增长13.25%。市本级落实教育经费13.77亿元，比2014年增加0.32亿元，增长2.38%，公共财政教育支出增长高于财政收入经常性增长4.89个百分点，生均公共财政预算教育事业费支出实现了较大幅度的增长。2015年，全市落实教育费附加及地方教育附加8.55亿元，落实土地收益用于教育的资金1386万元。全市共争取上级补助资金8.96亿元。各县市区按标准落实了义务教育保障新机制资金，加强资金调度，做好中小学公用经费的预拨，确保全市中小学正常运转。2015年全市落实义务教育保障新机制资金4.72亿元，其中，市、县两级落实配套资金7027万元。

教育改革。校长教师交流机制不断完善，以武陵区、石门县为试点，共轮岗交流校长教师678人，交流面达19%。以育英小学、北正街小学为重点的市城区学校联盟化改革进展顺利，育英小学德景园分校、北正街小学恒大华府分校正在抓紧建设。以常德芷兰实验学校为重点的集团化改革迈出实质性步伐，创办芷兰嘉树学校并于秋季正式招生。市直教育资源整合深入推进，原常师校区、工业学校校区继续用作教育，市一中提质改造已经启动。引进韩国启明大学来常德合作成效显著，启明大学在湖南文理学院创办韩语中心并挂牌运行，教师交流培训、互派留学生、与常德外国语学校共建国际班等合作项目已经启动。继北师大常德附属学校之后，常德雅礼实验学校正在抓紧申报立项。

教育发展。全市共投入1.2亿元，新建普惠性幼儿园73所，普惠性比例达59%，三年毛入园率达82%，两项指标居全省前列。义务教育巩固率达99%以上，高中教育阶段入学率达95%，提前实现普及高中阶段教育的目标。全市1所中职学校、1个专业集群和5个专业入选省级职业教育重点建设项目；新建市级示范性中职学校4所、特色专业7个，职业教育基础能力不断增强。建成市中心特校幼儿园并实现招生，全市残疾儿童入学率达89%，超过全省平均水平6个百分点。市城区学校新招收进城务工人员子女近200人，总数达2万多人，基本实现了进城务工人员子女“应读就读”。

教育质量。把学校文化建设作为提升质量的有力抓手，以“创新校园建设”为主题，大力开展教学理念创新、管理创新、课堂教学创新。2015年，全省职业教育技能大赛成绩仅次于长沙，位居全省第二。高考再创佳绩，文科总分平均分超过全省27分，连续4年居全省第一；理科总分平均分超过全省25分，连续6年稳居全省第二。高考升学率，文科一本上线率为11.82%，位居全省第二，二本上线率为31.99%，位居全省第一；理科一本上线率为24.79%，位居全省第二。综合排名连续6年稳居全省第二。30名学生考入北大清华，另有20名学生被香港、澳门地区以及国外知名大学录取。

教育信息化。2015年，市教育局把教育信息化工作纳入对县市区政府教育工作的年度目标管理考核。在各级政府的强力推动下，全市筹措资金6400多万元，推进全市教育信息化工作上台阶。全市乡镇中心小学以上学校92.5%的实现宽带上网，55. 8%的教学班实现优质资源“班班通”，97.6%的教师开通了网上学习空间。继武陵区、临澧县、石门县、西洞庭管理区之后，澧县建成了区域教育城域网。临澧县、武陵区已按省教育厅要求完成了“三通工程”建设任务。2015年，常德教育网上传各类信息3000

多条，做到了信息天天更新，“市民留言”“中考成绩查询”“教师招聘考试成绩查询”等为广大市民提供了方便快捷的服务。在2015年全省教育网站考评中，常德教育网被评为全省市州先进网站。

教师培训。一是认真实施国培、省培计划。2015年全市共有8500人接受国培、省培，参训率达100%。其中有远程项目5330人，常德市严格按照省教育厅下达的培训计划，认真遴选培训对象，做到了参训对象专业对口率达100%，职称合格率达100%，年龄合格率达100%。二是组织教师全员培训。2014—2015年度全员远程培训参训5781人。完成了5年一轮的全员远程培训的收尾工作。全面组织实施中小学教师信息技术应用能力提升工程。上半年组织教育技术全员培训，共861人报考，实考861人，832人及格，合格率达96.6%以上；下半年组织教育技术全员培训，共344人报考，将于2016年3月进行结业考试。三是开展各种专项培训。组织第二期初中教师专业适岗培训，共培训教师184人。组织特岗教师培训和新教师入门培训，共培训教师330人。启动2015—2016年全市心理咨询师远程培训，参训教师120名。组织70名英语教师参加省国际交流协会主办的为期一个月的常德市中美暑期英语培训班。初中校长任职资格培训班培训拟任初中校长80人。举办初中化学、物理骨干教师高级研修班，对象为常德市教育局认定的第二届市级初中物理、化学骨干教师，人数为37人。举办市级骨干教师学科专业远程培训班，对象为常德市初中、高中骨干教师，人数为315人。完成常德市少先队辅导员培训班，对象为各区县（市）团委分管少先队工作副书记、教育局团工委书记、少先队总辅导员、部分少先队大队辅导员、中队（骨干）辅导员，人数为100人。开展常德市普通话水平测试员继续教育暨语言文字管理干部培训，对象为全市普通话水平测试员、各县市区教育局及市直学校语言文字工作负责人、各普通话培训测试点负责人，测试员培训人数为134人；语言文字管理干部培训人数为51人。中等职业学校教师培训班共培训常德市各区县市中等职业学校在职数学教师，人数为28人。举办省、市级骨干民办学校校长、幼儿园园长培训班，共有省、市级骨干民办学校校长、幼儿园园长52人参训。四是做好农村小学教师定向培养招生工作。2015年省教育厅下达给常德市初中起点本科层次农村初中教师公费定向培养计划73人，实际录取71人；初中起点本科层次农村小学教师公费定向培养计划71人，实际录取68人；初中起点本科层次农村幼儿园教师公费定向培养计划6人，实际录取1人；初中起点专科层次农村特殊教育教师公费定向培养计划4人，实际录取3人；初中起点专科层次农村小学、幼儿园教师公费定向培养省级项目计划36人，实际录取10人；初中起点专科层次农村小学教师公费定向培养市州项目计划100人，实际录取100人。

安全管理。一是加强安全宣传教育。4月下旬，组织中小学生观看《孩子，请不要私自下水》警示教育片，将“珍爱生命、远离溺水”挂图张贴到每间教室，将“防溺水安全——给家长的一封信”发放到每位学生家长。5月12日，全市“5·12”防灾减灾应急知识集中宣传活动在鼎城区善卷中学举行，全市各中小学均开展了防灾减灾应急逃生演练活动。6月26日，组织师生参加市禁毒委在鼎城体育中心举行的禁毒宣传和毒品焚烧活动。11月9日，组织中小学生开展火灾逃生应急演练活动。二是净化校园及周边环境。5月18—22日，对市直27所大中专院校、中小学、幼儿园校园及周边治安综合治理情况进行暗访和通报。5月29日，对市一中、七中等高考、学考考点周边及食宿点的安全保卫、食品卫生、周边环境等方面进行联合检查，针对食宿点存在保安防护器具配备不足、部分灭火器失效等问题，向相关酒店进行了现场交办，责令立即整改。10月26日，对15所市直学校校园及周边环境进行集中整治，包括学校周边社会治安、无证游商，学校附近商店无证经营、占道经营、违规经营、出售“三无”商品，学校附近车辆违规停放、学校周边200米范围内的“黑网吧”、营业性歌舞厅、桌游室、游戏厅、成年人性用品商店等，并将有关情况向市工商局、市城管局、市交警支队下发了《交办函》。三是规范校车管理。2015年，全市共有校车服务公司20家，纳入公司管理的车辆1906辆，负责接送134892名中小学生幼儿上下学。其中，纳入公司管理的国标校车1591辆，已核发校车标牌651辆。通过召开全市校车监管平台建设现场推进会，推进校车公司化运营，进一步规范了校车安全管理，推动了全市校车监管平台建设的规范化、信息化，提升了校车事故应对力和风险承受力。

（张 华 管传明 覃业敏 龙家骅 钟 勇）

**【教育三年攻坚】** 常德市教育三年攻坚项目于2014年启动，主要针对农村薄弱学校改造、城镇学校扩容提质、职业教育品牌发展与教育数字化四大工程展开。2015年，全市教育三年攻坚各类项目建设累计完成投资6.07亿元，建成项目436个，各县市区均圆满地完成了年初目标任务，取得了三年攻坚战役的阶段性胜利。一是农村薄弱学校改造工程投入资金1.63亿元，改造农村薄弱学校128所，实施项目215个，改造校舍面积134768平方米。二是农村寄宿制学校“三有”配套建设工程，全年为171所农村寄宿制学校配齐了“三有”设备，投入资金2067万元。其中，购置学生床铺11116架、学生餐桌椅18765套、安装热水设备93套。三是城区中小学校新建、改扩建中小学校24所，投入资金3.54亿元。其中4所已经完成前期准备工作，6所正在抓紧施工，14所已经完工。四是城区幼儿园新建改扩建工程按照完美社区建设要求，市城区新建公办幼儿园3所，改扩建民办幼儿园11所，投入资金5997万元，基本实现“一社区一普惠园”的目标。五是职业教育品牌建设工程共投入资金9599万元用于项目建设，超过以往多年投入的总和，创建市级示范性中职学校4所、特色专业7个。六是教育数字化建设工程，全市765所学校实现宽带上网，6337个班级配备多媒体教学设备，34463名在职教师开通了

2015 年 2 月 12 日，全市教育卫生三年攻坚推进会召开

网络学习空间。通过教育三年攻坚计划的项目建设，全市教育办学条件得到改善，被省教育厅评为全省教育特色工作。（管传明）

【教育为民办实事工作】 2015 年，常德市教育为民办实事工作取得了突出成效。一是义务教育合格学校建设共投入资金 12805 万元，完成项目校建设共 47 所，其中列入省实事项目学校 24 所。通过一年的建设，实事项目校新增校园面积 20880 平方米，新增建筑面积 72228 平方米，同时，还配套完善了价值 1988.6 万元的各类生活教学设施设备 52145 件套。11 月，市政府教育督导室牵头组织了全市第十四批义务教育合格学校评估验收，所有学校和幼儿园建设项目，全部合格。二是学前教育普惠行动，全市有 18 所农村公办幼儿园列入了省重点民生实事项目，完成新建项目 8 所、改扩建 10 所，实际投入 3172.2 万元，其中县本级投入 332.2 万元，超额投资 220.2 万元。省项目园新增校园面积 3896.22 平方米，新增教学建筑面积 11056 平方米，生活用房面积 2495 平方米；新增价值 211 万元教学设备设施 1762 套件，新增价值 63 万元生活类设备设施 697 套件。所有农村公办园基本完工，改扩建项目全部已投入使用，个别新建完成封顶，2016 年春季开学可投入使用。三是教育扶贫开发“六件实事”共完成项目 16 个，完成投资 2541 万元，超额投资 215 万元。（管传明）

【教育信息化创新应用】 2015 年，以省教育厅信息化办推行的“十百千万”工程为契机，大力开展信息化试点项目的探究，促进教育信息化创新应用。在省教育厅的指导下，常德市有 1 个县市区和 4 所学校成为省级试点单位，8 所学校成为省级“十百千万”工程单位。一是精心挑选试点课题。印发试点工作的通知，动员各级各类学校搞好试点课题申报，组织专家组进行评审，对合乎条件的向省里上报。二是加强课题研究指导。对所有入选的试点课题，定期组织课题组座谈，组织专家组到试点单位进行督导。通过试点挖掘和总结出教育信息化创新应用方面的经验与模式。如临澧县新安镇中心小学研究总结出的课堂教学“五自三导式”模式，得到各方面的好评，《中国教育信息化网》和《湖南教育》杂志以“应用为王”为题，报道了临澧县新安镇中心小学从“一张白纸”建设成全省唯一一所教育信息化创新应用示范农村小学，并跻身全国教育信息化的先进行列的先进经验。三是以点带面均衡发展。全市学校之间的硬件配置、教师配备等方面还存在一定的差距，特别是有些农村小学还没有某些专业课的师资。为此，鼓励发展网络联校。2015 年全市建设省级网络联校 5 所。联校的主校与分校实现同步互动课堂教学，并经常开展网络教研与交流。如桃源县漆河镇中心小学网络联络以专递课堂为主，为辖区内的四所小学开设英语、音乐、美术专递课堂，把中心校优质的课堂送到没有专业教师的村小学校。四是推广优秀应用模式。2015 年，市教育局将全市第五届中小学校长论坛的主题确定为“创新校园——信息化条件下的教育教学改革与创新”。论坛收到来自全市各级各类学校校长和各区县教育局局长的论文 240 多篇，在论坛上，最具代表性的 10 位校（局）长做了经验介绍，大会聘请了北京大学教育技术学院尚教授做辅导报告。（覃业敏）

【助学金调标】 2015 年 10 月，市教育局、市财政局联合下发通知，分别调整中职、普高国家助学金平均资助标准：一是调整普通高中国家助学金资助标准，由原来每生每年 1500 元提高到 2000 元，继续实行等级管理，分三等，即一等 4000 元、二等 3000 元、三等 1000 元，从 2015 年秋季学期起执行。二是调整中职国家助学金资助标准，调整内容与普通高中一致。（伍伟华）

【空军招飞】 2015 年，常德市向空军输送了 16 名飞行学员，输送总数在全省排第二。2015 年在常德市一中举行了空军飞行学员入学通知书和“空军飞行学员之家”牌匾的颁发仪式；市招考办被空军招飞局广州选拔中心和省教育考试院评为“空军招飞工作先进单位”，桃源县招考办、桃源县一中被表彰为“空军招飞工作突出单位”，苏宏元被表彰为空军招飞工作突出个人，颜洪波、黄伟力被表彰为空军招飞工作先进个人，鼎城区一中被授予“空军飞行学员优质生源基地”牌匾。（曾琪波）

## 学前教育

【概况】 2015 年，全市共有幼儿园 913 所，比 2014 年增加 4 所。入园幼儿

46500人，比2014年减少3759人。在园幼儿138762人，比2014年增加1717人。离园幼儿53242人，比2014年增加1172人。幼儿园教职工11867人，比2014年增加404人，其中园长和专任教师共6989人，比2014年增加231人。学前教育专业毕业的园长和专任教师有4517人，占总数的64.6%。

学前教育普惠行动。全市实施学前教育普惠行动共创建普惠性幼儿园73所，其中公办中心幼儿园24所，普惠性民办幼儿园49所，公办园中列入省为民办实事项目18所，实际投入资金3172.2万元。全市总投入资金12369.2万元，全部普惠园项目均已完成。49所普惠性民办幼儿园中，列入2015年市城区“一社区一普惠园”建设任务共有14个，其中公办园1个，普惠性民办幼儿园13个，共投入资金4495万元，所有新建和改扩建项目都已经完成。全市公办幼儿园及普惠性民办幼儿园所数建设规划比例为53%，实际完成比例56.52%，完成比例为106.6%，比2014年51.9%提升了4.62个百分点。普惠性幼儿园在园人数为97472人，普惠性幼儿在园人数占幼儿总人数的66.05%，比2014年59%提升了7.05个百分点。

规范办园行为。继续开展县市区级示范园评估工作。2015年有石门县新铺乡中心幼儿园、柳叶湖罗湾幸福幼稚园、津市市李家铺乡中心幼儿园等9所幼儿园通过了“2014年度市级示范园”评审，并有汉寿县罐头嘴镇中心幼儿园、安乡县下渔口镇中心幼儿园、武陵区女子外校幼儿园等11所幼儿园申报创建2015年市级示范园。市专家组已完成评估验收工作，各幼儿园正在进行整改，准备迎接复评验收。经过多年的示范园评估及政策倾斜，示范园的引领、示范和导向作用越来越明显，积极推动了许多幼儿园不断改善办园条件、提高办园质量，促进了各类幼儿园办学水平的提高。

提高保教质量。全市先后开展了幼儿园玩教具展评活动、幼儿园科学领域比武活动、优秀论文评选活动、“全市3—6岁儿童科学领域探索活动”等，保教质量得到大幅度提升。5月29日，常德市2015年幼儿园优秀自制玩教具展评活动在临澧县中心幼儿园举行，来自全市39所幼儿园、120名幼儿园教师设计制作的44件作品参评。活动中同时展示了2014年获得省级奖项的13件优秀作品。11月24—27日，湖南省首届幼儿园教育能手大赛在湖南省政府第三幼儿园举行，鼎城区实验幼儿园石雨鑫获得全省教育能手称号，并获全省一等奖；澧县澧州幼儿园肖潇获得全省二等奖。

保教人员培训。2015年全市各级各类培训8228人。其中国培1824人，市级培训500人，县区级培训5105人，保育员培训800人。全市进行了4个县的国培送培下县活动，澧县、安乡县、鼎城区和武陵区参加培训的学员达到近1500多人。全市幼儿园保教人员的培训面达90%，培训比例显著增加。11月下旬，市级园长及学前专干培训班共有106人参加；6月10—13日，组织17名学前专干和园长赴浙江安吉县参加“安吉游戏现场观摩”和“安吉游戏国际论坛”活动，了解安吉游戏的价值及幼儿园游戏活动的开展。6月25—29日，省教科院基础教育研究所副主任周丛笑带领8名专家来到石门县开展为期5天的“送教送研”活动，2天下园指导8所公办、民办幼儿园，200多名园长、教师参加培训。9月22—23日，49名园长赴上海参加幼儿园游戏活动落地实施专题研讨会，学习和借鉴安吉游戏。12月14—16日，在全省幼儿园自制玩教具展培活动中，常德市共有32名园长、专干参加培训，鼎城区实验幼儿园闵捷做了专题玩教具制作培训。12月17日上午，在武陵区中心幼儿园举行“全市3—6岁儿童科学领域探索活动”，有112名园长、老师及学前专干参加，专门探索科学领域活动的开展。（张　华　管传明　熊松林）

**【创建完美社区普惠园】** 市城区完美社区普惠园布点已基本完成。鼎城区6个项目，共投入2165万元。3个新建项目，其中金江南幼儿园投入205万元、江山如画（海博）幼儿园投入400万元、紫薇佳园幼儿园投入800万元，新建项目都已完成项目封顶，其中海博幼儿园已经开园，招生50多名幼儿；紫薇佳园幼儿园已开园招生47人。3个改扩建项目都已完成扩建任务，其中鼎城区实验幼儿园投入660万元、枫丹幼儿园、恒通幼稚园共投入100万元。武陵区6个项目，共投入2300万元。4个新建项目都投入力度较大，均已完成项目封顶。其中荷花幼儿园投入160万元、盛唐四月天幼儿园投入600万元、楠竹山社区幼儿园投入1000万元、岩桥幸福幼儿园投入500万元。2个改扩建项目中，岩坪社区幼儿园（雅梦幼儿园）、聚宝社区幼儿园（百花幼儿园）共投入40万元，添置了设备设施。经开区2个项目，乾明社区乾明幼儿园、窑场河社区肉联幼儿园共投入30万元。（熊松林）

**【城乡幼儿园结对扶助】** 2015年开展了94所省市级示范园结对94所农村薄弱园的扶助活动。重点是指导薄弱园开展《3—6岁儿童学习与发展指南》精神的解读与实验工作，加强培训指导、结对交流经验。各地示范园多次组织送教下乡活动，开展对口支教，并多次接受各乡镇公、民办园的园长和教师来园观摩、跟班学习。临澧县于3月启动幼儿园结对扶助工作；汉寿县、石门县、鼎城区、桃源县等都加强了对结对园的奖励与考核，结对帮扶、交流工作做到了实处，带动和促进了全市幼儿园整体办园水平的提升。（熊松林）

**【《3—6岁儿童学习与发展指南》实施与实验工作】** 常德市作为全省的《3-6岁儿童学习与发展指南》实验区，2015年继续对4个重点市州实验县区、31所省级《指南》实验重点联系园、26个市级县区级实验园进行重点指导，开展专家下县指导等工作。并继续从1000万元学前专项资金中列支57万元实验开展经费，对重点实验县、省市级重点实验园所分别给予4个县区各3万元、每所实验园1万元的经费补助，保障机制得到落实。汉寿县举行2015年首次学前教育名师工作室研讨活动；桃源县、经开区、临澧县都纷纷开展幼儿园自制玩教具展评活动；武陵区首次举行“六一”趣味运动展示活动；安乡县举行区角活动评比，并带领30多名园长到杭州、长沙等地学习先进经验。通过《指南》的贯彻实施和各地多种活动的开展，各类幼儿园的环境创设都丰富起来，一日活动常规逐步规范，区域游戏、区角活动开展正常，幼儿园的办园理念和办学水平得到显著提升，小学化倾向得到大力扭转。

（熊松林）

## 基础教育

**【概况】** 义务阶段教育。2015年，全市共有义务教育阶段学校767所，在校生410667人，专任教师30550人。小学有524所，比2014年减少15所；另有教学点247个，比2014年增加4个。共招生54181人，比2014年增加4415人；在校生286008人，比2014年增加13594人；毕业生40303人，比2014年减少906人。不含教学点的校均规模为545人，含教学点的校均规模为371人，平均班额41人。小学入学率为100%。毕业生升学率为100%。小学专任教师16766人，比2014年减少147人。专任教师学历合格率99.8%，比2014年略有增加；专任教师中具有专科及以上学历比例为92.7%，比2014年提高2.6个百分点。小学教师与学生之比为1 ∶ 17。小学专任教师中，30岁以下的有2586人，占15.4%；31—40岁的有3271人，占19.5%；41—50岁的有4503人，占26.9%；51—60岁的有6406人，占38.2%。专任教师中，女教师占58.8%，专任教师中，青年教师所占比例虽有所增加，但教师队伍整体老年化偏高。全市小学占地面积为7224824平方米，校舍建筑面积为1937367平方米，生均图书为21册，生均教学仪器设备值为590元。全市小学每百人拥有计算机的台数为6台，全市小学建网学校151所，占全市小学比例为28.8%。普通初中243所，比2014年减少2所。招生40765人，比2014年减少433人；在校生124659人，比2014年减少3415人；毕业生43464人，比2014年减少1029人。校均规模513人，平均班额47人。普通初中专任教师13784人，比2014年减少427人。专任教师学历合格率98.7%，比2014年增加0.1个百分点，专任教师中具有本科及以上学历的比例为71.5%，比2014年提高1.6个百分点。专任教师师生比1 ∶ 9.04。普通初中专任教师中，30岁以下的有2224人，占16.1%；30—39岁的有3432人，占24.9%；40—49岁的有4579人，占33.2%；50—59岁的有3547人，占25.7%。全市普通初中学校占地面积为7712632平方米，校舍建筑面积为2534297平方米，生均图书为63册，生均教学仪器设备值为1640元。全市初中每百人拥有计算机的台数为12台，全市普通初中建网学校142所，所占比例为58.4%。全市义务教育阶段有寄宿生178563人，占义务教育阶段学生总数的43.5%，寄宿制学生比2014年增加17585人，增长3.3%。义务教育阶段进城务工人员随迁子女在校生20182人，比2014年增加5823人，其中小学阶段13332人，初中阶段6850人，进城务工人员随迁子女占义务教育阶段在校生总数4.9%。义务教育阶段农村留守儿童在校生150485人，比2014年增加3966人，其中小学阶段102749人，初中阶段47736人，农村留守儿童占义务教育阶段在校生总数的36.6%。

高中阶段教育。全市高中阶段教育学校共有94所，比2014年减少4所。在校生130440人，教职工10208人，专任教师8820人。普通高中47所，与2014年持平。招生27829人，比2014年减少325人；初中毕业生升普高的比例为64%，普通高中在校生82833人，比2014年减少3184人。校均规模由2014年的1830人减少到1762人。普通高中有教职工7344人，专任教师6666人。专任教师师生比1 ∶ 12.4。专任教师学历合格率为97.6%，比2014年下降0.03个百分点。专任教师中研究生毕业203人、本科毕业6303人、专科毕业152人、高中阶段毕业8人。具有研究生学历的专任教师占总数的3%，比2014年增加0.5个百分点。专任教师中，30岁以下的有887人，占13.3%；30—39岁的有2371人，占35.6%；40—49岁的有2350人，占35.3%；50—59岁的有1054人，占15.8%；另60岁以上有4人。普通高中占地428054平方米，校舍建筑面积2130681平方米，图书藏量2383841册。每百人拥有计算机14台。建网学校共41所，建网学校比例达到87.2%。

弱势群体就学。从政策、经济和生活、心理等方面给予贫困学生、留守学生、进城务工农民子女、残疾学生等关心和关怀，切实保障了特殊群体子女的受教育权利。通过落实“两免一补”政策，保障贫困学生的就学。架起情感沟通桥梁，关爱留守儿童的健康成长，各学校积极开展班级活动、团队活动，组织他们参与其中，让其感受到集体的关怀和温暖。老师也经常进行电话家访与家长沟通，形成家校合力，共同促进孩子健康、快乐成长。切实保障进城务工农民子女和残疾学生享受受教育的权利，公平对待每一名进城务工农民子女，与本地学生同等享受同等政策。

教育教学质量。2015年，常德市高考文科的总分平均分是427.44分，全省总分平均分为399.75分，高出27.69分，继续保持全省第一；理科总分平均分是451.14分，全省总分平均分426.09分，高出25.05分，居全省第二。文科一、二本上线率分别为11.82%、31.99%，分别位于全省第二、第一位；理科一、二本上线率分别为24.79%、53.18%，分别居全省第二、第三位；综合起来一、二本上线率分别为19.58%、44.14%，位于全省第二位。学考参考率达93.03%，合格率为93.73%，均高于2014年。省级示范性高中的合格率达到99.49%，市级示范性高中学考合格率达到90.95%，一般普通高中达到84.27%，三类高中的学考合格率在2014年大幅提升之后，2015年继续保持了增长。

课堂教学改革。以课堂教学改革为重点，认真探究“高效课堂”教学模式，使课堂教学由“师本”课堂向“生本”课堂转变。大部分高中学校都在努力创设民主、平等、和谐的课堂环境，鼓励合作学习，促进学生之间的相互交流、共同发展，促进师生教学相长，调动学生的参与意识和学习的积极性。各县市区和学校也积极探索形式多样的高效课堂教学模式，如澧县一中、石门县一中、桃源县一中、芷兰实验学校的教学模式都取得了初步成效，在一定区域内起到了示范引领作用。

校本教学研究。各中小学校开展一系列课改教研活动，通过开展教师集中学习、开发校本课程、课堂教学比武研讨、教研组建设、集体备课等活动，推动教育研究工作。同时，大力开展课改样板校建设，充分发挥其示范引领作用。12月，武陵区北正街小学、常德市五中、常德市一中顺利通过省教育厅的检查验收，成为全省首批课改样板校。

规范课程设置。大部分中小学校都能够按照课程方案和各学科课程标准实施新课程，开好必修课，积极创造条件开设选修课程。在此基础上，不少学校还结合自身实际，积极开发校本课程，突出地方和学校特色，满足学生多样化的学习需求。通用技术课程和综合实践活动课程逐步得到重视。大多数学校都按要求开设了通用技术课程，部分学校建起了通用技术专用教室。研究性学习在各高中学校普遍开展起来，社会实践和社区服务不少学校也已经逐步开展。

科技创新。在2015年的湖南省青少年科技创新大赛上，有5项获得一等奖，7项获二等奖，9项获三等奖；5月，有16支队伍参加湖南省青少年机器人大赛，有3支队伍获一等奖，9支队伍获二等奖，4支队伍获三等奖。有3支队伍参加全国青少年机器人奥林匹克赛，获一、二、三等各一个。2015年亚太青少年科技创新大赛上，3支队伍获一等奖，2支队伍获二等奖。常德市芷兰实验学校2个发明项目参加第八届国际发明博览会，获金奖1个、铜奖1个。

体育艺术成果。第一届全省中学生运动会上，常德市田径代表团获得4枚金牌，团体总分第五名；女子排球第二名，男子排球第五名；游泳获13枚金牌，团体总分第一名。常德市第四中学、鼎城区善卷中学、桃源县文昌中学、澧县第一中学、安乡县城关镇城北小学、武陵区北正街小学、武陵区工农小学被评为全国体育特色学校。鼎城区一中被评为全国心理健康特色学校。在湖南省第五届中小学生艺术展演现场展演上，常德市七中的舞蹈《佤山情》代表常德市参加现场展演，澧县一中的《风号色彩》、鼎城九中的《素描》、石门三中的《岳阳楼记》、市一中的《登泰山记》、石门六中的《权力》等中学艺术作品也被组委收录编印到绘画、书法、摄影作品集中。

德育工作。围绕教育部印发的《义务教育学校管理标准（试行）》，各地各校都开展了学习，有的地方结合实际制定了落实《标准》的实施意见，如桃源县制定了《桃源县中小学常规管理指导意见》，将社会主义核心价值观要求贯穿于学生素质发展评价、班级民主管理、教师工作考核等学校管理每一个环节。常德市七中开展了德育序列化建设，根据学生的情况，分年级制定了德育管理目标，针对性强，充分体现了德育工作中的“因材施教”，德育管理日渐规范。把核心价值观教育与学校文化建设紧密结合，在显性的宣传上，不仅仅是简单地把24字上墙入室，而是精心设计，把核心价值观内容与校园景点、文化布置巧妙结合。各地各校在开课设节上日趋规范，充分挖掘课程资源，开足开齐了德育课程，加强了品德与生活、品德与社会、思想品德、思想政治课程的教育教学。如常德市四中的“明义”课堂、常德市七中的“博雅”课堂、常德市十一中的“礼诚”教育、武陵区北正街小学的“乐学”课堂等等德育渗透学科、进入课堂的课程模式，有效增强了课程育人的效果。常德市三中开发的校本教材《我们的节日》、常德市一中的《做一个有一中特质的人》、常德市五中的《艺体》等校本教材增强了学科育人的成效。

（张　华　管传明　朱海静）

**【合格学校建设】** 2015年，常德市义务教育合格学校建设共47所，共投入资金12805万元。列入省实事项目学校24所，计划投资6429万元，实际投资6798.49万元，超额投资369.49万元，其中县本级投入2048.79万元。省实事项目校新增校园面积19580平方米，新增教学建筑面积35438平方米，新增生活用房面积5909平方米；新增价值1088.7万元教学设备设施38647套件，新增价值249万元生活类设备设施1744套件。10所省备案项目校完成投资2072.11万元，县本级投入1588.81万元。新增校园面积1300平方米，新增教学建筑面积3150平方米，新增生活用房面积1480平方米；新增价值270.9万元教学设备设施7471套件，新增价值99.5万元生活类设备设施209套件。13所自建项目校完成投资3934.4万元，县本级投入766.4万元。新增教学建筑面积25021平方米，新增生活用房面积1230平方米；新增价值267.2万元教学设备设施1687套件，新增价值13万元生活类设备设施700套件。11月23—27日，市政府教育督导室牵头组织了全市第十四批义务教育合格学校评估验收，所有学校建设项目，全部合格。　（朱海静）

**【开展“一师一优课、一课一名师”活动】** 2014年12月至2015年10月，开展“一师一优课、一课一名师”活动。全市30265名教师参与活动，教师注册率达83.6%，“晒课”25291节，“晒课”率达70%。评选了市级优课436堂、省级优课236堂、国家级优课96堂。

（朱海静）

## 特殊教育

**【概况】** 2015年，全市独立设置的特殊教育学校4所，分别是常德市特殊教育学校、津市市特殊教育学校、桃源县特殊教育学校、安乡县特殊教育学校，其中常德市特殊教育学校为全市的中心特教学校。

2015年招生122人，比2014年增加35人；在校残疾儿童757人（特殊学校648人，普通中小学随班就读的学生109人），比2014年增加73人；残疾儿童毕业人数22人，比2014年增加7人。特殊教育学校现有教职工191人，其中专任教师174人。专任教师中专科及以上学历者有171人，占98.3%；专任教师中受过特教专业培训的有171人，具有小学高级以上职称者51人，占29.3%。全市特教学校占地面积88534平方米，生均占地面积136平方米，校舍建筑面积32397平方米，生均建筑面积50平方米，图书总数32600册，生均图书50册。

办学条件。2015年，中心特校建成幼儿园并投入使用；完成功能室二期建设；健身房、工会活动室、资源教室投入使用；完成学生宿舍室内改造工程，连廊、走廊加装铝合金窗户；学生宿舍楼、教师周转房加装纱门；教师周转房完成电视线路改造；完成消防通道、双网电源改造；初步开发学农基地和花木试验基地。津市特校投资30余万元建成6个多媒体教学系统功能教室，并对学生电脑设备进行改造。安乡特校维修围墙、铁门、油漆楼梯，购置消防器材，添置安全防护网，开辟儿童游艺园，对特教楼一楼进行整体装修。

校际交流。4月13—24日，桃源特校9名教师分批到中心特校跟班学习个别化教育教学评估、教学、班级管理等。4月27—28日，全市四所特校联合开展2015年常德市特殊教育学校校长论坛，就学校管理理念、师资培训、教改动态、未来发展等方面的内容进行交流与探讨。5月12日，全市四所特校在市中心特校召开教导主任工作会议，就目前聋教育教材的使用情况以及今后打算进行交流。11月16—19日，四所特校联合开展常德市特殊教育教学比武及优秀班主任经验交流活动，长沙市特殊教育学校王磊副校长，市教科院刘忠义、刘建德担任赛课评委。共有8名教师参加教学比武活动，其中运动康复课1节，聋教育课3节，培智教育课4节；8名优秀班主任参加经验分享活动。

康复训练。2015年，桃源特校根据常德市残联的安排和部署，先后开办了2个“0-6岁贫困残疾儿童抢救性康复项目”班。末期评价统计表明，在训68名学生里，有效率达100%，显效率达到80%。安乡特校继续实施聋儿语训和省为民办实事项目“0—6岁贫困智力残疾儿童抢救性康复培训”，共培训听力残疾儿童6名、智力残疾儿童80名，家长100名，康复总有效率达100%，家长满意率为100%。10月上旬，安乡特校智力康复部另一个彩票公益金“0—6岁”智障康复训练项目开班。12月上旬，湖南省聋儿康复中心工作人员到全市四所特校检查聋儿康复工作，给予好评。

体育艺术成果。2015年，津市特校男子篮球队获津市市中学男子篮球赛冠军。在津市中小学艺术节上，津市特校选送的文艺节目《妈妈老师》获特等奖，经上级部门推荐选送，参加常德市与省里的艺术展演，获常德市一等奖，获省校园剧二等奖。在津市市第十六届艺术节书画作品展示活动中，2名学生绘画作品获一等奖，1名学生获二等奖，一名学生书法作品获一等奖；在常德市“墨香书法展示”活动中，8名学生书法作品获奖，其中书法作品《龙鹤》获湖南省“梦飞扬”残疾青少年才艺展演活动铜奖；在湖南省“交通银行特教学校聋生书画现场竞赛活动中”，三人获奖。安乡特校陈红喜老师指导的作品《兴洲残疾人网址导航APP》荣获常德市科技创新竞赛一等奖，《沙漠绿化蛇》在第十三届常德市青少年科技创新大赛中荣获三等奖；学生作品《安乡特校美术合集》发表在第三期《语文报》，《为盲人发明的智能筷子》发表在杂志《幽默与笑话》上，《自动驾驶的汽车》《人体杀毒的射线》均发表在《少儿科技》杂志上，《清洗高墙的壁虎机器人》《地沟油检测手机》发表在《教育周报上》。

教学教研成果。2015年，全市特校共有99篇论文获奖，其中一等奖26篇、二等奖30篇。市中心特校、桃源特校被评为“2012—2015年度湖南特殊教育先进单位”，市中心特校、津市特校、桃源特校被评为“2015创声杯湖南省特殊教育教学科研论文及教育教学案例大赛组织工作先进单位”。在课题研究方面，市中心特校“十二五”规划课题《个别化教育计划中教育评估与诊断的实践研究》顺利结题，荣获省级二等奖；津市特校课题《“说－写”同步训练培养聋生第二语言表达能力的实践研究》顺利结题；桃源特校《特殊教育学校班级文化建设研究》荣获省级三等奖；安乡特校继续开展课题《智障班人文化班级管理模式的研究》研究工作。

（张　华　管传明　朱永祥）

**【中心特教学校职业教育正式开班】** 2015年9月，市中心特校开办职教班，开设缝纫、烹饪、家政3个专业，其中缝纫专业与常德市机电学校合作办学，学生每周二、四、五在校学习理论知识，周一、三在老师的带领下赴机电学校学习操作。烹饪专业主要教授学生一些基本的烹饪知识和动手能力，如：用电饭锅煮米饭，洗、炒简单的蔬菜，大部分学生能够独立使用电饭煲煮米饭。家政课主要结合学校实际，做一些简单的卫生清理工作，如：收拾房间、拖地、打扫卫生、擦栏杆、抹玻璃等，主要培养学生的卫生习惯和自理能力。学校在校内初步开发了花卉养植基地，为今后开展职业教育打基础。（朱永祥）

**【承办“校长国培”活动】** 2015年12月23—25日，“校长国培”——2015年特教学校校长能力提升工程返岗实践集中实地赴校指导活动，在常德市特殊教育学校举办，共有来自云南、广西、贵州以及湖南部分地区特校校长27人参加活动，4名专家领队，常德市教育局副局长庹朝君、湖南省特殊教育专业研究委员会理事长、长沙市特殊教育学校校长韦正强等领导出席开幕式。此次活动共有参观校园、听规划汇报、集中交流指导、开展讲座、走访桃源特校五个环节。常德市中心特校校长龙明忠汇报、分享《常德市特殊教育学校2016—2020发展规划》，参会人员对规划内容进行交流，并提出意见和建议。（朱永祥）

## 职业教育与成人教育

**【概况】** 2015年，常德市有各类职业院校42所，其中本科院校1所（湖南应用技术学院）、专科院校2所（常德职业技术学院、湖南高尔夫旅游职业学院）、中职学校37所、招收有职教学生的其他类型学校2所（湖南幼儿师范高等专科学校、常德技师学院），共开设65个专业，全市中职在籍学生4.2万人，高职院校在校学生1.7万人。2015年实际开展招生的学校35所，招收新生13382人。有普通高校函授站点26个。

基础能力建设。2015年，全市职业教育投入不断加大，较好地改善了各职业院校的办学条件。各校以项目建设为抓手推动学校提高办学水平，积极参与省级示范性特色专业群、中高职衔接、校企合作实训基地三大项目建设规划。在湖南省职业教育“十三五”重点项目立项评选中，有桃源职专立项卓越院校、安乡职专立项示范专业群、澧县职专立项校企合作生产性实习实训基地等8个项目入选。市职教专项经费额度由原来600万元提高到1000万元。有10所市级示范校和20个特色专业列入全市教育三年攻坚计划，支持建设10个左右的生产性实习实训基地和8个左右校企合作项目。

招生工作。全面加强中职招生工作的组织领导，将中职送生、招生任务分解下达到各区县和中职学校，并纳入小康社会测评指标和教育强市目标考核。切实加强中职招生秩序的治理整顿，强化中职学校招生简章审查备案工作，实行中职学校招生专业资质文件公示。畅通中职招生渠道，实行中职无阻力招生。全年在生源大幅减少的情况下，常德市中职招生规模与2014年基本持平。桃源县和鼎城区普职分流比达到40%以上，安乡县进步幅度最大，分流比达到37.7%。

教师培训。落实职业院校“编制到校、经费包干、动态管理、自主聘用”的教师动态管理办法，实施落实好各类职业院校教师培养培训计划。以提高师德水平和实践教学能力为重点，开展教师全员培训，多途径多方位加强职业院校教师队伍建设。大幅提高兼职教师和技师职业素质和能力的“双师型”教师比例，支持职业院校聘请行业、企业一线专家和能工巧匠担任兼职教师。2015年已经开始实施“专业教师素质提升计划”，开展市职业院校“双师型”教师评选，共评选出140人，每人给予了8000～10000元补贴。大力开展中职学校干部教师培训，全年国家级、省级专业骨干教师培训、青年教师企业实践培训送培计划全面落实。开展市级专业教师培训，对数学学科近40位教师进行了为期一个月的课堂教学实践培训。

技能竞赛。4月8—11日，全市中职学生技能竞赛分别在常德汽车机电学校、常德财经学校、桃源县职业中专、安乡县职业中专四个赛点举行，共有15个代表队19所学校307名选手参加了6个专业大类21个项目的比赛。评选出5个团体奖、6个优秀组织奖、4个优秀赛点奖、154个单项奖。组织参加国家、省级职业院校学生技能竞赛，强化竞赛指导，选派68名选手参加湖南省职业院校学生技能竞赛的9个专业29个赛项的比赛，常德市获一等奖15个、二等奖22个、三等奖12个，以总分266分成功跃居湖南省职业院校技能竞赛团体总分第二名，实现了常德市在省职业院校技能竞赛上的跃位提质；全市6个学校代表湖南省参加全国技能竞赛的14个项目比赛，获二等奖4个、三等奖8个。

专业技能抽查。根据省市有关建立中职学校学生专业技能抽查制度的文件要求，不断完善质量监控与保障机制。5月，市教育局开展全市中职学校专业技能抽查。抽查专业为旅游服务与管理、高星级饭店运营与管理、酒店服务与管理（含酒店管理）、文秘专业以及2014年抽查不合格学校的对应专业。其中，文秘专业实际抽查学生95人，参考率73.1%，实际合格率为78.9%；旅游服务与管理专业抽查学生85人，参考率66.9%，实际合格率为98.8%；星级饭店运营与管理、酒店服务与管理专业抽查学生25人，参考率66.9%，实际合格率为100%；电子技术应用、电子电器应用与维修、电子与信息技术专业复查学生49人，参考率84.5%，实际合格率为87.8%；机械加工技术、模具制造技术专业复查学生10人，参考率21.3%，实际合格率为90%。

成人教育管理。全市职业院校和培训机构根据本校办学优势和专业特色，加强与农业、人社、扶贫等部门的联系，积极拓展培训市场，面对社会开展各类培训，全年累计培训超过2万人次。常德电大、常德社区大学积极作为，大力发挥其作为全市终身教育服务指导中心的工作职能，组织全市“全民终身学习活动周”活动，被教育部“全民终身学习活动周”组委会、中国成人教育协会评为“全民终身学习周成功组织奖”。通过加强品牌项目创建与全市“完美社区、书香社区建设”“全国首批海绵城市建设”等中心工作有效结合，充分履行学校在学习型社会建设中的责任。（孔红军）

# 高等教育

**【概况】** 2015年，全市普通高校5所，其中本科院校2所：湖南文理学院、湖南应用技术学院；高职院校3所：常德职业技术学院，湖南高尔夫旅游职业学院，湖南幼儿师范高等专科学校；另有独立学院1所：湖南文理学院芙蓉学院。成人高校2所：常德市广播电视大学和津市市广播电视大学。2015年普通高校招生14811人，其中本科生6351人；普通高校毕业生10929人，其中本科生5340人。在校学生44724人，其中本科生23592人。全市高校现有教职工3609人，其中专任教师2482人，具有硕士以上学位专任教师1268人，占总数51.1%。

**【湖南文理学院】** 教学科研。2015年成立以湖南教育厅副厅长葛建中为主任委员、常德市陈华等四位副市长为副主任委员湖南文理学院“深度转型发展”专家咨询委员会；推动并修订完成转型试点专业特色培养方案。2015年，在省教育厅主办15项大学生学科竞赛中，成绩优异，取得国家级一、二、三等奖各2项，省级冠军2项，荣获省级一等奖9项、二等奖13项、三等奖26项。2015

年获得国家项目立项数为11项，获得国家自然科学基金项目、国家社会科学基金项目和科技部项目立项、国家外专局项目立项，实现湖南省社科重大项目的突破和教育厅重点项目和青年项目立项率100%；获得2015年度湖南省科学技术奖二等奖1项、三等奖2项，获得第十二届湖南省社会科学优秀成果奖三等奖1项；与省科技厅基金办联合举办“提高争取国家自然科学基金能力培训讲座”，举办第三次侵华日军细菌战罪行国际学术研讨会；2015年《武陵学刊》被遴选为武汉大学研制的“RCCSE中国核心学术期刊”。2015年7月，湖南文理学院申报“洞庭湖生态经济区建设与发展协同创新中心”被省教育厅认定为批湖南省第二批“2011协同创新中心”。

学生工作。湖南省首个诚信文化教育基地落户湖南文理学院。2015年湖南省大学生思想道德素质提升工程省级项目，湖南文理学院有7个项目立项。召开湖南文理学院第一次社团会员代表大会;开展四大主题共22项活动。推进“校点联合公益帮扶”社会实践工作模式。

学校管理。对学校247项规章制度进行全面清理。结合学校实际拟定并试行《湖南文理学院坚持和完善党委领导下的校长负责制的实施细则》。制定《关于贯彻落实“三重一大”决策制度的实施办法》《湖南文理学院校务会议制度和议事规则》。2015年引进博士32人、硕士36名，共聘请特聘、兼职、客座教授10人；2015年共有7名自我培养博士研究生顺利毕业，共有3名教师成为省级青年骨干教师培养对象；制定《湖南文理学院教职工校外兼职管理办法》等制度。全年共开展各项审计453项，审计总金额12408万元，审减金额465万元。出台《关于严格执行上级相关经费报账规定的通知》，加强“三公”及相关公务会议培训经费审核，减少学校三公经费支出。在中央及省级媒体宣传报道达18篇，增幅50%。2015年，超计划录取71人，新生总到校率为96.4%。2015届毕业生初次就业率达到91.06%，被湖南省教育厅授予“湖南省大学生就业创业示范校”称号，被教育部授予“全国毕业生就业典型经验高校”称号。2015年被省委省政府授予“全省综治工作先进单位、湖南省平安单位、湖南省平安高校”称号。成功承办2015年湖南省大学生田径比赛，举办教职工气排球赛和教职工羽毛球赛，组织参加省“最美芙蓉花”女教职工微信摄影大赛。打造“一刊”(《校友通讯》)、“一网”(校友网)、“一库”(校友信息库)、“一短信”(校友短信)四个信息互动平台，建设二级校友会。2015年，按照“三园”建设规划，学校投资800多万元进行校内设施维修改造和校园绿化美化。在全省率先推出“文理风帆”读者自助采书活动。 (岳浩然)

2015年8月18日，湖南文理学院和韩国启明大学合作办学协议签字仪式

**【常德广播电视大学】** 2015年，常德广播电视大学招生开放教育学生3919人(其中农民大学生招生1025人)，其他学历教育学生310人，共招生4229人。被省电大评为“优秀分校”“招生工作先进单位”“全省电大教务工作先进集体”，被市委、市政府评为目标管理考核红旗单位，被市文明委授予市级文明标兵单位荣誉称号，被教育部、中国成人教育协会授予全民终身学习周成功组织奖，“常德市武陵乡韵美”被中国成人教育协会评为全国“2014年终身学习活动品牌”称号。

办学质量。学校面授教学活动，提前聘请校内、校外优秀老师，安排课表按时上课。组织教师参与微课培训制作、论文指导培训、国开平台操作培训。邀请一些知名专家学者和领导开展专题讲座。2015年学校启动并立项21个校级课题。申请湖南电大2015—2016年度校级课题全部立项，其中重点课题2项，一般课题3项。10月，省电大远研年会征文，学校获一等奖2篇、二等奖1篇、三等奖2篇。全校教职员工全年公开发表论文在15篇以上。

“农民大学生培养计划”。8月，全省“农民大学生培养工作专题研讨会”在常德市召开，陈华副市长出席会议。10月13日《常德日报》在头版头条以《培养农村人才 助力基层党建——写在全市“农民大学生培养计划”全面启动之际》为题对全市“一村一大”和“农民大学生”工作进行报道。建立“学知识+强能力+懂技术+交朋友”四维培养模式、“专家+学员+基地”实践教学模式和“双证”培养目标，出台实践教学基地管理办法和校外专家管理制度，每年拿出20万元对基地建设和专家进行补助。

非学历教育。2015年，学校开通建设“常德终身教育学习网”，首期有7000门资源入网。重点进行“讲好常德故事”文本资源建设申报。指导武陵区创建省级社区教育示范区验收工作以及创建国家级社区教育实验区申报工作，督导鼎城区迎接创建省级社区教育实验区阶段性评估工作。建成“常德干部教育网”，实现“一平台多终端”，可容纳5000人同时在线学习，满足全市3万名干部在线学习。引进标准课程1230门，转换成移动课程600门、微课120门。2015年学校完成师训工作（国培、省培）、初中教师适岗培训、中小学教师培训学分登记录入工作、提升工程工作以及全国导游资格考试等社会化培训考试。

队伍建设。2015年，学校投资77万元实施社区教育与干部在线平台项目，开发“一平台多终端”学习平台，并购买8000多学时课程资源。学校选派陈艳莉老师赴美国学习培训2个月，选派刘翔、辛治杰两名老师参加国家开放大学培训，选派严瑞芳老师到省电大对岗交流学习3个月。赴省外长春、上海、厦门、杭州等地参加社区教育和非学历教育培训考察，前往省内湘潭、衡阳、张家界、郴州等兄弟学校学习。2015年暑期，学校组织全体在编在岗教师及区县电大校长50多人前往清华大学参加高级研修班。

基础建设。2015年学校花费66万元新建云教室、音乐室、书法室、老干活动室，投资37万元实施网络机房升级改造项目及网络安全审计系统项目，购买60台台式电脑、1台笔记本电脑和投影等配套设备以及1台网络安全审计系统（硬件）。对东教学楼德才使用区新增楼层电表，对学校主水管进行维修更换，学校公用水电费较2014年节约12万元。开展绿化美化净化工作，对学校行道树、北花园进行局部改造，对学校公共垃圾桶进行整体更换。花费近110万元对主干校道实施白改黑工程，投资24万元新建汽车车棚与自行车棚。

党风廉政建设。4月10日，校长朱立春对关键岗位人员集体教育谈话，提出“讲规矩、守纪律”的要求，出台《进一步严肃工作纪律的规定》。5月，制定下发学校《“三严三实”教育实施方案》，分三个阶段安排学校“三严三实”教育。6名领导班子成员分别带头讲党课。学校严格落实《学校领导班子议事规则》，主要领导按照“三个不直接分管”明确工作分工和要求。提出学校“三重一大”主要工作，建立工作台账并上报上级纪委，凡“三重一大”工作，领导班子集体研究、集体决策。学校纪检工作被市教育局推荐为延伸检查点。（龚佑臣）

**【湖南应用技术学院】** 2015年，湖南应用技术学院春季招生22人，秋季录取本科生830名（原计划780人，因2014年湖南省就业一把手工程被评为优秀单位，教育厅奖励我院本科计划50名）、专科生2580名，本、专科生到校2695人（本科生729人、专科生1886人），中专生316人，实际到校3032人。分别比2014年提高10%和5.4%。新增汽车服务工程、行政管理、物流管理、环境设计四个本科专业申报并获批开设。组织编写机械电子工程、服装与服饰设计、软件工程、英语、财务管理、林学等6个本科专业的申报材料报教育部审批。有校内实验实训室125个，校内外固定实习实训基地75个。全年约3900个班次进行24门实训课程的相关项目实验培训。安排专项经费修建水产养殖实训基地，温室大棚基地、园林实训基地，修建面积为46000多平方米的实验实训大楼。全年添置300余万元的设备。2015年，湖南应用技术学院荣获湖南省“无偿献血促进奖单位奖”、“湖南最美高校”荣誉、“市资助工作先进单位”。

师资建设。收到硕士学位研究生及以上学历求职材料200多份，经严格筛选共引进教师94人。组织42名新教师参加大学教师岗前培训学习，考试合格率达90%以上。送培博士研究生2人，硕士研究生2人。为47位教师办理高校教师资格认定和申报工作，为32位教师办理专业技术职务资格证，首次组织讲师资格证评定尝试，审查28名教师2015年度职称评审初审材料。组织编写本、专科共28个专业人才培养方案，组织编写本、专科专业39门课程教学大纲、11门实验教学大纲和41门考试大纲。为符合条件的380名教职员工购买养老保险、为329名教职工购买工伤和失业保险，为253名教职工购买生育保险和职工医疗保险，为200多名教职工购买了住房公积金。2015年全院共有7542名师生员工参保，办理医药费报销500多人次，共报销药费23万多元。

学生管理。召开实践育人和思想政治工作会议，创新学生管理机制。精心挑选28人担任专职辅导员，提拔高作梅等5名优秀人员担任各学院副院长分管学生工作。机电工程学院李鸿均同学拾金1500多元的行为经大力宣扬后受到追捧。夏维福副校长带分管学生工作的6人学习考察湖南涉外经济学院、中南林业科技大学、湖南信息学院。参加全省辅导员大赛。二级学院成立学生会、团委会，贯彻落实“我的中国梦”“安全教育”等主题教育。开展学雷锋活动、参加地方植树活动等，提高学生热爱祖国、热爱人民、热爱公益观念。谱写新校歌《筑梦·远航》。31名优秀毕业生受到省通报表扬。83人应征入伍。对各班级卫生和学生寝室内务秩序、晚自习、就餐秩序和校园出入门禁系统的全面管理。完善学生会干部轮流值班制度；加强对使用大功率电器学生的教育和查处力度；开展寝室文化节系列活动；开展每月“文明寝室”评比活动。开通“绿色通道”，确保家庭经济困难的学生能够顺利完成学业；为学生办理助学贷款相关手续，做好指导和服务工作；下发2014学年度国家奖学金、国家励志奖学金、国家助学金1000多万元；评选2015学年度奖、助学金。现有1000多名学生办理贷款手续，保证贷款学生能顺利贷款。规范工作程序，公开、公平、公正的做好各项奖、助、贷工作，全年奖、助学金总额为5574000元。中专的资源共享助工作获得市先进。校园活动。校学生会和67个协会，开展“第二课堂”活动，提高学生综合素养。组织开展“四月文化艺术节”“湖应杯”演讲赛等活动。社团开展活动300多场，培养提高社团干部320多人，联络常德4所高校进行交流。组织相关专业学生参加省高职院校学生职业技能竞赛，取得优异成绩，机电学院《注塑模具与主要零件加工》3人小组赛获三等奖，英语专业组个人赛朱海花同学获三等奖。在由省教育厅发起的“湖南最美高校”网络投票评选活动中，荣获全省本科组第三名，获得“湖南最美高校”称号。

教科研究。2015年5月22日，召开升本后的第一次教学科技工作大会，搭建教学科技工作平台。全年共获得省科技重点项目1项、省教育厅科研项目14项（重点1项、青年1项、一般12项）、省教育工委科研项目2项、市科技重大专项1项，科研经费进58.90万元。全年共投入科研经费77.50万元。农林工程学院张德福老师顺利将专利“船载渔用撒药、施肥器”进行转化，并注册创办湖南同德渔业用具有限公司，该专利产品已经投产，并已成功签约500余台，创造经济效益50余万元；湖南同飞园林科技有限公司利用湖南应用技术学院科技人才优势，加强油茶丰产研究，3.33平方公里油茶林已经结果。全年共举办学术讲座30余场次，参与师生达7000余人次。8月26日，国家行政学院党委书记、常务副院长、博士生导师黄百炼教授讲授的《高校人才培养模式的几点思考》，12月21日全国机械学会主任、高校设置委评委孙长庆教授来校讲述《升本后的湖南应用技术学院如何发展》，邀请油菜大王沈昌健、市科技局原局长赵星等专家领导学者到湖南应用技术学院作学术报告。

自身建设。召开学校升本后的第一次党代会，明确提出打造“民办本科名校”的目标。4月和11月，举办入党积极分子培训班，培训529名入党积极分子，138名新党员在培训班上向党旗庄严宣誓。坚持在党组织和党员中开展创先争优活动。学校党委被常德市社会组织党工委评为“先进基层党组织”。开展学习征文等活动，提升学生对党对祖国的热情与热爱。收到征文1200多篇，被省教育工委评为“湖南省大学生‘公益活动人人参与’主题教育活动”优秀组织奖。2人获一等奖，3人获二等奖，3人获三等奖。开展“祖国在我心中”学生读书报告会，12名选手获奖。支持无党派人士和民主党派工作，九三支社顺利换届，民建支部开展“一帮一”活动，成立全省首个党外知识分子联谊会，统战工作成为省、市高校示范校。省、市委统战部决定在湖南应用技术学院建立全省全市高校首个统战工作试点院校。全年共制定《湖南应用技术学院学士学位授予工作细则》等10个教学管理文件达10多万字。

继续教育。成立同德驾校，半年培训学员540人，全部获得驾驶资格证。自考本科专业新生报名、注册431人，全日制专本套读学生报名、注册92人，网络教育专业新生报名注册21人。全年共有10170人次参加全国计算机信息高新技术、钳工中级、电工中级、数控中级、室内装饰设计员、英语等级考试、普通话测试等项目的培训与考证，获得各种证书8753人次。增加鉴定职业工种5个，由中级晋升为高级的职业工种8个。与湖南翼展教育科技有限公司合作，全年招空乘学生100多人，招汽修学生300多人。开展出国农民培训。4月10日，来自全市各地近200名村（居）支部书记、村（居）主任参加培训。

就业服务。2015年大专毕业生1898人，就业1729人，初次就业率达91.1%，比2014年提高近6个百分点。加强就业基地建设，并浏阳制造产业基地经济工作会议上荣获“公共服务奖”，是唯一获奖的高校。

支援藏区。2015年8月6日，湖南应用技术学院资产设备处长朱勇和实训中心陈磊老师从青海省海北职校返回，标志着援建藏族地区教育工程顺利落成。10月，30多万元的15000册图书和50多万元的66套全新电脑桌椅及电脑送达青海省海北职校，并在机房安装多媒体投影仪，彩色激光印字机，喷墨打印机。根据两校达成的框架协议，将继续派出教师支教，帮助建立一流的计算机应用、动漫方面的专业，免费接收该校学生来校学习培训。（王富松）

**【常德职业技术学院】** 人才培养。2015年，组织、指导完成学院22个三年制高职专业和7个五年制高职专业2015级人才培养方案制定工作。除稳定2014年本地区5所中高职衔接合作学校外，学院2015年积极拓展与外地市中职学校的中高职人才培养衔接工作，分别与辰溪县白云职业中专，慈利县、永顺县和花垣县职业中专学校签订了合作协议书或达成合作意向。2014和2015年全院中高职衔接合作人数规模超过700人。

教育教学。质量监控不断强化，通过学生评教、同行评教、督导测评等方式对教学质量进行管控。健全学习预警制度，学风考风明显好转。课程建设不断推进。根据《常德职业技术学院课程改革实施方案》，2015年上学期学院课改指导小组成员对申请实施的课改立项课程累计听课42学时，共有5门课改立项课程通过实施验收，其中有1门为优秀等级，2门为良好等级，2门为合格等级；2015年下学期共计有6门课改立项课程申请实施验收。加强教学资源库建设。组织学生参加各级各类职业技能竞赛，获国家级二等奖2个、三等奖1个；获省级二等奖8个、三等奖6个。选送的5个作品参加省黄炎培职业教育创业规划大赛，经管系的“自助洗车装置开发”获二等奖。2015年全省学生专业技能抽查中，机械制造与自动化、畜牧兽医专业100%合格。

专业建设。在对所设专业开展顶层设计并充分研究论证的基础上，完成2016年拟招生专业备案工作，新增设中药学、药品生产技术、健康管理三个专业，撤销服装设计、水产养殖技术、工商企业管理、汽车技术服务与营销等4个招生专业。2015年11月，药学省级示范性特色专业和护理省级特色专业通过省教育厅的验收。

科研成果。2015年，学院各级各类纵向课题立项已正式立项18项，进校经费共计25.9万元。院级课题立项58项，立项经费20.8万元。大学生思想道德素质提升工程项目15项，立项经费4万元。全年学院教师公开发表学术论文214篇，专利19项（其中国家发明专利2项，取得历史性突破），出版专著《园林植物识别与应用》1本。

科技推广。2015年，学院被市委组织部推荐参选省级特派员工作先进单位。在市委组织部、市科技局的支持下，学院选派7名教师为市科技特派员，到澧县如东乡、桃花源景区、桃源堆金豪猪养殖基地等地开展科技服务。以花木产业为龙头，大力推进如东产业兴乡之路，开办了5期“常德职院如东新型职业农民培训班”，培训人数达2200人次。举办15期“田间课堂”，将授课点直接放到苗木生产基地，常德市电视台、常德日报等市级主流媒体报道6次以上。在苹果柚产业开发上取得较大突破，为澧县复兴厂镇、如东乡的苹果柚农举办7次技术讲座，成功引进湖南中沅农业股份有限公司，重组苹果柚专业合作社，组织合作社技术骨干进行标准化生产管理，改良选育新品种，提高了果实品质。积极开展养殖技术服务，对豪猪的养殖、销售、综合利用提供技术支持。促进农林复合经营推广，根据如东乡苗木生产状况，大力推广“苗木－花生”“苗木－麦冬”“苗木－萝卜”等复种模式。搭建科技服务平台，扩大信息覆盖面。利用学院网络技术优势，协助如东乡搭建农林综合科技服务网络平台。推广桃花产业开发及技术，指导桃花源繁育桃花苗木10万株，指导桃花源景区桃花景区改造3处，指导白马湖桃花景观打造、秋花调节及桃花养护技术培训5次以上，协助组织开办职业农民培训班1期共50人。

职业培训。组建并挂牌成立“常德新型职业农民培育学院”，2015年全省组建新型职业农民培育学院的高校只有四家（湖南农大、湖南生物机电职院、怀化职院、常德职院）。2015年承担常德市新型职业农民培训7期，培训389人。同时，举办各类培训班65期，培训学员7602人次（含系部职业资格培训），获得了较好的经济效益和社会效益。

师资队伍建设。一是大力引进优秀人才。认真制定《常德职业技术学院2015年度人才引进实施方案》，严格按照上级要求做好人才引进工作，引进了一批高学历、高素质的优秀教师，院本部2015年共引进硕士研究生15名，博士研究生3名。二是做好暑期教师外出进修学习、培训、考察等工作，优化教师队伍的知识结构和专业结构。2015年总计安排63名教师参加专业教师暑假企业顶岗培训；安排8名教师参加专业教师企业进修；落实2014年国外培训计划两人，落实2015国家培训计划12人次，完成率100%；2015年申报两名教师参加国外培训，其中1人入围，拟于2016年完成培训；完成省本级培训3人次；组织安排教师参加各级各类岗位培训和对口交流71人次。

2015年11月4日，常德职业技术学院第一届“乐教杯”中青年教师教学技能竞赛决赛

思想教育工作。一是深入开展“青年马克思主义者培养工程”。院团委多次集中团学干部开展主题讲座、集中学习、专题讨论等活动，并选派团委学生副书记和学生会主席参加省大学生青年马克思主义者骨干培养班。同时结合中共十八届五中全会、中国共青团建团93周年、国庆阅兵等重大政治活动，组织以“如何练好习大大传授的‘八字真经’”“观看国庆大阅兵，我想说”“国家发展与我的发展”等为题，开展主题团课，采取青年学生喜闻乐见的方式宣传党的政策方针，坚定青年学生的中国特色社会主义信念。二是大力培育和践行社会主义核心价值观。院团委不断深化学雷锋、青年志愿服务实践活动，结对丹洲孤儿院、常德市特殊教育学校、武陵区仙源社区等福利机构和社区，组织发动200多名青年志愿者长期开展小型家电义务维修、安全用药、疾病预防、健康护理、环境清洁等多项服务活动。三是积极开展2015年“三下乡”活动。组织动员52名师生志愿者参加“青春作伴”常德市大中专学生暑期赴扶贫点村“三下乡”社会实践活动，共走访贫困村民34户，帮扶留守儿童27名，免费发放5000多元药物，维修大小家电100余件，知识讲座4场。

招生就业。国内招生工作成效显著。创新生源组织形式，加强与中职学校合作，完善区域招生责任人制度，切实做好了招生工作，全年实际完成各类全日制学历教育招生4195人，其中三年制大专新生2933人，五年制高职新生894人，三年制中专新生368，超额完成年度招生目标，再一次刷新了三年制大专招生记录，位列全省地方高职院校的前列。对外合作办学再上新台阶。随着学院留学生教学和管理工作日趋规范，学院的国际知名度不断提升，2015年先后接待韩国大学代表、印度尼西亚3所职业高中老师和学生代表团的访问，与德国汉诺威中国中心签订了汽车机电工和养老护理专业教育合作协议，与印尼日惹职业高中签订教育合作协议。2015年共招收来自俄罗斯、哈萨克斯坦、印度尼西亚、巴基斯坦、印度、菲律宾、孟加拉、加纳、喀麦隆等9个国家的留学生共计70人。截至2015年年底，学院留学生总数已达到121人。大力加强实习就业基地建设，促进学生实习就业。2015年，学院以订单培养、实习就业等校企合作形式新增北京锐捷网络CNTD总部、广州军区总医院等16家实习就业基地。2015—2016年度全院毕业实习安置工作按照专业人才培养模式的不同，分批次安排3362名学生到不同单位实习与综合实训，对口安置率达100%。学院2015届毕业生共2670人，已就业2335人，就业率为87.45%。

基础建设。2015年，学院完成药学

系“示范性药房”及“药学实训室”，护理系“阳光家园”及“特色成长室”的改造工程；利用暑假期间完成学院西运动场及机电实训工厂维修改造工程，学院图书馆及部分教学楼、实训楼的维修及改造，完成对学生公寓门窗、地面、屋面的部分维修。学院还投资1800多万元，添置教学、实验实训设备，使学院的办学条件得到进一步改善。（刘 玲）

**【湖南幼儿师范高等专科学校】** 截至2015年年底，湖南幼儿师范高等专科学校共有教职员工322名，其中教授及副教授124人，硕士研究生84人，省市级学科带头人12名，特级教师16人，在校学生4671人。全年学校和部门在各级行政主管部门组织评比活动中获奖15项，其中国家级2项，省级12项，市级1项；全年教职工共有33人次获奖或表彰，其中国家级2人次，省级24人次，市级7人次。

基层党建。全年举办业余党校2期，培训学员217人，发展新党员25名，完成17名预备党员转正工作。开展“全面从严治党”网络征文等26次基层党组织活动。学校共评出先进党支部5个，优秀共产党员41名，优秀党务工作者8名。

教育教学。学校成立教学督评中心，制定实施《教学督评专家委员会工作条例》。新修订人才培养方案，启动公共课教学改革试验和“在线开放课程”建设。湖南省首届微课大赛，谭芳等4位教师获奖；中国高等教育学会举办“第一届中国外语微课大赛”，欧阳前春、喻秀华等10名教师合作微课分别获湖南赛区一、二等奖。2015年省高校教师课堂教学竞赛，肖江篱获二等奖，张业萍获三等奖。11月，教育部考试中心复函，批准学校成为全国计算机等级考试考点。

专业建设。3月，学校申报室内装饰设计、科学教育、计算机应用技术、酒店管理、早期教育5个专科专业成功获批。12月，学校与长沙师院签订“专升本”合作协议书，每年将有10%优秀毕业生获得直通本科院校学习机会。全年学校教师参加各类研讨会10余次。6月，在哈尔滨召开中国学前教育研究会教师发展专业委员会年会上，学校作典型发言。

师资建设。全年面向社会公开招聘8名、引进2名专业技术人员。邀请中国科学院院士、第三世界科学院院士朱作言教授，为学校中长期发展与建设工作把脉；选派吴国华、冯吉红等多名教师访问交流或参训；组织学校政史教研室全体教师参加省高校“思政”课骨干教师培训；组织23名教师参加高校教师资格证认定。

科研成果。全年新立项课题15项；完成国家级一般课题“幼儿教师职业准入标准研究”等12个课题的结题；发表文章62篇，作品3件；作品与课堂教学比武获奖27件；主编和参编教材10部；指导学生获奖44项，发明专利1项；2015年全省教育教学改革发展优秀成果评选，学校获一等奖3项、二等奖4项、三等奖5项。学校成立初等教育、“互联网+”、海绵城市与生命健康、幼儿双语教育等9个研究所，实现和落实科研服务社会高校职能。全年新增省级项目12个，在建项目共22个，争取资金100余万元。

师生竞赛。4月，第四届全国大学生艺术展演校长郭立纯摄影、书法作品获校长风采奖；美教1301班李佳玲同学作品获艺术作品二等奖；学校获组委会颁发、代表展演活动最高荣誉“校长杯”。5月，在全省大学生羽毛球赛上，夺得高职专科组女子团体总分第四名，女子单打第三、六名，女子双打第六、七名；省大学生乒乓球赛，学校夺得高职专科组女子团体总分第四名。6月，费小玲等5名学生在湖南省首届大学生思想政治理论课研究性学习成果展示竞赛中，获高职高专组优胜奖；10月，在湖南省大学生足球赛中，女队获高职高专组第二名；省大学生健美操赛，荣获高职专科组冠军；11月，省普通高校首届师范生教学技能竞赛，曾可欣、赵娟荣获二等奖，郭道红获三等奖；12月，学校女子篮球队获省大学生篮球赛高职专科组第四名；省妇联组织全省手工艺术作品大赛，学校获优秀组织奖。

特色活动。3月，学校到市福利院为失明老人陈焰常送温暖，组织120余名学生参加全市万人健步行；4月，举办业余团校1期，培训学员200多人，组织50多人前往烈士公墓扫墓；5月，成功组织学校第四届社团文化节，组织100余师生参加团市委举办公益“快闪”活动，举办第十二届校园文化艺术节、校园歌手大赛、反家暴创意作品大赛、广播站站徽征集大赛、法律知识竞赛、安全防护知识讲座及应急演练、首届男生节等活动；7月，24名志愿者分赴汉寿、武陵区参加“三下乡”社会实践，学校被评为省三下乡活动先进单位。

创新创业。成立“湖南幼专创新创业教育工作领导小组”，出台《关于深化创新创业教育改革的实施方案》《湖南省幼专创新创业团队管理办法》等文件。学校主持召开常德经济开发区和学校产学研用对接会，与金健米业等10多家企业达成创业合作意向；与市科技局、旅游局签订创新创业战略合作协议；打造“特色创业街”，共有通讯、旅游文化等14个项目入住创客街。

招生就业。2015年，扩充生源省至12个，招生1969人，其中初中起点801人，高招1168人，报到率达86.7%，比2014年增加近10个百分点。11月，学校邀请省内十余所老师范校长恳谈，共同探讨、商谈校校合作办学事宜，签订战略合作意向书。安置毕业生714名，就业率达99.2%。

学校管理。制定学校办学章程，12月经省教育厅章程核准委员会审核通过并颁布实施。9月，召开学校第一届三次教代会。全年组织教工排球赛、“公益活动人人参与”、参观桃源茶庵铺乡新农村建设、城西老年人门球赛等多种文体活动，组织全校教职工捐款共计23200元，慰问在职教工及老同志近89人次。建立国有资产台账。实现农村户口和家庭经济困难的城市户口学生助学金、免学费全覆盖。

新校区建设。2015年10月，学校整体搬入新校区办学。新区占地32.6万平方米，建筑面积15.2万平方米，设备仪器总值15000余万元，馆藏图书30万余册，建有专业实训室及专用教室共33

间。学校一期工程除5栋建筑还在进行二次装修外，其他都已投入使用。

（刘钦林）

**【湖南高尔夫旅游职业学院】** 截至2015年年底，湖南高尔夫旅游职业学院有专职教师189人，其中教授、副教授16人，具有硕士以上学历和双师资格教师占50%以上。

办学特色。学院成立《湖南高尔夫旅游职业学院校企合作教学指导委员会》。特色专业高尔夫探索“三进三出”办学模式，与北京京辉高尔夫俱乐部、南海桃园高尔夫俱乐部、山东南山国际高尔夫俱乐部等8家国内知名高尔夫企业签订联合培养“订单”模式。酒店专业与张家界碧桂园大酒店、长沙芙蓉国温德姆至尊豪庭酒店；旅游专业与中国国际旅行社、中国青年旅行社；机电一体化专业与亿和精密工业控股公司签订合作办学协议。

办学成果。5月，学院16名学生参加湖南省职业院校技能竞赛5个大项比赛，获得2个二等奖和2个三等奖。工程系李振民、尹显勇、黄欢迎、粟力群四位同学参加二等水准测量荣获二等奖，高尔夫系贺雨诗同学参加英语口语（非专业组）获得二等奖，管理系龚明春参加导游（普通话）获得三等奖，范素云参加中餐主题宴会设计获得三等奖。7月，以学院学生为主力队员组成中国大学生高尔夫代表队，参加在韩国举行世界大学生运动会高尔夫项目比赛。10月，学院学生在全国大学生高尔夫锦标赛中以331杆团体成绩并列冠军。全年出版自编综合素质养成教材6本，撰写论文40多篇，省级立项课题3项。（赵新主）

# 民办教育

**【概况】** 2015年，常德市有各级各类民办教育机构1077个，其中民办本科院校1所、高职学院1所、普通高中6所、中职学校22所，初中8所、小学6所、幼儿园729所、文化教育类培训机构304个。有各级各类民办教育在籍学生213630人，其中高等教育11999人，普通高中9273人，中职10367人，初中11416人，小学10842人，幼儿园97073人，其他中短期培训学员62660人。有各类专职教师10097人，兼职教师1544人，教职工总数达16123人。民办学校自有校园面积356.26万平方米，租赁校园面积109.63万平方米；自有校舍总面积171.14万平方米，租赁校舍总面积54.4万平方米。民办学校资产总价值达35.7亿元。（罗余平）

**【市级骨干民办学校建设立项】** 2015年，13所学校和幼儿园被认定为2015年度立项的市级骨干民办学校建设单位：武陵区紫桥幼儿园、鼎城区黄土店镇启蒙幼儿园、鼎城区武陵镇小红帽幼儿园、安乡县安康乡北河口幼儿园、汉寿县蒋家嘴镇蓓蕾幼儿园、汉寿县龙阳镇新世纪幼儿园、澧县金龙玉凤幼儿园、澧县澧阳镇乐乐幼儿园、临澧县安福镇聪聪幼儿园、桃源县盘塘镇中心幼儿园、石门县白云乡新民幼儿园、石门县澧澜中学、津市市保河堤镇旭光幼儿园。截至2015年年底，全市“十二五”期间已成功入围市级骨干民办学校建设立项的单位47所，其中有14所学校成为省级骨干民办学校建设单位，有3所幼儿园2015年上半年经省教育厅民办教育处组织考核验收顺利通过，已挂上省级骨干民办幼儿园的牌匾。（罗余平）

**【制定常德市中小学生校外托管机构监督管理暂行办法】** 在2015年市政协六届三次会议上，市政协委员连续第三年提出关于加强中小学生校外托管机构监管问题的提案，同时作为市政协重点督办提案，明确市教育局牵头承办。市教育局社管办收集整理有关情况，听取相关部门意见，参与组织市政府外出考察组考察调研，撰写调研考察报告，起草《常德市中小学生校外托管机构管理暂行办法》并按程序报市政府研究审定。

（罗余平）

**【常德雅礼实验学校筹建立项】** 经过认真审核有关材料并进行现场考察，报经市教育局局长办公会议研究，呈市委市政府领导批准，市教育局社管办正式受理中泽安星投资控股（湖南）有限公司和长沙雅礼中学合作来常德举办常德雅礼实验学校。8月25日，市教育局印发《关于同意筹设常德雅礼实验学校的批复》，10月13日，市教育局现场见证中泽公司与雅礼中学正式签订来常合作办学意向书。该项目作为市政府重点引资项目已纳入“十三五”常德教育发展规划，有关项目的土地划拨、建设规划立项及其他前期准备工作随即全面展开。（罗余平）

# 体育卫生与艺术教育

**【概况】** 2015年，常德市教育局荣获全省爱国拥军模范单位和全省全民国防教育先进单位。鼎城区一中获得教育部第一批全国心理健康特色学校荣誉称号，武陵区甘露寺小学、常德市一中为全省心理健康特色学校称号。常德外国语学校、常德市特殊教育学校、汉寿龙池中学荣获湖南省第二批省级学校示范食堂，全市已有5所学校获得省级学校示范食堂。常德市第四中学、武陵区北正街小学、武陵区工农小学、鼎城区善卷中学、桃源县文昌中学、澧县第一中学、安乡县城关镇城北小学等7所学校被教育部评为全国学校体育工作示范学校。常德市第三中学、武陵区北正街小学、桃源县漳江中学等38所学校被命名为首批全国青少年校园足球特色学校。武陵区被授予2015年度湖南省青少年校园足球省级试点区。4月16日，《中国教育报》以《常德武陵：大课间玩足球》为题，报道了武陵区校园足球开展情况。

（李勇义）

**【常德市青少年阳光体育运动联赛系列活动】** 2015年4月22—24日，在常德市七中举办了全市中小学生乒乓球比赛，来自各县市区及市直15支代表队292名运动员参加比赛。获得高中男子组团体前三名的是：石门县教育局、安乡县教育局、桃源县教育局；获得高中女子组团体前三名的是：石门县教育局、桃源县教育局、安乡县教育局；获得初中男子组团体前三名的是：澧县教育局、市直、石门县教育局；获得初中女子组团体前三名的是：津市市教育局、市直、桃源县教育局；获得小学男子组团体前三名的是：桃源县教育局、石门县教育局、安乡县教育局；获得小学女子组团体前三名的是：桃源县教育局、石门县教育局、安乡县教育局。11 月 26—29 日，由市教育局和市文化体育广电新闻出版局联合举办，市五中、市七中、市外国语学校、市芷兰实验学校共同承办的全市中学生篮球比赛举行，来自各县市区及市直 20 所学校的 321 名运动员参加比赛。津市市第一中学、桃源县第一中学、常德市第七中学、汉寿县第一中学、常德市第六中学、石门县第一中学、临澧县第一中学、常德市芷兰实验中学获得高中男子组前八名；桃源县第九中学、石门县第一中学、常德市第三中学、常德市外国语学校获得高中女子组前四名；常德市芷兰实验学校、常德市外国语学校、常德市第四中学、常德市第十一中学、常德市第五中学、常德市第二中学获得初中男子组前六名；常德市第二中学等 16 所学校获得体育体育道德风尚奖。10 月 29—31 日，市直学校田径运动会在市六中举办。常德芷兰实验学校、市七中、市六中分获甲组团体总分前三名；市十一中、市十三中、市五中分获乙组团体总分前三名。邓超群、文霞、肖祥宇、陆子烨、郭紫玥等 5 人 6 次打破纪录。12 月 16—18 日，市直学校初中生排球比赛分别在市五中、市七中举办。市五中、常德芷兰实验学校、常德外国语学校分获初中男子组前三名；市五中、市十一中、市十三中分获初中女子组前三名。

（李勇义）

**【参加湖南省第一届中学生运动会】** 2015 年 9—11 月，湖南省第一届中学生运动会在长沙市举行，常德市共派出运动员、教练员及工作人员 146 人，参加了田径、游泳、足球、篮球、排球、武术和乒乓球等 7 个大项的比赛。经过激烈角逐，共取得 17 金、5 银、8 铜，总分 239.5 分的好成绩。常德市荣获“优秀代表团奖”称号；朱湛军、程丹、刘其会、张大运、段成功、沈湘生评为优秀教练员；刑雨婷、黄立华、高翼、刘洋等 20 名运动员评为优秀运动员。

（李勇义）

**【组织参加省、市第五届中小学生艺术展演】** 2015 年 7 月 8—10 日，常德市第五届中小学生艺术展演活动在市七中举办。此次展演活动的主题是“阳光下成长”，共收到师生艺术表演、艺术作品、“阳光下成长”征文和艺术教育科研论文等共近 1200 件作品，涉及师生 2000 余人，共评选出优秀组织奖 12 个，一等奖 300 个、二等奖 329 个、三等奖 377 个。遴选 52 件作品参加 10 月 10—12 日在湘潭市第二中学举行的全省第五届中小学生艺术展演活动，市七中的舞蹈《佤族情》荣获艺术表演类中学组舞蹈一等奖；桃源县漳江小学吴俊、李玖珈同学的《戏剧进校园》、桃源县莲花学校袁海洋同学的《人与自然和谐相处》、石门县楚江镇二完小唐常宁同学的《千字文》、临澧县杨板中学李梦轩同学的《沁园春·长沙》、澧县第一中学谭淑婷同学的《风景色彩》、鼎城区第九中学宋敏同学的《素描静物》、石门县第三中学盛轩源同学的《岳阳楼记》、常德市第一中学刘西朵同学的《登泰山记》、石门县第六中学邓伍玲同学的《树》荣获艺术作品类一等奖；常德经开区莲花池小学周洋同学的《画笔之下，色彩之上》、桃源县茶庵铺中心小学彭露诗同学的《在阳光下起舞》、西洞庭管理区中心完小罗瑞林同学的《美丽的背后》、澧县第一完全小学刘昕然同学的《在阳光下成长》、桃源县青林中学安琪同学的《阳光伴我成长》、汉寿县罐头嘴中学王梓蕤同学的《沐一片朝阳快乐成长》荣获“阳光下成长”征文一等奖；常德市四中李彬老师的《谈美术课堂内的小组合作策略》、常德市六中陈尊焕老师的《网络学习空间在美术教学中的应用》荣获艺术教育论文一等奖。

（李勇义）

## 教育科学研究

**【概况】** 教研队伍建设。重视学习型组织建设。全院教研员一年可公费订阅或购买 600 元教育类杂志或专著，一月进行 1 次全院学术交流活动，奖励教研员教育论文发表、鼓励教研员主持或参与各级教育科研课题研究、支持教研员进行学术交流与教学指导活动。全年全院先后有 16 位教研员受聘于省内外不同区域和学校进行不同学科国培班，省、市级的中、小学校长培训班，课题研究主持人培训班、全国（省、市）学科骨干教师培训班，不同主题研讨会，学校的校本培训等学术交流活动。全院教研员主持或参与编著、修订各类书籍共 30 多本，约 500 万字，在各级专业报刊上共发表教研文章 30 篇。市教科院教研员直接主持或参与研究的国家级课题 9 项，省级课题 19 项，部分教研员还受访相关媒体。分别组织高考学科教研员赴长沙、河北参加全国、全省高三复习教学研讨会，组织全院教研人员在深圳进行为期一周的“教研员专题研修”培训活动。

教研转型。一是研讨活动系列化、主题化。学科教研活动专题化。全年市教科院主办的主题教研活动有：中学青年数学教师“数学概念课的教法”说课活动，数学教师解题大赛；小学英语“拼读入手，提升阅读”专题教学研讨会，市直初中英语教学活动设计专题研讨会；初中语文古诗教学专题研讨会，中学语文优秀教学反思网络评选活动；中学化学新课程实验教学改革研讨会；中学生物微课教学竞赛；高中微格课地理课堂教学大赛；中学历史片段教学比赛等等。高三教学复习研讨实效性。为加强对全市高考复习教学的研究与指导，特别是为应对高考语数外改用全国试卷的新变化，市教科院组织全市各学科高三教学研讨会，并分别聘请河北衡水中学王琳老师、张蕊老师、北京王大绩老师等使用全国卷省市的名师来常德讲学。二是教学视导重内涵、强实效。常规教学视导活动强调“三实”（落实、实用、实效），倡导“下得去、研得专、交得深”，到校听课采用“平等对话、积极建议、促进反思”的教师课堂教学评价方法。改进高三教学专题视导方式。将分散与集中相结合，上半年以集中视导为主，下半年以三个学科为一组，对全市各县域高中进行全覆盖的调研性教学视导。非高考科目教学研究有序推进。市教科院主办了丰富的教学研讨活动。如全市中小学综合实践活动教学研讨会、中小学信息技术教学研讨会；参与全市高中学业水平考查科目命题与督查工作；开展学生研究性学习成果评选活动；组织以“生命教育”为主题的常德市中小学心理健康教育教学观摩活动。参与组织全市中小学科技教育辅导员培训活动等。组织开展全市专家视导中职学校教学。视导学校10所，听课120多节，召开座谈会25个，查看教案200多本，查学生作业及实训报告500多本（份）。三是教研平台多样化、有特色。为应对新高考的变化，市教科院不仅对全市所有高中进行调研与视导，还将每个区域的好经验及时编印成《高三教学工作·特刊》共10期下发，同时将协作考试和模拟考试数据和分析编印成《高三教学工作》共3期下发，充分发挥考试的评价、导向作用。常德教育科研网的资源丰富程度、更新频率、功能性均居全省同类网站前列。常德教育科研网年访问量近4万人次，新网站已设计完成并投入试运行。不同学科充分利用网络进行教研活动。如建立常德市中学语文教师QQ群、微信群、常德市中学语文教研员微信群；规划与发展室还通过面对面交流、电话咨询、网上互动等方式指导课题研究500多项次。四是课堂教学改革求稳健、重实效。提出“学科与区域有差别，教学与管理要同步”的深耕细作的课改推进模式。通过建构课堂文化、反思课堂生态，促进学校教育优质特色内涵式发展。创建了一批课改样板学校，总结和推广了一批学科课堂教学改革实验校的经验。探索“走班制”“分层教学”等教学改革，同时还加强校本教学研究，推动一批校本课程和校本教材的开发与利用。

教研成果。不同学科教师参加省级以上的教学、说课竞赛活动，共有129人获省级以上奖，其中有13人获国家奖，71人获省级一等奖。组织学生参加多种竞赛活动，其中高中学生数学、物理、化学、生物、信息技术五学科全国奥林匹克竞赛，全市共有近197人获国家级奖，有500多人获省级奖，有6人获得湖南赛区国家一等奖。组织学生参加湖南省青少年科技创新大赛，5项获得一等奖；组织学生参加湖南省青少年机器人大赛，3支队伍获一等奖。

科研课题的指导与管理。完善《常德市教育研究立项课题管理规程》，落实“双轮驱动，整体协同、全程监控、管导并举”要求。2015年组织4个批次（市本级课题、省规划课题、省规划教师教育专项课题、全国规划课题）97个项目的课题立项申报工作；完成或协助完成3个批次（市本级立项课题、省规划课题、教育部重点课题）45项课题的开题论证工作；立项课题开题率100%；对2014年立项的44项课题（市本级、省规划课题）进行了中期检查；检查率100%；组织或协助组织3种类别（市本级、省学会“十二五”课题、省规划课题）近50项课题的结题鉴定工作。全市年内共有45项课题确认为省、市立项课题，其中省级15项，立项数位居全省前列。为市级立项课题给予每项5000元经费资助。注重研究成果的评审与推广。成立专家团队参与立项课题评审与结题鉴定评奖工作，注重课题研究成果推广与应用工作。

职业教育研究与指导。完善了富有地方特色的中等职业学校专业课程体系。举办常德市中职学生技能竞赛。选派68名选手参加湖南省职业院校学生技能竞赛，以总分266分成功跃居湖南省职业院校技能竞赛团体总分第二名，实现了常德市在省职业院校技能竞赛上的跃位提质。全市6个学校代表湖南省参加全国14个项目的比赛，荣获二等奖4个、三等奖8个。参加省中职学校公共基础课教师说课比赛。获省一等奖2个、二等奖1个。（王治瓔）

## 文化

【概况】 2015年，市文体广新局被评为“全省文化工作目标管理先进单位”“全省新闻出版广电工作目标管理先进单位”。

公共文化服务体系建设。一是创建工作启动。组织学习贯彻国家和省里《关于加快构建现代公共文化服务体系的意见》，草拟了常德市的文件。认真开展省级公共文化服务体系示范区申报，鼎城区获得省级公共文化服务体系示范区创建资格。二是阵地建设加快。截至2015年年底，全市人均拥有公共文化设施面积比2014年增加0.15平方米，达到0.58平方米；人均拥有体育设施面积比2014年增加0.038平方米，达到2.03平方米。丁玲纪念馆、市非物质文化遗产展厅正式开放，市博物馆原址改扩建工程完成主体工程。桃源县文化体育中心投入使用。临澧红色革命博物馆、汉寿专业演出剧场等建设正在进行。三是惠民工程深入推进。送戏下乡公益演出817场，“百团大赛大舞台”演出活动180多场，大型画展12个，艺术讲堂、艺术沙龙活动近百场，全市图书馆接待服务读者50余万人次、博物馆（纪念馆）举办陈列展览27个，观众流量81余万人次。农村广播村村响8个区县建设全面完成，无线数字化覆盖工程进展顺利，广大收视用户可免费收看中央12套、省6套、市1套共19套电视节目，农村公益电影放映44906场，城区广场、学校公益电影放映576场。四是文化活动精彩纷呈。“百团大赛”演出近400场，吸引观众100万人次，25场市级决赛由企业冠名支持，常德公共频道全程直播。开展2015“书香湖南”全民阅读活动，开展了“阅读接力，共读一书”的活动拍摄，推荐“有一种力量叫阅读”等一批公益广告参加省全民阅读公益广告征集，邀请知名专家开讲“书友讲堂”3期。

文艺精品创作。大型舞台剧《孟姜女传奇》参加省第五届艺术节获田汉大奖并囊括导演奖、音乐奖、表演奖。此次省艺术节，常德市获得7金、1银、4铜，是历年来获奖项目最多，质量水平最高的一次。参加全省“欢乐潇湘”群众美术书法摄影大赛，获得4金、4银、14铜。精心打造的常德丝弦《市长站岗》成功入选国家艺术基金资助项目。汪荡平、孙海云创作的《宣华夫人》在省文化厅面向全国征集优秀舞台剧本活动中获二等奖（一等奖空缺）。常德丝弦《群星耀三湘》、湘北大鼓《香火》和荆河小戏《心灵的魔术》入选文化部第二届“大年小戏闹新春”视频展播。土家歌舞《唔个东西借哈子》获省第四届少数民族文艺调演金奖。动漫科教系列电影第一部《农村安全用电小故事》以“创意独到、制作精良”的高度评价通过审查，已正式在全国电影平台发行。

文化市场和行业管理监管。制定文体广新领域权力清单、责任清单并推进执行。规范和改进行政审批，服务提质提速。开展“春雷”“剑网”“清源”“秋风”“护苗”“净网”等专项行动，检查各类经营场所、网站4800家次，关闭非法网站8个、非法出版物销售场所及印刷复制企业45家，立案查处非法经营单位500余家次、非法设置广播电视播出前端4起。加强广电行业监管。市县两级广播电视媒体播放公益广告2万多条次，总时长达2000余小时。开展整治虚假违法广告专项行动，抓好安全播出工作。清理整顿驻地新闻机构，推进媒体从业人员持证上岗。市场经营秩序逐步趋于规范。

文化产业。坚持跨界融合、创新发展，加快园区建设步伐，加大企业扶持力度，加强平台载体建设，推动文化产业转型升级，有力促进了产业发展。桃花源和柳叶湖两地高端演艺项目扎实推进，金彩美术馆及艺术苑的项目完成初步选址，瑞鼎文化产业园一期建设即将开工，穿紫河“民办博物馆群”建设项目有序推进。成功举办第二届中国·常德·夏日动漫盛典和湘西北机器人嘉年华活动。动漫剧《雷锋》走进课堂开展试点教育活动。创源数字科技推出包含教育机器人培训、动漫电视电影游戏、衍生产品、动漫剧《机器人风暴》制作等系列开发项目。推出桃花源百床馆、桃木剑加工厂、桃花源擂茶厂等一批文化旅游项目，举办夹山千年茶禅文化论坛等一批文化旅游活动。桃源汉剧艺术团成功打造固定常年文化演出基地“梨园百利”小剧场。市城区新增常德大世界影城等2家影城，城区影院实现票房收入3617万元，比2014年增幅达79.9%。

文化遗产保护。近两年，共争取到国家和省级文物保护维修经费1亿多元，近30处“国保”与“省保”的保护维修工程迅速启动、全面铺开、进展顺利。城头山国家考古遗址公园项目主体工程完工，启动彭头山、八十垱等遗址保护工程，编制了汤家岗遗址、南禅湾晋墓群文物保护规划，完成桃花源古建筑群第一期、澧州古城墙县一中段、崔婆井等修缮工程。组织进行首期常德鼓书的专题田野调查，调查的所有数据进入常德市非遗中心数据库永久保存。选送3个非遗项目参加省非遗展演活动，30多个非遗项目在市区和区县集中展演。鼓盆歌《西瓜的秘密》《鼓舞人生》代表常德参加“全国优秀曲艺传人学术交流展演”活动，分别获得金、银大奖。

（罗淮蓉　孙宁思）

**【非物质文化遗产展厅对外开放】** 经常德市政府批准筹建的非物质文化遗产展厅于2015年6月13日正式开放。该展厅位于市文化馆1楼剧场旁，用民间文学、传统音乐、传统戏剧、传统舞蹈、曲艺、传统技艺、民俗7个版块对常德市非物质文化遗产进行全面、集中展示。总面积约400平方米的展厅内，不仅有静态的实物展示和视频、图片、文字等资料，还有许多高科技互动项目。利用大屏幕显示技术、大屏幕投影、多媒体互动技术、高科技集成、创意影像，对各区县市提供的非物质文化遗产相关项目与征集的实物进行合理的布展。结合当前最新的室内空间表现理念和多媒体技术，打造了一个富有视觉冲击力、动静形式相结合和充满文化内涵的现代化展厅。该展厅每周一到周五开放。

（罗淮蓉　孙宁思）

**【组织常德“鼓书”传承保护田野调查（系列）活动】** 2015年7月2日，38名北京大学师生分为7个调查小组，分赴常德市“鼓书”盛行的鼎城区、临澧县、澧县、津市市、安乡县、石门县、桃源县等七个区县市进行田野调查，共调查“鼓书”艺人134位，采录传统经典节目90个，采录新编演的节目20个，录音总时长156.8小时，录像总时长175.17小时，拍摄图片1582幅，整理文字74.56万字。这些数据均将进入常德市“非遗”中心数据库永久保存，图文音像及实物资料还将经专业性数字化技术处理，成为常德“鼓书”数字化保存的主要内容，进行传承传习和开发利用。

（罗淮蓉　孙宁思）

**【第四届“百团大赛”成功举行】** 2015年10月12日—11月5日，百团大赛25场市级决赛在市城区白马湖公园、诗墙公园等场所连续上演，常德公共频道进行了全程直播。本次大赛共评选出组织奖11个、一等奖10个、二等奖20个、三等奖30个、优秀奖39个、精彩文艺节目奖20个、优秀创作奖10个。“百团大赛”自2012年启动以来，已连续举办四届。2015年“百团大赛”自4月份启动以来，共吸引1060支队伍参赛，演出近400场，吸引观众100万人次。

（罗淮蓉　孙宁思）

**【《孟姜女传奇》获第五届省艺术节多项大奖】** 在第五届省艺术节上，常德汉剧《孟姜女传奇》从全省参评的31台大戏中脱颖而出，斩获田汉大奖、田汉导演奖、田汉表演奖、田汉音乐奖4个奖项。常德汉剧《孟姜女传奇》由常德市汉剧高腔保护中心历时一年半时间精心编排，是一部联合两大国家级非物质文化遗产保护项目“常德高腔”和“常德津市嘉山孟姜女传说”创作的大型古装剧。该剧由国家一级导演何艺光执导，著名文艺评论家安志强担任编剧，中国戏剧梅花奖获得者彭玲饰演孟姜女。全剧充满浓郁的常德地域文化特色，通过下池、思夫、千里送寒衣、哭城、滴血认亲、蹈火等情节的表演，塑造了孟姜女忠于爱情、坚贞不屈的艺术形象，反映了人民大众对幸福生活的向往和追求。

（罗淮蓉　孙宁思）

**【常德卧山夫烙画亮相台湾】** 2015年4月29日—5月4日，2015两岸文化创意产业展在台北松山文创园区举行，常德市卧山夫烙画公司的《蒙娜丽莎》《兄弟情深》等13件精品入展。参展期间，中华国际经贸文化协会理事长尚洁梅先生及其他相关名家多次参访，进行友好交流和洽谈，达成了合作意向，将进一步增进两岸友好情谊，形成高端高效的烙画文化创意产业。（罗淮蓉　孙宁思）

## 文化市场综合执法

**【概况】** 出版物市场监管与执法。开展学校及学校周边环境整治行动。根据省新闻出版广电局的部署，2015年3月中旬至2015年9月下旬，在全市范围内开展打击侵权盗版教材教辅“护苗2015”专项行动。2015年3月下旬至4

大型舞台剧《孟姜女传奇》剧照

执法人员对教辅资料进行现场检查

月中旬，联合市教育局、市物价局、市文体广新局对全市的县市区和市直属普通中小学校的教辅材料征订使用情况进行专项联合大检查。全面检查县市区和市直属学校在教辅材料征订使用中，是否切实按照《目录》要求并严格落实“新政”。教育部门对照《目录》对各县市区和市直所在地学校的教辅征订使用的情况进行抽样检查；物价部门参照《目录》对超范围征订使用的教辅进行具体的核实，对超《目录》范围征订使用的教辅已一律按教育乱收费行为进行查处；市文化市场综合执法局和市文体广新局联合对学校印刷品、出版物市场进行监管，特别是对进入校园的盗版、盗印教辅资料，并对无证、超范围经营的书店进行查处，同时对各县市区的新华书店就全面执行“新政”、严格行业自律、切实改进服务工作等方面的情况进行走访调研。联合职能部门对学校及学校周边环境进行集中整治行动。

广播电视、互联网站及手机信息市场监管与执法。市文化市场综合执法局、版权局、网宣办、经信委、公安局从6月至11月联合开展网络侵权盗版“剑网2015”专项行动。2015年，市、县两级就“剑网”行动共出动检查人员258人次，出动执法车辆62台次，检查各类网站485家，关闭非法经营网站8家，给予行政警告15家。在专项行动中查处4起非法设置广播电视播出前端的行为，有效规范广播电视市场的营运秩序，确保广播电视的安全播出。

网吧、歌舞娱乐、文艺演出及艺术品市场监管与执法。根据省文化厅关于网吧治理有关要求，市文化市场综合执法局组织为期两个月的专项整治，整个行动分宣传发动、检查教育、整治查处三个阶段进行。整治行动将以查处接纳未成年人进入营业场所为重点，检查网吧是否按照规定核对上网人员的有效身份证件，是否存在脏乱差现象和安全隐患，是否按规定保存登记内容、记录备份等。全市共出动检查人员5600人次，检查网吧2800家次，立案180起，停业整顿28家。

**【开展净化学校及学校周边环境集中整治行动】** 市文化市场综合执法局根据省、市综治委文件精神联合市、区两级教育、公安、工商、药监、城管等相关部门对市城区15所中小学校及学校周边环境进行联合大检查。在检查中发现“学校及学校周边大多存在烟酒销售点在显著位置未设置不向未成年人出售烟酒的标志、学校门口有流动摊贩向未成年学生推销商品、燃放烟花、夜晚摆摊设点烧烤及接送学生车辆违规占道停放”等重大问题。检查中，公安部门对学校门口社会治安进行整治；城管部门和药监部门对学校附近商店无证经营、“三无”食品、违规经营、占道经营进行了取缔，交警支队对学校附近车辆违规情况进行查处，工商部门对学校周边“黑网吧”进行了取缔；文化市场综合执法机构对网吧接纳未成年人、营业性歌舞厅、桌球室、游戏厅违规行为及成年人性用品商店违规经营进行查处。联合整治行动的实行大大净化学校及学校周边环境，为学生健康成长及维护广大师生的正当权益创造有利条件，确保学校和学校周边环境良性发展，确保学校教学秩序正规有序。（王国中）

**【获全省文化市场综合执法队伍技能比武团体三等奖】** 12月2—3日，湖南省文化市场综合执法队伍技能比武活动在省会长沙拉开帷幕，常德市获得三等奖第一名的好成绩。整个比武活动分体能达标测试、案卷制作比赛、政策法规知识竞赛三个环节。常德市四名参赛队员都是首次参加全省技能比武。为期两天的比武活动，市局和各区县市派代表参加了现场学习和观摩。（王国中）

## 《常德日报》

**【概况】** 2015年，常德日报传媒集团各媒体选送的新闻佳作，在全省市州报好新闻评选中，共有37件作品分获一、二、三等奖，其中14件作品获得一等奖。在“湖南新闻奖”评选中，共有8件作品分获一、二、三等奖。在第29届中国地市报新闻奖评选中，共有7件作品分获一、二、三等奖。在“赵超构新闻奖”评选中，共有3件作品分获一、二、三等奖。9月8日，在贵州铜仁举行的中国地市新闻网联盟第八届年会上，尚一网成功入选2015全国地方主流网络媒体十大最具影响力品牌。

舆论引导。2015年，集团各媒体完成“新常德·新创业三大战役进行时”“弯道超越中的新常德”、2015中国湖南国际旅游节、中国抗日战争胜利暨世界反法西斯战争胜利70周年、乡镇区划调整、

“海绵城市”建设、关注农村安全饮水工程、完美社区之社区精神文明建设系列报道等一系列重大宣传报道任务。日报8月策划推出的“弯道超越中的新常德”系列报道，开场的十篇全市性综述通过数字对比、前后对比、细节选取、记者思考等，既展示工作又发人深省。随后推出的区县（市）及部门综述报道，保持了视野的开阔性和选题的思辨性。市委宣传部《新闻阅评简报》用头条大篇幅充分肯定了这组报道，市委书记王群，市委常委，市委宣传部部长唐贵平分别在情况汇报上做出批示，给予表扬。为了给“常德欢乐水世界开园”这一重大项目推介营造良好的舆论环境，日报除完成好自身承担的战役报道任务外，还组织洞庭湖生态经济区党报联盟、湘鄂渝边界党报联盟的老总和记者参与采访这一盛会。尚一网主动发起并邀请全国百家网络媒体老总和记者开展“全国百家网络媒体常德行”活动，为推介常德，迅速扩大常德欢乐水世界的知名度和影响力做出了积极贡献。在重大报道中，尚一网全媒体优势也得到初步展现。比如“两会”期间，网站开设“两会”焦点、前方直击、博眼观“两会”等四大专栏，不仅有图文，还有视频、博客，公众微信更是成为新亮点。

新闻采写。日报坚持让民生新闻唱主角，把新闻的触觉更多地伸向普通老百姓的生活。一大批社会新闻、事件新闻、服务性新闻登上一版版面。《居民生活用气本月起执行阶梯气价》《市工商局发布提示信息，市民对网络传销要提高警惕》等服务性新闻及时见报。《民间资本将在九大领域大展身手》《谁“偷吃”了茶庵铺的茶？》等新闻将经济时讯及时传递给了读者。日报深度报道、文化周刊文史版、沅澧评谈、视觉新闻专版不仅在选材上更丰富，内容更具可看性，同时版面语言更加丰富，表达形式也有所创新。相继推出一批有质量的专版。比如，深度报道《谁在为“路改”后的地下管网添堵》《高利息背后的陷阱——关注民间借贷》，文化周刊深度报道《常德河街，不能忘怀的历史记忆》《安福蒋家，一段续写六百年的民间传奇》，系列报道《这些年，我们追过的劳动明星》等，从内容到形式都耳目一新。晚报报道策划成效显著。晚报精心组织的“重走常德会战路”大型采访报道持续三个月时间。前方记者分三路重返战场故地，寻访70多年前的人和事，每天传回一篇质量较高的行走日志，与此同步，编辑部推出常德会战研究学者朱清如、钟云鹏、叶荣开的专访，系统全面地呈现常德会战。晚报报道看点多、独家多。晚报头版头条人物通讯《赵君的最后半小时》，及时报道了临澧县司法局副局长赵君奋不顾身救出车祸现场被困三人、自己却不幸倒下的事迹，市委宣传部《新闻阅评》以头条《一曲记录中国温度的赞歌》予以表扬。连线版头条《老人寻恩引发网友动机争议》以及后续刊发的《救命恩人找到啦》《“老人摔倒帮不帮”引市民热议》等稿件，反映出常德不愧为一座有“德”的城市，市政协原副主席张新民第一时间撰写了名为《为常德晚报这组报道点赞》的博文。《牧场杀牛倒奶抗“寒冬”》，紧追当前的经济热点话题，报道出来后，很快登上新浪头条。关注尼泊尔强震的报道，晚报记者有意识地寻找与常德人相关的信息，6名被困常德人借本报表达了“祖国，请接我们回家”的心声，像这样的报道还有《巴黎系列恐怖袭击后，常德妹子义助被困中国游客》等。晚报连线报道接地气，服务性强。晚报记者采写的《芙蓉盛世小区电梯超期运行》《7458吨用水从何而来？》等稿件采访扎实，报道客观，起到了答疑解惑、提醒警示的效果。2015年，尚一网成立了全媒体记者部，独家自采新闻有所突破，《临澧公职人员醉酒打砸酒店》等自采突发性新闻相继被新浪网、腾讯大湘网、凤凰网等转载。《心惊！社区卫生站向患者注射过期药品》微信阅读量过2万。尚一网的自采新闻，将社会求助、为民发声等公益类新闻作为重点方向，寻求突破。仅仅在8月份一个月时间，尚一网就发布了《桃源9岁男童被严重烧伤》《桃源一中应届毕业生罗丽平为学费苦恼》《90后男孩姚峰卖房为患尿毒症的常德女友夏瑛治病》等三起困难群众向社会求助的事件新闻。众多热心市民拨打尚一网新闻热线，慷慨解囊，相关部门和爱心组织积极介入，市民展开爱心接力，很大程度上缓解了当事人的急难。

舆论监督。2015年，日报群工部共采写有影响力的舆论监督报道和内参50多篇。《中河口一村干部母亲过世两年仍“吃”低保》的报道见报后，鼎城区民政局以此为契机对全区低保进行了一次全面清查，妇女主任母亲的低保被取消。内参稿《开发商一房多卖，业主讨说法部门踢皮球》发出后，市委书记王群、副市长胡丘陵等市领导作出批示，要求相关部门认真处理，使得这一拖了10年之久的问题得到解决。晚报推出的《鼎城一中学老师罚跪全班学生十分钟》《长张高速跨线桥没通车就要炸？》《三男子醉酒打砸酒店——一人系人大代表，另两人是公职人员》等舆论监督报道，做到了反应迅速，调查翔实，达到有关部门及时回应的效果。

传媒经营。2015年，经济下行的压力仍然较大，实体经济对于广告的投放需求急剧下降，与此同时，受新兴传播介质的巨大冲击，传统纸质媒体广告经营呈现整体下滑态势。2015年，虽然集团两报商业广告较2014年同期下滑近20%，但集团经营总收入仍较2014年同期增长8%。其中，日报、尚一网经营总收入分别较2014年同期增长12.43%和81.16%。一是扬长避短，节会策划成效显著。日报策划了《向两会报告》《第二届德商恳谈会》《弯道超越中的新常德》等多场活动和特刊。其中，64个版的《向两会报告》特刊，颇具视觉冲击力，每天加印千份特刊送达代表、委员手中。同时，尚一网和日报微信公众平台还对精彩内容即时转发，形成报网联动。这一创新之举不仅打响了日报形象广告“第一枪”，而且直接拉动商业广告刊发近20万元。晚报致力于“做优线上宣传、做强线下活动”，全年推出《“3·15”消费特刊》《失信被执行人曝光台》等多个特刊和征文，不仅收到良好的社会反响，而且统领和整合了版面营销。晚报策划或承办《羊年送福》《2015春秋两季车博会》《2015·湘西北冰雕艺术节》《2015

2015年11月10日，常德日报传媒集团尚一网升级后的电子商务平台——“特产中国”正式上线

湖南省全民广场舞总决赛》等多场活动，这些活动通过捆绑客户广告，拉动版面刊发，收到了意想不到的营销成果。历时5个月，走进全市27个社区，演出28场次的2015“我的社区我的家”社区文化节活动，不仅为繁荣社区文化、推动完美社区建设进行了有益探索；同时，借助媒体与社区互动、互助的活动，吸引市民参与，提升了媒体的传播力和营销力。尚一网开展线下活动30余场。策划的第二届德商大会网络祝贺专题，首次实现了尚一网与区县政府的对接，共创收69万元。2015年，尚一商城销售额在2014年基础上增长近5倍。11月10日上午，在全市300多名农特产企业家以及省市媒体的共同见证下，尚一商城正式升级为特产中国，已开设30多个省市级特产馆。尚一户外传媒为了拓展经营，推出“单屏计价、累加累进、抢屏加价、大额优惠”的价格方针，经过一年的运行，争取了市场主动。二是创新思维，开拓资本运作和传媒经营的新领域、新空间。为加快媒体市场化进程，做大做强新兴媒体，2015年，集团开启了进军资本市场之路，旨在借助资本市场杠杆作用，获取融资能力、完善股权激励、规范公司治理、提升企业形象和运营能力。3月，券商团队以及聘请的律师事务所、会计师事务所正式开始对尚一网在“新三板”挂牌工作进行辅导，根据相关法律法规和挂牌要求，对公司治理结构进行相应调整并完成2013年度和2014年度的财务审计工作。讨论通过了尚一网的初步股改方案。为探索媒体和旅游的“联姻”，开拓传媒营销新模式，集团与慈利县人民政府签署旅游产业战略合作协议，双方就张家界东线旅游战略合作进行了全面对接。尚一户外传媒积极跟进，具体负责慈利旅游在常德地区的策划包装，运作常德各主流媒体的宣传推广，推出“常德人游新慈利”旅游精品线路，实现媒体与旅游目的地的战略双赢。群工部组织的通讯员、报料员培训班，既着眼于提高基层新闻宣传干部的素质，又把它作为媒体开拓教育培训市场的一次探索，对授课老师、培训内容、采访采风、住宿餐饮等进行精心安排，得到各区县（市）和市直各部门基层新闻工作者的积极响应，两期培训班近500余人参训。

（熊　力）

**【常德日报传媒集团全媒体平台上线运行】** 2015年8月22日，常德日报传媒集团全媒体采编平台正式上线运行，新的全媒体采编平台包含日报、晚报、网站、微博、移动客户端等多个发布通道，形成文字、音频、视频等新闻信息产品的集约生产、融媒发布，为传统媒体与新兴媒体的融合发展奠定了坚实的技术基础。2015年，晚报的官方微信强化事件性新闻的即时推送，同时，根据微信特点进行热点策划，探索受众信息需求，阅读量稳定增长，推广效益显著提升，粉丝数已有2万多，广告收益突破了6万元，数次在全省报纸类微信公众号排名第三，稳居前十。截至2015年年底，集团已经初步形成以《常德日报》《常德晚报》等传统媒体为依托，以《尚一网》《尚一户外传媒》《掌上常德手机客户端》以及官方微博矩阵、官方微信矩阵等为前锋的媒体集群。（熊　力）

## 广播电视

**【概况】** 2015年，常德市广播电视台职工总数558人，其中在职439人，离退休119人。下设办公室、总编室、人力资源部（监察室）、离退休人员管理部、计划财务部、产业发展部、安全保卫部、工会、技术管理部、设备管理部、播控部、传送部、后勤服务部等13个部室。下属电台新闻频道、交通频道，电视新闻频道、公共频道、都市频道、武陵频道、图文频道和常德民生报8个媒体。办有《常德新闻联播》《晚间报道》《新闻连线》《第一房产》《健康常得》《公共大视野》《美丽乡村行》《都市315》《都市房产杂志》《武陵报道》等栏目，节目覆盖范围涵盖9个县市区和周边地区，覆盖人口1500多万人。

新闻宣传。2015年，打造精品新闻栏目《常德新闻联播》《晚间报道》，围绕“民生升温、城市提质、园区攻坚”三大战役的战略部署，策划近20个主题报道和系列报道。电视新闻外宣在央视上稿20条，在湖南卫视上稿居全省第四名，电台在央广上稿2篇，在省广上稿18篇。全年制作148期新闻专题，完成近20场大型直播和录播，制作专题汇报片18个。电视民生新闻栏目《民生帮帮团》接到求助电话2300多个，帮助解决问题900多个。公共频道与市委组织部联办《书记来了》栏目，报道28名长期扎基层、为新农村建设做出突出贡献的基层书记，全年承办各类活动100多场次。广播电台《行风热线》栏目上线单位达到91家，播出138期，接听电话1200个，反馈问题56个。《市长热线》栏目有60家市直和区县市负责人走进直播间，解答咨询200多个，解决问题40余件。

经营创收。2015年全台收入达到6510.42万元，其中媒体经营收入4904.94万元，其他收入1605.48万元，超额完成152.05万元。通过帮联产生的直接经济效益在300万元以上。各媒体采取“广电+”的模式，组织开展激情穿越、群星演唱会、车博会、欢乐向前冲、百团大赛、善德行、广场舞大赛等100多场大型活动。其中激情穿越常德TV自驾游活动举办14场次，参加车次400多台、车友3000多人。

产业发展。常德数字影视文化城（创意大厦）建设项目完成总体规划设计、拆迁补偿、施工图设计等工作。第一期完善配套设施，建设附属用房，第二期建设影视城主楼。配套项目及附属用房完成规划设计，建设资金筹措到位，进入招投标程序。成立常德广电传媒有限公司等7家文化产业公司进行实质性运营，新增爱立方婚庆、艺术培训等文化产业项目，发展电商，进军新媒体、演艺、艺术培训、旅游、婚庆等产业领域。常德广播电视台牵头成立常德市新媒体协会。组建常德广电新媒体公司，建设常德全媒网，打造电脑、手机、电视机三屏合一信息资源发布平台，并率先在全省地市台中实行微信直播。创建TV0736、沅澧屏、FM971、FM1056常德之声、公共频道、都市频道、常德民生报等官方微信公众号，粉丝数在10万人以上，微信公众平台TV0736微信单条阅读量达15万之多，创常德本级媒体之最。策划举办音乐奇才朱维小提琴新媒体品鉴会，全市40多家新媒体代表参加。

安全播出。建成全省地级市首个高清播出机房，3月19日顺利完成新老机房的播出割接，建成一个全高清演播区，一个标清区，其中都市、武陵、图文频道实现高清播出。制定《安全播出应急预案》和《高清机房素材上载标准》。对全台所有上载人员账号进行清理和登记，做到节目上载统一管理、上载账号专人专用。全年开展业务培训30多场次，并对全台所有上载人员开展多轮主题为《如何做好高清播出系统素材上载》培训。对采编制作、节目上载、直播上线等方面严格审查；加强设备日常维护，在机房值班、节目发射、信号传输等方面运行平稳；完善安防、消防设施，及时消除安全隐患。完成维护224次，完成电视直播与录制126场次，全年累计播出5万多小时，上载影视剧4000多集，实现安全播出零事故。电视新闻频道播出质量参评作品和技术论文，分别荣获全省2015年播出安全技术质量金鹰奖三等奖和技术论文三等奖。

内部管理。提出“新常德、新创业，新广电、新跨越”的工作思路。出台《挂牌上岗管理制度》，为全台员工制作工作牌，实行挂牌上岗。实行督查制度，每月由人力资源部联合办公室、后勤等部门开展一次纪律、卫生联合督查，每周开展1～2次纪律专项督查，督查情况全台通报，印发督查通报18期，通报不规范行为40多人次。制定出台《从业人员行为规范》，对三名严重违反劳动纪律以及存在其他严重问题的人员解除劳动关系。成立资产清理小组，对全台采编、播出、传输设备及办公用品等资产进行彻底清查，重新登记造册，规范管理和使用。开展常德广电团队精神口号征集活动，将评选出来的团队精神口号，张贴在台里公共区域。制作形象展示牌，摆放在一楼大厅，介绍常德广电发展历程和发展现状。设计印制全新设备标徽和采访话筒台标，粘贴在采访摄录设备上，成为宣传常德广电的流动名片。

（吴雅琴）

## 调频转播

【概况】 2015年常德电视调频转播台发射播出广播电视节目113260小时，机器运行指标达到行业乙级播出标准，主流新闻频道实现满功率播出。

组织管理。强化安全播出领导小组工作责任：台长为组长，书记为副组长，主要骨干为成员。发射基地实行轮换倒班制，分成3个班组，每个班组9名值班人员，七天轮换，实行台领导全程带班和行管人员跟班制度。

播出管理，2015年实行双岗制度，机房值班人员由一人改为两人值班，细化为调频和电视。每个季度都会对机器设备的卫生进行检查评分，每个月对上班纪律进行一到两次抽查。严格要求遵守设备维修操作管理规定，每个班次必须认真填写值班和维修记录，每周一在周前会上汇总设备状况，所有调频广播电视节目没有发生错播、插播、漏播事件。实行24小时内事故报告制度，实行一月一次报告制度（每月月初向市文体广新局安播中习上报调频台安全播出情况书面材料）。实行重大宣传活动和重要保障期安全播出应急预案和应急措施上报制度；按规定对重大宣传活动和重要保障期上报应急预案和应急措施。实施监控自动化技术改造。确保了发射基地防护围栏无损毁、消防设施安全无隐患。

（贺鹏程）

## 新华书店

【概况】 2015年，新华书店常德分公司营业收入完成目标的105.05%；利润完成目标的114.78%，桃源县分公司欧阳文璇被授予湖南省“劳动模范”称号。

中小学课本发行。认真做好义教阶段免费教材和高中课本的征订发放工作，严格兑现“课前到书，人手一册”的承诺，顺利完成全市49.5万中小学生的课本发行工作。全力做好教材的调剂工作，及时解决学校因学生增减而产生的课本余缺。

大中专教材发行。以品种丰富、供货渠道广、到货及时的优势，获得全市14所大中专院校的教材供货权。秋季教材发行中首次采用了学生自主购买、自

2015年春节，新华汽车书店到石门县集镇展销图书

愿缴费的方式，全年发行大学和中职教材2452万元。

政治读物发行。为配合创建学习型机关，加大对机关单位的服务力度，为230家机关和企事业单位发行政治读物208万元。重要政治读物《法治热点面对面》和《读有所得》发行同比增长20万元，干部培训教材发行60万元，发行中共十八届五中全会《辅导读本》5000册。

门店销售。一是加强进货管理，加强对重点图书、常备书、新书的监控，优选图书品种，优化库存品种。二是继续抓好星级门店的达标和保星工作，进行门店营业人员的业务技能培训和服务礼仪培训；优化卖场环境，下南门门店进行了动线调整，增加了读者阅读设施和艺术装饰品，澧县中心门店以全县学子的艺术佳作作为卖场装饰。三是加强校园书店管理，新建一所校园书店。2015年，全市8个中心门店和18家校园书店共实现销售3950万元，同比增长15.6%。《中华人民共和国宪法典》《习近平用典》《感恩阅读书架》《钢铁是怎样炼成的》《平凡的世界》等位列2015年各门店畅销书排行榜前列。

社区书屋建设。为落实市委市政府“书香社区”建设工作，成立营销服务机构，为社区图书室提供图书室的整体布局、设计、图书的分类、陈列、上架工作，提供丰富优秀的图书品种。为武陵区富强社区图书室配送图书20万元，确保了常德市“书香社区”建设的第一批“社区公共阅读示范点”富强社区书屋于8月25日顺利开业。全年完成为芷荷社区、高山街社区、府坪巷社区、康桥社区、落路口社区、新东街社区、方家巷社区等社区选书、送书、陈列工作。（王宏伟）

## 文物考古

【概况】 2015年，常德市文物局被湖南省文物局评为年度绩效考核先进单位。

文物保护。一是加强地下文物抢救性发掘和保护。5月开展常德七里桥“德国小镇”基建工地的文物调勘与抢救性考古发掘。清理发掘明代荣王承奉宋贵及义官墓群，共出土文物100余件，其中一批珍贵文物填补了常德市馆藏文物的空白，为研究明代荣王家族历史、明代常德古城文化提供了一批新的材料。6月对药山寺遗址进行第二次文物调查勘探及考古发掘。此次考古勘探、发掘面积共600平方米，其中实际发掘面积70平方米。发掘区域内均发现了明代晚期寺庙建筑基址和清代寺庙建筑基址，建筑采用青砖铺地。出土文物大致可分为两类，生活用瓷：明龙泉窑瓷片、明青花瓷片、明素三彩瓷片、清青花瓷片；建筑构件：兽吻残件、铺地砖、瓦当等。二是重点工程推进有力。常德博物馆改扩建工程是常德旅游文化建设重点工程，瞄准国家一级博物馆、国家AAAA级旅游景点的目标进行主体扩建和陈列布展。城头山国家考古遗址公园建设进展顺利。积极向国家文物局汇报并做好项目对接，同时聘请湖南省文物考古研究所、湖南省博物馆等专业机构完成大遗址保护项目立项申请报告5个，同时完成相关方案5个，经上报国家文物局和省文物局，获批方案2个，落实到位专项资金2840万元，落实到位中央财政文物保护用房资金补助资金300万元；争取省发改委、省文物局、省人防办、省旅游局支持资金共计260万元，争取市、县配套资金2600万元，全年累计争取项目资金超6000万元。完成遗址公园南入口入园门楼建设；完成遗址公园内5千米主干道沥青路面铺设；按照国家AAAA级旅游景区要求，完成游客服务中心建设；完成博物馆艺术大厅和城头山专题展示馆工程；完成博物馆附属生活用房建设；完成遗址核心区的道路和排水系统、南门凸台保护工程以及遗址核心区文物保护、科技实验及展示工程；完成遗址公园安防监控系统设备安装。桃花源古建筑群维修工程如期完工。按照要求完成桃花源古建筑群的消防供水工程和防雷工程。启动桃花源古建筑群的安防立项工作，立项报告和申报资料已经上交国家文物局。澧州古城墙县一中段的修缮按期竣工。澧县一中段城墙位于澧州古城墙西端，全长563米，维修项目工程造价约990万元，修缮方案由北京建工建筑设计研究院设计，施工单位为澧县德盛园林古建筑工程有限公司。完成崔婆井修缮主体工程。省级文物保护单位崔婆井是常德城区古井群之一，因为历史原因和自然环境因素，早已残破不堪，市文物局投入10万元进行修缮，已完成主体工程及周边环境整治工作。同时，积极向上级业务主管部门争取专项保护资金近1000万元，集中力量抓好项目申报，完成城头山、彭头山、南禅湾晋墓

群、皂市、虎爪山、青山崖墓、申鸣城、采菱城、索县汉代城址、夹山寺、星子宫整体保护方案编制与上报。三是加大抗战文物保护力度。以纪念抗战胜利70周年为契机，争取财政资金支持，把“常德会战”期间抗日遗迹的保护作为一项重点工作来抓，市城区29处常德会战遗迹均树立了保护标志说明碑。四是顺利完成第七批全国重点文物保护单位“四有”档案编制和第一批至第七批全国重点文物保护单位综合管理系统信息数据录入工作。共编制22处第七批全国重点文物保护单位“四有”档案，录入28处全国重点文物保护单位信息。

博物馆公共文化服务体系建设。4月28日，市文物局组织全市8个国有博物馆、纪念馆主要负责人和两个民办博物馆法人代表及桃源、鼎城、汉寿安全文物局负责人参加学习贯彻实施《条例》座谈会。严格按照《条例》新要求，建立国有文物藏品管理新规范。4－6月重点开展了一次全市国有文物收藏单位文物核对、文物病害调查和标本与参考品及资料归类清理活动，提升了文物藏品管理与保存水准。举办优秀展览抓推介。为配合推进社会主义核心价值观教育，8月，常德博物馆开展“道德模范在身边”优秀事迹展览宣传活动，展示了7位道德模范的先进事迹。全面普及抓民办。以规划引领全市民办博物馆建设。全市民办博物馆建设来势喜人。汉寿“奇石博物馆”已注册；“东方红博物馆”和沅州石雕博物馆进行了评估、定级，展示功能得到进一步提升；穿紫河“民办博物馆群”建设全面启动。

文物执法督查和安全防护。重新梳理文物行政许可权利清单。完成了市县两级“部门权力运行清单与责任清单”清理；完成市本级行政许可审批前置中介服务事项清理；确认了市本级行政许可项目5项，非行政许可1项，服务性项目1项，行政处罚7项。加大考核力度。把文物安全纳入市政府对区县（市）政府年度文化工作考核内容，将实现文物安全“零责任事故”年度目标纳入县级文物行政部门和各文博单位法人代表主体责任和年度目标管理考核内容。加强日常巡查，加强主体责任。定期或不定期对市区及各区县（市）文物保护单位进行检查、巡查，并且重点检查了安乡、临澧、石门、澧县等区域的文物保护情况，尤其对临澧九里楚墓群进行了全面检查，发现隐患及时下达整改通知。开展专项活动排查整改安全隐患。全年重点组织开展春节、“五一”“十一”三次专项整治活动，全市共排查出安全隐患60多处，逐一列出问题清单全部整改到位。全市更新灭火器82罐，更换老化电线300余米，改造消火栓3处，新置高压水枪和水带3套，添置库房密集柜30组，修复视频监控设备3台。

全国第一次可移动文物普查工作。全年专项经费落实到位，业务骨干培训和力量配备有力，确定符合标准的系统外的国有文物收藏单位共19家，认定文物4934件（套）。加上系统内的30644件（套），共有文物35578件（套）。截至2015年12月底，信息采集登录，共完成总工作量的57.71%；已采集文物21656件/套，实际数量48588件，已登录20534件/套，实际数量47184件。已登录珍贵藏品488件/套，实际数量871件。

文物保护宣传。全年共编发上报各类信息25条，推介经验材料1篇，发表调研文稿5篇，出版专著3部。借助博物馆日、文化遗产日活动平台进行宣传。参加省局在耒阳组织的全省文物保护成果共享现场经验交流会，制作“创新文物保护理念，让文化遗产活起来”展板，提交了题为“尊重群众诉求，推动澧阳平原遗址的保护利用”的经验材料，并在交流会上做了典型发言。市县两级文物部门上下联动，利用“5·18”博物馆日和“文化遗产日”开展宣传活动，印发宣传折页10000余份，制作文物保护单位和出土文物推介展牌50余套，举办专家咨询20场次。制作影视专题片进行宣传。争取民间投资100万元，拍摄了推介城头山古文化遗址的微电影《七千年的名片》。特邀常德电视台制做了三个专题报道：“解读《博物馆条例》”“博物馆改扩建的实施进展”“穿紫河七里桥明代墓群的发掘”，均由常德市公共频道滚动播出。举办《永志不忘的历史——中日常德会战展览》大型巡展，首站在市城区常德公墓开展，吸引了大批市民参观。公墓首展后，又先后到常德丁玲公园、白马湖公园、市国土资源局、滨湖小学等公园、企事业单位、社区、学校进行了巡展。（王永彪）

七里桥古墓群发掘现场

**【考古新发现】** 七里桥明代墓群发掘。2015年3—5月，常德博物馆配合“德国小镇”建设工程，对七里桥明墓群展开抢救性考古发掘，考古发掘取得重要收获。七里桥明墓群于2008年第三次全国文物普查时发现，当时定名为穿紫河明墓，位于七里桥北头、丹阳路西侧的大观园食府内。本次发掘共清理明代墓葬10座（M1—M10），除1座保存较完好外，其余9座均遭到了不同程度的破坏，共出土金、银、铜、玉、竹、木、藤、布、丝、陶、瓷等文物100余件。从发掘收获来看，穿紫河七里桥明墓群，是常德市发现的规模最大、保存最好、墓葬形制最为完整的明代墓群。清嘉庆《常德府志》卷六考第四，山川考、园墓记载："...... 荣藩义官墓，府北七里桥东里许，郡人陈洪谟、蒋信作墓碑 ......"再结合M1宋贵墓的墓志材料，这批墓葬应是府志中所载的"荣藩义官墓"，墓主人均为明代常德荣王府内的侍从人员。这是常德市第一次发现与文献记载相吻合的古代墓群，为研究明代荣王家族历史、明代常德古城文化提供了一批新的材料，是研究常德历史、推进常德市建设文化强市的又一重大发现。

桃源漆河流域商周青铜文化调查。2015年7—10月，常德市文物局与桃源县文物局联合对出土皿天全方罍出土的陬溪流域及邻近的白洋河流域漆河段进行了文物调查勘探，少量地点进行了试掘。著名的皿天全方罍出土于陬溪上游丘陵地带的架桥乡境内。关于皿方罍出土的时间和详细地点有多种说法，经深入实地调查及广泛查阅相关档案、资料，认定出土时间为1919年，地点为湖南省桃源县水田乡茅山峪（其地名多次变更，2011年之后称为架桥镇栖凤山村毛山），具体地点为杉窝山的说法比较符合实际情况。在陬溪流域发现商周遗址有堰口丘、冯家桥、禾场丘3处。漆河是白洋河在漆河镇境内一段的别称。皿天全方罍出土地与白洋河流域仅有小山丘相隔。在白洋河流域调查商周遗址罐头洲、七姑岭、木鱼山、燕家山、茶园、竹园坪、聂家坪、龙珠山、王家珑、佘家坪10处，白洋河的干流沅水流域发现商周遗址有覃家垸、窝丘、曾家岗、杉树园、铁灵、西湖、聂木岗7处，通过此次调查，弄清楚了皿天全方罍出土的相关考古背景。（王永彪）

**【省文物部门在常德的考古发掘】** 2015年，省级文物部门在常德境内开展了一系列考古发掘与文物保护工作，取得了新的收获与进展。

九里楚墓群考古发掘。2015年3—4月，省考古研究所在临澧县九里楚墓群抢救性清理10座楚墓，1座保存完好，9座曾被盗，均为土坑墓，残存有棺椁，出土器物有青铜器、漆器、陶器、原始瓷器等。此次发掘丰富了关于全国重点文物保护单位九里楚墓群的文化面貌及其与周边地区文化联系等方面的认识。

文物保护工程及规划编制。2015年5—7月，省考古所开展澧县城头山遗址南门凸台文物保护工程，2015年8月，省考古所开展澧县城头山遗址重点保护区内道路与排水修缮工程及2号遗迹区文物保护工程。编制了《安乡汤家岗遗址保护规划》《澧县三元宫遗址保护规划》。

孙家岗文物勘探。2015年11月，省考古所对全国重点文物保护单位孙家岗遗址进行了全面勘探，发现存在环壕，有两个出口，遗址内发现有人工堆积的黄土，推测为建筑遗迹。

杨家山考古发掘。2015年12月，湖南省文物考古研究所在桃源县做黔张常铁路调查勘探时，复查杨家山古墓群，并在断面上发现数座土坑墓，尤其是墓群南部一座墓葬，椁室一角已暴露在外，破坏严重。报请省文物局、国家文物局同意后，展开对杨家山墓群的抢救性考古发掘工作。此次抢救性发掘共清理15座墓葬，均为长方形土坑竖穴墓，可分为大中小三型。从墓葬形制和随葬品特征初步判断墓群年代从战国延续至西汉早期。杨家山墓群西邻印家岗、陈家岗墓群，南近狮子山墓群，再往南即为战国古城采菱城遗址，从墓群所在位置和年代判断，它与采菱城关系密切，应是当时采菱城内居民的埋葬区。（王永彪）

## 体　育

**【概况】** 群体活动。成功承办省级赛事。先后组织承办省常德柳叶湖半程马拉松赛、环湖自行车赛和省第二届群众性龙舟赛总决赛、省第五届广场舞大赛等四大省级群众体育赛事，在各大赛事中常德均取得好成绩。积极举办市级活动。承办2015中国湖南国际旅游节中德龙舟友谊赛、柳叶湖水上特技表演、中德沙滩排球友谊赛暨常德市首届沙滩排球赛、常德市环柳叶湖万人马拉松赛和协办昆仑决常德站比赛等系列体育活动；组织市第五届市直机关运动会，全市共有55个代表团的2967名体育爱好者参加了11个项目的比赛；组织市第五届广场健身舞大赛，635支队伍、18949人次参加，围观群众达27万人。市本级还组织开展了常德市2015年春季万人健步行活动、常德市第三届太极拳健身活动月、2015年"贺龙"中国业余篮球公开赛常德赛区比赛暨常德市第二届篮球联赛、2015年常德市第二届羽协"德源杯"羽毛球混合团体公开赛等赛事，推动了全民健身活动的深入开展。

竞技体育。常德市输送的运动员杨玉洁代表中国参加世界蹦床锦标赛（丹麦欧登赛），获得女子单跳团体金牌，刷新常德市国际大赛成绩。积极组队参加2015年湖南省青少年锦标赛田径、游泳、射击、乒乓球、羽毛球、网球、摔跤、柔道、跆拳道、举重、跳水、武术、拳击、皮划艇、赛艇、篮球、排球、足球等18个项目的比赛，共获得金牌72枚、银牌65枚、铜牌55枚。参加全国比赛取得优异成绩。2015年8月，武陵区胜利路小学代表湖南省赴成都参加全国体育传统项目学校游泳比赛，获得金牌4枚、银牌1枚、铜牌2枚，金牌总数名列第二。全年举办了3期裁判员与教练员培训班，全市258名裁判员、教练员参加培训，参训裁判员、教练员理论与实践水平得到进一步提高，体育裁判员、教练员队伍得到进一步夯实。

体育产业。组织开展体育特有职业培训。2015年组织开展2期游泳救生员和1期游泳教练员培训班，为常德市及周边地市游泳场馆培训了一批合格的游泳救生员和教练员。投资120多万元对体育馆、康乐园和体育中心进行升级改造。非体育项目清理整治工作基本完成，原水电八局经营体育中心北楼将于2016

年底收回，届时将对收回房屋进行统筹规划，用于开展全民健身项目，以满足市民的健身需求。体育彩票销售稳定，市体育彩票累计销售1.92亿元，圆满完成全省体彩任务。（罗淮蓉 孙宁思）

**【常德妹子杨玉洁获世界蹦床锦标赛冠军】** 2015年11月28日，在丹麦欧登塞举行的2015年世界蹦床锦标赛决赛中，常德运动员杨玉洁代表中国队参赛，获得女子单跳团体金牌。在11月27日的2015年世界蹦床锦标赛预赛女子单跳个人预赛中，杨玉洁以59.700分排在第25名，无缘决赛。但是她与其他队员一起以202.500分的总分，位列女子单跳团体预赛第二位杀入决赛。次日举行的决赛中，几位姑娘共获得103.500分，以0.5分的优势超过英国队，拿下本届世锦赛首金。（罗淮蓉 孙宁思）

**【湖南第二届群众性龙舟赛总决赛在常德举行】** 2015年6月18日，2015“我们的节日·端午·屈原杯”全省第二届群众性龙舟赛总决赛在常德柳叶湖举行。常德柳叶湖德成龙舟队夺得公开水域200米、500米直道竞速2个竞赛项目的冠军。本届龙舟赛共设置预赛公开水域500米直道竞速和总决赛公开水域200米、500米直道竞速2个竞赛项目，来自全省各市州和中南大学的15支龙舟代表队、400余名选手参加了本届龙舟赛。常德柳叶湖德成龙舟队获得2个竞赛项目的第1名，郴州阳光体育龙舟队、邵阳响水龙舟队、湘西河溪龙舟队、张家界龙舟队、中南大学龙舟队获得体育道德风尚奖。（罗淮蓉 孙宁思）

**【五大体育赛事助力2015年湖南旅游节】** 2015湖南国际旅游节于9月12日在常德开幕，旅游节期间，中德龙舟友谊赛、国际水上特技表演、环柳叶湖万人马拉松赛、国际沙滩排球赛和昆仑决拳击比赛等五大群众性体育赛事相继成功举办，共有近2万名运动员参赛，吸引观众逾10万人。（罗淮蓉 孙宁思）

**【2015湖南全民第五届广场舞总决赛在常德举行】** 2015年12月6日，“2015欢乐潇湘 群舞飞扬 湖南省全民第五届广场舞总决赛”在常德开赛，14个市州的16支舞王队伍在白马湖公园水上舞台展开激烈角逐。此次比赛采取打分攻擂赛制，擂主台由现场最高分的队伍攻守。最终怀化代表队凭借地方特色的瑶族舞蹈《辰州傩韵》守擂成功，夺得头筹。来自衡阳、张家界、永州的3支广场舞队伍获得亚军，常德市、怀化市获得“最佳舞动城市”荣誉。（罗淮蓉 孙宁思）

**【常德VS岳阳“全民健身挑战日”常德获胜】** 2015年11月14日，“全民健身挑战日·健康常德动起来”活动在市体育中心举行。全市11个会场58273人参与该场挑战赛。最终，常德市以城市关注率2.125%（121496人）、男子众跑98时56分、女子众跑88时30分45秒、融合关爱跑1时53分13秒的成绩，赢得4个比赛项目的优胜。岳阳赢得城市参与率和国民体质监测项目的优胜。同时各项个人挑战赛也分别决出了篮球投篮王、足球颠球王、双人跳绳王、呼啦圈王、双人踢毽王、排球双人垫球王。

（罗淮蓉 孙宁思）

2015湖南省全民第五届广场舞总决赛在常德举行

表 9　　2015 年省以上比赛获奖项目及奖牌数统计表

| 序号 | 姓 名 | 性别 | 项目 | 比赛名称及名次 | 项目 | 名次 | 成绩 | 比赛时间 | 比赛地点 |
|---|---|---|---|---|---|---|---|---|---|
| 1 | 徐仰峥 | 男 | 射击 | 第一届全国青年运动会 | 25 米手枪团体 | 3 | 1713 环 | 2015 年 10 月 | 福建 |
| 2 | 龚纯清 | 男 | 赛艇 | 第一届全国青年运动会 | 男轻 4 人单桨 2000 米 | 3 | 06:26 | 2015 年 10 月 | 福建 |
| 3 | 周　玉 | 女 | 皮划艇 | 全国皮划艇冬季冠军赛 | 单人皮艇 2000 米 | 1 | 08:23 | 2015 年 1 月 | 北海 |
| 4 | 周　玉 | 女 | 皮划艇 | 全国皮划艇冬季冠军赛 | 单人皮艇 500 米 | 1 | 02:00 | 2015 年 1 月 | 北海 |
| 5 | 周　玉 | 女 | 皮划艇 | 全国皮划艇冬季冠军赛 | 单人皮艇 200 米 | 3 | 42.27 | 2015 年 1 月 | 北海 |
| 6 | 李贵强 | 男 | 皮划艇 | 全国皮划艇冬季冠军赛 | 单人皮艇 2000 米 | 2 | 04:45 | 2015 年 1 月 | 北海 |
| 7 | 周　玉 | 女 | 皮划艇 | 全国皮划艇春季冠军赛 | 单人皮艇 200 米 | 1 | 44.31 | 2015 年 3 月 | 上海 |
| 8 | 周　玉 | 女 | 皮划艇 | 全国皮划艇春季冠军赛 | 单人皮艇 500 米 | 1 | 01:53 | 2015 年 3 月 | 上海 |
| 9 | 周　玉 | 女 | 皮划艇 | 全国皮划艇春季冠军赛 | 双人皮艇 500 米 | 1 | 01:44 | 2015 年 3 月 | 上海 |
| 10 | 李贵强 | 男 | 皮划艇 | 全国皮划艇春季冠军赛 | 双人皮艇 1000 米 | 3 | 03:25 | 2015 年 3 月 | 上海 |
| 11 | 周　玉 | 女 | 皮划艇 | 全国皮划艇冠军赛 | 单人皮艇 8000 米 | 1 | 34:54:00 | 2015 年 3 月 | 上海 |
| 12 | 周　玉 | 女 | 皮划艇 | 全国皮划艇锦标赛 | 单人皮艇 200 米 | 1 | 国家队带入 | 2015 年 9 月 | 广州 |
| 13 | 周玉 | 女 | 皮划艇 | 全国皮划艇锦标赛 | 单人皮艇 500 米 | 1 | 国家队带入 | 2015 年 9 月 | 广州 |
| 14 | 李贵强 | 男 | 皮划艇 | 全国皮划艇锦标赛 | 四人皮艇 1000 米 | 1 | 国家队带入 | 2015 年 9 月 | 广州 |
| 15 | 刘格 | 女 | 皮划艇 | 全国皮划艇激流回旋锦标赛 | 女子单人皮艇 | 6 | 255.96 分 | 2015 年 10 月 | 广州 |
| 16 | 彭礼祥 | 男 | 皮划艇 | 全国皮划艇激流回旋锦标赛 | TMK1 单人皮艇团体赛 | 7 | 223.91 分 | 2015 年 10 月 | 广州 |
| 17 | 张亮 | 男 | 赛艇 | 全国赛艇冠军赛 | 男子测功仪 2000 米 | 1 | 05:54 | 2015 年 4 月 | 浙江千岛湖 |
| 18 | 张亮 | 男 | 赛艇 | 全国赛艇冠军赛 | 四人双桨 2000 米 | 1 | 05:57 | 2015 年 4 月 | 浙江千岛湖 |
| 19 | 张亮 | 男 | 赛艇 | 全国赛艇冠军赛 | 单人双桨 8000 米 | 4 | 31:24 | 2015 年 4 月 | 浙江千岛湖 |
| 20 | 史志强 | 男 | 赛艇 | 全国赛艇冠军赛 | 单人双桨 2000 米 | 5 | 04:25 | 2015 年 4 月 | 浙江千岛湖 |
| 21 | 史志强 | 男 | 赛艇 | 全国赛艇冠军赛 | 单人双桨 8000 米 | 6 | 31:37 | 2015 年 4 月 | 浙江千岛湖 |
| 22 | 胡洪军 | 男 | 赛艇 | 全国赛艇冠军赛 | 四人双桨 2000 米 | 1 | 06:01 | 2015 年 4 月 | 浙江千岛湖 |
| 23 | 边永杰 | 男 | 赛艇 | 全国赛艇冠军赛 | 四人双桨 2000 米 | 1 | 06:01 | 2015 年 4 月 | 浙江千岛湖 |
| 24 | 梁明阳 | 男 | 赛艇 | 全国赛艇冠军赛 | 双人单桨 2000 米 | 1 | 06:47 | 2015 年 4 月 | 浙江千岛湖 |
| 25 | 梁明阳 | 男 | 赛艇 | 全国赛艇冠军赛 | 男轻双人单桨 8000 米 | 1 | 28:39 | 2015 年 4 月 | 浙江千岛湖 |
| 26 | 关洪峰 | 男 | 赛艇 | 全国赛艇冠军赛 | 四人单桨 2000 米 | 1 | 06:12 | 2015 年 4 月 | 浙江千岛湖 |
| 27 | 关洪峰 | 男 | 赛艇 | 全国赛艇冠军赛 | 男轻四人单桨 2000 米 | 1 | 06:16 | 2015 年 4 月 | 浙江千岛湖 |
| 28 | 关洪峰 | 男 | 赛艇 | 全国赛艇冠军赛 | 男轻双人单桨 8000 米 | 8 | 30:03 | 2015 年 4 月 | 浙江千岛湖 |
| 29 | 张亮 | 男 | 赛艇 | 全国室内赛艇锦标赛 | 男子测功仪 2000 米 | 1 | 05:55 | 2015 年 6 月 | 浙江千岛湖 |
| 30 | 张亮 | 男 | 赛艇 | 全国室内赛艇锦标赛 | 男子测功仪 500 米 | 2 | 01:18 | 2015 年 6 月 | 浙江千岛湖 |
| 31 | 张亮 | 男 | 赛艇 | 全国室内赛艇锦标赛 | 男子单人双桨 2000 米 | 1 | 07:05 | 2015 年 6 月 | 浙江千岛湖 |
| 32 | 梁明阳 | 男 | 赛艇 | 全国室内赛艇锦标赛 | 男轻 500 米测功仪 | 6 | 01:27 | 2015 年 6 月 | 浙江千岛湖 |
| 33 | 褚秀昳 | 女 | 赛艇 | 全国赛艇锦标赛 | 女轻单人双桨 2000 米 | 4 | 08:13 | 2015 年 9 月 | 北京顺义 |
| 34 | 关洪峰 | 男 | 赛艇 | 全国赛艇锦标赛 | 男轻四人单桨 2000 米 | 2 | 05:57 | 2015 年 9 月 | 北京顺义 |
| 35 | 关洪峰 | 男 | 赛艇 | 全国赛艇锦标赛 | 男子四人单桨 2000 米 | 6 | 06:16 | 2015 年 9 月 | 北京顺义 |
| 36 | 胡洪军 | 男 | 赛艇 | 全国赛艇锦标赛 | 男子四人双桨 2000 米 | 3 | 05:58 | 2015 年 9 月 | 北京顺义 |
| 37 | 边永杰 | 男 | 赛艇 | 全国赛艇锦标赛 | 男子四人双桨 2000 米 | 3 | 05:58 | 2015 年 9 月 | 北京顺义 |
| 38 | 梁明阳 | 男 | 赛艇 | 全国赛艇锦标赛 | 男子双人单桨 2000 米 | 7 | 06:37 | 2015 年 9 月 | 北京顺义 |

续上表

| 序号 | 姓 名 | 性别 | 项目 | 比赛名称及名次 | 项目 | 名次 | 成绩 | 比赛时间 | 比赛地点 |
|---|---|---|---|---|---|---|---|---|---|
| 39 | 刘格 | 女 | 皮划艇 | 全国皮划艇（激励回旋）锦标赛 | 女子单人皮艇 | 6 | 255.96 分 | 2015 年 10 月 | 广东广州 |
| 40 | 彭礼祥 | 男 | 皮划艇 | 全国皮划艇（激励回旋）锦标赛 | 男子单人皮艇 | 7 | 205.70 分 | 2015 年 10 月 | 广东广州 |
| 41 | 刘欢 | 女 | 滑水 | 全国滑水锦标赛 | 特技跳跃 | 5 | 150 分 | 2015 年 11 月 | 广东湛江 |
| 42 | 韩戬 | 女 | 滑水 | 全国滑水锦标赛 | 特技跳跃 | 5 | 150 分 | 2015 年 11 月 | 广东湛江 |
| 43 | 蒋慧 | 女 | 滑水 | 全国滑水锦标赛 | 女子花样 | 1 | 5220 分 | 2015 年 11 月 | 广东湛江 |
| 44 | 蒋慧 | 女 | 滑水 | 全国滑水锦标赛 | 女子回旋 | 3 | 1.0 分 | 2015 年 11 月 | 广东湛江 |
| 45 | 蒋慧 | 女 | 滑水 | 全国滑水锦标赛 | 女子跳跃 | 1 | 19 米 | 2015 年 11 月 | 广东湛江 |
| 46 | 蒋慧 | 女 | 滑水 | 全国滑水锦标赛 | 女子尾波 | 5 | 9.4 分 | 2015 年 11 月 | 广东湛江 |
| 47 | 蒋慧 | 女 | 滑水 | 全国滑水锦标赛 | 女子全能 | 1 | 2048.8 分 | 2015 年 11 月 | 广东湛江 |
| 48 | 蒋慧 | 女 | 滑水 | 全国滑水锦标赛 | 特技跳跃 | 3 | 450 分 | 2015 年 11 月 | 广东湛江 |
| 49 | 龚铮俊 | 男 | 滑水 | 全国滑水锦标赛 | 特技跳跃 | 3 | 300 分 | 2015 年 11 月 | 广东湛江 |
| 50 | 傅祖云 | 男 | 射击 | 全国射击冠军赛 | 50 米步枪 3 种姿势 | 2 | 1175 环<br>456.8 环 | 2015 年 4 月 | 山东济宁 |
| 51 | 郭雨浩 | 男 | 射击 | 全国射击冠军赛 | 飞碟多向 | 7 | 116 中 | 2015 年 4 月 | 山东济宁 |
| 52 | 郭雨浩 | 男 | 射击 | 全国射击冠军赛 | 飞碟多向团体 | 4 | 338 中 | 2015 年 4 月 | 山东济宁 |
| 53 | 傅祖云 | 男 | 射击 | 全国射击团体、个人锦标赛 | 50 米步枪 3 种姿势团体 | 3 | 3488 环 | 2015 年 7 月 | 河南郑州 |
| 54 | 傅祖云 | 男 | 射击 | 全国射击团体、个人锦标赛 | 50 米步枪卧射团体 | 8 | 1846 环 | 2015 年 7 月 | 河南郑州 |
| 55 | 徐仰峥 | 男 | 射击 | 全国射击团体、个人锦标赛 | 25 米手枪速射团体 | 5 | 1730 环 | 2015 年 7 月 | 河南郑州 |
| 56 | 龙恺睿 | 男 | 射击 | 全国射击团体、个人锦标赛 | 25 米手枪速射团体 | 5 | 1730 环 | 2015 年 7 月 | 河南郑州 |
| 57 | 杨玉洁 | 女 | 蹦床 | 全国蹦床冠军赛 | 女子单跳团体 | 2 | 61.3 分 | 2015 年 5 月 | 山西阳泉 |
| 58 | 杨玉洁 | 女 | 蹦床 | 全国蹦床冠军赛 | 女子单跳个人 | 2 | 61.8 分 | 2015 年 5 月 | 山西阳泉 |
| 59 | 周嘉源 | 男 | 跳水 | 全国跳水锦标赛 | 男女混合三米板 | 7 | 284.4 分 | 2015 年 9 月 | 上海 |
| 60 | 袁 红 | 女 | 摔跤 | 全国女子自由式摔跤冠军赛 | 女子跤 75 公斤 | 5 |  | 2015 年 11 月 | 湖南浏阳 |
| 61 | 龚纯清 | 男 | 赛艇 | 全国青年 U-18 赛艇锦标赛 | 男轻四人单桨 2000 米 | 5 | 06:26 | 2015 年 6 月 | 湖北鄂州 |
| 62 | 彭礼祥 | 男 | 皮划艇 | 全国皮划艇激流回旋青少年锦标赛 | 男子单人划艇 | 5 | 206.97 分 | 2015 年 9 月 | 河南宜阳 |
| 63 | 徐仰峥 | 男 | 射击 | 全国青年射击锦标赛 | 男子 25 米手枪速射团体 | 4 | 1714 环 | 2015 年 6 月 | 江西南昌 |
| 64 | 王美同 | 女 | 摔跤 | 全国青年女子自由式摔跤锦标赛 | 44 公斤 | 8 |  | 2015 年 7 月 | 重庆 |
| 65 | 邓超群 | 男 | 田径 | 全国青少年田径锦标赛 | 400 米 | 3 | 52.52 秒 | 2015 年 5 月 | 福建福州 |
| 66 | 黄思颖 | 女 | 摔跤 | 全国少年女子摔跤锦标赛 | 43 公斤 | 1 |  | 2015 年 8 月 | 安徽凤阳 |
| 67 | 毛蓉 | 女 | 摔跤 | 全国少年女子摔跤锦标赛 | 46 公斤 | 3 |  | 2015 年 8 月 | 安徽凤阳 |
| 68 | 袁姗姗 | 女 | 摔跤 | 全国少年女子摔跤锦标赛 | 60 公斤 | 3 |  | 2015 年 8 月 | 安徽凤阳 |
| 69 | 李宁馨 | 女 | 网球 | 全国青少年网球排名赛总决赛 | 女子双打 | 2 |  | 2015 年 9 月 | 广东深圳 |
| 70 | 李宁馨 | 女 | 网球 | 全国青少年网球排名赛总决赛 | 女子团体 | 3 |  | 2015 年 9 月 | 广东深圳 |
| 71 | 王楚妮 | 女 | 网球 | 全国青少年网球排名赛总决赛 | 女子团体 | 3 |  | 2015 年 9 月 | 广东深圳 |
| 72 | 周 玉 | 女 | 皮划艇 | 世界皮划艇锦标赛 | 女子单人皮艇 200 米 | 3 | 01:51.478 | 2015.8 | 意大利米兰 |
| 73 | 杨玉洁 | 女 | 蹦床 | 世界蹦床锦标赛 | 女子单跳团体 | 1 | 103.5 分 | 2015.11 | 丹麦 |
| 74 | 周 玉 | 女 | 皮划艇 | 亚洲皮划艇锦标赛 | 女子单人皮艇 200 米 | 1 | 01:58.39 | 2015.11 | 印尼雅加达 |

# 卫生

## 综 述

**【概况】** 2015 年，全市共有医疗机构 5283 个，其中：综合医院 51 个，中医医院 17 个，中西医结合医院 1 个、专科医院 19 个、社区卫生服务中心 21 个、社区卫生服务站 73 个、乡镇卫生院 202 个、村卫生室 3647 个、诊所 626 个、门诊部 17 个、疾病预防控制中心（防疫站）15 个、专科疾病防治院（所、站）25 个、健康教育所（站）2 个、妇幼保健院（所、站）10 个、采供血机构 3 个、卫生监督所 10 个，其他卫生机构 4 个。2015 年，全市共核定编制床位 26011 张，实际开发床位 28942 张。全市医疗卫生行业编制人数 30368 人，其中卫生专业技术人员 25318 人，每千人口床位数 4.96 张，每千人口执业（执助）医师 1.95 人，每千人口注册护士 2.23 人。全市医疗卫生单位房屋建筑物面积 261.82 万平方米，总资产 83.4 亿元，单价 50 万元以上仪器设备 539 台。全市总诊疗人次 2249.52 万，其中门诊人次 2126.91 万，住院人次 107.99 万，二级以上公立医院病床使用率 103.43%，其他医院床位平均使用率 68.7%。2015 年，市直卫生系统有在职干部职工 3473 人。正处级事业单位 2 家（市一医院、市一中医院），副处级事业单位 4 家（市二医院、市疾控中心、市卫监局、市妇保院），科级事业单位 4 家（市职防所、市皮防所、市中心血站、市医管站）。

卫生计生体制改革。2015 年 4 月正式组建市卫生计生委，2015 年 11 月制定“三定”方案，2015 年 12 月全面完成机构合并、班子重组、职能整合、队伍融合。2015 年 8 月全面启动区县市卫生计生机构改革。截至 2015 年 12 月底，完成班子组建。全市 6 个涉改县（市）15 家公立医院全面取消药品加成，实行药品零差率。石门县探索建立适应行业特点的人事薪酬制度经验入编《全国县级公立医院综合改革案例汇编》。组建以市第一人民医院、市第一中医医院、市妇幼保健院牵头综合医院、中医医院、妇保医院等 3 个专科协作联盟体系，建立起市第一人民医院与市红会医院之间、市第一中医医院与市五人民医院之间等 2 个院间协作联盟关系。新农合筹资标准提高到人均 470 元，全市参合人数 452.5 万人，参合率 99.22%，统筹基金使用率 93.13%，受益面 180.78%；城乡居民大病保险制度全面实施，其中新农合大病保险补偿 10924 件，补偿金额为 7703.2 万元。人均基本卫生公共服务补助标准增加到 40 元，12 类 45 项基本公共卫生服务项目全面落实，全市累计建立居民电子健康档案 526.75 万份，建档率 88.52%，同比提高 2 个百分点。政府办基层医疗机构全面实施基本药物制度，村卫生室实施基本药物制度覆盖率达 88.14%。全市 219 家基层医疗机构和 3647 家村卫生室累计采购药品品规 1421 个，采购总金额达 6.97 亿元，药品配送率达到 97.36%。

传染病及慢病防控。2015 年，全市通过疫情网络直报系统共报告乙丙类传染病 19 种 21309 例，未发生人感染 H7N9 禽流感、非典、人禽流感等重大传染病疫情。全年接种国家免疫规划疫苗 112.73 万剂次，其中乙肝、脊灰、麻腮风等疫苗接种率达到 90% 以上。2015 年全市精神疾病防治专科机构增加到 10 家，精神病患者检出率达到 4.35‰，管理率达到 94.30%。全面落实“严重精神障碍患者救治救助工程”等省重点民生实事项目，全年救治救助贫困重性精神病患者 900 人，无严重精神障碍患者重大肇事肇祸事件发生，成为全省唯一国家精神卫生综合管理试点单位和全国 40 家示范区之一。开展健康巡讲、控烟、农民健康行等健康教育活动和中央健康素养项目，农村卫生厕所普及率提高到 75%，市本级和澧县、石门县顺利通过国家卫生城市、“灭蝇先进市”、国家卫生县城复查验收。

医疗机构管理。按照国家相关病种临床路径及县医院版标准，推进临床路径管理，全市 9 个县市区人民医院、3 家市直医院共选择 300 余种常见疾病进入临床路径，二级综合医疗机构 10 个病种、三级医疗机构 15 个病种实施临床路径管理，实施同级医疗机构检查结果互认，重大疾病规范化诊疗水平提升。二级以上公立医院实施“无假日门诊”、预约诊疗。2015年，群众、患者通过电话、“114”平台、现场初诊预约28230人次，复诊预约5000余人次，三级医院的专家门诊预约诊疗率达70%。探索“先诊疗、后结算”模式，让患者就医更方便。三级医院优质护理示范病房覆盖率达到100%以上，二级医院优质护理示范病房覆盖率达到80%以上，临床护士占医院护士总数95%，普通病床与护士数之比达到1 ：0.4。开展抗菌药物临床应用专项整治，三级医院对抗菌药物进行全面清理，使用品种已控制在50个以内，二级医院使用品种控制在35个以内，抗菌药物实行“一品两规”，开展临床不合理使用抗菌药物点评，在湖南省抗菌药物监测网站新增27家单位，实时上报医院用药指标数据。2015年，选派100多名医务人员下基层开展为期半年时间支援服务，派出10多名医务人员到乡村担任科技特派员。市城区医院均落实城市二、三级医院对口支援社区卫生工作，各医院长期派出专家到社区进行坐诊服务。

卫生综合执法。2015年，全市共组织打击非法行医、传染病防治、职业病防治与“两非”等专项整治行动7次，对84家公共场所、112家医疗卫生机构、13家学校、42家二次供水及生活饮用水单位、55家职业放射单位进行全方位卫生监督检查。共发出卫生监督意见书363份，查处案件36起，罚款8.62万元。完成重大节日、重大活动期间的卫生监督保障任务。

妇幼健康管理。2015年，全市住院分娩产妇56378人，外市、外省流动孕产妇892人，孕产妇建档率98.98%，孕产妇健康管理率93.87%，剖宫产率45.9%。免费婚检率达92.91%，疾病检出率达10%。加强高危孕产妇筛查及动态监管力度，健全儿童三级转诊网络，有效降低孕产妇和新生儿死亡率。开展生殖道感染、性传播疾病、宫颈癌、乳腺癌等常见妇科病的普查普治工作，做好预防艾滋病、梅毒、乙肝母婴传播等工作。 （史启寅）

**【常德市通过国家卫生城市复审】** 2015年，常德市顺利通过国家卫生城市复审。全国爱卫会派出专家暗访组，重点检查全市卫生基础设施建设与日常卫生管理等方面，特别是旧城区、背街小巷、城中村、城乡接合部、集贸市场、近郊乡农村等重点部位以及“六小”行业卫生管理情况。各项指标达到国家卫生城市标准，发挥国家卫生城市典型示范作用。 （史启寅）

**【常德市成功创建为全国基层中医药工作先进单位】** 2015年11月19—21日，国家卫生计生委副主任、国家中医药管理局局长王国强一行对常德市创建全国基层中医药工作先进单位进行评审，到常德市第一中医医院、澧县中医医院、大坪乡中心卫生院、临澧县佘市桥镇中心卫生院等单位实地检查，对市县两级中医医院基础建设、中医药服务能力、急诊急救、优质服务等给予肯定。

（史启寅）

**【常德市启动创建国家级精神卫生综合管理试点工作】** 2015年10月9日，湖南省重点民生实事项目暨精神卫生综合管理试点工作会议在澧县召开，省政府副秘书长陈小春代表省政府向常德市授予“湖南省国家精神卫生综合管理试点示范市”牌匾，正式启动常德市创建国家级精神卫生综合管理试点工作。通过试点，健全和完善精神卫生综合管理服务体系、康复体系、救治救助体系，建立医疗与康复结合全程服务模式。

（史启寅）

**【卫生攻坚】** 2015年，全市完成卫生攻坚项目建设资金投入45.47亿元，占计划总投资45.08%，按照既定进度开工建设项目716个，占计划项目总数99.44%。市城区医疗资源提质。湘雅常德医院完成主体工程，正在进行内部精装修，土建、暖通、消防、弱电、幕墙、绿化、医疗专业等工程同步施工。市第一人民医院新住院大楼和鼎城区人民医院一期、市第一中医医院全科医生培训基地建成使用。完成市第二人民医院儿童医疗中心和门急诊综合大楼建设主体工程，住院大楼完成施工图纸设计。启动市第一中医医院易地新建工程，完成环评、立项、能评、国土手续办理。县级卫生服务。12个改扩建项目中，桃源县人民医院内科大楼建设项目基本完工，桃源县中医院迁址新建工程正在审图。安乡县人民医院整体搬迁工程门急诊楼、住院楼完成基础建设，正在主体施工。石门县人民医院北扩工程正在进行精神病院区和教学楼招投标工作，石门县计生和妇幼保健院迁建工程已动工。汉寿县人民医院异址扩建项目完成“三通一平”、基坑开挖等，汉寿县中医院整体搬迁项目住院大楼、门诊综合楼正在进行土建，门诊前坪完成平整；汉寿县妇幼保健院原址扩建项目儿童保健大楼主体工程已完工，正在进行第二次装修设计，妇科产科综合大楼建设进入财评程序。临澧县人民医院整体迁建已完成住院楼、门诊医技楼、感染楼及行政办公楼主体工程，正在进行消防管道、水电安装施工，临澧县妇幼保健院整体搬迁工程已完成规划布局、基础建设。津市市中医院住院大楼建设项目完成设计、报建等工作。西洞庭人民医院住院大楼建设工程正在进行主体施工。基层卫生服务。2015年，全市新建和改扩建社区卫生服务中心17家、乡镇卫生院36个、村卫生室305个。其中新建12家社区卫生服务中心中，鼎城斗姆湖社区卫生服务中心全面建成使用，武陵芙蓉社区卫生服务中心基本完工，长庚、玉霞、红云、郭家铺、七里桥等5家社区卫生服务中心正在进行内部装修。常德经济技术开发区德山街道社区卫生服务中心计划购买改造常纺机职工医院，正在进行项目招投标工作。改扩建5家社区卫生服务中心，武陵区永安、东江、南坪、白马湖街道社区卫生服务中心均已竣工。36个乡镇卫生院项目中2家完工，19家正在施工，其他15家正在进行前期审图招标等工作。

（史启寅）

**【中医药管理】** 2015年，全市有中医医院17个、中西医结合医院1个，200个乡镇卫生院和社区卫生服务中心建成中医馆，成功创建为全省首家地市级全国基层中医药工作先进单位，桃源、汉寿、津市三县市创建为第二批全国基层中医药工作先进单位，汉寿、桃源中医医院通过二甲中医医院复评。中医药事业发展。全市乡镇卫生院、社区卫生服务中心中医药服务量逐步达30%以上，15大项41小项考核指标基本达承诺目标。启动市第一中医医院、市妇幼保健院、市第五人民医院“建、迁、并”工作。加快中医药产业发展，加强与境外中医药企业合作，优质中药饮片成功进入欧洲市场。中医药服务能力。实施名医名科名院工程，加强中医药人才队伍建设，治未病服务能力建设项目扎实推进，全市组织30多位中医骨干到湖南中医药大学开展全脱产培训。临澧县及其余市桥卫生院代表湖南省迎接国家中医药管理局中医药项目检查，获得全国第四名。中医药科研工作。推进中医药专长绝技收集整理工作，搜集民间中医药专长绝技，收集全市4家单位和个人共8个项目。全市中医科研重点和一般课题共4项在省里立项，编纂《常德市名老中医医案集锦》丛书、《常德中医》杂志及其专辑、《常德中医养生手册》，启动《常德中医志》《常德中药品种志》等编写工作。（史启寅）

## 疾病预防控制

**【概况】**2015年，常德市疾病预防控制中心被湖南省疾病预防控制中心表彰为全省生物制品管理工作先进集体，彭进、辜宏胜、何卫军为先进个人；被省疾控中心授予“食品安全风险监测工作先进单位”“性病艾滋病防治综合管理工作先进单位”“中国全球基金湖南省结核病项目先进集体”称号。被市委办、市政府办表彰为“老干部工作优秀单位”“政务公开工作先进单位”。被武陵区委办、武陵区政府办表彰为“社会管理综合治理工作先进单位”。被市文明办评为“常德市文明标兵单位”。被市卫生计生委评为“目标管理考核优秀单位”

传染病防控。2015年，全市通过疫情网络直报系统共报告甲乙丙类传染病22576例，累计发病率为386.96/10万，发病数与2014年同期比减少17.67%，死亡58例，累计死亡率0.99/10万，死亡数与2014年同期比减少29.27%。病死率为0.26%，较2014年同期减少14.23%。发病数居前五位的病种为：手足口病、肺结核、乙肝、梅毒和丙肝。死亡率居前三位的病种分别是艾滋病、狂犬病和手足口病。市疾控中心制定了《常德市2015年不明原因肺炎与人禽流感监测方案》，截至2015年年底，全市未发现人禽流感、不明原因肺炎和SARS、MERS病例。5月，中心启动霍乱内外环境监测、登革热监测，5—10月份检出霍乱弧菌阳性4份。手足口病监测，全市累计报告7561例病人，其中死亡4例，重症患者66例，疫情较2014年同期下降38.24%，重症病例数较2014年同期增加了2倍。实验室诊断病例460例，发现EV71阳性比例为41.30%，比2014年度同期上升了131.88个百分点。对托幼机构和小学等重点场所组织了工作督导，落实防治措施，最大限度地减少了聚集性病例和暴发疫情的发生。及时、规范、有效处置突发公共卫生事件8起，其中一般突发公共卫生事件5起，未分级事件3起；传染病疫情事件7起、突发中毒事件1起；累计发病270例，无死亡病例。

性病艾滋病防控。2015年，市本级咨询检测门诊累计接受553人次咨询检测，新发现51例艾滋病感染者，全市市县两级10个疾控艾滋病免费自愿咨询检测门诊共接待5745人次咨询检测服务，新发现艾滋病感染者115例，约占全年新发现疫情总数的27.7%。全市累计完成暗娼干预3387人、19019人次，发放安全套223508只，发放宣传资料31187份，检测3996人次，筛查HIV阳性1人。全市6个针具交换点共发放注射器47642支，回收注射器44493支，HIV检测人数511人。全市3个美沙酮门诊全年度累计治疗1572人，在治人数479人，日均服药人数225人，治疗保持率84.0%。全市性病门诊接诊就诊者6366人次，发放宣传资料6525份，发放安全套56905只，检测6352人次，初筛HIV阳性14例。全市全年干预MSM4220人次，检测858人次，主动监测发现HIV初筛阳性20例。开展拘押人员筛查检测5724人次，艾滋病初筛阳性5人次，确认阳性1人。全市5个国家级哨点监测点，市本级承担的2个监测点监测数据为：吸毒哨点HIV阳性0人；梅毒检测阳性人数16人，阳性率4.0%；丙肝检测阳性人数114人，阳性率28.5%。孕产妇人群艾滋病、丙肝感染率均为0%；梅毒检测阳性人数2人，阳性率0.5%；在抗病毒治疗方面，常德市累计为1507例（成人1500+儿童7）符合治疗标准的艾滋病病人提供免费抗病毒治疗，正在接受治疗1196人(成人1191+儿童5)。在治病人完成一次CD4检测比例为97.5%，病毒载量检测比例为97.4%。全年累计检测MSM825人次，初筛阳性30人，确认阳性20人。

血吸虫防治。市城三区查螺共投工日147个，调查3个乡、12个村，调查面积150.33万平方米，查螺9142框，未发现钉螺。对市造纸厂芦苇转运码头及芦苇堆放地等可疑有螺环境进行了药物灭螺，灭螺面积为10万平方米，完成全年灭螺任务。全年全市无急血病例，共查螺21793.26万平方米，反复灭螺5561.84万平方米。人群查病194024人次，治病10259人。

结核病控制。2015年，现代结核病控制策略覆盖率继续维持在100%。全市共发现并免费治疗活动性肺结核患者5166例，完成全年任务（4720例）的109.4%。发现新涂阳1805例，完成全年任务（1786例）的101.1%。结核患者的转诊与追踪总体到位率为93.1%，新涂阳患者治愈率为88.2%，密切接触者筛查为100%，流动肺结核患者市外转入信息反馈率达100%，均达到国家规划要求。全市重大救治和全球基金耐多药结核病项目被省胸科医院确诊并纳入治疗的34人，已完成全年任务（31人）的109.7%，按期完成进度任务。

市区蚊、蝇、鼠、蟑病媒生物的密

副市长陈华慰问防艾一线工作人员

度监测。共放置诱蚊诱卵器 1200 个，蚊卵阳性率 1.79%；共布诱蚊灯 108 个，捕蚊 330 只，蚊密度 0.25 只 / 小时，其中：白纹伊蚊 52 只（15.76%）、其他蚊种 278 只（84.24%）。

落实免疫规划。全市累计接种国家免疫规划疫苗 112.73 万剂次，其中本地儿童 99.72 万剂次，流动儿童 13.01 万剂次。此外，还接种狂犬病疫苗、灭活脊灰疫苗、Hib 疫苗、流感疫苗等 20 种二类疫苗 48 万剂次。其中乙肝疫苗、脊灰疫苗、麻腮风疫苗、麻风疫苗接种率都达到 90% 以上。在预防医学门诊部接种方面，全年共接诊动物咬伤患者 4083 人，成功有效地接种狂犬疫苗 19980 人次，并严格按照要求接种狂犬免疫球蛋白 11285 支。经过两对半抗体检测，接种乙肝疫苗 1959 支。在秋冬季节接种流感疫苗 235 支。全年接诊人次比往年增长了 30%，全年无一例投诉举报和医疗事故现象发生。继续做好针对性疾病监测，确保麻疹、AFP、乙肝等针对性疾病监测指标达到要求。全市通过国家疾病预防控制信息系统共报告 AFP 病例 20 例，经省疾控中心检测均为阴性，继续保持了无脊灰状态，各项监测指标均超过《全国 AFP 监测方案》的要求。报告疑似麻疹、风疹病例 181 例，确诊麻疹病例 13 例、风疹 7 例、排除 156 例，麻疹报告发病率为 0.22/10 万，较 2014 年同期累计下降 88.39%，无死亡病例。

地方病防控。一是碘缺乏病防治工作。根据《常德市 2015 年碘缺乏病监测方案》，对全市 9 个县市区居民户食用盐进行抽样调查，共采样 2700 份，碘盐共 2689 份，全市碘盐覆盖率达 99.59%，合格碘盐 2579 份，合格碘盐食用率为 95.52%，经人口加权后的碘盐合格率为 96.00%。二是疟疾防治工作。全市共报告 9 例疟疾病例，均为国外输入性病例。对发热在 37.5℃以上的“三热”病人开展血检工作，全市共血检 4073 人，阳性 6 人，阳性率 0.15%。

食品安全风险监测。制定《2015 年常德市食品安全风险监测计划实施细则》和《2015 年常德市食源性疾病监测实施细则》。定期在 9 个县市区采集化学污染物及有害危险因素、食品微生物及其致病因子等样品 518 份，监测项目 3587 项，做好监测数据录入以及食源性疾病病例、食源性疾病暴发事件的审核工作，确保数据完整准确、信息上报及时。

检验检测能力。全年共采集和检测尿碘样品 2700 个；手足口病例标本 698 份，其中 EV71 占 18.76%；流感样病例标本 2200 份，分离流感阳性毒株 40 株；HIV 标本 3591 人份，确证阳性 374 人，HIV 感染者 CD4 检测 2562 份，丙肝、梅毒检测 2913 人；从业人群健康体检 15820 人份；水质检测 780 份等，检测结果准确及时，无一例差错事故。在 5 月 31 日的澧县食物中毒疫情中检测出 10 株副溶血性弧菌，结果及时准确，为有序、有效、有力处置疫情做出了一定贡献。

环境卫生和生活饮用水监测。对市直管 70 家公共场所单位进行卫生质量监测。采集监测公共用品用具样品 2083 份，合格率 100%。监测各类场所微小气候、空气质量、噪声、照度等 424 点次，合格 422 点次，合格率 99.53%。对城市市政供水、二次供水、管道直饮水 182 家市直管生活饮用水单位水质卫生质量进行抽样监测，共抽检水样 373 份，合格 308 份，合格率 82.57%。监测市直管医疗保健机构、全市医院血液透析用水单位、一次性卫生用品生产企业、托幼机构、集中餐饮具消毒企业、集中空调使用单位等共计 271 家，监测各类样品 3130 份，合格 2923 份，合格率 93.38%。

健康教育宣传。全年，在“3·24”第十九个世界防治结核病日、“4·25”全国儿童预防接种日、“4·26”全国疟疾日、“5·15”防治碘缺乏病日、“血吸虫病防治宣传周”“食品安全宣传周”、高血压日、脑卒中、“12·1 艾滋病防治日”等活动中，中心采取多种形式，通过电视宣传 80 次、刊登报刊宣传 50 篇、散发宣传单 7 万张、宣传资料 5 万份、发放宣传画 1 万张、宣传折页 3 万份、悬挂横福 130 幅、街头宣传 7 次、招募新志愿者 21 人，累计接受群众咨询 1000 余人次，利用电视台滚动播放宣传标语，开展手足口、麻疹、霍乱、禽流感、结核病、碘缺乏病、血吸虫病等的防控宣传。针对食品安全风险监测、城市饮用水安全等工作，中心积极与食品安全监管部门（市食安办、市卫生局、市质监局、市工商局、市药监局，市农业局）、市人大“环保世纪行”活动办、市城市办加强联系，为其提供科学数据。

慢性病防控。一是加强督导与检查。为确保国家慢性病防控试点项目工作落实到位，武陵区、石门县分别承担国家死因监测、肿瘤监测、国家慢性病及危险因素监测项目和农村义务教育中小学校学生营养监测项目工作。二是配合上级部门工作。积极配合市卫计委开展基本公共卫生服务中慢性病服务工作的检查与指导。2月参加市卫计委组织对安乡县、临澧县、贺家山基本公共卫生服务工作进行检查与考核。三是开展慢性病防控知识培训。4月举办全市学卫慢病业务培训班，培训全市业务人员约60余人。同时还派员参加国家、省级、市级慢性病培训班4次。

自身建设。运用个人自学、集中学习和专题讨论等多种方式开展学习教育，要求每个党员学习记录不少于6次，每人撰写1篇心得体会在中心范围内公开。建立反对“四风”的长效工作机制，制定年度党风廉政建设工作规划，开展作风建设主题活动，落实廉政风险防控工作的各项要求。积极开展“服务基层月”活动。深入到各区县疾控中心、服务单位、联系点走访座谈，通过实地查看、群众暗访、人员座谈等方式，收集改进工作的意见和建议近20条。开展群众满意度调查。在预防医学门诊部、公共卫生体检中心等窗口部门设置征求意见箱，向服务对象发放征求意见表，全年无一例投诉事件发生。加强人才队伍建设。根据中心的实际情况制定了人才需求计划和储备工作。做好职称评审、聘任工作。组织高中初级职称报名资格初审工作；办理高级职称2人、中级职称4人，初级职称3人聘任手续，进一步优化专业技术人员职称结构。开展人员招聘工作。通过市人社局公开招考的形式，招聘6名专业岗位技术人员。（刘素念）

## 血吸虫病防治

**【概况】** 2015年，全市卫生血防共查螺21793.3万平方米，为年初计划的111.4%；灭螺5561.84万平方米，为年初计划的105.9%；灭蚴1222.33万平方米，为年初计划的102.7%；对所属疫区百姓进行免费检查和治疗，共查病195818人次，为年初计划的104.5%；化疗110054人，为年初计划的103.6%；重点对全市遗留的晚血病人1026人实施了查病化疗等救治工作。家畜查病41786头次，化疗59573头次。全市未发生急性感染病例。

渔船民查治工作。全市在汉寿县、安乡县、澧县、鼎城区、津市市的渔船民集散地建立渔船固定检测点5个，规范了检测点的设置与管理。全市按照湖南省渔船民血吸虫病防治工作方案的要求，将渔船民工作录入专报系统，对辖区渔船民进行摸底调查建档，采取固定检测与流动检测相结合的办法，完成渔船民查病3934人、化疗3993人。

血吸虫病监测。常德市各疫区县(市区场)已通过血吸虫病传播控制省级达标考核验收，疫情已得到进一步控制。为了更好地巩固成果，2015年常德市每个疫区都建立了血吸虫病疫情纵向观察监测点。在省血防部门的指导下，全市13个监测点均按质按量地完成了本年度数据整理和上报工作。（江和平）

**【疫情达标】** 2015年10月20—22日，桃源县顺利通过省血防达标考核组验收。考核组认为，该县连续5年未发现当地感染的血吸虫病病人；连续5年未发现当地感染的血吸虫病病畜；连续5年以上查不到感染性钉螺；以县为单位，建立和健全敏感、有效的血吸虫病监测体系，以村为单位达到了国家血吸虫病传播阻断标准。12月10—15日，澧县顺利通过国家血防达标考核组验收。国家考核组认为，该县、人畜感染率均在1%以下，近两年没有出现感染性螺点，当年未发生急血，建立了一整套能反映疫情变化的血吸虫病防治工作资料，以村为单位达到了国家血吸虫病传播控制标准。（江和平）

疫区查病血检现场

## 常德市第一人民医院

**【概况】** 2015年，常德市第一人民医院全年完成总诊疗1435149人次（包括急诊留观及健康指导患者），同比增长2.35%。全年总收入13.77亿元，同比增长23.39%。（熊　妮）

**【成为第一批“国家级大学生校外实践教育基地—中南大学湘雅医学院临床教学基地”】** 2015年1月，常德市第一人民医院被中南大学湘雅医学院正式确定为第一批“国家级大学生校外实践教育基地—中南大学湘雅医学院临床教学基地”。同月，省卫计委正式发文，该院神经内科、普通外科、神经外科、护理确定为省级临床重点专科，心血管内

2015年1月，市第一人民医院被中南大学湘雅医学院正式确定为第一批“国家级大学生校外实践教育基地—中南大学湘雅医学院临床教学基地”

科、骨科、老年病科、感染性疾病科、临床药学被确定为市、州级医院临床重点专科。（熊　妮）

**【成功切除湘西北首例多发性脑膜瘤】** 2015年3月9日，常德市第一人民医院神经外科成功切除湘西北首例多发性脑膜瘤，创造了该院单次颅内肿瘤手术切除数目之最。（熊　妮）

**【成功完成湘西北首例经皮椎弓根螺钉固定手术】** 2015年3月23日，常德市第一人民医院骨科一病区成功完成湘西北首例经皮椎弓根螺钉固定手术，标志着该院在微创脊椎外科方面又迈上了一个新台阶。（熊　妮）

**【西京消化病医院常德协作中心正式落户市一医院】** 2015年4月2日，西京消化病医院常德协作中心正式落户该院，中国工程院副院长、西京消化病医院院长樊代明院士与副市长陈华共同为中心揭牌，为提升该院及全市消化系统疾病的内外科综合治疗水平搭建了新的平台。（熊　妮）

**【顺利通过国家临床药物试验机构复评】** 2015年4月23日，国家药物临床试验机构复评专家组一行来到市一医院，开展国家临床药物试验机构复评检查。10月21日，国家食品药品监督管理总局发布2015年第202号公告，该院呼吸、内科等10个临床科室全部通过复核检查，具备继续担任国内外各类新药的Ⅱ、Ⅲ、Ⅳ期以及各类器械/试剂的临床试验资格。（熊　妮）

**【成功施行全市首例宫颈恶性肿瘤腹腔镜下子宫根治术】** 2015年5月30日，市一医院妇科二病区成功施行全市首例宫颈恶性肿瘤腹腔镜下子宫根治术，标志着该院妇科微创手术水平迈上新台阶。（熊　妮）

**【投入使用全球先进影像诊断设备】** 2015年10月24日，湘西北首台、全球最先进的医疗设备“正电子发射断层与计算机断层成像PET-CT”在市一医院正式投入使用，填补了该市分子影像诊断的空白。（熊　妮）

**【成功施行湘西北首例腹腔镜辅助下胰十二指肠切除术】** 2015年11月5日，市一医院普外科一病区成功施行湘西北首例腹腔镜辅助下胰十二指肠切除术，标志着该院在肝胆胰脾疾病微创手术治疗水平上达到了一个新的高度。（熊　妮）

## 常德市第一中医医院

**【概况】** 2015年，常德市第一中医医院门诊量突破43.5万人次，出院人数突破3.23万人次，住院手术近1万人次。全科医师培训楼建成并投入使用，创建并顺利地获得“爱婴医院”的称号，“女性盆底功能障碍防治中心”项目成功验收并挂牌。全年引进新技术10项，获省、市各级科研立项8项，“中医药辨证及PVP治疗骨质疏松性椎体骨折的临床及虚拟数字研究”项目获常德市科技进步二等奖。引进湖南省名中医吴家清来院坐诊，招聘博士研究生1名，硕士研究生13人，晋升高级职称27名，推荐省中医药学会、省医学会等各级学会委员20名。（孔祥建）

**【市第一中医医院获中国光华科技基金会医学公益项目基金捐赠】** 2015年7月15日，市第一中医医院与共青团中央中国光华科技基金签署了医学捐助框架协议，接受中国光华科技基金会的捐赠，将此基金用于本院青年中医人才的培养计划。此次捐赠金额共计30万元，分3年捐赠。2015年至2016年公益资金支持的活动包括：急救知识与技能竞赛，模拟急救过程中会涉及成人基础生命支持技术、成人气管插管术（经口）、电除颤等急救技能的运用；公益奖学金，为医院优秀的见习生、实习生、在读研究生、住培临聘人员，提供生活、学习和科研等支持；青年中医人才外出学习交流，选送青年（40周岁以下）中医人才（含医师、护理、住培临聘人员）赴国内各地以短期培训、专业进修、专题讲座等形式进行学术交流。（孔祥建）

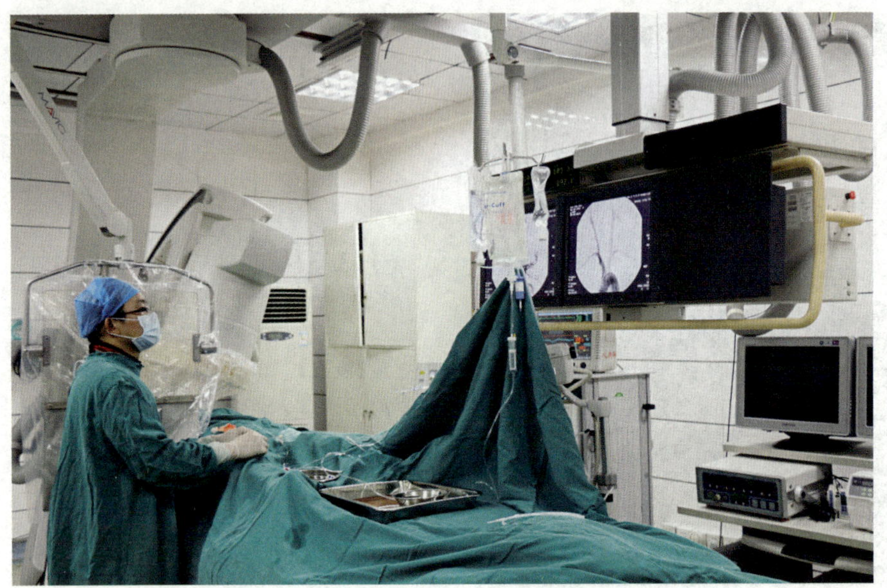
市第一中医医院神经内科开展首例颅内动脉狭窄支架植入术

**【成功开展立体定向技术】** 2015年7月21日，脑外科成功开展立体定向技术。该技术通过框架立体定向导航仪与CT、MR影像融合，引导医生在大脑深部清除血肿，切除颅内肿瘤，真正实现不开刀消灭肿瘤，不开颅清除血肿，为饱受病痛困扰的患者带来福音。对于恶性颅内肿瘤病人，实施立体定向＋肿瘤Ommaya囊内置术，可避免再次开颅的痛苦，又能够精确手术部位，将肿瘤能清除干净，避免损伤周围组织造成不可逆的伤害。而Ommaya囊的植入，可方便术后经皮穿刺Ommaya囊局部注入化疗药物，局部给药，可减少全身不良反应，提高化疗效果。对于高龄脑溢血患者，选择在立体定向下血肿穿刺引流术，更为精准，减轻患者对手术的恐惧，也避免了诸多开颅手术后的风险，更多的高龄患者能够接受治疗。 （孔祥建）

**【市第一中医医院成为中国卒中中心联盟第一批成员】** 2015年9月1日，中国卒中中心联盟于长沙举办首批卒中中心（湖南地区）授牌仪式，市第一中医医院成为全国第一批500家联盟单位之一，也是湖南地区22家成员单位中的唯一一家中医医院。 （孔祥建）

**【举办常德市首届CRRT培训班】** 连续性血液净化治疗(CRRT)是ICU成功抢救危重患者的一项重要技术。2015年12月18—20日，市第一中医医院重症医学科成功举办常德市首届危重症的血液净化治疗（CRRT）培训班，来自长沙、郴州、衡阳以及本市共70余名科室主任、护士长和学科骨干参加学习。CRRT是目前急危重症医学领域的一个热点，伴随着重症医学的发展而不断成熟，是危重症治疗不可或缺的重要手段。重症医学科在超声引导下置管及超声AKI的评估、枸橼酸抗凝和血浆置换等方面积累了丰富的经验。本次培训班由重症医学科的医护团队用图文并茂的课件、深入浅出的讲解，向大家介绍血液净化原理和CRRT相关理论要点，采用科室实际病例向大家展示CRRT技术在危重症患者治疗中的重要性，用丰富的临床经验向大家说明在上机过程中可能遇到的问题，并对处理方法进行学习和讨论。激起了学员对CRRT技术的浓厚兴趣。

（孔祥建）

## 妇幼保健

**【概况】** 2015年，全市农村孕产妇住院分娩补助人数46570人，补助率98.74%；孕产妇住院分娩率100%；孕产妇死亡12例，其中可避免死亡10例，不可避免死亡2例，孕产妇死亡率21.14/10万，较2014年同期相比上升69.53%；孕产妇系统管理率达93.87%，较2014年同期相比下降0.15%；5岁以下儿童死亡281例，死亡率为4.95‰，较2014年同期相比下降17.64%；3岁以下儿童系统管理率为88.82%，较2014年同期相比上升0.23%；儿童血红蛋白检测73.98%，较2014年同期相比下降6.19%；新生儿疾病筛查率93.41%；新生儿听力筛查率99.88%；产前筛查率87.62%；叶酸投服率97.2%，叶酸服用依从率为88.69%；产妇艾滋病孕28周前孕期检测率94.6%；宫颈癌检查66729人，完成率92.22%，乳腺癌检查3876人，完成率96.9%。HPV检测初筛检测人数已完成6000人，完成率100%；婚前医学检查率92.91%；辖区内剖宫产率45.9%，较2015年同期相比降低1.65%；孕期健康教育参与率达50%。保健知识知晓率和母婴素养55条知识知晓率均达90%以上。

规范城区《孕产妇保健手册》及《儿童保健手册》使用及管理，各区县市为孕产妇免费开展至少5次孕期保健服务和2次产后访视，为所有孕产妇建立健康档案，孕产妇建档率达99.98%。为辖区内居住0～6岁儿童免费开展新生儿家庭访视、新生儿满月健康管理、婴幼儿健康管理、学龄前儿童健康管理等保健服务。

对怀孕妇女在孕期开展免费艾滋病抗体检测，对抗体阳性妇女、婴儿实行追踪、随访管理。对确诊艾滋病病人纳入当地艾滋病统一管理。HIV感染阳性孕产妇及所生婴儿全部给予住院分娩及婴儿奶粉补助，落实补助资金约18000元。落实梅毒感染孕产妇及所生婴儿先天梅毒防治补助资金10840万元。乙肝表面抗原孕期检测率为94.22%，乙肝表面抗原阳性产妇所生儿童24小时内免费注射乙肝疫苗和乙肝免疫球蛋白，注射率达99.93%。加强农村孕产妇住院分娩基本医疗全免费工作，其覆盖率为100%，严格执行平产、剖宫产的限价规定和孕产妇住院分娩助产“服务包”，其自费比例基本上控制在 40%。全市 9 个区县市实行有合并症孕产妇实行特困救助，共补助经费近 100 万元。各区县市在民政局婚姻登记处均设立免费发放叶酸窗口，叶酸增补率 97.2%。全市 9 个区县市均开展婚前医学检查工作，大部分将艾滋病检测纳入婚检检查项目，全年婚检率 92.91%，疾病检出率 10%，其中检出艾滋病 2 例，检出性病 234 人，严重遗传病 17 人，精神病 10 人，婚检率在稳步上升，对影响婚育的疾病给予正确医学指导。参照《湖南省农村妇女病普查普治方案》，完成农村妇女病普查普治工作及农村妇女“两癌”检查项目。今年全市妇女病普查普治率 38.72%。完成宫颈癌检查 196061 人，乳腺癌检查 117715 人，发现宫颈癌前病变 552 人，查出宫颈癌 90 例，乳腺癌 26 例，卵巢癌 3 例，对阳性病人进行跟踪随访，对查出病例及早进行干预治疗。

产前筛查和新生儿检查。规范产前筛查服务流程，实现市县联动，加强高危跟踪管理，及时对筛查出高危孕妇进行产前诊断，降低出生缺陷发生率。2015 年全市辖区产妇数 56379 人，孕产妇产前筛查人数 53697 人，孕产妇产前筛查高危人数 3256 例；孕产妇产前筛查高危人群干预诊断人数 2644 人，产前筛查率 95.24%，产前筛查高危孕妇接受诊断干预率达 81.2%，产前诊断中心进行外周血染色体 232 例；羊水产前诊断 279 例；胎儿无创产前检测 622 例；232 例进行终止妊娠手术，预防出生缺陷发生。全市建立新生儿疾病筛查网络信息化管理平台，通过信息平台进行质量管理，全市对新筛采血人员进行培训，保证采血机构血片质量，确保新筛准确性。将新生儿疾病筛查健康教育纳入孕妇学校常规课程，提高新生儿疾病筛查率。全市新生儿疾病筛查率 93.41%、新生儿听力筛查率 99.88%，分别比 2014 年增加 0.27% 和 2.47%。新开展地中海贫血筛查工作。建立和完善筛查、诊断和康复流程，保障初筛阳性患者能就近复查和治疗。全市地中海贫血筛查 78815 人，筛查阳性 1817 例，地中海贫血基因诊断 594 例，确诊 198 例。

健康教育培训。市级举办县级健康教育师资相关知识培训 1 次，覆盖全市 9 个区县市及 6 个管理区；县级举办基层健康教育师资培训活动 58 次。妇幼卫生信息人员培训覆盖率达 100%，全市无孕产妇死亡和 5 岁以下儿童死亡等重要指标漏报，活产漏报率为 0.02%。

硬件设施建设。2015 年，购置串联质谱设备及系统，增加 29 种（48 种亚型）新遗传代谢筛查病种并建立信息化平台。4 月“湖南省妇女盆底防治中心”在市妇幼保健院挂牌，并赠予法国 PhenixU2 盆底筛查仪 1 台，6 月新购进法国 PhenixU4 盆底治疗仪 2 台。开展新生儿颅脑超声，盆底超声，开展床旁小儿颅脑超声新业务。医院检验科引进 Sysmex-XT-2000i 五分类血细胞计数仪，BE- 全自动血凝分析仪，LTS-V400 阴道炎检测仪。产科开展瘢痕子宫再次阴道分娩，降低剖宫产率。新开展 foly 球囊宫颈扩张引产，球囊压迫止血技术、宫颈捆扎术和宫颈提拉缝合术治疗凶险型前置胎盘，提高产后出血抢救质量，为孕妇保留子宫，节约血源、合理输血、减少出血量及输血量做出贡献。开展 PAC 流产后关怀工作取得效果，2 月份市妇幼保健院妇科被评为全省先进，11 月参加国家 PAC 优质服务医院复评。儿保中心积极与省、市残联联系沟通，争取到中国福利彩票公益金项目——省政府为民办实事、0 ~ 7 岁智障儿童免费康复救助项目名额 80 名，另通过竞争性购买服务争取名额 50 名。新成立病室管理、消毒隔离、护士素质、护理文书、基础护理、健康教育、护理安全七个质控小组，由护理骨干担当质控组长，制定七个小组质量控制标准。加强对急危重患者管理，提高急危重患者抢救成功率，危重病人的抢救成功率达 100%。

宣传培训。2015 年，市妇幼保健院开展两期全市范围的儿童保健知识和儿童意外伤害培训班，培训基层工作人员 380 多人。市妇幼保健院成为石门县基层儿科医生培训基地，培训基层儿科，儿保医生 20 名。利用短信、微信、电话等多种平台与病人、家属等人群联系，建立常德市妇幼盆底康复中心工作室（妇女健康交流群），入群人数已达 1000 人以上，无偿为广大妇女同胞提供免费健康咨询和普及妇女儿童健康知识。全年开办孕妇学校 258 期，培训近 4000 人次。到武陵区 11 个乡镇和社区卫生服务中心组织 11 场大型“孕妇学校”讲座，参加培训孕产妇达 730 余人，提高孕产妇及家属孕产期保健知识水平。

（金琳玲　刘　茵）

常德市妇幼保健院荣获“PAC 优质服务医院”称号

**【获国家“PAC 优质服务医院”称号】** 2015 年 12 月 13 日，关爱至伊·流产后关爱（PAC）公益项目总结推进会在北京钓鱼台国宾馆召开，常德市妇幼保健院副院长胡旭红、副院长余任秀代表全院400多名干部职工光荣接下“国家PAC优质服务医院”牌匾，标志着常德市妇幼保健院成为全市第一个获此殊荣医疗卫生机构。常德市妇幼保健院于2012年7月开始PAC服务工作，通过咨询、宣教，让患者了解避孕知识，强化避孕意识。PAC优质服务工作开展以来，降低常德市妇女意外妊娠人工流产率和重复流产率，尤其是流产后一年内再次人流，保护女性生殖健康。（胡旭红）

**【成功通过省三级妇幼保健机构评审验收】** 2015年3月11日，经过湖南省卫计委、省三级妇幼保健机构评审组审核，常德市妇幼保健院通过评审验收，荣升为三级妇幼保健院。常德市卫计委副主任符中智及医政科科长刘钦、副科长戴文权参加评审验收及反馈会议。此次验收由省卫计委医政处副处长赵卫华率等级评审专家组成员一行13人，严格按照《湖南省妇幼保健机构等次评审标准》对常德市妇幼保健院创建三级妇幼保健院工作进行全面验收。（栗文彬）

**【儿童免费康复救助项目】** 2015年，常德市妇幼保健院儿童保健中心响应省、市政府为民办实事精神，承担全市0～6岁智障儿童免费康复救助项目。全年共完成贫困家庭智障孩子救助230名，每个孩子免费康复6～12个月，按照中残联智障儿童康复标准流程实施康复。该项目实施，挽救部分智力边缘水平孩子，促使他们融入社会，并使绝大多数孩子家长接受到家庭康复技能培训，掌握康复技巧，让医院康复得以向家庭、社区延伸，让孩子终身受益。（李后权）

**【市妇幼保健院被授牌为“中国妇女盆底功能障碍防治项目防治中心”】** 2015年3月，常德市妇幼保健院被湖南省妇幼保健与优生优育协会确定为“中国妇女盆底功能障碍防治项目防治中心”，是全市最早开展、规模最大、最专业的妇幼保健康复机构。中心基础设施齐全，环境优雅，开展项目有盆底康复、产后康复、妇科理疗等专业项目。帮助产妇最大限度使身体恢复到产前状态，促进产妇产后康复，提高产妇生活质量，促进成功母乳喂养。（周未艾）

## 中心血站

**【概况】** 2015年，常德市中心血站累计动员各界人士43646人次参加无偿献血，同比增长3%，采集无偿献血总量13.72吨，同比增长3%。其中，全血采集42737人次，全血采集总量67016.3U，两者同比增长2.6%；采集机采血小板909人次，同比增长22%；采集机采血小板总量为1587.5个治疗量，同比增长29%。血液漏检率和实验室感染发生率为0，医疗临床用血连续10年保持100%来自无偿献血。市中心血站“文明标兵单位”顺利保牌，常德市连续四次荣获“无偿献血先进市”荣誉称号。

更新软硬件设施设备。2015年，常德市中心血站投资110余万元，采购更新信息系统软硬件设施设备。4月21日，常德市中心血站正式启动SHINOW9.0血站管理信息系统升级改造实施工程。健全采供血管理系统、辅助决策管理系统、招募管理系统、物资管理系统、实验室管理系统和手持PDA、身份证自动识别系统，做到统一数据库设计、系统管理、安全认证、系统审计、系统运维和数据协同。11月25日，在全市献血屋安装远程视频监控系统，对采血情况随时掌握，对采血质量进行监督，提高服务质量和效率。新购置一台服务器和磁盘陈列柜存储系统，将所有采供血数据异地备份在市卫计委，为血液工作提供有力信息支撑。引进ISO 15189实验室质量体系，对所有外采献血点安装光纤，并购置3台血小板震荡仪、2台冰冻血浆解冻箱、CM760型数字化血液收集混合仪等大型设施设备。

血液质量监管。市中心血站全年共组织7次全站干部职工的业务培训，培训28学时；组织1次全站业务知识竞赛和1次安全与卫生知识竞赛；组织单位14名职工参与全国采供血机构上岗证考试；对新进人员进行系统培训3次，每次连续5天，达120学时。各科室严格按照科室《年度培训计划》要求执行，学习操作规程等程序文件，提升干部职工业务能力。2015年，市中心血站对照《湖南省血站质量管理评审标准 》和《湖南省血站实验室质量管理规范评审标准》174个条款，372项检查项目进行逐条督导考核，全年共开展督导考核249次，其中包括1次内部质量管理审核，1次质量管理评审，6次月目标管理考核，241次日常督导考核，月平均达20次以上。全年共对247袋血液进行抽检，抽检结果符合国家标准要求;关键物料（包括血袋、试剂）抽查共计114次，其中试剂抽查59次；关键设备监测共计369次，各项监测结果均为合格。9月14—18日，市中心血站协助完成市卫计委对全市23家病原微生物实验室开展专项检查和整治工作，加强全市实验室生物安全基础能力建设，保证全市临床用血安全。

临床用血管理。2015年4月28日，市中心血站组织召开“全市用血单位临床输血座谈会”，全市二级以上医疗机构临床用血管理负责人共计44人参加。11月23—24日，市中心血站按照《医疗机构临床用血管理办法》相关规定，协助省卫计委和市卫计委对常德市医疗临床用血机构临床用血情况及合理用血水平，开展随机抽查与专项整治工作。12月10日，市中心血站举办“全市临床用血质量控制中心成立大会暨临床合理用血培训班”。邀请中南大学湘雅附属一医院输血科主任李碧娟教授、湘雅附属二医院输血科主任王勇军教授和湘雅附属三医院输血科主任桂嵘教授分别就国内外输血知识、血栓弹力图临床应用及输血科建设与质量控制等方面进行授课，全市二级以上医疗机构分管院长、输血科、麻醉科、内科、外科、妇产科等科室主任或专家，全市具有输血资质的民营医院分管院长、临床用血管理负责人，以及临床用血质量控制中心全体成员约300余人参与培训。

无偿献血宣传。市中心血站每年宣传经费投入近110万元，发布电视广告公益宣传4万余次、公交车视频公益广告250万次、平面传媒公益广告146万次，撰写报纸专栏1500余次，在全市行政区域范围国道、省道沿线和乡镇集贸中心设置近300块户外墙体广告，印制公交车身广告80余条、宣传手册5万份、宣传单页15万份，举办知识讲座和培训班50余场次，给献血者发送温馨节日祝福短信17万余条、献血结果反馈短信4万余条、献血提醒短信6万余条。市中心血站在传统宣传媒体和新兴宣传媒体上齐抓共管，加强血站自媒体（常德微信公众号）形象品牌建设。官方微信实行工作日内每日一更新，宣传内容新颖、有趣、实用，特别是对于突发新闻事件，做到全站转发、全站响应。市中心血站将“四进”活动(即“无偿献血进机关”“进社区”“进课堂”“进家庭”）与公众开放日活动相结合，全年共接待社会各界人士共计10批次100余人，市人大、市政协、市卫计委以及一些企业员工、小记者、大学生等团体，实地参观血站工作情况，了解血液采供全流程及全市无偿献血总体情况。在“6·14”世界献血者日活动中，特意邀请漫画爱好者张渝婧对常德市获得全国无偿献血奉献奖金奖“的哥”刘革军设计其个人献血宣传漫画，并联合常德晚报记者进行专访。

自身建设。市中心血站将全年各类评先评优方案融入文化建设体系，出台《关于开展评先评优活动的总方案》。邀请常德高职院心理学教授柳小年、中国音乐家协会会员、常德曲艺家协会主席罗继南为常德市中心血站站歌作词谱曲，11月19日完成常德市中心血站站歌《真情》录制工作。市中心血站出台《文化建设年活动方案》，确定活动年主题“诚信友善—传递爱”，针对其主题组织30余次文化活动；7月10日，组织单位干部职工参加全省采供血演讲比赛。2015年初，市中心血站制定《常德市中心血站精神文明建设活动表》和《道德讲堂年度安排表》，组织开展7次“我们的节日”活动、4次血站特色活动、1次未成年人教育活动、2次健康常德行和4次道德讲堂等活动。开展4次道德讲堂活动。11月10日，市中心血站代表常德市道德讲堂测评点迎接省文明办检查。3月27日，市中心血站向中国健康必读杂志社和中国献血网呈报常德市中心血站副站长李建华（献血累计10300毫升）和后勤科主任魏国华（献血累计6900毫升）2名常德最美血站人，8月26日《最美血站人》正式出版并收录其中。截至2015年年底，全市无偿献血固定志愿者达到258人。11月13日，市中心血站积极推荐志愿者周华章、孙旋保、王译露、王永幸参与全市优秀志愿者评选并成功获选。组织撰写《无偿献血志愿服务的发展模式探讨》志愿服务论文1篇；“我的公益生活”征文6篇。市中心血站领导班子深入学习贯彻习近平总书记系列重要讲话精神，建立《领导班子整改落实台账》《领导干部个人整改落实台账》《专项整治工作落实台账》和《制度建设台账》。党支部书记、站长屈贵顺以《践行三严三实推进作风建设》为题，结合血站事业改革发展，为全站干部职工上专题教育党课。（贺丽慧）

**【常德市临床用血质量控制中心正式挂牌成立】** 2015年12月10日，由常德市中心血站和医疗机构23位专家组成的常德市临床用血质量控制中心正式挂牌成立。主要职责包括：开展临床用血质量控制工作，完成市卫计委指定的各项任务；负责制定全市临床用血质量控制评价标准，建立和完善全市临床用血质量控制体系和制度；指导全市医疗机构临床用血工作，组织开展全市临床用血知识培训，定期开展全市临床用血质量督导检查，促进提高临床合理用血水平；负责全市中心储血点血液储存、运输和发展的质量控制，确保血液质量。（贺丽慧）

**【推动全省血站核酸检测全覆盖】** 2015年9月16日，湖南省卫计委医政医管处组织的“血液核酸检测工作协调会”在常德顺利召开。省卫计委医政医管处李世忠副处长、尹澎副处长以及益阳、张家界、常德三市卫计委分管副主任、医政科科长、血站站长、分管站长和检验科主任共同参与讨论。为确保核酸检测质量及核酸检测报告准确性和及时性，市中心血站完善三地血液标本交接工作流程，并制定相关操作流程和应急保障预案。2015年，共检测核酸标本49614人份（其中张家界2735人次、益阳4177人次），筛查核酸阳性标本95份（张家界5人次、益阳8人次），阳性淘汰率约为1.9‰，为张家界、益阳和常德三地受血者提供安全可靠血液。（贺丽慧）

2015年12月10日，常德市临床用血质量控制中心正式挂牌成立

# 社会·生活

## 人民生活

【城镇居民生活】 城市居民收入。2015年城镇居民人均收入为24513元，较2014年增长8.3%，其中：居民人均工资性收入11147元，较2014年增长9.6%；人均经营净收入5363元，增长15%；人均财产净收入2026元，增长1%；人均转移净收入5977元，增长7.5%。各项收入中，工资性净收入和转移性净收入占比较高，分别占可支配收入的46%和24%，财产性净收入占比最低，仅为8%。

**表10 2015年常德城镇居民人均可支配收入增长表**

| 指标名称 | 绝对值（元） | 比上年增长（%） |
|---|---|---|
| 可支配收入 | 24513 | 8.3 |
| 其中：工资性收入 | 11147 | 9.6 |
| 经营净收入 | 5363 | 15 |
| 财产净收入 | 2026 | 1 |
| 转移净收入 | 5977 | 7.5 |

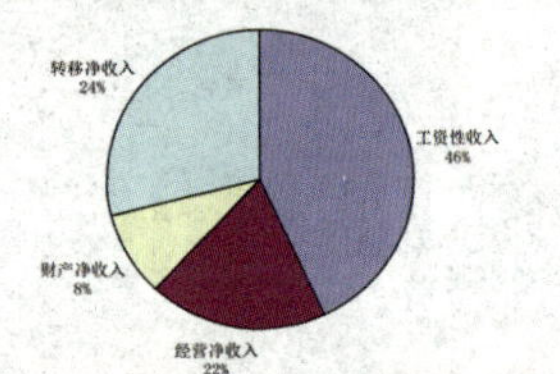


2014年常德城镇居民各项收入占比图

城镇居民支出。2015常德城镇居民人均消费性支出20294元，较2014年增长13.9%。从消费构成来看：教育文化娱乐支出和衣着支出增长较快，分别达24%、26%。在八大类消费中，食品烟酒和居住消费的占比较高，分别占全部消费总额的32%和17%，其他用品和服务占比最低，仅为3%。

**表11 2015年常德城镇居民消费构成分类表**

| 指标名称 | 绝对值（元） | 较上年增长(%) |
|---|---|---|
| 一、食品烟酒 | 6424 | 15 |
| 二、衣着 | 1620 | 26 |
| 三、居住 | 3382 | 6 |
| 四、生活用品及服务 | 1473 | 22 |
| 五、交通通讯 | 2266 | 11 |
| 六、教育文化娱乐 | 3317 | 24 |
| 七、医疗保健 | 1227 | 3 |
| 八、其他用品及服务 | 585 | 13 |

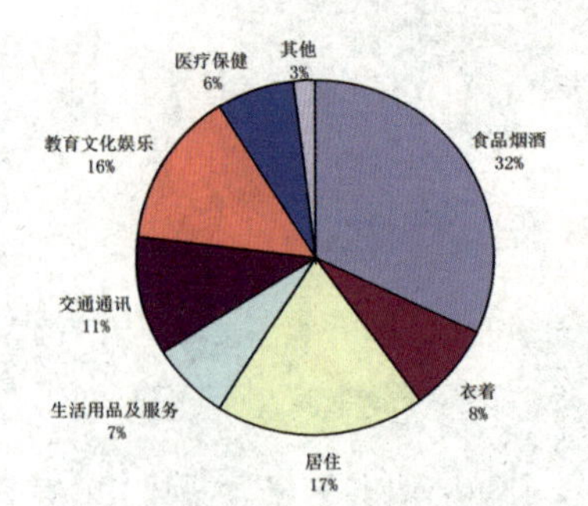


2015年常德城镇居民各项消费支出占比图

【农村居民生活】 2015年农村居民人均收入11744元，增长9.4%。其中：农村居民人均工资性收入4030元，同比增长10.5%；人均经营净收入5383元，同比增长7.5%；人均转移净收入收入2223元，增长9.5%；人均财产净收入仅108元，但增长了10.3%。各项收入中，工资性净收入和家庭经营净收入占比较高，分别占可支配收入的34%和46%，财产性净收入占比最低，仅为1%。

**表12 2015年常德农村居民人均可支配收入增长表**

| 指标名称 | 绝对值（元） | 比上年增长（%） |
|---|---|---|
| 可支配收入 | 11744 | 9.4 |
| 其中：工资性收入 | 4030 | 10.5 |
| 经营净收入 | 5383 | 7.5 |
| 财产净收入 | 108 | 10.3 |
| 转移净收入 | 2223 | 9.5 |

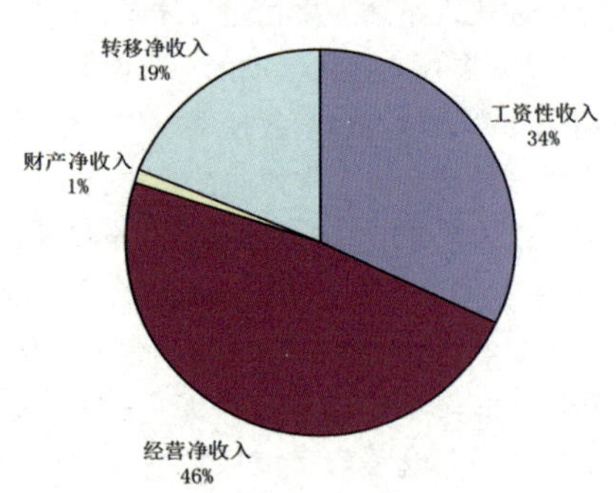


2015年常德农村居民各项收入占比图

农村居民支出。2015常德农村居民人均消费支出11022元，较2014年增长

8.8%。从消费构成来看：衣着支出和教育文化娱乐支出增长较快，分别达19%、14%。在八大类消费中，食品烟酒和居住消费的占比较高，分别占全部消费总额的32%和22%，其他服务占比最低，仅为2%。

表13 2015年常德农村居民消费构成分类表

| 指标名称 | 绝对值（元） | 较上年增长（%） |
|---|---|---|
| 一、食品烟酒 | 3537 | 12 |
| 二、衣着 | 629 | 18.5 |
| 三、居住 | 2478 | 9.8 |
| 四、生活用品及服务 | 748 | 12 |
| 五、交通通讯 | 1071 | 2 |
| 六、教育文化娱乐 | 1607 | 14 |
| 七、医疗保健 | 769 | -9 |
| 八、其他用品及服务 | 183 | -9 |

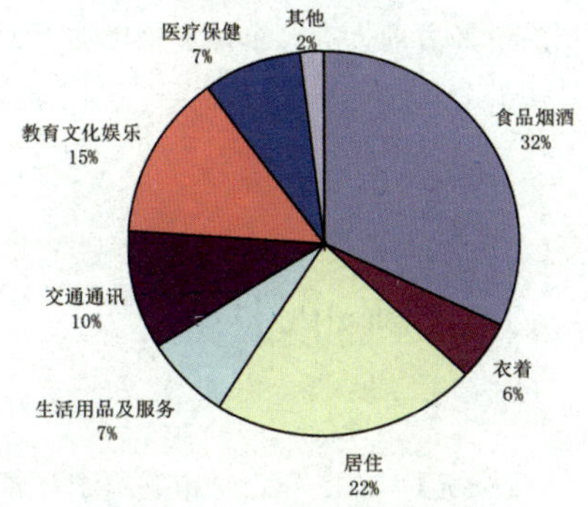


2015年常德农村居民各项消费支出占比图

# 人口与计划生育

【概况】 2015年，常德市共出生6.8万人，人口出生率10.81‰，符合政策生育率89.98%，出生人口性别比108.24，高于全省平均水平，位居全省首位。

宣传教育。投入近30万元，与常德电视台、常德日报、常德晚报、常德民生报、常德广播电台、农村数字影院、红网、尚一网等媒体合作，解读计生政策、普及知识，宣传典型，强化正面宣传引导。利用元旦、春节等传统节日和“5·29”“7·11”等计生活动日，集中开展关爱女孩、关怀流动人口、关心计生家庭等主题宣传服务活动60余场次。加强人口文化广场、婚育文化园、人口文化长廊、新家庭文化屋等建设，及时更新计生宣传标语等，优化户外宣传环境，建设新型人口文化。

基层基础。全年开展两次集中宣传服务活动，落实各项节育措施6.5万例。加大依法管理力度，征收社会抚养费5800万元，查处典型案件25起，无违法行政行为发生。开展诚信计生创建活动，计生群众自治率稳定在80%左右。推行计生网上办证服务和计生服务网格化，全市共网上办理计生证件8万多本，其中审批“再生育证”1.6万多本。

流动人口服务管理。全市共清查补录流动人口5.2万人，流动人口信息反馈及时率达99.9%，协作信息接收率100%；融入湘粤、湘鄂、省内流动人口计生服务管理区域协作体系，牵头与益阳、岳阳、荆州三地启动环洞庭湖区区域协作；全市流入人口享受免费证件办理、孕前优生健康检查、生殖健康检查、避孕药具供应、疫苗接种和便民维权、生育关怀等计生卫生公共服务。

计生惠民。单独新政平稳落地，截至2015年12月底，全市已有1.7万对单独夫妇申请再生育，占全市符合条件夫妇1/3，占全省1/6，基本符合预期目标。奖扶政策全面落实，共确认农村计生奖励扶助、计生特别扶助、城镇独生子女父母奖励、计生手术并发症扶助以及独生子女保健费等对象近33万人，发放奖励扶助资金近3.5亿元。特困帮扶加大力度，在国家规定标准基础上，为8442名计生特别扶助对象增发生活补助506.52万元，代缴新型农村养老保险、新型农村合作医疗、城镇居民医疗保险等保费200万元。设立专项资金500万元，建立精准帮扶长效机制。

信息共享。按照“依法共享、按需共享、规范共享”原则，人社、教育、卫生、公安、民政、住建、房管、工商等部门，按时向卫计部门通报计生综治信息。通过运用计生综治信息，今年全市发现疑似政策外怀孕信息1655条、疑似“两非”线索194条，补报出生724例，办理计生证件8.37万个。（邹立新）

**【举办“推进出生缺陷干预创建幸福美满家庭”主题活动】** 2015年5月28日，市卫计委、市计生协在市妇幼保健院举办“推进出生缺陷干预，创建幸福美满家庭”主题活动，为城镇居民和流动人口进行免费孕前优生健康检查服务。市委副书记宋冬春、副市长陈华出席活动并讲话。活动期间，共为100对育龄夫妇免费进行孕前优生健康检查，邀请医生专家进行专题讲座3期，接受300余名群众咨询，发送避孕节育、生殖健康、优生优育相关宣传资料1000余份、避孕药具500余盒。（邹立新）

**【市人大专题调研计划生育“单独两孩”和城镇独生子女父母奖励政策落实情况】** 2015年9月上中旬，市人大教科文卫委在肖燕芳副主任带领下，到武陵区、鼎城区、汉寿县和市卫计委机关，通过现场视察、听取工作汇报、走访基层人大代表和干部群众等方式，调研计划生育“单独两孩”和城镇独生子女父母奖励政策落实情况。10月27日，市六届人民代表大会常务委员会第二十次会议专题听取和审议市人民政府关于计划生育“单独两孩”和城镇独生子女父母奖励政策落实情况报告并提出审议意见。（邹立新）

**【开展关爱女孩主题宣传服务活动】** 7月9日，市卫生计生委、市计生协在武陵区丹州乡举办“弘扬婚育新风关爱女孩成长”主题宣传服务活动。活动通过励志女孩讲故事、设立姐妹悄悄话室、开展政策咨询、设立宣传盾牌、免费生殖健康检查等形式，宣传倡导新型生育文化，动员全社会关爱女孩健康成长。活动现场为20名贫困计生家庭女孩、留守家庭女孩捐赠慰问金1万元。（邹立新）

# 人力资源开发交流

【概况】 举办各类招聘会。全年共举办现场招聘会47场次，进场招聘单位累计2430家次，提供就业岗位累计71171个，进场求职人员累计57300人次。达成就业意向16702人次。1月31日，市人社局、市总工会、市残联联合主办，由市人力资源中心承办的常德市2015年“就业援助月”公益招聘会；3月4日，市人社局、市妇联联合主办，由市人力资源中心承办的常德市2015年“春风送岗位”公益招聘会；4月18日，常德市人力资源开发交流中心在湘西北人力资源市场举办2015年常德市市本级民营企业招聘周专场招聘会。4月21日，组织金健米业、华南光电科技、达门船舶、汉能科技、天力汽车五家用人单位参加省就业处组织举办的“湖南省2015年民营企业招聘周专场招聘会”，并且向省就业处网上同步上传25家用人单位招聘信息。5月16日，常德市人力资源开发交流中心在湘西北人力资源市场举办常德市第十一届民营企业大型人才交流会。参加此次招聘会的用人单位有112家，共提供就业岗位4024个。其中：区县（市）人社局组织当地的企业25家，提供就业岗位1161个。整场招聘会进场求职人数2500多人，达成就业意向人员802人，其中高校毕业生574人达成就业意向。9月12日，市人社局主办，由市人力资源中心承办的常德市2015年高校毕业生就业服务月专场招聘会。11月28日，市人社局主办，由市人力资源中心承办2015年全国人力资源市场高校毕业生就业服务周常德人才招聘大会。

就业见习。截至2015年年底，市本级高校毕业生就业见习基地共有24家，可提供就业见习岗位493个。全年，新参加就业见习的高校毕业生285人，正在见习的高校毕业生有285人，见习空岗208个。自2011年开展就业见习以来，累计完成就业见习人数894人。

利用新闻媒体，及时发布用工信息。全年在常德市电视台图文频道、常德人民广播电台交通频道、常德晚报，尚一户外电子屏，政务中心信息化办、各区县市人社局和市大中专院校网站发布用工信息47期，用工信息累计发布10980条。4月份向市教育局就业办甄选提供适合高校毕业生的职位信息300多个、每周向人社局统计信息中心提供自助查询终端机招聘岗位信息10～20条。

发展网上会员单位。全年办理网上会员63家，网上发布、查询252家次；网上和现场登记求职1646人次；职业指导1625人次，推荐1552人次，成功823人（含就业见习人员和公益性岗位人员），电话回访671人次。

人事代理。全年接收国有单位代理人员人事档案523册，转出806册；接收流动人员人事档案4735册，转出3324册，托管档案总数78561册。新增党组织关系托管136人，转出70人，托管流动党员总数766人，办理大中专毕业生转正定级891人，调整档案工资4360人次。代办退休1903人。（刘　宏）

2015年新春招聘会现场

**【贯彻落实《关于进一步加强流动人员人事档案管理服务工作的通知》文件精神】** 中组部、人社部等5部门下发《关于进一步加强流动人员人事档案管理服务工作的通知(人社发〔2014〕90号)》文件，从2015年1月1日起，按文件规定，停止收取流动人员人事档案托管费，并主动地加强与市直职能部门的衔接。6月份，多次分别向市委编委办、市财政局呈报《关于申请增加流动人员人事档案管理服务工作人员用工计划的报告》《关于将流动人员人事档案管理经费纳入财政预算的报告》。10月份，流动人员档案管理经费已部分拨付到位。11月份，拟新增的流动人员人事档案管理编内人员初步选拔到位。（刘　宏）

## 就业服务

**【概况】** 2015年，全市共组织开展大型招聘会129场，提供就业岗位17.5万个，帮助4万人实现就业，新增农村劳动力转移就业8.7万人；就业培训6.4万人，其中企业职工培训3.1万人，农村劳动力转移培训1.5万人，失业人员技能培训9100人，创业培训6300人，高校毕业生技能培训2000人；失业保险净增参保1.1万人，累计达29.1万人，征缴失业保险费1.24亿元，占目标任务6800万元的183.1%，基金滚存结余6亿元；发放创业担保贷款2.2亿元，占目标任务1.86亿元的118.3%。市就业处被评为2015年度全国就业宣传工作先进单位、全省就业服务工作先进单位，失业保险服务窗口考评位列局属窗口单位第1名，绩效考评位列人社系统局属单位第2名。

创业带就业。市就业处联合邮政共建常德市电商创业孵化基地，签订战略合作框架协议，基地占地3000多平方米，

以帮扶大学生创业者为主的技师学院1万平方米孵化基地正在建设之中。截至2015年年底，全市已成功孵化企业508家，在孵企业336家，指导企业172家。各区县（市）的孵化基地建设稳步推进，其中澧县、石门、安乡三县成功创建省级孵化基地。2015年3月，牵头成立常德市创业协会，组织开展创业大讲堂、创业沙龙、创业金点子等活动近60次，吸纳会员近300名，并根据会员性质，分别成立大学生创业、电商创业等协会分会。加快项目库建设，储备近200个投资少、见效快、前景好，并与常德产业发展相关的创业项目，在常德创业项目网进行发布。2015年加强培训机构管理，重点突出职业培训园建设，实行严格的准入制度，要求对每期培训班进行3次以上的现场抽查和不定期暗访，确保培训效果。引导各区县（市）结合特色产业发展与市场需求，选准培训项目，打造"一县一品"培训工程，如月嫂培训项目，就业率接近100%。全年扶持创业成功1721人，带动吸纳就业12392人。8月，常德市就业处作为湖南省唯一代表，在全国创业担保贷款工作经验交流会上做典型发言。争取扶持资金，发放大学生一次性创业补贴163万元。

基层基础。开展基层平台"三创四提"活动。以基层平台为载体，以创建"完美社区""美丽乡村""省级充分就业星级社区"和基层平台窗口提质升级行动为手段，指导乡镇、社区基层劳动保障平台升级提质。开展基层平台"明察暗访"活动。"明察"基层平台建设现状，"暗访"基层平台服务水平，实现基层站所和服务窗口规范化建设。全市618个基层平台，共有505个达标，达标率81.7%。32个基层社区成功创建为省级充分就业星级社区。信息监测。市本级对失业动态监测的企业从45家扩充到60家，新增的15家企业均为三产服务业。对区县市就业监测信息实行季通报，就业信息监测质量逐步提高，常德市就业信息监测工作稳居全省第一方阵。对全市12个省级农劳转移监测点开展业务提升培训，并实行严格的监测考核，规范农劳资源数据库建设与管理，确保全市农劳转移就业基本情况的准确性和科学性。2015年是失业保险政策调整幅度较大的一年。降低缴费费率，提高发放标准，并为160名创业者一次性发放失业金239.35万元，对113家企业发放稳岗补贴867.03万元。放宽失业保险异动办理时间，取消失业人员申领失业保险金的计划生育证明等，全面落实公益性岗位托底安置的援助政策，为绿化处等15家用人单位补贴公益性岗位847个，补贴金额373万元。全年在中央、省级、市级报刊上分别发表文章500多篇，《关于人力资源和社会保障基层公共服务平台建设的调查与思考》被省人社厅简报全文刊载；联合常德日报、晚报记者开辟《聚焦大学生"创客"》专栏，对大学生创业典型进行集中推介报道；整理编印《筑梦—常德市创业就业工作纪实》；3名农民工被推荐为全国优秀农民工。（罗雅慧）

**【"互联网＋就业"】** 2015年，开发"常德就业"微信公众平台，指导9个区县（市）分别建立微信子平台，创建"线上发布信息、平台沟通互动、线下免费服务"的就业服务"微模式"。注重将微信平台与日常工作紧密结合，相互促进，特别是在两场大型活动中引入微信平台，创新就业服务模式。在承办以"就业帮扶、真情相助"为主题的全省就业援助月活动中，利用微信平台，及时发布就业创业政策、招聘信息和答疑解惑、提供服务等。求职者只需通过微信"扫一扫"，就可第一时间获取相关信息，也可直接发送微信咨询或对接"线下"享受免费服务。举办"国邮港"杯常德首届"最强电商"创业大赛，采用微信平台公告、网络线上报名、线下现场比赛等相结合的方式，有序组织全市611个团队与个人代表参赛，成功评选出全市电子商务创业10强。网络关注浏览量超过10万人次，微信平台粉丝突破1万人。

（罗雅慧）

2015年3月27日，常德市创业协会成立大会召开

**【市创业协会成立】** 2015年3月27日，市创业协会在湖南文理学院船型楼正式成立，多位常德中小型企业家、协会名誉会长、协会会员、市政府相关部门领导与县市区代表及全国各地兄弟商会代表等近200人出席成立大会。

（罗雅慧）

## 机关事业单位养老保险

**【概况】** 全市机关事业单位养老保险在职参保人数13.3万人，征缴养老保险费5.71亿元，完成年度目标任务的129.8%，全市6.1万名离退休人员发放基本养老金约12.14亿元；其中，市本级在职参保人数2.6万人，征缴养老保险费0.92亿元，超出年度目标任务30.8%，市本级0.96万名离退休人员发放基本养老金2.13亿元。市机关事业单位养老保险服务窗口被市总工会、市妇联分别授予“工人先锋号”“巾帼文明岗”称号。

待遇计发。截至2015年12月底，全市共为61102名离退休人员发放及补发基本养老金121464万元；其中，市本级共为9572名离退休人员发放及补发基本养老金21252万元，代发各类项目资金约11600万元。2015年市直和“三区”参保离退休单位324家，参保离退休人数9447人，共办理新增退休人数615人，办理离退休人员死亡117人，全年共支付养老金16582万元。按照湘人社函【2015】132号《关于加紧做好机关事业单位工资标准调整工作的通知》文件精神，为9471名离退休人员调整补发养老金3413万元，支付率为100%。全年累计为217家市直机关、全额预算单位的5332名离退休人员代发2014年度生活补贴824.67万元；为59家机关全额单位的148名离休干部代发两项护理费188.82万元；为签订代发协议的6家差额和自收自支单位的9名离休人员代发各项政策性补贴共4.94万元。从2015年6月市直单位机构改革以来，受理市直单位提前退休人员的待遇代发工作，截至2015年12月，代发提前退休人员159名，代发养老金164.3万元，代发津补贴158.9万元。

基金征缴。全市有在职参保人员13.3万人，征缴养老保险费5.72亿元；其中，市本级有在职参保人员2.6万人，征缴养老保险费0.92亿元.

稽核工作。截至2015年12月底，全市共实地稽核1141户，实地稽核55890人次，核查享受待遇30720人次，发现14人次存在申报不及时多领养老保险金5.79万元，并全额追回。

代发管理。清算基金历年数据、停办部分经办业务、开展新系统操作培训等机关事业单位养老保险改革前的基础工作。截至2014年9月30日，市本级试点老制度已建立个人账户人数共29264人，其中在职23284人，退休5980人，历年个人缴费本息累计1.2亿元。按照全省改革工作进度要求，2015年11月为363家机关事业单位举办3期参保数据采集培训班，截至2016年1月4日，已完成259家参保单位，13253名在职参保人员和5366名退休人员的参保数据采集和参保登记工作；建立专门的机关社保QQ群作为咨询答疑工作交流平台。

自身建设。开展“一进两访”活动。市机关事业单位养老保险处志愿者服务队到石门县白云乡双峪村，对该村20户困难群众进行走访慰问，询问家庭情况，了解主要经济来源、存在的困难以及希望得到解决的问题，并为贫困户送去慰问金。开展慈善一日捐、金秋送爱心结对帮扶贫困学子、向社区捐赠图书等活动。开展“三严三实”专题教育。通过主要领导讲专题党课、进行主题学习研讨和参观警示教育基础等形式，改进工作作风，提高干部素质，塑造“勤政、廉洁、务实、高效、文明”的单位新形象。

（樊羽琪）

2015年10月，全市机关事业单位养老保险制度改革动员部署会召开

**【推进机关事业单位养老保险改革】** 要负责人和“三区”人社部门分管领导召开工作座谈会，谋划全年机关事业单位养老保险制度改革工作开展；10月组织召开全市机关事业单位养老保险制度改革工作动员部署会，全市机关事业单位养老保险制度改革工作全面启动。组织各经办机构一起，对近二十年来开展机关事业单位养老保险制度改革试点的现状及存在问题和当前机关事业单位养老保险制度改革中存在的突出问题开展全面调研，并结合全市实际情况向省机关事业单位养老保险服务中心提出意见和建议。向市委、市政府及相关部门汇报争取支持，新增编制10名、科室3个（个人账户管理科、职业年金管理科、信息管理中心）。市财政追加改革经费近40万元，用于采购办公设备等改革需要。多渠道进行宣传。开辟机关事业单位养老保险政策宣传专栏，利用网站、报纸杂志等载体积极宣传改革动态，共在各类媒体上发表稿件15篇，组织各经办机构宣传机关事业单位养老保险新政。

（樊羽琪）

## 社会劳动保险

**【概况】** 2015年，常德市社会劳动保险处获得市本级绩效考核良好单位；顺利通过“市级文明标兵单位”复检；取得湖南省唯一一家全国养老保险标准化建设“先行城市”的资格；助保续保、窗口服务工作获得国家级媒体推介；社保档案管理升级达标被省社会劳动保险局评为优秀等级，被省社会劳动保险局推荐为全省标准。

政策法规。市社保处拟定《常德市市本级被征地农民社会保障工作实施办法》，并以常政办【2015】9号文下发。2015年，全市累计被征地农民21.8万人，应参保人数18.9万人，实际参保人数5.8万人，参保率30.6%。其中市本级征收失地农民养老保险基金2.3亿元。各区、县（市）出台《城乡居民基本养老保险实施办法》。做好基本养老保险关系转移接续工作，全年办理转移业务3778人次。

征缴发放。全市征缴城镇职工养老保险基金46.2亿元，完成全年目标任务的129%。其中市本级征缴基金10.1亿元，完成全年目标任务的109%。全市征收劳保基金3.21亿元，完成目标任务的247%，将劳保基金支付范围扩展到医疗、工伤、生育、失业等五大险种，农民工参加城镇企业职工社会保险率达33%，超额完成30%的目标任务。市本级为五县一市天然气管道、万达广场北区一期等建设项目提供首期按30%缴纳服务。全市争取中央、省各类财政资金30.05亿元（含农保9.13亿元）。其中市本级11.25亿元（含农保1.67亿元）。完成市县同级财政补助6006万元，完成目标任务的104%。全市基本养老金发放63.5亿元，同比增加11.2亿元，增长21.4%，其中市本级发放养老金17.3亿元，同比增加2.4亿元，增长16.1%，按时足额发放率均为100%。发放丧抚金5999人，共25587万元。2015年，启动独生子女、乡村民办教师、赤脚医生三类人群的困难补助代发工作，其中乡村民办教师代发人数1.8万人，累计发放金额1213.5万元；赤脚医生代发人数6215人，累计发放金额642.2万元。2015年全市退休人员月平均养老金达1776元，市本级月平均基本养老金达2122元。全市城乡居民基本养老保险的基础养老金最低标准由每人每月60元提高到75元，全市近93万城乡居民受益。全市城镇职工在职参保人数50.3万人，新增参保5.19万人；其中市本级在职参保人数14.7万人，城乡居民养老保险参保人数达299.6万人。

惠企惠民。成功为邵阳连泰鞋业有限公司汉寿分公司、云锦集团和力元新材料有限责任公司，及安乡县工业集中区22家企业申报养老保险优惠费率过渡试点，这25家企业在过渡期内可享受优惠5500万元。安乡工业集中区成为常德市第一家成功申报优惠费率的工业园区，安乡工业集中区的参保人数由1229人增加到1751人，平均参保率由65%上升至93%；规范签订劳动合同率由80%提高至100%；企业380多万元的养老保险欠费全部清缴到位。全年全市续保18.05万人，缴费额15.76亿元。扩大助保覆盖面，提高助保额，延长财政贴息期限，全年全市完成助保1069人，占目标任务1000人的107%，累计完成2353人。

基金安全。强化实地稽核，2015年，全市实地稽核用人单位711家，涉及参保人数42125人，查处冒领养老金121起，全部扣回多领、冒领养老116.02万元。

宣传培训。市本级全年进行6场业务培训，共培训900余人。全处全年在《湖南日报》《潇湘晨报》《常德日报》、政府网站等报刊媒体发表200多篇宣传报道。

自身建设。2015年，市社保处党支部以创建“六型”党组织为主线，开展“三严三实”专题教育、支部书记上党课、赴井冈山接受革命传统教育、廉政警示教育等丰富多彩的党员教育活动。开展交心谈心、组织生活会、民主评议党员等党内生活。社保窗口党员用一站式办结、一条龙服务获得了群众好口碑，党员志愿者开展以“三走访、四慰问、五服务”为主要内容的惠老行动。2015年市本级共走访慰问336人次，看望重病、特困及高龄市直企业离退休人员208人次，吊唁死亡退休人员98人次，共发放慰问金9.86万元，党员领导干部深入石门县白云乡双峪村开展访贫问需、访贫问计，提出致富发展规划8条，支持生产启动资金4万元。澧县在“九九”重阳节当天，组织4个街道办52个社区200余人开展钓鱼乐。 （马 辉）

2015年2月13日，市社保处“暖心”志愿服务队成立。

## 医疗保险

**【概况】** 基本医疗保险。截至2015年12月底，全市参加基本医疗保险的单位5524家，参保职工55.3万人，征收基本医疗保险费94857万元，完成全年征缴任务的110%。参保患者出院118883人次，出院人员发生住院医疗费78168万元，住院医疗费中，统筹基金支付55141万元，患者政策内报销80%。市本级参保单位1374家，参保职工13.5万人，征收基本医疗保险费34861万元，完成全年征缴任务的117%。参保患者出院34008人次，出院人员发生住院医疗费23773万元，住院医疗费中，统筹基金支付17181万元，患者政策内报销81.3%。全市职工基本医疗统筹基金累计节余16498万元，市本级职工医保基金累计节余8666万元。

生育保险。截至2015年12月底，全市生育保险参保职工32.9万人，征收生育保险费5979万元，完成全年征缴任务的114%。市本级生育保险参保职工9.3万人，征收生育保险费2263万元，完成全年征缴任务的109%。全市生育保险基金累计结余12848万元，市本级生育保险基金累计节余2746万元。

城镇居民医保。2015年，全市城镇居民医保参保人数96.6万人（含登记参保人数），征缴基金33029万元。参保患者出院98271人次，出院人员发生住院医疗费52269万元。住院医疗费中，统筹基金支付32046万元，政策内报销比例74.2%。全市居民基本医疗统筹基金累计结余21160万元。

建立医保基金智能审核平台。为增强医疗保险基金监管能力，强力推进医保基金智能审核平台建设。通过政府招标，确定广州中公网医疗信息科技有限公司负责项目开发。中标单位8月中旬签约，8月下旬正式入场。截至2015年年底，该平台已完成规则库、数据库的建立，并通过了初步测试。为加快应用节奏，市医保处成立医学数据规则工作组、计算机信息系统工作组、医保智能审核业务工作组等三个专项工作组，全力以赴推进正式使用前的各项工作。

医保基金专项检查。2015年6月，市医保处在全市范围内抽调医疗监管专业人员，组成医保基金联合检查组，随机下到全市医疗保险定点医疗机构，开展大规模的医保基金安全检查。检查活动持续半个月，共检查定点医疗机构40多家，查阅病例5000余份，发现违规行为220起，拒付医保费用350多万元。检查活动在全市产生了极大的震慑作用。

政策宣传。紧紧围绕群众关心的医保政策重点、热点和难点，累计投入10多万元，在《潇湘晨报》《湖南人才信息报》《常德日报》《常德晚报》等主流媒体及各大网站大势开展医保政策宣传，让广大群众及时了解和掌握医保政策和工作动态，得到社会各界对医保工作的理解和支持。

廉政检查。一是市纪委巡查组的党风廉政建设巡查；二是市委组织部、市审计局根据《市管领导班子和领导干部重大决策责任审核、选人用人责任审查和任期经济责任审计实施办法》（常组发【2015】2号）文件要求开展的三责联审。巡查和审计期间，两个工作组对医保处全体工作人员（包括临聘、退休人员）进行了多轮谈话，对近些年所有政策文件、业务资料、财务账本、收支票据进行了过细筛查，对所有与医疗保险相关的机构、人员进行了询问。两项检查都没有发现重大原则问题，总体评价较好。

自身建设。一是开展“三严三实”专题教育活动。拟定专题教育活动方案，以《践行三严三实常抓作风建设不松懈》为题上了高质量的党课；结合医保工作实际，开展以“严以修身”“严以律己”“严以用权”为内容的讨论，撰写了讨论发言提纲。同时，主动找干部交心谈心，下到经办服务对象、定点医院和协议药店、扶贫联系点等座谈走访，收集“不严不实”方面问题，并积极整改，确保“三严三实”教育收到实效。二是参与“一进二访”。严格按照“一进二访”活动总体方案，组织干部职工先后3次深入联系点村和贫困对象家中，开展访贫问苦活动，为其送去必要的生活物质和资金以及治疗药品等，同时，帮助制定完善脱贫计划，从长远和根本上解决其困难。三是创建市级文明标兵单位。2015年，在已成功创建市级文明单位的基础上，严格按照市文明办的要求，积极开展市级文明标兵单位创建，已接收市文明办的检查验收。通过创建，进一步提升经办服务水平，得到上级主管部门充分肯定和服务对象的普遍好评。市医保处被省人社厅直接推荐到省文明委为“省级文明窗口单位”，为全省人社系统仅有的三个单位之一。市医保处窗口负责人朱敏2014年被市委宣传部评为“全市重大先进典型人物”，2015年又被市总工会授予“五一劳动奖章”。（郑建军）

**【常德市建立职工医保重特大疾病保障机制】** 为进一步完善医疗保障制度，健全多层次医疗保障体系，提高职工医保重特大疾病保障水平，2015年6月13日，常德市出台《常德市市本级职工医保特殊群体重特大疾病保障试行办法》。市本级参保职工中的1～2级残疾人员、1～4级伤残人员、失独家庭人员和孤寡老人等特殊群体，在当年享受基本医疗、大病互助、公务员补助等医疗待遇后，个人负担在3000元以上的费用，由重特大疾病保障基金报销90%，每人每

全市城镇居民大病保险医疗合规费用专家评审会议

年最高可支付10万元。截至2015年年底，已有两位符合条件的对象享受该项待遇，分别报销待遇6400元和11000元，有效减轻重特大疾病参保患者医疗负担。

（郑建军）

# 工伤保险

**【概况】** 2015年，全市新增参保人数7.04万人；累计参保人数达到48.27万人，完成年度任务的100.6%，工伤保险费征缴收入21835万元，完成年度任务的112%；基金总支出19302万元，其中工伤保险待遇支出17334万元，有9036人享受工伤保险待遇，人均待遇支出1.92万元；全市工伤保险基金滚存结余21461万元，全市工伤保险参保单位7028家，工伤预防费用支出337万元。

征缴扩面。一是强化征缴手段，确保任务目标按时完成。积极落实省人社厅下达的参保扩面任务，采取多种措施加强征缴扩面力度，切实抓好小微企业、网络服务行业、物业管理企业、装饰行业等行业务工人员参保工作，加大商业服务业农民工参保力度，促进个体工商户依法参加工商保险。2015年，全市工伤保险参保单位为7028家。征缴工伤保险费21835万元，完成年度任务的112%。二是全力实施“同舟计划”，推动建筑企业参保扩面。以《社会保险法》《工伤保险条例》和人社部发【2014】103号文件为主题，采用多种形式集中宣传，增强了用人单位参保积极性，推动了建筑企业参保扩面工作。深入企业调研，进一步规范建筑企业参保办法。对“动态实名制”管理、参保登记、项目延期、交通事故工伤认定等问题进行规范，以市人社局、市住建局名义下发《关于进一步做好建筑企业参加工伤保险工作的通知》（常人社发【2015】33号）。2015年，全市建筑施工项目参保553家，参保人数4.73万人，征缴工伤保险费4257万元，同比增长22.5%。三是启动补充工伤保险工作。为切实减轻用人单位负担，更好地保障工伤职工待遇。8月28日，以市人社局、市财政局名义下发《关于实施职工补充工伤保险的通知》（常人社发【2015】27号），从10月1日起，市本级已启动补充工伤保险试点工作，切实减轻用人单位负担、保障工伤职工的待遇及时足额发放到位。

工伤认定与待遇支付管理。一是加强工伤认定管理。为了强化区县市工伤认定工作责任，加强工伤认定部分委托管理，对事实清楚、责任明确的工伤事故委托区县市社会保险行政部门认定，市工伤保险处配合市人社局通过采取签订协议、案卷抽查、定期报表、绩效考评等措施加强对被委托单位的监管。实行工伤认定委托管理后，加强了区县市责任，方便了服务对象，提高了工作效率。2015年，全市工伤事故备案4811起，已作出工伤认定3609起。二是实施工伤认定提速。为提高工伤认定效率，方便工伤职工，2015年6月1日，市本级启动了轻微事故现场工伤认定工作，对事实清楚、伤情轻微的工伤事故，实行现场受理、现场认定、现场办结，大大缩短了工伤认定时间。2015年，市本级已有100余人办理了轻微工伤现场认定手续。三是建立工伤认定行政复议联系机制。为切实解决工伤认定行政复议争议，进一步规范工伤认定工作，2月，以市人社局名义提请市政府下发工伤认定争议处理办法，实行人社部门参与调查、法制部门事先沟通、市政府领导组织协调的处理机制。四是规范待遇支付管理。全面落实工伤职工各项待遇，从2015年1月1日起，对按规定享受伤残津贴的工伤人员，伤残津贴每人每月增加187元，对领取供养亲属抚恤金的人员，抚恤金每人每月增加75元。2015年，全市累计支付工伤保险待遇17334万元。

老工伤统筹管理。一是依法落实老工伤待遇。按照新标准及时调整支付老工伤待遇，截至12月底，全市累计支付老工伤人员工伤待遇2803万元。为确保老工伤待遇落实到位，全市组织开展了老工伤人员待遇资格年审，完善了老工伤人员基本登记信息。二是做好老工伤信访维稳工作。切实做好群众来信来访工作，及时处理信访诉求，重点加强涉军、涉改群体的信访维稳工作，截至12月底，接待群众来信来访879人次，化解突出矛盾6起。三是积极配合做好改制关停企业相关工作。配合市政府青峰煤矿工作组开展工伤职工调查摸底，拟定工伤职工安置补偿方案，做好工伤职工待遇测算核定，为煤矿工伤职工安置补偿工作奠定了基础。针对原石门雄磺矿部分职工职业病资格确认问题，积极向市人社局、市财政局、市信访局及市政府领导汇报，按照以人为本和尊重历史的原则，确认300余名职工职业病旧伤复发治疗资格，比照享受工伤医疗待遇，维护了社会稳定。

工伤预防康复。一是合理调整工伤

常德市工伤保险处开展实施“同舟计划”，促进建筑企业参加工伤保险

保险费率。按照“以支定收、收支平衡”原则，结合企业事故发生率和工伤保险基金使用情况，2015年，对区县市和部分市直参保单位缴费费率进行调整，截至12月，全市18家单位缴费费率实行上浮，5家单位缴费费率实行下浮。二是组织开展工伤预防与职业康复知识培训。10月28日，全市200多家企业300多名代表参加了全市工伤预防与职业康复讲座，讲座邀请全国著名的国务院特殊津贴专家、广东省工伤康复医院院长唐丹讲解专业知识，参会人员深受启发。三是加大工伤康复力度。在市内确定2家三甲医院为就近康复医疗机构，将就近康复与专业康复相结合，方便工伤职工就近开展康复医疗。组织市直2000多名工伤职工进行健康体检，支付体检费60多万元。

劳动能力鉴定管理。一是配合制定鉴定办法。根据人社部、国家卫计委《工伤职工劳动能力鉴定管理办法》（人社部令第21号）规定，受市人社局委托，拟定《常德市工伤职工劳动能力鉴定管理办法》，6月19日以市人社局、市卫计委、市总工会名义正式下发。二是改革鉴定办法。为方便区县市工伤职工劳动能力鉴定，实施鉴定提速，配合市劳动能力鉴定委员会委托区县开展医疗技术鉴定，取得较好成效。三是规范鉴定管理。2015年，配合市劳鉴委规范对工伤职工劳动能力鉴定程序，规范鉴定申请的基本条件和必备资料，探索实施“先康复，后评残补偿”制度，改进鉴定结论作出方式，对医疗资料齐全、伤情简单的工伤鉴定直接进行专家评，实施了鉴定提速。进一步加强鉴定现场监督管理，使鉴定工作更加公开透明、科学合理。

自身建设。一是抓好两项“争创”工作。为争创档案规范化管理“省特级”单位，制订完善8项档案管理制度，扩充综合档案室，面积增加到100平方米，添置了价值10多万元的密集架、去湿机、温湿度自控系统等设施设备，组织开展专业培训，建立档案管理信息化系统。全年共补充完善档案信息10000余条，整理档案5000余份，对1681件、20147项业务档案进行了数字化处理，12月，被评为“省特级”。采取切实措施开展争创“市级文明标兵单位”工作，已顺利通过市文明办初评。二是配合做好领导干部“三责联审”工作。按照市委组织部、市审计部门要求，自9月，主动配合做好领导干部“三责联审”工作。市工伤保险处坚持集体领导、民主决策、加强基金监管、强化扩面征缴等工作得到审计组的充分肯定。三是切实服务基层、服务群众。加强对重点联系企业的帮扶工作，先后多次深入湖南大力建筑机械公司调研，为企业送医送药送温暖送服务，组织开展慰问活动，对行动不便的工伤职工进行现场劳动能力鉴定，为企业下浮工伤保险费率，为企业减负1万多元。组织开展“一进二访”活动。处领导班子带领志愿服务队多次深入村镇、企业、矿山、工地、社区，为工伤职工送医送药送政策送温暖，共发放工伤保险政策法规宣传单5000多份，接待工伤咨询800多人次。领导班子和科室负责人还多次深入扶贫点村石门县白云乡双裕村，与20户贫困户结对帮困，扶持点村经济发展，捐献扶贫资金4万元。

（杜　鹃）

**【启动轻微工伤现场认定】** 为提高工伤认定效率，方便工伤职工，根据《工伤保险条例》（国务院586号令）、《工伤认定办法》（劳动保障部17号令）和《湖南省实施〈工伤保险条例〉办法》（湖南省政府令267号）的有关规定，2015年6月1日起，常德市工伤保险处受常德市社会保障行政部门委托，启动轻微事故现场工伤认定工作，对符合两种情形的事故直接在现场做出工伤认定结论：一是在工作时间和工作场所内，因工作原因受到事故伤害的；二是工作时间前后在工作场所内，从事与工作有关的预备性或者收尾性工作受到事故伤害的。自轻微事故现场认定工作启动以来，职工发生上述情形的工伤事故，且事实清楚、伤情明确、伤情轻微的，可由参保单位、职工本人或其近亲属、当地工会组织提出轻微工伤认定申请，工伤保险经办机构服务窗口实行现场受理、现场认定、现场办结，这样大大缩短了工伤事故认定的时间，原来工伤认定最快要10天左右，新办法实施后可实现现场即时办结，极大地提高了工伤认定效率。

（杜　鹃）

**【探索工伤预防新路径】** 2015年10月28日，为探索工伤预防新途径，市工伤保险处在全市召集200多家企业、公司、机关事业单位300多名代表聆听“现场互动持续改善式工伤预防培训在工伤预防中的应用”讲座。这是常德市积极探索工伤预防的新路径之一。由于一些企业安全生产设施落后，设备工艺陈旧，部分企业主和农民工对安全意识十分淡薄，安全事故频发。据调查了解，大多数生产事故往往是因为职工操作不当、违规操作或麻痹大意造成的。工伤事故发生之后，往往只是事后进行的工伤补偿，治标不治本。因此，常德市工伤保险处为解决这一问题，进行了一系列的工伤预防探索：实行企业安全生产警示制度，通过媒体加强工伤预防宣传，制定工伤保险缴费费率浮动办法，举办工伤预防知识讲座等。此次现场工伤预防演示讲座旨在转变企业观念，自觉树立工伤预防与职业康复的理念，提高安全生产意识，将生产事故扼杀在萌芽中，将事故发生率降到最低。（杜　鹃）

## 劳动人事争议仲裁

**【概况】** 2015年，市劳动人事争议仲裁院被湖南省劳动人事争议仲裁委员会评为“全省劳动人事争议仲裁效能建设先进单位”。全市共受理劳动人事争议案件2575件，较2014年度增加13.9%，涉及劳动者3472人，涉案标的1.27亿元。其中非立案调处1590件，立案受理985件，处理集体劳动争议6件，涉及劳动者230人，全年度结案率为96.5%。

规范化建设。在调解方面，按照“机构设置、工作流程、工作制度、调解职责”四统一的要求，全面规范基层调解组织建设，努力发挥其化解劳动纠纷第

一道防线的作用。2015年，全市共建立乡镇街道社区劳动保障服务站调解组织305个，示范企业劳动人事争议调解组织155个，乡镇(街道)、社区、企业调解网络基本形成。在仲裁方面，按照设置合理、要素齐全的要求，进一步推进"四室一庭"建设。截至2015年年底，全市已完成"四室一庭"办案场所建设的有市本级、武陵区、鼎城区、临澧县。尤其是武陵区仲裁院完成了规格较高的办案场地建设，在全市起到了引领示范作用。为增强仲裁案件的公开透明度，保障当事人的知情权、参与权和监督权，市本级、武陵区、鼎城区、临澧县还探索办案规范化建设新路径，开设了仲裁案件处理信息公示系统。

队伍建设。一是抓好廉政建设。严格落实"一岗双责"，遵守办案准则，坚守清廉底线，做到依法公正办案，年度内未发现重大违纪的人和事，案件改判率创新低。二是加强业务培训。市仲裁院组织部分骨干力量参加人社部组织的仲裁信访维稳培训班学习；选派新入职仲裁员参加省厅组织的新入职仲裁员培训班学习；举办常德市调解仲裁业务知识培训班，各区县市仲裁员、乡镇（街道）劳动争议调解员以及市直企事业单位人力资源专干共150余人参加，对提高全市调解仲裁员的业务能力、规范企事业单位用工管理能力发挥了积极作用。三是强化队伍管理。市县两级仲裁院进一步完善工作机制，强化对人员队伍的管理。汉寿县全面落实来访登记制和首问负责制，加强仲裁员队伍的工作责任心。桃源县强化调解员、仲裁员、记录人员三支队伍的管理，提升办案队伍的业务能力。鼎城建立法律文书多方审核机制，提升文书制作质量。四是强化宣传工作。利用报纸杂志、政府门户网站加大对劳动人事争议仲裁工作的宣传。全年度共在各类刊物、杂志、网站上稿60余篇次，其中市本级上稿50篇、临澧县2篇、石门县2篇、武陵区1篇、鼎城区1篇、津市市1篇。年内市仲裁院在《中国劳动》《中国劳动保障报》《中国人力资源社会保障》等国家级刊物上发表文章8篇。

为民服务。一是深化群众路线教育实践活动，围绕群教活动成果转化做文章、出成效，将"心系群众、阳光仲裁"落实到具体行动之中。临澧县开展"走基层、进企业"服务基层月活动，审核企业规章制度500余条、规避用工风险40余次，并对部分企业先进用工经验做法进行推介。为切实履行心系基层、服务基层的承诺，市院从有限的办公经费中挤出资金，分别为石门县白云乡望羊桥村提供"一进二访"资金3万元、为津市市灵泉镇提供美丽乡村建设资金1万元、为鼎城区德安社区提供完美社区建设资金1万元，累计对口帮扶资金共达5万元，走访困难群众职工达20余人次。二是继续畅通特殊群体维权"绿色通道"，为特困家庭提供法律咨询和仲裁服务。2015年，市县两级仲裁机构共为350余名劳动者开启维权"绿色通道"，化解他们在务工中遇到的难题。三是加大对裁决案件的回访力度，努力实现法律效果与社会效果的有机统一。2015年案件回访执行率达100%。四是开展多形式、多渠道的送法进企业、进基层活动。市院主要开展了"12333"进大学校园、企业双联、送法进园区等活动。四是参与重大信访维稳，确保社会稳定与安宁。2015年，市院先后参与处理市电信公司、金帛化纤、东信棉业、金健药业等企业的集体劳资纠纷处理工作；汉寿县参与清水湖国际会议中心员工罢工事件处理工作；安乡县参与县自来水公司、毅力能源等企事业单位管理费用改制集体争议案件，取得良好的社会效果。（董凌伊）

**【市仲裁院开设案件处理信息公示系统】** 为保护当事人的知情权、参与权和监督权，增强仲裁办案的公开透明度。市仲裁院开设了仲裁案件处理信息公示系统。该系统主要是对立案受理案件案由、当事人基本情况、开庭时间及地点、庭审人员组成、处理状态等方面的信息进行全面公开，双方当事人通过该系统便可知晓案情的走势和动向。信息公示系统的开设，极大地方便了办事群众，受到劳资双方的一致认同。（董凌伊）

市仲裁院开设案件处理信息公示系统

# 县市区·管理区·开发区·度假区

## 武陵区

| | | | |
|---|---|---|---|
| 区委书记 | | | 罗少挟 |
| 区委副书记 | | 莫汉桃 | 廖可元 |
| 区委常委 | 姜胜国 | 方志炜 | 李宗翰 |
| | 王海波 | 曾　群 | 高少文 |
| | | 袁　文 | 刘冠西 |
| 区人大常委会主任 | | | 廖忠义 |
| 区人大常委会副主任 | | 鲁光峃 | 杨泽民 |
| | 曾勤建 | 罗承玉 | 钱　攀 |
| 区人民政府区长 | | | 莫汉桃 |
| 区人民政府副区长 | | 方志炜 | 丁天德 |
| | 瞿政前 | 汤劲翔 | 陈有万 |
| | 钱盛霞 | 金星武 | 何彦兵 |
| 区政协主席 | | | 吴卫民 |
| 区政协副主席 | | 曾荣华 | 铁明东 |
| | 彭次君 | 李晓鼎 | 尹治才 |
| 区武装部政委 | | | 高少文 |
| 区武装部部长 | | | 汤晓辉 |

**【概况】** 全区辖3个乡镇、11个街道。土地总面积276平方千米，其中耕地面积70平方千米。年末常驻人口72.06万人（含德山、柳叶湖），其中城镇常驻人口63.72万人，人口出生率9.75‰，自然增长率3.61‰。年内气温最高38℃，最低-4℃；年降水量1147.5毫米。

全年完成区内生产总值128亿元，增长10.5%；完成财政收入20.09亿元，同比增长12.85%，在全市率先突破20亿元大关；完成固定资产投资233亿元，增长21%；完成社会消费品零售总额114.9亿元，增长16.3%；城乡居民人均可支配收入分别达到28880元、19730元，增长9.2%、12.4%。

经济发展。重大商贸物流项目建设成效显著。全区在建和建成服务业项目131个，总投资360亿元，其中亿元以上项目33个。常德万达广场、友阿（常德）国际广场、和瑞欢乐城、老西门文化休闲旅游街区等城市综合体建设进展顺利；东星家居广场一期建成营业，西城新区汽车物流中心二期启动建设，常德花卉苗木市场完成主体工程建设，常德义乌小商品城建设进展顺利。现代服务业发展提质提速。完成第三产业增加值94.1亿元，增长11.9%，占GDP的比重达到73.5%。武陵移动互联网创业园一期基本建成，投入资金2亿多元，入驻企业30多家，完成销售收入20亿元，成为全省第二家互联网产业挂牌园区。以武陵移动互联网创业园为龙头的电子商务快速发展，被确定为“全国信息消费试点区县”。益丰大药房成功登陆沪市主板，华星电器、亮万家等知名本土企业加速拓展。传统餐饮住宿业深度调整，逐步呈现回暖态势。工业转型升级步伐加快。深入推进“退二进三”，武陵工业园逐步由传统工业园区向“互联网+”园区转型。环通科技顺利通过高新技术企业评审，金德镭射被授予“湖南省企业技术中心”，中南能源被授予“湖南省工程技术研究中心”，金雁电缆被评为中国驰名商标。加强校企对接，完成产学研合作项目5个。争取科技贷款2300万元，帮助高新技术企业破解融资难的问题。现代农业稳步发展。大力扶持现代农业园区发展壮大，红世蔬菜顺利通过省级现代农业项目实施区验收，富民桥菜业建立起“企业+基地+农户”的发展模式。培育农民专业合作社14家，达到45家。推进农产品物联网信息化，完成湘北食用菌服务站点建设。大力发展乡村生态旅游，美丽乡村、鑫源农庄获评“省级休闲渔业示范场”。稳步推进农村改革创新，农村土地承包经营权确权登记颁证工作有序推进，农村集体产权制度改革成为全市亮点。

城乡提质。城市建设强力推进。武陵阁步行城提质改造一期工程圆满完成，二期正抓紧施工。完成棚户区改造5546户，老西门项目成为全省棚改亮点工程。丹洲生态城、河洑老镇区改造均有实质性进展。征收农村集体土地3.69平方千米，拆迁2200户，支持省市区大型项目58个顺利或提早开工。城市管理提质增效。充分发挥数字城管平台作用，建立城市管理日常考核奖惩机制，加强市容秩序、渣土运输管理，城市管理精细化水平大幅提升。新增投入2000万元，增配环卫作业设备和力量，提高作业标准，环境卫生明显改善。依法依规开展控违拆违，拆除违法建筑389宗、5.7万平方米。基础设施优化升级。投入1.2亿元加强水利基础设施建设，完成丹砂、太平、大关庙吹填压浸工程和丹洲合作闸涵管改造，从根本上消除了沅水一线大堤大面积翻砂鼓水的安全隐患；完成芦荻山中心河清淤和生态护坡工程，有效缓解了芦荻山乡内渍严重的现状。再次挤入全国“小农水”重点区县和灌区节水配套改造工程“笼子”，争取国投资金2250万元。在农村安全饮水全覆盖的基础上，大力推进城乡供水一体化，完成丹洲、河洑饮水管网提质改造。高标准完成丹洲八一路等乡村干道的升级改造。完美社区建设卓有成效。投入1亿元，按照“一站一园一场七室”的要求，全力推进标准化社区建设，除10个社区纳入棚改计划外，其余社区中有50个已建成、31个已开工，资金保障水平和建设进度均领跑全市，在年度考核中排名全市第一。全面推行“3+N”治理模式，打造社区服务亮点，推出心理咨询室、四点半学校、日间照料中心、书香社区等新型服务项目，试点社区累计创建服务品牌16个。紧跟城市发展步伐，基本完成16个建制村改社区工作。美丽乡村建设扎实推进。比照完美社区建设标准，着力打造美丽乡村城乡一体化建设样板。建立一站式综合服务窗口，为村民提供更为便捷的公共服务。探索实践“3+X”治理模式，创建了美丽乡村网和三维电子地图，推动农村服务管理网格化、精细化。投入1000万元，实施农村环境综合整治整区推进工程，农村环境持续改善。芦荻山、丹洲顺利通过国家级生态乡镇考核验收。

社会民生。社会救助更加有力。大力实施精准扶贫，按照年人均纯收入超出省标准线200元的标准在全省率先实现贫困人口全脱贫。城乡低保月人均补助标准分别提高到277元、126元，基本做到了“应保尽保”。强化农村五保幸福供养，集中供养标准达到500元/月，分散供养标准达到250元/月。深化“一站式”医疗救助服务，累计救助4200人次，发放医疗救助金541万元。规范临时救助资金使用管理，下拨临时生活救助金245万元。加强慈善援助，募集各类善款物资800万元，援助困难群众1.4万人次。社会保障不断完善。五类社会保险新增参保1.9万人。新农合住院实际补偿率达56%，统筹地区政策范围内住院费用平均补偿率达79%，保持全市领先水平。新增城镇就业8531人，转移农村剩余劳动力1257人，零就业家庭保持动态清零，城镇登记失业率控制在4%以内。受理各类劳动维权案件609件。建成公租房760套，发放租赁补贴3410户。提供安置房源1510套，安置入住589户。改造农村危房130户。社会大局保持稳定。深入创新社会治理，不断拓展网格化管理内涵和外延，平安创建、安全生产、计划生育等业务工作实现一网通、一网考。探索建立“互联网+网格”的信访工作新机制，为全省信访工作制度改革交流推进会提供了高质量的会议现场。严格落实信访维稳责任制，确保了赴省进京非正常上访零指标。保持严打高压态势，完善立体化治安防控体系，人民群众安全感、满意度明显提升。重点加强危险化学品、烟花爆竹、消防安全、农产品质量安全监管，大力开展各类食品药品专项整治行动，全区未发生较大以上安全生产责任事故和食品药品中毒事件，连续三年被评为“全省安全生产先进区县”。教育卫生全面发展。强力推进教育三年攻坚，投入8000万元，恒大华府、德景园小区配套小学主体工程顺利封顶，南坪小学启动建设。武陵中心幼儿园等5所公办园开园。新建普惠性幼儿园3所、改扩建2所。全面完成农村薄弱学校改造、农村寄宿制学校配套建设和校安工程建设。顺利通过全省教育强区评估验收，全省第三轮“两项督导评估”考核喜获“双优”。巩固提升武陵特色教育品牌，大力发展校园足球，成为全省青少年校园足球试点区县；东升小学荣获第四届国际青少年机器人大赛小学组第一名。加快推进卫生三年攻坚，丹洲乡卫生院完成改扩建，芙蓉街道、长庚街道社区卫生服务中心完成主体工程建设，芦荻山卫生院新建项目顺利开工，其他项目均已进入开工准备阶段。推进基本公共卫生服务提质，获得“全省基本公共卫生服务先进单位”。加大传染病监测与地方病防控，全区未发生重大疫情。

行政效能。认真开展“三严三实”专题教育，深入推进法治政府建设，严格落实重大行政决策专家咨询和公开听证制度，规范政府决策行为。主动接受人大法律监督和政协民主监督，办理人大代表建议61件、政协委员提案77件，回复率和满意率100%。积极推进新一轮政府机构改革，合并调整工作机构13个，公路、工商、质监管理体制改革基本完成。深入转变政府职能，公布了政府工作部门权力清单和责任清单。通过区长热线、政府网站等平台快速处理群众意见建议1596件，处理率和回复率100%，满意率98%以上。着力优化经济发展环境，协调处理各类扰乱经济发展环境事件140多件。新政务中心投入使用，功能更全、效率更高。规范财政预算管理，全面实行公务卡结算，“三公”经费开支同比下降25.6%。（肖　杰）

**【武陵区成功申报湖南省移动互联网产业园】** 2015年2月，武陵区移动互联网产业园成功申报为湖南省移动互联网产业园。为顺应市委、市政府提出的“退二进三”战略转型，武陵区致力于打造湘西北地区一流的移动互联网产业园。互联网产业园总占地面积6.87万平方米，总建筑面积17万平方米，规划总投资7.5亿元。武陵移动互联网产业园一期基本建成，投入资金2亿多元，入驻企业30多家，完成销售收入20亿元，初步形成了城区移动互联网产业汇集中心。特别是园区企业本地易购网在上海股权托管交易中心正式股权挂牌交易，成为产业园的最新亮点。（肖　杰）

**【武陵区通过全国义务教育发展基本均衡发展区评估认定】** 2015年，全区投入建设资金12449万元，完成了恒大华府、德景园小区配套小学建设。武陵区中心幼儿园等5所公办园开园。对外来务工人员随迁子女入学坚持“双百”原则，与常住人口子女同等享受“三个待遇”。城区义务教育学校共接纳进随迁

2015年12月17日，武陵区被授予中国微电影创作基地称号

子女6822人，占城区义务教育阶段学生总数的35.8%。2015年12月19日，武陵区通过了全国“义务教育发展基本均衡区”的评估认定。（肖　杰）

**【武陵区被授予中国作家协会《小说选刊》和中国微电影创作基地称号牌匾】** 近年来，小小说与武陵“德孝廉”特色文化相融合，弘扬主旋律，传播正能量，已经在全国独树一帜、声名鹊起，成为武陵独特的城市文化名片。2015年12月17日，武陵区被授予“中国作家协会《小说选刊》创作基地”和“中国微电影创作基地”称号牌匾。（肖　杰）

## 鼎城区

区委书记　刘定青
区委副书记　杨　易　车世忠
区委常委　邓碧波　李宏秋　汪泽云　朱正权　李　芳　彭　勇　王少贤　刘新远
区人大常委会主任　杨　君
区人大常委会副主任　刘运华　唐少华　李湘建　沈国华　李润初
区人民政府区长　杨　易
区人民政府副区长　邓碧波　朱正权　王直华　雷建国　熊　辉　钟泽英　洪振坤　肖汉学（挂职）　苗俊峰（挂职）
区政协主席　韩才渊
区政协副主席　涂国祥　罗旺甫　周伟建（兼）　蒋利荣（兼）　孙权新（兼）
区武装部部长　刘新远
区武装部政委　张　伟

**【概况】** 2015年，全区完成地区生产总值255亿元，增长7.1%；财政总收入15.3亿元，增长8.3%；全社会固定资产投资238.7亿元，增长23.7%；社会消费品零售总额149亿元，增长13.3%；城镇居民人均可支配收入26483元，农民人均纯收入12153元，分别增长9.5%、10.5%。

项目建设。引进内外资总额80亿元，争取上级政策性资金9.53亿元，均居全市第一。批回建设用地2.29平方千米；鼎力投升级为市级融资平台，鼎力投、城投、阳明湖公司落实融资意向80亿元，已获批30亿元；推行阳光征拆，完成征地3.47平方千米。科学编制“十三五”规划，精心策划包装项目，入库项目222个，总投资2113亿元，其中过10亿元41个，120个项目有望挤进国家和省里笼子，总投资过500亿元。

城市提质。全年落实城建投入14.8亿元，沅江风光带、桥南商圈美化工程、桥南人防工程地下商城即将完工。临江棚户区改造、阳明湖板块开发及王家铺公园、郭家铺公寓楼、公检法业务用房等一批项目启动建设。防洪大堤综合治理一期工程如期完工。阳明大道、杨家港路开工建设，金霞大道竣工通车。房产市场企稳回暖，全年新开发房产项目7个，销售24.6万平方米，增长59.9%。城市管理“一改四化”深入推进，城市综合管理考评位居全市前列。

工业经济。全年引进创新企业26家，亿元企业13家，投资30亿元的中鼎镁业签订意向协议。投入8.1亿元，启动中联大道等6条道路建设，完成15.6万平方米标准化厂房续建工程。鼎城高新区成功升格为常德高新区，国家级高新区创建工作已进入专家最终评审阶段，科技企业孵化器成功获批省级孵化器。全年新增规模企业12家，达到88家，实现规模工业总产值135亿元、增加值33.2亿元，分别增长1.5%、2.5%。

农业经济。全年实现农业总产值84.8亿元，增长4.2%。粮油、蔬菜生产分别保持全国大县、重点县位置，生猪、水产养殖分别位列全省前十、全国百强。引进产业项目6个，总投资过20亿元。建立标准化示范园区8个，新增“三品一标”认证9个，发展专业合作社80家。油茶新造3.93平方千米、更新3.47平方千米，带状更新模式全省推广。“鼎城茶油”商标通过省检保护，“河洲甲鱼”获省第五届“畜博会”金奖。周家店镇农业服务站评为国家五星级服务站。

三产经济。新增限上企业11家，38家规模以上营利性服务企业实现营业收入10.3亿元，增长56.5%。金融机构存贷比达到74%，排名全市第一。编制《江南城区现代商贸物流业发展规划》，出台《鼎城区加快现代服务业的管理和奖励暂行办法》。桥南市场群交易量稳步上升，桥南市场升级改造二期工程全面启动。花岩溪旅游发展规划完成编制，仙池古寺主体工程顺利完工，以“五朵金花”为主题的乡村旅游亮点纷呈。

民生改善。投入2亿元，重点推进120个美丽乡村建设，石板滩镇毛栗岗村评为全国文明村，灌溪镇常桃村成为

德江南国际商贸城落户鼎城区

全市样板。水利工程建设完成投资9亿元，解决农村安全饮水20.76万人。精准扶贫工作深入推进，22项省市重点民生实事任务全面完成。新增城镇就业6835人，转移农村就业13148人。建设公租房2154套，改造农村危房3980户。

社会事业。教育卫生三年攻坚和完美社区建设全市领先。血防工作连续五年位居全省第一。花鼓剧团赴联合国总部演出，民间艺术团体惠民演出获三湘群星奖。中华诗词之乡成功创建，草坪镇、原长茅岭乡分别评为国家级、省级诗词之乡。扎实推进依法信访，信访总量、人次分别下降35%和40%，进京非访大幅下降。社会治安明显好转，评为全省平安县。公安工作连续七年评为省市先进，禁毒工作连续四年评为全省先进。司法行政和普法工作评为全国先进，人民调解连续五年评为全国先进。牛鼻滩司法所评为全国模范司法所。许家桥回维乡评为全省民族团结进步模范集体。（沈昊霖）

**【江南沅江风光带建设全面开工】** 江南沅江风光带东起花溪东路、西至桃花源大桥，全长4.35千米，总面积1.2平方千米，总投资约2.4亿元，由国内顶尖设计团队上海市政工程设计研究总院设计。项目设计秉承了“海绵城市”建设理念，力求实现城水共生、人水和谐、人文与自然的完美结合。项目建成后，将形成“北诗南画”交相呼应的独特沅江风光。（沈昊霖）

**【鼎城临江棚户区改造项目正式签约】** 临江棚户区改造项目改造范围为江南城区临沅路以北、善卷路以西、善德路以南整体合围区域，项目改造总用地面积约66.67万平方米，净用地面积约46.67万平方米。项目区域内现有房屋2521栋，10600户，房屋总建筑面积约99万平方米。整个项目由市城投集团主导，联合鼎城朗州城投开发有限公司、湖南恒年置业投资有限责任公司、长沙市巨石阵科技有限责任公司，以常德市房地产开发有限公司为载体进行投资开发。整个项目总投资约100亿元，其中房屋征收安置成本约40亿元。（沈昊霖）

**【德江南国际商贸城落户鼎城】** 总投资50亿元的德江南国际商贸城项目选址于鼎城区金霞路以北、建新路以南、善德大道以东、德安路以西地块，占地面积近93.33万平方米，经营面积约300万平方米，计划打造一个以专业市场群为主体，专业主力店为核心，集展示交易、批发采购、物流配送、商务信息、文化休闲、生活配套及学校教育等多功能于一体的综合性、低碳型、现代化城市商贸中心。德江南国际商贸城由香江家居MALL、国际小商品城、国际服饰城、国际儿童城、韩国城、茶艺城、布艺城、精品家电城等十四大专业市场构成，项目分三期建设，建成后将成为中南地区专业市场批发零售总源头，成为湘西北最大的商贸物流集散中心，同时将具备一站式全业态商贸采购基地和O2O电商线上、线下交易中心两大功能，承接和升级常德市传统专业市场。（沈昊霖）

**【阳明湖板块项目建设】** 阳明湖板块位于常德城市纵轴线两侧，从阳明大道向北经过江隧道连接江北城区，向南连接杜水湿地公园，从江南大道东接德山经开区主城，西连常德空港新城。该项目总投资预计超100亿元，当前规划面积12.5平方千米。整个板块开发以1.13平方千米的集休闲、娱乐、文化、科普、旅游为一体的大型综合性城市公园为基础，合理功能分区，将该板块开发建设成泛湘西北区域科技创新资源汇聚平台、省级产城融合示点，国家级海绵城市建设示范区，建设成生态、宜商、宜居、会展、文化、旅游的常德城市新中心。当前，板块内阳明大道正在施工建设中，2016年将正式启动江南大道、机场辅道、永安路、善池路以及阳明湖水体综合整治等建设工程。（沈昊霖）

**【健康医药产业园广德医药项目奠基开工】** 湖南广德集团湘西北医药贸易物流中心项目占地6.7万平方米，总建筑面积为13万平方米，总投资5.3亿元人民币。该项目位于桃花源路以东，红云路以西，杨家港路以北，报国路以南，项目建设期为36个月。该项目借鉴现代商贸物流模式，搭建展销一体的国际化健康产品直销平台，打造湘西北大规模、高档次、全业态的现代医药、保健品、中药饮片、医疗器械、医用耗材等健康产品集散中心。（沈昊霖）

## 汉寿县

县委书记　罗先东

县委副书记　杨　昶　谭登平
县委常委　刘毅翔　袁佑清　余习琼　王超辉　王明东　李绍南　何朝辉　吴建军　彭仔明
县人大常委会主任　李学文
县人大常委会副主任　周政怀　龚玉德（党组副书记）　王立芬　彭天喜　陈武俊　饶　杰
县人民政府县长　杨　昶
县人民政府副县长　袁佑清　余习琼　呙滨辰　朱进友　李功文　罗永锋　李碧波
县政协主席　解以刚
县政协副主席　刘　杰　黄启顺　张建军　李明桂　余淑娴
县武装部部长　吴建军
县武装部政委　朱仁达

【概况】 2015年，汉寿县辖15个镇、2个乡、4个街道办事处、1个省级高新技术产业园区。土地总面积2021平方千米，其中耕地面积633平方千米。2015年年末总人口821266人，其中非农业人口179938人。2015年内人口出生率12.8‰，死亡率3.6‰，人口自然增长率9.2‰。2015年气温最高37.6℃，最低-1.1℃；年降水量1174.3毫米。

地区生产总值218.44亿元，增长8.7%。其中:第一产业增加值45.42亿元，增长3.9%；第二产业增加值70.08亿元，增长6.6%；第三产业增加值102.94亿元，增长12.4%。三次产业构成比为20.8 ∶ 32.1 ∶ 47.1。完成一般公共预算收入85652万元，增长6.0%。其中，地方财政收入58611万元，增长13.5%，完成一般公共预算支出370450万元，增长17.6%。

项目建设。编制计划总投资1040亿“十三五”项目库，争取上级建设性资金9亿元，实施重点工程70个，开工建设63个，竣工26个，完成固定资产投资180.4亿元,比2014年增长9.6%。其中，房地产开发投资7.66亿元，下降24.63%。第一产业投资7.4亿元，增长132.5%，第二产业投资94.9亿元，增长0.31%，第三产业投资78.1亿元，增长42.2%。房地产开发企业23个，施工面积71.96万平方米，下降30.2%，其中住宅50.99万平方米，下降36.5%。商品房屋销售面积17.11万平方米，下降35.3%，商品房销售额6.43亿元，下降26.85%。

农业经济。全年实现农林牧渔业总产值76.49亿元，增长3.7%。全年农作物播种面积1751.53平方千米，与2014年基本持平。粮食作物播种面积1092.93平方千米,增长1.29%,总产量64.24万吨，增长2.54%。油料播种面积410.2平方千米，与2014年基本持平，总产量7.82万吨，增长4.49%。棉花播种面积62.47平方千米，下降20.28%，总产量1.02万吨，下降12.91%。麻类播种面积5.07平方千米，下降14.01%，总产量0.15万吨，下降11.77%。蔬菜播种面积130.73平方千米，增长10.83%，蔬菜总产量37.32万吨，增长17.03%。水果总产量7.15万吨，增长6.13%。全年出栏生猪97.29万头，增长2.60%，出售和自宰肉牛1.32万头，增长3.12%，出售和自宰肉羊4.27万头，增长1.42%，家禽出笼783.50万羽，增长4.47%，禽蛋产量3.41万吨，增长4.28%，肉类总产量8.33万吨，增长2.84%。水产品产量9.21万吨，增长5.74%。

工业经济。全部工业总产值235.13亿元，名义增长1.4%。实现增加值51.89亿元，增长6.2%。109家规模工业完成产值192.95亿元，实现增加值41.28亿元，增6.4%。园区规模工业实现增加值31.16亿元，增长1.0%。规模以下工业企业及个体工业完成产值42.18亿元，实现增加值10.61亿元。规模工业实现销售产值190.66亿元，下降11.8%，产销率为97.74%。完成出口交货值12.03亿元，增长21.3%。规模工业实现销售收入186.81亿元，下降10.7%。规模工业全年生产大米57.83万吨，增长10.9%；罐头2.06万吨，增长5.1%;机制纸及纸板1.66吨，增长4.1%;纱2.75万吨，增长1.9%；亚麻布381.0万米，增长66.4%，苎麻布5030.6万米，增长35.9%；饲料21.91万吨，下降34.1%；涂料4.17吨，下降3.1%；矿山设备1.2万吨，下降14.3%；水泥47.0万吨，下降22.2%；铝合金0.18万吨，下降30.8%；混凝土机械588台，下降48.9%；电缆16.05万千米，增长2.5%；通信及电子网络电缆8.22万对千米，下降9.3%。

商贸金融。全年社会消费品零售总额67.84亿元，增长12.5%，其中：批发零售业零售额60.11亿元，增长12.1%，住宿、餐饮业零售额7.73亿元，增长16.3%。实现批发零售贸易增加值10.87亿元，增长5.4%，实现住宿、餐饮业增加值5.49亿元，增长7.6%。2015年年末金融机构各项存款余额168.58亿元，比2015年年初增长14.7%，其中居民储蓄存款余额129.83亿元，比2015年年初增长16.3%。各项贷款余额56.26亿元，比2015年初增长5.1%，其中个人消费贷款余额12.37亿元，比2015年年初增长16.0%。

社会事业。科技方面，企业投入研发经费4.01亿元，增长1.3%，高新技术产品产值57.62亿元，下降37.28%，实现增加值12.91亿元，下降27.57%。教育方面，2015年教育系统共有各级各类学校106所。在校学生74974人，教职工5570人，幼儿园122所，在园幼儿18859人，幼儿园教职工1691人。平均受教育年限9.1年，高中阶段毛入学率85.5%。文化方面，有县级文化馆1个，乡镇文化站29个；艺术表演团体30个，其中专业艺术表演团体1个；电影公司1家，放映农村数字电影5940场；县级图书馆1个，总藏量8.11万册；文物局馆藏文物件1818（套），其中一级文物8件，二级文物31件，三级文物174件。帅孟奇故居、马栏嘴遗址为省级文物保护单位。非物质文化遗产名录省级1处，市级2处、县级11处。档案馆1个，开放各类档案39245卷（件）。中央、省台电视农户综合覆盖率为99.16%，中央、省台广播农户综合覆盖率为99.16%。医疗卫生方面，年末有卫生医疗机构701个，医院、卫生院41个（乡镇卫生院29个），村卫生室561个，诊所、卫生所、医务室91个，专科疾病防治院（所、站）

4个；卫生技术人员3382人，其中乡镇卫生院883人；有床位3562张，其中乡镇卫生院床位1075张。旅游方面，旅游等级区13处，其中国家AAAA级景区1处。接待国内旅游266.7万人次，接待境外旅游18.9万人次。旅游总收入16.9亿元，增长6.3%。体育方面，小运动场地41个，开展全民健身项目60次，增长5.3%；新建农民体育工程的行政村37个，各种训练房14个。

社会保障。城镇居民人均可支配收入23962元，增长7.5%。农村居民人均可支配收入12521元，增长8.9%。投入7.44亿元，为民办实事项目全面完成。农村公路建设50.83公里，解决农村饮水不安全人数19万人。新增城镇就业5710人。建设义务教育合格学校10所，建设农村公办幼儿园5所。改造农村危房2350户，改造农垦危房480户，城市棚房区改造1541户，新增公租户（含廉租房）1449套。新增城镇管输天然气用户2782户，生活垃圾无害化处理率达100%，县以上城镇污水处理率达90%。帮助0～7岁残疾儿童实施抢救性康复59名，救治救助贫困重性精神疾病患者106人。行政村配电网改造10个，实现农村广播村村响542个。企业参加基本养老保险人数7.97万人，其中在职工4.96万人，离退休3.01万人。职工基本医疗保险参保人数3.67万人，城镇居民基本医疗保险参保人数10.83万人。失业保险参保人数1.63万人，工伤保险职工参保人数3.76万人，生育保险职工参保人数2.25万人。（刘定国）

**【军汉公路建成通车】** 2015年9月28日，军汉公路试通车。军汉公路起于军山铺镇，途经蒋家嘴镇、洋淘湖镇、岩汪湖镇、周文庙乡、龙阳镇五里桥，穿龙阳大道止于汉寿大道，全长49千米。军汉公路于2013年5月动工建设，项目总投资8.887亿元，由省路网改造“十二五”规划项目“S230岩汪湖至军山铺段”和“S320汉寿岩汪湖至汉寿县城段”两部分组成，按二级公路技术标准建设，路基宽12米，路面宽10.5米，沥青混凝土路面，设计速度60千米/小时。提前两个月实现竣工试通车，成为汉寿县公路建设史上质量最好、速度最快、管理最佳、环境最优公路之一，被评为“全省干线公路改造优质工程”。（刘定国）

**【汉寿县招商引资“双百”活动】** 2015年，汉寿县委、县政府开展招商引资“百日攻坚”“百日落地”活动（简称“双百”活动）。2015年8—11月，组建8个专业小组，出动2700多人次开展招商引资“双百”攻坚，盘活闲置用地21.85万平方米，新增熟地26.67万平方米，引进总投资126.2亿元，155个项目，履约95个，落地64个，投产18个。汉寿招商引资“双百”活动引起国家、省、市10多家新闻媒体广泛报道，得到省、市各级领导肯定。（刘定国）

## 桃源县

县委书记　龚德汉
县委副书记　唐汇诰
唐智勇（7月免职）
庞　波（10月任职）
县委常委　卢　岳　李雨初　童　婧
王　鳌（5月离任）
陈兆前（9月任职）
辛春生　郑利红　黄贵生
夏可珍　刘海林
县人大常委会主任　魏岳林
县人大常委会副主任　郑兴进　周福初
吴丽兰　胡文科　江娟娟
县人民政府县长　唐汇诰
县人民政府副县长　卢　岳
李卫民（10月离任）
黄贵生（10月任职）
夏可珍　张志红　杨　凡
黄沅敏　陈会龙　樊启斌
唐汇京　王　平（6月挂职期满）
县政协主席　董莉莉
县政协副主席　胡见可　杨德志
向真金　熊　彬　范晏齐
县武装部部长　刘海林
县武装部政委　曹志坚

**【概况】** 2015年，桃源县辖17个镇（原桃花源镇划归市管）、10个乡（其中少数民族乡2个）。县域面积4442.3平方千米，耕地面积为965.33平方千米。年末户籍总人口97.1万人，其中农业人口81.6万人，非农业人口15.5万人，人口自然增长率为-1.16‰。年内气温最高39.1℃，最低-1.8℃；年降水量1348.8毫米。

经济实力。完成地区生产总值275亿元，同比增长9.6%。三次产业比为26.5∶35.4∶38.1，实现一般公共预算收入15.6亿元，其中地方财政收入10.5亿元，分别增长10%、7.6%；城镇居民人均可支配收入、农民人均可支配收入分别达到23420元、11263元，分别增长8.4%、10%。

项目建设。完成固定资产投资204.8亿元，增长23.5%；以“百件实事”项目为重点，新建续建投资5000万元以上项目129个，49个重点工程超额完成计划，黔张常铁路桃源段全线开工。引进西安风电等9个亿元项目，引资总额达68.6亿元，增长29.4%。到位上级政策性项目资金37.5亿元，增长30.7%。城投融资13亿元，增长52.9%。

工业经济。全年实现全部工业增加值84.8亿元，增长10%；新增规模企业15家，总数达到88家，规模以上工业总产值达282.7亿元，增加值71.5亿元，分别增长15.9%、12%。全面启动园区规划修编扩容工作，将工业集中区的规模扩大到15平方千米；完成园区基础设施投入6.7亿元，实施陬市污水处理厂、县城第二污水处理厂以及采菱大道、陬市大道等道路管网设施建设，建成标准化厂房19.6万平方米，使用率达90%。新上技改项目213个，完成技改投资61.7亿元。创新创业园顺利开工，高新技术产值达150亿元，占规模工业总产值的53%。

现代农业。全年农业总产值达117.8亿元，同比增长3.7%。粮食种植面积达到1538.93平方千米，比2014年增加67.67平方千米，粮食总产量达81万吨，同比增长 2.6%，粮食生产成功实现“十二连增”，荣获“全省粮食生产优秀县”荣誉称号。“特色县”项目扎实推进，全年流转土地 73.33 平方千米，建成市级标准化基地 2 个，发展合作社组织 88 家、家庭农场 267 家、市级龙头企业 6 家。农产品加工业产值突破 150 亿元，农产品加工业完成增加值 4.3 亿元，增长 22.3%。完成 4 个国有林场改革任务，改革经验在《湖南日报》头版头条以《桃源国有林场改革活力迸发》为题进行报道。新增农业机械总动力 2.6 万千瓦，达到 91.6 万千瓦。“三品一标”认证产品达到 127 个，成功申报农业部第十批绿色食品原料基地县，桃源“富硒茶油”被评为中国名优硒产品，“桃源红茶”获地理标志登记保护。

第三产业。实现社会消费品零售总额 132.6 亿元，增长 12.4%。商品房销售面积和销售额分别达到 18.5 万平方米、6.44 亿元，分别增长 28.6%、25%。全县全年接待海内外游客 421.1 万人次，旅游综合收入达 26 亿元，增长 30%，乌云界“花源里”被评为全国 AAA 级景区。完成城乡市场建设项目 3 个。金融机构存款余额和贷款余额达 237.2 亿元、77.3 亿元，分别增长 14.1%、9.9%，农村信用社改制工作顺利推进，新增金融机构 1 家。实现进出口贸易总额 5567.7 万美元，增长 1.2%。

城乡面貌。推进城市“三改四化”，完成城镇综合投入 20 亿元。县城规划区控制性详细规划编制基本完成，实施绿地、广告、燃气、综合管沟等专项规划编制。县城“一江两岸、一城四片”框架基本形成，城区道路综合改造全面完成，县文化体育中心、沅水西岸风光带一期与外滩公园正式开放，五星级酒店实现封顶，县城生活垃圾无害化处理厂、陬市污水处理厂投入运营，市到县天然气开通供气，智慧城市试点、柳叶大道西沿线等项目加快推进。深入开展市容市貌、交通秩序、城区禁燃等专项整治行动，城区公交运行全面提质，顺利通过省级文明县城复检。小城镇建设加快推进，新增管输天然气用户 1056 户，县以上城镇污水处理率达 86%，县以上城镇生活垃圾无害化处理率达 100%。美丽乡村建设扎实推进，完成农村通畅工程 105 千米，公路安防工程 250 千米，改造危桥 31 座、渡改桥 4 座，实施水运渡口码头改造 24 道，建设农村客运招呼站 26 个；除险加固水库 20 座，加高培厚堤院 9.1 千米，扩挖堰塘 10650 口，整修渠道 3120 千米，维修改造机埠 211 处，新增节水灌溉面积 9.47 平方千米；完成 65 个自然村的电网改造；完成 26 处集中供水工程和 6820 处分散供水工程建设，解决 23.92 万人安全饮水问题，农村安全饮水实现全覆盖；启动 122 个美丽乡村建设，沙坪镇采取“3+X”模式三村联建“花源里”，获评全国休闲农业与乡村旅游示范点。

民生事业。全年民生支出达 42.4 亿元，占一般公共预算支出的 77.9%，为民办实事项目全面完成。科技方面，科技成果登记 10 项，专利申请 275 件，授权专利 173 件，签订技术合同 401 项，技术合同成交金额 0.77 亿元。全年高新技术产品增加值 38.1 亿元，增长 64.4%，新增高新技术企业 3 家，签订产学研合作协议 11 项，实施科技成果转化项目 15 项。教育方面，扎实推进教育三年攻坚行动，建成合格学校 6 所、5 所中心幼儿园、7 所普惠性民办幼儿园，改造 18 所农村薄弱学校，新增城区学位 7000 个，资助学生 7513 人次，获评“攻坚改薄”先进县。高中办学水平整体提升，全县本科上线 2319 人，绝对人数全市第一，高考成绩全市领先。县职业中专获批全省首批“卓越职业院校”。文化方面，开展送戏下乡 163 场，放映农村公益电影 9168 场，农村广播村村响建设工程顺利通过市级验收，建设经验在全省推广。成功举办“百龙大赛”、美术书法摄影大赛、广场健身舞大赛、农民艺术节和“百团大赛”等多项大型文化赛事活动。《桃源刺绣》《桃源石雕》《桃源捉龟舞》成功申报为市级非遗项目。文化体育中心全面开放，并成功举办首届县运会。医疗卫生方面，县人民医院外科大楼、疾控中心检验大楼、德雅医院综合大楼投入使用，为 35 万人次支付城乡居民大病医疗保险、新农合补助近 3 亿元，顺利启动县级公立医院综合改革，成功创建全国基层中医药工作先进单位。社会保障方面，新增城镇就业 6869 人、农村劳动力转移就业 15179 人，实现再就业 4521 人，零就业动态援助率 100%；各类社会保险参保 171.86 万人次，征缴各类社保基金 6.5 亿元；建设保障性住房 3611 套，改造农村危房 3150 户；发放城乡低保资金 5872 万元，城乡低保、“五保”供养实现应保尽保；帮助 0 ~ 7 岁残疾儿童设施抢救性康复 66 人，救治救助贫困重性精神病患者 105 人，新增城乡养老服务示范床位 12 张，新增农村幸福院床位 100 张；发放各类优抚对象抚恤金共计 5598.8 万元，切实保障各类优抚对象抚恤待遇。扶贫攻坚成效明显，整合各类财政资金 4300 万元，帮助 1.8 万人实现脱贫。平安创建方面，狠抓平安桃源、民主法治建设，新增社会治安视频监控摄像头 150 个，成功创建省级安全生产示范县，通过全国无邪教示范县验收，社会大局安定有序，全省民调排名前进 34 个位次。（胡　强　王　平）

**【黔张常铁路桃源段建设工程正式启动】** 黔张常铁路是桃源县第一条快速铁路，起于重庆市黔江区黔江站，途经湖北湖南，经桃源县最终到达常德火车站，全长 339 千米，设 16 个站，工程估算金额 384.4 亿元，线路设计时速 200 千米，输送能力为货运 3000 万吨 / 年，客运 2900 万人 / 年，为国家 Ⅰ 级铁路。其中桃源段全长 87.22 千米，途经牛车河、观音寺、龙潭、佘家坪、泥窝潭、深水港、漳江、青林、枫树、陬市等 10 个乡镇，设有牛车河、县城（深水港高桥）两座中间站，龙潭、陬市两座越行站。境内有武陵山 3 号、吴家塔、彭家寨三个隧道，延溪河、白洋河、陬溪垸三座特大桥。2015 年，随着中铁隧道集团进驻桃源县牛车河乡开始对桃源境内高铁隧道进行施工，标志着黔张常铁路桃源段建设工程正式启动，建设工期为 5 年半。

（李　彪）

**【桃源城镇提质换新貌】** 2015 年，桃源县城建综合投入达到 17 亿元，不断加快县城建设步伐，城镇化率增长2个百分点，达到49.5%，县城面貌焕然一新，极大提升了县城形象和品位，成功通过国家卫生县城和省级文明县城复检。其中投资1.8亿元，实施武陵东路、滨河路、建设东路、建设西路、文昌西路、莲花湖街、横东街、后东街、新河南路、北匝道等11条道路及南圆盘的沥青摊铺、人行道板铺装、排水管网、强弱电共同管沟、绿化、亮化、交通渠化等综合改造。在实施道路综合改造的同时，投资1000多万元，一并推进了11条路灯的整体亮化升级改造，对全城路灯进行全面检修，城区路灯亮化率达到100%。投资约2000万元，实施老城区绿化整体提质改造，新建绿化景观游园4个，改造绿地1.2万平方米，新增城区绿地面积16万多平方米。投资4亿元，建成占地0.13平方千米的文化体育中心，按照"全市最好、全省一流"的标准，高标准打造了室外运动场、综合体育馆、文化广场等基础设施。投资2亿元，全面推进沅水西岸风光带建设，整个风光带全长4.2千米，占地面积0.14平方千米，主要建设亲水平台、文化墙、外滩公园、滨河路等设施，打造以"一轴三带七景"为核心的大型开放式城市滨江风光带。（王　平）

**【桃源县举办首届体育运动会】** 2015年10月9日，以"全民健身，魅力桃源"为主题的桃源县第一届体育运动会在新落成的县文化体育中心拉开序幕，此次运动会共有来自全县各乡镇、县直各单位60个代表队的4300多名运动员参加，设置篮球、乒乓球、羽毛球、拔河、气排球、门球、广场健身操舞、中国象棋等八个比赛项目。经过一个多月紧张激烈的角逐，漳江镇、漆河镇、陬市镇分获乡镇组前三名；教育系统、政法系统、财税系统分获县直组前三名。此次运动会参与群众达10余万人次，是全县迄今为止规模最大、参赛人数最多、项目设置最广的一次综合性体育盛会。（谢鑫杰）

**【《湖南日报》头版头条宣传推介桃源县国有林场改革经验成果】** 2015年11月14日，《湖南日报》头版头条以《桃源国有林场改革活力迸发》为题，报道桃源县国有林场改革取得的初步成效。桃源县国有林场改革重点聚焦5个方面的内容：一是定性定编，二是完善社会保障体制，三是妥善安置富余职工，四是加强财政支持，五是完善政策支持体系。全县牢牢把握"三增一稳"（森林资源增加、林场职工增收、发展后劲增强、林场和谐稳定）的工作原则，采取定性定编，将4个国有林场全部定性为从事公益服务的一类事业单位，将符合条件的职工全部核定为全额拨款事业编制，对编制内职工和护林员按每人2平方千米的标准定岗定责；对未定编的人员采取购买服务的方式，聘用其从事公益林管护、森林抚育工作。同时通过转方式、活经营，实施低产低效林改造、发展林下经济、开发生态旅游及森林农产品和旅游产品，最大限度提高林场经济效益。天台山、白鹤山林场放养和散养生态土鸡与富硒山羊，年收入100多万元。牯牛山林场建有高山有机木耳、食用菌基地，产品供不应求。乌云界养生休闲游、西安漂流等旅游基地，年接待游客逾万人。切实走出了一条科学发展、绿色崛起之路，实现了社会效益、经济效益和生态效益多赢。（何昂骋）

沅水西岸风光带

# 临澧县

| | |
|---|---|
| 县委书记 | 杨琦明 |
| 县委副书记 | 杨天生　蒋颖群 |
| 县委常委 | 林宜泉　易文斌 |
| | 刘　高（2月调离） |
| | 毕金生　程灵敏　陈　翔 |
| | 郭祖福　邓慈陵 |
| | 刘　静（10月调离） |
| | 李　韬（挂职） |
| | 刘贵平（6月任） |
| | 叶春华（10月任） |
| 县人大常委会主任 | 杨华桥 |
| 县人大常委会副主任 | 乔光泉　刘朝年 |
| | 刘开明　邓少剑 |
| | 钟　音（兼） |
| 县人民政府县长 | 杨天生 |
| 县人民政府副县长 | 易文斌　毕金生 |
| | 李　韬（挂职） |
| | 邓　红　朱荣华　汪年生 |
| | 毛世秋　饶金山 |
| | 姜　洲（5月任） |
| 县政协主席 | 朱泽欣 |
| 县政协副主席 | 刘茂梅　夏妍枝 |
| | 蒋谟金（兼） |
| | 邹　航（兼） |
| | 廖孝波（兼） |
| 县武装部部长 | 刘　高（2月调离） |
| | 夏雄英（2月任） |
| 县武装部政委 | 刘贵平 |

**【概况】** 2015年，临澧县辖8镇9乡、1个经济开发区。土地总面积1203.43平方千米，耕地面积369.8平方千米。年末总人口453580人，其中城

镇人口 108337 人。人口出生率 10.4‰，自然增长率 6.8‰。年内气温最高 38℃，最低 -1.8℃，年降水量 1371.9 毫米。

经济增长。完成地区生产总值 139.42 亿元，比 2014 年增长 9.1%；第一、二、三产业增加值分别为 27.73 亿元、52.34 亿元、59.35 亿元，分别增长 3.6%、9.6%、11.2%，三次产业结构比为 19.9 ∶ 37.5 ∶ 42.6。财政总收入 6.56 亿元、公共预算收入 4.07 亿元，分别增长 9.1%、7.2%；固定资产投资 142.72 亿元，增长 22.5%；城镇居民人均可支配收入 25116 元，农民人均可支配收入 13050 元，分别增长 7.6%、8.9%。

转型升级。工业升级成效明显。突出园区攻坚，狠抓技术改造，完成工业固定资产投资 89.71 亿元，新增规上企业 3 家，实现工业总产值 160.22 亿元、增加值 42.5 亿元，分别增长 12.2%、9.9%。特别是园区工业增势强劲，销售收入、税收分别增长 16.68%、17.21%。农业升级成效明显。新型农业经营主体加速成长；成功入围全省新一轮产油大县，粮食产量创历史新高，烟叶生产喜获丰收，蔬菜生产实现突破；黄花鱼良繁基地顺利通过省检，“临澧杂柑”获国家地理标志产品保护，“陈二郎”野生油茶籽获国家有机食品认证，“湘朋”蜜橘获国家绿色食品认证。三产升级成效明显。“文化+”、现代金融、电子商务等新业态蓬勃发展，林伯渠故居国家 AAAA 级景区、太浮山国家 AAA 级景区创建有序推进；湘北国际烟花展示交易中心、满屋彩电商产业园等项目进展顺利；金融支持现代农业发展示范县、省级金融安全区标兵县创建成效明显，县农商行挂牌营业；商贸、餐饮等传统产业创新发展，“好运临澧·福满安福”消费节、合口美食文化节、婚庆家居博览会等活动火热开展，网销平台悄然兴起。实现社会消费品零售总额 53.13 亿元，增长 12.3%。

城乡面貌。精心编制“十三五”规划，申报重大项目 343 个，资金总额过千亿元。狠抓交通、水利、能源、信息“四网”建设，累计完成交通投入 3.25 亿元、水利投入 3 亿元，沅澧快速干线一号大道开工建设，林伯渠故居旅游公路实现通车，青山水闸改造、农网改造、智慧临澧建设稳步推进。狠抓城镇扩容提质，县城建设完成投入 5.7 亿元，城市道路骨架进一步拉开，国卫创建、省级园林县城创建推进有序，新安、合口、佘市等小城镇建设成效明显，全县马路市场基本取缔。以创建生态县为目标，以美丽乡村建设为抓手，完成营造林 9.8 平方千米、“三边”绿化 328 千米，九里乡同心村、四新岗镇牯牛村获市级美丽乡村称号。淘汰关闭一批塑料粒子、陶瓷、黏土砖厂等高能耗、高污染企业，生态环境进一步改善。

改革攻坚。认真落实省市部署的 63 项涉改任务，县政府机构改革基本完成，农村土地确权登记颁证工作全面启动。自主改革形成样板。投融资、法院法庭、完美社区、社会管理理事会、澧北一体化 5 项自主改革落地见效，投融资平台转型经验在全省推广，“高顺新 3+X”社会治理试点顺利推行，停弦社会管理理事会协同治理模式得到上级肯定。改革试点可推可学。作为全省唯一试点单位，承接民政部“救急难”工作试点；作为全省 4 个县（区）试点单位之一，承接全国百县千村基层儿童福利服务体系建设试点；作为全市 3 个试点单位之一，承接法庭司法体制改革试点。

民计民生。民生支出占公共预算支出比重达到 80.6%。社会事业加快发展。改造薄弱学校 21 所，整合城乡学校 7 所，新丁玲学校、县五完小建设有序推进，高考再创佳绩、继续全市领先。人民医院、中医医院、安福卫生院等新建扩改项目进展顺利，兑付新农合资金 1.53 亿元。“两微一报”开通，“最美临澧人”“美丽临澧大家唱”等群众文化活动蓬勃开展，鼓书《西瓜的秘密》《鼓舞人生》分

丁玲文学创作基地挂牌

获全国金银奖，丁玲文学创作基地挂牌成立，“每周一登”“浮山四季游”渐成常态。计划生育工作被评为全省优秀单位。社会保障不断增强。新增城乡就业1.3万人、创业主体2231人；征缴社保基金5.16亿元，支付社会保险待遇5.72亿元；发放低保资金6041万元，救助36.5万人次；新建改造敬老院3所、幸福院17所，发放五保资金1815万元；澧北铜山公墓建设基本完成；改造农村危房1650户、棚户区1910户，新建保障性住房1252套。新解决10.74万人饮水安全问题，完成县城自来水厂新建前期工作。坚持精准扶贫，实施整村推进战略，结对帮扶困难群众1.3万户，圆满完成年度攻坚任务。关心关爱留守儿童、空巢老人、残疾人、计划生育失独家庭等特殊群体，心理健康教育全面进学校，特殊困难得到有效救助。社会秩序安定和谐。进一步创新社会治理，狠抓平安创建、信访维稳、社会治安、安全生产，全县没有发生较大以上群体性事件，没有发生重特大恶性治安案件，没有发生重大安全事故，连续两年被评为“全省综治工作先进县”。

（王银霞　尹灵杰）

**【丁玲文学创作基地暨湖南文学创作示范基地挂牌成立】** 2015年11月26日，丁玲文学创作基地暨湖南文学创作示范基地在临澧县佘市桥镇高丰村黑胡子冲挂牌成立。丁玲文学创作基地暨湖南文学创作示范基地由湖南省作协与临澧县联合建设，省作协领导与临澧县委负责人就共建丁玲文学创作基地签署战略了合作协议。基地建成后，省作协将定期组织省内作家到临澧深入生活、采风，举办文学艺术讲座、研讨会等活动。

（王银霞）

**【残疾人射击运动员黄兴获世界杯金牌】** 黄兴，临澧县佘市桥镇殷家村人，2003年被县残联选拔为残疾人运动员，2004年被省残联选送到省射击中心进行训练。因其资质不凡、训练刻苦，2010年曾获得过全国第十二届残运会气手枪10米比赛个人金牌和团体金牌。2015年在德国汉诺威举办的射击世界杯比赛中，黄兴技压群雄，斩获小口径手枪25米慢加速项目个人金牌。同时，与队友共同获得小口径手枪25米慢加速项目、10米气手枪项目团体冠军。此外，还与队友获得50米自选手枪项目团体银牌。

（王银霞）

**【湘北大鼓《香火》获第五届湖南艺术节银奖】** 2015年10月底，湘北大鼓精品节目《香火》在第五届湖南艺术节比赛中，获得舞台作品类“三湘群星奖”银奖。《香火》由第十届中国艺术节曲艺类群星奖得主、澧水流域知名鼓曲艺人邵丹创作，以弘扬真善美、传递正能量为主旨，讲述了一个好心的过路人和一个善良的女学生共同演绎的一段反映孝道的故事。

（王银霞）

**【梅林果业董事长何静成为全省创新创业典型】** 何静，临澧县九里乡人，大学期间曾摆地摊、开办网络工作室。毕业后，她回到家乡，扎根农村，发展现代农业。2014年，何静被团中央评为“全国农村青年致富带头人”。她经营的“梅林果业”已拥有万亩天草柑生产基地，被列为“全国巾帼现代农业科技示范基地”，其组建的合作社被评为“国家级示范合作社”。2015年，何静被省委宣传部等部门确定为全省创新创业先进典型巡回报告团成员，成为全市唯一入选的企业代表。

（王银霞）

# 石门县

县委书记　谭本仲（4月任）
县委副书记　郭碧勋　徐　荩
县委常委　李金生
谭登平（10月离任）
胡元琴　王先波
杨立新（3月离任）
徐郁平
陈支文（9月离任）
张树国（9月任）
丁克刚（10月任）
李厚元
唐光海（3月离任，挂职）
姜志勇（8月离任，挂职）
赵正兵（3月任，挂职）
覃歇民（援藏）
县人大常委会主任　高德知
县人大常委会副主任　伍林支　李世权
刘双红　李　芳　赵松岳
县人民政府县长　郭碧勋
县人民政府副县长　丁克刚（10月任）
谭登平（10月离任）
李厚元
唐光海（3月离任，挂职）
姜志勇（8月离任，挂职）
赵正兵（3月任，挂职）
陈云谋
万义元（党组副书记）
车立平　柴从林
刘　颖　江　毅　彭合明
楚　波（3月任，挂职）
县政协主席　陈本富
县政协副主席　王承欣　覃惠敏（兼）
欧朝虎　胡中华（兼）
马业平（兼）
县武装部部长　李范新（6月任）
县武装部政委　陈景华（3月任）

**【概况】** 2015年，石门县辖11镇8乡、1个管理区。土地总面积3970平方千米，耕地面积482.13平方千米。年末全县户籍总人口67.1万人，其中城镇人口14.5万人，农村人口52.5万人。人口出生率10.7‰，死亡率5.4‰，自然增长率5.3‰。全年气温最高37.9℃，最低－1.0℃，年降水量1519.1毫米。

全年完成地区生产总值211.39亿元，比2014年增长9.1%。其中，第一产业增加值37.34亿元，增长3.5%；第二产业增加值87.11亿元，增长10.4%；第三产业增加值86.94亿元，增长10.5%。三次产业结构由2014年的17.9∶42.1∶40.0调整为17.7∶41.2∶41.1。全年完成县级财政总收入111008万元，比2014年增长9.2%。

农林牧渔业总产值56.62亿元，比2014年增长3.2%。主要农产品产量：粮食27.34万吨，油料作物4.87万吨，烤烟0.30万吨，蔬菜23.49万吨，水果

30.70万吨，其中柑橘29.83万吨；茶叶0.85万吨，肉猪出栏83.74万头，牛出栏2.72万头，羊出栏35.16万头，家禽出笼1992.53万羽。全年开工各类水利工程1.2万处，投入资金4.2亿元，完成土石方300万立方米，治理水土流失面积16.03平方千米。年末农业机械总动力65.0万千瓦，增长1.7%。全年农村用电量1.79亿千瓦时，增长1.9%；农用化肥施用量（折纯）3.25万吨，增长0.5%。全县农产品加工企业923家，其中国家级及省级以上龙头企业3家。年末有农民专业合作社255家，成员数4万个。家庭农场109个，经营土地面积11平方千米。

工业总产值250.06亿元，同比增长10.5%，其中规模以上工业企业完成总产值221.97亿元，增长14.8%。实现全部工业增加值79.04亿元，增长11.0%，其中规模以上工业增加值62.78亿元，增长11.8%。规模以上工业企业产品销售率达99.7%。主要工业产品产量：原煤42.15万吨，石膏492.48万吨，磷矿石3.63万吨，发电量55.69亿千瓦时，化肥（折纯量）6.51万吨，水泥416.83万吨，水泥熟料404.22万吨，罐头14.45万吨，饲料11.94万吨。全年海关进出口总额1942万美元。全年实际利用外资金额6700万美元；实际引进境内省外资金35.98亿元。

社会消费品零售总额96.84亿元，同比增长12.3%。按消费形态分，批发和零售业总额68.29亿元，增长11.9%；住宿业和餐饮业总额28.55亿元，增长14.8%。按销售单位所在地分，城镇消费品零售总额81.46亿元，增长12.0%；乡村消费品零售总额15.38亿元，增长13.8%。完成批发和零售业增加值11.82亿元，比2014年增长6.1%；住宿和餐饮业增加值3.12亿元，增长9.0%。全年实现交通运输、仓储和邮政业增加值13.96亿元，同比增长5.3%。全年交通部门完成货物运输周转量16.08亿吨千米；完成旅客运输周转量11.99亿人千米。邮电业务总量3.71亿元，增长12.4%。新增固定电话用户0.13万户；年末固定电话用户5.28万户；新增移动电话用户2.77万户；年末移动电话用户达到40.94万户；年末互联网宽带用户4.89万户。

全年固定资产投资施工项目353个，其中新开工306个。完成固定资产投资176.78亿元，增长22.8%。按经济类型分：国有经济固定资产投资24.95亿元，增长1.9倍；非国有经济固定资产投资151.83亿元，增长12.2%。按产业分：第一产业投资5.81亿元，增长1.3倍；第二产业投资128.56亿元，增长8.1%；第三产业投资42.40亿元，增长88.9%。全年完成工业固定资产投资额128.56亿元，增长8.3%，其中工业技术改造完成投资额103.80亿元，增长20.2%。

社会事业明显进步。各级各类教育均衡发展，累计完成教育投入21.88亿元，新建乡镇公办幼儿园9所，实施合格学校创建、薄弱学校改造、农村教学点配套建设等项目248个。教育教学质量全市领先，五年有47人被清华、北大录取。科技事业全面提升，全年专利申请227件，其中发明专利49件；授权专利155件，其中发明专利4件。签订技术合同61项，成交金额4140万元。公共文化体系不断完善，全县文化站19个，艺术表演团体68个。文化馆、博物馆和公共图书馆各1个。全年放映农村公益电影0.85万场。新拨批省级非物质文化遗产名录3个。出版报纸1种，出版期刊3种，期刊发行量0.2万册。档案馆1个，开放各类档案1.7万卷。拥有广播电台1座，广播综合人口覆盖率达100%。电视台1座，有线电视入户数8.57万户，电视综合人口覆盖率达到97.4%。卫生医疗服务体系加快完善，全县卫生机构34个，其中医院、卫生院30个，卫生监督机构、疾病预防控制中心、妇幼保健院、专科疾病防治站各1个，社区卫生服务中心2个，诊所（卫生室、医务室）58个，村卫生室366个。全县参加农村合作医疗的农民达56.5万人，参合率达99.6%。体育事业蓬勃发展，全县体育场地868个，体育馆3座，运动场839个，游泳池1个，各种训练房25个。参加全面健身运动的人数达9万人，开展全面健身项目18项，新建农民体育健身工程的行政村61个。全县运动员参加世界比赛获得金牌14枚，参加全国比赛获得金牌8枚（含残疾运动员）。就业规模不断扩大，新增城镇就业人员6420人，新增农村劳动力转移就业10540人。城镇居民参加基本医疗保险人数65229人，参加城镇基本养老保险职工人数51994人，其中离退休人员16215人；参加城镇职工基本医疗保险人数44121人，其中退休人员15885人；参加失业保险职工人数21205人；参加生育保险职工人数24233人；参加工伤保险职工人数46524人。城镇居民最低生活保障人数7013人，全年发放保障经费2322万元。参加新型农村社会养老保险人数262107人。

（杨　雄）

**【石门县老城区小街小巷改造工程】** 石门县老城区小街小巷改造工程东起观潭花园、西接西溶路、北到支柳铁路、南至澧水河堤，涵盖共计19条总长度达12.4千米的陈旧巷道路面及污水管网，改造内容包括道路“白改黑”、弱电入地、雨污分流、新增给水管、道路亮化绿化、智能交通工程及交通标识标线、城市家具配套等。该工程于2015年10月26日动工，计划投资约2.08亿元。（杨　雄）

**【2015中国·湖南石门柑橘节】** 2015中国·湖南石门柑橘节于2015年9月23日、9月28日分别在长沙、石门县两地开幕。自2001年举办首届石门柑橘节以来，柑橘节已成为石门橘农盛典、文化盛宴、旅游盛事。本届柑橘节的主题是“打开石门，登上壶瓶”，由9月23日在长沙橘子洲头举行的“石门橘红橘子洲”，9月28日在夹山国家森林公园举行的柑橘节开幕式，龙凤园艺场举行的“碧玉橘园采橘游”，9月28—29日在夹山、仙阳湖、壶瓶山举行的湖南省山地户外健身（山地乐跑、环仙阳湖自行车大赛、野钓大赛、世界冠军登顶壶瓶山、音乐篝火晚会、千人露营等）大会（石门站），以及美食厨艺大赛、网上柑橘节等活动组成。（杨　雄）

**【举办首届夹山茶禅文化论坛】** 2015年12月5—6日，2015夹山千年茶

2015 年夹山千年茶禅文化高峰论坛

禅文化论坛在“中国茶禅之乡”石门县举办。来自日、韩、德等国家和中国香港、台湾地区以及大陆的大德高僧、专家学者 300 余人齐聚一堂，探寻和溯源夹山绵延千年的茶禅文化。千年前，宋代的圆悟禅师在此品茶修禅，悟出“茶禅一味”4 字心得，成就了千年茶禅文化。石门夹山寺是誉满东亚的茶禅祖庭，被誉为“宗门第一书”的《碧岩录》、茶禅文化的真谛“茶禅一味”皆起源于此。此次论坛以探寻和溯源夹山绵延千年的茶禅文化为核心，力求打造具有权威和影响力的茶禅文化研讨平台，为弘扬中华传统文化发挥积极作用。本届论坛由国际休闲产业协会、北京大学宗教文化研究院、中国科协—清华大学科技传播与普及研究中心、湖南省佛教协会、石门县政府主办，中国十大禅茶祖庭协办。

（杨 雄）

# 澧 县

县委书记 彭孟雄
县委副书记 李育智 陈爱喜
县委常委 金贤松 冯文元 唐直秋
张 林 童成振 罗 慧
李树全（2 月转业）
刘德平 朱卫兵
熊汉澍（2 月任）
县人大常委会主任 颜学锦
县人大常委会副主任 罗德清 淡光兴
鲁明金 赵传柏 熊德蓉
县人民政府县长 李育智
县人民政府副县长 金贤松 冯文元
张晓莲（4 月离任）
刘 辉 高建平
周常彩（公安局长）
杨 莉 赵常津
李如清（挂职）
县政协主席 张晓莲（1 月任）
县政协副主席 何柏林 邓连琼
陈奇辉 夏金梅 杨 钢
县武装部政委 熊汉澍
县武装部部长 李树全（2 月转业）
龚国军（2 月任）

**【概况】** 2015 年，澧县辖 14 个镇、16 个乡、4 个街道、8 个农林渔场（站），12 月 31 日调整为 15 个镇、4 个街道，土地总面积 2075 平方千米。年末总户籍人口 92.49 万人，其中城镇人口 20.05 万人。人口出生率 10.93‰，人口自然增长率 7.42‰。全年最高气温：37℃，最低气温：-1.7℃，平均气温：17.3℃，年降水量：1441.9 毫米。

实现地方生产总值 278.5 亿元，增长 10.5%。其中，第一产业增加值 52.3 亿元，增长 3.1%；第二产业增加值 104.1 亿元，增长 10.2%；第三产业增加值 122.1 亿元，增长 14.5%。三次产业结构比为 18.8 ∶ 37.4 ∶ 43.8。公共财政预算收入 9.76 亿元，增长 8.6%。财政总收入 14.28 亿元，增长 12.5%。城乡居民收入继续增加。全年全县城镇居民人均可支配收入 23060 元，增长 8.2%；农村居民人均可支配收入 11713 元，增长 9.6%。全县银行类机构共 10 家，全年金融机构人民币存款余额 245.8 亿元，比年初增加 23.4 亿元，增长 10.5%。金融机构各项贷款余额 97.9 亿元，比年初增长 13.2 亿元，增长 15.7%。年末全县共有商业保险公司分支机构 15 家，其中财险公司 7 家、寿险公司 8 家。全年保费收入 6 亿元，增长 12%。全年共赔款 1.27 亿元，增长 15.1%。

实现农林牧渔业总产值 91.4 亿元，增长 3.6%，完成增加值 52.3 亿元。主要产品产量：粮食 52.73 万吨，棉花 2.08 万吨，油菜 8.87 万吨，水果 12.26 万吨，蔬菜 37.83 万吨。全年完成造林面积 39.7 平方千米，增长 1.28%；全年活立木总蓄积量 228.7 万立方米，森林资源蓄积量增长率 4.1%。畜牧业主要产品产量：生猪出栏 106.3 万头，家禽出笼 1763 万羽；全年肉类产量 10.79 万吨，猪肉 7.65 万吨，牛肉 0.2 万吨，羊肉 0.46 万吨，水产品总产量 6 万吨。全年化肥施用量 19.95 万吨，增长 1.84%。农药施用量 2533 吨，减少 1.21%。

全县共有规模工业企业 103 家，比 2014 年增加 4 家。全年完成规模以上工业总产值 265.2 亿元，增长 16%。实现规模以上工业增加值 64.7 亿元，增长 13.2%。在规模以上工业中，非公有制工业增加值 60.78 亿元，占全部规模工业增加值比重的 93.9%，比 2014 年增长 14.4%。全县共有 41 家园区规模工业企业，比 2014 年增加 5 家，共完成园区工业总产值 137.2 亿元，增长 22%；实现园区工业增加值 33.5 亿元，比 2014 年增长 13.9%。全县有 23 家高新技术企业和高新产业企业，实现高新技术产业增加值 24.9 亿元，占规模以上工业经济总量的 38.5%。全县规模以上工业企业产品销售率 99.2%。纳入统计的 27 种工业产品中，产量增长的有 20 种，占产品总数比重 74%。规模以上工业实现主营业务收入 255.6 亿元，增加 18.3%；实现利润 16.9 亿元，减少 1.5%；实现利税总额 35.2 亿元，增长 10.4%。

全年社会消费品零售总额 105.28 亿元，比 2014 年增长 12.1%。全县共有限额以上批发和零售业企业 43 家，实现零售额 18.6 亿元；限额以上住宿和餐饮企业 26 家，实现零售额 2.4 亿元。全年实现旅游收入 42.6 亿元，比 2014 年增长 37.9%。全年接待国内旅游人数 571.5 万人次，增长 34.4%。年末全县共有国家 AAAA 级旅游景区 1 个（城头山国家考古遗址公园），国家 AAA 级旅游景区 2 个（澧州古城、彭山庄园）。年末全县有宾馆酒店和社会旅馆 571 家。其中，五星级酒店 1 家（瑞高酒店）、三星级酒店 3 家（桃花滩宾馆、金龙玉凤饭店、城头山国际大酒店）、二星级酒店 1 家（兰国宾馆）。旅行社 2 家，旅行社营业部 5 家。

全年完成固定资产投资（不含农户）276.5 亿元，比 2014 年增长 22.2%。其中，国有投资 29.7 亿元，减少 22.2%；非国有投资 246.7 亿元，增长 31.1%。非国有投资中，民间投资 236.9 亿元，增长 34.9%，占固定资产投资比重 85.7%。全年房地产开发项目 17 个，比 2014 年减少 2 个；共完成房地产开发投资 8.4 亿元，比 2014 年减少 27.4%。商品房销售额 23.4 亿元，减少 10.1%。其中住宅销售额 20.1 亿元，增长 26.6%。全年商品住宅销售均价 3792 元，比 2014 年增加 272 元，增长 7.7%。全县引进市外境内资金 60 亿元，增长 14.5%，利用外资 5900 万美元，增长 10.6%。

落实省重点民生实事项目各项指标全部达标。教育水平不断提高，全县共有各级各类学校 173 所。其中，小学 131 所，初中学校 34 所，普通高中 5 所，职业中学 3 所。在校学生 7.84 万人，比 2014 年增加 959 人，共有教职员工 0.62 万人。2015 年参加高考人数 0.46 万人，录取考生 4435 人。其中，本科生 2540 人。共有幼儿园 205 所，入园幼儿 2.15 万人，其中城区 0.7 万人，农村 1.45 万人，在园专职教师 900 人。科技创新不断加强，全年专利申请 246 件，其中授权专利 173 件。全年承担的科研项目 41 个，项目总投入 451 万元。全年共签订各类技术合同 105 项，技术合同成交额达 0.5 亿元。年末全县拥有工程技术研究中心 3 家、院士工作站 1 家。文化活动精彩纷呈，春节联欢晚会、群众文艺“百团大赛”等大型文化活动的演出，极大地丰富了人民群众的精神文化生活。全县共有艺术表演团体 3 个、文化馆 1 个、公共图书馆 1 个、博物馆 2 个、广播电台 1 座、中短波广播发射台和转播台 1 座、农村有线广播站 32 个、电视台 1 座、广播综合人口覆盖率和电视综合人口覆盖率分别达 100% 和 80%。电视转播台 6 座，有线电视用户 9 万户。放映公益电影 5000 场，观众 147.8 万人次。剧团演出 158 场，观众 3.6 万人次。图书馆藏书 12.6 万册，总流通人数 7.4 万人次。文物藏品 5233 件，其中一级品 28 件。

全县参加城镇职工基本养老保险人数 9.8 万人，新型农村养老保险登记参保人数 44.56 万人，参加城镇职工基本医疗保险人数 6.5 万人，参加城镇居民基本医疗保险人数 7.58 万人，参加工伤保险人数 5.1 万人，参加生育保险人数 3.2 万人，参加失业保险人数 3.3 万人。领取失业保险人数 600 人。新型农村合作医疗参保人数 78.23 万人，比 2014 年增加 0.25 万人，参合率 99.93%。新型农村合作医疗基金累计支出 3.63 亿元，比 2014 年增长 24.3%，受益人数 174 万人次。全年获得政府最低生活保障的城镇居民有 1.94 万人，月人均补助标准 272 元，比 2014 年增加 22 元，共发放城镇居民生活最低保障经费 0.63 亿元，增长 10.5%。获得政府最低生活保障的农村居民 4.3 万人，月人均补助标准 121 元，比 2014 年增加 16 元，共发放农村居民生活最低保障经费 0.62 亿元，增长 14.8%。年末有各类收养性社会福利单位床位数 3200 张，收养各类人员 2950 人。城镇新增就业人员 0.68 万人，减少 2%。失业人员再就业 0.3 万人，减少 3%。援助农村贫困家庭转移就业 1.24 万户，年末城镇登记失业率 2.1%。

体育事业持续发展。全县有体育场地 211 个，新建农民体育健身工程的行政村 93 个，开展全民健身项目 20 项次，经常参加锻炼的人数 50 万人。全年举办县以上运动会 3 次，参加人数 5 万人次，获省级金牌 6 枚，省级银牌 4 枚，省级铜牌 3 枚。全县拥有各类医疗卫生机构 715 个。其中，医院、卫生院 45 个，妇幼保健院 1 个，专科疾病防治站 3 个，社区卫生服务中心 42 个，诊所、卫生室和医务室 71 个，村卫生室 551 个。卫生技术人员 3800 人。其中，执业医师及执业助理医师 2022 人，注册护士 1572 人。各类医疗卫生机构拥有床位 4053 张。全年完成诊疗服务 163 万人次，增长 6.78%。

全社会能源消费总量 110.7 万吨标准煤，比 2014 年减少 26.07 万吨标准煤，下降 19.1%。万元 GDP（按 2010 年不变价格计算）能耗 0.43 吨标准煤，比 2014 年下降 27.1%。全社会用电量 8.5 亿千瓦时，下降 1.3%。境内已发现矿种有 30 种，有探明资源储量的矿种 15 种。全年水资源总量 19 亿立方米。其中，地下水资源量 4 亿立方米；各类水库蓄水量 5 亿立方米。澧水水质维持Ⅲ类标准，涔水水质达Ⅳ类标准，市城区饮用水水质指标基本符合国家饮用水卫生标准。全年废水排放总量 116.2 万吨，废水处理率 80%。废气排放总量 52.6 亿标立方米，废气处理率 100%。全年城镇污水排放总量 1508 万吨，城镇污水处理量 1094 万吨，城镇污水处理率 72.6%。县城空气质量良好以上天数 347 天，空气质量达标率 95.1%，农村生活污水处理率 41.3%，农村垃圾集中处理率 94.4%。

（李献军　周春燕）

**【承办 2015 年湖南省青少年排球锦标赛】** 2015 年 4 月 1 日，2015 年湖南省青少年排球锦标赛在澧县体育馆落下帷幕。比赛由省体育局主办，常德市体育局、澧县人民政府承办，澧县体育局协办，共有来自长沙、岳阳、衡阳、娄底和常德 5 个市的 18 支代表队 210 名运动员参赛。经过 7 天精彩激烈的角逐，男、女子组冠军均由长沙周南中学夺得，男子组亚、季军分别为岳阳湘阴一中、衡阳市队，女子组亚、季军分别为衡阳八中、岳阳湘阴一中，大赛组委会还评选出了 4 个“体育道德风尚奖”代表队、36 名“体育道德风尚奖”运动员和 6 名“优秀裁判员”。本届比赛是自澧县新的体育中心建成以来，首次协办的省级单项体育赛事。

（李献军　周春燕）

**【澧县微电影《七千年的名片》获电影节优秀奖】** 2015年8月10日，第24届中国金鸡百花电影节“映像·吉林”海峡两岸暨港澳青年微电影大赛预赛结束，由澧县城头山古文化遗址管理处和澧县谷圣文化传媒有限公司联合摄制的微电影《七千年的名片》成功入围，获优秀奖。《七千年的名片》作为首部宣传城头山历史文化的微电影，以它独特的主题和完美的艺术表现力，从500余部微电影作品中脱颖而出，成功入围，并在此次电影节专用网——优酷网中，不到一周时间点击量超过100万次。《七千年的名片》还得到中国文物保护基金会、共青团中央“未来之星”组委会重点推荐影片的资格，在中国影视界和考古界引起了强烈反响，进一步提升了城头山的美誉度和知名度。（李献军　周春燕）

**【城头山旅游景区举行试游园暨开展金点子征集活动】** 2015年10月25日，城头山古文化遗址试游园暨城头山“金点子”万元征集活动启动。通过层层筛选，从全国各地8万多份名单中挑选出100名幸运游客，与市、县部分领导及社会各界代表近200人在城头山古文化遗址参加启动仪式。100名幸运游客分乘10辆崭新的观光车游览了护城河风光带、城头山博物馆、城头山古城墙遗址、城头山古稻田遗址及城头山农业生态园。游览结束后，游客们还享受了主办方安排的免费午宴，欣赏了精彩的小品、歌舞和舞狮表演。最后，还参加了互动游戏。这次试游园活动，除湖南新康辉国际、湖南海外国际、常德中旅、常德山水等旅行社代表参与见证外，新华网、新浪网、《人民日报》、红网常德站、《常德日报》、常德电视台等媒体记者代表对活动全程进行了跟踪报道。

（李献军　周春燕）

城头山旅游景区举行试游园暨开展金点子征集活动

# 安乡县

| | | | |
|---|---|---|---|
| 县委书记 | | | 宋云文 |
| 县委副书记 | | 张　阳 | 黄旭峰 |
| 县委常委 | 翦　鹰 | 汪军华 | 唐海芳 |
| | 陈支文 | 林红华 | 汤　平 |
| | 王莨睿 | 皮丕新 | 吉海波 |
| 县人大常委会主任 | | | 魏邦发 |
| 县人大常委会副主任 | 潘　勇 | | 胡盛勇 |
| | 周海云 | 瞿宏辉 | 侯湘兰 |
| 县人民政府县长 | | | 张　阳 |
| 县人民政府副县长 | | 陈支文 | 林红华 |
| | 唐西英 | 王汝国 | 李长春 |
| | 程　节 | 姜建渠 | 刘小明 |
| | | | 张胜军 |
| 县政协主席 | | | 章绍君 |
| 县政协副主席 | | 华云泽 | 何国荣 |
| | | 张廷见 | 谢铁城 |
| 县武装部政委 | | | 皮丕新 |
| 县武装部部长 | | | 谈　云 |

**【概况】** 2015年，安乡县辖8镇4乡2个农场。土地总面积1087平方千米，其中耕地面积650平方千米。2015年末户籍总人口为55.3万人，城镇人口11.74万人。人口出生率9.2‰，自然增长率4.2‰。2015年内气温最高32.9℃、最低5.2℃；2015年降水量1365.2毫米。

2015年全县完成地区生产总值145.95亿元，比2014年增长9.0%。其中：一、二、三产业分别完成增加值29.16亿元、36.22亿元、80.57亿元；增速分别为-2.9%、12.2%、12.9%；完成全社会固定资产投资57.2亿元，增长23.2%；县级财政总收入4.86亿元，增长23.0%；全县城镇居民人均可支配收入21411元，比2014年增长8.9%。农村居民人均可支配收入12081元，增长10.2%。

实现农业总产值46.76亿元，全年农作物播种面积（复种）1257.33平方千米。粮食播种面积584平方千米，比2014年增加38.67平方千米。其中，早稻、中稻、晚稻播种面积分别为163.4平方千米、174.13平方千米、167.87平方千米；棉花播种面积167.07，油料播种面积394.33平方千米，蔬菜播种面积90.4平方千米。全年粮食产量30.8万吨，和2014年持平。其中，早稻、中稻、晚稻产量分别为8.85万吨、10.71万吨、9.37万吨；全年棉花产量1.91万吨，全年油料产量7.03万吨，全年生猪出栏35.83万头，生猪存栏25.26万头，家禽出笼590.75万羽，禽蛋产量3.97万吨，水产品产量10.45万吨。全年完成造林面积18.67平方千米，全县森林总面积137.13平方千米，森林覆盖率11.63%，木材产量3.415万立方米。

全县完成工业增加值28.85亿元，增长13.0%。其中，规模以上工业企业完成增加值15.81亿元，增长17.8%；规模以下工业企业完成增加值13.04亿元。规模以上工业企业实现主营业务收入68.86亿元，比2014年增长88.0%；实现利润总额1.27亿元，增长64.3%。全县有资质以上建筑业企业11家，其中，一级企业2家。全社会建筑业完成增加值7.54亿元，增长8.8%。

全县社会消费品零售总额57.69亿元，增长12.2%。其中，限额以上贸易业企业完成社会消费品零售额10.13亿元，增长41.6%；限额以下贸易业企业及个体户完成社会消费品零售额47.56亿元，增长7.4%。全县居民消费价格总指数为101.8%。价格下行的有燃料类和建材类，价格指数分别为91.2%和95.8%，其他分类别按提高幅度由高到低排序，依次为服装鞋帽类、食品类、饮料烟酒类、农业生产资料类、日用品类、化妆品类、文体用品类、服务项目及收费类、中西用品类、家用电器类，价格指数分别为105.2%、105.1%、102.1%、101.7%、101.6%、100.8%、100.2%、100.1%、100.0%、100.0%。

全县有各级各类学校89所。其中，教学点28所、小学32所、初中20所、普通高中5所、中等职业学校3所、特殊教育学校1所。在校学生37834人，比2014年增加97人。其中，小学20560人，增加733人；初中8786人，减少382人；普通高中5990人，减少423人；中等职业学校2408人，增加154人；特校学生90人，增加15人。全县有各类幼儿园75所，其中公办22所，民办53所；在园幼儿10026人，增加355人。全县公办学校在职教职工4036人，减少9人。其中，小学教师1296人，中学教师2435人，幼儿园教师138人。全县小学适龄儿童入学率和年巩固率均达100%，初中巩固率99.3%，初中生升入高中阶段比例95.7%，普职分流比例60%:40%。2015年高考一、二批本科绝对上线人数853人，其中有2人被清华、北大录取。

2015年，全县共有30家高新技术产业企业，其中省科技厅认定高新企业6家，拥有高新产品企业24家。30家企业全年完成高新技术产值46.64亿元，增长409.0%；高新技术产业增加值17.14亿元，增长455.2%。专利申请量50件，专利授权35件。天气雷达观测站点1个，卫星云图接收站点1个，为经济社会发展提供大地成果21点。

民生事业。安乡一中整体迁建启动。安乡县人民医院迁建工程开工建设，公立医院改革全面完成。全面解决52万农村人口饮水安全问题，农村饮水"村村通"工程在全市率先建成。完善"禁止投肥、生态养殖"水源保护长效机制和"河湖连通、渠溪相连"水利冬修机制，收回农村水源重点保护地10处，累计疏洗乡镇主干支渠917千米。启动潺陵影院地块等棚改项目7个，改造棚户区3512户，建成公租房1126套。城乡低保、就业和社保等各类社会保障全面加强。

改革创新。农村工作"六大机制"、重大投资项目行政审批"绿色通道"、项目审批"一周办结制"和项目签约落户"一月工作法"落实，公共资源交易和项目建设"三个三"规定不断健全；实施以"融资比选、垫资代建"为主体投融资改革。推进政府职能转变和机构改革，撤并正科级机构10个、副科级机构3个，正科级机构降为副科级机构2个。出台"权力清单、责任清单、负面清单"，压减权力事项1401项。实施乡镇区划调整改革，19个乡镇合并为12个，合村工作基本完成。实施"一权两制一司"园区改革。

（郭　靖　郭俊希）

**【安乡县被列为全国生态文明建设试点县】** 安乡县发展生态循环经济，坚持生态优先，突出"生产、生活、生态""三生协调"理念，提出"畅通安乡、创业安乡、宜居安乡、幸福安乡""四个安乡"发展目标；安乡县获得全国低碳国土试验区、全国健康养殖示范县、全国可再生能源建筑应用示范县等荣誉称号，2015年10月被国家环保部列为全国生态文明建设试点县。

（郭　靖　郭俊希）

**【安乡县成功入围国家循环经济示范县】** 安乡把生态循环作为县域发展主体战略，围绕绿色产业、生态文明建设和循环经济发展作出决议，形成机制。特别是农业产业成为安乡循环经济主要平台。如畜禽鱼粮蔬果立体种养模式，农业秸秆等废弃物综合利用，稻田、水源、林业、土地等资源循环化利用，农村垃圾"三个三分之一"处理模式等一系列经验。2015年12月，安乡成功入围国家循环经济示范县。

（郭　靖　郭俊希）

## 津市市

| | |
|---|---|
| 市委书记 | 王学武 |
| 市委副书记 | 罗先东（4月离任） |
| | 陈章杰（4月任） |
| | 庞　波（10月离任） |
| | 杨文惠（10月任） |
| 市委常委 | 康少中（10月离任） |
| | 杨文惠　周功表　徐兴庭 |
| | 黄治军　熊　斌　万长华 |
| | 张海卿　姜　超 |
| | 马吉云（10月任） |
| 市人大常委会主任 | 王育平 |
| 市人大常委会副主任 | 邓惠荣　黄费武 |
| | 李亚林　胡湘萍（兼） |
| | 邓开泉 |
| 市人民政府市长 | 罗先东（4月离任） |
| | 陈章杰（代市长，4月任） |
| 市人民政府副市长 | |
| | 康少中（10月离任） |
| | 周功表（10月任） |
| | 徐兴庭　杨健全　李景峰 |
| | 李　阳　文国平　黄　杰 |
| | 李　辉（挂）　刘　瑜（挂） |
| 市政协主席 | 姜正才 |
| 市政协副主席 | 董新满（兼） |
| | 阿　毅（兼） |
| | 曹后新　王文军 |
| | 梁文利（兼） |
| 市武装部政委 | 姜　超 |
| 市武装部部长 | 吴　昊 |

**【概况】** 2015年，津市市辖5个镇、2个乡、4个街道办事处、1个经济开发区。土地总面积558平方公里，其中耕地面积216平方千米。年末户籍人口24.1万人，非农业人口11.1万人，人口出生率8.59‰。年降水量1353毫米。

全市实现地区生产总值（GDP）115.3亿元，增长9.5%。其中，第一产业增加值17.8亿元，增长2.6%；第二产业增加值55.7亿元，增长11.1%；第三产业增加值41.8亿元，增长10.2%。完成财政总收入6.0亿元，增长10.7%，其中公共财政预算收入4.10亿元，增长5.9%；公共财政预算支出19.71亿元，增长8.7%；国地两税完成各项税收入库5.11亿元，增长11.5%，其中国税收入1.72亿元，增长10.7%；地税收入3.40亿元，增长12.0%。城镇居民可支配收入26027元，增长7.7%，农村居民人均可支配收入11285元，增长9.4%。规模以上工业完成工业总产值183.68亿元，增长16.6%。全市完成工业增加值52.28亿元，增长11.2%。规模以上工业企业完成增加值45.89亿元，增长12.0%，其中：国有企业完成增加值2.71亿元，增长8.5%；股份制企业完成增加值41.72亿元，增长19.3%；其他经济类型工业企业完成增加值1.32亿元，增长28.1%。产销衔接状况良好，规模以上工业产品销售率98.0%。规模以上工业企业完成主营业务收入182.96亿元，增长18.0%，实现利润总额5.32亿元，增长31.2%。生产精制盐72.0万吨，水泥97.1万吨，烧碱2.0万吨，车桥19.5万根，纱4.6万吨，糖化酶33.5万标吨。

全年万元GDP耗能0.426吨标准煤，规模以上工业企业能源消费量24.72吨标准煤，下降15.4%，万元规模以上工业增加值耗能下降率达到24.5%。主要污染物排放均呈下降态势，全年化学需氧量、二氧化硫、氨氮及氮氧化物排放量分别为7714吨、7820吨、840吨、718吨，分别下降了1.5%、8.3%、3.7%和2.6%。

农作物播种面积501.93平方千米，其中粮食作物播种面积248.33平方千米，经济作物播种面积253.6平方千米。全年完成农林牧渔业总产值29.87亿元，增长4.0%。其中，农业产值11.2亿元，增长4.3%；林业总产值2.69亿元，增长10.0%；牧业总产值13.44亿元，增长9.3%；渔业总产值1.72亿元，下降7.0%；农林牧渔服务业产值0.82亿元，增长1.2%。出栏生猪54.6万头，牛0.59万头、羊4.26万只，出笼家禽427万羽。截至2015年年末拥有农业机械30633台，比2014年增加251台，总功率190638千瓦，比2014年增加5638千瓦。

全社会固定资产投资112.8亿元，增长22.7%，其中技改投资26.9亿元，增长29.3%；基本建设投资65.2亿元，增长12.8%。房地产开发投资20.7亿元，增长54.7%。全年房屋施工面积160.7万平方米，增长54.8%，其中住宅139.4万平方米，增长63.2%。房屋竣工面积0.9万平方米，增长91.9%，其中住宅0.9万平方米，增长91.9%。

全年完成交通运输邮电仓储业增加5.22亿元，下降2.6%；全社会运输单位完成货运量610万吨，下降4.5%，货物周转量116725万吨千米。全市客运量395万人，旅客周转量11878万人公里；境内公路全程总长513.5千米；年末全市汽车保有量10815辆，增长15.5%，其中民用汽车9884辆，增长17.2%；本年新注册民用汽车1450辆，增长5.0%；新注册民用轿车1426辆，增长8.4%。完成邮电业务总量1.41亿元；年末固定电话用户22108户；移动电话用户155252户，增长2.2%；宽带网用户32385户，增长12.0%。

全年共引进新项目22个。内资到位资金48.2亿元，外资到位资金6370万美元；进出口总额4678万美元，增长34.5%，其中出口额4611万美元，增长41.2%。

完成社会消费品零售总额54.46亿元，增长12.6%。各季度增速分别为12.3%、12.1%、12.3%和12.6%。城镇市场实现零售额46.45亿元，增长12.1%，占社会消费品零售总额比重为85.3%，乡村社会消费品零售额8.01亿元，增长15.6%。批发业零售额2.96亿元，增长10.7%；零售业零售额43.51亿元，增长11.5%；住宿业零售额0.54亿元，增长14.3%；餐饮业零售额7.45亿元，增长20.3%。零售业零售额占社会消费品零售总额79.9%。居民消费价格总体平稳，截止2015年末消费物价指数为101.4%。其中，食品类103.3%，烟酒类100.5%，衣着类102.6%，家庭设备用品及维修服务101.4%，医疗保健和个人用品100.6%，交通和通信97.6%，娱乐教育文化用品及服务101.1%，居住99.6%。

全年旅游总收入9.66亿元，增长23.0%，国内旅游人次141.89万人次，增长20.0%；境外入境人数72人次，增长18.0%，全年出境人数8350人次，下降54%。

截至2015年年末金融机构各项存款余额88.40亿元，增长14.1%，其中非金融企业存款余额13.18亿元，增长56.6%，住户存款余额67.62亿元，增长9.7%。金融机构各项贷款余额32.78亿元，增长16.6%。全年各项保费收入1.15亿元，增长6.5%，保险业务支出0.54亿元，下降29.9%。

年末城镇登记失业率2.39%。参加城镇基本养老保险职工人数19194人，离退休人员23366人。新型农村养老保险登记参保人数50713人。城镇居民基本医疗保险参保人数82037人。城镇职工基本医疗保险参保人数35125人。参加失业保险16010人。领取失业保险金人数542人。参加生育保险15219人。参加工伤保险职工人数11848人。

获得政府最低生活保障的城镇居民14.31万人次，发放城镇居民最低生活保障经费0.39亿元，增长8.8%；获得政府最低生活保障的农村居民10.66万人次，发放农村居民最低生活保障经费0.13亿元，增长14.2%。各类收养性社会福利单位床位数2363张，增长2.7%，各类收养性社会福利单位收养人员数1594人，增长3.9%。筹集社会福利资金0.06亿元，增长15.4%。新改建城乡养老服务示范点18所，养老服务示范点新增床位数87张。

生态环境。截至2015年年末森林覆盖率18.3%，比2014年提升0.1个百分点，全年完成造林面积10.133平方千米，增长24.3%，退耕还林工程造林面积2.333平方千米。城市人均公园绿地面积8.4平方米，增长1.2%。人均水资源保有量1860立方米，年内平均降水量1353毫米，总用水量13667万立方米。总体水质状况提高，满足Ⅲ类标准断面比例达到100%。

安全生产。全年发生各类安全生产事故8起，增长33.3%，各类安全生产事故死亡人数1人，与2014年持平。亿元GDP生产安全事故死亡人数0.01人/亿元，下降33.3%，工矿商贸企业从业人员十万人生产事故死亡人数0人，全年发生道路交通事故24起，下降22.6%，道路交通事故万车死亡人数1人，与2014年持平。

科技工作。截至2015年年末高新技术企业13家，省级工程技术研究中心2个。获得湖南省科技进步奖励1项，获得常德市科技进步奖励1项。专利申请130件，增长17.1%，其中发明专利58件。授权专利113件，增长32.9%，其中发明专利44件。全年技术合同成交金额0.43亿元，增长10.3%。

教育事业。全市共有中小学学校32所，其中：小学19所，初中学校9所，普通高中2所，中等职业学校1所，特殊教育学校1所。各类在校学生16399人，下降3.9%，其中小学在校学生9021人，增长2.6%，初中在校学生3544人，下降4.7%，高中在校学生2858人，下降1.9%，特殊教育学校在校学生125人，下降1.6%，中等职业学校在校学生851人，下降44.2%。各类学校招生总数4168人，增长1.5%，毕业生总数4502人，下降13.4%。幼儿园在园幼儿数4905人，增长5.5%。高中阶段毛入学率97.1%，毕业生升学率99.4%。落实义务教育保障资金1480万元，增长7.4%，发放中职国家助学金14.4万元，增长19.3%。

文化事业。全市拥有专业艺术表演团体1个，群众文化馆1个，公共图书馆1家，博物馆1个。年内放映农村公益电影1066场。全市拥有广播电台1座，中短波广播发射转播台1座，广播综合人口覆盖率99.3%。拥有电视台1座，电视综合人口覆盖率96.3%。有线电视用户6.04万户，增长4.0%。

卫生事业。全市医疗卫生机构总计225家。其中医院5家，基层医疗卫生机构143家，专业公共卫生机构13家。卫生机构人员数1845人，其中卫生技术人员1374人，卫生机构实有床位1147张。救治救助重性精神病患者38人。参加新型农村合作医疗人数16.02万人，新型农村合作医疗参保率100%。

体育事业。群众体育进一步普及，经常参加体育锻炼人数12万人，全年开展全民健身项目107项次。全市拥有体育场地138个，其中运动场2个，游泳池1个，各种训练房28个。新建农民体育健身工程行政村21个。在常德市级以上的各级比赛中，获得足球、乒乓球、长跑、钓鱼、门球、太极拳等体育项目金牌3枚，银牌5枚，各类奖牌共计15枚。

（黄　超）

**【津市成为国家“智慧社区”信息惠民工程试点地区】** 2015年7月下旬，民政部、国家发改委、工业和信息化部、财政部、公安部、国家卫计委等六部委联合公布《首批养老服务和社区服务信息惠民工程试点单位和地区名单》，津市市成为国家“智慧社区”信息惠民工程首批试点地区。津市市“智慧社区”工程试点建设为期3年，总投资2000万元，分两期开展试点建设。第一期重点是开展智慧养老工程建设，建立以“信息化、智能化呼叫服务及支援中心”为核心，以“老年人信息数据库”为基础，以提供“紧急救援、生活照料、家政服务、精神关怀、增值服务”为基本服务内容，整合社会服务资源，建立完善社区居家养老服务体系。通过定位系统实现对老人的实时监管，做到智慧化服务、实时监管，打造“没有围墙的养老院”。

津市城乡供水一体化工程的供水水厂——白龙潭水厂

试点项目拟在市养老中心建设1个指挥部，在全市25个社区、7个乡镇敬老院、26家民办养老机构建设公共信息平台及工作站，铺设100千米光纤，配备7500部“一键通”终端设备，可覆盖3.5万名社区居民，为7500名老人提供居家养老服务。第二期重点是完善社区公共服务、社会管理、政务开放和信息消费四大体系。启动全数字楼宇对讲、小区智能安防监控、电子巡更、三表抄送与控制、小区智能门禁、智能化公共广播与背景音乐、智能小区LED路灯管理、火灾自动报警及消防联动控制等信息化应用。

（黄　超）

**【省内首个县级PPP项目在津市落地运行】** 2015年10月12日，津市市人民政府和湖南首创投资有限公司正式签订垃圾处理填埋场PPP项目合作协议，标志着常德市首个PPP项目、省内首个县级PPP项目正式落地运行。此次签订垃圾处理填埋场PPP合作协议由三个协议组成，分别为津市市人民政府与湖南首创公司签署的生活垃圾填埋场特许经营权出让协议，出让金额为1亿元；津市市人民政府授权津市市城投公司与湖南首创公司授权其全资子公司常德首创水务有限公司签署按比例出资组建PPP项目公司协议，约定注册资本为4000万元；津市城市管理行政执法局与PPP项目公司签署经营权转让及垃圾处理服务协议，确定PPP项目公司负责津市市垃圾无害化填埋场运营、管理与维护。

（黄　超）

**【津市完成城乡供水一体化工程建设】** 津市投入项目资金1.81亿元，按照“大水厂、大水源、大管网和全域同水、同质、同价”要求，实施“一片两线”城乡供水一体化模式。工程于2015年10月份完工，在常德9个区县市中率先实现了农村饮水安全全域覆盖的目标，

构建全省率先、常德唯一城乡供水一体化模式。（黄　超）

**【津市实现集镇生活污水处理站的全覆盖】** 作为全省首批农村环境卫生整治整县推进县市之一，津市在水环境治理上，结合毛里湖生态保护与治理工程，修建农村6个集镇、1个旅游观光村的生活污水处理站，并将城区周边集镇污水接入城市生活污水处理厂，帮助部分农户建设简易污水处理设施，在全省率先实现农村集镇生活污水处理厂全覆盖，全市农村污水处理面达到80%。

（黄　超）

**【津市乡镇区划调整改革工作圆满完成】** 2015年12月31日，新洲镇、毛里湖镇、药山镇分别举行挂牌仪式，标志着津市市乡镇区划调整改革工作圆满完成。此次乡镇区划调整改革，按照省、常德市确定乡镇区划调整改革基本原则和基本要求，结合津市市实际，考虑自然条件、历史沿革和群众意愿；考虑水利、水系布局、交通道路结构、文化底蕴、风俗习惯;考虑特色乡镇、中心城镇、边贸城镇等重点镇发展。坚持“农村基本经营制度在内的党的各项方针政策不变;依法形成的经济关系不变;现有国家、集体、个人财产性质不变；现有乡镇干部职工身份、职级、工资待遇不变”“四个不变”，保留白衣镇，维持原行政区划；新洲镇、灵泉镇合并，调整后名称为新洲镇，治所设原新洲镇政府;保河堤镇(含西湖渔场农业分场)、李家铺乡合并，调整后名称为毛里湖镇，治所设原保河堤镇政府；渡口镇、棠华乡合并，调整后名称为药山镇，治所设原渡口镇政府。

（黄　超）

# 常德经济技术开发区

工委书记　周运来（12月离任）
工委书记　尹正锡（12月任）
工委副书记、管委会主任　向绪彦（12月离任）
工委副书记、管委会主任　李育智（12月任）
工委副书记、管委会副主任　张　帆
工委委员、管委会副主任　张勇德（6月退休）
工委委员、纪工委书记　唐成模
工委委员、管委会副主任　雷光承
工委委员、管委会副主任　李宏岸
工委委员、管委会调研员　陈达有
工委委员、管委会调研员　廖嗣忠
工委委员　陈帮辉

**【概况】** 2015年，常德经开区坚持“推进二次创业、建设千亿园区”，突出抓好园区攻坚、城市提质和民生升温，保持了经济社会稳中有进、稳中向好的发展态势。全年完成技工贸总收入548亿元，同比增长15.1%；地区生产总值92.6亿元，增长10.2%；规模工业产值292亿元，增长10.3%；固定资产投资140.5亿元，增长18.6%；财政总收入突破14亿元，增长13.5%；融资到位41亿元。

项目建设。全年新签约供地项目17个，合同总金额100.6亿元，其中亿元以上项目11个，包括投资48亿元的中欧产业园、投资16.5亿元的智慧产业园、投资16.7亿元的拍马纸业等项目。全年建设产业项目23个，计划投资202.8亿元，建设标准化厂房32.9万平方米，出租率达到62%。其中，一些重大项目进展较快。华电常德电厂建成并网发电，其排放远远优于国家标准；汉能薄膜太阳能项目主体工程完工，2016年9月份可投产；金德镭射正在安装测试设备，即将投入生产；三创大楼已经建成，创业服务中心获批省级科技企业孵化器。特别是集中力量办大事，南区5.33平方千米范围完成750户的征地拆迁和土方平整，路网配套基本成形，具备重大项目落户条件。

企业转型升级。完成投资500万元以上的技术改造项目19个，累计投资达21.1亿元，涌现出一批转型升级、以科技创新寻求发展新空间的企业典型。恒安纸业通过五期技改，实现了生产到包装的全自动化，节约了成本；昊天汽车从机械配套转型研发生产直臂随车吊，市场保持稳定；三一重工增加风电叶片生产项目，发展势头看好；塞凡电气实现了从高低压开关柜到变压器的产品转型；嘉盛电陶成功研发出新产品，产销两旺。

城市配套建设。启动沅水二桥西片区、演舞堆一期等7大棚改项目；临枫路改建工程建成通车，常德大道改造工程正在建设；千吨级码头主体框架平台建成，防洪大堤、姚湖公园主体工程完成施工；城市管理精细化、科学化水平明显提升，夺得四区考评综合第一名。

社会民生。全年新增城镇就业人员3313人；开工建设700余套公租房；建成2个自来水厂和城乡供水一体化工程，解决农村近5万人安全饮水问题；完成黄石岗、新包垸、邱家岗等3个排水泵站新建改造，切实保障了汛期安全；青山社区已经建成，便民配套服务水平有所提高，九龙庵村获得市级美丽乡村挂牌；化解各类社会矛盾和信访积案350余起，社会大局稳定。

党的建设。扎实开展“三严三实”专题教育，清理在编不在岗人员25名，调整4个软弱涣散村的党支部书记，新建3个村级活动场所；严抓党风廉政建设，对34个单位进行财务检查，查处违反党纪政纪案件11起，免职2名村居干部，立案6人，处分5人，其中科级干部2人。（唐亚城）

**【华电常德电厂正式投产】** 2015年12月29日23时12分，华电常德电厂2号机组顺利通过168小时试运行，正式投入商业运营，标志常德电厂一期2×660兆瓦项目全部竣工投产，实现“双投”目标。该项目是华中地区首个新建超净排放项目，年发电量达59.4亿千瓦时，对优化湖南电网结构也起到重要作用。项目规划容量2×660兆瓦+2×1000兆瓦，本期建设2×660兆瓦超超临界燃煤发电机组，同步安装低氮燃烧+SCR脱硝装置、低低温+高频电源静电除尘、高效除尘脱硫系统、湿式电除尘和在线烟气连续监测装置。该期工程静态投资47.38亿元，动态投资

2015 年 12 月 29 日，华电常德电厂一期 2×660MW 项目全部竣工投产

50.84 亿元，其中环保投资 8.33 亿元。

（唐亚城）

**【常德经开区创业服务中心被认定为省级科技企业孵化器】** 常德经开区创业服务中心隶属于常德经济技术开发区，是为科技型中小企业提供综合服务的公益性事业单位，拥有中小企业创业园、电子信息产业园和三创大楼三个孵化基地，现有孵化面积 22000 平方米。截至 2015 年底，被定义为"创新、创业、创造"的"三创大楼"主体已经建成，正在进行配套建设，三创大楼投入使用后，将新增孵化面积近 50000 平方米。2015 年 11 月 4 日，省科技厅正式发文，认定常德经开区创业服务中心为"省级科技企业孵化器"。（唐亚城）

## 西洞庭管理区

| | |
|---|---|
| 党委书记 | 邹如龙 |
| 党委副书记、管委会主任 | 周　胜 |
| 党委副书记、管委会副主任 | 周　进 |
| 党委委员、管委会副主任 | 彭海涛 |
| 熊大贵 | 宋仁恒 |
| 李国良 | 曾正飞 |
| 党委委员、政法委书记 | 杜　强 |
| 党委委员、纪委书记 | 蒋宏武 |
| 党委委员、工会主任 | 刘建强 |
| 党委委员、管委会副主任 | 彭小林 |

**【概况】** 2015 年，西洞庭管理区辖 1 个镇、3 个农村办事处，土地总面积 110.33 平方千米，其中耕地面积 72 平方千米。截至 2015 年年底，总人口为 69055 人，人口出生率 9.3‰，自然增长率 1.8‰。2015 年内气温最高 36.3℃，最低 -2.2℃；2015 年降水量 1372.9 毫米。

经济发展。管理区除财政收入有一定幅度下滑外，全区其他经济指标均保持 10% 左右的增速，其中，地区生产总值增长 12.02%，固定资产投资增长 21%，社会消费品零售总额增长 25.08%，工业总产值增长 7.2%，农民纯收入增长 14.76%，城镇居民人均可支配收入增长 28.85%。

项目建设。全年新建续建项目 13 个，其中艾德防护、西德电力、天明开关等在建项目进展顺利，即将建成投产。引进并开工一批项目。全年共签约包括国肽生物、中商国能、脆笋加工等 12 个项目。其中 3 个项目已开工建设。帮助新湘糖业与中粮、中糖初步对接；原崎丰生物破产重组为欣瑞生物并顺利恢复生产，天泽农业走出困境。新建雨污水管网及城区地面地下公共停车场两个国债项目已纳入湖南省第一批专项建设债券投资，可获得贴息 90% 的贷款 2.2 亿元，成功争取到投资 1000 万元电力杆线入地改造项目，保障性安居工程配套基础设施项目资金 3200 万元，农村环境综合整治整县推进以奖代补资金 1000 万元，国家农业现代示范区以奖代补资金 3 年共 1500 万元。

城镇提质。管理区按照产城融合、三生协调发展要求，完善园区基础配套，改善城镇面貌，完成园区第四纵农垦大道建设，特别是鑫湖缘时代广场城镇综合体项目成功引进步步高、华耀影城、九芝堂等 20 多个国内一线商家入驻，与工业新城发展配套的信息物流、电子商务、广告策划等生产性服务业体系正逐步形成。

农业转型。全区形成以粮棉油、果蔬、高效渔业、规模化养殖为主 4 个主导产业，全区农产品加工转化率在 95% 以上。成功举办首届朝鲜蓟节、朝鲜蓟美食品鉴会等活动，分别与湖南农业大学、国家植物功能成分利用工程技术研究中心、湖南省餐饮行业协会签约，启动一系列朝鲜蓟功能产品和保健品研发。全年发展农民专业合作社 23 家，家庭农场 38 家，种养大户 364 户。与市农业投、社会资本合作成立五源智慧农场成功注册。

改革深化。全年启动一批规划编制，完成《常岳高速与迎丰大道互通口的城市设计规划》《西洞庭管理区棚户区改造规划》《全区雨污管网排水信息管理系统规划》《西洞庭生物科技园总体规划》《"十三五"规划》《城乡发展规划》。管理区主动和市财鑫投、农业投、工业投等市级投融资平台对接，成立常德西洞庭科技园区开发有限公司和西洞庭现代农业投资有限公司，策划引水工程、棚户区改造、工业地产等一批合作项目。城乡一体化公交启动试运行，"三证合一""先照后证"、登记注册全程电子化管理商事制度改革全面推进。党委管委内设机构优化和干部调整全面完成，1 镇 3 办调整为 1 镇 2 街道的区划调整正在抓紧申报。

社会事业。企业退休职工基本养老金待遇调整月增资 200 多元。加强医疗救助，在"五位一体"综合救助基础上资助 5000 余人参合参保。全年新增公租房 372 套，垦区危房改造已全面完成 2014 年结转任务。在全市百团大赛、广场舞大赛中，管理区参赛队伍均获得殊荣。特别是为纪念西洞庭围垦创立 60 周年举办系列活动传递正能量。计生工作荣获"全省人口和计划生育优秀单位"，卫生工作荣获全省基本公共卫生服务先进单位，无偿献血先进区。管理区对全区城乡一体化公交线路特许经营权进行公开招标，与常德市文华交通运输有限公司签约发展项目。投入1500多万元，购入30台五洲龙新能源纯电动公交车。管理区规划覆盖全区城乡8条线路，各主要街道、通乡公路及通村公路每隔300米远均设置有停靠点，村民出家门不到500米便可搭乘公交车。

党建工作。严格按照“用制度管权、按制度办事、靠制度管人”要求，推动各项规章制度建设，《西洞庭管理区党委贯彻执行民主集中制度》《党委管委工作规则》《西洞庭管理区“三重一大”事项集体决策实施办法（试行）》等一系列制度出台。深入开展党纪条规教育，把严明政治纪律和政治规矩摆在首位，增强纪律意识，确保政令畅通。开展“三严三实”专题教育，深入贯彻中央八项规定、省委九项规定、市委十项规定和管理区八条禁令。加大纪律审查力度，遏制腐败蔓延势头，在春节、“五一”、端午节、国庆节等重要时间节点明察暗访干部作风纪律。（肖晓梅）

2015年11月21日，西洞庭管理区举办围垦创立60周年恳谈会

**【原崎丰生物破产重组为欣瑞生物】** 湖南欣瑞生物科技有限公司是2015年3月收购原崎丰生物科技有限公司后，改制重组新企业，注册资本9600万元，占地18万平方米，专业从事棉籽精深加工，生产脱酚棉籽蛋白及棉籽新产品开发和综合利用，具备日加工棉籽900吨、日生产脱酚棉籽蛋白400吨的能力。10月28日上午，湖南欣瑞生物科技有限公司正式开机生产，标志着历时一年多丰康生物债务风险处置工作取得圆满成功。（肖晓梅）

**【举办首届朝鲜蓟节、朝鲜蓟美食品鉴会】** 西洞庭管理区支持汇美农业科技有限公司、汇农果蔬专业合作社举办首届朝鲜蓟节、高峰论坛及朝鲜蓟美食品鉴会，分别与湖南农业大学、国家植物功能成分利用工程技术研究中心、湖南省餐饮行业协会签约，启动朝鲜蓟功能产品和保健品研发。（肖晓梅）

**【西洞庭举办围垦创立60周年恳谈会】** 2015年11月21日，管理区举办纪念西洞庭围垦创立60年恳谈会，副市长朱晓平、西洞庭历届老领导、知青以及各界人士代表近百人应邀参加恳谈会。（肖晓梅）

**【常德西洞庭科技园区开发有限公司成立】** 2015年11月，由常德沅澧产业投资控股有限公司、西洞庭食品工业园投资开发有限公司、上海途金投资中心等股东发起，首期注册资本0.8亿元的常德西洞庭科技园区开发有限公司正式成立。主要从事项目建设与管理、园区开发与运营、物业管理、产业投资、投资咨询、政策法律法规允许的其他投融资等业务，旨在建成西洞庭企业融投资平台、中小微企业和高新企业孵化转化平台。（肖晓梅）

**【城乡一体化公交】** 西洞庭管理区对全区城乡一体化公交线路特许经营权进行公开招标，与常德市文华交通运输有限公司签约发展该项目。投入1500多万元，购入30台五洲龙新能源纯电动公交车。规划覆盖全区城乡8条线路，各主要街道、通乡公路及通村公路每隔300米远均设置有停靠点，村民出家门不到500米便可搭乘公交车。（肖晓梅）

# 西湖管理区

| | |
|---|---|
| 党委书记 | 龚霞波 |
| 党委副书记、管委会主任 | 刘爱军 |
| 党委副书记、管委会副主任 | 周一夫 |
| 党委委员、管委会副主任 | 谌贵诚 |
| 党委委员、政法委书记 | 伍光勇 |
| 党委委员、管委会副主任 | 徐　翔 |
| 党委委员、管委会副主任 | 肖庭前 |
| 党委委员、武装部长 | 何　岩 |
| 党委委员、管委会副主任 | 刘六林 |

**【概况】** 2015年，西湖管理区实现地区生产总值13.266亿元，比2014年同期增长9.6%；区级财政总收入3821万元，同比增长10.9%；城镇居民人均可支配收入和农民人均纯收入分别是24122元、13550元，增幅分别达到8.3%、8.9%。

2015年，西湖管理区重点推进了镇区“三纵三横”道路、二级客运站、西湖大道扩改、万吨污水处理厂、新自来水厂、文苑新都商住综合体、管道天然气、高标准垃圾中转站等八大项目建设，中心城镇实际骨架从原来的3.5平方千米扩展到现在的7平方千米。

基础建设。交通建设力度加大。已投入使用的西湖汽车站是经湖南省交通运输厅批复的城市重点工程，是西湖管理区标志性建筑工程之一。该工程按照国家二级客运站标准规划设计，总投资2520万元，占地面积4.03万平方米，站场总建筑面积8162平方米，可容纳

300辆客车进站经营，日均可运送旅客5000余人次。具备长途客运、旅游客运、城市公交、城乡公交、车辆维修、宾馆住宿等多项功能，是西湖管理区集客运、物流、商贸等综合服务为一体的新领地。已通车的西湖大道扩改工程全长1.4千米，宽24米，总投资1236万元，是西湖镇实施东拓南移战略的主要工程。投资600万元的教育路东延线已完工。镇区劳动路改造、鼎禄路改造、兴旺路改造、西湖大道东延线、西罐公路加宽段连接线等项目进展顺利。启动东出口通道—西柳公路扩改项目前期工作，区内交通骨架基本形成，通村通组公路硬化率达到90%以上。管道天然气已进区入户。湖南鑫荣天然气有限责任公司西湖管道燃气建设工程总投资6400万元，一期工程完成投资2000万元，铺设主干燃气管网13千米，基本完成西湖镇区天然气主管道管网铺设工程，覆盖镇区95%区域，并通过常德市质量技术监督局的监检部门合格验收，已达到供气条件。污水达标排放。已运行的新建西湖污水处理厂，一期工程已完成投资2200万元，建设规模0.5万吨/天，工艺处理规模0.25万吨/天。投资120万元的东洲污水提升泵站建设工程，正在施工建设中。水利建设成绩斐然，水利建设项目总投资585万元，完成大小水利工程80余处。

城建工作。加强镇区公共卫生环境管理，镇区主次干路实现定时清扫、全天保洁、生活垃圾日清日运，全区生活垃圾集中通过高标准垃圾中转站处理，清运率达到100%，无害化处理率达到95%以上。2015年已争取污水管网中央支持资金380万元，累计申请污水管网中央支持资金1000万元，并申请到污水处理厂及配套管网工程的国开行1000万元贷款资金。先后实施镇区综合环境整治，共清除各类“牛皮癣”480余处，割除各类条幅120余条，对路上的违章广告牌和楼顶广告牌进行拆除，镇区违法搭建等现象得到有效遏制。全面推进实施小街小巷改造升级、镇区“绿化、亮化、美化”等工程，进一步完善了基础设施，提升了镇区功能。

现代农业。西湖国家现代农业示范区核心示范园区初具规模，其中西湖牧业小镇、水果示范园、千亩蔬菜示范园、水稻示范园等项目顺利推进。省级龙头企业德人牧业公司流转土地200万平方米，打造集牧草种植、奶牛养殖、牛奶加工、奶品销售、休闲体验、创新创业六位一体的现代农业产业。水稻示范园建设稳步推进。依托农发行土地流转项目，以湖南丰润公司为主体，计划流转土地333.33万平方米，按照全程机械化、标准化、智能化的要求，种植连片富硒水稻，推行稻虾共养，植入农业休闲观光元素，打造具有现代化生产、体验式教育、休闲游乐于一体的水稻示范园。在一批新型农业经营主体的带动下，农业装备水平不断提高，机插秧经验全市推介，标准化农田实现全覆盖。截至2015年年底，西湖管理区农村土地流转率达到75%以上，农业综合机械化率达到65%，农业机械总动力达到172541千瓦。全年共办理拖拉机上户17台，办理联合收割机上户24台，办理农业工程机械上户130台，培训拖拉机驾驶员5人，联合收割机操作人员3人。共落实购机补贴金额695.605万元，机具台数1450台。

民生事业。基本养老保险和医疗保险实现全覆盖，支付各类社会保险待遇7.2亿元。民政事业进一步强化，争取各类民政专项资金9038万元。教育卫生三年攻坚进展较快，实施中小学合格化改造，安排资金800万元用于裕民小学的异地新建。全区医疗卫生条件得到大幅改善，西湖医院2014年成功升格为二级医院后，2015年继续加大建设力度，先后投入30余万元开设了中医科，投入130余万元开设血液透析科，解决了本地区尿毒症患者外出透析的难题。村级卫生室改造全部完成，农村卫生状况全面改善。实施垦区危改、棚户区改造、农村危改、公租房和廉租房等保障性住房建设，2015年，全区计划完成农垦危房改造任务共计780户，总投入6318万元，其中国投585万元，省投195万元，群众自筹5538万元，开工率100%，实际竣工742户，基本建成率95.12%。

社会治理。一是有效调处矛盾。各级调解组织共受理矛盾纠纷296起，成功调处283起，调解率达95.6%。二是畅通信访渠道。加大领导干部公开接访力度，全年共接待来访198批次1184人次，比2014年同期下降63批，下降24%，受理群众来信8件，同比上升38%，其中书记、主任接访23次236人次。全年赴省上访1批5人次，无进京上访，实现了赴省进京非访零登记。三是推进平安西湖建设，完善社会治安防控体系。全区共立各类刑事案件50起，破21起，刑事拘留各类违法犯罪嫌疑人29人，逮捕15人，移送起诉25人；查处治安案件86起，行政拘留74人。

体制改革。一是实施乡镇机构改革。完成一乡一镇机构改革，实现了乡镇组织机构及人员编制的科学化、规范化、法制化。二是事业单位分类改革深入实施。（刘吉永）

**【西湖区园艺村至汉寿罐头嘴公路全线通车】** 2015年10月25日全线通车的西湖区园艺村至汉寿罐头嘴公路改建工程（S205连接线公路项目）起于X027

2015年10月25日，西湖区园艺村至汉寿罐头嘴公路改建项目通车运行

线常德市鼎城区黄珠洲与西湖管理区的分界点，止于汉寿县罐头嘴镇原X027与S205交点处。项目总投资约1.2亿元，线路全长16千米(其中汉寿境内6千米，西湖境内10千米)，全线采用二级公路标准建设，设计速度采用60千米/小时，路基宽度12米，路面为沥青混凝土路面，新建桥梁桥面全宽12.5米。西湖区园艺村至汉寿罐头嘴公路的通车，标志着西湖管理区西、北两个主出口通道已全面打通。（刘吉永）

## 柳叶湖旅游度假区

区党工委书记　刘涤尘
区党工委副书记、管委会主任　傅　勇
区党工委副书记、管委会副主任　杨学亮
区党工委委员、管委会副主任　雷志新
吴正清　陈红文　陈　虎
区党工委委员、工会主任　游澜波
区党工委委员、纪工书记　罗　炎

**【概况】** 2015年，柳叶湖旅游度假区辖1镇、2街道（白鹤镇、七里桥街道、柳叶湖街道），总面积175平方千米，其中水域面积21.8平方千米，总人口58207人，其中农业人口53000人、非农业人口5207人。全年实现地区生产总值17.7亿元，同比增长10.7%；完成固定资产投资37.9亿元，同比增长25.6%；完成财政总收入3.4亿元，同比增长93.9%；旅游综合收入8.8亿元（与2014年数据统计口径不同），同比增长47.5%；接待游客140万人次，同比增长25.5%；城镇和农村居民人均可支配收入达到27500元、18400元，均高于全市平均水平。

项目建设。全年全区共吸纳、整合各类建设资金20多亿元，投入各类重大项目建设，旅游产品内涵更加丰富。旅游项目推进得力。常德欢乐谷水公园、柳湖沙月、白鹤镇、湖仙岛、童恩家+儿童馆等项目竣工运营；常德欢乐谷陆地公园、柳毅传书、柳叶风帆、柳湖诗韵等环湖十大标志性旅游工程有序推进。配套项目建设顺利。柳叶湖现代服务业园区、柳叶湖商业中心、大唐司马旅游综合体、柳叶湖旅游商品基地、太阳山整体提质工程、绿色小镇、白石养老基地、福寿怡康园等项目前期工作进展顺利。项目协调服务有力。启动征拆项目53个，倒房1079户，腾地2.07平方千米，35个项目征拆任务全面完成。年内建成安置房202套，完成团购房安置112户、公寓楼选房安置158户，安置小区物业服务继续保持全市领先水平；始终保持控违拆违高压态势，全年处置违法建设87宗、1.4万平方米，发案率创历史最低；调解处置影响项目建设的各类问题和矛盾259起，依法处置128人次，有力维护了项目建设外部环境。

旅游产业。将2015年确定为柳叶湖“旅游优质服务年”，狠抓旅游提质增效。顺利通过国家AAAA级旅游景区、质量与环境管理体系认证复核，12月底入选首批省级旅游度假区；智慧旅游加速推进，建成旅游官方网站、官方微信、官方微博等智慧平台，“柳叶湖旅游”微信公众号上线运营，“柳叶湖”的网络搜索量近500万次，同比增长78%。旅游服务能力提升。新建三星级旅游公厕15个，柳叶湖旅游服务中心、欢乐水世界游客服务中心建成运营，资产经营公司、生态渔业公司治理结构和投资管理方式进一步优化，湖仙岛、山水间主题餐厅等自主品牌投放市场，汽车旅馆、青年客栈、音乐酒吧等社会投资项目释放活力。旅游营销亮点纷呈。国家水利风景区建设与管理工作中部片区座谈会在柳叶湖旅游度假区召开，柳叶湖建设管理经验纳入全国水利风景区建设与管理蓝皮书，作为河湖型水利风景区发展典型案例向全国推介；由省水利厅制作的柳叶湖水利风景区专题宣传片《常德明珠——柳叶湖》在湖南公共频道播出，推介效果明显；成功承办湖南国际旅游节七大主体活动、湖南省第二届群众性龙舟赛、常德欢乐水世界开园暨首届旅游节开幕仪式、常德民俗文化美食节等活动，有力提升了柳叶湖旅游影响力和市场美誉度。现代农业加快转型。全年新增农村专业合作社5家、专业合作社成员835个、种养大户80多家；松桂园、河洲甲鱼等休闲农庄被授予“全省五星级乡村旅游点”称号，郑太有机农场14个蔬菜品种通过国家有机食品认证。特别是河洲甲鱼获得农业部水产健康养殖示范场、省级现代农业特色产业园等5项荣誉，家乐福红木家具摘取湖南省第三届家居博览会金奖，柳叶湖现代农业产业品牌逐步树立。

城市建设。全力打好城市提质战役，着力构建生态宜居的现代化城镇。城市基础更加完善。柳叶湖环湖游道全线贯通，S306线提质改造工程如期竣工，太阳大道、月亮大道、金牛路、银牛路、岩子堰路、梁太路等道路建设稳步推进；湘雅常德医院、“市民之家”、七里桥街道社区卫生服务中心等项目有序实施；北部新城北大实验学校、常德市一中柳叶湖学校等项目启动建设。城市交通、医疗卫生、文化教育等基础功能不断优化。城市管理更加高效。综合考评连续两年全市第一，基本实现常态长效管理，市民素质明显提高。城乡建设统筹推进。以“太阳谷”为试点，积极探索“三三制”、村级后备干部选拔培养新机制，继续完善“3+X”基层治理模式，成功引进红星猕猴桃种植园、众键中药材生态种植示范园、甜土地生态种植园等项目，带动社会投资1.5亿元，提供就业岗位300多个，农村发展活力正在增强。以完美社区建设为载体，全面创新城市基层社会治理模式，加快街道、社区管理能力建设，23个新建项目、2个改扩建项目已完成90%建设任务，18个村（居）活动场所建设全面完成，基本实现“三年任务，两年完成”的预期目标。农村环境全面改善。严格实施禁养区限期退养，畜禽养殖集中区东江片区退养工作基本完成；探索实施班组化作业与基层组织管理相结合的农村环卫新机制，新建2个再生资源回收站，按照分类投放、分类收集、分类运输、分类处理的模式，逐步推进生活垃圾分类处置，农村连片环境、农户庭院卫生彻底改观，垃圾无害化处理率达到100%。生态环境稳步向好。国家森林城市、全国绿化模范城市创建任务全面完成，新增绿地5万平方米，封山育林2平方千米，实施公路绿化4.5千米、庭院绿化162户；柳叶湖国家湿地公园申报工作顺利通过省级评审，已上报国家林业局审核。

民生保障。落实民生实事。新增城镇就业1013人，农村五保户年分散供养标准、城镇和农村最低生活保障标准均已达到或超过全市平均水平；改造棚户区689户，新建公共租赁住房20套，改造农村危房60套，肖伍铺农贸市场建成并投入使用，基本医疗、基本养老服务补贴覆盖率达到100%。工会、共青团、妇联、残联等社会事业协调发展。全面深化改革。全面落实"规定动作"，省委部署的46项、市委部署的4项改革取得阶段性成果；扎实推进"自选动作"，白鹤山撤乡建镇、美丽乡村建设体制改革、镇（街）服务管理体制改革、景区管理体制改革、太阳山林场管理体制改革、环卫作业市场化改革等6项自主改革得到市委市政府的高度肯定。和谐景区建设。强力推行依法逐级走访，切实把信访维稳责任落实到部门和基层单位，实现了90%以上的矛盾问题控制在基层，化解在基层。全年到区以上信访量同比下降70%，40余起涉法涉诉积案全部化解。加强治安防控，严厉打击各类犯罪，深入开展"黄赌毒"专项整治，组建泉水桥水上派出所，安装高清治安摄像头120余个，配备专职巡逻队员30人，车巡、步巡、船巡全方位覆盖，全年处警2615起，"两抢"案件发生率同比下降20%，盗窃案件发生率同比下降7%；安全生产管控有序，公路治超处置有力，社会大局和谐稳定。

自身建设。主题活动扎实开展。党的群众路线教育实践活动后续整改、"三严三实"专题教育、"一进二访"主题活动不断深化，党工委班子成员主讲廉政党课12场，撰写心得体会文章37篇，落实整改"三严三实"突出问题203个，讲政治守规矩的意识进一步增强，廉洁务实的形象进一步确立；收集扶贫帮困建议56条，整合各类资金3000多万元投入贫困村基础设施建设，及时解决特困村水利设施建设、道路硬化、饮水安全等40多项实际问题，省级贫困村白石村整体脱贫。"两个责任"履职到位。权责对等、责任清晰、履责到位、强化追责的工作规程基本建立，查处党员干部各类违法违纪案件29起，给予党纪政纪处分5人，清理清退9辆违规借（换）和超编车辆，党风廉政建设成效明显，全年全区没有发生一起领导干部腐败案件。队伍建设焕发活力。选派1名纪检监察干部参加中纪委监察部学习研讨班，组织3名镇（街）纪委书记参加全市乡镇纪委书记和区县市纪委业务培训，纪检组织执纪问责能力得到有效提升；遴选、公招公务员6人，招聘事业人员30人，提拔重用科级干部19名，向市委成功推荐一名优秀青年干部，队伍结构不断优化，领导和推动发展的能力不断增强。

（王珺仪）

**【2015湖南省国际旅游节在柳叶湖开幕】** 2015年9月12日晚8时，以"锦绣潇湘，快乐湖南"为主题的2015中国湖南国际旅游节在常德柳叶湖畔举办。国家旅游局副局长王晓峰，湖南省人大常委会副主任陈君文，湖南省副省长何报翔，湖南省政府副秘书长熊方平，湖南省旅游局局长陈献春等领导嘉宾出席仪式。本届旅游节期间，在常德主会场，白马湖国际音乐会、中德友谊龙舟赛、常德民俗文化美食节、万人环湖马拉松赛、中秋赏月会、世界拳王争霸赛昆仑决常德站拳击赛等系列活动陆续举行。常德再次向世人展示了"梦幻桃花源"的神秘和浪漫。（王珺仪）

**【常德欢乐水世界开园】** 2015年6月6日，市委书记王群宣布常德欢乐水世界暨常德旅游节开幕。欢乐水世界以"水"文化为核心，将生态景观、人文景观和高科技水上游乐项目相结合，完美融入比肩欧美的水上游乐体验和科学水疗理念，涵盖主题游乐、休闲旅游、特色商业等多重功能。21大顶级玩水项目领冠全球，结合紫色庄园赏花游园汇、柳叶湖水上运动表演与常德市旅游产品展销会等，大大增加了旅游节活动的趣味性和参与性，开园后，游客量多次突破每日万人次大关。（王珺仪）

**【柳叶湖景区通过质量和环境管理体系复审】** 2015年7月2日，中国检验认证集团湖南有限公司对柳叶湖景区质量和环境管理工作情况进行了复审。柳叶湖旅游度假区顺利通过ISO 14001环境管理体系、ISO 9001质量管理体系的复审工作，这标志着柳叶湖旅游度假区的管理服务水平从抓管理、促服务提升为制度管理、规范管理，实现与国际接轨，管理服务水平达到国际化标准，将更好地服务于国内外游客。此次复审，将为景区实施旅游标准化建设、积极创建国家级旅游度假区打下坚实的基础。

（王珺仪）

**【柳叶湖2家农庄获湖南省五星级乡村旅游点称号】** 经武陵区旅游局推荐、市旅游局初评、省乡村旅游区（点）星级评定委员检查评定，柳叶湖旅游度假区有河洲甲鱼生态园、松桂园休闲农庄等2家单位荣获湖南省五星级乡村旅游点称号。（王珺仪）

欢乐水世界全景

# 把饮水安全作为"幸福常德"一号工程来抓

中共常德市委书记　王　群

近年来，我们认真贯彻落实中央和省委、省政府的决策部署，坚持把农村饮水安全工程作为践行党的群众路线和"三严三实"要求的具体行动，作为"幸福常德"一号工程来打造，带着感情、带着责任扎实推进农村饮水安全工程建设，让全市人民都能喝上干净水、放心水。2014年，投入资金7.7亿元，解决了151万人的饮水安全问题，相当于过去5年的总和。今年上半年，投入资金4.5亿元，解决了87万人的饮水安全问题，年底全市可实现饮水安全"全覆盖"。

一、层层传导压力，以严格的责任推进饮水安全建设。中央和省委、省政府明确提出，要在2015年底前全面解决农村饮水安全问题。我们根据这一目标要求，层层分解责任，层层传导压力，以严的精神和实的作风把好事办好、把实事办实。一是把责任体系建立到位。市里成立由市人大主任任顾问、1名市委常委任政委、分管副市长任组长、相关部门单位负责人为成员的饮水安全建设推进小组，明确各自任务和责任。县乡两级分别成立由主要负责人挂帅的领导小组，把每个工作环节落实到具体单位、具体人，构建起了自上而下的责任体系，形成一级抓一级、层层抓落实的工作格局。二是把责任要求明确到位。截至2013年底，我市有287万农村居民没有解决饮水安全问题。围绕2015年实现全市农村饮水安全"全覆盖"的目标要求，市委、市政府全面分解任务，把饮水安全纳入政府绩效考核范围，实行一票否决，与各区县（市）签订责任状，明确责任目标、责任内容和责任追究办法，确保工作落实到位。三是把责任督导落实到位。市委、市政府坚持定期研究部署，定期开展调研，督促饮水安全工程加快推进。市人大连续两年将解决农村饮水安全问题作为一号议案，把推进饮水安全工程建设与人大履职紧密结合起来，坚持每月听取一次专题汇报、每季度召开一次现场调度会，定期组织开展视察、检查、督办等活动，强力推进工作开展。

二、实行分类施策，以科学的方式推进饮水安全建设。针对全市农村覆盖面广、水源条件各不相同、人口分布很不均衡的特点，坚持从客观实际出发、从群众意愿出发，因地施策，科学布局，选取最接地气的建设模式，使农村饮水安全工程整体协调推进。一是城乡一体型。主要针对城区周边农村地区，尽可能地把农村居民纳入城乡一体供水圈，打破城乡供水二元结构，让农村居民喝上城市自来水，城市居民用上农村的优质水源。对市城区规划范围内的农村人口，全部纳入市城区供水范围；对津市市、安乡县、汉寿县等地区，整县推进城乡供水一体化；对其他区县的县城及周边地区，分片推进城乡供水一体化，逐步形成"城乡联网、资源统配"的集中供水模式。二是规模放大型。主要针对部分重要集镇，依托其优质水源，新建或改造跨乡连片、联网运行的大型集中供水工程，逐步推进农村供水朝着“一乡一厂、几乡一厂”方向转变。到今年底，全市规模水厂的供水人数将达到440万人，占到全市农村总人口85%。澧县山门水厂通过改造，日供水能力达到3万吨，能够解决周边13个乡镇30万人的饮水安全问题，是全省最大、全国第二的规模供水厂，被列为全省农村饮水安全建设标志性工程。三是外扩延伸型。主要针对部分城镇和农村已有相当水厂的，加快水厂提质、扩容、延管，提升供水运送能力，扩大供水覆盖面。鼎城区丁家港水厂原供水规模只有1.5万人，通过改扩建后，新增供水干管5条30公里、支管40多公里，增加供水乡镇2个、村16个、人口2万人。四是分散供水型。主要针对居住人口相对分散、不具备建设集中供水工程的地区，采取联户和分散的方式供水，实行自建、自管、自用、自负盈亏。石门县壶瓶山镇地处“湖南屋脊”壶瓶山，通过引山泉水建设小型联户供水工程,解决了1万多人饮水安全问题。今年上半年，该镇江坪村通过架设400多米钢绳索供水管道，让大山中最后的380多人圆了几十年的“饮水安全梦”，真正达到了花小钱办大事的效果。

三、坚持攻坚克难，以创新的举措推进饮水安全建设。牢牢抓住饮水安全工程建设中的重点难点问题，创新工作思路，突破瓶颈障碍，促进饮水安全工程建设有力有序开展。一是创新资金筹措办法。始终把保障资金投入作为关键环节，坚持多渠道筹措、多条腿走路，采取向上争、财政投、社会融、群众筹等方式，近两年来共筹措资金12.5亿元，足额保证了建设资金需求。重点探索推行市场化融资新路子，通过BT、BOT、PPP等模式引导社会资本参与建设，用市场的钱办大家的事。汉寿县江东湖地表水厂，作为PPP特许经营项目公开招标，引入北控水务（中国）投资有限公司投资8000万元，水厂规划日供水规模达到2万吨，能够解决10个乡镇、17万人的饮水安全问题。二是创新项目审批方式。本着“特事特办、急事急办”的原则，在不违反法律规定的前提下，打破常规思维，简化审批程序，为农村安全饮水工程建设开辟绿色通道，让工程早落地、早建设、早受益。比如，对规模达到千吨以上的工程，财政评审集中时间、集中办公、集中审批，限定一个月时间内完成各项手续；对规模千吨以下的工程，由原来按项目实施计划招投标的方式，调整为按实施方案招投标；对单项投资50万元以下的小型和分散工程，允许项目法人自选有资质的施工队伍，切实减少中间环节，缩短审批时间。三是创新质量监管手段。建立健全政府监管、公司监理、社会监督“三位一体”的质量管理机制，严格落实项目法人制、招标投标制、项目监理制、合同管理制和项目公示制，聘请工程所在地的人大代表、政协委员、群众代表作为质量监督员，督促所有建设项目程序规范、质量合格，切实杜绝豆腐渣工程、腐败工程。去年来，我们多次迎接了国家水利部、省政府、省水利厅组织的工程督导和稽查，未发现一起工程质量问题，得到上级部门一致肯定。

四、注重持续发展，以长效的机制推进饮水安全建设。坚持一手抓建设、一手抓管理，着力完善长效常态运行管理机制，确保饮水安全工程建得成、管得好、长受益，让农村安全水源源不断地流向千家万户。一是完善水源保护机制。把保障生活饮用水安全提高到维护社会公众安全的高度来抓，出台《常德市农村生活饮用水水源保护管理办法》，下大力保护生活饮用水源。对全市水库、主要河流和湖泊全面实施禁止投肥养殖，严格控制农村面源污染，搬迁转移畜禽养殖，切实提升水环境质量。将全市供水1000人以上的水源地划定为饮用水源保护区，已经通过省政府批准确定的有192处，为饮用水源保护提供了法律保障。水文等部门每季度对饮用水源地进行水质监测，将监测结果向社会公示。截至目前，全市农村饮用水源水质均达到Ⅲ类及以上标准。二是完善水质检测机制。着力构建“规模水厂自检、县级中心巡检、疾控部门抽检”的水质检测监测体系，全市万人以上的水厂每天对供水水质自检一次，各县级水质检测平台每月对区域内供水厂水质检测一次，各区县（市）卫生部门每季度对区域内供水厂水质检测一次。通过锁好检测“三把锁”，层层严格把关，牢牢锁住饮用水质量安全，确保供水水质达标合格。三是完善水厂运转机制。在经营方面，坚持“有利于效益发挥、有利于群众使用、有利于资源开发可持续”的原则，积极探索市场化运营模式，在将部分条件成熟的水厂纳入自来水公司规范经营管理的同时，谋划组建农村饮用水管理公司，对农村供水厂统一实行公司化管理。在维护方面，探索建立农村水厂维修养护专项资金，要求每个水厂按供水人数每人每年1元的标准，从水费收益中提取基金，县级财政再按照1：1的比例配套,专门用于工程自然损毁的维护养护。在水价方面，坚持农村水厂公益性质，全面推行基本水价和计量水价相结合的两部制水价，基本水价为每月8—10元/5—6吨，计量水价为1.6—2.1元/吨，真正让广大农村居民花最少的钱吃上最放心的水。

# 从“政策清单”看政府作为

中共常德市委副书记、市长　周德睿

政策和策略是党的生命。省委书记、省人大常委会主任徐守盛和省委副书记、省人民政府省长杜家毫多次强调，要提高把握和运用政策的能力，掌握政策要快，吃透政策要深，对接政策要准，运用政策要实。最近，常德市政府在编辑部门权力清单、责任清单和外商投资准入管理目录、政府核准的投资项目目录“两清单两目录”的基础上，编辑出版《政策清单》，把政策交给群众、让干部熟悉政策，更好地推动了稳增长、促改革、调结构、惠民生。

## 谋划政策清单
## ——科学施政的新思路

立足阳光行政，以政策清单接通“天线”。打造透明政府，做到阳光行政，是民心所向。政策清单就是公开平台。使政策走出文件柜、走出办公室，“晒”在阳光下，提升知晓度、透明度，促进政策的纵向快捷传递。政策清单就是对接平台。政策清单的使用过程，就是对政策再学习、再研究、再对接的过程，是吃透上情、摸透下情，因地制宜贯彻落实的过程。政策清单就是沟通平台。政策清单以问答形式，详细回答干部群众关心的政策问题。同时，随着人们对政策的熟悉和运用，又会把政策中不科学、不合理、不适用的内容反馈回来，以政民互动促进政策的修正完善。

立足规范行政，以政策清单管住“手脚”。通过政策清单这个途径，把政策交给群众和企业，把权力关进制度的笼子里。把政策清单作为一种有效监督。将各项政策阳光化、规范化，让群众监督政府、评判政府，就是要减少权力行使过程中的随意性，有效防止政策落实过程中优亲厚友、权钱交易、暗箱操作等行为。把政策清单作为一种有力倒逼。调动人民群众的力量，促使党员干部学习政策、钻研政策、用好政策，推动各级政府和部门按政策、按规矩办事。把政策清单作为一种底线设防。公开政策的“家底”，就是设定防线、筑牢底线，明确权力运行的边界，预防越权、寻租和腐败行为的发生。

立足高效行政，以政策清单破除“梗阻”。国务院一再强调，要打通抓落实的“最先一公里”和“最后一公里”，消除影响政策落实的体制机制障碍。编撰政策清单，就是要打造破除“梗阻”的利器。让各项政策明明白白。把政策“干货”原原本本地公开，原原本本地交给群众，政策的规定、群众的权利、政府的职责一目了然。让权力流程清清楚楚。把政策事项、运行流程、裁量标准亮出来，人们可以追踪政策落实情况，评价部门办事绩效。让工作责任实实在在。政策清单对老百姓是明白卡，对职能部门就是责任状，群众对照政策清单可以及时监督，政府部门也就必须对相关人员进行问效问责。

立足为民行政，以政策清单发放“红包”。通过政策清单的编撰，把文件中的红利变成老百姓的实惠。可以促进群众福祉。让惠民政策“飞入寻常百姓家”，将阳光雨露撒到每一个角落，防止政策不知晓、不透明而导致的不公平、不公正等问题。可以助推群众致富。这个政策清单，聚焦大家关心的发展问题，以政策引导发展方向、以政策稳定发展预期、以政策强化发展举措，使之成为群众致富的底气所在、力量所在。可以维护群众权益。在正当权益受到侵害时，群众可以把政策清单作为有力武器，理直气壮地用它来保护自己。同时，这也是增强群众的政策意识、制度意识、法治意识的有效途径。

## 推行政策清单
## ——促进发展的新举措

常德市的实践证明，推行政策清单对于提振发展信心、破解发展难题具有很好的促进作用，已成为全市各级政府主动适应新常态、努力实现新发展的有效举措。

政策清单是应对经济下行的“工具箱”。集纳整理了促进经济平稳运行的政策措施，以政策稳增长、促发展。关键是稳投资。围绕投资者关心的问题，就项目审批绿色通道等政策进行梳理，让想来常德投资的知道怎样投资，让已经在常德投资的知道可以享受哪些优惠政策。核心是稳企业。围绕企业登记注册、税费征管、产品销售等方面搜集整理各项政策措施，让干部知道怎样服务企业，让企业知道如何争取政策。基础是稳农业。搜集整理粮食生产、水利建设、农民教育、农村环境治理等服务农业农村发展的政策措施，促进强农惠农政策真正落实到田间地头。

政策清单是激发市场活力的“催化剂”。突出市场在资源配置中的决定性作用，以政策活市场、强动能。着力做好“加法”。立足为市场主体“加油助力”，搜集整理支持中小微企业发展等扶持类政策措施。着力做好“减法”。立足为市场主体“减负松绑”，搜集整理改革公司注册资本登记制度等优惠类政策措施。着力做好“乘法”。立足为市场主体“强精壮骨”，搜集整理促进移动互联网产业发展、加强金融机构建设等引导类政策措施。着力做好“除法”。立足为市场主体“保驾护航”，搜集整理“六个严禁、三个一律”等破除制约发展障碍的政策措施。

政策清单是改善民生民利的“路线图”。把政策清单打造成民生“菜单”、幸福“目录”，以政策惠民生、增福祉。紧紧围绕兜住底线，搜集整理城乡低保、医疗救助等政策措施，让群众知道“有困难找政府”。紧紧围绕补好短板，针对贫困地区、贫困群体，搜集整理建立精准扶贫工作机制、实施“六件实事”三年攻坚行动等扶贫政策措施。紧紧围绕人的发展，搜集整理加强就业援助、开展助学助教服务等惠民政策。紧紧围绕公平普惠，搜集整理推进阳光招生、实施公租房摇号配租制度等促进基本公共服务均等化的政策措施。努力让群众在生产生活中感受到公平正义。

政策清单是提升治理能力的“任务书”。围绕基层治理体系和治理能力现代化，集纳整理创新和加强社会治理的政策措施。围绕源头治理、标本兼治，搜集整理创建完美社区、建设美丽乡村、加强基层组织建设等政策措施，全面解读“3+N”社区治理模式与“3+X”乡村治理模式试点，促进社会治理重心下移。搜集整理公安机关执法公开、扩大法律援助事项范围等政策措施，提高部门和干部的法治意识、法治能力。着眼优化政务服务，搜集整理完善婚姻登记制度、创新户籍管理制度、优化房产登记流程等政策措施，提升行政效能，方便群众办事。

## 落实政策清单
## ——政府作为的新启示

政策清单的编发实践，让我们深刻体会到，新常态下政府工作要有新作为、新成效，应该把握好以下几方面的要求：

制定政策、把握政策，关键在于落实政策。政策重在执行、贵在落实，再好的政策不落实就是一张白纸。要端正取向。树立正确的政绩观和价值观，破除狭隘的地方利益和部门眼光，增强政策落实的责任感和使命感，把心思和精力真正用在为发展给力、为群众造福上。要敢于担当。政策的制定和落实过程，也是利益的调整和分配过程。面对落实中的困难问题，要不回避、不上交，敢于打破体制桎梏，敢于调整利益格局。要加强评判。建立政策执行反馈机制，对“水土不服”的个别政策，该修改的修改，该完善的完善，该调整的调整，增强政策的权威性和实效性。

建设制度、完善制度，核心在于创新制度。编撰政策清单，主要是通过形式上和方式上的创新，使政策更加亲民、便利、有效。推进改革创新，要把握好变与不变的关系。对于阻碍生产力发展、不利于人民福祉改善的体制机制，要坚决、大胆、果断地改革；对于行之有效的基本制度、管用制度，必须长期坚持。要把握好点与面的关系。既要有点上的突破，也要注重面上的统筹兼顾。特别是要可复制、可推广，否则就失去了示范意义，也不可能继续深入，最后还会“翻烧饼”。要把握好当前与长远的关系。制度建设不可能一蹴而就、一劳永逸。像政策清单的出版只是第一步，还可以放到政府网站等平台上，并根据政策调整变化情况及时更新。

转变职能、转变作风，前提在于转换位置。编撰政策清单，就是站在群众的角度，将管用好用的政策汇总起来、交到群众手里。我们转变政府职能、转变工作作风，要抓住换位思考这个前提。角色要换位。多听一听老百姓的呼声，多想一想投资者的感受，多看一看普通人的工作生活状况，在思想上与群众同频共振，在发展上与群众同力同向。职能要归位。加快政府“瘦身”、“健身”进程，清理权力模糊地带，优化权力运行流程，当好公共产品的提供者和市场秩序的维护者。机制要到位。落实好权力清单、责任清单等“两清单两目录”，促进行政权力透明化；健全密切联系群众的制度体系，保持党群干群之间的血肉联系。

优质服务、高效服务，本质在于务实服务。编撰政策清单，就是为群众释疑解惑、帮困解难，是实打实的为民举措。在提升政务服务上，既要注重规范，又要注重实效。规范只是手段，高效优质服务才是目的。各项工作措施、服务举措，都要围绕提升服务实效来制定和推行。既要放权放手，又要管好管住。该放的要果断放下，不该管的坚决不管，实现“简约治理”、“扁平治理”。同时，该管的要坚决管起来，该服务的要认真服务到位，不能一放了之、撒手不管。既要提升温度，又要创新方法。服务要热情周到，要让群众真正感受到党和政府的温暖；又要与时俱进、创新求变，比如运用好互联网来提升政府服务，尽量“让数据多跑腿、让群众少跑路”。

# 落实党委主体责任应把握四个环节

中共武陵区委书记　罗少扶

党风廉政建设主体责任，是党章规定的政治责任。能否把这份沉甸甸的责任扛起来，是对党的领导干部担当精神的检验。作为县级党委落实党风廉政建设主体责任应把握四个环节。

履“牵头”之责，种好党风廉政建设“责任田”。切实担负起“第一责任人”的责任。要发挥党委书记的“首责”作用，引导各级党组织书记牢固树立“抓好反腐败斗争是本职，抓不好反腐败斗争是失职，不抓反腐败斗争是渎职”的理念，做到党风廉政建设重要工作亲自部署，重大问题亲自过问，重要环节亲自协调。严格落实好“一岗双责”。要始终坚持党风廉政建设工作与重要工作力度统一，把党风廉政建设工作列为党委重要议事日程，纳入总体规划，融入各项中心任务，写进年度绩效考核，层层落实廉政工作责任，落实“一岗双责”一人不缺，年度绩效考核一项不少，形成“抓常委、常委抓”的工作格局。抓好制度建设这个“治本工程”。更加突出制度的重要性，把严守纪律、严明规矩放在更加重要位置来抓，把严明党的政治纪律和执行各项工作纪律结合起来，科学设置纪律“红线”和监督“防线”，形成覆盖本区域全部工作的制度体系。

履“促进”之责，当好党风廉政建设“发动机”。预防教育层层递进。突出“两项”专题学习。认真学习宣传《习近平关于党风廉政建设和反腐斗争论述摘编》，宣传落实市委出台的《党委主体责任和纪委监督责任实施办法》；全面开展反腐倡廉教育。主动开展警示教育，扎实开展岗位教育，经常开展廉政关爱教育，切实做好廉政宣传报道；深入推进廉政文化建设。依托专栏橱窗，擦亮廉政“窗口文化”；依托网络资源，激发廉政“网络文化”；依托区域品牌，创新德孝廉“特色文化”等。风险防控层层聚焦。将反腐重点向职务晋升、物资采购、工程建设、征地拆迁、民生领域等风险聚焦，向干部职工潜在的精神性腐败聚焦，向风险岗位个性化腐败聚焦，找准病灶，猛药治疴。严明纪律层层传导。坚持有案必查，有腐必惩，有贪必肃，形成反腐高压态势。通过任前谈话，打好预防针；通过专题述职，开展现场点评；通过明察暗访、抓早抓小；通过查处违纪问题，形成震慑；通过案件通报，示警促防。

履“支持”之责，当好党风廉政建设“中柱石”。党委要定期召开纪检工作专题会议，就各级党组织主体责任落实情况、结合本地实际抓党风廉政建设工作情况等实际工作组织专题研究。通过村、社区党组织换届，在所辖各党支部设立纪检委员，明确纪检委员对同级党支部的监督职责。落实各级纪检监察工作人员政策规定的各项待遇。全力支持纪检监察机关开展日常巡查、重点监督、风险岗位约谈等工作，发挥好监督作用。支持纪委监察局转职能、转方式、转作风，突出主业主责，当好坚强后盾。

履“表率”之责，树立党风廉政建设“新标杆”。自觉接受监督。把自觉接受监督作为自己工作和生活的一部分，坚持内部监督与外部监督，组织监督与群众监督相结合，注重发挥纪检监察机关在廉政建设中的主力军作用。公道正派用人。深化干部人事制度改革，严格执行《干部选拔任用工作条例》，坚持公道正派，注重德才兼备，防止出现选人用人上的不正之风和腐败问题。坚持民主集中。把贯彻落实民主集中制作为党委班子自身建设的重大问题来抓，坚持党委领导下的常委负责制。健全民主科学依法决策机制，凡属“三重一大”问题，都由党委集体讨论作出决定，防止个人专断。改进和完善民主生活会制度，联系实际确定主题，查找党性、党风、党纪方面存在的问题，按照“三严三实”要求，积极开展批评与自我批评，切实提高班子解决自身问题的能力。

# 推进二次创业　铸就“扛鼎”精神

中共鼎城区委书记　刘定青

文化是一个民族的精神和灵魂，一个地方的发展同样也需要一种精神来支撑。鼎城，是一个有着厚重文化底蕴和光荣传统的大区，这里是全国德文化的重要发源地，曾经是全国有名的大县。县改区后，鼎城人民在一片滩涂上兴建了江南城区，创造了闻名全国的桥南市场，创建了省级高新技术产业园区，一次创业取得了辉煌的成果。时至今日，在深入推进改革、加速建成全面小康社会之时，鼎城人发出了“推进二次创业、建设现代鼎城”的战斗号角，更需要在干事创业中凝聚“扛鼎”精神，成就一批“扛鼎”之作。

在改革创新中彰显革故鼎新的勇气。唯改革者进，唯创新者赢。现在，全面深化改革深入推进，正是大众创业、万众创新的大好时机。鼎城要加快发展，关键在于解放思想。革故鼎新，就是要坚决革除阻碍鼎城发展的思想弊病，树立新理念、新思维、新观念。鼎城建区已经近三十年了，但小农意识还若隐若现，城市意识还未真正深入人心，很多时候还在以一个农业县的思维定势去思考问题、开展工作。在全面建成小康社会的进程中，鼎城要先人一步、快人一筹，必须摒弃小农思维定势，牢固树立城市意识，立足区位优势、城市特色，大力发展城市经济，发挥城市在资源配置中的重要作用，做大经济总量，提升发展质量，实现从农业大县到现代城区的蜕变。

在创先争优中展现问鼎一流的气概。创先争优是一种精神，是一种勇争一流、敢为人先的气概。去年，我区开展了全面创先争优活动，明确提出“全市争一流，全省有位置，特色工作创国优”的目标，全区干部创先争优积极性高涨，涌现了一大批优秀单位和个人，在全市考核中稳居第一方阵，一批特色工作得到国家和省级表彰，激发了全区人民干事创业的热情，为推进二次创业、建设现代鼎城凝聚了强大力量。这种热情、这种力量就是我们推进二次创业的底气所在，就是鼎城精神的具体表现，就是鼎城发展的力量源泉。我们就是要在干事创业中，凝聚这种精神、弘扬这种精神，用一流业绩展示出鼎城人的英勇气概，在新常德新创业中争当“排头兵”，在全省“四化两型”建设中出经验、作贡献。

在加快发展中强化鼎盛一方的担当。当前，经济发展进入新常态，省委准确把握“一带一部”新定位，着力促进“三量齐升”，市委沿江发展战略深入实施，鼎城发展面临重要战略机遇期。把握机遇，鼎城发展就将步入一个崭新天地。近年来，我们大力推进城市建设“三改四化”、城市管理“一改四化”，城市品质有了质的提升；工业园区基础设施更加完善，承载能力进一步增强，正实现从省级向国家级高新区的跃升；乡村旅游“五朵金花”次第开放，美丽乡村建设成效显著。二次创业有一个好的基础、好的来势，更需要我们强化责任担当，成就一番事业。要在攻坚克难中体现担当，敢啃“硬骨头”，下定决心解决多年来积聚的矛盾和问题，在转型发展、产业升级等攻坚任务中大显身手；要在成就事业中体现担当，建成一批对地方发展具有战略带动意义的重大项目；要在真心为民中体现担当，不让一个贫困户掉队，加快全面建成小康社会步伐。

在改进作风中坚定拔山举鼎的决心。清廉守纪的形象，是一个地方最重要的形象，清廉守纪的环境，是地方发展最重要的环境。近年来，我们全面落实从严治党要求，开展突出问题专项治理，持续深入纠正“四风”，干部作风明显好转，在经济下行压力下，全区干部仍然保持了高昂的进取意识，为经济社会稳健发展提供了坚强保障。下一步，我们要以刮骨疗毒、壮士断腕的决心，根除行政效能不高、部门利益至上等痼疾，深入整治损害群众利益的突出问题，为地方发展营造廉洁、公平、宽松的良好环境。要对各种腐败行为坚决说“不”，始终保持惩治腐败的高压态势，加强干部教育管理，防微杜渐，切实把纪律和规矩立起来，营造风清气正的干事创业氛围。

# 打开沅澧大门　建设滨湖强县

中共汉寿县委书记　罗先东

汉寿地处常德南大门，是沅澧两水汇聚融入洞庭湖之地。作为沅澧门户，展望“十三五”，汉寿要实现弯道超越快速发展，必须紧紧抓住长江经济带和洞庭湖生态经济区建设的良好机遇，立足现有优势，夯实发展基础，推进二次创业，打开沅澧大门，全面提升县域综合实力，努力建成新型工业强县、现代农业大县、生态旅游名县和宜居宜业新县，使经济发展水平尽快跃居全市一流，跻身环洞庭湖区滨湖强县行列。

## 一、打开开放之门，实施项目立县。

发展是第一要务，项目是第一载体。汉寿作为内陆欠发达县域，在内生动力不足的情况下，必须把项目建设摆在首要位置，勇开开放之门，积极争资争项，努力用项目建设的成果助推县域经济腾飞。

1. 必须殚精竭虑谋项目。围绕争取上级建设性资金年增长10%以上的目标，主攻国家“11+6+3+1”稳增长促投资政策体系，紧扣全省交通、水利、能源、信息“四网”建设以及长江经济带、洞庭湖生态经济区建设等投资重点，在产业发展、基础设施、生态文明、民生改善等方面做足做实项目前期。同时，抓好“十三五”重大项目库和总体规划纲要编制工作，加强对上衔接，争取更多项目进入国、省笼子。

2. 必须齐心协力引项目。坚持把招商引资作为第一选择，灵活运用亲情招商、以商招商等方式，着力引进一批战略投资者和一批有影响有拉动作用的大项目好项目，力争“十三五”期间引进投资2000万元以上项目40个以上，其中亿元项目必须突破一半以上。目前当务之急是要切实加强与一批投资过亿元项目的对接，力促占地500亩、总投资10亿元的北京盖雅环境科技尽快动工，占地5000亩、总投资50亿元的华夏汉寿工业园尽快签约，中建五局、碧桂园联合开发的6.67平方公里沧浪新城项目早日落户。同时，加大标准厂房招商力度，力争惠东制鞋产业园、雨夕家纺产业园等一批亿元项目尽快入驻园区。

3. 必须千方百计上项目。着眼“十三五”期间1000亿元的重点工程投资目标和300个重点项目的建设任务，严格落实项目建设责任，着力推进投资40亿元的中国汉寿国际旅游度假区、投资15亿元的银河国际汽贸城、投资6亿元的中利腾晖光伏发电、投资6亿元的新合作商贸物流园、投资3亿元的凯迪生物质发电等一批重大项目早日建成投产。为此，要进一步优化服务环境，继续推行行政审批制度改革，稳步推进“模拟审批”、“并联审批”等创新模式，简化审批程序，提高行政效能，敢于让利促开放，勇于放权活机制，严肃查处破坏投资环境的人和事，为推动招商引资和项目建设提供最优的外部环境。

## 二、打开发展之门，建成产业强县。

产业是县域经济的支柱。推动汉寿经济持续发力跨越发展，必须始终坚持“产业强县、产业富民”的发展路径，切实强化三个方面的产业支撑。

1. 必须以园区为依托切实抓好现代工业。按照“培育主导产业、壮大支柱产业、扶持中小企业、改造传统产业”的思路，坚持把新型工业化作为“滨湖强县”建设的第一推动力，着力建设大平台、集聚新产业，引进优质项目，培育优势企业，力争通过5至10年的努力，打造“十百千”工程，即实现规模工业税收过10亿元，形成一批百亿产业，高新区工业经济总量突破1000亿元。为此，一是要建好园区。立足于把先进的理念扎根园区、把投资的主体引入园区、把攻坚的重点放在园区、把优质的服务留在园区，进一步完善“一权两制一司”改革，逐步实现区办合一管理体制，让园区有生机、有灵气，能够展现活力、凝聚人气，使之真正成为“工业新城”和“城市新区”，满足现代工业的承载需求。二是要做大产业。重点发展机械装备、棉麻纺织、生物医药、精细化工、食品加工、林纸加工、电子信息等七大支柱产业，形成工业经济支撑。当前，要力促中联重科更多产品单元落户，力争通过3至5年的努力，打造出产值过百亿的机械制造产业集群；引导康普药业、康尔佳制药、康利来医疗器械和康怡医疗器械“四康”企业聚指成拳、抱团发展，打造出产值过十亿的医药产业集群；加快传统产业转型升级，扶持蒋家嘴老工业区传统棉麻纺织产业进行重组、改造、升级，建成千亩纺织工业园。三是要振兴企业。通过实施“一企一策”，抓好康尔佳、徕木电子等骨干企业的总部转移和兆恒光能、太子化工等一批重大技扩改项目的提质增效，力促华乐农业、林钰王、汉星机械、中汉高科等一批具备上市条件的企业挂牌上市。

2. 必须以增收为核心切实抓好现代农业。牢固树立“跳出农字抓农业、跳出农业抓农村”的理念，按照“巩固粮油、主攻养殖、扩大果蔬、培育苗木、突破加工”的思路，用工业化的手段大力发展现代农业，促进农民增收和农业增效。重点实施三大工程：一是特色农业1441工程，建成10万亩生态甲鱼养殖基地、40万亩油茶基地、40万亩蔬菜基地和10万亩花卉苗木基地。二是加工农业135工程，每年重点扶持1家农产品加工企业，新增规模农产品加工企业3家，市级以上农业产业化龙头企业5家。三是标准农业“五个一”工程，建成10个粮油高产创建示范区、10个甲鱼生态养殖示范区、10个设施农业示范区，1个规模集中、技术集约、装备集成的现代农业示范区，10个休闲农业示范区。同时，努力做好经营创新文章，加快构建新型农业经营体系，积极推进电子商务平台建设，借助电商平台构建珍珠、甲鱼、玉臂藕等特色农产品“生产—加工—销售”产业链条，打造湘西北特色农产品电商示范基地。

3. 必须以旅游为龙头切实抓好现代服务。按照“到张家界游山、到西洞庭玩水”的旅游产业发展思路，突出湖乡特色，整合旅游资源，大力发展“湿地观光、休闲度假”生态旅游业，把西洞庭湿地旅游景区建成湘西北地区重要的旅游目的地、区域性商贸物流中心和休闲度假中心，以旅游大开发带动现代服务业大发展。为此，一是要高起点规划。高标准编制全县旅游总体规划，水陆结合，山水兼顾，精心打造“一心两翼”的生态旅游新格局。“一心”：即以清水湖国际旅游度假区为核心，打造国内一流的国际野生动物园；“两翼”：即以朱家铺、丰家铺、东岳庙三个丘陵区乡镇为中心集中打造国家级森林公园，以西洞庭湖为主阵地打造国家级湿地公园。二是要全方位配套。不断加强和完善生态旅游基础设施，着力打造好军汉公路沿线景点，努力争取九岭—江东湖—五宝山—鹿溪—金牛山旅游公路立项和锚地服务中心项目落户岩汪湖，加快西洞庭湖湿地宣教中心建设进度，尽快形成汉寿水陆一体现代化的生态旅游交通网络和服务体系。三是要品牌化经营。加快核心景区建设，力争将西洞庭湖国家城市湿地公园、汉寿清水湖国际旅游度假区和鹿溪景区逐步建成5A级景区。切实加强旅游产业元素的包装策划和营销宣传，加大湿地、赛车、美食等文化节会活动筹办及美丽乡村建设亮点的推介力度，大力推进甲鱼、珍珠、玉臂藕、烙画等龙阳特色旅游产品的品牌开发，开启汉寿特色旅游产品营销的新局面。

## 三、打开宜居之门，推动城镇兴县。

把新型城镇化作为推动县域发展的重要抓手，按照“扩容提质、功能配套、产城互动”的目标要求，通过做大做靓县城，辐射带动中心镇及乡镇集镇建设，打造独具滨湖水乡特色的生态宜居汉寿。

1. 要突出超前谋划。坚持规划先行，瞄准“滨湖强县、宜居智城”目标定位，着力构建产业和城镇融合发展的“一核三轴五组团”城镇发展布局。“一核”为县城，包括龙阳老城、太子庙工业新城和沧浪新城；“三轴”为沿国道319、省道233丰家铺经太子庙、县城至罐头嘴段以及省道230军山铺至岩汪湖段、省道320岩汪湖至德山段形成的城镇发展轴；“五组团”为特色乡村旅游城镇组团、商贸物流城镇组团、西洞庭湖湿地观光城镇组团、城郊服务城镇组团、现代田园城镇组团。力争通过5至10年的努力，使县城形成汉德大道、汉寿大道“两路贯通”，城北河、沧浪河、撇洪河“三水环绕”，龙阳老城、沧浪新城、高尔夫小镇、工业新区“四城融合”的发展架构。

2. 要突出重点建设。坚持大投入推动大发展，强力推进“十三五”期间总投资突破30亿元的城建项目。一是要着力改老城。围绕加快县城提质步伐，实现县城区“三改四化”全覆盖，借助棚户区改造，加快老城街道及县城环道建设进程，着力建设好烈士公园、银水湖公园、龙珠湖公园三大城市公园。同时，尽快启动三湖连通、沧浪水入城和沅江水复通三大工程，建设城北河休闲风光带，让县城血脉（水）变清变活变畅变美。二是要着力扩新城。以汉寿大道和汉德大道一纵一横为主轴，实现龙阳老城、沧浪新城、清水湖高尔夫小镇和工业新城“藤上结瓜”、组团发展，推动县城“南移西拓、龙太融城”。尤其要以项目为载体，加快推进银河国际汽贸城、华乐冷链物流园等项目，带动新城建设，尽快在新城形成人流、物流，积聚人气、财气。三是要着力靓集镇。坚持合理布局、错位发展，通过县城建设的辐射带动，先期打造太子庙、蒋家嘴、罐头嘴等一批工业重镇，岩汪湖、丰家铺、株木山、朱家铺等一批旅游名镇，以及三和、东岳庙、毓德铺等一批生态小镇。

3. 要突出精细管理。以“一改四化”为手段，以“五城同创”为载体，以网格化管理为方向，结合撤镇建办，重点抓好城管、交警、环卫、社区、路段责任单位“五位一体”的城管机制构建、城区综合秩序整治以及示范路街、文明机关、优秀门店、模范社区创建等工作，力争国家智慧县城、国家卫生县城创建以及省级文明县城、交通模范县城、园林县城创建工作取得全面进展和实质性突破。

4. 要突出科学经营。充分发挥城投公司“投资融资、开发经营”的职能优势，鼓励社会资本、民营资本、民间资金参与投资、建设和运营城镇基础设施项目。尤其是注重引进一批实力强、信誉好的大企业、大财团加盟，推动汉寿新型城镇化组团开发，实现以地生财、以地建城和以地养城，为新型城镇化建设提供强有力的财力支撑。

## 四、打开幸福之门，促进民生惠县。

始终坚持以人为本、民生优先发展战略，心为民想，权为民用，利为民谋，切切实实为全县人民办成一批大事和好事，不断提升人民群众的幸福指数。

1. 必须促进民生升温。坚决打好教育卫生三年攻坚、城乡饮水安全攻坚、农村环境卫生整治、完美社区创建、美丽乡村建设等民生升温战役，全面落实为民办实事各项任务，确保全县70%以上的财政支出用于改善民生，努力让发展成果全民共享，切实以解民难、谋民利、惠民生的实际成效造福于民、取信于民。

2. 必须推进精准扶贫。到 2017 年，全县 34 个贫困村、56770 个贫困人口必须全部脱贫。为了实现这一目标，必须重点抓好三个方面的工作：一是要抓好产业扶贫。根据贫困乡村的资源禀赋和传统种养习惯，集中力量推行“一乡一品”、“一村一业”，建成水产养殖、蔬菜种植、林果开发等一批产业基地，实现主导产业和拳头产品的新突破。二是要抓好基础扶贫。针对贫困乡村生产生活设施薄弱的问题，切实加大投入，开展实事攻坚，重点突出整合涉农部门的项目、资金等资源，优先用于贫困村基础设施建设。三是要抓好联动扶贫。采取向贫困村派驻工作队驻村帮扶的方式，确保 34 个贫困村实现帮扶全覆盖；采取县级领导和单位“一把手”结对帮扶的方式，确保帮扶特困户 6000 户以上；采取动员社会力量的方式，筹资 1000 万元以上用于社会帮扶。通过上下联动、多管齐下，帮助贫困村和贫困群体尽快脱贫致富。

3. 必须夯实保障基础。一方面，要着力把握就业这个民生之本。进一步完善就业援助体系，开拓新的就业渠道，加大就业培训和推介力度，重点帮助零就业家庭、贫困家庭等就业困难群体实现就业和再就业，力争到“十三五”末，城镇登记失业率控制在 4.5% 以内，城镇新增就业 2.7 万人，新增农村劳动力转移就业 6 万人，建成大学毕业生见习基地 10 家以上。加强创业孵化基地、科技孵化器、创业服务体系建设，推进“全民创业、万众创新”，以创业带动就业，新增创业孵化基地孵化企业 50 家。另一方面，要着力强化社保这个民生之依。加大公共财政对社会保障的投入力度，努力推进以城乡社会养老保险、最低生活保障、医疗保险、社会救助等为重点的社会保障体系建设，促使社会保障体系进一步健全，就业、医疗、养老等保障水平大幅提高，力争到“十三五”末，医疗保险基本实现城乡全覆盖，城镇职工养老保险和新型农村社会养老保险参保面达 100%，全县各类社保参保人数达到 67.88 万人次，切实解决好困难弱势群体的基本生活保障问题。

# 县委书记要争当“五个表率”

中共桃源县委书记　龚德汉

习近平总书记在与中央党校第一期县委书记研修班学员座谈时强调，县委书记要像焦裕禄那样，始终做到心中有党、心中有民、心中有责、心中有戒。今年3至4月，参加中央党校第二期县委书记研修班学习后，我对如何践行“四有”要求，当好县委书记，有了更深理解、更多体会。

加强党性锻炼，争当对党忠诚的表率。县委书记首先是普通党员，其次才是领导干部，对党忠诚是最基本的原则和标准。县委书记作为党在县一级的主要负责人，要坚持党的原则第一、党的事业第一，时刻与以习近平同志为总书记的党中央保持高度一致。要坚定政治信仰，带头学习中国特色社会主义理论特别是习总书记系列重要讲话精神，不断坚定中国特色社会主义的道路自信、理论自信、制度自信。要强化政治修养，带头学习党章、贯彻党章，坚持以党章为总标准、总准则，切实维护党章的权威性、严肃性，真正使党章内化于心、外化于行。要恪守政治纪律，坚持个人服从组织、下级服从上级、全党服从中央，真正当好对党忠诚的表率。

保持本领恐慌，争当学习实践的表率。“学者非必为仕，而仕者必为学”。作为县委书记，必须弥补知识上的“缺陷”、补强能力上的“短板”。一要在学习中解放思想，以更加开明的意识、更加开放的眼光、更加开阔的胸怀，用新视野把握新机遇、用新思路引领新发展。二要在学习中把握新常态、认识新常态、适应新常态，顺势而为，乘势而上，特别是要深刻领会、全面理解“四个全面”的内在联系、理论创新以及本质特色，努力在协调推进“四个全面”中抢抓新机遇、开创新局面。三要在学习中提升法治意识，带头学习法律、带头敬畏法律、带头依法办事，不断提高运用法治思维、法治方式解决问题的能力和水平，真正当好学习实践的表率。

强化担当精神，争当履职尽责的表率。身处县委书记这个岗位，要做到不负组织重托、不负群众期盼，就必须种好“责任田”、办好“份内事”，必须在其位、谋其政，必须做到为官一任、造福一方。一是具有不怕困难、敢于承担的勇气。要有勇于担当的精神、勤于担当的作风、善于担当的智慧，始终做到只为成功找方法，不为困难找借口。二是具有埋头苦干、一抓到底的执着。我们推进“四个全面”是一个长期过程，只有坚持一张蓝图干到底，一任接着一任干，做到久久为功，才能取得实效。三是具有创先争优、力争一流的决心。一定要有“争第一、创一流”的决心，坚决克服只想保“位子”、不去挑“担子”的思想，真正当好履职尽责的表率。

树立群众观念，争当为民服务的表率。作为县委书记，直接面对基层、面对群众，必须树立以人为本、人民至上的观念，要把为民服务作为一切工作的出发点和落脚点。要自觉践行群众路线，坚持从群众中来、到群众中去，坚持从我做起、向我看齐，带头深入基层、深入群众，落实“一线工作法”，做到问政于民、问需于民、问计于民。要不遗余力为民办事，定规划、作决策、干工作，都要维护群众利益、尊重群众意愿、体现群众需求、力求群众满意，做到俯下身子办实事、真心实意惠民生。要主动接受群众监督，自觉把群众的口碑作为一种激励，把群众的监督作为一种关爱，虚心听取群众意见，积极解决群众诉求，让群众评判工作实效，真正当为民服务的表率。

严格自我约束，争当廉洁奉公的表率。县委书记的一言一行、一举一动，对党风政风民风都会带来影响。因此，要做到谨慎用权，作决策办事情，要以党纪条规、法律法规为依据，特别是在干部人事任免、重大资金使用、工程项目建设、国有资产处置等方面，更要维护制度的严肃性、体现程序的规范性。要做到民主决策，带头执行民主集中制，善于增进团结、集中智慧，坚持总揽不包揽、分工不分家、放手不撒手，决不能把“班长”当成家长。要做到严以修身，不为名所累、不为利所困、不为情所惑，不断强化自我修炼、自我约束，自觉净化工作圈、生活圈、朋友圈。这样，做人才有底气、做事才会硬气、做官才能正气，真正当好廉洁奉公的表率。

# 坚持“四诀”在手　做到严以用权

中共临澧县委书记　杨琦明

落实“三严三实”要求，严以用权是关键，是践行党的宗旨的基本要求。笔者认为，领导干部要做到严以用权，增强“为官有为”的自觉、“为官不为”的警醒、“为官乱为”的畏惧，确保用权不偏向、不变质、不越轨、不出格，必须坚持“四诀”在手，端正权力观，保持敬畏心，远离高压线，扎紧铁笼子，争树新形象，把责任担当落脚到干事创业上。

要“识”权，端正权力观。权力是天使，也是魔鬼。认识得当，就会让党员领导干部一展所长，实现平生抱负，否则就会成为权力瘾君子，沦为权力奴隶。对领导干部来说，牢固树立正确权力观，首先要明白权为谁所有。中华人民共和国的一切权力属于人民。权力掌握在领导干部个人手里，但绝不是属于领导干部个人的。应该说，对权力而言，领导干部只有使用权，没有所有权，所有权归人民，这是必须清醒认识的。一个领导干部，不管从事什么工作，也不论职务有多高，手中的权力再大，都必须用于为人民服务，而不能凭借手中的权力为自己服务，谋一己之私。要有为民之心，心怀亲民爱民的公仆情感，始终同群众心连心、同呼吸、共命运。要有为民之力，为民之心是态度问题，仅有态度是不够的，还要有与之相适应的工作能力，才能更好地为人民服务。

要“畏”权，保持敬畏心。一个人立身处世，应当怀有一颗敬畏之心。有了敬畏之心，做人才会谦虚谨慎，戒骄戒躁；有了敬畏之心，掌权才会认真负责，兢兢业业；有了敬畏之心，才会知所避、知所守、知所止。一个不知道怕的人，才是最可怕的。对领导干部来说，要始终牢记党的宗旨，在思想深处解决“权为谁用、情为谁系、利为谁谋，为何立党、为谁执政”的根本问题，心里装着群众，凡事想着群众，工作依靠群众，一切为了群众。要敬畏组织。组织之于干部，犹如阳光、雨露、沃土之于草木。敬畏组织就是要增强对组织的归属感，将个人成长归功于党组织精心培养，以优秀品格和良好业绩回报组织。作为领导干部来说，不管职位有多高、权有多重，都没有凌驾于组织之上的特殊。要敬畏法律。法律是制约权力的利器，是约束领导干部恣意妄为、滥用职权的法宝。在遵纪守法的问题上，不能有丝毫讨价还价的余地，来不得半点马虎和放松。

要“慎”权，远离高压线。权力是神圣的，同时又具有两重性，是把“双刃剑”，既能成事，也会败事。领导干部要严以用权，必须“慎权”，手握戒尺，自觉增强自律意识。一要严守规矩。对领导干部来讲，讲规矩是基本要求、基本素质。任何权力的行使，该遵循什么程序、遵守什么规矩、遵从什么纪律，我们必须严格遵守，不越界、越轨。二要讲求民主。一个人能干是一种素质，能相处是一种境界。对领导干部个人来讲，严以用权，重要的是要严格落实民主集中制，民主行使权力，对涉及长远发展、涉及“三重一大”重大事项，民主决策、依法决策、科学决策，广泛听取各方意见，不搞一言堂、一个人说了算。同时，全力保障决策实施，在决策中讲民主、在实施中讲集中，经常调度督促，确保决议一旦形成，就“一个声音”抓好落实。三要接受监督。有力的监督作为一道“防火墙”，可以约束领导干部不犯错误或少犯错误，及时发现和纠正领导干部的缺点，是对党员干部最好的保护。

要“限”权，扎紧铁笼子。严以用权，单靠觉悟不保险，要有制度才管用。离开制衡谈严以用权，无异于缘木求鱼。无数事实证明，“权力出笼子人就要进笼子”。要让领导干部严以用权，重要的是把权力关进制度笼子，靠制度管人、管事。客观说，我们制定了很多制度，看起来很完善，但是不细、不具体，就好像是牛栏。制定的制度应当是“铁笼子”，不是“松紧带”，一定要扎紧扎密，细化亮化。具体到当前，重点就是要把“权力清单”制度制定、落实好，进一步简政放权，结合机构改革，依法界定每个部门、每个岗位的职责与权限。另一方面，要严格制度落实。制度一经形成，就必须严格遵守，执行制度没有例外。

# 打好生态牌　创造乡村美

## ——石门县推进美丽乡村建设的做法与成效

中共石门县委书记　谭本仲

近年来，石门县委、县政府认真贯彻落实省、市部署，把建设美丽乡村作为统筹城乡发展的重要载体来抓，按照“村民富、村庄美、村风好”的总要求，坚持围绕生态主题做文章，科学规划，精心部署，通过示范引领，带动整体推进，全县美丽乡村建设取得了较好成效，农村环境面貌得到了较大改善。

### 一、培育六大支柱 发展生态产业

我们把发展富民产业作为建设美丽乡村的首要任务来抓，充分利用石门县山地多、绿色资源丰富的优势，重点培育了柑橘、茶叶、高山蔬菜、烤烟、家禽、生猪六大生态特色产业，到2014年，六大产业产值达到30多亿元，全县农民人均特色产业收入突破了4000元。

一是壮大产业规模。在调整农业产业结构时，坚持科学布局，把全县划分为平丘区、城郊区、中部山区、皂市水库淹没区、西北山区5大区域，因地制宜发展区域性特色农业，建设形成了6大区域化、规模化的特色产业带，即以秀坪园艺场、龙凤园艺场为核心的25万亩优质蜜橘种植带；以维新、三圣等乡镇为核心的5万亩优质脐橙种植带；以白云山、壶瓶山、太青山三大山脉为核心的万亩有机茶生产带；以南北镇、东山峰、壶瓶山等乡镇（区）为核心的4万亩高山蔬菜生产带；以双佳公司为龙头带动的二都、易家渡、夹山等乡镇为核心的2000万羽家禽养殖带；以九峰公司为龙头带动的蒙泉、夹山等乡镇为核心的10万头生猪养殖带；以南北镇、壶瓶山、所街等乡镇为核心的万亩优质烤烟生产带。目前，六大产业已经形成了一定的规模。

二是提升产品品质。全面推行农业标准化生产，先后制定发布了《绿色食品“石门柑橘”生产技术操作规程》《石门银峰茶综合标准》《石门县高山蔬菜栽培技术规程》等农业标准21个，生产技术操作规程63个，形成了与国家标准、行业标准配套的标准体系。全县建起了柑橘、茶叶、蔬菜、烤烟等22个核心农产品标准化生产示范基地、绿色农产品标准化生产示范基地和出口农产品标准化生产示范基地，总面积达到60万亩。到2014年，全县共有农业“三品一标”认证92个，认定面积124万亩。有机茶园面积1.3万亩，有机茶转换面积3万亩。有机转换橘园0.85万亩、柑橘出口备案登记果园31个，面积10万亩，注册登记的柑橘出口加工厂25个。

三是扩大品牌影响。通过接二连三地举办一系列国内外有影响的节会活动，发挥节会效应，叫响了石门品牌。连续举办十四届“中国湖南石门柑橘节”和十二届茶文化活动，石门柑橘、石门茶叶等农产品品牌在国内外市场上有了一定的知名度和美誉度。目前“石门银峰”“湘佳”“节节高”三大农业品牌获得了中国驰名商标，“石门柑橘”“石门银峰”成为国家地理标志证明商标，“石门马头山羊”“石门土鸡”成为国家地理标志保护产品，“石门柑橘”被中国果品流通协会命名为“中华名果”。“石门银峰”“东山秀峰”双双入选“湖南十大名茶”。

### 二、把握三个环节 创建生态乡村

我们把创造生态优美的环境作为建设美丽乡村的核心内容来抓。以创建国家生态县为目标，县委、县政府提出了生态立县战略，采取一系列综合措施，加强农村生态环境保护和建设，取得了较好成效。

一是创建环境优美乡镇。县委、县政府在上世纪八十年代就做出了《关于建设生态石门的决定》《关于大力保护森林资源，全面封山植树退耕还林的决定》等一系列重大决策，高标准实施封山育林、退耕还林和生态公益林保护工程。到2014年，我县荣获“国家级生态乡镇”称号的乡镇（区、场）达到13个，占全县24个乡镇（区、场）的60%。同时，全县卫生村总数达到240个，其中省级卫生村13个，市级卫生村39个，县级卫生村114个，占全县村居总数的60%。生态村总数达到175个，其中省级生态村52个，生态村占全县村居总数的47%。

二是整治农村环境卫生。深入推进农村环境卫生整治三年行动，编制完善了全县城乡生活垃圾一体化管理规划，创办了24个垃圾分类示范村，关停了22家污染严重的养殖场。目前全县所有行政村都建立了常年保洁机制，70%以上的村实行了垃圾集中处理，农村环境卫生面貌明显改善，农民的环保卫生意识普遍增强。

三是组织开展社会共建。加强组织保障。明确县级领导、乡镇党委书记分别联系一个美丽乡村示范村。对每个示范村都安排了3–5个县直后盾单位、援助企业，把乡镇美丽乡村建设工作和县直单位支持美丽乡村示范区（村）办点工作纳入年度绩效考核内容。加大资金投入。全县投入资金2亿多元，其中县财政投入资金6000多万元，整合各类涉农项目资金8000多万元，同时还发动农民自筹资金6500万元。引导社会参与。通过大力宣传，积极引导，掀起了社会各界投入美丽乡村建设的高潮，涌现了一大批社会人士支持美丽乡村建设的先进典型。如三圣乡山羊冲村村主任黎静，先后为村公益事业捐资和争取资金1600多万元，改善了全村的生产生活条件。这样的典型全县有30多个，捐款总额达到3000多万元。

## 三、开展三项创新 引领生态文明

我们把提升乡风文明水平作为建设美丽乡村的重要目标，以创办一批美丽乡村示范亮点为主要抓手，重点开展了三项创新引领工作。

一是探索推行了农村社会治理新模式。在秀坪园艺场探索建立了“3+5”农村社区治理模式，将秀坪园艺场下辖的5个村整合成秀坪社区，“3”即在社区一级设立社区党工委、社区理事会、社区公司董事会，“5”即原有的5个行政村。社区党工委为领导核心，通过3个组织科学治理原有5个行政村，体现协会唱主角，群众做主人，全程受监督，使村民自治和村民谋发展有机结合起来，最终实现原有的5个行政村逐步融合为一体，成为名副其实的农村大社区。这样的结构模式，不仅强化了党委政府的领导，更突显了农民的主体地位，让农民参与社会治理、经济建设、公共服务等，较好地实现了农民自我建设、自我管理，自我发展。

二是打造了“五个一体化”百里示范走廊。围绕创建精品示范亮点，我们重点打造了一条美丽乡村百里示范走廊。从我县最南端的蒙泉镇开始，一直延伸到中部的维新镇，在全长近100公里的主干公路沿线，确定了12个美丽乡村重点示范村，按照“农业基础设施一体化，产业发展及新型农村经营体系一体化，村民宜居小区一体化，生态环境建设一体化，社会治理模式一体化”的“五个一体化”标准打造了一条美丽乡村百里示范走廊，形成了一批以“生态农业”为特色的产业重点村、以“田园风光”为特色的旅游重点村、以“土家文化”为特色的民俗风情重点村，彰显了一村一业、一村一景、一村一韵的独特魅力。2015年，我们进一步实施了美丽乡村建设“双百+”工程，即全面开展110个美丽乡村创建村建设，加快推进美丽乡村百里走廊建设，继续打造秀坪美丽乡村升级版，目前各项工作正在有序推进。

三是实施了文化建设“十个一”工程。提炼一条家训。组织村民家庭在“讲家史、话家情”活动中，提炼一句家训，并制成匾牌悬挂于厅堂，教育子孙后代，传承良好家风。挖掘一段村史。组织搜集整理、编辑印发一段村史，作为乡土教材，对村民进行优良传统教育，传承文明村风。保护一批古物。留住一批老屋、古树等特色自然景观和历史人文设施，强化人们的乡愁记忆，激发人们的爱乡热情。打造一条长廊。因地制宜，配套建设休闲绿道、文体活动广场、“农家乐”服务驿站以及体现典故、楹联等文化元素的标志性建筑，形成人与自然和谐的乡村生态文化旅游的精品走廊。办好一个讲坛。办好“美丽乡村夜讲坛”，定期举办村民实用技术培训班，开展“石门故事百姓讲”活动和道德讲堂活动，提高农民的科技文化和思想道德素质。建好一个站点。建好“学雷锋、三关爱”志愿服务站点，开展爱绿护水、邻里守望、文明劝导、矛盾纠纷调解、关爱空巢老人和留守儿童等志愿服务活动。完善一个阵地。建好村居文体活动室、广播室、农家书屋、宣传橱窗、阅报栏、“讲文明树新风”公益广告宣传牌等基础宣传文化阵地。成立一支队伍。组建民间演艺和健身表演队伍，组织引导群众开展民俗文体活动。推出一批典型。组织开展“星级农户”“好媳妇”“好公婆”“好丈夫”“好妯娌”“好邻居”等评选活动，掀起学习身边好人、争当道德模范的热潮。出台一个村规。建立村规民约，加强公共管理。依照村规民约，开展专项整治行动，重点整治破坏生态、污染环境、封建迷信、伤风败俗、打牌赌博等方面的不文明行为。

# 把握三个关键　落实主体责任

中共澧县县委书记　彭孟雄

“两个责任”是党中央在新形势下作出的重大决策部署，必将对党的建设起到重要推动作用。县级党委处于承上启下、固本强基的重要位置，落实好党风廉政建设的主体责任，需要把握好三个关键环节。

把知职明责作为首要前提。党要管党，各级党委必须自觉担负管党治党的重要责任，形成各司其职、各负其责、层层落实、合力推进的工作格局。要建立一本“责任账”，列出县委书记及其他班子成员的责任清单，分别明确“第一责任”“分管责任”该负什么责任，通过年初“立账”、年中“查账”、年终“交账”的方式，形成责任示范。要形成一条“责任链”，建立健全主体责任报告制度、党政正职述职评议制度、廉政谈话制度、约谈制度等，强化各乡镇（街道）、县直部门党委（组）及主要负责人的责任传导，层层压紧，级级压实，让各级党组织及党员领导干部感到责任和压力。要铺设一张“责任网”，针对关键岗位、环节，构建党风廉政建设风险防范体系，明确专人专抓专责，确保主体责任落到基层、实处、细处，以每个领域、每个节点的党风廉政建设新成效取信于民。

把履职尽责作为根本要求。落实党风廉政建设主体责任关键在行动，根本在落实。县域经济健康快速发展，需要良好的政治生态和社会环境来支撑。落实主体责任，要以创造良好的政治生态和社会环境为目标，绵绵用力，久久为功，真正做到守土有责、守土负责、守土尽责。要在选人用人上发力，坚决贯彻落实《党政领导干部选拔任用工作条例》，严把干部选拔任用关，严格培养使用干部，严格监督管理干部，确保干部既能干事又不出事，防止用人上的不正之风和腐败问题。要在规范用权上使劲，紧扣决策权、执法权、司法权、审批权等存在的问题，重点抓好简政放权、阳光政务、资金使用等党风廉政建设主体责任的落实，确保权力管到哪里，党风廉政建设职责就延伸到哪里。要在损害群众利益的问题上聚焦，深入推进教育、医疗、社保等领域的不正之风的整治，坚决纠正土地征用、城镇拆迁中侵害群众利益等问题，使主体责任落实更加关注民生、体察民情、反映民意。

把问责追责作为重要保障。贯彻落实党风廉政建设主体责任必须抓住问题追责这个关键。否则，主体责任落实就会流于形式。要建立常态化的考核机制，根据基层实际和工作需要，探索日常检查、年底考察等考核方式，推进全面考核和重点考核、年终考核和日常考核、定量考核与定性考核“三结合”，将落实党委主体责任摆在与经济发展、社会民生同等地位，作为年度各级党委政府“四考合一”的内容，实现“考人、考事、考廉”共同起作用。要构建全方位的监督机制，将党内监督同人大监督、司法监督、行政监察、审计监督、舆论监督、群众监督等结合起来，形成全方位、立体化的监督体系。要建立倒逼式的追责机制，对发生重大腐败案件和不正之风长期滋生蔓延的乡镇（街道）、部门单位，要“一案三查”，既追究主体责任、监督责任，也追究领导责任。

# 推进绿色发展　加速生态崛起

中共安乡县委书记　宋云文

习近平总书记指出："生态兴则文明兴，生态衰则文明衰。"安乡县地处洞庭湖生态经济区核心区域，在跻身全国生态文明建设试点和全国循环经济示范县的基础上，"十三五"期间将以生态文明建设为引领，坚持走创新、协调、绿色、开放、共享的可持续发展新路。

规划集约节约、高效友好的生态空间。秉持"生态、自然、简约、实用"的理念，精心编制生态文明建设规划，实现"土规""城规""园规""村规"等多规合一。立足于城镇促功能完善、农村抓产业配套、工业强创业平台，把"指形规划"作为安乡"五垸相连、绿色发展"空间规划的指南针，合理规划产业、园区、项目和村居布局，形成布局集中、产业集聚、发展集约的"两型"国土空间格局。推广绿色建筑，推进海绵城市建设，实施雨水污水分流、农排城排结合，做到修一条路、靓一片区、活半边城。

发展健康有机、创意休闲的生态农业。突出生态环境整治与生态产业发展紧密结合的生态扶贫方向，同步推进贫困村、贫困人口脱贫致富与生态文明建设。加快绿色产业发展，加强"一乡一业、一村一品"的专业合作，通过"规模经营、自愿有偿"的土地流转，鼓励大户领头、群众参与，重点建设一批有机莲藕、有机稻米、有机药材、有机茶叶、生态蔬果和生态水产基地，鼓励珊珀湖草鱼、青鱼、花鲢、黑鲫等国家地理标志保护产品及无公害农产品做大做强，力争到2020年全县形成90万亩以上绿色有机农业种养基地。

打造绿色循环、低碳高产的生态工业。打造创业平台，以"两型"生态园区为目标，建设10平方公里的鲸港工业园区，形成纺织服装、装备制造、电子、生物化工、中小企业产业园和经济开发区多功能区等"五园一区"。引进高新企业，实行"重温乡情、寻求发展"的绿色招商，重点发展生物医药、绿色食品加工、节能环保等产业。延伸产业链条，以药圣堂制药、惠宜佳木业、凯斯机械等重点企业为龙头，拓展县内外企业联合。改造传统工艺，健全循环产业体系，实现工业垃圾存储减量化、处理无害化、利用资源化。

开发怡人怡情、宜商宜游的生态旅游。对接常德国际旅游城市和大湘西文化旅游圈，开发"河湖泛舟"的湖湘生态亲水游项目，加快淞虎航道疏浚工程，实现入境主要河流常年通流、通航、通商、通游，把县内"八河五垸"建设成集产业、风光、亲水休闲于一体的生态走廊。开发湘鄂边界商贸旅游行项目，借助黄山头省级边界口子镇建设契机，打造湘北鄂南亮丽的风景旅游胜地。发展聚集要素的"生态洼地"现代物流，加快深柳国际商贸旅游物流城建设，打造泛湘西北水陆联运的现代物流集散区，形成连接成渝经济圈、武汉城市群和长株潭的重要物流枢纽。

建设天蓝地绿、山清水秀的生态家园。按照"望得见山、看得见水，记得住乡愁"的要求，把水源"做活"，加强重点水源保护，收回集体所有的水塘湖泊养殖承包权，实行"禁止投肥、生态养殖"。推进"河湖联通、渠溪相连"，增强水体自我调蓄功能。给大地"培绿"，房前屋后、路旁水边，见土培绿、见空栽树，让老百姓能推窗见绿、出门进园、抬头观花、步行亲水。让天空"见蓝"，严厉整治"三乱两高"企业，全县推广可回收、可沤肥、可焚烧垃圾的"三个三分之一"分类减量、按量收费模式，全面推进节能减排。

培育天人合一、道法自然的生态文化。倡导绿色生活方式，推动全社会形成文明、节约、绿色、低碳、循环的消费理念。践行善治清明的行政文化、务实有为的创业文化和润达友善的人居文化，在全县机关、企事业单位倡导"行政讲规则、决策讲科学、发展讲质量、执行讲效率"的行政新风。推动生态创建常态化，工厂企业向生态要效益，实现节能降耗、高产高效；乡镇村组围绕绿色谋发展，实现生态种养、绿色增长；城市管理用文明素养提升品位，塑造"生态、友善、文明、有序"的安乡形象。

# 坚持精准发力　加快小康进程

中共津市市委书记　王学武

近年来，津市紧扣“新常德新创业”的总要求，以“大干新三年、建设新津市，提前实现全面小康”为目标，坚持新型工业化、新型城镇化“两轮”驱动，聚力“三大战役”、全面深化改革，促进了经济社会持续健康发展。2014 年，实现地区生产总值 106.9 亿元，增长 10.9%；固定资产投资 92 亿元，增长 36.8%；规模工业增加值 41.4 亿元，增长 14.5%；新入规企业 15 家，达到 97 家；全面小康实现程度达 86.3%；先后获得全省全面小康推进工作“十快进县”、市绩效考核良好单位等多项省市荣誉，连续十年保持“全国平安建设先进县市”称号。

## 一、突出项目建设，主攻“三大战役”

牢固树立“抓项目就是抓发展”的理念，以项目建设为抓手，聚力“三大战役”，取得了扎实成效。

一是打好园区攻坚战。着力改革攻坚，完成了园区“一权两制一司”改革，工业集中区投融资公司启动市场化运作。着力配套攻坚，园区三期规划编制基本完成，规划面积达 20.35 平方公里，道路、排水、供气管网等基础建设快速推进。着力项目攻坚，每月调度一次园区建设，督促部门优化服务，帮助企业解决问题。2014 年园区新签项目 10 个，其中过亿元项目 3 个，新投产运行项目 8 个。2014 年园区新增规模企业 9 家，实现规模工业总产值 111 亿元，首次跻身“百亿园区”行列。

二是打好城市提质战。坚持把国家园林城市、国家卫生城市、国家森林城市、国家交通管理模范城市、全国文明城市“五城同创”工作及城区“三改四化”作为提升城市品位、改善城市环境的重要手段。近三年来累计投入城建资金 6.5 亿元，累计拆除违法建筑 5205 处 16 万平方米，启动城市主次干道提质、敞开式小区改造、农贸市场新建等基础设施建设项目 60 多个，城市功能不断提升，城市面貌焕然一新。投入 4000 万元，完成了 45 个示范小区建设。投入 1000 多万元，启动 39 个完美社区建设工作，26 个社区均建成了 300 平方米以上的服务用房。

三是打好民生升温战。坚持民生为重、民事为大、民心为上，不断发展惠民事业，真正使全面小康的成果普惠人民群众。比如，扎实推进保障性住房建设，2014 年向上争资 3.6 亿元，实施保障性住房建设共 8505 套（户），居全省县市第一位。新村三眼桥老旧小区改造被列为省棚改示范工程；扎实推进养老攻坚工程，力争每个乡镇都建成一所高标准的敬老院。目前，投资 1000 多万元的棠华乡敬老院、白衣镇敬老院已建成运行，全市五保老人集中供养率达到 60%。

## 二、树立全域理念，统筹城乡发展

始终把城乡统筹作为全面小康建设的主抓手，按照“城乡统筹、全域覆盖”的思路，探索推进了城乡四个一体化建设。

一是城乡规划一体化。坚持规划先行，积极对接洞庭湖生态经济区规划，先后投入资金 700 多万元，编制完成津市战略规划、城乡统筹规划、工业集中区规划及土地利用总规，全面完成了乡镇集镇规划，并聘请湖南千府城市设计院对沿 S302 的城乡统筹示范带统一进行高标准的全域规划和沿线绿化景观设计，形成了城乡“规划一张图、建设一盘棋、管理一张网”的工作格局。

二是城乡环境整治一体化。围绕“城乡一体、生态宜居”的目标，以水源净化、家园美化、田园洁化三大清洁工程为重点，建立健全了“多元投入、长效管理、责任同担”三大机制，投入资金 1.5 亿元，推动农村环境整治，实现了农村环境由“脏、乱、差”向生态洁净转变。2014 年，全省农村环境整治现场会在津市召开。

三是城乡供水一体化。为解决城乡居民饮水安全问题，投入项目资金 1.81 亿元，按照“大水厂、大水源、大管网和全域同水、同质、同价”的要求，实施“一片两线”城乡供水一体化模式，今年能让所有农村人口像城市居民一样喝上城里大水厂的水、喝上澧水河的水。

四是城乡公交客运一体化。按照“公车公营、公益服务”的思路，打破城乡公交客运“二元化”管理运营机制，以乡镇客运和城市公交为依托，投入资金近 200 万元，对涉及城乡的 3 条线路，42 辆客运车辆进行整合，实现了城乡公交客运一体化。

## 三、注重机制创新，凝聚推进合力

以党的群众路线教育实践活动为契机，优化招商引资、项目建设、“三改四化”等工作制度，让各级领导干部肩膀上有担子、工作上有抓手、业绩上有比较，倒逼干部想事干事。

一是建立领导带头的责任机制。始终坚持领导带头，鼓励各级干部在全面小康主战场上建功立业、争先创优。比如在城市创建上，坚持“五片十线”的工作调度机制，分别由四大家主要领导和市委副书记牵头负责城区的五个片区，另十名处级领导分别牵头负责具体的十项创建工作，并实行每月排队，年底结账，形成了良好的比拼氛围。

二是建立比学赶超的调度机制。在小康工作上，推行“一月一调度、一季一通报、半年一点评、一年一考核”的“四个一”工作机制。同时，强化向上对接、严格督促检查，推动了工作落实。

三是建立“一票否决”的考核机制。坚持“小康统揽”的原则，所有全市性的考核结果最终服从小康考核的结果，对工作滞后、推进不力的坚决问责；对工作推进迅速、成效明显的实行重奖，并将考核结果作为选人用人的重要依据。

# 人物

## 新上任的市委常委

**【徐正宪】** 男，汉族，生于1965年11月，籍贯四川省南江县，1988年8月参加工作，1986年5月加入中国共产党，工商管理硕士。

1984.09—1988.08 重庆邮电学院电信工程专业大学学习，获工学学士学位；1988.08—1991.04 邮电部邮电工业标准化所实验室干部；1991.04—1998.09 邮电部电信政务司电信设备管理处副主任科员、主任科员、综合处副处长（其间：1998.2—1998.12 挂职任青岛市黄岛区人民政府副区长）；1998.09—2000.01 信息产业部电信管理局市场处副处长；2000.01—2002.07 信息产业部国家计算机网络与信息安全管理中心综合办公室主任（其间：2002.07 获中国人民大学工商管理专业工商管理硕士学位）；2002.07—2004.03 信息产业部国家计算机网络与信息安全管理中心副主任；2004.03—2004.06 中国网络通信集团公司上市工作组工作；2004.06—2004.08 中国网络通信集团公司综合部副总经理、集团公司党组秘书（兼）；2004.08—2006.09 中国网通（集团）有限公司综合部总经理、综合部总裁办公室经理（兼）（其间：2005.03—2006.02 解放军洛阳外国语大学学习）；2006.09—2007.09 中国网通（集团）欧洲运营有限公司总经理（其间：2006.02—2006.12 英国斯特莱斯克莱德大学通信管理专业学习）；2007.09—2011.01 省人民政府办公厅副主任、党组成员；2011.01—2013.07 省长株潭“两型社会”建设改革试验区领导协调委员会办公室常务副主任（正厅级）、党组成员；2013.07—2014.01 省长株潭“两型社会”试验区工作委员会委员、省长株潭“两型社会”试验区建设管理委员会副主任；2014.01—2015.07 省长株潭“两型社会”试验区工委副书记、管委会常务副主任（正厅长级）；2015.07—常德市委副书记、市委党校（市行政学院、市社会主义学院）校（院）长。

**【赵建国】** 男，汉族，生于1962年11月，籍贯北京市，1984年8月参加工作，1983年7月加入中国共产党，大学双学士。1980.08—1984.08 北京农业机械化学院农业机械化专业学习；1984.08—1985.07 北京农业机械化学院系党总支干事；1985.07—1992.03 北京农业工程大学团委副书记、书记（其间：1987.09—1989.08 在北京师范学院思想政治教育专业学习，攻读第二学士学位）；

1992.03—1994.12 北京农业工程大学学生处处长（其间：1993.04—1993.12 为农业部武陵山区扶贫联络组成员）；1994.12—1998.07 农业部直属机关党委宣传部部长；1998.07—1999.09 农业部直属机关党委办公室主任；1999.09—2000.10 农业部直属机关党委助理巡视员兼办公室主任；2000.10—2001.08 农业部农业机械化技术推广总站副站长、农机监理总站副站长；2001.08—2003.02 中央国家机关工委办公室副主任；2003.02—2004.02 中央国家机关工委机关服务中心副主任兼“两个中心”筹建办公室副主任；2004.02—2004.08 中央国家机关工委“两个中心”经营管理公司筹备组组长（正局级）；2004.08—2008.01 康铭大厦经营管理中心总经理；2008.01—2009.06 国务院机关老干部活动中心党总支书记、副主任兼康铭大厦经营管理中心总经理；2009.06—2011.07 中央国家机关工委培训中心（干教办）主任兼中央国家机关党校常务副校长、中央党校中央国家机关分校副校长、中央党校函授学院

国家机关分院院长；2011.07—2015.02 中央国家机关工委宣传部第一副部长；2015.02—中央国家机关工委宣传部第一副部长、常德市委委员、常委，2015.04 任常德市人民政府副市长（挂职一年）。

【张绳道】 男，汉族，生于1963年5月，籍贯江西省宜春市，1981年1月参加工作，1986年3月加入中国共产党。

1981.10—1983.09 广西军区守备三师九团高机连战士；1983.09—1985.06 第二地面炮兵学院学员；1985.06—1985.08 广州军区海防十二团三连二排排长；1985.08—1987.02 广州军区海防十二团政治处俱乐部正排职主任（其间：1986.06—1988.08 参加北京人文函授大学法律大专学习毕业）；1987.02—1987.06 广西钦州军分区政治部宣传科正排职干事；1987.06—1988.06 广西军区钦州守备营四连副连长；1988.06—1988.10 广西钦州军分区政治部组织科副连职干事；1988.10—1990.06 广西军区政治部组织处副连职干事；1990.06—1993.06 广西军区政治部组织处正连职干事；1993.06—1994.03 广西军区政治部组织处副营职干事；1994.03—1995.02 广西军区政治部组织处副营职党委秘书（其间：1994.08—1996.12 参加中央党校函授学院经济管理专业本科学习毕业）；1995.02—1995.06 广西军区边防第三团政治处副主任；1995.06—1996.09 广州军区政治部组织部正营职干事；1996.09—1997.12 广州军区政治部组织部正营职党委秘书；1997.12—1999.03 广州军区政治部组织部副团职党委秘书；1999.03—2000.12 广州军区司令部办公室第一秘书处副团职秘书；2000.12—2001.06 广州军区司令部办公室第一秘书处正团职秘书；2001.06—2006.08 广州军区政治部组织部青年处处长（其间：2004.09—2007.07 参加中央党校经济管理专业研究生班学习毕业）；2006.08—2011.12 广州军区政治部编研室副主任；2011.12—2015.11 湖南省常德军分区政治委员；2015.11—湖南省常德军分区政治委员、常德市委常委。

## 受国家各部委表彰的先进个人

【粟 伟】 男，汉族，1978年1月出生，大学本科学历，中共党员，1997年7月参加工作，现任市中级人民法院办公室副主任、鼎城区人民法院党组成员、副院长（挂职）。

他先后6次受到最高人民法院表彰，10次受到省高级人民法院表彰，20余次受到市级表彰，3次荣立个人三等功，先后被评为全国法院宣传工作先进个人、舆论引导工作先进个人、优秀通讯员；全省法院先进个人、信息工作先进个人、调研工作先进个人、宣传工作先进个人；全市学习型党员、全市法院先进个人、全市法院优秀共产党员等。个人撰写的30余篇文章获全国、全省、全市各类征文活动特等奖、一、二、三等奖。自2009年从安乡县人民法院遴选至市中级人民法院办公室负责信息宣传等工作以来，他所撰写的稿件在《人民日报》《法制日报》《人民法院报》《湖南日报》《常德日报》等国家、省、市级报刊、内刊及网站主流媒体上发表共计3200余篇（条），20余篇（条）信息宣传稿件获最高人民法院、省委、省高院、市委领导批示，市中级人民法院信息宣传工作获市级以上集体荣誉32次。2015年，他先后被最高人民法院授予“2015年全国‘两会’舆论引导工作先进个人”，被省高级人民法院评为“信息工作先进个人”，他撰写的一篇信息被最高人民法院评为全国法院“一百篇优秀信息”之一；所负责的司法宣传、信息工作获4项全国集体荣誉、2项全省集体荣誉。

【胡岳柏】 男，汉族，1957年8月出生，大专学历，中共党员，1976年12月参加工作，现任桃源县人民法院漆河人民法庭副科级审判员，一级法官。

他于1987年12月从部队转业后一直在漆河人民法庭工作，扎根基层28年。28年来，为方便工作，他把家搬到法庭，以庭为家，放弃了三次升迁调任的机会。他踏遍了辖区12个乡镇，接待了两万多人次的法律咨询，他所调处的大多是基层琐事、邻里纠纷，审结的2000余件案件，调解率超过80%，无一发回重审、无一超审限、无一错案。该同志淡泊名利、甘于奉献，其事迹先后被光明网、《人民法院报》、中国法院网、《湖南日报》《三湘都市报》、红网、《常德日报》等20余家媒体重点报道。2013年4月，他被评为市级宣传推介重大典型进行集中宣传报道；2014年，先后被评为全市为民务实清廉党员干部、全省优秀法官；2015年2月被评为全市平安建设功臣（记个人二等功），并被先后推荐为全国道德模范、全国优秀法官和全国最美基层法官候选人。2015年12月，胡岳柏被评为全国法院先进个人。

【夏国祥】 男，汉族，中共党员，1956年4月出生，1972年10月参加工作，任原常德市委（现武陵区）办公室干部，1984年进入湘潭大学档案专修科学习，1986年毕业，任武陵区档案局副局长。1989年调入常德市档案

局，先后任业务科副科长，办公室副主任，业务科科长，副局长，2008年至2015年任局长。夏国祥同志从事档案工作三十年，忠诚党的事业，热爱档案工作，积极钻研档案业务，切实履行岗位责任，为常德市档案事业的发展做出了积极的贡献。2008年他担任局长以来，带领局班子和全市档案干部一道，争先创优，开拓进取，真抓实干，常德市档案局连续多年被省档案局和市委、市政府评为先进单位，连续三届被国家档案人社部、国家档案局评为全国先进集体，他本人也于2011年和2013年两次荣记二等功。2015年被评为全国档案系统先进工作者。

**【熊友权】** 2005年担任龙阳司法所长至今，调处各类纠纷390多件，成功率达98%；组织举办各类普法学习班、宣传活动33场次，受教育人数5万余人次；积极开展“排查送温暖走访慰问活动”，对社矫服刑人员、安帮刑释解教人员逐个走访，全镇管控对象，无一人脱管漏管，无一人重新违法犯罪。他连续10年被评为市、县社会治安综合治理先进个人，被县委、县政府多次记功嘉奖；还被评为“常德市最美司法人”“常德市模范司法行政工作者”“湖南省社区矫正工作先进个人”“湖南省十佳司法所长”等，并记二等功一次。2015年被评为“全国模范司法所长”。

**【熊守岩】** 2003年开始从事司法行政工作至今，成功调处各类矛盾纠纷840多件，预防群体性上访14件、群体性械斗6件，开展法律咨询7000多人次，法律讲座50多场，实行法律援助120多起。帮教矫正刑释解教人员110余人。2008年，被省司法厅评为“司法行政大动员、化解矛盾促和谐”专项维稳先进个人。2012年，被常德市政法委授予“模范司法行政工作者”称号，被省司法厅评为全省第六届双先表彰先进个人，记二等功，所在司法所被评为全省规范化司法所。2014年，被评为全省“三调联动化矛盾、息诉息访促平安”专项调解活动表现突出先进个人。司法行政工作年年排名全县第一。2015年被评为“全国模范司法所长”。

**【谢今山】** 他勤奋务实、勇于担当、熟悉法律、贴心群众。他积极为乡镇推行法治宣传教育和依法治镇理念，并结合处理矛盾纠纷和信访问题，开展司法行政工作宣传法律。他每年参加处理信访和涉稳问题、处理乡镇村居法律顾问事务、调处矛盾纠纷、办理法律援助案件200～300起。他多次被评为“维护稳定工作的先进个人”“模范司法行政工作者”“模范人民调解员”“社区矫正工作先进个人”“优秀法律援助工作者”的称号。2015年被评为“全国模范司法所长”。

**【王怀军】** 女，土家族，1964年11月出生，湖南省常德市石门县人，大专学历，中小学高级教师，现为石门县雁池乡苏市完全学校教师。她忠诚党的教育事业，扎根石门边远山区30年如一日，痴心热爱学生，深受学生爱戴，把“为学生的终身发展奠基”作为自己的工作目标。其事迹在《湖南日报》等多家媒体刊登，编入《守望梦想》一书，拍成微电影《红烛谣》，在石门电视台、常德电视台播出。自1999年以来，她因工作成绩突出，先后获得全国优秀教师、湖南省师德标兵、湖南省最可爱的乡村教师、常德市三八红旗手、常德市扎根农村优秀教师、常德市民族团结进步模范个人等荣誉，连续9年获县政府嘉奖，记二等功3次、三等功1次，2012年和2014年分别参加常德市优秀教师巡回报告和湖南省最可爱的乡村教师全省巡回报告。2014年9月获得常德市首届翦伯赞教育突出贡献奖。2015年被全国妇联授予“全国三八红旗手”称号。

**【刘　俊】** 女，从医30余年，一直从事妇产科临床工作，不仅有扎实的理论基础而且具备丰富精湛的临床经验。能够熟练处理妇产科的常见病和多种疑难病症，掌握妇产科的各类手术。随着微创医学的开展，她熟练掌握了经阴道路子宫切除术，腹腔镜下卵巢肿瘤切除，子宫切除手术及其他妇产科的腹腔镜手术。在

常德市率先开展腹腔镜下各种卵巢肿瘤的切除及子宫切除手术，同时开展了宫腹腔镜下联合治疗不孕症。能够熟练处理产科的各种平产和难产。在常德市首先开展单叶产钳助产技术，减少了对胎儿和产妇的损伤，提高了助产技术。处理高危妊娠及产科合并症有较丰富的经验。对产科的产后出血，羊水栓塞，产科 DIC 等危急症的抢救也有较丰富的临床经验，多次成功抢救危急重的妇产科患者。2015 年获得“全国先进工作者”荣誉称号。

**【谭祖安】** 男，湖南华南光电（集团）有限责任公司研发中心科试班班长。只有技校文化的他，全凭自学成为装较工高级技师。29 年来，他凭借孜孜不倦的刻苦钻研精神，将技能追求发挥到极致完美，他组装的产品，五项试验通过率达到 100%。他先后承担了近 70 项国家级、省部级高新武器装备生产的装调任务，解决了微光检测和光学系统与红外机芯匹配等 50 多个重大关键技术难题，为重点科研生产任务的顺利完成做出了卓越贡献。他努力钻研专业技术，针对生产过程中的水银安全问题，他设计出“U 型玻璃管水银压力计防溢回流装置”，并获得国家实用新型专利授权；针对精益生产线光擦工打磨工序左手手指驱动旋转工装易疲劳的问题，他设计电动装盘，将手指驱动变电动驱动，减轻了工作强度，提高了工作效率；他和班组成员一道编制了精益装配工艺流程，将原来 3 天 100 具的装配周期缩短至 1 天。具有丰富的武器装备和军用光学仪器装调经验的他，先后获得很多荣誉：国家级二类职业技能竞赛、中国兵器装备集团公司第三届职业技能竞赛精密仪器仪表修理工第一名、中央企业职工技能大赛光电仪器装调工铜牌、中央企业技术能手，全国技能能手、中国兵器装备集团公司技能能手、常德市五一先锋、常德首届十大金牌工人、常德市最美班组长、常德市首届高级技能型“名师名家”，2015 年获得“全国劳动模范”光荣称号，特别是“谭祖安技能大师工作室”自组建以来，解决了生产上很多技术难题、瓶颈，为生产提供了强大的技术保障。

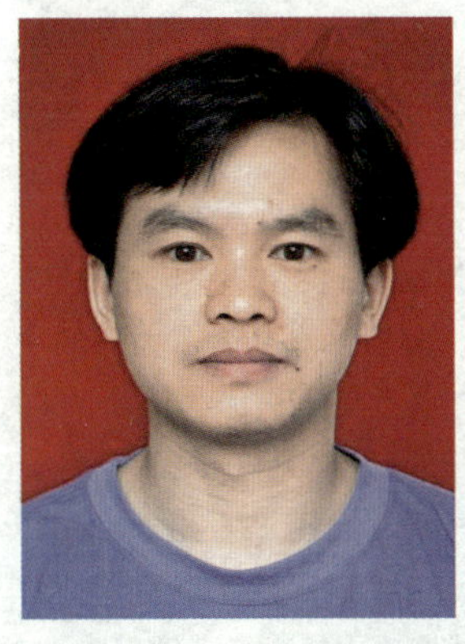

**【宋奇峰】** 男，汉族，大专学历，中共党员，1973 年 1 月出生，高级技师，现任湖南云锦集团股份有限公司技术中心工程师。他热爱学习，敢于创新，经过多年潜心钻研，从普通电工成长为一名高技能人才，被誉为排除电气设备各种疑难故障的“土专家”。几年前改造成功两台清钢联抓棉机，不仅大大降低了设备的故障率，且一次性节约费用就达 40 万元。他在掌握了剑杆织机 PLC 的维修技术后，还根据剑杆织机运行原理对 PLC 重新进行编程，使剑杆织机的效率由 75.7% 提高到了 83.4%。在“宋奇峰劳模工作室”，他带领他的团队游小伟、胡澎等人对公司生产过程中的技术难点、疑点、重点问题开展了全面的技术攻关活动，仅 2014 年就取得多项技术创新，如粗纱定长攻关项目，通过多版本设计实现了 FA1425、FA457、FA402 粗纱机的精确定长，现使用方便、性能稳定，效果远优于 2014 年《中国纺织技术》杂质介绍的山东德阳新型粗纱定长装置实现的定长精度控制在 10 米以内的最好水平。他爱岗敬业，乐于奉献，坚持利用休息时间进车间检查、维护设备。这些年来，他每年主动加班加点都在 500 多个小时以上，而不伸手要一分钱的报酬。为了让更多维修人员掌握清钢联维修技术，他花了 2 年的业余时间，将自己辛苦摸索出来的清钢联控制板电路，手工绘制了一张电路图。正是有了这张电路图，其他维修人员在清钢联发生故障时都能轻易找到症结所在。他连续多年被公司评为维修能手、标兵，曾获得公司“特殊贡献奖”“感动云锦”十大人物荣誉称号，先后获得“全省热爱企业优秀员工”，常德市“五一先锋”，湖南省劳动模范。2015 年被评为“全国劳动模范”。

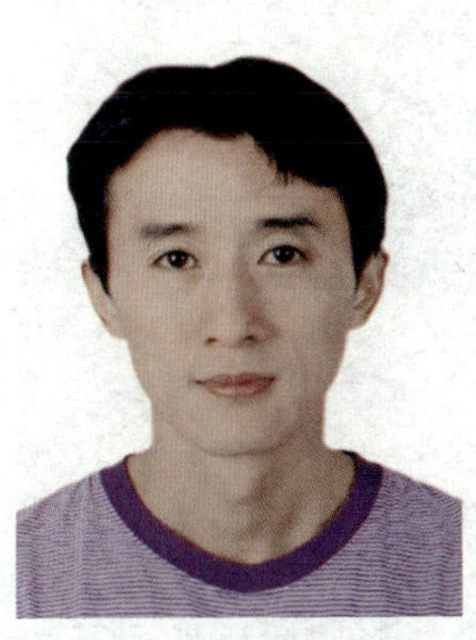

**【王信初】** 男，1963 年 2 月出生，汉族，高中文化，中共党员，进城务工农民。现任常德市兴隆劳务有限责任公司调度部一班班长。他所在的班负责常德卷烟厂的物质装卸、设备维护和机械修理及一些零散性杂事，这项工作既要有好的体力又要有较高的技能，是很多人不愿意干的苦差事。2006 年当公司领导将这一重任交给他时，他没有回避，而是面对人员素质技能上的种种难题，团结和带领大家吃苦耐劳，积极拼搏。通过他的努力，员工思想素质和业务技能得到了大幅度提高，有力地保障了烟厂的正常生产。2007 年 5 月，他因病手术后的第四天，施工现场打电话告诉他，有一台英国进口的卷烟机出现故障，需要他处理，他二话没说拔掉输液针头就赶往现场，直到把故障排除后才回医院继续输液。为了更方便和及时处置机械故障，减少生产损失，他从家里搬了出来，在厂区附近租了间房子居住。自 2006 年以来，王信初共加班 180 多次。在他的带动和感召下，原来的粗、脏、累活需要点名安排，现在全班员工都积极主动去做。全班每年产值都在 300 万元以上，员工收入的增幅达到了 10%。他年年被评为公司的优秀党员、优秀班长。他在搞好本职工作的同时，热心公益事业，乐于助人。常德市化工厂下岗工人黄柏

军，小孩读书、妻子患病，家庭生活十分困难。王信初帮助他走出了困境，树立了生活的信心。2010年、2011年雨堂庵村搞新农村建设，王信初带头捐款给村里修路修桥。四川汶川特大地震，他也是二话不说，积极捐款。2008年4月，他被市政府评为“劳动模范”，同年11月，被国务院授予“全国首届优秀农民工”荣誉称号。2012年获“全国五一劳动奖章”荣誉称号。2015年被评为“全国劳动模范”。

**【吴和枝】** 女，1958年7月出生，汉族，高中文化，现任汉寿宏达家电超市店长，主要负责超市门店的销售经营和服务管理。先后获得全国抗震救灾先进个人会员、全国孝亲敬老之星、湖南省劳动模范、全国五一劳动奖章、湖南省“芙蓉百岗明星”、常德市“三八红旗手”、常德市劳动模范、常德市“十佳巾帼创业明星”、感动常德“十大人物”、常德市首届“十大女杰”、常德市首届“孝亲敬老”之星、常德市消费者维权先进个人、汉寿县首届“十大杰出女性”，中央电视台二套节目、《中国妇女报》、湖南卫视、湖南经视、《三湘都市报》《今日女报》《常德日报》《常德晚报》都曾先后报道吴和枝同志的优秀事迹。1981年9月9日，她不顾家庭阻力和社会压力无怨无悔地选择了与下半身瘫痪的丈夫结婚，先后育过木耳、种过苎麻、炸过米花、卖过茶水和冰棒，长期推着下肢瘫痪丈夫的轮椅走过风风雨雨30多个年头。她受聘承包担任宏达家电超市店长后，一方面，坚持诚信为本，精心打造“宏达”经营品牌。另一方面，坚持以人为本，精心打造“宏达”团队精神。她也是一个热爱公益事业的人，每遇抗洪救灾、修桥铺路，她都号召员工积极捐资，慷慨解囊，每年都从承包经营利润中拿出资金赞助社会公益事业，从2002年起累计赞助资金20多万元。2015年被评为“全国劳动模范”。

**【吴光清】** 男，汉族，1971年5月出生，中共党员，肢体残疾人，大学本科文化，现任武陵区南坪敬老院院长、常德市肢残人协会主席．他从小因患小儿麻痹症导致双腿残疾，靠双拐行走，但他身残志坚，1989年于长沙九三电子学校家电维修专业学成后，先后在石门县城开设家电维修服务部、柑橘销售服务部、大型综合批发部，热心服务当地群众，受到了当地群众和政府的一致好评。2000年，吴光清携家人来到常德市创业，他在市城区步行街租下三间门面，做起了服装生意，经过几年的努力，他积累了一定的资金。2005年，在一次聚会中，听一位朋友说起：“武陵区南坪岗乡急需一所敬老院，但乡财政资金紧缺，无法实施。”他毅然决定拿出自己多年的辛苦积蓄，来创办一家敬老院。2007年，在政府和民政部门的大力支持下，他出资60万元建立了南坪岗乡敬老院，招收南坪岗乡境内及周边孤寡老人、残疾人，并雇请了专职工作人员。同时，他还开办了福源电子有限公司，安排残疾人就业，用所得利润补贴敬老院。为改善老人生活环境，2012年开始按公寓式的标准重新选址建设敬老院。2013年，他被推选为常德市肢残协会主席。他先后荣获全国“孝亲敬老之星”、全国“先进敬老院院长”“湖南省劳动模范”“常德慈善奖”个人奖、武陵区道德模范等荣誉称号，连续当选武陵区十五届、十六届人大代表。《湖南日报》《湖南工人报》、常德电视台、《常德日报》《常德晚报》《常德民生报》等多家新闻媒体了解吴光清的情况后，多次对他的事迹进行了宣传报道，在社会上引起了强烈反响。2015年，他被评为“全国劳动模范”。

## 2015年度常德市十大新闻人物

1. 田工：武陵区体育东路社区居民。

双腋夹着拐杖支撑身体平衡，一只手挥动扫帚，早晚各清扫一次数百平方米的公共区域，伤残退伍老兵田工就这样坚持了34年。2015年，第五届全国道德模范授奖仪式在北京人民大会堂金色大厅举行，有“常德市助人为乐道德模范”“湖南省道德模范”等荣誉称号的田工又荣获第五届全国助人为乐道德模范提名奖。

2. 刘波：常德市环卫处宣教中心主任。

从2011年3月起提出建设海绵城市，减少城市硬化面积，修复城乡生态的主张。他先后2次致信全国七大流域的80个城市的市长，呼吁实施流域管理，开展海绵城市建设，改善城乡生态。2015年5月4日，在江苏省镇江市召开的首届中美海绵城市工程技术实践交流会上，唯一的“国际海绵城市最佳倡导奖”颁给了他。

3. 赵一兵：中国农业银行桃源支行原行长。

“一双布鞋，四季相伴，足迹踏遍沅澧两岸。秋阳下油茶林中穿梭忙，隆冬时访贫归途雪满山……”这首歌为纪念因病去世的中国农业银行桃源支行原行长赵一兵而作，形象地描述了“布鞋行长”赵一兵一生为农行事业拼搏奉献的感人事迹。新华社《内参选编》《光明日报》头版头条、《湖南日报》头版头条等中央、省市媒体详细报道了他的故事。

4. 王新法：石门县南北镇薛家村名誉村长。

河北省石家庄人，因为机缘巧合，61岁从石家庄市公安局退休后，千里迢迢来到石门县南北镇薛家村义务扶贫。他自掏腰包扶贫济困，组建军人服务团队“与民共富”，引领群众自治卓有成效。他承诺有生之年待在薛家村，死后就葬在这里，村民推举他为名誉村长。2015年被评为常德市助人为乐道德模范。

5. 梅雄：海军驻湖南某部原四级军士长。

常德市临澧县杨板乡跑马村人。2015年8月12日，他在救人途中被撞成重伤，经全力抢救无效不幸逝世。家人捐献了梅雄的器官，成功救治了3名患者。梅雄被中国人民解放军海军司令部党委批准为烈士，海军党委追授其“舍己救人爱民模范”荣誉称号。其感人事迹先后被中央电视台、新华网、《湖南日报》、红网等媒体报道。

6. 何儒家：石门县所街乡麻纳峪村村民。

6岁时因病导致双腿萎缩失去行走能力，被诊断为二级残疾。身残志坚的他先后做过钟表修理、开过经销店、放过电影、做过篾匠，目前经营一家废品收购站。何儒家同志不等不靠，凭借着自己勤劳的双手，不仅使自己一步步走出贫困，还主动承担起两个侄儿的学习生活费用，帮助他们完成大学学业。他的事迹感动了乡亲，成为美谈，是真正靠辛勤劳动改变贫困落后面貌的突出代表。

7. 杨玉洁：常德籍蹦床运动员。

在丹麦欧登塞举行的2015年世界蹦床锦标赛决赛中，常德运动员杨玉洁代表中国队参赛，获得女子单跳团体金牌。11月27日，2015年世界蹦床锦标赛预赛女子单跳个人预赛中，杨玉洁以59.700分排在第25名，无缘决赛。但是她与其他队员一起以202.500分的总分，位列女子单跳团体预赛第二位杀入决赛。次日举行的决赛中，几位姑娘共获得103.500分，以0.5分的优势超过英国队，拿下本届世锦赛首金。

8. 李宁：香港亚洲品牌管理学会高级研究员（常德女婿）。

从2014年国庆节到2015年国庆节，他出入人流密集的步行街、柳叶湖、丁玲公园儿童游乐区、桃花源景区等地，举着牌子，拎着喇叭宣传：请不要乱丢垃圾。他是来自浙江湖州的一个让我们脸红又敬佩的常德女婿。李宁宣传环保的事迹被国内几十家知名媒体报道或转载，引起强烈的社会反响。

9. 王强：常德家乐富家具公司董事长。

曾是一名优秀军人，从20年前自主择业，到如今成为年销售额过2000万元的公司董事长，王强凭借军人那种不服输、敢拼搏、讲奉献的精神，实现了人生的华丽转型。在常德，王强有上百名战友，他们曾一起出生入死，建立了深厚感情。但是，少数战友工作和生活境遇不好，有的因此经常上访，作为市人大代表，王强总是充当“和事佬”“润滑剂”，尽自己的力量为他们解决困难，帮政府处理诉求。他把奉献社会作为价值追求，现在，公司已吸纳员工50多人，其中，安置退役军人20人，被市委市政府、常德军分区授予“十佳优秀创业退役军人”荣誉称号。

10. 张秋：汉寿县罐头嘴镇居民。

她将自家近100平方米的门面腾出来，创办公益图书馆“万民书管”。为了募集图书，她发起“你捐书，我服务”活动，背起理发工具箱走村串巷给愿意捐书的村民免费理发、盘头发。功夫不负苦心人，目前“万民书管”的藏书已经超过1万册，图书把越来越多的家长拉下牌桌，让不少孩子走出网吧，爱上阅读。

# 常德籍院士名录

余嘉锡（1884 — 1955），目录学家、古文献学家，鼎城人，中央研究院院士。

翦伯赞（1898 — 1968）历史学家，桃源枫树人，中国科学院院士。

孟少农（1915 — 1988）汽车设计制造专家，桃源人，中国科学院院士。

黄宏嘉（1924 — ）微波电子学家，临澧人，中国科学院院士。

戴元本（1928 — ）理论物理、粒子物理学家，常德人，中国科学院院士。

刘更另（1929 — 2010）土壤肥料植物营养专家，桃源人，中国工程院院士。

姚绍福（1932 — 2001）飞航导弹总体技术专家，桃源人，中国工程院院士。

沈绪榜（1933 — ）计算机专家，临澧人，中国科学院院士。

雷志栋（1938 — ）农田水利工程专家，澧县人，中国工程院院士。

朱作言（1941 — ）遗传发育生物学专家，澧县人，中国科学院院士。

张尧学（1956 — ）计算机网络、操作系统专家，澧县人，中国工程院院士。

印遇龙（1956 — ）畜牧健康养殖专家，桃源人，中国工程院院士。

唐本忠（1957 — ）高分子化学家，籍贯津市，中国科学院院士。

康绍忠（1962 — ）农业水土工程科技专家，桃源人，中国工程院院士。

贺福初（1962 — ）细胞生物学、遗传学家，安乡人，中国科学院院士。

# 2015 年市委、市政府文件目录选编

## 市委文件

| 文号 | 标　题 | 发文日期 |
|---|---|---|
| 常办〔2015〕4 号 | 中共常德市委办公室常德市人民政府办公室关于实施《常德市人民政府职能转变和机构改革方案》任务分工的通知 | 2015 年 1 月 29 日 |
| 常委〔2015〕2 号 | 中共常德市委常德市人民政府关于常德市人民政府机构设置的通知 | 2015 年 1 月 29 日 |
| 常办〔2015〕21 号 | 中共常德市委办公室常德市人民政府办公室关于印发《2015 年全市普法依法治理工作要点》的通知 | 2015 年 4 月 15 日 |
| 常办发〔2015〕5 号 | 中共常德市委办公室印发《关于在全市县处级以上领导干部中深入开展“三严三实”专题教育的实施方案》的通知 | 2015 年 5 月 15 日 |
| 常办〔2015〕27 号 | 中共常德市委办公室常德市人民政府办公室关于印发《常德市新常德新创业绩效评估实施方案》的通知 | 2015 年 6 月 30 日 |
| 常办〔2015〕28 号 | 中共常德市委办公室关于建立党的报告员制度的通知 | 2015 年 6 月 30 日 |
| 常办〔2015〕29 号 | 中共常德市委办公室关于印发《中共常德市委 2015 年政党协商计划》的通知 | 2015 年 7 月 2 日 |
| 常办〔2015〕32 号 | 中共常德市委办公室关于印发《常德市 2015 年落实党风廉政建设责任制党委主体责任迎检考核任务分解方案》的通知 | 2015 年 9 月 2 日 |
| 常办发〔2015〕10 号 | 中共常德市委办公室常德市人民政府办公室关于进一步加强安全生产监管能力建设的实施意见 | 2015 年 10 月 20 |
| 常发〔2015〕5 号 | 中共常德市委关于整体推进“八大建设”强化农村基层党建的若干意见 | 2015 年 10 月 20 |
| 常发〔2015〕6 号 | 中共常德市委常德市人民政府关于推进乡镇区划调整改革工作的指导意见 | 2015 年 10 月 20 |
| 常办发〔2015〕12 号 | 中共常德市委办公室关于印发《常德市落实党风廉政建设主体责任和监督责任配套制度》的通知 | 2015 年 11 月 10 日 |
| 常办发〔2015〕13 号 | 中共常德市委办公室常德市人民政府办公室关于印发《常德市环境问题（事件）责任追究办法（试行）》的通知 | 2015 年 11 月 16 日 |
| 常办〔2015〕39 号 | 中共常德市委办公室常德市人民政府办公室关于印发《常德市旅游战略性产业三年攻坚行动方案》的通知 | 2015 年 11 月 30 日 |

## 市政府文件

| 文号 | 标　题 | 发文日期 |
|---|---|---|
| 常政发〔2015〕2号 | 常德市人民政府关于印发《常德市集体土地征收与房屋拆迁补偿安置办法》的通知 | 2015年1月1日 |
| 常政发〔2015〕3号 | 常德市人民政府关于加快发展养老服务业的实施意见 | 2015年2月11日 |
| 常政发〔2015〕4号 | 常德市人民政府关于划定高污染燃料禁燃区的通告 | 2015年2月15日 |
| 常政发〔2015〕7号 | 常德市人民政府关于发布《常德市政府核准的投资项目目录（2015年本）》的通知 | 2015年7月31日 |
| 常政发〔2015〕9号 | 常德市人民政府关于推进殡葬改革促进殡葬事业健康发展的意见 | 2015年9月28日 |
| 常政发〔2015〕10号 | 常德市人民政府关于进一步推进户籍制度改革的实施意见 | 2015年11月13日 |
| 常政发〔2015〕12号 | 常德市人民政府关于印发《常德市环境保护工作责任规定（试行）》的通知 | 2015年11月20日 |
| 常政发〔2015〕13号 | 常德市人民政府关于加快发展现代保险服务业的实施意见 | 2015年11月27日 |
| 常政发〔2015〕11号 | 常德市人民政府关于深化商事制度改革的实施意见 | 2015年12月17日 |
| 常政发〔2015〕15号 | 常德市人民政府关于加快发展现代金融业的若干意见 | 2015年12月30日 |
| 常政发〔2015〕16号 | 常德市人民政府关于印发《常德市品牌建设奖励办法》的通知 | 2015年12月30日 |

# 中共常德市委办公室常德市人民政府办公室关于印发《常德市环境问题（事件）责任追究办法（试行）》的通知

常办发〔2015〕13号

各区县市（委）和人民政府，常德经济技术开发区、柳叶湖旅游度假区和西湖、西洞庭管理区，市直和中央、省驻常各单位：

《常德市环境问题（事件）责任追究办法（试行）》已经市委、市政府同意，现印发给你们，请结合实际认真贯彻执行。

中共常德市委办公室

常德市人民政府办公室

2015年11月16日

## 常德市环境问题（事件）责任追究办法（试行）

### 第一章　总　则

第一条为了强化环境保护责任，促进生态文明建设，根据《中华人民共和国环境保护法》《中华人民共和国行政监察法》等有关法律法规以及《湖南省重大环境问题（事件）责任追究办法（试行）》规定，结合我市实际，制定本办法。

第二条本办法所称环境问题（事件）责任追究，是指对在落实环境保护责任过程中不履职、不当履职、违法履职，导致产生严重后果和恶劣影响的责任单位和责任人依法依规进行责任追究。

第三条本办法适用于全市各级党委、政府及其部门以及上述单位的领导干部和工作人员，各级党委、政府及其部门管理的企事业单位以及上述单位由各级党委、政府以及组织人事部门任命的领导干部和工作人员。对其他企业和单位及其工作人员的责任追究依照有关法律法规办理。国家法律法规和规章另有规定的，从其规定。

第四条环境保护责任追究坚持依法依规、实事求是、权责一致、尽职免责（减责）、失职追责的原则，既严格追究责任，又依法保护履行环境保护职责的积极性。

### 第二章　问责情形

第五条环境问题（事件）问责情形包括：

（一）区域环境质量未达到相应功能区要求且持续恶化（按国家规范监测，行政区域内大气、水、土壤三大类环境质量监测指标中的两项连续2年下降，或者一项连续2年下降情节严重）的；

（二）发生较大及以上环境污染事件的；

（三）在环境保护监督管理中严重失职渎职，造成恶劣社会影响，或者对已经发生的环境敏感问题不重视或者应对处置不当，导致事件恶化，引发群体性事件的；

（四）未完成主要污染物总量减排目标任务，或者发生其他严重环境违法事件，导致上级对我市实行全市域区域限批或者局部限批、停拨环保专项资金等惩罚性措施的；

（五）不履行或者履行环保职责不到位，导致我市被省委、省政府追责的；

（六）不执行市委、市政府有关环境保护重大工作部署，情节严重的；

（七）其他需要问责的情形。

### 第三章　问责调查

第六条发生本办法第五条所列情形，由市政府启动环境问题（事件）问责调查。上级及其有关部门启动环境问题（事件）问责调查时，市政府以及相关部门按照要求配合调查。

第七条市政府进行环境问题（事件）问责调查，应当成立调查组，调查组一般由市环保局会同市监察局、市公安局、市审计局和其他有关部门、有关区县（市）政府以及环保、科技专家组成，市环保局为组长单位。调查组组成人员由市环保局会同有关部门提出方案，报市政府批准。

第八条调查组在市政府领导下开展工作，实行组长负责制，组长对调查工作负全面责任。调查工作的主要任务是：

（一）查清环境问题（事件）的现状、经过、人员伤亡等情况，对其造成的直接经济损失、间接经济损失以及生态毁损等情况进行评估；

（二）查清环境问题（事件）发生的直接原因、间接原因；

（三）按照科学严谨、实事求是的原则，界定有关单位和有关人员的责任；

（四）依照有关法律法规规定，对有关责任单位和责任人提出处理建议。

第九条根据调查进展情况，由市监察局独立组成责任追究调查组，就有关责任单位和责任人履行职责情况开展调查，并按照有关规定提出追责意见。需要进行党纪处分和组织处理的，商市纪委、市委组织部等有关部门提出意见。

第十条调查工作结束后，应当形成调查报告，报市委、市政府审查批准。调查报告应当包括调查情况以及问责建议（监察机关独立进行调查的，同时上报专题报告），经批准后，调查报告应当向社会公开。各有关部门和单位应当依照有关法律法规规定和市委、市政府的决定，认真落实对相关责任单位和责任人的处理。市环保局、市监察局应当对处理落实情况进行跟踪监督。

## 第四章　问责方式

第十一条发生本办法第五条所列情形，经调查后认定有关单位以及领导班子负有领导和管理责任的，按照以下方式进行问责：

（一）单位不得评定为综合性先进单位；

（二）单位主要负责人、相关分管负责人以及其他责任人不得提拔重用，不得在综合性考评中评先评优。

执行以上处理措施的时效，由调查组根据情况在调查报告中提出建议（一般为一年或者到问题整改到位验收合格前，受到党纪政纪处分和组织处理的，按照有关规定执行）。同时，根据调查认定的情节、性质以及责任，对有关责任单位和责任人采取以下形式问责：

（一）对单位领导班子集体或者个人警示通报、约谈、责令整改；

（二）对单位按照规定采取追回、扣减或者停拨有关生态环保财政转移支付和专项资金等措施；

（三）对单位新上建设项目实行限批；

（四）对相关责任单位，情节较轻的，责令作出书面检查；情节较重的，给予通报批评；情节严重的，对领导班子进行调整处理。对相关责任人，分别视情况给予批评教育、诫勉谈话，责令书面检查或者调离岗位、引咎辞职、责令辞职、免职、降职等组织处理；构成违纪的，按照有关规定给予纪律处分。以上责任追究方式可以单独使用，也可以合并使用。涉嫌犯罪的，依法移送司法机关处理。

第十二条进行环境问题（事件）责任追究应当按照本办法第四条所提原则，从以下方面严格科学把握：

（一）对情节严重且主观故意失职渎职的，从严问责，主要包括：

1. 违法实施行政审批的，以及利用权力强令有关部门违法审批的；

2. 有法不依、执法不严、执法不公，放纵违纪违法行为的；

3. 利用权力限制、干扰、阻碍行政执法部门依法履行环境监督管理职责的；

4. 违反科学民主决策程序，作出重大错误决定造成严重后果的；

5. 对已经发生的环境问题不重视、不采取措施，导致问题恶化，造成重大损失的；

6. 阻碍和干扰环境问题（事件）问责调查的；

7. 其他问题情节严重需要从严问责的。

（二）对因失职渎职造成环境问题（事件）的责任人实行终身问责。环境问题（事件）问责调查组开展调查时应当对造成环境问题（事件）的历史过程进行追溯调查，对本办法下发后在生态环境保护方面严重失职渎职、违法行政的责任人，不论其是否调离原单位、已提拔重用或者退休，都一并严格问责。对本办法下发前的问题，法律法规和党纪政纪有规定的，按照规定办理。各级党委、政府以及有关部门、各类企事业单位应当依照有关规定，完整保存经济工作重大部署、重大建设项目决策审批以及贯彻执行环境保护法律法规和政策的有关资料档案，以便追溯调查。

（三）对为保护环境积极履职、依法行政的工作人员予以保护，在责任追究时酌情予以免责或者减轻问责。主要包括：

1. 严格按照法律法规规定和上级以及本单位的部署认真履行了工作职责的；

2. 对与生态环境保护相关的错误决策或者违法干扰行为进行了抵制或者如实反映了情况，提出了反对意见，但本人无权或者无力改变其结果的；

3. 环境问题（事件）发生后，积极采取措施，有效避免了问题（事件）恶化，最大限度地降低了损失的；

4. 完全由于不可抗拒的自然灾害，并经及时采取合理措施，仍然不能避免发生环境问题（事件）的；

5. 其他可以给予免责或者减责的情形。

第十三条环境保护责任追究应当注意区分市直部门和区县（市）党委、政府的责任。对市直部门，要着重查清对市委、市政府工作部署的落实情况和职责范围内与生态环境保护相关的工作决策、行政审批、监管执法及有关工作组织协调、监督检查落实等方面履行职责的情况；对区县（市）党委、政府，除查清其职责范围内与生态环境保护相关的工作决策以及对市委、市政府及其部门工作部署的落实情况外，还要查清履行《常德市环境保护工作责任规定(试行)》中规定的职责情况。

## 第五章　附　则

第十四条本办法第五条第（二）项所称较大及以上环境污染事件是指符合环境保护部《突发环境事件信息报告办法》(中华人民共和国环境保护部令第17号)之较大(Ⅲ级)及以上突发环境事件标准的环境问题情形。本办法第十一条第一款第(二)项所称相关分管负责人是指分管环境问题(事件)发生领域业务工作的地方和部门领导班子成员。

第十五条本办法由市环保局负责解释。

第十六条本办法自发布之日起施行。

# 中共常德市委办公室常德市人民政府办公室关于印发《常德市旅游战略性产业三年攻坚行动方案》的通知

常办〔2015〕39号

各区县（市）委和人民政府，常德经济技术开发区、柳叶湖旅游度假区和西湖、西洞庭管理区，市直和中央、省驻常各单位：

《常德市旅游战略性产业三年攻坚行动方案》已经市委、市政府同意，现印发给你们，请结合实际认真贯彻执行。

中共常德市委办公室

常德市人民政府办公室

2015年11月30日

## 常德市旅游战略性产业三年攻坚行动方案

为深入贯彻落实党的十八大、十八届三中、四中全会精神，根据市委六届十一次全委（扩大）会议暨市委经济工作会议和市委六届十二次全委（扩大）会议的决策部署，按照“南攻桃花源、北战壶瓶山、中取柳叶湖”的发展取向，积极培育旅游战略性产业，加快建设国内外知名的休闲度假旅游目的地，从2015年开始，开展旅游战略性产业三年攻坚行动，特制定如下行动方案。

### 一、总体目标

（一）经济发展目标

到2017年，主要旅游经济指标实现翻番，即：年接待总人数达到5000万人次、旅游综合收入达到300亿元，其中4A级以上景区入园人数达到600万人次，门票收入突破3亿元；培育规模过亿元的旅游企业3–5家；旅游产业对经济的贡献率达到12%。

（二）品牌创建目标

到2017年，构建起“2＋3＋X”旅游品牌体系，即：常德市成功创建“国家级旅游休闲示范城市”和“中国国际特色旅游目的地”两大品牌，桃花源旅游管理区、柳叶湖旅游度假区和壶瓶山景区分别成功创建国家5A级旅游景区、国家级旅游度假区、国家级生态旅游示范区三大品牌，旅游企业、旅游产品分别成功创建一系列国家级行业品牌。

### 二、工作任务

（一）打造城市旅游中心

按照“城景一体、全城5A”的理念，依托丰富的自然景观和人文资源，完善服务设施和功能，将常德城整体打造成泛湘西北区域休闲度假型旅游中心城市，建成名副其实的“优秀旅游城市”。重点开展六大工程建设：1.“梦里水乡·江湖连通”工程。结合海绵城市建设和城市水系改造，主打“水城”牌，开通连接一城两区的水上游线，打造城市亲水体验游。2.常德欢乐河街。借鉴华侨城欢乐海岸建设理念，在穿紫河两岸建成大小河街、德国街、婚庆博览园、民办博物馆群等项目，配套休闲旅游业态，打造特色休闲街区。3.城市公园提质改造工程。加大城市公园提质改造力度，加强城市园林建设和管理，积极培育休闲业态，完善旅游功能，组织策划好各类旅游活动。4.城市旅游公共服务体系建设工程。编制全市旅游公共服务体系建设总体规划，完善旅游信息咨询服务、安全保障服务、交通便捷服务、便民惠民服务和行政服务体系，健全旅游交通指示、城市旅游引导等体系，加快“智慧旅游”建设，提升旅游服务信息化水平。5. 旅游城市形象推广工程。构建主流媒体旅游形象宣传、主要客源市场旅游形象广告宣传、本地旅游形象公益广告宣传三级旅游形象推广体系；突出活动宣传，市本级办好常德旅游节，鼓励各区县（市）举办不同类型的旅游活动；加强平台建设，打造集观光、休闲、娱乐、文体、会展、美食、购物于一体的体验式旅游城市形象推广平台，增强旅游城市形象推广叠加效应。6. 旅游购物业培育工程。建立常德市旅游商品研发基地，创意开发“常德印象”和“常德味道”系列旅游商品；打造“常德推荐旅游商品”品牌；拓展特色旅游商品销售渠道，培育电商平台、特色门店、商业街区，实施常德特产“走出去”工程。

（二）开发三大片区

1. 桃花源片区。围绕“来桃花源，寻找灵魂故乡”的定位，突出“秦溪古镇、田园牧歌、自然山水、文化灵魂”的形象塑造，打造养心、养身、养神、养生的生态休闲文化旅游产品，将桃花源旅游管理区建成独具东方文化魅力的国际文化旅游度假区，2017 年前成功创建国家 5A 级旅游景区。重点建设四大项目：（1）实景桃花源。挖掘桃花源文化，还原桃花源意境，打造旅游核心吸引物。（2）提质桃花源主景区。引进国内知名的旅游经营企业对老景区进行整改包装，探索委托经营管理新模式。（3）世外桃源古镇。加快项目建设，2016 年全面建成面市。（4）桃花源文化实景剧。引进省内外知名创作运营团队，打造独具常德特色和桃花源文化的实景歌舞剧。

2. 柳叶湖片区。利用山、水、岛、洲、城等资源优势，打造集城市休闲、水上游乐、运动健身等于一体的都市休闲旅游核心产品，将柳叶湖旅游度假区建成文化休闲度假区，2017 年成功创建国家级旅游度假区。重点建设四大项目：（1）常德华侨城欢乐桃花岛主题公园。以常德欢乐水世界为基础，整体策划开发欢乐桃花岛，引入一批高端优质的旅游度假项目，形成岛内、滨湖、水下立体开发格局，打造全球首个岛上水主题乐园，2017 年整体开园。（2）常德东部华侨城升级版。结合柳叶湖现代服务园区建设，委托华侨城集团整体开发柳叶湖片区的旅游资源，打造常德东部华侨城升级版。太阳山按照等级景区标准，建设以休闲度假为主题的城市森林公园；白鹤山重点建设白鹤旅游小镇，做好业态引入，开展特色运营；花山按照国家城市湿地公园标准建设湿地公园，丰富旅游业态。（3）旅游文体赛事。依托柳叶湖丰富的水面资源和环湖游道，每年定期举办国际性环湖马拉松、自行车赛、国际极限水上运动挑战赛（水上 F1）等赛事活动。（4）柳叶湖现代演艺。依托常德华侨城欢乐桃花岛主题公园，利用现代声、光、电技术，打造体验式特色主题公园演艺产品。

3. 壶瓶山片区。加强配套基础设施建设，重点推进宜张高速公路壶瓶山互通、景区旅游公路建设。加快景区经营开发，实现观光、休闲、度假复合发展，将壶瓶山区域打造成国内外知名的生态休闲旅游度假区，2017 年成功创建国家级生态旅游示范区，申报创建国家公园。（1）壶瓶山景区。按照国家登山健身步道标准建设壶瓶山登顶步道和景区循环步道等基础设施，开发屋脊漂流、峡谷探幽、生态营地等特色旅游项目，完善配套设施，提升旅游接待服务能力和水平。（2）东山峰景区。依托万亩茶园建设“茶山花海”旅游项目，依托高山集镇打造“天上街市”度假小镇，引进战略投资者开发“高山梦幻滑雪场”，将东山峰打造成以休闲、避暑、度假为特色的“东方阿尔卑斯山”。

## 三、保障措施

（一）加强组织协调

市旅游战略性产业推进小组负责研究制定全市旅游战略性产业发展规划和旅游战略性项目的统筹审定。市直相关责任单位要明确 1 名副处级以上领导干部担任旅游战略性项目联络员，负责协调办理有关项目手续。

（二）严格调度考核

市旅游战略性产业推进小组要加强工作调度，定期开展督促检查、确保工作有序推进；要建立目标责任制和责任考核制度，加大考核力度，落实奖惩措施，对工作严重滞后的单位主要责任人实行“一年诫勉谈话、两年通报批评”，经考察确属履职不力的，予以组织调整。

（三）加大资金投入

从 2015 年起，市财政连续三年每年安排旅游战略性产业专项资金 3000 万元，主要用于重大旅游项目引导、提升旅游规划策划、旅游形象推广等。

（四）强化招商引资

策划包装一批旅游项目，主动对接中国旅游集团百强企业进行推介招商，通过引进品牌、管理、资金等方式，力争 3 年内引进 3–5 家旅游集团百强企业投资开发旅游项目。对新引进的旅游项目，按照相关规定给予奖励。

（五）加强人才保障

加快新型旅游智库建设，完善旅游专家咨询制度。加大旅游人才引进力度，将旅游人才纳入市政府人才引进计划，3 年内引进 10 名以上有大型旅游企业工作经验的管理人才或旅游专业研究生及以上学历人才。加大旅游管理人才培养力度，将旅游专业相关内容纳入市委党校主体班教学计划，3 年内培训 100 名旅游行政管理人员。

# 中共常德市委办公室关于建立党的报告员制度的通知

常办〔2015〕28号

各区县（市）委，常德经济技术开发区、柳叶湖旅游度假区和西湖、西洞庭管理区党委（工委），市委各部委办，市直机关各单位、各人民团体党组织，中央、省驻常各单位党组织：

为进一步改进干部工作作风，密切党群干群关系，提高党的建设科学化水平，推动党的路线方针政策和各项工作贯彻落实，市委决定在全市建立党的报告员制度，现就有关事项通知如下：

## 一、建立党的报告员队伍

全市各级各单位要设立党的报告员，党的报告员主要由各级党组织书记、党员领导干部组成。

1. 组建市委特聘党的报告员队伍，具体组成人员由市委宣传部、市委组织部、市委讲师团按要求确定，由市委讲师团负责日常管理。党员市级领导干部要带头参与党的报告员工作，带头深入基层开展宣传宣讲。

2. 市直各单位要建立3–5人的党的报告员队伍，其中党组织书记为首席报告员，要科学吸纳党员领导干部和中层骨干参加报告员工作，市直单位党的报告员由本单位管理，接受市委宣传部的业务指导。

## 二、报告内容

党的报告员要紧密围绕党的路线方针政策、上级重大决策部署、经济社会发展、党风廉政建设、身边的先进典型事迹、群众关心的热点难点问题等开展报告和宣讲。

## 三、报告对象

党的报告员要坚持面向实践、面向基层、面向群众开展工作，切实增强工作实效。市委特聘党的报告员面向全市基层党员干部群众开展报告员工作。市直单位党的报告员主要面向本单位本系统党员干部群众及单位所联系的企业、乡村、社区等开展报告员工作。

## 四、工作要求

1. 创新报告形式。各级党的报告员要深入基层、深入群众，面对面地开展宣传宣讲，心贴心地进行沟通交流，根据实际情况，可采取报告式、互动式、谈心式等方式开展工作，增强工作的针对性、实效性。

2. 规范报告内容。市委特聘党的报告员的报告内容由市委宣传部负责把关；市直单位党的报告员的报告内容由单位首席报告员负责把关，涉及重大敏感问题的须报市委宣传部审批。

3. 注重报告效果。党的报告员开展工作，既要把党委政府做什么、干什么、倡导什么传达下去，也要注重听取群众意见，掌握民情民意，把基层群众想什么、盼什么、需求什么收集上来。市委特聘党的报告员及市直单位党的报告员收集的群众意见由市委宣传部整理汇总后报市委研究。

4. 建立常态化工作机制。党的报告员制度要与“三会一课”结合起来，与党委（党组）中心组学习结合起来，与党委政府的中心工作结合起来，与群众关心的热点难点问题结合起来，原则上每季度开展一次集中报告。上级部署重要宣讲任务后，市委市政府重要政策出台后，市党代会、市委全会、市委经济工作会议、市人大政协“两会”等重要会议召开后，各级党的报告员要及时开展工作。

5. 强化工作责任。党的报告员制度建设由市委宣传部牵头负责，市委讲师团具体落实。市委宣传部要加强统筹协调，将党的报告员制度建设纳入宣传思想工作绩效评估的重要内容。要加强工作指导，适时对全市党的报告员开展业务培训，提高业务素质和工作水平。

中共常德市委办公室

2015 年 6 月 30 日

# 中共常德市委常德市人民政府关于常德市人民政府机构设置的通知

常委〔2015〕2号

各区县（市）委和人民政府，常德经济技术开发区、柳叶湖旅游度假区和西湖、西洞庭管理区，市直和中央、省驻常各单位：

《常德市人民政府职能转变和机构改革方案》已经省委、省政府批准。现将改革后的常德市人民政府机构设置通知如下：

常德市人民政府办公室（挂常德市民族宗教事务局、常德市人民政府金融工作办公室、常德市人民政府研究室牌子），简称市政府办（市民宗局、市金融办、市政府研究室）。

常德市发展和改革委员会，简称市发改委。

常德市教育局，简称市教育局。

常德市科学技术局，简称市科技局。

常德市经济和信息化委员会，简称市经信委。

常德市农业委员会（挂中共常德市委农村工作办公室牌子），简称市农委（市委农办）。

常德市公安局，简称市公安局。

常德市监察局（挂常德市预防腐败局牌子），简称市监察局（市预防腐败局）。

常德市民政局，简称市民政局。

常德市司法局，简称市司法局。

常德市财政局，简称市财政局。

常德市人力资源和社会保障局，简称市人社局。

常德市国土资源局，简称市国土资源局。

常德市环境保护局，简称市环保局。

常德市住房和城乡建设局，简称市住建局。

常德市交通运输局，简称市交通运输局。

常德市水利局，简称市水利局。

常德市林业局，简称市林业局。

常德市商务局，简称市商务局。

常德市文化体育广电新闻出版局（挂常德市版权局牌子），简称市文体广新局（市版权局）。

常德市卫生和计划生育委员会，简称市卫计委。

常德市审计局，简称市审计局。

常德市规划局，简称市规划局。

常德市城市管理和行政执法局，简称市城管执法局。

常德市旅游外事侨务局（挂常德市人民政府港澳事务办公室牌子），简称市旅游外侨局（市港澳办）。

常德市工商行政管理局，简称市工商局。

常德市质量技术监督局，简称市质监局。

常德市安全生产监督管理局，简称市安监局。

常德市食品药品监督管理局（挂常德市食品安全委员会办公室牌子），简称市食药监管局（市食安办）。

常德市统计局，简称市统计局。

常德市粮食局，简称市粮食局。

常德市人民政府法制办公室，简称市法制办。

常德市人民政府国有资产监督管理委员会，简称市国资委。

常德市人民防空办公室，简称市人防办。

常德市监察局与中共常德市纪律检查委员会机关合署办公，列入市政府工作部门序列，不计入市政府机构个数。

常德市人民政府国有资产监督管理委员会，为市政府直属特设机构。

常德市人民防空办公室既是市国防动员委员会的常设办事机构，也是市政府人民防空工作主管部门，列入市政府工作部门序列，不计入市政府机构个数。

中共常德市委

常德市人民政府

2015年1月29日

# 中共常德市委常德市人民政府关于印发《常德市贯彻落实党政机关厉行节约反对浪费条例实施细则》的通知

常发〔2015〕3号

各区县（市）委和人民政府，常德经济技术开发区、柳叶湖旅游度假区和西湖、西洞庭管理区，市直和中央、省驻常各单位：

现将《常德市贯彻落实　党政机关厉行节约反对浪费条例实施细则》印发给你们，请认真贯彻执行。

中共常德市委
常德市人民政府
2015年1月14日

## 常德市贯彻落实党政机关厉行节约反对浪费条例实施细则

### 第一章　总　则

第一条　为推进党政机关厉行节约反对浪费，建设节约型机关，根据《党政机关厉行节约反对浪费条例》《湖南省实施党政机关厉行节约反对浪费条例　办法》及国家有关法律法规和中央、省有关规定，结合我市实际，制定本细则。

第二条　本细则适用于全市各级党的机关、人大机关、行政机关、政协机关、审判机关、检察机关，以及工会、共青团、妇联等人民团体和参照公务员法管理的事业单位。

第三条　党政机关厉行节约反对浪费，应当遵循从严从简、依法依规、总量控制、实事求是、公开透明、深化改革的原则。

第四条　各级党委和政府应当加强对厉行节约反对浪费工作的组织领导。党政机关领导班子主要负责人对本地区、本单位的厉行节约反对浪费工作负总责，其他成员根据工作分工，对职责范围内的厉行节约反对浪费工作负主要领导责任。

各级党委办公室、政府办公室负责统筹协调、指导检查本地区党政机关厉行节约反对浪费工作。

纪检监察机关和组织、宣传、外事、发改、财政、审计等部门根据职责分工，依法依规履行对厉行节约反对浪费相关工作的管理、监督等职责。

第五条　凡适合社会力量承担的党政机关后勤服务，应当通过政府购买服务方式实行社会化供给。各级党委和政府要大力推进公务接待、机关物业、会议培训等机关服务社会化改革，有效利用社会资源为机关提供住宿、餐饮、物业管理、培训、办公信息化、会务等服务。

各级财政、机关事务管理等相关部门，要结合本地实际，合理确定并定期调整本级党政机关购买机关后勤服务的内容和标准，建立健全政府购买机关后勤服务的规范化流程，加强政府购买机关后勤服务的监督检查和绩效评估，构建信用激励与惩戒机制，切实降低机关运行成本。

### 第二章　经费管理

第六条　党政机关应当加强预算编制管理，按照综合预算的要求，将各项收入和支出全部纳入部门预算。财政结余结转资金与新增资金应当区别对待、分类管理，建立定期清理机制，并与下一年度预算安排挂钩。

第七条　党政机关应当严格控制行政性办公经费支出，遵循先有预算、后有支出的原则，严格执行预算。

严格控制和压缩因公临时出国（境）费、公务接待费、公务用车购置及运行费、会议费、国内差旅费、培训费等支出。严禁使用或变相使用公款支付烟草消费开支。年度预算执行中不追加支出，因特殊需要确需追加的，由财政部门审核后按程序报批。

建立预算执行全过程动态监控机制，完善预算执行管理办法，建立健全预算绩效管理体系，增强预算执行的严肃性，提高预算执行的准确率。

第八条　严格执行会计制度，准确核算机关运行经费，全面反映行政成本。健全机关内部控制规范体系，防范财务风险。

第九条　党政机关开展国内差旅、因公临时出国（境）、公务接待、会议、培训等公务活动，应严格执行《常德市党政机关国内公务接待管理实施办法》等有关文件规定的开支范围、开支标准，不得超范围、超标准开支。

第十条　党政机关采购货物、工程和服务，应当严格执行政府采购法律法规，严格执行经费预算和资产配置标准，不得超标准或者超出办公需要采购。

各级政府应当严格执行政府集中采购目录，实行批量集中采购和电子化政府采购，切实降低采购成本。

## 第三章　国内差旅和因公临时出国（境）

第十一条　党政机关应当建立健全并严格执行国内差旅内部审批制度，从严控制国内差旅人数和天数，严禁无明确公务目的的差旅活动，严禁以公务差旅为名变相旅游，严禁异地部门间无实质内容的学习交流和考察调研。

国内差旅人员应当严格按规定乘坐交通工具、住宿、就餐，不得向接待单位提出正常公务活动以外的要求，不得接受礼金、礼品和土特产品等。差旅费用由差旅人员所在单位或者派出单位承担，不得向下级单位及其他单位、企业、个人转嫁。

第十二条　党政机关应当统筹安排年度因公临时出国（境）计划，严格按照工作需要编制出国（境）计划，严格控制团组数量和规模，严格控制跨地区、跨部门团组。出国（境）团组应当严格遵守国家出国（境）有关纪律规定，严格按照规定标准安排交通工具和食宿。

第十三条　外事管理部门应当加强因公临时出国（境）审核审批管理，严格审核因公临时出国（境）团组任务的必要性、人员构成和行程安排的合理性，对违反规定、不符合规定团组予以调整或者取消。

组织、人社等有关部门应当加强出国（境）培训总体规划和监督管理，从严制定领导干部出国（境）培训计划，严格控制出国（境）培训规模，建立团组出国（境）培训情况跟踪和评估机制，加强培训成果的总结和推广。

## 第四章　公务接待

第十四条　建立健全国内公务接待各项管理制度。县级以上党政机关公务接待管理部门应当加强对国内公务接待工作的管理和指导。

党政机关应当细化单位内部公务接待管理实施办法，建立公务接待审批控制制度，严格执行国内公务接待清单制度，严格控制国内公务接待范围和标准，实行接待费预算管理和总额限定制度。

第十五条　外宾接待工作应当遵循服务外交、友好对等、务实节俭的原则。外宾邀请单位应当严格按照接待外宾的有关规定，从严从紧控制外宾团组和接待费用。

第十六条　各级各有关部门应当参照国内公务接待标准，制定招商引资等活动的接待办法，严格审批，强化管理。

## 第五章　公务用车

第十七条　按照中央关于厉行节约反对浪费的要求，坚持社会化、市场化方向，加快推进公务用车制度改革，合理有效配置公务用车资源，创新公务交通分类提供方式，保障公务出行，降低行政成本，积极推进廉洁型机关和节约型机关建设，建立符合市情的新型公务用车制度。

创新制度，分类保障。改革公务用车实物配给方式，普通公务出行实行社会化提供并适度补贴交通费用。从严按规定配备实行定向化保障的公务用车。取消一般公务用车，保留必要的执法执勤、机要通信、应急和特种专业技术用车及按规定配备的其他车辆。

公开规范处置公务用车。取消的一般公务用车，采取公开招标、拍卖等方式公开处置。

第十八条　市级公务用车主管部门应当根据改革后的实际情况，制定全市定向化保障的公务用车和新能源汽车配备更新、日常使用与处置等管理制度，会同有关部门建立责任明确、节约可控、规范透明、监督有力、保障到位的工作机制，加强定向化保障的公务用车管理与监督。

各级党政机关公务用车主管部门要会同有关部门严格核定定向化保障公务用车的编制和标准，车辆配备应当选用国产汽车，优先选用新能源汽车。执法执勤用车配备应当严格限制在一线执法执勤岗位，机关内部管理和后勤岗位以及机关所属事业单位一律不得配备。机要通信、应急等车辆要充分考虑不同部门的工作差异，根据实际需要合理配备，保障到位。按规定保留的公务用车实行集中管理，逐步探索社会化监督的有效形式和具体办法。在从严控制总量的前提下，各地可根据实际情况确定和优化配置相关一线执法执勤岗位车辆，鼓励建立跨部门综合性执法用车平台。进一步精简地方公务用车管理机构。

第十九条　公务用车配备和运行维护费用、交通补贴发放、车辆处置情况应当纳入日常和专项审计监督及政务公开范围。党政机关不得以特殊用途等理由变相超编制、超标准配备公务用车，不得以任何方式换用、借用、占用下属单位或者其他单位和个人的车辆，不得接受企事业单位和个人赠送的车辆。不得以任何理由违反用途或者固定给个人使用执法执勤、机要通信等公务用车，不得以公务交通补贴名义变相发放福利。公务人员不得既领取公务交通补贴又违规乘坐公务用车。

公务用车严格按照规定年限更新，已到更新年限尚能继续使用的应当继续使用，不得因领导干部职务晋升、调任等原因提前更新。

除涉及国家安全、侦查办案等有保密要求的特殊工作用车外，公务用车应当喷涂明显的统一标识。

## 第六章　会议活动

第二十条　党政机关应当坚持精简、高效、务实、节俭原则，严格执行会议费开支范围和标准，切实改进会风。

党政机关会议实行分类管理、分级审批，从严控制会议数量、会期和参会人员规模。完善并严格执行严禁党政机关到风景名胜区开会制度规定。

党政机关应当改进会议形式，充分运用电视电话、网络视频等现代信息技术手段，降低会议成本，提高工作效率。

第二十一条　会议召开场所实行政府采购定点管理。党政机关会议应当到定点场所召开，严格控制会议食宿和会场布置标准。会议期间，不得安排宴请，不得组织旅游以及与会议无关的参观活动，不得以任何名义发放纪念品，会议只提供茶水，不摆放水果。

完善会议费报销制度，实行一会一结算，严格按照规定程序和协议价格结算费用。严禁套取会议资金，严禁以任何方式向下属机构、企事业单位、地方转嫁或者摊派会议费。

第二十二条　建立健全培训审批制度，严格控制培训数量、时间、规模，严格执行分类培训经费开支标准和范围，严禁以培训名义召开会议、公款宴请、公款旅游。大力推行网络在线培训，降低培训成本，提高培训效率。

第二十三条　严格按规定的范围、标准和权限，审批和举办节会、庆典、论坛、博览会、展会、运动会、赛会等活动，为举办活动专门配备的设备在活动结束后应当及时收回循环利用。

## 第七章　办公用房

第二十四条　建立健全办公用房集中统一管理制度，对办公用房实行统一调配、统一权属登记。

第二十五条　按照庄重、朴素、实用、安全、节能原则，从严控制党政机关办公用房建设项目，严格执行办公用房建设和办公用房使用标准。严禁以业务用房名义变相新建党政机关办公用房。

党政机关新建、改建、扩建、迁建、购置、置换、维修改造、租赁办公用房，必须严格履行审批程序。采用置换方式配给办公用房的，应当执行新建办公用房各项标准，不得以未使用政府预算建设资金、资产整合等名义规避审批。

第二十六条　党政机关办公用房维修改造项目应当以消除安全隐患、恢复和完善使用功能、降低能源消耗为重点，推广应用节能材料，严格执行国家规定的维修改造标准。

办公用房维修改造只能使用普通建筑材料，严禁以维修改造名义变相进行改建、扩建或者超标准装修办公用房，严禁借维修改造之机更新、购置办公家具和办公设备。

第二十七条　党政机关办公用房建设项目投资，统一由政府预算建设资金安排。严格规范党政机关办公用房建设项目资金和维修资金管理。对未按规定审批的党政机关办公用房建设及维修改造项目，财政部门一律不得安排预算。

第二十八条　党政机关应当严格按照国家、省和市有关规定，从严核定、合理使用办公用房。超标部分应当移交本级政府机关资产管理部门统一调剂使用。一个单位原则上应当在一处或者相近区域办公，以节省开支，方便群众。

新建、调整办公用房的单位，应当按照“建新交旧”“调新交旧”的原则，在搬入新建或者新调整办公用房的同时，将原办公用房腾退移交本级政府机关资产管理部门统一调剂使用。

因机构增设、职能调整确需增加办公用房的，应当在本单位现有办公用房中解决；本单位现有办公用房不能满足需要的，由本级政府机关资产管理部门整合办公用房资源调剂解决；无法调剂、确需租用解决的，应当严格履行报批手续，不得以变相补偿方式租用由企业等单位提供的办公用房。

## 第八章　资源能源节约

第二十九条　党政机关应当节约集约利用能源资源，通过加强全过程节约管理，采取技术上可行、经济上合理的措施，提高能源、水、粮食、办公家具、办公设备、办公用品等的利用效率和效益，统筹规划利用土地，杜绝浪费行为。

第三十条　党政机关应当对能源、资源的使用实行分类定额和目标责任管理。推广使用节水、节能新技术新产品，大力推广应用新能源和可再生能源，淘汰高耗能设施设备，积极推广合同能源管理，降低人均综合能耗、单位建筑面积能耗。

第三十一条　优化办公家具、办公设备等资产的配置和使用，建立固定资产分类登记台账，通过调剂方式盘活存量资产，节约购置资金。已到更新年限能继续使用的，不得报废处置。

积极开展废旧物品回收利用，对产生的非涉密废纸、废弃电器电子产品等废旧物品进行集中回收处置，促进循环利用；涉及国家秘密的，按照有关保密规定进行销毁。

第三十二条　党政机关政务信息系统建设应当统筹规划，建立共享共用机制，加强资源整合，推动重要政务信息系统互联互通，防止资源浪费。办公信息化应当纳入政府购买服务范围。

大力推行电子政务和无纸化办公，减少一次性耗材使用，降低行政运行成本，节约资源。

## 第九章　教育与监督

第三十三条　各级党政机关应当把加强厉行节约反对浪费教育作为作风建设的重要内容，建立健全常态化工作机制，积极培育和形成崇尚节约、厉行节约、反对浪费的机关文化。

各级宣传部门应当充分发挥各级各类媒体的作用，广泛宣传厉行节约反对浪费的重要意义，倡导绿色低碳消费理念和健康文明生活方式；各级组织部门和党校、行政学院等干部教育培训机构应当将厉行节约反对浪费作为干部教育培训的重要内容；各级司法行政主管部门应当将厉行节约反对浪费工作相关法规列入普法的重要内容；各级纪检监察机关应当不定期曝光铺张浪费的典型案件，发挥警示教育作用。

第三十四条　各级党委和政府应当建立厉行节约反对浪费监督检查机制，明确监督检查的主体、职责、内容、方法、程序等，加强经常性督促检查，并针对突出问题开展重点检查、暗访等专项活动。

各级党委和政府应当每年向上级党委和政府报告本地区厉行节约反对浪费工作情况，党委和政府所属单位应当每年向本级党委和政府报告本单位厉行节约反对浪费工作情况。领导干部厉行节约反对浪费工作情况，应当列为领导班子民主生活会和领导干部述职述廉的重要内容并接受评议。对发现的苗头性、倾向性问题应当及时纠正处理。

第三十五条　各级党委办公室、政府办公室负责统筹协调相关部门开展对厉行节约反对浪费工作的督促检查。每年至少组织开展一次专项督查，专项督查应当与年终绩效评估相结合，督查考核结果要进行通报，并按照干部管理权限送纪检监察机关和组织部门，作为干部管理监督、选拔任用的依据。

纪检监察机关应当通过日常督查、集中检查、明察暗访等方式，加强对厉行节约反对浪费工作的监督检查，认真受理群众举报和有关部门移送的案件线索，及时查处违纪违法问题。

财政部门应当加强对党政机关预算编制、执行等财政、财务、政府采购和会计事务的监督检查，依法处理发现的违规问题，并及时向本级党委和政府汇报监督检查结果。

审计部门应当加大对党政机关公务支出和公款消费的审计力度，依法处理、督促整改违规问题，并将涉嫌违纪违法问题移送有关部门查处。

机关事务管理部门根据同级党委办公室、政府办公室的统一安排，做好厉行节约反对浪费工作相关情况汇总、报告、协调等具体工作；加强对党政机关办公用房、公务用车、公务接待等标准执行的监督检查，及时发现并纠正违规行为。

第三十六条　党政机关应当建立健全厉行节约反对浪费信息公开制度。除依照法律和有关要求须保密的内容和事项外，下列内容应当按照及时、方便、多样的原则，依法予以公开：

(一)预算和决算信息；

(二)政府采购文件、采购预算、中标成交结果、采购合同等政府采购信息；

(三)国内公务接待的有关情况；

(四)会议的名称、主要内容、时间地点、代表人数、工作人员数、经费开支及列支渠道等情况；

(五)培训的项目、内容、人数、经费等情况；

(六)节会、庆典、论坛、博览会、展会、运动会、赛会等活动举办信息；

(七)办公用房建设、维修改造、使用、运行费用支出等情况；

(八)公车配备、更新和使用、处置情况；

(九)公务支出和公款消费的审计结果；

(十)其他需要公开的内容。

第三十七条　推动和支持各级人民代表大会及其常务委员会依法严格审查批准党政机关公务支出预算，加强对公务支出预算执行情况的监督，强化对审计查出问题整改落实情况的跟踪监督。充分发挥人大代表的监督作用，通过提出意见、建议、批评以及询问、质询等方式加强对党政机关厉行节约反对浪费工作的监督。

支持人民政协对党政机关厉行节约反对浪费工作的监督，自觉接受并积极支持政协委员通过调研、视察、提案等方式加强对党政机关厉行节约反对浪费工作的监督。

第三十八条　重视各级各类媒体在厉行节约反对浪费方面的舆论监督作用。建立舆情反馈机制，及时调查处理媒体曝光的违规违纪违法问题。

发挥群众对党政机关及其工作人员铺张浪费行为的监督作用，认真调查处理群众反映的问题。

## 第十章　责任追究

第三十九条　建立党政机关厉行节约反对浪费工作责任追究制度。对违反本细则规定造成浪费的，应当依纪依法追究相关人员的责任，对负有领导责任的主要负责人或者有关领导干部实行问责。具体问责办法遵照《党政机关厉行节约反对浪费条例》规定执行。

第四十条　受到责任追究的人员对处理决定不服的，可以按照相关规定向有关机关提出申诉。受理申诉机关应当依据有关规定认真受理并作出结论。申诉期间，不停止处理决定的执行。

## 第十一章　附　则

第四十一条　国有企业、国有金融企业、不参照公务员法管理的事业单位，参照本细则执行。

第四十二条　本细则由市委办、市政府办会同有关部门负责解释。

第四十三条　本细则自发布之日起施行。其他相关规定，凡与本细则不一致的，按照本细则执行。

# 中共常德市委关于整体推进"八大建设"强化农村基层党建的若干意见

常发〔2015〕5号

为贯彻全国、全省农村基层党建工作座谈会精神，落实党要管党、从严治党责任，进一步巩固党在农村的执政基础，现就整体推进思想建设、组织建设、队伍建设、作风建设、经济建设、基础建设、载体建设、制度建设等"八大建设"，强化农村基层党建，提出如下意见。

## 一、工作目标

1. 明确工作目标和要求。按照建设基层服务型党组织要求，整体推进"八大建设"，强化农村基层党建，通过3－5年努力，全市农村基层党组织普遍达到有坚强有力的领导班子、有本领过硬的骨干队伍、有功能实用的服务场所、有形式多样的服务载体、有健全完善的制度机制、有群众满意的服务业绩等"六有"目标，充分发挥基层党组织在推进新常德新创业进程中的战斗堡垒作用，为全面建成小康社会、加快建设美丽乡村提供坚强组织保证。

## 二、工作内容

（一）思想建设

2. 开展"学党章强素质，增强党员意识"教育。强化政治理论学习培训，加强理想信念教育，促进党员坚定正确的政治立场和政治方向。乡镇干部每年参加各类学习培训累计不少于12天，乡镇党政正职任期内参加市级以上集中培训不少于2个月，其他干部5年内参加集中培训不少于30天。乡镇干部每月至少开展1次学习心得交流。乡镇、村每年组织农村党员开展"冬春训"。严格落实"三会一课"，村支委会每月至少召开1次，党员大会每季度至少召开1次，党小组会每月至少召开1次，党员每年至少听1-2次党课。乡镇党员班子成员每年到村上1次党课。基层党组织在每年党的生日前后组织党员重温入党誓词。每半年召开1次高质量的组织生活会，对照党章、查摆问题、开展评议。要把学习党章、遵守党章、贯彻党章、维护党章作为乡镇、村干部培训、党员"冬春训""三会一课"、组织生活会的重要内容。

3. 开展党的报告员工作。各级党员领导干部要及时到乡镇、村宣讲党的路线方针政策、上级重大决策部署、经济社会发展形势等。区县（市）的县级领导干部每半年到联系乡镇、村宣讲1次。乡镇干部和市、区县（市）驻村工作队队长每季度到村宣讲1次。

4. 拓展宣传教育阵地。充分发挥乡镇文化广播站、"村村响"的作用，乡镇每周至少1次、村每天早晚各1次利用广播集中开展思想宣传，举办实用技术讲座，落实"一人学一技"。区县（市）建立和拓展党员互动网络平台，乡镇建立党员QQ群、微信群等，鼓励和引导党员经常浏览和观看共产党员网、共产党员手机报、共产党员电视栏目、党员e信通、常德党建通，充分发挥新兴媒体的宣传教育功能。

（二）组织建设

5. 建立健全农村基层组织机构。每个村要规范建立村党组织、村民委员会、村务监督委员会和村便民服务站，明确职责，统一对外挂牌。坚持发挥村党组织的领导核心作用，充分发挥村民委员会的自治作用，注重发挥村务监督委员会的监督作用，有效发挥村便民服务站的服务功能。村党组织依法依规支持各类社会组织、群团组织和经济组织开展工作。

6. 探索农村社区"3+X"社会治理模式。每个区县（市）选择1—2个乡镇进行试点，建立由社区党工委、社区理事会、社区公司董事会加若干个行政村的“3+X”社会治理体系，充分发挥社区党工委和村党组织的领导核心作用、理事会的民主自治作用和公司的经济发展功能。及时总结试点做法，大力推介成功经验。

7.改进农村基层党组织设置。结合并乡合村工作，采取“上提下分”方式，将党员人数在100名以上的村党组织升格为党委，50名以上的升格为党总支部。党员人数3名以上、符合组建条件的农村专业合作社、产业协会，要建立党支部，做到党组织和党的工作全覆盖。

（三）队伍建设

8.建强村党组织带头人队伍。推行“六个一批”，每年选拔一批优秀村党组织书记进乡镇公务员队伍，集中换届时遴选一定数量的优秀村党组织书记进入乡镇领导班子；大力启用一批“归雁”人才，鼓励外出务工经商人员、在外工作的退休干部等返乡担任村党组织书记；组织一批经济能人跨村交流；备足一批后备人才，从2015年开始，5年内全市每年培养1000名农民大学生充实和改善村干部队伍，实施村“123”后备人才培养计划，每村储备1名村党组织书记、2名村干部、3名入党积极分子后备人选；市委每年示范培训一批基层党组织书记，区县（市）每年对基层党组织书记开展1次不少于3天的全覆盖轮训；每年推介一批先进典型。

9.选准配强软弱涣散村党组织第一书记。每年从市、区县（市）机关选派优秀干部到软弱涣散村、贫困村任党组织第一书记，确保一村1名。市、区县（市）分别制定第一书记管理考核办法，每年组织1次集中培训。第一书记要将党组织关系转移到村，全脱产驻村工作。

10.实行乡镇党务工作者专职专岗。全面建立乡镇党建工作站。在核定的职数和编制内，每个乡镇配备1名专职副书记、1名组织委员、2名左右的组织干事，专职从事党务工作。乡镇党务工作者每年参加1次县级以上集中业务培训。市级每年举办1期示范培训班。每年选派一定数量的乡镇党务工作者到上级机关或发达地区挂职锻炼。

11.从严管理党员队伍。严把发展党员入口关，优化党员队伍结构，注重发展35岁以下的致富带富能人入党。每年年底开展1次民主评议党员工作，慎重稳妥处置不合格党员，纯洁党员队伍。对长期失去联系的党员建立专门台账，报区县（市）委组织部备案，积极查找联系，按规定及时开展评议处置。

（四）作风建设

12.开展结对帮扶。市、区县（市）机关副科级以上领导干部每人结对帮扶1个以上贫困户，乡镇班子成员每人结对帮扶2个以上贫困户，其他乡镇干部每人结对帮扶1个以上贫困户，结对帮扶时间不少于2年，每年至少走访2次。鼓励有帮扶能力的农村党员联系帮扶贫困户、五保户、残疾人、空巢老人和留守儿童。

13.推行乡镇干部驻乡值班。着力整治乡镇干部“走读”行为，区县（市）要制定乡镇干部晚间和节假日驻乡值班规定，值班期间由乡镇班子成员带班。工作日除外出从事公务活动外，乡镇干部一般在乡镇机关住宿。

14.实行村民事务代办。以区县（市）为单位建立村民事务代办目录，明确代办事项，规范代办流程。村“两委”成员、大学生村官为代办员，定期代办村民事务，及时向村民通知办理结果，送达有关证件。各村要建立代办事务工作台账，确保件件有记录，事事有回复。

15.推行乡村干部进便民服务中心（站）办公。乡镇便民服务中心实行“一站式”办结，窗口每天要有1名乡镇班子成员带班，党委书记每周要到便民服务中心办公1次，接待群众来访，解决实际问题。村便民服务站每天至少要有1名村干部办公。

（五）经济建设

16.实施发展村级集体经济五年行动计划。按照《中共常德市委办公室常德市人民政府办公室关于加快发展村级集体经济的意见》（常办发〔2014〕10号）要求，坚持以区县（市）为主，采取盘活集体资产资源、发展农村服务业、兴办农业项目等措施，大力发展村级集体经济，力争2015年50%的村达标，2017年85%的村达标，2020年全面达标。各村要制定发展集体经济五年规划，及时向村民公开。

17.加大政策扶持力度。坚持用活用足政策，政策重点向村级集体经济项目倾斜。要保证新农村建设用地需求，优先安排村集体物业用地。村集体兴办的各类物业项目，要依法依规减征免征相关税费。区县（市）财政按每年不低于200万元标准安排专项资金，采取以奖代补、以奖代投等形式，重点帮扶村集体经济发展进步村。

18.逐步消除集体经济“空壳村”。对每个集体经济“空壳村”选派1个工作队集中进行帮扶，村级集体经济不达标不撤队。依法依规整合相关帮扶资金，采取县乡统购统建或村级单独购建等形式，就近在集镇或工业园区置办商铺门面，作为村农产品销售窗口。对在集镇有独立产权销售窗口的村，区县（市）财政每个奖补1万元。市财政整合农口相关专项资金，每年安排200万元给予扶持。

（六）基础建设

19.落实基本运转经费和基本报酬“两增长”。2015年，全市村平运转保障经费提高到8万元以上，农村社区提高到10万元以上，今后视财力状况适度增长。村党组织书记基本报酬按不低于上年度当地农民人均纯收入的2倍确定，其他村干部待遇合理确定，基本报酬实行统一打卡发放。未参加养老保险、连续任职10年或累计任职15年以上、年龄在60岁以上离任村主干的生活困难补助，提高到每人每年1800元以上。推行在职村干部基本养老保险工作，区县（市）视财力给予适当补助。

20.实现乡镇“五小设施”和村活动场所“两清零”。区县（市）每年要安排专项建设和维护资金，继续开展乡镇机关危房改造、“五小设施”建设和村活动场所建设，建立完善乡镇“一站式”便民服务中心。今年确保乡镇“五小设施”和村活动场所全面“清零”。

21.建立农村惠民项目和困难党员帮扶专项资金。建立完善农村惠民项目资金和困难党员帮扶资金募集、管理、使用办法。2016年起，区县（市）按每村每年不少于3万元标准，建立农村惠民项目资金，主要用于技能培训、爱心帮扶、生活服务、奖励先进等。通过采取财政投入、党费配套、党员捐助等措施，市、区县（市）分别建立困难党员帮扶资金，市财政每年安排100万元以上，区县（市）财政每年安排20万元以上。

22. 高标准建设党员教育阵地。党员教育阵地与基层远程教育站点统一配套建设，远教站点一律配置电脑、大屏幕电视（或投影仪），接通互联网，及时更新软硬件设备，确保经常性远程教育活动落到实处。基层远程教育站点按每个站点每年3000元的补贴标准由各区县（市）列入财政预算，采取财政支持、党费补贴等方式加大远程教育设备更新力度，确保每五年至少更新1次。

（七）载体建设

23. 开展"记好民情账、画好村情图"活动。坚持组织乡镇干部进村入户，每年不少于120天，做好民情、民生、民诉登记，帮助解决实际问题，做到心中有民情账，脑中有村情图。每年利用电视、报纸、网站等，开展晒乡镇干部民情账、村情图的"晒账晒图"活动，并组织群众评议。

24. 开展党员"设岗定责、公开承诺"活动。每个村根据群众需求科学设岗，年初组织全体党员认岗领责、公开承诺，每年为群众办1–2件实事，年底考核践诺情况，召开党员大会进行点评、评议和定级。

25. 开展主题党日活动。结合"三会一课"，区县（市）或乡镇每月明确1个主题，确定1天为党员活动日开展主题活动，由村党组织具体组织实施，乡镇党委督促考核，区县（市）委组织部进行抽查通报。

（八）制度建设

26. 建立基层党组织工作制度落实机制。完善并落实民主集中制基本规则、"三会一课"、组织生活会、流动党员管理、党员记实管理、定期分析党员思想、组织关系管理、党员档案管理、民主评议党员和支部班子、处置不合格党员、"四议两公开""一会四评""双述双评"、帮扶困难党员、联系服务群众等制度，市、区县（市）、乡镇每季度开展1次督查并通报，督促抓好落实。村每季度进行1次自查，发现问题，立行立改。

27. 建立党代表询问基层党建工作制度。市每年组织1次省、市党代表对基层党建工作进行询问，区县（市）每半年组织1次。询问情况分别向市委、区县（市）委报告。乡镇建立党代表工作室，定期组织党代表开展活动。

28. 完善党务、村务、财务公开制度。制定工作规程，建立公开目录，规范公开内容，完善村务情况分析、监督工作报告和评议考核制度，自觉接受群众监督。建立健全村务监督委员会运行机制。

## 三、工作要求

29. 配强基层党建工作力量。市、区县（市）要建立完善基层党建工作协调小组和办公室，由组织部门牵头抓总，各相关部门特别是涉农部门要协调配合，强化工作指导和工作落实。市、区县（市）委要建立领导联点带党建、组织部门全员抓党建、定期督导促党建机制。

30. 建立党组织书记抓基层党建工作责任清单。市委、区县（市）委、乡镇党委每年分别建立区县（市）委书记、乡镇党委书记、村党组织书记责任清单，强化责任，抓好落实，年底进行量化考核评价。

31. 开展季度督查。市、区县（市）采取明察暗访、随机抽查等形式，每季度开展1次基层党建工作督查，督查情况及时通报，作为平时考核的重要依据。

32. 实行函询督办、提醒谈话、诫免谈话和组织处理。对基层党建工作落实不到位的党组织负责人，实行函询督办，限期改正；对问题较多的，实行提醒谈话，通报批评；对长期打不开工作局面的，实行诫免谈话；对抓基层党建不力、出现严重后果的，进行组织处理。

33. 促进形成"任用干部看党建"导向。把抓党建作为各级党组织书记的最大政绩来考核，严格落实"四考一综评"制度（日常抽查考核、专项督查考核、民意调查考核、述职测评考核、量化综合评价），年底集中开展党组织书记履职抓基层党建工作述职评议。各级党组织要科学运用考核结果，区县（市）委书记履职抓基层党建工作年度考核综合评价排名后三位的当年不得参与评优评先，连续两年排名后三位的一年内不予推荐提拔重用；乡镇（街道）党委（工委）书记履职抓基层党建工作年度考核综合评价排名后五分之一的当年不得参与评优评先，连续两年排名后五分之一的一年内不予提拔重用。

# 常德市人民政府办公室关于印发《2015年常德市地质灾害防治方案》的通知

常政办函〔2015〕29号

各区县市人民政府，常德经济技术开发区、柳叶湖旅游度假区、西湖管理区、西洞庭管理区管委会，市直和中央、省驻常有关单位：

现将《2015年常德市地质灾害防治方案》印发给你们，请认真组织实施。

常德市人民政府办公室

2015年5月28日

## 2015年常德市地质灾害防治方案

为深入贯彻党的十八大精神，切实做好全市地质灾害防治工作，最大限度地减少地质灾害损失，根据《地质灾害防治条例》和《湖南省地质环境保护条例》的有关规定，结合我市实际，制定本方案。

### 一、地质灾害趋势预测

（一）降水趋势预测

据气象部门预测，2015年汛期（4～9月）降水总量较常年略偏多（偏多1–2成），其中6–9月较常年偏多。雨水相对集中在5月、6月下旬–7月上旬，短时强降水可能引发泥石流等灾害。雨季结束时间略偏早，在7月上旬后期。

（二）全市地质灾害发灾趋势预测

通过近期对全市重点地质灾害隐患点巡查，结合地质环境条件、矿业活动以及降雨强度等相关因素分析，预计2015年全市突发性地质灾害发灾趋势如下：

1. 地质灾害易发区域

（1）自然因素影响区域：大致为石门县大部特别是西北部山区，澧县澧南、道河、甘溪滩、太青、杨家坊、方石坪、闸口、金罗、盐井等乡镇，桃源县西南部，鼎城区南部，汉寿县南部等区域。以上区域的山地、丘陵区，地质环境条件较差，受降雨等因素影响，易发生滑坡、崩塌、泥石流等地质灾害。

（2）矿山区域：以石门县夹山镇、蒙泉镇境内青峰煤矿、澧县方石坪镇境内赤峰煤矿、中武乡境内亘山煤矿等煤矿开采区，临澧县合口石膏矿区及杉板石膏矿区、石门县夹山镇三板石膏矿区及蒙泉镇上午通石膏矿区、鼎城区雷公庙镇境内湖南南方水泥有限公司石灰岩矿等为主。以上矿区的矿产资源开发，易引发采空地面塌陷和岩溶地面塌陷地质灾害。

（3）主要交通干线区域：铁路焦柳线石门–会同段，公路S303线石门—南镇段、S303线北线皂市镇—维新镇段、S304线慈利—石门段。以上线路处于地质环境条件较差的区域，加上工程活动的影响，易发生滑坡、崩塌等地质灾害。

2. 发灾时段预测

根据气象部门对降雨量的预测情况，预计5至7月为地质灾害多发时段。

### 二、地质灾害防范重点

根据预测结果，将上述地质灾害易发区域作为本年度地质灾害重点防范区域。根据近年来地质灾害隐患点变化情况及目前危险程度，将30处隐患点列为全市重点地质灾害隐患点（见附件），采取重点监测和防范措施。

## 三、主要防治目标及措施

（一）防治目标

以保障人民群众生命财产安全为中心，最大限度地减少因地质灾害造成的人员伤亡和财产损失。

完善地质灾害群测群防体系，加强监测预警工作，确保不因地质灾害造成群死群伤事件。

（二）防治责任

1. 各级政府主要负责人对本地区地质灾害防治工作负总责。各级国土资源部门在同级政府领导下，负责本行政区域内地质灾害防治工作的组织、协调、指导和监督工作。住建、水利、交通等行政主管部门要按照各自职责分工，负责相关地质灾害防治工作。

2. 自然因素引发的地质灾害监测责任要具体落实到乡镇人民政府（街道办事处）和基层群众组织。在地质灾害重点防范期，监测责任单位应加强地质灾害隐患巡查、监测，及时发现、报告、处置险情。

3. 危及铁路、公路、水利水电、航道、通信等基础设施的地质灾害隐患点，由设施的主管部门和单位实施防治措施。

4. 因工程活动等人为引发的地质灾害或地质灾害隐患，按照谁引发、谁治理的原则，由责任单位治理（或承担治理费用）。

（三）防治措施

1. 加强对地质灾害防治工作的领导。各级人民政府应当加强对地质灾害防治工作的领导，组织有关部门采取防灾救灾措施。市、县、乡（镇）、村要层层签订地质灾害防治责任状。

2. 制定年度地质灾害防治方案。国土资源部门应根据对本辖区地质灾害重点隐患进行的全面排查情况和上级有关要求，会同有关部门编制本辖区的年度地质灾害防治方案，报同级人民政府批准并发布实施。要制定突发性地质灾害应急预案，明确各级各部门在应急工作中的职能职责，报同级人民政府批准并发布实施。对本辖区内的重点地质灾害隐患点，应编制科学合理、切实可行的应急避险抢险预案。年度防治方案、应急预案及各隐患点的应急避险抢险预案，送市国土资源局备案。

3. 开展地质灾害宣传教育和应急演练。利用“4·22”世界地球日、“5·12”防灾减灾日等主题活动日以及其他可利用的机会，采取灵活多样的形式，抓好地质灾害防治知识、有关法律法规的宣传活动和地质灾害的应急演练，增强公众的地质灾害防范意识，提高公众的自救能力和相关部门的应急反应能力。

4. 抓好汛期地质灾害险情巡查。各区县市国土资源、住建、水利、交通、公路、安监、旅游等有关部门要认真做好地质灾害险情巡查工作，切实做好汛前排查、汛中巡查和汛后复查工作。巡查中要认真察看各隐患点的变化情况，以及责任人和监测人的确定、明白卡的发放、防灾避灾预案的制定、群测群防措施的落实等情况，发现问题及时解决，并填写巡查记录，形成巡查报告抄送市国土资源局。

5. 落实地质灾害监测任务。要将灾害监测任务落实到乡镇、村和单位，同时明确具体责任人、监测人，建立健全群测群防网络。对本方案中所列的重点地质灾害隐患点，以及年内出现明显变化、形成较大威胁的地质灾害隐患点，实行重点监测。监测应采取群众监测为主的群专结合方式，监测内容主要包括隐患体变形、地下水变化、动植物异常等情况。监测一般为定期观测，遇强降雨或连续降雨时应加密监测，并建立监测记录台帐。

6. 强化地质灾害防治各项制度。认真落实汛期值班制度和地质灾害速报制度。汛期相关单位要安排专人实行24小时值班制，做到责任到人、值班到位、通讯畅通。速报内容应包括地点（附经纬度坐标）、时间、地质灾害类型、灾害体（或隐患体）规模、伤亡和失踪人数（或威胁人数）、财产损失、诱发因素和发展趋势分析、已采取的措施等。发生小型地质灾害，有关区县市国土资源部门接报后应及时报告本级人民政府，并在12小时内报告市国土资源局；发生中型地质灾害，接报后应在45分钟内报告市国土资源局，市国土资源局应立即报告市人民政府；发生大型以上地质灾害，接报后应立即报告市国土资源局，并在1小时内报告至省国土资源厅。成功避险3人以上的地质灾害，应经核实后在24小时内将灾情、预报预警及避灾措施、成效等情况报告至省国土资源厅。

7. 搞好汛期地质灾害应急调查和处置。地质灾害应急调查和处置，小型的由区县市人民政府组织，中型的由市人民政府组织，大型、特大型的报请省人民政府组织。接到报告后，县级人民政府必须第一时间作出反应，派人赶赴现场，组织专业技术人员开展应急调查，划定地质灾害危险区、设立明显的危险区警示标志、组织群众转移避让、采取应急排险措施等。接到中型以上地质灾害报告，市人民政府

组织人员赶赴现场开展应急调查，指导防灾救灾。发生突发性地质灾害，应根据灾害等级，按照规定启动相应级别的应急预案，或报请省人民政府启动省级预案。

8. 建立地质灾害预报预警机制。各区县市国土资源部门与气象部门要加强联系和协作，共同做好汛期地质灾害气象预报预警工作，并充分利用电视、广播、电话、传真等方式快速传递省、市级地质灾害气象预报预警信息，提醒相关单位和人员做好防灾的各项准备工作。

9. 加强对地质灾害防治的监督管理。对可能导致重大地质灾害的违规工程或人为活动，要坚决制止纠正，并督促责任单位采取有效措施防治地质灾害发生，对已经造成危害的，要督促责任单位及时治理。

10. 保证汛期地质灾害防治工作经费。各区县市政府要将地质灾害防治工作经费列入财政预算，确保汛期地质灾害调查、监测预报、抢险救灾、搬迁避让和治理等所必需的经费，以确保地质灾害各项工作顺利进行。

# 常德市人民政府办公室关于印发《常德市市本级推进政府购买服务工作实施办法》的通知

常政办发〔2015〕10号

各区县市人民政府，常德经济技术开发区、柳叶湖旅游度假区、西湖管理区、西洞庭管理区管委会，市直有关单位：

《常德市市本级推进政府购买服务工作实施办法》已经市人民政府同意，现印发给你们，请认真贯彻执行。

常德市人民政府办公室

2015年2月28日

## 常德市市本级推进政府购买服务工作实施办法

第一条　为规范和推进政府向社会力量购买服务（以下简称政府购买服务）工作，加快政府职能转变，深化社会领域改革，促进服务业发展和服务型政府建设，为人民群众提供更好的公共服务，根据《国务院办公厅关于政府向社会力量购买服务的指导意见》（国办发〔2013〕96号）和《湖南省人民政府关于推进政府购买服务工作的实施意见》（湘政发〔2014〕20号），结合我市实际，制定本办法。

第二条　市本级政府向社会力量购买服务工作的管理与监督适用本办法。

本办法所称政府购买服务，是指通过发挥市场机制作用，把政府直接向社会公众提供的一部分公共服务、社会管理服务等事项，按照一定的方式和程序，交由具备条件的社会组织、机构和企业等社会力量承担，并由政府根据服务数量和质量向其支付费用的公共服务供给方式。

第三条　政府购买服务按照政府主导、部门负责、社会参与、共同监督的要求组织实施。

第四条　建立政府统一领导，财政部门牵头，民政、工商以及行业主管部门协同，职能部门履职，监督部门保障的工作机制。各部门具体分工如下：

（一）市财政局负责牵头建立政府购买服务制度，拟定购买服务目录，确定购买服务计划，制定绩效评价办法，建立健全由购买主体、服务对象及第三方组成的综合性评审机制，监督、指导购买主体依法开展购买服务工作。

（二）市编委办负责牵头加快推进事业单位分类改革，推进有条件的事业单位转为企业或社会组织。

（三）市民政局、市工商局等社会力量登记管理部门负责制定培育社会组织、企业和机构等社会力量的政策措施，对承接服务项目的社会力量进行分类管理，制定具体办法，并按照职能分工将承接政府购买服务行为纳入年检（报）、评估、执法等监管体系。市发改委、市民政局会同市国资委等有关部门负责制定行业协会商会与行政机关脱钩方案。

（四）市监察局负责对市本级政府购买服务工作进行监督；市审计局负责对市本级政府购买服务项目的真实、合法、效益情况进行审计监督。

第五条　市本级政府购买服务的主体（以下简称购买主体）是市直行政机关和参照公务员法管理、具有行政管理职能的市属事业单位。纳入行政编制管理且经费由市财政负担的市级群团组织，也可根据实际需要，实施政府购买服务。

第六条　承接政府购买服务的主体（以下简称承接主体）包括依法在民政部门登记或依法经批准免予登记的社会组织，以及依法在工商行政管理或行业主管部门登记成立的企业、机构等。承接主体应具备以下条件：

（一）依法设立，具备一定的组织机构、人员和经费，能独立承担民事责任；

（二）治理结构健全，内部管理、监督和信息公开制度完善；

（三）具有独立、健全的财务管理、会计核算和资产管理制度；

（四）具备提供公共服务所必需的相应技术资质，具有相应的设施、人员和专业技术能力；

（五）具有依法缴纳税收和社会保障资金的良好记录；

（六）在参与政府购买服务竞争前3年内无重大违法违纪行为，通过年检（报）资质审查合格，社会信誉、商业信誉良好，获得3A及以上评估等级的社会组织可优先获得政府购买服务资格；

（七）法律、法规、规章规定以及购买服务项目要求的其他条件。

承担有公共服务职能的公益性事业单位在符合上述条件、不新增财政供养人员编制的情况下可以成为承接主体，并与具备条件的社会力量公开、平等参与竞争。具体承接购买服务的条件由购买主体会同市财政局根据购买服务的要求确定。

第七条 除法律、法规、规章另有规定，或涉及国家安全、保密事项以及司法审判、行政行为等不适合向社会力量购买，以及不属于政府职能范围的服务事项外，下列事项可纳入市本级政府购买服务范围：

（一）公共服务事项。公共教育、就业服务、人才服务、社会保险、社会救助、社会福利、养老服务、医疗卫生、人口和计划生育服务、住房保障、公共文化、公共体育、公共安全、残疾人服务、环境保护、交通运输、城市维护、服务“三农”等领域适宜由社会力量承担的服务事项。

（二）社会管理服务事项。法律援助、慈善救济、防灾救灾、公益服务、人民调解、社区矫正、流动人口管理服务、安置帮教、公共公益宣传等领域适宜由社会力量承担的服务事项。

（三）行业管理与协调事项。行业职业资格认定、处理行业投诉等领域适宜由社会力量承担的服务事项。

（四）技术服务事项。科研、行业规划、行业规范、行业调查、行业统计分析、资产清查、社会审计、资产评估、拍卖、检验检疫检测、监测服务等领域适宜由社会力量承担的服务事项。

（五）政府履职所需辅助性事项。市政府及市直机关单位信息化建设，包括门户网站建设和办公自动化等，法律服务、课题研究、政策调研草拟论证、会议经贸活动和展览服务、监督、评估、绩效评价、工程服务、项目评审、咨询、技术业务培训、审计服务等领域适宜由社会力量承担的服务事项。

（六）其他适宜由社会力量承担的公共服务事项。对市政府新增或临时性、阶段性的服务和管理职能或事项，凡适合社会力量承担的，都应按照政府购买服务的方式进行，不再增加新的财政供养机构和人员。

第八条 政府购买服务按下列程序进行：

（一）制定目录。市财政局会同市直有关部门，在准确把握公众需求的基础上，根据我市经济社会发展水平、政府转变职能要求、财力水平等因素，制定市本级政府购买服务指导性目录，明确政府购买服务的种类、性质和内容。

（二）确定项目。购买主体根据市本级政府购买服务目录，结合市政府工作部署、本单位部门预算安排以及工作实际，综合物价水平、工资水平、社会保障规定、税费成本等因素，编制本单位政府购买服务项目预算，报市财政局按照有关政策规定审核确定。

（三）公开信息。政府购买服务项目审核确定后，购买主体应及时按有关程序向社会公开购买服务项目的预算资金、主要内容、承接标准和目标要求等信息。

（四）选择承接。购买主体应根据购买内容的市场发育程度、服务供给特点等因素，按照方式灵活、程序简便、竞争有序、结果评价的原则，通过公开招标、邀请招标、竞争性谈判、询价、单一来源采购等方式确定承接主体。也可以根据具体的政府购买服务项目实施需求，采用委托、承包等方式选择承接主体。条件成熟时，可逐步将市本级部分政府购买服务项目纳入市公共资源交易中心交易。

（五）签订合同。购买主体依法依规与承接主体签订购买服务合同，并报市财政局备案。合同应明确购买服务的范围、标的、数量、质量要求，以及服务期限、资金支付方式、权利义务和违约责任等内容，严禁转包行为。

（六）履约管理。购买主体要加强履约管理，督促承接主体严格履行合同，并及时掌握购买项目实施进度和资金运作情况，根据实际需求帮助承接主体做好与相关政府部门、服务对象的沟通、协调工作，确保服务项目按时完成，确保服务数量、质量与效果。

（七）资金支付。政府购买服务所需资金按照“以事定费”的原则，从部门预算安排的专项资金中统筹安排，一般不新设专项资金。确需新增的购买服务资金，从严审核，实行竞争性分配，选择质优价廉的公共服务。承接主体实施合同约定服务事项后，购买主体应及时组织对合同履约情况进行检查验收，并按照合同约定，按现行政府采购资金支付程序支付。

第九条 购买主体根据需要提出相关专业方面的合理资质要求，负责购买具体服务项目的组织实施。对社会力量提供服务进行跟踪监督，在项目完成后，引入第三方组织考核评估和验收。

第十条 建立市本级推进政府购买服务工作联席会议制度，负责统筹协调改革的各项工作，研究决定改革的重大决策事项，审定并组织实施改革方案。

（一）联席会议由市政府常务副市长任总召集人，市财政局、市编委办、市发改委、市民政局、市工商局、市国资委、市审计局等相关部门为联席会议成员单位。联席会议办公室设在市财政局，负责承担具体日常工作。

（二）涉及重大问题需提交联席会议研究、议定的，会议由总召集人召集；一般问题及日常工作推进需提请联席会议研究的，会议由联席会议办公室召集。

第十一条 市财政局和各购买主体应按照《湖南省人民政府关于全面推进预算绩效管理的意见》（湘政发〔2012〕33号）规定，将预算绩效管理的要求贯穿于购买服务预算编制、执行、监督、评价和问责的全过程，确保财政资金使用效益和公共服务的质量效果。探索建立由购买主体、服务对象及第三方组成的综合性评审机制，对购买服务项目数量、质量和资金使用效率等进行评价。评价结果向社会公布，并作为以后年度编制政府购买服务预算和选择承接主体的重要依据。

第十二条　市财政局、市监察局、市审计局应加强对市本级政府购买服务的监督，严禁层层转包、豪华购买、暗箱操作等违法违规行为，确保政府购买服务资金规范管理和使用，对任何截留、挪用和滞留资金以及违法违规行为，按规定予以处理、处罚、处分或移送司法机关处理。

第十三条　市民政局、市工商局和市级相关行业主管部门等应建立相应的信用记录和应用制度，不断健全守信激励和失信惩戒机制。购买主体应建立健全内部监督管理制度，按规定公开购买服务相关信息，自觉接受社会监督。

第十四条　强化政府购买服务的社会监督，及时披露、公开与政府购买服务相关的信息。建立政府购买服务退出机制，对弄虚作假、冒领财政资金的承接主体，依法给予行政处罚，3年之内不得参与政府购买服务。

第十五条　本办法自2015年3月1日起施行。各区县市可参照本办法执行。

# 常德市人民政府办公室关于印发《常德市饮用水水源保护区环境整治工作方案》的通知

常政办函〔2015〕48 号

各区县市人民政府，常德经济技术开发区、柳叶湖旅游度假区、西湖管理区、西洞庭管理区管委会，市直和中央、省驻常有关单位：

《常德市饮用水水源保护区环境整治工作方案》已经市人民政府同意，现印发给你们，请认真贯彻执行。

常德市人民政府办公室

2015 年 10 月 20 日

## 常德市饮用水水源保护区环境整治工作方案

为了进一步深化饮用水水源保护区环境整治，保护城乡饮用水源，确保人民群众饮水安全，根据《中华人民共和国水污染防治法》、《中华人民共和国水法》，结合我市实际，制定本方案。

### 一、整治范围

全市范围内依法划定的饮用水水源保护区。

### 二、工作目标

到 2017 年 12 月底，完成全市饮用水水源保护区污染整治，实施饮用水水源保护区生态修复建设，完善饮用水水源保护区规范化标准建设，全市饮用水水源水质达标率达到 90% 以上，各饮用水水源保护区建设符合《中华人民共和国水污染防治法》、《中华人民共和国水法》、《饮用水水源保护区污染防治管理规定》的相关要求。

### 三、工作任务

（一）完善饮用水水源保护区基础设施建设

1. 设立保护标志。根据《饮用水水源保护区标志技术要求》（HJ/T433–2008）的要求，在 2015 年 12 月底前完成各级保护区的长久性界碑、交通警示牌、保护区宣传牌的设置。

2. 设置隔离防护设施。在 2015 年 12 月底前，饮用水水源一级保护区边界应建设栏网、护栏等隔离防护设施，防止人畜进入。

牵头单位：市环保局、市住建局、市水利局、市交通运输局、市公安局，责任单位：各区县市政府（管委会）

（二）实施饮用水水源保护区污染整治

1. 整治工业污染。依法关闭或搬迁一级保护区内的工矿企业，依法关闭二级保护区内排污口，二级保护区内的工矿企业实施治污截污引流工程，工矿企业废水治理达标后通过专管引流工程引至保护区下游排放，对有废水排放且达不到截污引流条件的工矿企业依法实施关闭或搬迁。

牵头单位：市环保局、市经信委、市水利局，责任单位：各区县市政府（管委会）

2. 整治生活污染。对一级保护区内现有居民实施搬迁，合理规划二级保护区及集雨区内生活污水处理设施设置、布局、规模和工艺，对常住人口在 200 人以上、人口密度高的集聚区建设集中式污水处理设施，采用先进工艺对污水进行深度处理，并通过人工湿地、村庄绿化、农田、林地等利用方式实现尾水处理，确保处理后的水质稳定达标并不对饮用水水源产生污染影响。

牵头单位：市住建局、市水利局、市农委，责任单位：各

区县市政府（管委会）

3. 整治养殖污染。调整优化畜牧业布局，依法将饮用水水源保护区纳入畜禽养殖禁养区。严格落实禁养区制度，饮用水水源保护区内全面取缔畜禽养殖场、养殖小区和养殖专业户。饮用水水源保护区内全面禁止投肥养殖，拆除饮用水水源保护区内养殖用拦网、网箱。

牵头单位：市畜牧兽医水产局、市水利局，责任单位：各区县市政府（管委会）

4. 整治面源污染。加强饮用水水源保护区内种植业的管理。积极引导农户走生态农业道路，改种农药、化肥施用量少的作物，推进测土配方施肥和农药减量控害增效工程，严格控制农药、化肥的用量和种类，推进生物农药或高效、低毒、低残留农药和新型高效肥料的使用，切实降低农药化肥对保护区水环境的影响。

牵头单位：市农委，责任单位：各区县市政府（管委会）

5. 实施生态修复。大力开展饮用水水源保护区内水源涵养林建设，严格禁止各类毁林行为，强化水土保持措施，依法关闭生态破坏严重的各类矿山，并实施矿山关闭后的生态修复，在易发生水土流失的地区建设拦泥坝、沉砂池等设施，防止水土流失带来的泥沙进入饮用水水源地。一级保护区内现有农田逐步实施退田还林。保护饮用水水源保护区及周边湿地，遏制湿地面积萎缩和功能退化的趋势，并因地制宜开展湿地恢复和重建工程。实施饮用水水源保护区水体净化工程，建设前置库或湿地处理系统，种植浮水、挺水、沉水植物，营造水生植物带进行综合治理，降低入水库氮磷总量；科学确定水域天然养殖和捕捞规模，增殖保护土著水生生物资源，改善水域生物群落组成，修复水域生态系统，提高水体自身净化调节功能，促进水生态环境改善。对于水质恶化、不能通过水体自净恢复水质的湖库型饮用水水源保护区实施换水、清淤工程，促进水质恢复。

牵头单位：市水利局、市林业局、市农委，责任单位：各区县市政府（管委会）

6. 严控旅游开发。饮用水水源保护区内应遵循保护优先的原则，严格控制旅游、航运、项目建设等开发行为，严格禁止在一级保护区内开展旅游活动，对一级保护区内现有旅游活动依法予以取缔，对一级保护区内已建的旅游设施和客货码头依法拆除或关闭。严格控制二级保护区范围内新上旅游开发项目。

牵头单位：市住建局、市水利局、市旅游外侨局、市环保局，责任单位：各区县市政府（管委会）

（三）加强饮用水水源保护区规范管理

1. 完善日常监管。建立饮用水水源保护区管理机构，结合当地实际，赋予水库管理机构或自来水厂水源保护管理职能和职责，供水3万人以上的饮用水水源保护区要配备专人负责水源保护工作，其他饮用水水源保护区要有兼职人员负责水源保护工作。开展定期巡查，建立巡查台账。定期对饮用水水源保护区内污染源和风险源进行排查，严格禁止一级保护区内游泳、垂钓、水上游览、倾倒垃圾、船舶停靠、畜禽养殖、网箱养殖、违法建设等违法行为；严格禁止二级保护区内设置排污口、建设排放污染物的建设项目。严格禁止准保护区内设置水上加油站、规模化畜禽养殖场和威胁饮用水安全的化学品或重金属污染项目和倾倒危险废物等严重污染水体的行为。

牵头单位：市水利局、市环保局，责任单位：各区县市政府（管委会）

2. 推进监测能力建设。强化人员配备和资金投入，加强饮用水水源水质监测机构建设，提升监测能力，2015年12月底前各区县市环保局要具备《地表水环境质量标准》中的表1和表2项目监测分析能力。加强常规监测的频率，县级以上水源地每月开展一次常规监测（包括《地表水环境质量标准》中的表1和表2项目），每年开展一次全指标分析；县级以下水源地每季度开展一次常规监测，每两年开展一次全指标分析。

牵头单位：市环保局、市水利局、市财政局，责任单位：各区县市政府（管委会）

3. 完善风险防控体系。加强环境隐患排查和环境风险防范，建立污染源和风险源名录，对保护区内和保护区周围可能影响饮水安全的所有生产、使用有毒有害化学品的企业制订应急预案，建设事故池，配备应急物资。强化危险化学品运输等流动源的污染事故防范和应急措施，对穿越饮用水水源保护区的桥梁、道路，修建加强型安全防护栏，设置收集沟和蓄水池等。对饮用水水源取水口或者一级保护区实施安全防护网建设，实施全封闭管理。健全突发水污染事件防控应急预案，落实环境突发事故各项应急措施。

牵头单位：市环保局、市水利局、市交通运输局、市公安局，责任单位：各区县市政府（管委会）

## 四、保障措施

（一）加强领导，明确责任

市环境保护工作领导小组作为全市饮用水水源保护区整治工作领导机构，负责统一组织、指挥、协调、调度、督导饮用水水源保护区环境整治工作。各区县市政府（管委会）是本辖区饮用水水源保护区环境整治的责任主体，要建立相应的饮用水水源保护区环境整治工作领导机构，按照市政府统一部署，落实完成各项整治工作任务。各牵头单位对牵头的分项工作进行督导、调度、考核。各有关单位要各负其责，密切配合，协同做好饮用水水源保护区整治工作。

（二）合理安排，层层推进

各区县市要根据本方案要求并结合实际制定本辖区饮用水水源保护区环境整治工作方案，2015年10月底前将本辖区饮用水水源保护区整治工作方案报送至整治工作办公室（设市环保局污染防治科，联系电话、传真：7220393，工作邮箱：cdwgk2010@163.com）。2015年12月底前完成饮用水水源保护区基础设施建设、管理机构建设和监测能力建设，完成供水3万人以上饮用水水源保护区的污染整治工程方案的编制工作；2016年12月底前完成供水3万人以上饮用水水源保护区的污染整治工作；2017 年 12 月底前完成供水 3 万人以下饮用水水源保护区的污染整治工作。

（三）强化考核，严格监督

完善政绩考核评价指标，将饮用水水源保护区整治工作纳入市政府对各区县市政府绩效考核内容，作为当地政府领导班子政绩评价的重要依据。对各区县市、各有关部门落实饮用水水源保护区整治工作履职情况，要加强监督检查，对工作落实不力、失职渎职造成严重后果的，依法依纪追究责任。

（四）完善机制，加大投入

建立公共财政和市场运作的饮用水水源保护资金筹集渠道，通过加大财政转移支付、生态建设资金、水资源费征收力度，将饮用水水源保护投入纳入自来水水价成本，适时开征水价中的水源保护费，逐步建立政府引导、市场推进、社会参与的投融资机制。建立健全饮用水水源保护区整治奖惩制度，将水质监测和考核结果与财政转移支付及其他扶持资金安排相挂钩。

# 常德市人民政府关于发布《常德市政府核准的投资项目目录（2015 年本）》的通知

常政发〔2015〕7 号

各区县市人民政府，常德经济技术开发区、柳叶湖旅游度假区、西湖管理区、西洞庭管理区管委会，市直和中央、省驻常有关单位：

为进一步深化投资体制改革和行政审批制度改革，加大简政放权力度，切实转变政府投资管理职能，使市场在资源配置中起决定性作用，确立企业投资主体地位，更好发挥政府作用，根据《国务院关于发布政府核准的投资项目目录（2014 年本）的通知》（国发〔2014〕53 号）和《湖南省人民政府关于发布〈湖南省政府核准的投资项目目录（2015 年本）〉的通知》（湘政发〔2015〕4 号）精神，现发布《常德市政府核准的投资项目目录（2015 年本）》，并就有关事项通知如下：

一、企业投资建设本目录内的固定资产投资项目，须按照规定报送有关项目核准机关核准。企业投资建设本目录外的项目，实行备案管理。事业单位、社会团体等投资建设的项目，按照本目录执行。

原油、天然气开发项目由具有开采权的企业自行决定，并报国务院行业管理部门备案。具有开采权的相关企业应依据相关法律法规，坚持统筹规划，合理开发利用资源，避免资源无序开采。

二、法律、行政法规和国家制定的发展规划、产业政策、总量控制目标、技术政策、准入标准、用地政策、环保政策、信贷政策等是企业开展项目前期工作的重要依据，是项目核准机关和城乡规划、国土资源、环境保护、行业管理等部门以及金融机构对项目进行审查的依据。环境保护部门应根据项目对环境的影响程度实行分级分类管理，对环境影响大、环境风险高的项目严格环评审批，并强化事中事后监管。

三、对钢铁、电解铝、水泥、平板玻璃、船舶等产能过剩行业的项目，要严格执行《国务院关于化解产能严重过剩矛盾的指导意见》（国发〔2013〕41 号）有关规定。

四、项目核准机关要改进完善管理办法，切实提高工作效能，认真履行核准职责，严格按照规定权限、程序和时限等要求进行审查。监管重心要与核准、备案权限同步下移，区县市政府要切实履行监管职责。有关部门要密切配合，按照职责分工，相应改进管理办法，依法加强对投资活动的监管。对不符合法律法规规定以及未按规定权限和程序核准或者备案的项目，有关部门不得办理相关手续，金融机构不得提供信贷支持。

五、法律、行政法规及国家另有专门规定的，从其规定。商务主管部门按国家有关规定对外商投资企业的设立和变更、国内企业在境外投资开办企业（金融企业除外）进行审核或者备案管理。

六、本目录自公布之日起施行，《常德市政府核准的企业投资项目目录（2004 年本）》同时废止。

附件：常德市政府核准的投资项目目录（2015 年本）

常德市人民政府

2015 年 7 月 31 日

附件

### 常德市政府核准的投资项目目录 (2015 年本)

### 一、农业水利

农业：涉及开荒的项目由省政府投资主管部门核准。

水库：在跨界河流、跨省（区、市）河流上建设的项目由国务院投资主管部门核准，其中库容10亿立方米及以上或者涉及移民1万人及以上的项目由国务院核准；其余项目中，大型水库，以及跨市州河流上建设的水库由省政府投资主管部门核准，中型水库以及跨区县市河流上建设的小型水库由市政府投资主管部门核准，其余项目由区县市政府核准。

其他水事工程：涉及跨界河流、跨省（区、市）水资源配置调整的项目由国务院投资主管部门核准，涉及跨市州水资源配置调整的项目由省政府投资主管部门核准，涉及跨区县市水资源配置调整的项目由市政府投资主管部门核准，其余项目由区县市政府核准。

## 二、能源

水电站：在跨界河流、跨省（区、市）河流上建设的单站总装机容量50万千瓦及以上项目由国务院投资主管部门核准，其中单站总装机容量300万千瓦及以上或者涉及移民1万人及以上的项目由国务院核准；其余项目中，库区跨市州或跨河系调水的项目由省政府投资主管部门核准；库区跨区县市的项目由市政府投资主管部门核准，其余项目由区县市政府核准。

抽水蓄能电站：由省政府投资主管部门核准。

火电站：由省政府核准，其中燃煤火电项目应在国家依据总量控制制定的建设规划内核准，分布式燃煤发电项目由省政府投资主管部门核准。

热电站：抽凝式燃煤热电项目由省政府在国家依据总量控制制定的建设规划内核准；燃煤背压热电、垃圾焚烧发电、生物质发电、6MW以上余热余压发电项目由省政府投资主管部门核准；市本级及区县市沼气发电项目分别由市政府投资主管部门、所在区县市政府投资主管部门核准后，报省政府投资主管部门备案。

风电站：由项目所在区县市政府在国家依据总量控制制定的建设规划及年度开发指导规模内核准，报省政府投资主管部门备案。

核电站：由国务院核准。

电网工程：跨境、跨省（区、市）±500千伏及以上直流项目，跨境、跨省（区、市）500千伏、750千伏、1000千伏交流项目，由国务院投资主管部门核准，其中 ±800千伏及以上直流项目和1000千伏交流项目报国务院备案；其余 ±800千伏及以上直流项目和1000千伏交流项目由省政府按照国家制定的规划核准；其余项目中，中央在湘企业项目或电厂（站）接入国网系统的项目，以及220千伏及以下跨省、跨市项目，由省政府投资主管部门核准，其余项目由市政府投资主管部门核准，报省政府投资主管部门备案。

煤矿：国家规划矿区内新增年生产能力120万吨及以上煤炭开发项目由国务院行业管理部门核准，其中新增年生产能力500万吨及以上的项目报国务院备案；其余煤炭开发项目由省政府行业主管部门核准。国家规定禁止新建的煤与瓦斯突出、高瓦斯和中小型煤炭开发项目，不得核准。

煤制燃料：年产超过20亿立方米的煤制天然气项目，年产超过100万吨的煤制油项目由国务院投资主管部门核准。

液化石油气接收、存储设施（不含油气田、炼油厂的配套项目）：由省政府投资主管部门核准。

进口液化天然气接收、储运设施：新建（含异地扩建）项目由国务院行业管理部门核准，其中新建接收储运能力300万吨及以上的项目报国务院备案。其余项目由省政府行业管理部门核准，并报省政府备案。

输油管网（不含油田集输管网）：跨境、跨省（区、市）干线管网项目由国务院投资主管部门核准，其余项目由省政府投资主管部门核准。

输气管网（不含油气田集输管网）：跨境、跨省（区、市）干线管网项目由国务院投资主管部门核准，其中跨境项目报国务院备案。其余项目由省政府投资主管部门核准。

炼油：新建炼油及扩建一次炼油项目由国务院投资主管部门核准，其中列入国务院批准的国家能源发展规划、石化产业规划布局方案的扩建项目由省政府投资主管部门核准。

变性燃料乙醇：由省政府投资主管部门核准。

## 三、交通运输

新建（含增建）铁路：跨省（区、市）项目和国家铁路网中的干线项目由国务院投资主管部门核准，国家铁路网中的其余项目由中国铁路总公司自行决定并报国务院投资主管部门备案；其余地方铁路项目由省政府投资主管部门按照国家批准的规划核准。

公路：国家高速公路网项目由国务院投资主管部门核准，普通国道网项目由省政府投资主管部门核准；地方高速公路项目由省政府投资主管部门按照省政府批准的规划核准；普通省道网项目由省政府投资主管部门核准；其余项目由区县市政府核准。

独立公（铁）路桥梁、隧道：跨境、跨10万吨级及以上航道海域、跨大江大河（现状或规划为一级及以上通航段）的项目由国务院投资主管部门核准，其中跨境项目报国务院备案；国家铁路网中的其余项目由中国铁路总公司自行决定并报国务院投资主管部门备案；跨洞庭湖、跨湘、资、沅、澧四水通航段的项目由省政府投资主管部门核准；其他跨区县市的独立公路桥梁项目由市政府投资主管部门核准；其余项目由区县市政府核准。

煤炭、矿石、油气专用泊位：在沿海（含长江南京及以下）新建年吞吐能力1000万吨及以上项目由国务院投资主管部门核准，其余项目由省政府投资主管部门核准。

集装箱专用码头：在沿海（含长江南京及以下）建设的年吞吐能力100万标准箱及以上项目由国务院投资主管部门核准，其余项目由省政府投资主管部门核准。

内河航运：跨省（区、市）高等级航道的千吨级及以上航电枢纽项目由国务院投资主管部门核准；500吨级及以上通航建筑物项目、千吨级及以上港口码头项目由省政府投资主管部门核准；千吨级以下港口码头项目由市政府投资主管部门核准；500吨级以下通航建筑物项目由区县市政府核准。

民航：新建运输机场项目由国务院核准，新建通用机场项目、扩建军民合用机场项目由省政府核准。

## 四、信息产业

电信：国际通信基础设施项目由国务院投资主管部门核准；国内干线传输网（含广播电视网）以及其他涉及信息安全的电信基础设施项目，由国务院行业管理部门核准。

## 五、原材料

稀土、铁矿、有色矿山开发：稀土矿山开发项目，由国务院行业管理部门核准；其余项目由省政府投资主管部门核准。

石化：新建乙烯项目由省政府投资主管部门按照国务院批准的石化产业规划布局方案核准。

化工：年产超过50万吨的煤经甲醇制烯烃项目、年产超过100万吨的煤制甲醇项目，由国务院投资主管部门核准；新建对二甲苯(PX)项目、新建二苯基甲烷二异氰酸酯(MDI)项目由省政府投资主管部门按照国务院批准的石化产业规划布局方案核准。

稀土：冶炼分离项目由国务院行业管理部门核准，稀土深加工项目由省政府投资主管部门核准。

黄金：采选矿项目由省政府投资主管部门核准。

## 六、机械制造

汽车：按照国务院批准的《汽车产业发展政策》执行。

## 七、轻工

烟草：卷烟、烟用二醋酸纤维素及丝束项目由国务院行业管理部门核准。

## 八、高新技术

民用航空航天：干线支线飞机、6吨/9座及以上通用飞机和3吨及以上直升机制造、民用卫星制造、民用遥感卫星地面站建设项目，由国务院投资主管部门核准；6吨/9座以下通用飞机和3吨以下直升机制造项目由省政府投资主管部门核准。

## 九、城建

城市快速轨道交通项目：由省政府投资主管部门按照国家批准的规划核准。

城市供水：跨省（区、市）或跨市（州）调水项目由省政府投资主管部门核准；市本级及跨区县市调水项目由市政府投资主管部门核准；其余项目由区县市政府核准。

城市道路桥梁、隧道：跨10万吨级及以上航道海域、跨大江大河（现状或规划为一级及以上通航段）的项目由国务院投资主管部门核准；其他市本级城市道路、桥梁、隧道项目由市政府投资主管部门核准；其余项目由区县市政府自行确定实行核准或者备案。

其他城建项目：市本级和区县市医疗废弃物处理、危险废物处理、城镇污水处理及再利用项目，市本级城镇保障性住房、城镇生活垃圾处理、城镇排水、城镇管道燃气、城镇公共停车场、城镇公共广场、城镇地下公共设施项目，由市政府投资主管部门核准，区县市属项目由区县市政府核准；其余城建项目按属地实行备案管理。

## 十、社会事业

主题公园：特大型项目由国务院核准，大型项目由国务院投资主管部门核准；中小型项目由省政府投资主管部门核准。

旅游：国家级风景名胜区、国家自然保护区、全国重点文物保护单位区域内总投资5000万元及以上旅游开发和资源保护项目，世界自然和文化遗产保护区内总投资3000万元及以上项目，由省政府投资主管部门核准；上述区域中其余总投资1000万元及以上项目由市政府投资主管部门核准、总投资1000万元以下项目由区县市政府核准。

其他社会事业项目：除国务院和省政府另有规定外，按隶属关系由省政府投资主管部门、市州或区县市政府投资主管部门备案。

## 十一、外商投资

《外商投资产业指导目录》中有中方控股（含相对控股）要求的总投资（含增资）10亿美元及以上鼓励类项目，总投资（含增资）1亿美元及以上限制类（不含房地产）项目，由国务院投资主管部门核准，其中总投资（含增资）20亿美元及以上项目报国务院备案；《外商投资产业指导目录》限制类中的房地产项目和总投资（含增资）小于1亿美元的其他限制类项目，由省政府投资主管部门核准；中方控股（含相对控股）要求的总投资（含增资）10亿美元（不含）以下的鼓励类项目由市政府投资主管部门核准。

前款规定之外的属于本目录第一至十条所列项目，按照本目录第一至十条的规定核准。

## 十二、境外投资

涉及敏感国家和地区、敏感行业的项目，由国务院投资主管部门核准。

前款规定之外的中央管理企业投资项目和地方企业投资3亿美元及以上项目报国务院投资主管部门备案。

# 常德市人民政府关于划定高污染燃料禁燃区的通告

常政发〔2015〕4号

为有效防治大气污染，改善空气环境质量，保障人民群众身体健康，根据《中华人民共和国大气污染防治法》规定，经研究，决定划定高污染燃料禁燃区（以下简称禁燃区）。现就有关事项通告如下：

一、本通告所称高污染燃料是指非车用的下列燃料和物质：

（一）原（散）煤、煤矸石、粉煤、煤泥、燃料油（重油和渣油）、各种可燃废物和直接燃用的生物质燃料（树木、秸秆、锯末、稻壳、蔗渣等）。

（二）硫含量大于0.3%（指可排放硫含量）的固硫型煤，硫含量大于0.5%、灰份含量大于0.01%的柴油、煤油。

二、市人民政府划定下列区域为禁燃区：

市城区高速公路环线外延1公里内的范围，总面积622.8平方公里，包括武陵区全部行政辖区；鼎城区的玉霞街道办事处、红云街道办事处、郭家铺街道办事处、灌溪镇、斗姆湖街道办事处、牛鼻滩镇2个村（白洋湖村、拦马口村）、许家桥乡4个村（民族村、中堰村、跑马岗村、双堰岗村）、石门桥镇15个村（观音庵村、桐林坪村、青龙岗村、八斗湾村、鲍家湾村、范家潭村、湾堤村、洞阳观村、何家堤村、二港桥村、二牛岗村、新堰岗村、乌塘岗村、邱家岗村、伍家嘴村）；柳叶湖旅游度假区和常德经济技术开发区。

三、自本通告发布之日起，禁止新建、改建、扩建燃用高污染燃料的锅炉、炉窑、工业及经营用炉灶等燃烧设施。

四、禁燃区现有燃用高污染燃料的10蒸吨及以下锅炉、炉窑、工业及经营用炉灶等燃烧设施，应当按照要求在2015年12月31日前予以拆除或者改造、改用天然气、液化石油气、电或其他清洁能源，逾期继续使用高污染燃料的，由燃烧设施所在地人民政府环境保护行政主管部门依法责令拆除或者没收燃用高污染燃料的设施。

五、禁燃区现有燃用高污染燃料的10蒸吨以上锅炉，必须在2015年12月31日前安装除尘和脱硫设施，确保达标排放。

六、自2016年1月1日起，禁燃区禁止销售高污染燃料。

七、各区人民政府（管委会）具体负责本通告的组织实施，研究制定扶持政策和工作方案，推动工作开展。发改、经信、规划、住建、环保、工商、质监、城管等相关部门应当根据各自职责，加大清洁能源的应用推广力度，加快天然气、集中供热等相关基础设施的规划和建设，积极鼓励、引导辖区内单位和个人自行淘汰高污染燃料，依法查处各类违法销售、使用高污染燃料行为。

八、违反本通告规定，新建、扩建燃用高污染燃料燃烧设施，逾期销售、使用高污染燃料，以及超标排放大气污染物的，由环境保护行政主管部门依法给予行政处罚，并在新闻媒体上曝光，接受群众监督。

九、本通告自发布之日起施行。

常德市人民政府

2015年2月15日

# 常德市人民政府关于加快发展现代保险服务业的实施意见

常政发〔2015〕13号

各区县市人民政府，常德经济技术开发区、柳叶湖旅游度假区、西湖管理区、西洞庭管理区管委会，市直和中央、省驻常有关单位：

为推动我市现代保险服务业快速发展，根据国务院《关于加快发展现代保险服务业的若干意见》（国发〔2014〕29号）和省人民政府《关于加快发展现代保险服务业的实施意见》（湘政发〔2015〕7号）精神，结合我市实际，现提出以下实施意见。

## 一、总体目标

（一）实现从保险大市向保险强市转变。到2020年，力争保险深度（保费收入/国内生产总值）达到3%，保险密度（保费收入/总人口）达到1850元/人，充分发挥保险的社会“稳定器”和经济“助推器”作用。

## 二、加快发展商业保险

（二）积极发展商业养老保险。支持有条件的企业建立商业养老健康保障计划，支持保险机构大力拓展企业年金业务，丰富完善个人储蓄型养老保险产品，适时开展住房反向抵押养老保险和个税递延型养老保险等各类养老保险试点，探索补充工伤保险、补充失业保险新途径。鼓励企业和个人参加商业养老保险。

（三）实现商业保险与社会保障无缝对接。推动建立商业保险与社会保险医疗信息共享和对接平台，全面推进商业保险机构承办城乡居民大病保险、意外补充保险，支持各级医保机构与保险机构深度合作，加强基本医疗费用的管理和审核，提高医保基金使用效率。鼓励企业和个人通过参加各种形式的补充商业保险解决基本医保之外的需求，支持保险机构开发医疗保险、疾病保险、失能收入损失保险等各类配套健康保险产品。

## 三、发挥“三农”保险在支农惠农中的重要作用

（四）完善农业保险体制机制。完善农业保险经办机构的准入退出机制，加强基层服务网点体系建设。加强保险机构与灾害预报部门、农业主管部门、乡镇和村级组织的合作机制。完善农业保险查勘理赔技术标准，提高农业保险服务水平，加快形成农业保险信息共享机制。

（五）扩大“三农”保险覆盖面。继续发展水稻、油菜、生猪保险等险种，丰富农业保险产品体系，积极试办茶叶、柑橘、葡萄、烟叶等地方特色农作物保险，积极发展农业基础设施保险，规范发展农机保险，扩大农房保险覆盖范围，开展多种形式的互助合作保险。

## 四、发挥保险机制在完善社会治理体系中的补充作用

（六）拓宽责任保险广度和深度。探索和完善环境污染、食品安全、安全生产、火灾公众等强制责任保险制度。加快发展我市医疗责任保险、校方责任保险、旅行社责任保险、供电责任保险等各类职业责任保险、产品责任保险，探索开展治安保险、社区综合保险、物业责任保险、住宅等建筑工程质量保险等新兴业务。

（七）健全特殊人群保险保障。提高低收入群体、社会弱势群体和志愿者群体的保险覆盖面，推广老年人、残疾人、孤儿意外伤害和志愿者公益保险，加快发展针对独生子女家庭、失独老人的保险产品。鼓励有条件的地区筹集财政资金、慈善捐款开办“一元民生保险”等惠民保险，持续开展志愿者公益保险赠送活动。积极支持保险机构发展见义勇为者意外伤害保险、养老保险。积极开发针对进城务工人员的一揽子保险，探索运用保险机制为被征地农民设立个人养老账户。大力发展农民健康养老保险、小额人身保险，推动建立小额保险与扶贫机制相结合的保险保障模式。

## 五、拓展保险服务功能

（八）积极引进保险资金参与重点工程建设。鼓励保险机构引进保险资金支持市重大基础设施、棚户区改造、城镇化建设等民生工程建设。

（九）推动保险服务经济结构调整。鼓励保险机构试点科技保险，积极发展适应科技创新的保险产品和服务，促进企业创新和科技成果产业化。加快发展小微企业信用保险和贷款保证保险，增强小微企业融资能力。积极发展个人消费贷款保证保险，释放居民消费潜力。发挥保险对咨询、法律、会计、评估、审计等产业的辐射作用，积极发展文化产业保险、物流保险，探索演艺、会展责任险等新兴保险业务，促进第三产业发展。

## 六、优化保险业发展环境

（十）加大政策支持力度。充分发挥市场机制，支持各级政府委托保险机构经办或者直接购买保险产品和服务。以与保险机构合作作为试点，把建设交通事故快速处理快速赔付中心工作作为突破口，争取各区县市全面建立“快处快赔中心”。鼓励和支持中小学积极普及保险等相关课外课程，把普及现代保险知识纳入各级政府常规学习内容。

（十一）加强行业自律。优化保险行业内部环境，规范内部经营行为，大力倡导依法合规诚信经营；保险公司要构建科学规范的用人机制，提高从业人员素质，并紧紧围绕政府所购买的保险服务，积极招聘符合条件的保险从业人员。改善外部环境，加大对保险欺诈、骗保等违法行为打击力度，司法行政部门要加强对司法鉴定机构和律师队伍的管理，严格准入和退出制度，促进保险行业有序健康发展。

本文件发布之后，原《常德市人民政府关于保险业改革发展的实施意见》（常政发〔2008〕10号）同时废止。

# 常德市人民政府关于加快发展养老服务业的实施意见

常政发〔2015〕3号

各区县市人民政府，常德经济技术开发区、柳叶湖旅游度假区、西湖管理区、西洞庭管理区管委会，市直和中央、省驻常有关单位：

为贯彻落实《国务院关于加快发展养老服务业的若干意见》（国发〔2013〕35号）和《湖南省人民政府关于加快推进养老服务业的实施意见》（湘政发〔2014〕22号）精神，加快建立和完善与我市经济社会发展水平相适应，基本满足老年人生活需求的养老服务体系，现提出如下实施意见：

## 一、发展目标

到2020年，全面建成以居家为基础、社区为依托、机构为支撑、信息为辅助的覆盖城乡的养老服务体系。符合标准的居家养老服务中心等老年服务设施覆盖所有城市社区，90%以上的乡镇和60%以上的农村社区建立包括养老服务在内的社区综合服务设施和站点。全市新增养老床位3万张，养老床位数达到每千名老年人35张以上。

## 二、主要任务

（一）统筹规划发展养老服务设施。市、县两级要在2015年年底前完成养老服务设施布局专项规划。从2015年起，凡新建居住（小）区的，必须按照人均用地不少于0.1平方米的标准规划设置养老服务设施，列入土地招拍挂条件及土地出让合同，同步设计、同步建设、同步验收、同步交付使用。已建成居住（小）区无养老服务设施或现有设施没有达到规划和建设指标要求的，要按每千户室内为老服务场所不低于150平方米建筑面积、室外老年人活动场所不低于300平方米的标准，通过购置、置换、租赁等方式开辟养老服务设施。充分发挥社区公共服务设施的养老服务功能，加强社区养老服务设施与社区服务中心及社区卫生、文化、体育等设施的功能衔接，提高使用率，发挥综合效益。支持和引导各类社会主体参与社区综合服务设施建设、运营和管理，提供养老服务。

（二）加快建设养老服务机构。鼓励社会力量举办规模化、连锁化养老机构。鼓励境外资本投资养老服务业；支持社会力量对企业厂房、商业设施及其他可利用的社会资源进行整合和改造，用于养老服务。鼓励个人举办家庭化、小型化的养老机构。充分发挥公办养老机构的托底作用和示范带动作用，到2020年，每个区县市至少建成1所示范性公办养老机构。积极稳妥地开展公办养老机构管理体制改革，采取公建民营、委托管理等方式，鼓励社会力量运营公有产权的养老服务设施。

（三）不断完善居家养老服务网络。引导和支持社会组织以及家政、物业等企业和机构，兴办或运营老年供餐、社区日间照料、老年活动中心等形式多样的养老服务项目，上门为居家老年人提供助餐、助医等规范化、个性化服务。结合完美社区、美丽乡村建设，推动居家养老服务网点建设。依托完美社区、美丽乡村信息化建设，构建养老服务信息平台，为老年人提供紧急呼叫、家政预约、卫生健康、物品代购、服务缴费等服务。到2020年，养老服务信息平台覆盖100%的城镇社区和50%以上的农村社区（村）；每个城市社区至少建成一个居家养老服务中心，每个村至少建成一个农村居家养老服务机构。

（四）切实加强农村养老服务。在满足农村五保对象集中供养需求的前提下支持乡镇五保供养机构改善条件开展社会化养老服务，促使有条件的乡镇敬老院向区域性养老服务中心转变。

在行政村和较大的自然村，依托闲置的学校、村部等场所，通过改造修缮、添置设备、拓展内容，开展村级老年人互助养老服务。到 2020 年，全市新建和改造乡镇敬老院 100 所，农村五保集中供养率达到 40% 以上。

（五）积极推进医疗卫生与养老服务结合。鼓励医疗机构举办医养护一体化的养老机构。达到 50 张床位以上规模的养老机构鼓励设置医务室（诊所）或与其他医疗机构签订医疗服务协议。养老机构设置的医疗机构符合条件的应批准纳入城镇职工（居民）基本医疗保险和新型农村合作医疗定点范围。支持城市社区卫生服务中心和乡镇卫生院通过多种方式开展养老服务，延伸医疗服务项目。到 2020 年，市城区要合理布局发展 2 至 3 家床位在 500 张以上的医养护一体化养老机构；每个县市至少发展 1 家 300 张床位以上的医养护一体化养老机构。医养护一体化养老机构享受相应的养老补贴政策。

（六）强化养老服务人才队伍建设。加强养老服务人员职业培训和养老护理员职业技能鉴定，实行养老服务机构从业人员职业资格认证和持证上岗制度。到 2020 年，全市养老护理员持证上岗率达到 100%。鼓励和支持养老服务机构吸纳大中专院校及技工学校毕业生、城镇就业困难人员和农村劳动力从事养老服务工作，逐步改善养老机构从业人员结构。建立养老服务从业人员工资待遇与专业技能等级、从业年限挂钩制度。扶持发展各类为老服务志愿组织。积极推行志愿者注册制度，动员、组织和引导企事业单位、社会团体、慈善组织和广大市民为有需求的老年人提供各种公益性服务。

（七）充分发挥老年协会作用。根据城乡社区老年人口规模、分布，按照便于管理、服务老人的原则广泛建设老年协会。引导支持老年协会开展为老服务和老年互助服务活动，为老年人提供家政、照料、护理、维权、信息咨询、心理疏导等服务，组织低龄老年人对高龄、空巢、失能老年人进行帮扶，解决实际困难。到 2020 年，全市社区（村）全部建立老年协会。

（八）扶持社会组织快速健康发展。加大政府购买服务力度，优先将养老服务纳入政府向社会力量购买服务目录，逐步扩大政府向养老服务社会组织购买生活照料、康复护理、精神慰藉、法律援助以及教育培训等服务范围。推动政府部门向社会组织转移职能，鼓励支持社会组织进入养老服务领域，引导社会组织参与社区养老服务和“公建民营”养老机构运营管理，扶持一批具有示范导向作用的养老服务社会组织。

（九）着力优化老年居住环境。严格按照无障碍设施工程建设相关标准和规范，积极推动和扶持相关公共设施和老年人家庭无障碍设施的改造。不断完善城市和社区公共服务功能，满足不同老年群体服务需求，不断提高老年人生活满意度和幸福指数。到 2020 年，每个街道至少建成 1 个老年宜居社区。

（十）大力发展养老服务产业。鼓励和引导相关企业和机构根据老年人特点，围绕适合老年人的衣、食、住、行、医、文化娱乐等需要，积极开发安全有效的康复辅具、食品药品、服装服饰等老年用品用具和服务产品；引导和规范商业银行、保险公司、证券公司等金融机构开发适合老年人的理财、信贷、保险等产品。鼓励发展养老服务中小企业，扶持发展龙头企业，实施品牌战略，提高创新能力。

## 三、扶持措施

（一）加大政府资金投入。市、县两级财政要安排专门资金用于引导、支持发展养老服务业，并随着财政收入的增加适度增长。福利彩票公益金要将 50% 以上的资金用于支持发展养老服务业，并随老年人口的增加逐步提高投入比例。

（二）加强公办养老福利机构经费保障。对重点为城市“三无”老人、农村“五保”老人、优抚对象、低收入老人、经济困难的失能半失能老人提供无偿或低收费的供养、护理服务的公办福利院、敬老院，各级政府财政要将其所需的工作人员人头经费、日常工作经费和设施维护经费列入同级财政预算，予以足额保障。

（三）落实基本养老服务补贴制度。对城乡 60 周岁以上低保对象中的完全失能老年人，其所在地区县市人民政府应按照每人每月不低于 300 元的标准为他们提供基本养老服务补贴。

（四）完善社会养老服务机构补贴制度。从 2015 年 7 月 1 日起，对市城市规划区内社会力量举办的养老服务机构，经民政部门验收达到国家运营标准的，自建新增床位每张给予 3000 元的资助，租用新增床位每张给予 1000 元的资助，连续补贴三年；每接收一名户籍在本行政区域内的 60 周岁以上人员，按照自理、半自理、完全不能自理分别给予养老服务机构每月 100 元、200 元、400 元的运营补贴；每接收安置一名城市“三无”老人、农村“五保”老人，按照全护理、半护理、自理分别给予养老服务机构每月 1000 元、600 元、200 元补贴，上述补贴资金由市、区财政按 1 : 1 的比例负担。对采取招拍挂方式取得地块的养老机构，地块收益财政对基础设施投入部分将给予适当补助。

（五）实施养老护理员特殊岗位补贴制度。对市辖区通过职业技能鉴定，取得国家养老护理资格初级、中级、高级、技师等级证书，并在市辖区养老机构从事养老护理岗位的从业人员，给予每人每月 100 元、150 元、200 元、250 元的养老护理员岗位补贴，所需资金由市区财政按 1 : 1 的比例负担。

（六）推行老年人意外伤害和养老机构责任保险补贴。各地政府应当为城市“三无”老人、农村“五保”老人、重点优抚对象、城乡低保老人、失独老人投保意外伤害保险提供资金支持，纳入地方财政预算。对社会力量举办的养老机构推行责任保险补贴。养老机构责任保险应当覆盖老年人从入住养老机构开始接受服务的全过程，所需保费支出由养老机构承担 30%、养老机构所在地县级财政补助 70%。

（七）建立社区居家养老服务运行补贴制度。经民政部门验收，对武陵区、鼎城区、常德经济技术开发区、柳叶湖旅游度假区建筑面积达到 200 平方米以上，具备“五室一场”（医疗室、活动室、图书室、休息室、配餐室、室内或者室外健身场所等），且服务规范化的社区居家养老服务中心每年给予一定的运行补贴，所需资金在每年给予社区的惠民专项资金中统筹解决。

（八）完善投融资政策。各级政府要积极搭建养老服务机构设施投融资平台，通过贷款贴息、直接融资补贴、融资担保等间接投入办法，使更多信贷资金、保险资金和社会资金投向养老服务业。鼓励金融机构加大对养老服务机构的信贷支持，拓宽信贷抵押担保物范围，优先安排贷款资金，并在国家允许的贷款利率浮动幅度内给予利率优惠，合理确定贷款期限。积极探索以商业保险机构为依托，政府、保险机构、医疗机构、地产企业等多方合作的综合养老产业建设模式。通过整合政府资源、市场资源、金融资源等，打造常德养老服务业的龙头企业。

（九）完善土地供应政策。各地要按照《国土资源部办公厅关于印发〈养老服务设施用地指导意见〉的通知》要求，做好养老服务设施用地供应工作。对依法采取划拨方式供地的，划拨价格由各地根据当地实际情况优惠确定。以招拍挂方式供地的，底价可以按不低于出让地块基准地价 70% 确定。民间资本举办的非营利性养老服务机构变更为营利性养老服务机构的，其养老服务设施用地报经市、县人民政府批准后，可以办理出让或租赁土地手续，补缴土地出让金或租金。由公共财政投入且闲置的房产等公共设施，经财政、国有资产管理部门批准可按政策规定改造为养老服务机构设施。

（十）落实税费优惠政策。各区县市要认真落实好国务院、省政府现行支持养老服务业发展的税收优惠政策。对非营利性养老机构建设免征涉及的行政事业性收费以及有关基金（包括新型墙体材料专项基金、散装水泥专项基金、价格调节基金等）；对营利性养老机构建设应减半征收上述费用和基金。养老机构建设涉及的暂不能免征的行政事业性收费和服务性收费，由当地政府财政购买。政府主办和特许经营的供水、供气、通信、有线（数字）电视等经营单位，应为非营利性养老服务机构提供优质服务和收费优惠，其中用水、用气（燃料）等与居民用户实行同质同价，用电按当地最优惠的价格执行，免收有线电视开户费、城区普通宽带一次性连接费；优惠收取采用光纤接入或者接入距离较远等成本较高的宽带一次性连接费，通信费、收视费按当地最优惠标准收取。

## 四、组织领导

各区县市要将发展养老服务业纳入国民经济和社会发展规划，纳入政府重要议事日程，将发展养老服务业的有关指标纳入政府绩效评估指标体系，确保责任到位，任务落实。民政部门要切实履行监督管理、行业规范、业务指导职责，推动公办养老机构改革发展。发改部门要将我市养老服务业发展纳入经济社会发展规划、专项规划和区域规划，支持养老服务设施建设。财政部门要在现有资金渠道内对养老服务业发展给予财力保障。老龄工作机构要发挥综合协调作用，加强督促指导工作。国土资源、人社、住建、规划、卫生、工商、税务、物价等部门要各司其职、密切配合，形成齐抓共管、整体推进的工作格局，促进养老服务业加快发展。

常德市人民政府<br>2015 年 2 月 11 日

# 常德市人民政府关于进一步推进户籍制度改革的实施意见

常政发〔2015〕10号

各区县市人民政府，常德经济技术开发区、柳叶湖旅游度假区、西湖管理区、西洞庭管理区管委会，市直和中央、省驻常有关单位：

为促进有能力在城镇稳定就业和生活的常住人口有序实现市民化，稳步推进城镇基本公共服务常住人口全覆盖，根据《湖南省人民政府关于进一步推进户籍制度改革的实施意见》（湘政发〔2015〕16号）精神，现就进一步推进我市户籍制度改革提出以下实施意见：

## 一、总体要求

（一）指导思想

深入贯彻落实党的十八大和十八届三中、四中全会精神，适应推进新型城镇化需要，进一步推进户籍制度改革，统筹推进新型工业化、信息化、新型城镇化和农业现代化同步发展，推动城市和小城镇协调发展、产业和城镇融合发展。统筹推进户籍制度改革和相关经济社会领域改革，合理引导农业人口有序向城镇转移，有序推进农业转移人口市民化。

（二）基本原则。积极稳妥、规范有序

立足基本市情，积极稳妥推进，合理引导农业转移人口落户城镇的预期和选择。因地制宜、能放尽放。综合考虑当地经济社会发展水平、城市综合承载能力和提供基本公共服务的能力，实施差别化落户政策。以人为本、尊重群众意愿。尊重城乡居民自主定居意愿，依法保障农业转移人口及其他常住人口合法权益，不得采取强迫做法办理落户。统筹配套、提供基本保障。统筹推进户籍制度改革和基本公共服务均等化，不断扩大教育、就业、医疗、文化、养老、住房保障等城镇基本公共服务覆盖面。

（三）改革目标

统一城乡户口登记制度，进一步调整户口迁移政策，大力实施居住证制度，建立健全实际居住人口登记制度，健全完善我市人口基础信息库。推进义务教育、就业服务、基本养老、基本医疗卫生、计划生育、公共文化、住房保障等城镇基本公共服务覆盖全部常住人口。到2020年，基本建立与全面建成小康社会相适应，依法保障公民权利，有效支撑社会管理和公共服务，以人为本、科学高效、规范有序的新型户籍制度。

## 二、建立城乡统一的户口登记制度

取消农业、非农业性质户口以及由此派生的自理口粮户口、蓝印户口等各种类型户口，统一登记为“居民户口”，体现户籍制度的人口登记管理功能。公安机关不再受理“农转非”、“非转农”等户口性质变更申请的业务，在换发居民户口簿、制作常住人口登记表和开具户口准迁证、户口迁移证等户口证件时，不再标注农业户口、非农业户口性质，不再依据户口性质统计农业人口与非农业人口，改为根据户口登记地的城乡地域属性划分统计城镇户籍人口和农村户籍人口。建立与统一城乡户口登记制度相适应的教育、就业、卫生计生、社保、住房、土地、人口统计等相关制度，完善现阶段区分城乡政策待遇适用对象的具体办法，逐步消除城乡待遇差别，确保相关政策制度平稳衔接过渡。

## 三、进一步调整放宽户口迁移政策

（一）全面放开建制镇和小城市落户限制

在县级市市区、县人民政府驻地镇和其他建制镇的城区有合法稳定住所（含租赁，下同）的人员，本人及其共同居住生活的配偶、未婚子女、父母等，可以在当地申请登记常住户口。

（二）有序放开市中心城区落户限制

在武陵区、柳叶湖旅游度假区、常德经开区和鼎城区玉霞街道、红云街道、郭家铺街道的城区合法稳定就业并有合法稳定住所，同时按照国家规定参加社会保险达到一定年限的人员，本人及其共同居住生活的配偶、未婚子女、父母等，可以在当地申请登记常住户口。

（三）提高专业技术人员等的城镇落户率

高校和职业院校毕业生、取得中（高）级专业技术资格的人员在城市合法稳定就业的、被评为县级以上劳动模范、见义勇为先进个人以及被评为优秀农民工的人员，本人及其共同居住生活的配偶、未婚子女、父母等，可以在当地城区申请登记常住户口。不断提高技术工人、留学回国人员、获荣誉称号人员、优秀农民工等常住人口的城镇落户率。

## 四、加强人口管理和服务

（一）妥善解决户口登记中的重点问题

加强出生登记工作，摸清无户口人员底数及主要原因，分类解决无户口人员落户问题，切实保障公民登记户口的合法权益。新生儿户口登记不受附加条件限制，公安机关对于不能提供生育证或社会抚养费征收票据等计生证明的未落户人员，应当依法为其办理户口登记，再按有关规定通报当地卫生计生部门。做好死亡人员户口注销工作，加强死亡医学证明等信息共享，全面排查应销未销户口人员信息，依法依规予以注销，确保人口信息数据准确。积极采取措施，重点解决进城时间长、就业能力强、可以适应城镇产业转型升级和市场竞争环境的人员落户问题。

（二）继续大力实施居住证制度

以居住证为载体，健全完善基本公共服务提供机制。积极创造条件，不断扩大向居住证持有人提供公共服务的范围，确定并公布具体服务内容。居住证持有人享有与当地户籍人口同等的劳动就业、基本公共教育、基本医疗卫生服务、计划生育服务、公共文化服务、证照办理服务等权利；逐步享有与当地户籍人口同等的中等职业教育资助、就业扶持、住房保障、养老服务、社会福利、社会救助等权利；结合随迁子女在当地连续就学年限等情况，享有随迁子女在当地参加中考和高考的资格。按照权责对等的原则，居住证持有人应当履行服兵役和参加民兵组织等国家和地方规定的公民义务。（三）健全完善人口信息管理制度。建立健全实际居住人口登记制度，全面开展实有人口、实有房屋基础信息采集，加强和完善人口统计调查，全面、准确掌握人口规模、人员结构、地区分布等情况。公安机关统筹加快全市统一的以公民身份号码为唯一标识的人口基础信息库建设，各有关部门分类完善劳动就业、教育、收入、社保、房产、信用、卫生计生、税务、婚姻、民族等信息系统，加速推进跨部门、跨地区信息整合、共享及应用工作，为制定国民经济和社会发展规划、人口发展战略和政策提供信息支持，为人口服务和管理提供支撑。同时，继续加强信息安全管理，确保信息数据安全。

## 五、保障农业转移人口及其他常住人口合法权益

（一）改革完善农村产权制度

加快推进农村土地确权、登记、颁证，依法保障农民的土地承包经营权、宅基地使用权。推进农村集体经济组织产权制度改革，积极探索农村集体经济组织成员资格认定办法和集体经济有效实现形式，保护成员的集体财产权和收益分配权。建立完善农村产权流转交易市场，推动农村产权流转交易公开、公正、规范运行。坚持依法、自愿、有偿的原则，引导农业转移人口有序流转土地承包经营权。探索开展在进城落户农民自愿、有保障的前提下有偿退出“三权”（土地承包经营权、宅基地使用权、集体收益分配权）试点。现阶段，不得以退出“三权”作为农民进城落户的条件。

（二）扩大基本公共服务覆盖面

保障农业转移人口及其他常住人口随迁子女平等享有受教育权利；将随迁子女义务教育纳入各级政府教育发展规划和财政保障范畴；贯彻落实好随迁子女在流入地接受中等职业教育免学费和普惠性学前教育的政策以及接受义务教育后参加各层次升学考试的实施办法。完善就业失业登记和就业创业管理制度，面向农业转移人口全面提供政府补贴职业技能培训服务，加大创业扶持力度，完善扶持创业的优惠政策，促进农村转移劳动力就业。将农业转移人口及其他常住人口纳入社区卫生和计划生育服务体系，提供基本医疗卫生服务。把进城落户农民完全纳入城镇社会保障体系，在农村参加的养老保险和医疗保险规范接入城镇社会保障体系，完善并落实医疗保险关系转移接续办法和异地就医结算办法，整合城乡居民基本医疗保险制度，加快实施统一的城乡医疗救助制度。加快实施统一的城乡居民基本养老保险制度，落实城镇职工基本养老保险关系转移接续政策。加快建立覆盖城乡的社会养老服务体系，促进基本养老服务均等化。完善以低保制度为核心的社会救助体系，推进城乡社会救助统筹发展。把进城落户农民中符合住房保障条件的完全纳入城镇住房保障体系，采取多种方式保障农业转移人口基本住房需求。

（三）加强基本公共服务财力保障

完善基本公共服务供给机制，合理划分各级政府基本公共服务供给事权和支出责任。完善市对市辖区财政转移支付制度，逐步建立财政转移支付同农业转移人口市民化挂钩机制。加大财力均衡力度，提高市、县政府提供基本公共服务的能力。

## 六、工作要求

（一）加强组织领导

户籍制度改革是一项基础性改革，事关人民群众切身利益，

事关新型城镇化发展。各级各有关部门要充分认识户籍制度改革的重大意义，进一步统一思想，加强领导，切实抓好户籍制度改革各项政策措施的贯彻落实。各地要建立由政府主要领导牵头，公安、发改、人社、财政、教育、民政、国土资源、住建、农业、林业、卫生计生、统计、法制等部门负责人为成员的联络协调机制及相应办事机构，统筹推进户籍制度改革工作。

（二）落实政策措施

各区县市人民政府要根据本实施意见要求，统筹考虑，因地制宜，抓紧制订出台本区县市总体安排和具体工作方案，并认真组织实施。市公安局、市发改委、市人社局、市财政局、市教育局、市民政局、市国土资源局、市住建局、市农委、市林业局、市卫计委、市统计局、市法制办等部门要按照职能分工，抓紧制订出台本部门贯彻落实本实施意见的具体措施及配套方案，落实经费，确保户籍制度改革取得实效。市公安局、市发改委、市人社局要会同有关部门对各地实施户籍制度改革工作加强跟踪评估、督查指导。市公安局及各地公安机关要依法加强户籍管理和居民身份证管理，做好户籍制度改革的基础工作。

（三）做好宣传引导

各地要深入宣传进一步推进户籍制度改革的重大意义，准确解读户籍制度改革主要内容及相关配套政策。大力宣传各地在解决农业转移人口及其他常住人口落户城镇、保障合法权益、提供基本公共服务等方面的好经验、好做法，密切关注并合理引导社会预期，回应群众关切，营造全社会支持、理解、参与户籍制度改革的良好氛围和社会环境。

# 常德市人民政府关于推进殡葬改革促进殡葬事业健康发展的意见

常政发〔2015〕9号

各区县市人民政府，常德经济技术开发区、柳叶湖旅游度假区、西湖管理区、西洞庭管理区管委会，市直有关单位：

为进一步提高殡葬管理和服务水平，树立文明节俭治丧新风尚，更好地满足人民群众殡葬服务需求，根据国家相关法律法规和政策规定，现就推进殡葬改革促进殡葬事业健康发展提出如下意见：

## 一、工作目标

（一）发展目标。通过推进殡葬改革，进一步加大整治力度，完善扶持政策，提高殡葬公共服务能力，加快建立完善殡葬管理监督和服务体系，确保强制火葬区火化、集中治丧、集中安葬率达到100%；惠民殡葬覆盖率达到100%；乱埋乱葬、二次装棺土葬、封建迷信等殡葬现象有效杜绝；实现殡葬改革有序化、设施现代化、管理规范化、服务标准化、习俗文明化，努力满足城乡居民文明治丧需求。

## 二、工作任务

（二）调整强制火葬区范围。各区县市人民政府要根据人口、耕地、交通等情况，以2004年划定的强制火葬区为基础，对强制火葬和允许土葬范围进行重新调整划分，并细化到村组，按程序报批后向社会公示。原则上将城镇规划区、重点旅游乡镇、工业园区、交通便利地区以及具备火化条件的平湖区划为强制火葬区，对人口稀少、交通不便、暂不具备火化条件的地方可暂时划为土葬区。

（三）规范殡葬祭活动。对强制火葬区范围内所有死亡的居民和在该区域范围内死亡的其他人员一律实行火化（国家规定允许土葬的少数民族除外）。县（市、区）城区丧事办理原则上一律在殡仪馆进行，乡镇及人口比较集中的行政村要设立集中办丧场所，推行集中治丧，禁止丧事大操大办，借机敛财。禁止在丧事中开展任何封建迷信活动，改革现行守灵模式，倡导遗体冷藏，推行以举行遗体告别仪式等文明方式节俭办丧事；遗体火化后应当在合法公墓按规定集中安葬，土葬区死亡人员应按规定在合法公墓安葬，推广平地深埋、不留坟头的安葬方式，逐步将农村散坟、规划点外的坟墓集中迁移到合法公墓。农村公益性公墓和其他骨灰安放设施只能供当地村民使用，严禁对外开展销售、租赁、招商、股份制合作等商业活动；创新祭祀礼仪，积极组织开展社区公祭、网络祭扫等现代追思活动，引导人民群众文明、低碳祭扫。

（四）加强殡葬设施建设管理。以符合城市规划和方便群众为原则，完善殡葬服务设施。2017年前，市城区和每个县（市）及西湖、西洞庭管理区至少要建成1个殡仪馆（含火化设施）和1处骨灰安放场所（公墓、骨灰堂、塔、廊）。所有殡仪馆建设要符合国家《殡仪馆建筑设计规范》（JGJ124-99）和民政部《殡仪馆等级标准》的有关要求，公墓建设要达到省年检合格标准。经营性公墓要开辟公益性墓区，用于解决低收入家庭人口死亡后的安葬问题。划定为强制火葬区的乡镇应根据人口数量、分布和地理环境等实际情况，以乡镇为单位或联村建设公益性骨灰安放场所（公墓、骨灰堂、塔、廊），人口集中、超过5000人的行政村也可独立建设。划定为土葬区的应以乡镇（或人数超过5000人的行政村）为单位，选择荒山瘠地建立公益性公墓，有规划有标准地进行集中安葬，禁止乱埋乱葬和超标准建造坟墓。

（五）加强殡葬执法。按照属地管理的原则，各级各部门应紧密配合，建立健全殡葬执法联动机制，打击非法殡葬服务，禁止不符合国家规定技术标准的车辆运送遗体。禁止在城区搭棚办丧、燃放烟花爆竹和在街道、广场、主次干道及其他公共场所抛撒、焚烧冥纸冥币。禁止违规土葬和二次装棺土葬。任何单位和个人不得非法侵占、转让、买卖土地修建墓地。严厉打击传销墓穴、哄抬墓价、从事殡葬流动经营等扰乱市场秩序行为。规范丧葬用品经营活动，不得无照经营、超范围经营，不得经营封建迷信用品。

（六）落实惠民殡葬政策。加快建立免除基本殡葬（遗体接运、冷藏、火化、骨灰存放）服务费用制度。从2016年起，具有本地户籍的城乡低保对象、城镇“三无”人员、农村五保对象、优抚对象以及土葬对象自愿火化的，一律免收基本殡葬服务费用；其他具有本地户籍的火葬对象，免收火化费（平板炉）；对自愿选择生态安葬（即采取江、河葬，花葬、树葬等不单独占地的安葬形式）的，给予1000元/人奖励。到2020年，具有本地户籍的所有火化对象，一律免收上述四项基本殡葬服务费用，实现惠民殡葬政策全覆盖，其经费由属地财政补贴。

（七）提升殡葬服务水平。建立和推行殡葬设施、用品标准化，实行遗体接运、消毒、保存、火化、骨灰安放等环节的标准化服务，提高基本殡葬服务专业化、规范化水平；建立殡葬服务信息化平台，逐步实行殡葬信息化管理；建立和完善各项规章制度，基本服务和选择性服务明确分开，明码标价公示，维护人民群众的知情权和监督权；加强殡葬业务培训，提升从业人员素质，健全殡葬职业技能鉴定工作体系；深入开展行风评议、争先创优和职业道德活动，不断提升殡葬服务水平。

## 三、工作措施

（八）加强组织领导。各级人民政府要高度重视殡葬事业发展，制定完善殡葬事业发展规划，将其纳入本地经济社会发展总体规划，加快建立符合时代发展、满足群众需求的殡葬服务体系，要建立健全政府负责、部门协作、社会参与的工作机制。各区县市要建立殡葬改革和管理工作部门联席会议制度，分管民政工作的负责人为召集人，由民政部门牵头，相关部门参与，定期研究殡葬工作，处理各种矛盾和问题。各乡镇（街道）、村（社区）要建立相应的工作机制，落实以主要负责人为第一责任人的属地管理主体责任。

（九）严格履行职责。各级各部门要各司其职，密切配合，深入推进殡葬改革工作。民政部门负责殡葬改革联席会议办公室的日常工作；宣传贯彻执行殡葬法规政策，协调推进殡葬改革，加强殡葬管理，监督殡葬服务；协同相关部门开展查处违规土葬、乱埋乱葬、违规建墓、超面积建墓、乱搭灵棚、制作销售封建迷信殡葬用品等行为。规划部门负责会同民政部门科学编制墓地及殡仪服务网点发展规划，并将其纳入城市总体规划和集镇、村庄的总体规划，查处不按规划建设行为。公安部门负责依法对办理丧事活动中妨碍公共秩序、危害公共安全、侵害他人合法权益及阻碍殡葬执法、寻衅滋事、殴打执法人员的违法行为进行查处；依法对无名无主、非正常死亡遗体进行法医鉴定，办理相关手续后及时通知殡仪馆。城管部门负责制止、查处违规搭棚治丧、抛撒冥币纸钱等影响市容、破坏环境卫生和扰民的行为。国土资源部门负责做好经营性公墓、城乡公益性骨灰安放设施和农村零散墓地用地规划、审批和管理，查处违法占用耕地建坟、违法转让殡葬用地行为。林业部门负责做好经营性公墓、城乡公益性骨灰安放设施和农村零散墓地使用林地的规范、审核、审批和管理，查处乱埋乱葬非法占用林地和破坏森林资源的行为。卫生部门负责规范住院死亡人员遗体处理程序，加强医院太平间管理，配合殡葬管理部门做好遗体管理和接运；对因患传染病死亡的人员，依照传染病防治规定对遗体处理后及时通知殡仪馆火化；指导殡仪服务单位做好殡仪车辆、设施设备及服务场所的消毒防疫工作。发展改革部门负责将殡葬事业发展规划列入当地经济社会发展总体规划；监督殡葬服务单位严格执行殡葬服务收费标准，对违反收费标准和乱收费行为进行处罚；会同有关部门完善鼓励殡葬改革的服务收费机制。工商部门要规范丧葬用品和殡仪服务市场；对虚假宣传和炒买炒卖墓穴、骨灰存放格位，销售超面积、豪华墓位，不凭死亡证明和火化证明预售等违规行为进行查处；查处无照经营和超范围经营丧葬用品、提供殡仪服务以及生产销售封建迷信丧葬用品行为。质监部门负责监督丧葬用品生产制造企业生产合格、环保的丧葬用品，查处假冒伪劣丧葬用品。环保部门负责加强对殡葬设施建设过程中的环境监管。人社部门要严格按照殡葬改革政策把关丧葬抚恤费用的审批发放。交通运输、交警部门负责依法查处从事殡仪服务车辆的交通违法行为。宣传工作等部门负责做好殡葬改革宣传引导工作，将殡葬工作纳入文明单位、文明社区（村、镇）考评内容，纳入农村精神文明建设工作内容。民族宗教事务部门负责协调管理少数民族依照殡葬法律法规办理丧事活动；规范寺庙、宗教人士的丧葬活动，严格按照殡葬法规开展追思、亡灵超度等哀悼活动。监察机关负责加强对有关职能部门履责情况的监督，对其不履行职责或不正确履行职责的行为进行问责，对国家工作人员违反殡葬管理法规、政策、制度的行为进行查处。工会、共青团、妇联等群团组织以及红白理事会、老年人协会等社会组织要充分发挥作用，广泛动员群众积极参与殡葬改革。各单位、乡镇（街道）、村（社区）要认真履责，做好辖区内殡葬事务管理工作，将殡葬工作纳入到网格化管理范围，明确信息员并建立信息报送制度，及时向有关部门反馈信息。

（十）加大财政投入。建立完善殡葬事业公共投入自然增长机制，加大殡葬设施建设资金投入力度，把惠民殡葬资金、殡葬工作经费、节地生态安葬和土葬区人员死亡后自愿火化的奖励补贴资金等纳入各级财政年度预算，确保殡葬改革工作深入推进。

（十一）加强考核考评。各级人民政府要将殡葬改革和殡葬事业发展纳入到年度目标管理和绩效考核范围，将殡葬工作履职尽责情况纳入到相关部门、乡镇（街道）、社区年度考核范围，对考核情况进行通报。

（十二）大力宣传引导。充分利用各种媒体和传播手段，深入宣传殡葬改革的法规政策，普及科学知识，倡导文明节俭、生态环保、移风易俗的殡葬新风尚。大力宣传殡葬改革的先进典型，努力营造推进殡葬改革的良好氛围，促进殡葬事业健康发展。

常德市人民政府

2015 年 9 月 28 日

# 常德市人民政府关于印发《常德市环境保护工作责任规定（试行）》的通知

常政发〔2015〕12号

各区县市人民政府，常德经济技术开发区、柳叶湖旅游度假区、西湖管理区、西洞庭管理区管委会，市直和中央、省驻常有关单位：

现将《常德市环境保护工作责任规定（试行）》印发给你们，请认真遵照执行。

常德市人民政府
2015年11月20日

## 常德市环境保护工作责任规定（试行）

### 第一章 总 则

第一条 为进一步强化环境保护责任，从经济社会发展的各个环节加强环境保护工作，根据《中华人民共和国环境保护法》、《湖南省环境保护条例》、《湖南省人民政府关于印发〈湖南省环境保护工作责任规定（试行）〉的通知》（湘政发〔2015〕6号）等有关法律法规和文件精神，结合我市实际，制定本规定。

第二条 全市各级人民政府、管理区管委会及有关部门、企事业单位、社会团体和公民依照相关法律法规履行环境保护职责，按照本规定抓好各项工作任务的落实。

第三条 环境保护工作坚持保护优先、预防为主、综合治理、公众参与、损害担责的指导思想，按照“属地管理、分级负责”和“谁决策、谁负责”、“谁监管，谁负责”、“谁污染、谁负责”的原则，建立责任体系及问责制度。

第四条 各级人民政府（管理区管委会）对本区域的环境保护工作及环境质量负全面责任，各区县市人民政府（管理区管委会）环境保护行政主管部门对本区域环境保护工作实施统一监督管理，其他有关部门在各自职责范围内履行环境保护相关职责。

企事业单位和其他生产经营者应依法履行环境保护的责任，对其造成的环境污染或生态损害等环境违法行为负责。

公民依法履行保护环境的责任和义务，同时享有环境保护的知情权、监督权、参与权。

第五条 环境保护工作坚持“一岗双责”制，各级人民政府（管理区管委会）及相关部门领导班子成员在抓好分管领域业务工作的同时，按有关要求落实环境保护措施。政府及有关部门的主要负责人是本区域、本部门职责范围内环境保护工作的第一责任人，对环境保护工作负全面领导责任；分管环境保护工作的负责人对环境保护工作负综合监管领导责任；其他相关负责人对分管业务工作范围内的环境保护工作负直接领导责任。企事业单位的法定代表人和其他生产经营者的负责人是本单位环境保护的第一责任人；其他相关人员对职责范围内环境保护工作负直接责任。

### 第二章 政府环境保护责任

第六条 县级以上人民政府对本行政区域内环境保护主要承担以下职责：

（一）对本行政区域环境质量负责，制定有利于环境保护的经济、技术政策，将环境保护工作纳入国民经济和社会发展规划，组织编制和批准本行政区域环境功能区划、水环境功能区划、环境保护规划，建立健全生态功能区和生态红线等环境保护制度。坚持科学民主决策，避免因决策失误和施政不当导致生态环境损害。切实采取措施，保持本行政区域环境质量稳定并逐步改善，推进生态文明建设，促进经济社会可持续发展。

（二）严格执行重点污染物排放总量控制制度，完成上级下达的总量减排任务。组织实施本行政区域内大气、水、土壤、噪声和核与辐射等环境污染防治，依法加强工业园区和其他环境敏感区环境污染防治，维护环境安全。

（三）组织所属相关部门加强环境保护执法监管，严格环境准入，严厉查处环境违法行为，依法取缔或关闭严重环境违法和不符合国家产业政策的企业。（四）适应经济社会发展和保护环境的需要，加大保护和改善环境质量、防治污染和其他公害的财政投入，推行有利于环境保护的财政、税收、价格、政府采购等政策。

（五）加强环境应急管理，编制突发环境事件应急预案并组织实施。建立健全环境污染公害的监测预警机制，做好突发环境事件的风险控制、应急准备、应急处置和事后恢复等工作。

（六）加强环境保护宣传教育，提高全民环境保护意识；依法公开环境信息，建立监督参与平台，引导公众参与环境保护；依法向同级人民代表大会报告环境保护工作和环境保护目标完成情况，并接受监督。

（七）建立健全环境保护目标责任体系，对保护环境作出重大贡献的单位和个人给予奖励；对工作不力、造成环境损害和发生突发环境事件的严格行政问责。

第七条　常德经济技术开发区、柳叶湖旅游度假区、西湖管理区、西洞庭管理区、桃花源旅游管理区管委会（管理机构）对辖区内的环境保护工作负总责。应督促指导本区域企事业单位和其他生产经营者落实环境保护措施，认真执行环境影响评价制度和“三同时”制度；加强隐患排查，发现环境违法问题及时处理；负责调处辖区范围内的环境污染纠纷和环境信访；负责落实市人民政府及上级有关部门下达的环保目标任务，并严格执行到位；负责辖区范围内的环境宣传教育及“生态乡镇”创建工作；组织辖区内各单位和居民开展农村环境综合整治，加强畜禽水产养殖及农业面源污染防治，抓好家庭生活垃圾、污水处理，加强农村饮用水源和耕地保护。

第八条　乡镇人民政府（街道办事处）应督促指导本行政区域企事业单位和其他生产经营者落实环境保护措施，加强隐患排查，发现环境违法问题及时向上级人民政府和有关部门报告；配合上级有关部门查处环境违法行为。组织本行政区域内各单位和居民开展农村环境综合整治，加强畜禽水产养殖及农业面源污染防治，抓好家庭生活垃圾、污水处理，加强农村饮用水源和耕地保护。

## 第三章　市人民政府职能部门环境保护工作责任

第九条　市环境保护部门工作责任：

（一）在市人民政府领导下，贯彻执行国家环境保护的方针、政策和法律、法规，建立健全本行政区域环境保护制度，对本级人民政府相关部门和区县市人民政府（管理区管委会）、企事业单位履行环境保护职责进行综合协调和统一监督管理。

（二）监督管理本行政区域环境保护管理制度的实施。结合本地实际，建立健全排污许可、环境影响评价、环保“三同时”、排污收费、总量控制、污染减排、企业环境行为监管等环境保护管理制度，并组织和监督实施。

（三）负责编制本行政区域环境功能区划、环境保护规划和计划，编制本行政区域重点区域、流域污染防治规划和饮用水水源地环境保护规划等专项规划，按程序报批后组织实施。参与编制主体功能区规划，配合相关部门实施。

（四）负责本行政区域生态环境保护工作。拟订生态保护规划，指导、协调、监督各种类型的自然保护区域的保护和环境管理。

（五）负责本行政区域环境保护行政执法监管。依法制定执法计划，开展执法检查，查处环境违法行为；监督其他负有环境保护职责的职能部门依法履行职责，依法对各类环境保护责任主体履行环境保护义务的情况进行监督。

（六）负责本行政区域环境监测管理工作。制定环境监测规划，规划建设环境监测网络，按照国家相关规范，统一规划环境质量监测站（点）的设置，组织实施环境质量监测和污染源监督性监测。

（七）负责本行政区域环境污染防治监督管理工作，加强对包括核与辐射、危险废物在内的各类污染源的监督管理。会同有关部门加强饮用水水源地环境保护、城乡环境综合整治等工作。

（八）负责编制环境应急预案报市人民政府批准后实施。在市人民政府领导下，会同有关部门依法调查处理本行政区域环境污染事故，协调处理污染纠纷。

（九）拟订本行政区域环境保护经济政策，提出环境保护领域固定资产投资规模和方向、财政性资金安排建议，报市人民政府批准后实施。组织指导排污权有偿使用和交易工作，建立健全企事业单位环境行为信用评价管理制度。

（十）会同有关部门采取措施，指导和推动本行政区域环境科技进步和环保产业发展，开展环境保护对外合作与交流。

（十一）组织、指导和协调本行政区域环境保护法制建设、环境保护宣传教育工作，推动社会公众和社会组织广泛参与环境保护。

（十二）负责本行政区域环境信息发布工作，编制并发布环境质量状况报告、重点污染源监督性监测报告，发布重大环境事件处置情况信息，依法公开环境信息，指导并监督重点污染企业自行监测和环境信息公开。

（十三）制定并组织实施本行政区域环境保护目标责任制。受市人民政府委托，将本行政区域环境保护重点工作任务分解落实到同级人民政府相关部门、下级人民政府、相关企业，并组织对工作目标完成情况进行监督、考核，并将结果报请同级人民政府实施奖惩。

第十条　其他负有环境保护职能部门工作责任

一、市监察部门工作责任：

（一）负责对各区县市人民政府、管理区管委会、环境保护行政主管部门、其他负有环境保护监督管理职责的部门及相关人员在环境保护工作中的执纪监督问责。

（二）参与和监督环境污染事件调查处理，负责环境问题行政责任的追究，对责任追究落实情况进行监督检查。

二、市发展改革部门工作责任：

（一）协调经济社会发展与资源节约、环境保护的重大问题，将生态文明建设和环境保护纳入国民经济和社会发展规划，拟订并组织实施本行政区域主体功能区规划，参与编制环境保护规划。

（二）对国家重特大项目目录内项目，在办理投资项目审批、核准、备案手续中，协同监管项目依法进行环境影响评价。

（三）组织拟订发展循环经济、能源资源节约和综合利用规划、政策并协调实施，综合协调节能环保产业和清洁生产促进有关工作，拟订应对气候变化规划、计划和政策措施，并协调实施。

（四）会同有关部门争取中央、省预算内资源节约和环境保护项目资金，拓宽环保筹融资渠道。

（五）负责资源环境价格改革，完善资源环境的价格形成机制，促进节能降耗和环境保护。

（六）负责监管能源行业环境保护规划计划、重大项目和产业政策的执行情况，监管能源行业节能减排和资源综合利用工作情况，督促输变电企业落实环境保护措施。

（七）监管供电企业严格执行可再生能源上网电价、差别电价等节能减排电价政策，依法对违规发电企业采取吊销发电上网许可证等措施。

三、市教育部门工作责任：

（一）组织指导各类学校将环境保护知识纳入教学内容，积极开展环境保护科普教育和志愿服务活动，培育学生的生态文明理念和环境保护意识。

（二）在突发环境事件和重污染天气状态下，可能危及师生安全时，配合有关部门按照应急预案采取应急保护措施，保障师生安全。

四、市科技部门工作责任：

（一）加强环境保护科学技术研究、开发和应用，提高环境保护科学技术水平。

（二）加强环保专项科研经费管理，保障科研经费用于环境保护研究。

五、市经济和信息化部门工作责任：

（一）拟订并组织实施工业能源节约和资源综合利用政策，参与拟订能源节约和资源综合利用规划；组织推进工业企业节能、资源综合利用和清洁生产。

（二）落实国家产业政策，负责制定和发布淘汰落后产能计划，协调配合各执法部门对落后产能依法实施监管。

（三）监督供电企业严格执行政府有关部门作出对淘汰、关停企业和环境违法企业的停、限电措施。

（四）承担工业企业的节能目标考核，参与编制和实施节能行动方案，参与编制全市生态建设规划，采取措施推进工业环境保护，指导工业企业节能示范工程和相关新产品、新技术、新设备、新材料的推广应用。

（五）研究提出由政府审批和核准投资的重大工业项目的能耗、水耗审核意见，指导、协调工业企业节能管理，组织实施工业企业节能监察工作。

（六）依照环境影响评价相关法律规定，办理工业建设项目审批、核准手续。

六、市农业部门工作责任：

（一）制定并实施全市农业生态建设规划，指导农业生物质产业发展和农业节能减排以及生态农业、循环农业的发展。

（二）制定并实施全市农业资源区划，指导农用地、渔业水域、草原、宜农湿地以及农业生物物种资源的保护和管理。

（三）加强耕地质量保护、监测和修复治理工作，加强农业野生植物、水生野生动物保护和渔业水域生态环境保护，牵头管理外来物种；负责农业面源污染防治，加强农业投入品监督管理，指导农民科学使用农药、化肥和农膜等生产资料、防止和减少农业生产资料形成的污染；会同和配合有关部门对农业生态环境污染事件进行调查、处理。

（四）指导和管理秸秆等农业废弃物综合利用，推进农业废弃物的减量化、资源化和无害化，组织开展畜禽水产养殖污染防治、病死动物无害化处理。组织实施畜禽养殖业及其他农业节能减排项目。负责农村环境综合整治。

七、市公安部门工作责任：

（一）依法查处涉嫌环境刑事犯罪案件和因环境违法需给予行政拘留处罚的治安管理案件。

（二）负责危险化学品和放射性物品公共安全管理。

（三）负责对交通噪声和社会生活噪声污染进行监督管理，依照有关法规规定，组织淘汰黄标车、老旧车辆，协助环境保护行政主管部门对机动车尾气污染进行监督管理。

（四）会同和配合有关部门妥善处置因交通事故、火灾、爆炸和泄漏等各类事故引发的突发环境事件。

八、市民政部门工作责任：

（一）依法加强对本行政区域环境保护社会团体登记管理。

（二）依法参与涉及环境公害事件的社会救助工作。

九、市司法行政部门工作责任：

（一）将环境保护法律法规纳入普法的重要内容，推进环境保护法律法规的全民教育。

（二）依法加强本行政区域律师事务所及律师、公证机构及公证员、基层法律工作服务者涉及环境保护的法律事务的规范管理。指导建立健全环境保护领域专业性、行业性人民调解组织，加强对环境保护纠纷的人民调解工作。加大因环境损害导致合法权益受到侵害的公民的法律援助工作力度。

十、市财政部门工作责任：

（一）依照国家、省规定和市人民政府关于加强环境保护的决策部署，根据全市经济社会发展和环境保护工作的实际需要，统筹做好环境保护工作经费的预算安排，保障环境执法、环境监测和环保科技支撑体系建设经费支出，加大城乡环境污染防治和生态文明建设的财政投入。

（二）协调实施有利于环境保护的财税政策和经济政策，支持和推进环保产业、绿色采购和企业旨在改善环境的转产、搬迁、关闭措施。

（三）会同相关部门组织实施生态补偿制度。

（四）依法加强排污费的征收和使用规范化管理，根据国家统一部署，推进排污税改革，加强对各部门涉及生态文明建设和环境保护专项经费的监督管理，确保专款专用，提高资金使用效益。

十一、市人力资源和社会保障部门工作责任：

（一）将市人民政府有关部门和各区县市人民政府（管理区管委会）履行环境保护职责的情况纳入绩效考评体系，加强考评，落实奖惩。

（二）会同纪检监察和环境保护行政主管部门，按照市人民政府确定的环境问题问责调查结论，对负有管理责任的领导干部和工作人员落实问责处理决定。

十二、市国土资源部门工作责任：

（一）建立健全全市自然资源产权制度和用途管理制度，编制土地利用总体规划和矿产资源总体规划，组织保护和合理利用土地资源、矿产资源等自然资源；配合做好土壤污染防治工作。

（二）依据环境影响评价法律法规，办理建设项目用地的供地手续。

（三）开展地质和生态环境保护工作，防治矿山地质灾害，负责国土开发和矿山生态环境恢复，依法取缔非法矿山开采和粘土烧砖等行为。

十三、市住房和城乡建设部门工作责任：

（一）加强城市园林、绿地和风景名胜区的建设与管理，加强对自然遗迹、人文遗迹、风景名胜区等环境要素的保护。

（二）依照环境影响评价法律规定，核发建设项目施工许可证，防范违法开工建设行为。

（三）组织实施城镇污水减排项目实施，推进城镇主要污染物减排。

（四）负责自来水水厂的建设与管理，保证出水水质安全。

（五）推进建筑节能和绿色建筑工作，负责建筑工地施工扬尘污染防治；配合做好建筑施工噪声污染防治工作。

十四、市交通运输部门工作责任：

（一）编制全市交通运输体系规划，推进绿色交通建设。

（二）依照环境影响评价法律规定，依法办理交通建设项目审批、核准、备案手续。

（三）组织实施港口、码头、船舶及交通干线污染治理，对职责范围内机动车船的环境污染实施监督管理。淘汰监管内“黄标车”，加强公路建设工程污染防治和管理。

（四）加强危险货物道路运输、水路运输的许可以及运输工具的安全管理，防止危险化学品污染环境；会同和协助相关部门处理公路、水路交通安全事故引发的环境污染事件。

十五、市水利部门工作责任：

（一）拟订全市水资源保护规划，划定水功能区划，建立健全最严格水资源管理制度，严格实行用水总量控制、用水效率控制和水功能区限制纳污。严格依法审批从水体取水和河湖（库）排污的设置。

（二）依照环境影响评价法律规定，办理水利建设项目审批、核准、备案手续。

（三）组织开展地下水保护和水土流失的预防及治理，预防和治理河道采砂过程中的生态破坏与环境污染。

（四）负责乡镇饮用水水源保护、水厂建设及农村饮用水水源安全；依法开展水功能区水质监测。

十六、市林业部门工作责任：

（一）拟订和实施全市林业生态建设规划，负责对林业（含国有林场、森林公园、植物园、林业系统自然保护区）及其生态建设的监督管理。

（二）负责造林绿化、森林资源保护、石漠化防治、湿地保护、陆生野生动植物资源的保护与利用等工作。

十七、市商务部门工作责任：

（一）坚持“环保优先”，严把招商引资环境保护准入关口；推进流通领域环节的资源节约和环境保护。

（二）负责报废汽车管理、再生资源回收工作和机动车燃油的供应管理，推动油品升级和油气回收工作。

十八、市文化体育广电新闻出版部门工作责任：

（一）协调媒体加强环境保护宣传，发布环境公益广告。

（二）指导和监督媒体加强对环境保护的监督管理。对环境违法行为进行曝光，在突发环境事件应急工作中，配合相关部门加强正面舆论引导，依法依规查处利用环境问题恶意炒作和新闻敲诈等违纪违法行为。

（三）加强生态文明和环境保护的文学艺术宣传，提高社会公众的环境保护意识。

（四）配合有关部门加强文化娱乐场所的环境管理，防治噪声、振动等污染环境。

十九、市卫生和计划生育部门工作责任：

（一）加强公共场所和饮用水的卫生安全监督管理，对自来水厂出厂水水质进行卫生监督监测。

（二）指导和监督医疗机构加强对医疗废物收集、运送、贮存、处置过程中的环境污染防治，配合支持环境保护行政主管部门监督查处医疗卫生机构环境违法行为。

（三）指导监督医疗卫生机构加强对应用辐射设施设备管理，做好突发环境事件和放射源的放射性污染事件应急工作；组织协调突发环境事件中的伤亡人员救治和相关疾病预防工作。

（四）根据国家环境与健康监测、调查和风险评估制度及研究结果，协助做好与环境污染有关疾病的预防和控制。

二十、市审计部门工作责任：

（一）加强对环境保护治理资金审计监督，开展专项资金审计，促进提高专项资金使用效益。

（二）把环境保护和自然资源资产管理使用纳入领导干部经济责任审计内容，配合市直有关部门做好对区县市人民政府（管理区管委会）及有关部门生态环境保护审计工作的绩效考评。

二十一、市规划部门工作责任：

（一）编制和控制城乡建设及城市发展空间布局规划时组织环境影响评价，在规划实施控制中同时保证环境保护规划依法实施。

（二）凡未依法经环保审批、不符合国家环保法律法规和标准的建设项目，不得发放规划选址意见书，不得核发建设项目规划许可证，防范违法开工建设行为。

二十二、市城市管理和行政执法部门工作责任：

（一）负责城市生活垃圾处理设施建设与管理。

（二）加强渣土运输管理，协助各区做好城区道路扬尘污染的防治工作。

二十三、市工商行政管理部门工作责任：

（一）按照环境影响评价法律法规，严格依法办理企业登记。

（二）依法取缔无证照经营行为，对因违反环保法律法规被吊销环境行政许可的企业，依法办理变更、撤销或吊销营业执照。

（三）及时采集企业环境信息，充实企业信用信息公示系统，按照有关规定向社会公示并作为工商监管的参考内容。

（四）依法加强对进入市场的野生动物或者其产品监管，防止污染环境。

二十四、市质量技术监督部门工作责任：

（一）加强工业产品生产许可证管理，严格执行国家有关环境保护的要求，依法采集企业环境管理信息，加强企业和产品列入名牌和政府质量奖申报管理工作。

（二）负责机动车安全环保检测机构的资质认定，配合环境保护行政主管部门做好对环保检测机构的监督管理工作。

（三）负责环境管理体系认证监督管理。

（四）负责环境监测设备、仪器、仪表等的计量检定工作和对危险化学品包装物、容器的产品质量实施监督。

二十五、市安全生产监督管理部门工作责任：

监督检查重大危险源监控、职责范围内的生产经营单位安全生产事故隐患排查治理工作，依法查处工矿商贸生产经营单位不具备安全生产条件的违法违规行为，防范因生产安全事故引发环境污染事件。

二十六、市统计部门工作责任：

（一）将环境保护有关统计指标纳入国民经济和社会发展统计指标体系，并定期公布。

（二）加强对生态文明建设和环境保护相关的经济社会发展数据统计，并定期公布。依照统计法律法规，查处弄虚作假行为。及时提供数据，支持有关部门开展环境保护绩效考核、减排统计核算、领导干部环境保护经济责任审计和环境问题（事件）问责调查。

二十七、市法制部门工作责任：

（一）综合协调加强环境保护政府规章建设，及时审查修改相关草案。

（二）对有关部门报送政府审议的规范性文件中涉及环境保护方面的内容进行合法性审查。

（三）加强对环境保护行政执法的监督检查，依法办理涉及环境保护方面的行政复议案件。

二十八、市政府国有资产监督管理部门工作责任：

（一）督促所监管企业强化环境保护责任，落实环境保护、污染治理的各项措施，将环境保护工作纳入企业负责人经营业绩考核，严格奖惩。

（二）指导督促所监管企业自觉接受环境执法检查，做好环境隐患排查和整改，加强环境应急管理。

二十九、市气象部门工作责任：

配合、协调环境保护行政主管部门加强重大灾害性天气的监测、预报、警报工作，及时发布天气预报、预警信息，及时提供重大突发环境事件的气象信息，拟订气象干预应对措施，加强大气污染监测、预警和应急管理工作。

三十、常德海关工作责任：

对入境固体废物、越境转移危险废物实施监督管理。

三十一、常德出入境检验检疫部门工作责任：

（一）在职责范围内负责进口固体废物的检验检疫监督管理工作。

（二）负责进出口物种检验检疫工作。

三十二、市食品药品监督管理部门工作责任：

（一）配合环境保护部门做好餐饮行业的环境监管工作。

（二）配合落实餐饮行业环境影响评价制度，配合督促安装高效油烟净化设施。

三十三、国网常德供电公司工作责任：

对未取得环境保护部门批准的建设项目不得供电；对因违法排污被政府或有关部门责令停产、关闭、吊销营业执照的企业或建设项目实施停电、限电。

三十四、市金融管理部门工作责任：

（一）完善企业征信系统的环境保护信息，加强授信管理；依照法律法规严格管控对存在环境违法行为的企业信贷。

（二）实施绿色信贷，支持企业污染治理和符合国家产业政策的技术改造。

第十一条　环境保护行政主管部门和其他负有环境保护职责的部门除按上述规定履行环境保护工作责任外，还应认真做好本级人民政府交办的其他环境保护工作，并承担相应责任。

各区县市人民政府（管理区管委会）根据国家有关法律法规和本规定，可结合当地机构设置和相关工作分工实际情况，对本级人民政府有关部门环境保护工作职责作出相应的规定。

## 第四章　企业事业单位和其他生产经营者环境保护责任

第十二条　企事业单位和其他生产经营者依法履行以下环境保护职责：

（一）严格按国家法律法规取得生产经营环境行政许可。

（二）履行和承担污染防治责任，建立健全环境保护制度，采用清洁生产技术和工艺；按照排污许可证规定的标准和总量排放污染物，依法缴纳排污税费；防止、减少环境污染和生态破坏，并对所造成的损害依法承担责任。

（三）自觉接受环境保护主管部门和其他负有环境保护监督管理职责的部门的依法监督检查和处理。

（四）按照环境保护法律法规，为掌握本单位的污染排放状况及其对周边环境质量的影响等情况，组织开展环境监测活动。重点排污单位应当按照规定安装使用监测设备，保证监测设备正常运行，保存原始监测记录。

（五）加强企业环境信息公开，依法如实向社会公开环境影响评价、环保设施建设、运行及污染物排放情况等环境信息，接受社会监督。

### 第五章　公民和其他社会机构的环境保护责任

第十三条　公民、法人和其他组织发现任何单位和个人有污染环境和破坏生态行为的，应当依法向环境保护主管部门或者其他负有环境保护监督管理职责的部门举报。

第十四条　公民应当增强环境保护意识，自觉履行环境保护义务，自觉采取低碳、节俭的绿色生活方式和消费方式，减少日常生活对环境造成的影响和损害，并对行为造成的影响和损害依法承担责任。

第十五条　法人和其他社团组织参与环境保护公益活动时，应依法获取环境信息和传播信息，依照法律法规对污染排放者和政府及其职能部门履职情况进行监督。

第十六条　环境监测机构应当使用符合国家标准的监测设备，遵守监测规范，并对监测数据的真实性和准确性负责；环境影响评价机构以及从事环境监测设备和防治污染设施维护、运营的机构，对其有关环境服务的合法性、真实性、公正性负责，依法承担责任。

### 第六章　附　则

第十七条　本规定自公布之日起实施。

常德市人民政府办公室 2015 年 11 月 25 日印发

# 常德市人民政府关于印发《2015年常德市人民政府工作要点》的通知

常政发〔2015〕1号

各区县市人民政府，常德经济技术开发区、柳叶湖旅游度假区、西湖管理区、西洞庭管理区管委会，市直有关单位：

现将《2015年常德市人民政府工作要点》印发给你们，请认真遵照执行。

常德市人民政府

2015年2月6日

## 2015年常德市人民政府工作要点

根据市六届人大四次会议通过的《政府工作报告》，制定本工作要点。

2015年政府工作的总体要求是：全面贯彻落实党的十八大、十八届三中、四中全会以及中央、省委、市委经济工作会议精神，坚持稳中求进工作总基调，坚持新常德新创业总要求，主动适应经济发展新常态，以全面建成小康社会为总揽，更加突出改革攻坚，更加突出依法治市，更加突出创新驱动，更加突出风险防控，深入打好民生升温、园区攻坚、城市提质三大战役，努力保持经济平稳健康发展、社会和谐稳定。

2015年全市经济社会发展的主要预期目标是：地区生产总值增长9.5%左右，规模工业增加值增长10%左右，固定资产投资增长20%左右，财政收入增长10%左右，城镇新增就业6万人以上，城镇居民和农民人均可支配收入增长10%左右，完成省里下达的节能减排约束性指标。

2015年政府工作的主要任务是：

### 一、推动十项具有带动性、支撑性、普惠性的重大建设

1、完成石长铁路增建二线及电气化改造，力争开通动车。（责任单位：市发改委、市铁路办）

2、全面开工建设安慈高速公路。（责任单位：市交通运输局、市高速公路建设协调领导小组）

3、完成桃花源机场4D级扩建并投入营运。（责任单位：常德桃花源机场分公司）

4、开工建设沅澧快速干线第一大道。（责任单位：市交通运输局、市公路局、鼎城区政府、临澧县政府）

5、全面建设芙蓉王现代新城暨烟厂易地技扩改项目。（责任单位：市烟改办、市经信委）

6、实现常德电厂一期工程投产发电。（责任单位：市发改委、常德经济技术开发区管委会）

7、全面开工建设以万达广场为标志的白马湖商务中心。（责任单位：市商务局、市政府办、市住建局、市旅游外侨局）

8、实现华侨城梦幻桃花岛水公园“6·1”盛大开园。（责任单位：市旅游外侨局、市经建投集团、柳叶湖旅游度假区管委会）

9、规划并启动建设柳叶湖现代服务业园区，完成湘雅常德医院主体工程。（责任单位：市规划局、市发改委、市经建投集团、柳叶湖旅游度假区管委会）

10、全面解决剩余136万人的饮水安全问题，在全省率先实现城乡居民饮水安全全覆盖。（责任单位：市城乡居民饮水安

全推进小组、市水利局、市住建局）

## 二、突出发展主线，全力以赴稳增长

11、打好园区攻坚战役，推动园区建设发展转型，使工业园区成为主导产业、配套服务、高端人才、孵化创新、生态环保的高端集成。（责任单位：市园区攻坚指挥部、市经信委、市科技局、市环保局）

12、大力建设标准化厂房，提高标准化厂房利用率，全年新建标准化厂房150万平方米，完成园区基础建设投入50亿元以上。（责任单位：市园区攻坚指挥部、市发改委、市经信委、各区县市政府、常德经济技术开发区管委会、西洞庭管理区管委会）

13、抓好园区体制机制创新，推动“一权两制一司”运行到位，增强园区发展活力。（责任单位：市园区攻坚指挥部、市经信委、各区县市政府、常德经济技术开发区管委会、西洞庭管理区管委会）

14、促进园区整合升级，积极推进以鼎城高新区为主体、以汉寿高新区、西洞庭生物科技园为拓展的国家级高新区创建；整合澧县、津市工业园区申报国家级经开区。（责任单位：市园区攻坚指挥部、市经信委、市发改委、市商务局、市科技局、鼎城区政府、汉寿县政府、澧县政府、津市市政府、西洞庭管理区管委会）

15、对园区发展的考核，要有新增规模企业数量、引进重大项目等量化指标。（责任单位：市园区攻坚指挥部、市经信委）

16、加快建设千亿工业走廊，争取中联现代农装等项目早日落户。（责任单位：市发改委、市经信委）

17、积极推进常德经开区二次创业、建设千亿园区，加快汉能光伏、武陵酒酱酒工业园等重大项目建设，全力以赴引进忠旺铝材、中国中车等战略投资者，全年技工贸总收入突破600亿元（责任单位：常德经济技术开发区管委会、市国资委、市商务局）；夯实千亿烟草产业基础（责任单位：市经信委）。

18、认真落实“三特”政策，建立“1115”工程企业优选机制，甄选补充一批潜力大、增长快、效益好的企业进行重点扶持。（责任单位：市经信委）

19、全年新增亿元企业20家以上、规模工业企业100家以上。（责任单位：市经信委）

20、着力推进烟草、装备制造等六大主导产业转型升级，延伸产业链条，全年完成技改投入440亿元，增长12%。大力发展电子信息、生物医药、新材料、新能源等战略性新兴产业，年内新兴产业产值增长20%以上。推动信息化和工业化深度融合，抓好信息化在企业研发设计、生产管理、市场营销各环节的应用。（责任单位：市经信委）

21、积极创建名品名牌，新增中国驰名商标2件以上。（责任单位：市工商局、市质监局、市经信委）

22、提升科技创新水平，强化企业在技术创新中的主体地位，建设一批国家和省级工程技术中心、重点实验室，抓好院士工作站、博士后工作站建设，让创新成为驱动发展的新引擎。继续实施博士创新创业行动，推进厅市合作、校企合作。组织一批重大科技专项，促进重点工艺、关键环节的技术突破。（责任单位：市科技局、市经信委）

23、年内新增高新技术企业10家以上，高新技术产品产值达到650亿元。（责任单位：市科技局、市经信委）

24、支持中小微企业发展，加强财税扶持，整合安排资金，用于支持中小微企业发展；扩大信贷支持，引导各类金融机构、创业投资、股权投资投向中小微企业。（责任单位：市经信委、市财政局、市政府办〈市金融办〉）

25、优化涉企服务，加快推进市县中小企业综合服务平台建设，帮助搭建电商平台，在政府网站免费发布企业产品和市场需求信息。（责任单位：市经信委、市电子政务办、市商务局）

26、减轻企业负担，落实国家降费清税政策，公布涉企行政事业性收费和经营服务性收费清单，严禁清单之外的所有收费。（责任单位：市政府办、市发改委、市经信委、市政务中心）

27、加快粮食、生猪、水产、蔬菜、林业五个“双百亿产业”发展，抓好柑橘、茶叶、油料、禽蛋等优势产业建设，积极发展高效特色农业产业。（责任单位：市农委、市粮食局、市林业局、市供销社、市畜牧兽医水产局）

28、完善农业标准体系，加大标准示范和推广力度，建设农业标准化示范市。（责任单位：市农委、市质监局）

29、紧跟全省两个“百千万”工程步伐，大力扶持专业大户、农民合作社、家庭农场和农业经营企业的发展，全面推进新型职业农民培训工程，走新型主体快速发展之路。（责任单位：市农委、市农机化局、市农村经营服务站、市农教办）

30、继续实施加工流通“双百双十工程”，大力发展农产品加工业和农业现代服务业，支持农业电子商务平台建设，走加工物流带动之路。（责任单位：市农委、市供销社、市电子政务办、市商务局、市畜牧兽医水产局）

31、积极推进土地承包经营权确权登记颁证工作，引导农村土地承包经营权规范有序流转，走适度规模经营之路。（责任单位：市农委、市农村经营服务站）

32、抓好“三品一标”认证工作，加大优质农产品品牌营销力度，走品牌带动之路。（责任单位：市农委、市工商局、市质监局）

33、注重农业技术创新，加大优质种苗、先进实用技术推广力度，发展农作物病虫害专业化防治和绿色防控，进一步提高农业机械化综合水平。（责任单位：市农委、市科技局、市农机化局）

34、落实强农惠农政策，严格农民负担监管（责任单位：市农委、市农村经营服务站）；积极推进农业保险（责任单位：市财政局、市农委）。

35、加强农业招商引资工作，鼓励引导工商资本、城市资本投入农业现代化。（责任单位：市农委、市商务局）

36、高度重视防汛抗旱工作。抓好森林防火、农产品质量安全和重大动植物疫病防控。（责任单位：市农委、市水利局、

市林业局、市畜牧兽医水产局）

37、全面推进国家农业科技园创建，加快西湖西洞庭国家现代农业示范区建设，支持每个区县市建设一个综合性现代农业示范区。按照“一乡一品、一村一业”的思路，抓好现代农业特色园区建设。（责任单位：市科技局、市农委、各区县市政府、西湖管理区管委会、西洞庭管理区管委会、市现代农业投资公司）

38、推进文化旅游深度融合，把文化旅游作为战略性新兴产业来培育。（责任单位：市旅游外侨局、市文体广新局）

39、打响世外桃源旅游品牌，塑造“亲亲常德”旅游形象，加快建设国内外知名的休闲度假旅游目的地。（责任单位：市旅游外侨局）

40、以华侨城梦幻桃花岛水公园开园为契机，办好常德旅游节。积极培育休闲游、度假游、体验游、乡村游等旅游业态，拓展旅游消费新热点。（责任单位：市旅游外侨局）

41、完成世外桃源古镇主体工程，加快抗战英雄城、城头山、东山峰、壶瓶山、桃林花海、花山湿地、西洞庭湖湿地等项目的策划和建设，支持柳叶湖国家级旅游度假区和桃花源国际文化旅游度假区品牌创建。（责任单位：市旅游外侨局、桃花源旅游管理区、桃源县政府、武陵区政府、澧县政府、石门县政府、柳叶湖旅游度假区管委会、汉寿县政府）

42、大力推行PPP融资模式，积极运用TOT、BOT等融资方式，扩大有效信贷投入，全年新增银行贷款120亿元以上、表外融资120亿元以上。（责任单位：市政府办〈市金融办〉、市发改委、人民银行常德中心支行、常德银监分局、市财政局）

43、构建新型地方金融体系，加快组建农村商业银行、村镇银行和小额贷款公司，加大引进各类金融机构力度，积极支持在常商业银行网点下沉。（责任单位：市政府办〈市金融办〉、人民银行常德中心支行、常德银监分局、省农村信用联社常德办事处）

44、鼓励金融产品创新，稳步推进土地承包经营权、农民住房财产权抵押贷款试点。加快企业上市步伐，实现益丰大药房在上交所上市。（责任单位：市政府办〈市金融办〉、市农委、人民银行常德中心支行、常德银监分局）

45、支持市城建投、市经建投等投融资公司做实做强，积极探索混合所有制改革在常德的具体运用。（责任单位：市国资委、市城建投集团、市经建投集团）

46、发展保险业，规范保险市场。更好发挥国有担保机构在支持中小微、“三农”等企业融资中的作用。（责任单位：市政府办〈市金融办〉、人民银行常德中心支行、常德银监分局、常德财鑫投资担保有限公司、市现代农业投资公司）

47、推进社会信用体系建设，优化金融生态环境，加强民间融资风险管控，严厉打击恶意逃废金融债权和非法集资行为，维护金融稳定。（责任单位：市发改委、人民银行常德中心支行、市政府办〈市金融办〉、市工商局、市公安局）

48、加快城市商圈、大型专业市场、城市综合体建设，高标准完成武陵阁步行城商圈改造，加快推进友阿商城、湘西北汽贸城、农产品大市场等项目。（责任单位：市商务局、武陵区政府）

49、完善市县两级物流网络，加快引进知名物流企业，鼓励本地物流企业做大做强。（责任单位：市商务局）

50、促进互联网经济和电子商务跨越发展，实施“百千企业电商起航”转型升级工程，促进线上线下加快融合，建设武陵移动互联网产业园，开辟电商大楼，搭建创业平台，扶持本地电商企业发展壮大。（责任单位：市经信委、市商务局、市电子政务办、市工商局、武陵区政府）

51、培育壮大影视传媒、动漫游戏、新闻出版、演艺娱乐等文化产业。大力发展养老服务业、家政服务业和健康产业等生活服务业，拓展信息通讯等新兴服务消费。（责任单位：市文体广新局、市民政局、市卫计委、市商务局）

52、稳定住房消费，促进房地产业健康发展。（责任单位：市住建局、市规划局、市房管局）

53、全年完成社会消费品零售总额918亿元，增长12%。（责任单位：市商务局）

54、年内启动建设市民服务中心、上市公司与投融资公司总部基地，规划建设金融街区。（责任单位：市政务中心、市规划局、市经建投集团、柳叶湖旅游度假区管委会）

55、坚持分类指导，落实促进县域经济发展的政策措施，市财政支持县域经济的力度只增不减。（责任单位：市发改委、市农委、市财政局）

56、推进扩权强县和扩权强镇，进一步下放管理权限，抓好石门县省直管县体制改革试点和陬市镇全国经济发达镇行政管理体制改革试点。（责任单位：市发改委、市住建局、市编办、石门县政府、桃源县政府）

57、鼓励发展县城经济、园区经济，壮大县域经济核心增长极。引导中心城镇发展特色产业，加快建设一批经济强镇。（责任单位：市发改委、市经信委、市住建局）

58、推进津市澧县全国中小城市综合改革试点工作，加快桃源全省特色县域经济重点县建设，支持有条件的县（市）积极申报特色经济重点县。（责任单位：市发改委、市住建局、市农委、桃源县政府）

59、提升市域干线交通网络，启动农村公路连通工程，实现县乡公路与国省干线公路有效连接。（责任单位：市交通运输局、市公路局）

60、积极帮助县（市）争取上级支持，完善县域经济发展量化考核评价机制。（责任单位：市发改委、市财政局、市人社局）

61、继续实施“六件实事”扶贫攻坚三年行动，全面完成首轮160个贫困村脱贫任务，实现12万名扶贫对象稳定脱贫。实施“雨露计划”和农村实用人才培养计划，全年培训贫困农民5000人次以上。创新和完善精准扶贫、对口扶贫、社会扶贫机制。做好移民后扶工作。（责任单位：市移民开发局〈市扶贫办〉、相关区县市政府）

62、真情重视基层建设，真情关心基层干部，保障好他们的正常待遇；加快公共服务向农村延伸，加大乡村运转经费保障力度，改善乡村工作生活条件；尊重基层和群众的首创精神，

大力培养一批优秀致富带头人，增强农村发展活力。（责任单位：市财政局、市农委）

## 三、打牢发展根基，聚精会神搞建设

63、全年安排重点工程项目500个，年度投资1000亿元。（责任单位：市发改委）

64、把握中央推进新型城镇化的要求，以人的城镇化为核心，加快打造泛湘西北现代化的区域中心城市，推进沅澧城镇群建设。（责任单位：市住建局）

65、坚持“多规合一”，完成中心城区160平方公里控制性详规，做好城市产城融合、特色塑造、历史文化延续、江南江北统筹、三大水系风光带连通规划。（责任单位：市规划局）

66、进一步完善中心城区路网体系，加快东片区、西片区道路建设，开工建设沅水四桥，做好沅江隧道建设前期工作，规划建设平战结合的地下停车场。（责任单位：市城市提质指挥部、市住建局、市交通运输局、市公路局、市规划局、市人防办）

67、抓好城镇雨污分流、穿紫河水系改造，完成棚户区改造3.6万户，抓好重点区域美化亮化工作。（责任单位：市城市提质指挥部、市住建局、市房管局）

68、加强智慧城市建设，进一步完善智慧城管、智能交通、数字防控运行体系。（责任单位：市智慧办、市电子政务办、市城管执法局、市公安局、市交警支队）

69、继续推进柳叶湖、白马湖、智慧谷、江南新城、德山城区等重点片区建设。（责任单位：市城市提质指挥部、市住建局、鼎城区政府、常德经济技术开发区管委会）

70、完善“一改四化”体制机制，切实推进重心下移，严格考核考评。（责任单位：市城管执法局、市住建局、市规划局）

71、继续实施中心城区交通秩序和市容环境卫生两项整治，加强渣土运输、户外广告等管理，巩固提升城市创建成果和城市品质。（责任单位：市城管执法局、市交警支队、市环卫处）

72、按照“一主一副四轴”发展框架，推进城乡统筹发展、市县互动发展。加快县（市）城区建设，完善市政基础设施和公共服务设施，推进县城“改镇设办”，增强要素集聚、产业集聚、人口集聚能力；提升小城镇发展水平，重视省际边界口子镇建设，推进产城融合，培育一批产业特色鲜明、基础设施完善、生活环境优美的现代新型城镇。全市城镇化率达到47%以上。（责任单位：市住建局、市民政局）

73、坚持交通先行，积极谋划、加快构建区域立体化交通枢纽，尽快打造泛湘西北交通枢纽城市，从根本上提升常德的区位优势。（责任单位：市发改委、市交通运输局）

74、加快黔张常铁路建设，启动常岳九、长益常、宜石常高铁前期工作。（责任单位：市发改委、市铁路办）

75、加快常安高速建设，启动和加快宜张高速、益常高速复线前期工作；加快沅水浦市至常德航道整治，完成德山港区千吨级码头一期主体工程，启动澧水千吨级航道建设。（责任单位：市交通运输局、市发改委、市高速公路建设协调领导小组）

76、加快石龟山、陆家渡等桥梁建设，改造农村危桥及渡改桥129处；加快国道319和207市城区改线等项目建设，新建改建国省干线公路180公里。（责任单位：市交通运输局、市公路局）

77、加强交通管理，保持公路治超高压态势，提高公路管养水平。（责任单位：市交通运输局、市公路局、市交警支队）

78、加快实施中央和省投资工程，完成266处蓄洪垸堤防加固、85座水库除险加固，以及大中型灌区更新改造、中小河流治理等建设任务。（责任单位：市水利局）

79、推进沅澧两水堤防安全工程，抓好常德经开区防洪圈、鼎城区善卷垸等一线大堤建设。继续开展小型农田水利建设五年行动，加快解决农业灌溉“最后一公里”问题。（责任单位：市水利局、市财政局）

80、实施农业综合开发和土地综合治理项目，建设高标准农田和改造中低产田15万亩。（责任单位：市农开办、市国土资源局、市农委）

81、推进能源建设，加快石门白沙渡水电站等项目建设（责任单位：石门县政府）；完善电网布局，启动实施酒泉至湖南特高压直流线路、常德北输变电工程、城乡中低压配电网等项目，继续实施农村电网改造（责任单位：国网常德供电公司）。完成“五县一市”天然气输配管道工程，开工建设常德至西洞庭天然气长输管网（责任单位：市住建局、湖南湘赣三峡燃气有限公司）；支持风力发电等项目开发（责任单位：市发改委）。

82、抓好示范引领，继续开展“百村示范、千村创建、村村整治”行动，重点推进100个美丽乡村示范村建设。（责任单位：市美丽乡村建设指挥部、市农委）

83、突出环境整治，积极开展旧村改造，完善农村垃圾处理、面源污染防治、水环境治理和畜禽集中养殖污染治理措施。（责任单位：市农委、市环保局、市住建局、市畜牧兽医水产局）

84、鼓励和引导农民积极建设美丽家园，广泛动员社会力量领建援建美丽乡村。继续开展“3+X”乡村治理模式试点。（责任单位：市美丽乡村建设指挥部、市农委、市民政局）

## 四、激发发展活力，积极稳妥抓改革

85、完成好中央和省里部署的各项改革任务（责任单位：市委改革办），重点推进十项自主改革：深化市、区行政管理体制改革，界定市、区政府职能，理顺市、区两级政府关系（责任单位：市编办、市发改委）；深化行政审批制度改革，进一步简政放权、扩权强县（责任单位：市编办、市发改委）；深入推进完美社区建设，创新城市基层社会治理（责任单位：市完美社区建设指挥部、市民政局）；深入推进美丽乡村建设，创新农村基层社会治理（责任单位：市美丽乡村建设指挥部、市农委、市民政局）；深度融入洞庭湖生态经济区建设，探索以生态文明建设引领经济社会发展的新路径、新机制（责任单位：市发改委、市环保局）；深化产权制度和要素市场改革，完善市场体系和招投标平台，建立统一、透明、规范的公共资源交易市场（责任单位：市政府办、市公共资源交易中心）；推进投融资体制改革，加快组建农村商业银行和村镇银行，防范债务风险（责任单位：市财政局、市政府办〈市金融办〉、人民银行常德中心支行、常德银监分局）；开展小城镇城管体制改革试点，选择10个小城镇赋予县城城市管理部分职能（责任单位：市住建局、市发改委、市编办）；统筹推进津澧融城，抓好国家中小城市综合改革试点（责任单位：市发改委、市住建局、市规划局、澧县政府、津市市政府）；推进津市城乡一体化试点（责任单位：市农委、津市市政府）。

86、探索实行负面清单管理模式，放宽非公有制企业进入领域，鼓励发展非公有资本控股的混合所有制企业。依法保障非公有制企业合法权益。鼓励全民创业，制定和落实优惠政策、扶持措施，营造浓厚的社会氛围和宽松的营商环境。（责任单位：市发改委、市经信委、市财政局）

87、深化对外合作，加强与长江经济带、洞庭湖生态经济区和泛湘西北城市群的对接融合，加强与国内外友好城市、港澳台地区的联系交流。（责任单位：市发改委、市商务局、市旅游外侨局）

88、打造开放平台，积极申报公路口岸、铁路口岸、航空口岸，建成常德经开区公共保税仓，做大做强盐关水运口岸。（责任单位：市商务局、市水利局、常德海关、常德出入境检验检疫局、常德经济技术开发区管委会）

89、扩大对外贸易，扶持出口企业开拓新兴市场、引进先进技术、境外上市融资，加快“走出去”步伐。（责任单位：市商务局、市政府办〈市金融办〉）

90、抓好产业承接，重点引进一批龙头企业和战略项目；实施“德商回乡”战略，办好德商恳谈会等活动；组织央企恳谈会，加强与央企的对接。把招商引资作为“一把手”工程，主要领导、主要精力、主要资源要投入到项目引进中去，重大项目务必盯紧看牢、落地见效。全年引进内外资总额600亿元以上，其中直接利用外资6.2亿美元以上。（责任单位：市商务局、市国资委、各区县市政府、常德经济技术开发区管委会、柳叶湖旅游度假区管委会、西湖管理区管委会、西洞庭管理区管委会、桃花源旅游管理区）

## 五、紧扣发展目的，尽心尽力惠民生

91、全面完成省为民办实事任务。（责任单位：市实事考核办、相关实事项目责任单位）

92、继续完善城乡饮水安全管理长效机制，切实加大水质检测和监测力度，提升城乡供水运行管理水平。（责任单位：市城乡居民饮水安全推进小组、市水利局、市住建局）

93、全面完成饮用水源地划定与报批工作，落实严格的饮用水源地保护措施。（责任单位：市环保局、市水利局）

94、努力提升政府公共就业服务能力，切实承担好就业培训、就业援助的责任（责任单位：市人社局）；突出抓好高校毕业生、城乡贫困家庭就业困难人员和退役军人等群体的就业帮扶（责任单位：市人社局、市教育局、市民政局）；加强就业观念引导，积极帮助高校毕业生转变就业观念，增强创业就业意识（责任单位：市教育局、市人社局）；积极开展中长期技能培训，提高就业困难群体稳定就业技能（责任单位：市人社局）。

95、高度重视人才工作，在重点产业、急需领域培养和引进更多的优秀人才，全市高技能人才增加5000人、达到7万人。（责任单位：市人社局、市人才办）

96、强化社保扩面主体责任，加大对“个私外”企业的扩面力度，年内五类社会保险新增参保12万人次以上。重视做好下岗失业人员、失地少地农民、灵活就业人员等群体的社会保障工作，积极帮助接续社会保险关系。（责任单位：市人社局、市财政局、市国土资源局）

97、做好养老保险制度改革工作。加快建立重特大疾病保障机制，进一步扩大单病种包干范围。（责任单位：市人社局、市卫计委）

98、提升城乡低保、农村五保、优抚对象等群体的救助水平，做好孤儿、重残智残、失独家庭等群体的救助工作。加快社会化养老服务体系建设，办好一批示范养老机构。重视和发展慈善事业。（责任单位：市民政局）

99、建设保障性安居工程5.4万户，全面实现廉租房与公租房并轨。（责任单位：市住建局、市房管局、市农委）

100、深入推进教育三年攻坚，继续实施农村薄弱学校改造和城区中小学校扩容提质工程，新建北师大附属学校，建设一批社区公办幼儿园和普惠性民办幼儿园。（责任单位：市教育卫生三年攻坚指挥部、市教育局）

101、进一步提升普通高中教育办学水平，抓好普职合理分流，提升职业教育质量，加快职教城建设。确保湖南幼师高专、常德技师学院搬进新区办学，积极申办常德财经职院，支持湖南文理学院申办硕士学位点。（责任单位：市教育局、市财政局、市城建投集团）

102、实施教育信息化工程。支持民办教育、特殊教育、老年教育发展。加强学校文化、师资力量、师德师风和平安校园建设。做好捐资助学工作。（责任单位：市教育局、市公安局、市安监局、市交警支队）

103、深入推进卫生三年攻坚，加快市县两级医疗服务中心建设，推进社区卫生计生服务中心新建和改扩建，加强基层医疗卫生人才培养和引进。完成县级公立医院综合改革。巩固完善基本药物制度，规范药品流通秩序。进一步提高新型农村合作医疗补助标准，稳定参合水平。（责任单位：市教育卫生三年攻坚指挥部、市卫计委、市发改委、市食药监管局）

104、做好疾病防控、妇幼保健、爱国卫生运动工作，加强医德医风建设。发展中医药事业，创建全国基层中医药工作先进市。（责任单位：市卫计委）

105、坚持计划生育基本国策，加强依法管理，深化优质服务。（责任单位：市卫计委）

106、加快完善文化基础设施，推进乡村文化广场建设，创建国家公共文化服务体系示范区。广泛开展群众文化活动，鼓

励和扶持文艺精品创作。推进文化惠民工程。重视文化遗产保护工作。（责任单位：市文体广新局）

107、加强文化市场监管和广电新闻出版管理。开展全民健身运动，提高竞技体育水平。（责任单位：市文体广新局）

108、按照“三年目标两年完成”的要求，确保今年硬件建设扫尾，社区公共服务用房全面达标，街道“一所一校四中心”、社区“一站一园一场五室”建设全面完成；充分运用信息化手段，促进服务机制改革，确保“3+N”社区治理模式全面推行，社区网格化管理全面落实。（责任单位：市完美社区建设指挥部、市民政局）

109、加强财税工作，抓好开源节流，开展政府购买服务，强化政府性债务风险防控。（责任单位：市财政局、市国资委、市审计局）110、坚持节约集约用地，做好征地拆迁安置工作，保障重大项目用地需求。（责任单位：市国土资源局）

111、加强知识产权保护和运用，推广普及科技知识。（责任单位：市科技局〈市知识产权局〉、市科协）

112、抓好住房公积金归集和资金管理，提高资金使用效益。（责任单位：市住房公积金管理中心）

113、发展老龄事业，做好老干部工作（责任单位：市民政局、市委老干部局）；完善残疾人保障服务体系，落实好扶残助残的各项政策（责任单位：市残联）；支持革命老区加快发展（责任单位：市民政局）。

114、加强新形势下国防动员、国防教育、人民防空和兵役工作，统筹抓好经济发展与国防后备力量建设，完善军民融合深度发展机制，深入推进“双带双促”和“双拥”共建活动，争创全国“双拥”模范城。（责任单位：市国动委、市人防办、市民政局、市人社局）

## 六、守住发展底线，千方百计保安全

115、大力开展各类平安创建行动，创新社会治理方式，健全立体化的社会治安防控体系，严密防范和依法惩治各类违法犯罪活动，强力推进禁毒工作社会化。（责任单位：市综治办、市公安局）

116、落实重大决策社会稳定风险评估机制，把维稳的关口前移，防止侵害群众利益的现象发生。大力推行阳光信访，坚持领导干部下访和部门联合接访，畅通信访渠道，落实信访积案化解工作责任，依法处理信访活动中的违法犯罪行为。（责任单位：市维稳办、市信访局、市公安局）

117、重视网络舆情监督，依法加强网络社会管理。（责任单位：市网宣办）

118、完成“六五”普法验收，加强人民调解、法律援助和社区矫正工作。（责任单位：市司法局）

119、严格落实安全生产责任制，持续深入开展打非治违、隐患排查和专项整治行动，坚决防止重特大安全事故发生。（责任单位：市安监局、市安委成员单位、各区县市政府、常德经济技术开发区管委会、柳叶湖旅游度假区管委会、西湖管理区管委会、西洞庭管理区管委会、桃花源旅游管理区）

120、抓好食品药品监管体制改革，夯实监管基层基础，强化重点品种和热点问题专项治理，创建一批食品药品安全示范单位。（责任单位：市食药监管局、市农委、市畜牧兽医水产局、市公安局、市卫计委、市商务局、常德出入境检验检疫局、邮政常德分公司、各区县市政府、常德经济技术开发区管委会、柳叶湖旅游度假区管委会、西湖管理区管委会、西洞庭管理区管委会、桃花源旅游管理区）

121、完善各类公共事件应急预案，建立建强应急救援力量，加强应急演练。（责任单位：市政府办）

122、实施蓝天碧水净土行动，推进大气污染防治，严格落实工业污染减排、淘汰落后产能、“煤改气”、机动车环保管理、渣土车辆运输监控、建筑工地扬尘监管等措施，确保空气质量稳定上升，市城区空气质量达标率力争达到90%以上。（责任单位:市环保局、市环卫处、市交警支队、市住建局、市经信委）

123、扎实推进水环境保护和水生态建设，在河流、湖泊、水库、公共水域全面禁止投肥养殖，在沿河、沿湖区域全面开展养殖污染治理行动，在农村“五小”水利建设中全面推行生态护坡，增强水体自我净化功能。（责任单位：市水利局、市环保局、市畜牧兽医水产局）

124、抓好生态文明示范区和全国土壤污染综合防治示范区建设，推进污染减排体系建设，启动工业企业排污权有偿使用和交易工作。（责任单位：市环保局）

125、加强森林、湿地生态修复，积极创建国家森林城市。（责任单位:市林业局） 126、科学编制“十三五”规划。（责任单位:市发改委）

## 七、加强政府自身建设

127、对重大决策事项，严格落实公众参与、专家论证、风险评估、合法性审查、集体讨论决定的程序，建立重大决策终身责任追究制度和责任倒查机制。关系群众切身利益的重大事项，在决策前都要实行公示听证。（责任单位：市政府办、市法制办、市监察局、市维稳办）

128、严格按照法定权限和程序行使权力、履行职责。全面落实行政执法责任制，健全行政裁量权基准制度，坚决纠正不作为、乱作为和执法不公、违规执法的问题。（责任单位：市法制办、市政府办）

129、严格办事服务程序，提高运用法治思维和法治方式深化改革、推动发展、化解矛盾、维护稳定的能力，形成办事依法、遇事找法、解决问题用法、化解矛盾靠法的良好法治氛围。（责任单位：市法制办）

130、全面完成新一轮政府职能转变和机构改革工作，进一步调整完善机构，理顺职能职责，改进管理方式，提高行政效能，建立健全行为规范、运转协调、公正透明、廉洁高效的行政管理体制。（责任单位：市编办）

131、规范行政审批管理，制定和公布“四张”清单，即市

场准入负面清单、政府权力清单、责任清单和各项政策清单。（责任单位：市发改委、市编办、市法制办、市政府办、市财政局）

132、提升政务中心、社区服务中心、社会求助服务中心、政府门户网站等平台建设水平，积极推行网上办事，全面落实全程代理、并联审批、超时默认等制度。（责任单位：市政府办、市政务中心、市民政局、市电子政务办）

133、强化政府执行力，确保市委作出的决策部署、市政府抓的各项工作、对群众的各项承诺，定一件办一件，办一件成一件。（责任单位：市政府办）

134、市政府领导和政府部门分别联系一家重点企业、一个重大项目、一个村或社区、一所学校或乡镇卫生院，深入开展调研，实施结对帮扶，帮助解决困难问题。（责任单位：市政府办）

135、认真清理和规范中介机构、行业协会，下大力治理“三乱”，严厉整治扰乱经济秩序的违法行为，严厉整治招投标中的暗箱操作、串标围标、层层转包等违法行为，严厉整治建设过程中的强行阻工、强揽工程、强买强卖等违法行为，营造公平竞争的市场环境、安宁和谐的建设环境、重商亲商的人文环境。（责任单位：市政府办、市监察局、市发改委）

136、加快推进政务公开，全面推行行政权力运行、财政资金、公共资源配置、公共服务和公共监管等各类信息公开，加强电子政务建设，方便群众办事和监督。（责任单位：市政府办、市政务中心、市财政局、市公共资源交易中心、市电子政务办）

137、严格遵守改进作风的各项规定，坚决反对铺张浪费和大手大脚，自觉抵制享乐主义和奢靡之风。今年，“三公”经费继续从严从紧、只减不增。（责任单位：市监察局、市财政局、市审计局）

138、严格落实党风廉政建设责任制，严格执行廉洁从政各项规定，严格查处各类违法违纪案件，以实际行动取信于民。（责任单位：市监察局）

上述工作责任分解中，凡市委、市政府成立了专门领导机构的，该领导机构为牵头责任单位；由几家单位共同完成的事项，排第一的单位为牵头责任单位，分管该单位的市级领导为第一责任人；所有综合性、共同性工作，各区县市政府，常德经济技术开发区、柳叶湖旅游度假区、西湖管理区、西洞庭管理区管委会，桃花源旅游管理区均为责任单位。

各责任单位都要根据工作要点制定贯彻落实方案，将相关工作细化、具体化，明确全年目标任务、工作要求和工作措施。牵头单位要履行好牵头抓总的职责，分解好相关工作任务。各单位制定的实施方案报分管的市级领导审核后，于2月底前报送市政府督查室，作为全年工作要点督查考核的依据。

# 常德市人民政府关于印发《常德市集体土地征收与房屋拆迁补偿安置办法》的通知

常政发〔2015〕2号

各区县市人民政府，常德经济技术开发区、柳叶湖旅游度假区、西湖管理区、西洞庭管理区管委会，市直和中央、省驻常有关单位：

《常德市集体土地征收与房屋拆迁补偿安置办法》已经市人民政府研究同意并报经省人民政府批准，现予公布，请认真遵照执行。

常德市人民政府

2015年1月1日

## 常德市集体土地征收与房屋拆迁补偿安置办法

### 第一章 总 则

第一条 为规范集体土地征收与房屋拆迁补偿安置工作，保障被征地农村集体经济组织、村（居）民和其他权利人的合法权益，根据《中华人民共和国土地管理法》、《中华人民共和国物权法》、《中华人民共和国土地管理法实施条例》和《湖南省实施〈中华人民共和国土地管理法〉办法》等法律法规规定，结合实际，制定本办法。

第二条 常德市行政区域内集体土地征收与房屋拆迁补偿安置工作适用本办法。

农村集体经济组织成员成建制转为城镇居民后，其原有剩余土地需要征收的，征地补偿与房屋拆迁补偿安置按照本办法执行。

非农业建设经批准使用国有农场、林场、牧场、渔场的土地，以及乡（镇）村公共设施、公益事业建设使用本集体经济组织以外的集体所有的土地，参照本办法规定的土地补偿费、安置补助费、青苗和地上附着物补偿费标准补偿。

国家、省对公路、铁路、水利、水电工程等重点基础设施建设项目涉及集体土地征收及其房屋拆迁补偿安置另有规定的，从其规定。

第三条 市人民政府统一领导全市的征地拆迁工作。

县级人民政府领导组织本区域内的征地拆迁工作。

常德经济技术开发区、柳叶湖旅游度假区、西湖管理区、西洞庭管理区、桃花源旅游管理区（筹）管委会负责本区域内征地拆迁的实施。

县市区人民政府（管委会）成立或指定的征地拆迁实施机构负责承办本辖区内集体土地征收与房屋拆迁补偿安置的具体事务性工作。

国土资源、发展改革、财政、物价、司法、公安、规划、住房城乡建设、房管、城管、审计、监察、人力资源社会保障、民政、税务、工商、农业、林业、畜牧水产、农村经营管理等部门依照各自的职责共同做好相关工作。

被征地乡镇人民政府（街道办事处）、被征地农村集体经济组织、村（居）民及其他权利人应当服从国家征地的需要，积极配合征地拆迁工作。

第四条 征收集体土地与房屋拆迁补偿安置工作遵循合法、公平、公正、公开的原则。

### 第二章 土地征收程序

第五条 拟征地范围确定后，征收土地方案报批前，市、县市区国土资源行政主管部门应将拟征地的用途、位置、补偿标准、安置途径等，在拟征地所在地的乡镇（街道）、村（社区）、组醒目位置发布《拟征收土地公告》，告知被征地的农村集体经济组织、村（居）民和其他权利人。

第六条　自《拟征收土地公告》发布之日起1年内，在拟征地范围内不得进行下列行为：

（一）新批宅基地和其他集体建设用地；

（二）审批或延续登记改变土地、房屋性质和用途；

（三）新建、改建、扩建房屋或其他建（构）筑物，办理土地流转；

（四）办理休闲农庄、畜牧水产养殖等手续；

（五）以拟征拆房屋为经营场所办理工商、税务或其他注册登记手续；

（六）办理户口迁入和分户（立户）、子女收养等涉及户籍、人口变动的手续，但因出生、婚嫁和军人转业退伍等确需办理户口迁入且符合户籍管理规定的除外；

（七）抢种抢栽花卉、苗木、中药材等；

（八）其他不当增加补偿费用的行为。

自行实施上述行为或者有关单位、个人违反前款规定擅自办理手续的，均不得作为补偿安置的依据。

第七条　《拟征收土地公告》发布后，国土资源行政主管部门应当及时组织对拟征收土地的权属、地类、用途、位置、面积、范围及村（居）民住宅、其他建（构）筑物等地上附着物和青苗进行现状调查，现状调查结果交由被征地农村集体经济组织、村民或者其他权利人签字确认。拒不签字确认的，征地拆迁实施机构可以采取照相等方式进行保全，或者申请公证，作为实施征地拆迁补偿安置的依据。

第八条　征收土地方案批准文件下达后，市、县市人民政府按规定在被征地所在地的乡镇（街道）、村（社区）、组醒目位置及媒体发布《征收土地公告》。《征收土地公告》包括下列内容：

（一）征地批准机关、批准文号、批准时间和批准用途；

（二）被征用土地的所有权人、位置、地类和面积；

（三）征地补偿标准；

（四）农业人员安置途径；

（五）办理征地补偿登记的期限、地点。

被征地农村集体经济组织、村（居）民或者其他权利人在《征收土地公告》规定的期限内持土地权属证书到公告指定的地点办理征地补偿登记，逾期未办理征地补偿登记的，国土资源行政主管部门可将征地调查结果作为征地补偿的依据。

第九条　《征收土地公告》发布后，市、县市国土资源行政主管部门根据经依法批准的征收土地方案，拟订《征地补偿安置方案公告》，并按规定在被征地所在地的乡镇（街道）、村（社区）、组醒目位置及媒体发布。《征地补偿安置方案公告》包括下列内容：

（一）被征地位置、地类、面积，地上附着物和青苗的种类、数量，需要安置的农业人口的数量；

（二）征地补偿费的标准、数额、支付对象和支付方式；

（三）村民住宅及其他地上附着物和青苗的补偿标准和支付方式；

（四）农业人员的安置途径；

（五）其他有关征地补偿安置的具体措施；

（六）申请听证的途径和方式。

第十条　被征地农村集体经济组织、村（居）民或者其他权利人对征地补偿安置方案有不同意见的或者要求举行听证会的，在《征地补偿安置方案公告》发布之日起10个工作日内向市、县市国土资源行政主管部门提出。对申请听证的，国土资源行政主管部门应当依法组织听证。

确需修改征地补偿安置方案的，依照有关法律、法规和批准的征收土地方案进行修改。

征地补偿安置方案经市、县市人民政府批准后，由有关市、县市人民政府土地行政主管部门组织实施。

第十一条　征收土地方案公告并支付征地补偿费后，被征地者拒不腾地的，由市、县市国土资源行政主管部门责令限期交出土地；逾期不执行的，申请人民法院强制执行。

## 第三章　土地征收补偿

第十二条　征地补偿按照湖南省人民政府和常德市人民政府公布的标准执行。

征地补偿费应支付给享有被征收土地所有权的农村集体经济组织，其中10%的被征土地的征地补偿费用于被征地农民社会保障，划入被征地农民社会保障财政专户。

征地补偿费由被征地所在农村集体经济组织按相关规定管理、使用和分配。

第十三条　被征收集体土地上青苗、附属设施实行包干补偿，具体补偿标准见附件1；花卉苗木实行搬迁补偿，具体补偿标准见附件2；水产养殖的场所设施设备实行包干补偿，具体补偿标准见附件3；动物养殖实行转运补偿，具体补偿标准见附件4。

第十四条　被征收集体土地范围内的坟墓迁移费用按征地面积统筹包干，其中常德市城市规划区补偿标准为1800元/亩，其他区域补偿标准为1200元/亩。统筹费用由征地拆迁实施机构单独核算，专项用于坟墓迁移，使用情况应定期公布。具体坟墓迁移工作由村（居）民委员会实施。具体实施了坟墓迁移工作的村（居）民委员会，可从统筹费用中提取迁坟协调经费，协调经费不得高于统筹经费的5%。

第十五条　拟征收土地公告发布之日起，除正常的生产生活外，其他栽种、建设和装修地上附着物、扩大养殖范围和增加设施、追加放养各种养殖物等，都属于抢搭建、抢装修、抢种养行为，征收土地时不予补偿。

## 第四章　房屋拆迁补偿

第十六条　征收集体土地房屋拆迁补偿以集体土地使用证或其他有关合法有效证明材料为依据。

第十七条　被拆迁房屋合法建筑按照本办法规定的房屋拆迁补偿标准补偿，具体补偿标准见附件5。

被拆迁住宅房屋内外装修装饰、附属设施等按房屋结构类别、建筑面积实行包干补偿，具体补偿标准见附件6；非住宅房屋拆迁补偿及室内外装修装饰附属设施实行包干补偿，具体补偿标准见附件7。

被拆迁房屋超深基础部分补偿费用按砖混及以上结构房屋面积30元/平方米的标准列入预算，由征地拆迁实施机构统筹使用，据实补偿。

第十八条　拆迁未到期限的临时建（构）筑物，给予相应补偿。

第十九条　下列被拆迁房屋及其他建（构）筑物不予补偿：

（一）违法违章房屋及其他建（构）筑物；

（二）超过批准期限的临时建（构）筑物；

（三）在拟征收土地公告发布后抢修抢建的房屋及其他建（构）筑物。

## 第五章　房屋拆迁安置

第二十条　征地房屋拆迁安置以当地县级以上人民政府关于集体土地上建设住宅房屋的有关规定为依据，由国土资源行政主管部门具体负责对被拆迁人进行住房安置资格审查、审定，并予以公示。

第二十一条　住房安置包括重建安置、公寓式安置和货币安置三种方式。

重建安置是指具备住房安置资格的被拆迁人在经过依法批准的宅基地上集中联建或分散自建的安置方式。

公寓式安置是指具备住房安置资格的被拆迁人房屋拆迁后，入住公寓安置房的安置方式。

货币安置是指具备住房安置资格的被拆迁人领取房屋拆迁补偿费后，不要求重建安置或公寓式安置，而选择住房货币补贴的安置方式。

第二十二条　对具备住房安置资格的被拆迁人，按其合法住房面积（不包含偏房、杂屋、棚屋）计算住房安置补助费。合法住房面积小于市、县市区人民政府规定的住房安置面积的，按市、县市区人民政府规定的住房安置面积计算住房安置补助费。

住房安置补助费按200元/㎡标准计算。

选择公寓式安置的，住房安置面积内的住房安置补助费不支付给被拆迁人，统筹用于公寓楼安置房建设；住房安置面积外的住房安置补助费全额支付给被拆迁人。

选择分散自建方式重建安置的，住房安置补助费全额支付给被拆迁人。每户住房安置补助费少于48000元的，按48000元的标准支付。

选择集中联建方式重建安置的，重建基地基础建设费按被拆迁人应享受的住房安置面积以200元/㎡标准计算，与住房安置面积内的安置补助费一并全额支付给征地拆迁安置实施单位，统筹用于重建基地基础设施建设；住房安置面积外的住房安置补助费全额支付给被拆迁人。

选择货币安置的，住房安置补助费全额支付给被拆迁人。

第二十三条　具备住房安置资格的被拆迁人选择货币安置的，按3万元/户的标准给予节约用地奖励。

第二十四条　常德市江北城市规划区范围内实行公寓式安置或货币安置，一般不采取重建安置。

选择公寓式安置的，按照市人民政府公寓楼安置的相关政策执行。

选择货币安置的，按被拆迁人应享受的安置面积，以2800元/㎡（含节约用地奖励）的标准给予住房货币安置补贴。

选择部分公寓式安置的，被拆迁人应享受的安置面积与实际选择的公寓楼面积之差，以2800元/㎡（含节约用地奖励）的标准给予住房货币安置补贴。

符合安置条件的对象，只享受一次安置。

第二十五条　具体安置实施办法由市、县市区人民政府另行制定。

## 第六章　其他补偿及补贴

第二十六条　拆迁企业用房，造成企业停产停业的，按核定的实际在岗人数乘以统计部门公布的全市上年度在岗职工月平均工资标准的80%，计算月工资总额，给予6个月的双停补助。

第二十七条　拆迁经规划、国土资源等行政主管部门依法批准修建或改造的住宅房屋，对利用其住宅房屋做营业门面或家庭作坊，持有有效营业执照并在拟征收土地公告发布时正在经营的，给予房屋所有权人自营损失补偿。对利用其住宅房屋出租，有房屋出租备案手续等相关证明材料并在拟征收土地公告发布时正在出租的，根据其实际出租面积给予房屋出租经营损失补偿。具体补偿标准见附件8。

第二十八条　拆迁住宅房屋应支付被拆迁人搬家费和过渡费。

重建安置或公寓式安置的被拆迁户，计算两次搬家费；货币安置的被拆迁户，只计算一次搬家费。重建安置的按6个月计算过渡费；公寓式安置的按被拆迁人交出被拆迁房屋之日起至安置部门通知被拆迁人选房之日止，再增加4个月的过渡费；货币安置的按3个月计算过渡费。具体补偿标准见附件9。

第二十九条　拆迁非住宅房屋的搬家费和过渡费按被拆迁房屋面积一次性计发搬家费和过渡费。具体补偿标准见附件9。

第三十条　在规定时间内交房腾地的，给予交房腾地奖。交房腾地奖按每户3万元的标准列入资金预算，由征地拆迁实施机构按交房腾地时间划分不同等次实施。

第三十一条　征地拆迁中应按征收土地面积和拆迁住宅房屋工作量分别计算误工补助费，具体补助标准见附件10。非住宅房屋拆迁的误工补助费，参照拆迁住宅房屋的误工补助标准执行。

## 第七章　监督与管理

第三十二条　征地拆迁安置资金预算实行资金预算评审。

政府投资项目征地拆迁安置资金预算由财政投资评审机构进行资金预算评审；非政府投资项目征地拆迁安置资金预算由市、县市区人民政府征地拆迁管理机构审查。

第三十三条　集体土地征收和房屋拆迁补偿安置资金必须在征拆工作实施前拨付到征地拆迁实施机构，实行专户储存、专款专用，补偿资金应在征地补偿安置方案经依法批准后 3 个月内全额支付到位。

第三十四条　从事和参与征地拆迁的单位和个人必须严格执行现行征地拆迁补偿政策，保持政策标准的严肃性和统一性。常德市人民政府国土资源行政主管部门应对征地拆迁补偿安置政策、征地拆迁信息公开等落实情况进行监督检查。

第三十五条　征地拆迁补偿安置政策、补偿标准和具体项目的征地拆迁补偿安置费用应按规定及时公开。

第三十六条　征地拆迁不可预计费按征地拆迁补偿费总额的 3%–5% 列入资金预算，专项用于征地拆迁补偿安置相关不可预计项目的补偿支出。

征地拆迁安置补偿工作经费按征地拆迁补偿费总额的 3%–5% 列入资金预算，专项用于征地拆迁安置补偿工作支出。

第三十七条　对支持配合房屋拆迁补偿安置工作的乡镇人民政府（街道办事处）和村集体经济组织给予奖励，按房屋拆迁补偿安置总额的 1%–2% 列入资金预算。

在规定的时间内完成拆迁倒房任务的，对征地拆迁一线工作人员给予奖励。具体标准由市、县市区人民政府和管理区管委会确定，奖励资金从征地拆迁补偿安置工作经费中计提。

第三十八条　被征地农村集体经济组织和个人采取弄虚作假，伪造、涂改土地权属、房屋、人口等证明材料，骗取征地拆迁安置补偿或补助的，应当依法追回违法所得，并由相关行政机关依法予以处罚；构成犯罪的，依法追究刑事责任。

第三十九条　单位和个人拒不履行职责，有下列情形之一的，依法追究相关人员责任；构成犯罪的，依法追究刑事责任：

（一）违反国家和省、市征地拆迁政策，擅自提高或降低征拆补偿标准，损害国家、集体利益或被征地拆迁人合法权益的；

（二）在征拆工作中违规操作，与被征地拆迁人恶意串通、弄虚作假，损害国家、集体利益的；

（三）其他扰乱征地拆迁秩序、酿成严重后果或重大责任事故的。

## 第八章　附　则

第四十条　本办法自公布之日起施行。常德市其他有关集体土地征收与房屋拆迁补偿安置的规定与本办法相抵触的，自行废止。

本标准施行前，市、县市人民政府已公告征地补偿、安置方案的，可以继续按照公告确定的标准执行。在本标准实施前已办理征地审批手续，但市、县市人民政府未公告征地补偿、安置方案的，按照本标准执行。

附件：

1. 青苗、地上附属设施包干补偿标准
2. 花卉苗木搬迁补偿标准
3. 水产养殖场所设施设备包干补偿标准
4. 动物养殖转运补偿标准
5. 征地房屋拆迁补偿标准
6. 住宅房屋装修装饰及附属设施包干补偿标准
7. 非住宅房屋拆迁补偿及室内外装修装饰附属设施包干补偿标准
8. 住宅房屋拆迁的经营损失补偿标准
9. 征地房屋拆迁的其他补助标准
10. 误工补助费标准

# 2015年度省以上主要媒体对常德重点报道篇目表

| 媒 体 | 标 题 | 作 者 | 字 数（时长） | 日 期 | 版 面 |
|---|---|---|---|---|---|
| 《人民日报》 | 穿越时空的“廖厂长” | 周立耘 | 1360 | 2月13日 | 6版要闻 |
| 《人民日报》 | 寻找“廖厂长”，让理想相遇生活 | 刘天亮 | 1634 | 2月13日 | 5版 |
| 《人民日报》 | 完美社区，近邻不再若天涯 | 陈 娟 侯琳良 | 707 | 3月9日 | 两会特刊 |
| 《人民日报（海外版）》 | “我爱中国文化” | 徐虹雨 李 欣 | 1180 | 4月6日 | 5版 |
| 《人民日报》 | 湖南安乡县安康乡向阳村探索垃圾资源回收——户户交垃圾家家搞兑付 | | | 4月21日 | 20版 |
| 《人民日报》 | 结对帮扶困难群众7000多户 | 王明义等 | | 4月3日 | 15版 |
| 《人民日报》 | 道德模范评选公示（田工） | | | 6月24日 | 6版 |
| 《人民日报》 | 聚焦农业污染：美丽乡村建设面临的环境问题 | | | 4月28日 | 20版 |
| 《人民日报（海外版）》 | “自然迷宫”——壶瓶山 | | | 8月1日 | 7版 |
| 《人民日报（海外版）》 | 马来西亚《星洲日报》的常德情 | 徐虹雨 李 欣 | 1104 | 9月18日 | 13版 |
| 《人民日报（海外版）》 | 如歌似画绘常德 | 刘焕溪 李青霞 庹依依 | 1280 | 9月19日 | 7版 |
| 《人民日报》 | 活动场所岂能无活动 | 陈跃春 | | 8月31日 | 1版 |
| 《人民日报》 | 湖南常德建设“完美社区”创新基本治理 | | | 1197期内参 | |
| 《人民日报》 | 游子深深故乡情 | 张紫清 | 1205 | 11月16日 | 24版 |
| 《人民日报（海外版）》 | 七十二年后抗日英烈“魂归” | 徐虹雨 李 鹏 | | 12月14日 | 7版 |

续上表

| 媒　体 | 标　　题 | 作　者 | 字　数（时长） | 日　期 | 版　面 |
|---|---|---|---|---|---|
| 《人民日报》 | 北溪河深处 | 张天夫 | 1849 | 12月26日 | 12版 |
| 《光明日报》 | 一壶美酒话常德 | 解黎晴 | 1439 | 1月9日 | 16版 |
| | 颁不出去的“见义勇为”奖 | 唐湘岳　徐虹雨<br>李　欣 | 2127 | 2月14日 | 2版 |
| | 当见义勇为成为习惯 | 唐湘岳　徐虹雨<br>李　欣 | 356 | 2月14日 | 2版 |
| | 谁是“廖厂长” | 龙　军 | 2060 | 2月13日 | |
| | 为理想留个座 | 评论员 | 463 | 2月13日 | |
| | 写春联 | 王　平 | | 2月19日 | 2版要闻 |
| | 湖南作家刘绍英代表：正能量文字点燃精神光芒 | 唐湘岳　徐虹雨 | 700 | 3月4日 | 8版 |
| | 借“水情路况”破题发展 | 龙　军 | 823 | 3月10日 | 8版 |
| | 壶瓶山电骡子（图文） | | | 3月6日 | 8版 |
| | 寻觅桃花源 | 唐湘岳　徐虹雨<br>李　欣 | 3556 | 3月18日 | 5版 |
| | “拼的是才学，而不是出身” | 唐湘岳　徐虹雨<br>李　欣 | 1125 | 3月25日 | 1版 |
| 《光明日报》 | 壶瓶山电力工人的图片 | | | | |
| | 呼唤公平的准入门槛 | 唐湘岳　徐虹雨<br>张金平　李　欣 | 1186 | 3月27日 | 6版 |
| | 油菜花在雨中倾诉 | 唐湘岳　徐虹雨 | 1819 | 4月5日 | 4版 |
| | 余家牌坊的前世今生 | 唐湘岳　徐虹雨<br>王鸿波 | | 5月14日 | 5版 |
| | 赵一兵：以百姓心为心 | 唐湘岳　徐虹雨<br>王鸿波 | | 6月16日 | 头版头条 |
| | “布鞋行长”之歌 | 唐湘岳　徐虹雨<br>王鸿波 | 8000 | 6月16日 | 5版专版 |
| | “布鞋行长”之歌后续一：美在对人民服务的坚守 | 唐湘岳　徐虹雨<br>杨东波 | | 6月18日 | 8版 |
| | 常德：龙舟竞渡祭屈原 | 龙　军　禹爱华 | | 6月21日 | 头版 |
| | 道德模范评选公示（田工） | | | 6月24日 | 10版 |
| | “布鞋行长”激发文艺工作者创作灵感 | 唐湘岳　徐虹雨<br>李　欣 | 1814 | 6月28日 | 4版要闻 |
| | 丁玲非常重要 | 贺桂梅 | | 7月28日 | 11版 |
| | “结成统一战线中新的战斗力量”（写丁玲） | 王斯敏　张哲浩 | 1396 | 9月3日 | 6版 |

续上表

| 媒 体 | 标　　题 | 作　者 | 字 数（时长） | 日 期 | 版 面 |
|---|---|---|---|---|---|
| 《光明日报》 | 城头山，中国最古老的城 | 唐湘岳　徐虹雨　王鸿波 | 2010 | 9月21日 | 5版 |
| | 伤残退伍军人田工捍卫雷锋精神50年 | 唐湘岳　徐虹雨 | 3800 | 9月份 | 内参 |
| | 图书进校园（图片） | 周恩清 | | 11月14日 | 4版 |
| | 图图妈妈的决定 | 唐湘岳　徐虹雨　李　欣 | 1000 | 11月17日 | 3版 |
| | 诵读声里祭陈辉 | 唐湘岳　徐虹雨　赵雨菲 | 2018 | 12月1日 | 7版 |
| 《经济日报》 | 走进皎然的诗意 | 解黎晴 | | 2月8日 | 7版 |
| | 纹石山的灵魂 | 解黎晴 | | 4月26日 | 10版 |
| | 农田吃上“营养餐” | 刘　麟　徐虹雨 | | 5月3日 | 3版 |
| | 让美丽变成财富 | 刘　麟 | | 6月4日 | 头版头条 |
| | 精准扶贫要敢“破”善“立” | 郭碧勋 | 1277 | 12月3日 | 8版 |
| | 保障房助圆安居梦 | 刘　麟　杨国军 | 1000 | 12月23日 | 14版 |
| 新华每日电讯 | “廖厂长”：仍在践行理想的平常人 | | | 2月13日 | 9版 |
| | 常德：“美丽经济”引领转型新路径 | 邹　云　丁文杰　谭　畅 | 2342 | 11月22日 | 头版头条 |
| | 道德模范评选公示（田工） | | | 6月24日 | 6版 |
| 《农民日报》 | 用“两跳四化”推进农业现代化 | | | 3月13日 | 2版 |
| 《中国工人报》 | 常德：六条新思路　展示新作为 | | | 3月18日 | 1版 |
| 新华社 | 湖南常德警方破获特大贩毒案缴获毒品50公斤 | | | 2月2日 | |
| 新华社 | 寻找“廖厂长” | | | 2月13日 | |
| 新华社 | 湖南通报多起“歪风”典型　多名官员被处分 | | | 1月1日 | |
| 新华网 | 中国人民抗战胜利七十周年英烈祭 | 肖春飞等 | | 4月4日 | |
| 新华网 | 湖南常德发生一起金店劫案　价值近十万金器被劫 | | | 3月3日 | |
| 新华社（湖南参考） | 短评：比较优势的发挥要不断“升级” | | | | |

续上表

| 媒 体 | 标 题 | 作 者 | 字 数（时长） | 日 期 | 版 面 |
|---|---|---|---|---|---|
| 新华社 | 湖南种棉面积锐减　棉农尝试艰难转型 | | | 6月8日(总第247期) | |
| | 湖南13县推行“省直管”试点 | | | 6月15日(总第248期) | |
| | 副县长辞官：国家不缺公务员，农村却缺人次才 | | | | |
| | 湖南常德伤残老兵田工义务清扫社区30余年 | | 1000 | 8月2日 | |
| 新华社（湖南领导参考） | “内生动力”严重不足 “行政强压”难以为继——来自湖南三个产粮大县的调查笔记 | | | 7月25日(第254期) | |
| 新华每日电讯 | 湖南常德伤残老兵田工义务清扫社区30余年 | | | 8月3日 | |
| 新华每日电讯 | “水窝子”破解“没水吃”困局 | | | 12月4日 | 7版 |
| 新华每日电讯 | 洞庭湖腹地安乡奋力突围战“孤岛” | | | 12月7日 | 6版 |
| 新华社 | 湖南常德：“美丽经济”引领转型发展新路径 | | | 10月15日 | |
| 新华社 | 湖南常德;试点海绵城市建设　　探路城市节水防涝 | | | 10月21日 | 国内动态清样4597期 |
| 新华社 | 洞庭湖畔的“海绵”之城 | | | 10月29日 | |
| 新华网 | 湖南安乡：“孤岛”突围 | | | 11月2日 | |
| 新华网 | 巧解湖区水之困：改水记 | | | 11月9日 | |
| 新华网 | 湖南桃源县一家三代接力护线37年风雨无阻 | | | 11月10日 | |
| 新华网 | 湖南常德推进“海绵城市”建设为多雨城市探路 | 邹　云　丁文杰 | | 11月12日 | |
| 新华社 | 洞庭湖水乡“孤岛”交通建设突围记 | | | 11月15日 | 国内动态清样4954期 |
| 新华社 | 洞庭湖腹地“水窝子”里的“改水记” | | | 11月16日 | 国内动态清样4967期 |
| 新华社（湖南领导参考） | 地方推行ppp应警惕“三化” | | | | 11月23日 |
| 新华网 | 桃源党报党刊发行稳中有升 | | | 11月25日 | |
| 《农民日报》 | 莲花的图片新闻 | 柏依朴　杨士华摄 | | 7月15日 | 5版 |
| | “互联网+”让财富梦想照进现实 | | | 7月15日 | 8版 |
| | 家庭农场葡萄香（图片） | | | 8月12日 | 5版 |

续上表

| 媒 体 | 标 题 | 作 者 | 字 数（时长） | 日 期 | 版 面 |
|---|---|---|---|---|---|
| 中国日报网 | 常德人大代表：将石门打造成“中国禅茶之都” | | | 2月2日 | |
| 《中国文化报》 | 《常德花鼓戏集成》出版首发 | | | 1月14日 | |
| 《中国文化报》 | 画家“倪长城” | | | 1月7日 | |
| 《中国文化报》 | 城头山国家考古遗址公园一期主体工程完工 | | | 1月21日 | |
| 《法制日报》 | 湖南常德奸杀女县团委副书记罪犯被执行枪决 | | | 1月16日 | |
| 《法制日报》 | 男子玩2元“斗地主”被拘3天　警方被判赔600多元 | | | 1月30日 | |
| 《法制日报》 | 常德破获特大贩毒案缴获毒品50公斤 | | | 2月2日 | |
| 《经济时报》 | 常德有自己的思路 | 王　彧　王晓红　练　琴 | | 3月13日 | |
| 《中国教育报》 | 湖南常德：班主任岗位成为教师竞聘“香馍馍” | | | 3月17日 | |
| 《中国教育报》 | 湖南常德：推进生命教育结对帮扶困境中小学生 | | | 4月7日 | |
| 中新社 | 湖南常德一牧场杀牛倒奶抗“寒冬”　4个月杀牛173头 | | | 1月28日 | |
| 中新社 | 湖南常德8年前奸杀女县团委副书记罪犯被执行枪 | | | 1月15日 | |
| 中新社 | 湖南常德闹市持刀抢劫金店疑犯归案 | | | 3月4日 | |
| 中新社 | 湖南启动对3.15曝光常德联通公司违规行为查处 | | | 3月16日 | |
| 中新社 | 湖南常德“三轮哥”上演“马路杂技” | | | 3月12日 | |
| 中新社 | 湖南常德闹市持刀抢劫金店疑犯归案 | | | 3月4日 | |
| 中央电视台 | 湖南桃源：儿子意外离世　老父捐献儿子器官 | | 1'55" | 1月26日 | 新闻直播间 |
| | 湖南桃源：微信朋友圈爱心接力，救助车祸女子 | | 1'56" | 2月5日 | 新闻直播间 |
| | 湖南：寻找“廖厂长” | | 5'05" | 2月14日 | 新闻直播间 |
| 中央电视台2台 | 湖南石门：隧道突发车祸　交警消防紧急救援 | | | 1月24日 | 第一时间 |
| 中央电视台7台 | 石门味道 | | | 2月6日 | 乡土 |
| 中央电视台 | 以危险的账号 | | | 3月17日 | 天网栏目 |

续上表

| 媒 体 | 标 题 | 作 者 | 字 数（时长） | 日 期 | 版 面 |
|---|---|---|---|---|---|
| 中央电视台 | “廖厂长”的理想与情怀 | 焦 健 张宗尧 温盛强 陈 玺 唐 凯 娄底台 | 2' | 3月20日 | 新闻联播 |
| | 一网打尽 | | | 4月6日 | 天网栏目 |
| | 湖南常德：城市变“海绵”臭水成清流 | | 2'08" | 4月19日 | 新闻直播间 |
| | 河州甲鱼 | | 85' | 4月29日 | |
| | 湖南：绿色发展 助推生态城区建设 | | | 5月10日 | 新闻联播 |
| | 湖南：让核心价值观见言见行（岳阳、长沙、常德） | 谢宝军 杨柯等 | 1'26" | 5月14日 | 新闻联播 |
| | “全省神”邪教组织案一审宣判 | 中央台 常德台 | | 5月14日 | 东方时空 |
| | 湖南常德：带病儿上讲台 敬业老师感动学生 | | 2'16" | 5月15日 | 新闻直播间 |
| | “全省神”邪教组织案一审宣判 六名成员被判有期徒刑2年至4年 | 中央台 常德台 | | 5月15日 | 法治在线 |
| | 洪水渐退 今日学校复课 | 中央台 常德台 | | 5月28日 | 东方时空 |
| | 降雨停止 救灾工作展开 | 中央台 常德台 | | 5月29日 | 朝闻天下 |
| 中央电视台12频道 | 引贼入室 | | | 6月1日 | 天网栏目 |
| 中央电视台 | “常德细菌战”原始档案首次解密 | | | 6月11日 | 晚间新闻 |
| 中央电视台 | 一方水土一方味——肉香粉鲜惹人馋 | | 30' | 6月25日 | 财经新闻 |
| 中央电视台2台 | 身边的安全 | | | 7月3日 | |
| 中央电视台13频道 | 谭学华：揭露日军"常德细菌战"第一人 | | 13'16" | | |
| 中央电视台 | 全国道德模范展播（田工） | | 3'16" | 7月16日 | 新闻直播间 |
| 中央电视台4台 | 2015年中国湖南国际旅游节开幕 | | | 9月14日 | 中国新闻 |
| 中央电视台 | 湖南石门：柑橘销售“火爆”市场 | | | 10月2日 | 第一时间 |
| 中央电视台 | 什么是双季稻 | | 1'49" | 10月22日 | 新闻直播间 |
| 中央电视台13频道 | 湖南常德：运钞车坠桥三人死亡 400万现金无人哄抢 | | | 10月26日 | 新闻直播间 |
| 中央电视台 | 大秋收 双季稻获得丰收（黑龙江 陕县 永宁 香格里拉 桃源） | | 1'23" | 10月22日 | 新闻直播间 |

续上表

| 媒　体 | 标　　题 | 作　者 | 字　数（时长） | 日　期 | 版　面 |
|---|---|---|---|---|---|
| 中央电视台 | 湖南常德：液化气罐着火　消防战士冒险抢出 | | | 10月31日 | 新闻直播间 |
| 中央电视台13台 | 湖南常德：无牌油罐车司机涉毒驾逃逸被抓 | | | 11月11日 | 新闻直播间 |
| 中央人民广播电台 | 常德海绵城市再造现代桃花源 | | 7'41" | 3月23日 | 新闻与报纸摘要 |
| | 无牌油罐车司机涉毒驾驶逃逸被抓 | 中央台　常德台 | | 11月11日 | 新闻直播间 |
| | 【湖南常德：文明出行　守法行车　从我做起　始于足下】渣土车转弯存盲区　女子轮下遇难 | 中央台　常德台桃源台 | | 11月16日 | 新闻直播间 |
| | 爱心接力“停不下来”　抱患病孩子上课女教师收捐款超230万 | | | 5月14日 | 中国之声 |
| 湖南卫视 | 稳增长调结构：各地一把手调研忙 | 李　胜　曹景静 | 29" | 1月4日 | |
| | 澧县：北民湖冬季捕捞起网　预计可打捞400万斤家鱼 | 韩　勇　夏志明 | 17" | 1月10日 | |
| | 常德紫菱图书馆“24小时不打烊”为读者提供免费服务 | 王　澜　袁铭蔚 | 13" | 1月18日 | |
| | 常德市“两会”：代表委员就三大难题达成共识 | 佘祥龙　袁铭蔚 | 1'36" | 1月24日 | |
| | 长江中下游越冬候鸟调查培训班在常德汉寿举行 | 童忠平 | 28" | 1月12日 | |
| | 常德：三县十二村的致富联谊会 | 杨　平　孙拥民 | 2'04" | 1月10日 | |
| | 常德石门：“1·03”当街故意伤害案告破 | 李彩丽等 | 15" | 1月14日 | |
| | 常德石门：救助野生黑天鹅 | 郑凯洲等 | 13" | 1月7日 | |
| | 桃源黑猪获批为“国家地理标志产品保护” | 钱　丽等 | 25" | 1月19日 | |
| | 桃源：“史上最严环保法”见效　“黑作坊”污水直排被查处 | 戴艳红等 | 27" | 1月19日 | |
| | 迎接2015常德武陵区：小志愿者景区捡垃圾 | 常　畅　赵　锐 | 17" | 1月1日 | |
| | 常德：率先启用出租车智能化管理系统 | 姜　沛等 | 21" | 1月7日 | |
| | 2014年第四季度企业家信心指数为61%　处于向好的状态 | 赵　锐　石　佳 | 30" | 1月11日 | |
| | 常德临澧：工人被困塔吊　消防官兵破冰救援 | 李　波　吴林芳 | 26" | 2月3日 | |
| | 春运第一天　常德：高速交警严查超载车辆 | 魏　驰 | 20" | 2月4日 | |
| | 常德：150万处饮用水源地划定为保护区 | 徐　遥 | 28" | 2月4日 | |

续上表

| 媒 体 | 标 题 | 作 者 | 字 数（时长） | 日 期 | 版 面 |
|---|---|---|---|---|---|
| 湖南卫视 | 假冒医生在专盗病人　惯偷终被抓 | 李　波　吴林芳 | 42' | 2月6日 | 播报 |
| | 常德：用活“经济杠杆”安全施工变被动为主动 | 佘祥龙　魏　驰 | 1'14" | 2月8日 | |
| | 常德：先礼后兵清欠　QQ点名查岗 | 佘祥龙 | 1'27" | 2月9日 | |
| | 于来山走访慰问常德困难企业、困难群众 | 胡　巍 | 25" | 2月11日 | |
| | 羊年新春常德：冬泳爱好者夜游迎新跨年 | 彭一峰 | 14" | 2月19日 | |
| | 团圆故事：小韬韬的新年愿望 | 吉　喆 | 1'20" | 2月22日 | 要闻 |
| | 常德汉寿：建立湖南首个黑鹳守护站 | 刘　杰 | 24" | 2月9日 | |
| | 春运第一天　二广高速澧县段：私家车装满烟花被查扣 | 孙拥民 | 21" | 2月4日 | |
| | 安全执法现场：查处私藏民宅的非法加油站 | 钱　丽 | 35" | 2月3日 | 播报 |
| | 桃源：微信朋友圈上演爱心接力　为车祸女子鲜血解危 | 李洪芳等 | 124" | 2月5日 | 要闻 |
| | 湖南好人“廖厂长”：“小人物”也有“大梦想” | 钱　丽 | 40" | 2月12日 | 要闻 |
| | 我们的年货：桃源印花糍粑　糯米中的浓稠年味 | 钱　丽等 | 137" | 2月12日 | |
| | 常德：家中大伙致三人被困　机智母亲抛致钥匙获救 | 姜　沛等 | 16" | 2月13日 | |
| | 上班第一天 | | 56" | 1月4日 | 要闻 |
| | 常德桃源：王家湾水库引来鸳鸯“做客” | | 1'20" | 3月1日 | |
| | 张硕辅在常德调研：不误农时　抓紧备耕 | 夏　敏 | 33" | 3月11日 | |
| | 危险！持农用车驾照开客车　还严重超员 | 王　飞 | 32" | 3月11日 | |
| | 张硕辅调研洞庭湖区水利建设　要求加快洞庭湖区综合治理 | 夏　敏 | 14" | 3月12日 | |
| | 男子假摔逃避交通处罚　现场监控视频证交警清白 | 胡　巍 | 48" | 3月13日 | |
| | 常德：电影《足下的梦想》在常德筹拍 | 杜　杰 | 14" | 3月17日 | |
| | 留住乡村的美丽　农村垃圾分类减量回收 | 姚　军 | 1'19" | 3月19日 | |
| | 农民朋友“玩”微信　配方施肥全掌握 | 姚　军 | 2'2" | 3月23日 | |

续上表

| 媒 体 | 标 题 | 作 者 | 字 数（时长） | 日 期 | 版 面 |
|---|---|---|---|---|---|
| 湖南卫视 | 常德石门、郴州资兴：万亩油菜迎春绽放 | | 18" | 3月24日 | |
| | 沈昌健杂交油菜长势喜人　一片金黄铺遍田野 | 刘亚飞 | 1'39" | 3月26日 | |
| | 汉寿：农民张秋义务办“万民书管”传递书香社会正能量 | 彭庭毅等 | 1'58" | 3月28日 | |
| | 常德：法院公布“老赖”名单 | 胡 巍　田博彦 | 19" | 3月30日 | |
| | 湖南常德：诚实好少年敢担当获众人点赞 | 徐 瑶　游 祥 | 1'13" | 3月31日 | |
| | 常德会战牺牲将士之女张亚杰：这里就是我心灵的归属 | 常 畅　赵 锐 | 22" | 4月3日 | |
| | 常德桃源：降下罕见冰雹　部分农作物、房屋受损 | 李洪芳 | 13" | 4月4日 | |
| | 常德会战老兵祭奠战友 | 佘祥龙　刘 鑫 | 27" | 4月5日 | |
| | 家乡的味道：常德花岩溪榨笋 | 韩 勇等 | 38" | 4月6日 | |
| | 常德：狂风刮倒大树　砸伤过路行人 | 彭一峰　杜 杰 | 14" | 4月9日 | |
| | 连续低温天气影响农业生产　早稻育秧、玉米苗受影响 | 朱成佳 | 35" | 4月9日 | |
| | 常德：千人上演快闪　为自己的城市代言 | 徐靖峰　马国荣等 | 32" | 4月12日 | |
| | 老人乘车晕倒　司机乘客紧急救援 | 佘祥龙等 | 36" | 4月15日 | |
| | 越野车冲破护栏坠江　驾驶员失踪副驾驶成功自救 | 彭一峰 | 15" | 4月15日 | |
| | 桃源乌云界：首届乡村动漫节　引爆五一乡村游 | 钱 丽　李洪芳 | 21" | 4月30日 | |
| | 日子：养蜂人老徐“游牧”赶花走天下 | 孙拥民 | 40" | 4月23日 | |
| | 李薇薇赴津市澧县调研：加快推进津澧融城项目 | 肖 彬 | 1'3" | 4月24日 | |
| | 湖南澧县：上万鸟儿筑巢产卵　村民齐心呵护 | 孙拥民　等 | 1'2" | 4月24日 | |
| | 六名常德游客滞留尼泊尔等待回国 | 姜 沛 | 33" | 4月27日 | |
| | 常德：90后学生画35米长西游记人物图谱 | 常 畅 | 24" | 4月30日 | |
| | 常德、益阳：携手防治竹类害虫 | | 25" | 5月1日 | |
| | 湖南女警手绘防骗手记 | | 44" | 5月1日 | |

续上表

| 媒　体 | 标　　题 | 作　者 | 字　数（时长） | 日　期 | 版　面 |
|---|---|---|---|---|---|
| 湖南卫视 | 常德举办抗战胜利70周年专题展览 | 刘　鑫 | 23" | 5月4日 | |
| | 常德：城市变海绵　臭水成清流 | 韩　勇　夏　敏 | 2'7" | 5月5日 | |
| | 常德为海绵城市建设把脉支招 | | 28" | 5月5日 | |
| | 瘫痪青年李德森：生活全自理　考试拿第一 | | 1'12" | 5月5日 | |
| | 家乡的味道：常德红曲鲊鱼　别有风味 | | 1'7" | 5月5日 | |
| | 家乡的味道：常德鼎城　凉拌鸡回味绵长 | | 1'8" | 5月26日 | |
| | 国家血防春查组来湘检查血吸虫病防治工作 | | 21" | 5月6日 | |
| | 常德：高速警察手绘地图　方便自驾游客 | 佘祥龙　魏　驰 | 38" | 5月6日 | |
| | 常德西洞庭：朝鲜蓟又熟了 | 龚　勋　唐小宁 | 24" | 5月6日 | |
| | 常德打造海绵城市 | 韩　勇　夏　敏 | 2'25" | 5月5日 | 要闻 |
| | 许又声常德调研：像抓工业一样推进文化产业与旅游融合发展 | | 1'16" | 5月8日 | |
| | “米粉硕士”对话总理 | 胡　巍 | 1'25" | 5月9日 | 要闻 |
| | 桃源县“帮联协会”帮万家（1） | 杨　壮　王子立　方　浩　李洪芳等 | 2'25" | 5月9日 | 要闻 |
| | 桃源县“帮联协会”帮万家（2） | 王子立　方　浩　李洪芳等 | 3'24" | 5月10日 | 要闻 |
| | 桃源县“帮联协会”帮万家（3） | 王子立　方　浩　李洪芳等 | 3'23" | 5月11日 | 要闻 |
| | 常德一女司机“违章”320次　原来是卖车没过户 | | 1'13" | 5月11日 | |
| | 常德：狂风折断200多树木 | 姜沛等 | 30" | 5月11日 | |
| | 常德汉寿：带着白血病患儿上讲台　张薇老师获爱心捐助 | 佘祥龙　胡　巍 | 1'9" | 5月12日 | |
| | 常德男子囚禁前妻勒索580万　警方成功解救 | 常　畅 | 1'13" | 5月13日 | |
| | 常德澧县：雷雨天气致四万用户断电 | 关红等 | 20" | 5月15日 | |
| | 常德：“侵华日军细菌战罪行”学术研讨 | 游　海 | 20" | 5月17日 | |
| | 全国致残日：湖南各地为残疾人朋友献爱心 | 张译夫 | 15" | 5月17日 | |

续上表

| 媒 体 | 标 题 | 作 者 | 字 数（时长） | 日 期 | 版 面 |
|---|---|---|---|---|---|
| 湖南卫视 | 常德：无人机飞越壶瓶山架设电网 | 刘 鑫 | 19" | 5月18日 | |
| | 常德：首批50台新型智能环保渣土车亮相 | 赵 锐等 | 45" | 5月18日 | |
| | 常德安乡：开展抗洪抢险骨干集训检验性演练 | 张丝雨等 | 13" | 5月22日 | |
| | 常德安乡：强降雨来袭 干群积极排涝 | 黄伟等 | 30" | 5月27日 | |
| | 98岁的创客周广田 | 佘祥龙 刘 鑫 | 1'49" | 5月26日 | 要闻 |
| | 常德临澧：强降雨导致太浮山景区发生泥石流 学校被淹 | 李绍平等 | 20" | 5月27日 | |
| | 临澧：陈二中心小学洪水中浸泡14小时 今天恢复上课 | 李绍平等 | 21" | 5月28日 | |
| | 常德澧县一中：高考临近 食堂每晚给高三学生熬粥 | 孙拥民 | 28" | 5月30日 | |
| | 常德桃源："摇钱树"成"赔钱货"棉地改种减少损失 | 戴艳红等 | 1'47" | 5月30日 | |
| | 徐守盛在桃源县检查指导防汛抗灾 | 尹 中 李 鹏 | 3'23" | 6月5日 | 头条 |
| | 最美村寨：常德石门罗坪乡长梯隘村 | 韩 勇 龚 勋 牟宇飞 | 2'30" | 6月14日 | 要闻 |
| | 澧县农民创客龚建平 | 杨 平 孙拥民 | 2'32" | 6月15日 | 要闻 |
| | 常德：欢乐水世界爆棚 | 佘祥龙等 | | 6月20日 | |
| | 临澧县副县长刘涛辞官回乡创业 | | 2'43" | 6月21日 | 要闻 |
| | 海绵城市：雨水蓄留系统 | 姜沛等 | 1'40" | 6月21日 | 要闻 |
| | 常德临澧：司法局副局长赵君舍己救人 心力交瘁不幸离世 | 李绍平 | 27" | 7月1日 | |
| | 临澧：表彰15名任职25年以上的"功勋村（社区）党组织书记" | 曹太平等 | 14" | 7月1日 | |
| | 常德：网络传播"抢小孩事件"警方证实系谣言 | 彭一峰 | 55" | 7月5日 | |
| | 《湖南好人》：覃正彦（与卫视合作） | 韩 勇 | 40" | 7月5日 | |
| | 《湖南好人》：各地反响强烈 | 韩 勇 夏 敏 | 39" | 7月6日 | |
| | 热议《湖南好人》学习前辈宝贵精神 当好"一线总指挥" | 张西桃等 | 15" | 7月9日 | |
| | 韩永文在常德调研"三严三实"开展情况 | 韩 勇 | 8" | 7月10日 | |

续上表

| 媒　体 | 标　　题 | 作　者 | 字　数（时长） | 日　期 | 版　面 |
| --- | --- | --- | --- | --- | --- |
| 湖南卫视 | 北大学生在常德开展“鼓书”专项调查 | 刘　鑫　魏　驰 | 34" | 7月12日 | |
| | 抗战老兵袁宣：西南边疆的“飞虎之眼” | 刘宏远等 | 1'5" | 7月12日 | |
| | 常德武陵区：抗灾补损意外收获一千亩荷花绽放 | 彭一峰　姚　龙 | 23" | 7月13日 | |
| | 常德；为困境未成年人开设免费暑假班 | 赵　锐　常　畅等 | 1'20" | 7月13日 | |
| | 常德：创作楹联纪念抗战胜利70周年 | 佘祥龙 | 23" | 7月18日 | |
| | 常德桃源：32个合作社千台农机进入“双枪” | 李洪芳等 | 25" | 7月18日 | |
| | 湖南多地穆斯林共庆开斋节 | 张译夫 | 10" | 7月18日 | |
| | 常德鼎城长岭岗乡：500亩油葵开镰收割 | 刘宏远 | 29" | 7月19日 | |
| | 常德武陵区一区长因土地权属争议出庭应诉 | 张耀文 | 1'33" | 7月20日 | 要闻 |
| | 85后创客揭国其：养殖蓝孔雀　打开“致富屏” | 常畅等 | 2'8" | 7月21日 | |
| | 家乡的技艺：常德龙灯“活化石”演绎千年古风 | 姚军等 | 1'13" | 7月24日 | |
| | 常德澧县：消防官兵连夜处置液氨泄漏事故 | 李　波 | 20" | 7月25日 | |
| | 常德澧县：义工暑假巡堤　劝学生不要野泳 | 孙拥民 | 1'11" | 7月26日 | |
| | 男孩半夜服务区走失　民警七小时接力找回 | 魏　驰　刘　鑫 | 32" | 7月27日 | |
| | 常德武陵区：打造百姓读书的社区“便利店” | 马国龙 | 1'43" | 7月27日 | |
| | 常德鼎城高新区：从配套加工到自主研发 | 刘宏远 | 2'3" | 7月19日 | |
| | 临澧老人突发重病被困“孤岛”家中　消防奋力救援 | 李　波　吴林芳 | 35" | 7月30日 | |
| | 常德石门：举行首届帐篷节 | 李彩丽 | 21" | 7月31日 | |
| | 女护林员易丽芬：一个人的深山老林 | 艳　红　王　丽等 | 2'13" | 7月2日 | |
| | 庆八一　常德：送千层底　谢鱼水情 | 龚　勋　夏志明　夏　敏 | 21" | 8月1日 | |
| | 戴道晋调研洞庭湖综合治理：尽快启动引江入湖、河湖连通计划 | 刘　鑫 | 15" | 8月2日 | |
| | 徐明华、蒋作斌分别在检查《水污染防治法》实施情况 | 刘　鑫 | 21" | 8月7日 | |

续上表

| 媒 体 | 标 题 | 作 者 | 字 数（时长） | 日 期 | 版 面 |
|---|---|---|---|---|---|
| 湖南卫视 | “一权两制一司”助推园区转型升级 | | 30" | 8月8日 | |
| | 常德桃源:“全程追踪”式扶贫助学 点亮寒门学子“读书梦” | 钱 丽等 | 1'31" | 8月11日 | |
| | 桃源县九溪乡举办农民艺术节 | 陈志科等 | 23" | 8月12日 | |
| | 常德安乡：一小轿车坠入池塘 4人获救1人死亡 | 李 波 吴林芳 | 22" | 8月13日 | |
| | 常德：举行危险化学品事故应急演练 | 刘 鑫 | 19" | 8月13日 | |
| | 何报翔督导检查2015湖南旅游节筹备工作 | 彭一峰 | 23" | 8月14日 | |
| | 常德安乡：十万亩水稻受灾 干群协力抗旱 | 黄 伟 曾 健 | 1'20" | 8月14日 | |
| | 收藏十五载，看得见的常德抗战史 | | 52" | 8月14日 | |
| | 93岁抗战老兵覃翰林：“神炮手”的区域注射术让日军无处可逃 | 戴艳红等 | 1'50" | 8月15日 | |
| | 《常德会战史研究》首发 | 刘 鑫 | 26" | 8月15日 | 要闻 |
| | 92岁抗战老兵刘道明：常德会战中最后的“虎贲”战士 | 戴艳红等 | 1'59" | 8月17日 | |
| | 湖南消防官兵悼念在天津爆炸事故中牺牲的战友 | 何宏伟 | 5" | 8月18日 | |
| | 常德石门：83岁老奶奶开微店买手工布鞋 | 李彩丽等 | 1'20" | 8月18日 | |
| | 好市民：常德老人乐当“啄木鸟”专魏城市建设挑刺 | 夏箐等 | | 8月19日 | |
| | 儿子考上大学 糊涂父亲偷电脑作奖励 | 戴艳红等 | 1'20" | 8月20日 | |
| | 常德津市监狱：关爱服刑人员子女暑期亲情帮教 | | 22" | 8月21日 | |
| | 山南隆子县：一群湖南人的援藏生活 | 湖南台山南台 | 1'5" | 8月22日 | 要闻 |
| | 抗战面孔：老兵魏善亲 童年在战火中燃烧 | 车君风 | 1'14" | 8月26日 | |
| | 常德临澧：千名教师暑期大家访 | 李绍平等 | 17" | 8月26日 | |
| | 常德：领导干部助力企业项目爬坡过坎 | 韩 勇<br>湖南卫视 | 42" | 8月30日 | 要闻 |
| | 常德安乡“8·28”中毒事故处理结果 | 黄伟等 | 30" | 9月1日 | 要闻 |
| | 常德举办“永不忘记的历史”常德会战展 | 刘 鑫 陈方园 | 17" | 9月1日 | |

续上表

| 媒体 | 标题 | 作者 | 字数（时长） | 日期 | 版面 |
|---|---|---|---|---|---|
| 湖南卫视 | 常德：交警配枪值守20所学校　开展常态化武装巡逻执勤 | 张耀文 | 18" | 9月1日 | |
| | 常德各界向抗战阵亡将士墓敬献鲜花 | 刘　鑫 | 20" | 9月2日 | |
| | 安乡老兵姚茂林　见证芷江受降 | 曾健等 | 17" | 9月2日 | |
| | 常德石公桥镇立碑铭刻日军细菌战 | 黄平等 | 1'30" | 9月2日 | |
| | 常德老兵周凤岐　手刃敌人　死尸堆逃生 | 刘　鑫 | 1'7" | 9月3日 | |
| | 桃源老兵周和为：特殊使命　一生难忘 | 钱丽等 | 1'13" | 9月3日 | |
| | 桃源老兵董尧成：日军欺到家门口　誓要参军除贼寇 | | 1'13" | 9月3日 | |
| | 汉寿老兵曾岳峰　令日军寒胆的机枪手 | | 1'25" | 9月2日 | |
| | 郁达夫在常德的日子 | 黄　婷等 | 40" | 9月6日 | |
| | 常德澧县官垸乡：推行集体晒账　打造阳光村务 | 朱成佳　戴　毅 | 1'55" | 9月7日 | |
| | 常德临澧："思源工程"等慈善基金会慰问梅雄家属 | | 33" | 9月7日 | |
| | 100多名海外侨领侨商在常德考察 | 刘　剑 | 22" | 9月9日 | |
| | 常德汉剧高腔《孟姜女传奇》首演 | | 22" | 9月9日 | |
| | 2015年中国湖南国际旅游节昨晚开幕 | 韩　勇等 | 40" | 9月13日 | |
| | 常德与韩国、德国分别签署教育和商贸合作协议 | 刘　鑫　彭一峰 | 17" | 9月13日 | |
| | 桃源：万只蝴蝶放飞枫林花海 | | 18" | 9月13日 | |
| | 中德沙滩排球友谊赛在常德举行 | 李　波 | 17" | 9月14日 | |
| | 临澧少女与陌生男离家出走　警方大连找回 | | 37" | 9月14日 | |
| | 千里之外微信救助为母办证　民警驱车百里上门 | 孙用民 | 40" | 9月15日 | |
| | 家乡的味道：桃源渣辣椒　香辣软浓故旧味 | | 1'36" | 9月15日 | |
| | 解读常德："高低远近"有讲究 | 韩　勇　佘祥龙 | 30" | 9月17日 | |
| | 体验常德：美丽经济看过来 | 韩　勇　佘祥龙　常　畅 | 1'10" | 9月17日 | |

续上表

| 媒 体 | 标 题 | 作 者 | 字 数（时长） | 日 期 | 版 面 |
|---|---|---|---|---|---|
| 湖南卫视 | 省人大水污染防治法执法检查 | 游 翔等 | 1'37" | 9月22日 | |
| | 津市大巴车撞上运鱼货车 围观民众伸援手 | 李 波 林 芳等 | 34" | 9月22日 | |
| | 李薇薇：扎实推进信访工作制度改革 | 李 胜 | 1'12" | 9月22日 | |
| | 石门柑橘节在长沙举办开幕式 | 文晓辉 王 飞 | 15" | 9月23日 | |
| | 常德桃源：102艘客渡船节前换新 确保水上交通安全 | | 21" | 9月24日 | |
| | 常德：灯光艺术节炫丽开幕 | 刘 剑 | 20" | 9月26日 | |
| | 常德武陵区：乡镇区划调整 民警为十万居民换新证 | 邱 方 | 25" | 9月27日 | |
| | 常德油库火灾事故应急演练 | 刘 剑 | 15" | 9月28日 | |
| | 柑橘“触电”开卖 网上销售将达10万吨 | | 15" | 9月28日 | |
| | 常德汉寿：蔬菜上网 农民增收 | 韩 勇 夏 敏 夏志明 | 1'20' | 10月4日 | |
| | 常德鼎城：用智能交通系统查公车 | 何宏伟 | 1'22" | 10月6日 | 要闻 |
| | 常德市纪委与多部门联动 严查“四风”问题 | | 39" | 10月6日 | |
| | 常德石门罗坪：深山有机茶 致富好帮手 | 龚 勋 | 1'1" | 10月8日 | |
| | 湖南对贫困重性精神患者实施定点医院救治 | 徐 遥 | 17" | 10月9日 | |
| | 常德桃源：“棉地改制”迎丰产 每亩增收超千元 | 艳 红 航 齐等 | 133" | 10月10日 | |
| | 蔡振红在桃源县调研信访和民生工作 | 刘 鑫 | 26" | 10月11日 | |
| | 众筹汇聚爱心 | | 1'40" | 10月11日 | 要闻 |
| | 家乡的技艺：常德桃源 小泥巴玩出大名堂 | 钱 丽 艳 红等 | 1'33" | 10月12日 | |
| | 陈竺率队来湘开展执法检查 | 韩 勇等 | 30" | 10月13日 | |
| | 纪念抗战胜利70周年：常德各界向抗战阵亡将士墓敬献鲜花 | 刘 鑫 | 25" | 10月13日 | |
| | 家乡的味道：农家红薯片 妈妈做得小零食 | 戴艳红等 | 1'45" | 10月14日 | |
| | 常德：一烟花鞭炮厂发生爆炸事故 | 刘宏远 | 25" | 10月15日 | |

续上表

| 媒 体 | 标 题 | 作 者 | 字 数（时长） | 日 期 | 版 面 |
|---|---|---|---|---|---|
| 湖南卫视 | 常德鼎城壮观“万鸟开会” | | 55" | 10月19日 | |
| | 安乡：用制度规范“一把手”权力 | 骆昌红 韩 勇 陈 帅 | 1'30" | 10月17日 | 要闻 |
| | 常德武陵区：外来女婿爱管“闲事”获点赞 | 易建志 卢 常 | 1'2" | 10月17日 | |
| | 常德汉寿相公山村：“一户一法”助推村民脱贫 | 童忠平 | 1'17" | 10月18日 | |
| | 津市：民主评议清理错保漏保 实现低保应保尽保 | 湖南卫视 | 1'38" | 10月18日 | 要闻 |
| | 家乡的味道：高山黑鸡 念念不忘的“山里味” | 戴艳红等 | 1'1" | 10月20日 | |
| | 常德武陵区：社区宴请百名高龄老人 | 常 畅 赵 锐 | 12" | 10月21日 | |
| | 常德澧县：幸福重阳 78对老人补拍婚纱照 | 高 艺 汪 平 | 15" | 10月21日 | |
| | 常德：二代光纤1项目启动 | 韩 勇 刘 剑 | 19" | 10月24日 | |
| | 巡视组向第二轮巡视的5个市州反馈情况 | 胡 巍 | 40" | 10月26日 | |
| | 常德鼎城：运钞车坠桥三人死亡 400万现金无人哄抢 | | 28" | 10月26日 | |
| | 家乡的味道：桃源油香 美食传承千年 | 戴艳红等 | 1'1" | 10月27日 | |
| | 德国汉诺威市代表团来常德参观考察 | 刘 鑫 龚 勋 李 纲 | 18" | 11月1日 | |
| | 常德：昆仑决世界级限格斗赛八强常德诞生 | 杜杰等 | 11" | 11月1日 | |
| | 新疆名优农副产品湖南行在常德首展 | 刘 鑫 | 19" | 11月4日 | |
| | “武陵风韵”常德上演 | 佘祥龙等 | 21" | 11月7日 | |
| | 常德桃源：油菜穿“硒”装 播种新“硒”望 | 李红芳 戴艳红 | 1'48" | 11月7日 | |
| | 常德：白血病患儿不幸病逝 母亲捐出剩余善款 | 佘祥龙等 | 37" | 11月13日 | |
| | 空气罐头推向市场 空气也能卖钱啦！ | 张译夫 | 21" | 11月13日 | |
| | 洞庭湖区活跃着一群秸秆经纪人 | 韩 勇 | 40" | 11月7日 | |
| | 湖南光电网络云数据中心开建 | 王飞等 | 56" | 11月9日 | |
| | 全民健身挑战日 常德岳阳两市市民大比拼 | 杜杰等 | 24" | 11月14日 | |

续上表

| 媒 体 | 标 题 | 作 者 | 字 数（时长） | 日 期 | 版 面 |
|---|---|---|---|---|---|
| 湖南卫视 | 百名企业家信心指数调查 | 胡 巍 | 25'' | 11月15日 | |
| | 常德妹子义助被困中国游客 | | 1' | 11月16日 | |
| | 常德妹子在巴黎义助被困中国游客 | 姜 沛等 | 36'' | 11月16日 | |
| | 常德：捣毁特大武装贩毒团伙　涉案毒品70公斤 | 李 波等 | 18'' | 11月18日 | |
| | 常德桃源：环保检测执法由“软管理”变成“硬约束” | 红芳等 | 1'47'' | 11月22日 | |
| | 石长铁路复线开始分段开通　　全线有望年底通车 | 韩 勇 | 24'' | 11月23日 | |
| | 李薇薇：政法工作要有规划 | 张 静 | 24'' | 11月27日 | |
| | 省委宣讲团走进张家界、株洲、岳阳、常德、衡阳开讲 | 肖 彬 | 25'' | 11月27日 | |
| | 李薇薇在常德市检查考核党风廉政建设制度落实情况 | 张 静 | 48'' | 11月29日 | |
| | 李薇薇在常德检查党风廉政建设 | 张 静 | 16'' | 11月30日 | |
| | 常德鼎城：无牌油罐车毒驾疯狂逃窜 | 何宏伟 | 37'' | 11月10日 | |
| | 常德：“浪漫水城”中的“美丽经济” | 周 琦　韩 勇等 | 2'38'' | 12月6日 | 要闻 |
| 《湖南日报》 | “孤岛”安乡畅达出“岛”交通 | 周勇军　李寒露<br>葛辉文　李梦强 | | 1月3日 | 头版头条 |
| | “湖南印象走遍三湘”首推桃花源 | | | 1月12日 | 1版 |
| | 治党从严看基层（综合稿） | 孙敏坚 | | 2月16日 | 头版头条 |
| | 烛光照亮“良心坎” | 周勇军　王文平<br>梁先海　吴 涛 | | 2月20日 | 头版头条 |
| | 在湘全国人大代表抵京（综合） | 蒙志军等 | | 3月3日 | 1版 |
| | “文明之花”全面绽放的六个关键词 | 黄传祥 | 1633 | 3月4日 | 1版转6版 |
| | 让雷锋精神“看得见、摸得着”–代表委员谈雷锋精神(综合) | 乔伊蕾　张 斌 | | 3月5日 | 头版头条 |
| | 两会图片 | | | 3月9日 | 3版 |
| | 一个农村汉子的坚守与担当 | 罗 童 | | 3月11日 | 9版 |
| | 推进湖南农村电网改造升级 | | | 3月14日 | 4版 |

续上表

| 媒 体 | 标 题 | 作 者 | 字 数（时长） | 日 期 | 版 面 |
|---|---|---|---|---|---|
| 《湖南日报》 | 涤荡“精神雾霾” | | | 3月13日 | 5版 |
| | 一亩白菜获利3000元 | | | 3月13日 | 14版 |
| | 八旬老人：拾荒只为行善举 | | | 3月14日 | 7版 |
| | 华电常德公司 投巨资用心浇筑绿色工程 | | | 3月25日 | 5版 |
| | 超越血缘的母爱 | | | 3月25日 | 9版 |
| | 美丽桃源 小康加速 | 周勇军 唐志君 彭 静 | | 3月27日 | 头版头条 |
| | 常德“海燕”飞上广西瑶山 | | | 3月25日 | 9版 |
| | 张天一为了找到真正的自己 | | | 4月3日 | 7版 |
| | 常德：文明乡风扑面来 | | | 4月5日 | 1版 |
| | 图片新闻抗战老兵 | | | 4月6日 | 2版要闻 |
| | 文学湘军再添新锐 | | | 4月11日 | 5版 |
| | 开足马力排内渍 | | | 4月15日 | 9版 |
| | 持之以恒抓创建 合力打造文明镇 | 刘尚文等 | | 4月30日 | 11版专版 |
| | 计生惠乡邻 协会便民生 | 刘尚文等 | | 4月30日 | 11版 |
| | 守护澧水 重于泰山 | 刘尚文等 | | 4月30日 | 11版 |
| | 小年夜之约 | 向芬芬 | | 4月30日 | 9版 |
| | “水运大亨”旷昌文 | | | 5月4日 | 5版 |
| | 常德社区服务零距离 | 李寒露 | | 5月10日 | 1版 |
| | 溪边“仙女”王秀英 | | | 5月12日 | 9版 |
| | 高毅：心无旁骛做好一件事 | | | 5月13日 | 5版 |
| | “微服务”暖民心 | | | 5月13日 | 9版 |
| | “最大的心愿就是救儿子的命” | | | 5月16日 | 7版 |

续上表

| 媒 体 | 标 题 | 作 者 | 字 数（时长） | 日 期 | 版 面 |
|---|---|---|---|---|---|
| 《湖南日报》 | 临澧遍“种”文化惠万家 | 陈金波等 | | 5月18日 | 市州版头条 |
| | 农民“创客”罗德军 | | | 5月18日 | 7版 |
| | 我和老村长有个约定 | | | 5月20日 | 市州版 |
| | “我投降，别开枪” | | | 5月20日 | 市州版 |
| | 植树绿大户周建飞 | 周勇军等 | | 5月22日 | 市州版 |
| | 常德千名干部联系服务千家企业 | 周勇军　马吉云　孙云波 | | 5月24日 | 头版头条 |
| | 全球首个岛上水主题公园6月揭幕 | 曹　雪 | | 5月24日 | 1版 |
| | “靠茶起家”的饶文兵 | | | 5月27日 | 9版 |
| | 常德大笔巧绘文化旅游融合新篇 | 周勇军　尹　超　李寒露 | 1053 | 5月31日 | 头版头条 |
| | 音乐才子琴声动四方 | 李寒露　江一舟　李　彦 | | 6月1日 | 7版要闻 |
| | “拼命三郎”周国忠 | | | 6月3日 | 市州版 |
| | 亲亲常德　浪漫之旅 | 周勇军等 | | 6月5日 | 12版专版 |
| | 6市州遭遇暴雨袭击 | | | 6月4日 | 头版头条 |
| | 一只小球粘住50只大实蝇 | | | 6月4日 | 6版 |
| | 常德向沅江放流600万尾鱼苗 | | | 6月4日 | 9版 |
| | 桃源救灾图片 | | | 6月4日 | 9版 |
| | 努力做“三严三实”的领导干部 | | | 6月5日 | 3版要闻 |
| | “迈过这道坎” | | | 6月5日 | 3版要闻 |
| | 徐守盛在桃源检查指导防汛防灾工作 | | | 6月6日 | 头版头条 |
| | 常德欢乐水世界开园 | | | 6月7日 | 2版要闻 |
| | 种菜“达人”郭志强 | | | 6月8日 | 市州版 |
| | 临澧：每个乡镇设立“代表工作室” | | | 6月10日 | 9版 |

续上表

| 媒体 | 标题 | 作者 | 字数（时长） | 日期 | 版面 |
|---|---|---|---|---|---|
| 《湖南日报》 | 村干部也有“雷区” | | | 6月11日 | 5版 |
| | 每一件小事都关乎百姓疾苦 | | | 6月11日 | 9版 |
| | 读书有瘾成“特级” | | | 6月11日 | 8版 |
| | 风雨同舟　平安共创 | | | 6月12日 | 5版 |
| | “创新创业故事”在常德开讲 | | | 6月13日 | 5版 |
| | 我省第二届群众性龙舟赛将在常德举行 | | | 6月16日 | 4版 |
| | 临澧21万农村人口将告别饮水难 | 周勇军等 | | 6月18日 | 头版头条 |
| | “为什么我总是笑不出来” | | | 6月18日 | 市州版 |
| | 水上乐园玩水 | | | 6月18日 | 14版 |
| | 鼎城“五朵金花”映乡村 | | | 6月19日 | 头版头条 |
| | 用“信”字诠释宗旨 | | | 6月19日 | 封面 |
| | “以和为贵，以国为大” | | | 6月22日 | 1版 |
| | 桃源水电站让30万亩农田受益 | | | 6月24日 | 市州版 |
| | 临澧县和永顺县烟花鞭炮生产存在严重非法违法行为 | | | 6月29日 | 3版 |
| | 论文写在大地　成果送进农家（农大和澧县综合稿） | 左　丹　刘启定等 | | 7月3日 | 头版头条 |
| | 乡镇是个大舞台 | | | 7月3日 | 市州版 |
| | “湘雅”品牌进驻常德 | | | 7月6日 | 10版 |
| | 心有乡邻　怀揣梦想 | | | 7月7日 | 市州版 |
| | 蹲点最多 | | | 7月8日 | 2版要闻 |
| | “中国好人榜”上，湖南268人 | | | 7月8日 | 4版 |
| | “走”出中医惠民之路 | | | 7月10日 | 市州版头条 |
| | 澧县农田打药照片 | | | 7月11日 | 1版 |

续上表

| 媒 体 | 标 题 | 作 者 | 字 数（时长） | 日 期 | 版 面 |
| --- | --- | --- | --- | --- | --- |
| 《湖南日报》 | 搭建“四位一体”康复平台 | | | 7月13日 | 市州版头条 |
| | 奔向长江正当时 | 周勇军 李寒露 尹 超 | | 7月19日 | 头版头条 |
| | 津津乐道晒幸福 | 李寒露 周勇军等 | | 7月22日 | 12版专版 |
| | 用心能解“千千结” | | | 7月23日 | 市州版 |
| | “女神她妹”骗人做传销 | | | 7月23日 | 市州版 |
| | “巾帼不让须眉” | | | 7月24日 | 市州版 |
| | 让税收惠民政策“接地气” | | | 7月30日 | 8版 |
| | 做好每件小事 实现自我价值 | | | 7月30日 | 市州版 |
| | 常德：带着“文明”出游 向“陋习”说不 | | | 8月4日 | 3版 |
| | 石门经济转型加速 | | | 8月5日 | 头版头条 |
| | “乡贤” 托起致富梦 | | | 8月5日 | 市州版头条 |
| | 葡萄丰 果农乐（图片） | | | 8月6日 | 1版 |
| | 老屋坪村治“病根” | | | 8月8日 | 5版 |
| | 桃源“贷”活创客 | | | 8月10日 | 1版 |
| | 津市棚改攻坚克难 | | | 8月11日 | 头版头条 |
| | 付出才能有收获 | | | 8月12日 | 9版 |
| | 唯有努力不负民心 | | | 8月13日 | 市州版 |
| | “精益班长”李定军 | | | 8月14日 | 市州版 |
| | 精益，正当时 | | | 8月24日 | 专版 |
| | 常德会战，藐视日军“火牛阵” | | | 8月21日 | 14版 |
| | 村里来了“女支书” | | | 8月21日 | 市州版 |
| | 让乡镇干部拴心留人 | | | 8月20日 | 9版 |

续上表

| 媒 体 | 标 题 | 作 者 | 字 数（时长） | 日 期 | 版 面 |
|---|---|---|---|---|---|
| 《湖南日报》 | 赛车场外赛致富 | | | 8月21日 | 7版 |
| | “看牛所长” | | | 8月20日 | 3版要闻 |
| | 常德争得“七个中国第一” | 周勇军 葛辉文等 | | 8月25日 | 头版头条 |
| | “天画罗坪”茶“醉人” | | | 8月27日 | 10版 |
| | 创常德冲裁品牌 促经济社会发展 | | | 8月28日 | 5版 |
| | 石门地税为微小企业减税450余万元 | | | 8月28日 | 市州版 |
| | 《常德抗战实录》首发 | | | 8月28日 | 市州版 |
| | 安乡一纸厂发生坠池事故 | | | 8月29日 | 市州版 |
| | 做活生态文章 建设文明乡村 | | | 8月31日 | 7版 |
| | 对接战略投资 促进经济增长 | 王 群 | | 9月1日 | 19版 |
| | 新常态下应对处理好“三大关系” | | | 9月1日 | 19版 |
| | 为“湖南好人”点赞 | | | 9月1日 | 19版 |
| | 转变观念 提质增效 助推发展 | | | 9月1日 | 19版 |
| | 一个湖，托起一个梦想 | 周勇军等 | | 9月7日 | 封面 |
| | 常德建设江南沅江风光带 | | | 9月8日 | 市州版 |
| | 跟上老百姓的节拍 | | | 9月8日 | 市州版 |
| | 让群众得实惠 | | | 9月2日 | 9版 |
| | 浪漫之城 水笑人欢 | | | 9月11日 | 10,11版专版 |
| | 不端“金饭碗”甘当“穷支书” | | | 9月12日 | 15版 |
| | “五定”连环抓监管 招招做实保平安 | | | 9月12日 | 报眼+ |
| | 推倒“围墙”书香来 | 周勇军 | | 9月9日 | 市州版头条 |
| | 一个湖，造福一方百姓 | 周勇军等 | | 9月9日 | 5版 |

续上表

| 媒 体 | 标 题 | 作 者 | 字 数（时长） | 日 期 | 版 面 |
|---|---|---|---|---|---|
| 《湖南日报》 | “布鞋行长”赵一兵 | 周勇军 李寒露等 | 2161 | 9月13日 | 头版头条 |
| | 2015年中国湖南国际旅游节开幕 | | | 9月13日 | |
| | 打造湖南旅游“金三角” | | | 9月14日 | 4版 |
| | 沅澧激情－来自常德精准扶贫精准脱贫的报告（上篇） | 周勇军 陈默等 | 3186 | 9月16日 | 封面 |
| | 打通联系服务群众“最后一米” | | | 9月16日 | 市州版 |
| | 大山作证－来自常德精准扶贫精准脱贫的报告（中篇） | 周勇军 陈默等 | 3635 | 9月18日 | 封面 |
| | 常德成立离退休干部正能量宣传团 | | | 9月18日 | 市州版 |
| | 常德63个重点工程项目集中开工 | | | 9月19日 | 5版 |
| | 洞庭回声－来自常德精准扶贫精准脱贫的报告（下篇） | 周勇军 陈默等 | | 9月21日 | 封面 |
| | 常德老干部争当“三星” | | | 9月22日 | 7版 |
| | 《条例》是解决基层无线电管理困局的利器 | | | 9月22日 | 11版 |
| | 劳模和我们算细账 | | | 9月23日 | 市州版 |
| | 澧县“三严三实”专题教育重实效 | | | 9月25日 | 14版 |
| | 澧县精心打造基层党建特色品牌 | | | 9月25日 | 14版 |
| | 旅游节图片 | | | 9月30日 | 市州版 |
| | 改出一番新气象 | | | 10月17日 | 5版要闻 |
| | 整改贵在真心实意 | | | 10月20日 | 5版 |
| | 只为群众满意 | | | 10月21日 | 市州版 |
| | 中医馆“聊天室”好热闹 | | | 10月21日 | 市州版 |
| | 对话韩少功：文学肯定比我们活得更长久 | | | 10月16日 | 13版 |
| | 杏林成荫惠民生 | 周勇军等 | | 10月27日 | 封面 |
| | 抓好安全生产重在“六项落实” | | | 10月27日 | 13版 |

续上表

| 媒 体 | 标 题 | 作 者 | 字 数（时长） | 日 期 | 版 面 |
|---|---|---|---|---|---|
| 《湖南日报》 | 打开远澧大门　建设滨湖湖强县 | | | 10月27日 | 13版 |
| | 桃花源里“好宜居” | | | 10月27日 | 13版 |
| | 学习“一兵”精神　争当“七讲”员工 | | | 10月27日 | 13版 |
| | 发展乡村旅游　推进精准扶贫 | | | 10月27日 | 13版 |
| | 临澧金融支农如虎添翼 | 李寒露等 | | 10月28日 | 市州版头条 |
| | 七星椒打开致富门 | | | 10月30日 | 13版 |
| | 寻梦“桃花源” | | | 10月30日 | 15版 |
| | 常德巡回宣讲百姓故事 | | | 10月31日 | 市州版 |
| | 从“政策清单”看政府作为 | 周德睿 | | 10月30日 | 11版 |
| | 人勤地不懒 | | | 10月31日 | 市州版 |
| | 干部办实事需群众满意签字 | | | 11月10日 | 封面 |
| | 儿子去世　善款转捐 | | | 11月11日 | 市州版 |
| | 武陵区建设“完美社区” | 李寒露　周勇军等 | | 11月11日 | 头版头条 |
| | 常德市工伤保鲜处真情服务为民 | | | 11月11日 | 6版 |
| | 这一刻，我们等了很久 | | | 11月12日 | 市州版 |
| | 常德大型农副产品电商平台上线 | | | 11月12日 | 市州版 |
| | 常德市积极探索工伤预防新路径 | | | 11月12日 | 3版要闻 |
| | “最好的父亲” | | | 11月13日 | 15版 |
| | 牵住制度“牛鼻子” | | | 11月13日 | 10版 |
| | 桃源国有林场改革活力迸发 | 李寒露等 | | 11月14日 | 头版头条 |
| | “八大建设”强化农村党建 | 李寒露等 | | 11月14日 | 市州版头条 |
| | 倾心为民谋福祉 | | | 11月16日 | 7版 |

续上表

| 媒 体 | 标 题 | 作 者 | 字 数（时长） | 日 期 | 版 面 |
|---|---|---|---|---|---|
| 《湖南日报》 | 常德女孩义助被困巴黎中国游客 | 李寒露 刘 凌 | | 11月15日 | 1版 |
| | “越野”越激情 | | | 11月15日 | 4版 |
| | 沅澧大地家园新 | | | 11月17日 | 11版 |
| | 真情实扶心贴心 | | | 11月17日 | 11版 |
| | 党旗如炽映沅澧 牢筑堡垒唱大风 | | | 11月17日 | 9版 |
| | 澧县县城“长大”一倍 | 周勇军 关洪日 王文平 | | 11月22日 | 头版头条 |
| | 故土情 | | | 11月20日 | 18版 |
| | 石门农开：“五招”制胜 | | | 11月20日 | 10版 |
| | 敢立潮头建大业 悬壶济世誉杏林 | 杨振华等 | | 11月24日 | 10版专版 |
| | 舒展生态新画卷 | | | 11月25日 | 封面 |
| | 石门走出绿色发展好路径 | 周勇军 覃业明 | | 11月25日 | 头版头条 |
| | 优惠落地 减税千万 | | | 11月25日 | 市州版 |
| | 《政策清单》编辑出版情况介绍 | | | 11月26日 | 11版专版 |
| | 确保纪律和规矩立得住挺在前 | | | 11月26日 | 17版 |
| | “进村入户”刻骨铭心得六天 | | | 11月26日 | 17版 |
| | 党员干部遵守《准则》要有“三气” | | | 11月26日 | 17版 |
| | 让生态之花在安乡贫困村绽放 | | | 11月26日 | 17版 |
| | 借力区划调整 打造特色乡镇 | | | 11月26日 | 17版 |
| | 家门口 有银行 | | | 11月27日 | 市州版 |
| | 省委宣讲团常德宣讲 | | | 11月27日 | 4版 |
| | 贫困山村脱贫应在“四个精准”上发力 | 郭碧勋 | | 11月27日 | 13版专版 |
| | 津市市－澧县、芷江列入试点 | | | 11月28日 | 1版 |

续上表

| 媒　体 | 标　　题 | 作　者 | 字　数（时长） | 日　期 | 版　面 |
|---|---|---|---|---|---|
| 《湖南日报》 | 联出好氛围　　带来新气象 | | | 11月30日 | 1版 |
| | 改革关头勇者胜 | | | 11月30日 | 10版专版 |
| | 常德地税“互联网+”效应凸显 | | | 11月30日 | 市州版头条 |
| | 汉寿县引资过百亿 | 周勇军　李寒露等 | | 11月30日 | 头版头条 |
| | 可敬的老兵，不能让你掉队 | | | 11月30日 | 5版 |
| | 改革关头勇者胜 | 李寒露　周勇军等 | | 11月30日 | 10版专版 |
| | 磅礴之力汇沅澧 | | | 12月1日 | 10版专版 |
| | 在造福610万人的路上 | | | 12月1日 | 8版专版 |
| | 扶贫先扶心 | | | 12月1日 | 市州版 |
| | 逐梦扬帆再起航——常德市以“美丽经济”释放民生“红利” | | | 12月3日 | 10版专版 |
| | 津市市全域供水建设“四则运算”模式解读 | | | 12月3日 | 8版要闻 |
| | 推出5项新举措 | | | 12月3日 | 11版 |
| | 践行“三严三实”落实“两个责任” | | | 12月4日 | 19版 |
| | 深化商事制度改革　加强事中事后监督 | | | 12月4日 | 19版 |
| | 落红不是无情物　化作春泥更护花 | | | 12月4日 | 19版 |
| | 巾帼不让须眉的“义工双娇” | | | 12月4日 | 市州版 |
| | 雪天巡线 | | | 12月6日 | 头版 |
| | 结对帮扶以心换心 | | | 12月8日 | 市州版 |
| | 桃源300多名家庭农场主“触电” | | | 12月9日 | 市州版 |
| | 洞庭湖里挖藕人 | | | 12月9日 | 15版专版 |
| | 谁排污　　谁“买单” | | | 12月10日 | 市州版 |
| | 城头山　　承载史前文明的最早古城 | | | 12月10日 | 18版 |

续上表

| 媒 体 | 标 题 | 作 者 | 字 数（时长） | 日 期 | 版 面 |
|---|---|---|---|---|---|
| 《湖南日报》 | 安乡“三个三”推公共资源交易改革 | | | 12月11日 | 市州版头条 |
| | 坚持“四决”在手　做到严以用权 | | | 12月12日 | 8版 |
| | 推进绿色发展　加速生态崛起 | | | 12月12日 | 8版 |
| | 寒夜抢修送光明 | | | 12月12日 | 市州版 |
| | 常德查办各类职务犯罪170人 | | | 12月14日 | 4版 |
| | 鼎城区“两个责任”遏制权力任性 | | | 12月16日 | 市州版 |
| | 好人“好报” | | | 12月17日 | 市州版 |
| | “创业之梦”在这里变成现实 | | | 12月18日 | 9版 |
| | 石门年产60万吨白水泥生产线开建 | | | 12月18日 | 5版 |
| | 居民告别“低电压” | | | 12月18日 | 市州版头条 |
| | 透过地名看文化 | | | 12月21日 | 7版 |
| | 一亩菜地，一年收入过万元 | | | 12月22日 | 市州版头条 |
| | 冬夜围炉听民声 | | | 12月22日 | 市州版 |
| | 把“常德担当”转化为发展成效——访常德市委书记王群 | | | 12月22日 | 5版 |
| | 实现绿色崛起　打造生态津市 | | | 12月22日 | 20版 |
| | “四轮驱动”压实监督责任 | | | 12月22日 | 20版 |
| | 改革创新激发医疗系统活力 | | | 12月22日 | 20版 |
| | “结穷亲”伸援手“结对子”扶真贫 | | | 12月22日 | 20版 |
| | 打造生态文明的“世外桃源” | | | 12月22日 | 20版 |
| | 常德桃花源机场启用新航站楼 | | | 12月23日 | 4版要闻 |
| | 区划调整不搞“拉郎配” | | | 12月24日 | 市州 |
| | 洞庭柳叶 | | | 12月26日 | 12版 |

## 2015年常德市落实省重点民生实事任务自查统计表

| 事项 | 责任单位 | 考核项目 | 工作目标 | 完成数 | 占年任务之比 | 备注 |
|---|---|---|---|---|---|---|
| 1 | 市交通局 | 农村公路建设（公里） | 309 | 317.34 | 103% | |
| 2 | | 普通公路安保设施建设（公里） | 1239 | 1306.28 | 105% | |
| 3 | 市水利局 | 解决农村人口饮水安全问题（万人） | 37.5 | 139.5624 | 372% | |
| 4 | 市人社局 | 新增城镇就业（人） | 66000 | 67157 | 102% | |
| 5 | 市教育局 | 建设义务教育合格学校（所） | 24 | 完成投资额6429万元 | 100% | 投资额 |
| 6 | | 建设农村公办幼儿园（所） | 18 | 完成投资额2952万元 | 100% | 投资额 |
| 7 | 市住建局<br>市农垦办 | 农村危房改造（户） | 7700 | 23060 | 299% | |
| 8 | | 农垦危房改造（户） | 5112 | 5194 | 101.6% | 开工率 |
| 9 | 市住建局<br>市房管局 | 新增公租房（套） | 14500 | 18422 | 115% | 开工率 |
| 10 | | 城市棚户区改造（户） | 27000 | 35653 | 121% | 开工率 |
| 11 | | 新增城镇管输天然气用户（户） | 32500 | 33523 | 103% | |
| 12 | | 市县供水厂出厂水水质全面提升 | 11 | 11 | 100% | |
| 13 | | 县以上城镇污水处理率 | 87% | 89% | 102% | |
| 14 | 市城管局 | 县以上城镇生活垃圾无害化处理率 | 90% | 99.48% | 110.9% | |
| 15 | 市残联 | 0–7岁残疾儿童抢救性康复（名） | 373 | 373 | 100% | |
| 16 | 市卫计委 | 救治救助贫困重性精神疾病患者（名） | 900 | 900 | 100% | |
| 17 | | 改扩建精神卫生服务机构（家） | 1 | 1 | 100% | |
| 18 | 市公安局 | 新增社会治安视频监控摄像头（个） | 2000 | 2000 | 100% | |
| 19 | 市司法局 | 建设社区矫正中心（个） | 3 | 3 | 100% | |
| 20 | 市民政局 | 新增公办福利院养老服务床位（张） | 100 | 100 | 100% | |
| 21 | | 新增城乡养老服务示范点床位（张） | 144 | 144 | 100% | |
| 22 | | 新增农村敬老院床位（张） | 850 | 850 | 100% | |
| 23 | | 新增农村幸福院养老服务床位（张） | 675 | 675 | 100% | |
| 24 | 市商务局 | 农贸市场标准化改造（个） | 26 | 26 | 100% | |
| 25 | 市环保局 | 农村环境综合整治（村） | 83 | 83 | 100% | |
| 26 | 市文体广新局 | 农村广播村村响(村) | 2920 | 2920 | 100% | |
| 27 | 国网常德供电公司 | 行政村配电网改造(村) | 50 | 50 | 100% | |

## 常德市国家地理标志保护产品统计表

| 序号 | 产品名称 | 所在地政府 | 公告保护时间 |
|---|---|---|---|
| 1 | 桃源野茶王 | 桃源县 | 2005.12.31 |
| 2 | 汉寿甲鱼 | 汉寿县 | 2011.2.21 |
| 3 | 澧县葡萄 | 澧 县 | 2011.2.21 |
| 4 | 石门马头山羊 | 石门县 | 2012.12.20 |
| 5 | 汉寿玉臂藕 | 汉寿县 | 2012.12.20 |
| 6 | 常德酱板鸭 | 授权武陵区 | 2013.7.12 |
| 7 | 石门土鸡 | 石门县 | 2014.4.9 |
| 8 | 珊珀湖草鱼 | 安乡县 | 2014.4.9 |
| 9 | 珊珀湖花鲢 | 安乡县 | 2014.4.9 |
| +10 | 珊珀湖黑鲫 | 安乡县 | 2014.4.9 |
| 11 | 临澧黄花鱼 | 临澧县 | 2014.4.9 |
| 12 | 桃源黑猪 | 桃源县 | 2014.12.24 |
| 13 | 临澧杂柑 | 临澧县 | 2015.9.16 |

## 常德市上市公司统计表

| 公司名称 | 上市交易所 | 上市时间 | 股票代码 |
|---|---|---|---|
| 金健米业 | 上海证券交易所 | 1998 年 5 月 | 600127 |
| 大湖股份 | 上海证券交易所 | 2000 年 6 月 | 600257 |
| 万福生科 | 深圳证券交易所 | 2011 年 9 月 | 300268 |
| 惠生国际 | 香港联合交易所 | 2014 年 2 月 | 01340 |
| 益丰大药房 | 上海证券交易所 | 2015 年 2 月 | 603939 |

## 因城市道路建设需重新调整起止点的道路基本情况一览表

| 编号 | 道路名称 | 长度（米） | 红线宽度（米） | 走向 | 原起止点 | 调整后起止点 |
|---|---|---|---|---|---|---|
| 1 | 洞庭大道 | 14726 | 60 | 东西 | 沅江一大桥—新竹河 | 滨河大道—丹溪路 |
| 2 | 建设路 | 7872 | 26 ~ 50 | 东西 | 人民路—朝阳路 | 滨河大道—朝阳路 |

## 因城市道路建设需重新调整起止点的道路基本情况一览表

| 编号 | 命名名称 | 原用名称 | 长度（米） | 红线宽度（米） | 走向 | 起止点 | 备注 |
|---|---|---|---|---|---|---|---|
| 1 | 桃花源路 | 金丹路<br>桃花源路 | 18073 | 40 ~ 50 | 南北 | 桃花源机场—太阳大道 | |
| 2 | 府坪街 | 民主街 | 141 | 20 | 南北 | 人民路—和平街 | 恢复老地名，此地为历代常德府治所驻地 |
| 3 | 半边街 | 劳动街巷 | 480 | 8 ~ 10 | 东西 | 红旗路—沅安路 | 恢复老地名，取自桥修七里，街修半边的故事 |
| 4 | 马木桥巷 | 文劳巷 | 180 | 8 | 东西 | 保险巷—光荣路 | 移“植”老地名，保留历史记忆 |
| 5 | 新光巷 | 产权巷 | 700 | 8 ~ 10 | 7 型 | 武陵大道—育才路 | 恢复老地名 |
| 6 | 骡马甸巷 | 有机巷 | 350 | 10 | 南北 | 朝阳路—洞庭大道 | 移“植”老地名，保留历史记忆 |
| 7 | 梅家垱巷 | 中房巷<br>国土巷 | 600 | 8 ~ 10 | 7 型 | 洞庭大道—朗州路 | 恢复老地名 |
| 8 | 上慧家坪巷 | 农业巷 | 210 | 4 ~ 6 | 东西 | 朝阳路—原艺校宿舍 | 恢复老地名 |
| 9 | 下慧家坪巷 | 交通巷 | 400 | 10 | 南北 | 洞庭大道—皂果路 | 恢复老地名 |
| 10 | 打铁街 | 美吉巷 | 270 | 14 | 南北 | 沅安路—人民路 | 恢复老地名 |
| 11 | 大河街 | 仿古城巷 | 700 | 8 ~ 12 | 东西 | 青年路—朗州路 | 移“植”老地名，保留历史记忆 |
| 12 | 善德路 | 滨江路 | 13389 | 30 | n 型 | 杨家港路—江南大道 | |
| 13 | 蔡家路 | 东风路 | 1000 | 30 | 南北 | 政德路—望江路 | 东风路重名，启用原规划名称 |

## 已建成尚未正式命名现予以命名的道路基本情况一览表

| 编号 | 命名名称 | 规划名称 | 长度（米） | 红线宽度（米） | 走向 | 起止点 | 备注 |
|---|---|---|---|---|---|---|---|
| 武陵区 | | | | | | | |
| 1 | 田何街 | 田何巷 | 432 | 12 | 7 型 | 紫菱路—武陵大道 | |
| 2 | 红旗路 | 红旗路 | 4474.89 | 26 | 南北 | 皇木关路—建设路 | 恢复老地名 |
| 3 | 翦伯赞路 | “中心城区规划支路一” | 1295.11 | 20 | 南北 | 柳叶大道—常德大道 | 桃源人，曾任北京大学副校长、中国著名历史学家、社会活动家 |
| 4 | 沙河街 | 沙河路 | 1378 | 10 ~ 16 | 南北 | 柳叶大道—三星路 | |
| 5 | 老堤障路 | 老堤障路 | 6548.97 | 30 ~ 45 | 东西 | 驮古堤路—紫缘路 | |
| 6 | 白马街 | 白马街 | 739 | 14 | 东西 | 龙港路—芙蓉路 | |
| 7 | 康桥街 | 康桥街 | 662 | 12 | 东西 | 朝阳路—皂果路 | |
| 8 | 水星巷 | | 350 | 16 | 南北 | 沅安路—人民路 | 恢复老地名 |
| 9 | 乔家巷 | | 260 | 8 | 南北 | 大河街—人民路 | 恢复老地名 |
| 10 | 仙桥巷 | | 300 | 8 | 反 7 型 | 滨湖路—穿紫河 | 与邻近的刘海砍樵雕塑呼应 |
| 柳叶湖旅游度假区 | | | | | | | |
| 1 | 柳明路 | 柳明路 | 974.91 | 12 ~ 20 | 东西 | 环湖路—展诚巷 | |
| 2 | 柳缘路 | 柳缘路 | 1056.44 | 20 | 东西 | 常德大道—丹阳路 | |
| 3 | 保靖路 | 柳星路 | 528 | 20 | 东西 | 常德大道—紫缘路 | 移“植”老地名，保留历史记忆 |
| 4 | 洪江街 | 柳站街 | 330 | 16 | 东西 | 常德大道—紫缘路 | 移“植”老地名，保留历史记忆 |

## 命名更名的桥梁基本情况一览表

| 编号 | 桥梁名称 | 工程建设用名 | 长度（米） | 宽度（米） | 所在道路名 | 所跨地物名 | 备注 |
|---|---|---|---|---|---|---|---|
| 1 | 武陵大桥 | 沅江一大桥 | 2200 | 19 | 紫缘路 | 沅江 | |
| 2 | 德山大桥 | 沅江二大桥 | 3120 | 19 | 常德大道 | 沅江 | |
| 3 | 桃花源大桥 | 沅江三大桥 | 2800 | 32 | 桃花源路 | 沅江 | 此桥在桃花源路上，为宣传桃花源、桃花源里的城市而命名 |
| 4 | 德山石桥 | 旧德山大桥 | 95 | 10 | 莲池路 | 枉水 | 前苏联援建石拱桥梁，桥名不宜大改 |
| 5 | 枉水桥 | 新德山大桥 | 107 | 26 | 善卷路 | 枉水 | |
| 6 | 柳叶湖大桥 | 泉水桥 | 2500 | 19.8 | 省道 306 线 | 柳叶湖 | |

续上表

| 编号 | 桥梁名称 | 工程建设用名 | 长度（米） | 宽度（米） | 所在道路名 | 所跨地物名 | 备注 |
|---|---|---|---|---|---|---|---|
| 7 | 罗湾桥 | 罗湾大桥 | 760 | 18 | 朗州路 | 柳叶湖 | |
| 8 | 龙港桥 | 白马湖桥 | 81 | 34 | 龙港路 | 白马湖 | |
| 9 | 白马湖桥 | 皂果路白马湖桥 | 91.7 | 45 | 皂果路 | 白马湖 | |
| 10 | 长胜桥 | 长胜桥 | 140 | 25 | 朝阳路 | 穿紫河 | 桥梁管理处征集意见 |
| 11 | 遇仙桥 | 穿紫河桥 | 71.5 | 45 | 武陵大道 | 穿紫河 | 与邻近的刘海砍樵的雕塑联系起来 |
| 12 | 穿紫桥 | 穿紫桥 | 38 | 26 | 朗州路 | 穿紫河 | 此处水域开阔，最能体现“穿紫而过”的本义 |
| 13 | 七里桥 | 七里桥 | 15 | 24.4 | 丹阳路 | 穿紫河 | 取自桥修七里，街修半边的故事 |
| 14 | 紫缘桥 | 紫缘桥 | 397 | 38 | 紫缘路 | 穿紫河 | 桥梁管理处征集意见 |
| 15 | 柏园桥 | 柏园桥 | 87 | 17 | 洞庭大道 | 穿紫河 | 桥梁管理处征集意见 |
| 16 | 三闾桥 | 三闾桥 | 92 | 26 | 青年路 | 穿紫河 | 取自三闾大夫屈原在此垂钓的故事 |
| 17 | 新河桥 | 新河桥 | 110 | 54 | 常德大道 | 常德市南坪村 | |
| 18 | 姻缘桥 | 姻缘河桥 | 175 | 45 | 常德大道 | 姻缘河 | 取自姻缘河上结姻缘的故事 |
| 19 | 建设桥 | 建设桥 | 33 | 22 | 建设路 | 穿紫河 | |
| 20 | 新河渠桥 | 新河渠桥 | 28 | 70 | 洞庭大道 | 新河渠 | |
| 21 | 杨河桥 | 杨河桥 | 70 | 48 | 桃花源路 | 杨桥河 | |

## 命名的公园基本情况一览表

| 编号 | 公园名称 | 工程建设用名 | 所在位置 | 面积（平方米） | 命名依据 |
|---|---|---|---|---|---|
| 1 | 白马湖公园 | 白马湖公园 | 白马湖周边 | 417000 | 因白马湖而得名 |
| 2 | 丁玲公园 | 丁玲公园 | 东起皂果路、西至龙港路、北抵新河路、南到紫菱路 | 300000 | 为纪念历史名人丁玲而命名 |
| 3 | 善卷公园 | 善卷公园 | 东起阳明路、西至德安路、北抵永安路、南至永富路 | 1200000 | 为纪念历史人物善卷而命名 |
| 4 | 临江公园 | 江南外滩公园 | 武陵镇临江 | 1200000 | 因紧临沅江滩涂，环绕武陵镇而得名 |
| 5 | 枉山公园 | 德山森林公园 | 德山林场 | 440000 | 此山最早名为枉山，后改为善德山、德山。为保留历史记忆，取名为枉山公园 |
| 6 | 文峰公园 | 孤峰公园 | 德山孤峰岭 | 156900 | 历史上曾被称为文峰公园，此次恢复原有地名 |

## 常德市国家等级景区统计表

| 序号 | 景区 | 等级 | 地址 |
|---|---|---|---|
| 1 | 桃花源风景名胜区 | AAAA | 桃源县桃花源镇 |
| 2 | 柳叶湖旅游度假区 | AAAA | 柳叶大道东段 |
| 3 | 清水湖旅游度假区 | AAAA | 汉寿县太子庙镇 |
| 4 | 夹山国家森林公园 | AAAA | 石门县城东南 8 公里处 |
| 5 | 花岩溪国家森林公园 | AAAA | 鼎城花岩溪国家森林公园 |
| 6 | 常德市规划展示馆 | AAAA | 常德市白马湖公园内 |
| 7 | 城头山旅游景区 | AAAA | 澧县车溪乡城头山村 |
| 8 | 西洞庭湖湿地公园 | AAA | 汉寿县岩汪湖镇 |
| 9 | 河洑快乐谷景区 | AAA | 常德市西郊七公里 |
| 10 | 澧州古城 | AAA | 澧阳镇古城路 128 号 |
| 11 | 常德诗墙景区 | AAA | 常德市武陵区沅安路沿江地带 |
| 12 | 林伯渠故居纪念馆 | AAA | 临澧县修梅镇凉水井村 |
| 13 | 沅洲石雕艺术馆 | AAA | 常德市武陵大道紫云天大厦 |
| 14 | 澧县彭山庄园 | AAA | 澧县张公庙镇 |
| 15 | 桃源枫树维回民族团结示范园 | AAA | 桃源县枫树维回乡维回新村 |
| 16 | 十美堂鸟儿洲生态旅游区 | AAA | 鼎城区十美堂镇 |
| 17 | 常德市博物馆 | AA | 常德市武陵大道南段 144 号 |
| 18 | 临澧县博物馆 | AA | 临澧县朝阳东街 59 号 |
| 19 | 石门文庙 | AAA | 石门县楚江镇文庙路 6 号 |
| 20 | 乌云界花源里生态旅游区 | AAA | 桃源县沙坪镇赛阳村 |

## 常德市工业、红色旅游示范点统计表

| 序号 | 景区 | 类别 | 地址 | 联系方式 |
|---|---|---|---|---|
| 1 | 金健米业 | 省工 | 常德市经济技术开发区 | 0736–2588288 |
| 2 | 德山酒业 | 省工 | 常德市经济技术开发区 | 0736–7306999 |
| 3 | 武陵酒厂 | 省工 | 常德市经济技术开发区 | 0736–7309799 |
| 4 | 浏阳河农业产业集团 | 省工 | 汉寿经济开发区 | 0736–2740888 |
| 5 | 白云山有机茶加工厂 | 省工 | 石门县白云山国有林场 | 13973642493 |
| 6 | 鸿睿文化创意产业园 | 省工 | 鼎城区蔡家岗镇宝家山村 | 18607368182 |

续上表

| 序号 | 景区 | 类别 | 地址 | 联系方式 |
|---|---|---|---|---|
| 7 | 林伯渠故居纪念馆 | 省红 | 临澧县修梅镇凉水井村 | 0736–5588679 |
| 8 | 东方红会馆 | 省红 | 常德市武陵大道 72 号 | 0736–7760777 |
| 9 | 帅孟奇纪念馆 | 省红 | 汉寿县龙阳镇银水东路 60 号 | 0736–2862631 |
| 10 | 翦伯赞故居 | 省红 | 桃源县枫树乡维回新村 | 0736–6685338 |
| 11 | 河洑快乐谷 | 省红 | 武陵区河洑镇围山路 1 号 | 0736–7079001 |
| 12 | 澧县毛泽东红色文物纪念馆 | 省红 | 澧县张公庙镇高路铺村 | 0736–3343011 |
| 13 | 临澧县博物馆 | 省红 | 临澧县朝阳东街 59 号 | 0736–5897810 |

## 常德市高星级酒店一览表

| 序号 | 饭店名称 | 星级 | 地 址 | 电 话 |
|---|---|---|---|---|
| 1 | 共和酒店 | 五 | 市柳叶大道东段 | 0736–7138888 |
| 2 | 瑞高酒店 | 五 | 澧县运达南路 88 号 | 0736–3888888 |
| 3 | 常德华天大酒店 | 四 | 市武陵大道南段 | 0736–7258888 |
| 4 | 常德国际大酒店 | 四 | 市武陵大道北段 | 0736–7778888 |
| 5 | 尧业国际大酒店 | 四 | 石门县梯云风尚街 1 区 9 栋 | 0736–5289888 |

## 常德市星级旅行社一览表

| 序号 | 单位 | 电话 | 地址 |
|---|---|---|---|
| 1 | 常德中旅国际旅行社 | 7898335 | 常德市武陵区广宇商务楼 163 号 |
| 2 | 湖南华天国旅常德旅行社 | 7223622 | 常德市建设路口广宇商务楼 313# |
| 3 | 常德康辉国际旅行社 | 7768662 | 常德市朗州路 173 号 |
| 4 | 常德亲和力旅游国际旅行社 | 7166002 | 常德市滨湖公园水榭花城西城 1701 室 |
| 5 | 湖南海外旅游常德有限公司 | 7171253 | 常德市建设路口广宇商务楼 |
| 6 | 常德港之旅国际旅行社 | 7833562 | 常德市武陵阁门面 |
| 7 | 常德国际旅行社 | 7770731 | 常德市武陵阁门面 |
| 8 | 常德风光国际旅行社 | 7618886 | 常德市朗州路常德宾馆一楼 |
| 9 | 常德百事通国际旅行 | 3248838 | 澧县澧州大道 779 号 |
| 10 | 常德平安国际旅行社 | 2573297 | 桃源县漳江镇文星路 |

## 友好城市分布情况一览表

| 外方城市 | 国别 | 结好时间 |
| --- | --- | --- |
| 国际友好城市关系 | | |
| 东近江市 | 日本 | 1994.8.15 |
| 伊普斯维奇市 | 澳大利亚 | 2011.6.1 |
| 阿努拉达普拉市 | 斯里兰卡 | 2013.12.24 |
| 国际友好合作关系 | | |
| 汉诺威市 | 德国（友好合作城市） | 2010.7.1 |
| 光阳湾区 | 韩国（友城意向） | 2010.9.16 |
| 日内瓦州 | 瑞士（经贸伙伴） | 2011.9.22 |

## 高等院校友好合作关系一览表

| 中方机构 | 外方机构 | 国别 | 结好时间 | 合作性质 |
| --- | --- | --- | --- | --- |
| 湖南文理学院 | 哈町大学 | 美国 | 2010.5 | 学分互认 |
| | 强德森威尔士大学 | 美国 | 2010.8 | 友好院校 |
| | 菲沙河谷大学 | 加拿大 | 2012.11 | 友好院校 |
| | 胡弗汉顿大学 | 英国 | 2007.8 | 学分互认 |
| | 西苏格兰大学 | 英国 | 2008.6 | 友好院校 |
| | 埃塞克斯大学 | 英国 | 2010.3 | 友好院校 |
| | 伍斯特大学 | 英国 | 2011.3 | 中外合作办学项目 |
| | 维特利亚理工学院 | 新西兰 | 2012.12 | 友好院校 |
| | 都留文科大学 | 日本 | 2011.11 | 友好院校 |
| | 琵琶湖学院大学 | 日本 | 2011.9 | 师生互访 |
| | 湖西大学校 | 韩国 | 2009.6 | 学分互认 |
| | 亚洲大学 | 韩国 | 2010.3 | 学分互认 |
| | 蔚山大学 | 韩国 | 1010.8 | 友好院校 |

## 常德市公交线路一览表

| 线路 | 起止站台 | 公里 | 车型 | 台数 | 座位数 | 夏季首班 | 夏季末班 | 冬季首班 | 冬季末班 | 经过主要路段 | 沿途停靠站台 |
|---|---|---|---|---|---|---|---|---|---|---|---|
| 1 | 农资大市场—常德职院 | 11 | 大客 | 22 | 32 | 5:50 | 21:30 | 5:50 | 21:00 | 人民路、沅安路、常慈路 | 农资大市场、公交四分公司、甘露寺、东郊乡卫生院、市农业局、一医院、水巷口、城门口、政务中心·新德华眼镜、下南门·佩佳珠宝、步行街、七医院、四医院、公交总公司·新德华眼镜、自来水公司、三岔路、霞山房产、银线宾馆、皮肤病医院、兴隆装饰城、常德职院（原线返回） |
| 2 | 水星楼商业广场—金丹派出所 | 8 | 大客 | 12 | 26 | 6:20 | 21:35 | 6:30 | 21:00 | 沅安路、朗州路、洞庭大道、常澧路、金丹路 | 水星楼商业广场、排云阁、下南门·大明眼镜、市一中·新德华眼镜、滨湖公园、丹阳天桥、市妇幼保健院、中国银行、五医院、德景园、馨香庭院、湖南文理学院、常德电大、西城水恋、市康复医院、烟机厂、高车农贸市场、金丹派出所 |
| 2 | 金丹派出所—水星楼商业广场 | 8 | 大客 | 12 | 26 | 6:20 | 21:35 | 6:30 | 21:00 | 沅安路、朗州路、洞庭大道、常澧路、金丹路 | 金丹派出所、市康复医院、西城水恋、烟厂联合工房、湖南文理学院、德景园、五医院、市商务局、市人大、丹阳天桥、滨湖公园、市一中·新德华眼镜、下南门·大明眼镜、下南门·佩佳珠宝、水星楼商业广场 |
| 3 | 武陵阁—陬市 | 16 | 大客 | 6 | 25 | 6:30 | 17:30 | 6:30 | 17:30 | 人民路、常慈路 | 武陵阁、七医院、四医院、公交总公司·新德华眼镜、自来水公司、三岔路、霞山房产、银线宾馆、皮肤病医院、兴隆装饰城、常德职院、农科所、八一、朱湖、河洑镇、高湾、桃源三中、陬市（原线返回） |
| 5 | 农资大市场—公交总站 | 10 | 大客 | 14 | 26 | 6:10 | 19:00 | 6:30 | 19:00 | 人民路、建设路、朝阳路 | 农资大市场、公交四分公司、甘露寺、东郊乡卫生院、市委、建设桥、文化宫、市信访接待中心、市政府、黄金台、小西门、四医院、百纺农贸市场、二中医院、朝阳D五区、朝阳路口、西园小区、常德变压器厂、长胜桥、市安全生产监督管理局、常德仁爱医院、常德市国土资源管理局、锦绣花园、汇元小区、常德汽车总站、公交总站（返回经三星路口站） |
| 6 | 皂果小区—七一机械厂 | 18 | 大客 | 26 | 25 | 6:10 | 21:30 | 6:10 | 21:30 | 育才路、朝阳路、人民路、沅安路、朗州路、建设路、青年路、洞庭大道、善卷路、莲池路、德山大道 | 皂果小区、百纺农贸市场、东晟文化公馆、七医院、步行街、下南门·大明眼镜、市信访接待中心、交警二大队、新一村、北引桥、桥南市场、向群巷·飘香菜油、八建、信用联社、财富广场、商贸城、湖南应用技术学院、鼎城车管所、鼎城公交站、金大地·新三湘、力正骨康医院、三滴水村、晒谷岭、二医院、十字路口、演舞堆社区、洞庭北路、德山消防支队、老码头、乾明寺 、七一机械厂 |
| 6 | 七一机械厂—皂果小区 | 18 | 大客 | 26 | 25 | 6:10 | 21:30 | 6:10 | 21:10 | 育才路、朝阳路、人民路、沅安路、朗州路、建设路、青年路、洞庭大道、善卷路、莲池路、德山大道 | 七一机械厂 、乾明寺 、老码头、德山消防支队、洞庭北路、演舞堆社区、十字路口、二医院、晒谷岭、三滴水村、力正骨康医院、金大地·新三湘、鼎城公交站、鼎城车管所、湖南应用技术学院、商贸城、财富广场、信用联社、八建、向群巷·飘香菜油、桥南市场、北引桥、新一村、交警二大队、文化宫、政务中心·新德华眼镜、下南门·佩佳珠宝、步行街、七医院、四医院、常师附小、皂果小区 |
| 7 | 常德汽车北站—鼎城教师进修学校 | 15 | 大客 | 26 | 27 | 6:20 | 20:40 | 6:20 | 20:40 | 长庚路、竹叶路、人民路、沅安路、朗州路、洞庭大道、车站路、临沅路 | 常德汽车北站、兴隆装饰城、皮肤病医院、银线宾馆、霞山房产、三岔路、自来水公司、公交总公司·新德华眼镜、四医院、七医院、步行街、下南门·大明眼镜、市一中·新德华眼镜、滨湖公园、丹阳天桥、丹阳路口、政府三办公楼、柏园桥、聚和苑、北引桥、桥南市场、桥南副食城、鼎城电影院、鼎城劳动局、鼎城区政府、市财校、鼎城教师进修学校 |

续上表

| 线路 | 起止站台 | 公里 | 车型 | 台数 | 座位数 | 夏季 | | 冬季 | | 经过主要路段 | 沿途停靠站台 |
|---|---|---|---|---|---|---|---|---|---|---|---|
| | | | | | | 首班 | 末班 | 首班 | 末班 | | |
| 7 | 鼎城教师进修学校—常德汽车北站 | 15 | 大客 | 26 | 27 | 6:20 | 20:40 | 6:20 | 20:40 | 人民路、沅安路、朗州路、洞庭大道、长庚路、竹叶路、临沅路 | 鼎城教师进修学校、市财校、鼎城区政府、鼎城劳动局、鼎城电影院、桥南副食城、桥南市场、北引桥、聚和苑、柏园桥、丹阳路口、丹阳天桥、滨湖公园、市一中·新德华眼镜、下南门·大明眼镜、步行街、七医院、四医院、公交总公司·新德华眼镜、自来水公司、烟厂二区、馨香庭院、湖南文理学院、常德电大、公交二分公司、烟厂三区、天源星城、常德汽车北站 |
| 8 | 农资大市场—枫丹丽舍 | 9 | 大客 | 10 | 28 | 6:00 | 18:20 | 6:15 | 18:10 | 人民路、引桥路、建设路、青年路、洞庭大道、鼎城路 | 农资大市场、公交四分公司、甘露寺、东郊乡卫生院、市农业局、一医院、水巷口、城门口、建设桥、文化宫、交警二大队、新一村、北引桥、桥南市场、小园盘、鼎城一中、枫丹丽舍（原线返回） |
| 9 | 公交总站—省柴 | 24 | 大客 | 22 | 23 | 5:30 | 20:30 | 6:30 | 20:30 | 市场中路、三星路、武陵大道、洞庭大道、紫缘路、善卷路、永安路、莲池路、德山大道、有德路、崇德路 | 公交总站、北金城、三星路口、国贸大夏、市物价局·力源体检中心、市交警支队、遇仙桥、市体育中心、市教育局、市人大、丹阳路口、政府三办公楼、柏园桥、聚和苑、北引桥、桥南市场、向群巷·飘香菜油、永安东路、博雅医院、捌海·常德公馆、名郡国际、薪城外滩、商贸城、湖南应用技术学院、鼎城车管所、鼎城公交站、金大地·新三湘、力正骨康医院、三滴水村、晒谷岭、二医院、十字路口、工商银行、交警三大队、恒安纸业、经开区管委会、经开区公安分局、金帛化纤、永丰安置小区、纺机、崇德中学、广积米业、金天钛业、红都华庭、金健药业、金健米业、省柴 |
| 9 | 省柴—公交总站 | 24 | 大客 | 22 | 23 | 5:30 | 20:30 | 6:30 | 20:30 | 市场中路、三星路、武陵大道、洞庭大道、紫缘路、永安路、善卷路、莲池路、德山大道、有德路、崇德路 | 省柴、金健米业、金健药业、红都华庭、金天钛业、广积米业、崇德中学、纺机、永丰安置小区、金帛化纤、经开区公安分局、经开区管委会、恒安纸业、交警三大队、工商银行、十字路口、二医院、晒谷岭、三滴水村、力正骨康医院、金大地·新三湘、鼎城公交站、鼎城车管所、湖南应用技术学院、商贸城、薪城外滩、名郡国际、捌海·常德公馆、博雅医院、永安东路、八建、向群巷·飘香菜油、桥南市场、北引桥、聚和苑、柏园桥、丹阳路口、市妇幼保健院、市住建局、市体育中心、遇仙桥、市交警支队、国贸大夏、新邦壹品、火车站·美居建材广场、常德汽车总站、公交总站 |
| 11 | 大学城—柳叶湖车站 | 13.5 | 大客 | 8 | 16 | 6:00 | 17:35 | 6:30 | 17:35 | 芙蓉路、竹叶路、人民路、皂果路、滨湖路、朗洲路 | 大学城、高泗居委会、桃花源大桥管理处、常德汽车北站、天源星城、翠竹园小区、烟厂四区、烟厂三区、霞山房产、三岔路、自来水公司、常师附小、皂果小区、德景园、公园世家、市残联、市城管局、移动公司、一中医院、农业发展银行、芷兰学校、电信新村、芷兰小区、华达幸福湾、新河路农贸市场、金色世纪、恒大华府、柳叶湖车站（原线返回） |
| 12 | 文化宫—德山街 | 11 | 大客 | 4 | 16 | 6:20 | 17:30 | 6:20 | 17:20 | 人民路 | 文化宫、政务中心·新德华眼镜、城门口、水巷口、一医院、市农业局、东郊乡卫生院、甘露寺、公交四分公司、农资大市场、旧货市场、新坡桥、德山街（原线返回） |
| 13A线 | 水星楼商业广场—东山村（殡仪馆） | 11 | 大客 | 10 | 25 | 6:35 | 17:20 | 6:35 | 17:20 | 青年路、光荣路、洞庭大道、丹阳路、紫缘路 | 水星楼商业广场、文化宫、马木桥、滨湖公园后门、市三中、鸿宇山庄、柏园桥、丹阳路口、紫桥二区、七里桥、电力新村、柳叶湖车站、七里桥堡、五岔、金泉世纪、泉水桥、渔民小区、白鹤山车管所、老堰岗、东山村八组、万金公墓、东山村（殡仪馆） |
| 13A线 | 东山村（殡仪馆）—水星楼商业广场 | 10 | 大客 | 10 | 25 | 6:35 | 17:20 | 6:35 | 17:20 | 青年路、光荣路、洞庭大道、丹阳路、紫缘路 | 东山村（殡仪馆）、万金公墓、东山村八组、老堰岗、白鹤山车管所、泉水桥、五岔、七里桥堡、柳叶湖车站、电力新村、七里桥、紫桥二区、丹阳路口、政府三办公楼、鸿宇山庄、市三中、滨湖公园后门、交警二大队、文化宫、水星楼商业广场 |

续上表

| 线路 | 起止站台 | 公里 | 车型 | 台数 | 座位数 | 夏季 | | 冬季 | | 经过主要路段 | 沿途停靠站台 |
|---|---|---|---|---|---|---|---|---|---|---|---|
| | | | | | | 首班 | 末班 | 首班 | 末班 | | |
| 13B线 | 水星楼商业广场—猴子巷 | 14 | 大客 | 10 | 25 | 6:35 | 17:20 | 6:35 | 17:20 | 青年路、光荣路、洞庭大道、丹阳路、紫缘路、松峰路 | 水星楼商业广场、文化宫、马木桥、滨湖公园后门、市三中、鸿宇山庄、柏园桥、丹阳路口、紫桥二区、七里桥、电力新村、柳叶湖车站、七里桥堡、五岔、金泉世纪、泉水桥、白鹤山车管所、白鹤山中学、白鹤镇、新潮街、武陵监狱、硒头、白鹤山村部、陈家桥、清合桥、流溪湖、猴子巷 |
| 14 | 水星楼商业广场—水果大市场 | 9 | 大客 | 14 | 25 | 6:30 | 20:55 | 6:30 | 20:55 | 朗州路、新河路、武陵大道、常德大道 | 水星楼商业广场、排云阁、下南门·大明眼镜、市一中·新德华眼镜、滨湖公园、丹阳天桥、市十一中学、农业发展银行、芷兰学校、电信新村、芷兰小区、紫苑花园、国贸大夏、新邦壹品、火车站·美居建材广场、常德汽车总站、公交总站、水果大市场（返回经下南门·佩佳珠宝） |
| 15 | 农资大市场—柳叶湖车站 | 12 | 中巴 | 9 | 19 | 6:30 | 17:30 | 6:30 | 17:30 | 人民路、建设路、洞庭大道、丹阳路、滨湖路、朗洲路、新河路、紫菱路 | 农资大市场、公交四分公司、甘露寺、东郊乡卫生院、市委、建设桥、文化宫、交警二大队、新一村、北引桥、聚和苑、柏园桥、丹阳路口、紫桥小区、市环卫处、农业发展银行、芷兰学校、电信新村、芷兰小区、华达幸福湾、新河路农贸市场、金色世纪、恒大华府、柳叶湖车站（原线返回） |
| 16 | 柳叶湖车站—枫丹丽舍 | 5 | 大客 | 7 | 25 | 6:20 | 18:00 | 6:00 | 18:00 | 紫缘路、丹阳路、洞庭大道、临沅路 | 柳叶湖车站、电力新村、七里桥、紫桥二区、丹阳路口、政府三办公楼、柏园桥、聚和苑、北引桥、桥南市场、小圆盘、鼎城一中、枫丹丽舍 |
| 16 | 枫丹丽舍—柳叶湖车站 | 6 | 大客 | 7 | 25 | 6:20 | 18:00 | 6:00 | 18:00 | 紫缘路、丹阳路、洞庭大道、临沅路 | 枫丹丽舍、鼎城一中、小圆盘、鼎城劳动局、鼎城电影院、武陵镇小学、鼎城副食城、桥南市场、北引桥、聚和苑、柏园桥、丹阳路口、紫桥二区、七里桥、电力新村、柳叶湖车站 |
| 17 | 七一厂—七一厂 | 11 | 中巴 | 4 | 17 | 7:00 | 17:30 | 7:00 | 17:30 | 德山路、莲池路…… | 七一厂、老码头、德山消防支队、演舞堆社区、工商银行、交警二大队、恒安纸业、经开区管委会、金健药业、平川药业、德海制药、青山小区、大汉客车、电子产业园、金天钛业、中小企业园、经开区管委会、恒安纸业、交警三大队、工商银行、演舞堆社区、德山消防支队、老码头、七一厂 |
| 18 | 水果大市场—罗湾 | 13 | 大客 | 14 | 19 | 6:00 | 18:30 | 6:30 | 18:00 | 皂果路、人民路、沅安路、青年路 | 水果大市场、汇美家居广场、丁玲公园、武陵区地税局、武陵区委区政府、市交通局、白马湖文化公园、德景园、皂果小区、常师附小、公交总公司·新德华眼镜、四医院、七医院、常德军分区、金钻广场、武陵区消防大队、市三医院、市信访接待中心、交警二大队、新一村、新四村、武陵区药监局、武警支队、常武医院、新安、东江乡政府、罗湾 |
| 19 | 常德汽车北站—公交总站 | 9 | 大客 | 16 | 30 | 6:20 | 21:30 | 6:20 | 21:30 | 长庚路、竹叶路、人民路、武陵大道、皂果路、三星路 | 常德汽车北站、兴隆装饰城、皮肤病医院、银线宾馆、霞山房产、三岔路、自来水公司、公交总公司·新德华眼镜、四医院、七医院、常德军分区、小西门、市博物馆、市住建局、市体育中心、遇仙桥、市交警支队、国贸大夏、新邦壹品、火车站·美居建材广场、常德汽车总站、公交总站 |
| 19 | 公交总站—常德汽车北站 | 9 | 大客 | 16 | 30 | 6:20 | 21:30 | 6:20 | 21:30 | 长庚路、竹叶路、人民路、武陵大道、皂果路、三星路 | 公交总站、北金城、三星路口、国贸大夏、市物价局·力源体检中心、市交警支队、遇仙桥、市体育中心、市住建局、市政协、小西门、常德军分区、七医院、四医院、公交总公司·新德华眼镜、自来水公司、三岔路、霞山房产、烟厂三区、天源星城、常德汽车北站 |
| 21 | 鼎城教师进修学校—鼎城公交站 | 7 | 大客 | 11 | 19 | 6:00 | 18:00 | 6:00 | 18:00 | 临沅路、阳明路、隆阳路、鼎城路、玉霞路 | 鼎城教师进修学校、市财校、鼎城区政府、鼎城劳动局、小圆盘、桥南市场、桥南市场、向群巷·飘香菜油、八建、信用联社、财富广场、商贸城、湖南应用技术学院、鼎城车管所、鼎城公交站（原线返回） |

续上表

| 线路 | 起止站台 | 公里 | 车型 | 台数 | 座位数 | 夏季 | | 冬季 | | 经过主要路段 | 沿途停靠站台 |
|---|---|---|---|---|---|---|---|---|---|---|---|
| | | | | | | 首班 | 末班 | 首班 | 末班 | | |
| 22 | 汇元小区—白石村 | 9 | 大客 | 2 | 24 | 7:20 | 17:40 | 7:20 | 17:40 | | 汇元小区、汽车总站、东风村、岩子堰、花山村、白石村 |
| 23 | 公交总站—太阳村 | 14 | 大巴 | 2 | 24 | 6:30 | 17:30 | 6:30 | 17:30 | 常德大道、朗州北路 | 公交总站、北金城、火车站·美居建材广场、火车站、腰陆铺、高锋村、高锋村安置小区、万寿村、万寿村安置小区、体育生态园、罗湾、月亮村、渔樵村、太阳村 |
| 27 | 苏家渡．常德市鸿志学校—阳光乳业 | 10 | 中巴 | 4 | 19 | 7:00 | 17:40 | 7:00 | 17:40 | 德山大道、常德大道、有德路、樟桥路 | 苏家渡．常德市鸿志学校、洞庭制药厂、东信棉业、桃花山、五一村安置小区、德山生活湾、工商银行、交警三大队、恒安纸业、经开区管委会、金健药业、平川药业、德海制药、三金药业、三一重工、中联液压、金健米业、樟木桥粮库、火车货运站、阳光乳业、（原线返回） |
| 28 | 公交总站—农资大市场 | 10 | 大客 | 14 | 26 | 6:20 | 19:00 | 6:20 | 19:00 | 人民路、建设路、郎州路、滨湖路、武陵大道、新河路、常德大道 | 公交总站、北金城、三星路口、国贸大夏、市物价局·力源体检中心、市交警支队、遇仙桥、市体育中心、移动公司、一中医院、市十一中学、丹阳天桥、滨湖公园、市一中·新德华眼镜、市信访接待中心、文化宫、建设桥、市委、市农业局、东郊乡卫生院、甘露寺、公交四分公司、农资大市场 |
| 28 | 农资大市场—公交总站 | 13 | 大客 | 14 | 26 | 6:00 | 19:10 | 6:00 | 19:10 | 人民路、建设路、郎州路、滨湖路、武陵大道、新河路、常德大道 | 农资大市场、公交四分公司、甘露寺、东郊乡卫生院、市委、建设桥、文化宫、市信访接待中心、市一中·新德华眼镜、滨湖公园、丹阳天桥、市十一中学、一中医院、移动公司、市体育中心、遇仙桥、市交警支队、力源体检中心、国贸大夏、新华书店、武陵区公安局、火车站、常德汽车总站、公交总站 |
| 29 | 桑场—常德汽车总站 | 18 | 中巴 | 9 | 16 | 6:00 | 18:00 | 6:30 | 17:30 | 人民路、龙港路 | 桑场、长湖、坪湖、垢湖、明月、荷花、夹街、高泗、落路口、金属仓库、三岔路、自来水公司、烟厂二区、馨香庭院、湖南文理学院、常德电大、文理学院艺术楼、文理学院体育馆，白马湖文化公园、市公安局、常德外国语学校、新世纪汽车城、水果大市场、北金城、常德汽车总站（原线返回） |
| 31 | 常德外国语学校—三闾小区 | 6.5 | 大客 | 12 | 13 | 6:30 | 19:00 | 6:40 | 18:20 | 青年路、沅安路、人民路、龙港路 | 常德外国语学校、市公安局、白马湖文化公园、文理学院、烟厂二区、自来水公司、公交总公司·新德华眼镜、四医院、七医院、武陵阁、步行街、下南门·佩佳珠宝、文化宫、交警二大队、新一村、新四村、武陵区药监局、新六村、三闾安置小区、东经名邸、三闾小区 |
| 31 | 三闾小区—常德外国语学校 | 9 | 大客 | 12 | 19 | 6:30 | 19:00 | 6:40 | 18:20 | 青年路、沅安路、人民路、龙巷路 | 三闾小区、三闾村、时光印象、明信佳园、三闾安置小区、新六村、武陵区药监局、新四村、新一村、交警二大队、文化宫、政务中心·新德华眼镜、下南门·佩佳珠宝、步行街、武陵阁、七医院、四医院、公交总公司·新德华眼镜、自来水公司、烟厂二区、德景园、文理学院、白马湖文化公园、市公安局、常德外国语学校 |
| 32 | 阳光花城—交警一大队 | 12 | 大客 | 10 | 19 | 6:45 | 20:40 | 6:45 | 20:40 | 人民路、朗州路、滨湖路、武陵大道 | 阳光花城、建设桥、城门口、政务中心·新德华眼镜、下南门·佩佳珠宝、下南门·大明眼镜、市一中·新德华眼镜、滨湖公园、丹阳天桥、市妇幼保健院、市住建局、市教育局、常德工业学校、西园小区、市残联、公园世家、德景园、文理学院体育馆，文理学院艺术楼、交警直属一大队（原线返回） |
| 33 | 文理学院艺术楼—文理学院东院 | 8 | 大客 | 12 | 25 | 6:40 | 20:20 | 6:40 | 20:20 | 洞庭大道、朝阳路、育才路、朗州路、建设路、青年路 | 文理学院艺术楼、常德电大、烟厂联合工房、湖南文理学院、德景园、五医院、朝阳D五区、二中医院、爱尔眼科、市工商局、市巡警支队、滨湖公园、市一中·新德华眼镜、市信访接待中心、交警二大队、新一村、新四村、武陵区药监局、文理学院东院（原线返回） |

续上表

| 线路 | 起止站台 | 公里 | 车型 | 台数 | 座位数 | 夏季 | | 冬季 | | 经过主要路段 | 沿途停靠站台 |
|---|---|---|---|---|---|---|---|---|---|---|---|
| | | | | | | 首班 | 末班 | 首班 | 末班 | | |
| 38 | 东方嘉园—柳叶湖 | 13 | 大客 | 13 | 20 | 6:40 | 17:40 | 6:40 | 17:40 | 双拥路、沅安路、武陵大道、柳叶大道 | 东方嘉园、双拥中路、盛唐四月天、市水利局、市六中、一医院、水巷口、城门口、排云阁、步行街、常德军分区、小西门、市博物馆、市住建局、市体育中心、遇仙桥、经投集团、芷兰学校、新世纪花园、市人才中心、电力新村、常德日报社、天主教堂、柳叶湖（原线返回） |
| 39 | 水星楼商业广场—常德外国语学校 | 11 | 大客 | 8 | 28 | 6:20 | 17:30 | 6:20 | 17:30 | 青年路、人民路、三闾路、柳叶大道 | 水星楼商业广场、市政务中心、城门口、水巷口、一医院、市农业局、东郊乡卫生院、东门佳园、楠沙小区、楠竹山农贸市场、新六村、三闾安置小区、东经名邸、翡翠湾、紫缘桥·翡翠湾、七里桥安置小区、电力新村、柳叶湖车站、恒大华府、首创名苑、紫苑花园、市国土资源管理局、沙港安置小区、芙蓉盛世、市中级法院、常德外国语学校（原线返回时不经过政务中心站亭） |
| 42 | 常德汽车总站—华南厂 | 19 | 大客 | 8 | 24 | 6:10 | 17:30 | 6:10 | 17:30 | 常德大道、三星路、武陵大道、洞庭大道、朝阳路、人民路、竹叶路 | 常德汽车总站、新邦壹品、国贸大厦、市物价局·力源体检中心、市交警支队、遇仙桥、市体育中心、市教育局、中国银行、朝阳D五区、二中医院、百纺农贸市场、东晟文化公馆、四医院、公交总公司·新德华眼镜、自来水公司、三岔路、霞山房产、烟厂三区、天源星城、常德汽车北站、常德职院、农科所、八一、朱湖、河洑镇、德亘电子厂、河洑森林公园、市委党校、华南厂（返经新邦壹品、火车站·美居建材广场） |
| 46 | 芦荻山乡政府—柳叶湖车站 | 13 | 大客 | 8 | 25 | 6:30 | 18:00 | 6:30 | 18:00 | 青年路、洞庭大道、丹阳路、紫缘路 | 芦荻山乡政府、兴安、常武医院、武警支队、武陵区药监局、新四村、北引桥、聚和苑、柏园桥、丹阳路口、紫桥二区、七里桥、电力新村、柳叶湖车站 |
| 46 | 柳叶湖车站—芦荻山乡政府 | 11 | 大客 | 8 | 25 | 18:00 | 6:30 | 18:00 | 6:30 | 青年路、洞庭大道、丹阳路、紫缘路 | 柳叶湖车站、电力新村、七里桥、紫桥二区、丹阳路口、政府三办公楼、柏园桥、聚和苑、新四村、武陵区药监局、武警支队、常武医院、兴安、芦荻山乡政府 |
| 47 | 公交总站—常南汽车总站 | 13 | 大客 | 13 | 24 | 6:20 | 19:00 | 6:20 | 19:00 | 临沅路、阳明路、鼎城路、洞庭大道、朗州路、滨湖路、武陵大道、三星路 | 公交总站、北金城、三星路口、国贸大厦、市物价局·力源体检中心、市交警支队、遇仙桥、市体育中心、移动公司、一中医院、市十一中学、丹阳路口、政府三办公楼、柏园桥、聚和苑、北引桥、桥南市场、小圆盘、鼎城体育馆、仙女湖步行街、莱茵小镇、常南汽车总站（返回经新邦壹品、火车站·美居建材广场、常德汽车总站） |
| 48 | 水果大市场—柳叶湖车站 | 15 | 大客 | 8 | 29 | 6:30 | 17:50 | 6:30 | 17:50 | 常德大道、皂果路、洞庭大道、朝阳路、建设路、武陵大道、滨湖路、丹阳路、紫缘路 | 水果大市场、汇美广场、丁玲公园、武陵区地税局、武陵区委区政府、市交通局、白马湖文化公园、德景园、五医院、朝阳D五区、二中医院、百纺农贸市场、四医院、小西门、市博物馆、市住建局、移动公司、市一中医院、市环卫处、紫桥小区、紫桥二区、七里桥、电力新村、柳叶湖车站（原线返回） |
| 51 | 柳叶湖游客集散中心—欢乐水世界 | 23 | 大客 | 10 | 35 | 7:00 | 20:00 | 7:00 | 20:00 | 柳叶大道、紫缘路、白鹤路、松鹤路 | 柳叶湖游客集散中心、天主教堂、常德日报社、电力新村、柳叶湖车站、七里桥堡、五岔、金泉世纪、泉水桥、渔民小区、跨湖大桥、欢乐水世界 |
| 102 | 桥南环线 | 7 | 中巴 | 4 | 17 | 7:00 | 19:00 | 7:00 | 19:00 | 大湖路、临沅路、车站路 | 桥南市场、桥南市场、向群巷·飘香菜油、八建、信用联社、财富广场、常南汽车总站、严家岗、鼎城地税局、大湖路口、鼎城电影院、鼎城质监局、武陵镇小学、桥南副食城、桥南市场（环线） |
| H1 | 公交总站—德山公交站 | 21.9 | 大客 | 16 | 32 | 6:00 | 22:00 | 6:00 | 22:00 | 常德大道 | 公交总站、火车站、朗州路、五岔、柳叶湖车站、柳叶大道、姻缘桥、洞庭大道、高坪头、武陵工业园、建设东路、人民路、赵家碚、双拥路、皇木关、尊德天城、五一村安置小区、桃花山、五一村、桃林路口、樟木桥、檀树坪、德山公交站（原线返回） |

续上表

| 线路 | 起止站台 | 公里 | 车型 | 台数 | 座位数 | 夏季 | | 冬季 | | 经过主要路段 | 沿途停靠站台 |
|---|---|---|---|---|---|---|---|---|---|---|---|
| | | | | | | 首班 | 末班 | 首班 | 末班 | | |
| H2 | 公交总站—德山公交站 | 18 | 大客 | 16 | 35 | 6:00 | 19:00 | 6:00 | 19:00 | 常德大道、桃花源路、金霞大道、善卷路、桃林路、樟桥路 | 公交总站、皂果路、竹根潭、新河桥、长庚路、杨河桥、青林路、紫菱路、费家嘴、滨湖路、付桥、竹叶路、桃花源大桥（南）、永安路、金霞路、鼎城区人民医院、阳明路、常南汽车总站、商贸城、鼎城公交站、沅南水厂、三滴水、枉水桥、德山公园、德山酒业、恒安集团、桃林路口、樟木桥、檀树坪、德山公交站（原线返回） |
| H11 | 隆腾物流园—柳叶湖 | 14.3 | 大客 | 10 | 32 | 6:30 | 21:00 | 6:30 | 21:00 | 金霞路、善卷路、洞庭大道、青年北路、三闾路、常德大道、龙腰路、柳泉路、柳叶大道 | 隆腾物流园、善卷中学、鼎城人民医院、莱茵小镇、常南汽车总站、财富广场、信用联社、八建、向群巷、桥南市场、北引桥、新四村、武陵区药监局、新六村、金和嘉苑、万建紫庭、茵缘桥、金凤川紫、柳叶大道路口、润景园（二区），戴家岗安置小区、润景园（一区）、柳叶湖管委会、龙吟水榭、共和酒店、柳叶湖（原线返回） |
| H13 | 德山公交站—新北站 | 22.4 | 大客 | 22 | 32 | 6:00 | 21:00 | 6:00 | 21:00 | 崇德路、德山大道、桃林路、常德大道人民路、沅安路、武陵大道、建设路、长庚路、桃花源路、 | 德山公交站、檀树坪、省柴、金健米业、金健药业、经开区管委会、欣欣包装公司、五一村、桃花山、五一村安置小区、尊德天城、皇木关、双拥路、赵家碚、农资大市场、公交四分公司、甘露寺、东郊乡卫生院、市农业局、一医院、城门口、排云阁、步行街、常德军分区、小西门、四医院、公交总公司、自来水公司、三岔路、霞山房产、银线宾馆、公交二分公司、市党校干部教育学院 、付桥 、竹叶路、新北站（返回经樟木桥站） |
| H15 | 文化宫（前）—火车站 | 17 | 大客 | 10 | 32 | 6:00 | 21:00 | 6:00 | 21:00 | 建设路、人民路、常德大道、柳叶大道、新河路、朝阳路、 | 付桥 、竹叶路 |
| H15 | 火车站—文化宫（前） | 16.7 | 大客 | 10 | 32 | 6:00 | 21:00 | 6:00 | 21:00 | 建设路、人民路、常德大道、柳叶大道、新河路、朝阳路、 | 火车站、汇元小区、南坪中学、荷塘月色、丁玲公园、武陵区地税局、武陵区委区政府、市检察院、市邮政局、经投集团、芷兰学校、新世纪花园、市人才中心、电力新村、常德日报社、金凤川紫、姻缘桥、洞庭大道、高坪头、武陵工业园、建设东路、农资大市场、公交四分公司、甘露寺、东郊乡卫生院、市农业局、一医院、水巷口、城门口、文化宫（前） |
| H16 | 高职院—柳叶湖 | 15.5 | 大客 | 2 | 32 | 6:00 | 21:00 | 6:00 | 21:00 | 人民路、桃花源路、常德大道、柳叶大道 | 高职院、付桥、滨湖路、费家咀、紫菱路、青林路、杨河桥、长庚路、新河桥、竹根潭、皂果路、火车站、朗州路、五岔、柳叶湖车站、柳叶大道、天主教堂、柳叶湖（原线返回） |
| L11 | 环湖路 | 4.8 | 大客 | 1 | 15 | 6:00 | 18:00 | 6:00 | 18:00 | 环湖路、常德大道 | 司马楼、渔民安置小区、泉水桥安置小区、五岔、柳叶湖车站、柳叶大道 |
| L12 | 德山公交站—晒谷岭 | 11.2 | 大客 | 2 | 15 | 7:00 | 18:00 | 7:00 | 18:00 | 海德路、桃林路、莲池路 | 德山公交站、德山物流中心、茶叶岗村、湖南华电、海利化工、枫树岗小区、惠生国际、山水铭州、五一村、桃花山、五一村安置小区、德山生活湾、十字路口、二医院、晒谷岭（原线返回） |
| L13 | 芦山村—皇木关 | 3.5 | 大客 | 1 | 15 | 6:00 | 18:00 | 6:00 | 18:00 | 德山大桥、常德大道 | 芦山村、皇木关 |
| L18 | 武陵阁—富贵村 | 18 | 大客 | 6 | 15 | 6:00 | 18:00 | 6:00 | 18:00 | 人民路、常澧路、金丹路 | 武陵阁、常德军分区、小西门、四医院、公交总公司、自来水公司、三岔路、霞山房产、常德电大、畜牧水产局、市康复医院、烟机厂、烟草配送中心、新河渠桥、岩桥一队、河洑镇政府、岩桥村部、河洑镇中学、三星村、紫色光集团、汤家坪村、汤家坪村二组、开发区自来水厂、鼎城经济开发区、富贵村（原线返回） |

说明：

一、本索引把年鉴条目的内容用主题分析的方法，按汉语拼音字母顺序排列；第一字相同，按第二字音序排列，依次类推。

二、标引词后的阿拉伯数字表示内容所在页码，数字后的拉丁字母 a、b、c 分别表示从左至右第一、二、三栏。

三、本年鉴“特载”“专文”“大事记”“资政论坛”“地方文献”“附录”等均未作索引。

A



B



C

G



H



J

M



N



P



Q

R



S



T

W



X

2015年7月14日，常德市"十三五"规划编制专家座谈会在长沙市召开

2015年6月26日，举行常德市"四网"(交通网、水利网、能源网、信息网)工程投资项目新闻发布会

全市投资项目在线审批监管平台建设工作会议召开

# 常德市发改委

2015年9月6日，市委书记王群现场督导沅水四桥建设

2015年10月23日，市发改委主任汤祚国陪同市长周德睿赴杨家坊调研扶贫工作

2015年12月30日，常德华电电厂投入运营

建设中的石长铁路增建二线工程（2016年1月6日通车运行）

黔张常铁路施工现场（彭家寨隧道）

# 常德市扶贫办
# 常德市移民局

市委书记王群与贫困群众商讨脱贫大计

市长周德睿看望困难群众

全市贫困人口结对帮扶工作调度会

市委驻村帮扶业务工作推进会

省扶贫办主任王志群到常德市桃源县调研扶贫开发工作

市委扶贫开发暨全面小康社会推进工作会

省教育厅副厅长邹文辉深入常德市乡村学校调研信息化工作

市委书记王群前往石门县秀坪完小进行调研

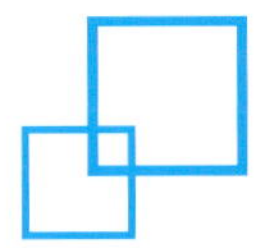

# 常德市教育局

市委副书记徐正宪调研芷兰教育集团建设情况

2015年8月18日，副市长陈华出席湖南文理学院和韩国启明大学合作办学协议签字仪式

市教育局长褚戈文慰问贫困教师

全市教育卫生三年攻坚工作推进会

常德市中小学教师“三区”支教欢送大会

爱心飞扬2015常德市少年儿童新春联欢晚会

2015年10月21日，副省长、公安厅厅长黄关春考察常德公安工作

省公安厅在市公安局召开新闻发布会，发布成功破获部督“6·5”特大制毒案

新建的芙蓉派出所落成——“210工程”建设显著成效

德山公安分局办公大楼——“210工程”建设显著成效

安乡县公安局办公大楼——“210工程”建设显著成效

汉寿县公安局太子庙派出所——“210工程”建设显著成效

公安艇“武陵壹号”——“210工程”建设显著成效

# 常德市公安局

开展“12·17”反恐实战演练

举办社区党组织书记培训班

走访慰问困难群众

“点燃希望”助学金发放

# 常德市民政局

一站便民的社区服务

国际社工日宣传活动

防灾减灾宣传演练常态化

慈善活动—善德行

2015年7月15日，湖南省委法治办副主任、司法厅副厅长傅莉娟一行，督查指导武陵区法治文化建设。图为督导组考察汜湖村法治文化建设情况

2015年9月6—7日，省检查组到常德验收“六五”普法工作

# 常德市司法局

2015年11月，武陵、鼎城、安乡、津市、澧县5个县级公共法律服务中心全面完成建设

2015年12月11日，市委常委、市委政法委书记何英平在全省法治文化建设现场推进会上作典型发言

2015年11月，武陵区、鼎城区、安乡县3个县级社区矫正中心全面完成建设

2015年9月22日，常德市司法局政府购买社区矫正服务签约

2015年12月30日，召开全市法律服务工作情况通报新闻发布会

2015年10月28日，市司法局组织全体干警进行警体培训活动

# 常德市财政局

2015年1月8日，市委副书记、市长周德睿参加市财政局市委全会暨市委经济工作会议精神学习讨论会并发表重要讲话

2015年2月5日，全市财税工作会议在共和酒店召开，市长周德睿、常务副市长朱水平出席会议并作重要讲话

2015年4月25日，省财政厅特邀财政部财政科学研究所所长刘尚希、国务院发展研究中心东方文化与城市发展研究所综合研究室主任张晓欢到常德市，进行财政改革巡回宣讲

2015年8月12日，省财政厅党组成员、副厅长郭秀宏带领省经建处相关人员到常德市，现场调研产业园区建设发展情况

2015年10月21日，市委常委、常务副市长朱水平到市财政局督导“一改四定”工作

2015年11月25日，常德市代表队获全省财政系统法制学习竞赛冠军

2015年4月8号，新老领导交接

2015年5月7日，临澧调研

# 常德市环保局

2015年6月15日 市环境监测站举办首届环境监测业务公开活动

2015年9月28号，新楼落成

“6·5”环境日活动

取缔沅江水上餐饮

召开全市环境保护工作会议

召开老干部重阳节座谈会

迎新春诗歌朗诵

# 常德市国土资源局

2015年9月21日，省委常委、省委政法委书记李微微指导常德市国土资源局信访依法分类处理工作

常德市国土资源局党组书记、局长吴德新

2015年4月22日，“世界地球日”进学校宣传地质灾害防治知识

2015年6月25日，全国土地日骑行宣传

2015年6月30日，召开市江北城区商居地块推介会

2015年11月6日，召开全市不动产统一登记工作会议

2015年5月4日，举办常德市首届测绘比赛

安乡县下渔口镇土地整治项目俯瞰图

白鹤山小镇改造现场

滨湖公园改造一隅

船码头机埠–水体植物改造

东常连接线路基精加工层施工

海绵城市建设（刘颂摄）

# 常德市住建局

天源星城灯泡厂棚改项目

城市夜景（刘颂摄）

2015年，常德市扎实备汛，取得了防汛抗旱工作的胜利。图为召开防汛抗旱动员会议

召开全市城乡居民饮水安全工作专题调度会

全市水利建设推进会召开

# 常德市水利局

2015年6月5日，省委书记徐守盛在桃源县西安镇桥塘村龙家园组向村民了解受灾情况

2015年，常德市坚持全面大干、持续大干，掀起了农田水利建设热潮。图为桃源县培修大堤

市江北城区犀牛口堤段除险加固工程

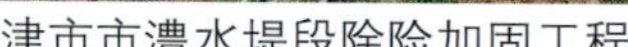

津市市澧水堤段除险加固工程

澧县澧阳垸王家堤堤段除险工程

2015年10月23日,市委书记王群、市委副书记徐正宪、副市长朱晓平来市农委调研“一改四定”工作

2015年4月1日，副市长朱晓平调研柳叶湖美丽乡村建设

2015年10月28日，全市发展农产品加工暨转变农业发展方式工作会议召开，市委副书记徐正宪出席会议并讲话

# 常德市农业委员会

2015年5月8日，召开安乡县美丽乡村建设调度会

2015年1月14日，市农村工作领导小组第一次会议召开

国家核查组对常德市创建全国绿化模范城市工作进行现场核查

省林业厅厅长邓三龙到常德调研林业工作

市长周德睿调度创建国家森林城市和全国绿化模范城市工作

副市长朱晓平、局长向才焰走访桃源芭茅洲贫困户

# 常德市林业局

召开常德市创建国家森林城市专题办公会议

市林业局联合电视台举办以“创森”为主题的广场舞大赛

市林业局志愿服务队开展爱鸟周骑行宣传活动

召开全市油茶产业和林下经济工作会议

# 常德市审计局

市审计局纪检组现场督导2015年保障性安居工程跟踪审计工作

新春伊始，全市审计人员200多人在市委党校集中教育培训

2015年5月13日，市长周德睿考察审计工作

志愿者服务队开展送服务进社区活动

机关党员在刘少奇故居重温入党誓词

局工会组织全局干部职工开展端午节登山活动

国家中医药管理局局长王国强验收指导常德市中医药工作

省卫生计生委党组书记詹鸣（中）考察石门县人民医院

省卫生计生委主任张健（右二）调研常德市医改工作

市委书记王群调研卫生攻坚工作

市长周德睿、副市长陈华为市卫生计生委揭牌并与班子成员合影

# 常德市卫生计生委

市委副书记徐正宪慰问计生特殊困难家庭对象

常德市成为湖南省国家精神卫生综合管理试点示范市，省人民政府副秘书长陈小春向常德市人民政府副市长陈华授牌

市卫生计生委主任、党委书记洪振海调研汉寿县卫生计生工作

市卫生计生委、市计生协举行“5·29”计生协会员活动日暨免费孕前优生健康检查启动仪式

市卫生计生委和武陵区联合组织开展“弘扬婚育新风 关爱女孩成长”主题宣传活动

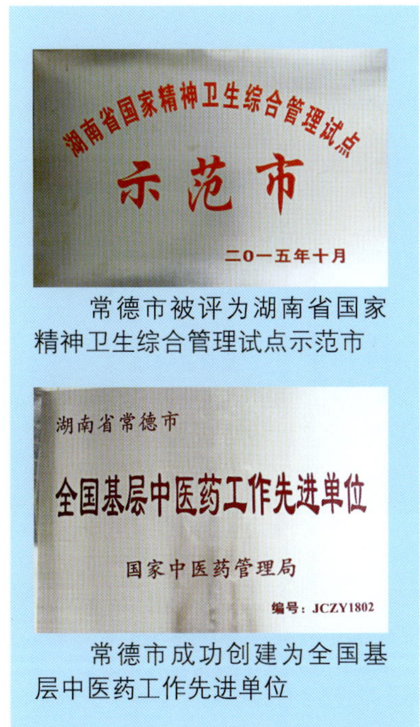


常德市被评为湖南省国家精神卫生综合管理试点示范市

常德市成功创建为全国基层中医药工作先进单位

市规划局召开领导班子专题民主生活会

德国汉诺威市市长参观规划展示馆

赴经投公司开展主动服务

督办拆除高泗路违法建筑沅江柴火渔庄

一站式规划管理服务平台

# 常德市规划局

万达广场效果图

# 常德市城管执法局

市城管执法局局长刘兴华做客常德政府网站《嘉宾访谈》栏目

常德市城市管理监督指挥中心

靓丽整洁的火车站广场

庆祝第二十届环卫工人节暨市城区首届环卫机械化作业技能比武启动仪式

打造亮化精品让城市夜景更具魅力

市城区首届环卫机械化作业技能比武

市城管执法局开展扶贫帮困工作

新型智能环保渣土车投入使用

# 常德市安监局

市长周德睿检查春运安全

副市长胡丘陵平安夜督导消防安全工作

市安监局党组书记、局长郑家火调研检查汉寿县安全生产工作

检查鼎和烟花爆竹经营公司仓库

调研煤矿安全生产工作

深入澧县羊耳山煤矿金泉井

2015危化品应急演练

2015年10月27日，常德人防首次召开“11·1”试鸣日前新闻发布会。图左一为副主任刘宏斌，左二为市人防办党组书记、主任陈昌玉，右二为市人防办党组副书记、副主任龚椰林，右一为指通科科长邓占桂

2015年4月23日，政协就提案调研人防工作

# 常德市人防办

2015年5月12日防灾减灾日，在鼎城区善卷中学现场宣传人防知识

2015年6月5日，军事日活动：一切行动听指挥

2015年6月5日，开展军事日活动

2015年12月26日，人防志愿者活动

农资电商综合服务平台“田田圈”正式上线

# 常德市供销社

参加第七届湖南茶业博览会

召开茶馆茶企对接表彰大会

组织茶企参加第七届湖南茶业博览会

召开全市供销社系统综合改革务虚会

2015年8月12—13日，副省长何报翔调研常德旅游工作

2015年10月29日，市委书记王群会见德国汉诺威市市长斯特凡·朔斯托克

2015年10月11日，市长周德睿出访斯里兰卡阿努拉达普拉市

2015年10月30日，常德市中德友好交流协会授牌仪式

# 常德市旅游外事侨务局

柳叶壶获2015中国特色旅游商品金奖

全国社区侨务工作示范单位牌匾

2015年9月12日，2015中国湖南国际旅游节在柳叶湖开幕

2015年6月6日，常德欢乐水世界开园、2015常德旅游节开幕

2015年9月9日，省住建厅领导考察武汉园博园常德展园

2015年12月3日，党组书记、局长徐芳明就政协提案接受媒体采访

# 常德市园林局

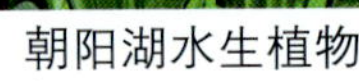

朝阳湖水生植物

2015年11月6日，园林工人技术大比武

滨湖公园西洋鹃

柳叶西路

一桥桥体绿化

摆花

省检察院检察长游劝荣到常德调研

市检察院检察长余湘文走访新希望公司

常德市检察院开展全国检察机关第十七个“举报宣传周”宣传活动

市检察院召开检察官履职评议大会

市检察院召开“三严三实”专题民主生活会

# 常德市人民检察院

2015年12月4日，市检察院检察官积极参加国家宪法日宣誓活动

# 常德市交警支队

2015年5月13日，公安部咨询委委员、中国警察协会特邀顾问、湖南省政协原副主席李贻衡率省公安厅警令部、政治部相关负责人一行到常德市公安局交警支队直属一大队考察调研

省厅交管局局长唐国栋来我市调研公安交通管理工作

2015年4月16日，副市长、公安局长胡丘陵深入交警直属一大队检查指导工作

支队长邱兵泉、副支队长曾召宪深入联系企业座谈调研,帮助企业解决生产经营中遇到的实际问题

2015年12月29日，市城区智能交通系统改造工程项目通过了市电子政务办组成的专家组验收

2015年3月，鼎城区车管所被授予全国巾帼文明岗

2015年,常德交警新媒体获今日头条联合网络杂志共同颁发的交警最具影响力头条号荣誉

2015年9月18日，交警支队在德景园举办“讲道路礼仪 树道路新风”活动

2016年,支队参加全省公安交警系统四项建设技能实战比武活动,荣获三个单项第一和团体一等奖

第四届“帮好人万里行”公益活动代表团来到常德，走访慰问了全国先进工作者

集中销毁摩托车遮阳伞

2015年4月，交警支队举办两期协警培训班，对城区协警集中培训

2015年1月19日，市委常委、政法委书记何英平到武陵监狱对《监狱法》贯彻执行、罪犯教育改造等情况进行专题调研

武陵监狱开展法律援助活动为服刑人员答疑

武陵监狱积极开展服务基层活动

2015年9月30日，武陵监狱组织开展"法治熠耀警徽，青年勇于担当"主题演讲比赛

武陵监狱开展岗位基本技能培训活动

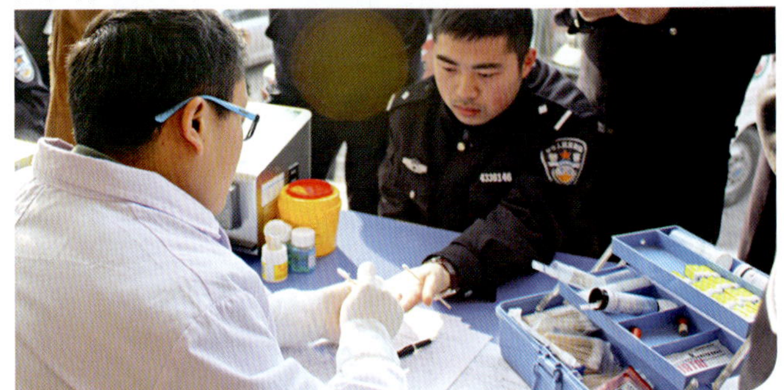

组织献血

2015年12月17日，武陵监狱"三共"工作获省司法厅、武警湖南省总队通报表彰

2015年9月24日，武陵监狱在湖南省监狱系统文艺调演（湘北片区）中获二等奖

2015年1月9日，举办全市地税系统“三优税干”评选考试

辅导纳税人操作自助办税终端

2015年4月8日，开展“纳税服务活动日”活动

# 常德市地税局

2015年4月23日，开展“新常德、新创客、新税风——税收助推大众创业系列活动之创客体验活动”

2015年10月10日，参加全市环柳叶湖万人马拉松赛

2015年5月7日，参加电台“行风热线”回答纳税人的提问

2015年9月7日，省人民检察院检察长游劝荣、省政府法制办主任陈雪楚、省司法厅副厅长傅莉娟、市委书记王群等一行对市地税局“六五”普法工作进行验收

市工商局党组书记、局长胡祖国做客市政府网站嘉宾访谈，向广大市民解读商事制度改革等重大改革举措

市工商局召开常德市工商行政管理体制调整工作会议

# 常德市工商局

市工商局欢送划转市食品药品监督管理局人员

市工商局召开党的十八届五中全会精神宣讲会

市工商局执法人员销毁查处的假酒

市直相关部门主要负责人听取市人民政府关于常德市工商工作情况的报告

2015年2月，副省长李友志到常德经开区考察重大项目建设

2015年12月，常德经开区新任工委书记尹正锡，工委副书记、管委会主任李育智现场调度项目建设

2015年3月，汉能集团常德300MW铜铟镓硒柔性薄膜太阳能电池生产项目在常德经开区举行开工仪式

2015年10月23日，中以集团常德华兰德光纤项目在常德经开区举行开工仪式

# 常德经济技术开发区

2015年12月，按照“国家级科技企业孵化器”打造的三创大楼主体建成完工

2015年12月30日，华电常德电厂投入运营

# 柳叶湖旅游度假区

2015年6月6日欢乐水世界开园、常德旅游节开幕式

柳叶湖旅游度假区2016年经济工作会议

市委书记王群、市长周德睿参加白鹤山集镇活动

柳叶湖管委会书记刘涤尘、主任傅勇陪同市长周德睿验收美丽乡村建设

2015年9月12日，2015中国湖南国际旅游节开幕式在常德柳叶湖开幕

环湖自行车赛

# 桃花源旅游管理区

桃花源古镇

避秦谷入口景区效果图

常吉高速互通口鸟瞰图

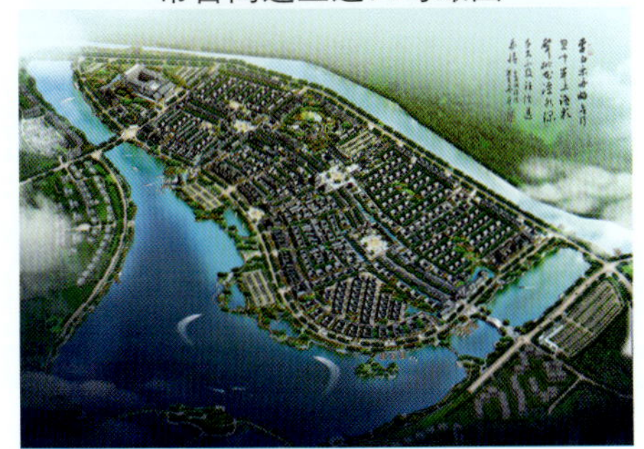

桃花源古镇鸟瞰图

五柳大桥建设

桃源山建设

常吉高速互通建设

菊圃秋色

# 常德市规划建筑设计院

开展“三严三实”专题教育集中学习讨论

院长康存前、书记汤巨龙与班子成员、中层骨干，赴石门县白云乡双峪村开展“一进二访”活动

改造工程现场——生态滤池

荣获市国资委颁发的2014年度企业经营管理先进单位

证书

常德市规划建筑设计院有限责任公司：

《常德市穿紫河水系生态治理—船码头机埠改造工程》获2015年度湖南省优秀工程设计一等奖。

二〇一五年七月

常德市穿紫河水系生态治理——船码头机埠改造工程获2015年度湖南省优秀工程设计一等奖

改造工程现场——雨水调蓄池

穿紫河中段水系综合整治工程——木栈道透视图

穿紫河中段水系综合整治工程——驿站码头透视图

2015年6月8日上午，国务院第十督查组调研湘雅常德医院

2015年10月20日，湖南省政协副主席、党组副书记武吉海视察欢乐水世界岛外花海

2015年10月30日，常德、汉诺威两市市长在公司项目“汉诺威大街”揭牌仪式上合影

2015年4月2日上午，华侨城集团总经理段先念一行考察欢乐水世界

# 常德市经济建设投资集团有限公司

2015年12月4日，汇丰小贷“新三板”挂牌仪式

2015年6月6日，欢乐水世界开园火爆场面

2015年3月28日，中央机关工委常务副书记李智勇调研常德城投公司

2015年6月8日，民政部副部长宫蒲光带队的国务院第十督察组到常德督查国务院重大政策措施落实情况

2015年9月1日，市委书记王群调研长胜桥、益高小西门棚改项目

市委书记王群、市长周德睿调研智慧谷项目

两会代表参观老西门棚改项目

# 常德市城市建设投资集团有限公司

西城新区物流园项目

桃花源机场站前广场施工进行中

机场快速路

省委常委、省委秘书长许又声慰问壶瓶山共产党员“电骡子”服务队

省检察院党组书记、检察长游劝荣，市委书记王群，市委常委、政法委书记何英平检查公司“六五”普法工作

# 国网常德供电公司

国家电网公司安质部二处处长杨军检查质保工作

省高院院长康为民看望国大代表刘少英

联合用电检查

湖南电网首次开展隔离开关带电轮换试验

国网常德供电公司“电骡子”服务队荣获“金牌共产党员服务队”称号

国网常德供电公司开展道德讲堂活动

组织开展以"保护母亲河我们在行动"为主题的水上环保志愿活动

爱国主义教育活动

# 湖南省常德航道管理局

河道扫床

航道维护管理

向渔民宣讲航道法

宣传航道法

召开2016年工作会议暨职工代表大会

争创市级文明单位动员大会

登山比赛

篮球训练

# 常德市地方海事局直属分局城区航道管理所

支部党员风采

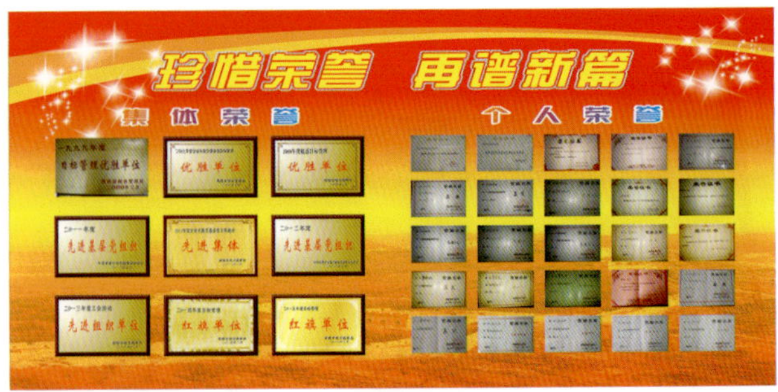

历年荣誉榜

党群活动

技术比武

植树活动

重点工程航标设置

专用航标设置

市委书记王群，市委副书记徐正宪，市委常委、市委秘书长黄清宇，副市长陈华来我校调研校园提质改造工程

李峰少将、市委副书记徐正宪为我校授空军青少年航空学校牌匾，校长唐会荣、党委书记詹学明接牌

# 常德市第一中学

省教育厅副厅长王建华教师节来我校慰问、调研

第十二届全国部分重点高中（知名初中）“激活课堂”数学教学研讨峰会在我校举行

高65届校友，美国侨联副主席，中国第三、四、五届侨界贡献奖获得者张增芳教授毕业50周年回母校讲学

我校“新月”小组在第一届上海（国际）青少年科技创意大赛中荣获一等奖

# 常德芷兰

2015年11月10日，全国人大教科文卫委员会副主任严以新等领导到学校进行防震减灾情况考察

2015年9月10日，省教育厅副厅长王建宁一行到学校指导工作

2015年10月14日，市委副书记徐正宪、副市长陈华、市委副秘书长陈德、市政府副秘书长易耀平、市教育局局长诸戈文等领导到学校调研

2015年5月27日，市人大常委会主任刘明一行到学校参观、指导工作

2015年12月25日，省教育厅体育、艺术、健康和国防教育四项课程督导组到学校指导工作

2015年9月17日，岳阳市教育体育局党委书记、局长王德华一行到学校参观考察

# 实验学校

2015年10月27日，西藏山南地区隆子县教育考察团到学校参观访问

2015年11月9日，上海市历史名师基地全体名师到学校指导工作

2015年2月5日，举办新春交响音乐会

2015年5月12日，举办经典浸润人生诗歌朗诵会

2015年5月21日，举办芷兰好声音第三季歌会

2015年11月26日，参加常德市阳光体育运动联赛中学生篮球赛获奖

2015年11月10日下午，全国人大常委会委员、全国人大教育科学文化卫生委员会副主任委员、致公党中央专职副主席严以新一行20余人，到市一医院进行调研

2015年9月16日，省卫计委主任张健到市一医院视察卫生信息化建设工作

# 常德市第一人民医院

2015年4月2日，西京消化病医院常德协作中心揭牌仪式在市一医院隆重举行

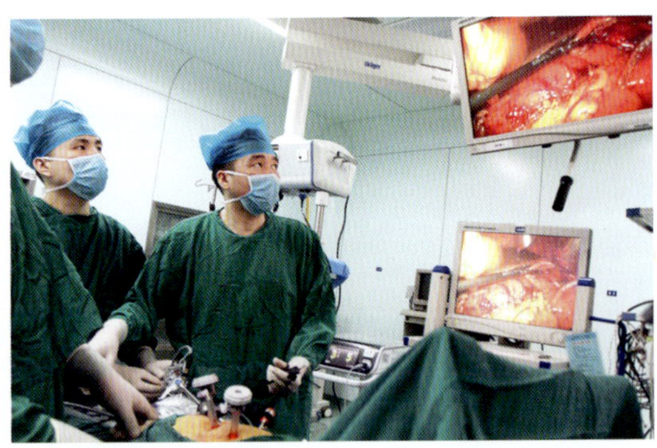

2015年11月5日，普外科一病区成功施行湘西北首例腹腔镜辅助下胰十二指肠切除术

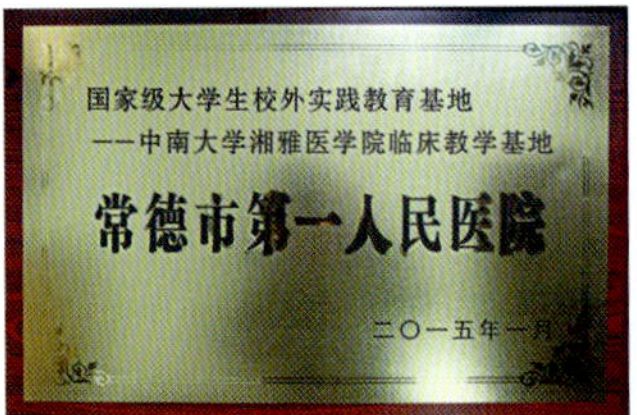


2015年1月，市一医院被中南大学湘雅医学院正式确定为第一批“国家级大学生校外实践教育基地——中南大学湘雅医学院临床教学基地”

2015年5月12日国际护士节，市一医院4对新人举行集体婚礼

2015年8月，市一医院组队参加第五届市直机关运动会，获团体一等奖。图为广播体操获得全市第二名

2015年11月25日，医院职工俱乐部正式开放，图为职工在形体舞蹈室练习瑜伽

市妇幼保健院成功通过省三级妇幼保健机构评审验收

市妇幼保健院余任秀副院长（图左5）上台接牌并与原全国妇联党组书记、副主席、书记处第一书记、中国妇女发展基金会理事长黄晴宜（图左7）等领导合影

# 常德市妇幼保健院

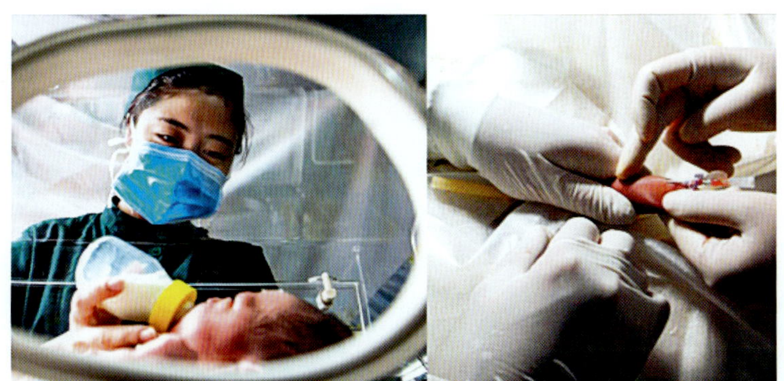
市妇幼保健院新生儿科成功救治1例体重仅840克早产儿

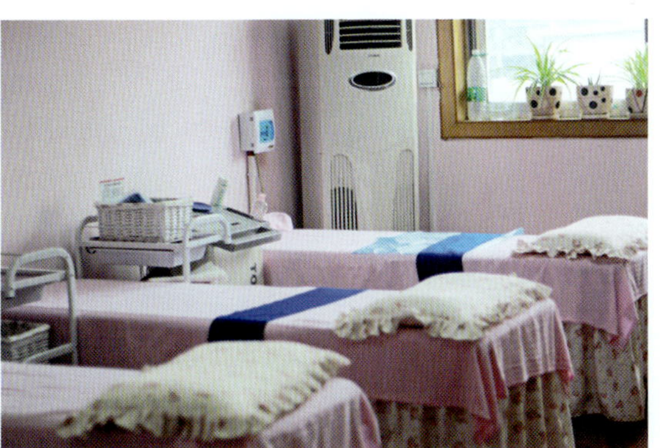
市妇幼保健院盆底康复中心

儿保康复训练师在给残障儿童做认知、语音训练

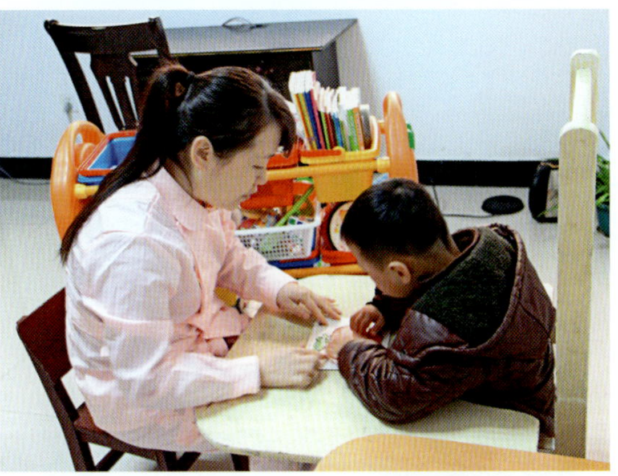
市妇幼保健院医护人员正在做康复训练

# 常德市烟草专卖局

国家烟草专卖局局长凌成兴一行与读者交谈

国家烟草专卖局副局长段铁力详细了解卷烟提税顺价后的市场状态

国家烟草专卖局法规司司长李鸣一行调研常烟法规工作

原收原调对接会议

2015年1月5日，常德烟草紫菱图书馆开放

QC课题获奖

精益物流获全国十佳

# 中国农业银行股份有限公司常德分行

蒋祁行长做客常德电台《行风热线》栏目

参加2015年“善德行”关爱特困家庭励志学子大型公益慈善活动，活动现场与5位贫困学子结成对子进行助学帮扶

组织赵一兵同志先进事迹全省巡回报告会

在全省农行“全国文明单位”公开授牌暨“五好”品牌宣传工作会上，澧县支行被授予“全国文明单位”牌匾

举办先进表彰暨员工文艺晚会

组织青年员工参加集体活动

# 交通银行股份有限公司常德分行

交通银行 BANK OF COMMUNICATIONS 始于1908 您的财富管理银行

党委书记、行长李绍球

交行全家福

2015年10月29日交通银行湖南省分行与常德市政府战略协议签订会现场，唐玲行长与周德睿市长参加

交行本部大楼

全国服务百佳奖牌

交通银行常德分行正式成立于2010年2月，全行共有员工近百人，是一支专业高效，朝气蓬勃的年轻团队。现已在常德市设立五家支行级营业网点26家，资产规模突破70亿元，初步形成了覆盖常德全市的服务经营网点。

该行始终以支持地方经济、提升金融服务品质为己任，充分发挥优势，在金融产品、金融工具和金融服务商不断探索创新，为客户在公司、个人、国际金融等领域提供全面周到的服务。先后获得了交总行“优秀服务网点”、“十佳辖属分行”、市政府“金融工作先进单位”、“全国金融五一劳动奖状”、省银协服务“百佳示范单位”、中银协“十佳示范单位”，2015年更是夺得了中国银行文明规范服务“百佳示范单位”殊荣。交通银行常德分行正致力于打造成为一家系统优秀、政府信任、市场认可、客户满意、监管部门放心的本土一流银行。

宽敞的营业部大厅

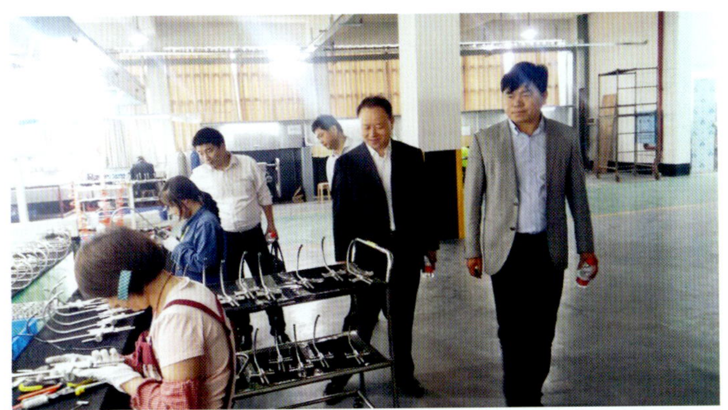

李科阳行长走访小企业

邮储银行维护金融消费者权益

举行业务技能比武

邮储银行深入基层服务“三农”

# 中国邮政储蓄银行常德市分行

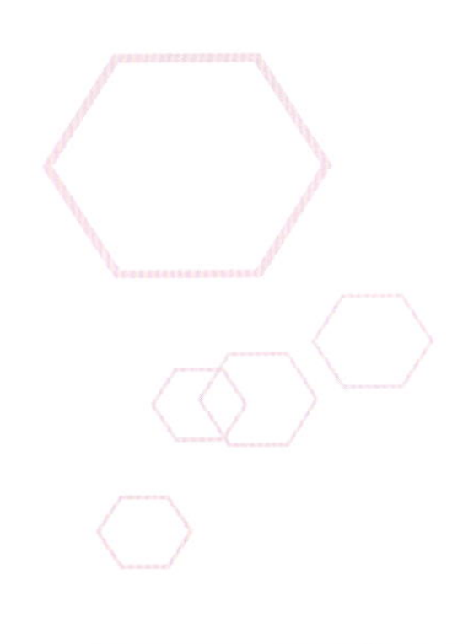

客户送上锦旗

# 常德中石油昆仑燃气有限公司

公司团委组织青年志愿者服务活动

积极开展岗位练兵、技能比武

开展燃气安全知识竞赛

联合消防部门组织安全应急演练

深入开展两学一做学习教育

# 中国移动常德分公司

常德移动分公司总经理　欧成

2015年8月17日，召开“常德移动反腐倡廉推进会暨2015年中层管理人员研讨会”会议

2015年10月9日，常德移动承办湖南移动“最美芙蓉花”女职工论坛暨女工干部培训班活动

2015年“5・17”现场促销

常德移动开展2015年“赢在团队”拓展特训营活动

常德移动开展“庆‘三八’”户外踏青活动

常德移动在2015年暑假期间，邀请常德日报社小记者俱乐部的79名小记者开展“小记者科技之旅”活动

# 湖南恒安纸业有限公司

国务院督察组到公司调研

市委书记王群到公司调研五期项目

马来西亚长青集团主席到公司参观考察

产品展示

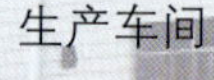
生产车间

安德里兹卫生纸机

党委书记、总经理宋维君讲授“三严三实”专题党课

“三严三实”专题活动

# 中国人民财产保险股份有限公司常德分公司

新党员宣誓

“七一”表彰

2016年度工作会暨职工代表大会

召开2016年度工作会暨职工代表大会

总经理　高中孝

中华保险常德中支总经理室成员

# 中华联合财产保险股份有限公司

## 常德中心支公司

2015年中华保险常德中支"7·8"保险宣传日活动

总公司刘新全老总一行到公司调研工作

中华保险常德中支机关党支部及基层党支部到临澧开展捐助活动

总公司领导李薇到常德视察工作

常德市各家产险公司在公司召开常德市保险行业产险工作会议

市政协副主席、市工商联主席陈伟俊到公司调研指导工作